Z H E J I A N G T O N G Z H I

浙江通志

第 七十八 卷

哲学社会科学志

《浙江通志》编纂委员会 编

浙江出版联合集团
浙江人民出版社

图书在版编目（CIP）数据

浙江通志．哲学社会科学志 / 《浙江通志》编纂委员会编．—杭州 ：浙江人民出版社，2018.9

ISBN 978-7-213-08593-2

Ⅰ．①浙… Ⅱ．①浙… Ⅲ．①浙江-地方志②哲学社会科学-发展-概况-浙江 Ⅳ．①K295.5②C125.5

中国版本图书馆CIP数据核字(2017)第324263号

浙江通志·哲学社会科学志

《浙江通志》编纂委员会 编

出版发行 浙江人民出版社（杭州市体育场路347号 邮编 310006）
市场部电话:(0571)85061682 85176516

集团网址 浙江出版联合集团 http://www.zjcb.com

责任编辑 潘海林

责任校对 张志疆 戴文英

封面设计 厉 琳

电脑制版 杭州天一图文制作有限公司

印 刷 浙江新华数码印务有限公司

开 本 889毫米×1194毫米 1/16

印 张 53

字 数 1172千字

插 页 14

版 次 2018年9月第1版

印 次 2018年9月第1次印刷

书 号 ISBN 978-7-213-08593-2

定 价 186.00元

图版 78–1–1　《论衡》，王充著，上海人民出版社 1974 年版。王充（27—97 年），东汉学者，会稽上虞人（浙江省社会科学院图书馆提供）

图版 78–1–2　《吴越春秋全译》，赵晔原著，张觉译注，贵州人民出版社 1993 年版。赵晔（生卒年不详），东汉史学家、诗学理论家，会稽山阴人（浙江省社会科学院图书馆提供）

图版 78–1–3　《越绝书校注》，袁康、吴平原著，张仲清校注，国家图书馆出版社 2009 年版。袁康（约公元 40 年前后在世，东汉初期史学家，会稽人；吴平（生卒年不详），东汉初期史学家、方志学家，会稽人（浙江省社会科学院图书馆提供）

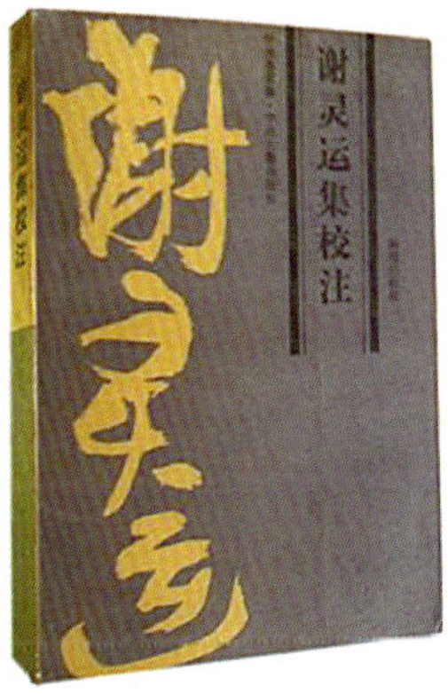

图版 78–1–4　《谢灵运集校注》，谢灵运原著，顾绍柏校注，中州古籍出版社 1987 年版。谢灵运（385—433 年），南北朝文学家、诗人，生于会稽始宁（今属嵊州市）（浙江省社会科学院图书馆提供）

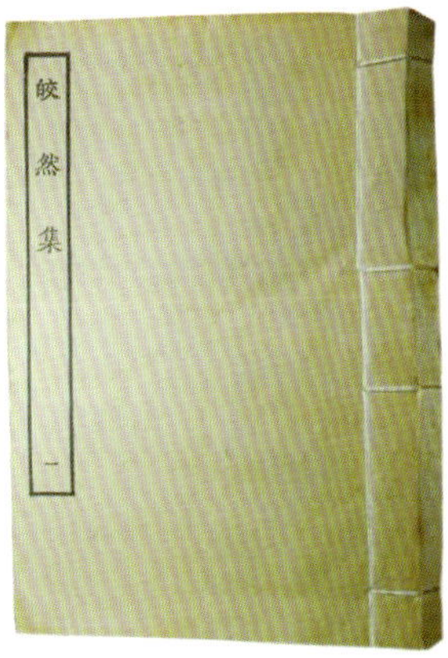

图版 78–1–5　《皎然集》，皎然著，民国上海涵芬楼影印版。皎然（730—799 年），唐代诗僧、诗学理论家，湖州吴兴人（浙江省社会科学院图书馆提供）

图版 78-2-1 《高僧传》,慧皎著,陕西人民出版社 2010 年版。慧皎(497—554 年),梁代法师,上虞人(浙江省社会科学院图书馆提供)

图版 78-2-2 《陆贽集》,中华书局 2006 年版。陆贽(754—805 年),唐代政治家、政论家、文学家,吴郡嘉兴人(浙江省社会科学院图书馆提供)

图版 78-2-3 《吕祖谦全集》,浙江古籍出版社 2008 年版。吕祖谦(1137—1181 年),南宋学者,婺州金华人(浙江省社会科学院图书馆提供)

图版 78-2-4 《陈亮集》(旧称《龙川文集》),中华书局 1974 年版。陈亮(1143—1194 年),南宋思想家、文学家,婺州永康人(浙江省社会科学院图书馆提供)

图版 78-2-5 《梦溪笔谈》,沈括著,崇文书局 2007 年版。沈括(1031—1095 年),北宋学者,钱塘人(今杭州)(浙江省社会科学院图书馆提供)

图版 78-2-6 《叶适集》,中华书局 2010 年版。叶适(1150—1223 年),南宋学者,永嘉人(浙江省社会科学院图书馆提供)

图版 78-3-1 《四明文献集》，王应麟著，中华书局 2010 年版。王应麟（1223—1296 年），南宋学者，庆元府鄞县人（浙江省社会科学院图书馆提供）

图版 78-3-2 《王阳明全集》，上海古籍出版社 1992 年版。王阳明（1472—1529 年），明代学者，绍兴府余姚人（浙江省社会科学院图书馆提供）

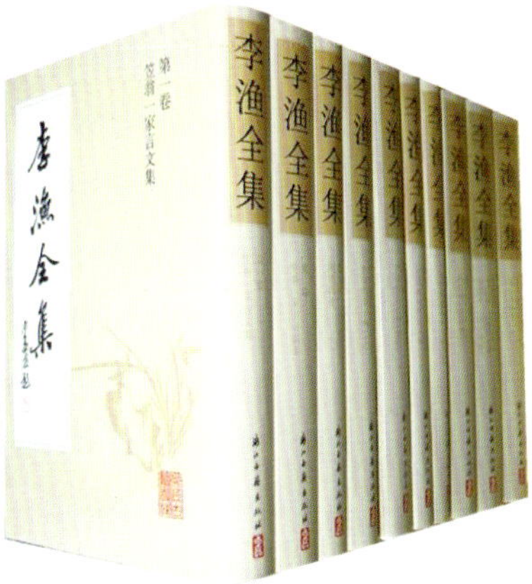

图版 78-3-3 《李渔全集》，浙江古籍出版社 2010 年版。李渔（1611—1680 年），明末清初戏曲与戏曲理论家，兰溪人（浙江省社会科学院图书馆提供）

图版 78-3-4 《黄宗羲全集》，浙江古籍出版社 1985 年版。黄宗羲（1610—1695 年），明末清初学者，绍兴府余姚人（浙江省社会科学院图书馆提供）

图版 78-3-5 《全祖望集汇校集注》，全祖望著，朱铸禹汇校集注，上海古籍出版社 2001 年版。全祖望（1705—1755 年），清代史学家、文学家，鄞县人（浙江省社会科学院图书馆提供）

图版 78-3-6 《文史通义新编新注》，章学诚著，仓修良编注，浙江古籍出版社 2005 年版。章学诚（1738—1801 年），清代学者，宁波台道会稽人（浙江省社会科学院图书馆提供）

图版 78-4-1　《龚定庵全集类编》，龚自珍著，夏田益编，中国书店 1991 年版。龚自珍（1792—1841 年），清代学者，仁和人（今杭州）（浙江省社会科学院图书馆提供）

图版 78-4-2　《春在堂全书》，俞樾著，凤凰出版社 2010 年版。俞樾（1821—1907 年），清末学者、经学家，德清人（浙江省社会科学院图书馆提供）

图版 78-4-3　《孙诒让全集》，孙诒让著，中华书局陆续出版。孙诒让（1848—1908 年），清末学者、经学家，瑞安人（浙江省社会科学院图书馆提供）

图版 78-4-4　《王国维全集》，王国维著，浙江教育出版社、广东教育出版社 2009 年版。王国维（1877—1927 年），清末民初学者、词学理论家、考古学家，海宁人（浙江省社会科学院图书馆提供）

图版 78-4-5　《章太炎选集》，章太炎著，朱维铮、姜义华编注，上海人民出版社 1981 年版。章太炎（1869—1936 年），清末民国民主革命家、学者，余姚人（浙江省社会科学院图书馆提供）

图版 78-4-6　《鲁迅全集》，鲁迅著，人民文学出版社 2009 年版。鲁迅（周树人，1881—1936 年），现代文学家、思想家，绍兴人（浙江省社会科学院图书馆提供）

图版 78-5-1 《蔡元培全集》，蔡元培著，浙江教育出版社 1997 年版。蔡元培（1868—1940 年），近现代教育家、政治家、学者，绍兴人（浙江省社会科学院图书馆提供）

图版 78-5-2 《罗振玉学术论著集》，上海古籍出版社 2010 年版。罗振玉（1866—1940 年），近现代教育家、考古学家，上虞人（浙江省社会科学院图书馆提供）

图版 78-5-3 《郁达夫全集》，浙江大学出版社 2007 年版。郁达夫（1889—1945 年），现代作家，富阳人（浙江省社会科学院图书馆提供）

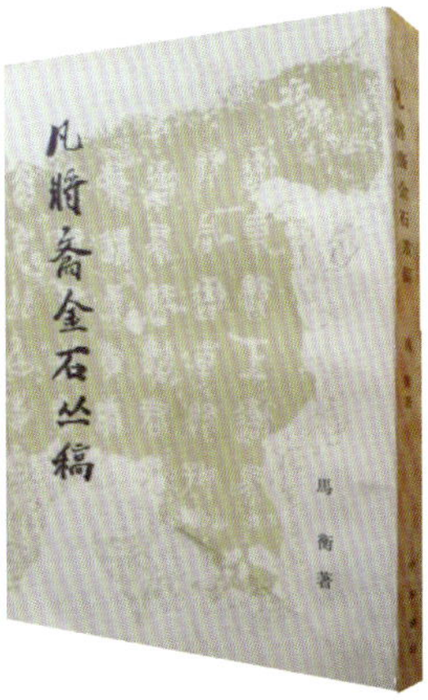

图版 78-5-4 《凡将斋金石丛稿》，马衡著，中华书局 1977 年版。马衡（1881—1955 年），现代考古学家、经史学家，鄞县人（浙江省社会科学院图书馆提供）

图版 78-5-5 《夏承焘集》，夏承焘著，浙江古籍出版社、浙江教育出版社 1997 年版。夏承焘（1900—1986 年），现代词人、词学家，温州人（浙江省社会科学院图书馆提供）

图版 78-5-6 《水经注全译》，郦道元原著，陈桥驿等译注，贵州人民出版社 2008 年版。陈桥驿（1923—2015 年），郦学家、方志学家，绍兴人（浙江省社会科学院图书馆提供）

图版 78-6-1 《中国历史地图集》，谭其骧主持编绘，中国地图出版社 1982 年版。谭其骧(1911—1992 年)，历史地理学家，嘉善人(浙江省社会科学院图书馆提供)

图版 78-6-2 《邢贲思文集》，陕西人民出版社 1998 年版。邢贲思(1930—)，哲学家，杭州人(浙江省社会科学院图书馆提供)

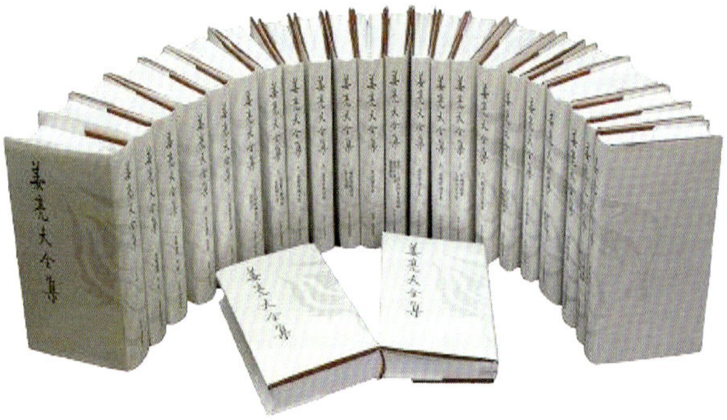

图版 78-6-3 《姜亮夫全集》，云南人民出版社 2003 年版。姜亮夫(1902—1995 年)，楚辞学家、敦煌学家、历史文献学家。云南昭通人，长期任职于浙江(浙江省社会科学院图书馆提供)

·中国科学院哲学社会科学部浙江籍学部委员(1955 年)作品·

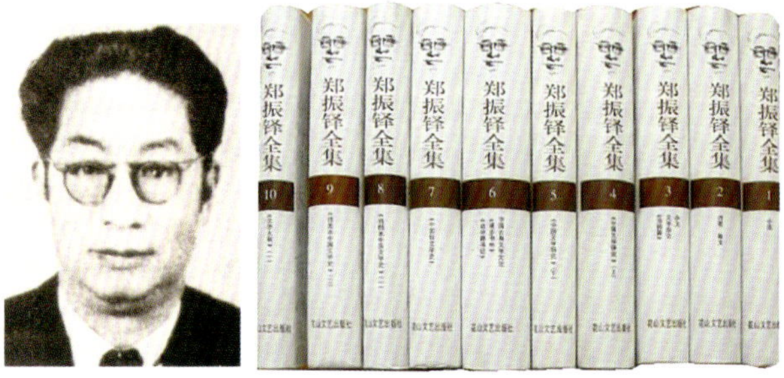

图版 78-6-4 《郑振铎全集》，郑振铎著，花山文艺出版社 1998 年版。郑振铎(1898—1958 年)，现代社会活动家、翻译家、学者，永嘉人(浙江省社会科学院图书馆提供)

图版 78-6-5 《新经济学大纲》，沈志远著，北平经济学社 1936 年版。沈志远(1902—1965 年)，现代马克思主义学者、翻译家，萧山人(浙江省社会科学院图书馆提供)

图版 78-7-1 《中国通史简编》，范文澜著，人民出版社 1964 年版。范文澜（1893—1969 年），现代历史学家，绍兴人（浙江省社会科学院图书馆提供）

图版 78-7-2 《说文解字六书疏证》，马叙伦著，上海书店 1985 年版。马叙伦（1885—1970 年），现代学者，余杭人（浙江省社会科学院图书馆提供）

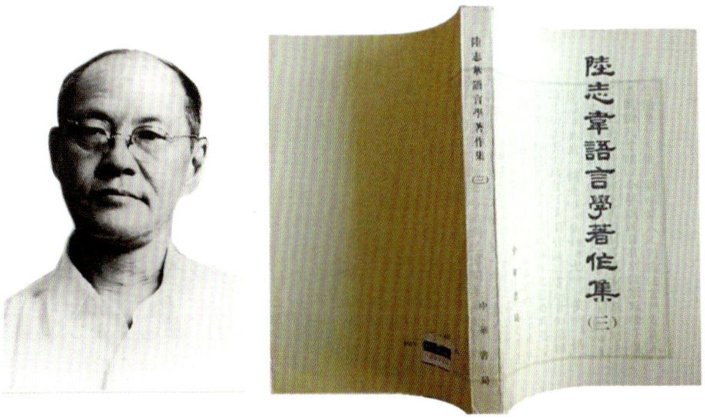

图版 78-7-3 《陆志韦语言学著作集》，陆志韦著，中华书局 1985 年版。陆志韦（1894—1970 年），现代语言学家、心理学家，吴兴人（浙江省社会科学院图书馆提供）

图版 78-7-4 《陈望道全集》，陈望道著，浙江大学出版社 2010 年版。陈望道（1891—1977 年），现代教育家、语言学家，义乌人（浙江省社会科学院图书馆提供）

图版 78-7-5 《茅盾全集》，人民文学出版社 1984 年版。茅盾（沈雁冰，1896—1981 年），文学家、文学理论家，桐乡人（浙江省社会科学院图书馆提供）

图版 78-7-6 《马寅初全集》，浙江人民出版社 1999 年版。马寅初（1882—1982 年），经济学家，嵊县人（浙江省社会科学院图书馆提供）

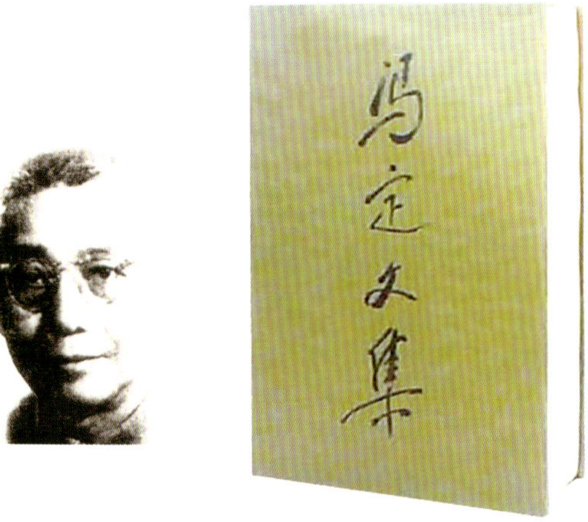

图版 78-8-1 《冯定文集》,人民出版社 1987 年版。冯定(1902—1983 年),哲学家,宁波人(浙江省社会科学院图书馆提供)

图版 78-8-2 《金岳霖全集》,人民出版社 2013 年版。金岳霖(1895—1984 年),哲学家,诸暨人(浙江省社会科学院图书馆提供)

图版 78-8-3 《吴晗全集》,中国人民大学出版社 2009 年版。吴晗(1909—1969 年),历史学家、社会活动家,义乌人(浙江省社会科学院图书馆提供)

图版 78-8-4 《吴亮平文集》,中共中央党校出版社 2009 年版。吴亮平(1908—1986 年),马克思主义学者、翻译家,奉化人(浙江省社会科学院图书馆提供)

图版 78-8-5 《胡绳文集》,中国社会科学出版社 1994 年版。胡绳(1918—2000 年),哲学家、近代史专家,杭州人(浙江省社会科学院图书馆提供)

图版 78-9-1 《关于社会主义计划经济的几个理论问题》，人民出版社 1982 年版。骆耕漠(1908—2008 年)，现代经济学家，临安人(浙江省社会科学院图书馆提供)

·中国社会科学院首届浙江籍学部委员(2006 年)作品·

图版 78-9-2 《裘元伦文集》，上海辞书出版社 2005 年版。裘元伦(1938—)，世界经济史专家，慈溪人(浙江省社会科学院图书馆提供)

图版 78-9-3 《陈高华文集》，上海辞书出版社 2005 年版。陈高华(1938—)，历史学家，温州人(浙江省社会科学院图书馆提供)

图版 78-9-4 《不对称和标记论》，沈家煊著，江西教育出版社 1999 年版。沈家煊(1946—)，语言学家，吴兴人(浙江省社会科学院图书馆提供)

·中国社会科学院浙江籍荣誉学部委员(2006年、2010年)作品·

图版78-10-1 《西欧美学史论集》,陈燊著,郭家申编,中国社会科学出版社1989年版。陈燊(1921—),文学理论家,温州人(浙江省社会科学院图书馆提供)

图版78-10-2 《中华民国铁路史资料》,宓汝成著,社会科学文献出版社2002年版。宓汝成(1924—),民国史专家,慈溪人(浙江省社会科学院图书馆提供)

图版78-10-3 《戴园晨集》,中国社会科学出版社2006年版。戴园晨(1926—),经济学家,海宁人(浙江省社会科学院图书馆提供)

图版78-10-4 《美国文学简史》(修订本),董衡巽著,人民出版社2003年版。董衡巽(1934—),外国文学史专家,余姚人(浙江省社会科学院图书馆提供)

图版78-10-5 《清世史料并考释》,王庆成著,武汉出版社1998年版。王庆成(1928—2018年),清史专家,嵊县人(浙江省社会科学院图书馆提供)

图版78-10-6 《陈筠泉文集》,上海辞书出版社2005年版。陈筠泉(1935—),哲学家,海宁人(浙江省社会科学院图书馆提供)

图版 78-11-1 《中国妇女通史·清代卷》，郭松义著，杭州出版社2010年版。郭松义(1935 —)，历史学家，上虞人（浙江省社会科学院图书馆提供）

图版 78-11-2 《西欧文明》，姚介厚等著，中国社会科学出版社 2002 年版。姚介厚(1940—)，西方哲学史专家，杭州人（浙江省社会科学院图书馆提供）

图版 78-11-3 浙江图书馆的镇馆之宝文澜阁《四库全书》，杭州出版社于 2001 年起影印出版，共计 1959 册（浙江省社会科学院图书馆提供）

图版 78-11-4 1920 年 4 月，陈望道译完《共产党宣言》全文本，于同年 8 月由社会主义研究社印刷出版（红色版本），9 月印刷第二版（蓝色版本），被称为《共产党宣言》姐妹本，是中国最早中文全译本。左为 1920 年 8 月第一版的书名错印本，右为 1920 年 9 月再版重印本（浙江省社会科学院图书馆提供）

图版 78-11-5 1928 年 1 月，郭大力从上海来到杭州，客居杭州大佛寺始译《资本论》第一卷，并认识同寓大佛寺的王亚南，商定合译《资本论》，经 10 年共译，于 1938 年 8 月由上海读书生活出版社出版，是为中国第一部《资本论》三卷中文全译本（浙江省社会科学院图书馆提供）

图版 78-12-1　1988 年 6 月，浙江省社会科学院建院 30 周年纪念会在杭州召开(《浙江省哲学社会科学志》，浙江人民出版社 1999 年版)

图版 78-13-3　1986 年 12 月，国际黄宗羲学术讨论会在宁波召开(《浙江省哲学社会科学志》，浙江人民出版社 1999 年版)

图版 78-12-5　2005 年 12 月，上海市社会科学院、江苏省社会科学院、浙江省社会科学院联合成立的长三角联合研究中心成立大会在上海召开(浙江省社会科学院图书馆提供)

图版 78-12-2　1985 年 5 月，中国宋史国际学术讨论会在杭州召开（《浙江省哲学社会科学志》，浙江人民出版社 1999 年版）

图版 78-12-4　2002 年 12 月，首届浙江省哲学社会科学普及周开幕式暨首场报告会在杭州召开(浙江省社会科学界联合会提供)

图版 78-13-1　2006 年 3 月，浙江省哲学社会科学重点研究基地授牌暨《浙江文献集成》项目签约仪式在杭州召开（浙江省社会科学界联合会提供）

图版 78-13-2　2007 年 1 月，浙江省哲学社会科学“十一五”规划工作会议暨“科学发展观在浙江的实践”丛书（第 1 辑）首发式在杭州召开（浙江省社会科学界联合会提供）

图版 78-13-3　2009 年 4 月，“深化改革开放推进转型升级”理论研讨会会场在义乌召开（浙江省社会科学界联合会提供）

图版 78-13-4　2009 年 11 月，纪念王阳明逝世 480 周年暨阳明学派国际学术研讨会在杭州召开（浙江省社会科学院图书馆提供）

图版 78-13-5　2010 年 11 月，当代浙学论坛“传承与发展：21 世纪的浙江地方志事业”主题论坛在杭州召开（浙江省社会科学界联合会提供）

图版 78-14-1　2005年,“文化研究工程”第一批项目评审会议在杭州召开。省委、省政府对工程建设高度重视,省委书记习近平、赵洪祝、夏宝龙相继担任指导委员会主任。浙江“文化研究工程”围绕古、今、人、文四大板块,组织开展了“科学发展观在浙江的实践”“浙江历史文化名人”“浙江改革开放30年研究”“新中国成立60周年浙江经济社会发展研究”等10多个系列800多项课题研究,出版成果550多部(浙江省社会科学界联合会提供)

图版 78-14-2　浙江“文化研究工程”成果《浙江通史》(金普森、陈剩勇主编),浙江人民出版社2005年版(浙江省社会科学院图书馆提供)

图版 78-14-3　浙江“文化研究工程”成果“科学发展观在浙江的实践丛书”,浙江人民出版社,2005年后陆续出版(浙江省社会科学界联合会提供)

图版 78-14-4　浙江“文化研究工程”成果“浙江文化名人传记丛书”100部(万斌主编),浙江人民出版社,2003年后陆续出版(浙江省社会科学界联合会提供)

图版 78-15-1　杭州文澜阁藏书楼，始建于清乾隆四十七年（1782 年），是清代为珍藏《四库全书》而建的七大藏书阁之一（《浙江省哲学社会科学志》，浙江人民出版社 1999 年版）

图版 78-15-2　宁波天一阁藏书楼，系明中期兵部右侍郎范钦主建，是亚洲现有最古老的图书馆和世界最早的三大家族图书馆之一（《浙江省哲学社会科学志》，浙江人民出版社 1999 年版）

图版 78-15-3　绍兴证人（蕺山）书院，建于明朝，系明代著名学者刘宗周讲学之处，浙东蕺山学派的发祥地（浙江图书馆提供）

图版 78-15-4　缙云独峰书院，宋淳熙壬寅年（1182 年），据朱熹“于此藏修”之语而建读书堂。咸淳丁卯（1267 年）扩建，晦庵先生（朱熹）弥节于此（浙江图书馆提供）

图版 78-15-5　甬上证人书院，位于宁波西郊万太别居白云庄，前身为清初浙东学派“澹园社”，黄宗羲居此讲学，以继“蕺山证人书院”薪火（浙江图书馆提供）

浙江省地方志编纂委员会

主　　任：吕祖善（2004.3—2011.9）
夏宝龙（2011.9—2013.1）
李　强（2013.1—2016.6）
车　俊（2016.7—2018.5）
袁家军（2018.5—　　　）

副 主 任：茅临生（2010.2—2012.8）
张　曦（2011.4—2012.9）
葛慧君（2012.8—　　　）
郑继伟（2010.2—2017.3）
成岳冲（2017.3—　　　）

（以下委员名单略）

《浙江通志》编纂委员会

主　　任：李　强（2016.2—2016.7）　车　俊（2016.7—2018.5）
袁家军（2018.5—　　　）

副 主 任：葛慧君　郑继伟（2016.2—2017.3）
成岳冲（2017.3—　　　）

委　　员：陈　新　王　纲　宋建勋　鞠建林　蔡晓春　王喜法
孙耀铜　张学伟　来颖杰　胡庆国　刘　芸　孟　刚
徐宇宁　王　杰　张伟斌　潘捷军　盛世豪　徐立毅
裘东耀　姚高员　钱三雄　毛宏芳　盛阅春　尹学群
汤飞帆　何中伟　张晓强　吴晓东　俞文华　王良仟
童芍素　郑志耿　郑明治　王卫东　李志廷

总　　编：俞文华

副 总 编：张伟斌（2012.9—　　　）　潘捷军（常务）　王良仟
童芍素　郑志耿　郑明治　王卫东　李志廷（兼总纂）
林吕建（2011.9—2012.3）

浙江省地方志编纂委员会办公室

主　　任：潘捷军

副 主 任：陈　野（2007.6—2011.3）　章其祥（2011.5—　　）

主任助理：韩　锴（2011.9—2016.4）

成　　员：汤敏华　董郁奎　颜越虎　周祝伟　张　勤　袁新国
吕克军　赵海良　段　愿　汤　敏　李迎春　林琼华
邴　波　王兆保　周修宇　赵鹏团　徐　鹏　杨云婷
王　林　汪　珏　阎乐民　葛立朝　葛旭鹏　翁友伦
徐由由　应秀敏　章　丽　葛　伟
吴玉权（2012.11—2017.12）　白效咏（2009.9—2015.9）

《浙江通志》总纂、副总纂

总　　纂：李志廷（兼）

副 总 纂：廖曰文　章其祥　董郁奎　颜越虎　周祝伟　王　林
吴铁卿（2018.4—　　）　倪集华（2018.5—　　）

《浙江通志》总编室（《浙江通志》编辑部）

主　　任：董郁奎（2011.9—2012.7）　颜越虎（2018.1—　　）

副 主 任：颜越虎（2011.9—2018.1）　袁新国（2018.1—　　）
王　林

责任编辑：颜越虎　袁新国　王　林　汤　敏　李迎春　林琼华
邴　波　王兆保　周修宇　吕克军　赵海良　段　愿
赵鹏团　徐　鹏　汪　珏　阎乐民　葛立朝　葛旭鹏
翁友伦　白效咏（2011.9—2015.9）
刘志勇（2011.9—2012.7）　李恒悦（2011.9—2012.1）
曹爱光（2011.9—2014.9）　戴智勇（2012.7—2014.9）

《浙江通志·哲学社会科学志》编纂委员会

主　任: 张伟斌

常务副主任: 葛立成

副主任(按姓氏笔画排序): 马力宏　毛　跃　王金玲　吴永良　迟全华　陈柳裕　邵　清　罗卫东　潘捷军

成　员(按姓氏笔画排序): 毛亚敏　方展画　卢敦基　华忠林　陈永革　陈华兴　陈　野　邹建中　吴　蓓　杨张乔　杨建华　徐吉军　徐明华　徐剑锋　袁　清　董郁奎　谢利根　潘志良　戴　亮

《浙江通志·哲学社会科学志》编辑部

主　编: 张伟斌

副主编: 葛立成　杨张乔

主　任: 杨张乔

副主任: 潘志良

成　员: 卢余群

撰稿人(按姓氏笔画排序): 马庆国　王　宇　王永太　毛亚敏　叶　茂　卢余群　任玉秋　邱　巍　陈永革　陈明珠　何扬鸣　沙虎居　李文峰　李传喜　李明华　杨张乔　杨建华　罗利丹　郑淑琪　张　叶　张学继　张宏敏　张秀梅　张涌泉　宋　烜　吴　蓓　周　全　周思勇　赵彩娥　莫艳清　唐晓燕　曹立人　章其祥　潘志良

序

浙江是一片风光优美、令人神往的大地，是一个历史悠久、文化璀璨的家园，是一块创业创新、活力迸发的热土……在浙江人民波澜壮阔、跌宕起伏的奋斗历程中，浙江大地上涌现出无数勇立潮头的先进人物、可歌可泣的历史事件。这一切都真实准确、全面系统地记录在皇皇巨构《浙江通志》之中。《浙江通志》编纂工作自2011年9月启动以来，历届省委、省政府十分重视，各有关单位尽职尽责。《浙江通志》的出版，是全体编纂人员呕心沥血、辛勤耕耘的珍贵结晶，也是浙江文化强省建设的丰硕成果。

编纂地方志是我国源远流长的文化传统。地方志不仅能记述、反映历史的发展与社会的变化，而且还具有独到的“存史、资政、育人”等功能，在传承文明、开创未来的宏伟大业中具有不可替代的作用。浙江有着悠久的修志传统。早在东汉初年，被称为“方志之祖”的《越绝书》诞生在浙江；宋代，“临安三志”作为中国古代方志的定型之作，登上历史舞台；清代，浙江学者章学诚则以创立方志学闻名于世。千百年来，浙江佳志迭现，名家辈出。这些名志大家既是浙江作为“方志之乡”的最好见证，也是浙江成为“文化之邦”的重要支撑。

从上山文化、跨湖桥文化、河姆渡文化、良渚文化等史前文明，到越王勾践卧薪尝胆、雪耻复国的春秋霸业，从唐宋钱塘的富庶繁华，到明清两浙的文化昌盛，浙江先人展示的画卷光辉灿烂，令人赞叹不已。“一部民国史，半部在浙江。”民国时期，政治、经济、文化、教育、科技等领域的代表性人物成就卓著、各领风骚，推动了时代的发展和社会的进步。中华人民共和国成立后，浙江发生了翻天覆地的变化。特别是改革开放以来，经济社会全面发展，城乡各业蒸蒸日上，之江大地日新月异，人民群众安居乐业。浙江人民勇做时代弄潮儿，积极实施“八八战略”，努力践行“绿水青山就是金山银山”的发展理念，探索出了一条符合浙江实际、富有浙江特色的发展路子，形成了与时俱进的浙江精神，为今后可持续发展提供了强大的精神力量与广阔的提升空间。“盛世修志，志载盛世。”《浙江通志》把浙江人民所创造的辉煌业绩和奋斗精神记载下来，既可以激发当代浙江人励精图治、团结奋斗，更能够广泛宣传浙江，让全国乃至世界更加充分地了解浙江、认识浙江，作用巨大，意义深远。

“修志问道，以启未来。”今天，浙江人民在习近平新时代中国特色社会主义思想的指引下，按照统筹推进“五位一体”总体布局、协调推进“四个全面”战略布局的要求和习近平总书记对浙江提出的“干在实处永无止境，走在前列要谋新篇，勇立潮头方显担当”的新期望，积极投身高水平全面建设小康社会和高水平推进社会主义现代化建设伟大实践。《浙江通志》的编纂出版，既为我们提供了丰富宝贵的现实经验，也为我们提供了可资借鉴的历史启示。我们要充分重视用志工作，加强宣传力度，拓宽用志途径，采用各种形式，不断扩大地方志的服务功能，既要让方志成为决策者的案头书，又要让志书成为广大群众喜闻乐见的精神产品，使地方志在“两个高水平”建设的新征程中发挥更大的作用。

是为序。

浙江省人民政府省长 袁家军

2018 年 10 月 8 日

凡 例

一、宗旨

以马克思列宁主义、毛泽东思想、邓小平理论、“三个代表”重要思想、科学发展观、习近平新时代中国特色社会主义思想为指导，遵循辩证唯物主义和历史唯物主义原理，全面、客观、系统地记述浙江省自然、政治、经济、文化和社会的历史与现状。服务当代，垂鉴后世。

二、起讫时间

上溯事物发端，下限为2010年12月31日，必要时以注释等形式作适当下延。

三、地域范围

以下限时浙江省行政区域为界，原则上越境不书。

四、体裁

采用述、记、志、传、图、表、录等体裁，以志体为主。

五、结构

以卷章结构为主。

卷的设置以科学分类与现实社会分工（现行管理体制）相结合。凡具有特别重要地位、文化积淀深厚且体量较大者，设为专志，各置为卷。

卷下设章、节，节下根据需要设目、子目与细目等。凡时代特征、地方特色显著，又难以在正文中展开记述者，设为专记。

六、文体

使用规范的现代语体文。直接引用资料使用原文文体。

七、文字

以经中华人民共和国国务院批准、1986年10月10日国家语言文字工作委员会重新发表的《简化字总表》，1955年12月22日中华人民共和国文化部、中国文字改革委员会发布的《第一批异体字整理表》及2013年6月5日中华人民共和国国务院公布的《通用规范汉字表》为准，异形词以2001年12月19日中华人民共和国教育部、国家语言文字工作委员会发布的《第一批异形词整理表》为准。

人名、地名、书名、文章篇名及引录的原著文句，凡可能引起歧义、误解者，仍用原繁体字或异体字。

八、标点符号

以2011年12月30日中华人民共和国国家质量监督检验检疫总局、中国国家标准化管理委员会发布的《标点符号用法》为准。

九、称谓

中华人民共和国成立前的国家、民族、地名、组织、机构、职官等名称，除明显带有歧视、污蔑含义者加以适当处理外，原则上仍用文献记载的原名称。

志书下限时的地名使用各级政府审定的标准地名，必要时括注俗称地名。地名古今不同者，各章首次出现时在其后括注志书下限时的标准地名；隶属地域变化者，注明志书下限时所属地域。

外国的国名、地名、人名、民族名，以及政府机构、党派团体、报刊等名称，主要依照《辞海》（第六版）译名及新华通讯社译名室常用译名。各章首次出现时，根据需要括注外文原名。

生物名称使用学名，记述自然资源涉及有关生物名称的，各章首次出现时采用二名法，必要时加注当地俗名。

十、简称

各种较复杂的名称重复出现时，各章首次出现时使用全称并括注简称，其后出现直接使用简称；有关机构、单位2010年的简称均以《有关机构、单位全称与规范化简称对照表》为准；有关机构、单位2010年前的简称及其他简称采用社会上通行、不产生歧义者，且全卷保持一致。

十一、纪年

干支纪年、年号纪年及其他非公历纪年等，以汉字书写，括注公历纪年；非公历纪年后有月日的，同时括注经换算后公历纪年的月日。

民国纪年以阿拉伯数字书写，括注公历纪年。

同一自然段中同一纪年多次出现时，只在首次括注公历纪年，其后不再括注。

括注公历纪年于年份后加“年”字；括注某一时间段，则只在后一个公历纪年后加“年”字。

括注公元前年份，年份前冠“前”字；括注公元元年后年份直接书写年份，不冠“公元”。

自1949年10月1日起，采用公历纪年。

公历纪年及公历的世纪、年代、月、日和时分，均以阿拉伯数字书写。

十二、数字

按 2011 年 7 月 29 日中华人民共和国国家质量监督检验检疫总局、中国国家标准化管理委员会发布的《出版物上数字用法》表述。凡一个数字与“以上”“以下”“以内”等连用的，均含该数字。

十三 、数据

中华人民共和国成立前的数据按文献记载入志。

中华人民共和国成立后的统计数据以统计部门公布数据为准。统计部门缺失者则采用相关部门经过核实的数据，并以注释形式说明资料来源。同一内容数据有不同者，也以注释形式加以说明。重要地理信息数据采用测绘部门公布的法定数据。

十四、计量单位

按 1984 年 2 月 27 日中华人民共和国国务院发布的《中华人民共和国法定计量单位》规定表述。行文中使用单位名称或单位符号视具体情况而定。

中华人民共和国成立前的计量单位根据需要沿用旧制。

十五、货币

中华人民共和国成立前的货币币值均按文献记载入志。

中华人民共和国成立后货币币值均指人民币币值。1955 年 3 月 1 日前后人民币各按当时币值记载，不作换算。

外国货币按文献记载入志，币值不作换算。

十六、地图

按 2015 年 11 月 26 日中华人民共和国国务院公布的《地图管理条例》和浙江省人民政府 2014 年 11 月 11 日公布、2015 年 12 月 28 日修正的《浙江省地图管理办法》的规定，采用经浙江省测绘行政主管部门审核的地图。

十七、注释

直接引用(引文)、地图、图片、表格及有关重要内容，均注明资料来源。其他需要说明者，亦酌情加以注释。

引用清代及清代以前编纂的志书，注明朝代、纪年、志书名称及卷次(或卷次与篇名)；引用民国时期编纂的志书，注明“民国”两字和志书名称、卷次(或卷次与篇名)；引用 1949 年 10 月 1 日(含)以后编纂、出版的志书，注明志书名称、出版单位、出版时间及页码。志书名称与篇名均用书名号。引用私修志书，除上述各项内容外，于志书名称前注明作者姓名。

十八、资料

取之于档案、书籍、报刊、网络及社会调查等，均经考订、核实。凡记载不一者，正文采其一说，其余说法以注释形式记述。

十九、大事记述

以编年体为主，兼用纪事本末体，专设《大事记》记载全省大事；其余各有关卷设置《大事年表》记载相关大事。

二十、人物

以“生不立传”为原则，专设《人物传》予以记载；其余各有关卷所涉人物按“以事系人”“人随事出”方法处理。

编纂说明

一、关于理论、思想、学术、学说、学科的概念使用

《哲学社会科学志》主要使用理论、思想、学术、学说、学科的概念来梳理古代与近现代及当代的哲学社会科学研究历程和成就。理论是指关于事物知识的理解和论述，也指辨论是非争论和讲道理，是学术、学说、学科的综合所指，具有学术性和应用性。思想是指认识的观念形态，是客观存在反映在意识中经由理性思维而产生的结果，它可以是理论形态的，也可以是非理论形态的，具有对现象的直接性、多样性、具实性的特点。学术是指系统、专门的学问，是对事物及其规律的系统化，具有专一性、深刻性、系统性及学科化的特点。学说是指根据运用某种知识对现象的诠释、总结而形成的具有独立个性、自成系统的主张和论说，具有特定知识的个别性、学派性和系统性的特点。学科针对人文科学与社会科学而言，是与知识相联系的一个学术体系概念，是人文科学与社会科学知识系统内子系统按逻辑排列的集合概念，是自身子系统范围内的独立知识体系。本志据此定位并展开对各个时期的研究成果的层面分类和叙述。

二、关于起始期的界定

《哲学社会科学志》以史前、先秦及秦汉至明清三大历史时期述之。史前为新旧石器时代，先秦为上古三代至秦建立之前。述文化成果，起始于旧石器时代。述人文科学思想与学术，起记于先秦夏禹时代。对比学界对中国学术史、中国思想史、中国文化史起始的研究，中国学术史起始大多根据周代“殷鉴”《周易》的文献认定，并以周代的学术自觉为重要依据，而忽视夏禹时代；认为其“文献不足”而理性思维缺乏自觉，作为学术起始条件不甚具备。中国思想史、中国文化史的起始，一般写于五帝。《史记》以五帝本纪为第一篇，夏本纪为第二篇，已涉天命思想、安邦定国思想及农业、手工业发展思想等。《哲学社会科学志》起于夏禹，理由有三：第一，《浙江通史》（先秦卷）引《史记》《越绝书》《吕氏春秋》《吴越春秋》之记载，大禹不仅在会稽忧心治水、娶涂山氏之女，而且会群臣于会稽山，“商讨治国之策”。《史记·夏本纪》后半部分实为治国思想史。故作为思想探讨入志。第二，“越为禹后”“禹为越后”以及两说“并行不悖”说，自东汉王充否认“禹到会稽”始，历来数有争议，浙籍学者尤甚。《哲学社会科学志》以学术探讨入志。第三，浙江的通史、文化史关于上古浙江夏禹时代论述较详，故以史学研究入志。夏禹时代虽多杂神话，但对此研究不断，这本身就是一种学术。

三、关于记述对象和内容

《哲学社会科学志》记述的内容为浙江籍学者以及在浙江工作、生活的非浙江籍学者在哲学社会科学领域所取得的基础理论研究成果和应用理论研究成果。

四、关于章节结构的说明

《哲学社会科学志》依据国务院学位委员会、教育部始于2010年修订的本科专业目录门类和种类，设置章节篇目结构。具体设章及各章排列，因某些章节已单独列有志卷，本志在篇幅上作浓缩或合并。如对教育学、文学、艺术学作浓缩列章，对图书馆学与档案学、军事学与体育学合并成章；地理学、管理学、心理学与自然科学交叉甚多，地理学取历史地理学部分与民族学合为一章，心理学撇开临床心理学缩减成章，管理学取与社会科学紧密部分缩减成章。敦煌学自起始阶段，浙江学者就有创建之功，且后继亦为学术主阵地，以优势学科单独列章。如是据实列章，减少了整部志书的重复性，更加突出本志的思想学术性。结构的方面还采用两个总起，即人文传统脉络的总起与马克思主义指导思想的总起，成第一章和第二章；后18章按学科分述学术成就及历程；最后一章介绍学术机构、学术活动及当代学术成就获奖情况。

五、关于照片、图片选择的范围和标准

《哲学社会科学志》的图示设以两个主题即"学术的辉煌""社会科学的创新与发展"。其中，学术的辉煌主要反映先秦、古代、近现代国学与其他哲学社会科学的成就，选择标准是时代的代表性、学派的代表性、学术门类的代表性及学术的权威性。社会科学的创新与发展，主要反映浙江本地的学术活动、学科品牌以及省委、省政府对社会科学发展的重视和支持。选择标准：一是各时期有一定代表性的学术会议和学术活动；二是最主要的学术品牌。

六、关于科研成果及作者的选择及特殊成果的选择

《哲学社会科学志》立足于浙江哲学社会科学研究的全局，突出以下重点：第一，大时间段上，由于《浙江省哲学社会科学志》(1999年版)已反映了从1840年鸦片战争之后至中华人民共和国成立后38年的哲学社会科学研究成果，因此，这次编志对这一大的历史时间段的入志内容作了一定的限制(删减)，精选研究成果突出的入志，且记述的内容相对简要。将鸦片战争之前的整个大历史阶段和1989—2010年这21年作为这次编志的重点。第二，在优势学科基础上，突出著名、知名学者及其创立或发展的学术成果，突出在全国学术地位领先的学科(如敦煌学等)。第三，突出具有浙江地方特色的传统学术成果和现实课题成果。第四，在入志内容标准上，重视"抓第一""创一流""填空白""有成效"四个要点。"抓第一"，即第一次发表、第一部创先、最先提出的观点、论文、论著。"创一流"，即抓住具有一流学术地位的研究成果，如国家、省重点课题，省社科优秀成果，专业刊物刊文，《人民日报》《光明日报》《文汇报》《红旗》《求是》杂志刊登的理论成果；"填空白"，即重视学术命题和论题具有前瞻性并填补学科空白的研究成果；"有成效"，即重视在实践应用中成效重大的研究成果。第五，对一些在浙

江特殊条件下产生或形成的学术成果，即使不是浙籍学者，必要时也选择入志。如郭大力、王亚男于 1928 年 1 月在杭州大佛寺客居并商定合作翻译《资本论》，郭大力在客寓期间基本上完成了第一卷的翻译，两者虽非浙籍也非长期供职于浙江，但仍收录其中，并说明其事发经过。

目 录

概　述

一

通观浙江从古代人文科学到近现代哲学社会科学的发展历程，其先端孕育于旧石器、新石器时代的古人类文化；就学术思想文化而言，可谓发轫于先秦、发达于汉唐、鼎盛于宋明及清中期，转型革新于晚清民国。近300年浙江学术，传统学术出新求变，社会科学学科兴起，学术研究中西会通，变革创新、融汇发展；至现当代，传统学术批判继承，新兴学科系统发展，机构活跃，人才辈出，学风扎实。无论古代、近代还是现当代，浙江哲学社会科学的学科建设和理论研究在国内外均有一定的地位和影响。

志记述浙江上下百万年的遗址文化、4000余年的思想与学术文化、百余年的分学科研究的学术理论，需要对古代人文科学与现代社会科学这两个庞大的学术文化体系作出宏观的谋局、中观的梳理和微观的归类。

在发展时空上，总体把握浙江古代人文科学思想和学术文化与近现代哲学社会科学的历史贯通、衍生发展、变革融合的大脉络和区域性，揭示古代人文学术思想在近代中国社会大变革、大转型中，或消亡、或变衍、或创新、或融合的过程和规律；将古代浙江诸多领域的人文现象和人文学术汇为一体，与近现代哲学社会科学成于一脉，使之既涵括远古及其之后的政治、经济、社会、文化诸领域发展的学术基源、思想体系和人文传统，又涵盖古代人文学术思想和近现代哲学社会科学理论的原创、分孳、融合、发展的区域空间（如浙东学术与浙西学术），以使成为研究人类社会现象及发展的实践印记、思想宝库、理论基础和人文精神。

在学术传承上，追索古代浙江人文学术思想的相继传承与沿革关系，寻求近现代一些重大社会科学学科的文化之根，挖掘浙江哲学社会科学的本土特色。如哲学、史学、文学三大学科，在古代浙江人文科学宝库中都可以看到耀眼的学术成就和传统，通过师承、相从、习授及藏书、刊刻等形式得以相传继承。先秦时期，越地有代表人物范蠡、计倪、文种等，东汉王充《论衡》、魏伯阳《周易参同契》均受其影响。至魏晋形成的玄学对南北朝和隋唐的儒、佛、道三教理论发展起到很大的作用。浙东学术发端于北宋，形成于南宋，发达于明清，但宗其史源，则是纳属大浙学概念。浙江史学以明清两代浙东史学为最，但论浙江史学传统之脉络，远者有袁康、吴平的《越绝书》，赵晔的《吴越春秋》，宋元王应麟创新史志目录学与历史地理学，近者有谈迁《国榷》、张岱《石匮书》、查继佐《罪惟录》、万斯同《明史稿》、吴任臣《十国春秋》等史学巨著。除哲学、史学、文学即通称文史哲三大人文学科外，从广义上说，近现代哲学社会科学的其他大多数学科也都能从古代国家政治、经济、社会等管理的理论和实践中找到传承和延续的踪源，并在发展过程中直接、间接地为近现代哲学社会科学的兴盛提供了充沛的学术养分。《浙江通志・哲学社会科学志》在编纂过程中，都一一加以记述，使这些学科扎根于本土的学术土壤之中。

在学理归类上，参照文献目录学的分类原则并结合现代社会科学的分类方法，科学总成古代学术研究的学科归类和研究模式。若从远古大禹时代的国家管理思想算起，浙江人文学术思想上、下限跨度约4000年，人文内涵与外延极为丰富，学术活动和学术思想的研究方法也各有所持，要梳理各派各论的学术研究，需要总成各学术宗派、学术理论的学科归类和结构。人文科学与社会科学至少在这两方面能够提供直接的或相近的理论框架。人文科学的研究对象为人类的精神世界及其积淀的精神文化，其范畴以哲学、史学、文学为重，研究方法重在意义分析、典籍整理和解释学的方法。社会科学研究对象是人类社会以及个体与组织所表现的社会行为，研究方法除基础理论的思辨性外更多的是引进自然科学的方法。这部志书以人文科学和社会科学现时态的系统总成的角度，具体完成古代人文科学与近现代社会科学在历时态中的学科定位与研究的模式定位。古代人文类的学术活动与学术成就，按现时态的人文科学归类，分列到具体学科则为哲学、史志学（金石学）、文学（含艺术学）等；近现代社会科学概念类的学科，如马克思主义学说、政治学、经济学、社会学、法律学、教育学、管理学、新闻学、人类学（民族学）、地理学、心理学、军事学、体育学、图书馆学、考古学等，从事发源头上追索古代相关人文或非人文的学术实践活动和学术研究成果，同时厘清上述历时态学术状态向现时态的过渡、沿革的关系，包括哲学、史学、文学这三大典型的人文科学分支向哲学社会科学的归属。这些在人文科学与社会科学的大框架内，是一种内部的逻辑关系，这部志书的结构设计重在追求这一逻辑关系的合理性。

二

人文社会科学的志书形式，古有传统，近有发展。浙江古代及近代学术发展的志述和研究，呈多种形式和体裁，主要有三：

一是始于隋朝而沿袭至晚清的经籍志体。《隋书》始设经籍志，并把经籍分为经、史、子、集四部40类，另附佛道两类典籍，其成就之一在于首次对魏晋南北朝史学发展给予全面总结。清代山阴人章宗源作《隋书经籍志考证》，陈训慈评：“清乾隆至嘉庆间，越中治部录之学，惟推二章氏（章学诚、章宗源）。”越百年后有山阴人姚振宗又作《隋书经籍志考证》54卷，并作《汉书艺文志拾补》6卷、《汉书艺文志条理》8卷、《后汉艺文志》4卷、《三国艺文志》4卷，仰契前儒，下启后学，被誉为“目录之学，卓然大宗”。宋元之际马端临先任慈溪慈湖书院山长，又两任衢州柯山书院山长，其间续作《文献通考》，计348卷，收录著家2000余人。其中《文献通考・经籍志》是为后来经籍志义例。至清代，朱彝尊著《经义考》300卷，收录古籍3503种、

79337卷、36000余册，考证历代经籍存佚，为中国经学文献的专科目录，显现中国经学发展的历史。杭世骏主持纂修《浙江通志·经籍志》，又修《两浙经籍志》《经籍志》及《历代艺文志》等。孙诒让修《温州经籍志》36卷（浙江图书馆刊印，1921年），为温州地方艺文专志，记载温州旧属永嘉、乐清、瑞安、平阳、泰顺、玉环六县自唐迄清道光年间温州人或有关温州之著述，共收1300余家，1750部，被誉为近世汇志一部艺文之祖。古代、近代的经籍志长于目录学。虽然清中晚期章学诚就提出“方志乃一方全史”等观点，但在晚清民国未见思想学术志。

二是始于明代而精于明末清初的学案体。黄宗羲著《明儒学案》是继明代嵊县人周汝登《圣学宗传》、明末清初孙奇逢《理学宗传》之后中国古代一部完整的学术史杰作，奠定了学案体的史书体裁。其未完之作《宋儒学案》《元儒学案》，经黄百家、全祖望等续补成《宋元学案》，于清道光十八年（1838年）由王梓材、冯云濠补遗成100卷，记宋元学者过2000人，初刊于浙江。光绪五年（1879年），张汝霖再次主导翻刻于长沙，成通行的百卷《宋元学案》。

三是始于20世纪80年代、继以2010年之后的哲学社会科学专业志体。遵照浙江省人民政府的部署和浙江省地方志编纂委员会关于开展省志编纂工作的意见，1986年12月，由浙江省社会科学院负责编纂《浙江省哲学社会科学志》，并于1999年由浙江人民出版社出版。该志按新方志体例，分6编18章，另有大事纪略、著名学者传略、文献辑存、附录及人名索引，涉及学科有哲学、经济学、语言学、历史学、科学社会主义、教育学、方志编纂与方志学、社会学、法学、人口学、文物考古、敦煌学、图书馆学与档案学等。该志囿于当时对社会科学形成年代的理解，上限定为1840年鸦片战争之后，实为近代、现代哲学社会科学志。而上至先秦、秦汉、魏晋、隋唐、宋元明清4000余年及该志下限1988年后丰富而多彩的人文科学成果未详及。这一缺憾由《浙江通志·哲学社会科学志》规划与纂补。

三

浙江的人文学术思想和哲学社会科学的形成和发展，总体上可概括为：起源于远古文明，发轫于先秦并发达于汉唐，鼎盛于宋明及清前期，转型、革新于清中晚期及民国，发展于中华人民共和国成立及至20世纪70年代末之后的改革开放的历史新时期，大致经历了5个重要发展期。

一是远古文明曙光的起源时期。

距今100万～80万年前，浙江北部今长兴、安吉范围内就有远古人类活动的踪迹，长兴七里亭遗址与安吉上马坎遗址为中国南方最重要的旧石器时代早期文化遗址。距今10万～5万年前的旧石器时代中晚期，浙江西部已繁衍生息着原始人群，考古学界称之为“建德人”。距今约2万～1万年前桐庐的智人化石，扩大了新人阶段古人类的分布范围。浙江新石器时代遗址以上山文化、跨湖桥文化、河姆渡文化、良渚文化为典型。浦江的上山文化距今约11000～9000年，是为长江下游迄今发现的年代最早的文化遗存；萧山跨湖桥遗址距今8000～7000年，其与嵊州小黄山遗址形成两种文化类型的地层叠压关系，标示浙江早期新石器时代文化的演变关系；余姚河姆渡文化距今7000～5000年，其考古发现的较成熟的干栏式木结构建筑、数量众多的夹炭陶器、器形规整的骨器、功能实用的石器木器、原始畜牧动物遗骨、质量完好的水稻谷物、象牙雕刻等原始艺术物件等，是中国考古发展史上的一个坐标。浙江考古学者和历史学者的大量研究表明，长江流域与黄河流域同为中华文明的摇篮。良渚文化是浙江考古学研究的重点，至今已形成涉及范围40多平方千米，遗址点130多处的遗址群，其以丰富的遗存类型、完整的格局规模和数量众多、材质精美的文物，展现了人类社会起源阶段的重要信息，改变了学术界对中华文明起源的时间、方式、途径等重大学术问题的认识，在中国乃至世界文明进程中有着不可替代的地位和作用。

二是先秦、汉唐人文学术思想的发轫、发达时期。

浙江人文学术思想的先端可触及先秦夏禹时代，触点有二：一是夏禹立国治国思想。舜时，大禹治水毕功于了溪（今嵊州）；舜崩，禹在会稽即天子位，建其国，诸侯祚其土，赐之姓，命之氏，其后分封；自奉菲薄，注重农时，尽力沟洫之利，“纳言听谏，安民治室；靡山伐木为邑”，“调权衡，平斗斛，造井示民，以为法度”。（赵晔《吴越春秋·越王无余外传第六》）二是“越为禹后”与“禹为越后”的吴越文化渊源史说。有《史记·夏本纪》《越绝书·越世家》等关于禹越的记载。吴越史专家董楚平于1988年著《吴越文化新探》，试从人名考、地名考和考古学、音韵学等方面研究越、禹之缘。陈桥驿、谭其骧等学术大家对此也有文论。各家虽有争议，但作为学术现象毕竟已系远古史考之轭。

浙江人文学术思想可追溯到春秋越国时期，越王勾践取计然之策、文种“九术”与范蠡兵略，强兵富国以灭吴。计、文、范均崇尚黄老，主尊天道，审时度势。计主经济，强调农商俱利，提出了一套商品生产与经营的原发概念和规划；文主治国，其术重在爱民、利民；范主兵略，以自然本体观念去探究、认识天道问题，奉行人道顺应天道的军事哲学，“以天地之常，与之俱行”，而其“经济循环说”和“待令”原则对后世商业经营思想产生一定的影响。

秦汉时期，古越之地汉语代替越语，尚武变为崇文，社会汉化转型，经学兴起，子学发达，文史彰显，佛道盛及，人文学术思想趋于成熟。当代学者有称吴越文化“出现了第一次飞跃”。至魏晋六朝、隋唐五代，其学脉一如既往。

道教渐成体系，佛教门派日趋融合。著闻者有托名文种的《文子》，东汉魏伯阳的《周易参同契》，魏晋陆修静的《三洞》、顾欢的《三名教》，唐代杜光庭的《道门科苑大全集》、司马承祯的《坐忘论》等，开创道教理论之“洞天”。《周易参同契》是道教炼丹术最早的著作，在世界科技史上占有重要位置。陆修静的《三洞》确定了“道藏”的分类标准。杜光庭《道门科苑大全集》是研究五斗米道的重要文献，其为唐代著名道教理论家。浙江佛教盛于魏晋南北朝，至唐代为高峰，前期主要是佛学理论研究，有支遁的《即色游玄论》、慧皎的《高僧传》、谢灵运的《辨宗论》、戴逵的《释疑论》、洪偃的《成实论疏》等。唐至五代浙江佛教宗派及其理论最盛，成为全国佛教中心之一。又有智𫖮创天台宗，良价创曹洞宗，道宣创南山宗，文偃创云门宗，文益创法眼宗等。浙江高僧的开宗立派为促进隋唐时期佛教中国化作出了贡献。

史志彰显。汉代浙江史志有两部极为重要的著作，即袁康、吴平的《越绝书》与赵晔的《吴越春秋》。《越绝书》是浙江最早，也是中国现存最早的地方志书。《吴越春秋》对后世研究春秋史有重要价值。魏晋南北朝，史、志、传并盛，史书有谢承的《后汉书》、谢沈的《晋书》、沈约的《晋书》和《宋书》、吴均的《齐春秋》、杜云伟的《梁史》等国史编纂。志书成就尤大，时属海盐界的贺循的《会稽志》、虞愿的《会稽志》、谢沈的《吴越记》、许亨的《齐书并志》等皆为地方志名作。传记数虞预的《会稽典录》、谢承的《会稽先贤传》、谢沈的《汉书外传》、吴均的《钱唐先贤传》为最。唐代史学以国史为主，有姚思廉的《梁史》与《陈史》、孔绍安的《梁史》、许敬宗的《晋书》、钱俨的《吴越备史》等，虞世基增补的《区宇图志》129 卷堪称最早的全国性区域志之一。

文学之学厚重。汉唐文学以诗学为上。东汉赵晔著《韩诗谱》《诗细历神渊》《诗选微》，而其《吴越春秋》对唐宋以后的文学产生过重大影响。齐梁文坛领袖沈约与汝南周颙等创“四声八病”之说，推动古体诗向律诗的转变。南朝诗人谢灵运冲破东晋诗坛玄言诗的独统，创山水诗派。隋唐时，浙江涌现了一批卓有成就的诗人、词人与文学理论家，有“初唐四杰”之骆宾王，“四明狂客”之贺知章，四大女诗人之李秀兰，“孟诗韩笔”之孟郊，及诗僧寒山、拾得、皎然等，其中皎然著有《诗式》《诗评》《诗议》，是唐代诗论代表作。而顾况诗篇继承了杜甫现实主义传统，是唐代新乐府诗歌运动的先驱。又，东晋干宝著《搜神记》乃中国志怪小说鼻祖。

经学由衰而兴。魏晋时期，氏族治经开始兴盛。其中余姚虞氏以治《易》著名，山阴贺氏、钱塘杜氏、武康沈氏皆为礼学世家，专治《三礼》。而同时代的干宝治《易》也深，有《周易注》《周易玄品》《周易宗涂》《周易问难》等。隋唐时期，浙江训诂之学初兴，其中徐锴有《说文解字系传》《说文解字韵谱》；顾野王有《玉篇》，共收 16917 字，开后世字典体例之先河。

哲学起以丰碑。汉代最重要的子学著述莫过于王充的《论衡》，提出了今人看来极为进步的朴素唯物论观点，以元气、精气、和气等自然气化构成了宇宙的生成模式，与天人感应论形成对立之势。魏晋思想家嵇康崇尚老庄学说，提出“越名教而任自然”之说，以其精致的形而上优哲理玄想，而成为“竹林七贤”为代表的魏晋玄学之一流。东晋以后，玄学与佛教合流。慧皎的《高僧传》所列支遁、道安、僧肇、佛图澄等 64 位名僧都有极高的玄学涵养，东晋高僧支遁在《即色游玄论》中，发挥般若学的“悟空思想”。南朝高道陆修静的斋戒理论主张儒释兼容、静虚以与道合，其哲学观在于厘清与气之关系。隋末唐初著名道教理论家杜光庭上承唐代道教注重心性论，重玄学遗风，构建了博大精深的道教哲学理论体系，是历史上对道与德范畴研究的第一人。唐代高道司马承祯的《形神坐忘论》主张形神双修，以形为重，具有古代唯物论的成分；其《天隐子》倡行渐法入道，强调互变的辩证法；而《服气精义论》则是用生命哲学探讨养生与治病等有关人类自身的生命问题。

三是宋明至清中期人文学术思想的鼎盛时期。

北宋时期，中国社会由中世社会向近世社会转变。范仲淹推庆元新政，欧阳修掀变革文风，王安石主“熙宁变法”。唐中期以来，大兴新儒学运动。通观浙江学术文化发展，经历了两个重要阶段，即宋元的融会鼎盛和明清的师夷转型，形成浙东之学与浙西之学两大区域性学术之势及其以地望为纽带的学者名儒宗派，铸就了“浙学”之学术概念与包融、创新、求实的“浙江人文精神”。

宋代浙江新儒学运动深受“宋初三先生”即胡瑗、孙复、石介的影响，尤其是得到儒学南派领袖胡瑗所创“湖学”的支持。“湖学”为胡瑗在湖州师授所创之学，是新儒学运动传授布道的一面旗帜。浙江学者在新儒学运动中宗"北宋五子"之说，融濂、洛、关、闽之学，构成区域流布的学术脉络与学才辈出的学术传承，促进了宋明至清中期浙东学术的创新和浙西学术的兴盛。

第一，浙东学术与学派。

浙东学术的整体形成始于北宋中期"明州五子"杨适、杜醇、王致、王说、楼郁和"永嘉儒志行二子"王开祖、丁昌期。杨、杜等五子最早切入中原儒学的精髓，是宋代儒学地域化进程中明州新儒学的发端。继之则有"永嘉九先生"之周行己、许景衡、沈躬行、刘安节、刘安上、戴述、赵霄、张辉、蒋元中，引中原的洛学、关学传入两浙，先行实用之学，为永嘉学派提供了直接的思想基础。

南宋浙江学术思想极为活跃，宗派鼎立为三：一是朱熹理学的崛起并浸于两浙，主要代表有东发学派黄震与"北山四先生"何基、王柏、金履祥、许谦。黄震虽宗程朱，但又能"折中诸儒"，有所立异。何基为北山学派的开山，治学笃实，有类汉儒。二是以陈亮为代表专言事功之学的永康学派和以薛季宣、陈傅良、叶适为代表的"以经制言事功"的永嘉学派。永康学派与永嘉学派构成南宋事功学派的两大分支，其学说开启了明末清初颜元、黄宗羲、王夫之等一代大师的启蒙教育思想。三是以张九成为代表的横浦心学，吕祖谦为代表的金华学派，以及宗以陆学的"甬上四先生"为代表的心学阵营。张九成注重心学的主体精神，"甬上四先生"以传陆学、尊德性为基本学术倾向。吕祖谦是南宋最著名的理学家，与朱熹、张栻齐名，同被尊为"东南三贤"，其学派又与朱学、陆学鼎立为三，所创立的"婺学"(金华学派)是当时最有影响的学派。

元朝在民族文化上的多元化政策和朱学被尊为正统的意识形态地位，促使"会合朱陆"的南宋学风得以光大，成为元代浙江理学的一大特点。朱学的北山一派在元代仍流传余响，涌现了何南岐、方镕、何欣、何凤、汪开之、倪公晦、张润之、薛松年、樊万、柳贯、唐良骥、吴师道、魏新立、黄溍、张枢、朱震亨等100多位学者。元代浙东理学之盛，对文学家产生了较大影响，浙东文学家中大有理学中人，如方凤、吴莱、宋濂、王袆等大家。宋末王应麟所开创的深宁学派，在元代也有继承和发展，代表人物有王应凤、王良学、王昌孙、胡三省、戴表元、郑芳叔、王惟贤、胡幼文、郑觉民等，其中以胡三省和戴表元最为著名。

明代浙江思想学术的整体发展实为宋元理学的继续，宋儒提出的一些基本命题和概念仍获得广泛而深刻的讨论，在思维的一般取向上仍信奉至善理念为道德价值的本源，然又针砭陆、朱后学的流弊，革新陈规旧陋，开启一代学风。阳明心学正是在这样的学术背景下至臻成熟，建立起兼具主体精神和事功精神、本体论与认识论、道德知识论与践履论相统一的伦理型哲学体系，终结了理学的一统地位。至明代中叶以后，阳明心学实际上成了学术思想界的主流。阳明后学呈现衍变趋势，钱德洪"事上炼磨"说与王畿的"心上立根"说的学术分异，代表了阳明后学发展的两大基本方向。在全国范围内，阳明后学分为七大门派，即江西江右学派、南中王门学派、闽粤王门学派、北方王门学派、楚中王门学派、浙中王门学派与泰州学派，足见阳明后学的强力流布和卓著影响。

在晚明学术界中，刘宗周洞察到阳明后学的流弊，在理论上对其进行疏理与批判。其学说以“诚意”为根基，以“慎独”为宗旨，提示了以人的主体性为运行轴心的大宇宙万物的一体化，创蕺山学派。明代浙江的史学传统笃实，成果敦厚。宋濂与王祎总裁编纂《元史》，是研究元朝历史的宝贵资料；胡应麟《史书占毕》，为品书论事的史治论著。另有刘辰、胡粹中、谢铎、王宗沐、张元忭、朱国桢等皆为明代重要史家。明末浙江史家史书中须重墨首肯的是谈迁的《国榷》、张岱的《石匮书》与查继佐的《罪惟录》，皆为匡世巨著。明代浙江之经学，处于宋代义理解经到清代考据解经的两个典型学术范式的重要变革过程。洪武年间宋濂的“诸子辨”始强调制科取士“经义为先”，独尊朱熹经学，到明中期阳明心学经学观的形成，经历了治经原则和方法的重大变化。明晚期汉学渐兴，胡应麟承宋濂“诸子辨”，力倡辨伪之学，著《四部正讹》，提出“辨伪八法”，以承汉学之风。其《诗薮》是明代诗经学的代表作。

清代，作为鼎盛期的浙东学派实际上是一个由黄宗羲开山，经万斯同、邵廷采传承，全祖望、邵晋涵发扬光大，终以章学诚集大成的有源有流、脉络清晰的史学派别，其基本特征为经世致用、考信溯流、博雅精专，在浙江文化史上乃至中国学术史上占有重要的地位。黄宗羲是明末清初集政治思想、哲学、史学、文学等于一身的杰出人物，其著《留书》《明夷待访录》构筑了一个系统批判专制制度，实行社会改革，发展资本主义经济的具有民主启蒙性质的政治纲领；编纂《明文案》《明文海》等史学巨著，提出了一系列“经世应务”“寓褒贬于史”的史学理论和方法论原则，为后世留下了许多有价值的宋元明三代作家文集和乡邦文献；其哲学思想上接王阳明，近承刘宗周，以“廉洛之流，综会诸家”，批判理学，修正心学，创立了“理气心性”统一论和以“一本万殊”为指导、“会众合一”为方法的哲学史观，为批判继承中国哲学遗产开拓了新路，其“经世应务”精神影响了清初浙东学术，培育并形成了迥异于乾嘉考据学风的浙东学派的独特学风。其中，万斯同的《明史稿》《补历代史表》，全祖望续补的《宋元学案》《七校水经注》，章学诚的《文史通义》《校雠通义》等最为卓著。被称为浙东学派第一传人的万斯同，继承黄宗羲“儒者经纬天地”的经世致用的思想，把历史研究与经世之务结合起来，运用整个史学研究作为立国之根本，主撰完成了长达500卷的《明史稿》，是《明史》的主要底稿。梁启超曾赞许道：“清代史学开拓于黄梨洲、万斯同。”邵廷采亦承继黄氏史学，他把“经世致用”和民强意识结合起来，著有《东南纪事》《西南纪事》两部史书，对后来浙东史学派邵晋涵、章学诚等产生过重大影响。全祖望上承黄宗羲、万斯同，下启邵晋涵、章学诚，为“浙东史学大柱”，其所著《鲒埼亭集》不仅补史传之缺，而且其本身便是一部信史，对研究明清历史文化具有极为珍贵的价值。他还续补黄氏《宋元学案》，完成了黄氏之未竟事业，完善了黄氏创立的学案体这一学术思想史的新体裁。作为晚清一代学术巨匠和思想家的章学诚，在史学上取得罕有其匹的高度成就，又为近代方志学的奠基人，是集浙东学术之大成者。其《浙东学术》一文不仅论述清代浙东学派的发展脉络和派系，更精处在于总结了它的一系列特点和主要精神。另外，张岱之《石匮藏书》与《石匮书后集》为“江浙野史”之上乘；汪辉祖的姓氏之学是史学工具书中的创举。

清初学术界的疑古考辨思想，以经学最为突出。黄宗羲是清代浙江经学研究的先驱，他著《易学象数论》，力辨河洛、方位图之说；又著《授书随卷》，对《古文尚书》提出大胆怀疑。这两部书对清代浙江乃至全国的经学研究都极有影响。清初、中期浙东经学称著者还有毛奇龄、万斯大等。毛奇龄崇尚汉代经学却又非汉为是，为清代经学研究的先驱之一。万斯大“会通各经”，力辨《古文尚书》《周礼》之伪，举经学研究之辩证法。清代浙东理学，初期有邵廷采这样的著名理学家；嘉道之际理学由衰转盛，又有宗稷辰、潘谘、王棻、朱一新为复兴理学的代表人物，而朱一新则为名闻光绪朝的可列入“儒林”的浙籍著名理学家。清中期之后，汉学大有接替理学之气数，浙东亦为主要阵地之一，主要有研小学、勤于校雠的方成珪，精研三礼的黄式三、黄以周父子，反省汉学而以新法治经学、子学的孙诒让等。孙诒让被学界视为中国学术从古代到近代的承上启下的人物，其《墨子间诂》《周礼政要》是传统学术方法与近代科学文化知识结合运用于治学的典范，体现出近代学术转型的维新精神。

第二，浙西学术。

浙西学术虽无浙东之学派林立、辈出，但也不乏名师、大家和慎独发展的学术思想。

浙西是宋代新儒学运动的先发地之一。宋代浙学起于新儒学运动，受先驱胡瑗及所创“湖学”影响，重返先秦儒学精神，开启宋代理学之先声。北宋著名理学家杨时，与谢良佐、吕大临、游酢并称为“程门四先生”，曾任余杭、萧山令数十年，建炎二年（1128年）授提举杭州洞霄宫，对浙西、浙东学者甚有影响。张九成创立了以二程、杨时“理学”为主，又杂入佛学思想的横浦学派。他主张心理合一，发明本心，所创立的横浦心学不仅是象山心学的前导，而且为后来在浙东的传播奠定了思想基础。陆王心学对浙西影响也深，如明代德清许孚远，学宗良知，为王学正传。

浙西又是程朱理学的一个固守营盘，是清代朱学立为正统理学的策源地之一。明清之际社会动荡，一些学者由阳明心学重又转向朱学，力推朱学正统地位，浙西理学家是这一“尊朱黜王”学术转向的主要力量。吕留良为明末清初杰出的学者、思想家、诗人与时文评论家，为学尊朱辟王，推明儒学本旨，精治《四书》，详辨夷夏之别，著述甚丰，死后累及族门，为清代文字狱之首。陆陇其在学术上专宗朱熹，排斥陆王，被清廷誉为“本朝理学儒臣第一”，以名臣从祀孔子庙，著有《四书讲义困勉录》《读书随笔》等。张履祥为清初朱子学的首倡者，一生潜心于义理，认为三代以上孔孟乃集大成者，三代以下程朱为集大成者，时人视为闽洛学派的正传，代表作品有《修正录》《愿学记》等。陈确是明末清初的重要思想家，曾与黄宗羲、祝渊同受业于刘宗周，其学术思想归系心学，其学渊源出自蕺山。其《大学辨》借考据学方法，但目的不在辨伪而在非议；其对堪舆家的批驳和对宋儒本体之说的非难略显唯物论倾向；其对宋儒气质之性、义理之性等虽作批评，然不否良知、良心之说；其虽重“人欲”，然未能突破宋明儒学之天理人欲之辨的理论框架。

浙西还是通史、治经、研诗文的重要学术阵地。史志学为浙西最具特色和影响的学术成就。著闻者，宋代有谈钥的方志名著《嘉泰吴兴志》和周淙的方志名著《乾道临安志》，有首开纪事本末体者袁枢的《通鉴纪事本末》，周密的笔记体史学著作《武林旧事》；明清之际及清代除谈迁的明史典故类巨著和查继佐的明史巨著外，还有钱仪吉的传记巨著《碑传集》，丁丙、丁申合编的《武林掌故丛编》，填补唐以前学术史空白者有严可均的《全上古三代秦汉三国六朝文》等。治经为浙西学人的学术传统，前述浙西理学家大抵均为治经立学。清代更甚，有朱彝尊的《经义考》、杭世骏的《两浙经籍志》、张应昌的《春秋属辞辨例编》，而至晚清著名经学家俞樾为峰极。俞樾所著有500余卷《群经平议》《诸子平议》《茶香室经说》《古书疑义举例》等，学界尊其为朴学大师。"通经致用"是其治经治学的宗旨，他以乾嘉皖派汉学的实事求是精神和治学门径为依归，要求"原本经典"，"即训诂名物以求义理"，反对空谈义理和迂曲之言，形成"以疑存疑"、置疑的学术个性和风格，但允许存疑，反对"疑则阙"的治经方法。

四是晚清民国近现代哲学社会科学的转型时期。

浙江传统学术文化自道光朝以后已由盛而衰，汉学研究拘迂不展，与近代社会转型不相适应，至孙诒让辈已告终结。而西学东渐与清初具启蒙意义的经世之学相合，推进了近代社会科学的创建。

第一，浙江是全国最早译介和传播西方社会科学理论的省份。

明万历、天启年间，仁和人李之藻与西方人傅汎际合译亚里士多德《寰有诠》（宇宙学）6卷、《名理探》（逻辑学）10卷，艾儒略《西学凡》（教育学）、《职方外略》（地理学），利玛窦《辨学遗牍》（宗教学）等西方著作。其编《天学初函》52卷是西方科学传入中国的第一套丛书。从时间上而论，浙江译介上述西方著作，正值西方社会科学萌发之时，这对于浙江乃至中国后来的社会科学引进与发展是一个重要的铺垫。近代浙江传统学术的嬗变，起始于晚清龚自珍、谭献、戴望等为代表的今文经学的崛起，它推动了浙江学术文化摆脱传统的羁绊而走向近代的学术进取。经世致用的浙江学术精神在晚清进一步发扬光大，促进了各学术流派间的兼容会通，如理学与汉学的互补，阳明学与朱子学的融通，理学与今文经学的接纳，尤为重要的是西学与传统学术的碰撞，都在很大程度上打开了原本紧锁的传统学术门户，形成一种门派意识淡化、学术研究多元的渐趋开放、自由的新格局；并从理礼经世、"通经议政"、国计民生等方面，切入政治、经济、社会以及自然科学诸领域。较著名的有汤寿潜的《危言》，龚自珍的《乙丙之际著议》《西域置行省议》，金垚的《新疆私议》、金晦的《治平述略》、周郇雨的《富强论》、王棻的《中外和战议》，葛云飞的《浙海险要图说》，许景澄的《外国师船图表》、黄方庆的《火器新术》、姜宸英的《海防总论》、龚振麟的《桓机炮架新式图说》、金应麟的《筹海战方略》、戴煦的《机船图说》、钱宝麟的《减酿备荒说》、许乃钊的《荒政辑要》，许楣的《钞币论》、朱学勤的《国用岁出岁入总数考》、姚燮的《洋烟述考》，徐养原的《朝鲜疆域考》、张恕的《四明水利考》、陈熙晋的《贵州风土记》、朱一新的《东三省内外蒙古考》，沈梦兰的《五省沟洫图说》，项名达的《下学庵勾股六术》、张作楠的《翠微山房数学》、徐有壬的《务民义斋算学》、李善兰的《则古昔斋算学》；冯登府的《福建盐法志》、夏鸾翔的《万象一原》，等等。这股学术潮流为浙江乃至全国引进西学架起了一座桥梁，导引着志士学人从中世纪走向近代世界。

第二，浙江近代社会科学的兴盛是由浙江社会的政治变革、社会改良与学术革新所推动的新思想潮流、新社会潮流与新学术潮流所致。

力倡政治变革的宪政思想。清代中晚期首开抨击封建制度、力主维新变革之风的是龚自珍，其年轻时写下著名的《明良论》4篇，批评封建统治，反对封建礼教，攻击科举制度，极力提倡"更法""改图"，就土地所有、八股取士、财政税制等提出了一系列改革措施，他的这些维新思想和变法主张，对近代中国思想界产生了重大影响。承继代辈的沈家本是晚清著名法学家，力促清末变法运动，主张实事求是对待西学西法。光绪二十八年（1902年），其兼任清廷修订法律大臣，主持修律，制订了具有资产阶级性质的民法、刑法、商法、民事诉讼法、刑事诉讼法、法院法、狱政法等，在近现代法的历史性变革中，开一代风气。晚清浙江维新派人物且在全国有较大影响者以汤寿潜、汪康年、章太炎、陈虬、宋恕等为著。汤寿潜为浙江最早的影响最大的维新思想家，其光绪十六年所著《危言》一书，对清朝当时政治、经济各方面的弊病进行大胆揭露，针对实情提出了各方面改革主张，是浙江近代维新思想提出最早的、比较完整的一部代表作，为浙江宪政派代表人物。汪康年亦是晚清一位有名望的维新派人士，他参与创办《时务报》，提出“选择善法行之”的富强之策，主张君主专制体制下的“参用民权”。陈虬的变法维新思想比较全面，在其《经世博议》与《救世要议》中提出变法46策，即“富之策十有四”“法之策十六条”“强之策十有六”。宋恕《六斋卑议》侧重于妇女婚姻制度等社会改革。章太炎是辛亥革命时期著名的宣传家、革命家，甲午战争后在维新运动影响下，参加强学会，编撰《时务报》，编定《訄书》，鼓吹变革，“发奋图自强”，以革政挽革命，最终从维新主义转向革命主义。

追捧社会改良的学术举措。从总体上说，清代中晚期浙江的维新思想本质上倾向于社会改良，提出了许多革新社会的主张，包括社会经济、教育、婚姻家庭、民族风俗等。汤寿潜提出民族资本自由发展，并力行创办实业。汪康年的富强之策着重提了兴商务，具体通过立商会、验工会、务农会等途径加以实施。章太炎主张“以教卫民，以民卫国”，提出大兴学堂，实际上是宣传教育救国的思想。陈虬的“富之策”主旨是富国，强调官设银行，建设商埠、垦荒地、修水利、办商务等。宋恕提出一系列促进社会改良的办法，如重实业、改货币、强调民族平等，改革婚姻制度，废除缠足、娼妓等，助推晚清社会改良运动。社会改良在新式学堂、图书馆与出版业、报刊业等文化实体创办方面表现尤为显著。据《浙江近代史》一书统计，自清光绪二十七年(1901年)8月清政府颁布办学“上谕”至宣统元年(1909年)成立咨议局期间，浙江有专门学堂及实业学堂186所，中学堂及各类师范学堂34所，各级小学堂1888所，各种教育处所291个。这些新式学校对传授西方社会科学起到很大作用。在推行“新政”期间，浙江官府、求是书院逐年增派留学生。据《浙江潮》统计，仅光绪二十七年至二十九年，浙江官费去日本留学的有121人。这些留学生在新学潮流的推动下，从知识启蒙的角度将刚学到的西学知识介绍给国人，《浙江潮》成为其主要阵地。近代出版业的兴起对传播西学作用巨大，其中最有影响的是商务印书馆，它是鄞县鲍威昌、鲍威恩及妹夫夏瑞芳发起投资创建，并由张元济再投资主持光大的，时为全国最大最有影响的出版机构，翻译出版“严(复)译名著”等国外哲学社会科学论著。海宁人陆费逵所创中华书局与之鼎立。晚清报刊业发展迅速，对传播新知识新思想作用明显。据《浙江通史》(清代卷下)统计，从咸丰八年(1858年)至宣统三年(1911年)在浙江本地创办的以及浙江人在外地创办但主要面向浙江的报刊至少有84种，影响最大的有绍兴人胡适南创办于光绪二十三年(1897)的《经世报》和汪康年等人创办的《时务报》，对当时思想学术界及整个维新运动产生过重要影响。浙江的图书馆事业是光绪二十八年在徐树兰创办的古越藏书楼改革基础上发展起来的，至民国25年(1936年)，浙江已建有各类图书馆334个。报刊、出版、图书馆是文化变革中的标志。

专志学术革新的学科创建。至晚清，随着西方学术的传入与中国社会的疾速变化，近代学术开始摆脱经学的束缚，在自我学术革新与西学的融合中逐渐分孳，成为一门门独立的学科。新史学是最早从传统史学演变递嬗而形成的近现代学科。其中，夏曾佑革新传统史学而著《最新中国历史教科书》，开创性地依历史进化论思想，重新确立中国古代史的分期，是第一个依新史学体例而著述的近代史学家。章太炎的《中国通史略例》、陈黻宸的《中国历史纲目》等新史学著述，彻底打破了旧史学的王朝体系，将历史写成一部全面的社会发展史。在近代兴起的哲学、法律学、社会学、语言文字学、文学、艺术学等学科，大多经历了这种从传统学术革新演变而以一种新的学术面貌展世的过程。如章太炎、王国维、蔡元培等学术大师的新哲学思想；沈家本、俞华、吴经熊、谢冠生、潘念之等著名法学家的新法学思想；宋恕、陈虬、劳乃宣、章太炎等著名学者的"新语言文字学"；孙诒让、罗振玉、王国维、马衡、夏鼐等著名学者的新考古学思想与实践；早期龚自珍、姚燮、陈元鼎、吴藻、黄燮清、沈曾植、袁昶、金蓉、谭献、王鹏运、朱祖谋、李慈铭等一批诗人、词人、文学家的新诗学、新词学以及甲午战争后蒋智由、夏曾佑、章太炎、秋瑾、徐自华、徐蕴华、沈祖棻、周树人(鲁迅)、周作人、洪炳文、王国维等著名文学家、革命家为代表的新文学；章太炎、李叔同、丰子恺、黄丹旭、赵之谦、张熊、朱熊、任熊、任薰、任颐、蒲华、吴昌硕、丁敬等一批音乐人、书画家以及革命家从改革传统音乐、书画入手而开创的近代风格艺术学；蔡元培、蒋百里、徐锡麟、寿平格、徐一冰、杨镇毅、屈晓光等学者、革命家、军事家、体育理论家，摆脱传统养生健身学，积极推广近代体育、新式军事，为创建近代体育学与军事学作出贡献；还有从传统刊刻转向新兴出版业，从传统藏书楼转向近代图书馆并引入西学概念的图书馆学；以及由晚清维新派学者译仿西学并结合国情而形成的新兴学科，如社会学、新闻学、经济学、政治学、心理学等。上述旧学术的脱胎换骨，新学科的引译创建，标志着近代浙江的人文学术逐渐完成向社会科学的重大转型，并给予中国社会反帝反封建的民主革命以强有力的思想理论支持。

传播、运用马克思主义的学术主导。近代浙江新思想潮流、新社会潮流、新学术潮流的兴起，除了传统学术思想的嬗变，西学的传入与融合以及一些文化实体发展的推动外，与浙江学者较早翻译、传播运用研究马克思主义学说以及参与中国共产党的筹建等有着更为直接的关系。一是对马克思主义经典著作的翻译与传播。光绪二十九年(1903 年)，马一浮将德文版《资本论》从国外带回杭州，这是第一部进入中国的马克思的理论巨著。光绪三十二年，朱执信在《民报》上发表《共产党宣言》《德意志社会革命家(列传)》等译文；民国 9 年(1920 年)，陈望道翻译中国第一部全译本《共产党宣言》，并在上海出版发行，为筹建中国共产党作了直接的理论准备。民国 16 年，朱镜我翻译恩格斯《社会主义从空想到科学的发展》，这不仅是恩格斯此书最早的中文单行本，也是大革命失败后中国最早出版的马克思主义著作。吴亮平是中国最早的马列主义著作翻译家之一，译有马克思的《法兰西内战》、列宁的《国家与革命》等马列经典。何思敬于 20 世纪 30 年代在延安翻译了大量的马克思、恩格斯的名著，有《哥达纲领批判》《哲学的贫困》《经济学—哲学手稿》等。二是对俄国十月社会主义革命相关理论著作与其他社会主义理论著作的翻译、宣传。有梁柏台翻译的《联共党纲和党章》《列宁主义入门》，王一飞翻译的《俄国共产党史》，张恭翻译的《社会主义纲要》等。三是运用马克思主义理论阐述中国政治、经济、社会、文教等问题。杨贤江毕生从事马克思主义理论研究和著述活动，是中国第一个用马克思主义观点阐述教育问题的教育理论家，著有《新教育大纲》。沈志远在共产国际工作时，参加《列宁选集》的翻译出版工作，著有《新经济大纲》等。王任叔的《文学论稿》是中国第一部力求以马克思主义观点撰写的文艺理论著作。朱镜我运用科学社会主义理论，著成《空想与科学的社会主义》。范文澜、吴晗则是中国最早运用马克思主义原理，创立马克思主义史学的著名学者。

五是中华人民共和国成立后哲学社会科学发展时期。

1949年10月1日，中华人民共和国成立。1956年底，社会主义三大改造完成，中国社会进入社会主义探索和建设的崭新的历史时期。至2010年的61年间，中国社会制度的大变革，社会生活的大变迁，社会意识的大转变，社会文化的大转型，推动了浙江哲学社会科学在哲学、经济学、政治学、法学、社会学、历史学、文学、教育学、心理学、管理学、新闻出版与传播学、地理学、民族学、军事学、体育学、敦煌学、考古学、图书馆学等诸多领域，或恢复性发展，或本土化探索，或学科化构建，或国际化创新。社会科学名家辈出，以中国科学院哲学社会科学部学部委员，中国社会科学院学部委员、荣誉学部委员为例，1955年选出第一批中国科学院哲学社会科学部学部委员62人，浙江籍的13人；1957年选出第二批3人，浙江籍的1人。2006年选出第一批中国社会科学院学部委员48人，浙江籍的2人；荣誉学部委员95人，浙江籍的11人。2010年选出第二批中国社会科学院荣誉学部委员38人，浙江籍的3人。

哲学研究贯穿于20世纪下半叶及21世纪初期浙江的社会科学研究。浙江学者以马克思主义哲学为基础，在哲学原理、认识论哲学、本质论哲学、价值论哲学、历史哲学、政治哲学、法哲学、中外哲学史以及与实践领域相结合的经济哲学、教育哲学、管理哲学、科学哲学、发展哲学等诸多方面涉足甚深。在美学、逻辑学、伦理学、宗教哲学等以及西方马克思主义哲学领域的研究，在国内亦占有重要的学术地位。

经济学是20世纪50年代以来浙江社会科学理论和实践研究的最重要的学科之一。理论研究有所创新，并在实践活动中拓展了所有制理论、经济改革理论与区域经济学、部门经济学、专业经济学、国际经济学、经济思想史等学术领域，以及工业经济学、农业经济学、服务经济学、商业经济学、发展经济学、管理经济学、人口经济学、数量经济学、劳动经济学、制度经济学、金融保险学等分支学科；浙江的经济学理论在温州模式、义乌模式、台州模式等研究中得以创新性验证和综合性发展，在浙江的经济改革和经济建设中发挥了重要作用。浙江的管理学研究侧重于工业管理、商业管理以及农业管理等，并与心理学、经济学、文化学、社会学及生理学等结合，在管理心理学、管理经济学、跨文化管理学、社会管理学及神经管理学等方面成就突出，影响较大。

政治学研究不仅在清代中晚期至民国期间从维新主义走向革命主义的政治学说建树中著闻者辈出，而且在近现代浙江社会科学发展过程中具有后发优势。中华人民共和国成立后的相当一段时间里，浙江的政治学研究侧重于国际共产主义运动、民族解放运动、苏联及东欧政治及中国民主集中制等问题，教学和研究并举。20世纪70年代末至21世纪初，突出地反映在政治学原理、民主制度、政治体制改革、国家治理、思想政治工作、国际政治等学术领域，并在政治学说体系建设、选举和协商民主制度、政府职能转变和依法行政、非传统安全研究、中外政治制度比较理论与实践等方面，助推中国的政治学创新。浙江籍学者在推动中国民主治理研究方面起到了重要的倡导作用。

法学研究是浙江自晚清以降的学术传统，著闻者甚多，并先后主持修订有《大清新刑律》及中华民国《吴氏宪法》。20 世纪 50 年代之后，又继民国法理学之余绪。70 年代末至 21 世纪初，浙江的法学研究从法理学起步，紧跟中国法治建设的进程，侧重在理论法学、法律史学、部门法学、地方法治等学科领域，深涉宪法学、行政法学、民法学、刑法学、民商法学、诉讼法学、经济法学、环境和资源保护法学、劳动与社会保护法学、国际法学等门类，皆有系统的深入研究，在全国法学界有一定的影响。

社会学研究在民国期间浙江就已形成热潮，译者、著者甚多。20 世纪 50 年代，社会学教育、研究处于沉寂。70 年代末至 21 世纪初，浙江学者在政治、经济、社会、文化、生态等诸多领域推进社会学研究，探讨政治社会学、经济社会学、文化社会学、生态社会学等宏观层面的分支学科，并在社会心理学、家庭社会学、妇女社会学、青年社会学、老年社会学、儿童社会学、城市社会学、农村社会学、社会保障学、发展社会学、社会工作学及社会问题、社会管理、社区建设等诸多方面研究成果卓著，在社会心理学、家庭社会学、妇女社会学、青年社会学等方面具有一定的国际影响。

历史学研究在浙江历为常态与强项。清代浙东史学派独占鳌头，其影响延至民国。20 世纪 50—70 年代，浙江的史学研究最卓著者为范文澜的《中国通史简编》。80 年代至 21 世纪初，浙江在史学理论和方法、史前史、古代史、民国史、史学史等研究方面，或通史、或专题、或史料整理，各占学科先机。浙江远古遗址的屡屡发现，不断推进着史前史年限。浙江又是全国方志学与方志修编的重要省份。在考古学领域，浙江古代就有金石学研究的传统，近现代浙江在考古发现、发掘与考古学研究方面成就非凡，领全国之先。境内发现的长兴七里亭遗址为长江流域发现最早的旧石器时代遗址，发现与发掘的上山文化、马家浜文化、跨湖桥文化、河姆渡文化、良渚文化等遗址，由浙江延及邻省(市)而成为新石器时代的文化类型。经考古发掘和研究，可以说浙江作为长江下游的重要省份，与黄河流域共同创造了华夏文明。

文学、艺术学研究置于浙江，古代诗学、词学双秀，而词学尤重；戏曲理论至明末清初李渔为高峰。近现代浙江重在诗学、词学、小说、戏曲理论等研究，在楚辞研究、词学研究、红学研究、鲁迅与茅盾等人物研究，皆在全国占优。20 世纪 70 年代末至 21 世纪初，文学新思潮不断影响并创新传统文学论题，浙江又在儿童文学理论、文学批评理论、当代文学理论、文学思潮史论等方面占有重要学术地位。浙江艺术学研究由传统的书画艺术延伸到美术、美育并诗词小说、戏曲、绘画、音乐、建筑艺术等领域，是为精湛。

教育学与心理学研究，浙江自古就有传统。古代教育理论以《论衡》篇为早，以“苏湖教法”成就为大。晚清民国，浙江新式学堂、高等学府始建，涌现了一大批著名的教育家和教育思想家。20 世纪 50 年代至 21 世纪初，浙江教育界吸引外来新知，积极开拓研究新领域，如近代教育史、教育评论、非洲教育、人才学等，创新、发展了教育哲学、教育评论学、教育管理学、教育统计学、教育心理学、教育史学、比较教育学、国际职业技术教育理论、比较人才学等分支学科，教育学研究进入蓬勃发展新阶段。心理学研究始于 20 世纪 20 年代浙江大学心理系的开设，吸引了一批国内一流心理学家，并传播和研究了现代心理学、实验心理学、新行为主义心理学、工业心理学、生理心理学、儿童心理学及心理史学等理论。80 年代至 21 世纪，浙籍学者不仅开创了工程心理学和人类工效学，将心理实验进入卫星试验；而且在管理心理学、劳动人事心理学、社会心理学、心理测评方法、心理健康、临床心理学、儿童心理学、心理危机干预、中国心理学史等研究方面，皆有创新性成果。

新闻学在古代浙江亦有传统。南宋临安即有宫廷邸报。清代徐松是早期评论和研究宫廷"小报"之学者。晚清汪康年、章太炎为中国近代最早报人之一。民国期间，邵飘萍为中国新闻学的开拓者和创始人，并有一批著名报人和新闻学理论家涌现。出版业始于中唐，至两宋杭州已为全国雕版印刷中心；清代书坊、书肆甚盛。民国期间，浙人所创商务印书馆、中华书局为全国最大的出版机构。20 世纪 70 年代末至 21 世纪初，浙江涌现了一批知名新闻学者及其研究成果，涉大众新闻学、电视新闻学、现代广告学、摄影理论及新闻学史等。浙江的传播学研究，有首创之功，为传播学理论及经济传播、艺术传播、教育传播、政治传播等跨学科研究奠定了一定的基础；在网络传播学、公共关系学等领域亦有不俗的学术表现。

图书馆学研究，浙江古代可追溯到东汉《论衡》手稿的传抄和三国时期佣书的出现，两晋时范平祖孙和褚、陶两家开私家藏书之先。唐宋之后又有宫廷藏书、书院藏书等荦荦可观；文澜阁为清代四大官家藏书机构之一。以经、史、子、集四部分类为基础的目录学、校勘学、版本学等构成古代浙江藏书整理研究体系。民国期间，古越藏书楼改制为公共图书馆性质并订立一套管理章程和方法，是为浙江图书馆事业研究的历史起点。20 世纪 50 年代至 21 世纪初，浙江图书馆学研究在学科建设、读者服务、书录与辑录、版本考证、分类目录、收藏保护与利用、数字图书馆以及管理、教育等研究颇有建树。在情报学研究方面，早中期交叉于近代文献学、版本目录学、图书馆学、档案学等理论，现当代则深入情报检索分析，数据库的理论模型设计和应用等多个方面。档案学研究方面，民国期间浙江在甲骨档案、金石档案、简牍档案、大内档案等编纂与研究方面成就尤著。20 世纪 70 年代末至 21 世纪初，浙江档案学不断创新发展，在全宗理论、文件运动、复制技术以及档案保护学、档案编纂学等方面皆有新著新论，在国内有一定影响。

军事学与体育学研究在浙江历有成就。在先秦至唐宋冷兵器时代与明清冷热兵器交替并用时代，浙江皆有兵家、学者或校注兵书经典，或集成兵法阵法，或专著战略战术，或收录考释著名战例等，自成一说，阐发军事思想。明代兵学著论尤甚。20 世纪 20 年代之后，深涉现代战争尤其是抗日战争，有蒋百里《国防论》《新兵制与新兵法》等奠定了中国现代军事学的基础。50 年代之后，有中国人民解放军驻浙部队和省军区等以训练带研究、以演习带研究，亦有实用的军事学研究成果。70 年代末之后，浙江军事学研究主要围绕古代兵书经典、毛泽东军事思想、历史上著名战争案例、现代战争及军事史等进行研究，且成就不凡。浙江古代的体育学研究根在养生理论。历代佛、道、儒等诸家养生观多有论辩，创见不少。近代浙江体育学发端于西方体育的引进，本土化为诸个版本的《体育学原理》开国内体育学之先。当代浙江争为体育强省，体育学研究深入发展战略、体育改革、学校体育教育、竞赛体育、体育道德、全民健身、运动人体科学、体育史等领域，在国内有一定的学术地位。

历史地理学与民族学研究，浙江自古亦有学术传统，出现许多一流的地理学家。近现代浙江的地理学由地性描述走向地理学科化研究，涉历史地理学、经济地理学、城市地理学、政治地理学、民族地理学等领域，其中又以张其昀人文地理学、谭其骧历史地理学、陈桥驿郦学为卓著。民族学研究，在民国时期浙江多有边疆（蒙城）研究和省内畲族研究，教学和研究主要阵地在浙江大学，有一批著名人类学家主政学术。20 世纪下半叶至 21 世纪初，浙江的民族学（人类学）研究形成有越族与百越族文化研究、畲族研究、汉民族以及人类学研究，而又以人类学研究为广，有教育人类学、影视人类学、应用人类学、政治人类学、非物质遗产等研究，较为深层。

敦煌学研究，浙江在早期创建、研究方面贡献特别重大。这得益于“罗王之学”的奠基开创，以及民国期间一批浙籍学者、官员和出版家的共同努力。20 世纪 50 年代之后，浙江敦煌学主攻敦煌学理论、敦煌艺术、敦煌遗书、敦煌语言文字等，学术大家辈出，成果堪称一流。

四

浙江的哲学社会科学志发展，不但具有时势的背景和主题，而且具有本土的地方特色和特点。在编纂和特征、特色方面，有几个问题需要说明和交代。

第一，关于时代性特征：时代背景与时代主题。

历时态社会变革与变动的时代背景孕育、催化了浙江历史大阶段的学术思潮。春秋后期越国勾践时代的富国强军以争霸天下的国策变化，推动了天道哲学、经济思想和军事理论的系统化、学术化，形成浙江文化见之史料的萌发期。秦汉时吴越地迅速汉化所催化的文化转型，繁荣了汉代浙江子学、史学与文学。西晋末的“永嘉之乱”所造成中原人口南移的社会结构变迁，形成了浙江仅次于春秋战国的思想文化盛世，会稽郡所出书籍数占魏蜀吴三国 63 郡的第四位，成为浙江文化重要的发展期。北宋期间庆历新政、熙宁变法与文化复古运动，推动了宋代的新儒学运动。“永嘉九先生”将濂学、关学、洛学传入浙东，创永嘉之学，为浙学之首。靖康之变，宋室南渡，学术重心南移，浙东成为学术之兴的最重要地区，学术鼎盛，学派林立。浙江无论是在政治、经济、文化、科学技术、教育，还是学术思想和文学艺术等方面，都已经开始走在了全国的前列。“宋代以后，浙江更贴近了时代发展的脉搏，中国文化从经济基础直至社会意识形态的任何重大发展和变化，都可以从浙江文化的发展变化中首先窥见出来。”（滕复等著《浙江文化史》，浙江人民出版社 1992 年版）明清时期社会经济结构变迁及中西文化冲撞的时代背景，不仅催生了浙江的阳明心学、浙东史学和朴学，而且推动了浙江人文科学与社会科学的融合。

现时态改革开放的时代主题主导了浙江哲学社会科学的走向和轨迹。20 世纪 70 年代末中共十一届三中全会提出全党工作重心从以阶级斗争为纲转到以经济建设为重心，社会主义四个现代化是宏伟目标，改革开放是时代主题。它不但主导了浙江哲学社会科学传统体制的改革与创新，而且直接推动了政治学、经济学、社会学、法学、管理学、教育学、心理学等学科建设与发展，在很大程度上推进了史学、考古学、方志学、文学等传统学科的继承与创新，并提出了创新马克思主义理论的时代要求。在浙江省委、省政府的领导和支持下，浙江哲学社会科学顺应时代潮流，从理论到实践实现了五个方面的发展：一是从历史方向上的共产主义高级阶段转到实际走向上的社会主义初级阶段，并从理论和实践结合上总结、研究中国特色社会主义理论。二是打破计划经济体制的禁锢，从制度上突破了苏联政治经济学教科书的经济学理论体系，为创建社会主义市场经济理论作出贡献；并在全球化时代背景下，提出浙江未来发展的“八八战略”①和“山海协作”战略等。三是从政府职能、组织机构、政治民主、反腐倡廉、治理自治等方面，提出了公共服务、公共管理、公共政策、协商政治、民主自治等学科新概念，促进了浙江政治学理论的恢复、发展和创新。从法律建设与法治建设两大层面，推进浙江的法学研究和法治实践，并在中国的宪法学、行政法学、刑法学、民商法学、诉讼法学、经济法学、环境和资源保护法学、国际法学等的研究和建设方面有卓著的成就。四是坚持科学发展观，从生态文明、适度增长、环境立法、循环经济、低碳经济等层面创建中国的可持续发展理论。五是中国的现代化发展是一个时代的命题，已深入城乡社会、社区、家庭、学校、机关、企事业单位、民间组织及社会职业阶层、年龄阶层、性别层面等，形成一系列分支学科，服务于浙江社会发展的实践。

第二，关于地方性特色与特点：“浙学”传统、乡邦文献及优势学科。

“浙学”传统。“浙学”是浙江哲学社会科学最重要的地方特色。最早由朱熹提出并加以理论界定，他统称永嘉、永康之学为“浙学”。全祖望曾多次使用“浙学”一词，其所谓“浙学”是相对于濂、洛、关、闽之学而言的南宋儒学，其范围涵盖了当时浙东地区的永嘉、金华、四明诸子之学。清乾嘉时代的章学诚以“浙东之学”与“浙西之学”囊括“浙学”，认为“浙东之学”主流从南宋四明学派、经明代姚江学派到明清之际的蕺山一梨洲学派，并有“浙东贵专家、浙西尚博雅”之评。“浙学”概念之辨一直延续到现当代。当代学者吴光认为：所谓“浙学”，即发轫于北宋、形成于南宋而兴盛于明清的浙东经史之学。在“浙学”内部，既有宗奉程朱的理学派，也有宗奉陆王的心学派，还有独立于理学、心学之外的事功学派。它体现了某种共同的文化精神——浙学精神。其后又检讨说，这一概括“忽略了‘浙西之学’在‘浙学’中应占有的地位”。随后他又提出了“大浙学”的设想，认为这个“大浙学”是狭义“浙学”与中义“浙学”概念之外延，既包括浙东之学，也包括浙西之学；既包括浙江的儒学与经学传统，也包括浙江的佛学、道学、文学、史学、方志学等人文社会科学传统，甚至在一定意义上涵盖了有浙江特色的自然科

---

① 2003年7月，中共浙江省委十一届四次全体(扩大)会议就围绕如何加快浙江建设小康社会、提前基本实现现代化，提出必须紧密结合浙江实际，进一步发挥“八个方面的优势”，推进“八个方面的举措”(简称“八八战略”)：进一步发挥浙江的体制机制优势，大力推动以公有制为主体的多种所有制经济共同发展，不断完善社会主义市场经济体制；进一步发挥浙江的区位优势，主动接轨上海、积极参与长江三角洲地区合作与交流，不断提高对内对外开放水平；进一步发挥浙江的块状特色产业优势，加快先进制造业基地建设，走新型工业化道路；进一步发挥浙江的城乡协调发展优势，加快推进城乡一体化；进一步发挥浙江的生态优势，创建生态省，打造“绿色浙江”；进一步发挥浙江的山海资源优势，大力发展海洋经济，推动欠发达地区跨越式发展，努力使海洋经济和欠发达地区的发展成为浙江省经济新的增长点；进一步发挥浙江的环境优势，积极推进以“五大百亿”工程为主要内容的重点建设，切实加强法治建设、信用建设和机关效能建设；进一步发挥浙江的人文优势，积极推进科教兴省、人才强省，加快建设文化大省。

学(如农学、医学、地理学、天文历算学等)传统。是为对"浙学"讨论的阶段性概括。

地方性文献。浙江素有"文化名邦"之称,人杰地灵,文献遗存极为丰厚。王充所著《论衡》堪称浙江文献的起点,也是学者们共识的"浙学"理论源头。自此以后,浙籍学者代有撰述,在哲学、史学、文学、金石学等方面涌现了大批名家名作。如叶适《习学纪言》、王阳明《传习录》、刘宗周《人谱》、黄宗羲《明夷待访录》等,是哲学史上的经典之作;孔稚珪的《北山移文》、林和靖的梅花诗、陈亮的龙川词、朱彝尊的风怀词、刘基的《郁离子》等,是文学史上的华丽篇章;谈迁的《国榷》、查继佐的《罪惟录》、吴任臣的《吴越春秋》、章学诚的《文史通义》等,是史学研究的必读之书。宋慈抱的《两浙著述考》罗列了历史上有文献著录的浙人著述(不含集部诗文),全书共1700多页,可见浙江文献之巨。历代有识之士,在浙江文献的搜集整理上,作出过不少贡献,留下了不少有名的丛书。《浙江通志・哲学社会科学志》据《浙江历代名人录》(1994年)、《浙江人物简志》(1985年)、《浙江省人物志》(2005年)三部书归类统计,从宋至晚清民国的浙江学人、仕人编纂的杂纂类大型丛书65部,明代至民国独撰类、氏族类大型丛书27部,清代至民国编纂刊刻主要郡邑类大型丛书18部。自1984年至2010年,在中共浙江省委、省政府支持下,编纂《浙江省志丛书》63种7300多万字,市县志丛书80种约1.2亿字,乡镇志、专业志、企业志1300多种约2.8亿字。又有地方文献集成如《衢州文献集成》《台州文献丛书》《温州文献丛书》《绍兴丛书》《嘉兴文献丛书》《湖州历史文化丛书》《重修金华丛书》等。尤其在21世纪初,大型丛书整理纷纷列入出版规划。如已整理出版有《宋元浙江地方文献集成》,已规划并部分出版的有《杭州丛书》《浙江文献集成》(总计2000种)、《浙江丛书》等。已出版浙江古今历史名人文献集成有《黄宗羲全集》《王阳明全集》《吕祖谦全集》《万斯同全集》《黄震全集》《李渔全集》《王国维全集》《罗振玉学术论著集》《章太炎全集》《蔡元培全集》《俞平伯全集》《孙诒让全集》《春在堂全书》《鲁迅全集》《茅盾全集》《蒋百里全集》《马一浮全集》《姜亮夫全集》等。

以地名人名为学的学术与学派。古代至近代自吕祖谦所创婺学始,继之有永嘉学派、永康学派、四明学派、东发学派、北山学派、姚江学派、蕺山学派、浙东史学派等,皆为地方性著名学派,后人得有承袭,至今仍为显学。地名之学术有良渚学、越学、婺学等。婺学为南宋所立,良渚学、越学皆为今人所创。其中良渚学为考古学之学术,有国际良渚学研究中心及《良渚学文集》7册问世。越学为越文化研究之学,有王建华的《中国越学》及一批丛书问世。

领先于国内外的优势学科。如敦煌学。温州籍叶昌炽为敦煌文献最初的封室保护者;杭州出生的常书鸿创建敦煌艺术研究所并担任首任所长,保护、研究敦煌艺术50余年。20世纪初中国"敦煌学"创始期,罗振玉、王国维有奠基之功,后来著闻者有张尔田、朱孝臧、太虚大师、罗福颐、蔡元培、吴士鉴、马衡、徐森玉、许寿裳、夏鼐、樊锦诗、潘絜兹、潘怀素、姜亮夫、蒋礼鸿、王仲荦、郭在贻、王伯敏、吴肃森、朱雷、齐陈骏、陈践践及当代吴丽娱、卢向前、张涌泉、柴剑虹、项楚、冯培红、王征等等一大批浙籍著名(知名)学者,涉猎敦煌学理论、敦煌艺术、敦煌研究、敦煌语言文字等学术领域。甲骨学亦然,孙诒让、罗振玉、王国维有创建之功。孙诒让《契文举例》为中国甲骨学开山之作,罗(振玉)、王(国维)之学为甲骨学初盛之学术顶峰,王国维为之创立二重证据学,研究者据之效用。夏鼐为最早考古发掘殷墟的著名学者之一。唐兰为利用甲骨文字考释古文字学的早期著名学者，后人续之甚笃。另，以夏承焘为代表的词学研究，以姜亮夫为代表的楚辞学研究也为浙江的优势学科。

浙江哲学社会科学的发展优势突出，但不足也较明显。总体而言，学科的整体发展不太平衡，偏重于传统学术文化研究，对后发展学科和新兴学科的建设与研究相对重视不够。这对应于日趋知识化、信息化的当代中国，显为不足。同时，在运用新的研究方法方面，浙江学术界从根本上改变了传统的单一的思辨模式，而采用实证主义的方法和其他自然科学的方法，这不能不说是浙江学术界在方法论上的一次变革，但过于重问卷形式和模型分析，又容易产生实际结论的针对性、实效性不强的弊病。再则，2000 年以后，浙江的社会科学普及工作快速发展，社会影响很大，但在抓知识性普及基础上还需加强实用指导性的工作，使之产生更广泛的应用效果。

未来浙江的哲学社会科学创新发展，将坚持以马克思主义、毛泽东思想为指导，坚持中国特色社会主义理论、“三个代表”重要思想和科学发展观，坚持习近平新时代中国特色社会主义思想，紧扣浙江建设文化大省的发展目标，发扬学以致用的优良学风，抓住全球社会科学高度分化与综合协调发展、科学精神与人文精神高度融合的时代契机，发掘传统学术的文化优势，发展新兴学科的理论活力，可持续性地发展和繁荣浙江的哲学社会科学。

第一章　传统学术与文化研究

传统学术(亦称“古代学术”)即历代学术思想及其流派,属于以儒学为主体,儒、佛、道思想兼蓄的中国传统文化的范畴。(卢钟锋:《中国传统学术史》,河南人民出版社 1998 年版)中国传统学术统一于道,有着一系列与西方分科不同的范畴和术语,遵循“究天人之际,通古今之变”的原则和方法。(熊铁基:《试论中国传统学术的综合性》,《华中师范大学学报》(人文社会科学版)2002 年第 5 期)浙江古代的人文学术传统,孕育于远古文明,发轫于先秦,发达于汉唐,鼎盛于宋明及清中期,转型于晚清民国。

浙江远古文明灿烂。据考古发掘研究,浙江北部长兴七里亭遗址距今约 100 万年,为长江流域最早的旧石器时代遗址。安吉范围内发现的远古人类活动踪迹,距今 80 万年。浙江西部发现的“建德人”距今 10 万年,为旧石器时代中晚期文化。桐庐的“智人化石”距今 1 万年～2 万年,为新人阶段古人类类型。浙江新石器时代遗址以上山文化、跨湖桥文化、河姆渡文化、良渚文化最为典型。浙江史前考古发掘研究表明,长江流域与黄河流域同为中华文明的摇篮。

浙江人文学术思想的先端触及先秦夏禹时代。据《浙江通史・史前卷》言:大禹“因为治水的成功,而成为中国历史上第一个王朝——夏王朝的缔造者”。禹即天子位,“在会稽大会群臣,商讨治国之策”。至东周越国勾践时期,有范蠡、文种、计倪为代表的天道哲学、农商经济、治国兵略思想,堪比齐相管仲。秦汉,古越之地汉语代替越语,尚武变为崇文,社会汉化转型,人文学术趋于成熟,是为吴越文化的“第一次飞跃”。历魏晋六朝,隋唐十国,其学脉一如既往,著闻者有王充、赵晔、袁康、吴平、嵇康、谢灵运、姚思廉、虞世基及虞氏、贺氏、沈氏、杜氏等治经世家,道家理论有魏伯阳、杜光庭、陆静修等诸家,佛教理论有支遁等诸家,皆有治学名篇。宋代理学兴盛,浙江尤旺,学派林立,宗派分支有:由黄震东发学派、“北山四先生”学派承传的朱熹理学;起于陈亮永康学派、叶适永嘉学派的事功之学;张九成横浦心学、吕祖谦金华学派及“甬上四先生”偏重心学的程门理学。元代,朱学的北山一派仍流传余响,著闻者百名之余。明代中国社会处转型之先兆,学术自有创新。王阳明提出心即理、致良知与知行合一论题,创立阳明心学。其后学一度主导明代学术思想。晚明学术以刘宗周所创蕺山学派为重,为明末清初黄宗羲等所创浙东学派和浙东史学派提供了实学基础;一脉承继有黄宗羲、万斯同、邵晋涵、邵廷采、全祖望等。宋代以降,浙江学术特征按地域可分浙东学术和浙西学术,而归之于“浙学”。章学诚概括为“浙东贵专家,浙西尚博雅”,并各自反映在哲学、史学、文学、经学及佛道之学。清代浙江学术最重要的贡献之一是章学诚、龚自珍对“学术史”的学科探索,而晚清民国蔡元培、章太炎、王国维、孙诒让、沈家本、劳乃宣、蒋智由、夏承佑、吴经熊等革新传统学术、积极引入西学而推进人文科学与社会科学的融合。

现当代浙江传统文化的学术研究重在新儒学、经学、浙学等领域。

第一节 先秦浙江文化研究

浙江史前文化相当发达，是华夏最早进入文明序列的地区之一。至先秦吴越时期，越国国势强盛，族源文化先进，其军事思想、政治思想、经济思想、社会思想堪与齐鲁文化、中原文化相媲美。

一、浙江史前文化

（一）旧石器时代的文化研究

史前文化大致可分为旧石器时代和新石器时代。2004 年发现，2005—2006 年发掘的长兴七里亭遗址属中国南方地区典型的旧石器时代早期遗址，遗址剖面可分为上、中、下三个文化层，共发现 700 多件打制石器。经中国科学院地质与地球物理研究所对七里亭红土剖面进行了古代磁年代测定，数据显示遗址上、中文化层的年代从距今 12.6 万年一直推延到 99 万年，下文化层年代距今至少 100 万年。① 七里亭遗址是东南沿海地区最早的古人类文化遗存，也是全国旧石器时代早期遗址中为数不多的超过百万年的遗址之一，对早期人类的分布、扩散和适应生存行为的研究有重大的学术意义。② 从安吉溪龙乡上马坎遗址 2002 年 10 月田野考古调查（中国科学院古脊椎动物与古人类研究所和浙江省文物考古研究所合作）资料显示，古人类在浙江西苕溪流域的活动非常频繁，其活动历史至迟距今约 80 万年～45.5 万年。上马坎旧石器遗址的发掘为研究现代人起源与文化关系提供了重要的依据。③ 据 1974 年冬在建德县乌龟洞中首次发现的浙江第一枚远古人类犬齿化石鉴定，中国科学院命名这一系远古人类为“建德人”，距今 10 万年左右。④

（二）新石器时代的早期文化研究

进入新石器时代，距今 11400 年～5300 年，浙江相继出现了位于浦阳江上游的上山文化、萧山城厢镇湘湖村跨湖桥文化、钱塘江以南宁绍平原的河姆渡文化、太湖周边的马家浜文

---

① 中国科学院古脊椎动物与古人类研究所、浙江省文物考古研究所联合考察，并发表《长兴七里亭遗址地层剖面的古地磁测定》，《国际地球物理杂志》，2008 年。

② 浙江省文物考古研究所：《七里亭与银锭岗（浙江旧石器考古报告之一）》，科学出版社 2009 年版。

③ 张森水，徐新民、邱宏亮：《浙江安吉上马坎遗址石制品研究》，《人类学学报》2004 年第 23 卷第 4 期；范一安、邱宏亮：《慧眼识珠上马坎—安吉旧石器考古发掘侧记》，《安吉文物》2005 年第 1 辑。

④ 韩德芬、张森水：《建德发现的第一枚人的犬齿化石及浙江第四纪哺乳动物新资料》，《古脊椎动物与古人类》1978 年第 4 期第 16 卷；原思训、陈铁梅、高世君：《华南若干旧石器时代地点的铀系年代》，《人类学报》1986 年第 2 期第 5 卷。

化和太湖东部的崧泽文化等。这些文化形态的组成元素包括稻作农耕文化、舟楫渔猎文化、陶文化、玉文化及建筑文化等。浦江上山遗址地处浙江中部浦阳江上游，2000 年发现，2001—2005 年 3 次有计划地发掘。碳-14 测定距今约 11000 年～9000 年之间，是中国东南沿海地区迄今发现年代最早的新石器时代遗址。上山遗址出土有石器、陶器、房屋和灰坑遗迹以及早期栽培稻遗存等。① 嵊州小黄山遗址位于浙东曹娥江上游，1984 年发现，2005 年发掘，出土数百件石器、陶器和水稻谷粒印痕，碳-14 测定距今约 10000 年～8000 年。小黄山遗址形成新石器时代早中期聚落文化。② 萧山跨湖桥遗址位于钱塘江南岸，东距河姆渡遗址仅 100 千米，1990 年发现并发掘，出土有可复制的陶器、独木舟、弓、镞、镖及浮标、动物骨头、稻米稻谷稻壳、土菱角、核桃、酸枣、芡实等野果实及彩陶等，碳-14 测定，一期距今 8200 年～7800 年，二期距今 7700 年～7300 年，三期距今 7200 年～7000 年。跨湖桥遗址形成采集、畜牧、渔猎经济与舟楫、彩陶文化。③

（三）新石器时代的中后期文化研究

嘉兴马家浜遗址与定居生活及织造工艺文化。马家浜文化主要分布在太湖地区，浙江境内主要遗址有桐乡罗家角遗址、嘉兴马家浜遗址、湖州邱城遗址，及江苏、上海境内吴县草鞋山、吴江梅堰、常州圩墩等遗址，1959 年春发现并发掘，年代约始于公元前 7000 多年至前 5800 年，分早、中、晚 3 期。早期文化以桐乡西石门镇罗家角遗址第四层最为丰富，出土有炭化稻谷、建筑木构件、骨质与石质农具等④，碳-14 测定距今为 7000 年，称为马家滨文化的罗家角类型。河姆渡文化是中国长江下游地区古老而多姿的新石器时代文化，1973 年始发掘，主要分布于杭州湾南岸的宁绍平原及舟山岛，据放射性碳素断代，其 4－1 文化层距今约 7000 年～5000 年。它是新石器时代母系氏族公社时期的氏族村落遗址。⑤ 河姆渡遗址显示出新石器时代中期南方长江流域的文化水平不亚于黄河流域，呈现出中国史前文化的多元发展。崧泽文化距今约 5800 年～4900 年，发现于 20 世纪 50 年代末 60 年代初期，1961—1976 年经 3 次发掘，其上承马家浜文化，下接良渚文化，属新石器时代母系氏族社会向父系氏族社会过渡阶段。遗址以上海黄浦区居多，湖州邱城等地也为重要遗址区域。一些新的资料表明，太湖流域向文明时代的演进至迟在崧泽文化晚期即已开始。“崧泽文化先民应属父系氏族社会结构形态”。⑥ 良渚文化遗址发现于 1936 年，历经半个世纪的考古调查和发掘显示，其属是分布在环太湖地区一支著名的史前考古学文化。良渚文化大体可分为早、晚两期，早期以钱山漾、张陵山等遗址为代表，晚期以良渚、雀幕桥等遗址为代表，距今约 5300 年～4200 年。良渚文化时期，农业已率先进入犁耕稻作时代；手工业趋于专业化，琢玉技术尤为发达；

① 蒋乐平、郑建明等：《浙江浦江县发现距今万年的早期新石器时代遗址》，《中国文物报》2003 年 11 月 7 日。

② 张恒、王海明、杨卫：《浙江嵊州小黄山遗址发现新石器时代早期遗存》，《中国文物报》2005 年 9 月 30 日。

③ 蒋乐平：《跨湖桥》，文物出版社 2004 年版。

④ 罗家角考古队：《桐乡罗家角遗址发掘报告》，《浙江省文物考古所学刊》，1981 年。

⑤ 林华东：《河姆渡文化初探》，浙江人民出版社 1992 年版。

⑥ 林华东：《浙江通史》（史前卷），浙江人民出版社 2005 年版。

大型玉礼器的出现揭开了中国礼制社会的序幕；贵族大墓与平民小墓的分野显示出社会分化的加剧；刻画在出土器物上的“原始文字”被认为是中国成熟文字的前奏。① 2007 年 9 月，在良渚文化核心区域莫角山发现总面积达 290 多万平方米的古城，在陕西神木石峁遗址发现之前是中国最大的史前城址，被誉为“中华第一城”。（有学者提出质疑，如林华东《良渚发现的并非古城——良渚文化“古城”献疑》，2008 年；《良渚文化“古城”再质疑》，2010 年；罗以民《证伪“良渚古城”》，断定“良渚古城”不能成立。）据对护城河碎陶片等出土文物的综合考古学分析，良渚古城的绝对年代是公元前 2600 年至公元前 2300 年，距今约 4600 年～4300 年间。（浙江省文物信息网《良渚古城考古的新进展》）良渚古城的发现引发了对是否有“良渚古国”的或肯定或否定的种种推测。

二、夏商周的浙江文化

夏商周时期浙江为越（也称于越），为吴越文化的一支。

（一）夏文化与东南地区文化研究

自浙江的河姆渡文化、良渚文化等新石器时代晚期遗址的发现、发掘，夏文化研究也越愈了河南偃师二里头文化与龙山文化为主要研究对象的概念，其研究范围渐之向中国东南地区的考古学文化延伸。学者陈剩勇于 1990 年 8 月在“国际百越文化学术讨论会”上发表《东南地区：夏文化的萌生与崛起——从中国新石器时代晚期主要文化圈的比较研究探寻夏文化》一文，提出了一个中华文明起源的新论：“夏代前期的盟会、婚姻、征伐、祭祀、丧葬等一系列国家大事，几乎都发生在东南地区，这就表明，夏王朝崛起于东南，夏代前期的疆域（或地望）仍然在东南地区。”（浙江省社会科学院国际越文化研究中心、中国百越民族史研究会编《国际百越文化研究》，中国社会科学出版社 1994 年版）。其后出版《中国第一王朝的崛起——中华文明和国家起源之谜破译》（湖南出版社 1994 年版）的专著，对这一观点作出更全面、系统的论述。对此，董楚平等浙江学者也多有讨论。

（二）吴越：族、国与文化系统研究

吴、越是否同（民）族，史说至少有二：其一，吴、越同族，即原系同一民族。《荀子·劝学篇》曰：“于越，夷貉之子，生而同声，长而异俗者，教使之然也。”唐代杨倞《荀子注》（杨倞注，浙江书局《二十二子本》之《荀子注》，上海世纪出版集团）曰：“于越，犹言吴越也。”《淮南子·原道训》曰：“于越生葛絺。”高诱注《淮南子》（浙江书局版《二十二子本》，上海古籍出版社 1989 年版）曰：“于，吴也。”著名历史地理学家谭其骧、陈桥驿皆有论吴越同族的。陈桥驿在《于越历史概论》（《浙江学刊》1984 年第 4 期）一文中曾提出：“句吴和于越属于一个部落的两个中心。”谭其骧“详细列举了很多材料论述今江浙地方多以‘句’‘於’‘姑’‘无’‘乌’等为地名，与

① 董楚平：《吴越文化新探》，浙江人民出版社 1988 年版。

古代吴越语的发语音有关，认为吴越是同语系的一族两国。”①董楚平亦主此说，但他认为要加一个时间限制，即吴越不是一开始就是同族，而是到春秋时期才融合为一个民族(董楚平《吴越文化新探》)。《浙江学刊》1990年第6期刊出刘建国《吴越文化二论》一文，认为“‘于越’即‘吴越’，或可简称‘越’族。后来吴和越分化出来分属吴、越两个支系，建立两个国家。而此时的于越国已别称越国。《春秋》定公五年(前505年)载‘于越入吴’即是一例。但直至春秋晚期，两者的文化区别仍然较小”。史籍文献亦多有著述，如《吕氏春秋·知化篇》曰：“吴之与越也，接土邻境，交通属，习俗同，语言通。”《吴越春秋·夫差内传》曰：“吴与越同音共律，上合星宿，下共一理。”刘建国还认为“吴越文化存在的时限，其上限可包括商代时期的当地青铜文化，即马桥类型和肩头弄类型，下限一般到战国时期吴、越的灭亡。而吴越文化的渊源又与新石器时代晚期的良渚文化有着一定的承袭关系。吴越文化活动的地域主要是太湖及宁绍平原”。春秋时期吴越文化的影响随着“吴国的扩张而向西发展。战国时期，吴越文化的影响又随着争霸事业而北扩至山东境内。吴越文化是一个不可分割的文化整体”②。其二，吴越异族，文化类同。吴、越为两族，各依据于《史记》。《史记·吴太伯世家》记载：“吴太伯、太伯弟仲雍，皆周大王之子。”意为吴乃周族的一支。《史记·越王勾践世家》记载：“越王勾践，其先禹之苗裔，而夏后帝少康之庶子也，封于会稽，以奉守禹之祀。”清代浙人王梓材手辑世谱学巨著《世本集览》(见《世本八种》整理本，商务印书馆1957年版)所刊目录显示，“夏后时就出现了於越，和均、观、莘、缯等一起列为‘分封诸姒之国’。殷商时和杞、缯、有莘等同列为‘夏后’之国，称越。西周时和杞、缯等同列为‘夏后’，称越，有9世11君。”③“越为禹后”，历殷至周的观点是一致的。蒋炳钊撰《吴、越是否同族?》(载《国际百越文化研究》中国社会科学出版社1994年版)列举吴族来源的18种说法：周族分支说、吴族说、古吴越说、荆蛮说、苗人说、弓鱼族说、句吴、越族说；列举越(于越)族的来源的5种说法：夏族后裔说、楚越同源说、三苗一支的后裔说、于人与越人的结合说、土著说。他认为“吴、越是两个不同的民族。吴国和越国是这两个民族建立的国家，并不是一族两国，或者是一族两个中心。吴、越两族出现文化类同是在后来的历史发展中形成的，在吴、越民族历史发展中，有过相互吞并斗争的历史，这一历史进程大大地加速两族文化的融合”，终被同化成为当地汉族的一个重要来源。但也有学者认为，楚败越之后，越政权在今台州、温州一带仍存，并保留了越文化传统。大多数专家、学者认为，前后两说有一点是共同的，即吴、越文化存在着很大的类同性。

(三)于越文化的形成

浙江先秦文化以越文化为主体。根据已发现100多处先秦文化遗址的内涵和所处的地理环境，可粗略地将浙江的史前文化分为杭嘉湖平原、宁绍平原、金衢盆丘陵地和瓯江水系四个系统。“除瓯江水系的文化面貌与福建很相似外，另外三个区域的总体特征还是比较接近

---

① 邹逸麟：《谭其骧论地名学》，《地名知识》1982年第2期。

② 刘建国：《吴越文化三论》，浙江省社会科学院国际百越文化研究中心、中国百越民族史研究会编《国际百越文化研究》，1994年。

③ 张良权：《读〈世本集览〉的越世谱》，《国际百越文化研究》，1994年。

的，它们既受到良渚文化的影响，又较多地继承了河姆渡文化因素，应属于青铜文化的产物，上限年代可早于商代”①。先秦浙江文化具有文化发生的多元性及地区多元文化之间的共同性，这种多元关系的共同性随着文化聚落的发展和扩大而进一步加深并融合，最终汇合成统一的地方文化。而“于越民族的形成主要来自地区内不同文化的融合，通过各聚落与氏族之间日益密切的交往而最终建立起最亲密的血缘纽带，其时间大约在距今 4000 年”②。于越民族的文化代表着形成中浙江文化的发生、发展时期，至秦汉浙江区域文化范型总体形成。

于越文化形成的区域要素有五：即共同的地域、共同的语言文字、共同的经济生活、共同的文化心理素质及共同面对的中华文化格局。第一，即以会稽为中心，浙江四大文化区域多山富水的地理特征所造就的文化特质。如“浙江多山，民性有山岳气”，“水摇篮”中诞生的明慧与胸襟。③ 第二，复合胶着语及其与中原不同的鸟虫书文字体系。平湖庄桥坟遗址还发现距今 5000 年前的原始文字，比甲骨文还早 1000 多年。④ 对此，亦有学者认为它只是“先民刻画痕迹和符号”。第三，经济生活的共同性。即都有着由金属农耕具、牛耕并用的劳动方式、合法私有的田宅制度、幼子继承的财产代继关系所内在组成的社会经济结构；以及由食稻啖鱼的饮食、紧身短衣、断发文身的服饰与体饰，干栏式住屋的居住、以舟代步的交通所构成的独特经济生活习俗。第四，由淡薄的家族礼教意识、多神崇拜的宗教观念、主体独立的价值追求、率真浪漫的情感与雄俊耿介的个性复合的文化心理（滕复等编著《浙江文化史》）。第五，越文化与吴文化、楚文化以及北方中原文化存在着横向的互动关系，与自身衍生、发展多元意涵如于越文化、百越文化、越国文化、浙江文化、浙东文化存在着有机融贯的纵向关系，它对世界文明演进特别是东亚文化的发展曾经产生过重大的影响。

（四）于越民族的思想文化

哲学思想。天道思想是先秦思想文化的核心。于越民族较早地以自然本体观念去追究、认识天道问题。《越绝书》卷八有言：“昔者，越之先君无余，乃禹之世，别封于越，以守禹冢。问天地之道，万物之纪，莫失其本。”至勾践代，有大夫计倪、文种、范蠡皆崇天道。其中范蠡（前 536—前 448 年，楚国宛地人，今河南淅川）之天道观尤为系统。《国语・越语下》记载，“越王勾践即位，三年而欲伐吴”。范蠡进谏言：“夫国家之事，有持盈，有定倾，有节事。”“持盈者与天，定倾者与人，节事者与地。”“无时不作，弗为人客”“天道盈而不溢，盛而不骄”。范蠡用兵之道，必顺天道，守时待机，以使“周旋无穷”⑤。这种天道观摆脱了术数天道的违障，体现了人们对宇宙认识的某种飞跃，具有朴素的唯物论思想。

经济思想。计倪（生卒年不详）春秋时期宋国葵丘濮（今河南商丘）人，时为著名谋士，其

---

① 浙江省博物馆：《三十年来浙江文物考古工作》，文物出版社 1981 年版。

② 滕复、徐吉军、徐建春、卢敦基、叶建华、杨建华等编著：《浙江文化史》，浙江人民出版社 1992 年版。以下简称“滕复等编著《浙江文化史》”。

③ 潘承玉：《中华文化格局中的越文化》，人民出版社 2010 年版。

④ 《庄桥坟遗址：源自远古的报告》，平湖网，2009 年 11 月 9 日。

⑤ 孟文镛：《越国史稿》，中国社会科学出版社 2010 年版。

用自然规律来观察、阐发经济现象，提出“计倪十策”，确定国家的经济活动。他认为“凡举百事，必顺天地四时，参与阴阳”（《越绝书》卷四）。他提出著名的“贵贱论”，认为一切商品的价格中，由商品与货币数量的比例决定的，是由供求关系变化决定的，他还非常注重加速商品与货币的周转问题，其理论在越国运用十年，国之大富。范蠡持计倪之经济思想，在鲁国经营十年而成巨富，后人尊之为“陶朱公”。

治国争霸思想。文种（？一前 472 年）为春秋末期楚之郢（今湖北江陵）人，后定居越国，时为著名谋略家，其治国之道为“爱民”，其总结商周以来征伐争霸经验，提出伐吴九术：一曰尊天地，事鬼神；二曰重财帛，以遗其君；三曰贵籴粟缟，以空其邦；四曰遗之美好，以为劳其志；五曰遗之巧匠，使起宫室高台，尽其财，疲其力；六曰遗其谀臣，使之易伐；七曰强其谏臣，使之自杀；八曰邦家富而备器；九曰坚厉甲兵，以承其弊。①

于越文化是一种具有丰富内涵、充满鲜明的特色的文化。它不仅有不同于中原地区的经济社会结构和饮食、居住、服饰等方面的独特风俗和习惯，也有着与中原地区异趣的文化心理和宗教观念，有着自己的哲学、文学、艺术乃至其他思想文化领域的杰出创造。作为一种非物质文化遗产，越地民风民俗及其民众的精神与物质创造，是越文化中最富于区域文化特色的一个组成部分，其间存留着古老百越族习俗文化的传统基因②。越地非物质文化遗产是地域文化与民族文化、越地文化与多种文化的交融与统一。

第二节　秦汉至隋唐浙江的学术文化研究

秦汉时期，尤其是汉代，越文化的汉化助力浙江学术思想与文化的崛起，出现了一批有原创力的文化精英和文化成果。至隋唐时期的儒学经历了南北分立到儒、释、道三家既纷争又融合，再到唐中期之后的儒学复兴运动，从而为宋朝新儒学奠定了基础。

一、秦汉时期浙江的学术文化

（一）吴越文化的转型与汉化

秦汉以后，随着越地文化的转型，越文化成为占主流地位的汉文化的一个区域类型。越文化的这一转型始于楚威王败越（前 333 年），剧变于秦皇、汉武时期。

人口大规模的迁徙。包括越族人口的北迁南散和中原人口的置入。公元前 333 年楚败越后，楚人（为华夏一支）最先有规模地进入吴越地区，而越族宗室统治退居钱塘江以南故越地称“君”，楚文化不断东渐、南渐，越文化逐步南撤。到公元前 222 年秦灭越后，越人大规模夺海南奔，抵达文化习俗相同的西南地区。秦始皇三十七年（前 210 年），出巡至会稽，推“强

---

① 《越绝书》卷十二《越绝内经九术》。

② 仲傅兰、何华湘：《越地非物质文化遗产综论》，人民出版社 2010 年版。

干弱枝”人口政策，徙于越之人于乌程。《越绝书·记吴地传》记载：“乌程、余杭、黝、歙、无湖、石城县以南，皆故大越徙民也。”汉元封元年(前110年)，汉军破东越，武帝“诏军吏皆将其民徙处江淮间，东越地遂虚”。[①] 与此同时，大批华夏人迁入越地，至汉武帝元封年间，策中原人取代楚人、越人的统治地位。西汉末年群雄并起，战争连年，大批中原人士入越避难，中原文化入主吴越。

强化政治、军事统治，改变越地民风习俗。秦始皇至会稽，刻《会稽刻石》而布政，“饰省宣义，有子而嫁，倍死不贞。防隔内外，禁止淫佚，男女絜诚。夫为寄豭，杀之无罪，男秉义程。妻为逃嫁，子不得母，咸化廉清。大治濯俗，天下承风，蒙被休经”。[②] 西汉武帝采用董仲舒大一统思想建议，施行“罢黜百家，独尊儒术”政策，将儒学作为正统思想，汉初意识形态的这一变化，加快了越地文化的汉化过程。

越地名士群体的崛起及其与中原文化的交流学风，促进了越地学术思想的成熟。以绍兴为中心的古越地自古至今，涌现出不少名士，其中有辉煌的名士巡礼，如大禹的情怀、勾践的沉雄、范蠡的智慧、嵇康的气节、谢安的儒雅、羲之的风流及宋代之后朱熹的气象、陈亮的耿介、陆游的诗性、阳明的睿智、张岱的佳隽、秋瑾的慷慨、鲁迅的正气等[③]。据董楚平录《后汉书》为吴越地区人物立传者23人，其中钱塘江以南的山阴、上虞、余姚一线就有14人，仅上虞一地占有6人。这些名士四处游学，交流学术。

据史家考据，到西汉后期，太湖平原、宁绍平原、皖南、宁镇已基本汉化。到六朝时期，浙江南部地区也由北向南渐次完成汉化。其间，古越地汉语代替越语，尚武变为崇文，社会汉化转型，人文学术思想趋于成熟。

(二)浙江学术思想文化的崛起

黄老道家与《文子》。《文子》，传为文子(生卒年不详)所著。《汉书·艺文志》著录《文子》9篇，班固在其条文下注：“老子弟子，与孔子同时。”刘宋裴骃引《范子》所载：“计然者，葵丘濮上人，姓辛氏，字文子”，“范蠡师事之”。意即《文子》为计然所作(也有托名文种所作之说)。《文子》一书为秦汉时期流行的黄老道家的著作，尤其在西汉年间流行甚广。《文子》一书主张“道者虚无、平易、清静、柔弱、纯粹、素朴”，讲究“怀自然，保至真，抱道推诚……”，要求统治者“无为而治”[④]。这种黄老道家的思想于春秋末年在越国十分流行，勾践时期文种、范蠡以及其老师计倪都崇尚黄老思想，主张顺天尊地的治国、立事原则。今湖州计筹山为文子道场，并有德清三合乡升玄观供奉。

王充与《论衡》。王充，祖上为魏郡元城显贵。建武二十年(44年)入京师洛阳，受业太学，师事扶风班彪，访学14年，其间访名儒，阅百家，观大礼，大增见识，初步形成博大求实的学术风格。王充以道家的自然无为为立论宗旨，以“天”为天道观的最高范畴，以“气”为核心

---

① 《史记》卷一一四《东越列传》。

② 《史记》卷六《秦始皇本纪》。

③ 陈望衡：《越中名士文化论》，人民出版社2010年版。

④ 出自《文子·道原》《文子·精诚》，见唐代徐灵府注本《通玄真经》，收入正统道藏洞神部。

范畴，由元气、精气、和气等自然气化构成了庞大的宇宙生成模式，与天人感应论形成对立之势。他以事实验证言论，弥补了道家空说无着的缺陷。他熟谙经子，博涉众流，对传统儒学特别是汉代经学作以论难，“刺孟而问孔”，历代对其儒家身份多有质疑。《论衡》（明通津草堂本《论衡》，东汉王充著，陈清青点校，岳麓书社《古典名著普及文库》，2006 年。以下简为“《论衡》”，以文内注）是其代表作。赵晔《后汉书・卷四十九・王充王符仲长统列传第三十九》评其“以为俗儒守文，多失其真，乃闭门思潜。著《论衡》八十五篇。二十余万言，释物类同异，正时俗嫌疑”。王充在这部书中提出“天地，含气之自然也”，认为天地是含气之自然，没有意志和目的的；“天地合气，万物自生”（《论衡・自然》），天地间自有其客观的规律性。在形神关系问题上，王充力图贯彻元气自然论的观点，坚持无神论立场。在认识论方面，他坚持“疾虚妄”“重效验”，使主观认识与客观事实相符合。他反对“奉天法古的思想”，强调今胜于古。王充的元气自然论与重事实效验的认识论代表了当时哲学思想的最高水平。

魏伯阳和《周易参同契》。魏伯阳，东汉时炼丹术士，会稽上虞人。葛洪《神仙传》记载，他曾和弟子进山炼丹，借《周易》爻象论述炼丹修仙之术，撰《周易参同契》（集注本《周易参同契》，东汉魏伯阳著，上海古籍出版社 1989 年版）3 篇，把“大易”“黄老”“炉火”三家理论参照会同而契合为一。《周易参同契》被各国科学史文献公认为世界现存最古老的炼丹著作，在中国文化史和思想史上具有很高的学术地位和价值。它不仅在道教史上为后来道教理论的发展提供了思想资料，其生命哲学的理论对后世中国哲学的发展亦产生重要影响，为化学、医药学、养生学乃至人体科学都留下了宝贵的遗产。

袁康、吴平与《越绝书》。《越绝书》（张宗祥《越绝书校注》，商务印书馆 1956 年版）考证为东汉初会稽袁康、吴平所著，共 15 卷。全书以春秋末至战国初期吴越争霸为主干，上溯夏禹，下迄东汉初，旁及诸侯列国，涉吴越地区汉民族政治、经济、军事、天文、地理、历法、语言等诸多方面，被誉为地方志鼻祖。书中保存有吴越地区东汉以前的许多史料，特别注重范蠡、文种、计倪、伍子胥、子贡等人的外交军事活动。篇中有“以石为兵”“以玉为兵”“以铜为兵”“以铁为兵”的记载，大体上反映了今考古学上的旧石器、新石器、铜器和铁器时代的古史。书中绝大部分篇章，采用了本末体的写法。

赵晔和《吴越春秋》。赵晔，东汉初著名学者，会稽山阴人，所著《吴越春秋》（收入《四部丛刊》初编，商务印书馆，1929 年二次影印本），原 12 卷，后经晋代杨方刊削、皇甫遵改定成 10 卷（《四库全书总目提要》），是一部记述春秋时期吴、越两国史事为主的编年体史书。其前 5 卷记吴事，起于吴太白，迄于夫差；后 5 卷记越事，起于无余迄于勾践，注重吴越争霸之史实。《吴越春秋》及前述《越绝书》钞撮古书，或本末纪事，或编年纪事，规模上远超《国语》《左传》《史记》，且更有补缺之功，是为最早的较完整的越民族兴亡史和吴越文化史。赵晔别著《诗细》（收入北宋王钦若主导编纂的《册府元龟》，中华书局 1960 年版）“诣杜抚，受《韩诗》，究竟其术”。赵晔为韩诗学派的知名学者，其《诗细》为东汉解诗名篇。

二、魏晋南北朝浙江的学术文化

魏晋南北朝是一个曲折多变的时代。永嘉南渡之后，全国文化中心出现南移的趋势，浙江成为六朝政权的腹地，大量北方士人南下寓居于此，使浙江地区成为当时的文化重心，史称“晋迁江左，中原衣冠之盛，咸萃于越，而越为六朝文物之薮，高人文士，云合景从。风俗遂为江左之冠”①，涌现出王羲之、谢灵运、沈约这样的文化巨匠。尤其是会稽之地，“高士名人有戴逵、王洽、刘恢、许元度、殷融、郗超、孙绰、桓彦表、王敬仁、何次道、王文度、谢长霞、袁彦伯、王蒙、王玠、谢万石、蔡叔子、王羲之十八人，或游焉，或止焉”。(《晋书·诸葛恢传》)可谓人才济济，学术文化辉煌。思想领域内玄学兴起，佛教传播，道教形成，浙江文化步入中国主流文化之列。

（一）士族的儒学传统与研究

永嘉之乱以及随之而来的西晋士族的大规模南迁，促进了江南的学术融合与发展。浙江学者在南朝经学复兴过程中扮演了重要角色。时有梁武帝设五经博士，浙江学者“吴兴沈峻”“会稽贺玚”占有两席。魏晋南北朝，较著名的学者多具有家族经学传统，并“倡为义疏之学”，功在汉学明经与唐学疏注之隙。余姚虞氏以治《易》著名，虞翻是东吴最有影响的经师，有《易注》，其后人虞喜释《毛诗略》，并注《孝经》。山阴贺氏、钱唐杜氏、武康沈氏皆为礼学世家，专治《三礼》。② 山阴贺氏有贺玚、贺革父子及侄子贺琛著《礼易老庄讲疏》《宾礼仪注》《三礼讲疏》《五经滞义》。沈氏有沈麟士注《礼记》《孝经》《丧服》及《易经》《春秋》，沈重撰《周礼义》《仪礼义》《礼记义》，学术造诣皆深，其中尤以沈重成就为最。

虞氏还热衷于天体的讨论，虞翻第六子虞耸著《穹天论》、虞喜著《安天论》，这是汉代学者重视阴阳五行、历算星占的学风在江东的延续。

（二）文学艺术的创作与研究

魏晋南北朝浙江的文学艺术创作与研究重诗赋文，主性灵，形式多元，颇多大家。南朝诗人谢灵运是中国山水诗歌的开山者，其山水诗冲破了东晋诗坛上玄言诗的独统，诗语俳而气古，尚存古意，诗风秉气怀灵，独自然而讴歌。其代表作《游名山志》言山水性灵派名句：“夫衣食者，人之所资；山水，性之所适。”其《山居赋》(《嵊县志》卷二十四，1944 年)四千言，是以韵文形式的会稽地方志。孔稚圭的名篇《北山移文》③假托山陵，讽刺了假隐士先假后隐，一旦被赐官就显热心俗务的丑态。这篇赋采取了俳谐的写法，讽刺中寓意深长，文字生动优美。沈约是齐、梁朝的文学领袖，在诗歌理论方面提出了“四声八病”④，为五言诗的音律美和规范化作出了重大贡献；他还和谢朓、王融等创立了“永明体”，讲究五言诗声律，形式工丽⑤。吴均的散文以清拔而古气见长，代表作《与宋元思书》⑥描绘了富阳至桐庐的奇山异水，节奏明

---

① 康熙《会稽县志》卷七《风俗志·习尚》。
② 万斌主编：《浙江文化概论》，浙江人民出版社 2010 年版。
③ 收入《六朝文絜笺注》，黎经浩注本，上海古籍出版社 1982 年版。
④ 〔南朝〕沈约：《四声谱》，见《梁书》卷十三《沈约传》。
⑤ 〔南朝〕沈约：《沈隐侯集》，清光绪善化蓝田章氏刻本。
⑥ 收入〔唐〕欧阳询：《艺文类聚》，汪绍楹注解，上海古籍出版社 1965 年版。

快，是中国散文史上的骈体文名篇。

（三）史学研究繁荣

六朝是一个私家修史盛行，史家辈出，史书众多，诸体皆备，空前繁荣的时代。地记编纂之风盛行，传体史书为最重要的史体，产生了一批对方志学有重要影响的著作。如谢承《会稽先贤传》①、贺循《会稽记》②、孔灵存《会稽记》③、杨方《吴越春秋削繁》、吴均《钱塘先贤传》等。编年体蓬勃发展，在东晋南朝直接记录“人君言行动止之事”的起居注大量出现，时为重要的史书部类。如谢承《后汉书》130 卷，谢沈《后汉书》100 卷，吴昀注范晔《后汉书》90 卷，并著《齐春秋》30 卷，干宝《晋纪》20 卷，虞预《晋书》40 卷，谢灵运《晋书》36 卷，沈约《晋书》111 卷、《宋书》100 卷、《高祖纪》14 卷、《宋文章志》30 卷，许亨《梁史》，姚察《汉书训纂》30 卷、《陈书》等。记载佛、道两教的史著有释慧皎《高僧传》④、郗超《东山僧传》、虞槃佐《高士传》、孙绰《列仙传赞》（刘向撰、总续，孙绰赞）、戴逵《竹林七贤论》等。记载国家典章制度的职官、刑法、仪制等专门史有所发展，姓氏之书与家传编纂流行。如王俭《百家集谱》10 卷，王僧孺《十八训谱》170 卷，山阴《孔氏谱》《谢氏谱》，余姚《虞氏谱》等。（王志邦《浙江通史》（秦汉六朝卷），浙江人民出版社 2005 年版）。《隋书・经籍志》史部所载正史、古史、杂史、霸史、起居注、旧事篇、职官篇、仪注篇、刑法篇、杂传、地理之记、谱系篇、簿录篇等 13 种体例，除刑法外，浙地均有著之。

三、隋唐五代浙江的学术文化

（一）隋唐儒学研究

隋唐时期浙江的儒学人士，《隋书・儒林传》录 14 人，浙江为顾彪、鲁世达 2 人，均为余杭人，顾彪撰《古文尚书疏》20 卷，鲁世达撰《毛诗章句义疏》42 卷。唐武德四年（621 年）开文学馆招“名儒”号“十八学士”，浙江有钱塘褚亮、武康姚思廉、余姚虞世南、新城许敬宗，皆能“讲论经文，商略政事”。唐开元十三年（725 年），更名“集贤殿”，设书院，诏以十八学士，字“开元十八学士”，浙江有长城（今长兴）徐坚、永兴（今萧山）贺知章、会稽康子元。《旧唐书・儒学传》列传 45 人，浙江有徐岱。《新唐书・儒学传》列传 68 人，浙江有长城徐齐聃及子徐坚与孙徐峤、吴兴沈伯仪、山阴孔若思与从父孔桢及子孔至、盐官褚无良、会稽康子元、长城陆京等 10 人。唐末五代的皮日休、罗隐也是重要儒学人士。尤其是新登罗隐，其《谗书》是以儒家民本思想反对专制之力作，《两同书》则是一部从哲学角度表达政治思想的理论著作。其不但是晚唐五代儒学史上的一位重要人物，在中国古代辩证思想发展史上也是一位值得重视的学者。⑤

①②③ 鲁迅：《会稽郡古书杂集》，新艺术出版社 1970 年版。
④ 〔清〕潘仕成编：《海山仙馆丛书》，清道光二十九年（1849 年）。
⑤ 李志廷：《浙江通史》（隋唐五代卷），浙江人民出版社 2005 年版。

儒家思想在政治思想和经济思想方面也有很大影响，主要代表人物有陆贽。陆贽为唐代著名政治家、文学家、政论家，贞元年间拜为相，执政期间，公忠体国，励精图治。其治国的思想基础是“天命在人”观，认为治乱由人，不在天命，“理或生乱，乱或资理，有以无难而失守，有以多难而兴邦”。他的这种反天命、重人事的历史观，构成了他治国思想的哲学基础。他还秉承“民为邦本，本固邦宁”的传统儒家思想，认为立国要以人为本，提出“五术”“八计”“三科”“四赋”“六德”“五安”之策，以察看风俗民情、考察地方官政绩、选拔才智出众人才、管理财政、教化官吏等。其经济思想重在均节赋税、养人资国，以适当缩小“贫富悬绝”，用度有节。有《陆宣公翰苑集》22卷[①]存世。《陆贽集》26卷（中华书局2006年版）收录其任翰林大学士及宰相期间所拟制诰、奏议、奏草等。

（二）文学成就以及研究

隋、唐代浙江的文学创作非常繁荣，唐代尤盛。据《全唐诗》及《全唐诗补编》统计，隋唐五代有籍贯的诗人1924人，其中河南330人，陕西228人，江苏183人，浙江170人，居第四位，占总数的9%。浙江诸州中，又以越州、湖州两地最多。初唐时，婺州骆宾王名列“四杰”之一；盛唐时，越州永兴人贺知章号为“四明狂客”；中唐时，则有吴兴人钱起、武康人孟郊与海盐人顾况最著名。钱起诗风近于王维，尤以“曲终人不见，江上数峰清”[②]被称为绝唱。孟郊则长于苦吟，其《游子吟》中“慈母手中线，游子身上衣”[③]也是传颂千古的名句。晚唐诗人则以罗隐最为著名，其诗语言通俗、长于讽刺。但总的来说，浙江诗人在唐代讲诗中并未占据主导地位，这种局面要到宋代以后才得到根本改变。

唐代浙江在诗学理论方面著闻者当为晚唐长城人皎然，有《诗式》[④]《诗评》《诗议》，尤以《诗式》最为重要，树立了“四不”“二要”的诗学标准，对古典文学批评理论的发展影响深重。

第三节　宋元明清浙江的学术文化研究

通观宋元与明清整个历史时期，浙江学术文化经历了两个重要阶段，即宋元的融合鼎盛和明清的师夷转型，并形成浙东之学与浙西之学两大区域性学术特点，及其以地望为纽带联结的学者名儒宗派，铸就了以理学为中心学术的“浙学”体系，以及包融、创新、求实的浙江人文精神。

---

① 见《四库全书总目提要》，浙江古籍出版社1988年版。

② 钱起：《省试湘灵鼓瑟》，收录《钱考功集》，上海商务印书馆1936年版。

③ 华忱之校订：《孟东野诗集》，人民文学出版社1959年版。

④ 《皎然集》，［民国］上海涵芬楼影印版。

一、宋元明清的理学与浙学

（一）宋元明清的理学研究

北宋中后期理学思潮传入浙江并在很大程度上推动了“浙学”的兴起，南宋前期和中期浙江理学流派和反理学流派相继形成，促进了“浙学”与理学的全面融合与冲突；南宋后期浙学向理学尤其是程朱理学的全面回归和发展①。两宋浙江理学的代表性人物与学术宗派主要有：“宋初三先生”尤其是儒学南派领袖胡瑗及其所创立的“湖学”；北宋中期“明州五子”即杨适、杜醇、王致、王说、楼郁；“永嘉儒志、经行二子”王开祖、丁昌期。杨、杜五子最早切入中原儒学的精髓，是宋代儒学地域化进程中明州新儒学的发端。继之则有“永嘉九先生”周行己、许景衡、沈躬行、刘安节、刘安上、戴述、赵霄、张辉、蒋元中诸学者，将中原洛学、关学传入两浙，先行实用之学。南宋宗派鼎立为三：一是朱学的东发学派黄震与“北山四先生”何基、王柏、金履祥、许谦，有中兴金华学派之誉。二是以陈亮为代表专言事功的永康学派和以薛季宣、陈傅良、叶适为代表的“以径制言事功”的永嘉学派。三是以张九成为代表的横浦心学和以吕祖谦为代表的金华学派，以及宗于陆学的“甬上四先生”为代表的心学阵营②。

元代在民族文化上的多元化政策和尊朱学为正统的意识形态，促使“会合朱陆”的南宋学风得以光大，成为元代浙江理学的一大特点。朱学的北山一派在元代仍流传余响，涌现了方镕、何欣、何凤、汪开之等百余位学者。宋末王应麟开创的深宁学派在元代有所发展，著闻者有胡三省与戴表元。

明清时期，浙江学术文化传承宋代而繁盛不衰，且随着社会形态之庚变，西学东渐之深入而步入近代学术转型，在理学、经学等方面表现出学术的地域化优势。尤其是浙西之学，在理学、经学等方面代表人物有杨时、吕留良、张履祥、陆其陇、朱彝尊等。

（二）宋元明清的浙学研究

“浙学”是对于发生发展于浙江，形成了浙江特色而其影响波及于国内外的一种学术文化传统的理论概括，它代表着一种富有地方特色的人文传统与理性精神。最早提出‘浙学’概念并加以理论界定的是南宋大儒朱熹。如其在《晦庵集》中提“浙学尤更丑陋”（《晦庵集》卷五十《答程正思》）。他在《朱子语类》中提到“浙学专言功利”（《朱子语类》卷一二三），他统称永嘉（陈傅良、叶适）、永康（陈亮）之学为“浙学”。但是元代以后，对“浙学”的理解就发生了分化。这表现在，第一，“浙学”经常被等同于“浙东之学”，而思想学术意义上“浙西”地域概念则很晚才出现；第二，“浙学”或“浙东学术”又被等同于“浙东史学”，典型的代表就是清代学者章学诚的“言性命者必究于史”；第三，朱熹所称“浙学”特指浙东的永嘉学派、永康学派，但这两个学派在宋元之际衰落。后世学者对“浙学”的代表学说理解分歧很大，全祖望认为南宋明州陆九

---

① 陈国灿：《论宋代“浙学”与理学关系的演变》，《孔子研究》2000 年第 2 期。

② 沈冬梅、范立舟：《浙江通史》（宋代卷），浙江人民出版社 2005 年版。

渊心学的传人“甬上四先生”代表了“浙学”。他所提“浙学”，是相对于濂、洛、关、闽之学而言的南宋浙江儒学，“其范围涵盖了当时浙东地区的永嘉、金华、四明诸子之学”。章学诚在《浙东学术》中言“浙东、浙西，道并行而不悖也”。章之说法实际上已是大“浙学”的概念了。① 晚清宋恕（又宋衡）著《浙学史》②，是以浙学命名的学术专史。

晚清民国之际，浙学研究有影响者要数宋恕与章太炎就商鞅的历史评价（即儒法之辨）和张之洞的观感问题的“大辩论”，宋恕主张薄孔尊荀，并由此影响到各自的政治主张。③

（三）中华人民共和国成立以来的理学与浙学研究

中华人民共和国成立后，浙江在理学与“浙学”研究方面从概念上说，互有交叉，为叙述方便，就大体划分如下：

关于理学研究。陈植锷著《宋学通论》对宋学及道学、理学这些宋代文化史研究中经常碰到的概念，从内涵与由来的角度作以辨析，从而从学术上驾驭宋学这一庞大的学术体系④；其还著有《北宋文化史述论》（中国社会科学出版社 1992 年版）。程水龙《理学在浙江的传播——以〈近思录〉为中心的历史考察》（上海古籍出版社 2010 年版），考辨浙江人整理《近思录》各个版本的传抄、流存情况，发掘潜藏其后的学术思想和文化意义。重要的学术论著论文还有何俊《南宋儒学建构》（上海人民出版社 2004 年版），阐述了“洛学”成为主流之后其内部的分歧与内在冲突，同时对朱熹为轴心的儒学时期展开讨论，揭示了儒学的最基本特征。另著有《胡安国理学与史学相融及其影响》（《哲学研究》2002 年第 4 期）等。

关于浙学的研究。较为突出的是宋慈抱《两浙著述考》，该著上起西汉，下及当代，包罗两浙，纵贯古今，分门别类，对研究浙江文化史，极具参考价值⑤；王凤贤、丁国顺《浙东学派研究》较早涉入浙东学派并对各学派思想作以系统阐述⑥；管敏义、钱茂伟主编《浙东学术史》（华东师范大学出版社 1993 年版）史论浙东学术；方祖猷、滕复主编《论浙东学术》（中国社会科学出版社 1995 年版）；董平著《浙东学派与浙江精神》（浙江古籍出版社 2006 年版），其《浙江思想学术史——从王充到王国维》较为深刻地揭示了浙江思想学术在宏观过程所展现出来的丰富性与多样性⑦；还有钱茂伟《浙东史学研究述评》（海洋出版社 2009 年版）；蔡克骄、夏诗荷《浙东史学研究》（知识产权出版社 2009 年版）；关长龙《两宋道学命运的历史考察》（上海学林出版社 2001 年版）等。另外还有一大批质量上乘的论文，如朱仲玉《试论南宋浙东史学》（《浙江学刊》1988 年第 1 期）；徐吉军《宋代浙江学风概述》（《浙江学刊》1989 年第 6 期）；杨太辛《浙东学术的源流》（收入《儒学与浙江文化》，中国广播电视出版社 1993 年版）；钱茂伟《浙

① 吴光：《“浙学”的内涵和外延》，载万斌：《浙学研究集萃》（序一），世纪出版集团、上海古籍出版社 2005 年版。
② 刘绍宽：《宋衡传》，载《平阳县志》卷三十九《人物志 · 宋衡传》，胡珠生编：《宋恕集》，中华书局 1993 年版。
③ 邱涛：《中国近代思想家文库 · 宋恕卷》，中国人民大学出版社 2015 年版。
④ 陈植锷：《宋学通论》，《中国社会科学》1988 年第 4 期。
⑤ 宋慈抱：《两浙著述考》，浙江人民出版社 1985 年版。
⑥ 王凤贤、丁国顺：《浙东学派研究》，浙江人民出版社 1993 年版。以下简为书名。
⑦ 董平：《浙江思想学术史——从王充到王国维》，中国社会科学出版社 2004 年版。

东学术导论》(《宁波论坛》1999年第1期);诸焕灿《浙东学术概说》(收入《学津求索》,中国戏剧出版社2000年版);蔡克骄《"浙东史学"再认识》(《史学理论研究》2002年第2期)等。

二、学派及其学术思想

(一)北宋"明州杨杜五子"和"永嘉九先生"

"杨杜五子"是活动在明州的五位儒者即杨适、杜醇、王致、王说、楼郁。杨适"善言治道,究历代治乱之原";楼郁"学以穷理为先";王说及季父王致"讲贯经史,倡为有用之学",推崇孔子,在学术史和教育史上"皆与安定胡学相应"①。"永嘉九先生"即周行己、许景衡、沈躬行、刘安节、刘安上、戴述、赵霄、张辉、蒋元中,诸子"游太学""及程门"②,传洛、关之学(《宋元学案》卷二十九《震泽学案》)。周行己是为代表,其学"虽出程门","绝不立洛、蜀门户之间"(《四库全书》·《浮沚集》提要),其哲学思想"顺性命之理,尽变化之道",视"太极"与"两仪"为体用关系,已涉"心"的地位和作用(《浮沚集》);政治上主"仁政礼治",伦理上主"性善论"与"天理论"(《浮沚集》)。另,许景衡著《横塘集》20卷,刘安节著《刘左史集》4卷、刘安上著《给事集》5卷。

后世对于"杨杜五子"与"永嘉九先生"的学术思想多有记载和研究。《宋元学案》(黄宗羲原本、黄百家纂辑、全祖望修订,中华书局1986年版)以学案体著录及研究之。如其中《安定文案》著录湖州学派胡瑗学术思想。《士刘诸儒学案》著录"杨杜五子"的学术思想与教育方法,其基本精神与胡瑗思想合拍。《周许诸儒学案》著录"永嘉九先生"生平事迹及学术脉络。全祖望考证"五先生"著述有《庆历五先生书院记》。晚清孙诒让撰《横塘集跋》(《温州经籍志》卷19)就许景衡之佚文作以考证,潘猛补据温州地方文献考证《全宋诗》(北京大学古文献研究所编)所收许景衡诗。孙诒让著《温州经籍志》对"五子"与"九先生"记载入志,著录其著述。中华民国何炳松著《浙东学派溯源》(广西师范大学出版社2004年版)探讨了"杨杜五子""永嘉九先生"学术思想体系与程朱理学的关系。现当代浙江学者对"杨杜五子""永嘉九先生"研究尤盛。何隽著《宋代永嘉事功学的源头探析》(载浙江省社会科学院等编《儒学与浙江文化》,中国国际广播出版社1993年版),评永嘉九先生为"中期宋学中理学宗师的传人。"周梦江《南宋永嘉学派的特点及其与理学的分歧》③引全祖望《鲒埼亭集·永嘉张氏古礼序》言"永嘉九先生而后,伊川之学统在焉"。王凤贤、丁国顺著《浙东学派研究》(浙江人民出版社1993年版)对"杨杜五子"和"永嘉九先生"总体有评:"北宋浙东学者,特别是'永嘉九先生'的思想,虽渊源于'洛学',受到'伊川之学'的影响,但他们不守门户之见,能注意吸取古代各家的思想资料,而主要是以孔孟为宗,尤其崇拜孟子,在他们的思想中已经孕育着'心学'的苗子。"此评贯通了浙江学术之孔孟以降及至南宋浙江诸学派、明代阳明心学的学术路径,对此学术界观

① 《宋元学案》卷六《士刘诸儒学案》。黄宗羲始作,黄百家续作,全祖望等补述,道光十八年(1838年)初刊于浙江,光绪五年(1879年)翻刻于长沙。中华书局1986年版。以下简为书名。

② 〔宋〕周行己:《浮沚集》卷七《赵彦昭墓志铭》《宋元学案》卷三十二《周许诸儒学案》。

③ 《儒学与浙江文化》,中国广播电视出版社1993年版,第55—67页。

点雷同为多。

（二）永嘉学派及其研究

“永嘉之学”发端于北宋，形成于南宋。该学派以“薛季宣、陈傅良、叶适为代表的事功之学”为主体，包括与“事功之学”有所区别而又相互影响的郑伯熊、郑伯英兄弟以及徐谊的学术思想（王凤贤、丁国顺《浙东学派研究》）。郑伯熊崇周行己，传具“心学”倾向的洛学；郑伯英主张“问学”与“事功”的结合，“上为天下，下为己私”①。徐谊“以悟为宗”，“近取日用之内”。

“永嘉之学”发展到薛季宣已“自成一家”，薛“从之出”或“经其始”，陈（傅良）“继其后”或“纬其终”（叶适《温州新修学记》），叶适“遂称鼎足”（《宋元学案》卷五十四《水心学案》），将“永嘉之学”传承化、系统化。薛季宣是南宋著名学者，著作宏富，其对儒家“道统说”提出质疑，提出“道不离器”的道、器关系（《浪语集》卷二十三《答陈同甫书》），主张“日用自知”、理出“日用”（《浪语集·与沈应先书》）的“天理”“人事”观点和“学而能者”的知行之说，主张“义利之和”（薛季宣《浪语集·大学解》）的义利思想，其不少思想见解对叶适思想体系的形成有直接的影响。陈傅良为薛季宣的大弟子，其“通世变”“重事功”，尊孔孟“公天下”“民为本”，认为“礼乐法度皆是道理”（见《朱子语类》120），继承并丰富了薛季宣的思想，对于叶适事功思想体系的建立有重要意义。叶适是“永嘉学派”的主要代表，他继承并发挥了薛季宣对儒家“道统说”的批评，但肯首儒家“所传皆一道”的认识（叶适《习学记言》卷十三）；主张“天地之间”“物之理”“物在道存”的唯物论思想和“道者必以两”的辩证法则（《习学记言》卷四《周易四·系辞上》《别集》卷七《进卷·中庸》），以此构建他“有的放矢”“物格之验”的认识论思想（叶适《文集》卷二十九《题周子实所录》）。同时，他主张“史为今用”的史学思想，“明夷夏”、扬“民本”、戮宋弊的政治思想和惠商工、重理财的经济思想，以及“修实政”“行实德”“建实功”的伦理教育思想。②

永嘉学派的研究历来为浙江学术之重。南宋陈振孙《直斋书录解题》（上海古籍出版社1987年版）对薛、陈、叶三家均有书录解题。陈傅良《止斋集》卷五十一《薛公行状》、吕祖谦《薛常州墓志》（《吕东莱集》卷三《与朱元晦书》）等皆有评薛季宣。全祖望等《宋元学案》卷五十二《艮斋学案》有评薛季宣，《水心学案》（《宋元学案》卷五十四）有评叶适，《止斋学案》（《宋元学案》卷五十）有评陈傅良。近现代的研究亦多，如近代孙诒让《温州经籍志》收三公之文兼评。林损（1890—1940年，瑞安人）著有《永嘉学派通论》（寰宇印刷公司本，存温州图书馆，载入《林损集》，黄山书社出版社2010年版），被认为是永嘉学派最后一位传人之作。

20世纪50年代之后研究者及其成果尤丰。1957年，潘富恩《叶适的唯物主义认识论》（《光明日报》1957年2月20日），是以马克思主义理论观点论评叶适哲学思想的早期论著。20世纪80年代之后，周梦江对永嘉学派的研究是为系统，其中著作有《陈傅良先生文集》（浙江大学出版社1999年版）、《叶适与永嘉学派》（浙江古籍出版社1992年版）、《叶适年谱》（浙

① 〔宋〕郑伯英：《祭薛季宣文》，见薛季宣《浪语集》附录，收入孙衣言辑《永嘉丛书》本。

② 《浙东学派研究》，浙江人民出版社1993年版，第126—142页。

江古籍出版社 1996 年版)等;论文有《简论南宋时期的永嘉学派》(《杭州师范学院学报》1983 年第 3 期)、《洛学与永嘉学派》(《中州学刊》1985 年第 5 期)、《永嘉学术开创者王开祖:宋代浙学通论之一》(《杭州师范学院学报》1990 年第 5 期);《陈亮永嘉之行及其与永嘉事功学派的关系》(《杭州大学学报》1977 年第 6 期)、《〈宋史·叶适传〉考补》(《杭州师范学院学报》1980 年第 1 期)、《试论周行己》(《浙江学刊》1985 年第 6 期)、《叶适的经济思想》(《温州师院学报》1988 年第 1 期)、《叶适哲学思想述评》(《温州论坛》1990 年第 4 期)、《叶适的政治思想》(《河南大学学报》1991 年第 1 期)、《谈孙衣言著叶适年谱的问题及其他》(《温州师院学报》1997 年第 4 期)等。其余陈凡男著《叶适研究》(人民出版社 2008 年版)一书,系统阐述了叶适所处的社会背景及一生经历,对叶适的经学思想、经济思想、政治思想、立学思想、教育思想、史学思想及其对永嘉学派的贡献论述尤精。比较突出的论文还有符丕盛《叶适心理学思想初探》(《温州师专学报》1980 年第 1 期);楼宇烈《叶适》(见《中国古代著名哲学家评传》续编三,齐鲁书社 1982 年版);蔡克骄《叶适史学思想初探》(《温州师院学报》1987 年第 2 期);叶建华《宋代浙江事功学派述评》(《浙江学刊》1989 年第 6 期);王声多《叶适人口思想探析》(《温州论坛》1990 年第 4 期);徐规《陈傅良之宽民力说》(《陈傅良诞辰 860 周年纪念集》,1991 年);林树建《陈傅良与永嘉学派》(同上);王伦信《略论叶适思想的学术渊源和地位》(《浙江学刊》1994 年第 1 期);方如金、毛策《试论南宋浙东学派的爱国主义》(《浙江师范大学学报》1993 年第 4 期);董平《论叶适对道统的批判及其知识论》(《孔子研究》1994 年第 1 期)。在这一领域,何俊、陈安金、王宇等人也发表过不少论文和专著,何俊著有《宋代永嘉事功学的源头探析》(收入《儒学与浙江文化》)、《论南宋的永嘉事功学》(《浙江大学学报》1994 年第 4 期)。陈安金著有《叶适的事功价值观初探》(《哲学研究》2001 年第 4 期)、《贯通内圣外王的努力:评永嘉学派的思想历程》(与王宇合作,《哲学研究》2002 年第 8 期)、《融会中西、通经致用:论永嘉学派的近代命运》(《哲学研究》2003 年第 7 期)、《薛季宣事功政治思想述评》(《浙江学刊》2010 年第 6 期)等。王宇著有《永嘉学派与温州区域文化》(社会科学文献出版社 2007 年版)一书,关注学派与区域文化的互动关系,从一个新的角度,创新了中国哲学史、思想史的研究。这些研究成果,把叶适与永嘉学派的研究推到了一个新的高度,在学术界有一定反响。

21 世纪初,浙江举办过两次大规模的永嘉学派专题研讨会。第一次是 2000 年 11 月 7—10 日举行的"纪念叶适诞辰 850 周年暨永嘉学派国际学术研讨会",会议由温州市人民政府、中国社会科学院哲学研究所、浙江大学哲学系、中国哲学史学会联合主办,来自加拿大、日本及中国台湾地区的海内外学者 80 余人出席会议,提交论文 50 余篇,这些论文被结集为《叶适与永嘉学派论集》(张义德、李明友、洪振宁编,光明日报出版社 2000 年版)。第二次是 2010 年 11 月 6—7 日在瑞安市举行的"纪念叶适诞辰 860 周年暨学术研讨会",会议由浙江省儒学学会、中共温州市委宣传部、中共瑞安市委联合主办,来自海峡两岸的近百名专家学者、党政部门代表和叶适后裔出席了此次会议,收到论文 49 篇,后结集为《叶适与永嘉学派》。

(三)永康学派及其研究

永康学派是南宋以陈亮为代表的儒学派别,因陈亮为婺州永康人而得名,主要成员有"龙川同调”王自中，“龙川学侣”倪朴、“龙川门人”喻民献、喻侃表姪等。此学派哲学上肯定物质的客观存在，强调道存在于实事、实物之中；主张“义利双行”，“王霸并用”的“事功之学”；反对道学家空谈心性命理，认为道义不能脱离功利而独善其身。其与永嘉学派的政治主张和哲学伦理观点代表了当时最为激进的学术思潮。

陈亮，早期即著《酌古论》(《陈亮集》中华书局1974年版)，“考古人用兵成败之迹”。《中兴五论》(《陈亮集·中与论》)是陈亮中期学术论作，该五论针砭南宋朝廷“遵祖宗之旧”“不究变道之理”，提出了一个包括政治、经济、军事、财政、法制、风俗等24项改革纲要。陈亮后期学术思想重在哲学，反映在与朱熹辩论“王霸义利”问题的诸多书信之中，其与朱熹之争的出发点是“道”，提出“道”与事物、人生日用不可分，存在于现实生活中。他认为汉祖唐宗的救民功业，与行王道的尧舜三王无异；汉唐王道之治通过霸道而实现，即王中杂霸，霸本于王，王霸并用；故而义要体现于利上，从“生民之利”出发，利即义，义利则为双行①。王霸义利关系，在中国哲学史上是一个古老的问题，反映了两种不同价值观、世界观的对立。朱熹强调的是道德修养的功夫，陈亮着重的是功利事业的本领(《朱熹与陈亮的王霸义利之辨》，2010年)，“王霸可以杂用，则天理人欲可以并行”。(《陈亮集》附录)陈亮作为理学批判者的先驱，对后世发生深刻影响的主要是他的功利主义的价值观。

后世对于陈亮及其永康学派的研究，最早见于《宋元学案·龙川学案》，其序录言：“永嘉以经制言事功，皆推原以为得统于程氏。永康则专言事功而无所承，其学更粗莽抡魁。”黄百家谨案：“然其(陈亮)为学，俱以读书经济为事，嗤黜空疏，随人牙后谈性命者，以为灰埃。亦遂为世所忌，以为此近于功能，俱目之为浙学”(《宋元学案·龙川学案》卷五十六)章学诚《浙东学术》扬浙东之学，提出“言性命者必究于史”，然却别意事功，“或问事功气节，果可与著述相提并论乎?”未将永嘉、永康、金华诸派列入浙东学派谱系中。当代浙籍学者钱志熙在《浙东学派的谱系及其在学术思想史中的地位——从解读章学诚〈浙东学术〉入手》(载《中国典籍与文化》季刊，凤凰出版社)一文批评之：“由于作者崇朱的立场，使其在建构浙东学派的学术谱系时，完全抛弃南宋浙东学术的主体永嘉学派、永康学派等学派，使自宋至明清之际浙东学术发展的历史真相不得清晰。”作者意欲构建一个完整的浙东学派的学术谱系。

20世纪下半叶浙江学者关于永康学派研究，无论人数、成果及范围皆超于前人，其范围涉猎哲学、政治学、军事学、文学、伦理学等现代社会科学学科。浙江较早的成果有夏承焘的《陈亮》(《浙江日报》1961年4月2日)、《谈陈亮的〈龙川词〉》②；吴战垒的《试谈陈亮词》(《朝霞》1975年第2期)，较多涉及陈亮的词学研究。徐规、周梦江的《陈亮永嘉之行及其与永嘉事功学派的关系》(《杭州大学学报》1977年第2期)、《试析陈亮的乡绅生活》(《宋史论集》，中州书画社1983年版)；赵贯东的《陈朱交往始末考辨》(《浙江师范学院金华分校学报》1982年第1期)等，试以转向学派思想史研究及哲学、兵学、伦理学、人才学等研究。另有孙音音的《陈亮爱国主义思想的哲学基础》(《浙江师范学院学报》1983年第4期)；舒平的《陈亮事功之

① 《宋元学案》卷五十六《龙川学案》。

② 夏承焘：《谈陈亮的〈龙川词〉》，《光明日报》1962年1月2日。

学的基本特点》(《浙江学刊》1984 年第 1 期);陆坚的《陈亮》(载《中国历代著名文学家评传》第 3 卷,山东教育出版社 1984 年版);倪士毅、徐吉军的《试论陈亮的人才观》(《杭州大学学报》1985 年第 4 期)。20 世纪 90 年代以后,成果明显增加,如方如金的《论陈亮的哲学历史观》(《浙江师范大学学报》1990 年第 11 期)、《陈亮交游考》(《温州大学学报》2003 年第 1 期);李明友的《陈亮对南宋理学的批评》(《宁波大学学报》1991 年第 1 期);龚剑锋的《陈亮佚著〈永康陈氏遗谱〉考略》(《文献》1992 年第 3 期);史美珩的《陈亮的兵谋哲理》(《浙江师范大学学报》1992 年第 4 期);方同义的《历史化的道德和道德化的历史:陈亮、朱熹历史哲学比较》(《学术学刊》1993 年第 5 期)、《论陈亮的人才思想》(载《儒学与浙江文化》);陈国灿的《论陈亮的学术风格》(《安徽大学学报》1998 年第 2 期)。著作有董平《陈亮评传》(南京大学出版社 1996 年版);《陈亮研究论文集》(杭州大学出版社 1994 年版);方如金、方同义、陈国灿《陈亮与南宋浙东学派研究》(人民出版社 1996 年版)、《陈亮政治思想研究》等。

1993 年 10 月 21—23 日浙江省社会科学院与永康市联合主办的“全国首届陈亮学术讨论会暨陈亮石像揭像典礼”。2004 年 10 月 29—31 日在杭州、永康两地由浙江省社会科学院与永康市政府联合举办的“陈亮国际学术研讨会”,卢敦基、陈永革主编的《陈亮研究》(上海古籍出版社 2005 年版)是这一盛会的论文集。卢敦基又著《人龙文虎:陈亮传》(浙江人民出版社 2006 年版)一书,将作为人和作为思想家的陈亮合而评述,是当新论。

(四)金华学派及其研究

金华学派是南宋重要的儒学派,为浙东学术之先声,代表人物为南宋哲学家吕祖谦以及范浚、唐仲友、陈亮。金华学派以儒学为宗,掺杂佛学、道学等各家思想,“不私一说,兼取其长”,①认为其“释氏之湛然不动,道家之精神专一”,又“合陈君举(陈傅良)、陈同甫(陈亮)二人学问而一之”,②尤重“明理躬行”,反对空谈阴阳性命之说,此派治学又重上下古今的历史和文献研究。主要著作有吕祖谦《春秋左氏传说》《春秋左氏传续说》《东莱左氏博议》《吕氏家塾读书记》《历代制度评说》《皇朝文鉴》,又有吕祖俭《大愚集》等。

吕祖谦乃金华学派创始人,时与朱熹、张栻齐名,称“东南三贤”,“鼎立为世师”。其承北宋中原之理学,秉“不名一师”“不私一说”之家风,哲学思想趋“心学”倾向,强调“道与心一”的宇宙观和“事必有时”的辩证观③;主张“惠民图强”的政治思想、“取民有制”的经济政策以及“以仁为本”的伦理学说和“明理求实”的教育理念④。其后学以徐文清再传、王柏再传的二支为盛。后人将陈亮为代表的“永康学派”相对独立论之。

后世对金华学派极为重视,元代王应麟以《困学纪闻》(上海古籍出版社 2008 年版)这部中国学术史著作为代表,继承了吕祖谦开创的浙东史学的传统,有评吕学:“乾道淳熙间,正学大明。朱子在建,张子在潭,吕子在婺,陆子在抚,学者宗之如日月江汉,光润所被,皆为名

① 《宋元学案》卷三十六《紫微学案》。

② 《宋元学案》卷五十一《东莱学案》。

③ 〔宋〕吕祖谦:《东莱文集·杂说》,北京图书馆出版社 2004 年版。

④ 吕祖谦:《东莱吕太史文集》。

儒。”清人全望祖有评:“宋乾淳以后,学派分为三;朱学也,吕学也,陆学也,三家同时,皆不甚和。朱学以格物致知,陆学以明心,吕学则兼取其长,而复以中原文献之流润色之,门庭路径虽别,要其归宿圣人则一也”。①

20世纪80年代以后,浙江以吕祖谦为代表的金华学派研究逐一兴盛。潘富恩是比较早并取得重要成果的学者,1982年发表《论吕祖谦》(《浙江学刊》1982年第1期);1984年发表《吕祖谦思想初探》(浙江人民出版社1984年版)一书对吕祖谦思想作了较全面的探讨,填补了中国哲学史关于吕学领域的空白。其《论吕祖谦的历史哲学》(《哲学研究》1984年第2期)、《吕祖谦的实学思想述评》(《复旦大学学报》1992年第6期),皆为这一领域研究之佳作。朱仲玉、陈葛满、王凤贤、董平、徐儒宗、黄灵庚、毛策等学者也对金华学派的代表人物以及学脉、学理作过细致梳理和深入探究。朱仲玉《宋濂和王祎的史学成就》(《史学史研究》1983年第4期);周梦江《吕祖谦致陈亮信考释举例:兼与姜书阁先生商榷》(《浙江师范学院学报》1984年第3期);陈葛满《宋濂用世思想刍议》(《浙江师范大学学报》1988年第3期)、《宋濂简谱》(《浙江师范大学学报》1994年第2期);王凤贤《吕祖谦思想的心学倾向》(《学术季刊》1991年第6期);董平《南宋婺学之演变及其至明初的传承》(《中国学术》2002年第10辑);毛策《唐仲友论纲》(《孔子研究》1995年第3期);俞兆鹏《论朱熹按劾唐仲友事件:兼论朱熹的政治思想》(《江西社会科学》1991年第2期);廖可斌《论宋濂前后期思想的变化及其他》(《中国文学研究》1995年第3期);龚剑锋《许谦、黄溍、宋濂佚文辑考》(《浙江师范大学学报》1998年第6期);秦玉清、张彬《吕祖谦与丽泽书院》(《杭州师范学院学报》1999年第2期)等论文,从哲学、史学、教育学等角度,论述了吕祖谦及陈亮、唐仲友、宋濂、朱熹的学术思想。

21世纪初,金华学派研究方兴未艾,有屠承先《吕祖谦的本体功夫论》(《学术研究》2001年第8期);冯春生《吕祖谦经学著述目录版本考述》(《浙江师范大学学报》2002年第6期);黄灵庚《吕祖谦诗文佚作考录》(《浙江师范大学学报》2003年第4期);王嘉川《〈诸子辩〉性质考辨》(《浙江社会科学》2004年第5期)等。尤其值得关注的是徐儒宗的《婺学之宗——吕祖谦传》(浙江人民出版社2005年版),而徐永明的《元代至明初婺州作家群研究》(中国社会科学出版社2005年版)一书,以理论和考证相结合的方法,对这一时期婺州作家群作了较全面、系统和深入的研究,编撰了宋濂等五位作家的年谱及整个婺州作家群文集的版本目录;还有《宋濂全集》(浙江古籍出版社1999年版)、《黄溍全集》(天津古籍出版社2008年版)等文论集成。黄灵庚、吴战垒主编的《吕祖谦全集》(浙江古籍出版社2008年版)16册800余万字,是为吕祖谦一生著述总集。

这一时期还举行了一系列学术研讨会。2005年11月18日在金华举办了“吕祖谦暨浙东学术文化国际研讨会”;2010年11月19日在浦江举办了“纪念宋濂诞生700周年国际学术研讨会”。之后还专题研讨过“吕祖谦与明招文化”问题,对金华学派的研究产生了重要影响。

---

① 《宋元学案》卷五十一《东莱学案》。

（五）四明学派及其研究

四明学派是南宋时期以传陆九渊心学为宗旨，以尊德性为目的的儒家学术派别，其主要代表人物为"甬上淳熙四先生"即杨简、袁燮、舒璘、沈焕，学派活动区域在明州一带，取四明山而得名。他们都提倡从"心"着手论德论政，但因其各自的思想风格及传播陆学角度之不同，形成各自派别。杨简（1141—1226 年），慈溪人，主"心"之论，即"吾心即道"①"礼在人心""良知良能"②"公心为政"③等论说，尊为慈湖学派。袁燮（1144—1224 年）提出"人心与天地同本"④，为政顺乎人心，性情皆善⑤，将陆九渊心学引向政治和伦理，著有《毛诗经筵讲义》《遗文钞》等，尊为"絜斋学派"。舒璘（1136—1199 年）提出"日有新功"，引陆学入日常生活，著有《诗学发微》《诗礼讲解》《广平类稿》等，尊为"广平学派"。沈焕（1139—1191 年）主张修养在于"先主文本"，为学在于"要而不博"，现存有《定川遗书》，尊为"定川学派"。"明州四先生"皆有家学传统，其共同的学术渊源主要是陆九渊的"心学"。

后世对"明州四先生"评价亦多。南宋文天祥在《郡学祠四先生文》中言："舒沈杨袁，人皆名称。广平之学，春风和平"；"定川之学，秘霜肃凝；瞻彼慈湖，云间月澄；瞻彼絜斋，玉泽水莹。溯源皆从象山。"王应麟有评袁燮言："絜斋先生学，陆子之学也。观其尺牍，皆勉学之要言。盖尊德性实根本于道问学，未尝先于一偏，是亦朱子之意也。"⑥黄宗羲有评"慈湖每提心之精神是谓圣一语，而絜斋之告君，亦古者大有为之君，所以根源治道者，一言以蔽之，此心之精神而已。可以观四先生学术之同矣"。⑦

民国时期张寿镛撰《慈湖著述考》（《光华大学半月刊》1935 年第 4 期）是浙江较早的明州学派研究成果。20 世纪 80 年代以后，较为重要的研究成果有王凤贤、丁国顺《浙东学术的草昧时期："明州杨杜五子"的生平和思想》（王凤贤、丁国顺《浙东学派研究》）；魏殿金、杨渭生《论王应麟的学术成就及其特点》（《浙江学刊》1995 年第 2 期）；唐燮军《论王应麟的蒙学》（《宁波大学学报》2001 年第 1 期）等。慈溪中学、宁波大学、宁波市浙东文化研究基地一直重视杨简研究，2010 年发起召开的"首届全国杨简学术研讨会"是第一次杨简与四明学派的专题研讨会，有论文集《慈湖心舟——杨简学术研讨会论文集》。

（六）东发学派、北山学派及其研究

在浙江诸多学派中，很大一部分宗陆九渊心学，至慈湖学派杨简为盛。南宋咸淳以后，许多学者趋向尊崇朱熹理学，其中以黄震所创的"东发学派"与以何基、王柏、金履祥、许谦为代表的"北山学派"为要。

---

①②③　〔宋〕杨简：《慈湖遗书》卷五《吴学讲义》、卷九《论礼乐》、卷十六《论政务》。

④　〔宋〕袁燮：《毛诗经筵讲义》卷一《汉广篇》。

⑤　〔宋〕袁燮：《毛诗经筵讲义》卷一《甘棠篇》。

⑥　〔宋〕王应麟：至正《四明续志跋》。

⑦　《宋元学案》卷七十六《广平定川学案》。

第一，东发学派及其研究。

东发学派是南宋黄震所创的儒家学术派别，因黄震字“东发”而得名。此派后传甚多，著名者有黄叔雅、黄叔英、陈深、赵炎、吴汉、吴应奎、胡幼文、黄钰、岑士贵、王士毅、杨维桢等，主要流传于闽、浙一带。此派学宗周敦颐、二程和朱熹，又折衷诸儒，对“朱学”不盲从且有所立异，且有修正程朱理学的学术风格。他们用变易的观点解释“理”“道”，反对侈谈人生；批评“生知”和“静坐”之修养方法，力行“笃实之学”“躬行之本”。为学重经史考辨，①主要著作有黄震《东发日钞》《东发讲义》《古今纪要》《春秋集解》；黄叔英有《戆庵暇笔》《戆庵杂著》等。

黄震学宗朱熹，兼综叶适功利之学，主张经世致用，反对程朱后学的清谈之风。在哲学上批判“心即天”和造器为二物的观点，认为心可识天，不可以“心”为“天”；提出“道不离器”、物各有理的观点。在知行关系上主张知先行后，“躬行为本”，其“《日钞》百卷，躬行自得之言也，渊源出于辅氏”。② 他是南宋末著名经学家、理学家和史学家，为学博采众说，务求其实，在中国学术史上占有重要地位。

后世对东发学派之论评，有《宋元学案》全祖望谨案：“四明之专宗朱氏者，东发为最。”“晦翁生平不喜浙学，而端平以后……其能中振之者，北山师弟为一支，东发为一支，皆浙产也”。黄百家谨案：“当宋季之时，吾东浙狂慧充斥，慈湖之流弊极矣，果斋、文洁不得不起而救之。然果斋之气魄，不能及于文洁，而《日钞》之作，折衷诸儒，即于考亭亦不肯苟同，其所自得者深也。”③又《杜洲六先生书院记》曰“慈湖之学宗陆，东发之学宗朱，门户截然，故《日钞》中颇不以心学为是”，“圣贤所重在实践，不在词说，故东发虽诋心学，而所上史馆札子，未尝不服慈湖为己之功”。④

现当代在这一领域，浙江重要的研究成果有张伟撰写的《黄震与东发学派》（人民出版社2003年版），全面地论述了黄震的学术思想及其渊源、政治思想以及东发后学等问题，是国内在这一理论领域第一部系统论著。另外倪士毅、翁福清《从〈黄震墓志〉补正〈宋史〉与〈宋元学案〉之误》（《浙江师范大学学报》1987年第1期），吴怀祺《宋代学术史著作和黄震对理学的总结》（《史学史研究》1991年第2期），乐承耀《晚宋哲学家黄震籍贯、生卒考》（《中国哲学史》1998年第2期）等成果在学术界也有一定影响。

第二，北山学派及其研究。

北山学派，又称北山四先生学派，为宋元之际的儒家学术派别，代表人物为何基、王柏、许谦、金履祥，以何基别称北山先生得名。何基治学笃实，有类汉儒；阐明发挥，多创新意，有“中兴”金华学派之誉，著作有《大学发挥》《中庸发挥》《易系辞发挥》等，有《何北山先生遗集》4卷（商务印书馆1936年版）传世。王柏师从何基，尽研性命之学，承袭程朱理学的“理一分殊”论，重“分殊”甚于言“理一”，并把“分殊理一”的认识论用于学术，主张“由传以求经”，而又不拘守经传教条；对传统的儒家经典多有质疑，作《书疑》《光典疑》《大诰疑》等，意在发展理学；

① 《宋元学案》卷八十六《东发学案》。

② 《宋元学案》卷八十六《东发学案》。

③④ 《宋元学案》卷八十六《东发学案·序录》。

编有《鲁斋王文宪公文集》(《续金华丛书》本,艺文印书馆 1972 年版)。金履祥为“北山四先生”中坚,经学和史学的研究最著,其治学深受何基、王柏影响但更接近王柏。其在自然观上,认为天地化生万物之初,天地之化,包括无外。他沿袭了将人性分为气质与天地两性的传统说法,认为理气未始相离,心事不离。著作有《尚书注》《大学疏义》《论语集注考证》《孟子集注考证》《通鉴前编》等,有《仁山金先生文集》(春晖堂刻本,清雍正三年,1725 年)。许谦师承金履祥,其不胶古,不流俗,以道自乐,举凡天文、地理、典章制度、食货、刑法、文学、音韵、医经、术数以及释、老,无不通晓,著作有《白云集》《观史治忽几微》《诗集传名物钞》③,收入《四库全书》。

后世对北山四先生学派论评,有《宋元学案》卷八十二(《北山四先生序录》)全祖望谨案:“勉斋之传,得金华而益昌。说者谓北山绝似和靖,鲁斋绝似上蔡,而金文安公尤为明体达用之儒,浙学之中兴也。”而黄百家谨案四先生,各有论评。

20 世纪 80 年代之后,浙江学者重视北山四先生学派的研究。滕复等编著《浙江文化史》有专节论评宋元之际浙东朱子学传家——慈溪黄震和金华北山四先生,并称金华朱学“更多保留了正统朱学的色彩”。徐逸和著《王柏思想简论》(载《儒学与浙江文化》)认为“王柏疑经”“实即将经学纳入理学的轨道”。王锟有《朱学正传——北山四先生理学》(上海三联书店 2010 年版);高云萍有对宋元北山四先生的研究,是浙江在这一领域最具代表性的成果。

对北山四先生学派的研究延及明初的刘基、方孝孺等。对此,浙江师范大学等院校开展研究较早,代表作有鲍延毅《一部出色的政治寓言集——〈郁离子〉管窥》(《浙江师范学院学报》1982 年第 4 期),吴中元《刘基经济思想浅论》(《浙江学刊》1983 年第 2 期),胡岩林《评刘基》(《浙江师范学院学报》1983 年第 3 期),郝兆矩《刘基军事思想述评》(《浙江学刊》1984 年第 2 期)、《略论刘基的哲学思想》(《绍兴师专学报》1985 年第 1 期)等。丽水学院也进行了卓有成效的综合研究,如毕英春 1998—2002 年在《丽水师范专科学院学报》上发表研究刘基治国思想的系列论文如《谈神化刘伯温》《朱元璋的皇帝梦:为刘基正名》等;吕立汉发表的系列论文,如《刘基论》(《文学评论》1999 年第 5 期)、《试论刘基的文学思想》(《浙江社会科学》1999 年第 6 期)、《刘基文集版本源流考述》(《文学遗产》2000 年第 2 期)、《从〈郁离子〉看刘基的治国方略》(《江西社会科学》2000 年第 3 期)、《榛芜原野的一朵奇葩:论刘基的词》(《杭州师范学院学报》2002 年第 2 期)等。除此之外,还有徐文平《从刘基〈春兴八首诗卷〉管窥刘基的书法艺术》(《丽水师范专科学院学报》2002 年第 1 期)、刘日泽《从〈郁离子〉看刘基的德治思想及其现实意义》(《温州论坛》2002 年第 4 期)、王闰吉《刘基的乐府诗〈懊侬歌〉小考:兼与吕立汉教授商榷》(《丽水师范专科学校学报》2002 年第 6 期)、黄水晶《刘基寓居桐庐凤川时间考》(《丽水师范专科学校学报》2002 年第 6 期)、王学泰《刘基的悲剧及其在诗文中的表现》(《浙江社会科学》2003 年第 1 期)等论文也值得关注。徐立新《儒家之绝唱:方孝孺悲剧根源剖析》(《台州师范专科学校学报》1996 年第 5 期)研究了方孝孺悲剧的政治根源与思想根源。

---

③ 《宋元学案》卷八十二《北山四先生学案》。

（七）姚江学派及其研究

姚江学派，又名阳明学派，是明中晚期思想学术领域中的一个著名学派，其学说代表了当时的主流学说之一。学派创始人物为明代大儒王守仁，世称阳明先生。阳明心学承宋儒后期革新陈规旧陋之理念，合流朱陆以作互补，合流事功以期创新，提倡“心即理”“知行合一”“致良知”等学说，遂建起兼具主体精神和事功精神、本体论和认识论、道德知识论与践履论相统一的伦理型哲学体系，使事与心的反向诉求在浙学的传承中合流一体，终结理学的一统地位。其“心学”体系追求个性解放，对在封建社会后期的思想解放产生过重大影响，且波及日本和东亚地区。代表作有《王文成公全书》38卷（明谢廷杰辑刊，浙江书局于清同治光绪年间刊印），全书所收《传习录》乃王阳明学术思想代表作。阳明后学呈现衍变趋势，钱德洪“事上炼磨”与王畿的“心上立根”两说的学术分异代表了阳明后学发展的两大基本方向。在全国范围，阳明后学分化为浙中王学、江右王学、泰州王学、南中王学、闽粤王学、北方王学、楚中王学七派。

后世浙江学者对王阳明及姚江学派论评甚多。黄宗羲著《明儒学案》（《黄宗羲全集》第7册，1986年）有《姚江学案》及对王阳明、许璋、王文辕的论评。黄氏在《姚江学案·序》中言：“自姚江指点出‘良知人人现在，一反观而自得’，便人人有个作圣之路。故无姚江，则古来之学脉绝矣。”“先生之格物，谓‘致吾心良知之天理于事事物物，则事事物物皆得其理’。以圣人教人只是一个行，如博学、审问、慎思、明辨皆是行也。”明末清初史学家张岱论评：“阳明先生创良知之说，为暗室一炬①。”国学大师章太炎论评：“文成以内过非人所证，故付之于良知，以发于事业者或为时位阻，故言‘行之明觉精察处即知，知之真切笃实处即行’，于是有知行合一之说。”②蔡元培论评：“明之中叶，王阳明出，中兴陆学，而思想界之气象又一新焉。”

20世纪上半叶的姚江学派研究。以王阳明为代表的姚江学派，历来是浙江学者研究的重点。20世纪三四十年代就有章太炎的《王文成公全书后序》（《华国月刊》1924年第2卷第1期）、《工文成公全书题辞》（《华国月刊》1924年第2卷第1期）；马叙伦的《王阳明先生年谱校录》（《浙江省立图书馆报》1928年第1卷第2期）；陆光宇的《晚清之交的王学》（《浙江青年》1935年第1卷第9期）；毛春翔的《阳明先生年谱校记》（《浙江省立图书馆刊》1935年第2卷第4期）；王冠的《浙江的人物与文献中之三王（王充、王景山、王阳明）》（《越风》1935年第1卷第4期）；竺可桢的《王阳明先生与大学生的典型》（《浙大学生》1941年第2期）；邵苇水编的《余姚三哲纪念集》（余姚县立民众教育馆编，1935年）等论著问世。

20世纪下半叶的姚江学派研究。70年代，为纪念王阳明500周年诞辰，移居台湾的张其昀发表了《王阳明先生诞辰五百周年纪念》（中国国民党“中央日报”1971年10月30日）、《阳明学的志趣——纪念王阳明五百年诞辰》（《自由报》1971年11月17、18日）两文在学界引起反响。唐端正撰《世界学术界对王阳明五百周年的纪念》（《华侨日报》1972年7月17日）、《王

① 〔明〕张岱：《石匮书后集》卷一三〇，中华书局1959年版。

② 章念驰编选：《章太炎生平与思想》，浙江人民出版社1986年版。

阳明先生的学术思想》(《国魂》1973 年第 317 期)以及《阳明学论文集》(台湾中华学术院,1972 年)等论著;蒋梦麟等人也发表了《阳明学说之渊源影响》(《国学论文选集》,台湾学生书局,1985 年)等论著。

20 世纪 80 年代之后,浙江学者在这一领域收获颇丰,影响很大。沈善洪、王凤贤合撰的《王阳明哲学研究》(浙江人民出版社 1981 年版)是全省乃至中国大陆最早为王阳明"平反"的代表性成果,是阳明学研究领域的第一本哲学专著。两作者又在《王阳明思想述评》(《浙江学刊》1980 年第 1 期)、《王阳明教育思想的哲学意义》(《中国哲学史研究》1981 年第 4 期)、《论王阳明哲学思想的积极意义》(载《中国哲学》第 5 辑,中国社会科学出版社 1982 年版)、《王阳明哲学的内在矛盾》(载《中国哲学》第 9 辑,中国社会科学出版社 1983 年版)等文论中,对自己的观点作了进一步阐释与深化。其他有影响的研究成果有董平《王阳明主体哲学研究》(《浙江学刊》1988 年第 5 期)、《王阳明四句教意蕴发微》(《孔孟月刊》第 28 卷 1990 年第 5 期);沈善洪、钱明《论阳明大学观的演变》(《学术月刊》1989 年第 11 期)、《论阳明心学及其积极影响》(《东南文化》1989 年第 6 期),钱明《王阳明湛甘泉合论》(《浙江学刊》1992 年第 1 期);滕复《阳明前的浙江心学》(《浙江学刊》1989 年第 1 期)、《论宋明浙东事功学与心学及其合流》(《东南文化》1989 年第 6 期);郑国平、屠承先《王阳明的"知行合一"说新探》(《浙江学刊》1985 年第 6 期)、屠承先《王阳明方法论思想初探》(《学术论坛》1990 年第 5 期);傅振照《王阳明哲学思想通论》(中国国际广播出版社 1993 年版);诸焕灿《吾心自有光明月:王阳明行迹考察散记》(《浙江学刊》1990 年第 3 期);夏瑰琦《略论陆王心学在马一浮哲学中的地位》(《孔子研究》1994 年第 3 期);叶树望《王阳明墓地考》(《浙江师范学院学报》1984 年第 4 期);方同义《略论儒家伦理本体论的内在矛盾和王阳明良知说的本质特征》(《浙江师范大学学报》1991 年第 2 期);张家诚《论阳明心学的人格理想》(《浙江大学学报》1994 年第 3 期);潘立勇《阳明心学在美学上的意义与影响》(《文艺研究》1995 年第 1 期);吴光主编《阳明学研究》(上海古籍出版社 2000 年版)等。

21 世纪的姚江学派研究。进入 21 世纪后,浙江又出现了一批有分量的专著,如钱明的《儒学正脉——王守仁传》(浙江人民出版社 2006 年版)、《阳明学的形成与发展》(江苏古籍出版社 2002 年版)、《阳明学派研究》(杭州出版社 2010 年版);华建新的《王阳明诗歌研究》(安徽人民出版社 2008 年版)、《姚江秘图山王氏家族研究》(宁波出版社 2010 年版);朱晓鹏的《王阳明与道家道教》(中国人民大学出版社 2010 年版);俞樟华《王学编年》(吉林大学出版社 2010 年版);董平《王阳明的生活世界》(中国人民大学出版社 2010 年版)、《传奇王阳明》(商务印书馆 2010 年版);余姚阳明历史文化研究小组编的《阳明史脉》(半年刊,内部刊行,现已编了 16 辑)等。此外,余姚市还与中国社会科学院历史所创办了《国际阳明学研究》杂志,在海内外产生了较大影响。吴光主持的国家社会科学基金 2002 年度课题"王阳明与阳明学派系列研究",是在阳明学研究领域迄今为止最重要的立项课题,其成果于 2009 年由中国人民大学出版社出版《阳明学研究丛书》。该丛书由吴光主编,董平、钱明、徐儒宗、陈永革、何俊、朱晓鹏等十余位学者撰写,计 11 册,是一套由系列专著构成的研究型丛书。

阳明后学研究。浙江学者在阳明后学研究方面也有许多成果。方祖猷、夏瑰琦等人曾对王艮思想作有探讨，在国内有一定影响。如方祖猷的《评王艮的哲学思想》(《浙江学刊》1981年第2期)、《论淮南三王：王艮、王襞、王栋——兼论泰州学派的分化》(《江海学刊》1990年第6期)；夏瑰琦的《略论王艮的哲学思想》(《杭州大学学报》1983年第2期)等。钱明、方祖猷等人展开了对阳明后学较为完整的研究，如方祖猷的《集狂禅与事功于一身的万表》(《浙江学刊》1989年第5期)、《王学、实学和经学——明清之际经学复兴的两条途径》(《宁波大学学报》1993年第2期)等；钱明的《王畿心学思想简论》(《浙江学刊》1984年第5期)、《试论罗洪先思想的演变》(《中国哲学史研究》1985年第4期)、《王学流派的演变及其异同》(《孔子研究》1987年第4期)等。2000年以后，浙江出了一批较有分量的阳明后学研究专著，如钱明的《阳明学的形成与发展》(江苏古籍出版社2002年版)、《浙中王学研究》(中国人民大学出版社2010年版)；其著《王阳明及其学派论考》(人民出版社2009年版)一书，持考证与义理相结合、文献求证与逻辑分析相兼顾，把人物研究、学派研究、思潮研究与地域文化研究有机融合，从一个新的方法论角度解读阳明学派；徐儒宗的《江右王学研究》(中国人民大学出版社2010年版)系统研究江右王学；陈永革的《阳明学派与晚明佛教》(中国人民大学出版社2010年版)探讨阳明学派与晚明佛教的互动关系。

阳明学文献资料的搜集、整理。这方面的成果尤其受到海内外学术界的关注。主要有吴光、钱明、董平、姚延福编校的《王阳明全集》(全2册，上海古籍出版社1992年版)；钱明编校、吴光复校的《王阳明全集》新编本下编(2册，浙江古籍出版社2010年版)；万斌主编，钱明、董平副主编的《阳明后学文献丛书》(10册，江苏凤凰出版社2007年版)；后又有钱明主编的《阳明后学文献丛书续编》(10册，上海古籍出版社出版)等。在整理编校王阳明著作的同时，钱明、束景南等还非常重视对王阳明散佚著作的搜集、考释工作，如钱明连续发表了《阳明全书成书经过考》(《浙江学刊》1989年第5期)、《王阳明全集未刊逸诗汇编考释》(《浙江学刊》2002年第5期)、《王阳明历朝武机捷录辨析》(《浙江社会科学》2003年第5期)、《王阳明佚文汇编考释》(《中国典籍与文化论丛》第8辑，北京大学出版社2004年版)、《谱牒中的王阳明逸文见知录》(《阳明学刊》第1期，贵州人民出版社2005年版)、《新发现的十六篇王阳明逸诗文考释》(《阳明学刊》第2期，贵州人民出版社2006年版)、《关于王阳明谱牒搜考的几个问题》(《阳明学刊》第3辑，巴蜀书社2008年版)等，均对阳明学的研究具有重要意义。

(八)清代浙东学派与浙西学术

第一，蕺山学派及其研究。

蕺山学派是明代末年由刘宗周创立的一个儒家学派，因刘宗周讲学地山阴蕺山而得名。此派的学术思想体系，基本上信奉王阳明的“心学”，按学术思想和地域而论，大致可分为三支：一是承袭宗周学说的浙东学者，他们发挥师说，多有创见，并最终构建了一个较为完整的崭新的思想体系，实现了对王学末流的补偏救弊。这类学者是浙东学派的主流，黄宗羲是主要代表人物。二是承袭师说，并多有发挥，但并非浙东区域之人，代表人物是陈确。三是背离师说，从心学转向理学，其代表人物是张履祥。(王凤贤、丁国顺《浙东学派研究》，第241页)刘宗周学术思想的主要渊源是阳明心学。在明清嬗代之际，“王门下唯蕺山一派独盛”，这种

“独盛”是“王学自身反动”①的一种修正。刘宗周提出了“有是气斯有是理”“离器道不可见”的命题，坚持了“气一元论”的哲学宇宙观②，并以此为基础提出了以“气质”为本的人性论③；提出了以“意”为本的诚意说，建构了以“诚意”为内容的道德观；提出以“独”为体的慎独说，把人生置于“天地万物一体”之中④。著作有《刘子全书》40 卷（清道光刻本复印本）、《刘蕺山集》17 卷（台湾商务印书馆 1969 年版）及《周易古文钞》《论语学案》《圣学宗要》《曾子章句》等。

后世浙人对刘宗周与蕺山学派的研究和论评，黄宗羲《明儒学案》卷六十二《蕺山学派》（《明儒学案》见《黄宗羲全集》，浙江古籍出版社 1986 年版）是最重要的。《明儒学案》将刘宗周《师说》作为卷首，可谓全书之总纲，将《蕺山学派》作为唯一的一个个案，首尾相接，以此为全书作一总结，也有为明一代理学甚至整个宋明理学史做一个总结。黄氏论：“识者谓五星聚奎，濂洛关闽出焉；五星聚室，阳明子之说昌；五星聚张，子刘子之道通。”“先生之学，以慎独为宗，儒者人人言慎独，唯先生始得其真。”章学诚在《浙东学术》文中论评：“蕺山刘氏，本良知而发明慎独，与朱子不合，亦不相抵也。”⑤又言：“浙东之学，虽源流各异，而所遇不同。故其见于世者，阳明得之为事功，蕺山得之为节义，梨洲得之为隐逸，百氏兄弟得之为经术史裁。”

20 世纪下半叶，浙江对刘宗周与蕺山学派研究虽开展得比较晚，但研究成果颇丰，且形成规模。较有代表性的有王凤贤《评刘宗周对理学传统观念的修正》（《孔子研究》1991 年第 2 期）；董平《论刘宗周心学理论构成》（《孔子研究》1991 年第 4 期）；方祖猷《黄宗羲与甬上弟子的学术分歧：兼论蕺山之学的传播与没落》（《香港中文大学中国文化研究所学报》1991 年总第 22 期）；洪波《论蕺山学派对王学的师承与嬗变》（《浙江学刊》1995 年第 4 期）；何俊《刘宗周〈人谱〉析论》（《中国哲学史》1998 年第 1 期）、何俊与尹晓宁合著《刘宗周与蕺山学派》（中国人民大学出版社 2010 年版）；陈剩勇的《补天之石——刘宗周〈中兴金鉴录〉研究》（《刘蕺山学术思想论集》，台北“中央研究院”中国文哲所，1998 年）；傅小凡《论刘宗周的自我观》（《厦门大学学报》2000 年第 2 期）；陈永革《儒学名臣——刘宗周传》（浙江人民出版社 2005 年版）等。在蕺山门人的研究方面，有方祖猷《论潘平格的求仁哲学》（《朱子学刊》1992 年第 1 期）；王凤贤《论陈确的哲学思想》（《宁波大学学报》1992 年第 2 期）；董平《论陈确思想》（《儒学与浙江文化》，中国广播电视出版社 1993 年版）等。文献整理方面有《陈确集》（中华书局 1979 年版）、吴光主编《刘宗周全集》全 6 册（浙江古籍出版社 2007 年版）等。

第二，清代浙东学派及其研究。

清代浙东学派是以黄宗羲为首的，崛起于清初，延续至清末，涵括经学、史学、文学、科学等多个领域而以经史之学为主体的学术流派。此学派的活动区域，以浙东的宁波、绍兴为中心而扩展于浙西，影响至全国。其主要代表人物，以经学为主兼治史学的有黄宗炎、万斯大，以史学为主兼治经学的有万斯同、邵廷采、全望祖、章学诚，以经史兼治而偏重文学的有李邺

① 梁启超：《中国近三百年学术史》，中国书店 1985 年版。

② 〔明〕刘宗周：《刘子全书》卷十一《学言中》。

③ 〔清〕黄宗羲：《南雷文定后集》卷一《先师蕺山先生文集序》。

④ 〔明〕刘宗周：《刘子全书》卷十《学言上》，卷八《生死说》。

⑤ 〔清〕章学诚：《文史通义·浙东学术》。

嗣、郑梁、郑性，偏重于自然科学的有黄百家、陈訏、黄炳垕，偏重考据的有邵晋涵、王梓材（吴光《为“清代浙东经史学派”正名》，《光明日报》2008 年 10 月 19 日）。清代“浙东学派”近承蕺山之绪，远绍永嘉之风，与南宋时期的浙东学派前后辉映，一脉相通（孙善根《论清代浙东学派的地位》，《浙江学刊》1996 年第 2 期）。

黄宗羲是明末清初杰出的启蒙主义思想家和博学多才的学问家，清代浙东学派的主要代表。他一生勤于著述，涉及哲学、经学、史学、文字学、天文、地理、历法、数学、文学及艺术等众多领域。著有《明儒学案》《宋儒学案》（未完）、《元儒学案》（未完）、《易学象数论》《春秋日食历》《律吕新义》《明史案》《明文海》《行朝录》《思旧录》《明夷待访录》《南雷文案》等（沈善洪主编《黄宗羲全集》12 册，浙江古籍出版社 1986 年版）。在政治与经济思想方面，他提出“君害”论和“工商皆本”说（《明夷待访录》，载沈善洪主编《黄宗羲全集》第 1 册）；在哲学思想方面，提出了“工夫所至即其本体”的理论（沈善洪主编《黄宗羲全集・孟子师说》《明儒学案》）；在伦理思想方面，提出了“无气外无理，生之谓性”的人性论（沈善洪主编《黄宗羲全集・孟子师说》）；其“经世应务”精神，给予清初的浙东知识分子以极大的影响，培育并形成了与乾嘉考据派学风迥异的清代浙东学派及其独特学风。清代浙东学派中，著作最丰，影响最大并且深得梨洲精神的是万斯同、全祖望和章学诚。师从刘宗周且对浙东学派影响重大的为海宁籍学者陈确。

清代浙东学派中，论易学者首推黄宗羲、黄宗炎。宗炎从学蕺山，于象纬、律吕、轨革、壬遁之学多有所得，著作有《周易象辞》22 卷、《寻门余论》2 卷、《图学辨惑》1 卷、《六书会通》等，与其兄宗羲、其弟宗会号称“浙东三黄”。（《清代学人列传》，佚名）

20 世纪上半叶，在黄宗羲与梨洲学派研究方面，较早的研究成果有许啸天《清初五大师集》（上海群学社，1926 年）、《黄梨洲思想的研究》（《国故学讨论集》4 集，上海群学杜，1927 年）；冯贞群《南雷遗书目录》（《国风》1935 年第 7 卷第 1 期）；章太炎《答黄季刚书（论宋元明学案）》（《春鹤》1936 年第 4 卷第 17 期）；张寿镛《宋元学案补遗序录》（《光华大学》1937 年第 5 卷第 6—9 期）；蒋麟振《黄梨洲遗书序》（《浙江省通志馆馆刊》1945 年第 1 卷第 1 期）；陈训慈等《万季野先生祠墓落成文字十篇》《万季野先生修墓建祠落成题》（《史地杂志》1937 年第 1 期）；王焕镳《万季野先生系年要录》（《史地杂志》1937 年第 1 期）等。何炳松、陈训慈、洪焕椿等是这一领域的开创者，代表性论著有何炳松《浙东学派溯源》（商务印书馆，1932 年），陈训慈《清代浙东之史学》（《史学杂志》1931 年第 2 卷第 6 期），洪焕椿《余姚黄宗羲著述目录》（《浙江省通志馆馆刊》1946 年 3 月第 2 卷第 1 期）等。20 世纪 50—60 年代出现的较有代表性的论文有黄云眉《试论全祖望的表章明季忠义及其文学的特征》（《文史哲》1958 年第 2 期）；吴晗《史学家万斯同》（《北京晚报》1961 年 11 月 22 日）等。

20 世纪 80 年代至 21 世纪初，浙江学者对浙东学派研究论著更为丰富，以黄宗羲学术思想及其与清代浙东学派的关系研究为主，但也涉及朱舜水、徐乾学等研究，甚至还有与卢梭、黑格尔思想的比较研究。著作类有李明友《一本万殊：黄宗羲的哲学与哲学史观》（人民出版社 1994 年版）以“一本万殊”这一宋明理学常议之题，展开对黄宗羲哲学与哲学史观的论述，是为狭僻；吴光主编《黄宗羲论》（浙江古籍出版社 1987 年版），吴光编《黄宗羲南雷杂著稿真迹》(浙江古籍出版社1987年版),吴光主编、钱明执行主编《黄宗羲与明清思想》(上海古籍出版社2006年版),吴光主编《黄宗羲民本思想研究》(上海古籍出版社2006年版),吴光著《黄宗羲著作汇考》(台湾学生书局1990年版),对黄宗羲早、中、晚各期主要作品作以考证,为其之后修订《黄宗羲全集》打下了新的基础;其还著《天下为主——黄宗羲传》(浙江人民出版社2008年版)、《黄宗羲与浙东经史学派》(中国人民大学出版社2010年版)等;季学原、桂兴源编著《明夷待访录导读》(巴蜀书社1992年版);方祖猷《清初浙东学派论丛》(台湾万卷楼图书有限公司,1996年);徐定宝《黄宗羲评传》(南京大学出版社2002年版);陈祖武主编《明清浙东学术文化研究》(中国社会科学出版社2004年版)。论文类有仓修良《黄宗羲和〈明儒学案〉》(《杭州大学学报》1983年第4期)、《黄宗羲和清代浙东史学》(《东南文化》1989年第6期);袁雪祥《黄宗羲〈明夷待访录〉和卢梭〈补会契约论〉比较》(《杭州师范学院学报》1983年第1期);白砚民《黄宗羲与朱之瑜》(《宁波师范学院学报》1984年第2期);骆兆平《关于黄梨洲的"留书"》(《文献》1985年第4期);方同义《黄宗羲哲学宇宙观的两重性及其原因探析》(《浙江师范大学学报》1985年第3期);潘起造《商品经济观念与黄宗羲民主启蒙思想》(《浙江学刊》1985年第3期)、《论黄宗羲新民本思想的启蒙意义及局限性》(《浙江学刊》2006年第5期);沈善洪《黄宗羲思想与学风》(《浙江学刊》1985年第1期);方祖猷《黄宗羲与甬上证人书院》(《浙江学刊》1985年第1期)、《黄宗羲"梨洲""南雷"两号探微》(《清史研究通讯》1986年第2期);钱明《黄梨洲朱舜水关系辨》(《杭州大学学报》1986年第4期);吴光《从〈留书〉到〈明夷待访录〉》(《光明日报》1987年3月2日)、《黄宗羲与清代学术》(《孔子研究》1987年第2期)、《黄宗羲反清思想的转化——〈与徐乾学书〉的考证和说明》(台湾《文星》1987年第106号)、《从"盈天地皆心"等命题看梨洲的心学倾向》(《中国哲学史》1993年第4期)等;夏瑰琦《论黄宗羲的唯心主义哲学思想——兼析黄王哲学的关系》(《哲学研究》1987年第4期)、《从〈孟子师说〉看黄梨洲的唯心主义思想》(《中国哲学史研究》1989年第3期);程梦时《黄宗羲的爱国思想初探》(《浙江师范大学学报》1988年第2期);李明友、渠玉九《论黄宗羲的经世致用思想》(《孔子研究》1988年第2期),李明友《黄宗羲"心理合一"说》(《孔子研究》1993年第6期)、《黄宗羲破除"成说"的思想简评》(《光明日报》1986年5月26日);张如安《黄宗羲东渡日本史实新考》(《宁波师范学院学报》1991年第1期);金林祥《黄宗羲甬上学生考》(《宁波大学学报》1991年第2期);季学原《新发现的黄宗羲两篇佚文及其价值》(《清史研究》1992年第4期)、《黄宗羲年谱释疑的一份重要史料》(《文献》1999年第4期);丁国顺《从"功夫即本体"的命题看黄宗羲哲学思想的实质》(《浙江学刊》1992年第3期);何俊《论〈明夷待访录〉的政治思想》(《清史研究》1994年第2期)、《论〈明夷待访录〉的经世观念》(《中国文化月刊》1997年总第205期);陈锐《黄宗羲与黑格尔学术史观之比较》(《杭州师范学院学报》1995年第1期);方祖猷《余姚〈竹桥黄氏宗谱〉的史料价值》(《宁波大学学报》1996年第2期);徐定宝《黄宗羲对"玉茗堂"剧作批评观的演变》(《文学遗产》2000年第3期)、《理学与心学的艰难整合:兼论黄宗羲在哲学上的建树与失误》(《宁波大学学报》2001年第1期);诸焕灿《论黄宗羲气节心态之变异》(载《学津求索》,中国戏剧出版社2000年版)等。1985—1994年,由沈善洪为主编,吴光为执行主编,完成并出版《黄宗羲全集》12册(浙江古籍出版社1985—1994年版),是为黄宗羲论述的最早的全集本。吴光于21世纪初辑成《黄宗羲全集》22册(浙江古籍出版社出版),是迄今为止收录黄宗羲著作最全的版本。

1984年11月由浙江省中国哲学史研究会、浙江省社会科学院哲学所与宁波市哲学学会联合举办的"黄宗羲与浙东学派学术讨论会";1986年10月由浙江省社会科学院主办的"首届国际黄宗羲学术讨论会";1996年由余姚市举办的"纪念黄宗羲逝世三百周年国际学术研讨会";2006年由余姚市与浙江省社会科学院主办的"黄宗羲民本思想国际学术研讨会";2009年由宁波海曙区和中国社会科学院历史所主办的"全祖望与浙东学术文化国际学术研讨会"等,在国内外学术界产生了较大影响。

第三,清代浙东史学派及其研究。

浙东史学是明末清初以后浙江的一个重要史学学派,代表人物有黄宗羲、万斯同、章学诚、全祖望、邵廷采、邵晋涵、朱舜水等。浙东史学以"经"为"史"的理论前提,倡导"经世致用"的史学思想与有"因"有"变"、贵在创新的学术精神,注重哲学贯通的理性思辨,并形成自身独特的学派风格。

黄宗羲是清一代浙东史学的开创者,主要贡献有四:一是将治史与治经结合起来,倡导"经世致用"的史学思想。二是力辟"束书不观""游谈无根"之习气,身教言传地培养史学人才。三是推重明史研究,著《明史案》340卷、《明文案》217卷及增益而成的《明文海》480卷,卷帙浩繁①。四是著《明儒学案》,首创从内容到体例都较完备的学术史专著。

万斯同以史学著称,尤通明史,其辈八子,皆受业于黄宗羲,其中学术卓著者还有万斯选之理学、万斯大之经学。斯同遵师教诲,主张"经世致用""生之谓变"的史学思想,广搜史料,深究甄别,重视以本朝著述证实本朝史事,著有《明史稿》500卷,《儒林宗派》16卷,是为其史学成就的代表作,又《读礼通考》160卷、《补历代史表》64卷、《群书疑辨》12卷等,皇皇巨卷,使浙东史学得以光大。②

全祖望是浙东学派中尤重文献学的史学家,立足于兼综诸说,改造王学,主张"重在实践,不在词说",③"旁罗博综""推原其故",致力于文献整理。(王凤贤、丁国顺:《浙东学派研究》,第382页)。著述传世有《鲒埼亭集》38卷、《鲒埼亭集外编》50卷、《诗集》10卷、《七校水经注》40卷、《宋元学案(续补)》100卷、《续甬上耆旧诗》120卷等。其中《宋元学案》,黄宗羲生前完成17卷,其子黄百家续但未完而卒,全祖望以十年编纂续补百卷但刊刻未竟,后黄宗羲孙辈整理补充,定为86卷。道光十八年(1838年)鄞县王梓材、慈溪冯云濠初刻并校补,仍以百卷修成。

章学诚乃浙东史学派中的史论大家,方志学理论始作。其治史通贯由"器"达"道"的哲学思想,心怀"持世而救偏"的史学宗旨,执持"智以藏往,神以知来"的方法论;他提出"六经皆史"的史学命题,辨章学术,考镜源流,着意创新,终成体系。代表作《文史通义》(上海古籍出

① 吴光:《天下为主——黄宗羲传》,浙江人民出版社2008年版。
② 方祖猷:《万斯同传》,允晨文化出版社1998年版。
③ 〔清〕全祖望:《鲒埼亭集外编》卷十六《杜洲六先生书院记》,《全祖望集汇校集注》,上海古籍出版社2001年版。

版社 2009 年版)毕其一生心血,至死未竟;王宗炎受托遗愿,编校勘定。又《校雠通义》(《章氏遗书》,文物出版社 1982 年版)皆为新学之论,《湖北通志》为上品佳志。

朱舜水是明清之际的学者和教育家。清兵入关后,东渡定居日本,传播儒家思想,指导编纂《大日本史》,影响深及"明治维新"。其学特别提倡"实理实学,学以致用"。其辩证经史,认为"经简而史明,经深而史实,经远而史近","得之史而求之经,亦下学而上达耳",史学思想影响日本史学界。后人编有《朱舜水集》(上下册,中华书局 1981 年版)。

浙东史学派又有两位邵姓名家,一位是顺治与康熙年间余姚人邵廷采,自称"姚江末学",治史熟谙纪传,著有《王子传》(王阳明)、《刘子传》(刘宗周)、《王门弟子传》《刘门弟子传》及《东南纪事》《西南纪事》等(邵廷采著、祝鸿杰编校《思复堂文集》,浙江古籍出版社 1987 年版)。另一位是乾嘉年间,余姚人邵晋涵,是为史书纂修大家,乾隆三十八年(1773 年)开四库馆,其主持史部之书的编纂,兼辑《续三通》,著述有《乐雅正义》《南都事略》《旧五代史考异》《史纪辑平》等①。

对于浙东史学,民国期间就有大家述论。如张其昀(1900—1985 年,鄞县人)的《刘知几与章实斋之史学》(《学衡》1922 年第 5 期);何炳松的《章学诚史学管窥》(《民铎杂志》1925 年第 6 卷第 2 期)、《增补章实斋年谱序》(《民铎杂志》1928 年第 9 卷第 5 期);黄云眉的《邵二云先生年谱》(金陵大学中国文化研究所,1933 年);宋慈抱(1895—1958 年,瑞安人)的《评章学斋〈文史通义〉》(《浙江省通志馆馆刊》1946 年第 2 卷第 1 期)等。

20 世纪 80 年代之后,浙东史学引起浙江学者乃至国内外学者的高度关注。如白砥民的《清初浙东学派的经世之学》(《宁波师专学报》1982 年第 3 期);王凤贤的《试评乾嘉以来学者论清代浙东学派》(《浙江学刊》1987 年第 1 期);徐吉军的《论清代浙东学派的治学精神》(《史学史研究》1987 年第 3 期);朱仲玉的《清代浙东史学论述》(《浙江学刊》1990 年第 5 期);钱茂伟的《清代浙东学派统承刍议》(《宁波师范学院学报》1991 年第 1 期);金林样的《甬上证人书院与清代浙东学派》(《清史研究》1994 年第 2 期);孙善根的《论清代浙东学派的历史地位》(《浙江学刊》1996 年第 2 期)等研究成果,则对整个清代浙东史学作有较为全面梳理和阐释。

对章学诚的研究。中华人民共和国成立后,以仓修良的章学诚研究为代表,出现了一批重要的研究成果。如 1962 年仓修良著《章学诚和方志学》(《江海学刊》1962 年第 5 期)论及方志学理论;1978 年之后又有《从章学诚的"史德"谈起》(《光明日报》1978 年 7 月 18 日)、《章学诚与浙东史学》(《中国史研究》1981 年第 1 期)、《再论章学诚的方志学》(《中国地方史志》1982 年第 1 期);而其《章学诚的历史哲学——章学诚史学研究之一》(《杭州大学学报》1978 年第 3 期)、《章实斋评戴东原——章学诚史学研究之二》(《开封师院学报》1979 年第 2 期)、《论章学诚的〈文史通义〉——章学诚史学研究之三》(《杭州大学学报》1979 年第 1、2 期)、《章学诚对刘知几史学的批判继承和发展——章学诚史学研究之四》(《杭州师范学院学报》1979 年第 1 期)、《章学诚的方志学——章学诚史学研究之五》(《文史哲》1980 年第 2 期),是为其章

---

① 《邵晋涵集》为第三批浙江文化研究工程项目(06ww)007,2006—2009,由李嘉翼主持并与祝鸿杰点校,于 2016 年由浙江古籍出版社出版,第 8 册。

学五论，颇负盛名；较有分量的著作还有《章学诚和〈文史通义〉》（中华书局 1984 年版）、《章学诚评传》（与叶建华合著，广西教育出版社 1996 年版）等。其他著闻者有，崔富章的《章学诚“方志为外史所领”说发疑》（《晋阳学刊》1982 年第 2 期）；何兆龙的《章学诚方志学的纪传人物论》（《浙江学刊》1988 年第 2 期）；叶建华的《试论章学诚的社会政治思想》（《史学月刊》1994 年第 5 期）；董平的《论章学诚的历史哲学》（《论浙东学术》，中国社会科学出版社 1995 年版）；方祖猷的《章学诚对清初浙东学派思想的继承和发展管窥》（《宁波大学学报》1995 年第 1 期）；陈锐的《章学诚与维柯历史哲学之比较》（《杭州师范学院学报》1999 年第 5 期）等。2001 年，在绍兴举办的“纪念章学诚逝世 200 周年学术研讨会”，对推动 21 世纪初该领域的研究产生了较大影响。

对万斯同、全祖望、邵廷采、邵晋涵的研究。万斯同研究，有方祖猷的《万斯同史学浅论》（《史学史研究》1984 年第 4 期）、《万斯同著述考略》（《文献》1990 年第 4 期）、《全祖望、钱大昕所著万斯同传纠误》（《宁波大学学报》1994 年第 2 期），方祖猷、陈训慈的《万斯同年谱》（香港中文大学出版社 1991 年版）；桂心仪的《“四方声价归明水，一代贤子托布衣”：著名史家万斯同传略》（《宁波师范学院学报》1988 年第 4 期）。全祖望研究，有仓修良、吕建楚的《全祖望和〈宋元学案〉》考释全祖望对《宋元学案》全编与定稿的后续学术贡献①；吕建楚的《全祖望和他的〈鲒埼亭集〉》（《浙江师范大学学报》1988 年第 2 期）。邵廷采研究有，黄申章的《试论清初史学家邵廷采》（《余姚乡贤论》第 2 辑，余姚市乡贤研究会，1988 年）；沈敏之的《关于〈浙东学派问题平议〉的商榷——兼论邵廷采的史学思想》（《浙江学刊》1990 年第 1 期）；钱茂伟有《〈姚江书院志略〉的编刊和史料价值》（《清史研究》1995 年第 2 期），其《姚江书院派研究》一书，论述了晚明浙东王学分化后，姚江书院派的兴起及其对浙东学术的影响与贡献②；唐燮军、张伟的《邵廷采史学述略》（《宁波大学学报》1998 年第 3 期）；祝鸿杰编校的《思复堂文集》等。其他方面研究有仓修良的《邵晋涵史学概述》（《史学史研究》1982 年第 3 期）；丁国顺的《黄宗炎学术思想初探》（《孔子研究》1992 年第 4 期）；张如安的《“浙派”名家黄宗会诗论》（《西北师范大学学报》2000 年第 5 期）。

对朱舜水的研究。浙江学者也多有成果，其中钱明的《胜国宾师——朱舜水传》（浙江人民出版社 2008 年版）、王巨明等编《认识朱舜水》（中国档案出版社 2010 年版）等有较大影响。另外钱明还有许多论文发表，如《朱舜水的政治、学术思想及其对日本的影响》（《浙江学刊》1981 年第 4 期）、《朱舜水事迹回传故国考之一》（《浙江学刊》1996 年第 5 期）、《朱舜水事迹回传故国考之二——家乡亲友的朱舜水情结》（《孔孟月刊》（台北）2000 年第 39 卷）、《现代日本之中国哲学研究的独特视角——以朱舜水研究为例》（《哲学与宗教》第 3 辑，上海人民出版社 2009 年版）、《马一浮与现代中国的朱舜水热》（《马一浮国际学术研讨会论文集》，浙江古籍出版社 2009 年版）、《全祖望的遗民观与朱舜水事迹的回传过程》（《全祖望与浙东学术文化国际研讨会论文集》，中国社会科学出版社 2009 年版）、《舜水学的意蕴与近世中日关系的反思》

① 仓修良、吕建楚：《全祖望与〈宋元学案〉》，《史学月刊》1986 年第 2 期。

② 钱茂伟：《姚江书院派研究》，中国社会科学出版社 2005 年版。

(《中山大学学报》2010年第1期)等,在海内外学术界的影响较大。除此之外,余姚阳明街道编的《阳明史脉》(内部版)上也发表了不少论文,如施长海《清翰林朱元树》(2008年第1期总第6期)、郭一舟《传播中国历史文化的先驱——朱舜水》(2009年第1期总第8期)、华建新《朱舜水"实行观"与王阳明"知行合一说"之比较》(2009年第1期总第8期)、杨鹏飞《论朱舜水对"江户时代"社会民俗的贡献》(2009年第1期总第8期)、陈波洪《浅析朱舜水教育思想的现代价值》(2009年第1期总第8期)、黄承漳《朱舜水在日本》(2009年第1期总第8期)、王孙荣《朱舜水早年行实考》(2009年第2期总第9期)、谢玲玲《从〈朱氏舜水谈绮〉析其在日本的实业教育》(2009年第1期总第8期)、泥土《朱舜水故里碑亭眉额"胜国宾师"释疑》(2009年第1期总第8期)、禾苗《朱氏老屋与朱启明兄弟》(2010年第2期总第11期)、陈启贤《朱兰与四明阁》(2010年第1期总第10期)等。

第四,清代浙西理学与史学及其研究。

浙西理学及其研究:

吕留良研究。吕留良为明末清初著名学者、思想家、诗人,明亡后散家财招募义士,与入浙清军抗衡。顺治十一年(1654年),参加新开八股取士的评文时,以宣扬"华夷之分大于君臣之伦"的政治观点,对士人学子影响极大。一生拒与清廷为士,死后49年时即雍正十年(1732年)被剖棺戮尸,罪难殃及子孙门人,为清代文字狱之首。辛亥革命后,冤案昭雪。吕留良为学尊朱辟王,推明代儒学本旨,精治《四书》,评辨夷夏之别,其著述由门人辑为《四书语录》《四书讲义》《吕子评语》等,与张履祥合选《四书朱子语类摘抄》38卷,后人编有《吕晚村先生文集》(北京图书馆出版社2004年版)、《东庄诗存》7卷等。后由国家清史编纂委员会编辑,中华书局出版有《吕留良全集》10册。对吕留良研究,同代的有浙西理学名家陆陇其,其在《祭吕晚村先生文》(陆陇其《三鱼堂文集》卷十二,清光绪间刻本)有评论:"陇其不敏……壬子、癸丑,始遇先生,从容指示,我志始坚,不可复变。"晚清章太炎在《革命军序》中言:"自乾隆以后,尚有吕留良、曾静、齐周华等,振正义以震聋俗,自尔遂寂寞无所闻。"民国时期有浙江图书馆编印的《吕晚村先生诗稿》(《文澜学报》1936年第2期)。20世纪80年代之后,吕留良研究有所深入。如徐正、蔡明《吕留良与黄宗羲交游始末》(《宁波师范学院学报》1986年增刊),徐正《从〈梅花阁斋规〉看吕留良的教育思想》(《嘉兴教育学院学报》1992年第2期);李裕民《吕留良著作考》(《浙江学刊》1993年第4期);俞国林的《天盖遗民——吕留良传》(浙江人民出版社2006年版),《吕留良诗文选》(浙江古籍出版社2009年版);桐乡市吕留良研究会编《吕留良研究》(不定期内刊,现已出版6辑)等。2009年11月3日在桐乡召开"吕留良诞辰380周年学术研讨会",会议由桐乡市政府和浙江省儒学会主办,桐乡市文化局、崇福镇政府和桐乡市吕留良研究会承办,海内外专家30余人出席。

张履祥研究。张履祥,为明末清初著名理学家,清初朱子学的倡导者,曾拜师刘宗周,后专意程朱。一生潜心于义理,认为三代以上,孔孟是集大成者;三代以下,程朱是集大成者。时人把他和陆陇其并提,视为闽洛学派的正传,两圣贤同获从祀孔庙的儒者最高荣耀,"由凡入圣"。著作有《经正录》《愿学记》《问目》《备忘录》《初学备忘》《训子语》《近鉴》《读易笔记》及

《补农书》等①。中华民国徐世昌《清儒学案》(中华书局2008年版)设卷五《杨园学案》论评张氏学术。20世纪90年代之后,浙江学者张履祥研究渐热。1996年出版的《桐乡县志》(上海书店1997年版)中有记载张履祥之生平与学术。《浙江通史》清代卷上(叶建华著,浙江人民出版社2009年版)专设一题《"尊朱黜王"的浙西理学:张履祥、吕留良、陆陇其》,称张履祥为"清儒中'尊朱黜王'论的首倡者","以恪守朱学影响吕氏父子"。21世纪初,张天杰专攻张履祥研究,著有《张履祥遗民与儒者的双重身份及其人生抉择》(《湖南大学学报》2009年第11期)、《从张履祥、吕留良到陆陇其——清初"尊朱辟王"思潮中一条主线》(《中国哲学史》2010年第2期)、《陈确与张履祥〈大学〉真伪论辨之辨析》(《浙江学刊》2010年第3期)、《张履祥由王返朱的心路历程及其对王学的批判》(《西北大学学报》2010年第9期)。陈海红于2007年"浙江文化研究工程"立项《乱世君子:明清之际浙西理学家张履祥研究》,形成专著《乱世君子:理学大师张履祥评传》,由中国民主法制出版社出版。2009年桐乡市名人研究会起步伊始就将研究重点放在张履祥理学领域,并协助市政府筹办张履祥诞辰四百周年学术研讨会,会后辑有《张履祥与浙西学术——纪念张履祥诞辰四百周年学术研讨会论文集》。

陆陇其研究。陆陇其为清代理学家,时称循吏。学术专宗朱熹,排斥陆王,强调以儒学指导世人之心;从祀孔庙,被清廷誉为"本朝理学儒臣第一"。著有《困勉录》《读书志》《三鱼堂文集》等,后人集其著为《陆子全书》,有清光绪间刻本。清代吴光酉、周梁著有《陆陇其年谱》(中华书局本1993年版),著录原有吴氏《陆稼书年谱》、周氏订《长泖陆子年谱》外又附录《国史馆陆陇其本传》、张云锦《陆陇其传》等;辑有《陆稼书先生文集》(商务印书馆1936年版)。②

浙西理学其他学者研究。陈确为明末清初思想家,受业刘宗周,哲学思想上反对宋明理学与佛学,著有《大学辨》《葬书》《瞽书》及诗文集。后出版有《陈确集》(中华书局1962年版)。唐枢为明中期学者,著《木钟台集》(副都御使黄登贤家藏本)、《易修墨守》(《千顷堂书目》卷1)及地方志书。许孚远为明中期学者,一生精研理学,学宗良知,为王阳明正传,著有《敬和堂集》8卷(浙江巡抚采述本)、《论语述》《大学述》《中庸述》等。顾应祥为明中期思想家,著有《传习录疑》《致良知说》《惜阴录》《南诏事略》等,《四库全书总目》有评。后世研究,浙江学者主要围绕陈确、唐枢、许孚远、顾应祥等。有邹建锋《唐一庵心学思想引论》(见卢敦基主编《浙江历史文化研究》第2卷,浙江大学出版社2010年版),董平有《论陈确思想》(《儒学与浙江文化》,中国广播电视出版社1993年版)、《敬斋集》(收入《儒藏》第25册,北京大学出版社2008年版)。

浙西史学与文学研究:

谈迁,明末清初史学家,自称"江左遗民",以佣书作幕僚为生,喜好博综,子史百家无不致力,著有《国榷》108卷(张宗祥整理校订,中华书局1958年版),400多万字,是为编年体明史巨著。《国榷》以《明实录》为本,参阅诸家史书,考证订补,书中对清廷颇多贬责。2000年之

① 见《杨园先生全集》54卷,江苏书局刻版刊行,清同治十年(1871年);后有陈祖武点校本,中华书局2002年版。

② 2005年,浙江省文化研究工程实施方案(2005—2009)公布《"浙江文献集成"首批招标选题》,有《陆陇其集》,拟整理文献为《三鱼堂文集·外集》《三鱼堂剩言》《四书讲义困勉录》《松阳讲义》《松阳钞存》《读朱随笔》《读礼志疑》等。

后，谈迁研究被列入“浙江文化名人传丛书”100 家，其中钱茂伟、钱伟梁著《遗民史家：谈迁传》（浙江人民出版社 2006 年版）系统论述了谈迁生平及论史过程和成就。

查继佐，明末清初史学家，抗清志士，一生史学著述为多，存世者有《罪惟录》《鲁春秋》《东山国语》《钓业》数种。《罪惟录》102 卷（张宗祥校订整理，商务印书馆 1936 年版）是一部纪传体的明史巨著，记明末农民起义史料甚多。20 世纪 80 年代之后，浙江学者研究查继佐有陈长征、陈欢《查继佐及其〈罪惟录〉》（《浙江学刊》）有评查氏史学思想。夏飘飘《查继佐探究》（浙江大学硕士学位论文，2010 年）从生平、交游、著述、诗歌创作四方面论述查继佐及其学术思想。

朱彝尊，清代词人、学者、藏书家。康熙十八年（1679 年）授翰林院检讨，入明史馆参修《明史》，曾七上史馆总裁书，论及史学性质、著史的态度原则等重大问题，反映了清初实学思潮的一个侧角，对《明史》编修起到了很好的促进作用。其《曝书亭集》（《曝书亭合集》，吉林文史出版社 2009 年版）中，有多卷为史学著作所写的“书”“序”和“跋”，阐述史学思想；并编撰有历史地理学著作《日下旧闻》42 卷。对其生平及经史之学，当代学者王利民《博大之宗——朱彝尊传》（浙江人民出版社 2006 年版）有述。

此外，浙西史家还有吴任臣（祖籍福建蒲田，随父至仁和）著《十国春秋》114 卷（全 4 册，中华书局 2010 年版）；沈炳震著《新旧唐书合钞》260 卷（全 9 册，台湾鼎文书局 1973 年版）；杭世骏著《两浙经籍志》；吴兰庭著《五代史记纂误补》（商务印书馆，1937 年版）、《读通鉴笔记》；梁玉绳著《史记志疑》36 卷（全 12 册，中华书局 1985 年版）等，在清一代史家中亦有影响，后人研究者多。

浙西词派及其研究：

浙西词派是清代前期最大的词派，影响深广。其创始者朱彝尊，主要作者均为浙江人，其中朱彝尊、李良年、李符、沈皞日、沈岸登、龚翔麟并称“浙西六家”。该词派崇尚姜夔、张炎（祖籍江苏泰州，寓居临安），标榜淳雅、清空，以婉约为正宗。朱彝尊与汪森、周篔等编《词综》（李庆甲校点，上海古籍出版社 1978 年版），浏览宋元词集几百家，选辑唐至元的词人 600 余家，词 2200 余首，是清代浙西词派最有影响的词总集。龚翔麟集朱彝尊、李良年、李符、沈皞日、沈岸登及自己的词合刻成《浙西六家词》。后期浙西词派重要词人有厉鹗、王昶、吴锡麒、许昂霄、吴衡照、冯登府等。浙西诗派发端于浙西诗人朱彝尊等，形成于清代中叶，重要作家除“浙西六家”外，还有厉鹗、符曾、汪沆等，作品大多写文人的日常琐事，风格力求幽新。今人对浙西词派亦有研究，有吴蓓著《浙西词派研究》《论朱彝尊词的典型意义》（《浙江学刊》2001 年第 2 期），全一平著《柳洲词派》（同济大学出版社 2002 年版）①等。

---

① 柳洲即嘉善，是明末清初浙西嘉兴府五县之一。该词派活动时间大致为万历中后期至清康熙中期百余年间，在当时词坛上与云间、西陵、梅里等词派同誉。

第四节　传统学术的现当代研究

五四运动前后，浙江对于传统学术的批判与研究方兴未艾。中华人民共和国成立之后，尤其是20世纪70年代末以来，浙江学者相对集中于新儒学、新经学及浙学的探讨与研究，涌现了一批力主学术改造的著名学者。

一、新儒学

新儒学概念甚为多元，既有纵向之说，又有广狭之分。纵向之说，它可追溯到战国末期，如荀子学说，时称“新儒学”。汉代董仲舒学说、宋明理学皆被冠之以“新儒学”。直至现代新儒学更被广泛使用，形成有以宣传“新儒学”为己任的“新儒家”。就近现代而论，又有广、狭之分。广义的新儒学被指自鸦片战争以来关于儒学的所有学说，尤其是鸦片战争到戊戌变法乃至辛亥革命，是为新儒学的准备、萌芽阶段，“中学为体，西学为用”与“托古改制”是这一时期的代表思想。如浙江有宋恕《六斋卑议》(《敬乡楼丛书》之十，永嘉黄氏校印，1928年)、陈虬《治平三议》(胡珠生辑《陈虬集》，浙江人民出版社1992年版)、陈黻宸《经术大同说》(《新世界学报》，1903年)、孙诒让《周礼政要》(《孙诒让全集·大戴礼记注补》，中华书局2010年版)等。从五四运动前后至中华人民共和国成立及20世纪70年代末至80年代初以后，为广义新儒学时空范围。前者是新儒学的开宗明义阶段，为狭义的新儒学，主指马一浮、梁漱溟、张君劢、熊十力等的新儒学，浙江马一浮是为新儒学四家之一。后者为新儒学复兴及繁荣的新时期，其中包含了对当代新儒学与新儒家的颇多争议。

(一)鸦片战争至辛亥革命期间浙江的儒学转型

鸦片战争之后，浙江传统学术在走向衰微的同时，也经历着嬗蜕裂变，并呈现出新儒学的萌发。若以这种学术嬗变前兆龚自珍算起，则后有孙诒让、陈黻宸、章太炎等辈，均对晚清儒学嬗变起过重要作用。

孙诒让，晚清经学大师。其遵父孙衣言训，从事“经世致远之学”，致力于国家富强之深义。其所著《墨子间诂》(《新编诸子集成》本，中华书局1986年版)，运用西方科学文化知识对《墨子》原著以精确的考释，尝试运用近代学理诠释古籍，已有近代学术思想的萌芽。所著《周礼正义》全14册(中华书局1997年版)，尝试运用古文经为当时政治变革服务，引入欧美各国有关制度和日本明治维新之后的新政策相比附，“可称为中国学术由古代到近代的承上启下之人物”，“传统意义的汉学也正是在思想开通的孙诒让这里宣告终结”。①

陈黻宸，时为“浙江大儒”，其所处新旧学术体系转换之际，在新语境下力图为儒学辩护陈词和拓展空间。光绪二十八年(1902年)，其著文言中西学术之一体，区例为十八门，将经、史

① 汪林茂：《浙江通史》(清代卷下)，浙江人民出版社2005年版，第291—307页。

两学列为首门。所著《经术大同说》以西学的方法和限界清理经学史，强调“经者非一人之私言，而天下万世之公言也”。其经学观明显带有新学影响，试图融合经学与西学，目的在于保留经学；其《诸子哲学》以老庄为重点，兼及先秦各家，是为民国时代子学研究的先驱之作。但在观念上仍以儒学为中国学术宗主，其《中国哲学史》未有“截断众流”，仍以哲学概念框囿五经。他的学术试图反映近代新儒学勃气之际的彷徨。其著作收入陈德涛编的《陈黻宸集》（中华书局 1995 年版）。

章太炎（易名炳麟），清末民初著名思想家、学者，治学涉小学、史学、哲学等，学术思想“始则转俗成真，终则回真向俗”（《章氏丛书》，北京铅印本，1919 年）。早年信仰荀子和韩非转而崇奉佛教思想，后来以佛解庄，复又以庄证孔，对以往批孔作以忏悔。他继承了俞樾、孙诒让对先秦诸子的研究，但突破了儒家道统和校勘、训诂、考据方法的局限，扩之于诸子学。其《诸子略说》[①]一方面指责“儒家之病”，讥孔“湛心荣利”，另一方面又褒扬先秦诸子“各为独立，无援引攀附之事”。他重视老、庄的自然天道观，推重墨子的道德和“非命”论，肯定法家的“专任法律”，对其他如名家、纵横家、阴阳家、农家、杂家等皆有客观分析和评价，以贬黜儒家的一尊地位，这是摆脱经学道统，建立独立的、自由的、科学的近代学术之开端。他在哲学和伦理思想方面引入西方学术思想，助力于近现代儒学思想的转型[汪林茂：《浙江通史》（清代卷下），第 291—307 页]。

（二）民国时期马一浮新儒学思想研究

马一浮，早期新儒学代表人物之一。年轻时去西方追求西学，曾发表过一些充满新思想的文章和译作。其早期思想曾受佛学影响，20 世纪 20 年代中期返折儒学并完成对儒学思想的最终认定，30 年代末在浙江大学和复性书院讲授新儒学。其新儒学思想主要体现于“六艺论”的三大命题，即“六艺统摄一切学术”[②]“六艺统摄于心”[③]“六艺互相统摄”，以至“世界人类一切文化最后之归宿，必归于六艺”[④]。其中“六艺统摄一切学术”是六艺论的核心；“六艺统摄于一心”是六艺论的哲学依据；“六艺互相统摄”是其六艺的内在结构特征。马一浮的六艺论，既是他的学术观，也是他的文化观，其实质是要通过对儒学的弘扬，重新确立儒学在中国文化发展中的崇高地位。[⑤]

马一浮的著作在 1949 年之后并未重版过。至 1991 年，滕复编《马一浮新儒学论著辑要——默然不说声如雷》（中国广播电视出版社 1995 年版）一书，从哲学思想的角度收录了马一浮代表性作品，并对其思想进行了简要的点评。1996 年 10 月，浙江古籍出版社和浙江教育出版社出版了三卷本《马一浮集》，在当时成为中国大陆出版的体量最大、搜集马一浮作品最全的著作合集，马一浮先生弥甥女丁敬涵、浙江学者王翼奇承担了全部点校工作。2007

① 章太炎：《诸子略说》，上海文艺出版社 2001 年版。

② 刘炜：《马一浮六艺论新辨》，台湾《鹅湖月刊》2009 年第 5 期。

③ 马一浮：《泰和会语・论六艺统摄于心》。

④ 马一浮：《泰和会语・论西来学术亦统于六艺》。

⑤ 滕复：《马一浮思想研究》，中华书局 2001 年版。

年，浙江省政府参事室、文史研究馆在旧版《马一浮集》的基础上进一步编纂《马一浮全集》全6册，吴光任主编，浙江大学、浙江省社会科学院、杭州师范大学10多位学者参编；同时还启动了《马一浮书法集》编纂工程，梁平波任主编。

浙江学者对马一浮生平也进行了深入的研究。马一浮先生的侄子马镜泉和赵士华合作撰写了《马一浮评传》（百花洲文艺出版社1993年版），披露了马一浮先生生平中若干重要的细节。陈星的《隐士儒宗：马一浮》（山东画报出版社1996年版），搜集了一批马一浮先生生平的照片，图文并茂。陈星还出版了《君子之交：弘一大师、马一浮、夏丏尊、丰子恺交游实录》（中国友谊出版公司2000年版）一书，对马一浮生平的一些人际关系交游作了考察。滕复《一代儒宗——马一浮传》（杭州出版社2004年版）侧重从哲学思想的角度考察马一浮的一生。此外，还有袁卓尔《一代儒宗、高山仰止——忆马一浮太先生》（《人物》1988年第4期），马镜泉的《怀念伯父》（《中国当代理学大师马一浮》，上海人民出版社1992年版），马镜泉口述、金伟东记录整理的《"一代宗师"马一浮与伟人的交往轶事》（载吴光主编《马一浮研究》，上海古籍出版社2008年版），汤彦森口述、杨际开整理的《马一浮先生事迹拾遗》（《杭州师范学院学报》2002年第5期），丁敬涵《怀念旧祖马一浮》（载吴光《马一浮研究》），楼达人的《和马一浮交往的前因后缘》（《西湖》2005年第7期）等。

浙江较早从事马一浮学术思想研究的学者有滕复、毕养赛、陈锐、邓新文等。1990年，滕复撰文提出马一浮"六艺统摄一切学术"的内涵有二：其一是儒家文化统摄了诸子之学，是中国传统文化之一切学术的渊源和当然代表；其二是儒家文化也统摄了西方的学术。马一浮认为人类文化学术发展的根本目的是知识与道德精神上的全面发展。马一浮在哲学上虽极力会通程朱陆王，但其哲学的基本思想倾向及实质则更接近陆王（滕复《马一浮儒学思想初探》，《学习与探索》1990年第5期）。滕复此后相继发表一批关于马一浮的论文，主要观点收入其专著《马一浮思想研究》（中华书局2001年版）。毕养赛主编的《中国当代理学大师马一浮》（上海人民出版社1992年版）亦为较早之作。陈锐多年从事马一浮研究，他的专著《马一浮与现代中国》（中国社会科学出版社2007年版）将马一浮置于20世纪的动荡背景中，对其生平、思想和诗歌等进行了系统深入的研究，以表现那贯穿于其中的"孤神独逸"的风格和灵魂。其《马一浮儒学思想研究》（上海古籍出版社2010年版）则是系统论述马一浮新儒学思想的力作。另有邓新文著《马一浮六艺一心论研究》（上海古籍出版社2008年版）专述马一浮新儒学理论。邓新文著《马一浮研究》、吴光主编《马一浮思想新探》（上海古籍出版社2010年版），皆为系统研究马一浮思想的专著。此外，浙江学者李明友、朱晓鹏、陈永革、何静、黄灵庚都发表了研究马一浮思想的专论。

二、经学

（一）近代浙江的传统经学研究

浙江自古以来就是经学研究的重镇，在魏晋时期就以家族治经而负盛名。明清之际直到晚清更是大家辈出：如黄宗羲、黄百家、万斯同、万斯大、胡渭、毛奇龄、黄以周、俞樾、孙诒让等人。汪林茂著《浙江通史》(清代卷下)(2009 年)中，评价了近代传统经学终结前浙江学人的杰出贡献。他认为，清同光年间，凭借乾嘉汉学百年积威，俞樾、黄以周、孙诒让 3 人以盖过当代经师的学术成就，让古老的汉学在浙江闪烁出最后的光耀。俞樾以乾嘉间的王念孙、王引之为宗，但也吸收了道光间常州学派的治经方法，以正句读、审字义、通古文假借为“治经之道”，著《群经平议》，为古代经籍校正误文，发明故训，解决了许多前人没能解决的难题；继而又著《诸子平议》，其成就引人注目，为治诸子学奠定了学术基础。黄以周承其父黄式三之学，近孔门之“博文约礼”，毕生从事于礼学研究；主张以礼指导文章，范围政教，充实义理；所著《礼书通故》百卷，考释古代礼制甚详，学者称此书可与唐代杜佑《通典》相比隆。其《经训比义》《子思辑解》等被誉为“皆卓然可传世”之书。相比俞、黄，孙诒让则以革新的精神和态度，治经学，取务实，承上启下，不仅在学术上“兼包金榜、钱大昕、段玉裁、王念孙四家。其明大义，钩深穷高，几驾四家之上”①，且在政治上更有致力于国家富强之深义。②

1840 年鸦片战争后，在西方文化的冲击下，经学的实际效用开始受到怀疑。清末废除科举制后，经学不能再依附于科举制；至辛亥革命终结清朝统治后，经学失去了官学的地位。1919 年五四新文化运动后，经学更是受到严峻的挑战。

(二)近代浙江学者对新经学的研究

民国期间，浙江的经学研究，一部分学者仍株守原有的乾嘉考据学的立场，以字句训诂、版本考证、语录讲义作为主要治学方法，著作的形式仍以传统的“经解”体为主，辅以札记、讲义、语录等。这一派的代表人物是陈汉章、夏震武。其中陈汉章著《尔雅学讲义》《孔贾经疏考异同评》《礼书通故识语》《周书后案》等，辑有《陈汉章全集》(浙江古籍出版社 2014 年版)。夏震武著有《大学修义讲授》《论语讲义》《孟子讲义》《灵峰先生集》等，辑有《中国近代思想家文库・夏震武卷》。

更多的浙江学者则走向了全新的经学研究道路，他们通过反思传统经学的弊端，以科学方法、科学视角研究经学，重新构建经学史。这方面的代表性人物主要有章太炎和王国维、钱玄同、范文澜、周予同等。章太炎的贡献在于恢复了“经”的本来面貌，他继承章学诚“六经皆史”的观点，主张把“经”看作是研究古代历史的重要资料，研究经学就是科学地研究古代历史，反对实用主义的“通经致用”“古为今用”；对于经学研究的方法，章太炎特别重视古文字学和音韵学，并且不反对用西方的新思想观念研究旧的经学研究文献。著有《经学略说》(章氏国学讲习会出版 1935 年版)、《儒术新论》《小学答问》等，辑有《章太炎全集》(上海人民出版社 1985 年版)。王国维利用新发现、新出土的史料与传世文献记载相印证，为研究经学作出了新的贡献。譬如，他综合运用金文、甲骨文和传世文献考证了“明堂”的形制，他对西汉初年至魏晋的所谓“古文”经的内涵和外延作了正确的考证。著有《经学概论》《流沙坠简》《魏石经残石考》(《王国维全集》，浙江教育出版社、广东教育出版社 2009 年版，第 4 卷、第 6 卷、第 11

① 支伟成:《清代朴学大师列传》第六《孙诒让传》，岳麓书社 1998 年版。
② 《浙江通志》(清代卷下)，浙江人民出版社 2009 年版，第 290—291 页。

卷)。在章太炎、王国维的影响下,近现代浙江涌现了一批经学研究者。

钱玄同,中国新文化运动的倡导者,被称为疑古玄同。他以高度的怀疑精神对一切古代经典形成、流传的说法重加考订,陈说旧论,破坏无遗,集中反映在他的“疑古”思想的代表作《重论经今古文学问题》(《国学学刊》1932年第2期),认为不仅《周易》非孔子所作,《十翼》亦非孔子所作。他关于经学的著作还有《经学史略》。

范文澜,中国著名历史学家。他从马克思主义的立场观点出发清算了传统经学遗产,认为不理解中国的经学就不可能真正理解中国的历史和古人的思想,就不能理解中国的全部历史,因此应该用科学的理论和方法研究,批判旧的经学传统。范文澜的主要观点收入其两部讲演录:《中国经学史的演变》(在延安新哲学年会作的演讲)、《经学讲演录》(1963年在《红旗》杂志社作的演讲),两者都收入《范文澜历史论文选集》(中国社会科学出版社1979年版)。

周予同,中国经学史著名专家。他早年受到章太炎弟子钱玄同、马裕藻、朱希祖等人的影响,走上经学史研究的道路。从1925年开始,出版了《经今古文学及其异同》(1926年)、《群经概论》(中国古籍出版社1933年版)、《经学历史》(皮锡瑞著,周予同注释,中华书局1928年版)。周予同主张通过研究经学史,帮助青年学人超脱传统的学派偏见和今古文匡囿;主张重视史料真伪的判别,运用马克思主义的唯物史观,引导科学地研究传统的经学史。他的主要观点收入《周予同经学史论著选集》(上海人民出版社1996年版)。

(三)1949年之后浙江的经学研究

1949年之后,浙江经学研究走入低谷。“文化大革命”结束后,浙江的经学研究以杭州大学(1998年后合并为浙江大学)古籍研究所为基地,取得了不少成果。

沈文倬,江苏吴江人,长期在浙江高校任职,为著名经学家、礼学宗师,被喻为“今世礼经者第一人”。从20世纪60年代开始从事“三礼”(《仪礼》《周礼》《礼记》)研究,尤重《仪礼》。他利用新出土的“武威汉简”,结合传世和新见的青铜器、甲骨文以及传世文献的记载,探讨了西周礼典的实行和《仪礼》书本的撰作过程①,指证礼典的实践早于文字记录而存在。他的论文《〈礼〉汉简异文释》(《文史》第33—36辑连载)推翻了康有为“古文经为刘歆伪作”之说;其《黄龙十二博士的定员和太学郡国学校的设置》(《上海图书馆建馆三十周年纪念论文集》,上海图书馆,1983年)对汉代建立经学博士的复杂史实作以条分缕析,纠正了皮锡瑞《经学历史》、王国维《汉魏博士考》中的错误。沈文倬的经学论著结集收入其《宗周礼乐文明》(浙江大学出版社1999年版)、《菿暗文存(上下)》(商务印书馆2006年版)。

黎子耀,湖南汉寿县人,长期在浙江高校任职。自1970年前后由史学转入经学领域,20世纪80年代以后著有《周易秘义》(浙江古籍出版社1989年版)、《周易导读》(巴蜀书社1990年版)、《论语秘义》(陕西人民出版社)、《易经解谜——周易黎氏学》(陕西人民出版社2000年版)。其《周易》研究自成一家,认为《易经》是“一部西周社会史”(黄朴《杭州大学黎子耀教授学述》,新浪博客,2010年)。

---

① 沈文倬:《略论礼典的实行和〈仪礼〉书本的撰作》,《文史》第15、16辑连载。

从1978年始，雪克致力于孙诒让经学著作的整理点校。主要包括辑校孙诒让《十三经注疏校记》（齐鲁书社1983年版）、辑校《籀庼遗著辑存》（齐鲁书社1987年版）、《大戴礼记斠补·尚书骈枝·周书斠补·九旗古谊述》（齐鲁书社1988年版）。编辑、评注的近代经学家的论著选集有：编校了《胡朴安学术论著》《王国维学术论著》（与卢向前合作），点校了《刘师培学术论著》，以上三书均由浙江人民出版社于1998年出版。2001年浙江大学古籍研究所启动了《孙诒让全集》的编辑整理工作，雪克任学术顾问，截至2010年，已由中华书局出版了6种。

三、浙学

（一）浙学的渊源与概念研究

关于浙学的渊源研究。20世纪三四十年代，浙江就出了一批有分量的研究成果，如何炳松的《浙东学派溯源》（上海商务印书馆，1932年）、碧遥的《浙江学术源流考》（《大陆》1932年第1卷第2期）、张寿镛的《两浙学术考》（《国风》1936年第8卷第9、10期）、陈训慈的《清代浙东之史学》（《史学杂志》1930年第2卷第6期）、《浙东史学管窥》（《史学》（中央大学）1933年第1卷第1、2期）、《四明万氏之民族精神》（《越风》1936年第13期）、《四明忠节话万氏》（《越风》1936年第13期）；孙延钊的《浙学中之永嘉宗派》（《国风》1936年第8卷第9、10期）；张其昀的《宋代四明之学风》（《史学杂志》1929年第1卷第3期）；骆允治的《南宋金华三派学说概述》（《文澜学报》1937年第3卷第2期）；吴召宣编的《王朱学说》（浙江省抗日自卫委员会战时教育文化事业委员会印制，1939年）等。

其中，陈训慈的长文《清代浙东之史学》（《史学杂志》1930年第6期），讨论了“浙东学术”实为清代“浙东史学派”，认为“浙东史学”的基本精神是博而返约、躬行实践、经世致用、民族主义、不立门户等。对陈训慈的“浙东史学”观点，方祖猷有专文《陈训慈论浙东学术及其精神》（《中共宁波市委党校学报》2000年第4期）作以分析。

何炳松的《浙东学派溯源》则是第一部系统讨论“浙东学派”的专著，其受章学诚“言性命者必究于史”的影响，认为“程氏学说的嫡传流入南方变成浙东的史学”（《浙东学派溯源》，岳麓书社2011年版，第147页）；吕祖谦承受了“中原文献之传”，特别是吕希哲、吕本中所传程学；薛季宣、陈傅良、叶适则通过郑伯熊这一代人继承了元丰九先生一系的永嘉程学；陈亮是程学嫡传，而与陈亮辩论的朱熹则流入佛教。他还把浙东学派分为南宋至明初、明末至民国两期，在第一期中，浙东学派分为永嘉和金华两大派，第二期中兴于绍兴地区而分为宁波、绍兴两派。这一分期弥补了章学诚《浙东学术》篇从南宋开始延续到清的时间矛盾。

关于浙学的概念研究。1994年，吴光的《试论“浙学”的基本精神——兼谈“浙学”与“浙东学派”的研究现状》（《浙江学刊》1994年第1期）一文，认为“浙学”是发轫于北宋、形成于南宋而兴盛于明清的浙东经史之学；它并非单一的学术思潮，也没有形成一个统一的学术流派，而是内含多种学术思想、多个学术派别的多元并存的学术群体——在“浙学”内部，既有宗奉程朱的理学派，也有宗奉陆王的心学派，还有独立于理学、心学之外的事功学派。

另有董平《浙东学派之名义及其内涵》（《思想家》第4期，江苏教育出版社2002年版），钱明《"浙学"之内涵的历史衍变》(《浙江社会科学》2006 年第 1 期)、《"浙学"的东西异同及其互动关系》(《杭州师范学院学报》2005 年第 4 期)等文,都对"浙学"的内涵、基本精神及其从南宋到明代的传播过程等一些重要问题提出了新的见解,从而为"浙学"的定位和正名奠定了基础。

现当代对"浙学""浙东史学""浙东学派"三个概念及在历史上的嬗变,钱茂伟的论文《论浙学、浙东学术、浙东史学、浙东学派的概念嬗变》(《浙江社会科学》2008 年第 11 期)有专门的讨论。

(二)当代"浙学"研究

进入 20 世纪 80 年代后,以"浙学"为对象的讨论空前活跃。讨论"浙东学术""浙东学派"学术会议有:1983 年在宁波召开的"黄宗羲与浙东学派学术讨论会";1990 年在宁波召开的"浙东文化研讨会";1993 年在宁波召开的"浙东学术国际研讨会";2005 年在杭州召开的"浙东学派与浙江精神"学术研讨会等。出版的相关论文集有方祖猷、滕复主编的《论浙东学术》(中国社会科学出版社 1995 年版);万斌主编《浙学研究集萃》(上海古籍出版社 2005 年版),浙江省社会科学界联合汇编《浙东学派与浙江精神》(浙江古籍出版社 2006 年版)等。

研究论文和专著数量更多。如滕复在 1989 年发表的论文《宋明浙东事功学与心学及其合流——兼论王学的思想来源及性质》(《东南文化》1989 年第 6 期),首次集中讨论了浙学的本质是事功学与心学的合流。他认为两者都源流于北宋程学,都从不同的侧面批评了朱子学,由于两者思想各有缺陷,因此不能与朱子学相抗;但在理论上两者又是可以相互融合的,特别是在实践问题上,浙东学派重视实践,心学最终也走向了"知行合一"。王凤贤于 1992 年发表《浙东学术的心学倾向及其社会意义》(《孔子研究》1992 年第 1 期)一文,认为,"心学"可以涵盖事功学、阳明学,是整个浙东学派的主题,表明浙东学派与陆王心学存在内在逻辑联系。1993 年,王凤贤与丁国顺合著的《浙东学派研究》,认为浙东学派是宋明时期在浙东地区逐步发展起来的以心学为主要倾向的学术,从北宋的周行己开始就具有心学倾向,南宋吕祖谦的心学倾向更为明显,至于杨简等人更是当时心学的代表。管敏义主编,陈敦伟、钱茂伟副主编的《浙东学术史》(华东师范大学出版社 1993 年版)一书,分汉唐、宋元、明、清四个时期讨论了浙东学术的代表人物及其贡献,勾勒了浙东学术发展过程及规律,总结了浙东学术发展的特点及优良传统。董平多年来从"以史学统摄心学"的角度,把"性命"与"必究于史"的结合理解为哲学与历史的相融,并由此树立了浙学的基本立场。他的主要观点集中于其《浙江思想学术史——从王充到王国维》一书。滕复撰《浙江传统与浙江精神》(万斌主编《浙学研究集萃》序二)专论浙学传统的思想精神,归结有四:即"实事求是""海纳百川""自得创新""开拓进取",并以此论作为浙江人的精神(《浙江学术思想史・导论》)。钱明《近世浙学的东西之分及其走向》(《中国哲学史》2006 年第 1 期)结合历史上浙江政区的变化与学术关系的角度研究"浙学",认为有必要对"浙学"的地缘与学缘作缜密的梳理和定位,以求得对其内涵及历史衍变的客观把握。从总体上说,明代以后的"吴学"是以放弃宋学而返诸汉学为趣向,"皖学"是以宋、汉同弃而寻归传统儒学为诉求,而"浙学"则是以明代学术为基点,融会了宋学与汉学。

钱茂伟于 2009 年出版的《浙东史学研究述评》(海洋出版社 2009 年版)，虽然在学科分类上属于史学史研究，但由于他把“浙东史学”认定为“浙学”的主轴，故此书实际上是一部对“浙学研究史”的述评。该书对“浙学”“浙东学派”“浙东学术”“浙东史学”四个概念在历史上的演变作了进一步的梳理，对每一个代表人物的贡献进行了研究探讨。

现如今，以“浙学”命名的研究团体、研究成果在全省各地不断涌现，已成气候。据钱明编《浙江省社会科学院学者“浙学”研究论著索引(1979—2004)》统计，共有文论、著作 244 项，其中著述类 22 项，编著类 9 项，文献类 7 项，论文类 204 项，资料类 2 项(《浙学研究集粹》附录)。

浙江省在浙学研究方面已搭建有代表性的研究平台和集刊论丛式成果有：浙江省社会科学院哲学研究所编的《中华文化研究集刊》(年刊，上海古籍出版社)，宁波市文广局编的《浙东文化集刊》(年刊，上海古籍出版社)，浙江省社会科学院浙江历史文化中心编的《浙江历史文化研究》(年刊，浙江大学出版社)，浙江大学中国思想文化研究所编的《浙东学术》(年刊，浙江大学出版社)，浙江师范大学江南文化研究中心编的《江南文化研究》(半年刊，学苑出版社)，宁波大学浙东文化与海外华人研究院编的《浙东文化与海外华人研究》(年刊，中国海洋出版社)等。此外还出版了一批研究专辑，如浙江省社会科学院编的《浙学研究集萃》(上海古籍出版社 2005 年版)、杭州师范大学中国哲学与文化研究所编的《浙学研究论集》(朱晓鹏主编，上海古籍出版社出版)、《浙学传统与浙江精神论集》(上海古籍出版社)等。

第二章　马克思主义研究

马克思主义是马克思恩格斯共同创建的关于全世界无产阶级和全人类彻底解放的学说。它由马克思主义哲学、马克思主义政治经济学和科学社会主义三大部分组成。广义上理解的马克思主义，既包括马克思恩格斯创立的马克思主义的基本理论、基本观点、基本方法，也包括列宁、斯大林等继承和发展，并由毛泽东等中国共产党几代领导人将其与中国具体实际相结合，进一步丰富和发展了的马克思主义。

浙江的马克思主义传播和研究始于20世纪初，对五四运动和中国共产党的建立皆作出过重大的理论贡献。1903年，蒋百里和其他浙江留日学生在东京成立"浙江同乡会"并创办《浙江潮》，介绍马克思主义、社会主义，为马克思主义在中国传播打下了一定的思想基础。1904年，马一浮从美国带回德文版《资本论》一书，被视为"中国引入《资本论》的第一人"。1906年，朱执信编著《德意志社会革命家小传》，内载其译介《资本论》的文论被视为国人撰写之首篇。1920年，陈望道译《共产党宣言》是国内最早出版的中文全译本。浙江在马克思主义哲学、政治经济学和科学社会主义三大研究领域的早期代表有施存统、朱镜我、郑振铎、沈泽民、吴亮平、何思敬、沈志远、范文澜、吴晗、胡绳、华岗等。20世纪50年代至21世纪初，有冯定、邢贲思、沈善洪、薛克诚、魏继让、万斌、王永昌、谷迎春、程炳卿、方民生、庞学铨、吴孟驷、李基固、郭占恒、陆立军、王祖强、汪丁丁等的马克思主义哲学和政治经济学研究；雷云、方光明、边鹏飞、陈华兴、郁建兴、吕有志、朱旭红等的科学社会主义研究；还有任玉秋的列宁主义研究，章前明的斯大林思想研究，冯刚、盛晓明、周志山、郑祥福、陈立旭等的国外马克思主义研究，在学术界皆有一定的影响。

浙江的毛泽东思想研究，涉猎领域甚多，有雷云、王凤贤等的毛泽东哲学思想研究；金延锋、李林达等从党史角度研究毛泽东思想；蔡义江、徐义君、杨张乔、谢宝森等分别在毛泽东文艺思想、政治思想、社会思想、军事思想等研究方面有所拓展。

邓小平理论的核心是中国特色社会主义理论。1986年，中共浙江省委宣传部理论处编撰的《中国社会主义建设基本问题》是省内最早系统研究有中国特色社会主义理论的著作。20世纪80年代至2010年间，雷云撰写了大量研究中国特色社会主义理论的论著。其他如蓝蔚青、童宛书、余逊达、许新三、叶山土等的研究，涉及邓小平理论与毛泽东思想、中国政治文化、社会主义市场经济等重大理论和实践问题。从中国特色社会主义理论研究推进到"三个代表"重要思想研究，有李林达、王学川、谭劲松、韩振亮等研究，以万斌主编的《"三个代表"重要思想概论》甚为系统。科学发展观研究，重要的理论工程有中国社会科学院与中共浙江省委、省政府合作项目《浙江经验与中国发展——科学发展观与和谐社会建设在浙江》6卷本及浙江省哲学社会科学发展规划领导小组办公室编写的“科学发展观在浙江的实践”系列丛书。张国清等专长于和谐社会、社区研究；严园萍等专长于增长模式研究。

浙江在党的建设理论研究至发展成独立学科方面，有孙信华、龚白生、肖东波、郭亚丁、朱玉峰、任映红、高国舫、戴海东、章越松、梁涌等论著。另有一批理论工作者在党的组织建设、作风建设、制度建设等研究方面亦有建树。

第一节　马克思列宁主义理论研究

浙江的马克思列宁主义传播和研究于1949年之前就在全国占有重要地位。1949年之后，特别是20世纪70年代末改革开放以来，马克思列宁主义研究有了更深入充分的发展。

一、马克思主义哲学

（一）1949年前的马克思主义哲学研究

1949年之前马克思主义哲学在中国的传播中，浙江知识分子发挥过重要作用。1921年施存统（又名施复亮）在《新青年》和《民国日报》上发表《马克思底共产主义》《唯物史观在中国底应用》，指出“马克思是一个科学的社会主义者，他底社会主义是有科学的体系的”，“马克思底共产主义，一定可以在中国实行的”①。施存统翻译的《唯物史观经济史》《现代唯物论》等马克思哲学书籍也产生了很大影响。吴亮平1930年发表的长文《马克思主义精粹》（《新思潮》1930年第4期）系统介绍了马克思主义的三个来源和三个组成部分。抗日战争期间，著名的“红色法学家”何思敬翻译了马克思、恩格斯的《哥达纲领批判》《哲学的贫困》《1844年经济学哲学手稿》等一批著作。1933年，沈志远的《新哲学辞典》（上海笔耕堂，1933年出版），为第一本由中国人编著的马克思主义哲学辞典；1936年，沈志远出版了《近代哲学批判》（读书生活出版社1936年版）；他所翻译的苏联著作《辩证唯物论与历史唯物论》是当年延安的马克思主义哲学普及读本。1939年，吴亮平和艾思奇合著的《唯物史观论》（《吴亮平文集》，中共中央党校出版社2009年版）、《思想方法上的革命》（《解放日报》1939年9月29、30日，10月1日）是当时中国共产党干部的高级课程教材。1941年、1942年，范文澜主持撰写的《中国通史简编》分两册在延安出版，这是第一部运用马克思主义系统理论论述中国通史的著作。吴晗在20世纪三四十年代，也渐次将唯物史观的方法运用于他的明史研究中，发表了《明代靖难之役与国都北迁》（《清华大学学报·自然科学版》，1935年）、《朱元璋传》（1948年写定本，人民出版社1998年版）等研究成果。

---

① 施存统：《马克思底共产主义》，《新青年》第9卷第4号。

(二)1949年10月至1978年间的马克思主义哲学基本问题研究

辩证唯物论研究。20世纪40年代末至70年代,浙江的马克思主义哲学研究在辩证唯物论方面多有成就。沈志远译苏联米丁的《辩证法唯物论》(新中国书局,1949年)是1939年上海出版后在北京出版的第2版。胡绳著《辩证法唯物论入门》(新中国书局,1949年)是1923年之后多版多次印刷之名著,被列入《新中国青年文库》。华岗著《辩证唯物论大纲》(上海人民出版社,1954—1955年)、孙怀仁著《唯物辩证法读本》(世界知识出版社1950年版)、沈善洪编著《唯物辩证法的基本规律》(浙江人民出版社1957年版)等皆为辩证唯物论之系统论著。沙文海著《为什么要学习辩证唯物主义》(浙江人民出版社1955年版),冯契著《怎样认识世界》(中国青年出版社1957年版),薛克诚著《实践是主客观矛盾统一的基础》(河北人民出版社1959年版)、《谈谈条件问题》(河北人民出版社1959年版),沈志远著《社会科学底哲学基础》(生活·读书·新知上海联合发行所1949年版),天鹰著《真理具体性原理和它对实践的意义》(中国青年出版社1959年版),洪彦林著《调查研究与工作总结》(人民出版社1955年版),陈修斋译英国康福斯著《科学与唯心主义的对立:对"纯粹经验主义"和近代逻辑的考察》(三联书店1954年版),全增嘏编《不可知主义批判》(上海人民出版社1959年版),颜品忠译苏联贝霍夫斯基著《现代唯心主义哲学的主要流派》(上海人民出版社1958年版),冯定著《论工作》(读者书店1949年版),华岗著《培养独立思考能力的主要关键》(上海人民出版社1955年版),胡绳著《思想方法论初步》(皖北新华书店1949年版),浙江人民出版社编《怎样进行调查研究》(浙江人民出版社1961年版),王风贤、卢步阳著《主动权来自实事求是》(《人民日报》1961年4月28日)等是辩证唯物论的范畴研究和方法论研究。资料性成果有《〈哥达纲领批判〉学习体会和参考资料》(浙江人民出版社1972年版)。

历史唯物论研究。20世纪40年代末至70年代,浙江的马克思主义哲学研究在历史唯物论研究方面成果亦多。有影响者如沈志远译米丁的《历史唯物论》(三联书店1950年版),吴亮平、艾思奇合著的《唯物史观》(东北新华书店远东分店1949年版),陈忠诚等译苏联卡玛利的《什么是社会基础和上层建筑》(上海人民出版社1958年版)等。资料性成果有《路德维希·费尔巴哈和德国古典哲学的终结》(杭州大学图书馆编印,1973年)。

(三)1978年12月至2010年期间的马克思主义哲学研究

自20世纪70年代末80年代初中国改革开放以来,浙江的马克思主义哲学研究迅速发展,历史唯物主义、辩证唯物主义仍然是研究的重点之一。有邵华泽著《生活与哲学》(上海人民出版社1983年版),戚若文著《正确认识的形成和深化》(学林出版社1992年版),庞学铨著《存在范畴探源》(上海三联书店1994年版)、《存在学的新道路》(德国哈特曼著,庞学铨、沈国琴译,同济大学出版社2007年版),王晓明著《半张脸:中国的新意识形态》(香港:牛津大学出版社2007年版),华岗著《规律论》(人民出版社1982年版),马鸣主编《马克思主义实际运用的辩证法》(福建人民出版社1986年版),杭州大学政治系编《辩证唯物主义问答》(浙江人民出版社1980年版),叶敦平著《无形的历史隧道:观念变革与当代中国的社会发展》(上海人民出版社 1994 年版），姜井水著《范畴结构论》（学林出版社 2005 年版）等。

1978 年真理标准问题大讨论中，中共浙江省委和社会科学界在 6、7 月召开学习讨论会，9 月下旬，新华社和《人民日报》对浙江省委学习讨论情况进行了报道。10 月，省委召开全省“理论与实践问题”讨论会，省委第一书记铁瑛作了《实践是检验真理的唯一标准》的报告。会后，理论界作了数十场辅导报告。[①] 浙江哲学界对真理标准问题进行了深入讨论。沈善洪等的《哲学骗子与骗子哲学——批判那个所谓“中国农民哲学家”的谬论》（《哲学研究》1978 年第 4 期）一文从理论上批判了两个“凡是”的唯心主义哲学基础，维护了辩证唯物论的权威。谷迎春《论怀疑》（《浙江学刊》1981 年第 1 期）、《西方早期怀疑论研究质疑》（《社会科学战线》1981 年第 3 期）是从研究西方哲学的角度，从更深层次上对“两个凡是”的批判。赖金良的《关于“实践要素”的商榷》（《社会科学》1983 年第 12 期）一文进一步探讨作为真理标准的实践要素。他的《全国真理问题讨论会学术观点概要》（《探索》1985 年 4 月）一文概述了全国真理问题研究的学术观点，是对真理标准问题讨论的一个阶段性小结。

浙籍学者在这方面成就很大。邢贲思是中国著名的马克思主义哲学家，祖籍嵊州，生于杭州，曾任中国社会科学院哲学所所长、院务委员，《哲学研究》主编、中共中央党校副校长、《求是》杂志总编等，长期从事哲学和马克思主义哲学研究。1978 年 4 月，他在《人民日报》发表《哲学和宗教》一文，大胆地提出“不要把毛泽东思想当作宗教来信仰”的观点，为当年 5 月中央党校《理论动态》发表《实践是检验真理的唯一标准》而引发的波及全党、全国的“真理标准问题大讨论”作了理论铺垫。著有《马克思哲学思想研究》（上海人民出版社 1983 年版）、《欧洲哲学史上的人道主义》《费尔巴哈的人本主义》《哲学和启蒙》《哲学与时代》《在思想战线上》《与时俱进的马克思主义》《读懂〈实践论〉和〈矛盾论〉》等，在国内哲学界有重大学术影响。俞吾金是全国哲学学科中获评“长江学者”的第一人，长于马克思主义哲学、西方马克思主义哲学、西方哲学史等研究。著有《思考与超越：哲学对话录》（上海人民出版社 1986 年版）、《实践诠释学》（云南人民出版社 2001 年版）、《国外马克思主义哲学流派新编 · 西方马克思主义卷（上下）》（复旦大学出版社 2002 年版）、《重新理解马克思》（北京师范大学出版社 2005 年版）、《问题域的转换：马克思和黑格尔关系的当代解读》（人民出版社 2007 年版）等。

浙江学者研究亦很有深度。赖金良是浙江哲学界较早对马克思主义形成提出诸多新认识的学者。其《〈基督教的本质〉没有使马克思“成为费尔巴哈派”》（《浙江学刊》1985 年第 1 期）、《费尔巴哈哲学不是马克思世界观转变过程的“中间环节”》（《学术月刊》1986 年第 9 期）两文，从一个新的角度论述了马克思主义的形成与费尔巴哈派的关系。《〈手稿〉的哲学精华是劳动对象化理论》（《福建论坛 · 文哲版》1985 年第 1 期）一文对马克思《哲学手稿》的核心问题作了新的论述。他在《认识活动新分类论纲》（《福建论坛 · 文哲版》1985 年第 4 期）一文中提出了评价性认识的哲学论题，为实践哲学的系统研究奠定了认识性基础。万斌是改革开放以来在浙江马克思主义哲学领域具有较大影响的学者。他的《哲学原理》（浙江大学出版社 1987 年版）在教科书体系上有明显突破。其《历史哲学论纲》（浙江大学出版社 1992 年版）、

① 《浙江改革开放史》，中央党史出版社 2007 年版，第 9—11 页。

《历史哲学》(社会科学文献出版社2008年版)是对以人学理论为基础的历史哲学研究的大胆拓展,他提出人的全面自由发展是马克思主义哲学理论指归的观点为学界瞩目。胡承槐的马克思主义哲学研究主要体现在唯物史观和制度伦理两大问题上。他在《唯物史观方法论与社会形态演进图式》(《哲学研究》1989年第8期)等论文中对唯物史观与社会形态演进问题进行了深入的探讨。在制度伦理研究上,他在《关于市场经济基础上制度性伦理道德秩序的探讨》(《哲学研究》1994年第4期)中提出了市场经济伦理道德秩序的特点和建设过程中的问题;他还引入了体制性道德的概念来分析市场经济条件下的伦理格局。①

马克思主义哲学研究方面,浙江学者有诸多独到创新之处。如陈华兴的《教化和教化哲学》(《复旦大学学报》1994年第11期)、《邓小平发展价值论探微》(《毛泽东思想研究》1997年第6期)、《普通性的迷雾》(《马克思主义研究》2001年第4期)以及《马克思主义哲学原理》(浙江大学出版社1999年版)等哲学文论和著作。张文喜的《历史唯物主义的政治哲学向度》(江苏人民出版社2008年版)提供了从政治哲学角度阐释马克思哲学的视角和分析框架。他的《重新认识马克思辩证法的真理性》(《哲学研究》2007年第2期)对马克思主义辩证法被教条化的问题进行了讨论。周志山对马克思的社会关系理论及和谐社会建设背景下的意义进行了讨论,著有《马克思社会关系理论及其当代意义》(齐鲁书社2004年版)一书,系统而深入地发掘、梳理和阐释马克思社会关系的思想渊源、探索历程、本质内涵及其当代性质;其还著有《社会关系与和谐社会——马克思社会关系视域中的"和谐社会"解读》(光明日报出版社2010年版)等。张国宏在他发表的论文《马克思主义中国化理论创新的十大辩证要求》(《思想政治课教学》2008年第6期)的基础上,于2010年出版《马克思主义中国化十论》(浙江大学出版社2010年版)一书,认为中国共产党的历史就是马克思主义中国化的历史,该书以中国共产党的历史为基本线索,以党领导人民进行革命、建设和改革的实践为立论基础,以中共中央文献和党的历代领导集体的重要论述为主要依据,从命题、基础、进程、精髓、主题、动力、途径、主体、理论创新和价值等十个方面,分析论述了马克思主义中国化的基本范畴、基本原理、基本要求和基本经验,对马克思主义中国化研究作出了积极而有益的新探索。

马克思主义哲学的学科教育方面,浙江的教育工作者根据不同的教育对象和自己对马克思主义哲学体系的理解,出版多种版本。如戚若文主编的《马克思主义哲学概要》(三联书店上海分店1990年版),孙显元主编的《马克思主义哲学基础教程》(中国科学技术大学出版社1990年版),叶敦平主编的《马克思主义哲学原理》(经济科学出版社1998年版),邹先定、龚奎洪主编的《马克思主义哲学教程》(中国农业科技出版社1998年版),辛敬良主编的《马克思主义哲学导论》(上海复旦大学出版社1991年版),徐德明主编的《马克思主义哲学原理》(浙江人民出版社1999年版),陈华兴主编的《马克思主义哲学原理》(浙江大学出版社1999年版),郑祥福主编的《马克思主义哲学教程》(三联书店上海分店2001年版),张应杭主编的《马克思主义哲学、政治经济学教程》(浙江大学出版社2005年版)等。

2007年起,每年召开一次的"浙江省马克思主义理论研讨会"对浙江省马克思主义研究

---

① 胡承槐:《体制的道德性与目前道德伦理格局》,《哲学研究》1997年第8期。

起到了重要的推动作用。会后编辑出版的《马克思主义理论研究》(第1辑)(浙江人民出版社,2008年版)收录论文涉及马克思主义哲学、政治经济学、马克思主义中国化、国外马克思主义等方面,至2010年已编辑3届优秀论文成1、2、3辑,分别出版。

二、马克思主义政治经济学

(一)1949年之前的马克思主义政治经济学研究

1949年之前,浙江的马克思主义政治经济学研究主要体现为浙江籍知识分子的译介和研究。1904年,马一浮将《资本论》引入中国,是将《资本论》引进中国的第一人(滕复《一代儒宗:马一浮传》,杭州出版社2004年版)。1906年,朱执信著《德意志社会革命家小传》(《民报》1906年第2、3号),是中国人写作的第一篇译介《资本论》的文章。1928年,朱镜我的《科学的社会观》(王慕民编《朱镜我文集》,海洋出版社2007年版)在其主编的创造社杂志《文化批判》上连载,重点介绍阐释了马克思主义政治经济学。参与共产党创立活动的施存统,1929年起在多所大学任教,讲授《资本论》和经济学。他的主要译作和著述有:《资本论大纲》(上海大江书铺,1930年)、《唯物史观经济史》《新经济学讲话》《苏联经济政策及社会政策》《经济史纲》等。《资本论大纲》、《经济科学大纲》([俄]波格达诺夫著,施存统译,上海大江书铺,1929年)等书多次再版,施存统称其既是一部"经济原论",也是一部"社会进化史",能够真正了解"社会底经济现象"和"社会底演进过程"。沈志远在政治经济学领域中的主要著作有《计划经济学大纲》(1933年)、《经济学大纲》《近代经济学说史》(1937年)、《雇佣劳动与资本》、《研究"资本论"的准备》(生活·读书·新知三联书店1954年版)等。其中《经济学大纲》(北平经济学社,1934年)既研究和论述"商品资本主义经济",也研究和论述社会主义计划经济,阐述了马克思的《资本论》和列宁的《帝国主义论》的主要观点。该书到1949年共出版11版,是当时有相当影响的一部马克思主义政治经济学著作。

(二)1949—1978年间的马克思主义政治经济学研究

1949年10月以后,马克思主义政治经济学内容进入了高校和党校的课堂,教学和研究都有了新的进展。1958年成立的中国科学院浙江分院哲学社会科学研究所下设政治经济学研究室,这是1949年以后浙江第一个政治经济学研究专门机构。1959年,杭州大学政治系增设政治经济学专业。1960年,程炳卿等10余人编写了《社会主义政治经济学》(讨论稿)。1961年,中国科学院浙江分院哲学社会科学研究所举行关于社会主义政治经济学若干理论问题讨论会,就"社会主义社会所有制"等问题进行探讨。1962年,吴孟驷等编写了《政治经济学》社会主义部分,作为高校公共课教材。1975年,杭州大学政治系编印《〈资本论〉第一卷提要和注释》;1976年,杭州市委党校编印《〈资本论〉辅导材料(第1—9章)》。

译作方面有何思敬译德国柯尔努的《论卡尔·马克思经济学:哲学手稿》(上海人民出版社1957年版)等。

(三)1978年末至2010年间的马克思主义政治经济学研究

1978年末以后,浙江的理论学术界较为活跃地参与了全国政治经济学基本问题的讨论,涉及的议题包括按劳分配、价值规律、商品经济等,对解放思想起了巨大推动作用。1984年9月在莫干山举办的全国中青年经济科学工作者学术研讨会,涉及不少政治经济学问题。在改革开放以来的30多年中,浙江学界对马克思主义政治经济学研究主要集中在以下方面:

商品和商品经济研究。20世纪80年代《浙江学刊》曾组织和发表了一系列关于商品和商品经济问题的论文,在全国引起反响。有程炳卿等著《社会主义经济理论浅说》(浙江人民出版社1983年版),郑红亮、王耀盛的《商品生产最高形式辨析》(《浙江学刊》1986年第1—2期),郭占恒的《也谈社会主义商品生产存在的原因》(《浙江学刊》1986年第1—2期)等文章分析了商品生产存在的原因,认为社会主义商品生产也不是商品生产的最高形式。中共浙江省委讲师团编写的《社会主义商品经济理论读本》(浙江人民出版社1987年版),陆立军主编的《社会主义商品经济概论》(中共中央党校出版社1988年版)代表了浙江学者当时的研究水平。

生产劳动与非生产劳动研究。方民生的《论劳务在社会再生产过程中的作用》(《经济研究》1982年第5期)运用马克思的劳动价值学说具体分析和阐述了不同类型的劳务在价值形成中的不同作用,这篇文章于1984年获得了首届孙冶方经济科学论文奖。陆立军从20世纪80年代初起在《中国社会科学》《经济研究》等发表了一系列关于生产劳动问题的论文,著作《社会主义生产劳动概论》(求实出版社1988年版)成为生产劳动与非生产劳动"宽派论"的代表作。他从阐述马克思的科学方法论入手,对各个社会生产劳动及其理论表现,特别是对社会主义制度下的生产劳动与非生产劳动的划分和意义,进行了独到的研究。

所有制问题研究。20世纪80年代初开始,浙江学界开始研究中国社会主义现阶段所有制合理结构问题,提出并论证了以公有制为主体、多种所有制并存的观点。何荣飞、顾绍荣等在这方面都有多篇论文发表。90年代以后这一问题的讨论更多集中在私营经济与社会主义的关系问题上。王祖强对社会主义所有制问题进行过长期研究,其著作《社会主义所有制的创新与发展》(中国经济出版社2005年版)充分肯定混合所有制等所有制形式的意义,认为根据发展社会主义市场经济的要求重塑社会主义所有制形式,是社会主义经济中带有根本性、全局性的重大问题。

新政治经济学研究。陆立军和王祖强在著作《新社会主义政治经济学论纲》(中国经济出版社2000年版)、《新政治经济学》(浙江人民出版社2004年版)和一系列论著中,提出建立新政治经济学,认为传统政治经济学的资本主义部分和社会主义部分既不能解释资本主义的新发展,也不能说明改革开放以来中国经济的发展,需要创立以邓小平经济理论为指针,运用马克思《资本论》的理论体系和科学方法,又借鉴西方经济学的有关理论、方法的新政治经济学。2005年始,浙江大学经济学院汪丁丁等创办了《新政治经济学评论》杂志,连续举办"中国新政治经济学论坛"。

其他专题研究。如1985年出版的刘佑成的《社会分工论》(浙江人民出版社1985年版),

比较全面地分析了马克思主义分工理论的基本概念、类型划分，同时论述了分工的起源、基本规律、未来趋势、分工与生产力、分工与社会关系及分工在中国现代化建设中的作用等问题。卢新波的《马克思主义经济学再认识——从方法论角度的说明》(《财经论丛》1999 年第 6 期)一文，从创新发展的层面上论述再认识马克思主义经济学。蔡中兴、蒋自强等编著的《马克思主义经济思想流派》(上海人民出版社 1989 年版)凸现了全球马克思经济思想研究的多元格局。

三、科学社会主义和国际共产主义运动

科学社会主义和国际共产主义理论传播和研究，在民主革命时期浙江籍知识分子翻译介绍过一些国际共产主义运动的文献。1920 年 8 月，陈望道在家乡义乌翻译的《共产党宣言》(社会主义研究社印刷及发行，1920 年)在上海出版，这是最早出版的《共产党宣言》中文全译本。华岗 1930 年翻译出版了《共产党宣言》(上海中外社会科学研究社，1930 年)的国内第二个全译本，结尾处第一次准确译出了“全世界无产阶级联合起来!”。1928 年，朱镜我翻译恩格斯的《社会主义从空想到科学的发展》出版，这是这部著作的首个国内单行全译本。施存统 1923 年秋在上海大学社会系任教，编写《社会运动史》《社会思想史》《社会问题》三门课程的讲义，用马克思主义的唯物观来阐述社会历史问题。1920 年下半年始，其参加了国内的社会主义论战，在《共产党》等刊物上发表了《读新凯先生〈共产主义与基尔特社会主义〉》等文章，对各种社会主义流派作了研究和鉴别(《社会主义讨论集》，新青年出版社 1923 年版)。

吴亮平在共产主义运动文献的译介和研究方面有突出贡献。在 20 世纪 20 年代留学苏联期间，他就翻译了恩格斯的《社会主义从空想到科学的发展》，与张闻天合作翻译了马克思的《法兰西内战》、列宁的《国家与革命》等。回国后，吴亮平于 1929—1930 年主持编辑《寰球》旬刊，编写介绍国际共产主义运动和各国民族民主革命情况，出版了专著《社会主义史》(北京出版社 1986 年版)一书，系统论述马克思恩格斯的科学社会主义原理、列宁主义的产生和列宁对科学社会主义的发展，批判了资产阶级、小资产阶级等各种所谓“社会主义”的理论观点。吴亮平在科学社会主义理论传播方面的最突出贡献是在国内首次完整翻译了《反杜林论》(江南书店 1930 年版)，该书多次被再版翻印，影响巨大，被毛泽东称为“功盖群儒”。

20 世纪 50 年代初，《联共(布)党史简明教程》成为浙江高校、干校政治理论教育的主要内容。50 年代中后期，由于国内外形势的变化，国际共产主义运动和科学社会主义两门姐妹学科逐渐替代了联共(布)党史教学，并取得了相当的发展。由于当时国际共产主义运动的论战及以后的“文化大革命”的影响，这两门学科的学术层面开掘较为有限。

20 世纪 80 年代，浙江科学社会主义和国际共产主义运动的学科建设获得新的发展。一是学科建设和学术团体建设。1979 年，杭州大学政治系始招收国际共产主义运动专业研究生。1983 年，由杭州大学国际共运史教研室和省委党校科学社会主义教研室发起成立浙江省科学社会主义学会及国际共运史研究会。1985 年，成立浙江省当代国际问题研究会。① 二

① 杭州大学校史编辑委员会:《杭州大学校史》，1997 年 3 月。

是国外成果的译介和教材的编写。方光明、秦永立组织翻译了克劳丁(西班牙)《共产主义运动——从共产国际到共产党情报局》上下册(福建人民出版社1983年版),方光明等翻译了艾伦斯坦(法国)《斯大林现象史》(时事出版社1986年版),这些译著对推动学界研究和认识国际共运和社会主义的历史经验起到了积极作用。同时,省委党校科学社会主义教研室编写了《社会主义思想简史》(1984年)和《社会主义思想简史参考资料》(1985年);雷云主编了《科学社会主义在当代中国》(中共浙江省委宣传部,1988年)。三是代表性的专题论著。有边鹏飞、孙建杭的《〈论犹太人问题〉提出"不断革命"的含义是什么?》(《国际共运》1984年第3期),指出马克思的《论犹太人问题》提出的"不断革命"的正确含义是指早期资产阶级革命一浪高于一浪的不断推进,而不是由民主革命向社会主义革命的转变。方光明的《法国1968年的"五月风暴"》(《国际共运》1985年第1期)是国内第一篇全面研究"五月风暴"的论文。

20世纪90年代以后,浙江的国际共产主义运动和科学社会主义两门学科的发展进入新阶段。其特点是问题研究有所深化,现实关怀和学术性都有增强。如任玉秋的《社会主义启示录》(中央文献出版社2000年版)对建设有中国特色社会主义实践中遇到的许多理论问题,从科学社会主义的理论体系层次进行了较为系统的讨论。吕有志的《并存与斗争——社会主义与资本主义》(浙江大学出版社2002年版)探讨了社会主义对20世纪人类文明进步的巨大贡献,提出不应当把苏联解体和东欧剧变看作是社会主义基本制度失败的观点。边鹏飞、陶岳潮等著的《反思与求索——当代资本主义和社会主义发展进程若干问题研究》(中国社会科学出版社2004年版)集中了浙江省科学社会主义学科的主要成果,是浙江科学社会主义研究的阶段性代表作,该书把研究不断发展中的马克思主义同解决资本主义和社会主义面临的新情况、新问题结合起来,用发展着的马克思主义解决新问题。朱旭红对伯恩施坦及民主社会主义问题进行过系列研究,主要有:《试论伯恩施坦主义与当代"第三条道路"的理论关系》(《浙江学刊》2006年第6期)、《十字路口的继续徘徊:论当代社会民主主义新自由主义化的危机》(《马克思主义研究》2009年第4期;《中国社会科学》(内部文稿)2009年第4期)、《当代社会主义的多重特性》(《马克思主义研究》2007年第10期)、《论经济全球化对世界社会主义发展进程的影响》(《国际观察》2006年第4期)、《作为个人主义批判的社会主义》(《毛泽东邓小平理论研究》2001年第4期)、《马克思晚年关于俄国社会发展前景思想新论》(《文史哲》2002年第5期)、《修正还是背离:从与伯恩施坦主义的比较来看当代"第三条道路"的特征危机》(《浙江社会科学》2006年第2期)等,角度多元,是为深刻。

四、列宁、斯大林思想理论

(一)列宁的思想理论研究

中国共产党诞生前后,浙江先进知识分子已在列宁著作和思想的译介中作出了贡献。1919年12月15日,郑振铎在北京《新中国》杂志上,把列宁的《俄罗斯政党》翻译成中文发表。1921年,沈雁冰节译的列宁著作《国家与革命》在上海党组织主办的《共产党》杂志上发表(《共产党》第1卷第4号)。同年12月,中国共产党领导的(上海)人民出版社出版了沈泽民

(沈雁冰之弟)翻译的列宁著作《讨论进行计划书》(即《论无产阶级在这次革命中的任务》)。1928年,朱镜我在《新思潮》月刊上发表《列宁小传》,全面介绍列宁生平。苏维埃革命时期,列宁及其思想得到更加系统全面的介绍。沈志远在1929—1931年苏联留学期间参加《列宁选集》6卷本翻译出版工作。吴亮平1932年、1933年在中央苏区发表的《十月革命的胜利乃列宁主义伟大的胜利》(《实话》1933年第9期)、《列宁革命事迹简述》(《青年实话》第2卷第1号),对于传播列宁主义起到重要作用。1933年,吴亮平撰写的《马克思主义与列宁主义》,由苏区中央局出版单行本,是苏区马克思主义和列宁主义宣传的基本教材。20世纪50—70年代,无论对于列宁还是斯大林的著作和思想都是作为学习和研究内容。如沈志远译《列宁斯大林关于从资本主义到社会主义的理论:马卡洛娃讲演集》(中苏友好协会编,时代出版社1953年版)、杭州大学编《〈哲学笔记〉注释》(杭州大学出版社1961年版)、浙江图书馆编印《学习〈无产阶级革命与叛徒考茨基〉参考资料》(1973年)等。

20世纪70年代末80年代之后,有郑祖泉的《列宁论无产阶级道德》(《哲学研究》1981年第8期)一文,全面梳理概括了列宁伦理思想的集中体现——无产阶级道德观的几个显著特点。1984年是列宁逝世60周年,史美珩在《光明日报》发表《列宁关于抓住一个主要环节的理论及其在我国的发展》(1984年4月23日)。边鹏飞、孙建杭的《列宁在十月革命胜利后对〈一国胜利〉学说的发展》(载《列宁与社会主义建设——纪念列宁逝世六十周年论文集》,人民出版社1985年版)一文,就如何准确理解列宁的"一国胜利"学说进行了全面讨论。蓝蔚青的《列宁对苏维埃俄国向社会主义过渡道路的探索》(载《列宁与社会主义建设——纪念列宁逝世六十周年论文集》)对列宁探索的三个阶段作了系统分析,对"直接过渡"思想的具体含义等问题提出新见解。谷迎春的《〈黑格尔《逻辑学》一书摘要〉初探》(河南人民出版社1984年版),评读了列宁的《黑格尔〈逻辑学〉一书摘要》,并由此对中华人民共和国成立以来哲学研究倾向提出看法,被认为是学术上的探新之作。徐光辉、谭斌著有《邓小平与列宁晚年思想》(云南大学出版社2004年版)一书,认为邓小平理论是对列宁晚年的社会主义思想的一种发展。

对列宁主义的研究,任玉秋是20世纪90年代浙江在这一领域的代表。她的著作《列宁主义与现时代》(浙江人民出版社1997年版)是浙江省社科"八五"规划重点课题成果。在该书和相关论文中,她探讨了列宁主义的实质和特征,分析了列宁建设社会主义思想和20世纪社会主义建设实践,讨论了在时代主题变化的背景下,坚持和发展列宁主义的问题。刘彦昌在《列宁"职业革命家"思想的真谛与联共(布)的误读》(《浙江社会科学》2006年第1期)中指出,列宁"职业革命家思想"的真谛在于发扬共产党人的奉献精神,列宁之后的联共(布)领导人误读了这一思想,在苏联党内形成的"既得利益集团"是苏共变质直至垮台的原因之一。

(二)斯大林思想理论研究

1949年以前,吴亮平对斯大林思想的译介作出了一定贡献。1938年,由斯大林领导主持编写的《联共(布)党史简明教程》出版后,吴亮平即在《解放》第58期上译介《教程》的结束语。1949年之后,有千家驹著《学习苏联社会主义经济问题》(《展望》周刊社,1953年),沈宗灵著《斯大林关于社会主义国家学说的发展》(湖北人民出版社1955年版)等。译作有叶水夫译苏联叶戈林的《斯大林论文艺》(上海海燕书店 1950 年版)、《斯大林与文学问题》(人民出版社 1953 年版)、草婴(盛峻峰)译苏联列昂诺夫的《斯大林论辩证法问题》(华东人民出版社 1954 年版)等。

1979 年起，杭州大学国际共运史教研室编印了《斯大林问题》5 辑，是研究斯大林问题的重要资料。之后，方光明、郑德弟等译法国艾伦斯坦的《斯大林现象史》(时事出版社 1986 年版)，系统介绍了斯大林现象的始末及国际共产主义运动的教训。章前明对斯大林的农业集体化思想和苏联的农业集体化运动进行了研究，著有《1928 年苏联粮食收购危机的直接原因——兼论斯大林的农业集体化理论》(《浙江大学学报》1995 年第 1 期)、《斯大林急于推行农业集体化运动的原因新探》(《浙江大学学报》1996 年第 2 期)。董建萍对斯大林模式产生的历史原因进行了比较深入的讨论，著有《论作为一种历史选择的斯大林模式》(《中共浙江省委党校学报》1997 年第 4 期)。詹真荣、熊乐兰对斯大林的国际关系理论、矛盾理论等进行较为深入的研究，认为斯大林正反两方面的经验都是珍贵的遗产，主张更全面历史地看待认识斯大林的思想理论，著有《斯大林的国际关系理论述评》(《社会科学战线》2008 年第 4 期)、《论斯大林在矛盾理论上的得失》(《当代世界与社会主义》2010 年第 6 期)。

五、国外马克思主义理论

(一)1978 年底至 2000 年期间的国外马克思主义研究

西方马克思主义理论在 20 世纪 70 年代末 80 年代初被介绍到国内。浙江学界从 90 年代起，更多地介入西方马克思主义理论的研究。不过，相当程度还只是呈现零星和初步的特征。冯钢在其著作《非西方社会发展理论与马克思》(浙江人民出版社 1992 年版)中讨论了“依附理论”、沃勒斯坦的“世界体系理论”及它们与马克思的“世界历史”思想的关系。盛晓明的《“新马克思主义”对历史主体的理解》(《浙江大学学报》1992 年第 2 期)一文，对卢卡奇、马尔库塞和哈贝马斯等人对历史主体的理解和探索进行了讨论。郭志今较早地对伊格尔顿的文学批评思想进行了介绍，有《文学与意识形态——伊格尔顿文学批评理论评析》(《浙江社会科学》1992 年第 3 期)、《伊格尔顿与马克思主义文学批评》(《浙江学刊》1992 年第 5 期)。石婷婷著有《论马克思的辩证方法论与卢卡奇“总体性”方法的关联》(《浙江社会科学》1995 年第 2 期)一文，分析了在卢卡奇哲学思想中占据中心地位的“总体性”思想的得失。

马克思主义哲学研究中，郁建兴关注国外马克思主义理论的发展。如：他对现代西方马克思主义者关于主客体关系的论述进行了分析，著有《西方马克思主义主客体统一观述评》(《杭州大学学报》1996 年第 3 期)；介绍了伯恩施坦的市民社会理论，并将其与马克思的市民社会理论进行了比较，著有《伯恩施坦的市民社会理论与马克思》(《哲学研究》1997 年第 4 期)。

(二)21 世纪初国外马克思主义研究

21 世纪以来，浙江学者更多地关注国外马克思主义的新发展及对中国现实的意义。陈华兴对安东尼·吉登斯的政治哲学进行了介绍和评价，著有《关于吉登斯政治哲学的初步评价》（《浙江社会科学》2004 年第 6 期）。于桂芝讨论了马尔库塞科学技术批判理论的现实意义，著有《科学技术批判理论与和谐社会》（《浙江学刊》2006 年第 4 期）。郁建兴介绍了杰索普的马克思主义国家理论，其与何子英著有《从资本、阶级到策略、治理——杰索普对马克思主义国家理论的新发展》（《哲学研究》2006 年第 9 期）。周志山讨论了卢卡奇“物化”理论与马克思的社会关系批判论的关系，指出马克思社会批判理论仍具有当代意义，著有《卢卡奇“物化”理论与马克思的社会关系批判论》（《浙江师范大学学报》2009 年第 2 期）。倪钢对本雅明技术哲学思想的理论和现实根源进行了分析，著有《论 W. 本雅明的技术语境》（《浙江学刊》2010 年第 5 期）。除此之外，有两部从文化视角讨论国外马克思主义的著作具有相当影响：

一是郑祥福的《文化批判与后现代马克思主义》（中国社会科学出版社 2008 年版），是浙江省社科规划课题“后现代马克思主义研究”的最终成果。该著作通过对伊格尔顿、詹明信、戴维·哈维、波德里亚等人的文化批判理论的讨论和分析，强调对大众文化保持批判态度的重要性；提出文化的普遍性与文化的特殊性是对立统一的，要把大众文化发展与构建中国社会主义核心价值体系联系起来。

二是陈立旭的《重估大众的文化创造力——费斯克大众文化理论研究》（重庆出版社 2009 年版），是“当代国外马克思主义研究丛书”之一。该书围绕费斯克大众文化理论这一轴心，全方位地展示了当代西方马克思主义大众文化研究转向的绚丽画卷，不仅使得国内关注相对较少的费斯克大众文化理论研究在广度和深度上向前大大推进，而且全书也处处显示出作者竭力为当前中国大众文化理论研究健康发展指明方向的价值诉求。

第二节　毛泽东思想

浙江省开展对毛泽东思想的系统研究始于中华人民共和国成立之后，尤其是 1951 年 9 月《毛泽东选集》第 1 卷出版后，在中共浙江省委的领导下，全省掀起了学习、研究毛泽东思想的热潮。20 世纪 70 年代末至 21 世纪初，浙江的毛泽东思想研究主要集中于哲学思想、经济思想、政治思想、社会思想、文艺思想、军事思想等诸多领域。

一、毛泽东思想研究简述

浙江省是中华人民共和国成立后毛泽东思想发展史上的一个基点。1959 年底到 1960 年初，毛泽东在杭州召集党内部分理论工作者研读、座谈苏联《社会主义政治经济学教科书》，并建议中央和省一级领导干部都组织研读该书，从而在党的中央领导层和全党掀起了一个学习运动。毛泽东、刘少奇、周恩来等人在读书中提出的一些重要观点，如关于社会主义条件下商品经济、价值法则等问题的观点，都在中国社会主义建设道路上留下了深刻的印迹。①

《浙江日报》《实践》等报刊，都把学习、研究毛泽东思想作为办报刊的主要任务之一。至“文化大革命”期间，浙江报刊发表的学习研究毛泽东思想的文章主要集中在三个方面：一是集中于毛泽东关于马克思主义哲学世界观、方法论、人生观、阶级分析、革命战略、党的建设理论等，如对《矛盾论》《实践论》的学习，有雷云的《因果论》（浙江人民出版社1958年版）、薛克诚的《实践是主客观矛盾统一的基础》等论文。二是集中于那一时期发表的毛泽东关于社会主义革命和社会主义建设问题的讲话和文章，如吴亮平1957年著《论我国人民内部矛盾》（《吴亮平文集》上下，中共中央党校出版社2009年版），分析了中国当时存在的四大类社会矛盾，探讨了人民内部矛盾的历史的、社会物质存在的、思想认识的三方面的根源，对人民内部矛盾为什么会在当时突出地表现出来提出了自己的看法。三是参与《毛泽东选集》的编辑出版，如嘉兴黄子通参加《毛泽东选集》英译本的翻译工作。

1966年5月至1976年10月的“文化大革命”期间，全省对毛泽东思想的学习研究受到极左路线的严重影响和林彪、江青反革命集团的严重破坏。“文化大革命”结束后，浙江理论界拨乱反正，解放思想，逐步摆脱了“左”的思想禁锢。党的十一届六中全会召开后，浙江学者遵循《关于建国以来党的若干历史问题的决议》精神，实事求是评价毛泽东在中国革命中的历史地位，充分肯定毛泽东思想作为中共的指导思想的伟大意义。沈善洪、王凤贤发表《毛泽东思想是全党集体智慧的结晶》（《浙江学刊》1984年第1期），畅谈学习中共中央《关于建国以来党的若干历史问题的决议》等文件的体会，正确认识和理解党中央关于“毛泽东思想是全党集体智慧的结晶”的内涵。

毛泽东思想理论研究的相关机构也建立起来，研究队伍得到了巩固和发展。1992年5月，经中共浙江省委批准，浙江省毛泽东思想研究中心得以建立。② 1993年，中共浙江省委宣传部、省毛泽东思想研究中心、省委党史研究室、省委党校、省社会科学院、省社会科学学会联合会、省委讲师团联合举办了浙江省纪念毛泽东同志诞辰100周年理论讨论会，是为“文化大革命”结束后，浙江省有关毛泽东思想理论研究的一次盛会。

二、毛泽东思想的范畴

（一）毛泽东哲学思想研究

中共十一届三中全会以后，浙江学者科学地研究毛泽东哲学思想，始于围绕“实事求是”哲学思想的再学习和研究。王家甫的《论根据——学习毛泽东同志哲学著作的体会》（《浙江学刊》1982年第2期）一文，从“根据”这一日常工作的口头语入手，论述“实事求是”哲学思想的实践意义，强调调查研究的重要性。魏桥、王家甫的《唯物辩证法在中国的胜利——纪念中

---

① 李林达：《毛泽东在杭州读苏联〈政治经济学〉》，《福建党史月刊》；《毛泽东文集》第8卷，《读苏联〈政治经济学教科书〉的谈话（节选）》，人民出版社1999年版。

② 《浙江省中国共产党志》，浙江人民出版社2007年版，第240页。

国共产党成立六十周年》(《浙江学刊》1981 年第 3 期)一文,强调实事求是思想对于党的思想建设的重要性,认为中国革命胜利的关键在于坚持唯物辩证法,在于一切从实际出发的思想路线的胜利。许德祥的《事物矛盾问题的精髓与哲学基本问题的唯物主义解决》(《杭州师范学院学报·社会科学版》1983 年第 3 期)一文认为,毛泽东哲学思想的首要特点表现在对哲学基本问题的解决上,表现在辩证法特别是关于事物矛盾问题的精髓思想运用到哲学基本问题的唯物主义解决上。1987 年,刘嵘著《反思和开拓的十年——毛泽东哲学思想史的新篇章》(中山大学出版社 1987 年版)是"文化大革命"结束后对毛泽东哲学思想研究和发展的十年总结。

1993 年,在浙江省纪念毛泽东诞辰百年理论讨论会上,雷云关于《维护毛泽东的历史地位,坚持和发展毛泽东思想》的报告认为,维护毛泽东的历史地位是国际国内的一个重大的政治问题,在社会主义建设的新的历史时期仍然必须坚持毛泽东思想,特别是要坚持实事求是这个毛泽东思想的活的灵魂。王凤贤的《毛泽东的伦理思想及其传统文化背景》一文认为,青年毛泽东的道德哲学和伦理思想,除了批判地汲取西方伦理学说以外,还直接受到儒家、墨家和管仲学派的思想影响,纵观毛泽东一生的伦理思想,始终保持着中华民族的传统特色。郁建兴在《论毛泽东社会主义概念中的双重历史尺度》一文中提出,从理论上看,毛泽东的社会主义概念中,既包含无产阶级和广大劳动人民的价值评价、选择和取向的尺度,也包含生产力发展的尺度,两者是统一的。但毛泽东的双重历史尺度落实到政策层面时更多地倾向于社会主义价值尺度。王学启的《毛泽东和邓小平对马克思超越资本主义卡夫丁峡谷设想的贡献》一文认为,毛泽东创立了新民主主义革命和新民主主义社会的理论,指引中国人民成功地实现了由新民主主义向社会主义的转变,把中国推进到社会主义社会。邓小平创建了建设有中国特色的社会主义理论,回答了中国这样的经济文化落后的国家如何建设、巩固和发展社会主义的一系列基本问题,从而真正解决了东方社会超越资本主义卡夫丁峡谷的科学设想。陈依元的《从毛泽东到邓小平——矛盾不平衡规律的提出和应用》一文认为,毛泽东对矛盾不平衡规律的认识和分析,不仅指导中国革命走出了一条有中国特色的武装夺取政权的道路,而且对于指导社会主义建设具有重要意义;毛泽东提出了研究社会主义经济问题应以生产力与生产关系、经济基础与上层建筑的平衡与不平衡为纲的观点;毛泽东提出矛盾不平衡规律是一大理论创造和贡献,但他在这一理论的应用中则存在局部性的失误,这主要表现在他相对忽视了经济工作中平衡的重要性。① 另有冯契主编《毛泽东思想哲学大系·哲学卷》(上海人民出版社 1993 年版)是对毛泽东哲学思想研究的全面梳理和总结;段治文主编《毛泽东思想:文献导读》(上海人民出版社 2000 年版)是从一个新的历史角度对毛泽东思想原著的辅导;雷云著《党的三大理论成果研究文集》(浙江人民出版社 2005 年版)是对党的三大理论研究的系列成果。

20 世纪 90 年代至 21 世纪初,浙江理论界结合对现实矛盾的分析,发表了一些研究毛泽东矛盾发展思想的新成果。孙显元于 1993 年出版《毛泽东辩证逻辑思想》(中国科技大学出

① 以上诸文载《浙江省纪念毛泽东诞辰百年理论讨论会论文集》,浙江人民出版社 1993 年版。

版社1993年版)系统论述了毛泽东的辩证法思想。任玉秋于1997年发表的《〈矛盾论〉和毛泽东同志关于社会主义矛盾的思想》、2004年发表的《毛泽东社会主义矛盾思想研究与当今我国社会若干重要矛盾分析》《论把握社会主义基本矛盾问题的基本经验》等文中,对改革开放和社会主义建设新时期的中国社会矛盾进行了分析,认为毛泽东在作出社会主义矛盾理论重大贡献的同时,也存在着没有进一步从生产力方面分析研究中国社会主要矛盾的历史性不足;该文提出必须以中国社会的主要矛盾为中心,对各种社会矛盾作系统分析研究,制定相应改革措施,以加快现代化建设。

(二)毛泽东经济思想研究

经济建设思想研究。作为中共第一代领导集体的核心,毛泽东系统地探索了中国社会主义经济建设的规律。对此,浙江学者多有研究。1977年,浙江大学马列主义教研室编印《毛泽东的光辉著作〈论十大关系〉辅导材料》。1993年,解力平发表《论毛泽东对中国工业化的探索》一文,认为毛泽东对中国工业化的探索,不仅阐明了工业化对于一般社会主义国家的重要性,而且特别强调工业化对于中国的特殊重要性;论证了中国工业化的政治条件和生产关系条件,也提出了利用资本主义和节制资本的方针,走有中国自己特色的工业化道路;为推动中国由农业国转变为工业国,寻求一条适合中国国情的工业化道路,作出了开创性的贡献。同年,金延锋的《试析毛泽东对经济建设速度的探索》一文认为,毛泽东对中国经济建设速度的认识可以分为三个阶段:第一阶段,以《论十大关系》和党的第八次代表大会正确路线的确定为标志,提出了经济发展的一系列重大关系的理论;第二阶段,以批判"反冒进"和发动"大跃进"为主要标志,出现了经济发展指导思想上的重大失误;第三阶段,以毛泽东通过调查研究努力纠正"左"的错误为标志,提出了社会主义建设速度的阶段性认识。1999年,李林达发表了《艰苦的探索,不断的开拓——试析1959年毛泽东在杭州、上海、广州读苏联〈政治经济学(教科书)〉时的经济建设思想》("浙江省纪念新中国成立50周年暨浙江解放50周年学术讨论会"入选论文,1999年)一文,从5个方面概括了毛泽东当时的经济思想:一是在生产力方面,强调正确把握生产力与生产关系、经济基础与上层建筑的"平衡与不平衡"矛盾运动规律,提出了生产力与生产关系必须相适应的思想;二是在社会主义经济战略目标方面,第一次完整地表述了工业、农业、科学文化和国防四个现代化的战略思想;三是在经济管理体制方面,主张中央与地方分权,扩大地方和企业的自主权;四是在国民经济内部结构方面,强调必须协调好农、轻、重三者之间的关系,明确提出实行发展工业和发展农业并举的思想;五是在商品经济方面,强调大力发展社会主义商品生产,提出了"价值规律是一个伟大的学校"的卓越理论。

商品生产思想研究。李林达的《试析1959年毛泽东在杭州读苏联〈政治经济学(教科书)〉时的商品生产思想》一文认为,毛泽东在学习马列主义经典著作和领导中国社会主义建设实践基础上形成的商品生产思想,对当今建设中国特色社会主义市场经济具有借鉴意义。该文不仅肯定了毛泽东关于商品生产和不同所有制存在及与生产力发展水平都有关系的观点,而且还指出毛泽东关于在两种所有制条件下"生产资料仍然是商品"的观点和商品生产发展下去总有一天要被生产力发展所突破的观点；以及“价值规律是一个伟大的学校”，应该利用它来教会广大干部和群众建设社会主义的思想，这些观点和思想都是对马克思主义商品经济理论的继承和发展。蒋自强、曹旭华、袁亚春、张新杰著《毛泽东经济思想体系形成与发展》（浙江大学出版社 1997 年版）一书，从多个角度论述毛泽东经济思想体系，并对毛泽东关于商品生产思想作以重点讨论。

（三）毛泽东政治思想研究

新民主主义革命理论研究。毛泽东是中国新民主主义革命理论体系的创立者，浙江学者十分重视对毛泽东这一理论的研究。1985 年，徐义君的《新民主主义革命思想的开端》（湖南人民出版社 1985 年版）一书指出，经过中国共产党第二、三、四次代表大会，许多领导者中已经产生了新民主主义革命思想的许多因素和观点，毛泽东集全党智慧，在第一次国内革命战争时期初步构成了新民主主义革命思想体系。该著认为，毛泽东对新民主主义革命思想的贡献在于其揭示了中国革命所处的新的历史时代，即中国革命已由旧式民主革命转变为新式民主革命；科学地确定了革命的对象和动力，确立了无产阶级在民主革命中的领导地位；高度重视农民问题，并将之作为无产阶级领导权的一个中心问题。

关于意识形态的宣传和廉政思想研究。何一峰的《毛泽东对外宣传思想与主要实践》（《浙江学刊》2002 年第 6 期）一文认为，毛泽东对外宣传思想、新闻思想和全球思想，其产生有四个基本的历史条件，即中国当代宣传思想和传统文化、马列主义在中国的传播、西方记者的中国观以及国际环境等。1993 年，俞佐萍的《毛泽东廉政思想新探》（浙江省纪念毛泽东诞辰百年理论讨论会入选论文，1993 年）一文从廉洁政治的角度探讨了毛泽东的政治思想，认为毛泽东的廉政思想包括三个方面：以德养廉，即坚持以共产主义理想信念和党的性质、宗旨为核心内容的思想教育，依靠“德”所产生的自律和互律作用，使党员干部保持勤政为民、艰苦朴素、廉洁奉公的自觉性和自制力；以法治廉，即按照党纪、政纪、国家法律法令和整顿党的思想作风的规定、守则、章程等对党员干部队伍严加管理；民主保廉，即实行党内民主集中制和党外包括人民群众、民主党派对党的民主监督。上述三个方面的思想是互相联系又互为制约的一个完整体系。1997 年，邢贲思主编的《毛泽东、邓小平、江泽民讲学习、讲政治、讲正气论述导读》（中共中央党校出版社 1997 年版）一书，对党内的学习风气和廉政建设起到了一定的指导作用。

（四）毛泽东社会思想研究

社会发展理论研究。杨张乔的《历史与意志——毛泽东邓小平社会思想与 20 世纪中国社会变革》（工人出版社 2002 年版）一书认为，毛泽东将传统的社会思想之精华赋以现实的和时代的意义并加上马克思主义的改造，以此作为变革中国的社会思想武器；毛泽东社会思想更多地具有政治社会学的特征和本土性、民族性的基本倾向；毛泽东科学地把握了封建的、资本主义的、社会主义的这三种社会形态短暂的历史时速中的交替和过渡，在摧毁封建主义基础的同时注意与中国资本主义经济势力和社会阶级的联系，以使社会主义在跨越“卡夫丁峡谷”之后，更多地吸收、利用资本主义经济成分和管理手段。作者认为，邓小平承接了毛泽东思想的基本内核，他的社会思想更多的是一种经济社会学思想。他从总体联系上提出经济体制改革与政治体制改革及其他改革的要求，探讨了经济体制与社会体制、经济结构与社会结构的关系，提出让一部分人先富起来并逐步走向共同富裕的观点，从而有效地调节了社会结构的合理性发展。张国宏、叶健的《中国特色社会主义理论体系是对毛泽东思想的继承和发展》（陈华兴主编《马克思主义理论研究》第2辑）一文认为，“中国特色社会主义理论体系与毛泽东思想同属于马克思主义思想体系”，中国特色社会主义理论体系既自觉地传承了毛泽东思想的基本精神，从逻辑上延伸、丰富了毛泽东思想的理论内涵，同时又是对毛泽东关于社会主义理论的根本突破与超越。

社会阶层理论研究。史美珩的《评“农村无产阶级”的概念——〈中国社会各阶级的分析〉中的一个理论问题》（《浙江师范大学学报・社会科学版》1988年第4期）一文指出，长期以来，我们把农村的雇农划入无产阶级的范畴，在实践上把贫农看成是农村政权的领导力量，把贫下中农的世界观看成是无产阶级世界观，把他们的思想体系看成是无产阶级的思想体系；作者认为，这是在无产阶级的概念问题上背离了马克思主义，在社会主义建设过程中导致一系列严重失误的重大理论问题，要建设中国特色的社会主义，有必要对无产阶级的概念来一次再认识。俞红霞在《毛泽东的农业、农村、农民思想在新时期浙江的实践》（“浙江省纪念新中国成立50周年暨浙江解放50周年学术讨论会”入选论文，1999年）一文中提出，农民、农业、农村问题是毛泽东一生最为关注和耗尽心血的问题，在他的革命生涯中，他的农民、农业、农村思想基本形成并随之付诸实践。作者认为改革开放以来，毛泽东的这一思想在浙江有了新的成功实践，包括因地制宜发展多种经营，促进农业结构不断优化；大力发展社队企业（乡镇企业），为解决农村富余劳动力的去向开辟了新路；着力发展农村商品生产，使农民增加收入并逐步走向富裕；在发展农业经济的基础上实现农村城市化；尊重农民的首创精神等，有力地推动了浙江农村现代化的进程。雷家军、郭亚超、孙彪的《新中国成立后毛泽东知识分子思想深层矛盾的文化原因分析》（陈华兴主编《马克思主义理论研究》第2辑）一文，认为毛泽东知识分子思想存在着四个方面的矛盾：中国社会文化事业的逻辑出发点与历史出发点的矛盾；革命党的思维惯性与执政党的现实需求之间的矛盾；文人毛泽东与政治家毛泽东之间的矛盾；知识分子的传统文化思维与现代文化观念之间的矛盾。

其他方面的研究。王鑫宝、张纹邦的《毛泽东改造罪犯思想探源》（《浙江省纪念毛泽东诞辰百年理论讨论会论文集》）一文认为，马克思主义的国家和无产阶级专政学说、唯物辩证法、唯物史观是毛泽东改造罪犯思想的理论基础；既继承中国传统文化和民族精神的精华，又从现代中国的国情出发，使毛泽东改造罪犯思想具有鲜明的中国特色。

（五）毛泽东军事思想研究

战争观研究。1982年，李培沂、李福金发表《试论毛泽东对马克思主义战争观的继承和发展》一文认为，毛泽东根据长期革命实践的经验，在继承马克思列宁主义战争观的同时发展了这个历史唯物主义的重要内容。毛泽东既从战争的起源上揭示了战争与经济、战争与政治的关系；又将人类历史上的战争区分为正义与非正义两类，将历史唯物主义基本原理运用于战争问题，将中国传统特色的正确战争观融会到马克思主义关于战争问题的理论之中；坚持了马克思列宁主义关于战争历史性的基本观点，进一步指明了消灭战争的手段。毛泽东在列宁之后，科学地完成了马克思主义战争观的理论体系构筑。谢宝森的《毛泽东对中国传统战争观的批判继承》(《浙江省纪念毛泽东诞辰百年理论讨论会论文集》)一文指出，毛泽东十分重视研究战争规律和从事战争的方法，其中的一个重要方面就是批判地继承中国传统军事文化的宝贵遗产。作者列举了毛泽东军事思想的六个方面：高度重视战争问题上对立面的转化；揭示暴力革命和革命战争的不可避免；强调对不同性质的战争应该采取不同的态度；认为正义战争是最大的仁政；指出知彼知己是极为重要的战争规律；从坚持兵贵定谋进而要求战争指挥员必须多谋善断。

毛泽东军事思想的应用研究。浙江学者应用毛泽东军事思想去研究20世纪上半叶中国的土地革命、抗日战争、解放战争，取得不少研究成果。有唐洪森的《新四军夺取宁沪杭大城市计划及其放弃》(《抗日战争研究》2003年第2期)、《抗战胜利初中共让出南方解放区战略研究》(《中共党史研究》2006年第2期)，王光银的《对大革命新时期党的军事运动历史地位的再认识》(浙江省暨华东六省一市党史系统纪念建党八十周年学术讨论会，2001年)等。浙江学者还用毛泽东军事辩证法思想研究中国古代军事思想。有史美珩的《简论〈孙子兵法〉思想方法的全面性》《陈亮的兵谋哲理》《陆游的战略思想》《谋之于阴，行之以浙——辛弃疾的军事思想初探》(以上诸文分别发表于《浙江师范大学学报·社会科学版》1986年第1期、1992年第4期、1996年第1期)。刘建强的《论持久战的哲学底蕴》(《绍兴文理学院学报》1996年第1期)一文，从哲学角度解析了毛泽东抗日战争战略制定的哲学思想。

(六)毛泽东文艺思想研究

毛泽东诗词研究。浙江理论界历来十分重视对毛泽东文艺思想的研究。20世纪50—70年代，浙江报刊就发表过许多关于学习《在延安文艺座谈会上的讲话》的论文。杭州大学中文系编印有《纪念〈在延安文艺座谈会上的讲话〉发表二十周年：参考资料索引》(1962年)、《毛泽东文艺思想》(1973年)等。蔡义江于1977年发表论文《革命的政治内容和完美的艺术形式统一的光辉典范——〈毛主席诗词〉学习札记》(《杭州大学学报·哲学社会科学版》1977年第3期)，认为毛泽东的诗词创作实践完全体现了他自己在理论上提出的“革命的政治内容和尽可能完美的艺术形式的统一”的要求。由于毛泽东对现实世界中的各种矛盾的实质及其发展规律有正确、深刻的认识，因此能够以科学的、革命的世界观指导文艺创作。同时他的文学素养、才能又达到了完全掌握旧体诗词这种特殊艺术形式的水平，因此能够将这种体裁的艺术之长处创造性地发挥出来，创作出政治意义重大和艺术价值精美的诗词；他创作的旧体诗词是革命性与艺术性相统一、革命现实主义与革命浪漫主义相统一的典范。吴蓓的《论毛泽东与诗》(《浙江省纪念毛泽东诞辰百年理论讨论会论文集》)一文认为，诗是伴随毛泽东一生的一个精神密友，因此，分析、探讨毛泽东思想与毛泽东现象，诗是一个很好的审视源。在浪漫主义的诗的王国里，毛泽东一生进取、特立独行、富有天才创造潜力的主体素质得到了最形象的挥洒;毛泽东对新旧诗的言论表现出复杂的矛盾心态,既有作为领袖意识的对新诗的倡导,也有作为个人意识的对旧体诗的"恋旧";毛泽东在古体诗词方面的深厚修养,不仅对中国共产党赢得旧式知识分子的信任和支持有重要的意义,也是不少当代中国大学生崇拜毛泽东的重要原因。刘万成的《毛泽东〈蝶恋花·从汀州向长沙〉词及其主导思想略考》(《毛泽东思想研究》1986 年第 2 期)一文,从历史背景层面提示了词的深层内涵和积极意义。

毛泽东文艺与文化思想研究。高力克于 1987 年发表的《〈新民主主义论〉文化思想简论》一文认为,《新民主主义论》不仅是新民主主义革命时期中国政治革命的伟大纲领,也是中国文化革命的理论指南。它对于中国文化领域变革的一些重大课题进行了深刻而富有独创性的探索,科学地提出了中国文化革命的一系列重要原则。《新民主主义论》关于从政治、经济、文化上全面变革中国社会、中国文化革命的反帝反封建任务以及建立民族形式的科学民主新文化等思想,对于中国的现代化改革和社会主义精神文明建设以及正确对待外来文化和民族传统,都具有深刻的启示意义。王凤贤主编的《毛泽东与中国传统文化》(安徽人民出版社 1994 年版)一书认为,无论从马克思主义中国化的历史与逻辑看,还是从毛泽东思想的理论形态与文化特质看,毛泽东思想的形成都离不开对中国传统文化批判式的继承与发展。作者认为,毛泽东在把马克思主义普遍真理与中国革命具体实践相结合的过程中,注意汲取本民族传统文化的有益养分,展开了对中国传统文化的研究、批判和改造,实现了马克思主义理论的中国化,同时也实现了中国传统文化的现代转化。毛泽东一生的研究和创造遍及许多学科和领域,在这些领域他都有杰出的思想和理论上的成就,为当代中国共产党人树立了理论创造和思想建设的典范。该著获第五届中国图书奖。其中卢敦基执笔的《毛泽东与传统文艺思想》一章认为,毛泽东"艺术创作与文艺思想是马克思主义文艺宝库中的组成部分,也是中华民族艺术宝库中的瑰宝"。

第三节　中国特色社会主义理论

中国特色社会主义理论是中国共产党在改革开放和社会主义现代化建设实践中创立和发展起来的,是一个与时俱进、不断完善的关于社会主义初级阶段的理论创新。浙江的理论工作者在全面建设小康社会进程中,着重围绕着邓小平关于有中国特色的社会主义理论、"三个代表"的重要思想、科学发展观和习近平一系列重要讲话,学习、研究并实践着中国特色的社会主义理论。

一、邓小平理论

(一)中国特色社会主义理论的系统研究

1986 年 2 月,中共浙江省委宣传部理论处主编的《中国社会主义建设基本问题》(浙江人民出版社 1986 年版),是浙江最早提出要在邓小平思想指导下尝试系统研究建设有中国特色社会主义理论的专著。该书指出：中国社会主义建设基本问题，是以建设有中国特色的社会主义为研究对象的一门新的独立学科。其主旨是运用马克思主义的立场、观点和方法，围绕建设有中国特色社会主义这个中心，尽可能系统地回答中国社会主义实践中的各种基本问题，阐述中国共产党关于社会主义建设的基本理论和方针政策。该书对建设有中国特色的社会主义的依据、有中国特色的社会主义的基本含义和主要内容、建设有中国特色的社会主义科学命题的重大意义和把建设有中国特色的社会主义同共产主义的远大目标紧密联系起来等论题作有系统而深刻的论述。

20世纪90年代至21世纪初，比较有分量的作品有蓝蔚青、童宛书、余逊达等的论著。蓝蔚青是国内较早关注中国特色社会主义理论研究的资深学者，曾任中国科学社会主义学会副会长，参与中共中央宣传部的《建设有中国特色社会主义若干理论问题学习纲要》(1998年)、《党在社会主义建设新时期的主要历史经验》(1999年)和《中国特色社会主义理论体系学习读本》(2008年)三书的撰写。其《关于社会主义历史阶段》(《红旗杂志内部文稿》1979年第5期)是参与胡耀邦亲自关注的一场论争的文章，较早提出中国处于不完全的社会主义社会。其主编的《社会主义思想简史》(中共浙江省委党校科学社会主义教研室组织编写、付印，1984年)是国内第一部把毛泽东思想列为一个发展阶段的社会主义思想史。其《邓小平理论：历史地位·发展进程·科学体系》(中共党史出版社2001年版)被学界评为这一领域的代表性著作之一。他还著有《论建设有中国特色社会主义理论的历史地位》(《浙江社会科学》1995年第6期)、《社会主义是由人民群众自己创立的——“浙江现象”的透视》(《毛泽东邓小平理论研究》2002年第6期)、《以人为本：社会主义的价值定位》(《学习时报》2008年3月24日)等。童宛书的《建设有中国特色社会主义理论与毛泽东思想的关系》(《教学与研究》，1993年)一文认为，毛泽东思想与建设有中国特色社会主义理论有四个方面的渊源关系：一是历史发展的渊源。毛泽东在探索中国式社会主义道路的同时，提出了“搞社会主义要有自己的建设路线”的思想；邓小平在中国共产党第十二次代表大会上则明确提出了“建设有中国特色的社会主义”的命题。二是逻辑思维的渊源。毛泽东立足于旧中国是一个农业国，选择走农村包围城市的革命道路并取得了成功；邓小平从农村开始突破，也坚持从中国最大的实际为出发点。三是理论升华的渊源。邓小平在实事求是、群众路线和独立自主、自力更生三个方面根据新的历史要求发展了毛泽东思想。四是体系承袭的渊源。建设有中国特色社会主义理论在框架结构上表现出师承毛泽东思想的理论轨迹。余逊达的《邓小平的民主思想对中国政治文化现代化的贡献》(《浙江学刊》1996年第1期)一文，从三个方面分析了邓小平对民主政治的认识：第一，邓小平从中共的十一届三中全会起就反复强调一个基本观点——民主政治必须制度化，民主的制度化更带有根本性、全局性、稳定性和长期性，它指的是把国家形态上的民主具体化为各种可以操作的程序并使之制度化。第二，邓小平确定了实现民主制度化的原则：有当代中国的特点；能调动人民群众的积极性；能保持中国社会主义的优势；能保持政局稳定、团结人民、有利于生产力的持续发展。第三，民主法制化要与社会主义法制相辅相成，党领导人民立法，也要领导人民守法、依法办事。

全国宣传理论战线的突出典型雷云，是浙江省研究中国特色社会主义理论成果丰硕的资深学者，曾任中共浙江省委宣传部副部长。1991年，他出版《社会主义理论研究文集》（浙江大学出版社1991年版），是其从研究科学社会主义理论进而深化到中国特色社会主义研究的理论总结。1993年，雷云主编了《建设有中国特色社会主义概论》（浙江人民出版社1993年版），该书根据中共十四大所阐述的邓小平同志建设有中国特色社会主义理论框架，比较深入地展开了对建设有中国特色社会主义理论的论述。1995年，雷云的《建设有中国特色社会主义理论基本问题》一书出版。1999年，在浙江省纪念新中国成立50周年暨浙江解放50周年理论讨论会上发表《坚持社会主义初级阶段理论不动摇》，该文认为历史和现实国情决定中国必然要经历一个相当长的社会主义初级阶段，实现党的基本纲领的首要问题仍在于一切从社会主义初级阶段的实际出发，充分利用资本主义来发展生产力，从而使其为社会主义服务。改革开放30多年来，雷云撰写了大量研究中国特色社会主义理论的论著（见《雷云文稿》6卷本，浙江人民出版社2009年版）。

（二）邓小平理论专题研究

1999年，中共浙江省委党史委员会等单位联合举办了浙江省纪念新中国成立50周年暨浙江解放50周年学术讨论会，总结历史经验并联系毛泽东思想研究，从政治、经济、文化、社会、党的建设等方面对邓小平理论作了研究（见中共浙江省委党史委员会等编《浙江省纪念新中国成立50周年暨浙江解放50周年学术讨论会论文集》，当代中国出版社1999年版）是一次关于邓小平理论研究承前启后的重要学术会议。

邓小平经济理论概论。陆立军、王祖强撰写的《邓小平经济理论与实践》（浙江人民出版社2000年版）一书，概述了邓小平经济理论形成的时代背景和主要历程，指出了邓小平经济理论的基石是社会主义本质论、社会主义发展道路论、社会主义初级阶段论。在此基础上，该书把邓小平的经济理论概括为邓小平的生产力理论、经济体制改革理论、市场经济理论、所有制理论、收入分配理论、经济发展理论，并结合中国改革开放以来经济发展的成就和存在的问题，对上述每一方面的理论作了论证和分析。

社会主义市场经济专论。许新三著《邓小平社会主义市场经济理论再解读》（经济科学出版社2004年版）一文，在对邓小平思想深入研究的基础上，采用历史考察和实证研究相结合的科学方法，解读邓小平社会主义市场经济理论的渊源、理论的产生、理论的沿革和发展脉络。作者认为，根据邓小平两大思想——市场思想和发展生产力思想，可以探寻邓小平社会主义经济理论的科学内涵；结合这个理论在中国经济改革实践中的运用，可以构建一个合理的体系，以充分展现邓小平社会主义市场经济思想的内在逻辑。

邓小平当代意识论。叶山土著《邓小平当代意识论》（中央文献出版社2006年版）一书认为，邓小平正确地把握了当代世界和当代中国的发展趋势，提出了处于当代世界大环境中的中国发展的思想体系，形成了他的当代意识：面向现代化的意识，包括发展意识、选择意识、创新意识、信息意识、时效意识；面向世界的意识，包括全球意识、开放意识、交往意识；面向未来的意识，包括忧患意识、未来意识、可持续发展意识。作者从上述各个方面具体分析了邓小平的当代意识，在此基础上，对“三个代表”重要思想和科学发展观对邓小平当代意识的继承与发展作了简要的分析。

二、“三个代表”重要思想

（一）“三个代表”重要思想的认识研究

浙江学者重视对“三个代表”重要思想的研究。李林达的《继承·发展·创新——试论江泽民对中国特色社会主义道路的探索》（2002年浙江省暨华东六省一市纪念建党80周年学术讨论会入选论文）一文认为，江泽民以社会主义初级阶段理论为起点，全面正确贯彻了党的基本路线和基本纲领，领导确立了经济体制改革的目标模式，创建了社会主义市场经济体制，开拓了实现现代化建设道路的新途径；适时提出了“三个代表”重要思想，把先进生产力、先进文化、人民利益这三大要素有机结合在一起，形成了一个完整的理论体系，丰富和发展了马克思主义建党学说。万斌、王学川的《“三个代表”重要思想是我党深化“三大规律”认识的最新成果》（《湖南师范大学社会科学学报》2003年第4期）一文认为：“三个代表”重要思想深化了党对“三大规律的认识”。即通过升华马克思主义的生产力论、文化论、群众史观，深化了对社会发展规律的认识；通过阐明社会主义建设整体性协同发展的观点、社会主义建设分阶段持续发展的观点、人的全面发展的观点，深化了对社会主义建设规律的认识；通过揭示共产党执政的根本内容，体现共产党人始终坚持执政兴国的政治承诺；揭示共产党执政的根本基础，体现共产党人始终坚持执政为民的政治承诺；揭示共产党执政的根本标准，体现共产党人始终保持与时俱进的先进性的政治承诺，深化了对执政规律的认识。谭劲松对“三个代表”重要思想研究发表过多方面的文论，既有对“三个代表”本身规律性的研究，又有以“三个代表”思想对思想政治教育的指导。如《党怎样才能始终代表中国先进生产力的发展要求》（《思想理论教育导刊》2001年第8期）、《在“三个代表”思想指导下继续深化“双思教育”》（《浙江学刊》2001年第6期）等。

（二）“三个代表”理论体系与实践研究

浙江学者对“三个代表”重要思想的理论体系建设作出了积极的探索。万斌主编，韩振亮、陈华兴副主编的《“三个代表”重要思想概论》（浙江大学出版社2003年版）一书，对“三个代表”重要思想的理论来源、理论品格、科学内涵和创新价值进行了较为深入的阐述，并在此基础上，把“三个代表”重要思想置于实践领域，使之与三大文明建设、全面建成小康社会和中华民族的伟大复兴融为一体。韩振亮还参加编写中央马克思主义理论研究和建设工程项目《毛泽东思想、邓小平理论和“三个代表”重要思想概论》（高等教育出版社2008年版）。由郭占恒、蓝蔚青负责具体执笔的中共浙江省委理论学习中心组文章《十六大以来“三个代表”重要思想在浙江的实践》（浙江人民出版社2005年版）一书，是对这一问题所作的一次系统的理论总结。

三、科学发展观

(一)和谐社会研究

运用多学科理论研究和谐社会是浙江学者的一个特点。如张国清的《和谐社会研究:从政治学到政治科学》(人民出版社2006年版)一书,以中共关于构建和谐社会的任务和要求为卷首语,跨学科地对构建和谐社会的理论与实践问题展开了深入的研究,涉及的学科包括思想史、哲学、法学、社会学、公共管理学;涉猎的问题覆盖理论前沿和实践创新;使用的方法既有历史回顾也有理论分析,既有调查研究也有典型案例分析。作者对于如何构建社会主义和谐社会也提出了有价值的对策建议。周志山在21世纪初专攻马克思社会关系理论与"和谐社会"思想,发表有《马克思"和谐社会"思想论纲》(《学术研究》2005年第4期)、《整合与构建:马克思"和谐社会"解读》(上海交通大学出版社2008年版)等。2010年,周志山主持完成《社会关系与和谐社会:马克思社会关系视域中的"和谐社会"解读》(教育部2006年人文社科基金项目研究成果)的书稿,以马克思主义社会关系理论为主线,解读和谐社会的历史唯物主义深层底蕴;通过对马克思经典著作的深度解读,揭示马克思探索社会关系理论的心路历程,阐发马克思主义社会关系理论的基本特征、多维论域和多重意蕴;指出社会主义和谐社会的实质是社会关系的和谐,人与人之间利益关系的和谐是和谐社会的基础,党群关系、政群关系、劳资关系、城乡关系的和谐是和谐社会的基石,人际关系则是社会关系和谐与否的"晴雨表"。

其他还有唐晓燕的《用社会主义核心价值体系引领和谐文化建设》、陈正良的《和谐社会与当代人文精神的同构》、余华的《马克思的市民社会与和谐社会的构建》(以上诸文载陈华兴主编《马克思主义理论研究》第1辑,浙江人民出版社2008年版)。

浙江的和谐社区建设及其研究在全国具有一定的影响。翁卫军、杨张乔主编《建设现代和谐社区》(中国社会出版社2006年版)着重介绍了杭州市下城区和谐社区建设的一些成功经验,并辅以有关理论指导,具有一定的创新性和借鉴性。赵敏主编的《和谐社区发展研究——民生民主背景下下城模式再创造》(中国社会科学出版社2010年版)一书以科学发展观为指导,以下城区和谐社会建设实践为模本的经验研究,着重论述了社区和谐的战略新思路、发展新动力、管理新体制、服务新体系、社区新形态、组织新构建、评估新设计等,回答了在民生民主背景下和谐社区建设的诸多理论和实践问题,探讨了社区自治对中国政治体制改革的重大意义。

(二)科学发展观的浙江实践研究

浙江理论界重视对中国特色社会主义理论新发展即科学发展观的学习与研究。2005年6月,中国社会科学院与浙江省达成合作意向,确定开展"浙江经验与中国发展——科学发展观与和谐社会建设在浙江"的重大课题研究,时任中共浙江省委书记习近平始终高度重视这一省院合作,做出多次重要批示。2007年2月,由社会科学文献出版社出版合作成果《浙江经验与中国发展》6卷，分总论卷、经济卷、社会卷、文化卷、政府管理卷、党建卷，系统总结了浙江坚持科学发展观、全面建设和谐社会的基本经验和特征。这是中国社会科学院与浙江省理论工作者从理论与实践相结合的角度研究科学发展观的一项重大成果，为省院合作研究的创新模式。

2006年，浙江省哲学社会科学发展规划领导小组办公室组织全省理论、宣传、教育工作者编写《科学发展观在浙江的实践》（浙江人民出版社2006年版）系列丛书12本。这套丛书既对科学发展观指导下浙江改革开放和社会主义现代化建设进行了理性思维的总结，也对如何坚持“以人为本，树立全面、协调、可持续的发展观，促进经济社会和人的全面发展”问题，提出了对策性意见和建议。2006年，中共浙江省委党校建立“科学发展观与浙江发展”研究基地。

（三）其他相关研究

郭祥才的《马克思主义跨越发展理论与中国新型工业化道路》（《中国社会科学》2003年第9期）一文认为，从毛泽东、邓小平到党的第三代领导集体，不仅继承、发展、实践了马克思、恩格斯、列宁关于社会制度可以在一定条件下跨越的思想，而且继承、发展了他们关于社会生产力可以跨越式发展的思想。这一构想对马克思主义跨越发展理论的突出贡献在于：第一次正式提出了生产力跨越发展的概念，并从生产力发展的高级形态与低级形态相统一的视角对生产力跨越发展的内涵做出了科学的规定；深刻揭示了当代后发国家跨越发展的历史条件、实践基础、主要特征，尤其是中国生产力跨越发展的道路模式和实现机制；回答了半个多世纪以来关于非西方后发国家应如何实现现代化这一历史性难题，使马克思主义跨越发展理论能够再展时代风采。严国萍于2009年发表《科学发展观与“保增长”战略》（《哲学研究》2009年第1期）一文指出，贯彻科学发展观是落实党和政府“保增长”战略的根本；由于中国长期以来存在着经济结构、增长方式、社会结构、政府职能、发展模式等方面的问题，因此必须以经济转型促增长，以体制改革促增长，以社会建设促增长，以政府转型促增长；只有贯彻落实科学发展观，把扩大内需作为保增长的根本途径，把加快发展方式转变和结构调整作为保增长的主攻方向，把深化重点领域和关键环节改革、提高对外开放水平作为保增长的强大动力，把改善民生作为保增长的出发点和落脚点，才能转“危”为“机”。毛跃对中国特色社会主义理论及其在浙江的实践研究有较系统的探讨，著有《创业发展，创新强省——中国特色社会主义在浙江的生动实践》（《今日浙江》2007年第20期）、《改革开放是发展中国特色社会主义的必由之路》（合作，入选全国《纪念党的十一届三中全会召开30周年理论研讨会文集》，学习出版社2008年版）、《把四项基本原则与改革开放统一于发展中国特色社会主义的伟大实践》（《杭州日报》2008年2月21日）、《邓小平理论与浙江实践》（浙江人民出版社2004年版）等。

其他还有陈克良的《科学发展观与民营企业管理人本化》，叶华松、周建军的《以科学发展观指导大学生思想政治教育的创新》、黄巧玲的《生态文明建设要重视高校的环境伦理教育》（以上三文载陈华兴主编的《马克思主义理论研究》第1辑、第2辑）等。

第四节 党的建设理论研究

党的建设理论，是指马克思主义政党在马克思主义党的学说指导下进行领导国家、社会和提升自身发展能力的实践总结和理论学说。浙江的理论工作者紧紧围绕党的中心工作，在党的思想建设、组织建设、作风建设、制度建设和反腐倡廉建设等理论研究方面，不断创新，成果扎实。

一、思想理论建设

(一)20世纪八九十年代进入改革开放新的历史时期党的思想理论建设研究

对党的基本知识和理论的宣传、普及和教育。如孙信华、林基琮等著《谈谈党性修养》(浙江人民出版社1981年版)，立足于向一般党员讲清楚党性修养的必要性、党性修养的内容和方法等。龚白生等著的《思想政治工作概论》(浙江人民出版社1987年版)对在改革开放新的历史时期思想政治工作的目标、原则、方法作了学科性的总结介绍。

对改革开放进程中党的理论创新的解读、阐释和讨论。雷云的《论加强党的理论建设的几个问题》(《浙江社会科学》1990年第1期)一文，对党的理论建设的地位、任务及批判错误思想等问题进行了讨论。其主编的《高举伟大旗帜，迈向新的世纪——党的十五大报告若干理论问题研究》(宁波出版社1998年版)是对十五大报告的理论解读，该文着眼于马克思主义理论的运用与对实际问题的理论思考以及着眼于新的实践发展的理论诉求，剖析了报告涉及的诸多重大理论问题。

对党的建设的基本理论和原理的基础性研究。党的十四大以后，浙江学者对党的建设理论作进一步研究。龚白生等著的《党的宗旨论》(党建读物出版社1998年版)一书，是为党建理论范畴学的代表性著作；他还著有《新时期党的建设研究》(杭州大学出版社1998年版)一书，对党的建设基本理论框架进行了适应时代特点的新讨论。

(二)21世纪初党的思想理论建设研究

理论建设史是浙江党的思想理论研究的重要课题。如肖东波著的《中国共产党理论建设史纲(1921—1949)》(中共党史出版社2004年版)、《中国共产党理论建设史(1949—1956)》(中共党史出版社2006年版)两书，对中国共产党理论建设的历史和经验进行了连续和系统的研究；《中国共产党理论建设的历史经验研究》(党建读物出版社2005年版)系列专著，提出学习、运用、创新是党的理论建设的一般过程；认为党的理论建设始终是中国共产党的根本，理论上的成熟是政党成熟的最主要的标志，不断推进理论创新是中国共产党的生存之道；理论建设是一项长期艰巨的事业，其方法和手段必须不断改进。

根据党建工作的实践与理论发展的趋势，对党的建设理论进行多角度的常态研究，是浙江在党建理论领域研究的一个特点。郭亚丁对中国特色社会主义事业推进中党的建设、政党比较研究等问题进行了系列探讨，有《党的先进性建设与中国特色社会主义发展》(《党建研究》2006 年第 4 期)、《党的建设与发展中国特色社会主义》(《党建研究》2008 年第 5 期)等论文；其著《政党差异性研究：中国共产党与西方政党的比较》《全球视野下的共产党》(中国经济出版社 2005 年版、2007 年版)两书，是在全球化视野下，比较研究中国共产党建设及其理论的代表作。牛玉峰的《中国共产党治国思想研究》(中共党史出版社 2007 年版)是从中国共产党治国思想的纵向渊源及治国实践的横向维度，全面地、系统地、完整地厘清和探讨中国共产党三代中央领导集体及以胡锦涛为总书记的党中央的治国思想，该书揭示了中国共产党治国思想一脉相承的特点及内在的发展规律，反映了与时俱进的时代内容和理论特色。胡承槐等著的《主体维度论——浙江党建实证研究》(浙江大学出版社 2008 年版)一书，提出了一个新的党的建设理论概念——党建主体论。作者认为，党建主体论首先是指党的建设、党的活动以人民的利益为出发点和归依地；其次，是指党相信人民的主体力量，放手引导人民自己成为自我主体，成为经济、思想、日常、部分政治生活的主体；最后，是指党的政策改革和制度供给旨在以人民为主体和维度。任映红、戴海东的《中国共产党的社会公正观研究》(人民出版社 2009 年版)一书，从不同的历史阶段、不同的视角探讨中国共产党历代领导人的社会公正观的发展与演进，提出了中国共产党的社会公正观具有继承性、经验性、开放性、发展性等特点。章越松、梁涌的《中国共产党执政理念研究》(中国社会科学出版社 2010 年版)一书，系统阐述了中国共产党执政的历史方位和中国共产党执政理念的发展历程、社会历史条件、基本内容；并把执政理念作为一个体系来看待，从纵、横两个维度剖析执政理念的具体构成，解答了执政理念与执政方式、执政能力、执政伦理等范畴之间的关联问题。

二、组织建设理论

(一)党的基层组织建设研究

20 世纪八九十年代，浙江理论界先后就实行承包经营责任制以后的农村党建、乡镇企业党建、股份合作制企业党建、私营经济党建等问题进行了比较系统的研究。代表性的研究有许志宏的《要加强乡镇企业的党组织建设》(《党建研究》1991 年第 10 期)、魏益华等《农村基层党政建设》(中共中央党校出版社 1992 年版)、卢福营的《有益的探索成功的实践——浙江省永康市农村基层党组织建设的调查》(《科学社会主义》1995 年第 2 期)、周凌华的《加强和完善农村股份合作企业党建的思考》(《社会科学》1998 年第 7 期)等。

20 世纪末 21 世纪初，围绕私营企业主能否入党问题，浙江理论界进行了热烈讨论，在全国产生过较大影响。代表性的研究有董明的《现阶段我国私营企业主群体政治心态一般特征剖析》(《中共中央党校学报》1999 年第 2 期)、姜师庆的《私营企业主不能入党之我见》(《内部文稿》1999 年第 21 期)、董建萍的《非公有制经济组织党建工作的若干思考》(《中共中央党校学报》2001 年第 4 期)、王河的《关于私营企业主科学定位问题的若干思考》(《中共浙江省委党校学报》2001 年第 6 期)等。从这一问题的讨论开始，非公有制企业党建成为浙江理论界长期跟踪研究的热点问题，省委书记张德江也撰文《加强非公有制企业党建工作需研究解决的几个问题》（《党建研究》2000 年第 4 期）参与这一讨论。21 世纪初，仅承担的国家社会科学规划课题就有王河的“浙江非公有制企业党建工作研究”（2001 年）、邱巍的“非公有制企业党组织推动发展、促进和谐研究”（2008 年）、张永明的“提高非公有制经济组织党组织建设科学化水平研究”（2010 年）等。这些课题研究形成的专著、论文、报告，关注了非公有制企业党建涉及的深层次理论问题，大量调研了浙江的非公有制企业党建的实际开展情况和工作经验，提出了一些非公有制企业党建持续发展的政策建议。

其他领域的基层党建问题同样得到关注。安蓉泉等的《发达地区新兴民间组织发展及其党建工作研究》（杭州出版社 2004 年版）、《浙江新兴民间组织党建工作研究报告》（《浙江社会科学》2004 年第 6 期）以浙江为基础，对社会组织党建工作的现状、问题进行了深入分析并提出了相应的政策建议。胡序杭对先富能人治村背景下的农村基层党组织建设进行了研究，发表有《先富能人治村条件下村党组织发展经济的新模式探究》（《浙江学刊》2006 年第 6 期）、《先富能人争当村官与村级权力结构的稳定性》（《中共福建省委党校学报》2007 年第 3 期）。高国舫等著的《新经济社会组织党建研究》（中共中央党校出版社 2006 年版）对浙江省特别是杭州市的民间组织、非公有制企业、社区等新经济与社会组织党建问题进行了研究。陈鹏键以宁波地区的考察为中心，对新社会阶层党员队伍建设、统筹城乡基层党建、基层党建科学化等问题进行了研究，发表有《提升基层党建工作科学化水平的路径探析》（《中国党政干部论坛》2010 年第 8 期）等。

（二）党的干部队伍建设研究

干部队伍道德建设一直是干部队伍建设研究的重点。杨太辛的《从政道德刍议——关于党政干部职业道德建设问题的思考》（《中共浙江省委党校学报》1996 年第 4 期）、赵传涛的《人格品行与领导干部的职业道德建设》（《浙江学刊》1997 年第 3 期）、郑祖泉的《从讲政治的高度看领导干部的道德建设》（《中共浙江省委党校学报》1997 年第 5 期）均对这一问题进行过讨论。21 世纪初，这一问题的讨论已经更多呈现了全面和综合的特征。陈鹏键的《党员干部从政道德建设的难点、成因及其路径论析》（《中共浙江省委党校学报》2008 年第 1 期）从信仰、人格、心理冲突等方面讨论干部道德建设。

20 世纪 90 年代以后，干部的素质、能力、结构等问题日益受到理论研究者的关注。如祁茗田《政治家的素质》（中共中央党校出版社 1998 年版）一书，凭借他多年教育实践中的大量见闻及亲身体验写成，显示了作者深厚的历史文化底蕴和党性修养。王勤的《党政干部心态与思想特点的性别比较研究》（《中共浙江省委党校学报》1999 年第 5 期）讨论了干部心态的性别特点。邱巍的《干部队伍代际更替和结构改进探析》（《浙江社会科学》2009 年第 8 期）对干部队伍结构变迁进行了历史分析。

浙江省委组织部等部门承担的课题型著作中，也有大量篇幅是对浙江基层党建和干部队伍建设的研究。如王骏、厉佛灯等的《执政之魂——浙江党建新探索》（浙江人民出版社 2006 年版）；胡坚主编的《浙江党建研究报告（2006 年）》（浙江人民出版社 2006 年版）；李崇富、赵智奎等的《浙江经验与中国发展——科学发展观与和谐社会建设在浙江(党建卷)》(社会科学文献出版社2007年版);庄跃成、干武东等的《党建创新看浙江》(浙江人民出版社2008年版)等。

三、作风建设和反腐倡廉建设理论

(一)党的作风建设研究

从20世纪80年代开始,浙江理论界即对党的作风建设进行讨论。雷云、孙信华、陈后阳的《加强党的作风建设》(浙江人民出版社1985年版)是作风建设的普及读本,对党的实事求是的作风、理论联系实际的作风、密切联系群众的作风、批评和自我批评的作风、艰苦奋斗作风、民主作风等,分别进行了阐释。刘亦夫的《发扬党同人民血肉联系的优良传统》(《浙江社会科学》1990年第2期)一文,对学习和贯彻党的十三届六中全会审议通过的《中共中央关于加强党同人民群众联系的决定》从多个方面进行了论述。戴盟的《进一步恢复和发扬党的优良作风》(《浙江社会科学》1991年第4期)提出党风影响社会风尚、党风关系的执政考验、党风是联系群众的关键等观点,并结合实际阐述了应当恢复发扬四个方面的党的优良作风。

21世纪初,理论界对作风问题的研究进一步深化。任玉秋的《以制度建设保证党的作风不断优化》(《中共云南省委党校学报》2002年第5期)提出,党的作风的实质是共产党员的世界观、人生观、价值观在实践活动中的体现,党的作风建设本身需要制度化。2007年是浙江省的“作风建设年”,何国权等的《以优良的党风促政风带民风——浙江“作风建设年”综述》(《今日浙江》2008年第1期),总结了浙江党的作风建设的经验,并从制度和机制的角度讨论了作风建设的规律。

(二)反腐倡廉研究

20世纪90年代起,腐败问题日益进入理论学术界视野。林吕建较早对党内腐败问题进行系统研究,合著有《廉洁——为政之本》(浙江大学出版社1989年版)。林吕建代表性的论文有《简论反腐败斗争的几个理论问题》(《党建研究》1992年第3期)、《在发展社会主义市场经济过程中加强反腐败斗争》(《求是》1994年第10期),其中提出的公有制与商品经济结合不是腐败产生的原因等观点,是较早对市场经济与腐败关系的阐释。汪志芳、林吕建、张伟斌合著的《反腐败论》(浙江人民出版社1991年版)是为国内反腐败研究的第一部专著。张伟斌发表了有关党内反腐败问题的系列论文,如《加强和改进监督体制》《论充分发挥现有政治资源在反腐败斗争中的作用》《新形势下的领导干部违纪违法的特点、规律》《当前反腐倡廉工作的实践、认识和建议》《系列谋划、整体推进、积极构建农村基层廉洁工程》《纠正并举,着力构建治理商业贿赂的长效机制》《浙江农村基层党风廉政建设:经验、问题及对策》(上述论文载《反腐败研究》第二集至第八集,浙江人民出版社2003—2008年版),以及《进一步落实党风廉政建设责任制的对策与建设》(《政策瞭望》2009年第4期)等,为推动党内廉政理论建设起到一定的启示作用。

浙江学者对廉政建设问题作以史学的探讨。吴光在《廉政的内涵与中国廉政建设的历史经验》(《浙江社会科学》2006年第5期)中提出,中国廉政史的基本内容应从指导思想、基本制度、政策举措、政德政风、典型人物事件及历史文献、文物方面去把握与发掘。他认为,在中国廉政史上,以民为本、德法并重、勇于进谏、公正执法、严于律己、廉洁奉公的优秀传统与历史经验,是值得当代执政者继承发扬和借鉴的。王侃在《中国共产党反腐模式的发展变迁与理论研究》(《浙江社会科学》2009年第8期)中提出,中华人民共和国成立60年来,中国共产党的反腐模式经历了运动反腐、向法制回归反腐、制度反腐三个阶段。

对腐败问题进行制度分析,对防止腐败进行制度设计,是反腐倡廉建设研究的重点。何显明在《控制权力:制度创新与用人腐败的有效防治》(吉林人民出版社2002年版)中,运用制度分析方法,深入系统地探讨了转型期买官卖官等用人腐败现象滋长蔓延的体制根源,并探讨了防范和遏制这一现象的制度选择,提出防止腐败就要设计出一套公正、合理、有效的激励结构和权力运作的约束机制。郭华强的《廉政审计》(中国方正出版社2007年版)从审计学的角度深入研究反腐败建设,对廉政审计界定为以腐败为审计导向,以审计机关为主,协同纪检、监察、检察等部门对腐败高发多发领域、重点部门、重点项目和资金,进行预防、揭露和打击国家公职人员经济犯罪的特种审计;该著作从廉政审计的基本概念、理论依据、基本内容、程度和方法、组织建设等方面提出廉政审计的制度体系设计。

浙江理论界还对反腐倡廉建设中的教育问题、利益集团问题、惩防体系问题等进行了研究。杨晓光的《充分发挥教育在反腐倡廉中的基础性作用》(《求是》2005年第5期)提出,教育对确立反腐倡廉的思想观念起着潜移默化的作用,对廉政行为的养成发挥着导向作用,是构筑拒腐防变思想道德防线的根本途径。刘彦昌的《聚焦中国既得利益集团》(中央党校出版社2007年版)一书,认为公共权力资源化、领导身份职业化、行使权力技术化等在形成既得利益集团中起到特定作用,对怎样认识既得利益集团问题、怎样防止既得利益集团的负面作用提出了政策建议。

关于廉政建设理论的学科化,早在20世纪90年代中期,浙江的相关实际工作者及理论工作者就进行了创建性的探讨。1995年,张伟斌发表《关于创建廉政学的思考》(《观察与思考》1995年第9期)一文,认为廉政是一个历史性的问题,廉洁政治是千百年来人们一直努力追求的一种政治理想。廉政,在历史和现实生活天平中的分量,决定了我们要将其作为一个专门的学科来对待来研究;该文初步探讨了廉政学的研究对象、基本范围、主要特点等问题。翌年,他在《中国纪检监察报》上发表《廉政学初探》一文,进一步讨论廉政学的创建,勾勒了廉政学体系的理论框架,认为廉政学是关于廉洁政治的特点、规律及其发展的理论,是研究政治如何保持廉洁,防止和克服腐败的学说,其范畴包括廉洁政治、廉洁行为、廉政思想、廉政制度、权力与权力商品化、廉政思想史与制度史等;研究廉政的方法论,不仅要从宏观角度探讨、揭示廉政的一般规律及其演变趋势,而且要从微观角度总结廉政研究的方式方法,这对于推动中国廉政学的创建将起到积极的作用。

四、制度建设理论

(一)党内民主制度建设研究

制度化是党的建设的基本要求。谢方意在《制度治党与执政党领导方式的变革》(《中共浙江省委党校学报》1998年第10期)一文中提出,执政党的制度建设为党的各项建设提供实现机制和实现方式的保证;制度治党的实质是按照执政党建设的客观规律,适应经济体制改革和依法治国的要求,促使党的建设规范化、制度化、法律化。

党内民主和民主集中制问题需要制度安排。韩锴在《关于贯彻执行民主集中制难点的思考》(《浙江学刊》2003年第2期)一文中分析了贯彻民主集中制的诸多难点,就民主集中制的内涵、外延、实质、程序、关系、监督机制等提出具体可操作的制度框架,以防范民主集中制贯彻得好坏仅取决于领导者个人素质的弊端。刘彦昌在《党内基层民主动力构成及其良性运行》(《中共中央党校学报》2009年第5期)将"党内民主推进动力"界定为党内民主的相关主体对推进党内民主建设的积极性以及在此基础上采取的行动;认为广大党员、党组织负责人和党的理论工作者是构成动力的主体,协调互动是其基本要求,而动力具有运行的不稳定性和发生的不同步性,应从积极方面审视其隐含的可培育性。胡承槐在《党内民主的政治哲学》(《中共中央党校学报》2010年第2期)一文中提出,马克思主义党内民主学说内容包含民主是党的首要政治原则;党员主体地位论是党内民主的理论基石;党内民主的核心问题是科学理解和正确处理民主与集中的关系;党内民主的实现形式是选举民主和参与民主。

浙江在党代会常任制和党代表任期制方面的工作,走在全国前列,引起理论界高度关注。余逊达在《党代会常任制:椒江的做法与思考》(《浙江学刊》2004年第2期)中将椒江的基本做法概括为五项制度,指出实行党代会常任制可以更好地发挥党代会的作用,改善党的领导方式,加强党内监督,提高党的执政水平。前浙江省委书记薛驹在《用邓小平党建理论指导党的代表大会常任制试点工作》(《浙江社会科学》2004年第5期)中总结了浙江省椒江市(区)16年党的代表大会常任制度试点工作经验,论述了如何用邓小平党建理论改进这项工作。蔡奇在《推进党代表任期制的思考》(《党建研究》2010年第10期)中就如何把握党代表任期制的工作规律、推动党代表任期制的工作突破,树立党代表良好形象等问题提出了意见。钱家栋在《地方党代表选举面临的困境及制度创新》(《理论探讨》2007年第3期)中提出,目前地方党代表选举中出现的一系列问题,折射出地方党组织在制度创新中面临复杂的两难困境,农村基层党组织推行的"两推一选"方式对完善和创新地方党代表选举制度有重要的借鉴意义。

(二)党的干部管理制度研究

干部队伍建设需要完善有效的体制来保证,浙江理论界对此多有论述。高国舫的《党政干部淘汰机制研究》(中共中央党校出版社2005年版)讨论了干部淘汰的"引咎辞职""末位淘汰""自愿辞职"等做法,提出了有关健全干部淘汰应完善的机制,包括选任机制、考核机制、运行机制、制约机制、淘汰教育机制、权利保障机制、淘汰后安置机制等。楼阳生《建立科学的干部考核评价体系意义重大》(《党建研究》2006 年第 3 期)一文认为,建立干部考核评价体系有三方面意义,即有利于推动经济社会全面发展、有利于在干部工作中充分发挥民主及有利于确立正确的用人导向。王柳在《推进科学发展的干部综合考核评价体系建设》(《浙江社会科学》2010 年第 12 期)中提出,建立科学发展的干部考核评价体系,就是要以科学发展观为标准来选拔、激励、管理和监督各级领导班子和领导干部,形成各个考核主体有机联系、互为印证的考核工作新格局。叶国文的《我国干部财产报告制度的建构及其完善》(《中共浙江省委党校学报》2010 年第 6 期),提出干部财产报告制度设计的本质在于建设一支政党有效领导、具有担当和服务意识、高效清廉的干部队伍。

第三章　哲学研究

哲学是关于自然界、社会和人类思维及其发展的最一般规律的学问(科),是理论化、系统化的世界观和方法论,是对自然知识、社会知识和思维知识的概括和总结。思维和存在、意识与物质是哲学的基本问题,唯物主义与唯心主义是哲学中的基本派别。哲学作为社会科学领域的一门基本学科,由五大类学科构成,元哲学(研究世界的元问题)、部门哲学(包括自然哲学、历史哲学、精神哲学)、应用哲学(如科学哲学、政治哲学、文化哲学、艺术哲学等)、历史哲学(中国哲学史、西方哲学史等)、其他哲学(如信息哲学、系统哲学等)(《社会科学学科辞典·哲学》,中国青年出版社1990年版)。逻辑学、美学、伦理学、宗教学是与哲学紧密相关的独立学科,本志将其列入哲学之门类。

浙江对西方哲学的传播与研究具有早期的先发优势。早在明代天启年间,李之藻与葡萄牙人傅讯际合译亚里士多德名著《寰有铨》《名理探》,后者为逻辑学在中国最初译本。清末,张相于1902年译《苏格拉底》,为最早的希腊哲学译介。蔡元培1903年最早完整地译介德国科培尔《哲学要领》。王国维自1903—1910年间,先后撰写了10余部哲学论著,最早介绍康德、叔本华等的哲学思想。陈大齐1918年著的《哲学概论》是国人自成体系的哲学专著。20世纪20年代之后,浙江最负盛名的哲学家要数张东荪,其注重于柏格森的创化论、罗素的新实在论、穆耿的相对论及康德的知识论,形成他"西学为体、中学为用"的新哲学体系,或挑起或主战民国时期中国哲学界的东西文化论战、科学与玄学论战、唯物辩证法论战,在当时影响甚广。这一阶段代表性学者还有钱智修、谬凤林、沈志远、吴亮平、黄子通、苏渊雷、詹文浒、潘公展、郑项川、金岳霖、赵紫宸、范寿康等。严群跨越1949年前后两个时期,为浙江从事西方哲学译介与研究的主要代表之一。

古代与近现代浙江在哲学与哲学史研究方面有丰富的原创性成果。汉以下有王充的天道哲学论、嵇康玄学论及道佛两家诸宗教哲学思想等,而治《易》是为侧重。宋代以降,浙江哲学思想丰富,这与浙江学术流派创建众多极有关系,哲学思想主导着众流派的学术流向与师承关系,后人对此研究归之于中国哲学史范畴。明代周汝登作《圣学宗传》;清代黄宗羲作《明儒学案》,又启《宋元学案》等;晚清有陈黻宸的《中国哲学史》;民国有马一浮的《泰和宜山会语》、单不厂的《宋代哲学思想史》、黄子通的《老子哲学》、金岳霖的《论道》、范寿康的《中国哲学通论》、查猛济的《六艺哲学概论》、蒋伯潜的《诸子学纂要》等。

中华人民共和国成立之后,马克思主义哲学的学习、普及、教学、研究在很长一段时间内,一直是浙江哲学界的重要任务。20世纪五六十年代,华岗的《辩证唯物论大纲》、胡绳的《辩证法唯物论入门》、沙文汉的《为什么要学习辩证唯物主义》、孙怀仁的《唯物辩证法读本》等总论唯物辩证法。冯定的《平凡的真理》(1955年重版)、薛克诚的《实践是客观矛盾统一的基础》(1957年版)注重实践哲学。吴亮平的《我国人民内部矛盾》、雷云的《因果论》(1958年版)力论矛盾规律。全增嘏的《不可知主义批判》、陈修斋译《科学与唯心主义的对立:对“纯粹经验主义”和近代逻辑的考察》、颜品忠译《现代唯心主义哲学的主要流派》亦为当时力作。70年代末80年代初,“实践是检验真理的唯一标准”这一马克思主义基本观点,成为中国改革开放之初解放思想的强大武器。1978年4月,浙籍著名哲学家邢贲思在《人民日报》上发表《哲学与宗教》一文,是为全国的“关于真理标准问题大讨论”之理论先兆。雷云、沈善洪、王凤贤、薛克诚、谷迎春等浙江学者各有所论,积极推动浙江思想解放的大讨论。浙江学者以马克思主义哲学为基础,在哲学原理、认识论哲学、价值论哲学、历史哲学、政治哲学、法哲学以及实践领域相结合的教育哲学、经济哲学、管理哲学、科学哲学、发展哲学等诸多方面涉足甚深。万斌著有《法哲学》《历史哲学》《政治哲学》,沟通了从古典哲学到现代哲学的理论之渠。王永昌的实践活动论,吴光的价值真理论,丁峻的思想进化论,赖金良的评价性认识论,马志政、郑仓元的直觉思维论,陈华兴的需要、应当概念论,刘井山的价值研究的方法论,郭祥才的社会发展论等,在学界颇具影响。浙江学者在中外哲学史方面也有多重研究。汪子嵩组织并与范明生、陈村富、姚介厚合作完成的《希腊哲学史》,是为宏论巨著,标志着中国古希腊哲学研究始立于世界学术之林。严群、方立天、陈荣富、包利民、章雪富、陶济、杨大春、王志诚、严建强、王渊明等皆有西方哲学史论著。沈善洪、王凤贤、吴光、杨太辛、朱晓鹏、雪克、管敏义、方祖猷、徐斌、徐规、仓修良、周梦江、滕复、钱明以及浙籍王仲荦、楼宇烈、南怀瑾、方立天等,皆专长于中国哲学史研究,著作宏富。同时,浙江学者如王元骧、杨成寅、陈望衡、张节末、刘操南、郑祥福、盛世豪、王维贤、陈宗明、黎祖交、张则幸、王晓朝、王志成在美学、逻辑学、宗教哲学以及西方马克思主义哲学等领域的研究,在国内亦占有重要的学术地位。尤其是对西方马克思主义理论、科学哲学等的研究,不仅在很大程度上创新了马克思主义,而且拓展了哲学基础理论和应用理论研究的视域。

第一节 哲学原理研究

哲学作为社会科学领域的一门基本学科,在浙江理论界具有较深的根基。在哲学基本概念和方法、认识论哲学、价值论哲学、发展哲学等方面,更是传播早、著作多、涉猎广、影响大,涌现了一批有名望的学者。

一、哲学的基本概念和方法

（一）哲学基本问题研究

浙江学者历来重视对哲学基本问题的研究和讨论。据汪林茂《浙江通志》（清代卷）评：浙江近代哲学思想产生于19世纪80年代之后，在陈虬、宋恕、汤寿潜等人所提出的政治、社会变革主张中包含着以“变易”为中心的进步哲学思想。而自觉地将哲学作为一门学术来研究，并作出比较系统阐述的则是从章太炎、王国维两人开始的。1899年，章太炎在《清议报》上发表《菌说》一文，表述了他的唯物主义和进化论思想。之后，他深入探讨了关于世界本源和认识的物质基础等问题，为中国近代哲学研究起到了积极的作用。王国维于1903—1910年间，先后撰写了《哲学辨惑》（《教育世界》1903年7月第55号）、《康德之知识论》、《释理》（《静安文集·释理》，1905年编订、1997年由辽宁教育出版社出版《静庵文集》新版）、《论性》、《叔本华之哲学及教育学说》《原命》等哲学论著，最早介绍康德、叔本华等人的哲学思想。20世纪上半叶，蔡元培最早完整地从日本翻译德国科培尔的《哲学要领》（商务印书馆，1903年），书中系统地介绍了哲学总论、类别、方法等哲学的基本问题。[①] 陈大齐《哲学概论》（北京大学出版社1918年），谬凤林《西洋古代中世哲学史大纲》（上海中华书局印行，1929年，刘伯明讲，谬凤林记），沈志远的《黑格尔与辩证法》（笔耕堂书店，1932年），吴亮平的《〈辩证法唯物论与唯物史观〉编译者序》（1930年10月，收录入《吴亮平文集》，中共中央党校出版社，2009年）、《思想方法上的革命》（与艾思奇合作），黄子通的《亚里士多德论本体》《康德论本体》《对于杜威哲学的批判》，潘公展的《罗素的哲学问题》（陶百川、季灏编《潘公展先生言论选集》，华美日报社，1974年），杜亚泉的《人生哲学》（商务印书馆，1929年），郑项川的《柏拉图与老庄韩非的比较》，茅盾的《尼采的学说》（《学生》第7卷2号，1920年），张东荪的《新哲学论丛》（商务印书馆，1929年），胡绳的《理性与自由》（华夏书店，1946年），陈立夫的《生之原理》（重庆正中书局，1944年），范寿康的《哲学通论》（中华书局，1935年）、《马克思的唯物论》（《东方杂志》，1921年），苏渊雷的《新哲学体系》（黄中出版社，1944年）等研究中，都涉及哲学基本问题的研究和讨论。

中华人民共和国成立之后，浙江理论界围绕马克思主义唯物论和辩证法及毛泽东《矛盾论》《实践论》等哲学思想展开学习和研究。如1955年，冯定重写出版《平凡的真理》（中国青年出版社1955年版）；1956年，他又撰《谈“百家争鸣”》（《哲学研究》1956年第3期）；他的哲学研究注重实践哲学，注重研究中国革命的逻辑，注重革新马克思主义哲学体系。雷云在1949年之后深受艾思奇《大众哲学》的影响，先后在《浙江日报》上发表20多篇有关马克思主义哲学、科学社会主义理论的文章，其1958年后出版的《因果论》（浙江人民出版社1958年版）则是立足马克思主义、学习毛泽东“两论”（《实践论》《矛盾论》）的哲学著作。吴亮平的《论我国人民内部矛盾》等文是用马克思主义基本理论解决现实问题的力作。王家甫、孙信华著

---

① 汪林茂：《浙江通志》（清代卷），浙江人民出版社2005年版。

《对劳动人民内部矛盾性质的一点看法——与卢良梅、薛克诚两同志商榷》一文，对卢良梅、薛克诚著《关于区分两类社会矛盾的两个问题》(《浙江学刊》1964年第3期)提出了商榷意见，并讨论了劳动人民内部非对抗性矛盾问题。① 华金、世和撰《劳动人民内部两条道路的矛盾有没有对抗性的一面——与卢良梅、薛克诚两同志商榷》一文，也参与了这次理论讨论。这类讨论还有薛克诚与邵宗杰关于心理现象变化、发展的哲学根据的讨论。邵宗杰发表有《试论心理现象变化、发展的根据》，薛克诚发表《对〈试论心理现象变化、发展的根据〉一文中的几个哲学观点的商榷》(两文分别载《杭州大学学报·哲学社科版》1962年第1、2期)。

20世纪70年代末80年代初，中国进入改革开放新的历史时期，浙江学者积极参与哲学基本问题、真理标准问题等的讨论，对解放思想、创新发展马克思主义哲学起到了积极的作用。陈村富的《唯意志论批判》(《中国社会科学》1980年第5期)一文，考察了从古到今哲学家们对意志的论述，包括叔本华、尼采唯意志论的形成过程，并从它的认识根源和阶级根源出发，说明从实践上、理论上肃清唯意志论影响的长期性。马志政的《应当正确理解哲学基本问题的第二个方面——与苍夫、金睿两同志商榷》(《杭州大学学报·社会科学版》1980年第3期)一文认为，哲学基本问题的第二个方面即辩证唯物主义的认识论只能用能动的反映论来表达，不能用"思维和存在的同一性"来概括。许德祥的《应当注重马克思、恩格斯解决哲学基本问题的"思维工艺"——兼谈决定作用和反决定作用》(《杭州师范学院学报》1981年第2期)一文认为，要使哲学学科许多问题的争论真正成为推动科学发展的手段，特别重要的是弄清马克思、恩格斯生产有关"产品"(如解决哲学基本问题)的"思维工艺"。任鹰的《论哲学基本问题和波普的"三个世界"——与黄顺基等同志商榷》(《哲学研究》1983年第3期)一文，针对黄顺基等同志提出的"当代英国科学哲学家卡尔·波普的'三个世界'的理论是在哲学基本问题上对马克思主义的发展"这一观点，指出波普的"三个世界"理论在哲学基本问题上摇摆于唯物论与唯心论之间，倾向于不可知论，这不是对马克思主义的发展，而是倒退。他的《再论哲学基本问题和波普的"三个世界"——与杜汝楫同志商榷》(《浙江学刊》1983年第2期)一文认为，国内哲学界对波普"三个世界"理论的另一种观点，如杜汝楫认为"三个世界"的理论不是一个本体论问题，"世界3"与柏拉图的"理念"和黑格尔"世界精神"是根本不同的观点。王凤贤的《区分黑格尔哲学的"内核"和"外壳"具有重要意义》(《探索》1985年第4期)也是当时讨论哲学基本问题的专论。赖金良的《当代哲学发展趋势与未来哲学展望》(《福建论坛·人文社会科学版》1986年第4期)对未来哲学的中心课题、本质特征和基本功能等，作出某种总体上的展望。其《寻求合理性的时代——兼论哲学思维方式的变革》(《浙江社会科学》1987年第1期)一文提出，哲学的时代化也就是哲学的现代化，人类历史上任何一次具有划时代意义的变化，都将导致哲学理论体系的更新。马志政的《谈谈哲学基本问题的根据》(《浙江师范大学学报·社会科学版》1984年第4期)通过对哲学基本问题的三种意见的分析，阐述了哲学基本问题的内涵和根据。另，董仲其的《哲学基本问题中"存在"的两种含义》(《浙江

① 王家甫、孙信华:《对劳动人民内部矛盾性质的一点看法——与卢良梅、薛克诚两同志商榷》,《浙江学刊》1964年第4期。卢良梅、薛克诚:《关于区分两类社会矛盾的两个问题》,《浙江学刊》1964年第3期。

社会科学》1990年第2期)等文在哲学基本问题研究方面关注存在的意义。孙和平的《论恩格斯如何扬弃"哲学基本问题"——兼论实践概念的主题性与非主题性》(《湖州师范学院学报》2005年第3期)一文,认为"哲学基本问题"仅仅是恩格斯对以往哲学的一个总结或终结,并且这个"基本问题"最终在历史唯物主义的实践观点中被彻底扬弃了。余卫国《全球化与当代世界哲学视域中的哲学基本问题》(《浙江社会科学》2009年第6期)一文认为,主体、语言和存在的关系问题是当代世界哲学视域中的基本问题,具体呈现以"存在论悖论"为表征的西方形态与以"言道悖论"为表征的中国形式,充分显示了哲学基本问题的普遍性、特殊性和全面丰富性。

围绕哲学基本问题,浙江学者还专文讨论哲学的功能与品格等问题。如马志政的《哲学功能问题沉思》(《杭州大学学报》1993年第1期)认为,哲学的初级功能是论证,基本的、本质的功能是探索;哲学与科学的关系应该是启发而非指导;哲学功能具有主体性、反复性或模糊性。黄爱华的《哲学品格论》(《江汉论坛》1991年第10期)提出了"哲学品格"的问题,指出哲学品格是哲学独特的特性及其相应的活动方式、行为规范、行为表现的总合,具有论理性、务虚性、广袤性、高深性、普遍性、批判性、反思性、求索性等品格。徐凤林的《索洛维约夫论哲学的功用》(《浙江学刊》2000年第6期)一文,从完整知识观出发,阐述了索洛维约夫关于哲学的功用问题,认为其将哲学基本问题定位于人生的根本问题,哲学的目的不仅在于理论知识,而且在于使人摆脱外在和内在奴役而获得真正自由。

浙江哲学界对哲学基本问题的讨论深入到古典哲学大师的元理论研究。汪俊昌的《论休谟哲学的真精神》(《浙江学刊》1997年第8期)一文认为,要想准确地把握一个哲学家思想体系的真精神,判明其哲学探究的真意图无疑是首要的前提,休谟哲学的意图是要提出一个新的方案对当时哲学进行根本的改造;休谟哲学的内核是自然主义的,正是这样一种自然主义才真正体现了休谟哲学的根本精神。张文喜的《历史经验与实践经验:欧克肖特哲学基本问题之讨论》(《浙江工商大学学报》2010年第3期)一文,认为欧克肖特哲学为健康政治学所必需的理论提供了历史哲学的支持,从而形成当代哲学的新的主题。

(二)哲学原理的学科讨论与学科建设

浙江学者对哲学原理在学科上划分有着许多独到的看法。如刘井山的《哲学教科书板块结构源头考辨》(《台州学院学报》2006年第4期)一文认为,中国的哲学原理在学科划分上等同于马克思主义哲学原理,缺乏独立地位,很多以"哲学原理""哲学导论""哲学教程"命名的论著,其内容都属于马克思主义哲学原理,基本结构为唯物论、辩证法、认识论、唯物史观四大块。这四大类板块结构实源于苏联哲学教科书,后者又脱胎于恩格斯《反杜林论·哲学编》的结构,未包括实践观、哲学价值观、人的本质观等马克思主义出现前的传统哲学问题,这些问题却深受马克思主义经典作家的重视。这提示人们,马克思主义哲学原理与哲学原理在外延上存在很大的区别,哲学原理不仅应该以马克思主义为指导,囊括马克思主义哲学首创的那些基本问题,也应该包括那些所谓的"旧哲学"的基本问题。黄爱华、郁建兴的《哲学教育、哲学教材与通识教育》(《学习与探索》2008年第5期)一文认为,《哲学原理》教学的功能应该是塑造哲学的品格，突出哲学的批判性，培养“爱智”精神，推进哲学的应用，增强哲学“导读”。黄爱华根据多年哲学原理教学的积累，编著了《哲学导论》(航空工业出版社 2003 年版)一书，以哲学的概念、哲学的功能、实在实体、意识的划分、自我意识和自我问题、决定论与自由、认识与怀疑、价值与道德等问题为切入点，而不拘泥于逻辑体系。庞学铨主编的《哲学导论》(浙江大学出版社 2005 年版)不同于一般哲学教材，而更强调学术前沿和研究动态，内容包括存在论、宗教哲学、知识学、美学、自我意识论、伦理学、历史哲学、哲学的当代展望等，其整体框架基于内容宽度、中西结合等考虑，聚合了各撰写者的新近研究成果。

二、认识论哲学

认识论是哲学的基本板块，包括了实践问题、真理问题、主体与客体问题、思维模式基本问题等。20 世纪八九十年代以来，认识论和认知问题逐渐成为科学哲学的核心议题。

(一)认识过程与实践观念研究

“实践观念”与实践哲学研究。在 20 世纪 80 年代，浙江学者对“实践观念”的研究，受到了国内哲学界的普遍重视和较高评价。赖金良著《科学实践观是马克思主义哲学的核心和灵魂》(《中共浙江省委党校学报》1987 年第 2 期)一文认为，马克思主义哲学在本质上是“实践的唯物主义”，马克思主义哲学创始人之所以能够实现辩证法和唯物论的真正统一，创立唯物主义历史观，使思辨的传统哲学转变为现实的实践哲学，正是因为他们创立和运用了科学实践观。王永昌的《理性认识回到实践活动的中间环节初探》(《哲学研究》1983 年第 2 期)一文，对“实践观念”的性质、功能、特点以及它与理性认识的区别等问题，作了系统的阐述。进入 90 年代，王永昌又出版专著《实践活动论》(中国人民大学出版社 1992 年版)，该书以马克思主义的哲学思想为基本理论轨迹，建构了一种实践活动的理论，提出在实践活动中主客体实现双向对象化，并论述了它的本质、内容和实现过程。在《走向理性王国的思考》(中国广播电视出版社 1994 年版)一书中，王永昌从理性王国、人的王国、实在王国、认识王国、真理王国、实践王国、价值王国、自由王国 8 个角度全面阐述了其认识论观点。郑祥福《应当多角度理解实践标准》(《浙江社会科学》1990 年第 4 期)一文认为，应当在相互作用基础上理解认识与实践的统一，并且多角度地理解实践标准。曹小荣的专著《实践哲学论》(浙江大学出版社 2006 年版)从什么是哲学、什么是实践思维方式等一系列问题出发，对哲学的本质、存在方式、研究对象、主题、功能等有关哲学的总体性问题进行探索，认为应该把哲学看成是一种人类社会发展中创造出来的文化形式，通过与科学、宗教、艺术等文化形式进行横向维度上的比较，在哲学与这些文化形式的相互区别和相互关联中达到对哲学本身更好的理解。丁峻的《思维进化论》(中国社会科学出版社 2008 年版)，结合对近几年来国外生命科学相关领域的前沿进展，介绍了当代生命科学前沿的十大知识进步及其技术成果，从科学机理的角度拓宽了认识论研究视野。

真理问题讨论。在相对真理与绝对真理研究方面，浙江学者提出了两种较有代表性的观点。王永昌的《相对真理之总和所构成的绝对真理是不存在的》(《国内哲学动态》1981 年第 2

期)一文认为,“无数相对真理之总和构成绝对真理”的提法割裂了真理的两种属性即相对性与绝对性的辩证关系,不符合人类认识的历史进程,那种包罗万象的、由无数相对真理之总和所构成的绝对真理,是根本不存在的。郑国平等的《关于“相对真理”与“绝对真理”之我见》(《江西社会科学》1983 年第 4 期)一文认为,追求“绝对真理”是一切形而上学、思辨哲学的奢望,不能把恩格斯所说的“思维的至上性”与“绝对真理”混为一谈,应放弃长期使用的“相对真理”与“绝对真理”这两个缺乏科学性的概念,代之以“真理的相对性与绝对性”。马志政的《相对真理与绝对真理之关系》一文则认为,从人类认识的辩证发展过程和经典作家的论述上,相对真理与绝对真理不是同一种真理的两种属性。① 汤蓉生在《谈谈相对真理之和所构成的绝对真理》(《实践》1981 年第 9 期)一文中认为,绝对真理是存在的,否定由相对真理之总和构成绝对真理,就必然会导致否定绝对真理。在真理的其他问题讨论方面,吴光的《关于价值真理的两点认识》(《浙江社会科学》1986 年第 5 期)一文,对“事实真理”与“价值真理”、价值主体与价值客体、认识主体与认识客体等论题作了较深刻阐述,着重探讨价值真理问题。郑祥福《走出真理问题的迷宫——论当代西方科学哲学的真理观》一文认为,当代西方科学哲学正从实证主义真理观向概率主义真理观转变,其基本方法是对反映各类决定性程度不同现象的理论或真理加以分类,并以此解决理论与实践之间关系的对称性。② 其《真理的语义分析及其检验》(《社会科学辑刊》1995 年第 6 期)一文,突破了绝对真理、相对真理的一般性框架,辩证地阐明了分析真理的方法、真理与检验标准之间的关系及其相关问题。余德华、马志政的《真理的近似性及其意义》(《浙江大学学报·人文社会科学版》1999 年第 5 期),把近似性规定为真理的本质属性,即把真理看作是主体对客体近似正确的反映,并在此基础上初步论述真理的近似性与相对性、客观性的关系,以及这一理解所具有的理论和现实意义。薛克诚著《客观真理刍议——兼评价值真理》一文对客观真理与价值真理的关系提出了自己的灼见③。

(二)认识分类与思维模式研究

在研究认识分类问题上,池舟人的《认识活动新分类论纲》(《福建论坛》1985 年第 4 期),以认识活动的横向结构为依据,把人类认识活动区分为复写性认识、比较性认识、对应性认识、评价性认识、反省性认识五种基本类型。赖金良的《评价性认识简论》(《人文杂志》1985 年第 4 期)一文认为,“评价性认识”与“反映性认识”不同,它不但具有客观性而且具有多元性,在特定范围内这一多元性又表现为阶级性,它是由价值关系的多重结构以及价值构成中的主体因素所决定的,因而按其本性来说是不可能排除的。郑仓元的《评价是一种特殊的认识活动》(《中州学刊》1994 年第 2 期)一文认为,评价作为人类一种特殊的认识活动方式,与认知、审美等认识方式既有不同又具有内在的统一性,在实际的认识活动中,这三种认识方式又是互相渗透难以分割的,人类正是由此实现人对世界的真正的、全面的把握。

---

① 马志政:《相对真理与绝对真理之关系》,《国内哲学动态》1985 年第 7 期。

② 郑祥福:《走出真理问题的迷宫——论当代西方科学哲学的真理观》,《中国社会科学》1996 年第 5 期。

③ 薛克诚:《客观真理刍议——兼评价值真理》,《哲学研究》1985 年第 9 期。

在研究思维模式方面，马志政、郑仓元的《试论直觉思维的内在机制》（《中州学刊》1990年第1期）指出，直觉思维是不同于逻辑思维和形象思维的一种基本思维类型，直觉思维发生的内在机制表述为：触发—联想—想象—识别—顿悟。郑仓元对思维模式进行了深入研究，在《论思维模式及其在认识中的作用》一文中，认为知识结构是思维模式所依存的基础，价值观念是思维模式的内聚力，情感结构是思维模式的驱动系统。① 他在《论思维模式的中介功能》（《中共浙江省委党校学报》2000年第3期）一文认为，思维模式是主体认识客体的非实体性中介，主体正是通过思维模式这一中介而达到对客体的能动反映的。黄爱华《纯意识是否存在——关于"默想"的三条推论》一文，从分析"默想"（Meditation）现象入手，认为意识并非在任何状态下都是存在的反映，意识除了对象意识与自我意识两种形态外，还存在第三种形态；所谓"纯意识状态"是部分宗教经验非神秘化的解释，而纯意识作为一种特殊的意识，是可能的、存在的。②

21世纪初，浙江学者对西方科学认识论有较多研究。洪伟《科学认识论的五形态及其对人工智能的意义》（《自然辩证法研究》2004年第2期）一文认为，现代西方科学认识的研究出现了五种形态，即进化的认识论、自然化的认识、认知科学、认知的神经科学和社会化的认识论等，它们对人工智能具有基础性研究的意义。丛杭青《什么是科学的社会研究》（《科学学研究》2003年第3期）一文认为，认识论在历史上的发展凸显了知识的社会维度，而大科学凸显了科学的社会研究的重要性，科学的社会研究已成为多学科交叉的领域，不同学者使用不同方法和概念形成社会研究之势。

（三）认识主体与认识对象研究

在认识主体与认识对象的关系问题上，浙江学者较早把"对象化理论"引入认识论研究。赖金良的《试论认识对象的生成和发展》将客观世界与认识对象区别开来，强调认识对象是在人类实践活动中不断生成和发展的"人化的自然"，认为只有通过人类活动的影响和作用，本原地独立外在的客观世界，才能获得作为认识对象的那种属性而成为人类主体的认识对象；纯粹独立外在的客观事物，既不是对象也不具有对象性，没有认识主体就没有认识对象，反之亦然。③ 在讨论中，浙江学者也提出另一种观点。如奚从清的《人化的自然与认识对象》（《浙江学刊》1984年第2期）一文认为，认识对象包括三个层次：经人加工改造过的客观事物即"人化的自然"，尚未与人发生具体联系的纯粹自然界，已进入人类视野范围的外部客观事物，"人化的自然"只是认识对象的一部分而不是认识对象的全部。

主体与客体的关系是认识论的另一个核心问题。马志政、刘井山《近年来哲学争论与研究动向》（《浙江社会科学》1993年第2期）认为，这一讨论以1987年为界，此前为第一时期，主要就认识论领域讨论主客体，提出了认识主体、认识客体以及两者关系。1987—1990年为第

---

① 郑仓元：《论思维模式及其在认识中的作用》，《江汉论坛》1989年第7期。

② 黄爱华：《纯意识是否存在——关于"默想"的三条推论》，《哲学动态》1993年第6期。

③ 赖金良：《试论认识对象的生成和发展》，《哲学研究》1982年第1期。

二个时期，重点是讨论主体和主体性原则问题。在讨论中出现了超越认识论和历史观，跃进到从一般和总体的角度讨论哲学的主体性原则的动向。为此，马志政撰《"主体性原则"质疑》(《人文杂志》1992年第6期)，指出主客体辩证统一的原则才是马克思主义哲学的最根本原则。黄爱华撰《论自我意识的负向效应》(《社会科学战线》1993年第5期)认为，西方哲学为了弘扬人的主体性特征，对自我意识推崇太过，忽视了自我意识在现实中会陷入保守与偏见的负向效应。郭祥才《论知识经济条件下的主体革命》(《中共浙江省委党校学报》1999年第3期)一文认为，知识经济是高度主体化的经济，为了迎接知识经济的挑战，人们必须从主体价值观念、主体认知结构、主体劳动技能、主体行为方式、主体社会关系等5个方面进行自身的革命。

针对国内哲学教科书常把"否定彻底认识世界的可能性"视为"不可知论"，赖金良在《是不可知论，还是马克思主义认识论》(《学术月刊》1981年第5期)一文中认为，"否定彻底认识世界的可能性"，是马克思主义认识论的一个重要思想和必然结论，它与"不可知论"毫无共同之处；在永恒的无限的客观世界面前，关于"彻底认识世界"的任何想象中的可能性，立刻变成了实际上的不可能性；思维与存在、对客观世界的认识与客观世界本身，就像两条渐近线，随着人类认识的发展和深化而一起向前延伸，彼此不断接近但永远不会相交。1991年，浙江科技出版社出版由张巨青、刘文君主编的"认知与方法丛书"，多角度、多层次地探索了科学哲学的主要课题即现代科学发展的认知与方法论。

21世纪初，浙江学者从一种新的角度去认识哲学认识论问题。王雅君《认识论研究的主体间性视域》(《中央党校学报》2003年第2期)一文认为，现代认识论是建立在主客体内的同一的主体间性思维方式基础之上的新一代哲学认识论，它从人的现实生存活动出发去探索人、世界、人与世界的关系，强调人的本源的生存方式是"世界""人"以及"人与世界关系的奥秘"和深层根据，从而使哲学重新回到了人间，为人类生存提供意义与价值支撑。

三、价值论哲学

(一)事实认识与价值认识研究

浙江学者对这个问题的研究起步比较早，并提出了在国内哲学界具有较大影响和代表性的两种不同观点。王永昌的《"事实检验"与"价值检验"》(《国内哲学动态》1983年第2期)一文认为，对认识的检验具有双重性，是事实检验与价值检验的统一；"事实检验"是看人们的认识是否符合外界的客观事实，"价值检验"则是看被改造的客体的变化即实践结果是否符合人们的需要和利益；事实检验在眼前的、局部的、实践者本人的实践活动中就能解决，而价值检验则主要诉诸于社会的、历史的实践活动，通过长远的、宽广的、亿万人民的实践活动才能解决。此后，浙江学者把认识区分为事实认识与价值认识。赖金良的《论事实认识与价值认识及真理的阶级性》(《江海学刊》1984年第1期)一文认为，"价值认识"是人们按照一定的利益标准和目的要求，对客观事物价值属性的认识，是社会科学领域所特有的反映形式；与此相应，社会科学中的真理，也有以事实为认识对象的事实真理与以价值为认识对象的价值真理之分，它们是既统一又矛盾的；在社会科学领域中，事实真理一般没有阶级性，价值真理则往往具有阶级性。20 世纪 90 年代后，赖金良把对这个问题的思考延伸到社会科学的基本属性的问题上，认为社会科学的研究对象是一个事实与价值相统一的世界，社会科学研究必须为价值判断提供科学的根据和客观的基础，社会科学家在作出价值判断或评价时应该基于人类社会的价值追求和价值标准，必须“祛除”那些基于个人主观好恶的价值判断或价值评价。①

（二）人的价值、人道价值研究

人的价值与人道价值引入价值论研究。赖金良的《主客体价值关系模式的方法论特点及其缺陷》(《浙江社会科学》1993 年第 1 期)认为，国内流行的“主客体关系模式”导致了一种关于价值本质的效用主义解释，这意味着对人的拒斥和消解，它使价值论研究丧失了人学的基础。为此，他相继发表了《人道价值的概念及其意义》(《天津社会科学》1997 年第 3 期)、《实然之“人”与应然之“人”——关于“人”的概念的语用语义分析》(《人文杂志》2004 年第 4 期)、《哲学价值论研究的人学基础》(《哲学研究》2004 年第 5 期)等文，从批评“主客体关系模式”及其对人的消解入手，恢复“人”的概念在价值论研究中的轴心地位。此前，薛克诚著《人的哲学——马克思主义人学理论新探》(中国人民大学出版社 1992 年版)一书，参与人学及其价值的讨论。

“需要”和“应当”的价值论研究方面，陈华兴的《论需要概念的理性实质及其意义》一文认为，需要是以人类理性为其实质内涵的，故不应该从存在论意义上来理解人的需要，而应该从人的本性意义上去理解需要概念，把以主体能动性为基本内容的人的本性看成是需要的本质内容，而“应当”是主体在现实实践过程中对其目的的合理追求。② 他在《应当：真理性和目的性的统一》(《哲学研究》1993 年第 8 期)一文中指出，这种主体的追求，凝结着主体的能动性，体现了“人的本质力量”，其所追求的目的，是建立在对世界认识的真理性的基础之上的，追求目的的方式既合乎客观世界的规律，也合乎主体的目的，因此是合理的。

20 世纪 90 年代以后，随着中国改革开放的不断深入，传统利益分配格局受到很大冲击，转型催生了价值观念的变革。郑仓元、何建化著《转型时期价值观变革和构建》(杭州大学出版社 1997 年版)一书紧密结合转型期实际，对价值观的变革与构建作系统研究和论述，是一部探索性兼有开拓性的价值观理论专著。对社会主义价值和价值观问题，刘井山发表了一系列论文，认为研究社会主义价值和价值观所应当遵循的方法论原则，最根本的是要坚持价值观与科学的历史观相统一的原则。③ 潘于旭《“需要”问题与价值论的“难点”》(《哲学研究》1993 年第 1 期)一文认为，关于价值及其本质的界定问题，一直是中国学术界争论的焦点，他提出了用主体的需要及其满足来规定价值的含义和本质的命题。其与李德顺合著《经济价值与人文价值——论区分两种价值的理论基础和意义》(《哲学研究》1995 年第 7 期)一文认为，

---

① 赖金良：《什么是社会科学以及社会科学的客观性》，《哲学研究》1996 年第 6 期。

② 陈华兴：《论需要概念的理性实质及其意义》，《哲学研究》1994 年第 6 期。

③ 刘井山：《关于研究社会主义价值和价值观的方法论问题——兼答王锐生同志》，《哲学研究》1992 年第 5 期。文中所涉王锐生，有《社会科学导论》《马克思主义哲学与现时代》等论著。

经济价值和人文价值都是哲学价值概念的子概念，是两种不同的价值类型，可以从哲学角度分析两种价值的理论基础和意义。许永旺、刘井山《论中国特色社会主义价值观念的时代性》（《杭州大学学报·哲学社会科学版》1998年第1期）一文认为，“和平与发展”的时代主题，在价值取向、价值目标、价值标准、价值规范上给中国特色社会主义价值观念打上了鲜明的时代印记，而价值观念和时代的双向互动关系，使中国特色社会主义价值观念在塑造时代精神、推动时代发展方面起着重要作用。郁建兴、朱旭红的《社会主义价值学导论》（浙江人民出版社1997年版）是浙江学者关于社会主义价值和价值观问题较早面世的专著。该书讨论了社会主义价值和价值观研究的必要性、重要性，提出了研究的范式并把社会规范价值当作价值论研究的重要内容，以确立真正的自由、平等、正义、民主、和平的社会主义价值观。马志政等著《哲学价值论纲要》（杭州大学出版社1992年版）一书，是中国哲学界在马克思哲学价值理论研究方面的一部专著。袁昱明《康德哲学体系中的价值论命题》（《广播电视大学学报·哲学社会科学版》2000年第3期）一文认为，价值论命题是康德哲学的目的论理论由认识判断中剥离而划归价值判断的，其避免了因哲学史上长期误用认识判断越界处理价值判断对象而造成的哲学独断。赖金良《关于价值哲学与价值科学的思考》（《学术月刊》2006年第9期）一文认为，价值问题是哲学问题，同时也是科学问题，价值哲学与价值科学的齐头并进及彼此互补，将是价值研究真正走向成熟的标志。

四、发展哲学

（一）发展哲学与中国的发展研究

发展哲学是20世纪末全球对发展问题和发展实践的哲学总结，是马克思主义哲学的一个时代主题。浙江学者对此多有研究，如孙跃纲《比较思维视野下的发展哲学》（《宁波大学大红鹰学院学报》2009年第4期）认为，发展哲学是一种关于“现实的人”生命活力与存在本质的世界观，以人的价值扩展作为核心范畴的人学与历史哲学。这一方面的研究，涉及马克思主义跨越发展理论研究。

浙江学者重视当代社会主义发展路径研究。如方民生等《浙江制度变迁与发展轨迹》（浙江人民出版社2000年版）一书，从制度主义角度，论述区域性的社会发展问题。陈华兴《普遍性的迷雾——论全球化的本质和当代社会主义的发展路径》（《浙江学刊》2005年第5期）一文认为，全球化浪潮有它的人性基础和现实的社会基础，但隐藏在这些人性基础和现实的社会基础后面的仍然是资产阶级的利益原则；因此，既要看到它存在的现实性，又要看到它存在本质是否具有合理性；应依据社会主义的价值立场判别各种纷繁复杂的现象，为社会主义的进一步发展找到现实的路径。郭祥才、郑仓元等从哲学高度揭示和回答中国社会发展和现代化实践过程中所面临的重大实际问题，合著《社会发展理论与现代化实践》（浙江人民出版社2000年版）一书，阐述了社会发展的基本理论及其实践重点。

（二）发展哲学学科理论与应用研究

对发展哲学学科建设，孙跃钢《“现实的人”的世界观：发展哲学》（《学习论坛》2009 年第 4 期）一文，较系统地论述了发展哲学学科理论构建问题，认为发展是主体实现发展理想、提升生存状态的实践活动，只有发展才是人的真正本质，是人的社会性、历史性的存在方式；从人的生命价值与存在方式视角理解发展，构建发展哲学，应该成为当今马克思主义哲学中国化、当代化、大众化、生活化的最佳选择和有效出路。其以发展哲学来解释当代中国宏观的和微观的发展问题，撰有《发展哲学视野下以人为本的主题透视》（《南方论坛》2010 年第 4 期）、《发展哲学视野下的当代消费》（《宁波大红鹰学院学报》2010 年第 1 期）等。

第二节　哲学史研究

哲学史是哲学的重要分支学科，狭义上可以分为中国哲学史和西方哲学史两个方面，它标明着人类哲学思想进步的历程。浙江学者对于哲学史的研究，经过数百年的努力，成果丰硕，并逐步形成了以中国哲学和古希腊哲学为研究重点的多向发展格局。

一、西方哲学与西方哲学史

浙江是中国最早受到西学东渐影响的地区之一，不乏对于西方哲学的研究。早在明代天启年间（1621—1627 年），仁和人李之藻与葡萄牙人傅汎际合译亚里士多德名著《寰有铨》6 卷、《名理探》（上海徐汇光启社五卷排印本，1932 年），《名理探》为逻辑学在中国最初之译本。至近现代之际，其中最活跃、最多产、最负盛名的学者之一的杭县人张东荪，早在 20 世纪 20 年代，就对西方现代哲学各个流派著有译作介绍，尤其注重于柏格森的创化论、罗素的新实在论、穆耿的新创化论、相对论哲学及康德的知识论。在这一过程中逐步形成他“西学为体，中学为用”新哲学体系（《张东荪讲西洋哲学》，岳麓书社 2007 年版），挑起或主战民国时期中国哲学界的东西文化论战、社会主义论战、科学与玄学论战（人生观论战）、唯物辩证法论战（又名哲学论战），著有《科学与哲学》（商务印书馆，1924 年）、《出世思想与西洋哲学》（《东方杂志》第 22 卷 18 号，1925 年 9 月 25 日）、《新哲学论丛》（商务印书馆，1929 年）等论著。1949 年之后，严群为浙江哲学界专门从事西方哲学翻译研究的代表人物。20 世纪 70 年代末以来，浙江外国哲学研究不断发展，不仅培养了一批西方哲学研究的中流砥柱，而且形成以古希腊哲学研究为重点的译介和研究格局，在追寻现代西方哲学思想的过程中，取得了可喜的成绩。

（一）希腊哲学及其哲学史研究

古希腊是世界文化的渊源之一，古希腊哲学是浙江学者对西方哲学研究的重点。早在 20 世纪 30 年代，严群便发表了《柏拉图》和《亚里士多德之伦理思想》（商务印书馆 1933 年版）两部专著以及一批论文。其中，《亚里士多德之伦理思想》一书，根据国际最权威的纽曼版本，参照其他希腊文、英文版本和注释写成，在学术界享有很高的声誉。1963 年，商务印书馆又出版其翻译的柏拉图作品《泰阿泰德》和《智术之师》。20 世纪 80 年代初，严群撰写的《分析的、批评的希腊哲学史》（商务印书馆 1981 年版），打破了以往的两条路线、两种派别斗争的简单化模式，言简意赅地分析了从泰勒士到原子唯物主义的哲学思想的发展，对许多问题有独到见解。著名希腊哲学史专家汪子嵩师从陈康学习希腊哲学，20 世纪 80 年代后著有《古希腊的民主和科学精神》（三联书店 1988 年版）、《亚里士多德 · 理性 · 自由》（河北大学出版社 2003 年版），并与王太庆合编《陈康论希腊哲学》（商务印书馆 1990 年版）等；其 1983 年出版的《亚里士多德关于本体的学说》（人民出版社 1983 年版）一书，主要介绍了亚里士多德《范畴篇》和《形而上学》中关于本体的各种分析论证，并阐述其前后的思想变化发展。随后又负责编写并与范明生、陈村富、姚介厚合作完成《希腊哲学史》（人民出版社 1997—2010 年版）4 卷巨著，该著由三代学人共同奋斗 28 个年头，总计 6518 页，它标志着中国古希腊哲学研究取得了足以立足世界学术之林的成就。

20 世纪 80 年代后，姚介厚除合作完成《希腊哲学史》3 卷本外，还著有《柏拉图的〈国家篇〉导读》（四川教育出版社 2002 年版）、《西方哲学史》第 2 卷《古代希腊与罗马哲学》（江苏人民出版社 2005 年版）、《西欧文明》（中国社会科学出版社 2002 年版）等。尤其是《西欧文明》（与李鹏程、杨深合作）一书，在西欧文明的进程中，论述了古代希腊与罗马哲学的理性传统与人文精神。陈村富的《巴门尼德》①，对巴门尼德哲学思想和一些哲学命题提出了新的见解，受到学术界关注。其论文《关于亚里士多德的哲学体系》和《亚里士多德的阶级基础》（《外国哲学史研究》集刊第 2、4 辑，上海人民出版社 1981 年版、1983 年版），从亚里士多德实体、形式、质料、潜能、现实 5 个基本范畴出发，揭示了亚里士多德调和唯物主义和唯心主义，最后倒向唯心主义的认识论根源和阶级根源。包利民的《生命与逻格斯》一书，突出研究了古希腊哲学中的伦理思想，并以伦理原则为主线贯穿了古希腊哲学中的核心概念，阐发了古希腊哲学思想。② 庞学铨的《也论巴门尼德的存在论的性质和地位》（《外国哲学》1986 年第 6 期）、王晓朝所著《伊壁鸠鲁》（山东人民出版社 1987 年版），以及汪俊昌的《泰勒的市民社会概念》（《浙江学刊》2001 年第 5 期）都曾在学术界产生了一定的影响。

21 世纪初，章雪富的《希腊哲学的 BEING 和早期基督教的上帝观》（中国社会科学出版社 2005 年版）、《基督教的柏拉图主义》两专著，论述了古希腊哲学与早期基督教哲学之间的关系，将古希腊哲学研究和中世纪基督教哲学研究结合起来。此外，浙江学者对普罗泰格拉、亚里士多德等人的研究，对毕达哥拉斯学派和柏拉图认识论、辩证法的探讨，都表明他们对古希腊哲学的主要流派、人物和范畴的理论兴趣、深入的研究和独到的见解。

（二）德国古典哲学及其哲学史研究

浙江学者对德国古典哲学的研究起始较早。20 世纪初，王国维从德国近代哲学家康德、

① 《外国哲学家评传》（第 1 卷），齐鲁书社 1983 年版。

② 包利民：《生命与逻格斯》，东方出版社 1996 年版。

叔本华的学说开始其哲学研究，在中国最早介绍康德与叔本华等人的哲学思想。张东荪是民国时期中国早期新康德主义的主要代表之一，对在中国系统介绍传播和研究康德及其后学的哲学方面作出了贡献。他对康德的先验论作以批判，对康德的宇宙论作以修正，力图以认识论为核心构筑具有本土特点的哲学思想体系①与以宇宙观为基础的人生观②。1932 年，沈志远著《黑格尔与辩证法》(笔耕堂书店，1932 年)，以其深厚的西方哲学基础，学习、理解马克思主义哲学，成为中国马克思主义早期理论家。20 世纪 50 年代之后，浙江学者通过马克思主义、列宁主义哲学理论，了解并研究德国古典哲学。80 年代之后，黎祖交《判断分析之我见》(《北京师范大学学报》，1984 年)一文，分析了康德哲学中的理性因素，是对德国古典哲学作尝试性研究。20 世纪末，严建强、王渊明合著的《西方历史哲学》(浙江人民出版社 1997 年版)，全面系统地认识和反思了西方哲学，并将西方哲学研究的焦点转向了现代西方哲学；回顾了自圣奥古斯丁以来历史哲学在各不同时期的变化及其特征，试图从历史的角度探寻这一变化的原因。

21 世纪初，郁建兴试图通过对黑格尔政治哲学，特别是自由理论的回顾性的考察，为当代方兴未艾的"自由主义讨论热"提供一些有价值的启示。这些都有力地推动了浙江西方哲学研究焦点向现代哲学靠拢。③

(三)现当代西方哲学研究

现当代西方哲学研究成为国内热点，也是浙江哲学界研究的重点。陶济所著的《现代西方哲学与现代派文学的关系》(《文艺研究》1983 年第 6 期)，讨论了现代西方哲学与现代文学之间的关系，创造性地揭示出哲学思维与文学创作之间的关系。孙周兴选编的《海德格尔选集》(上海三联出版社 1996 年版)，系统地介绍了海德格尔的哲学思想，在一定程度上展现了作者对海德格尔哲学的理解。夏基松、戴文麟编著《现代西方哲学流派评述》(上海人民出版社 1988 年版)，郑杭生主编《现代西方哲学主要流派》(中国人民大学出版社 1988 年版)，郑祥福的《范・弗拉森与后现代科学哲学》(中国社会科学出版社 1996 年版)，张国清著《无根基时代的精神状况——罗蒂哲学思想研究》(上海三联书店 1999 年版)，郑祥福和洪伟合著《科学的精神——当代西方科学哲学中的认识论问题研究》(上海三联书店 2001 年版)，沈语水(余杭人)著《透支的想象：现代性哲学引论》(学林出版社 2003 年版)等都是对现代世界和现代哲学的研究专著，反映了浙江学者对时代的关怀和将社会现实与哲学理论相结合的努力。

21 世纪初，杨大春的《感性的诗学：梅洛－庞蒂与法国哲学主流》(人民出版社 2005 年版)围绕身体、语言、他者、自然等方面对法国著名现象学家梅洛－庞蒂进行了全面深入的研究；他的《语言・身体・他者：当代法国哲学的三大主题》(三联书店 2007 年版)，围绕意识哲学解体的语言、身体和他者三个维度来探讨当代法国哲学，是对当代法国哲学进行整体的、系

---

① 《西洋哲学——张东荪讲西洋哲学》，东方出版社 2007 年版。
② 王国银：《张东荪的人生观》，《湖州师范学院学报》2001 年第 1 期。
③ 郁建兴：《自由主义批评与自由理论的重建：黑格尔政治哲学及其影响》，学林出版社 2000 年版。

统的阐释的尝试。陈永胜所著《现代西方宗教心理学理论流派》(人民出版社 2010 年版),对现代西方宗教心理学理论流派的考察聚焦于宗教哲学取向,并搜集、整理和钻研主要流派代表性人物的重要原著,以期通过对原著的挖掘以及其他史料的具体佐证,把握其理论或学说的本质特征。王志成著《解释与拯救:宗教多元哲学论》(学林出版社 1996 年版)以宗教对话的立场,多元性的研究宗教以及宗教的现代意义;其后又著《全球宗教哲学》(宗教文化出版社 2005 年版),以及王桂彩的《宇宙、神、人共融的直觉:跨文化视域下的新实在观》(《浙江大学学报·人文社科版》2006 年第 4 期)等一系列作品再一次将西方哲学研究的焦点转移到宗教哲学论题。姚介厚以现当代欧美哲学见长,著有《当代美国哲学》(三联书店 1996 年版)、《当代美国社会伦理学说论评》(《哲学研究》1999 年第 3 期)、《回眸 20 世纪西方分析哲学和相关的科学哲学》(《国外社会科学》2001 年第 3 期)、《后现代问题和后现代主义哲学与文化》(《国外社会科学》2009 年第 5 期)等,在外国哲学史研究方面有较大影响。

二、中国哲学史

中国古代并无哲学概念的学术分类,只单独使用“哲”字,泛指明智、明理之意,举例中国古代哲学思想,必牵系中国思想史,甚至更直接牵系“学案”“传录”等。近现代学者常以此为立足点,从中国学术思想史研究中寻找中国哲学史踪迹。浙江学者著学术史并及哲学史体例有二:一是学案体和记传体。明代周汝登作《圣学宗传》18 卷,尽采先儒语类以入。清代黄宗羲著《明儒学案》,又作《宋元学案》17 卷并序而卒。二为史论体。有晚清陈黻宸著《中国哲学史》、单不厂著《宋代哲学思想史》《宋儒年谱》,黄子通《儒道两家哲学系统》与《老子哲学》,何炳松著《浙东学派溯源》,范寿康著《中国哲学史通论》等,以及范文澜于 1949 年出版的《中国通史简编》关于各代学术史。1949 年之后,浙江中国哲学史研究相对薄弱。但由于浙江学者长期对浙江历史文化的重视,已形成中国哲学研究的传统,因此至 1980 年之后,很快在国内形成气候,取得了丰硕的研究成果。

(一)先秦哲学及哲学史研究

先秦哲学历来是中国哲学史研究领域的重镇。陈黻宸著《中国哲学史》[收入《陈黻宸集》(上下册),中华书局 1995 年版],始“总论”,末“太公”,详述了如老子、庄子、列子、管子、商君、韩非子、墨子、屈原、荀子、吕氏春秋等诸子哲学,以及上古伏羲、神农、仓颉、力牧、风后、岐伯雷公、鬼臾区、容成子、蚩尤、少皞、颛顼、帝尧、大禹、皋陶、契、益、稗等原始哲学思想。1949 年,范文澜著《中国通史简编》第一、二编(人民出版社 1949 年版),书中专章叙述商周思想文化及孔子儒家学说、墨家学说、孟子、老子、荀子等各家哲学思想。

20 世纪八九十年代,吴光《黄老之学通论》(浙江人民出版社 1985 年版)是系统而完整地考察和评价黄老之学关于整合道家思想史的著作,该著认为黄老之学形成于战国时代,对先秦社会思潮、社会政治思想产生过很大影响。吴光《〈文子〉新考》(《河北师范学院学报》1984 年第 2 期)、刘操南的《孔子删〈诗〉初探》(《杭州大学学报》1987 年第 3 期)以及刘明的《庄子原始乐学哲学思想初探》,站在一个全新的角度来解释先秦哲学。杨太辛的《论荀子的学术批评》，以批判和客观的立场重新评价荀子哲学的起源、内容、影响及其学术内部种种观点之间的联系和张力。① 另有雪克辑点的《十三经注疏校记》是较早的《十三经注疏》（齐鲁书社1983年版）点校本，管敏义《吕氏春秋译注》（宁夏人民出版社1988年版）一书全面、系统地注释了《吕氏春秋》，对于浙江的先秦哲学研究有一定的指导作用。

21世纪初，徐儒宗著《中庸论》（浙江古籍出版社2002年版）一书深究儒学中庸之道，认为自尧、舜、禹、汤、文、武、周公世代相传的中道，经由孔子的继承发展而为中庸之道，为儒家学说的方法论。张涅的《先秦诸子哲学研究论集》（上海古籍出版社2005年版），在梳理先秦诸子各派思想流变的基础上，对诸子之间的思想分野进行了重新界别，诸多篇章皆由概念考辨入手探究其思想本旨，使先秦思想史的某些点面得到更为具体深入的彰显。朱晓鹏的《智者的沉思——老子哲学思想研究》（商务印书馆2009年版），从老子哲学的产生和发展、"道"的形上学、"为道"的认识论、否定的辩证法、"退化"的社会历史观、无为主义的政治哲学、人生的睿智、自然主义的审美观等8个方面，为理解老子哲学思想提供全新的视角。

（二）汉唐的哲学及哲学史研究

东汉王充在中国哲学史上具有十分重要的地位。他所著《论衡》继承并发展了荀子"形具而神生"的唯物主义命题，完善了扬雄、恒泽的唯物主义形神论和"元气自然论"的唯物主义原则，使中国朴素唯物主义对于说明世界发生、发展的范围得以拓展扩大，从而直击当时宗教迷信的灵魂不死、鬼神迷信思想，在理论上摧残了宗教神学目的论。其理论不仅强调了唯物主义经验论，而且反映了哲学认识史上曲折迂回的过程（王志邦《浙江通史》秦汉六朝卷，浙江人民出版社2005年版）。魏伯阳著《周易参同契》一书，把中国传统科学的思想基础——阴阳的概念，引入炼丹术，认为炼丹之道与易理相通而契合，在书中借《周易》爻象论述炼丹修仙之术，对后世研究生命哲学也具有一定启示。

魏晋会稽为世族玄学清谈之盛地，而佛教"六家七宗"中，儒学、玄学思想居于其中。南朝全缓（钱塘人），幼受《易》于博士褚仲都，治《周易》《老庄》，时人言玄者皆推之。南朝顾欢（盐官人），撰《老子义纲》《老子义疏》（《南齐书·顾欢传》卷五十四），作《夷夏论》（《南齐书·顾欢传》卷五十四）以论佛道两家的是非优劣。余姚虞氏家族于经学多有造诣，最有影响的是《易》学，虞翻《易注》（《隋书·经籍志》著录）是为治《易》名篇，又有《老子》《周易日月变例》等。其子虞耸作《穹天论》，认为天形穹隆如鸡子，幕其际，周接四海之表，浮于元气之上。虞喜著《安天论》，以难浑天说与盖天说，主张"天高穷于无穷，地穷测于不测"，发展了昼夜说的宇宙无限思想。虞氏世族对天体讨论的上述两论，上溯汉代王充等天体理论，奠后世宇宙理论之基，在中国科技哲学史上占有重要地位。

东晋时高僧逐渐向会稽云集，佛理成为僧侣名士言谈的一大命题，其共同特点是用老庄思想理解佛教，结合佛学与玄学、般若与老庄思想，促进佛教哲学思想之研究。代表作有谢敷合注《安般守意经》、孙绰《喻造论》、郗超《奉法要》、谢灵运《辨宗论》等。谢灵运等社会上层名

① 杨太辛：《论荀子的学术批评》，《哲学研究》1992年第10期。

士对佛教深入的理解和阐述与竺道生对“佛性”以及“顿悟”的解释等，为5世纪上半叶中国思想史上最引人注目的风景。六朝时期，对浙江道教发展影响最大者为葛洪、陆修静、陶弘景等。葛洪儒道兼修，著《抱朴子》，集仙道理论之大成，创立神仙道教理论体系。南朝陆修静辑《洞真》《洞玄》《洞律》“三洞经书”，主张三教融合，哲学观倾向气神相随相宗的思想。

隋唐时期，哲学思想呈儒、释、道兼宗，各有发展。浙江为天台宗发祥地，高僧智顗创“三谛圆融”说，这一学说包含了任何一个事物皆由各种条件而生成的，因而非永恒存在，是从本体和现象相统一的角度去认识合理性因素的佛教哲学。① 在佛教哲学发展的同时，道教哲学在唐代也有所发展，浙地尤盛。司马承祯提出“主静”“收心离境”学说，著《坐忘论》。杜光庭纳儒入道，将孔孟思想融入老君之道，自觉运用玄学“有无双遣”的理论与方法去沟通宇宙论和心性论，促使唐代道教宇宙本体论向以道性为核心的心性论转型，其学说是对隋唐之前中国道教哲学的总结。唐末五代，皮日休著《皮子文薮》10卷反映了其主要的儒学思想。罗隐著《两同书》10卷(《罗隐集校注》，浙江古籍出版社1956年版)是一部从哲学角度表达政治的理论著作，认为老子学说与孔子学说既对立又统一，将老子的某些理论纳入儒学的轨道，在中国古代辩证思想发展史上是一位值得重视的人物。②

后世浙江学者多有对汉唐哲学及哲学史的研究，有宋明至清代胡应麟、黄震、章太炎之辈对王充《论衡》的哲学思想的评论。胡瑗《洪范口义》、周敦颐《通书》等专述汉唐以往的中庸哲学。刘伯温《黄金策》有解魏晋玄学之妙。

现当代浙江学者对汉唐哲学与哲学史的研究。如南怀瑾专攻唐代般刺密谛，译《楞严经》，20世纪60年代完成《楞严大义今释》《楞伽大义今释》(复旦大学出版社2006年版、2001年版)两部大著，是偏重于佛教哲学角度今释佛经的力作。方立天长于魏晋佛教哲学研究，著《道安的佛教哲学思想》(《新建设》1964年第3期)、《试论慧远的佛教哲学思想》(《哲学研究》1965年第5期)、《佛教哲学》(中国人民大学出版社1986年版)、《中国古代哲学问题发展史》(中华书局1990年版)等，为著名的佛教哲学史论家。楼宇烈长于道教哲学研究，著《郭象哲学思想剖析》(《中国哲学》第1辑，三联书店1979年版)、《玄学与中国传统哲学》(《北京大学学报》1988年第1期)等。徐斌长于汉魏老庄哲学研究，著《魏晋玄学新论》(上海古籍出版社2000年版)、《王充传》(浙江人民出版社2005年版)。王仲荦专于魏晋南北朝隋唐五代史，著《魏晋南北朝史》(中华书局2007年版)，专设一章述“魏晋南北朝的哲学思想与宗教”。洪廷彦专于先秦汉魏南北朝思想史，著《北朝前期之儒学》《先秦两汉儒学的大一统思想》(《洪廷彦史学文存》，中华书局2012年版)等。

(三)宋元明哲学及哲学史研究

浙江学者对于宋明理学的研究可见于明末清初，如周汝登的《圣学宗传》，黄宗羲的《宋元学案》和《明儒学案》，万斯同的《儒林宗派》等，均有重墨。

---

① 方立天：《佛教哲学》，中国人民大学出版社1986年版。

② 李志庭：《浙江通史》(隋唐卷)，浙江人民出版社2005年版。

20 世纪七八十年代，沈善洪在授课讲义的基础上修改出版了《中国哲学史概要》（浙江人民出版社 1980 年版）一书，重笔论述浙江之宋明理学。徐规、仓修良、周梦江等人发表了《陈亮永嘉之行及其与永嘉事功学派的关系》（《杭州大学学报》1977 年第 6 期），《章学诚的历史哲学》（《杭州大学学报》1978 年第 3 期）等论文，推动了浙江宋明理学史研究的进步。林正秋的《宋代生活风俗研究》（中国商业出版社 1997 年版），方建新的《宋代婚姻礼俗考述》（《文史》1986 年第 24 期），从社会生活方式的层面助力宋代理学研究。21 世纪初，束景南的《朱熹年谱长编》（华东师范大学出版社 2001 年版），以朱熹学术思想演进脉络为线索，对朱熹一生的重要思想、重要学术活动以及以朱熹为中心的重大学术事件作了详细记述、按评，为朱子学研究作了铺垫。其另一著作《朱熹研究》（人民出版社 2008 年版），对朱熹生平、文学、学术思想等进行了比较系统的讲述。关长龙的《两宋道学命运的历史考察》（学林出版社 2001 年版），阐述了道学思潮的发生与衍变、社会改革中的道学践履与困惑、靖康之难后道学重心的转变、宋元战乱后的理学思潮等问题，是对两宋时期思想史的回顾与反思。孔令宏撰写的《朱熹哲学与道家、道教》（河北大学出版社 2001 年版），从探寻朱熹思想发展演变的时代背景和历史进程中寻绎道家、道教与朱熹思想形成及演变的事实特征，侧重于把道家、道教的哲学层面的思想与朱熹哲学思想作共时态的比较分析。此外，周梦江著有《叶适与永嘉学派》（浙江古籍出版社 2005 年版）；方如金等撰写的《陈亮与南宋浙东学派研究》（人民出版社 1996 年版），从不同的角度对宋代哲学展开了全面深入的研究，丰富和推动了浙江宋代哲学研究。

浙江学者对明代哲学史的研究最有代表的是对于王阳明的研究。沈善洪、王凤贤的《王阳明哲学研究》（浙江人民出版社 1981 年版），从学派学术史角度全面论述了阳明哲学产生的社会背景、思想根源、理论内容、分化演变以及学术界对王阳明的不同评价等问题。屠承先的《阳明学派的本体功夫论》①一文，认为在阳明学中“良知”是“与物无对”的本体，“致良知”是复归本体的功夫，本体与功夫是统一的；但王阳明的本体功夫理论又有其内在的矛盾。钱明的专著《阳明学的形成与发展》（江苏古籍出版社 2002 年版），以阳明学的形成与展开这一根本性的主题为核心，对于在思想史上有巨大影响的王阳明学说的形成、阳明后学的分化、阳明学的思想史意义等问题进行了较为严谨的考证。夏瑰琦的《论黄宗羲的唯心主义哲学思想——兼析黄王哲学的关系》一文，探究了黄宗羲理气合一学说的理论源泉，辨析了黄宗羲与工阳明的学术思想关系。20 世纪末，何俊的著作《西学与晚明思想的裂变》（上海人民出版社 1998 年版），考察了西学的传入及其在思想层面上所展开的基本内容，讨论了晚明学者基于自身问题的解决来理解西学、西学在传播中客观存在着的前后期、其传播中对道德与科技的工具性使用以及在思想层面上所呈现出的基督教天主观、灵魂观与修习观等问题，成为浙江明代哲学研究领域内中西思想结合的佳作。21 世纪初，吴光主编的“阳明学研究丛书”（中国人民大学出版社 2009 年版），涉著作十余部：董平《王阳明的生活世界》、吴震《泰州学派研究》、[韩国]崔在穆《东亚阳明学》、陈永革《阳明学派与晚明佛教》、朱晓鹏《王阳明与道家道教》、吴光《阳明学综论》与《黄宗羲与清代浙东学派》、何俊《刘宗周与蕺山学派》、徐儒宗《江右

① 屠承先：《阳明学派的本体功夫论》，《中国社会科学》1990 年第 6 期。

王学通论》、钱明《浙中王学研究》、《阳明学与当代儒学》等，谓之“阳明学走向现代的整体展示”[①]。万斌主编、钱明执行主编“阳明后学文献丛书”初集（凤凰出版社2007年版），内容包括钱明《徐爱、钱德洪、董沄集》、吴震《王畿集》、董平《邹守益集》（上、下）、吴可为《聂豹集》、陈永革《欧阳德集》、徐儒宗《罗洪先集》（上、下）、方祖猷《罗汝芳集》（上、下），这些由作者编校整理的文集出版，推动了阳明哲学在内的阳明后学研究的发展。

（四）清代哲学及哲学史研究

清代在中国学术思想史上经历了明末清初经世实学、乾嘉考据学及嘉道以降的学术革新三个阶段。浙江在这三个阶段均出现了引导学术潮流、代表学术发展趋势的学者和思想家，他们在清一代乃至整个中国古代学术史上占有十分重要的地位并产生了重大影响。而核为其中的中国哲学亦得以创新发展并成为新史学、新文学、新教育学等学术转型的轴心。民国期间，浙江的现代哲学传播、研究亦领先全国，影响着中国哲学传统和旧学术的变革。

清初经世实学启于明清嬗变之际。黄宗羲坚持唯物论的“气一元论”，批判程朱理学，修正阳明心学，做实经世之学。他把宇宙世界的本源归结为“气”，谓“盈天地间皆气也”[②]，并将此观点引入主体与客体关系的认识论中，认为“在天为气者，在人为心；在天为理者，在人为性。理气如是，则心性亦如是”（《明儒学案》卷四十七）。他强调心气合一，重在人的努力即“功夫”的重要性，以及关注和研究现实问题的必要性。由此，黄宗羲倡导了“经世致用”的史学思想、“文章为天地之元气”的文学思想、致用普及的教育思想、实事求明的科技思想。[③] 稍晚于黄宗羲近半个世纪的章学诚提出了“道不离器”的天道观和“效法成象”的认识论[④]以及变通的辩证法则。他将此用于史学研究，认为“道”行于历史进程，史学不仅“成往”，而且“知来”，贵在“心知其意”；提出“六经皆史”（《文史通义》卷一内篇一），将治经引向治史。在历史哲学的范域，他复衍方志学、校雠学、文学、教育学等理论和方法。明末清初，浙西反理学思想家陈确以素位作为其哲学宗旨，以“心即理”命题构建其哲学本体论，以性一元论立足论述理欲一元，认为“人欲恰好处即天理”，肯定以治生为本的义利观（陈确《性解》《原教》）；他反对程朱“知先行后”的观点，提倡“知行合一”（《陈确集·大学辨》，中华书局2009年版）。但他从根基上仍是一位理学家，笃信慎独宗旨，强调心的灵觉。

清初，经世实学的哲学思想助力于浙江的经学研究。黄宗羲首开疑古与考辨思潮，经陈确、胡渭、姚际恒、毛奇龄等弘扬光大，他们既重义理，更重实证，极富时代启蒙意义（叶建华《论清代浙江的经学研究》，《浙江学刊》1991年第6期）。乾嘉时期考据学家从博古、求古、存古发展到尊古，掀起一股“汉学思潮”。它在考据领域坚持客观主义原则与实事求是精神，是

---

① 罗义俊：《阳明学走向现代的整体展示——评介吴光主编〈阳明学研究丛书〉》，《浙江社会科学》2010年第10期。

② 〔清〕黄宗羲：《明儒学案》卷六十二、卷四十七，中华书局1985年版。

③ 叶建华：《浙江通史》（清代卷上），浙江人民出版社2005年版。

④ 〔清〕章学诚：《文史通义·原道》《易教》，中华书局1984年版。

对宋明以来空疏学风的一种反动，梁启超称之"求真"，是"科学研究之基本要素"①。乾嘉考据学在浙江极富代表性，其中尤以校勘学家卢文弨和辑佚学家严可均成就为最。浙江学者还将考据学方法运用于金石学。到晚清、民国初期，浙江考据学呈两向发展，一如孙诒让等经朴学向近代过渡，其《墨子间诂》不仅采用传统的校勘和文字训诂方法及西方科学知识，而且直接运用亚里士多德之演绎法、培根之归纳法及释氏之因明论等哲学"精理"和逻辑学概念。二如罗振玉、王国维直接将考据学方法与西方实证主义哲学相结合，运用于对甲骨、简牍、敦煌遗存及古器等的研究。浙江经学与考据学向近代学术的转型，是从哲学方法论和认识论上突破的。

(五)晚清民国哲学和哲学史研究

浙江近代哲学思想产生于19世纪80年代之后，自觉地将哲学作为一门学术来研究并朝着学科化发展的是从章太炎、王国维开始的。1889—1906年，是章太炎系统阐述其唯物论哲学思想的重要时期。1899年，他发表《菌说》(《清议报》，1899年)一文，表述了他的唯物主义和进化论思想，深入探讨了世界本源问题。1900年1月，编定《訄书》("章氏丛书"，上海古书流通处石印本，1924年)，较集中地阐述他当时的哲学观点，包括唯物主义反映论、以进化论为依据的自然观以及对有神论的揭露和批判等。1906年后，他著有《国故论衡》(商务印书馆2010年版)之《明见》《原名》篇及《建文宗教论》(《民报》1906年第9号)、《齐物论释》(浙江古籍出版社1968年版)等论著，"致力于从佛学和西方唯心主义哲学中发掘出具有辩证性的思性思维观点"(汪林茂《浙江通史》(清代卷下)，浙江人民出版社2005年版，第302—303页)。1906年，著《俱分进化论》(《民报》1906年第7号)，提出了著名"俱分进化"说，表现了他在伦理思想方面辩证思维的深刻性。王国维既"博稽"西方哲学又熟谙中国哲学，并用康德、叔本华哲学观点对中国古代儒家学说进行了批判。其《释理》《论性》《原命》《国朝汉学派戴、阮二家之哲学说》(均见《王国维遗书》，上海书店出版社)侧重于道德哲学和政治哲学，对于孔孟以至程朱道德哲学、纲常伦理具有相当的冲击力。他利用西方哲学方式整理中国哲学之材料，推动中国哲学作为现代教育的学科化。另陈黻宸著有《诸子哲学》《中国哲学史》②，对中国哲学史的肇建作出了重要贡献。

民国时期浙江哲学界中西哲学研究各有所长，马克思主义哲学的研究和传播是为重点。民国时期浙江学者对中国哲学研究，堪与现代新儒学开创者梁漱溟、熊十力匹敌的是马一浮。马一浮哲学思想主要见于他的《泰和宜山会语》(辽宁教育出版社1998年版)、《尔雅台答问》(江苏教育出版社2005年版)、《濠上杂著》(复性书院木刻本，1939年)及《复性书院讲录》(江苏教育出版社2005年版)等著作中，主要以宋明哲学为基础，发挥先秦《易》学精蕴，以《易》说解理气、知能、义理、名相，并引佛学作旁证，以观儒学之会通；其本体论主理气一元，认识论主知能合一、性修不二，强调"人极"为本，生生为易，理事不二，体用一源，并以华严宗"总别不

① 梁启超：《中国历史研究法》，东方出版社1996年版。

② 陈黻宸：《诸子哲学》，《陈黻宸集》，中华书局1995年版。

二”“六相一如”与天台宗的“止观双运”“定慧双修”，来论证理气与知能、认识与实践、知识与道德的统一(滕复等编著《马一浮思想研究》，中华书局2001年版)。范寿康著《中国哲学史通论》(上海开明书店，1936年)是中国哲学史上第一部以马克思主义唯物史观为指导写作的中国哲学通史著作，按先秦、汉代、魏晋南北朝、隋唐、宋明、清代为序，史论中国哲学；其他中国哲学论著有《朱子及其哲学》(中华书局1983年版)等。黄子通长于东西文化与中国哲学的研究，《儒道两家哲学系统》(宇宙书局，1942年)是其中国哲学研究的代表作，所论孔、孟、荀、庄、老诸家哲学与朱王哲学，是为系统；另有《对于〈东西文化及其哲学〉的批判》《关于哲学史的几个问题》《庄子〈内篇〉所表现的哲学问题》等，涉及中国哲学史诸多方面。金岳霖是把西方现代逻辑介绍到中国的主要人物，他把西方哲学与中国哲学相结合，建立了独特的哲学体系，著有《论道》(商务印书馆，1940年)、《逻辑》(商务印书馆，1936年)、《知识论》(抗日战争时期成书丢失，1983年由商务印书馆出版)，其中《论道》的问世使中国学术史产生了方法论上的革命。

(六)1949年以来浙江的中国哲学史研究

20世纪50年代至70年代末，中国经历了多次思想政治运动，在很大程度上影响了对古代中国哲学思想的研究。一些浙江籍学者在马克思主义思想指导下，结合自身专业研究中国哲学及哲学史。这一时期的研究具有两种基本范式：一是子学范式的中国哲学研究与哲学史研究。童书业精于子学研究，于60年代前期，撰写了孔子、孟子、荀子、墨子、老子、庄子、韩非子的思想研究著作，合成《先秦七子思想研究》(齐鲁书社1982年版)，系统论述了儒、道、法、墨、名、阴阳等流派的思想，包括宇宙观与方法论、天道观与认识、天道观与名学以及人性论、人生哲学等命题、范畴与互相关系，并展示了诸子七家的主要特征。王蘧常文史皆通，自20世纪30年代至50年代之后，分别著有《诸子学派要诠》(中华书局1936年版)、《先秦诸子书答问》《诸子新传》《荀子新传》及合编《中国历代思想家传记汇注》等。第二种是经学范式的中国哲学与哲学史研究。周予同为中国经史专家，20世纪20—30年代，注释皮锡瑞《经学历史》(中华书局横排简体本2004年版)，著有《群经概论》(中国书籍出版社2006年版)、《孔子》等。1959年之后他展开经学史的系统研究，开创设立“中国经学史”课程，有《周予同经学史论著选集》(增订版，上海人民出版社1996年版)。其中《群经概论》将经学分为四派，今文学派以六经为孔子政治学说；古文学派以孔子为史学家；新史学派以求孔子与六经的真相；唯识宗学派以孔子为哲学家，以六经为孔子载道之具。第三种是子学、经学范式合论。刘百闵长于诸子与经学，著有《经子肄言》(香港学不倦斋，1964年)、《周易事例通论》《经学通论》等。蒋伯潜于经学、诸子学方面均有很深造诣，1950年前后，著有《经与经学》(上海书店出版社1998年)、《诸子与理学》(上海书店出版社1998年)、《诸子通考》(台湾正中书局1970年版)，其中《经与经学》叙述了经学的兴盛缘由及所列十三经各部的经学思想。《诸子与理学》论述了儒、道、墨、法、名各派代表人物及其学术思想，兼及阴阳、纵横、杂家、小说各家的学术观点。

20世纪70年代末至21世纪初期，浙江学者重新认识和肯定“浙学”、浙东学派的学术思想和学术地位，系统整理了黄宗羲、王阳明、刘宗周、吕祖谦等先贤的学术文献，全方位研究浙东学派的哲学思想与政治、经济、社会、文化等领域的学术思想，总结与现实相融的文化传统与学术精神，以此推动浙江的中国哲学及哲学史研究。1980年，沈善洪著《中国哲学史概要》（浙江人民出版社1980年版）。1983年在宁波召开的“黄宗羲与浙东学派学术讨论会”，推开了新的历史时期浙学与浙东学派的研究并渐成高潮，至2008年，先后就黄宗羲、王阳明、刘宗周、吕祖谦等学术思想召开全省性会议10余次。1987年，仓修良撰《国际黄宗羲学术讨论会发言摘登》（《浙江学刊》1987年第1期），引冯契《黄宗羲与近代历史主义方法论》发言中的观点，认为黄氏的思想充满了辩证法的光辉，对中国近代思想产生了多方面的影响；中国近代经历了社会大变革，也经历一次哲学革命，后者是在中国文化的冲突与合流过程中实现的；哲学革命是思维方式的根本革命，包括有逻辑和方法讨论的革命；近代哲学家在这方面作了许多探索，他们力图把西方文化中最优秀的成果移植到中国的合适土壤，找到中西哲学在逻辑方法上的交叉点，以便促使中国哲学近代化。1993年，浙江学者中出版了两部研究浙东学术与浙东学派的论著，一部是王凤贤、丁国顺著《浙东学派研究》，另一部是管敏义主编《浙东学术史》，其中哲学思想皆为核心。

此外，有谢宝森著《李退溪与朝鲜朱子学》（团结出版社1992年版），专攻朝鲜著名哲学家李退溪哲学思想及其与中国朱子学的关系。他曾先后在日本、中国（北京）、德国和韩国等国家及中国香港等地区参加退溪学国际学术会议。1993年11月，应邀赴韩国接受国际退溪学会和韩国退溪学研究院颁发的退溪学国际学术奖。周梦江撰《对〈叶适哲学思想的评价问题〉一文的商榷》（《杭州师范学院学报·社会科学版》1988年第5期），方祖猷《清初浙东学派论丛》（万卷楼图书有限公司1996年版）、《王畿评传》（南京大学出版社2000年版），衷尔钜《蕺山学派哲学思想》（山东教育出版社1993年版）、《论陈确及其哲学思想》（《甘肃社会科学》1992年第1期）、《姚江书院派研究》（中国社会科学出版社2009年版），董平编著《浙江精神的哲学本源》（浙江古籍出版社2004年版）、《论吕祖谦的历史哲学》（《中国哲学史》2005年第2期），王锟《朱学正传·北山四先生理学》（上海三联书店2010年版）等，皆深涉哲学与哲学史，在省内外有一定影响。

其他相关论著还有陈铭《龚自珍综论》（漓江出版社1991年版），胡国枢《蔡元培评传》（河南教育出版社1990年版），毕养赛等《中国理学大师——马一浮》及陈伟桐《对康有为哲学体系的思考》（《中国哲学史》1988年第7期）等，都对晚清及其后的名家名人的哲学思想与哲学史进行专题研究，在国内学术界产生较好影响。

第三节　美学研究

美学是一门以人的审美活动为中心研究美和艺术的学科。浙江是中国美学和美学教育研究的学术重地，无论在中国近代美学还是在现当代美学的研究和创新方面，都占有重要的学术地位。

一、美学基本理论及方法论

中国美学研究是以引进西方美学并整理中国美学传统起步的。王国维是中国近代美学的奠基者。蔡元培是中国审美教育事业的开创者。鲁迅是中国马克思主义文艺美学的创始人，代表了中国现代美学特别是文艺美学的发展方向。此外，义乌陈望道、上虞范寿康以及金华黄宾虹、平湖李叔同、崇德丰子恺、宁海潘天寿等，均在美学研究或审美教育方面有承前启后的突出成就，促进了中国近代美学向现代美学的转变和发展。从 20 世纪 50 年代中期开始，杨成寅翻译出版了一系列国外美学著作，如俄罗斯涅陀希文的《艺术概论》(朝花美术出版社 1957 年版)。60 年代之后，他又翻译了苏联美术科学院集体编著的《马克思列宁主义美学概论》(人民美术出版社 1962 年版)、英国威廉・荷加斯的《美的分析》(人民美术出版社 1984 年版)和苏联万斯洛夫的《美学问题》(上海译文出版社 1986 年版)。这些译著促进了国内的美学研究，在美学界产生较大影响。1964 年，王元骧在杭州大学开设了美学专题课。

1978 年以来，改革开放给浙江美学教育和研究注入了新的生机和活力。1981 年，杭州大学中文系恢复开设美学课程。此后，浙江师范大学等院校也先后开设了美学课程或讲座，逐步形成和发展了一支老、中、青结合的美学研究和审美教育的专业队伍。1983 年 4 月，浙江省美学研究会成立。据该会不完全统计，1979—2000 年，全省美学界出版各种美学论著、译著、教材 30 多部，发表美学、美育论文和短文 2000 余篇。

(一)美的本质和规律问题研究

美学本质研究。李昆山的《〈美是人的本质对象化〉异议》(《美学评论》1982 年第 1 辑)一文，根据马克思主义美学思想的整体发展，率先对国内流行的“美是人的本质对象化”这个观点提出全面的质疑，引起美学界较大反响。张大芝《评美学中的“对象化”新概念》(《杭州大学学报》1983 年第 1 期)一文也认为，“对象化”不是马克思主义规范概念，而是德国古典哲学特有的概念，问题的要害是取消自然美在自然本身的客观现实性。陶济《劳动、对象化和美的规律》一文认为，马克思从人的本质力量对象化和现实世界人化的历史辩证运动过程中，考察和研究了真、善、美的规律，开拓了美学的革命性变革的前景。① 杨成寅《从马克思主义看美学的本质》(载《美学论集》，人民美术出版社 1984 年版)一文认为，艺术意识形态论、艺术反映

① 陶济:《劳动、对象和美的规律》,《美学》1985 年第 6 期。

论、现实主义论、典型创造论和审美能力发展论构成了马克思主义美学的基本内容。与此相关的研究，还有耿平《普列汉诺夫美感理论两个基本问题的辨析》(《美学》1984年第5期)，认为普列汉诺夫将马克思的唯物史观应用于审美领域，使美感的研究从生物学转向社会学方面。郭志今的《马克思、恩格斯的悲剧观》(《浙江学刊》1983年第1期)与李寿福的《悲剧理论发展的新阶段——论马恩对悲剧理论的建树》(《文艺论稿》第7辑)，集中阐明马克思、恩格斯的悲剧理论形成的历史条件及其真实内涵。边平恕发表了一系列论文：《马克思恩格斯论文艺的真实性》(《杭州师范学院学报》1982年第2期)、《马克思恩格斯的现实主义论的特点和意义》(《马列主义研究》第3辑)、《艺术生产和商品生产》(《文艺理论与批评》1988年第3期)等，联系当代文艺思潮，对马克思主义美学、文艺学的理论体系进行了全面而深入的探索。

(二)美学基本范畴研究

王元骧于1982年撰写了关于形式美的系列性论文，包括《美与比例》《对称均衡的美》《节奏的美》等(《文化娱乐》1982年第1—5期连载)，对形式美的各种形态及审美规律作出系列阐发，立论稳妥又不乏新意。虞频频《艺术形式美规律浅谈》(《复旦大学学报》1982年第2期)、《论艺术形式美的价值》(《复旦大学学报》1983年第5期)两文另辟蹊径，探讨了形式美不依存于内容这种抽象状态下的相对独立的美学价值。

1987年，由杨成寅倡议组织浙江美学学会部分成员集体撰写《美学范畴概论》(浙江美术学院出版社1991年版)一书，从美学史的角度，对历史形成的美学基本范畴的产生、演变、现实内涵以及各系列美学范畴之间的层次交叉关系进行了系统研究和阐述。徐岱出版《美学新概念》(学林出版社2001年版)一书，从美学的思想历程、美学的知识形态、美学的话语空间、美学的理论方案、美学的实践等方面，阐释“美学尤其是一种人生之学，它让你珍惜欢乐热爱生命”的基本理念。

二、马克思主义美学

(一)学理研究

浙江学者的马克思主义美学研究主要代表为王元骧，其代表作有《审美反映与艺术创造》(杭州大学出版社1992年版)与《审美超越与艺术精神》(浙江大学出版社2006年版)，该两著是一种新马克思主义文艺学的宏观式学理研究。它由传统反映论的历史衍化、机械反映论的学理修正和新马克思主义反映论的三大品格结构组成。其《审美自由与人的解放——兼论马克思对德国古典美学的继承与革新》(《杭州大学学报·哲学社会科学版》1995年第3期)一文，将审美自由作为人的解放加以解构和建构。其新马克思主义反映论的三大品格是反映论新探索的主体意识、表现为反映论的中西比照、反映论的对象拓展和中介环节等三个维度。①

---

① 张艺声：《新马文艺学：反映论的新探索——王元骧文学原理的哲学思考之一》，《枣庄师范专科学校学报》2004年第5期。

艺术美学是美学的一个核心问题。陈望衡的专著《艺苑谈美》(重庆出版社1985年版)、《艺术美》(与张涵合著,山西人民出版社1986年版)和《艺术创作之谜》(红旗出版社1988年版),从审美文化学的广阔视野,探索了艺术特殊的心理——文化结构、艺术的审美特性及其形式创造的规律。朱克玲的《悲剧与喜剧》(文化艺术出版社1985年版),把社会历史过程的矛盾运动和审美观赏过程的心理运动结合起来,研究审美意义上的悲剧和喜剧;认为悲剧的审美特性表现为以否定的形式肯定主体作为人的价值,在同情与悲愤的情感激荡中追求真理,而喜剧的笑则是由矛盾运动引起的情感突转变换,其中包含着理性的顿悟。

(二)美学的中国化研究

对当代马克思主义美学研究及其中国化的反思,浙江学者提出了自己的观点。王元骧《论马克思主义美学在我国当代的演变》(《湖北大学学报》2008第2期)一文指出,马克思主义美学研究自20世纪五六十年代引入中国以来,它把实践观点引入美学研究,从而提供了一种新的理论基点和思维方式;尽管实践论美学离它所要达到的要求还有相当的距离,但审美心理学、审美文化学的研究都只有建立在这个基础上并与之结合起来,才能有所前进。这种综合研究正是中国马克思主义美学建设和发展的必由之路。

在这一方面,张节末发表了一系列论文,对20世纪70年代末以来改革开放30年中国美学研究的基本路径和方法提出了反思。其《没有历史感就没有方向感——30年来中国美学研究的教训及其解决方案》(《社会科学辑刊》2008年第5期)一文认为,应该把西方美学的概念、范畴体系隐到背景中去,向着传统撤退,描述出纯粹的中国美学语境,提出要解决纯粹的中国美学问题,做出某些美学个案,而不急于将其体系化、范畴化,返回真正滋养中国美学学术的土壤,进而重获正确的方向感。王元骧《谈"审美意识形态论"的理论建构》(《高校理论战线》2007年第11期)一文,将审美意识形态置于中国特有的"意识形态语境"中进行分析,提出理论建构的必然性。

三、审美心理

(一)形象思维研究

审美心理研究发端于形象思维的讨论。朱作仁在《由形象思维到抽象思维的发展》(《杭州大学学报》1982年第2期)一文中指出,形象思维主要是心理过程,这是一个形象思维化、思维形象化从而创造新形象的过程。李昆山《略论抽象在艺术创造中的地位和作用》(《江西社会科学》1982年第4期)一文强调,只有形象没有抽象,就不能认识事物的本质。艺术形象之所以不同于一般的感性表象,既具有感性又具有理性,就是因为进行了理性的抽象。王元骧在《情感——文学艺术的基本特征》(《文学评论》1983年第5期)等论文中认为,审美情感体现了审美主体对于对象性质和自身需要关系的认识,构成艺术的基本特性和艺术表现的主要内容,艺术家的审美反映必须通过情感中介才能与对象发生联系,而艺术形象则是审美主体在情感支配下从整体上把握现实所采取的特有方式。高友德《青年美学》(中国青年出版社

1983年版)一书,对审美的心理作以青年层的分析,是为国内第一部青年美学专著。

(二)创作心理与鉴赏心理研究

审美心理应包括创作心理和鉴赏心理两个相关的领域。国内美学界一般偏重于创作心理的研究,而浙江学者在鉴赏心理的规律及其与艺术创作对应关系的研究方面取得明显成果。成立的《鉴赏心理探奥》(希望出版社1988年版)及系列论文《艺术鉴赏完形律》《浅层欣赏与深层欣赏》(分别载于《名作欣赏》1986年第5期、1988年第1期)、《变形、定形与完形》(《学术月刊》1988年第5期)等,利用现代心理学的新材料,对鉴赏过程和创作过程中两种审美意象不同的形变过程及其规律性现象进行了比较与分析。傅谨在《论艺术欣赏能力》(《文艺研究》1988年第2期)中,进一步探讨了主体艺术欣赏能力以部分对于整体全息展现的动态过程及其心理结构与释放机制,认为主体的艺术欣赏能力是整体人格系统的有机组成部分,以部分全息映射整体的机制,赋予艺术作品所提供的刺激信息更富于艺术意味的形式结构和情感意蕴。

(三)审美价值研究

主要有杜卫《审美功利主义:中国现代美育理论研究》(人民出版社2004年版),对审美价值有独创的研究,认为西方审美无利害性命题引进中国后,中国学界可以对它作"无用之用"的变异阐述,使之与中国社会文化变革的实际相适应;这种变异从一个方面体现了中国现代美学既强调审美和艺术的独立性(实质上是人的独立性),另一方面又强调其提升和纯洁人的精神作用;既注重审美和艺术的人文价值,又注重其社会和文化改造功能的深刻内涵和特色。陈望衡于1992年出版了《心灵的冲突与和谐——伦理与审美》(湖北教育出版社1992年版,2006年再版改名为《审美伦理学导论》)一书,试图整合伦理学与美学,他提出的"审美伦理学"这一新学科越来越为社会与学界所重视。

四、美学史

(一)中国美学史研究

在这方面,《潘天寿美术文集》这部蜚声海内外的专著不仅对中国传统绘画美学思想作出了精到的阐释和发挥,而且深入探讨了中国美学史的一系列独特的范畴与命题。[①] 陈铭《唐诗美学论稿》(中州古籍出版社1987年版)一书,直接把唐诗作为艺术展示出来,从而形成本体研究的基础,使唐诗研究由被动的诠释变为主动的把握(卫军英《关于唐诗美学的断想》)。成立在《中国古典美学的独立体系》(《晋阳学刊》1983年第5期)、《中国古代文化史论·中国文化中的古典美学体系》(北京大学出版社1986年版)等文中强调,中国古典美学从中国独特的缘情会意的艺术实践和审美经验中,总结出一整套以审美鉴赏和艺术创作为中心的独特范

① 《潘天寿美术文集》,人民美术出版社1983年版。

畴系列。李燃青的《明清小说美学中的典型理论》(《文艺理论研究》1984年第1期),对中国小说美学中的典型化技巧与审美表现的特征作了细致的分析。

还有陈望衡在《中国传统伦理审美谐和论》中提出,中国传统的伦理学和美学是谐和、统一的,这种统一是以伦理为核心,伦理学带有美学的色彩,而美学又通向伦理的境界。他认为,在天人关系上,中国伦理学侧重于将"天"义理化,而中国美学侧重于将"天"情感化,其内在意蕴相通,都把宇宙人生看作流转不息的大生命;在善美关系上,儒家、道家都强调善美的统一;在情理关系上,中国美学的三大理论"诗言志""比兴""风骨"都强调情理的统一;中国伦理学虽有"天理""人欲"之辨,但基本倾向是据理纳情,与美学的据情纳理相一致。[①] 1998年,他又出版有《中国古典美学史》(湖北教育出版社1998年版)。张节末专著《嵇康美学》(浙江人民出版社1994年版)以探讨嵇康哲学本体论为轴心,以对嵇康"声无哀乐论"的考察为主干,指出嵇康的美学体系是把自然美、人格美和艺术美统一起来。此外,他还发表了一系列论文讨论了《古诗十九首》与陶渊明、王维诗歌的美学特点。潘立勇有关"理学美学"的研究在国内引起重视,其《朱子理学美学》(东方出版社1999年版)一书的出版,被称为是中国古典美学和中国古典哲学尤其是宋明理学研究领域的一项新开拓,具有弥补学术空白的意义。他的《一体万化——阳明心学的美学智慧》(北京大学出版社2010年版)一书,是较为系统地探讨阳明心学的美学智慧的著作,在深入研读阳明心学和相关典籍的基础上,广泛吸取海内外现代学者的研究成果,对阳明心学所蕴涵的美学智慧作出了具有现代视野的理解。他借此完成了对程朱理学、陆王心学的美学解读。

对浙江近代美学思想研究方面,有张颂南的专著《鲁迅美学思想浅探》(浙江人民出版社1982年版),从鲁迅的美学思想"面"的概述和文学创作"点"的剖析的结合中,阐明鲁迅美学思想的特色及其发展;胡国枢著《蔡元培美学思想与美育实践述评》(《浙江学刊》,1991年)。对现当代美学史研究方面,有张彦顺《论近30年间美学演进对美育学的推动》(《社会科学辑刊》,2008年)等。

(二)西方美学史研究

西方古典美学的史学研究,陈望衡的《黑格尔美学论稿》(与李丕显合著,贵州人民出版社1986年版),朱克玲的《对黑格尔一个"这个"的理解》(《学术月刊》1979年第3期),对黑格尔的美学体系及其部分命题作出了深入的阐析。刘东的《西方的丑学》(四川人民出版社1986年版)一书,揭示现代西方美学核心范畴由美转化为丑的社会根源,强调西方现代派文艺以空前的广度和深度描绘了西方社会异化了的现实,既进行了批判,又反映了社会普遍存在的颓唐绝望心理。张节末的论文《论嵇康与康德美学观的异同》(收入冯契、王亚夫主编《时代与思潮4——文化传统寻绎》,学林出版社1990年版)一文,比较了嵇康与康德美学观的同异。王元骧对康德美学也发表了一系列论文,代表作有《"美是道德的象征"——康德美学思想辨正》(收入其论文集《审美超越与艺术精神》,浙江大学出版社2006年版)。他认为,康德美学思想

① 陈望衡:《中国传统伦理审美谐和论》,《中国社会科学》1989年第5期。

重在通过无利害、无目的的自由愉快的审美，沟通了经验世界和超验世界，把人引向最高的善，完成对人自身的本体建构，从而提出“美是道德的象征”；康氏后继者席勒等人沿着肯定的道路，在把审美推向客观化、现实化之时，对康德美学的超验性思想缺乏应有的认识和重视，重新认识这一思想对于我们的自身人格塑造有十分重要的现实意义。阎国忠的《美是上帝的名字——中世纪神学美学》(上海社会科学院出版社 2008 年版)，分别介绍了 16 位经典作家的生平及美学思想以及他们所处的时代背景，同时进行了细致的剖析和评论，揭示了中世纪神学美学的渊源和逻辑发展的过程，该书是国内较早专门研究中世纪神学美学的专著。

美学史学研究。刘彦顺《鲍桑葵〈美学史〉逻辑与历史的研究方法及其当代意义》(《淮北煤炭师院学报》，2002 年)一文，对英国表现主义美学代表鲍桑葵美学史研究的表现主义手法作以逻辑学与历史学的论述。

五、其他新兴门类美学

(一)工业设计与技术美学研究

工业设计与技术美学是技术和艺术、科学和美学相结合的美学分支学科，主要研究工业大生产过程中的审美问题，包括工业产品设计、工业环境设计、信息流程设计 3 个部分。许喜华在《工业造型设计》(浙江大学出版社 1986 年版)一书中认为，工业造型设计是融科学的理智与艺术的情感、技术美与艺术美于一体的创造性的设计活动。陈望衡于 1992 年承担了国家社科基金项目“科技美学基本问题研究”，并于同年主编出版了《科技美学原理》(上海科技出版社 1992 年版)一书，分导论、科学美、技术美、科学技术与艺术 4 篇，论述了科学技术领域中的审美活动，是国内较早关于科技美学的专著。

(二)景观美学研究

在景观美学研究方面，陶济的《景观美学的研究对象及主要内容》(《天津社会科学》1985 年第 4 期)一文中，认为景观美学应立足于人和山水、建筑、园林等观赏景观之间的审美关系，主要研究有关景观建设和保护、利用和观赏、管理和发展中的审美认识和审美创造问题。他在《试论桂林山水的审美构成》(《广西社会科学》1985 年创刊号)一文中，提出任何风景名胜都是由一定的构景要素组合起来的，观赏景观的结构组合是有机构成和审美构成的对立统一。于贤德的《景观美》(海南人民出版社 1987 年版)是国内第一本景观美学的通俗读物。作者认为景观美具有四大特征，表现为真实的空间美与直接的物质存在，是多种美的有机组合。李遵进、沈松勤《风景美欣赏》(上海人民出版社 1987 年版)一书，具体地分析了各种形态的景观美及其观赏方式的特点。

第四节　科学技术哲学研究

科学技术哲学属于哲学的重要分支学科，主要研究自然界的一般规律与科学技术及其发展中的哲学问题、科学技术活动的基本方法、科学技术与社会的相互作用等内容。浙江的理论工作者不仅较早介入了这一学科的创立和研究，而且在后续的发展中成果丰硕，形成了自己的特点。

一、基础理论与方法

中华人民共和国成立后，该学科称为“自然辩证法”。20 世纪 80 年代，改称科学技术哲学。浙江的科学技术哲学研究起步较早。20 世纪 50 年代末，林超然等参编由艾思奇主持的《自然辩证法提纲》一书，这是中国编写的第一本自然辩证法专著。卢文迪著有《自然科学与辩证法》等。刘操南著《古籍与科学》《古代天文历法释证》等，其中《古籍与科学》以《“竺学”蠡测》为前导，始论《诗经》，末评《河殇》，收入古籍与自然科学论文 30 篇，涉科学技术哲学。①1978 年，浙江自然辩证法研究会在浙江工业大学成立。据该会统计，从 1978 年到 2000 年，浙江出版这方面的专著、译著、教材 60 多部，发表论文 500 多篇。21 世纪初，浙江的科学技术哲学研究者深化了许多领域的研究，包括系统哲学、新技术革命对策与发展外向型经济问题、农业辩证法及农业发展战略、医学辩证法、医学社会学、医学伦理学、科学方法论和科学社会学、科学史、科学成果转化为生产力的现状与对策等，形成了各自的特点。

科学技术哲学的基础理论主要包括自然观、科学观、技术观、科学技术与社会的发展关系等。浙江在科学技术哲学基础理论方面的研究成果颇为丰硕。

（一）学科体系与学科发展研究

在学科体系建设方面，林超然等的《现代科学哲学教程》（浙江大学出版社 1988 年版）和《科学技术概论》（浙江科技出版社 1987 年版）以及袁灿、易惟让等的《现代科学技术与哲学概论》（浙江大学出版社 1987 年版），以系统的自然观为出发点，概括现代科学技术成果，探索自然辩证法基本理论的新体系，受到好评。由刘明、张松业、陈民强主编的《现代科学技术概要》（浙江教育出版社 1985 年版）一书，根据党校教育的特点，系统而简明地论述了新技术革命和中国经济建设战略重点领域的基本科学原理、发展现状和未来前景，并且推论了科学技术体系结构、科技政策、科技管理等问题，是党校自然辩证法教育的新尝试，在全国党校系统引起较大反响。许良英译有维也纳学派的创始人之一的菲列普·弗兰克原著《科学的哲学：科学和哲学之间的纽带》（上海人民出版社 1985 年版），系统介绍了作者关于科学的性质及其与社会、政治、神学和形而上学等科学哲学的基本问题。

---

① 刘操南：《古籍与科学》，《北方论丛》编辑部，1990 年。

在学科发展研究方面，郑祥福对后现代科学哲学作有系列的研究，先后发表有《后现代科学哲学的出路何在》（《哲学研究》1993年第11期）、《科学实在论发展中的辩证唯物主义倾向》（《自然辩证法研究》1993年第8期）、《西方科学哲学中“科学说明”的研究走向》（《哲学动态》1997年第3期）、《范·弗拉森和后现代科学哲学》（中国社会科学出版社1998年版）、《从马克思主义的观点看后现代科学认识论》（《哲学研究》2007年第5期）等。其《当代西方科学哲学的非哲学化趋势》（《哲学研究》2009年第2期）一文认为，当代西方科学哲学的形而上研究已经日渐势弱，而非哲学化趋势则渐渐明朗，主要表现为：从科学理论的本质观逐步走向真理虚无论；从知识辩护逐步走向认知心理学；从科学认识论逐步走向科学知识社会学；确立唯物辩证法与科学实践观是西方科学哲学走出非哲学化怪圈的根本途径。

（二）具体范畴与方法研究

在自然观方面的研究，早在20世纪七八十年代，浙江的学者就坚持运用马克思的唯物辩证法进行自然观研究，批判了自然科学领域的唯心主义。如浙江师范学院数学系《手稿》学习小组撰《唯物辩证法的光辉胜利——学习马克思〈数学手稿〉的体会》（《数学学报》1975年第3期）。林日葵对恩格斯的自然观和马克思的自然观作了对比研究，撰写《恩格斯所理解的哲学》（《探索》1987年第4期）。20世纪末以后，除了马克思、恩格斯的自然观研究之外，对西方其他学者的自然观也进行了研究，如赵千帆《自然概念的困境——阿多诺的自然历史概念初探》（《自然辩证法研究》2005年第2期）、杨大春《含混的自然概念——梅洛－庞蒂对笛卡儿自然观的批判反思》（《自然辩证法研究》2004年第11期）。邱慧《实践的自然观》（《自然辩证法研究》2002年第2期）、祝青山《主体空场：本质主义自然观质疑》（《浙江万里学院学报》2008年第1期）等，对西方的实践科学观、本质主义自然观、功利主义自然观等进行了研究。

浙江学者还对中国古代自然观进行了研究，集中在道家以及古籍各经典里的自然观思想，如刘明《老子自然观新解》（《中共浙江省委党校学报》1994年第2期）、王永哲《〈黄帝内经〉的有机哲学观念探析》（《哈尔滨师范学院学报》2007年第8期）等。

在科学技术与社会关系研究上，许良英、范岱年著《科学和我国社会主义建设》（人民出版社，1957年）阐明了科学对社会主义建设的关系及作用，受到学界的好评。许为民、王诗宗编著《自然、科技、社会与辩证法》（浙江大学出版社2002年版），探讨了科学技术对社会发展的影响。许多浙江学者还依据科技推动浙江发展的现实进行了大量的科学技术与社会发展的相关研究。盛世豪《技术论研究的文化视角——一种新的技术观和方法论》从文化的角度研究技术论，认为技术具有作为一种文化的方法论价值。① 陈向义《马克思技术观中的技术决定论思想辨析》（《自然辩证法通讯》2007年第3期）一文，认为马克思是社会制约的技术决定论者。

在方法论研究上，鲍健强的专著《科学思维与科学方法》（贵州科技出版社2002年版），介绍了科学思维与方法随着科学技术发展而演变的脉络、科学认识论与科学方法论以及对思维

① 盛世豪：《技术论研究的文化视角》，《自然辩证法研究》1990年第5期。

的本质、认知的过程、科学方法的特点等，是一本关于科学方法论难得的著作。华国凡与金观涛合著的《突变理论对哲学的启示》(《社会科学》1980年第3期)一文论述了系统科学方法论，得到了学术界的关注。胡皓的《系统的两类联系:对立统一与相互作用——对完善系统辩证论的一点建议》(《系统辩证学学报》1994年第2期)，提出了用相互作用观念以及相应的结构分析方法揭示系统的终极原因。浙江大学语言与认知研究中心在认知方法、逻辑方法等方面有许多领先全国的研究，如张立的译著《神经科学的哲学基础》(浙江大学出版社2008年版)；王华平的专著《心灵与世界:一种知觉哲学的考察》(中国社会科学出版社2009年版)等，认为心灵与世界的问题是一个古老而又反复不断地被讨论的问题。该文关心的是它们之间的知觉关系和理性关系。

(三)基础性领域研究

认知领域的基础研究以浙江大学的语言与认知研究中心为主体，围绕语言与认知领域的重大基础理论和现实应用问题开展研究，许多成果在国内、国际上都产生了重要影响。黄华新、陈宗明合著《描述语用学》(吉林人民出版社2005年版)一书，从认知和交际相结合的角度探讨语境、预设、辨谬、言语行为、会话含义、会话结构、交际图式等理论的现实意义和应用价值，力求更好地反映自然语言逻辑应用研究的时代特征。盛晓明的《话语规则与知识基础——语用学维度》(上海学林出版社2000年版)一书，试图引入一种自相关性的论辩策略，以展示双重合法化的过程是如何合理地实现的。

技术创新领域的基础研究是围绕浙江经济发展中出现的技术创新问题展开的。项哲学的《企业技术进步》(企业管理出版社1988年版)一书，是国内首次出版的综合研究企业技术进步的专著，影响很大。韦影的《企业社会资本与技术创新:基于吸收能力的理论与实证研究》(浙江大学出版社2010年版)一书，探讨了企业社会资本对产学研合作创新的影响、企业社会资本的测量和企业社会资本对技术创新的作用机制等问题。吴添祖、邹钢《浙江省企业技术创新机制研究》(《华东经济管理》2004年第1期)是一种省域角度的技术创新研究。而陈劲、陈钰芬的《企业技术创新绩效评价指标体系研究》(《科学学与科学技术管理》2006年第3期)则剖析了目前企业技术创新绩效评价体系中存在的缺陷和不足，结合技术创新的特点和中国企业创新实际，设计了一类新的企业技术创新绩效评价指标体系。

浙江在新技术引发的哲学层面问题的研究，主要集中在信息技术的作用与影响、高新技术对环境的影响、可持续发展等。孙和平的《信息哲学视域下的工程伦理媒介基础转换》认为，工程伦理是一个信息量不断增加的进程，而任何信息量的增加都意味着伦理上善的意义的增加。[①] 斯亚平的《关于网络的几点哲学思考——兼对网络虚拟的文化价值分析》(《太原师范学院学报》2003年第4期)认为，虚拟是一个新时代新的生活方式的出发点，将形成人类的各种关系的变革；虚拟使我们面对着人类有史以来最为严峻的生存革命和哲学革命。程华的《信息技术与经济增长》(《科学学与科学技术管理》2001年第9期)从经济学角度研究计算

① 孙和平:《信息哲学视域下的工程伦理媒介基础转换》,《自然辩证法研究》2007年第1期。

机信息技术在经济增长中的作用，认为信息技术对经济增长有一定作用，提出政府应根据不同时期制定相应政策以促进经济增长。

二、科技政策、战略与可持续发展

（一）科技发展战略与科技政策研究

关于科技政策的研究主要是科研管理的政策研究和科学技术发展的政策研究。在科研管理的政策研究上，孙飞翔、蒋绍忠合著的《软科学研究项目管理中的"承包"和"多种经营"》（《科学学与科学技术管理》1987年第3期）认为，实行"承包"和"多种经营"是解决软科学研究项目管理的最好办法。马健的《科研项目评价制度的缺陷及其完善》提出科研管理完善的对策：第一，建立科研项目多次评价制度；第二，增加学术创新指标所占权重；第三，设立"计划外新发现"评价指标。在科学技术发展的政策研究上，范晓屏的《从引进技术的国产化谈技术引进的方式》（《科学学与科学技术管理》1987年第7期）讨论了如何引进国外的先进技术的问题。①

关于科技发展战略的研究。吴晓波、陈宗年、曹体杰、章威合著的《技术跨越型企业的技术吸收能力探究》对技术跨越型企业的技术吸收能力的理论来源和现实意义进行了探讨，针对技术跨越的不同模式对其进行了拓展和分类，从企业所处的产业环境、自身的资源和所吸收的技术特性的三种维度对影响企业技术吸收能力的因素进行了分析。②

（二）可持续发展研究

关于可持续发展的涵义，杨发明、许庆瑞的《可持续发展的涵义及其实现的基本条件与手段的探讨》（《自然辩证法通讯》1997年第1期）在分析可持续发展的涵义与实现的必要条件之后，从约束程度的角度将可持续发展分为三类：安全意义上的可持续发展、补偿意义上的可持续发展和动态过程意义上的可持续发展，并对各类可持续发展的涵义与实现手段进行了初步的探讨。

可持续发展模式与政策研究。苏胜强、黄祖辉合著的《可持续发展理论及其基本模式》（《农业现代化研究》1999年第1期），从可持续发展的基本特征、评价指标、制约因素、目标、模式、基本状态、动力源泉以及组织形式等7个方面论述了可持续发展的基本模式。沈斌、冯勤合著的《基于可持续发展的环境技术创新及其政策机制》（《科学学与科学技术管理》2004年第8期），分析了以可持续发展为目标的政策导向变化，指出基于可持续发展的环境技术创新是技术创新的演进，着重阐述了环境技术创新政策的经济学基础和政策选择原则。

对可持续发展的自然及人文限度的研究。陈华兴与李明华的《论可持续发展的自然限度及其超越》一文通过对可持续发展自然限度的逻辑和历史分析，指出人类要超越可持续发展

---

① 马健：《科研项目评价制度的缺陷及其完善》，《自然辩证法研究》2010年第10期。

② 吴晓波、陈宗年等：《技术跨越型企业的技术吸收能力探究》，《自然辩证法研究》2005年第3期。

的自然限度是不可能的，但这并不意味着人类悲剧的临近，也不意味着可持续发展战略的错误；相反，只要人们在这自然限度内活动，正确处理好人与人（社会）之间的关系，不断克服人类的“思想的狭隘性”，光明的前途仍属于人类，也属于自然。① 陈华兴与钱杭园的《论可持续发展的人文限度及其超越》（《浙江学刊》2001 年第 6 期）一文对可持续发展的人文限度进行了研究，他们认为可持续发展关键在于不断处理、改善人与自然的关系，使人与自然互生互惠、和洽相处，这必须通过人不断调整自身（对自然）的思想（观念）和行为（实践）来完成；作者认为，可持续发展的根本在于主体（人）的内在内涵的正确和由此产生的对象性活动（实践）的正确，而在主体的内在内涵中，与人类实践最基础的关联是其价值观，因此，可持续发展观实质上是一种新的价值观。

现代化、可持续发展与人口之间关系的研究。原华荣的《现代化、可持续发展与“小人口”》一文，指出传统现代化带来了亘古未有的发展和新现代化也难以摆脱的，也是可持续发展难以克服的“人类困境”——生命平等与人的进化和社会发展的矛盾——使得可持续现代化也无法缓解当代面临的社会和自然危机。他认为，面对这一困境，构建一个节欲、小规模和远离平衡态的“小人口”才是解决之道。这个“小人口”是减轻人类资源环境压力、让人类远离当代人口与资源环境的危险平衡以及实现现代化与可持续发展的根本途径。②

其他可持续发展研究，包括理论和实践两个方面。范柏乃、邓峰、马庆国综合介绍了国际上的可持续发展理论，在《可持续发展理论综述》（《浙江社会科学》1998 年第 2 期）一文中，对国际上可持续发展理论研究的若干重要领域：定义、资源的最优利用和可持续利用、环境保护和可持续性、可持续发展指标和评价方法等内容作了详尽的综述。李芬在《浙江省可持续发展综合评价研究述评》（《浙江社会科学》2003 年第 3 期）一文中，对 20 世纪 80 年代末以来涉及浙江省区域可持续发展评价内容的、公开发表的研究做了回顾与评述；从社会经济静态比较的综合评价，经济社会动态比较的综合评价，浙江创新、科技能力与信息化水平评价，浙江省生态环境评价，可持续发展评价等五个方面介绍了浙江可持续发展的研究成果。

第五节　逻辑学研究

逻辑学是研究思维形式、思维规律和思维逻辑方法的科学。浙江学者的研究始于明代，清末民国更是名家辈出；中华人民共和国成立至 21 世纪初，在形式逻辑、辩证逻辑、科学逻辑、语言逻辑以及西方逻辑史等研究方面，在国内有一定的影响。

一、形式逻辑

浙江学者对逻辑学译介与研究始于明天启年间，李之藻与傅汎际译《名理探》。至清末，

① 陈华兴、李明华：《论可持续发展的自然限度及其超越》，《自然辩证法研究》1997 年第 10 期。

② 原华荣：《现代化、可持续发展与“小人口”》，《市场与人口分析》2003 年第 2 期。

王国维译英国著名逻辑学家杰文斯之《辨学》(北京:五道庙售书处,1908 年)。1935 年,金岳霖著《逻辑》(清华大学,1935 年)。此间,陈大齐曾在北京大学等校讲授逻辑,并在中国古代逻辑和印度因明等领域从事研究,1939 年其著《理则学:思维术》(中央训练团,1939 年);后有《印度理则学》(中华文化事业出版委员会出版,1955 年)和《大众理则学》(台湾中华书局,1982 年)等著作问世。40 年代,严群(福州人,长期任职浙江大学)在浙江大学文理学院从事逻辑学教学和研究。50—60 年代初,严群、王维贤(北京人,长期任职浙江大学)在浙江师范学院、杭州大学开设形式逻辑课程,并编印了《形式逻辑纲要》(杭州大学教材科印,1962 年)等讲义;并由严群指导年轻教师研读亚里士多德的逻辑著作《范畴篇》和《解释篇》。陈宗明(安徽六安人,长期任职中共浙江省委党校)按周礼全提出的"形成逻辑应尝试研究自然语言的具体意义"的方向,潜心研究汉语中的逻辑问题,于 1979 年由三联书店出版了《现代汉语逻辑初探》一书。与此同时,黄石村专攻印度因明,著《因明述要》(中华书局 1981 年版)。1978 年后,浙江的逻辑学教学与研究,出现了蓬勃发展的景象。

(一)形式逻辑体系研究

1979 年以来,浙江学者结合教学,在创新逻辑教材方面取得了一些研究成果。1980 年,王维贤著《略论思维形式和语言形式》(《哲学研究》1980 年第 3 期);1984 年,著有《逻辑与语言表达》(上海人民出版社 1984 年版);1989 年,又与李先焜、陈宗明合著《语言逻辑引论》(湖北教育出版社 1989 年版)一书,认为语言逻辑就是自然语言的语形学、语义学与语用学三者的结合,是为学术之隅。2000 年以后,黄华新、胡龙彪著《逻辑学教程》(浙江大学出版社 2000 年版)一书,介绍了逻辑的对象、作用和历史,讨论了命题逻辑的范围,探讨了谓词逻辑、模态逻辑、归纳逻辑、语用逻辑等论题,拓展了传统逻辑学的内涵和外延。黄华新与王继同编著《新逻辑学》(浙江大学出版社 2005 年版)一书,力求从现代逻辑的高度处理传统逻辑内容,并注意密切联系思维与语言的实际,按照教学的规律和要求来建构高等学校逻辑教学的体系。它吸收了现代逻辑学的成果,如命题逻辑、谓词逻辑、模态逻辑以及现代归纳逻辑等,增加了同自然语言逻辑形式分析极为密切的"预设逻辑",这就使本书在材料安排和处理上独具特色。

结合逻辑教学,编写逻辑教材。其中较有特色的是王维贤主编的《逻辑学》,这是一本具有语言逻辑特色的逻辑学教材。① 陈宗明、黎祖交(江西兴国人,较长时间任职中共浙江省委党校)合编的《干部简明逻辑》,以推理为中心建立逻辑体系,探讨了诸如工作规范的逻辑、工作决策的逻辑等干部工作中的逻辑问题。②

(二)形式逻辑论题研究

谬误、悖论和诡辩问题,是引人关注的一个研究方向。余式厚、汤军的《悖论、谬误、诡辩》

---

① 王维贤主编:《逻辑学》,甘肃人民出版社 1986 年版。

② 陈宗明、黎祖交:《干部简明逻辑》,浙江人民出版社 1985 年版。

（浙江人民出版社 1988 年版）一书，结合生动的案例，深入浅出地阐述了悖论、谬误的多种形式和诡辩的种种手法。黄华新的代表性著作《谬误论》（中国社会科学出版社 1993 年版）与《谬误学精华》（与汤军合作，上海文化出版社 1990 年版）、《自然语言的逻辑分析》也在学界有较高评价。

算术、辩论的逻辑论题。奚颖瑞《从“算术哲学”到“逻辑研究”》（浙江大学博士学位论文，2010 年），认为胡塞尔早期的算术哲学和逻辑研究之间存在着内在的、逻辑理路上的关联，指出胡塞尔的现象学突破是在一些具体实事领域的哲学研究中诞生的，这些实事领域经历了从整数算术到形式算术再到纯粹逻辑学、描述心理学向现象学的转变和突破，在这个过程中，主导胡塞尔的问题是对形式之物的理解，包括形式对象、纯粹形式的概念、形式的运算以及推理法则。应腾《辩论的逻辑分析》（浙江大学硕士学位论文，2010 年），认为辩论是人类生活中一种常见的言语行为，自逻辑学诞生之初，辩论就与其有着密切的联系，但是随着逻辑学的形式化倾向，辩论的研究却慢慢被排除出主流研究领域。该论文从逻辑学的角度，对大学生辩论实践进行较为深入的分析，并引入计算机领域的论辩理论作为分析实际辩论的新方法。

概念、判断、推理，是形式逻辑的基本范畴。徐明明《概念理论的两个基本问题》（《宁波师院学报》1986 年第 3 期）一文，提出了必须区分哲学认识论概念与形式逻辑概念的观点。黎祖交的《判断分类之我见》（中国逻辑学会形式逻辑研究会编《形式逻辑研究》，北京师范大学出版社 1984 年版）一文，对现有各种判断分类系统所取得的成果以及存在的问题作了分析，提出了建立新的判断分类系统的构想。假言联言推理是人们思维活动中广泛运用的一种推理，但是过去却没有人对此进行专门的探讨。黎祖交的《假言联言推理管见》（《形式逻辑研究》，湖南人民出版社 1984 年版）一文，提出了假言联言推理的正确形式和应遵守的特殊规则。

（三）形式逻辑的教学与普及研究

形式逻辑的教学方法研究，也是值得重视的一个方面。张则幸等合著《普通逻辑教学改革刍议》（《杭州大学学报》1986 年第 1 期）、《普通逻辑教学方法探讨》（《高教研究》1986 年第 1 期）等文，探讨了普通逻辑的体系构成及其改革思路；从理论的高度总结概括出几种有效的教学方法和解题思路。张则幸、余式厚、黄华新的《形式逻辑应试指南》（语文出版社 1985 年版）一书，也论述了逻辑教学方法，尤其是命题和解题的方法问题，受到逻辑学界的好评。

普及逻辑知识方面，比较突出的有余式厚等合著《趣味逻辑学》（中国青年出版社 1981 年版），这是一本通俗有趣、发人思考的形式逻辑读物。

二、辩证逻辑

（一）辩证逻辑的概念研究

辩证逻辑是一门发展不甚成熟的逻辑学科。辩证逻辑与唯物辩证法的关系，至今仍是一个有较多分歧的问题。张则幸的《试论辩证逻辑和唯物逻辑辩证法的关系》（《杭州大学学报》

1985年第1期)一文,认为有必要先考察辩证逻辑历史发展过程中所出现的不同形态,并对不同形态的辩证逻辑与唯物辩证法的关系,分别作了具体分析。

辩证逻辑的概念理论问题研究。万斌的《科学地运用概念的灵活性——读列宁〈哲学笔记〉的一点体会》(《浙江大学学报》1984年第2期)一文,从认识论的角度论证了坚持概念灵活性的根据,并论述了导致主观地应用概念灵活性的认识根源。孟还的《辩证概念的结构及其类型》一文,认为概念的内容及形式中所包含的对立统一,是区分辩证概念与非辩证概念的主要标志;反映对象的质的多种规定性与流动性,也是区分辩证概念与非辩证概念的重要标志。① 张则幸的《试论辩证概念与非辩证概念的区分》(《杭州大学学报》1981年第1期)一文,认为两者的区别主要是内涵方面的区别,对立规定的综合构成了辩证概念的内涵。

(二)辩证逻辑的思维方法研究

对辩证逻辑的思维方式,张则幸的《试论抽象上升到具体的逻辑行程》《略论分析与综合的辩证法》(《杭州大学学报》1982年第4期)等文,探讨了上升过程的起点、中介、终点的一般逻辑特征和要求,提出上升过程范畴顺序有继起性和从属性两种基本形式;认为分析与综合的形式也有一个由低级到高级的发展过程,提出"分析一综合"的三种形式,即感性的、知性思维的和辩证思维的。② 他还著有《科学的发展与整体性思维方式》(《逻辑研究》,1995年专辑)、《科学思维的辩证方式》(浙江科学技术出版社1993年版)等。

三、科学逻辑

(一)科学逻辑的理论研究

科学逻辑作为科学活动的逻辑方法论,是逻辑学领域中的一个新学科。《科学逻辑》(吉林人民出版社1984年版),是中国学者编著的第一部关于科学研究活动逻辑方法的学术著作,张则幸执笔其中的《抽象与理想化》一章,提出在科学研究中,分离、提纯、简略是抽象过程的基本环节;将抽象分为表征性抽象与原理性抽象两大类;认为理想化是考察纯态下的规律,理想实验实质上是一种以逻辑的演绎推断手段来想象规律的纯态表现,同时还提出了理想实验的推理形式。鞠实儿专长于逻辑与认知科学,他从人文与科学两个方面探讨了逻辑学认知转向的可能性、理论基础、主要形态和基本特点,著有《逻辑与认知文集》(《中山大学学报论丛》,第一主编,2004年)、《非巴斯卡归纳概率逻辑研究》(浙江人民出版社1993年版)等专著和《智慧电脑研究新进展》(清华大学出版社2001年版)等论文。类比在科学活动中是一种十分有用的逻辑方法。钱江、吴寅华(任职浙江工商大学)的《科学解释的类比模式初探》(载《科学理论的发现、验证与发展》,湖南人民出版社1986年版)一文,认为类比解释之所以有效,关

---

① 孟还:《辩证概念的结构及其类型》,《江汉论坛》1981年第1期。

② 张则幸:《试论抽象上升到具体的逻辑行程》,中国逻辑学会辩证逻辑研究会编《辩证逻辑研究》,上海人民出版社1981年版。

键在于被类比的两个领域中的因果关系（或函数关系）具有相似性。类比作为科学的助发现法和助解释法是统一的、对称的；就形式而言，发现的类比模式和解释的类比模式是同构的。吴寅华的《历史类比的类型和要求》（《江汉论坛》1982 年第 9 期）一文，提出历史类比不同于一般类比的逻辑要求。

科学的检验方法是科学逻辑研究的一个重要方面。张则幸、吴寅华在《理论辩护的方式——归纳确证与排除“反常”》（见张巨青主编《科学研究的艺术——科学方法导论》，湖北人民出版社 1986 年版）一文中，探讨了各类证据的价值，提出了理论确证的归纳辩护模式以及类比辩护模式和演绎辩护模式，认为反面事例经过认真的审核，即使没有发现什么差错，也并不能够轻易地击毁一个受检验的理论。吴寅华的《关于证伪的若干问题》（见张巨青主编《辩证逻辑与科学方法论研究》，湖北人民出版社 1984 年版）一文，指出证伪无逻辑的必然性，并从理论的韧性原理和理论竞争的角度出发，讨论了判定一个科学理论为“伪”的复杂性和长期性。

（二）科学逻辑的交叉研究

社会科学方法论是科学逻辑的交叉学科。徐明明的《关于社会科学方法论研究几个问题的综述》（《宁波师专学报》1985 年第 3 期）、《社会科学方法论是一门独立的方法论学科》（《社会科学评论》1987 年第 2 期）等文，系统地论述了社会科学方法论的对象、研究途径和方向，并从不同的层面分别考察了系统科学的理论方法对社会科学研究的影响和作用。赖金良《作为经验科学的社会科学——兼论社会科学的“脱哲学化”问题》（《人文杂志》2006 年第 5 期）一文，认为社会科学既非“形式科学”亦非“思辨科学”，他通过对近代以来社会科学“脱哲学化”过程，强调并阐述了作为经验科学的社会科学及其方法论特点。吴寅华著有《科学假说》（浙江科学技术出版社 1997 年版）、《逻辑与历史——现代科学方法论的嬗变》（与张巨青合作，浙江科学技术出版社 1990 年版）等，从交叉科学的角度，论述科学逻辑的方法与方法论演变历史。

四、语言逻辑

（一）语言逻辑理论研究

自然语言的逻辑是现代逻辑学和现代语言学结合所产生的一门边缘学科。陈宗明的《现代汉语逻辑初探》是中国第一部论述现代汉语逻辑的专著。随后，又撰写了《逻辑与语言表达》（上海人民出版社 1984 年版）一书，发表了《自然语句的语形研究》（《中共浙江省委党校学报》1985 年第 1 期）、《逻辑与语境》（载《逻辑学论丛》，中国社会科学出版社 1983 年版）、《逻辑的辞格和辞格的逻辑》（《江汉论坛》1982 年第 12 期）、《记叙文逻辑再探》（《实践》1983 年第 2 期）等多篇论文，系统地探讨了自然语言逻辑问题：作者采用数理逻辑和模态逻辑等研究手段，探讨了模态词的逻辑和非陈述句的逻辑；参照生成语法的分析方法等，对汉语陈述句的主要类型作了创造性的语形分析；提出逻辑辞格可分为显逻辑辞格和隐逻辑辞格两类，认为显逻辑辞格如归谬、联珠、潜词等，既是一种艺术表达方式，又是一种逻辑方法；提出“虚拟语境”概念，认为虚拟语句的语境是个可能世界；提出了“有序合取”的概念，认为在记叙文中具有合取关系的支命题之间的先后顺序对于记叙文的逻辑是至关重要的。

（二）语言逻辑的语义研究

对虚词的逻辑语义分析。王维贤的《复句和关联词语》（《语言教学与研究》1983 年第 1 期）、《论“转折”》（中国逻辑学会逻辑与语言研究会编《逻辑与语言研究》1982 年第 2 期，中国社会科学出版社 1982 年版）等文，认为要确切地描写复句中关联词语所表示的分句之间的逻辑语义关系并对之加以形式化，必须在标准逻辑的基础上，引进新的概念和符号，发展新的逻辑系统。徐颂列的《“即使……也”的逻辑意义》（中国逻辑与语言函授大学科学研究室编《逻辑语言写作论丛》第 2 辑，南开大学出版社 1987 年版）一文，认为“即使……也”所联结的复句表达的是两个充分条件假言判断的合取。它的逻辑形式可表示为$(p \rightarrow g) \wedge (p \rightarrow q)$。程怀友（1933 年出生，临安县人）的《“是”的逻辑意义》（《逻辑与语言研究》1980 年第 1 期）、《“有”的逻辑意义》（中国逻辑学会逻辑与语言研究会编《逻辑与语言学习》1983 年第 2 期）、《“就”的逻辑分析》（《杭州大学学报》1987 年第 3 期）等 3 篇论文，对“是”“有”“就”等词语作了语形、语义、语用的分析，从而揭示了它们在逻辑命题中充当逻辑常项的作用。

预设理论是逻辑学、语言学共同关心的问题。黄华新的《论预设的特征和种类》（《杭州大学学报》1988 年第 3 期）一文，从语形、语义、语用三个不同的角度探讨预设的特征，并提出事实预设和理论预设的分类。

五、西方逻辑史

浙江学者还对西方逻辑史作以专题研究。邱国权的《皮尔士的逻辑》（载《西方逻辑史研究》，人民出版社 1984 年版）一文，是比较系统地研究皮尔士逻辑的论文，他指出皮尔士的推理分类理论是基于他对三段论的独特见解；皮尔士通过符号引进了“包含”和“蕴涵”等概念以改进布尔系统；皮尔士在德摩根之后建立了第一个有符号、有理论、有演算的现代关系词逻辑体系。汤军的《〈波尔·罗亚尔逻辑学〉中的科学方法论思想及意义》（载《科学理论的发现、验证与发展》，湖南人民出版社 1986 年版）一文，认为《波尔·罗亚尔逻辑学》适应了近代科学发展的需要，明确地把方法论包括在逻辑体系中，从而预示了逻辑学发展的科学逻辑方向。

第六节　宗教学研究

宗教学是一门近现代兴起的新兴学科。中华人民共和国成立前，浙江宗教学研究的主要方式体现于对宗教问题的讨论并开始具有宗教学研究的意识、视角和方法。中华人民共和国成立后直至 20 世纪 70 年代，浙江的宗教学研究处于一个较长的停滞期。20 世纪 70 年代末之后，浙江的宗教学研究得以恢复与发展，在佛教和道教的研究方面，在国内有一定的影响。

一、基础理论与方法

(一)基础理论研究

作为20世纪中国最具影响力的神学家之一的赵紫宸，其一生为基督教在中国的发展作出了很大的贡献，是中国处境化神学的早期缔造者，也是中国系统神学的最早倡导者。其在1921年就发表《圣经在近世文化中的地位》等文论，1926年，著《基督教哲学》(《赵紫宸文集》卷一，北京商务印书馆2003年版)、《耶稣的人生哲学》(《赵紫宸文集》卷一)，被誉为中国人自著的最早的宗教哲学著作。1943年，著《基督教讲解》(《赵紫宸文集》卷二，商务印书馆2004年版)，被誉为“脱出西人传述之窠臼，树立汉家独立之旌旗”。1948年，著《神学四讲》(《赵紫宸文集》卷二)，被誉为“中国人在神学上的试作”。1950年后，又发表有《哲学与命运》《中国民族与基督教》(《赵紫宸文集》卷三，北京商务印书馆2007年版)。

20世纪八九十年代，浙江的宗教学与宗教哲学研究渐入兴盛，涉域亦宽。王晓朝译著《新约希腊文精华》(香港角石出版社1996年版)为国内早期基督教文献研究提供了第一手的宝贵资料。其《希腊宗教概论》(上海人民出版社1997年版)是国内较早系统研究古希腊宗教的专著之一。其对西方宗教的教父制度研究颇有创见，有《信仰与理性——古代基督教教父思想家评传》(合著，东方出版社2001年版)、《教父学研究——文化视野下的教父哲学》(河北大学出版社2003年版)。在对西方宗教理论的经典文献研究方面，著有《斐洛〈论创世纪〉——寓意的解释》(汉语基督教文化研究所，香港，1998年)、《德尔图良〈论灵魂与身体的复活〉》(汉语基督教文化研究所，香港，2001年)、《奥古斯丁〈上帝之城〉》三册(人民出版社2003—2004年版)以及《柏拉图全集》全4卷(人民出版社2002—2003年版)。陈荣富著《马克思主义宗教观研究》(四川人民出版社2008年版)，是在新的世界历史背景下，对马克思主义宗教观的新认识。

早期基督教历史与思想的研究带动了浙江学者对其他西方早期宗教及理论的关注，如张新樟的《试论诺斯替宗教修行的理论与实践》(《宗教学研究》2005年第3期)、《希腊化晚期的宗教浪潮与诺斯替主义精神》(《浙江大学学报》2004年第8期)、《诺斯与拯救：古代诺斯替主义的神秘主义本质及其精神起源》(《汉语基督教文化研究所丛刊》2001年第8期)等论文，对西方思想史上素来被视为基督教异端的诺斯替教作了多角度的研究。孙雄著《神人之际——李洛维约夫宗教哲学研究》(宗教出版社2009年版)一书，对俄罗斯著名哲学家李洛维约夫对西方理性主义的批判、完整知识理论、神人类学说、神权政治社会理论等进行全面的梳理，阐述了其宗教哲学追求改变世界的分裂状态，实现人与神、人与人、人与社会、人与自然的和介的基本理念。

(二)方法：比较研究、多元研究与对话研究

比较宗教学研究方面，王晓朝的《基督教与帝国文化：关于早期希腊罗马护教论与中国护教论的比较研究》(东方出版社1997年版)以罗马帝国时期三位拉丁护教士和中国明朝末年

三位中国天主教护教士为研究对象，从特定角度探讨了基督教思想与帝国文化之间的冲突、调谐和相互影响过程，揭示了基督教在跨地域、跨文化传播过程中的本土化策略与一般规律。

在比较宗教学、宗教多元论和宗教对话理论研究方面，王志成成果丰硕，出版了十余部专著、数十部译著（含合译），发表学术论文70余篇，重要译著有英国约翰·希克的《宗教之解释》（四川人民出版社1998年版）、《从宗教哲学到宗教对话》（宗教文化出版社2010年版），西班牙雷蒙·潘尼卡的《宗教内对话》（宗教文化出版社2001年版）、《印度教中未知的基督》（四川人民出版社2003年版）、美国保罗·尼特《一个地球 多种宗教》（宗教文化出版社2003年版）、《宗教对话模式》（中国人民大学出版社2004年版）、《佛教徒与基督徒》（宗教文化出版社2008年版）等。代表性的学术专著有：《解释与拯救：宗教多元哲学论》（学林出版社1996年版）、《宗教、解释与和平：对约翰·希克宗教多元论哲学的建设性研究》（四川人民出版社1999年版）、《和平的渴望——当代宗教对话理论》《全球宗教哲学》（宗教文化出版社2005年版）等。作为当代国内宗教多元论和宗教对话理论研究领域最主要和最有成就的学者之一，王志成提出和阐述了一系列富于创见性的观点和思想，诸如宗教实用主义、人性—理性—灵性的三元结构论、以灵性实在论为基础的宗教哲学系统、宗教对话中的成长模式和转化论等。

其他有陈荣富《比较宗教学》《宗教的历程》《宗教礼仪与文化》《宗教礼仪与古代艺术》等，柯进华《真理、正义与和平——评约翰·希克新著〈从宗教哲学到宗教对话〉》（《中国宗教》2010年第11期），包利民《哈贝马斯：交往理性与宗教》（《社会科学战线》2003年第3期）等亦为宗教对话理论研究的专论。

二、佛教

（一）浙江佛教的传入及发展

江南佛教传播始于东汉佛教学者安世高（约2世纪），其在汉桓帝（147—167年）初年只身东来，在中原约20年，弘法译经，共35种41卷，主要是小乘系的佛经，他是中国佛教史上第一位译者。“神数”是安世高学说的核心，影响最大的译经是《安般守意经》，详介数、随、止、观、还、净六种法门，为后来天台宗教授的止观所用。东汉建宁（168—172年）之后，他游历了江西、浙江等地，卒于会稽。三国时在浙江传播佛教的人主要有支谦和康僧会。支谦是月氏人，为避乱南下，先后隐居余杭山、剡县（今嵊州）、沃州（今新昌）等行道并研习佛理，深为孙权信任。支谦30余年译出大小乘经30余部，对推动江南佛教的弘传起了很大作用。康僧会是西域康居人，于吴赤乌年间到江南传教，他曾来浙江向安世高的弟子、会稽陈慧学习佛理，是中国佛教史上最早融佛、道、儒三家思想的僧人。三国时，浙江开始出现历史上最早的佛寺。康僧会曾创立海盐金粟寺。① 两晋之时，印度佛教中的般若类经籍源源不断地输入中国，中国佛教界由于对《般若经》中“空”的意义理解不同而形成“六家七宗”。六家是：道安、法汰、竺法深的本无义，关内的即色义，支道林的即色游玄义，于法开的识含义，释道壹的幻化义，竺法

① 莫幸福：《东汉六朝时代的浙江佛教》，《浙江学刊》1994年第4期。

蕴、支愍度、道恒的心无义和于道邃的缘会义。六家中本无家有两说，所以合称七宗。六家七宗中，五家的代表人物支道林、于法开、释道壹、于道邃、竺法深（道潜）都在浙江（王志邦著《浙江通史》秦汉六朝卷，浙江人民出版社2005年版，第481页）。魏晋南北朝，浙江佛教理论研究尤盛。有支遁的《即色游玄论》《圣不辨之论》《道行指归》等论作，提出“即色本空”，创立了般若学即色义，是为即色宗的理论基础。慧皎著《高僧传》13卷（清潘仕成辑，凤凰出版社2010年版）记载自东汉永平至梁代天监间著名僧人的传记。谢灵运著《与诸道人辨宗论》（收录《广弘明集》卷十八，上海古籍出版社1991年版）和合佛儒之论，言及顿悟、玄理。戴逵著《释疑论》对佛教因果报应说提出质疑和否定。[①] 洪偃著《成实论疏》（见唐道宣《续高僧传》），其佛理盛极一时。

隋唐时期，中国国力日趋强盛，系于国运的中国佛教也一同步入黄金期，大乘诸宗相继兴起。智顗依妙法莲华，建天台宗；吉藏承关河旧义，开三论宗；清凉澄观遥接先贤法脉，集华严之大成；玄觉亲承慧能之教，传曹溪之南禅；这类佛教大师的生平事业，都与浙江有着极密切的渊源。唐后期至宋，佛学发展的一个最显著特点即是各种思想的融合。首先是佛教内部各宗派的融合，其次是佛教与儒学的融合。最具此种会通思想的代表人物是延寿和契嵩，他们都曾入住杭州灵隐。延寿主张禅教兼重，他的百卷巨著《宗镜录》即为调和天台、贤首、唯识诸宗争论而作。契嵩是云门宗僧人，为对付北宋中叶以欧阳修为代表的士大夫对佛教的抨击，他尝试援儒入佛，大力提倡孝道，盛赞中庸之道（滕复等编著《浙江文化史》，浙江人民出版社1992年版，第299页）。佛教的发展促进了寺院、佛塔、经幢的修建与佛教造像。吴越诸王崇佛，境内大兴寺院，仅杭州一地（不包括今杭州西部当时属于睦州的一些县市），据《咸淳临安志》所记载的就有近400座之多，慈云岭、烟霞洞、石屋洞、天龙寺、保俶塔、飞来峰等处的吴越国造像，至今犹存。

五代和两宋时期，中国佛教总体上已显式微，唯浙江佛教独盛于江南。杭州不仅是宋代华严宗中兴的重镇，也是当时佛教律学研究的中心。以法眼宗为代表，南禅的传播在浙江境内尤胜前代，山家、山外之争标志着天台义学在宋代的复兴，净土宗的信仰“不唯”渐成诸宗所共且广为流入民众的日常生活。禅宗与净土合流的倾向便源自于当时的浙江。

元代，密教盛行于宫廷，汉传佛教诸宗均受到严重的抑制，唯禅宗因其传法方便自由而法脉不断，成为佛教主流，著名禅师中峰明本等活跃于浙江境内。

明清两代，浙江佛教以净土和禅宗为主流，两宗合流的趋势更趋明显。随着中国社会向近代的转型，佛教的世俗化也成为一种难以逆转的历史潮流，明末四大师的出现代表着佛教内部一种力图回归本位的努力，内中云栖祩宏、蕅益智旭均主要行事于浙江（沈善洪、费君清主编《浙江文化史》，浙江大学出版社2009年版，第224页）。清代中叶以后，禅宗也明显衰颓，仅存的净土信仰虽因其在浙江一带深厚的历史积淀仍能广布于民间，但在世俗化的历史过程中也日益流于形式，成为民众的一种生活方式甚或民间习俗。

近代的浙江佛教在国家与民族命运都面临生死存亡考验的时代背景之下，开始寻找自新

① 〔唐〕房玄龄等：《晋书·戴逵传》，中华书局1996年版。

自强之路。这一时期的佛教复兴开始更多地与社会现实相联系,佛门人士较以往任何时代都更多地具有社会关切和历史责任意识。许多知名的政治家、思想家、文人学者都力图从佛学中寻找精神依托和理论资源,以应对西方文明和西方学术带来的严重挑战。佛教义学研究由此重新受到学界的重视,各宗之学均有名家研习和传弘,浙江涌现出一批佛学名人,如寄禅、印光、谛闲、太虚、弘一等高僧及章太炎、马一浮、范古农等学界名家。

中华人民共和国成立以后,浙江佛教进入一个全新的历史阶段。20 世纪 50 年代初期,浙江佛教呈现出稳定发展的局面,佛学研究开始从佛教内部走进学术界。1966—1976 年间宗教界经历了"文化大革命"的巨大浩劫。1978 年中共十一届三中全会以后的 30 年间,党和国家开始全面纠正"左"倾的宗教政策,佛学研究的视域和方法越来越具有多样性和开放性,从哲学、宗教学、历史学、社会学、文献学等角度和层面展开佛学研究。如佛教史学者陈永革,其代表性著作有《晚明佛学的复兴与困境》(台湾佛光山文教基金会,2001 年)、《佛教弘化的现代转型:民国浙江佛教研究》(宗教文化出版社 2003 年版)、《人间潮音:太虚大师传》(浙江人民出版社 2003 年版)、《法藏评传》(南京大学出版社 2006 年版)、《晚明佛教思想研究》(宗教文化出版社 2007 年版)、《佛行人间:佛教社会观》(宗教文化出版社 2008 年版)、《阳明学派与晚明佛教》(中国人民大学出版社 2009 年版)等,并参著《中国佛教通史》15 卷,负责明代佛教及中国华严宗史,计 110 万字(江苏凤凰出版集团 2010 年版),关于中国佛学、中国哲学及宗教学术论文 50 余篇,甚为丰硕。20 世纪末至 21 世纪初,浙江佛教也因其独特而丰厚的历史、文化与社会基础而重现兴盛。2004 年设立佛学研究所,2005 年成立杭州佛学院(省级),2010 年设立佛学艺术院。

(二)天台宗思想及其研究

南北朝至隋初时期,智顗在天台山创立了中国佛教史上第一个大乘宗派,天台宗由此得名。之后,浙江一直是天台宗发展的最重要地域,天台国清讲寺、宁波观宗讲寺均是天台祖庭。

天台宗在中国佛教史上第一次把大、小乘佛教所传的各类重要教义教理整摄成一个次序严谨、博大精深的佛教义学系统,将佛陀的全部教法归结为"五时八教",从而高度善巧和合理地解释了佛教义学中的各种矛盾和差异问题,成为中国传统佛教中最具代表性的一种判教理论。其另一开创性的特点,是将佛教的义学理论与禅修实践融为一体,教观并行,止观双运。这两点都对后世的中国佛教产生了重大的影响。在佛教义学建构和止观禅修方面,天台宗所倡导的以"圆融三谛""法界互具""一念三千""一心三观""性具""性恶""本迹"等思想为标识的大乘圆教,实际上是以大乘中观的般若空性为核心而融通大乘唯识学和如来藏佛教所成,是印度大乘佛教中观与唯识这两大分支的一种完美结合。

智顗,荆州华容(今湖北潜江)人,天台宗的实际创始人。38 岁入天台,其后长期生活、修行、弘法于浙江,世称智者大师。智顗所开创的天台教义不唯是中国佛学和哲学,也堪称整个东方精神世界中博大精深的思想体系之一。著述凡 140 余卷,内中《摩诃止观》(8 册,天台国清讲寺影印明万历刻本)、《法华玄义》(精读本,沈海燕编)、《法华文句》(精读本,朱封鳌编,上海古籍出版社 2010 年版)，世称“天台三大部”，与《金光明经玄义》(提要本，王雷泉编，复旦大学出版社 1997 年版)等合称“天台五小部”，构成了天台宗最核心的经典文献。

灌顶，临海章安(今浙江临海)人，世称章安大师。南朝陈后主至德元年(583 年)至天台谒智顗，此后一直随师受教，成为智顗最重要的弟子。智顗著述的绝大部分由灌顶根据听法时的笔录整理而成，使天台宗的核心思想和文献能够存留于后世，后世尊其为天台五祖。著述方面有《大般涅槃经疏》33 卷(《大正藏》下)、《观心论疏》(载《大正藏》第 46 册)、《国清百录》4 卷(《大正藏》卷四十六)。

湛然，常州荆溪(今江苏宜兴)人，世称荆溪大师。青年时代开始游学浙东诸地，从左溪玄朗研习天台教观，其后以中兴天台为己任，在继承、发挥智者大师的思想之外，还致力于将唯识和如来藏教，尤其是《大乘起信论》的思想系统纳入天台体系，又非常重视通过与其他佛教派别的义学讨论来显扬天台教义的殊胜性。著述凡百余卷，最重要者系对天台三大部的深细疏释，有《摩诃止观辅行传弘诀》(三秦出版社 1995 年版)、《法华玄义释签》20 卷(载《大正藏》第 33 册)、《法华文句记》30 卷(载《大正藏》第 34 册)、《摩诃止观辅行搜要记》10 卷及《摩诃止观科文》5 卷，《止观义例》2 卷(载《大正藏》第 46 册)等对天台佛学有系统深入的发挥，后世尊为天台宗九祖。

知礼，四明(今浙江鄞县)人，世称“四明尊者”。先期从天台螺溪学天台教观。31 岁受请住乾符寺，大开讲席，学徒云集。自景德元年(1004 年)起，先后撰写数部论著，有《观音玄义记》(载《大正藏》第 34 册)、《观无量寿佛经疏妙宗钞》6 卷(载《大正藏》第 37 册)、《四明十义书》等法典，形成完整的天台教学的思想体系。与天台内部见解不同的一些重要学者展开激烈的义理辩论，史上以知礼一方为天台教义之正统，称“山家派”，而将辩论的另一方称为“山外派”。这场往返复杂、历时甚久的“山家山外之争”是天台义学在宋代复兴的一个重要标志。知礼提倡即妄修真的“妄心观”和“理具随缘”的圆教义，在止观禅修和义理解释上都对天台宗义有进一步的澄清和发挥，后世尊其为天台十七祖。

传灯，太末(今浙江龙游)人，世称幽溪大师，后世尊为明代“天台中兴之祖”。明万历年间入天台山，住幽溪高明寺，立天台祖庭。以天台义解《楞严》《维摩》等经成一家之旨。重要著作有《性善恶论》(湛然寿印行《天台藏》)、《天台传佛心印记注》(湛然寿印行《天台藏》)、《楞严经玄义》(湛然寿印行《天台藏》)、《楞严经圆通疏》等，其中《性善恶论》对天台“性具”“性恶”法门的特别阐发凸显天台性具善恶论与儒家性善、性恶论及其他佛教派别善恶论思想的不同，为其时沉衰已久的天台义学注入了新的生机。

智旭，江苏吴县人，世称蕅益大师。32 岁始研习天台教义，以天台宗义为其理解和解释佛教思想的基本理论架构，教演天台，行传净土，会通儒释，融合诸宗，遍摄禅、教、律而归极于净土，开启了以此为主要特征的天台宗灵峰派。智旭著述经其弟子成进编次，分为宗论和释论两类。宗论即《灵峰宗论》10 卷 38 子卷(见《蕅益大师全集》，上海佛学书局 2005 年版)，收入其一生所有杂著。《释论》(见《蕅益大师全集》)包括释经论和宗经论及其他著述共 60 余种 164 卷。其中《阅藏知津》是一部极其重要的书，对《藏经》有分类、有目录、有提要，对第一经、律、论皆有说明。其著述辑有全集，有金陵刻经处印行本(1915 年)，台湾华宇出版社《蕅益大师全集》本(1989年),上海佛学书局《蕅益大师全集》本(2005年)。

浙江近代弘扬天台学的著名人物有谛闲及其弟子宝静、静权、摩尘等人。其中,谛闲,黄岩人,20岁出家,习天台教观,28岁时在杭州开讲《法华经》,忽入禅定,遂获辩才。谛闲一生弘法近50年,造就了大批天台僧才,弟子中不少人成为近现代弘扬天台佛学的中坚力量,如宝静、静权、摩尘等。著述主要有《大乘止观述记》《教观纲宗讲义》《普门品讲义》《始终心要解略钞》等,辑有《谛闲大师遗集》10册。

当代浙江佛学研究中,天台宗研究一直是一个热点,成果也较为丰富。曾其海出版有三部天台宗研究的专著:《天台宗佛学导论》(今日中国出版社1993年版)简要阐述了天台宗思想的产生、发展、演变过程,系当代浙江学者最早系统研究天台佛学思想的一部专著;《天台宗与日本文化》(中国国际广播出版社1995年版)论述了天台宗在日本的传承发展过程及天台思想对日本文化的影响;《天台佛学》(上海学林出版社1999年版)从比较哲学角度重点考察、对比、分析了天台佛学与西方哲学、佛教其他宗派及与宋明理学的关系。董平的《天台宗研究》(上海古籍出版社2002年版)侧重于研究天台哲学思想的理论结构及其历史嬗变过程中的内在思想脉络,系统讨论了从南北朝建宗至明末最后一位天台大家智旭的天台哲学思想。朱封鳌的《天台宗概说》(巴蜀书社2004年版)对天台宗的基本教理、修持方法、判教理论、历史传承和海外传播等分别作了专题性的论述。佛学史研究方面,陈荣富的《浙江佛教史》(华夏出版社2001年版)是学界迄今为止最为系统全面的一部浙江佛教通史,对天台宗历朝历代的重要人物、事件、思想均有详尽的考释。朱封鳌、韦彦铎合著的《中华天台宗通史》(宗教文化出版社2001年版),对天台宗的佛学源流、思想特色等方面作了细致的梳理。心皓(瑞安人,天台宗第47代传人)的《天台教制史》(厦门大学出版社2007年版)概述了天台宗从建宗伊始直至近代的僧团组织、寺院规约、丛林制度等教制方面的问题及其历史变迁;其还著有《佛教八宗教理行果》(厦门大学出版社2016年版)等。

(三)禅宗思想及其研究

禅宗是最具中国特色的大乘宗派,以"不立文字,教外别传"为标志,特别发扬了佛教重视修持实践的传统,它是佛教精神与中国文化完美结合的产物,也是佛教最为鲜活生动的中国表达形式。禅宗分南北两支,北禅更接近于印度佛教传统的止观修行,主要流行于中国北方和中原地带。南禅兴起于中唐,六祖慧能启其源,初期流行于南方,至晚唐五代已遍布于中国。

浙江是历史上南禅流传最早、最活跃的地区之一。慧能最著名的五名亲传弟子,有两位便是浙籍高僧,而南禅的两大系五大支中,除沩仰宗外,其余支系均在浙江广为流传。

玄觉的佛教思想。玄觉,永嘉人。八岁出家,长期精习天台宗义,与天台宗五祖左溪玄朗交厚。后参六祖慧能,问答之间,发明心地,留一宿而悟,禅宗史上传为"一宿觉"。玄觉的佛教思想具有禅教一致的特色,将教门义理与宗门禅悟互为勘验,传世著述《禅宗永嘉集》10卷(载《大藏经·诸宗部》第48册,《禅宗全书》第38册,北京图书馆出版社2004年版)与《证道歌》(中国对外翻译出版公司出版)等都可见天台义学的痕迹。

慧忠的佛教思想。慧忠，诸暨人，世称南阳国师。从六祖慧能获其心印，与玄觉等四人并称慧能门下五大宗匠。晚年任唐朝国师，备受玄宗、肃宗、代宗三朝礼遇。慧忠禅法思想主要是"无情说法"的禅法思想、"禅教一致"的禅法风格、"顿渐并重"的禅法方法。其虽无著述传世，但禅宗灯录史籍中关于他的记载不少。他对当时禅学末流不重经教的作风曾提出严厉批评，为后世留下了"国师三唤""无情说法""无缝塔"等著名公案。

南岳、青原两大体系的传承与佛教思想。晚唐至五代，禅宗主流归于慧能门下青原行思和南岳怀让两大系，后世的南禅五支均流自这两系。南岳系在浙江传播相对较早，怀让下出马祖道一，门下出沩仰、临济两宗。堪称一方宗师的马祖二、三代杰出弟子中，有 20 多人活跃于浙江，如大梅法常、五泄灵默（见宁波《七塔寺人物志》，贾汝臻编写，宗教文化出版社 2008 年版）、大慧珠海、鹅湖大义、大慈寰中、睦州陈尊宿等，均是禅宗史上赫赫有名的人物。青原行思下出石头希迁，至晚唐五代，青原系禅法异军突起，出曹洞、云门、法眼三宗，在浙江的传弘尤为兴盛。（陈荣富《浙江佛教史》，华夏出版社 2001 年版）

良价与文偃的佛教思想。良价，诸暨人，曹洞宗祖师，其禅学思想以"偏正回互""五位君臣"等说法为特色，与华严宗教理有一定渊源。著有《洞山悟本大师语录》（载《大正藏》第 47 册，《万续藏》第 119 册）。文偃，嘉兴人，云门宗开祖，初于南岳系下睦州陈尊宿处悟入，后于青原系下雪峰义存处得法。他禅风孤峻，接引学人，于无从拟思处有所领悟，与禅宗其他著名传法方式如临济喝、德山棒、赵州茶等同一义趣。述有《云门匡真禅师广录》3 卷（载《大正藏》第 47 册）传世。

文益与延寿的佛教思想。文益，余杭人，法眼宗祖师。幼年出家，留意经教。后于雪峰义存再传弟子罗汉桂琛处大悟。其禅学思想极具禅教一致特色，尤其推重华严宗和唯识宗义理。著有《宋门十规论》（载《万续藏》第 110 册，《禅宗全书》第 32 册）等。延寿，余杭人，文益的再传弟子，法眼宗巨匠，佛教义学的一代集大成者。所著《宗镜录》100 卷（载《大正藏》第 48 册，西北大学出版社版本），广集佛教诸宗义学而与禅门宗旨相互发明，力倡禅教一致；其《万善同归集》6 卷（载《嘉兴藏》第 48 册），宣扬禅净双修，禅净合一。这两点对宋代以后的中国佛教特别是浙江佛教都有极深的影响。

宗杲与正觉的佛教思想。宋代南岳系的临济宗重新在浙江崛起，而青原系下云门、法眼两宗式微，唯曹洞为盛，渐渐形成了禅林不归临济即归曹洞，乃至于"七分临济，三分曹洞"的格局。临济下衍生出黄龙、杨歧两派，杨歧派出径山宗杲，大力提倡"看话禅"（也称"话头禅"），著有《正法眼藏》3 卷，为斧正禅风所作（见《景德传灯录・摩诃迦叶》）。曹洞宗出天童正觉，住明州（今宁波）天童寺 30 年，创"默照禅"。这两种禅法在风格和参究方式上差异颇大，且互有评破，但却有着共同的思想背景和理论诉求，二者实际上都是对禅宗内部自五代后期开始滋生的"文字禅"的一种矫正，力辟"文字禅"专以文词为事的虚浮之风，以回归禅悟体验的实质。述有《宏智禅师广录》9 卷、《宏智正觉禅师语录》（载《大正藏》第 48 册，《禅宗全书》第 44 册）等。

原妙与明本的佛教思想。元代禅宗的代表人物高峰原妙及其弟子中峰明本均主要活动于浙江。原妙，吴江（今江苏苏州）人，因临济宗禅师雪岩祖钦接引而得彻悟。后入天目山，30

余年足不出山而四方来学者甚众。其禅法深潜厚重，有古德之风；著有《高峰原妙禅师语录》1卷、《高峰和尚禅要》（载《万续藏》第112册）。原妙的弟子中峰明本，钱塘人，禅法继承大慧宗杲、高峰原妙一路的“话头禅”而兼有禅净融合的特色，后世有“江南古佛”之誉；著有《天目中峰和尚广录》30卷、《天目明本禅师杂录》3卷（载《大藏经补编》第25册，《禅宗全书》第48册）。

明清两代的浙江禅宗，虽仍有不少高僧，如明初的楚石梵琦（宁波象山人）、明末的密云圆悟（江苏宜兴人，曾住天台山通玄寺、嘉兴广慧寺等）、清初的玉林通琇（江苏江阴人，曾住武康报恩寺，在西天目山创师子正宗派）等，但整体上已处于衰落期，不复先代气象。这一时期禅净合流的倾向更趋明显，而禅宗内的重要事件如明末密云圆悟与汉月法藏之争，更多地已只是一种法统之争。

近代浙江佛教涌现出了许多高僧，其中与禅宗关系最为密切的有八指头陀寄禅及其弟子太虚法师。其中，寄禅（湖南湘潭人），27岁游宁波阿育王寺时，燃二指供佛，遂自号八指头陀，其后在浙江各地遍参禅门尊宿，修习禅定，光绪二十八年（1902年）出山住持天童寺，其间领导成立宁波僧教育会，是浙江近代最早成立的僧教育组织。民国元年（1912年）被诸山长老推为中华佛教总会会长。寄禅在近代佛教史上以头陀苦行、禅定修行和禅诗为世推重，传世诗作富于禅意。著述有《语录》4卷、《文集》2卷、《八指头陀诗文集》（岳麓书院1984年版）等。太虚，崇德（今属浙江桐乡）人，近代中国佛教领袖人物之一，也是中国佛学的近现代集大成者。太虚是推动传统佛教思想以近代诠释的最重要的奠基者之一，其佛学研究涵括诸宗而尤以唯识、天台和禅宗为重。太虚曾以律、禅、密、净四者总摄佛教修行，而以禅宗之禅为佛教禅修之极致，提出“中国佛教的特质在禅”，对禅宗的研究极富创见性。著述辑有《太虚大师全书》35册（宗教文化出版社2004年版）。

禅宗研究在现当代国内佛学研究中居各派研究之首。20世纪90年代之后，浙江人民出版社组织浙江大学、南京大学等院校相关学者，编撰出版《禅学丛书》：《禅与诗学》（张伯伟著，1992年）、《禅与艺术》（张育英著，1992年）、《禅学与玄学》（洪修平、吴永和著，1992年）、《祖师禅》（董群著，1997年）、《分灯禅》（王志跃著，1997年）、《禅与儒学》（赖永海著，1992年）、《禅宗美学》（张节末著，1999年）、《印度禅》（方广锠著，1998年）、《日本禅》（梁晓虹著，1997年）、《禅宗语言》（周裕锴著，1999年）、《禅宗伦理》（董群著，2000年）等10余种。任宜敏的《京畿莲邦——天目山佛教源流引论》（宗教文化出版社2001年版）一书，以天目山为纽带，以当地禅宗思想的传承发展为主线，逐一评析了上溯东晋下迄明代历代高僧的生平事迹和佛学思想，清晰勾勒出以高峰原妙、中峰明本、玉林通琇为代表的天目山佛教的思想特质与传承脉络。

（四）净土宗思想及其研究

净土宗是根源于大乘佛教净土信仰，专修往生阿弥陀佛净土之法门而得名的一个宗派。净土宗形成以后，由于其普摄诸机、简便易行等特点，在社会各阶层，特别是普通民众中广为流传，成为民间影响最大的佛教宗派。明清以降直至近代，中国佛教在总体上还呈现出一种诸宗归净的趋势。浙江是净土宗流传最为兴盛的地区之一。历史上公认的十三位净土宗祖师中，少康、延寿、省常、袾宏都是浙籍高僧，而智旭、行策、实贤、印光都主要活动于浙江。

少康的佛教思想。少康，唐代缙云仙都人，净土宗五祖，是促使净土持名念佛法门深入江南民间的一位里程碑式的大德高僧。7岁出家，广习经论。因读善导和尚《西方化导文》，遂决意专修念佛，后在睦州乌龙山（今建德县境内）建净土道场，时人称为善导后身。著有《净土论》3卷（已佚），世传与沙门文谂合编《往生西方净土瑞应删传》（日本京都藏经书院合编，上海商务印书馆，1923年）。

省常的佛教思想。省常，北宋钱塘（今杭州）人，净土宗七祖。7岁出家，习天台止观法门，戒行严谨，后于西湖边结白莲社，专修净土，以宰相王旦为首的士大夫与会者前后有一百多人，僧众千余人，昔日庐山慧远白莲盛况一时再现①。其精通天台止观法门，对于净土法门也有探研，曾刺血书《华严经·净行品》，刊版印行。

袾宏的佛教思想。袾宏，清代杭州人，净土宗八祖。31岁出家，历游诸方，遍参尊宿，后于云栖山结茅安居，渐成丛林，住持40余年，提倡念佛风化被于一代，著述甚多，集为《云栖法汇》（载《嘉兴大藏经》），包括《沙弥要略》《其戒便蒙》《莲宗九祖传略》等，其佛学思想外则宣扬儒释融通，内则力倡诸宗平等而归极净土。

行策与实贤的佛教思想。行策，清代江苏宜兴人，净土宗十祖。23岁出家，曾精研天台，后专修净土，于杭州等地复兴莲社，从者如云。所著《起一心精进念佛七期规式》提倡以七日为期持名念佛，为后世"佛七"之始。实贤，清代江苏常熟人，净土宗十一祖。15岁出家，精研性相诸宗法义，曾授记为天台灵峰派四世，后于杭州永福、龙兴、梵天等寺专弘净土，通达天台、法相等学说，所著《劝发菩提心文》《西方发愿文注》等，后有《行策大师省庵大师文集》（清张景岗点校，九州出版社），于近世颇有影响。

印光的佛教思想。印光，陕西郃阳人，净土宗十三祖。21岁出家，至浙江普陀山，居法雨寺20余年，专志于阅藏和念佛。印光佛学教义博大精深，所议八名纲宗，义蕴无穷，皈依弟子遍布于海内外，被誉为民国以来净土第一尊宿。著述辑为《印光法师文钞》（商务印书馆，1920年、1921年），后增广为三册；于2000年由宗教文化出版社出版《印光大师文钞全集》（增广、续编、三编、三编补），百余万字，是为文钞巨编。

当代浙江学术界对净土宗研究略显不足，有黄公元著《杭州净土文化》（浙江古籍出版社出版），是为净土宗研究专著。

（五）佛教哲学研究

中国化的佛教哲学融合了儒学、道学、玄学，对佛教宗教唯心主义哲学体系进行了特有的论证、解释和发挥。方立天为中国著名的佛教哲学家，1964年发表《道安的佛教哲学思想》（《新建设》1964年第3期），1965年发表《试论慧远的佛教哲学思想》（《新建设》1965年第8、9期），1986年出版《佛教哲学》（中国人民大学出版社1986年版），填补了中国佛教哲学系统研

① 佛光山星云大师监修、慈怡主编：《佛光大辞典》，北京图书馆出版社2004年版。

究的空白。2002年出版《中国佛教哲学要义》上下卷，进一步完善佛教哲学中国化的学科建设。这部书以心性问题为中心，这不仅“抓住了佛学，而且是整个宗教的本质问题”（蒙培元评语）。天台佛教哲学思想是浙江学者研究的重点。曾其海的《天台宗的佛教哲学思想》（《东南文化》1990年第6期）分析了天台佛教思想形成的社会背景和思想源泉；其《天台宗佛学导论》也涉佛教哲学思想。

（六）浙江佛学方面的其他研究

其他方面的研究还有任宜敏的《中国佛教史：元代》（人民出版社2005年版），系学界第一部元代佛教断代史专著。张乘健的《〈大唐三藏法师取经记〉史实原考》（中华书局，《文史》第38辑），颜洽茂的《佛教语言阐释》（杭州大学出版社1997年版）和《〈高丽大藏经〉及其文献价值》（《中华文史论丛》第63辑），都在不同层次上丰富了浙江学者对于佛教史的研究。宋道发的《佛教史观研究》（宗教文化出版社2009年版）是一部具有探索精神的史学论著，认为中国佛教史学是源远流长的中国史学传统中独特而重要的的分支之一，其意义决不只在于补正史之不足，而是为佛教自身的独特历史观提供理论基础和支撑；他整理出六种主要的佛教史观，建构起一整套以缘起观为统摄的系统佛教史观。

三、道教

（一）浙江道教发展及其研究概要

浙江道教大约始于汉，兴于南北朝，发展于隋唐，鼎盛于五代至宋朝，明清后趋向衰落（辛永刚《浙江的道教》），有关道教的神话传说可追溯到上古时期。《东阳记》言：“黄帝于缙云仙都山鼎湖飞升。”

西汉时汉武帝为求长生不老之术，在浙江余杭大涤洞前修建宫坛，后改建为著名道教宫观天柱观（洞霄宫）。东汉年间，张道陵创立五斗米道，标志着中国道教的正式形成，道教也开始在浙江境内传播。（辛永刚《浙江的道教》）东汉末，魏伯阳著《周易契同论》。

魏晋南北朝，浙江的道教发展迅速，特别是“五斗米道”在浙江尤为兴盛，王公贵族（如会稽的王氏家族）奉道者甚多，很多著名高道都与浙江有着密切的联系。如葛洪在杭州宝石山葛岭炼丹；葛玄在天台创建台州最早的道观法轮院与天台观、福圣观、峡石观；许迈在天台赤城山修道；黄大仙（赤松子）在金华修道。在这一时期，对于后世道教理论发展而言，吴兴人陆修静主张儒、佛、道三教合流，殊途一致。葛洪辑《抱朴子》收集其师郑隐所藏道书，辑1200卷（清孙星衍《平津馆丛书》辛集，凤凰出版社2010年版），确立了道教神仙理论体系。

隋唐、五代时期，浙江道教得到了进一步发展。唐朝司马承桢在天台山修道著述；桐庐人施肩吾著书立说。唐末五代著名道人杜光庭评定洞天福地，十大洞天中浙江有三，三十六小洞天中浙江有十，七十二福地浙江有十六。这一时期，许多著名高道皆出于浙江，如叶法善、司马承祯、吴筠、田虚应、冯惟良、应夷节、徐灵府、叶藏质、杜光庭等。

宋元时期，浙江道家较重视创立宗派。宋时临海人张伯端在台州创立道教南宗。温州人林灵素为宋徽宗宠信，开创道教灵霄派。金、元朝时期，道教逐渐形成全真、正一两派，两派在浙江都有传播。

明清以后，道教逐渐衰落。近代以来，受各种因素冲击，信众减少。到民国时期，杭州玉皇山福星观住持李理山以推进道教为天职，先后接管了鹤林道院、抱朴道院、玄妙观等 10 处道院，实行了一系列改革，成为江南道教界全真派的领袖人物，浙江道教有了短暂的复兴。

（二）浙江主要道教理论研究

魏伯阳的丹经理论。东汉魏伯阳著有《周易参同契》（集注本，上海古籍出版社 1989 年版）、《五相类》《魏伯阳内经》（载葛洪《抱朴子内篇・遐览》）。《周易参同契》假借爻象，以论作丹之意，其学说以黄老融会周易、丹火之功于一体，用《易》的阴阳变化之理，阐述炼丹、内养之道，证明人与天地、宇宙有同体、同功而异用的法则，是世界炼丹史上最早的一部理论著作。《五相类》不仅用于阴阳五行学说，还提出相类说，认为“同类”的物质才能“相变”，“异类”物质之间则不能发生反应，提示了物质变化的一种辩证关系。魏伯阳被世界公认为是留有著作的最早的炼丹家，被尊为“万古丹经王”。后世对魏伯阳及其丹经理论颇多记载、论评和研究。晋葛洪《神仙传》论评：魏伯阳者，“高门之子，性好道术，不肯仕宦，闲居养性，时人莫知其所从来。谓之治民、养身而已……伯阳作《参同契》《五相类》，凡二卷，其实假借爻象以论作丹之意，而儒者不知神仙之事，多作阴阳注之，殊失其奥旨矣”[①]。五代后蜀彭晓论评其：修真潜默，养志虚无，博赡文辞，通诸纬侯。恬淡守素，唯道是从，每视轩裳如糠秕焉。不知师授谁氏，得《古文龙虎经》，尽获妙旨，乃约《周易》，撰《参同契》三篇。至中华民国，《参同契》翻译成英文，刊载于 1932 年出版的文化史杂志“Lsis”上。当代浙籍著名学者南怀瑾著有《我说参同契》（东方出版社 2009 年版）一书，是继其《论语别裁》后用力最深、最有分量的作品之一，讲述周易、道家、丹道的概念和基本原理，对儒、释、道三体共论有独到看法。

陆修静对道教典籍的整理。陆修静，南朝刘宋时著名道士、道教理论家、思想家。南朝宋明帝泰始三年（467 年），他应诏再赴建康，明帝于北郊天印山筑“崇虚馆”以居之，“大开法门，深弘奥典，朝野注意，道俗归心，道教之兴，于斯为盛”。[②] 泰始七年（471 年），陆修静将长期收集的道教典籍整理校刊，编定为道教最早的道经总目《三洞经书目录》。唐初至明代所编《道藏》，所收经书均依其“三洞四辅”七部分类；并改造天师道，世称“南天师道”。[③] 陆修静著作多达 30 多种，多已佚失，仅存目。《正统道藏》中尚收其《太上洞玄灵宝授度仪》《陆先生道门科略》《太上洞玄灵宝众简文》《洞玄灵宝五感文》等。对天师道的改造及其理论发展，陆修静略晚于北方的寇谦之。但他能利用刘宋政权的行政影响，对一些不利于道教发展的流弊提出整顿措施，从而奠定了太湖领域作为南方道教中心区域的历史地位，使科仪混乱、组织散漫的初期道教从民间宗教逐渐发展成为讲求组织规仪、强调制度建设的官方宗教。其道学继承天

---

① 〔东晋〕葛洪：《神仙传内篇・遐览》。

② 〔南北朝〕陆修静：《三洞珠囊》卷二《敕追诏道士品》，《正统道藏》第 42 册，第 33817 页。

③ 王志邦：《浙江通史》（秦汉六朝卷），第 503 页。

师道“立治置职”之组织传统，完善道官、祭酒“领户化民”的统属体制，并具体落实于“三会日”的道教活动制度之中，以此整顿改造南方道教组织，完善斋醮仪式，扩充道教仪典；他对魏晋以来的新出道书，作以“刊正真伪”，将道教经书分为洞真、洞玄、洞神三部，使众多的道教经书系统化，开创了道书的三洞四辅十二类的道教典籍分类体系。其所撰《三洞经书目录》，是道教历史上最早的道经总目。①

司马承祯与吴筠的道学成就。司马承祯（温县人，今属河南），唐代高道及道教理论家。其师事嵩山道士潘师正，为上清派传人，隐居在天台山玉霄峰，自号“天台白云子”。因其对道教理论、实践均有独到之理解并自成系统，又传授弟子众多，成为“天台仙派”。司马承祯的主要著作有《形神坐忘论》1卷（收入《正统道藏·太玄部》第39册）、《天隐子》8篇（收入《正统道藏·太玄部》）、《服气精义论》1卷（收入《道藏》）等10余种。《形神坐忘论》主讲道教修炼方法，涉及许多道教理论，反映了当时道教的理论水平。与司马承祯同出于潘师正门下的上清派吴筠（华阴人，今属陕西），唐代高道及道教理论家，传上清道法，后历游金陵、茅山、天台。安史之乱后，吴筠东游会稽，隐居于剡中，于大历十三年（778年）羽化。主要代表作有《玄纲论》《神仙可学论》《形神可固论》（均收入《宗玄先生文集》，见《正统道藏·太玄部》）等。司马承祯和吴筠对于道教重玄学理论的发展有着共同的特点，他们以重玄学的基本方法，对于道教心性理论的完善，即对“心”与“道”“性”“神”的关系作了系统的阐述。司马承祯《坐忘论》（三民书局2009年版）谓“原其心体，以道为本，但为心神被染，蒙蔽日深，流浪日久，遂与道隔。若净除心垢，开识神本，名曰修道。无复流浪，与道冥合，安在道中，名曰归根”。吴筠《玄纲论》主张：“夫心者，神灵之府，神栖于其间”“神者，无形之至灵也。神禀于道，静而合乎性。人禀于神，动而合乎情。故率性则神凝，为情则神扰。凝久则神止，扰极则神迁。止则生，迁则死。”②

杜光庭的道教理论研究。杜光庭，晚唐高道及著名道教理论家。唐咸通年间（860—874年）入天台山修道，师事应夷节，遂成道学气候。唐僖宗闻其名声，召入宫廷，赐以紫袍，充麟德殿文章应制。中和元年（881年），杜光庭随僖宗入蜀。前蜀时，先后为光禄大夫、尚书、户部侍郎、上柱国、蔡国公。王衍继位后，受其法箓，以杜光庭为“传真天师”、崇真馆大学士。杜光庭著述丰富，主要有《道德真经广圣义》《道门科范大全集》《广成集》（收入《正统道藏》）等20余种，其《道德真经广圣义》集中体现了对于道教重玄学心性理论的发展，其将道教的修仙理论和心性之学相结合，融合儒、佛之观念，以期达到“无所局滞”之状态。《道德经》经过杜光庭的重新诠释也就成为了统治之要典、致太平之大经。浙江道门司马承祯、吴筠和杜光庭重玄学思想，融合了道、儒、佛的基本价值观念，调和了三教之间的冲突，促使外丹道成为修炼主要形式的内丹道，是为道教心性理论发展的必然趋势。五代高道彭晓注《周易参同契》（彭晓《周易参同契古注集成》，上海古籍出版社1990年版），顺应这一发展。

张伯端与道教南宗的发展。张伯端，天台人，北宋著名道教理论家，被后世尊为道教南宗

① 沈善洪、费君清主编：《浙江文化史》（上册），浙江大学出版社2009年版，第33页。

② 〔唐〕吴筠：《玄纲论》，载《正统道藏》第39册。

紫阳派的鼻祖。清雍正年间封“大慈圆通禅仙紫阳真人”。张伯端早期撰著《悟真篇》出儒入道，倡道教内丹为中心的三教合一思想；中期著《禅宗诗偈》(即《悟真篇后遗》)，出道入禅，以彻了禅宗性学为归宿；晚期以弟子王叔邦辑《玉清金笥青华秘文金宝内炼丹诀》为代表，其思想转向禅道双融而形成一种独具特色的内丹学说(简称《青华秘文》)。张伯端的内丹学说以《阴符经》《道德经》为理论依据，以归根返本、逆炼归元为基本原理，主张以内丹为修仙途径，以“性命双修”为其内炼大旨；宣扬内丹修炼及道教、禅宗、儒家三教一理思想；主张先修命、后修性，推崇佛教禅宗“明性”境界。他将道教炼形气作为修命，以禅宗“明心见性”“顿悟圆通”释内丹“炼神返虚”之境，“先以神仙命脉诱其修炼，次以诸佛妙用广其神通，终以真如觉性遣其幻妄，而归于究竟空寂之本源”。《四库全书总目提要》称，“是书专明金丹之要，与魏伯阳《参同契》，道家并推为正宗”。后世多有对张伯端及其道教学说的记载、评论。如宋临海人陈耆卿著《嘉定赤诚志》卷三十五、南宋陈振孙著《直斋书录解题》、清洪皋若著《临海县志》(清康熙二十二年刻成)、清齐召南著《重订天台山方外志要》等皆有述。对《悟真篇》历代亦有大量注疏本。其学传石泰，次传薛道光，又传陈楠、白玉蟾。至白玉蟾，渐壮大成以《悟真篇》为理论经典的重要内丹流派，称为“金丹南宗”。因张伯端号“紫阳”，故也称为“紫阳派”，与全真道并列金丹南、北两宗。张伯端、石泰、薛道光、陈楠、白玉蟾被尊为“南宗五祖”。石泰著《还源篇》以咏内丹修炼之术(收入《正统道藏·太玄部》)。薛道光著《丹髓歌》《还丹复命篇》《悟真篇注》(收入《正统道藏·太玄部》)，阐发南宗内丹思想。陈楠著《罗浮翠虚吟》《紫庭经》《丹基归一论》并《金丹歌诀》，后集为《翠虚篇》(收入《正统道藏·太玄部》)。白玉蟾有《玉隆集》《上清集》《武夷集》(载彭耜编《海琼玉蟾先生文集》)，始建内丹派南宋道教社团。

林灵素与道教神霄派。林灵素，永嘉人，北宋末著名道士。幼年为僧，因苦其师笞骂，改做道士。后由左道录徐知常推荐于宋徽宗，御书为其改名“灵素”，赐名“通真达灵先生”，令删订道史、经箓、灵坛等事，且以师事之。命天下皆建神霄万寿宫，于京师开神霄录坛，传录散符，其地位颇为崇贵(宋末元初赵道一《历代真仙体道通鉴》卷五，收入《正统道藏》)林灵素承接王文卿促使神霄派从奠基到兴盛，为道教神霄派的重要宗师。著有《释经诋诬道教议》6卷、《归正议》9卷，曾注《老子》。其道学的理论基础是天人合一、天人感应与内外合一说。后世丽水赵与时著有《宾退录》卷1《林灵素传》(上海古籍出版社1983年版)。林灵素活动于京城十余年，使道教发展达到了极盛，道教神霄雷法得到徽宗的首肯，神霄雷书及有关道经被征集入藏，各地建宫使神霄一派炫目天下。林灵素所编《神霄道经》，言及渊源甚古，与张绫天师派系有继承关系，故此神霄派亦奉林灵素为该派宗师之一。现存《道法会元》中的《神霄金火天丁大法》《金火天丁神霄三气火铃歌》《金火天丁风气紫书》《金火天丁玉神解关云篆》《金火天丁摄召仪》《金火天丁阳芒炼度仪》《金火天丁召孤仪》等，均为林灵素所传。林灵素经张如晦、陈道、薛洞真、卢养浩、徐必大、刘玉等代继，使神霄一脉传至南宋理宗、度宗年间。

林灵真与元代道教东华派。林灵真，温州平阳人，为元代东华派主要传人。至元二十八至三十一年(1291—1294年)，37代天师张与棣慕其学，表荐其为温州路玄学讲师，继升本路道录。此后，其闭门著述，撰成《济度之书》10卷、《符章奥旨》2卷，正一教主38代天师张与材命雕版印行，以广其传；并授以灵宝通玄弘教法师、教门高士，住持温州路天清观事。《正统道藏》有收署宁全真授、林灵真编之《灵宝领教济度金书》320卷，是明代道士据《济度之书》增补扩充而成。后世有《道法金元》《林灵真传》(收入《正统道藏》正一部)论评。

“弘道真人”周思得及其灵官法术。周思得，钱塘人，号“弘道真人”，明代著名道士。早年师从杭州宗阳宫提点月庵丘公学道，后拜访43代天师张宇初学道，得龙虎山正一派道法的传授。周思得精习灵宝度人之旨，行持五雷火府之法，以显扬宋元道教新出的灵官法，奠定了他在明代道教史上的地位。明刘侗、于奕正《帝京景物略》卷四《显灵宫》条载：“永乐中，道士周思得行灵官法，知祸福先，文皇帝数试之，无爽也。”明成祖命在京师建天将庙，供奉王灵官神像。周思得著有《弘道集》(亦作《宏道集》)1卷，《附录》1卷，有刻本传世，《千顷堂书目》《百川书志》皆有录。明嘉靖时俞宪编《盛明百家诗》，从《弘道集》中选诗数十首，题名为《周真人集》。后世浙江学者有记传与论评，如明田汝成《西湖游览志》卷21有记述。清丁丙将此《周真人集》及周思得《上清灵宝济度大成金书序》《重刊清净经注解序》两篇序文，收入《武林往哲遗著》(广陵书社2011年版)。清雍正《浙江通志》卷二三五，记有其墓志。

明末清初浙江龙门派的崛起。全真道是道教主流教派，开宗于辅极帝君王重阳。明清之际，全真道经长期沉寂后，以龙门派为主体出现了一批高道，呈复兴之势。浙江为江南全真道龙门派复兴重镇。明末至清中期，浙江全真道龙门派的力量以第五代张静定和沈静圆两支为主体，并延及卫真定、闵小艮。其中，张静定，余杭人，原名宗仁，号无我，全真道第五代传人。其世代业儒，精通性理之学。永乐年间举明经，隐居不仕，讲学于苕溪。父母双亡后，弃家云游，参访高士达人。至天台山入道门，精八元阳经及丹诀，著述颇多，皆毁弃。后游青城山，见周元朴，慕其道德高尚，遂师事之，仍还天台隐居。景泰元年(1450年)周元朴遣徒召静定至青城，授以龙门大戒。嘉靖元年(1522年)七月逝世，是为龙门第五代宗师。传教于赵真嵩(号复阳子，山东琅琊人)，是为第六代宗师。后世浙江学者有清中叶吴兴金盖山在家道士闵小艮著《金盖心灯》记其小传，内刊有《古书隐楼藏书》，其中多数是静定本人的藏书。沈静圆，江苏句容人，居天台，幼时父母双亡，扶柩归葬山西，路遇天台山道士张静定，授以要语，遂有出尘之志。《金盖心灯》载：正统十三年(1448年)出游青城山，又遇张静定，师事之，改名静圆。景泰二年(1451年)南行至天台，居桐柏山中。天顺三年(1459年)至金盖山，居书隐楼，道价日盛，从学者日众。成化元年(1465年)春，遇华亭卫真定于语溪，遂携至南宫，授以宗旨元脉，不久谢世。是为龙门第五代宗师。卫真定，嘉兴石门人，字元宰，号平阳子。据《金盖心灯》卷1载，其先世居华亭，宋末元初，正节先生开白社书院于石泾塘，遂定居石门。欣慕方外之游，师事沈静圆，乃从师至南宫，命名真定，授以宗旨，自是修道愈勤，毫无倦志。据传羽化于顺治二年(1645年)十月，享年二百零五岁，是为龙门第六代宗师。闵小艮，吴兴金盖山人，道教龙门派第十一代宗师，金盖山闵派始人，注重学术改革教派，于当时南方影响很大。其于浙西天台山桐柏宫拜道士高东篱为师，又奉东篱之命从学于沈太虚，淡泊名利，潜心修道，足遍吴楚燕赵，精研龙门西竺心宗。沈太虚羽化后，其接讲金盖山纯阳宫，宣扬“以僧释之精华，诠道家之玄妙”之理。著作甚丰，有《古书隐楼藏书》28种、《大梵先天梵音斗法》12卷、《金盖心灯》8卷、《道藏续编》等，宣扬大道为主的理论思想、非南非北的内练功法和在家住庙皆修道的道学观，在中国传统修真史上亦独占一席之地。

近现代浙江学者有关道教的研究。民国时期有黄子通的《儒道两家哲学系统》(民国宇宙书局刊本,复印本)。20 世纪 80 年代之后,有楼宇烈的《原始道教——五斗米道和太平道》(《文史知识》第 4 期,中华书局 1984 年版)。孔令宏对道教理论研究领域较广,著《朱熹哲学与道家、道教》(河北大学出版社 2001 年版),从探寻朱熹思想发展的时代背景和思想演变的历史进程中,寻绎出道家、道教与朱熹思想形成和演变的事实特征,侧重于把道家、道教的哲学层面的思想与朱熹哲学思想作共时态的比较分析。其著《宋明道教思想研究》(宗教文化出版社 2002 年版),针对以往道教研究中存在的弊端,对宋明时期的道教作内部的、思想性的研究,力图发掘出道教产生、发展、衍变过程中内涵丰富而深刻的思想。其相关论著还有《思想要与历史吻合——评李约瑟的道家科技哲学观》(《自然辩证法》1997 年第 4 期)、《张伯端对钟吕内丹思想的继承与发展》(《道韵》辑刊第一辑,台湾中华大道出版社 1997 年版)、《道家、道教思维方式与生态型可持续发展》(《学术研究》1998 年第 3 期)、《周敦颐〈太极图〉与张伯端的关系》(《中华道学》1998 年第 1 期)、《道教思想史研究的现状及课题》(《中国思想史论集》第一辑,广西师范大学出版社 1997 年版)、《近百年来中国大陆道教思想史研究述要》(台湾《三清文化》2000 年第 4—5 期)等。

2005 年 5 月,由中国社科院世界宗教研究所、浙江省社会科学界联合会、浙江大学、天台县政府在天台山联合主办“天台山暨浙江区域道教国际学术研讨会”,并出版有《天台山暨浙江区域道教国际学术研讨会论文集》(连晓鸣主编,浙江古籍出版社 2008 年版)。同时,孔令宏著《浙江道教史发凡》(《杭州师范学院学报(社会科学版)》2005 年第 6 期)对浙江道教史上最具代表性的人物、浙江现存的道教历史遗迹作了精要的介绍,总结了浙江道教的三大特色。徐雪凡著《道教碑刻揭示的浙江道教史》(《浙江社会科学》2006 年第 4 期)以现存浙江各地的道教碑文为材料,从特定角度梳理了浙江道教的发展脉络。作为浙江区域历史文化研究巨著的 12 卷《浙江通史》,以历代分卷论述的方式构成了浙江道教史的内容。

四、基督教

(一)史学研究

主要研究成果有王晓朝主编的《信仰与理性:古代基督教教父思想家评传》一书,作者选择了早期和中古时期基督教史上最具有代表性的 16 位教父思想家进行个案研究,推进了国内学界对作为西方神学研究分支之一的教父学及早期基督教思想史的理解。陈秀萍著《浙江青年基督教运动》《沉浮录——中国青运与基督教男女青年》(同济大学出版社 1989 年版),是对青年基督教运动的史学研究。龚缨晏的《浙江早期基督教史》(杭州出版社 2010 年版)以鸦片战争前后为历史背景,考察研究了 19 世纪初至六七十年代基督教在浙江的早期发展史,特别是传教士在以宁波为中心的浙东地区的活动,为基督教在浙江传播和发展历史的进一步研究提供了历史资料和文献线索。

（二）理论与方法研究

主要的研究成果有王晓朝的专著《神秘与理性的交融——基督教神秘主义探源》（杭州大学出版社 1998 年版），在探讨希腊及希腊化时期文化中的神秘主义与早期基督教神秘主义的基础上，研究了两者间的密切关系，表明早期基督教曾受到希腊神秘主义的重要影响，具有浓厚的神秘主义色彩，为理解基督教文化的本质提供了一个重要视角。周东华的《民国浙江基督教教育研究》（中国社会科学出版社 2011 年版）、《民国浙江基督教机构的慈幼公益教育初探》（《民国档案》2009 年第 3 期）以丰富的史料，描述了从清末民初至中华人民共和国成立这一历史阶段浙江基督教的教育功能与变迁，展现了浙江基督教教育对浙江现代教育事业的贡献。

对这方面的扩展性综合研究，有王志成主编的《第二轴心时代文丛》，是一套具有全球化视野的宗教哲学丛书，内容涉及宗教与哲学、生态学、伦理学等多种学科的理论对话和交叉研究，多层次、多维度地推动了在当代全球化文化语境中对宗教之本质、功能、意义与责任的再理解和再诠释，展示了全球化、第二轴心时代与中国宗教的未来之时代主题。至 2010 年 12 月底，该丛书已出版有黄铭著《过程思想及其后现代效应：科布神学思想研究》（宗教文化出版社 2010 年版）、王志成等译《宗教研究新方法》（[英]唐・库比特著，宗教文化出版社 2004 年版）、赖品超著《儒耶对话与人生关怀》（宗教文化出版社 2006 年版）、黄铭著《过程与拯救：怀特海哲学及其宗教文化意蕴》（宗教文化出版社 2006 年版）；有王蓉著《苦难与拯救：保罗・尼特的宗教多元论与宗教对话思想研究》并译《信仰之海》（英国唐・库比特著）、王志成著《当代宗教多元论》并译《吠檀多之后的神学》（弗朗西斯・沙勿略・克鲁尼著），成书待出版。

（三）趋势与意义研究

主要研究成果有陈村富的《转型期的中国基督教》（东方出版社 2005 年版），该书将田野调查和数据分析的社会学方法引入基督教问题的研究中，以浙江温州和浙西地区的基督新教和天主教为典型个案，通过问卷调查，基于大量第一手数据和资料介绍分析了社会主义市场经济条件下中国基督教的新特点、新问题和新趋势。其《宗教传播与文化交流》（《世界宗教研究》2002 年第 1 期）探讨了历史上的三种主要文化交流范式，重点分析了宗教传播在人类文化交流中的特殊性质、结构和重要意义，表明宗教传播实际上具有远超于宗教本身的丰富文化内涵。

科学与宗教间的关系一直是宗教学研究中一个引人注目的课题。王志成、朱彩虹著《神经科学与宗教经验：约翰・希克关于宗教经验之合法性辩护》（《自然辩证法研究》2008 年第 8 期）介绍、评述了当代英国著名宗教哲学家约翰・希克为宗教经验之合法性所作的理论辩护。希克在西方学术界第一次系统回应了神经科学对宗教经验提出的理论挑战，全面总结了神经科学对宗教经验所提出的诸种解释及其科学依据，并予以深刻的分析和有力的反驳。这篇综述性论文为了解当今国际宗教学研究在此问题上的前沿理论提供了思想资料。

第七节 伦理学与精神文明建设研究

伦理学是一门以社会道德现象为研究对象的哲学学科。社会伦理和思想道德建设的状况又成为精神文明建设的灵魂，决定着精神文明建设的性质和方向。浙江在伦理学研究方面，起步较早，成果厚重，当代又涉克隆技术引发的生命伦理、核和平引发的道德原则、自然灾难引发的信息伦理等诸多新伦理学问题。

一、伦理学派及其思想理论

早在 20 世纪初，王国维译日本元良勇次郎著《伦理学》（初刊于教育世界杂志社 1902 年出版的《哲学丛书》，后编入《王国维全集》）。蔡元培翻译出版德国泡尔生的《伦理学原理》（商务印书馆，1909 年），并著有《中国伦理学史》（人民出版社 2008 年版）。老一辈学者严群著有《亚里士多德之伦理思想》（上海商务印书馆 1993 年版），张东荪著有《道德哲学》（上海中华书局，1931 年）等。中华人民共和国成立之后，相当长的一段时间里，国内伦理学研究重于共产主义道德的宣传和研究。1978 年之后，浙江的伦理学研究走向初步繁荣，形成了一支有一定质量的伦理学教学和研究的专业队伍。1983 年 3 月，浙江省伦理学研究会成立。2009 年 4 月 12 日，改为浙江省伦理学会。据不完全统计，到 2010 年底止，全省伦理学工作者发表的学术成果仅论文就有 2800 余篇。

（一）制度伦理研究

浙江学者重视制度伦理的研究。周燕军的"制度伦理"系列论文，如《制度伦理评价系统的原则与建构》（《理论与现代化》2000 年第 5 期）一文，认为制度伦理评价系统的建立要遵循历史性原则、普遍性原则与层次性原则，而评价标准要根据社会制度的宏观、中观、微观三个方面而设定；《经济制度伦理的评价与体系构建》（《重庆社会科学》2000 年第 1 期）一文，提了经济伦理制度的构建问题。其还著有《关于制度伦理的研究综述》（《企业导报》2000 年第 2 期）、《制度伦理与伦理制度辨析》（《理论与现代化》2000 年第 8 期）。何建华撰《和谐社会与制度伦理建设》（《中央社会主义学院学报》2010 年第 4 期）一文，认为制度伦理是构建和谐社会的基本前提和伦理基础，在社会转型期，制度伦理与德性伦理相比具有优先性，是市场经济条件下社会伦理运作的主导方式。

（二）其他伦理学思想研究

发展伦理、经济伦理与法律伦理研究。何建华撰《经济正义论》（上海人民出版社 2004 年版）、《分配正义论》（人民出版社 2007 年版）、《道德选择论》（浙江人民出版社 2000 年版）、《市场秩序：从人伦信用到契约信用》（浙江人民出版社 2008 年版）等多部有影响的著作，对发展正义问题作了深入的伦理思考。其《发展正义：发展的伦理维度》（《中共福建省委党校学报》

2009年第4期)一文指出,发展正义是对发展的正义评价与约束,是体现在发展理念、发展实践、发展模式、发展机制中的正义理念和正义原则;必须在发展理念上树立发展正义观,在发展评价上确立正义的评价尺度,在发展模式上选择公正合理的发展模式。陈宏辉、贾生华《利益相关者理论与企业伦理管理的新发展》(《社会科学》2002年第6期)研究了企业伦理的问题。法律伦理研究方面有:孙笑侠《法律家的技能与伦理》(《法学研究》2001年第4期)、陈寿灿《人本法律观的伦理意蕴》(《政法论坛》2007年第6期)等。

休闲伦理、工程伦理与生态伦理研究。刘慧梅、张彦对休闲伦理进行了研究,著有《西方休闲伦理的历史演变》(《自然辩证法研究》2006年第4期)。丛杭青在国内率先倡导工程伦理的制度化建设,翻译出版了国内第一本工程伦理学著作《工程伦理:概念与案例》(北京理工大学出版社2006年版)。同时期,李王鸣、应云仙著有《生态伦理——城市规划视角纳新》(《城市规划》2007年第6期),张新樟著有《环境伦理的自然主义基础——约纳斯对海德格尔存在主义的诊治与超越》(《现代哲学》2005年第2期)等。

死亡哲学与生命伦理学研究。沈毅从死亡哲学、心理学、伦理学、历史学等多个学科角度,对人类死亡问题作了多方面的研究,形成系列论著和论文,代表性的有《洞悉人类心灵的一面透镜:精神分析学的历史精髓》(台湾水牛出版社1992年版)、《生命的动力意义:论死亡恐惧》(杭州出版社2001年版)、《弗洛伊德的死亡论批判》(《浙江学刊》,1989年)、《死亡恐惧对原始思维的制约作用与矛盾定向》(《浙江学刊》,1994年)、《人对死亡的态度及其意义》(《浙江学刊》,1995年)、《生与死齐——鼓盆而歌:庄子的生死观》(台湾《历史》,2001年)、《困境的解脱:对死亡的日常策略及其意义》(台湾《哲学与文化》,2010年)等,多为研究人类死亡问题与生命伦理之新作。

二、一般伦理道德问题

(一)道德的基本理论研究

1988年,洪德裕发表《论道德评价的区别对待法》(《东岳论丛》1988年第2期)一文,对马克思主义伦理学的动机与效果统一论提出了自己的看法,认为道德理论界对统一论的理解和把握未免抽象、简单和粗糙,从而使统一论在其具体应用中遇到不少实际困难,他主张用区别对待法评价具体的伦理道德问题。高湘泽发表《道德责任的主体必然性与合理性之根据》(《哲学研究》2006年第3期)一文,主张高度重视并切实加强公民的道德责任意识建设,以公民道德责任意识的自觉来促成公民道德行为的自律。蔡志良著《道德能力及其养成》(《教育评论》2003年第5期)一文,论述了道德能力是每个人正确处理各种道德关系,拥有美好道德生活的内在保障,认为培养个体的道德能力是当今道德教育的重要任务。王国银的《德性伦理研究》(吉林人民出版社2006年版)一书,系统揭示了德性伦理的本质、价值取向及其发生、发展的机理和当代生存的可能性。

（二）社会主义市场经济条件下道德问题研究

这是20世纪80年代中国改革开放后浙江伦理学界持续关注的一大重点。1988年，郑祖泉的《试论社会主义初级阶段道德建设的十个特点》（《中共浙江省委党校学报》1988年第3期）一文，充分论述了道德建设中层次性和指向性、不平衡性和协调性、民族性和开放性、批判性和创造性、基础性和突破性等对应的十个特点，充实了道德建设理论的质性和内容。胡承槐的《体制的道德性与目前道德伦理格局》（《哲学研究》1997年第8期）一文，分析体制与道德格局的关系，认为体制的不尽完善导致了现实生活中伦理道德格局的紊乱。在利益和道德建设的关系方面，李承先《利益道德法律——论社会主义市场经济条件下的道德建设》（《理论与改革》1997年第6期）一文认为，利益关系（经济关系）的存在是道德意识赖以存在的基础，利益格局（经济结构）的变动和转型是导致道德结构、道德面貌发生变化转型的根源。

在世纪之交进行伦理哲学的反思，不能不涉及现代性问题。包利民《现代性伦理价值的张力结构》（《哲学研究》2000年第9期）一文，特别指出现代性与古典性相对比，意味着价值上的深刻变迁。魏贤超的《道德心理学与道德教育学》（浙江大学出版社1995年版），开辟了教育伦理研究的新领地。这些代表性的研究成果，充分体现了浙江伦理学界对市场经济条件下重大时代问题的敏感把握和深刻分析。

三、自然科学中的伦理问题

（一）环境和生命伦理研究

环境伦理是当代自然科学发展面临的最重大的问题之一。张新樟、汪建达的《技术伦理如何避开人类中心主义和生物中心主义》（《自然辩证法研究》2007年第8期），对约纳斯《责任的命令：寻求技术时代的伦理》进行了解读，认为约纳斯的技术伦理克服了现代虚无主义，避免了人类中心主义与生物中心主义的纷争，为环境伦理奠定了一个可靠的形而上学基础。

克隆技术一旦涉及人类自身便成为生命伦理的问题，需要从经验领域的讨论引向理论层面的探讨。孙和平著有《科学与道德关系的先验阐释》（中国社会科学出版社2004年版）一书，从哲学伦理学上研究探讨了克隆技术引入人类自身生命克隆的伦理道德问题。孙和平、盛晓明的《克隆人类伦理问题的先验阐明》（《浙江大学学报・人文社会科学版》2003年第1期）指出，我们长期当作客体对象的人或是物，自在地就是另一个主体，无非克隆人类使得这一点明白地显示出来；而对象成为主体的根据则在于我们自己，是否把对象当作主体是我们自己是否是主体的唯一明证。在这方面有影响的成果还有刘庆坡、薛庆中的《人类基因组计划及其伦理学问题》（《中国科学基金》2002年第3期）、张新樟的《试析生殖性克隆的生物工程特点及其伦理难题》（《自然辩证法研究》2004年第8期）。

（二）核和平利用和自然灾难的伦理研究

在核和平开发利用广泛而深入开展的今天，对其道德问题的研究仍然是国内外伦理学研究中的薄弱环节。冯昊青的《核和平利用的伦理审视》(《自然辩证法研究》2010年第5期)对核和平利用中的道德问题集中进行了阐释和揭示,提出了核和平利用的道德原则,并就其道德制约的内在化及外在机制层面的因素进行了较为深入的探讨。

自然灾难的伦理研究方面,孙和平、盛晓明的《信息空间中"恶"概念的基本内涵及其伦理问题——兼论海啸等自然灾难的信息伦理意义》(《自然辩证法通讯》2006年第3期)一文,对信息伦理集中进行了研究,认为现实矛盾的解决日益取决于信息客体之间的交互关系,揭示了海啸等自然现象如何在信息域中成为道德恶以及人类自身对此所承担的责任。

四、精神文明和思想道德建设理论

(一)思想道德研究

20世纪80年代初,浙江省委宣传部主编的《共产主义思想品德》(浙江人民出版社1985年版)与沈松勤、郑祖泉、林善良等编著的《共产主义道德》(上海人民出版社1985年版)等论著,对共产主义道德的本质特征、作用和发展规律等作了较深入的探讨。王凤贤在《论精神文明的建设与道德思想的批判继承》(《浙江学刊》1982年第3期)一文中,提出了建设中国式的社会主义精神文明,应继承传统道德中民族性、人民性、民主性成分的见解。王从章编著的《社会主义道德建设概论》(《学习与思考》杂志社,1987年)一书,突出研究了社会主义道德的规范体系——集体主义原则、规范、范畴以及特殊领域的规范等基本内容。

(二)社会主义精神文明理论和实践研究

20世纪八九十年代,雷云主编《社会主义精神文明概论》(浙江人民出版社1987年版),孙国栋、施国光等《中华民族精神与素质研究》(杭州大学出版社1992年版)以及魏继让、汤蓉生等的《社会主义市场经济与精神文明》(中共中央党校出版社1995年版)等在学界产生很大影响。何显明反思和总结了改革开放以来社会主义精神文明建设从思想观念、思维方式到具体的载体、途径上的经验教训等。他的《制度建设与社会主义精神文明》(《哲学研究》1997年第9期)一文,从制度建设的角度,对市场经济条件下社会主义精神文明建设的现实途径作了初步的探讨,很有启发意义。

21世纪初,浙江学人注重从民族精神、浙江精神等角度深化对精神文明建设的研究。如:汪俊昌、毛跃、陈华兴、陈立旭、陈先春等的《弘扬和培育民族精神是发展先进文化的极为重要任务》(《党建研究》2003年第10期)、滕复的《大力弘扬和培育"与时俱进的浙江精神"》(调研报告(总论),2006年)等。此外,陈华文撰写的《传统节日放假的意义及节日文化如何弘扬的对策研究——以浙江新调查个案为例》(《浙江师范大学学报·社会科学版》2010年第5期)、陈雷的《浙江省中小企业伦理道德状况调查报告》(《浙江社会科学》2008年第1期)分别从假日经济、企业文化等角度研究了社会主义精神文明建设问题。

五、中外伦理思想史

（一）中国伦理思想史研究

20世纪初，蔡元培著《中国伦理学史》（商务印书馆，1910年）一书，以西方近代伦理学原理为指导，按先秦创始时代、汉唐继承时代、宋明理学时代三个阶段划分，对中国传统伦理学说作了系统的整理，并对中国古代各家伦理学说作了科学的分析和评价。此书可以说是运用西方新思想、新方法研究传统伦理学说的开山之作。80年代，沈善洪、王凤贤根据社会的新发展、时代的新变化，重新梳理中国伦理学术史，著述了中华人民共和国成立后的第一部《中国伦理学说史》（上下两卷）（浙江人民出版社1985年版、1988年版）。该史从伦理学说的一般对象、定义及中国伦理学说史的自身特定对象出发，运用历史和逻辑的方法，对中国历史上篇幅浩瀚、内容繁杂的伦理思想材料进行艰巨的整理加工和深入的分析研究，对中国伦理思想的发端，特别是从先秦到近代的中国伦理思想的发展及演变做了系统而详尽的阐述。

其他如高力克《自由、演化与传统：严复的伦理观》（《天津社会科学》2010年第4期）、董平《"亲亲"而"仁民"，"仁民"而"爱物"——儒家道德哲学之"伦理生态"系统的形成》（《哲学研究》2006年第6期）、陈剩勇《儒教伦理与中国传统史学》（《学术研究》1995年第2期）等都对中国伦理思想进行了创新的有价值的研究。

（二）西方伦理学史研究

浙江学者还重视西方伦理学最新学术成果的翻译和研究。郑祖泉与石毓彬合著有《现代世界伦理学》（贵州人民出版社1981年版），通述现代世界伦理学的发展。罗卫东的代表作《情感、秩序、美德：亚当·斯密的伦理学世界》（中国人民大学出版社2006年版），对亚当·斯密与他的前辈及同时代人的伦理思想进行了比较，指出亚当·斯密伦理学思想的基础是"同情共感"，而核心是"合宜性"，最后落脚到"德性"，形成完整的思想体系。高力克撰《哈耶克的道德进化论与中国当代道德转型问题》（《学术月刊》2004年第8期），包利民撰《礼义差等与契约平等——有关分配正义的政治伦理思想比较》（《社会科学战线》2001年第3期），冯刚撰《责任伦理与信念伦理：韦伯伦理思想中的康德主义》（《社会学研究》2001年第4期），秦越存撰《回归美德伦理何以可能——麦金太尔及其美德伦理思想》（《学术界》2009年第5期）等，都是现代西方伦理学研究方面的专作。

第四章 经济学研究

人类经济现象极为复杂，对于经济学的定义也较为多元。据《辞海》定义：经济学是研究人类社会经济发展过程中经济关系的活动规律及其应用的科学的总称。包括理论经济学和应用经济学。经济学可从研究范围、历史发展、运行方式和主体、研究对象等方面，作以诸多的类分。中国古代经济思想极其丰富，是为人类经济学的起源之一。

浙江古代的经济学说，可追溯到春秋越国著名谋士计倪（或作计研、计然）之策的农商、货币、价格理论以及“农末俱利”的价格政策和“平粜齐物”的经济主张，时与管仲的经济管理思想齐名。秦汉以后的历朝历代，浙江一些著名思想家、政治家、军事家甚至文学家，如王充、沈约、陆贽、沈括、周行已、叶适、吕祖谦、叶李、王祎、袁燮、戴植、陈子龙、刘基、黄宗羲、许楣、龚自珍等，均在赋税、价格、货币和农工商等方面提出过重要的经济思想和政策主张。列其要者，有东汉王充的物基础论；魏晋六朝沈约的废钱论；唐代陆贽的“均节赋税”“养人治国”论；宋代叶适的“通商惠工”论，吕祖谦对历代经济的制度详说，袁燮的“钱实楮虚”论；元代叶李的《至元宝钞通行条划》；明代刘基的“货币国定说”；清代黄宗羲的“工商皆本”论等，在中国古代经济思想史上占有极其重要的地位。尤其是货币理论方面更为突出，其中陆贽的货币数量论，沈括的货币流通速度论，周行已的纸币发行准备理论，叶适的劣币驱良币论等货币理论，均早于西方相似理论数百年之久，而叶李的《至元宝钞通行条划》则为世界上最早的纸币发行的国家条例。清代堪称货币理论家的海宁人许楣与许梿合著的《钞币论》，是为西方货币理论传入前中国货币金属主义的代表作。

鸦片战争之后，西方经济学传入中国，浙江是传播较早的地区之一。1898年，张元济主持出版严复翻译的《原富》，是西方经济学传入之始。五四运动之后，马克思主义经济学也在浙江开始传播与研究。不少浙籍与任教浙江的学者将马克思主义经济学与西方其他经济学思想结合，探讨当时中国的经济问题，涌现了一批著名经济学家及其著作，如马寅初著有《中国经济问题》，方显廷著《中国农村经济之复兴》，徐雪寒著《中国经济问题讲话》，沈志远著《新经济学大纲》，施复亮著《唯物史观经济史》，孙晓村著《浙江的土地分配》，冯紫岗著《兰溪农村调查》，杜修昌著《农家经济分析》，许旋著《农业经济学》，张培刚著《浙江粮食之运销》等。

中华人民共和国成立之后，浙江经济研究主要是探讨如何建立社会主义计划经济制度。1959年底至1960年初，毛泽东携国内经济专家在杭州研读苏联《政治经济学教科书》，推进了浙江的政治经济学研究。1978年12月中共十一届三中全会之后，从宏观经济和微观经济两个方面探索如何改革开放及建立社会主义市场经济体制。在经济体制改革方面，从农业生产责任制、集体所有制企业转制、个体私营企业发展、国有企业改革入手进行深入研究；在区域发展战略方面，主要对县域经济、海洋经济、山区经济、发展模式进行研究；在产业结构调整布局方面，主要对主导产业培育、传统产业改造、块状经济与产业集群的特点、机制等进行全面研究。21世纪初，城市经济、战略性新兴产业等研究成为经济研究的突破口。浙江学者在所有制理论、经济改革理论及区域经济学、部门经济学、专业经济学、国际经济学、经济思想史诸学术领域皆涉入深广且成果丰硕，涌现了一批在国内外有一定影响的经济学家及其理论成果。如马寅初的人口经济学理论、薛暮桥的《中国社会主义经济问题研究》等在国内均有很大影响。王俊豪著《政府管制经济学导论》，被学界称为“王管制”。胡祖光发明的基尼系数理论最佳值与简易计算公式和企业不对称信息理论在国内经济学界曾引起了轰动。金家麟的《价格学原理》、陆立军的《义乌模式》、王祖强的《社会主义所有制理论的创新与发展》、程炳卿的《社会主义政治经济学》、史晋川的《社会主义通货膨胀论》、方民生的《发展经济学》、俞明仁的《资本论讲解》、何大安的《管理经济学》、郑吉昌的《服务经济学》、仇保兴的《小企业集群研究》、黄祖辉的《中国的“三农”问题》、葛立成等的《现代旅游经济学》、隗斌贤的《能源经济学》、毕定邦的《渔业经济学》、张明龙的《中国区域经济前沿研究》、吴晓波《全球化制造与二次创新战略》、卢晓芬的《不动产估价》、王维安的《经济发展中的金融安全》、李金昌的《抽样调查与推断》、沈满洪的《水权交易制度研究》、张宗和的《中国民营企业的群体性劳资冲突》、汪祥耀的《美国会计准则研究》等皆为各时期各学科领域的创新之作。蒋自强、张旭昆、袁亚春、曹旭华、罗卫东著《经济思想史》，是中国学者研究世界经济史新进展和新成就的集大成者。

第一节 经济学原理研究

浙江自先秦时期就有着丰富的治国理论和策略，其中不乏闪烁着经济理论的光辉。在漫长的封建社会，浙江的货币理论方面，许多观点早于西方。在近现代，浙江理论界无论在形态如资本主义经济理论与社会主义经济理论方面，还是在层面如宏观经济与微观经济等理论研究方面，起步早，发展快，在国内外均有一定的影响。

一、基础理论和方法

（一）古代浙江经济思想的创见与研究

历代经济思想研究。较系统的思想者及其理论创见，可追溯到春秋时代越国复兴之计然、文种、范蠡等著名谋士的治国之策。计然（文献上又作计研或计倪），姓辛，名研，字文子，葵丘（今河南兰考）人，春秋末期南游于越，范蠡师事之，荐为大夫。《史记》卷一二九《货殖列传》引范蠡之言“计然之策七，越用其五而得意”①。其策主要指农业丰歉循环论、储备论、平粜论、“息货”论（商品流通理论）、价格论、货币周转论、国家调节论、自然贫富论及“积蓄之理”

① 《史记》卷一二九《货殖列传》。

等。其“贵贱论”要早于《管子·轻重篇》的思想，“平籴论”早于李悝的相关学说，其“积蓄之理”是古代最早出现的商业经营管理理论。文种，春秋末期楚之郢（今湖北江陵）人，后定居越国，其治国之道重在“爱民”，其伐吴九术重财帛粟缟，坚厉甲兵，即“一曰尊天地，事鬼神；二曰重财币（一作帛），以遗其君；三曰贵籴粟槁（一作缟），以空其邦；四曰遗之好美，以为劳其志；五曰遗之巧匠，使起宫室高台，尽其财，疲其力；六曰遗其谀臣，使之易伐；七曰强其谏臣，使之自杀；八曰邦家富而备器；九曰坚厉甲兵，以承其弊”。① 他对商业经营理念亦有论述：“臣闻之贾人，夏则资皮，冬则资絺，旱则资舟，水则资车，以待乏也②。”范蠡为楚国之宛（今河南南阳）人，入越国为大夫，师事计然，其经济思想主要在于提出的“农末俱利”的价格政策和“平粜齐物”的经济主张，以及“待乏论”“什一之利”的商业经营理念，强调“积著之理，务完物，无息币；以物相贸，易腐败而食之货勿留，无敢居贵。论其有余不足，则知贵贱。贵上极则反贱，贱下极则反贵。贵出如粪土，贱取如珠玉。财币欲其行如流水”等经营规律。③

秦汉之后的历朝历代，浙江的一些著名思想家、政治家、甚至文学家如王充、沈括、周行已、叶适、吕祖谦、叶李、王祎、刘基、黄宗羲、龚自珍等，均在赋税、货币、价格和经济管理等经济领域提出过重要主张和政策，多有著论。东汉王充重视“物基础论”，认为“谷足食多，礼义之心生；礼丰义重，平安之基立”④。唐代中后期宰相陆贽上疏提出“均节赋税”的改良思想和“养人资国”的经济政策，对恢复和发展唐代中后期封建经济具有积极意义⑤。南宋永嘉学派代表者叶适奉行功利之学，主张“通商惠工”“流通货币”，力推以国家之力扶持商贾⑥。金华学派主要代表吕祖谦在《历代制度详说》中提出“取民有制”的赋税论及荒政、货币、盐法等方面的经济思想，对宋代前的经济制度作了“详说”。明末清初浙东学派主要代表黄宗羲在其《明夷待访录》中论述了土地制度和赋税政策、货币和重本抑末问题，提出“工商皆本”的论题，助力于商品经济和资本主义萌芽阶段的国策制定。清代著名思想家龚自珍在经济问题上也提出过一些重要见解。

历代货币理论研究。中国古代货币控制理论在元代之前一直走在世界各国前列，宋代是理论成果最为丰硕的时期，在中国古代货币思想史上占有极其重要的地位。而浙江学者，仕人在历史货币理论研究中皆有突出贡献。早在春秋时期，范蠡言计然之策中，就已涉及“财币欲其行如流水”“无息币”的货币周转理论⑦，可与管仲的货币理论相论比。至魏晋南北朝，孔琳之持反“废钱论”，直击沈约的废钱论，分列南朝货币理论的两大派别。唐代陆贽在任期间所提“货币数量论”，曾主导朝廷的货币政策⑧，较法国波丹提出的相应理论早800多年。北宋沈括“钱利于流借”的思想，强调货币流通速度⑧，较英国学者洛克提出的相似理论早600

① 《越绝书》卷十二《越绝内经九术》。

② 《国语》卷二十《越语》上。

③ 《越绝书》卷十三《越绝外传枕中》，《史记》卷一二九《货殖列传》。

④ 〔东汉〕王充：《论衡》卷十七《治期篇》。

⑤⑧ 《陆宣公翰苑集·议论表疏集》，涵芬楼四部丛刊，民国25年（1936年）12月初版。

⑥ 〔宋〕叶适：《学习纪言》，《叶适集》，中华书局2010年版。

⑦ 《史记》卷一二九《货殖列传》。

⑧ 〔宋〕李焘：《续资治通鉴长编》卷二八三。

多年。周行已最早提出纸币发行准备理论，“以二分之实可为三分之用”①，是世界上最早提出货币准备理论并精算的中国学者。叶适的“劣币驱良币”论(《叶适集》，中华书局 1983 年版)，较英国格雷欣法则早提 400 多年。而吕祖谦的反通货贬值论②、袁燮的“钱实楮(纸币)虚论”③、戴植的纸币理论④、袁甫的计亩征楮与会子流通四戒论⑤等丰富了宋代货币理论，一定程度上影响了宋代的货币政策。元代叶李拟《至元宝钞通行条例》，为世界上最早的国家发行纸币条例。王祎《泉货论》主张“与铜相权”；赵孟頫之“虚实相”并提“钞法论”⑥；辛弃疾(济南历城县人，曾任职浙江)主张“铜楮实一论”⑦，皆为时论要述。明代刘基主张“货币国定说”，强调货币的国家法定权威⑧。叶子奇主张“钱货为本论”⑨，反对自元代以来不兑换纸币的制度。陈子龙(南直隶松江人，曾任职浙江)针对晚清废行纸币政策，著《钞币论》，仍主张推行钞法。明末清初黄宗羲对明代货币问题及产生原因展开全面、系统的分析，以构筑其理想中的铜钱本位、兼行纸钞的货币制度⑩。龚自珍的货币理论经历了从“食重于货”转向“食货并重”的过程，但偏重于货币的流通而忽视储藏功能。清代称得上货币理论家的是海宁许楣，与其兄许梿合著《钞币论》(刊于道光二十六年)，是为批驳王鎏的《钱币刍言》而作，批判名目主义货币理论和无限制发行货币、铸大钱、搜刮民财以“足君”的政策主张，是西方货币理论传入前中国货币金属主义的最重要的代表作。

民国期间，浙江有朱执信的《中国古代的货币》(《朱执信集》，中华书局)，是民国初期国内有影响的货币理论著作之一，他在考察宋至明的纸币史基础上力主“物资本位”，以维稳货币价值。章太炎的经济思想中，最值得注意的是他的货币思想，其《訄书·制币》揭示了货币形式的深化规律和货币交易价值的来源，是中国早期的现代货币思想的代表作。周柏棣的金融思想学说有两大重点，即管理货币理论和法币本质理论，编译的《中国货币史纲》(日本吉图虎雄著，1934 年编译初版，全国图书馆文献缩微复印中心出版，2002 年)。马寅初是现代著名经济学家，他系统地研究了西方货币金融理论，结合中国实际提出了“币值稳定论”，作为其货币思想的核心理论，著有《中国银行论》《通货新论》(商务印书馆，1929 年、1947 年)。

(二)近现代宏观经济及西方经济学研究

中华民国时期，浙江对西方经济学译介和研究者甚多，如周柏棣《国际经济概念》(中华书局，1947 年)，吴斐丹译有《经济组织论》(北泽新次郎著，商务印书馆，1937 年)，童杭时《经济

① 〔宋〕周行已:《奏仪·上皇帝书》。
② 〔宋〕吕祖谦:《历代制度详说》,《吕祖谦全集》,浙江古籍出版社 2008 年版。
③ 〔宋〕袁燮:《治道》,《絜斋集》,中华书局 1985 年版。
④ 〔宋〕戴植:《鼠璞》卷五《楮币源流》,四明张氏约园线装本。
⑤ 〔宋〕袁甫:《论会子札子》,《蒙斋集》,中华书局 1985 年版。
⑥ 〔元〕脱脱都总裁:《宋史》卷一七二《赵孟頫传》。
⑦ 〔宋〕辛弃疾:《理财》。
⑧ 〔明〕刘基:《郁离子·重禁》,《诚意伯文集》,商务印书馆 1936 年版。
⑨ 〔明〕叶子奇:《草木子》卷三下《杂制篇》,中华书局版 1959 年版。
⑩ 〔清〕黄宗羲:《明夷待访录·财计》,中华书局 1981 年版。

学》、沈志远《近代经济学说史》(生活书店,1938年)等。

浙江的马克思主义经济理论研究,早在中华民国时期就很活跃。如沈志远的《新经济学大纲》(生活书店,1947年)一书,结合前苏联的实际诠释马克思主义政治经济学理论。1929—1936年,施复亮翻译了《资本论大纲》《马克思经济学的基础理论》等经济学书籍,着力宣传马克思主义经济学。

(三)现当代宏观经济及西方经济学研究

政府经济职能及作用研究。顾宝孚主编的《国家经济职能概论》(中共中央党校出版社1988年版)一书,从马克思主义基本原理与中国实际的结合上,认真总结中国历史上和近几年来经济体制改革试点的经验教训,全面探索了国家经济职能的基本理论和方法。马国贤的《政府经济学》(中国财政经济出版社1995年版)从走向社会主义市场经济的理财理论与政策出发,探讨了政府的作用及范围。何力平的《市场经济与政府职能》(黑龙江人民出版社2000年版)系统地梳理了政府与市场的关系,尤其是中国社会转型的背景下如何处理市场与政府的关系。何显明的《市场化进程中的地方政府行为逻辑》(人民出版社2008年版)一书,围绕地方政府自主性概念,建立了一个初步的分析框架,对浙江区域市场体系发育和市场秩序扩展进程中的地方政府角色行为模式的演变轨迹和内在逻辑做出自己的解释。魏伟忠、张旭昆著《政府政策、规划与厂商区位决策》(《学习与实践》2007年第1期),提出了政区竞争与厂商区位选择等问题。

关于政府经济工作的评估。范柏乃的《政府绩效评估理论与实务》(人民出版社2005年版)通过对西方发达国家和中国政府绩效评估实践、评估指标、定量方法、评估主体和评估程度分别进行了深入的理论分析和实证研究。何翔舟、陈向阳的《政府决策的机会成本问题研究》(科学出版社2010年版),在解剖个案的基础上重点研究分析现代政府决策的机会成本问题。范柏乃、班鹏在《政府浪费与治理对策研究》(《浙江大学学报·人文社会科学版》2008年第6期)一文中,指出了政府行政管理的种种浪费现象及原因,提出了相应治理对策。

投资理论研究。投资理论是经济学基础理论的重要范畴。尹才喜的《县级国民经济投入产业分析》(学术期刊出版社1987年版)建立了一种县级国民经济投入产出的分析模型。朱家良的《政府、企业的投资主体地位和投资调控》(《宏观经济管理》1992年第2期)一文,对改革开放之后投资主体多元化问题提出了新的见解。何大安从宏观角度对投资的运行机理作了多方面分析,发表了一系列论著,如《投资流向与结构调整、结构升级的关联分析》(《经济研究》2001年第11期)、《投资选择的交易成本》(《经济研究》2003年第12期)、《投资运行机理分析引论》(上海人民出版社2005年版)等。其《市场体制下投资传导循环及其机理特征》(《中国社会科学》2002年第3期)提出了投资流向与产业结构调整共异向、投资流向陷阱、投资流向与结构调整及结构升级的关联层面、投资传导循环、有限理性的实现精度等概念。程惠芬长期从事国际投资研究,著有《对外直接投资与宏观经济内外均衡发展》(《经济研究》1998年第1期)、《国际直接投资发展》(中国经济出版社2001年版)等。陈菲琼主要从事国际投资理论研究,著有《国际投资与跨国公司》(浙江科学技术出版社2000年版)。徐飞《企业投资决策及其选择行为分析》(《浙江学刊》2009 年第 4 期)、何圣东《企业体制与投资秩序》(《学术月刊》2003 年第 7 期)等，对投资行为、投资秩序等问题作了探讨。

世界经济理论研究。浙江学者对世界经济理论的研究包括了对理论本身及中国的关联分析和比较研究，如宋玉华《世界经济周期理论与实证研究》(商务印书馆 2007 年版)；黄先海《蛙跳型经济增长——后发国发展路径及中国的选择》(经济科学出版社 2005 年版)等。对世界经济的比较研究有张仁寿《浙江与韩国：经济发展及比较》(浙江人民出版社 1996 年版)、罗卫东《韩国经济发展战略的选择、实施及其对浙江省的启示》(《韩国研究》，1995 年)等。对世界经济理论总体发展过程研究，有张旭昆等编著《国际经济学术史简编》(吉林人民出版社 2002 年版)。2000 年以后，姜竹书、张旭昆对东盟自由贸易经济有较长期的合作研究，著有《中国—东盟自由贸易区——影响因素、效果及对策》(《浙江树人大学学报》2003 年第 6 期)、《东盟贸易效应的引力模型》(《数量经济技术经济研究》2003 年第 10 期)、《中国与东盟贸易关系及贸易竞争力的实证研究》(《浙江学刊》2004 年第 2 期)等。

西方经济学研究。中华人民共和国成立后，尤其是 20 世纪 70 年代末之后，浙江学者对西方经济学研究相对比较突出。吴斐丹编译《资产阶级古典政治经济学选辑》(商务印书馆 1979 年版)、《魁奈经济著作选集》(商务印书馆 1979 年版)等，是“文化大革命”结束后率先推出的西方经济学经典文献集。蒋自强等编著《当代西方经济学流派》(浙江大学出版社 1988 年版)一书从凯恩斯主义、新自由主义和非主流经济学三个方面，力图从方法论、基本经济理论和经济政策主张等方面，准确地、客观地阐述当代西方经济学各个流派的经济学体系。项保华、周文骞《现代西方经济学》(浙江大学出版社 1989 年版)介绍了西方经济学的结构、内容、体系等。杨义群、黄达人《高级经济分析》(浙江大学出版社 1994 年版)从“诺贝尔经济学奖”获奖者有关专著的分析与深化入手，分析介绍了西方经济理论与方法。张旭昆、蒋自强《一条可选择的研究途径——西方经济学演化模式初探》(《经济研究》1992 年第 2 期)一文及蒋自强、张旭昆《三次革命与三次综合——西方经济学演化模式研究》(上海人民出版社 1996 年版)一书，从经济史的角度回顾了西方经济学研究的阶段，揭示了西方经济学的发展规律和演化模式。张旭昆长于西方经济学的制度主义研究，著有《制度的需求》(《数量经济技术经济研究》2001 年第 7 期)、《制度演化分析的历史回顾》(《经济学动态》2001 年第 9 期)、《制度变迁的成本——收益分析》(《经济理论与经济管理》2002 年第 5 期)、《单项制度演化方式浅议》(《制度经济学研究》2003 年第 1 期)、《制度系统的性质及其对演化的影响》(《经济研究》2004 年第 12 期)等系列论文和《制度演化分析导论》(浙江大学出版社 2007 年版)等著作。

学科体系建设。浙江学者在宏观经济学研究方面，叶航《宏观经济学》(浙江大学出版社 2000 年版)从宏观经济变量、宏观经济模型、宏观经济运行、宏观经济调控、宏观经济学流派等 5 个方面，构建当代宏观经济学的学科体系；认为宏观经济学是以整个国民经济活动为研究对象并采用总量分析的方法，研究社会经济各种总量关系及其变化规律的经济学。浙籍学者袁嘉新是国内较早运用数量经济与技术经济的方法研究宏观经济的专家，对建立中国人自己创建的数量经济学作出过贡献。其与陈立合著《中国宏观经济模型》(《技术经济和管理现代化学术资料》1982 年第 2 期)是第一个由中国学者研制并为国际社会所采用的宏观经济模型;其《中国1979年价值型投入产出估算表及其编制说明》(《数量经济技术经济研究》1990年第6期)是中国第一张价值投入产出表;其与何伦志主编的《经济系统分析》(社会科学文献出版社1997年版)是国内第一本公开出版的经济系统分析硕士研究生教材。其与尹才喜等合著的《科技进步及其评价和案例》(北京科学技术出版社1993年版)首次系统归纳总结了国内外现有的科技进步评价方法,提出了全要素相对生产率的新概念,开辟了研究生产率和科技进步的新途径。张旭昆主编《中级宏观经济学》(浙江大学出版社2006年版)是中级程度的宏观经济学教科书,较重于数理方法的运用。

(四)微观经济问题

企业经济研究。20世纪80—90年代,浙江的企业经济研究主要集中于企业改革问题的探讨:葛立成的《试论工业经济责任制的客观基础和内容》(《浙江学刊》1982年第2期)一文,提出了从获取超额利润的难易和基数来合理决定国家、企业、个人三者之间的利益关系。郭占恒的《试论全民所有制企业的相对所有权》(《经济体制改革》1985年第6期)一文,提出了全民所有制企业既要有经营权,还要拥有所有权的观点;章瑞华的《全民企业经营权与所有权分离模式初探》(《杭州大学学报》1987年第2期)一文,对两极分离的不同模式作以探讨;蒋泰维等《温州国营工业企业考察与所有制改革的思路》(《浙江学刊》1987年第1期)一文,提出了以国有主导,以混合公有制为主体的所有权和经营权多种组合方式的思路;徐金发等《企业集团的组织和管理》(浙江人民出版社1988年版)一书,就政府如何引导集团公司向工厂管理的大型公司化管理发展等问题作了系统的研究。21世纪初,企业经济研究呈多种学科介入之势。较有代表性的有:何大安《行为经济人有限理性的实现程度》(《中国社会科学》2004年第4期)一文,依据现实把有限理性划分为三种状态,并针对决定或影响人的理性发挥的主要因素,建立了描绘有限理性实现程度的理论模型。叶航、汪丁丁、罗卫东《作为内生偏好的利他行为及其经济学意义》(《经济研究》2005年第8期)一文,在ESS(进化稳定策略)基础上提出一个演化均衡模型,进一步解释了利他行为的进化优势以及合作剩余导致利他偏好内生的机制。郭继强《中国城市次级劳动力市场中民工劳动供给分析——兼论向右下方倾斜的劳动供给曲线》(《中国社会科学》2005年第5期)认为,主流经济学关于劳动供给的研究忽略了最低必须支出这一拐点,延续拐点后的劳动供给曲线向右下方倾斜;就拐点后的这段劳动供给曲线,当劳动需求不足时,劳动供给将向右下方发散失衡;在此基础上针对中国城市次级劳动力市场的民工劳动供给现状进行了实证。

产业经济研究。20世纪80—90年代,浙江的产业经济研究重在产业结构研究,有史晋川的《我国的产业结构分析》(《杭州大学学报》1988年第3期)、程惠芬《产业结构与经济增长》(《中共浙江省委党校学报》1988年第1期)等。马庆国《高技术产业与企业发展规律与政策研究》(万国学术出版社,世界图书出版公司1999年版)一书,系统阐述了中国高新技术产业的产生、发展的规律,对中国高新技术产业的结构、布局与高新技术企业所面临的问题进行了深入的分析,在此基础上提出了解决中国高新技术产业发展过程中所遇到的困难和问题的建议。吴晓波《全球化制造与二次创新战略:赢得后发优势》(机械工业出版社2006年版)一书认为，现代技术革命，尤其是信息技术革命，使制造业的全球化趋势不断加强，深刻影响着世界经济的发展，中国制造业的崛起很大程度上得益于这种制造业的技术创新能力。王俊豪等《中国垄断产业结构重组、分类管制与协调政策》(商务印书馆 2005 年版)，运用政府管制经济学理论，分析了中国垄断性产业的基本业务类型、市场结构重组政策、对不同业务的分类管制政策及协调政策以及垄断性产业管制机构的设立与规范等重点问题，为中国垄断性产业的深入改革与协调发展提供了基本理论框架和政策思路；在此基础上，分别对中国的电信、电力、铁路运输、航空运输、邮政、城市公用事业等主要垄断性产业的市场结构重组、分类管制与协调政策及其管制机构作了系统而深入的研究。谢友才《产业效率分析技术》(经济科学出版社 2009 年版)为产业经济的效率分析提供了技术工具。

技术经济与管理研究。许庆瑞等著《基于能力的技术创新理论：过程、模式、机制、系统》(《国际学术期刊》1998 年第 4 期)，阐明了技术创新过程、模式、机制与系统；《全面创新管理——理论与实践》(科学出版社 2007 年版)一书，介绍了创新管理理论的发展演进，系统阐述了创新管理的新趋势与全面创新管理范式的必然性、理论基础、内涵等，着重从全员创新、全时空创新、全要素创新和全面协同等方面揭示了其“三全一协同”的要点，从实践的角度对全面创新管理这一理论范式进行了印证。周耀列《创造理论与应用》(浙江大学出版社 2000 年版)一书，论述了创造理论以及如何应用于人才开发和企业创新管理。吴添祖、虞晓芬等主编《技术经济学概论》(高等教育出版社 2003 年版)一书，用一种创新的视角，构建了技术经济学的理论体系。熊伟《质量机能展开》(化学工业出版社 2005 年版)一书，系统地论述了 QFD 理论与操作实务，提供了在全球化商业环境下企业应用的实践框架，讨论了 QFD 的新发展、新观点及新技术，分析了 21 世纪 QFD 的动向与发展趋势。潘士远《最优专利制度研究》(《经济研究》2005 年第 12 期)一文，构建了一个动态均衡模型来研究最优专利长度和最优专利宽度的问题，研究结论表明最优的专利长度和专利宽度都是有限的。

经济学综合研究。主要从微观角度综合研究供给、需求、技术、资金、劳动力、产业布局与区域发展、产权等基本问题以及其他与经济相关的问题，如叶航的《经济学视野中的人类道德——现状・假设・模型》(《学术月刊》2001 年第 2 期)一文，认为在人类整体行为模式中，非经济偏好经济活动并非是一个外生变量。陈惠雄的《人本经济学原理》(上海财经大学出版社 1999 年版)一书探讨了以人本身来解释经济现象的经济学理论。张明龙的《经济学新问题求解》(中国经济出版社 2007 年版)一书，采用规范研究与实证研究相结合的方法，探讨了理论经济学新框架。

(五)方法论的应用与研究

从经济学发展的角度看，研究方法从定性分析为主向定量分析为主，从规范分析为主向以实证分析为主的方向发展，成为总的学术研究趋势。浙江学者对于经济研究方法论有以下几个方面的研究和运用：

统计方法。是对研究方法本身的研究。如叶长法《抽样调查浅说》(浙江省统计学会编印，1982 年)、《统计改革的理论思考与实践足迹》(中国统计出版社 1999 年版)及其与岑国荣合著有《统计数据质量评估方法探讨》(《统计科学与实践》1997 年第 4 期);叶树滋《市场调查与商情预测》(中央电大出版社 1985 年版),汪贤进等编《常用统计方法手册》(浙江人民出版社 1986 年版),苏为华《对数型功效系数法初探》(《统计研究》1993 年第 3 期),马庆国《管理统计——数据获取、统计原理、SPSS 工具与应用研究》(科学出版社 2002 年版)等,都从自己的专业所长,为经济学研究提供了统计学方法。

模型分析。是主指数学模型分析。如汪贤进《社会总供给与总需求总量平衡的测算和分析方法》(《商业经济与管理》1990 年第 2 期)、赖存理《专业市场发展的数量经济原理》(《数量经济与技术经济》1997 年第 8 期)等。赵自芳、史晋川《中国要素市场扭曲的产业效率损失——基于 DEA 方法的实证分析》(《中国工业经济》2006 年第 10 期)及魏楚、沈满洪《能源效率及其影响因素:基于 DEA 的实证分析》(《管理世界》2007 年第 8 期),应用了基于 DEA(数据包络分析)的分析方法。肖亮《分布式连锁商业数据挖掘模型》(航空工业出版社 2008 年版)应用了数据挖掘的方法,对分布式连锁商业作以数量经济分析。

实证分析。是给出事实或现象而不作价值判断的分析方法。如史晋川、郑勇军《浙江省工业企业规模结构与规模经济实证研究》(《浙江学刊》1995 年第 2 期),杨万江《食品安全生产经济研究——基于农户及其关联企业的实证分析》(中国农业出版社 2006 年版)。叶航、汪丁丁、贾拥民《科学与实证:一个基于神经元经济学的综述》(《经济研究》2007 年第 1 期)一文,引入 20 世纪 90 年代中晚期的神经元经济学的分析方法——现代神经科学的范式、方法和技术工具分析人类的经济行为以及脑组织在人类决策过程中的功能、作用和机制,把经济学的实证研究提升到一个新的高度,对经济学传统理论提出了一系列意义重大的修正。计算机仿真作为实证研究的方法之一,已被浙江经济学界所接受和采用。

比较分析。是对研究对象、研究内容、研究方法等进行比较研究。如童本立、沈玉萍等《税务会计准则与财务会计准则的比较研究》(《浙江社会科学》1996 年第 3 期)比较了税务与财务的会计准则的异同。史晋川、罗卫东《经济增长与反通货膨胀的国际比较研究》(杭州大学出版社 1997 年版)对经济增长与反通货膨胀进行国际的比较。

调查分析。是对特定研究对象进行实地调查取得第一手资料并进行分析。如颜士梅等《企业人力资源开发中性别歧视的表现形式——基于内容分析的访谈研究》(《管理世界》2008 年第 11 期)、王祖强《劳资关系与员工权益——基于浙江私营企业的调查与分析》(中国经济出版社 2007 年版,),皆较好地运用访谈调查、抽样调查分析方法。李金昌专长于统计学理论和抽样调查技术研究,其《抽样调查与推断》叙述了纯随机抽样、分层抽样、等距抽样、整体抽样、多阶段抽样、成数抽样推断、抽样的其他方法和技术①;其还著有《抽样估计精度问题研究》(中国物价出版社 2000 年版)等。申红著有《我国工业统计抽样调查方案研究》。

案例分析。通过对特定的事例进行分析。如陈劲等《正在爆炸——R&V:一个整合全球资源的中国自主创新案例》(浙江大学出版社 2006 年版)一书,通过对绿盛集团与天畅科技 R&V 战略联盟成功实践的透彻剖析,首次形成了 R&V 战略联盟的理论体系,并对企业如何

① 李金昌:《抽样调查与推断》,中国统计出版社 1996 年版。

借助 R&V 战略联盟来整合资源及获取最大效益提出了全新构想。

综合分析。浙江经济学者的不少研究报告、调研报告、对策报告通常采取综合分析的方法，将基于事实的实证与基于价值判断的规范分析相结合，以更好地提出政策建议和对策思路。

（六）浙江年度蓝皮书的发布①

浙江省范围发布的年度蓝皮书，主要有浙江省社会科学院发布的《浙江发展蓝皮书》。首次发布为《浙江社会发展蓝皮书（1995—1996 年）》（杭州出版社 1996 年版），主要围绕社会发展问题。2000 年之后，范围逐步扩大至经济、社会、文化、法治 4 个领域。蓝皮书名称定为《浙江蓝皮书·浙江发展报告（社会卷）》《浙江发展报告（经济卷）》《浙江发展报告（文化卷）》《浙江发展报告（法治卷）》。

《浙江发展报告（经济卷）》是由浙江省社会科学院经济研究所为主编辑，由浙江省社会科学院统一发布，主要是对全省年度经济形势分析和后一年度发展预测报告，包括浙江年度发展的宏观经济和部门、行业经济分析和预测。

《浙江发展报告（社会卷）》是由浙江省社会科学院社会学研究所、公共政策研究所为主编辑，由浙江省社会科学院统一发布，主要是对全省年度社会发展状况分析和后一年度发展预测报告，包括社会问题和社会热点、社会政策的分析和预测。

《浙江发展报告（文化卷）》是由浙江省社会科学院文化研究所为主编辑，由浙江省社会科学院统一发布，主要是对全省年度文化发展状况分析和后一年度发展预测报告，包括精神文明建设和文化政策的分析和预测。

《浙江发展报告（法治卷）》是由浙江省法学研究所为主编辑，由浙江省社会科学院统一发布，主要是对全省年度法治状况分析和后一年度发展预测报告，包括法律建设和执行状况的分析和预测。

浙江省年度部门和行业的常态发展归入全省年度蓝皮书的经济卷、社会卷、文化卷、法治卷。一些特殊行业及老百姓关注度高的行业，如房地产、互联网相关产业、青少年发展等有单独发布的蓝皮书形式，公布的部门一般为直接责任部门。

同时，浙江省杭州、宁波、温州、嘉兴、湖州、绍兴、金华、衢州、台州、丽水、舟山诸市，也发布有蓝皮书。

二、社会主义经济理论

（一）学科建设研究

浙江学者对社会主义经济理论的研究可分为前、后两个阶段。第一阶段，自中华人民共

① 《浙江发展蓝皮书》分经济卷、社会卷、文化卷、法治卷。为编写的相对集中考虑，本书将在经济学章一节一目下一并编入，其他相关章节不再提及。

和国成立至1978年12月中共十一届三中全会，主要研究社会主义计划经济体制及其实现形式。第二阶段，自1979年至21世纪初，主要研究经济体制及其如何从计划经济向社会主义市场经济演变的各种实现形式。主要论著有程炳卿、郑志芳等《社会主义经济理论浅说》（浙江人民出版社1981年版），马守良、程炳卿《社会主义市场经济理论读本》（浙江人民出版社1993年版），陆立军、王祖强《邓小平经济理论与实践》（浙江人民出版社2000年版），许新三《邓小平社会主义市场经济理论再解读》（经济科学出版社2004年版）等。

（二）发展战略与模式研究

发展战略研究。方民生等的《经济开拓者的战略思考》（浙江人民出版社1986年版）一书，从多个角度、多个方面论述了在经济发展条件、环境的变化过程中，经济开拓者应掌握的战略分析要素，包括需求、人口、资源、资金、市场、产业、网络、人才、科技、决策、管理、开放等。沈满洪等的《资源节约型社会的经济学分析》（中国环境科学出版社2007年版）一书，提出了资源节约型社会的激励和约束机制，首次构建了包括别无选择的强制机制、权衡得失的选择机制和道德约束的自愿机制所构成的制度体系；揭示了循环经济发展中所存在的规模不经济、循环不经济、循环不环保，循环不节约等重大问题，提出了模式创新、科技创新和制度创新的解决问题思路，构建了由供给保障、需求保障和贸易保障等战略所构成的资源安全保障框架。陈自芳的《不平衡发展与统筹协调相结合的辩证思想》《不平衡推进与高增长——改革进程中的浙江经济发展研究》（经济管理出版社1996年版）等论述了不平衡发展与统筹协调、不平衡推进及高增长的关系问题。

发展模式研究。傅允生的《资源约束、利润转移与不经济增长》（《经济理论与经济管理》2005年第9期）一文认为，经济发展必须充分考虑资源承载能力，GDP（国内生产总值）增长应以社会福利水平相应提高为主要目标，而其前提是，加快政府职能转换与完善市场机制，加强资源深度开发与高效利用。郭祥才的《跨越发展：转变观念与创新模式》（中国社会科学出版社2008年版）一书，从中国现阶段社会发展的实际出发，根据后发国家发展的理论，从历史的角度深入分析了西方后发国家理论的困惑，阐述了马克思主义跨越发展理论及其发展的当代意义，提出了21世纪中国跨越式发展的战略构想。

可持续性发展研究。方民生在《可持续性发展的理念和行为规范》（《浙江社会科学》1998年第3期）一文中，认为“可持续性发展”是一种崭新的发展思想、发展战略，也是一种崭新的经济哲学，它是对传统的“非可持续性发展”理念的否定，是人的经济“偏好率”和“长期利率”的长期一致性，是经济发展的最理想模式。沈满洪《经济可持续发展的科技创新》（中国环境科学出版社2002年版）从环境科学的角度，论证经济可持续发展的科技动力。

（三）通货膨胀问题研究

通货膨胀研究。史晋川的《社会主义经济通货膨胀导论》（上海三联书店出版社1989年版）一书，则对社会主义经济通货膨胀问题的各个层面进行了考察。其对社会主义经济通货膨胀问题的研究成果还有《经济增长模式与通货膨胀机理》（浙江人民出版社1998年版）、《经济增长与反通货膨胀的国际比较研究》(杭州大学出版社 1997 年版)。金雪军《我国现阶段通货膨胀的实证研究》(《浙江大学学报》1992 年第 1 期)一文,通过对银行信贷规模、储蓄增长速度、利率水平等诸多与通货膨胀有关因素的实证分析,预判中国通货膨胀的过程特征。邱营《弗里德曼货币与通货膨胀理论研究》(浙江大学硕士论文,2008 年)等一批学位论文对通货膨胀基础理论也作以深层次的研究。尤瑞章《经济增长与所谓“适度通货膨胀”》(《贵州社会科学》1987 年第 7 期)一文指出,近几年来,随着经济的增长,出现货币超量发行或“超前发行”与物价上涨现象、资金需求膨胀与供给短缺之矛盾。在这种情况下,有人提出经济增长过程中通货膨胀不可避免、适度的通货膨胀是经济增长的刺激剂等观点,作者对此持否认态度。

经济总量平衡问题研究。有朱家良《国民经济供求总量平衡初探》(《浙江学刊》1984 年第 3 期)一文指出,社会主义计划经济是以整个社会生产的计划性为特征的。中国 30 多年来计划经济工作的实践证明,社会生产与社会需求在总量上互相适应,大体保持相对平衡的状态,整个国民经济就能够比较协调地按比例发展,速度也比较快。如果国民经济供给总量与需求总量失去平衡,必然造成国民经济比例失调,不得不进行调整,以恢复社会生产、供给与需求之间的平衡,从而使国民经济重新走上健康发展的轨道。史晋川《国民经济增长总量模型分析》(《经济研究》1985 年第 9 期)一文认为,国民经济增长总量模型以卡莱茨基社会主义经济增长模型的基本思想为指导,选择物质平衡体系(MPS)中的综合统计指标和利用这些指标可以计算的数值作为模型中的变量和参数;建立这一含有多个经济变量和参数的宏观经济模型的目的是为国民经济增长的计划和预测工作提供一个较为实用的分析工具。沈根伟的《放松,还是紧缩》(《经济研究》1986 年第 12 期)一文,认为工业生产增长速度陡降是中国经济内部的原材料与能源产品严重供不应求和加工工业产品严重供过于求这两种反向矛盾尖锐化的必然结果,与货币供应量控制没有关系,据此提出了对策建议。李学忠《时滞效应与宏观总量政策选择》(《当代经济科学》1991 年第 6 期)一文,认为总量政策效应的滞后性给总量形势的分析和判断增加了困难,不仅已实施政策效应的滞后使当期统计指标表现出经济运行态势的某种“欺骗性”,掩盖了正在形成和不可避免的某种趋势,而且任何一项新政策的实施到发生作用也存在一个时差,这种政策变换的滞后性是中国以往经济大起大落的重要原因。

(四)财税控制问题研究

审计研究。20 世纪 80 年代的代表性成果有:杨慧瑞《论高校内部审计》(《浙江审计》1987 年第 1 期)、吴永昌《探索提高审计工作成效的途径和措施》(《浙江省会计学会论文集》,1987 年)、浙江省审计科研所与浙江省审计学会编《论审计工作制度化法制化》等。21 世纪初,宋夏云《国家审计目标及实现机制研究》(上海财经大学出版社 2008 年版)一书,论述了国家审计的目标及实现机制,包括总目标、具体目标、项目目标及专业胜任能力强化机制、独立性保证机制、审计规范优化机制和审计报告健全机制。梁飞媛《会计标准国际趋同的经济学分析与启示》(《审计与经济研究》2006 年第 9 期)一文,从审计中的会计标准作以国际化的分析。傅黎瑛主要从事审计学、会计学的教学与研究,著有《企业内部审计与外部审计趋同研究》(东北财经大学出版社 2007 年版)、《现代企业内部审计的新态势》(《财经论丛》2005 第 4

期)等。

会计研究。20世纪八九十年代的代表性成果有:舒冰《关于成本的比较研究》(《浙江会计》1984年增刊第1期),吴思达、王水君《试论快速折旧法的实质和借鉴——快速折旧并非"无形损耗"理论的合理衍生》(《上海会计》1984年第12期),归润章《论内部会计控制及审计》(《浙江会计》1986年第1期),王道振《我国会计理论结构初探》(《浙江会计》1986年第7期),冯巧根《权责发生制会计适用性的探讨》(《会计研究》1992年第4期)等。21世纪初,有汪祥耀《会计准则的发展:透视、发展与比较》(厦门大学出版社2001年版)、《现代成本会计学》(浙江人民出版社2008年版)、《美国会计准则研究——从经济大萧条到全球金融危机》(立信会计出版社2010年版)等著作皆为国内会计学研究方面的专著。

财政改革问题研究。2002年5月,国家财政部科研所、光明日报社记者部、浙江省社科院发起召开(杭州)"浙江财政改革研讨会",出版有《与时俱进的浙江财政改革》(浙江省财税科研所、浙江省社科院主编,经济科学出版社2002年版),该书根据浙江改革开放以来的财税体制改革实践,重点围绕"省管县"的财税体制,展开多角度的论述与询策。

三、《资本论》研究

对于《资本论》的传入中国,现有据可查的,最早为哲学家、儒学大师马一浮。1905年,其在游学德国后转学日本回国带回德文版《资本论》。1906年1月,朱执信写了《德意志社会革命家小传》(《民报》第2、3号),介绍了马克思、恩格斯的革命活动和翻译了《共产党宣言》《资本论》片段,着重谈了《资本论》中如劳动价值论、剩余价值论和无产阶级贫困化等理论。朱执信是中国介绍《资本论》的第一人,也是十月革命前在中国宣传、介绍《资本论》"最突出的一位"(李军林《资本论进入中国的四个第一》,《北京晚报》2010年3月29日)。第一次将《资本论》全3卷由英文翻译成中文的是郭大力与王亚南,两人于1928年1月在杭州商定并合作翻译《资本论》,历经艰辛最终完成《资本论》全译本并由上海读书生活出版社于1938年出版。《资本论》全译本的出版对于《资本论》在中国的传播起到了巨大的促进作用。

浙江学者对于《资本论》的研究。按研究内容分成三类:一类是对《资本论》本身的研究,包括方法、内容、成著过程等。这类成果有:俞明仁《〈资本论〉讲解第一卷、第二卷、第三卷(上、下)》(浙江人民出版社1981—1983年版);陆立军《关于马克思生产劳动理论的几个问题》(《中国社会科学》1982年第5期);李基固等《〈资本论〉讲解第一、二、三卷》(《实践》1983年5月);杨兆和《两种含义的社会必要劳动时间共同决定价值》(《财贸研究》1983年第1期);周戟王《关于马克思主义商品理论的若干问题——与24本教材、专著中有关论述的商榷》(《社会科学战线》1985年第1、2期);庄鸿湘《价值规律是否有一般与特殊之分》(《争鸣》1988年第7期);张云德《交换价值论》(大地出版社1989年版);丁之江《〈资本论〉创作史初探》(《杭州大学学报》1981年第4期);田光、陆立军《〈资本论〉创作史简编》(浙江人民出版社1992年版)等。另一类是对资本主义经济的批判分析。这类研究成果有:黄公元《批判、继承、发展——马克思与魁奈经济表的对比分析》(《杭州师范学院学报》1983年第2期);俞明仁《对萨伊的一个论点的探讨》(《经济研究》1986年第2期)等。还有一类是用《资本论》中的有关理论来分析社会主义经济。这类成果有：赵昭余《学习马克思再生产的理论，探索资金周转的新途径》（《浙江金融研究》1981年第1期）；方民生等《〈资本论〉第三卷与社会主义经济》（浙江人民出版社1984年版）；李基固、汪水波等著《普照之光的经济理论——〈资本论〉第二卷与社会主义经济运行》（中国经济出版社1991年版）、《普照之光的经济理论——〈资本论〉第一卷与社会主义商品生产》（浙江大学出版社1992年版）、《普照之光的经济理论——〈资本论〉第三卷与社会主义市场经济机制》（浙江大学出版社1993年版）3本著作，在论述《资本论》一、二、三卷中马克思主义经济理论基础上，分别阐述了社会主义经济运行、商品生产、市场经济机制及整体运行规律，是与《资本论》理论发展同步的社会主义经济思想史①。21世纪初，有熊国和《用马克思主义经济理论作指导推动21世纪社会主义经济理论新发展——全国党（干）校系统〈资本论〉暨邓小平经济理论研究会第九届年会观点综述》（《中共浙江省委党校学报》2000年第5期）；左宁《浙江省〈资本论〉与社会主义经济研究会“学习贯彻十六届三中全会精神，完善社会主义市场经济体制”理论研讨会综述》（《当代社科视野》2003年第12期）；刘志广、唐珏岗《“〈资本论〉及其当代价值”国际学术研讨会综述》（《中共浙江省委党校学报》2008年第1期）等。

第二节　所有制变革与民营经济研究

中华人民共和国成立以后，逐步建立起以全民所有制和集体所有制为主导、少量个体经济相补充的所有制格局和社会主义基本经济制度。20世纪70年代末中国改革开放以后，逐步推动了社会主义计划经济向市场经济转型，大力发展个体私营经济等非公有制经济，形成了多种所有制经济成分齐头并进的格局。浙江学者对所有制问题的研究基于改革开放以后的经济体制改革，内容包括所有制的概念类型、所有制度变革及其实现形式等。

一、所有制概念研究

（一）一般所有制研究

浙江对所有制的研究思路较为宽泛。潘德冰《所有制的涵义探索及改革思考》（《浙江学刊》1987年第1期）一文认为，所有制分内、外两个层次，主张分别进行改革。朱土兴《共有制：我国所有制改革的目标模式》（《浙江学刊》1993年第6期）一文，对共有制的性质、特点、优越性及其成为中国所有制改革目标模式的客观必然性作了理论探讨，认为共有制是由许许多多的个人股份汇合成一种社会资产，通过投资实现财富社会化，是一种不同于传统公有制

① 李基固、汪水波、孙可达、顾耀德：《普照之光的经济理论——〈资本论〉第一卷与社会主义商品生产》，浙江大学出版社1992年版；李基固、汪水波、胡退：《普照之光的经济理论——〈资本论〉第二卷与社会主义经济运行》，中国经济出版社1991年版；李基固、汪水波、孙可达、胡退：《普照之光的经济理论——〈资本论〉第三卷与社会主义市场经济机制》，浙江大学出版社1993年版。

的新社会主义公有制。陈依元《试论所有制与所有制实现形式的辩证关系》[《福建论坛》(文史哲版)1998年第6期]一文，从哲学角度研究了所有制及其实现形式的辩证关系。21世纪初，浙江学者关注所有权和产权的研究，如张明龙《论产权与所有制的关系》(《浙江学刊》2001年第2期)、《论所有制与产权的区别》(《经济评论》2002年第3期)等论文，对所有制和产权作了明确的界定与研究。

(二)所有制表现形式研究

浙江在所有制表现形式研究方面根基较深。曹勇、刘吉瑞《经济发展模式和公有制实现形式的变革》(《经济研究资料》1985年第12期)一文提出，不彻底改革与供给推动的粗放型发展模式相伴随的并以国家所有制为核心的公有制实现形式，则经济发展模式的转换就不可能彻底进行。郑志耿、陈惠雄《股份合作经济通论》(杭州大学出版社1993年版)一书，论述了股份合作制的产生、股份合作经济的地位与功能、股份合作经济发展展望等问题。姚先国、郭继强《论劳动力产权》(《学术月刊》1996年第6期)一文，对市场经济中的劳动者权益及企业产权制度改革作以探讨，认为劳动力产权就是劳动者个人对其劳动能力所拥有的基本权利。顾宝孚、熊国和《中国城镇集体所有制经济理论研究》(人民出版社1998年版)，对中国城镇集体所有制理论与实践作了全面深入分析探讨。张宗和《中国现阶段非公有制经济研究》(经济管理出版社2000年版)一书，对非公有制经济三大组成部分即个体经济、私营经济和外资经济进行了比较系统的研究。陈永富《山林权属争议理论与实践》(科学出版社2003年版)一书，对山林权属争议的有关理论与实践问题作了探究。

二、所有制结构研究

(一)集体合作经济结构研究

集体合作经济主指集体所有制的一种合作经济模式。沈宏达在《城镇集体所有制工业的强大生命力》(《经济研究参考资料》1981年第56期)一文中，认为集体所有制工业企业具有强大生命力。王甘林的《试论合伙、合作与股份经济的异同》(《商业经济研究》1989年第3期)从经济上、法律上区分了合伙、合作与股份企业的异同。王祖强在《浙江省乡镇企业产权结构演变研究》(《农业经济问题》1998年第12期)一文中，对浙江乡镇企业产权结构的演变进行了研究，认为乡镇企业产权结构从股份合作制向公司制包括有限责任公司和股份有限公司的发展是一个客观趋势。

(二)私营经济结构研究

私营经济是指以生产资料私有和雇工劳动为基础，并以盈利为目的和按资分配为主的一种经济类型。浙江学者的研究成果有：曹天玷的《正确认识我国现阶段的私营经济》(《商业经济与管理》1988年第1期)一文，从历史发展的角度论述了中国要大力发展私营经济的必要性；徐斌《中国城镇个体经营者概况》(工商出版社1991年版)一书，结合社会学与经济学研究方法,较早论述了私营经济的社会特征和经济特征。谢力平等著《浙江私营经济研究》(浙江人民出版社 2000 年版)一书认为,私营经济是一种非“资”非“社”的市场经济主体。

（三)股份制经济结构研究

股份制经济是指全部注册资本由全体股东共同出资,并以股份形式投资举办企业而形成的一种经济类型。浙江学者的研究成果有:严斯茂《社会主义股份公司初探》(《经济研究》1984 年第 12 期)一文,论述了股份制经济的组织形式。王毅、何土洪、潘鹏飞、李建新《农村股份制经济初探》(《浙江农业经济》1987 年第 1 期),对农村股份制经济进行了探讨。朱土兴等《股份制是所有制形式发展的必经阶段》(《探索》1987 年第 1 期)一文,将股份制形式作为一种阶段的所有制形式。黄月沪、黄加劲《股份经济是“温州模式”向更高阶段发展的好形式》(《浙江学刊》1987 年第 2 期)一文,认为股份式合作经济是农村商品经济发展到一定阶段的必然产物。郑子耿《股份合作经济通论》(杭州大学出版社 1993 年版)一书,系统论述了股份合作经济的地位、功能及特征。顾益康《股份合作与农村产权制度改革》(《浙江学刊》1995 年第 5 期)一文,对股份合作制的产权制度特点和改革中的操作要点作了深入的分析和研究。虞晓红、王祖强《西方股份合作制与我国的制度创新》(《当代社科视野》2001 年第 4 期)一文认为,西方股份制经济与合作制经济出现了相互兼容的倾向,这对于中国的所有制理论创新和所有制改革的深化具有重要的启发意义。

（四)国有经济结构研究

国有经济是指生产资料归国家所有的一种经济类型。浙江学者的研究成果有:严斯茂《对国有制改革的构想》(《浙江师范大学学报》1988 年第 2 期)一文,围绕如何搞活大中型国营企业,对国有制结构进行一系列调整和改革提出了构想。鲁松庭等《关于搞活国营大中型企业的几个问题》(《浙江经济研究》1985 年第 6 期)专门研究了搞活大中型企业的意义及其对策。张明龙《国有企业无形资产流失研究》(《求是内部文稿》1996 年第 7 期)等论文,对国有资产保护问题作了理论的探讨。其《国有经济主导作用的产值比重分析》(《长白学刊》2000 年第 5 期)对国有经济的主导作用加以了肯定。邬传宏、黄琻、陈雄《浙江国有企业改革 20 年》(载《浙江改革开放 20 年》,浙江人民出版社 1998 年版),在回顾浙江国有企业改革 20 年历程的基础上总结了改革的基本经验,认为发展多种经济成分有利于搞好国有经济。姚先国、盛乐《乡镇企业和国有企业效率差异的人力资本产权分析》(《经济研究》2002 年第 3 期)对乡镇企业与国有企业的效率差异进行了实证比较分析,指出效率差异原因不在于物质资本产权的性质而在于人力资本产权界定上的差异,尤其是经营者人力资本产权界定差异是导致两者效率差异的主要原因。吴永革《在改革创新中实现超越——对浙江国有经济改革的历程分析》(载何福清编《纵论浙江》,浙江人民出版社 2003 年版),评述了改革开放以来浙江国有经济的改革历程和主要特征,认为国有经济与非国有经济相互促进共同发展,成为浙江国有经济的最显著特征。

（五）外资经济结构研究

外资经济是指国外投资者和中国港澳台地区投资者根据中国有关涉外经济的法律、法规，以合资、合作或独资形式在大陆开办企业而形成的一种经济类型。20世纪90年代初，中国社会科学院与浙江省计经委曾对浙江省利用外资状况联合进行了课题研究，主要成果有浙江省计经委经济研究所利用外资与引进技术课题组著（执笔人：张叶）《商业机会——推动浙江省经济发展》（《数量经济与技术经济》1994年第11期）、张静波《浙江省利用外资引进技术的商业机会初探》（《数量经济与技术经济》1994年第11期）、周震武《浙江省技术引进、利用外资面临的压力、挑战和对策》（《数量经济与技术经济》1995年第10期）等。其他还有谢晓波《浙江利用外资方式现状及对策建议》（《浙江社会科学》1998年第1期）、汪燕《新时期浙江利用外资的战略选择》（《浙江经济》2001年第7期）、施敏颖《江浙两省引进外资的绩效比较》（《嘉兴学院学报》2003年第5期）、方民生《内源与外生相融合的发展模式构架》（《浙江社会科学》2005年第4期）等。

三、浙江民营经济研究

民营经济则在更大范围包括个体与私营经济、混合所有制民营经济、农民专业合作社等类型。张宗和等《浙江民营经济的发展与创新》（中国社会科学出版社2002年版）一书，对浙江省民营经济实践进行了理性思考，研究了私有制的历史定位、非公有制经济的发展比例和市场准入、民营经济的法律保障、政府对民营经济的管理、民营经济的投融资等问题。张宗和的《中国民营企业的群体性劳资冲突》（中国社会科学出版社2009年版）一书，以建设中国特色社会主义理论为指导，以建立符合和谐社会要求、兼顾效率和公平的劳资冲突调节模式为主线，在对万余名雇工调查和典型案例剖析的基础上，系统探讨了中国劳资关系的基本性质和根源、冲突主体异质性与劳资冲突的相关性、群体性劳资冲突的形成机理等问题，提出了化解和预控群体性劳资冲突的对策建议。孙忠焕著《论民营经济及其在区域经济发展中的作用——浙江台州市的实践》（《财经论丛》2001年第6期）一文，对台州民营经济的发展作以充分的肯定和总结。

第三节　经济体制与市场体系研究

从中华人民共和国成立至2010年的61年间，中国经历了两次大的经济体制的变革：一次是中华人民共和国成立至1978年12月中共十一届三中全会，把以官僚资本、外国资本、封建资本占统治的半殖民地半封建的经济体制转变成为以全民和集体经济占主导地位的社会主义计划经济体制；另一次就是从1978年12月以来提出并推进的以建立社会主义市场经济体制为目标的经济体制改革，是经济制度在社会主义范围内的自我完善、自我发展。改革开放的实践为浙江学者研究经济体制改革提供了丰富的素材，取得了大量研究成果。

一、经济体制改革

（一）总体体制改革研究

这方面研究有程炳卿《现阶段社会主义经济模式探讨》（《浙江学刊》1981 年第 4 期）、季宗《试论双重结构计划体制》（《浙江学刊》1984 年第 5 期）、陈炎《对指导性计划的再认识》（《浙江学刊》1985 年第 2 期）、刘吉瑞等《竞争性市场与价格改革》（《浙江学刊》1988 年第 5 期）等均为 20 世纪 80 年代早期探讨中国经济体制改革的力作。1992 年，王杰《浙江经济改革中计划与市场关系变化及启示》（《浙江学刊》1992 年第 4 期）一文，从实证角度对浙江经济改革中计划和市场关系的这一历史性变化，包括计划和市场的内容和范围、两者的比例关系和结合方式，以及对经济发展的作用作以考察和分析。朱家良《浙江经济体制改革的路径与特点》（《改革与发展研究》1998 年第 12 期）一文指出，在经济体制市场化改革中所造就的民营企业成为推动浙江区域经济发展的主要力量。朱家良、殷晓《从浙江看工业计划体制的改革》（《中国工业经济研究》1992 年第 2 期），朱家良、吴敏一《浙江省计划经济体制改革的重大变革及启示》（《计划与市场》1992 年第 6 期）等文，在总结 20 世纪 80 年代浙江经济体制改革的经验后认为，浙江计划经济体制改革的重点应从缩小指令性计划、扩大市场调节范围向市场发育和市场调控的方向发展。王俊豪《中国基础设施产业政府管制体制改革的若干思考》（《经济研究》1997 年第 4 期）一文，认为必须将政企合一的体制改革为政企分离的体制，促进企业的市场竞争，提高政府的管理效率。金祥荣、柯荣住、赖文洪的《转到以改善制度安排的动态效率为中心的改革》（《中国社会科学季刊》香港，1998 年秋季卷）以乡镇企业股份合作制为例，强调制度改革必须以动态效率的改善为中心。史晋川等《浙江省改革开放研究的回顾与展望》（浙江大学出版社 2007 年版）一书中，回顾了计划经济体制改革过程中仍存在计划管理不完善等问题，对此而提出了浙江乃至全国深化经济体制改革需要坚持市场与计划的选择性结合、互补性结合等原则，着重改善指令性计划管理和加强指导性计划管理。

（二）农村体制改革研究

农业生产经营责任制的研究。20 世纪 80 年代初，浙江学者及实际工作者从农业生产经营责任制研究入手，开始农村体制改革的研究。有周文骞、陈素文、郑志晓《试论农业生产责任制与农业机械化》（《浙江省经济学会年刊》，1982 年），危泽民、胡德恒、祝学忠的《关于农业包产、包干到户责任制的几个问题》（《浙江农业大学学报》第 7 卷第 3 期，1981 年 12 月），戴宗贡、解力平《关于农村联产承包责任制发展趋势的探讨》（《浙江农业经济》1984 年第 6 期），陈中民、徐力幼《农业体制改革与产业结构调整的设想》（《浙江农业经济》1986 年第 2 期），鲍行欧《浅谈山林责任制的特点及当前完善之对策》（《调查与研究》1986 年第 18 期），黄加劲《温州的挂户经营及其完善问题》（《浙江学刊》1986 年第 5 期），王河、李永刚《“双田制”是土地承包的好办法》（《浙江农业经济》1990 年第 1 期），何土洪《稳定和完善农村双层经营体制》（《浙江经济》1990 年第 2 期），邹建华《新一轮经营承包的难点与对策》（《浙江学刊》1991 年第 1

期),李仁续等《温州农村非农产业统分结合、双层经营的几种形式及评价》(《浙江经济》1991年第10期),郭裕阳《扶贫政策与扶贫体制》(《浙江学刊》1992年第5期),黄祖辉等《公司加农户:农业产业化组织创新》(《浙江学刊》1997年第4期)等。张仁寿、杨万江《浙江农村经济变革的系统考察》(浙江人民出版社1999年版)一书,从浙江农村改革与发展相结合的视角,对改革开放以来的浙江农村发展变化作了系统考察,这是浙江农村经济体制改革的阶段性总结。

关于农村合作经济改革的研究。其中以股份合作经济为重点的,有孔庆演《从几个专业合作组织看供销社的改革》(《人民日报》1985年8月12日)专论专业合作组织与供销社改革的关系。还有孔庆演、方建华《从农村经济的特点看供销社改革的目标》(《合作经济研究》1988年第2期),陆显炯、楼宏基《对农村股份合作制合作经济的认识和思考》(《浙江经济》1987年第3期),马津龙、李建海《温州农村股份合作制总厂现象分析》(《浙江经济》1991年第4期),浙江省社联课题组《农村股份合作制研究》(《浙江学刊》1993年第6期),浙江省社会科学院课题组《浙江农村股份合作制的崛起背景与运作方式》(《浙江学刊》1996年第1期),王祖强《农村股份合作制企业产权结构的理论解析和经验验证》(《浙江社会科学》1995年第6期)等论文和调查报告。代表性著作有:葛立成、解力平《市场化进程中的制度创新——浙江农村股份合作经济研究》(浙江人民出版社2000年版),徐旭初《中国农民专业合作经济组织的制度分析》(经济科学出版社2005年版)等。

农村土地制度改革研究。重要的有刘化标、黄月沪、汪宝欣《农村土地转包问题的探讨》(《浙江农业经济》1983年第3期),暨军民《论土地规模经营的制约因素及对策》(《浙江经济》1988年第5期),吴梦蛟《农业适度规模经营与土地集中机制》(《浙江学刊》1988年第6期),黄祖辉《论农户家庭承包经营与土地适度规模经营》(《浙江社会科学》1999年第4期),汪晖《城乡接合部的土地征用:征用权与征地补偿》(《中国农村经济》2002年第2期)等论文和调查报告。黄祖辉《土地适度规模经营》(浙江人民出版社1998年版)、其与汪晖合著《城市化发展中的土地制度研究》(中国社会科学出版社2002年版)、赵维清《浙江省农村社区(土地)股份合作制改革问题研究》(浙江人民出版社2007年版)等为当时的代表性著作。21世纪初,黄祖辉在农村土地流转方面又有新作,如《农村土地流转:现状、问题及对策——兼论土地流转对现代农业发展的影响》(《浙江大学学报·人文社会科学版》2008年第2期)、《基于我国农村土地制度新视角的社会保障问题探析》(《浙江社会科学》2009年第2期)等。

农村流通体制改革。重要的有:何其霖《浅谈商品蔬菜流通体制改革问题》(《浙江学刊》1984年第1期),卢立君、楼永志等《关于生猪购销体制改革的几点思考》(《浙江经济》1990年第10期),顾益康《关于农村商品体制改革的几点意见》(《浙江学刊》1984年第4期)、《论农产品流通体制改革的途径和对策》(《浙江学刊》1992年第2期),陆建华《建立农产品流通风险机制的探讨》(《浙江经济》1991年第9期),黄祖辉、蒋文华、张忠根《当前我国农户家庭经营中的交易途径与合约方式——浙江省173户水稻生产农户的调查与分析》(《浙江社会科学》1998年第5期)等论文和调查报告。黄祖耀独著及合著,形成这一领域的系统研究成果:如《浙江粮食购销管理体制改革的有利条件与成败关键》(《浙江学刊》2001年第3期)、《中国农民如何叩开市场之门——市场进入的“五动”模式分析》(《商业研究》2002 年第 24 期)、《农产品流通现状、问题及发展趋势》(《价格理论与实践》2002 年第 6 期)、《发达国家现代农产品流通体系变化及启示》(《福建论坛·经济社会版》2003 年第 4 期)、《拉丁美洲超市新鲜果蔬采购体系的变迁》(《世界农业》2004 年第 6 期)、《中国农产品出口贸易结构和变化趋势》(《农业技术经济》2009 年第 1 期)等。

(三)物资管理体制与产业管控体制改革研究

物资管理体制改革研究。重要的有孔昭钧《关于物资管理体制改革的若干问题》(《物资经济与管理文集》1982 年第 12 期),董服海《联系实际,学习〈决定〉,积极推进物资管理体制改革》(《浙江物资经济》1985 年第 1 期)。韩洪云、赵连阁的《灌区资产剩余控制权安排——理论模型与政策含义》(《经济研究》2004 年第 4 期)一文,认为只要灌区资产折旧对用水者协会灌区维护努力水平和供水组织生产努力水平的敏感程度不为零,灌区资产的联合拥有是灌区资产剩余控制权安排的合理选择,建立经济自立灌区和用水者协会不应该是灌区管理体制改革的终极目标,解决灌区资产剩余控制权权属是灌区管理体制改革的核心。

产业管制体制和企业经营机制改革研究。在产业管制体制改革方面,有王俊豪等《中国垄断性产业管制机构的设立与运行机制》(商务印书馆 2007 年版)一书,运用政府管制经济学理论,分析了中国垄断性产业改革及其对管制机构的需求、现行管制机构的类型与基本特征,探讨了垄断性产业设立管制机构的若干基本问题;设计并论证了中国垄断性产业管制机构的基本模式、权力配置与协调机制、工作机制、监督机制,讨论了中国垄断性产业管制机构的动态性问题,并对电信、电力产业的管制机构作了专题研究。其还著有《市场结构与有效竞争》(人民出版社 1995 年版)亦为这方面的力作。在企业管理与经营体制改革研究方面,有董立明、孙信和的《方向要坚持　改革须配套》(《中国劳动科学》1986 年第 9 期)一文,对宁波市试行劳动合同制的情况进行了调查研究。楼树源的《正确贯彻经济利益原则,完善承包经营机制》(《会计研究》1989 年第 6 期),从正确贯彻经济利益原则以及企业利益与国家利益的相互关系出发,讨论了承包经营中存在的问题及完善承包经营机制的办法与途径。

(四)城镇体制改革研究

城镇投融资体制与财政体制改革研究。李其铁的《龙港农民城建设的实践与启示》(《农业经济问题》,1994 年第 2 期)、刘东汶的《中国农民第一城——龙港镇调查》(《经济研究参考》,1996 年第 38 期)及朱康对的《工业化、城市化进程中交错产业群落的演进——对龙港“农民城”的个案研究》(《中国农村经济》2003 年第 5 期)三文,从各个角度分析了农民集资建城的问题。浙江省计经委“浙江省城市化发展战略课题组”撰《浙江非国有投资参与民间推动型城市化的研究》(刘亭主编《城市化:新世纪的大抉择——探索有浙江特色的城市化道路》,浙江人民出版社 2000 年版),论述了非国有投资对城市化发展的作用。陈继松等《浙江城市基础设施建设与城市化发展》(《中共浙江省委党校学报》2003 年第 3 期),讨论了城市基础设施建设问题。浙江省财政厅课题组的《加快城市化进程的财政对策研究》(刘亭主编《城市化:

新世纪的大抉择——探索有浙江特色的城市化道路》，浙江人民出版社2000年版），提出了在城市化进程中发挥财政作用的问题。

城镇管理体制改革研究。王俊豪的《城市公用事业政府管制体制改革的政策思路》（刘亭主编《城市化：一石激起千层浪——探索有浙江特色的城市化道路》，浙江大学出版社2002年版），讨论了城市公用事业政府管制的改革问题。浙江省发展计划委员会城市化发展课题组《发挥市场机制作用　加快城市化进程》（刘亭主编《城市化：一石激起千层浪——探索有浙江特色的城市化道路》），探讨了如何发挥市场的作用来推进城市化发展。陈前虎、王剑云、陶咏春《浙江省城市化进程中城镇融合发展研究——以诸暨店口、湄池两镇融合为例》（《浙江工业大学学报·社会科学版》2002年第6期）探讨了城镇的融合问题。

（五）社会保障制度改革研究

社会保障制度改革是经济体制改革成功与否的重要条件之一。浙江学者在这方面研究成果有杨张乔等《未来浙江的老龄化峰值与养老保险基金支付能力预测》（《浙江学刊》1985年第1期）在国内最早预测并提出养老保险基金将在未来20年左右（2014年左右）出现严重缺口的警示，该报告作为国家计委委托项目《中国社会保障制度基本模式研究》的子报告报送国务院财经领导小组。柴效武在《以房养老模式》（浙江大学出版社2008年版）中，对以房养老的理论价值、实践意义与运作模式，对反向抵押贷款的制度、运作机制、产品定价、风险防范、社会为此应当做的工作等，从多个方面展开深入的研究，并对国外反向抵押贷款的研究与工作实践给予推广。马万里等著《建立面向中低收入家庭的住房保障体系研究——杭州农民工基本住房状况调查与政策建议》（《城市规划》2008年第5期），运用SPSS11.5统计软件、案例研究和系统分析等方法，对农民工住房状况的数据进行分析处理，揭示了在杭州农民工住房特征和存在的问题，提出了建立农民工住房保障体系的政策建议。

（六）投资体制、财政与金融体制改革研究

财政与金融体制改革研究。周建松《国民经济宏观均衡的重要选择》（《金融研究》1987年第6期）一文，从中国经济的现实特点和长期发展着眼，提出建立以借贷为主的“财政—银行”新体制的设想，并据此导出财政—银行体制新旧转换时期的过渡模式。此外，还有赵乃兴的《现行财政体制的弊端及其改革方向》（中国经济出版社1988年版），研究了财政体制的改革问题。黄志钧、熊晋勋《企业扩大自主权与银行体制改革的设想》（《金融研究动态》1980年第8期），提出银行体制改革要突破传统的信贷管理办法，克服贷款“供给制”发挥利率杠杆作用。杨楹源《把信贷资金营运得更好些》（《中国金融》1986年第2期）提出，要调整贷款结构，“发挥信贷资金的横向运动”。夏海舟《略论专业银行企业化》（《杭州大学学报》1988年第1期），系统地论述了专业银行企业化的内涵、意义、条件和步骤。人民银行温州中心支行课题组《温州农村金融改革探索研究》（《浙江金融》2008年第5期），对农村金融改革提出了一系列措施。人民银行杭州中心支行会计财务处课题组《浙江省农村合作金融机构会计改革趋势研究》（《浙江金融》2010年第4期），从业务运作模式、核效规程、内控机制等方面提出改革

思路。

投资体制和模式的改革与创新研究。朱家良在《政府、企业的投资主体地位和投资调控》(《中国计划管理》1992 年第 2 期)一文中，论述了投资主体多元化发展及投资调控的相关问题，特别是对投资体制改革问题进行了探讨。钱水土《中国风险投资的发展模式和运行机制研究》一书，在对中国风险投资市场供求和外部环境等方面深入分析的基础上，阐述了中国风险投资发展的必要性和可靠性，并对中国风险投资发展模式和运行机制进行较为全面系统的研究(中国社会科学出版社 2002 年版)，其与周春喜著《风险投资的风险综合评价研究》(《数量经济技术经济研究》2002 年第 5 期)一文，对风险投资的风险因素进行了系统分析，建立了风险评价的多层次指标体系。他还著有《风险投资家与风险企业家合作机制的博弈分析》(《数量经济技术经济研究》2001 年第 9 期)、《风险投资运行中道德风险的防范与控制》(《数量经济技术经济研究》2002 年第 10 期)等。陈奎峰著《中国风险投资的退出机制研究》(浙江工业大学硕士研究论文，2001 年)一文，专门研究了风险投资退出机制的重要性及其退出的实施规制。

二、市场机制与体系

(一)市场机制研究

商品化机制研究。项保华在《科技成果商品化运行机制试探》(《科学管理研究》1992 年第 5 期)一文中认为，科技成果要成为现实生产力，对经济发展起到推动作用，就必须商品化，研究了科技成果商品化的运行机制即行为主体、动力成因、活动障碍、运行过程等，以便从根本上解决好科技成果商品化过程中所遇到的种种问题。郭红东的《农业龙头企业与农户订单安排及履约机制研究》(中国农业出版社 2005 年版)，从经济及法律角度对农业龙头企业与农户订单安排及履约机制进行了深入分析，提出了相应的结论与政策建议。沈满洪在《水权交易制度研究——中国的案例分析》(浙江大学出版社 2006 年版)及《排污权交易机制研究》(中国环境科学出版社 2009 年版)等著作中，对资源节约与环境保护的市场机制手段进行了深入探讨。

市场结构、市场指数研究。王俊豪《市场结构与有效竞争》一书，采用规范分析与实证分析相结合的研究方法，对市场结构与有效竞争作了较为深入的理论研究，紧密结合中国实际提出了不少政策建议和具体政策措施(人民出版社 1995 年版)。赵广华在《新世纪商务模式的绝配——电子商务与特许经营》(吉林人民出版社 2004 年版)一书中，探讨了新的流通业态即电子商务与特许经营的相关问题。苏为华、蒋剑辉的《基于综合评价技术的专业市场综合指数研究：中国柯桥纺织指数》(研究报告，见浙江省第十五届哲学社会科学优秀成果应用理论研究项名单)，构筑了反映纺织业景气程度的柯桥纺织指数。

(二)市场体系研究

劳动力市场研究。姚先国、陈凌在《试论劳动力市场的供给与管理》(《管理世界》1997 年第6期)一文中认为,树立劳动力市场的供给管理指导思想并将它与需求管理相提并论,是中国宏观就业管理急需加强的一种观念;姚先国等《解放生产力:浙江劳动力市场变迁》(浙江大学出版社2008年版)一书,对改革开放30年来由于制度变革所导致的浙江劳动力市场变迁作了系统阐述。徐林《民营企业的内部劳动力市场:一个案例研究》(《浙江经济》2006第5期)一文,从制度主义经济学对传统的劳动力市场范式提出挑战,以建立分层劳动力市场理论模型。黄志岭《中国城镇劳动力市场性别和户籍差异实证研究》(浙江大学硕士研究生论文,2009年)通过对劳动力市场性别和户籍差异的实证研究,针砭中国城镇劳动力市场歧视问题。

消费品市场与生产资料市场研究。对生产资料市场问题的探讨是浙江学者较早研究的一个重要问题。代表性的成果有胡懋涛的《建立并完善我国生产资料市场及其机制》(《浙江物资经济》1986年第3期)、张永蕙的《试论乡镇企业与农村生产资料市场》(《农村生产资料市场问题》1988年3月)等。对消费品市场的研究更立足于创新的角度,如盛亚等著《零售创新:基于系统的思想与方法》(浙江大学出版社2007年版)一书,运用系统的思想和方法对零售创新系统进行了全面的分析和考察,并通过对零售创新的主体、客体、环境及其互动协同关系的研究,提出了零售企业创新的模式和策略。黄祖辉等《我国生鲜蔬菜物流体系研究——制度组织与交易效率》一书,运用物流体系基本理论,结合案例分析,对中国生鲜蔬菜物流体系从制度、组织与效率视角作了全面深入研究(浙江大学出版社2007年版)。

金融市场研究。金融市场也是市场体系的一个重要组成部分。周柏祥《关于开放农村金融市场几个问题的探讨》(《农民日报》1985年5月4日),较早对开放农村金融市场作了前瞻性的探讨。李元华《温州民间融资及开放性资本市场研究》(中国经济出版社2002年版),以20世纪80年代温州民间融资活动为实证背景,总结和借鉴其成功经验,通过实证的分析和启示,探讨中国多元化投融资体制改革和开放性资本市场对经济增长的必要性。

房地产与土地市场研究。李百冠、姜炳三、汪晖等《房地产市场协调运行的难点与基本理论》(见浙江省第七届哲学社会科学优秀成果名录),对房地产市场协调运行的难点与基本理论作了系列研究;其还撰有《房地产市场的现状、发展趋势与协调运行的难点剖析》(《浙江社会科学》1994年第5期)。贾生华、田传浩《中国东部地区农地使用权市场发育模式与政策研究》(中国农业出版社2003年版)及田传浩、贾生华《农地制度、地权稳定性与农地使用权市场发育:理论与来自苏浙鲁的经验》(《经济研究》2004年第1期),利用苏、浙、鲁三省的经验数据,对中国东部地区农地使用权市场发育模式与政策作了全面深入研究。21世纪初,虞晓芬主持完成了《杭州市房地产预警预报研究》《杭州市土地集约利用现状评价与对策研究》(杭州市国土资源局)、《杭州市经营性土地供应潜力研究》(杭州市土地储备中心)、《杭州市"十一五"期间土地需求预测》(杭州市规划局)以及《浙江省住宅产业可持续发展战略研究》(浙江省建设厅)等委托课题,较好地把控了浙江省、杭州市房地产市场发展的预测和规划。

专业市场研究。孙家贤《社会主义市场经济探索——浙江专业市场现象剖析》(浙江人民出版社1992年版),该书首次对专业市场进行了比较系统的理论概括与对策研究。李骏阳等《浙江专业批发市场的发展的效应、问题与对策》(《浙江社会科学》1993年第2期),分析了专业批发市场在浙江经济发展中的地位与效应，提出改进与进一步发展专业批发市场的对策。郑勇军、袁亚春、林承亮《解读“市场大省”：浙江专业市场现象研究》（浙江大学出版社 2003 年版），着眼浙江经济发展模式的变革，从专业市场的功能、运行机理、发展前景等诸多方面作了论述。陆立军、王祖强《专业市场：地方型专业市场的演进》（上海人民出版社 2008 年版），探讨了专业市场的起源、交易机制与流程、专业市场分工与社会资本网络、专业市场与产业集群、专业市场的扩展等。对专业市场的专题研究成果，还有朱国凡《现阶段浙江农村专业市场的发展》（《中国农村经济》1995 年第 10 期），金明路《各类专业市场有存在基础和发展》（《浙江社会科学》1996 年第 6 期），程云行、沈月琴《山区林产品专业市场问题研究》（《林业经济问题》1997 年第 1 期）、褚爱文《浙江的专业市场及思考》（《浙江社会科学》1997 年第 1 期），葛建《市场撑起半边天——浙江慈溪、义乌、诸暨三市专业市场建设的调查与思考》（《农村经济与技术》1997 年第 3 期），陈红儿等《区域市场发展研究——浙江中部民间市场发展理论与实践》（浙江人民出版社 2000 年版），程华《E－business 背景下专业市场的演进》（《商业研究》2000 年第 11 期），王晓飞、王晗青《信息化时代专业市场发展对策》（《商业经济与管理》2003 年第 8 期）等。

三、经济增长方式

（一）经济增长方式的宏观研究

经济增长方式的宏观研究，从研究对象看，主要着眼于构建有利于经济增长方式转变的宏观环境，特别是制度环境。这类成果主要有：方民生著《经济增长与经济运行》（团结出版社 1992 年版）一书，将美国 D. 格林沃德对经济增长的定义作以阐述，认为这是一个古老的经济学主题，但后来的许多经济学家把资源的合理配置作为主要任务来研究而非独立课题。该著从运行机制、生产能力、经济制度、社会经济发展等多角度，对经济增长问题作以宏观的探讨。还有汪斌《东亚工业化浪潮中的产业结构研究》（杭州大学出版社 1997 年版），金雪军、章华《制度兼容与经济绩效》（《经济学家》2001 年第 2 期），王永济《贸易结构、技术密度与经济增长：一个分析框架及基于中国的实证分析》（《经济学》季刊 2006 年第 4 期），胡旭阳、史晋川《民营企业的政治资源与民营企业的多元化投资——以中国民营 500 强为例》（《中国工业经济》2008 年第 4 期）等文论和著作讨论了经济增长的宏观议题。

（二）经济增长方式的微观研究

经济增长的微观研究，从研究对象看，主要是指着眼于企业如何提高创新活力与动力，提高长期投资的信心。这类研究主要有：金义琳、邵占维《增强企业活力内外观》（《宁波师范学院学报》1985 年第 3 期），陈劲《永续发展——企业技术创新透析》（科学出版社 2001 年版），魏江《企业技术能力论——技术创新的一个新视角》（科学出版社 2001 年版），陈菲琼《企业知识联盟——理论与实证研究》（商务印书馆 2003 年版），韦影《企业社会资本与技术创新：基于吸收能力的实证研究》（《中国工业经济》2007 年第 9 期），朱朝晖、陈劲《开放创新的技术学习模式》(科学出版社 2008 年版),程华、赵祥《企业规模、研发强度、资助强度与政府科技资助的绩效关系研究——基于浙江民营科技企业的实证研究》(《科研管理》2008 年第 2 期),陈畴镛、周青、王雷《企业创新活力与路径》(科学出版社 2009 年版)等。

四、分配关系与体制

(一)全国性收入分配问题研究

对收入分配问题的研究视角、范围及领域各不相同。黄文忠在《试析城镇集体所有制工业企业国民收入的初次分配》(《经济研究丛刊》1982 年第 2 期)中,探讨了城镇集体工业企业的初次分配。郑绍昌等在《关于主管部门参与企业利润分配问题的探讨》(《浙江学刊》1983 年第 4 期)通过专题调查,探讨了主管部门参与企业利润分配的问题。李建中在《城乡居民收入形成机制比较与个人消费基金的宏观调控》(《浙江学刊》1990 年第 3 期)中,从理论上探讨了城乡居民收入形成机制与个人消费基金宏观调控的有效办法。周树新《国企分配关系的思考与选择——兼论资产收益分配税收调节》(《财贸经济》1990 年第 11 期),从资产收益分配税收调节角度探讨了国有企业的分配机制。姚先国的《社会主义企业收入分配论》(浙江大学出版社 1992 年版),系统论述了社会主义条件下企业的分配关系。张叶在《转型时期个人收入分配中的政府行为》(《经济科学》1997 年第 3 期)一文,认为必须积极有效地发挥政府在个人收入分配调节中的作用。朱土兴《按劳分配的博弈分析与政策调整》(《经济研究》2001 年第 9 期),论述了按劳分配的各种方式及政策选择。刘海生在《按技术分配:理论与实践》(中国财政经济出版社 2006 年版)中,介绍了按技术分配的微观基础、宏观基础、技术要素与分配制度等内容。卓勇良在《关于劳动所得比重下降与资本比重上升的研究》(《浙江社会科学》2007 年第 3 期)中,认为优化劳动与资本分配关系,已成为事关科学发展与和谐发展的重大问题,政府应积极创造有利于工资增长,其中主要是农民工工资增长的宏观环境。洪兴建的《居民收入分配失衡的测度方法研究》(经济科学出版社 2010 年版),研究了衡量国民收入分配失衡如不平等、贫困等问题的方法。李永友、沈玉平在《财政收入垂直分配关系及其均衡增长效应》(《中国社会科学》2010 年第 6 期)中,认为财政收入垂直分配关系作为分权体制的重要制度安排,表现为大规模收入集中对经济发达地区的增长抑制。此外,还有张国平等的《现状、根源与对策:我国城乡差距的实证分析》(浙江人民出版社 2007 年版)等。

(二)浙江省收入分配问题研究

浙江学者更多地重视阶层与个人收入差的研究。如张柏齐在《谈谈家庭联产承包责任制后的土地级差收入》(《经济科学》1984 年第 1 期)中,运用马克思的级差地租理论,从金华市实际出发,认为农业承包责任制有利于提高农民的投资积极性,从而获得土地级差收益。蒋泰维《浙江省现阶段个人收入分配研究》(杭州大学出版社 1991 年版),李金昌等的《"十一五"时期浙江省收入变动趋势及分配导向政策研究》(研究报告,见浙江省第十四届哲学社会科学优秀成果应用理论与对策咨询类名录)对浙江省个人收入分配状况及变动趋势作了全方位的探讨。

五、消费问题与消费方式

对消费问题与消费方式的研究涉及理论与实践两方面，研究成果主要有：王美涵《消费经济概论》（中国财政经济出版社1985年版）提出了适度消费论。陈惠雄《生命成本：关于消费函数理论的一个新假设》（《中国工业经济》2005年第8期），认为消费者消费支出的决定性影响因子并不是收入差异，而是消费者为获得一定收入付出的生命成本差异，并由此提出了基于生命成本假说的消费函数理论，构建了一个消费者—生产者相统一的消费者行为解释新框架。何建华《消费正义：建设节约型社会的伦理基础》（《浙江社会科学》2005年第6期），提出了以人与自然和谐协调和可持续发展为价值目标的合理消费、正当消费、适度消费和可持续消费的观点。俞海山、周亚越《消费外部性：一项探索性的系统研究》（经济科学出版社2005年版）从理论与实践相结合的角度研究了消费外部性问题。对现实消费问题研究的主要有：汪浩瀚《微观基础、不确定性与中国居民跨期消费研究》（经济科学出版社2006年版），运用不确定性理论，采用实证分析方法研究了中国居民跨期消费问题。浙江省社会科学院课题组的《"十二五"促进浙江农村居民消费研究》（《浙江蓝皮书：2010年浙江发展报告》，杭州出版社2010年版），在对千户农户消费现状调查的基础上，提出了促进浙江农村居民消费的对策。

六、现代企业制度

对现代企业制度的研究是浙江学者在20世纪90年代的研究重点之一。宝贡敏《乡镇企业微观规制研究》（山西经济出版社1996年版）一书，从理论角度，以产权、企业组织形成为中心，对农村社区企业组织的运行机理及其发展过程进行了经济学分析；其《现代企业战略管理》（河南人民出版社2001年版），从企业发展战略包括组织与制度创新战略的角度论述了企业的管理创新。程炳卿、杨金荣、戴宗贡等的《万向集团》（当代中国出版社1998年版），对万向集团从乡镇企业、家族企业向现代企业的发展进行了专门介绍分析。王为农《企业集中规制基本法理——美国、日本及欧盟的反垄断法比较研究》（法律出版社2001年版）一书，以美、日及欧盟的现行企业集中规制制度及其运行实例为基本素材，通过对三者的企业集中规制制度的基本内容、运行状况和基本原则的考察和对比分析，探求了企业集中规制制度的一般性原理和规则。陆立军、盛世豪等的《科技型中小企业：环境与对策》（中国经济出版社2002年版）一书，从区域经济环境、技术基础设施、制度环境和社会文化背景等多重角度，研究分析科技型中小企业的成长环境及规律。吕福新《企业主体性产权理论的构建——相关和自主统一的属性所有权》（《中国工业经济》2005年第10期）一文，探讨了现代企业主体性产权理论构建。

第四节　区域经济与浙商模式研究

20世纪80年代以来，对区域经济发展战略的研究一直是浙江学界包括高等院校、政府研究机构和专业研究机构共同关注的热点问题。从研究内容看，包括了总体发展战略、产业发展与布局、区域经济合作及区域发展模式等。

一、总体战略与区域战略

（一）国际区域、中国区域经济的发展与战略问题研究

在国际区域研究方面，汪斌的《国际区域产业结构分析导论——一个一般理论及其对中国的应用分析》（上海人民出版社2001年版）及《中国产业：国际分工地位和结构的战略性调整——以国际区域为新切入点的理论与实证分析》（光明日报出版社2006年版），则从国际经济发展借鉴的角度来分析中国经济发展。赵伟等《中国区域经济开放：模式与趋势》（经济科学出版社2005年版）一书，提出了区域经济国际化开放和区际化开放的“二重”开放概念，对中国不同区域特别是长三角、珠三角不同的开放路径进行实证分析和比较研究，揭示了中国区域开放的独特模式及演进趋势。张明龙等《中国区域经济前沿研究》（中国经济出版社2006年版），涉及区域经济运行与发展概论、家族企业可持续发展、企业集群技术创新、中小企业集群发展、产业集群可持续发展等问题。另外，早期的研究有周士林、章燕梁的《促进城乡工业协调发展是完善城乡关系的首要任务》（《中国农村经济》1988年第6期），认为一个农村工业化、城乡融合一体的新型城乡关系的雏形正在形成，大力促进城乡工业的协调发展，是进一步促进这一雏形的成长发育和日趋完善的关键。吴敏一的《宏观政策的区域障碍及对策》（《改革》1988年第5期）认为中国经济落后，不仅表现在总量上，而且也表现在区域上，即地区经济的不平衡性十分明显；这种地区的差异性，要求我们在制定宏观政策时，既要考虑到整个经济系统的运行，还要考虑到整个经济系统中各部分的运行特性以及它们之间的相互作用。吴克烈等的《生产要素流与地区差》（成都科技大学出版社1993年版），探讨了地区间生产要素流动的客观规律。张仁寿的《沿海农村经济发展模式区域文化的比较研究》（《经济社会体制比较》1995年第2期）一文中，探讨了温州、苏南、珠江三角洲地区经济发展中的文化因素。之后对文化因素在区域经济发展中的作用的考察，还有陈立旭的《区域工商文化传统与当代经济发展——对传统浙商晋商徽商的一种比较研究》（《浙江社会科学》2005年第3期）。

城市区域发展研究。城市发展不仅是农村人口向城市迁移，也涉及人口跨区域流动，对区域经济发展产生直接作用，因此将其列入区域经济的发展研究。这类研究成果也比较多，代表性的有杨翼的《试论城市化与农村人口转移问题》（《浙江人口通讯》1985年第1期），王嗣均《中国城市化的空间战略与组织》（《浙江人口通讯》1986年第4期），黄祖辉、顾益康、徐

加的《农村工业化、城市化和农民市民化》(《经济研究》1989 年第 3 期),周丽萍的《中国人口城市化与基础设施建设》(《人口学刊》1995 年第 1 期),黄勇等的《美国大都市的发展与管理》(《浙江社会科学》2001 年第 3 期),刘石慧、王正卫《长江三角洲地区城市发展趋势研究》(《财经研究》2003 年第 11 期)等。

(二)浙江区域经济发展及战略问题研究

浙江区域经济战略研究。这类问题的研究分为两类:一类是地区性发展问题研究,成果有葛立成、方民生、解力平《浙江省海岛经济开发研究》(浙江省社会科学经济研究所课题组,1988 年 7 月);卢兆祥《杭州风景旅游城市发展工业的对策探讨》(《浙江经济》1987 年第 3 期);黄勇《杭州湾六市工业发展方略及布局再构造》(《生产力研究》1988 年第 5 期),黄勇、朱李鸣《环杭州湾地区发展战略规划研究》(见浙江省第十二届哲学社会科学优秀成果奖名录);朱李鸣《勾画环杭州湾地区未来宏伟蓝图——环杭州湾地区发展战略规划简介》(《今日科技》2004 年第 8 期),浙西南综合开发规划研究课题组《浙西南开发论》(浙江人民出版社 1995 年版)。另一类是全省性发展问题研究,包括总体战略类,有浙江十年(1979—1988)经济发展的系统分析课题组的《浙江 1979—1988 年经济发展报告》(杭州大学出版社 1990 年版);方民生等的《浙江省对外经济开放对策构想》(《浙江学刊》1985 年第 5 期),方民生的《走向 21 世纪的浙江经济发展战略构想》(《浙江学刊》1995 年第 6 期);浙江省经济社会发展战略课题组的《浙江省经济社会发展战略纲要》(《浙江经济研究》1986 年第 9、10 期);朱家良的《资源小省与经济大省——对浙江经济发展战略的一点思考》(《浙江经济年鉴》,1988 年);"'复关'对浙江经济的影响及其对策"课题组的《关贸总协定与浙江经济发展战略》(《浙江社会科学》1994 年第 4 期);浙江省社会科学院经济研究所课题组的《浙江经济可持续发展若干战略问题研究》(《浙江学刊》1998 年第 6 期);万斌的《浙江改革开放二十年的理性思考》(浙江人民出版社 2001 年版);潘云鹤、史晋川等的《浙江省"十五"至 2015 年经济社会发展前瞻》(浙江大学出版社 2001 年版);金祥荣等的《浙江省发展战略的演变及评价》(《浙江社会科学》2003 年第 4 期);盛世豪等《统筹城乡经济社会发展,加快浙江城乡一体化研究》(研究报告,浙江省第十三届哲学社会科学优秀成果应用研究类名录)。产业结构调整与布局类,有朱家良的《浙江生产力布局》(《经济布局与地区经济研究》1986 年第 10 期);叶长法、左南丁的《对浙江国民经济结构的再认识》(《浙江统计》1988 年第 4 期),孙可达主编的《浙江省主导产业选择及产业政策研究》(杭州大学出版社 1992 年版);隗斌贤等的《浙江省经济增长社会发展的能源"瓶颈"分析及其对策——浙江省"十一五"及 2020 年能源总量与结构平衡战略》(浙江大学出版社 2005 年版);朱磊、朱李鸣的《浙江空间发展结构的回顾与展望》(《经济地理》2006 年第 5 期)。科教战略类,有徐明华的《科教兴省基本能力的比较:浙江与若干省市》(《中共宁波市委党校学报》2000 年第 2 期);郭占恒等的《推进浙江"品牌大省"建设研究》9 浙江区域经济与社会发展研究会编《浙江区域经济发展报告(2006 年)》,中国财政经济出版社 2007 年版];陈劲《走向自主:浙江产业与科技创新》(浙江大学出版社 2008 年版)。综合类,有葛立成主编《浙江区域经济系列丛书》3 种(社会科学文献出版社 2003 年版);《科学发展观在浙江的实践系列丛书》(浙江人民出版社2006年版),包括潘家玮、郭占恒等《大道之行——深入实施"八八战略"》,夏阿国、蓝蔚青等《平安浙江——全面构建和谐社会》,汪俊昌、陈立旭等《人文浙江——加快建设文化大省》,郑志耿、夏利阳等《法治浙江——发展社会主义民主政治》,潘家玮、徐志宏等《活力浙江——增强发展新动力》,刘亭、傅金龙、朱李鸣等《实力浙江——打造产业新优势》,程惠芳、黄先海、徐剑锋等《开放浙江——引进来与走出去》,邵峰《均衡浙江——统筹城乡发展新举措》,沈满洪《绿色浙江——生态省建设创新之路》,孙飞翔、顾益康、李隆华《潜力浙江——山海经济发展新论》,何显明、何建华《信用浙江——构建区域发展新秩序》,王骏、厉佛灯等《执政之魂——浙江党建新探索》。

浙江城市化的区域发展研究。城市化的区域发展问题研究是浙江学术界与政府有关职能部门重点研究的对象,主要成果有周文骞、许庆明等《2000年浙江农村城市化问题研究》(调研报告,见浙江省1991—1992年度哲学社会科学优秀成果奖名录);马裕祥《杭州城市跨江发展研究》(杭州大学出版社1993年版);李建中《推进浙江城市化进程的战略思考》(《浙江社会科学》1993年第3期);王嗣均、吴汉良《中国人口迁移与城市化研究·浙江卷》(华中理工大学出版社1995年版);纪希平《浙江农村工业化与农村小城镇建设研究》(《调研世界》1995年第2期);刘亭、倪树高《试论浙江城市化进程》(《浙江社会科学》1996年第4期);郭占恒等《浙江农村工业化与城市化联动发展研究》(《浙江学刊》2000年第1期);葛起明《论市县城镇体系规划中的若干问题》(《城市规划汇刊》2000年第2期);徐剑锋《中小城市的爆炸性发展——以浙江省义乌市为例》(《城市发展研究》2003年第3期);"推进浙江城市化和促进区域经济协调发展研究"课题组《推进浙江城市化和促进区域经济协调发展》(《统计研究》2001年第12期);金波、熊国和《浙江城市化的合理规模与效率分析》(《杭州师范学院学报》2002年第1期);戴文标《浙江城市化道路略论》(《城市问题》2002年第5期);姜作培《农民市民化:制约因素及突破思路分析》(《浙江社会科学》2003年第6期);杜琼《横店农村城镇化的调查与思考》(《中国农村经济》2003年第8期);曹广忠《企业布局、产业集聚与小城镇发展——对山东、浙江四个小城镇的调查分析》(《农业经济问题》2003的第7期);葛立成《产业集聚与城市化的地域模式——以浙江省为例》(《中国工业经济》2004年第1期);黄祖辉、毛迎春《浙江农民市民化——农村居民进城决策及进城农民境况研究》(《浙江社会科学》2004年第1期);郭占恒《以城市化为主导推进城乡一体化的战略思考》(《浙江学刊》2010年第5期);顾杰《城市空间增长与城市土地、住宅价格空间结构演变:理论分析与杭州经验》(经济科学出版社2010年版)等。卫龙宝等《城镇化过程中相关行为主体迁移意愿分析——对浙江省海宁市农村居民的调查》(《中国社会科学》2003年第5期),通过抽样调查,采用成本收益分析方法,对农民和中小企业主的迁移决策行为进行分析,对调查所得数据的回归分析结果显示出影响农民向城镇迁移的个人特征、家庭特征、社会制度因素、迁移成本及对环境的满意度,提出了关于制定符合迁移主体意愿的农村城镇化的政策建议。

二、块状经济与产业集群

(一)经济机制研究

内在机制与空间结构研究。块状经济与产业集群是浙江经济的主要特色。仇保兴的《小企业集群》(复旦大学出版社 1999 年版)一书,从历史和现实、理论与实践的多视角,分析了小企业及小企业集群的内在机制及外部条件,从而得出了一系列有说服力的结论,并提出中国各级地方政府应建立五大支撑体系以有效地扶植小企业的发展。方民生的《波特的"簇群理论"与浙江产业组织》(《浙江经济》2001 年第 14 期)一文,用波特的"簇群理论"解读了浙江区域经济的特色产业组织,概述了其特征与发展潜力。金祥荣、朱希伟的《专业化产业区的起源与演化》(《经济研究》2002 年第 8 期)一文,通过浙江案例和数理模型分析,探讨了专业化产业区的起源、形成机理。朱华晟《浙江产业群——产业网络成长轨迹与发展动力》(浙江大学出版社 2003 年版)一书,提出了分析浙江专业产业区的框架,认为社会网络、地方企业家和地方政府是影响浙江产业集群发展的三个重要因素。盛世豪的《"浙江现象":产业集群与区域发展》,是一部系统描述与分析浙江专业化产业区地理分布、发展过程、内在动力与演化趋势的著作。张叶等在《浙江产业空间的结构变动》(社会科学文献出版社 2003 年版)一书中,多视角地考虑与分析了浙江产业空间结构的历史、现状与趋势。范剑勇在《市场一体化、地区专业化与产业集聚趋势——兼谈对地区差距的影响》(《中国社会科学》2004 年第 6 期)一文中,认为中国现阶段仍处于"产业高集聚、地区低专业化"的状况,国内市场一体化水平总体上仍较低,且滞后于对外的一体化水平,这一现状使得制造业集中于东部沿海地区,无法向中部地区转移,进而推动了地区差距的不断扩大。李永刚在《论产业集群创新与模仿的战略选择》(《中国工业经济》2004 年第 12 期)一文中,把创新与模仿作为一组替代性战略置于产业集群技术发展战略选择的视野之下,考察不同产业集群结构、外部技术状况及技术模仿前景对产业集群技术升迁路径产生的制约与影响,揭示产业集群技术战略形成的深层机理,为构建产业集群技术创新机制提供了实用性对策思路。

FDI(外商直接投资)因素研究。赵伟、张萃《FDI 与中国制造业区域集聚:基于 20 个行业的实证分析》(《经济研究》2007 年第 11 期),以空间集聚与制造业增长之间的逻辑联系为前提条件,分三个层面实证考察了中国制造业空间集聚中的 FDI 因素:一般层面之 FDI 渗透与制造业集聚之间的关联性、行业层面之集聚诸因素中的 FDI 因素、集聚程度有别层面之 FDI 集聚效应差异;借助成熟模型进行的数据分析表明,在所有这三个层面,FDI 的行业空间集聚效应均明显可见。研究还显示,即使在高集聚行业,FDI 迄今尚未产生新经济地理学推断的倒 U 形效应。

(二)经济对策研究

产业布局对策研究。倪树高的《跨世纪浙江产业布局的回顾与展望》(《经济地理》1999 年第 3 期)一文,在简要回顾浙江过去 20 年产业布局变迁特点的基础上,根据跨世纪浙江产业布局的特点，提出了以中心城市发展战略为主的跨世纪产业布局的基本原则、思路和实施建议。中共浙江省委政策研究室课题组《浙江区域块状经济发展报告》(见《浙江区域经济发展报告(2002年)》，中国计划出版社2002年版)，对浙江的块状经济布局作了总结评价。常敏《杭州"块状经济"的调查与政策建议》(《浙江经济》2004年第6期)揭示了杭州块状经济的特点，并提出进一步布局发展的政策建议。

区域竞争力对策研究。魏守华的《论企业集群的竞争优势》(《中国工业经济》2002年第1期)和《产业集群的市场竞争以及策略研究》(《财经论丛》2002年第5期)，从直接经济要素(生产成本收益、产品差异化优势、区域营销优势和市场营销优势)和非直接经济要素(区域创新能力)两方面分析了专业化产业区的竞争优势。陆根尧《人力资本对产业集群竞争力影响的研究》(经济科学出版社2008年版)一书，对产业集群竞争力与人力资本之间的关系进行了深入分析。程学童、王祖强、李涛《集群式民营企业成长模式分析》(中国经济出版社2005年版)，从集群竞争优势、集群促进产业发展的机理、融资环境、支持体系等方面对民营企业集群成长模式进行了多角度的分析，进一步厘清了企业集群的成长路径、成长因素、运作机理、环境约束等问题，并有针对性地提出了政府与中介组织促进集群式民营企业发展的若干举措。陆根尧等《促进浙江经济稳定增长与传统产业转型升级研究》(经济科学出版社2010年版)，从浙江经济发展的产业结构与产业集群的转型升级等方面展开论述。

地理优势研究。徐维祥《浙江"块状经济"地理空间分布特征及成因分析》(《中国工业经济》2001年第12期)一文认为，"块状经济"是非国有、非公有制企业发动的一种企业空间组织和产业组织的重大创新，对于科学规划产业布局、优化产业结构具有十分重要的意义。唐根年、徐维祥、罗民超《浙江区域块状经济的地理空间分布特征及其产业优化布局研究》(《经济地理》2003年第4期)，采用数量分析方法将浙江"区域块状经济"划分为环杭州湾两岸平原区位型、浙东南沿海"温州模式"型、浙中金衢盆地资源匮乏开拓型和浙西南山区地方资源开发型四大特征区域分布，在此基础上进行区域产业优化布局研究，提出了若干发展战略措施。

三、长三角区域经济

(一)产业结构和布局研究

关于对长三角经济合作的研究。主要是从专题研究入手，有长江三角洲地区产业结构和布局编辑委员会的《长江三角洲地区产业结构和布局》(中国计划出版社1991年版)，杨振武的《浦东开发与长江流域协调发展的对策思考》(调研报告，见浙江省1991—1992年度社会科学优秀成果奖名录)，浙江省社会科学联合会课题组的《"十五"期间长江三角洲的发展趋势及浙江的定位与作用》(《浙江社会科学》2000年第6期)，陆根尧、鲁慧军的《关于建设长江三角洲南翼经济中心的探讨》(《宏观经济研究》2002年第8期)，郭占恒的《浙江接轨上海推进长三角一体化发展的几个关系》(《商业经济与管理》2003年第8期)，中共浙江省委政策研究室的《主动接轨上海推进长三角的合作和发展》(《今日浙江》2003年第5期)，陈建军的《长江三角洲的产业同构及产业定位》(《中国工业经济》2004 年第 2 期),陈建军、姚先国的《上海建设国际经济中心与长江三角洲地区的产业经济关系研究》(《管理世界》2003 年第 5 期),周学锋的《变区域边缘为开放前沿——欠发达地区接轨上海、融入长三角的认识和实践》(《瞭望》2003 年第 25 期)等。

(二)市场、城市化、一体化研究

长三角市场经济研究。有张道根的《组织边际创新中的市场体制演进——长江三角洲走向市场经济的实证分析》(《经济研究》1997 年第 9 期),卓勇良、孙裕增的《切实构筑竞争基础上的合作机制——长江三角洲地区竞争基础上的合作态势研究》(《浙江社会科学》2003 年第 3 期),王一鸣的《长江三角洲区域经济整合的体制与机制问题》(《宏观经济研究》2004 年第 3 期),史晋川、谢瑞平的《长江三角洲经济一体化的市场基础》(《经济理论与经济管理》2003 年第 7 期)等。

长三角区域城市化研究。有黄勇、朱磊的《大都市区:长江三角洲区域城市化发展的必然选择》(《浙江社会科学》2003 年第 2 期),安礼伟、李锋、赵曙东的《长三角五城市商务成本比较研究》(《管理世界》2004 年第 8 期),崔大树的《都市区二级城市高新技术产业一体化发展研究——以长江三角洲都市区为例》(《管理世界》2004 年第 11 期)等。

长三角经济一体化研究。有王洪庆、朱荣林的《长江三角洲经济一体化的实现途径新探》(《经济纵横》2004 年第 7 期);王晓辉的《欧洲经济一体化对我国长江三角洲经济一体化的启示》(《经济纵横》2004 年第 10 期);姚先国、谢晓波的《长三角经济一体化中的地方政府竞争行为分析》(《中共浙江省委党校学报》2004 年第 3 期),黄勇等的《洋山港和杭州湾大桥建设对环杭州湾地区发展的影响》(《浙江经济》2004 年第 20 期),虞锡君等的《着力构建长三角跨行政区水污染治理防治合作机制》(《浙江统计》2006 年第 2 期)等。钱文荣、黄祖辉的《转型时期的中国农民工——长江三角洲十六市农民工市民化问题调查》(中国社会科学出版社 2007 年版),是长三角经济一体化问题上最具典型意义的大型调查报告之一。

四、温州模式

(一)温州模式的总体研究

关于温州模式,浙江学者已形成总体研究的多种专著。代表性的有张仁寿、李红的《温州模式研究》(中国社会科学出版社 1990 年版)一书,是国内最早全面系统研究温州模式的专著,在全国学术界引起了较大反响。该书以温州为研究对象,从经济学角度第一次全面系统研究了内部结构、发展与形成过程,分析了其在中国经济体系中的地位与作用。此后,张仁寿仍有此问题的系列研究,尤其是民营企业需要技术创新与制度创新研究,如《从温州的经验看民营企业的技术进步》(《中国农村经济》1994 年第 12 期)、《民营企业需要再创新》(《中国农村经济》2000 年第 8 期)等。史晋川等人着重从制度变迁与经济发展的关系中来探求温州模式,如《制度变迁与经济发展:温州模式研究》(浙江大学出版社 2002 年版)、《温州模式研究:

回顾与展望》(《浙江社会科学》2002 年第 3 期)。

(二)温州模式的专题研究

主要有赵伟的《温州模式:作为区域工业化范式的一种理解》(《社会科学战线》2002 年第 1 期),该文分析了温州模式的主要特点和演变趋势。张一力则在《人力资本与区域经济增长——温州苏州比较实证研究》(浙江大学出版社 2005 年版)中,通过温州与苏州比较实证研究,说明两种不同模式的经济增长机制,并分析了模式形成的制度原因。任晓的《政府意志与经济民营化:一种互惠式生产性政治——对“温州模式”演进的再思考》(《中国农村观察》2004 年第 1 期),探讨了地方政府与温州民间改革力量之间存在的稳定的以“互惠”为基础的生产性政治关系。戴海东的《温州私营企业主阶层研究》(吉林人民出版社 2005 年版),研究了温州私营企业主的内部构成及未来发展趋势。郁建兴等的《民间商会与地方政府——基于浙江省温州市的研究》(经济科学出版社 2006 年版),以温州的实例探讨了民间商会与地方政府之间的互动机制。

五、义乌模式

(一)义乌模式的专题研究

义乌是浙江省从穷县到富县、从弱县到强县转变的典型。浙江学者这方面的主要研究成果有:张文学等的《义乌小商品市场研究》(北京群言出版社 1993 年版),程炳卿、赖存理的《义乌小商品市场发展研究》(《浙江学刊》1997 年第 2 期),陈红儿、贺华丽的《专业市场创新发展的基本规律研究——以浙江省义乌市市场发展为例》(《中国流通经济》2003 年第 9 期),白小虎的《专业市场集群的范围经济与规模经济——义乌小商品市场的实证分析》(《财贸经济》2004 年第 2 期)等。陆立军等从 20 世纪 90 年代末开始,就十分关注义乌模式的发展,长期蹲点调查,发表和出版有陆立军、白小虎、王祖强的《市场义乌——从鸡毛换糖到国际商贸》(浙江人民出版社 2003 年版),陆立军等的《义乌商圈》(浙江人民出版社 2006 年版),陆立军、杨海荣的《市场拓展、报酬递增与区域分工——以“义乌商圈”为例的分析》(《经济研究》2007 年第 4 期)等系列论文和著作,扩大了义乌模式的学术影响。

(二)义乌模式的比较研究

主要有陆立军《中国小商品的崛起与农村市场经济发展的义乌模式》(《经济社会体制比较》1999 年第 1 期),是较早提出义乌模式并给予理论比较和诠释的论文。马力宏《地方政府管理对民营经济发展的影响——对温州和义乌地方政府管理模式的比较分析》(《中国行政管理》2006 年第 2 期)一文,专门对义乌与温州的地方政府的管理模式进行比较研究。陆立军、王祖强、杨志文《义乌模式》是陆立军带领的学术团队,在全球最大的小商品市场学习、研究、实践 16 年的基础上,并对比温州、苏南等模式,继《市场义乌》《义乌商圈》之后的又一部新作(人民出版社 2008 年版)。

六、浙江模式与其他市县模式

(一)浙江模式研究

浙江模式是浙江经济社会发展的经验、做法、特点的理论概括。其基本特征可概括为:充分尊重和发挥民众“敢为天下先”的创新精神和坚忍不拔的创业精神,将经济体制改革和区域经济发展有机地融为一体,利用制度创新所形成的改革先发优势,推动区域经济发展与社会进步(史晋川等《浙江省改革开放的回顾与展望》,浙江大学出版社 2007 年版)。浙江学者从以下几个方面研究浙江模式:

从制度变迁角度研究浙江模式。这是研究浙江模式的主要视角。代表作有:史晋川的《浙江的现代化进程与发展模式》(《浙江社会科学》1999 年第 3 期),金祥荣的《多种制度变迁方式并存与渐进转换的改革道路》(《浙江大学学报・人文社会科学版》2000 年第 4 期),方民生等的《浙江制度变迁与发展轨迹》(浙江人民出版社 2000 年版),卓勇良的《挑战沼泽:浙江制度变迁与经济发展》(中国社会科学出版社 2004 年版),郑勇军的《内源性民间力量推动型经济发展:浙江经验》(《浙江社会科学》2001 年第 2 期),黄先海、叶建亮等的《内源主导型:浙江的开放模式》(浙江大学出版社 2008 年版),马力宏的《政府与市场关系的浙江模式——浙江 30 年变化的一个分析视角》(《中国行政管理》2008 年第 12 期),吕福新等的《浙商的崛起与挑战》(中国发展出版社 2008 年版)等。

从历史与文化角度研究浙江模式。主要代表作有:陈立旭的《浙江经济发展的历史和文化底蕴》(《中共浙江省委党校学报》2002 年第 3 期)以及《从传统到现代:浙江模式的文化社会学阐释》(中国社会科学出版社 2007 年版),严士凡、卢新波的《关于浙江模式的形成和发展前景问题的若干思考》(《经济社会体制比较》2003 年第 1 期),张仁寿等的《透析“浙江现象”》(浙江人民出版社 2006 年版),杨建华的《社会化小生产——浙江现代化的内生逻辑》(浙江大学出版社 2008 年版)等。

从发展战略角度研究浙江模式。主要代表作有:龚昌成等的《浙江现象:“八八战略”与科学发展观的实践》(中共中央党校出版社 2006 年版),陈一新的《浙江现象・浙江模式・浙江经验・浙江精神——改革开放 30 年浙江发展特色研究》(《政策瞭望》2008 年第 12 期)等。

(二)台州现象研究

浙江还有学者研究了台州发展模式,如高慧莹的《“市场人”推动着台州经济的快速发展——浅析浙江台州经济现象的本质》(《中国经贸导刊》2003 年第 15 期),钱陈的《民营经济发展、制度变迁与城镇化——以浙江省台州市城镇化为例》(《城市规划》2004 年第 3 期)。史晋川等著《民营经济与制度创新:台州现象研究》(浙江大学出版社 2004 年版),该书结合实例,从产权制度、民营金融、企业簇群、城市化、农民专业合作社、民营企业集团化、外向型经济、企业文化及基层民主等多个方面分析了台州经济发展的特点与模式。

第五节 部门经济学研究

部门经济学是运用理论经济学的一般原理，研究国民经济某一部门或某一领域经济问题和规律的学科。浙江理论界结合中国现代化建设中的经济问题，深入研究整个经济科学体系中相对独立的各个分支学科，重点包括工业经济学、农业经济学、服务经济学、商业经济学、管理经济学等诸多领域。

一、工业经济学

（一）工业规划研究

园区规划与传统工业区改造研究。方民生、周文骞、张森的《建立杭州信息工业园区的构想和建议》（《浙江学刊》1984年第5期），记载了上海经济区研究会在杭部分会员建议，在杭州西湖风景区西北50平方千米的范围内，建立“杭州信息工业园区”，形成一个以电子计算机和通信新技术开发为主体的集教育、科研、生产和经营于一体的知识密集型新兴工业基地。同时根据自然环境、工业基础、科技力量、国际信息来源诸条件，对建立该园区的可行性作了论证。韩昊英等的《后工业化国家传统工业区改造中的环境治理——对于日本、美国和欧洲经验的综合回顾》（《北京规划建设》2007年第2期）一文，通过对日本、美国、欧洲的老工业区改造的经验回顾，从环境治理的角度，提出了后工业化国家改造传统工业区的优化方案及对策性建议。

工业结构设计研究。卢兆祥的《城市工业向开拓型转变的10个新方向》（《管理世界》1986年第1期），根据城市经济体制改革的发展，提出城市工业向开拓型转变的10个新方向：企业从纵向联系向横向联系转移；引进整条生产线向引进技术资料、消化国外先进技术转移；单一产品向多种产品转移；大而全、小而全生产方式向专业化转移；部分大企业向中小企业转移；掌握原材料优势的企业，其产品向深加工转移；企业从“内向型”向“输出型”转移；产品销售从单渠道向多渠道转移；企业内部多余人员向第三产业转移；职工从体力型向智力型转移；上述转移在很大程度上决定着未来工业结构设计的方向。朱家良的《浙江省工业轻型结构演进趋势探讨》（《浙江学刊》1988年第2期）一文，论述了提高加工工业发展的层次问题，探讨了区域工业结构设计的组合方式、区域重点产业选择基准等问题。吴敏一的《浙江工业产业成长时期的特征及结构选择》（《工业经济管理丛刊》1988年第4期）一文，也提出了产业结构的设计问题，其选择的路径：即先稳定现有轻型结构的格局，逐渐把产业结构重点转到能源、原材料等基础工业上来；保持轻型结构的主体格局，通过发展外向型经济来解决能源、原材料工业的不足；在不改变以轻加工业为主的格局下，引导产业向高加工度方向发展，逐步改变结构本身对原材料、能源的严重依赖。

区域一体化规划研究。黄勇的《杭州湾六市工业发展方略及布局再构造》（《生产力研究》

1988年第5期)指出,位于杭州湾圈域的杭州、嘉兴、湖州、宁波、绍兴和舟山六市,陆域面积占全省的44%,人口总数占全省的51%,而工业总产值占全省的77%以上,是浙江省的经济发达地区,历史上形成以"轻、小、集"为特色的工业结构。20年后又将这一地区的战略规划置于全球化大背景和长三角一体化态势中,作以战略抉择。黄勇、傅金龙、朱李鸣、徐伟金等编著了《全球化和长三角一体化背景下杭州湾地区战略抉择》(中国社会科学出版社2000年版),开启了杭州湾一长三角一体化研究的新视角。

(二)工业资源研究

家族企业资源研究。杨作浩的《关于农村家庭工业的几个问题》(《浙江学刊》1984年第4期)认为,温州农村推行生产责任制后,部分地区家庭工业以惊人的速度发展起来;随着农业劳动生产率的提高,从农业中游离出大量的剩余劳动力,成为这些地区经济进一步繁荣的关键。吕福新的《家族企业的资源短缺与理念接续——宁波方太厨具有限公司持续发展的案例研究》(《管理世界》2003年第12期)指出,家族企业的二重规定和矛盾以及家族对企业的控制,限制了家族企业对社会资源的吸纳、利用和集成,造成资金、人才、管理和信任资源等的短缺,严重制约家族企业的持续发展;作者认为,理念具有对家族企业资源的融合特性和持续功能。杨张乔著有《传统家族精神的升华——浙江农村工业化的社会支持》(《毛泽东邓小平研究》2001年第2期),是从社会学角度反思农村家族企业的社会支持问题。

国有企业资源研究。张明龙的《国有企业无形资产的内涵、量化与保护》(《中国社会科学》1996年第6期)一文,首先从阐明无形资产的定义入手,通过系统分析国有企业无形资产的构成要素,为划清国有企业无形资产的产权边界提供了依据;并强调国有企业出售、转让时不宜对其无形资产分项评估。

信息化资源研究。汪淼军、张维迎、周黎安的《企业信息化投资的绩效及其影响因素:基于浙江企业的经验证据》(《中国社会科学》2007年第6期)一文认为,对浙江企业信息化的实证研究表明,企业生产绩效随着企业信息化资本的增加而增加,企业信息化资本投资的效率远高于物质资本;企业信息化的绩效和企业规模、所有制以及信息化时间存在密切关联,大企业信息化的绩效显著高于中小企业,企业信息化的长期绩效高于短期绩效,国有和集体等公有企业的信息化绩效高于民营和外资等私有企业。

工业土地资源研究。郭占恒的《浙江省土地征用与工业化、城市化、非农化进程》(《经济研究参考》2002年第42期)一文,论述了土地资源与工业化等进程的关系,尤其是失地农村劳动力资源向非农产业转移;指出浙江的工业化等只能走土地节约型发展路子,并通过多种途径妥善安排好失地农民的利益。陈前虎《浙江小城镇工业用地形态结构演化研究》(《城市规划学刊》2000年第6期)一文,从小城镇工业用地形态结构演变的历史轨迹中分析了工业布局的区位特征与存在问题,探讨了演变的作用机制,提出了优化工业用地形态结构的对策方案。陈前虎、徐鑫等《杭州城市生产性服务业空间演化研究》(《城市规划》2008年第8期)一文认为,国外已经形成较为完整的生产性服务业的地理学研究体系,中国的区域性大城市面临着生产性服务业的发展契机,该文通过对杭州中心城区生产性服务业空间演化的过程、特征及其办公楼开发之间供需关系的调查研究，分析了其动力机制及存在的问题，提出了优化的对策与建议。

（三）工业再生产研究

20世纪八九十年代，浙江学者对工业再生产的研究，一是内涵的扩大再生产，如布均的《工业企业搞好内涵的扩大再生产小议》（《浙江金融研究》1982年第1期）一文认为，在中国社会主义生产建设中，两大部类的生产、交换和资金积累，都要靠现有企业承担；新建企业与老企业相比，不仅数量少，而且投资多、周期长，收回全部投资时间长；根据中国现有的财力、物力、人力，只能依靠现有企业，主要搞好内涵的扩大再生产。二是注重生产、分配、交换、消费四环节，如裘树南、童锦林的《行销坚持"三兼顾"稳定市场求发展》（《浙江经济》1994年第5期）一文认为，社会的再生产过程，是由生产、分配、交换和消费四个环节组成的统一体，四个环节在社会再生产过程中互相依赖、互相作用、互相制约、互相影响、有机衔接，才能保证社会再生产的顺利进行；工业企业发展生产，必须处理好同商业的关系，协调好工业、商业、消费者三者的利益关系。

21世纪，重视资源循环利用的回收再制造问题。关启亮的《基于回收再制造的闭环供应链协调激励机制研究》（浙江工业大学，2009年）一文认为，随着人们对资源循环利用和环境保护意识的增强，废旧产品的回收再制造越来越受到重视，本文研究了政府、制造商、回收方三者之间如何制定激励机制的问题。

二、农业经济学

（一）农业结构与农业现代化研究

20世纪30年代的农村经济研究。具代表性的有方显廷的《中国经济研究》（长沙商务印书馆，1938年）。方显廷，民国期间与马寅初、刘大均、何廉被誉为"四大经济学家"，其《中国经济问题》一书特别关注中国的农村经济问题，认为中国农村经济要复兴，必须破解三大因素制约：一是从农业环境角度看，水利失修和交通闭塞是农村经济环境恶劣的重要原因，交通的闭塞导致各地的农产品无法调剂和流通，这种状况直接导致区域之间供需失衡，必先加快完善农村基础设施建设。二是从农业组织角度看，分散经营、粗放型经营的弊病，导致资本利用效率低，而劳动力消耗则适得其反。三是从农业技术角度看，应强调技术改良、农作物改良和人才培养。而农业环境的改善、农业组织的调整、信用合作机构的创建和农业技术的改进，是复兴发展农业、复兴农村的主要工作，主张设置全局性的农业管理机构。

20世纪80年代以来的农村经济改革研究。邹先定的《农业现代化与"绿三角"中的四股流》（《科学·经济·社会》1984年第6期）指出，中共十一届三中全会以来，中国农业以前所未有的速度蓬勃发展。中国农民在党的领导下以家庭联产承包责任制为主要形式的伟大创举，打破了中国农业长期停滞不前的局面，促进了自给半自给农业向商品农业、传统农业向现代农业的两个伟大转变，它预示着中国农村经济振兴将更快地到来。其宏伟目标是建设具有中国特色社会主义的现代化农业。李百冠的《重新认识农业是国民经济基础的几个问题》(《农业经济问题》1986年第1期)指出,当前中国农村产业结构正在由封闭型的自给经济单一结构向开放型的商品经济多元结构转变。在这场伟大的历史性变革中,重新认识农业是基础的原理,结合中国的国情,在农村产业结构变革过程中正确处理农业同农村工业以及其他非农产业之间的关系,谋求农村产业结构的合理化与农业生产的新高涨相互促进、同步发展,以实现经济和生态的良性循环。林坚的《略谈深化农村改革的若干指导思想》(《经济研究》1988年12期)认为,始于1978年的以推行家庭联产承包责任制为主要内容的第一步改革,虽然现在人们对它的局限性正从不同角度进行反思,但对它的成功和巨大意义似乎并无异议。但从1985年开始的原设想以改革农产品统购派购制度、调整产业结构为重点的第二步改革,并没有取得像第一步改革那样显著的成效。在这种情况下,人们对农村经济形势的基本判断发生了严重的分歧,这一分歧显然直接涉及对第二步改革的评价。

21世纪初的农业结构转型与现代农业研究。卫龙宝的《市场化改革进程中中国农业发展的若干趋势》(《农业经济问题》2000年第9期)一文认为,中国国民经济和社会发展跨入21世纪新的历史时期,将出现的结构转型、体制转型和对外经济开放的三大趋势,对中国农业发展将产生深远的影响。具体体现在:农业投资主体由以集体为主转向农户个体为主,农业生产组织由行政性安排转向农民自组织,农产品交易由行政性分割市场转向国内统一大市场,农业科技推广由行政推动为主转向市场诱导为主,劳动力转移由就地转移转向跨地区有序流动,政府注重环节由生产领域转向生产与流通兼顾,政府保护重点由城市消费者转向农业生产者,产品类型由产量型转向质量型,城乡关系由行政维系转向市场协调。黄祖辉著《农业现代化:理论、实践与途径》(中国农业出版社2003年版)、《求索中国特色现代农业之路》(浙江大学出版社2007年版)及《农业现代化模糊综合定级法研究》(《农业技术经济》2000年第6期)、《农业现代化进程与农业科技关系透视》(《中国农村经济》2002年第11期)、《农合组织:农业现代化的新选择》(《中国合作经济》2006年第7期)、《30年农村改革回顾与改革的深化——基于浙江省的分析》(《浙江社会科学》2008年第8期)等涉及农业现代化的方方面面,并对农村改革也有研究。蒋振声、李义超等《杭州农业结构、技术、组织创新的途径》(《杭州科技》2000年第3期)一文指出,杭州市农业完全有必要和可能走集约经营之路,加快向现代化农业迈进。而要使农业集约化与农业现代化、农业产业化、农业可持续发展有机结合、协调发展,必须抓住三个环节,即在“十五”时期实行农业的结构创新、技术创新与组织创新。李义超、蒋振声《完善农财政策,推进农业结构战略性调整》(《上海交通大学学报·农业科学版》2001年第9期)一文,从分析现行农业财政政策入手,提出重构涉农税收体系、降低农业负税水平、调整财政支农支出结构、构建农业结构调整基金、加强对农业科教并对农村的推广支持及农业结构调整等财政政策措施。张荣昌的《迈向都市农业:鄞州现代农业与政策支撑》(“秩序与进步:浙江乡村社会巨变历程与经验理论研讨会”交流论文,2008年)一文认为,从传统城郊农业转变到现代都市型农业,是都市周边地带农业从低到高、由弱到强的必由之路,具有历史和逻辑的统一性。蔡元杰的《着力推动农业转型升级　加快建设现代都市农业——关于鄞州区农业转型升级的调查与思考》(《浙江现代农业》2010年第5期)一文,以鄞州区为例,阐述了浙江现代农业以科学发展统领，以依托城市、服务城镇、致富农民为主线，全力探索农业转型升级的路径、方法。孙景淼的《推进农业转型升级》(《今日浙江》2009 年第 18 期)一文认为，从发展要求看，长期积累的农业结构性、素质性矛盾尚未根本破解，因此加快转变发展方式，推进农业转型升级仍然是根本之举。他在《实施六大提升，推进农业转型升级，努力实现浙江现代农业新发展》(《浙江现代农业》2009 年第 1 期)一文中对现代农业结构性转型问题提出六大举措，并以此推动浙江现代农业的发展。

(二)农业资源与农业科技管理研究

农业科技管理研究。卫龙宝的《略论农业发展中政策、科技和投入的相互关系》(《农业现代化研究》1991 年第 3 期)一文，认为政策、科技和投入对农业发展的作用，既具有密切的相互依存性，又具有明显的层次性。农业的持续、稳定发展，既需要农业政策的正确导向，也需要农业科技进步对农业发展自然界限的进一步拓展，更需要构造农业生产力物质载体的各种农业投入的切实增加。宋明顺、王晓军、方兴华的《标准化在农业合作经营中的作用分析——以浙江省为例》(《农业经济问题》2007 年第 4 期)一文，指出农业龙头企业与农户之间签订的合作契约具有监督管理职能，通过标准的实施，农户的生产管理被外部化了；以标准为核心的技术要求是农户需要的稀缺要素，土地是龙头企业所需要的稀缺资源，双方优势互补，为合作双方带来了较高的经济效益。宋明顺、王晓军还著有《农业标准化作用的经济学分析与实证：以浙江省农业标准化工作为例》(中国计量出版社 2004 年版)等。

农业劳动力资源研究。蒋振声的《论农业劳动力的战略转移》(《农村问题研究》1986 年第 8 期)一文认为，农业劳动力转移是指劳动力由种植业(粮食作物、经济作物种植业)流向种植业以外的产业，是一种以种植业为中心的辐射性流动。它与一般的劳动力在各部门之间的结构性调整或存在地区之间的水平流动不同，具有战略意义。现阶段农业劳动力转移的特点：一是潜在的过剩人口；二是就业型的转移动机；三是在乡转业型的转移形式，主持的“浙江省九十年代农村劳动力利用与转移的对策研究”获得浙江省科学技术进步二等奖(1996 年)。

(三)农业计划与农业经营管理研究

农业经营(管理)研究。危泽民、胡德恒、祝学忠的《关于农业包产、包干到户责任制的几个问题》(《浙江农业大学学报》1981 年第 7 卷第 3 期)一文，以马克思主义原理进行分析和探讨，阐明了实行农业生产责任制的增产原因，论证这种责任制不会改变中国农村的社会主义方向，不会影响农业机械化的发展，是符合中国农村生产力状况的。程炳卿、李荫森、戴宗贡、杨金荣、解力平编写《谈谈农业生产责任制》(浙江人民出版社 1982 年版)一书，从理论上阐述了农业责任制变革的意义，并对责任制的具体形式作以分析。俞翠轩的《提高农业经济效益的必由之路》(《浙江农业经济》1984 年第 2 期)一文认为，发展农业的核心问题是提高经济效益，要尽可能地节约单位产品中的劳动消耗，不断降低产品成本。杭州市农业局撰《以都市农业为目标模式推进杭州现代农业发展》(《浙江现代农业》2007 年第 COO 期)一文，总结了用现代经营形式推进农业的系统经验。杜修昌的《农业经济管理概论》(浙江人民出版社 1981

年版)一书,对生产农计、计划管理、劳动管理、财务管理、收入分配等问题作了论述。郭瑞兰、周惠民、胡伟的《渔工商综合经营大有可为》(《管理世界》1980 年第 12 期)对渔工商综合经营提出了一些结合实际发展的新见解。王毅、何可人等编写的《农业合作经济经营管理》(浙江人民出版社 1984 年版)一书,对农村合作经济新形式、经营管理新内涵、商品生产和商品流通等问题作了较系统的论述。黄祖耀撰有《农业经济与管理科学的发展与趋势》(《福建论坛·人文社会科学版》2006 年第 4 期)等数十篇论文,论述农业经营管理体制的改革问题。

农业计划(规划)与统计研究。戴宗贡、杨金荣、解力平的《绍兴市农业计划管理的调查》(《农业经济情况〈增刊〉》,1982 年),对改善农业计划工作,实行购销合同,完善收购制度等方面提出了建议。赵明强《统计方法在社会主义农业生产经营管理中应用的探讨》(《统计研究》第一辑,中国财经出版社 1980 年版)、《概率统计方法及其在农业经济管理中的应用》(农业出版社 1981 年版)对农业统计作有理论的指导和实践的应用辅导;其《西方经济学和统计学关于衡量经济发展的若干指标评价》(《统计研究》1989 年第 1 期)对农业经济作有指标性评价。施鹏峰《宁波市鄞州区都市农业发展战略研究》(南京林业大学硕士学位论文,2007 年),运用西方经济学、统计学等相关理论方法,将规范分析与实证分析、定性分析与定量分析、微观分析与宏观分析、静态分析与动态分析作以四重结合,以统计手段建立发展战略的新模式。王志凌、詹敏的《现代农业园区发展模式及规划对策——以杭州余杭区中华农业大观园为例》(中国城市规划年会,2009 年),讨论了现代农业园区的规划对策,即进行合理的功能区划与流线组织,采用合适的管理及运行模式。

三、服务经济学

(一)服务经济总体研究

现代服务业功能范围的增强,推进了其研究范畴的扩大。郑吉昌的《服务业革命:中国的战略意义与政策取向》(《中国软科学》2003 年第 8 期)指出,以服务业与服务贸易为主要内容的服务经济的迅速崛起,成为 20 世纪中叶以后世界经济发展的显著特征;服务业在一国经济贸易活动中占据越来越重要的位置,并成为衡量一国国际竞争力的一项重要标准;文章论述了服务业革命的含义,分析了在经济全球化进程逐渐加快并成为世界经济发展主流的条件下中国服务业的战略意义和发展前景,讨论了中国服务业发展的政策取向。其论著《服务经济论》(中国商务出版社 2005 年版)是国内第一部服务经济学的学术著作,其内容包括服务业发展与分工的演进、服务业与产业关联、服务业国际化与产业整合、服务贸易与市场整合、服务贸易与竞争优势、服务贸易增值与价值创新等,初步构建了中国服务经济学的理论体系。张国云的《服务崛起——中国服务业发展前沿问题》(中国经济出版社 2007 年版)一书,从大服务范畴论及金融、通信、保险、运输、商业、医疗、教育、文化娱乐等,认为发展这种服务将是中国新的经济增长点。其《生产服务:从中国制造走向中国创造》(中国经济出版社 2009 年版)是中国首部生产服务业方面的经济散论。该书首次提出服务经济核心是"二产的三产"的命题,即把过去"大而全""小而全"运作模式的工业实施专业化分离,把应社会化、专业化运作的生产服务内容交由不同性质与功能的三产来经营，在不牺牲工业的前提下发展服务经济。其《对“十一五”浙江服务业发展的建议》（《浙江经济》2005 年第 9 期）一文认为，浙江新一轮经济发展的过程，是一个通过形式转化、资源转化、功能转化，迅速发展现代服务业的过程，其现代服务业发展的重点必须以发展生产服务业为主。

（二）服务贸易研究

浙江学者还重视国际服务贸易及其学科化发展。郑吉昌、夏晴《服务贸易国际竞争力的相关因素探讨》（《国际贸易问题》2004 年第 6 期）一文指出，随着世界经济结构调整步伐的加快和经济全球化带来的全球产业结构重心从制造业向服务业转移，服务贸易在国际经贸领域中日益引起人们的高度重视，它不仅是影响各国经济发展的重要力量，也成为衡量一国国际竞争力的一项重要标准。文章从服务贸易竞争力的影响因素、服务贸易与货物贸易的关系、服务贸易与服务业发展的关系、服务贸易与直接投资的关系等方面探讨了中国服务贸易竞争力的问题；认为努力推进中国服务业的国际化水平，积极发展中国的服务贸易，是顺应世界经济发展的大趋势，也是中国发展对外贸易的现实需要。郑吉昌、朱旭光的《全球服务产业转移与国际服务贸易发展趋势》（《财贸经济》2009 年第 8 期）一文认为，全球服务产业转移与国际服务贸易发展之间已形成一种互动发展的态势；服务贸易已成为全球产业链竞争的关键，服务外包已成为新兴国家进入全球分工体系的重要途径；商业模式的创新复制已成为商业存在的主要形式，它促使国际服务业规制的改革与创新不断深化。这些都是中国在承接全球服务业转移、发展国际服务贸易时必须认真应对的问题。沈明其的《国际服务贸易学》（南海出版社 2005 年版）一书，从国际服务贸易政策，传统国际贸易理论的应用、服务贸易的关税与非关税的政策、国际服务贸易制度框架、国际服务贸易与国家安全和国际竞争力、中国服务贸易开放的经济效应及模式等方面进行创新性研究。

（三）其他专题研究

主要有郑吉昌、夏晴、姜红《论服务业发展与分工的演进》（《中国软科学》2004 年第 10 期）一文，指出通过服务业发展与社会分工的演进，两者是一种相互影响、相互促进的关系；服务业是社会分工发展的结果，是一国分工发展水平的表现，分工促进了服务业的发展。胡坚强、姜辽等《乡村度假模式创新——服务经济休闲化趋势与管理对策》（《生态经济》2010 年第 3 期）一文指出，需要对乡村度假模式进行技术创新，以使其既适应农村居民的实际情况，又符合服务经济休闲化发展趋势，使休闲化的度假模式成为乡村经济发展的契机。

四、商业经济学

（一）商业经济理论研究

社会主义计划经济时期的商业经济理论研究。20 世纪 50 年代中期，杭州商业学校编写的《商业经济和计划》（讲课教材）较为系统地构建了社会主义计划经济时期的商业经济学的基础理论。金家麟的《论行商》(《浙江日报》)一文是当时省内报刊首次发表的商业专论。之后孔庆演《谈个人消费品分配原则》(《浙江日报》1962年8月17日)、《怎样理解发展生产保障供给的原则》(《浙江日报》1963年3月1日)论述了计划经济条件下商品的供给原则。

社会主义流通理论研究。孙全的《消除无流通论的影响,推动商业经济学的研究》(《财贸经济》1984年第9期)、周人伟《社会主义流通理论的再认识》(《商业经济与管理》1985年第4期)、赵国柱《重新认识商业在经济和社会发展中的作用》(《商业经济与管理》1986年第2期)等文,从各自的理论角度研究社会主义商业的性质、特点、地位、作用等基本理论。金家麟《中国剪刀差新研究》(《商业经济与管理》1988年第1、2期)一文认为,中国当前商品经济尚是一种在基础上存在扭曲的商品经济。这个基础上的扭曲,就是指所遗留的极不合理的工农劳动力分布结构,正是它决定着中国至今仍然存在严重的剪刀差矛盾,也正是它决定着中国工农业经济结构上的非均衡性;工农业产品交换中实现价值规律是一个历史性的艰巨事业。该文是对中国历史上工农业产品不等价交换关系所作的新的理论阐述,是一项农产品流通的基础理论研究的重要成果。他在《按经济区域进行商品流通的内涵》(《商业经济研究》1985年第2期)一文中,探讨了流通环节、渠道、网络和贸易中心等理论问题。围绕社会主义商业经济理论,赵国柱主编有高校教材《商业经济学》(中国商业出版社1988年版),并译有苏联A. N. 波克罗夫斯基等著《苏联商业经济学》(中国财政经济出版社1986年版);其对商业企业营销也有研究,撰有《必须树立与社会主义市场经济相适应的企业营销观念》(《商业经济与管理》1994年第1期)。何国栋等编写的中专教材《商业基础知识》(中国财政经济出版社1981年版)是商业经济基础理论研究的重要成果;以何国栋、叶树滋为副主编的《经济大辞典·商业卷》(上海辞书出版社1986年版)是国内最重要的商业辞书之一。苏为华著《商贸流通现代化综合评价体系研究》(中国市场出版社2005年版)是商贸流通现代化的统计学研究,其中提出的综合评价体系具有较强的操作性。其著《城市化水平对流通业发展影响的Panel Data证据》(《财贸经济》2007年第2期)论证了城市化与商业流通业的互动关系。

零售创新研究。胡永铨《论零售创新的特征》(《商业研究》2007年第12期)一文认为,零售创新是零售商抓住市场潜在的盈利机会,重新组合经营条件、要素和组织,从而建立效能更强、效率更高和生产费用更低的生产经营系统的活动过程。其主要特征表现为主体的自主性、过程的持续性、目标的战略性和顾客的参与性。零售创新是商业经济理论的重大变革。

(二)商业体制与新商业模式研究

商业体制及改革研究。曹天玷的《谈谈国营商业体制改革问题》(《商业经济研究》1983年第1期)指出,商业体制改革是整个经济体制改革的一部分。商业改革的好坏,直接影响着或关系着整个经济体制的改革。因此,商业改革不能给经济体制改革设置障碍,而应有利于整个经济体制改革的进行。褚有福的《简析主要食品"双轨制"供应的成因及利弊》(《商业经济与管理》1988年第4期)指出,"双轨制"主要是指关系人民基本生活的主要食品,如粮食、食油、猪肉、食糖等的供应,根据需要和可能的原则,对生活必需的部分确定一定的定量,以较低的价格供应;超过定量的需要部分,放开价格,敞开供应。这种"保一块""放一块"的"双轨制”供应方法经历了较长的实践过程，是在需求大于供给的特定条件下的合乎情理的选择，反映了现阶段商品生产水平，是商品流通和分配在一定时期内的一种特殊形式。在商业体制改革的分类研究方面还有：张永蕙的《试论物资流通在国民经济中的地位和作用》(《物资经济研究》1982 年第 4 期)、孔庆演的《基层供销社建制问题》(《中国供销合作经济》1980 年第 3 期)、孔昭钧的《试论生产物资市场的宏观调控》(《中国物资流通》1988 年第 11 期)、陶永良的《生猪购销政策调整和经营体制改革》(《商业经济与管理》1985 年第 1 期)、方佐行的《商业政企分开的初步实践》(《浙江商业经济》1988 年第 4 期)等，均对商业经营体制改革提出新的见解。王梦樵的《发展专业合作组织是供销社改革的新突破》(《合作经济研究》1987 年专辑)探讨了供销社体制改革的取向问题。程远鹏《试论粮食的“双轨制”》(《商业经济研究》1987 年第 7 期)重在厘清粮食“双轨制”的含义，为改革作理论准备。在物资管理体制改革方面有孔昭钧的《关于物资管理体制改革的若干问题》(《物资经济与管理文集》第 5 辑)。21 世纪初，曹天玷著《浙江专业市场“入世”后继续发展的对策》(《浙江树人大学学报》2002 年第 2 期)，对中国“入世”后的新形势下浙江专业市场如何从体制改革方面坚持质量管理、组织行业协会等，以适应“入世”后商业经济的变革。

电子商务与新商业模式研究。谷铸、周人杰、汪延祥的《第三产业的发展与现代科学技术的应用》(《商业经济与管理》1994 年第 1 期)一文认为，第三产业包括商业、服务、旅游、通信、储运、金融、保险、房地产、咨询等行业，是国民经济的重要组成部分，而现代计算机技术与计算机网络通信技术的推广运用，将极大地推动第三产业的发展。吴晓波、马如飞的《国外战略性特许加盟理论研究及其启示》(《山西财经大学学报》2005 年第 6 期)一文认为，特许加盟战略研究已经得到管理学、经济学、市场营销学和财务管理学等领域学者的广泛关注，它是从连锁企业的发展战略角度研究整个连锁体系的，是研究新商业模式的一个理论角度。他们的《论连锁经营中复合形式的协同效益》(《商业时代》2006 年第 9 期)一文，介绍了国外复合形式理论的最新研究进展，重点讨论了连锁体系中直营店与加盟店两种组织形式的协同效益，并与中国连锁企业做大做强的战略目标联系起来，以引起国内企业对连锁经营协同效益的重视。吴晓波、陈小玲《移动商务与电子商务的比较研究——基于价值创造视角》(《情报杂志》2010 年第 8 期)一文认为，基于 Internet 发展起来的电子商务，正在深刻地改变着传统的商务活动。随着移动通信技术、移动通信网络、手机、PDA、掌上电脑等各类移动终端的普及，中国进入了移动商务时代。移动商务既有电子商务的一般特征，又由于其特殊性而具备了一些传统的基于 Internet 的电子商务所没有的特质。该文从价值创造源泉的角度对两者进行了比较分析，以助于企业准确地建立和捕捉最有价值的环节，保障客户和自身价值。陈琦的《企业电子商务商业模式设计：IT 资源前因与绩效结果》(浙江大学博士论文，2010 年)一文认为，电子商务具有开放性、全球性、低成本、高效率等特点，越来越多的企业意识到在经济全球化和网络时代通过设计以电子商务为基础的商业模式，来获取竞争优势的重要性。电子商务的兴起为中国企业突破原有的市场边界限制和进一步提升竞争力提供了契机。

(三)商业经济综合研究

商业经济效益研究。金家麟的《试论商业经济效果》(《经济研究》1982年第10期)指出，商业经济效果是商业活动的所费与所得或所费与成果的对比关系，它表明商业活动中所费的节约和得益程度。商业活动所费，是商品流通过程中追加的活劳动、物化劳动和自然资源的耗费和占用；用费用的观点看，是商品流通费用；用资金运用的观点看，是商业资金占用；要从生产和流通的统一考察商品价值实现和销售额，把商品价值实现和销售额看作是生产和流通的统一成果。苏联Γ·托罗维娜、Л·莫尔达索娃与谷铸合著《商业劳动消费的分析和定额的制订》(《商业经济与管理》1982年第2期)一文，从分析《苏联一九八一年至一九八五年和一九九〇年前经济和社会发展的基本方针》入手，认为该方针赋予经济发展的集约化意义，而现阶段中国发展的客观形势要求国民经济包括商业在内的一切部门大大地提高劳动生产率，在计划和管理工作的实践中制订和利用技术经济定额制度，以减少商业劳动消耗。

市场预测与营销管理研究。叶树滋《关于我国国内市场预测内容和方法的探讨》(《商业经济与管理》1981年第3期)一文认为，要使计划调节和市场调节结合的好，加强市场预测是一个十分重要的条件。市场预测的重点是市场商品需求，但从中国市场的调查实践和安排国内市场的要求看，市场预测应包括供应的预测。他著《对于消费品购买力总额测算方法的探讨》(《商业经济和管理》1981年第6期)一文，认为消费品购买总额和大小及其增长速度，是影响消费品需求结构的重要因素，它是企业预测市场消费品需求发展所必须掌握的基本资料，以作为组织市场商品供需平衡及制订消费品生产计划的客观依据。谭宗尧《现代市场营销管理的职能及其指导思想》(《商业经济与管理》1986年第4期)一文认为，市场营销管理是生产消费和生活消费在内的需求管理，是衔接生产和消费的桥梁；无数企业的微观市场营销活动汇集在一起，能促进并加速社会再生产过程中生产、分配、交换、消费四个环节的协调发展；随着经济体制改革的不断深入，企业自主权扩大并由生产型管理转变为生产经营型管理，市场营销管理势必成为企业管理的先决条件和核心要素。其还著有《现代市场营销管理》(浙江人民出版社1987年版)、《旅游营销学》(经济科学出版社1988年版)。21世纪初，商业实务研究方面，更多地关注现代推销手段。易开刚《现代推销学》(上海财经大学出版社2008年版)一书，着重研究了产品在流通领域通过人员推销实现市场交换的活动及其内在规律。该书在理论和实务的结合上，构造了现代推销学的体系，并从推销准备、推销接近、推销洽谈、定价、报价和让价、异议处理以及推销管理等方面，形成现代推销实务的规制与程序。

五、发展经济学

(一)发展环境与类型研究

发展环境研究。方民生关注“发展环境问题”，认为探讨任何经济和社会问题首先从分析发展的环境开始，并从认识环境、利用环境、发展环境、改造环境和创造环境中寻求解决问题的思路和对策。他把20世纪90年代以前的论文汇集成《经济增长与运行》(同济大学出版社

1991年版），把1992年以后的研究成果汇集成《发展环境与战略抉择》。

内生性增长研究。郑勇军《内源性民间力量推动型经济发展：浙江经验》（《浙江社会科学》2001年第2期）一文认为，浙江在缺乏政府和外商直接的大规模投资推动条件下取得了高增长，从发展层面来看，关键在于形成了适应市场经济的人力资本优势，内源积累形成的丰富的民间资本优势和高度发达的分工体系优势；从制度层面来看，浙江成功的关键在于市场化的快速推进、与市场经济高度制度兼容的区域性商业文化环境以及地方政府正确的功能定位和制度供给能力，以使有效地解决了区域经济内部的微观主体激励问题和交易效率问题。程惠芳的《国际直接投资与开放型内生经济增长》（《经济研究》2002年第10期）应用内生经济增长理论框架，着重就国际直接投资（FDI）对高收入国家、中收入国家和低收入国家三种不同类型国家经济增长的影响进行理论和实证分析，认为FDI能内生技术溢出和技术进步，从而成为内生经济增长的重要源泉。文章对65个样本国家的实证研究结果表明，FDI流入增长对高收入的发达国家经济增长作用比对中低收入发展中国家作用更明显。

外来推动性发展研究。金雪军、章华的《制度兼容与经济绩效》（《经济学家》2001年第2期）指出，"诱致性变迁型"的正式制度与非正式制度是兼容的，而"强制性变迁型"的正式制度可能与非正式制度并不兼容。在正式制度与非正式制度能够兼容的情况下，经济运行所需的交易成本较低，经济绩效相应较高；正式制度和非正式制度由于各自变化的机制不尽相同，在经济体制的变迁过程中，可能造成两者不能兼容。钟昌标的《外商直接投资地区间溢出效应研究》（《经济研究》2010年第1期）一文，利用中国各省区1986—2008年的面板数据和通过建立空间动态计量模型，实证分析跨国公司投资的地区影响效果。文章指出，外资不仅产生地区内溢出，也产生地区间溢出，表明外资在某一地区的投资不仅刺激和提升了该地区生产率绩效，同时也间接带动了其他地区生产率的改进。

（二）中国特色发展经济学研究

代表性的有方民生《中国特色发展经济学的思想基础——邓小平经济思想简论》（中共中央宣传部理论局编《当代中国马克思主义研究巡礼》，人民出版社1995年版）一文，认为创建中国特色的发展经济学是时代赋予我们的使命，邓小平经济思想充分体现了中国特色的发展经济学的基础性内容，包括经济发展力量的多种源泉、经济发展分"三步走"的战略目标、从国情出发探索中国特色的经济发展模式以及"稳定、改革、发展"辩证统一等思想。其特征有四：即从政治角度讲经济、重视试验的方法、把发展和共同富裕连在一起、将中国的发展置于世界的开放系统中来考察。

六、管理经济学

横向协同关系的经济学研究。吴敏一的《试析企业决策系统的协同关系》（《杭州大学学报·哲学社会科学版》1985年第1期）一文认为，企业实行厂长（经理）负责制后，厂长（经理）面临的一大课题是如何提高决策的效率，建立一个具有整体效应的决策系统，为此要解决决策系统人际之间、子系统之间、层次之间的协同问题。

管理理论发展的经济学研究。叶国灿的《从管理理论演进看企业管理模式创新趋势》(《中国人民大学学报》2004年第2期)一文认为,现代管理从重视对事的管理到重视对人的管理,从侧重于微观管理到重视环境研究的战略管理,经历了从理性管理到非理性管理,又回归理性管理并走向融合的过程;管理主题的演进过程,集中体现了科技革命的成果,也揭示了企业管理模式演变创新的内在本质;知识经济赋予了现代企业管理明显的时代特征,组织管理弹性化、人才开发人本化、生产经营国际化、文化建设核心化成为管理模式发展创新的趋势。

交易行为理性特征的经济学研究。何大安针对市场不确定条件下的交易者的心理、动机和目的,论证了一个贯穿于交易过程始终,较为贴近现实地描述行为理性的一个有别于效用最大化的范畴——行为最大化;认为现有的经济决策理论或多或少与效用最大化存在着关联;他通过分析一个模拟的二手车市场,对交易双方为实现各自期望价格所作出的行为努力展开论证,建立了旨在解说行为最大化的若干理论模型,并借助赫伯特·西蒙的思想以满意程度函数来表征行为最大化;对交易双方有可能出现的“交易不成功、磋商和交易成功”三种选择结局进行了一般模型论证①。

七、人口经济学

(一)人口与国民经济的综合平衡研究

马寅初新人口理论及其研究。马寅初的《新人口论》(吉林人民出版社1997年版)是他在1955年根据浙江、上海等地进行的人口调查和中国的国情总结出来的科学预见,提出了“中国人口增长过快”的命题。他指出人口因素是中国经济发展不可忽视的重大的首要因素;国家建设规模受到改善人们生活和人口再生产的限制;人口问题在国民经济和社会发展中占有重要地位。此外,马寅初创造性地运用和发展了马克思主义人口理论,从积累与消费等诸多矛盾的框架角度,分析人口增长与资金积累的关系,指出人口过快增长与经济发展的比例不协调,提出经济发展有计划、人口发展也要有计划的建议。这一科学论说成为之后制定中国人口政策的主要指导思想,是指导中国全面推行计划生育的重要理论基础。

对马寅初人口论的研究,有顾耀德《马寅初新人口论的形成和实证》(香港《大公报》)一文,从实证的基础上肯定了马寅初新人口论,并对其理论的形成作以论述;他在全国最早提出应该一分为二看待马尔萨斯人口论的观点,主要论点被收入《建国以来社会主义经济理论问题争鸣(1949—1984年)》(中国财政经济出版社1985年版);之后他一直从事区域性人口问题研究。如《试论杭州市的人口控制和城市发展方向》(《人口研究》1982年第4期)一文认为,杭州是举世闻名的历史名城和风景城市,其人口规模不宜过快过多的发展,应有所控制。21世纪初,叶明德著有《马寅初的人口质量及其现实意义》(《当代人口》2002年第4期),是为纪念马寅初诞辰120周年和他的人口学研究代表作《新人口论》发表45周年而作。

马克思主义“两种生产”原理亦是人口理论的核心。任峻垠《关于两种生产理论的若干问

① 何大安:《交易过程中的行为最大化——对行为理性特征一种新的理论解说》,《中国社会科学》2009年第5期。

题》(《浙江人口通讯》1981年第3期)一文认为,“两种生产”在社会发展中都起决定作用,不能用物质生产对社会发展的决定作用来代替生产力对社会发展的决定作用,不能用人口生产与社会制度发展变革的关系来代替人口生产与生产力发展的关系;其对什么是社会主义人口规律也有着不同的理解。王瑞梓、卓岩松《试论社会主义基本人口规律》(《人口学刊》1984年第4期)一文认为,在社会主义社会诸多人口规律中有一个基本人口规律,它可表述为用人口有计划地增长和劳动者的德智体全面发展,使之与经济和社会的发展相协调,以促进国民经济顺利发展的办法,来保证不断提高人均国民收入和全体人民的物质文化生活水平。

人口的综合平衡研究。李南寿的《再论人口增长的数量限度和计划调整》(《人口研究》1984年第6期)指出,人口增长的数量限度问题,是相对人口的增长同经济和社会生产力发展的关系而言的。他认为,马克思、恩格斯在其经济理论的研究中,曾谈到人口状况与经济和社会生产力发展关系的两种情形:即“人口压迫生产力”与“生产力压迫人口”,资本主义以前的人类历史进程,最明显地证实了这两种情形。他的《论人口与经济的关系》(《人口研究》1982年第2期)一文认为,人口与经济的关系,是各个社会形态都存在的重大社会经济问题,但在不同的社会制度下,这一问题的表现、性质和解决方式各不相同。在以私有制为基础的阶级社会里,主要人口(劳动者)不是被并入工具之内,就是被依附在土地之上或从属于资本,成为被这些东西统治的对象;只有在社会主义制度下,才有可能自觉地处理和解决人口与经济的内在辩证关系。

人口与经济发展的关系是人口学研究最重要的主题之一。董如宾、徐天琪《控制人口与发展经济》(《人口与经济》1981年第1期)一文指出,根据历史唯物主义的基本观点,人口问题和经济问题之间有着密切联系,即经济状况决定人口状况,而人口状况又反作用于经济状况。

(二)人口地理的经济研究

人口历史与地理学研究。王嗣均的《人口地理学中一个被忽视的领域》(《人口与经济》1984年第2期)一文指出,中国自20世纪70年代后期,人口地理学研究得到了恢复和发展。该文认为对造成人口再生产特点和地域差异的因素应作深入的调查和分析,指出中国人口地理学研究忽视了“社会人口地理”领域,这主要是长时期受苏联经济地理学思想的影响,把人口与居民点(聚落)地理置于经济地理学之下;该文还认为围绕生产力布局与经济活动研究人口地理,仍然是最重要的方向,要真正认识人口地理学中的“社会人口地理”领域有赖于多方面的科学实践,把视角从经济地理扩大到人文地理上来。1988年,其主编有《中国人口·浙江分册》(中国财政经济出版社1988年版)。李南寿的《浙江近代人口发展初探》(《杭州师范学院学报·社会科学版》1986年第1期)一文,认为人口问题仍是浙江及全国的一个重大经济社会问题;人口问题的产生,同人类历史一样悠久,源远流长;当今的人口问题,既是社会生产力水平和经济社会状况的反映,又是人口自身历史发展的结果,所以,对历史人口资料的分析研究,有利于正确认识和处理现实的人口问题。他还著有《21世纪人口现代化问题的几点认识与思考》(与王涤合作,《人口与发展》2000年第6期)。王涤著有《从人口学的视角看中国“三农”问题——试论中国农村人口数量变化与社会经济发展的交互影响》(与顾宝昌合作，《人口学刊》2005 年第 6 期)。

八、物流经济学

(一)市场物流研究

浙江学者和实际工作者较早关注物流运输与现代经济发展的重要关系。何荣飞的《大力发展民间运输》(《经济研究》1983 年第 7 期)指出，民间运输在中国有悠久的历史。中华人民共和国成立以前，民间运输是以个体所有制的形式分散存在的；成立之后，民间运输事业有了相当大的发展，其主体部分已经以集体所有制的形式组织起来了，这是一个历史的进步。

物流的供给端研究是浙江的一大优势。胡懋涛的《建立并完善我国生产资料市场及其机制》(《浙江物资经济》1986 年第 3 期)认为，建立和完善中国生产资料市场，是当前经济体制改革中一项亟待解决的重要课题。但是，中国生产资料市场不仅和资本主义国家不同，而且和苏联的情况也不一样。资本主义市场是按自由经济的市场理论建立的，而苏联至今仍不承认生产资料是商品，还没有生产资料市场。因此在中国建立生产资料市场问题上，需要从总结自身的历史经验出发，研究在不同所有制条件下的市场理论，以寻求适合中国国情的生产资料市场模式及机制。

批发市场的流通研究。李骏阳的《现阶段专业批发市场形成原因与发展趋势研究》(《财经论丛》1994 年第 3 期)认为，现阶段专业批发市场是指从事商品批量交易的流通组织形式，包括民间形成的各种专业性、综合性批发市场与政府组织的各类现货、期货交易所。这种批发市场对于促进中国商品生产与流通、发育市场体系产生了良好的效应。其还出版有《从短缺到加入 WTO——中国商品市场发育和成长》(上海大学出版社 2002 年版)。

(二)现代物流发展研究

物流与经济增长研究。刘南、李燕《现代物流与经济增长的关系研究——基于浙江省的实证分析》(《管理工程学报》2007 年第 1 期)一文，从供给推动、需求拉动两个角度分析现代物流发展与经济增长之间的相互关系，并运用了格兰杰因果检验方法，对浙江省现代物流发展与经济增长之间的双向因果关系作以分析，得出浙江省现代物流与经济增长正相关的结论。现代物流与经济增长关系的研究成果还有孙敬水、黄蕾的《物流产业与经济增长实证研究——以浙江为例》(《工业技术经济》2009 年第 1 期)、潘瑞玉的《物流业对区域经济增长的实证分析——以浙江为例》(《经济论坛》2006 年第 5 期)等。

物流业结构与业态研究。孙敬水、章迪平的《流通业所有制结构变迁与经济绩效实证研究——以浙江省为例》(《经济理论与经济管理》2009 年增刊)、《浙江省流通产业集群与流通经济增长的实证研究——基于人力资本视角》(《中国流通经济》2009 年第 1 期)两文，均对浙江省流通业经济作以分析和研究，前文从所有制结构变迁的角度，认为作为连接生产与消费的流通业已从计划经济体制下的一个“末端产业”上升为“先导产业”，在国民经济中的地位与作用日益明显;后文认为,劳动力、物资资本、人力资本集聚因子对流通经济增长具有积极推进作用,而人力资本所起作用最大。李骏阳、刘宁的《论物流联盟的本质及发展趋势》(《财贸经济》2003年第8期)一文,提出了中国发展物流联盟的建议,指出物流联盟是20世纪90年代后期在国际上第三方物流发展的基础上兴起的物流组织的又一创新,它具有制度竞争力和组织竞争力,将在未来的流通中扮演重要角色。李骏阳等还著有《21世纪商业革命——电子商务时代的流通模式》(经济科学出版社2003年版)等,探讨商业流通的互联网时代。

九、生态经济学

(一)生态经济学理论研究

生态需要与生态环境经济研究。柳杨青的《生态需要内涵研究》(《江西财经大学学报》2004年第1期)一文指出,生态需要是人类为了获得自身最大福利需要而产生的对生态产品的需求;生态需要的本质就是维系人的内在及其与生存环境之间的平衡,以实现人的持续生存这个最大福利。柳杨青与杨文进的《略论生态经济学与可持续发展经济学的关系》(《生态经济》2002年第12期)一文指出,对生态环境的狭义理解,决定了可持续发展经济学与生态经济学是大范畴与小范畴的关系,这种关系决定了它们之间有许多共同的地方,但又存在着许多差别,因此它们之间存在互补的关系。正确处理这种关系,就能促进两者的共同发展。

生态经济学的体系研究。沈满洪的《生态经济学》(中国环境科学出版社2008年版)一书指出,生态经济学主要研究生态经济基本理论、生态经济系统、生态经济产业、生态经济消费、生态经济价值和生态经济制度;针对传统经济学假定微观经济主体是具有个人理性并追求自身利益最大化的"经济人"假设的缺陷,沈满洪构造了"生态经济人"这一具有更为宽泛适用范围的假定,将主体范围扩大到政府、社会组织、消费者和生产者,并在此基础上总结我国生态经济学并吸收国外最新的理论研究成果,以构筑生态经济学的基本理论框架。

(二)生态经济学应用研究

浙江学者对生态经济学理论应用于水资源和水环境的保护研究。周小梅《"理性经济人"与水资源和水环境的保护》(《价格理论与实践》2004年第5期)认为,水是城市生存和发展的命脉。现代经济社会,从人们的生活用水到生产用水,大多数都是经过大量人力、物力、财力的投入而生产出来的经济物品,与其他经济物品一样存在稀缺性,水资源的有效配量和水环境的保护已成为生态经济的重要结点。其《水价应反映水资源的有效配置及环境的保护》(《价格月刊》1999年第5期)一文,从水价的角度,利用价格杠杆去推进水环境的保护。沈满洪主编有《水资源经济学》(中国环境科学出版社2008年版),是对水资源经济理论的全新综合。

十、劳动经济学

(一)劳动力产权与劳动力供给研究

劳动力产权研究。姚先国、郭继强的《论劳动力产权》(《学术月刊》1996 年第 6 期)指出，劳动力在经济发展中的决定性作用已越来越为人们所承认和重视，为此提出了“人力资本”这一概念；但迄今为止，中国在研究产权问题时，基本上都把聚焦点对准“物”——财产，而对于劳动者的权利——“劳动力产权”却很少提及；文章从劳动力产权的角度对市场经济中的劳动者权益及企业产权制度改革问题作了初步探讨。

劳动力供给管理研究。何土洪、孙嘉萍、杨晓光的《农村剩余劳动力的合理流向》(《浙江学刊》1984 年第 4 期)指出，如何为剩余劳动力开辟宽阔的出路，这是一个具有重大战略意义的课题。浙江农村以家庭经营为基础的联产承包责任制的普遍实行，农业生产获得了内在的动力，农民投入的有效劳动大大增加，农业劳动效率不断提高，劳动力相对过剩的问题更显得突出。陈美良的《浙江省 90 年代劳动力资源预测和分析》(《预测》1992 年第 4 期)认为，劳动力资源预测是制订国民经济和社会发展中长期计划的一项基础工作。该文用人口年龄移算法预测浙江省 20 世纪 90 年代劳动力资源情况，对劳动力资源的合理开发和利用提出对策。姚先国、陈凌的《试论劳动力市场的供给管理》(《管理世界》1997 年第 6 期)指出，中国经济将面临自 1978 年以来又一个失业高峰，而且将持续较长时间；就业压力主要来自新增劳动力的自然增长、农业剩余劳动力的转移和国有部门的富余人员等。

其他问题研究，有陈诗达的《浙江技术工人紧缺现状、原因及对策》(《中国人力资源开发》2007 年第 1 期)一文认为，浙江技术人才储备不足的矛盾制约了打造“先进制造业基地”的战略目标的顺利实施；要解决技术工人紧缺的局面，除抓紧建立和完善技术人才评价指标体系、加快经济结构和产业结构的调整外，必须把发展职业技术教育作为全面提高国民就业和创业能力的重大举措。他与陈凌还发表有《浙江省劳动力市场的发育过程》(浙江省劳动和社会保障学会成立二十周年大会交流论文，2004 年)。陈凌的《德国劳动力市场与就业政策研究》(中国劳动与社会保障出版社 2000 年版)一书，以两德统一、欧洲社会经济一体化和面对知识经济挑战为背景，分析了德国劳动力市场的发展过程和特点；并从高失业率和低就业增长的困境分析劳动力管理政策选择，讨论了德国劳动力市场改革和就业创新的政策，是国内系统论述德国劳动力市场与就业政策的专著之一。

(二)劳动报酬与劳保福利研究

劳动报酬研究。陆立军《关于社会主义按劳分配的几个问题》(《浙江学刊》1988 年第 6 期)一文，认为马克思按劳分配的理论和构想是基于对未来社会主义生产力高度发达、不存在商品货币关系的判断设想上提出的，而后来社会主义建立和发展的实际状况表明社会主义初级阶段仍然存在着商品货币关系，按劳分配的具体形式并不是按等量劳动相交换的原则并以“劳动券”为凭证来统一实施。其在《按劳分配原则适用范围的不同层次和类型》(载《按劳分配论文选》，人民出版社1984年版）一文中，将按劳分配以不同层次和类型作适用范围的划分。21世纪初，浙江学者从现代经济学的角度重新理解和研究马克思工资和失业理论。如郭继强的《马克思工资和失业理论的现代经济学理解》（《教学与研究》2007年第5期）指出，资本主义社会中工人的工资趋向于工资的最低限度，工人的失业问题如影随形；作为对经济运行的一种规律性描述，也显现于许多处在工业化初期的国家或者发展中国家。该文通过构建一个基于向下倾斜劳动供给曲线的工资和就业决定模型，在现代经济学的表现形式下诠释了这种景象，进而将马克思的有关精辟见解在现代经济学语境下用于改进这种景象。卓勇良的《关于劳动所得比重下降和资本所得比重上升的研究》（《浙江社会科学》2007年第3期）一文认为，中国当前存在着劳动所得占GDP比重下降，资本所得占GDP比重上升的问题，且这一趋势仍将持续一段时间。优化劳动与资本分配关系，是当前事关科学发展与和谐发展的重大问题。

劳保福利研究。史晋川的《阿马蒂亚·森及其经济理论贡献》（《浙江社会科学》1998年第6期）一文，论述了1998年诺贝尔经济学奖获得者、印度籍经济学教授阿马蒂亚·森的社会选择理论与福利经济学思想及社会福利函数，认为其经济学理论不仅是数学分析，而且体现着伦理关怀的分配正义观，其经济思想对于中国的福利经济学研究具有一定的借鉴作用。伊立夫《城乡劳动力市场分割的福利影响研究》（浙江大学硕士学位论文，2009年）一文认为，劳动从农村到城市的自由转移在中国已不受限制，但由于户籍制度所导致的城乡劳动力市场分割的存在，使农业剩余劳动力——农民工在进城后不能享受与当地城镇职工一样的待遇。无论是就业岗位、工资收入还是社会保障、劳动保护等方面，农民工的待遇和城镇职工都相差很大。城乡劳动力市场分割直接影响着农民工的福利，也对社会整体福利起着消极作用。

十一、社会经济统计学与数量经济学

（一）社会经济统计学研究

社会经济统计学是研究社会经济统计活动的规律和方法的学科，是对社会经济现象用数字语言尽可能精确地表述出来的一种调查研究活动。

经济统计学、计量统计学体系研究。汪贤进、袁槐等著《社会经济统计学基础》（浙江人民出版社1986年版）从统计学概念、统计职能、统计指标体系、统计制度与调查方法、统计信息处理、分析和预测等方面，构筑社会经济统计学体系。孙敬水著《计量经济学》（清华大学出版社、北京交通大学出版社2005年版）一书指出，计量经济分析方法已成为现代经济学各专业重要的科学研究方法，已广泛应用于宏观经济学和微观经济学领域。作者用一般数学和统计学知识阐述计量经济学的原理和方法，构建计量经济模型以表达客观经济现象的内在规律性。李金昌《简论管理统计思想》（《管理世界》2008年第10期）指出，统计思想即统计的世界观与方法论，是管理思想的重要组成部分，具体可包括总体性思想、数量性思想、调查性思想、差异性思想、推断性思想、风险性思想、偶然性思想、挖掘性思想和可控性思想9个方面，并认为科学的统计思想是现代企业有效的管理工具。

统计学理论的应用研究。洪兴建等的《如何正确测算我国居民收入基尼系数》(《南开经济研究》2005 年第 4 期)一文指出，科学客观地判断中国居民收入差距的程度，正确测算基尼系数刻不容缓；认为应该以国家统计部门的数据作为测算基尼系数的基础；计算基尼系数应首选离散方法；数据分组对真实基尼系数的影响不容忽视；应以家庭为单位的人均收入作为计算基尼系数的对象；要针对具体的抽样方法选择总体基尼系数的估计量形式。李金昌、程开明《中国城市化与经济增长的动态计量分析》(《财经研究》2006 年 9 月)一文，依据 1978—2004 年的时序数据，利用协整检验、格兰杰因果检验、误差修正模型、脉冲响应及方差分解等方法，对城市化水平与经济增长的关系进行动态计量分析。结果发现：经济增长是城市化水平提高的格兰杰原因，经济增长对城市化产生较大的正向冲击效应，而城市化对经济增长的作用强度不大；城市化水平受人均 GDP 影响的效应逐步增强，受自身影响的效应不断减弱，而人均 GDP 受自身波动影响的效应不断上升，受城市化水平影响的强度逐步下降。李金昌、曾慧《基于金融市场发展的 FDI 溢出与经济增长关系：省际面板数据研究》(《统计研究》2009 年 3 月)一文，研究了人力资本由外资生产部门转移至国内生产部门或建立新企业时，FDI 溢出效应对金融市场发展的依赖；分析发现，金融市场发展水平的提高通过降低自主创业门槛值有利于国内企业获取正向的 FDI 溢出效应，从而促进区域经济的增长；认为金融市场发展对中国 FDI 经济增长效应的影响存在着明显的阶段性和地区差异性特征。李金昌、徐璐《改革开放 30 年中国统计学发展的回顾与展望》(《统计研究》2010 年第 1 期)一文，对中国改革开放 30 年来统计学的发展进行了总结和展望，认为要从历史的角度客观看待中国统计学的发展成就；要着眼于中国统计学发展的未来，提高中国的高等统计教育水平；要从创新与应用相结合的角度，提高中国的统计研究水平。

(二)数量经济学研究

企业管理数学模型研究。胡祖光的《不对称信息条件下的委托——代理理论的研究与实践》(《数量经济技术经济研究》1998 年第 5 期)一文指出，在国有企业改革的理论与实践中，人们经常讨论到的一个经济对策问题是委托代理问题。众所周知，国家代表全体人民作为国有资产的委托人，委托国有企业的厂长经理代理经营国有资产，从而双方形成委托代理关系；对这种关系的评估涉及企业管理数学模型或模拟的技术问题。吕筱萍的《企业兼并有效性评价方法研究》(《数量经济技术经济研究》2001 年第 2 期)一文指出，企业兼并作为企业高速成长的有效手段，已被国内外众多企业广泛采用，并呈现不断上升趋势；然而，怎样的兼并结果才是有效(成功)的，至今尚没有一个明确的评价标准和评价方法，这使得许多学者和专家对同一主体范畴的兼并活动绩效的评价结论相差甚远。

VAR(编程语言)模型的应用研究。王永齐的《贸易结构、技术密度与经济增长——一个分析框架及基于中国数据的检验》(《经济学》季刊 2006 年第 3 期)一文认为，以往的国际贸易理论都强调贸易结构在促进经济增长方面起着重要作用；该文通过 VAR 模型估计了中国的贸易结构与经济增长的关系，结果显示，中国的贸易结构并不显著影响经济增长。

十二、财政经济学

(一)财税理论研究

20 世纪 40 年代,马寅初将当时中国经济混乱的实情与西洋的学理结合起来,并对凯恩斯理论及其学派的学识结合中国经济现实进行整理,进而系统地论述了财政学理论,阐述了中国财政制度、政策及状况,其内容包括:超然主计与联综组织(预算的编制、公库制、审计监督、决算等)、中国税制与赋税体系、公债、地方财政及其他问题,系统地构建了近代中国财政学的基本框架。①

20 世纪 80 年代之后,随着中国财税体制改革的深入,财税理论研究摆到议事日程。钟晓敏著《政府间财政转移支付论》(立信会计出版社 1999 年版)一书,从财政制度改革的层面上,对政府间财政支付关系提出了新的见解。21 世纪初,钟晓敏的《市场化改革中的地方财政竞争》(《财经研究》2004 年第 1 期)一文指出,地方财政竞争是指一国国内地方政府间为增强本辖区的经济实力,提高辖区内的社会经济福利,以财政为手段进行的各种争夺经济资源的活动,其理论基础是财政分权理论;认为改革开放以来,中国的地方财政竞争经历了以税收竞争为主、到税收竞争和支出竞争并存的过程;随着中国加入 WTO 和财政分权化程度的提高,财政支出竞争的作用将愈加突出。该文以地方财政竞争为主线,从一个新的视角来分析中国分权化的市场经济改革。浙江省财政厅课题组钱巨炎、朱忠明等的《改革开放 30 年浙江省财政改革发展回顾与展望》(《经济研究参考》2009 年第 3 期)一文指出,30 年来,浙江省各级财政部门积极探索适合区域经济特点和形势发展变化的生财、聚财、理财之道,省财政收支规模不断扩大,收支结构逐步改善,公共财政体系框架初步建立,财政发展的持续性、协调性和稳定性不断增强,财政工作逐步走上了科学化、规范化、法制化的发展轨道。

(二)预算学与税收学研究

预算的财税行为研究。方红生、张军的《中国地方政府竞争、预算软约束与扩张偏向的财政行为》(《经济研究》2009 年第 12 期)一文,采用中国 1994—2004 年度 27 个省份的面板数据和系统广义矩估方法,估计了中国地方政府的周期性政策反应函数。结果表明,无论是基于全部政府支出,还是基于分类支出,中国地方政府都实行的是一种在衰退期比繁荣期更为积极的“扩张偏向的财政政策”;这种“扩张偏向的财政政策”就是中国式分权的治理模式和预算软约束相互作用的一个可解释的结果。该文利用两个政府竞争指标证实了上述假说。

浙江古代与近代的赋税研究,名家甚多,黄宗羲影响最为深远。黄宗羲在《明夷待访录》

---

① 马寅初:《财政学与中国财政——理论与现实(上、下)》,商务印书馆 1948 年版。

中提出以暴税“三害”之说为代表的财税主张①，当代学者称之为“黄宗羲定律”②。他说“吾见天下之田赋日增，而后之为民者日困于前”。他分析了使人民苦于“暴税”的三害即“有积累莫返之害”“所税非所出之害”“田土无等第之害”，提出革新赋税制度的主张：“重定天下之赋”，定税的标准应“以下下为则”；征收田赋“必任土所宜，出百谷者赋百谷，出桑麻者赋布帛，以至杂物皆赋其所出”；重新丈量土地，按土质优劣计算亩积，据等征税，消除因土地质量不同而带来的赋税负担不均的问题。

民国时期，马寅初以税赋制度研究见长。马寅初的《战时经济论文集》（商务印书馆 1945 年版）一书，在财税方面建议改革财政制度，建立战时税收制度，主张从速开征所得税、战时过分利得税、临时财产税等。他认为抗战之初贪图暴利者“得到比从前几倍以至十几倍以上的利得”，对这种“不义之财”应该征收过分利得税；财政政策的目标应当是稳定币值，反对恶性通货膨胀，“欲安定人心，平抑物价，最妥者须能收缩法币”。他在《中国经济之路》（《经济评论》，1947 年）一文中主张，要用关税手段来积极维护民族资本利益，反对帝国主义倾销政策与侵略政策，建立关税壁垒来防止外国对中国的倾销；他主张对中小企业实行税收优惠以维护其生存与发展；主张以保证国家主权为前提，适时调整财政税收政策以更多地利用外资和引进外国先进技术。

20 世纪下半叶，浙江学者对税收制度改革研究，不仅内容宽泛而且方法上也有创新。曹荣庆的《论开征利息所得税的必要性及其措施》（《中央财经大学学报》1997 年第 5 期）中，分析了中国利息所得免税优待的历史背景，权衡了开征利息所得税的得失利弊，主张有效地促进个人所得税的征收，使低收入者为应付生活中的困难而做预防性应急性的储蓄利息不至于受到利息所得税的开征而有所损失。金戈的《经济增长中的最优税收与公共支出结构》（《经济研究》2010 年第 11 期）一文，将 Barro 模型关于内生公共支出的基本特征引入 Chamley 模型，考察了经济增长中的最优税收与公共支出结构问题。文章采用两阶段逆向归纳法，分别探讨了社会第一优和次优的税收与公共支出结构的一般条件，并通过一个具体例子给出了最优公共支出与税收的显示路径。

十三、金融学与保险学

（一）金融理论研究

章乃器、戴铭礼、马寅初等的货币金融思想。章乃器的《中国货币金融问题》（生活书局，1936 年）一书，主张中国货币独立，认为“中国不能加入任何货币集团，这不但在保持货币权

① 沈善洪主编、吴光执行主编：《黄宗羲全集》，浙江古籍出版社 2005 年版。

② “黄宗羲定律”为现代学者秦晖在他的论文《并税式改革和“黄宗羲定律”》（2002 年）中总结概括的定律。2003 年 3 月 6 日，时任国务院总理温家宝在全国人大会议期间，参加湖北省人大代表讨论时说：历史上每次税费改革，农民负担在下降一段时间后都会涨到一个比改革前更高的水平，走进“黄宗羲定律”怪圈，并郑重表示“共产党人一定能够走出‘黄宗羲定律’怪圈”。2005 年，第十届全国人大常委会第十九次会议通过决议，宣布全国废除农业税。2006 年 1 月 1 日起，在中国征收了 2600 多年的农业税正式取消。

的独立上成为必要，在避免不需要的纠纷上也是成为必要”。他倡导中国金融市场现代化，指出中国民族工商业的正常发展需要中国金融市场的支撑，提出要通过健全金融组织建立两个市场——短期资金市场和长期资金市场；他倡行票据承兑和贴现，使短期资金市场现代化；推行股票和公司借票，使长期资金市场即证券市场国民经济化。他设计了一个颇具现代化意蕴的银行系统：即中央银行发行纸币和代理国库；发展实业银行，在中央银行的援助下尽量承受产业证券，健全长期资金市场；国际汇兑银行致力于调整国际收支及稳定汇价。他还提出了以“统制信用”来反抗经济侵略的设想。戴铭礼的《中国货币史》(商务印书馆，1934年)一书，概述了中国货币的演变历程，详细介绍当时造币厂、兑换券、币制改革等情况，并附《历年铸币流通表》《各厂铸币及销毁情况统计表》，是为最系统的中国货币史研究。马寅初早期的《通货新论》(商务印书馆，1944年)一书，分析和回顾当时国际上流行的货币学说，比较分析了第一次世界大战之后欧洲有关国家所采用的货币政策，以此来作为抗日战争胜利之后中国整理通货之借鉴的理论和经验。徐寄庚《上海金融史》(学海出版社1970年版)一书，详介了旧上海的银行、钱庄、信托公司、储蓄会及各种金融社团情况，对上海金融市场的几次变动有所叙述，至今仍是研究中国近代特别是民国货币金融史的必读之著。

金融理论的综合研究。史晋川《收入、投资——储蓄与通货膨胀》(《经济研究》1988年第6期)一文指出，以一般物价水平上涨形式表现出来的通货膨胀是中国在经济体制改革过程中遇到的最棘手的问题之一；在目前国内分析通货膨胀的各种文献中，大都利用的是西方传统货币数量论的公式MV＝PT(所谓费雪的“交易方程式”)；这一分析工具的优点在于明确地强调了货币数量(M)与一般物价水平(P)之间的因果关系，突出地表明了“无论何时何地通货膨胀都是一种货币现象”这一论点；但是，在当代各国经济生活中货币数量(或货币供应量)并不完全是经济分析中的外生变量，在许多场合和很大程度上是一种内生变量，是受其他经济变量影响和制约的。该文通过建立一个包括收入、投资和储蓄诸宏观经济变量在内的物价方程式，并据此结合某些经济结构和经济体制因素来分析中国近年通货膨胀的发生机制。王维安的《金融结构：理论与实证》(《浙江大学学报·人文社会科学版》2000年第1期)一文，通过对格利和肖、戈德史密斯、麦金农等几位美国经济学家的金融结构理论的简要考察，实证分析了中国金融结构的三大变迁，即从内源融资主导型转向外源融资主导型、从间接融资垄断型转向间接融资主体型以及从封闭型金融趋向开放型金融，并从金融相关率、金融资产结构分布、金融机构结构分布等几项指标考察了中国金融结构的发展状况，通过与国际比较，归纳出中国金融结构具有超额借款、超额贷款、间接融资占主导地位以及国家银行垄断金融这四大特征。张小茜、汪炜、史晋川的《利率市场化与信贷配给——一个基于IRR的实物期权模型》(《金融研究》2007年第3期)一文，指出银行提高贷款利率将会减少优质客户。作者通过建立理论模型，在动态利率下将企业贷款投资决策构造为一个基于IRR的实物期权，得到了贷款利率上下限和贷款概率；银行实行差异化利率可能导致信贷配给，市场化利率的不存在，要解决这一问题的关键在于真正以企业资质定利率，并加强抵押品担保和信贷监控。

（二）金融体制、金融政策研究

银行体制与机制改革研究。王百荣《企业转换经营机制与工商银行的配套改革》（《经济研究参考》1992年增刊）一文认为，要深化改革，必先解放思想，转变“统包”观念、转变直接管理观念、转变单一经营观念、转变被动适应观念。对此作者提出了拓宽融资渠道、改革现行信贷规模分配体制、完善现行银行信贷资金计划管理办法、改进银行现行信贷管理体制、研究和确定外汇业务的经营模式、加强金融对产业的参与和渗透、强化信贷资产风险防范、加强银行内部其他管理等8条措施，以及实现经营型的体制模式、实现真正的资产负债管理、实现银行资本和工业资本的融合、实现业务经营综合化、实现经营管理信息化、实现经营战略国际化等远期目标。王维安的《从制度变迁看非国有商业银行的发展》（《金融研究》1999年第10期）一文，鉴于非国有商业银行存在的制度缺陷，提出制度改进建议：即给予非国有商业银行明确的制度定位，形成非国有商业银行与国有商业银行功能互补、分工合作的良性关系；进一步完善非国有商业银行的法人产权制度，加快规范化的股份制改造，完善非国有商业银行的法人治理结构；逐步改变国有商业银行的金融垄断局面，增加非国有商业银行的市场份额，在外资银行大规模进驻中国以前扩大非国有商业银行的机构和网点审批。周建松的《我国商业银行体系的调整和发展》（《金融研究》2000年第12期）一文，分析了我国商业银行的组织体系、业务体系及管理体系等方面存在的问题，解析了形成上述问题在观念、环境和改革实践操作等方面的原因及其对银行经营效益、社会形象等方面的不良后果，提出构建开放、竞争、高效的商业银行体系的思路和方案。周建松、郭福春的《中国商业银行实行股票期权激励机制研究》（《金融研究》2004年第11期）一文指出，中国商业银行在激励机制上主要以短期激励为主，这影响和束缚了商业银行中异质型人力资本价值的发挥；该文以委托代理理论为分析问题的基本框架，认为在委托人和代理人信息不对称的情况下，股票期权激励可以有效地解决委托人和代理人目标函数不一致的问题，因此中国商业银行应该探索实行股票期权激励机制，以促进中国银行业的改革和发展。

县域金融服务体系与农村金融服务体系创新研究。钱水土、程建伟等的《县域经济发展与县域金融体系重构研究》（《浙江社会科学》2005年第6期）一文认为，县域经济的发展和市场化程度的提高，使县域金融需求的内生性日益彰显，实体经济内生的金融需求不断增长与外生的金融供给不断萎缩之间的矛盾成为县域经济与县域金融的基本矛盾，金融已成为制约县域经济发展的主要障碍；作者提出要以满足县域经济发展的需要为前提，调动县域金融活动主体的内在动力，构建内生于县域经济并适合于县域生产要素结构特点的县域金融新体系。钱水土、姚耀军的《中国农村金融服务体系创新研究》（《农业技术经济》2010年第7期）一文认为，规范、健全农村金融服务体系对于保证农村经济的快速稳定发展十分关键。该文从“金融功能观”的研究视角出发，对中国农村金融服务体系进行了比较全面系统的研究，并以“金融功能观”的“外部环境——功能—结构”分析范式解析农村金融服务体系的变迁，在一般分析和典型调查的基础上考察农村金融服务体系的绩效，进而对现有农村金融服务体系改革进行评价，从而深化对农村金融服务体系及其运行规律的认识。钱水土还著有《我国农村非正规金融制度:演进路径与政策规范》(与俞建荣合作,《商业经济与管理》2007 年第 2 期)、《农村非正规金融的发展与农户融资行为研究——基于温州农村地区的调查分析》(与陆会合作,《金融研究》2008 年第 10 期)等。

期货交易研究与货币政策研究。孙全在《期货交易初探》(《财贸经济》1988 年第 2 期)一文中,对期货交易的经济本质和经济作用提出了自己的看法,指出了市场环境问题、替代交易方式问题、投机资本来源问题、物价政策的矛盾问题等,认为在这些理论和实际问题还没有妥善解决之前,仍应把工作重点放在完善远期合同交易上,大力推广农产品的预购合作制,建立工业品和农产品的常设批发交易市场,发展以商品现实让渡为目的的期货交易,推进市场的组织化和有序化。杨楹源的《紧缩通货,提高效益》(《中国金融》1987 年第 12 期)一文认为,当前金融工作中的突出问题是货币超经济发行、社会总需求超过总供给、经济效益不够理想等,应该在金融体制改革中一并加以解决;他提出了实行紧缩货币政策、建立专业银行的调控机制等措施。高芳敏、钱水土、盛建平著《实物期权在风险投资决策中的应用研究》(《财经论丛》2001 年第 1 期)一文,尝试将实物期权引入风险投资决策,以期对中国的风险投资运作有一定的现实意义。

(三)保险理论研究

风险控制理论研究。肖文在《我国保险企业风险管理的环境与策略》(《财贸经济》2001 年第 12 期)一文中指出,中国加入 WTO 后对影响保险业的各方面环境因素不能忽视。作者指出在保险业所面临的风险方面有:保险资金运用渠道的限制,使得保险公司在价格制定与市场争夺中处于劣势,直接影响了保险公司的正常运营;保险金的给付高峰的日益临近,给保险公司带来挑战,影响到它的生存与发展;外资保险公司的竞争优势,将迫使国内保险公司被动降价或者失去市场;保险业兴衰与金融业改革成败密切相关,使得保险业前途叵测。在保险企业投资环境存在的问题有:企业融资结构失调问题,制度性原因造成的缺陷给保险公司资产运营带来先天性不足;证券市场投资的高风险等。为此作者提出了保险企业风险管理相应的策略。肖文、孙明波的《保险风险证券化的涵义及其发展》(《浙江金融》2003 年第 1 期)一文指出,20 世纪 90 年代出现的保险风险证券化,作为一种金融创新,正日益受到人们的关注。作者还认为西方的投资银行、保险公司、商业银行和保险经纪人专注于设计开发包括保险债券、保险衍生产品等在内的风险转移工具,挑战传统的效率低下的保险业以达到转移风险的目的,这些经验值得借鉴。作者还认为,实践已表明保险风险证券化是一个通过资本市场转移保险风险的有效方式,它对保险业乃至金融业的发展带来了重大影响。

保险与抵押机制及医疗保险制度研究。陶丽琴的《保险与抵押的机制衔接及其制度构架》(《法学研究》2006 年第 4 期)一文认为,物上代位制度的创设同时具有价值权说和特权说的法理逻辑内涵;抵押物保险金为代位物,实现了抵押与保险的机制衔接、内涵特有的价值目标和利益平衡性;抵押权人主动援用该机制设定抵押权风险的防范措施,具有法理正当性;保险和抵押机制有机衔接的关键是代位效力实现的规则设置、解决代位物的特定化、担保价值的控制、担保效力的公示等实质性问题;抵押权人对代位物债权一定限度的控制规则更具合理性；同时，物权立法必须对物上代位制度重新做出科学的制度构架。何文炯等的《浙江省城乡居民社会医疗保险制度协调与整合研究报告》一文指出，2003 年和 2007 年起先后试点实施的新型农村合作医疗制度和城镇居民基本医疗保险制度，标志着中国社会医疗保险制度实现了制度层面的全覆盖；由于这两项制度分属不同的部门经办管理，制度之间缺乏衔接与协调，出现两个参保群体间待遇攀比、重复参保等现象，造成财政重复补助、重复建设和社会资源浪费；作者通过调查研究，按照社会医疗保障制度公平性、可持续性和资源优化配置的原则，提出应当积极推进新型农村合作医疗制度与城镇居民基本医疗保险制度的整合建议。

十四、价格学

(一)价格理论研究

价格运动基本原理。顾宝孚《价格、生产价格和供求规律》(《价格理论与实践》1985 年第 5 期)一文，以《中共中央关于经济体制改革的决定》为基本方针，探讨了价格、等价交换与生产价格、供求关系与价格、供求规律等问题，认为价格导源于价值，供求关系所支配和制约价格的仅仅是价格与价值背离的运动势态，并非说它可以决定价值或决定价格的绝对量。金家麟《价格运动基本原理与按质论价》(《价格理论与实践》1985 年第 5 期)一文认为，价格运动的基本原理，是商品供求关系必然对价格运动起直接作用，而商品供求关系和价格运动又必然受价值规律的内在支配。一种商品既已形成的供求关系，可以理解为是一个既已形成的再不受生产调节而又必须出售的商品供给量与一条业已形成的需求曲线的关系；在定价机制方面，他主张按质论价的原则。其《商业价格学》(中国商业出版社 1991 年版)是国内较早涉入商业价格理论体系的学科化尝试，是在研究商品流通领域中商品价格组成体系、作用和运行规律基础上所形成的应用科学专著，它突出了社会主义制度条件下价格的形成、特点和在社会再生产中的作用，突出了商品价值的构成理论、价值与价格的关系和商品价格形成中生产成本与各种差异及比价等因素，突出了国家物价政策和管理机制及具体定价的方法和策略等。

价格研究方法论。唐根年、韩方娟、陈多长的《房地产价格上涨的基础支撑面及其市场风险预警研究——基于 Granger 检验与突变模型的视角》(《经济学家》2010 年第 6 期)一文，运用 Granger 因幂幕系检验的方法和突变拱形的模型，对中国房地产价格上涨的基本支撑面的稳定性进行定量分析；结果表明，一些城市房地产价格上涨的基本面非常脆弱，其价格上涨主要是基于与投资扩张间形成的正反馈机制所致，并非具有强劲的有效需求支撑，存在较大的价格风险；同时采用突变拱形对中国 35 个城市房地产风险进行比较和预警研究，找出风险的区位值并作以警示。该项研究反映了 21 世纪初中国价格研究方法论上的突破。

(二)价格管理研究

价格改革模式。马国贤在《价格改革目标模式和财政对策的探讨》(《财政研究》1986 年第 11 期)一文中，以价格、税收和财政为改革重点，结合西方经济理论，对中国价格改革途径及其相应的财政政策原则作以必要探索；同时提出了一些财政政策，如疏通商品流通渠道、压缩产成品的资金、积极清理拖欠货款和解决“三角债”问题、进一步改善流动资金的供给和管理工作等。刘春杰、金雪军的《土地收益变化和农产品价格改革方案的选择》（1988年第6期）一文，认为从农产品价格的外部因素，如工业品价格、职工生活水平、国际市场价格等方面来考察农产品价格水平的合理与否是不够的。农产品价格水平是否合理，固然和农产品价格的外部因素有关，但更主要的是取决于农产品价格本身的构成因素，应结合土地问题作出改革选择。李建中在《关于科教文卫部门劳专商品价格的探讨——兼论第三产业价格结构的多元化目标》（《经济研究》1986年第5期）中，对第三产业中的科学、教育、文化、卫生等非物质生产部门劳务商品的价格（收费）问题作了初步探讨，并力图从理论和实践的结合上，从经济效益和社会效益的统一上，探索这些特殊劳务商品的价格改革途径和价格结构目标模式的选择。华云山在《自觉运用价值规律与对开放价格的思考》（《物价文汇》1988年第9期）认为，价格要反映价值，制订价格要自觉运用价值规律。章新的《价格形式、价格模式和重新构造》（《商业经济与管理》1988年第1期）提出价格体制改革的初步想法。

资源价格研究。苏小龙、沈满洪的《发展低碳经济的双轮驱动：资源价格改革与财税政策创新》（《学习与实践》2010年第12期）一文，以“两种资源，两种产品”为前提假设，采用局部均衡分析方法，揭示资源价格调整、财税政策变化以及两者联动与低碳经济的内在驱动机理；结果表明，放松对高碳资源的价格管制、增加对低碳资源的价格补贴政策有利于低碳经济的发展。黄彩凤《浙江省水资源价格管制研究》（复旦大学博士研究论文，2006年）一文认为，水资源短缺成为制约中国经济和社会可持续发展的突出问题，解决水危机不仅要采用节水技术和加强水管理，而且要灵活运用经济手段尤其是价格杠杆，依赖于科学合理的水价管制政策及其有效执行；研究浙江水资源价格改革的得失，对浙江增强综合实力和国际竞争力具有十分重要的意义。孙志明、黄民翔、迟峰的《基于实验经济学的电力市场竞价模式研究》（《华东电力》2004年第10期）一文，引入实验经济学方法，探讨了电力报价实验的设计思路，考察报价模式对市场电价水平的影响，并通过模拟实验仿真的方法对系统边际价格拍卖（MCP）和按价价格拍卖（PAB）两种模式进行了比较，以选择合理的竞价模式。

价格管制理论研究。王俊豪长期研究管理经济学，而价格管理是其中的核心问题之一。其价格管理研究不仅创新了管理经济学体系，而且深涉煤电、电信等国家基础设施产业的价格管制。著有《中国政府管制体制改革研究》（经济科学出版社1999年版）、《英国政府管制体制改革研究》（上海三联书店1998年版）、《自然垄断产业的政府管制理论》（浙江大学出版社2007年版）、《中国自然垄断经营产品管理价格形成机制研究》（中国经济出版社2002年版）、《管制经济学原理》（高等教育出版社2007年版）等著作，以及《发达国家基础设施产业价格管理政策及其借鉴意义》（《世界经济与政治》1997年第11期）、《A.J效应与自然垄断产业的价格管制模式》（《中国工业经济》2001年第10期）、《中国垄断性产业管制机构改革》（《中国工业经济》2005年第1期）、《我国城市公用产品管制价格模型的构建》（《管理世界》2006年第11期）等论文，在国内有较大影响。

十五、其他部门经济学研究

环境经济研究。董宛书的《环境保护与四个现代化》(《环境污染与防治》1979 年第 2 期)、其与黄裕侃的《环境经济问题》(中国人民大学出版社 1983 年版)是省内较早研究环境经济问题的学术成果，探讨了人类环境和社会经济活动之间存在的各种关系，以保证经济的协调稳定的增长。王铁生的《试论环境经济学的任务、内容和对象》(《浙江学刊》1981 年第 2 期)一文，较早地从基本理论上关注了环境经济的内涵、研究发端和研究内容，并介绍了环境经济研究中的成本分析法的基本原理。他在 1985—1988 年 4 年间，连续翻译出版有关环境经济的专著：英国朱利安·罗威、大卫·路易斯的《环境管理经济学》(1995 年)，澳大利亚戴维·詹姆斯、荷兰赫伊本·詹斯与汉斯·奥普斯科尔合著《应用环境经济学》(商务印书馆 1986 年版)，美国威廉·鲍莫尔、华美士等合著《环境政策与环境发展》(合译，浙出书临〔1988〕第 4 号，1988 年)，对中国环境经济学研究有较高的参考价值。沈满洪则多角度深入研究了环境经济的有关问题，如《论环境经济手段》(《经济研究》1997 年第 10 期)、《环境经济手段研究》(中国环境出版社 2001 年版)等。

卫生经济研究。一些实际工作者与理论研究工作者合作，对所从事的领域的相关问题进行了理论探讨，如戴迪等著《简明卫生经济学》(浙江科技出版社 1988 年版)是全国较早公开出版的卫生经济学论著。20 世纪八九十年代发表在全国性卫生经济杂志上的有：陆立军《论社会主义医疗劳动的生产性质——兼谈孙冶方同志"宽派"批评的几个问题》(《中国卫生经济》1987 年第 1、2、3 期)，钱友渔《卫生经济运行机制初探》(《中国卫生经济》1987 年第 1、2、3 期)、《试论卫生事业的"内涵"发展》(《医学与哲学》1984 年第 2 期)，寿棣华《成本、收费、补贴》(《卫生经济研究》1985 年第 2 期)，俞文源《医疗成本特征分析》(《中国医院管理》1988 年第 9 期)等。2000 年之后，影响较大的研究成果有李兰娟(中国工程院院士)、刘钟明等的《浙江省农村公共卫生服务投入调查报告》(《公共卫生经济研究》2003 年第 4 期)，该报告选取 9 个县(市)27 个乡(镇)为样本，对浙江省农村公共卫生服务的投入进行深入调查，并提出发展对策。这方面研究还有何寒青《浙江省农村公共卫生服务项目的成本测算和分类界定》(浙江大学硕士学位论文，2006 年)等。

渔业经济研究。浙江是海洋渔业大省，20 世纪 80 年代之后，中共浙江省委、省政府高度重视渔业经济研究。1982 年 3 月，省委第一书记铁瑛组织调查组去主要渔区调查，撰写了《关于发展海洋渔业的几个问题》(《人民日报》1982 年 5 月 15 日第 2 版)，拉开了浙江海洋渔业体制改革的序幕。1980 年 9 月，由周惠民、郭瑞兰、胡伟以《渔工商综合经营大有可为》一文在全国第一次渔业经济研讨会上发言，并在《人民日报》《经济管理》等报刊上发表、转载。周惠民《浙江渔业发展战略研究》(《浙江学刊》1983 年第 3 期)，张立修《改革水产供销体制》(《中国渔业经济》1985 年第 9 期)，杜英豪、徐大毛《由经营型向生产经营型发展是产区供销体制改革的一条重要途径》(《中国渔业经济》1985 年第 2、3 期)，徐家宣《对水产品市场价格问题初探》(《中国渔业经济》1986 年第 2 期)，林伟平《振兴浙江海洋渔业战略研究》(《浙江学刊》1986 年第 6 期)等论文，对渔业经济的经营体制、股份合作、水产品流通和发展战略等提出了很好的见解。渔业经济学科及史志研究有：毕定邦、郭瑞兰、胡伟、解力平为主编写的《渔业经济管理》(浙江人民出版社1984年版)，毕定邦主编的《渔业经济学》(浙江人民出版社1990年版)，张立修(1920—2014年，山东博兴人，曾任浙江省水产厅厅长)、毕定邦主编的《浙江当代渔业史》(浙江科技出版社1990年版)、赵以忠、杜英豪等编写的《舟山渔志》(《舟山渔志》编写组，海洋出版社1986年版)等。21世纪初，浙江的渔业经济研究范围很广，有赵珍《现代渔业的内涵及发展战略研究》(《渔业经济研究》2009年第5期)，张滢《浙江渔区"空巢岛屿"公共产品供给研究》(《渔业经济研究》2007年第6期)，沈佳强《循环经济——指导浙江渔业的可持续发展》(《渔业经济研究》2009年年第2期)等。

旅游经济学研究。浙江是中国的旅游大省之一，较早涉入旅游经济学的创建，葛立成是为代表之一。早在1981年，其发表《略谈中国的国际旅游市场》(《浙江学刊》1981年第4期)一文，尝试用市场经济理论分析中国的旅游市场，这在中国改革开放初期是一种对经济理论领域的创新性开拓。1985年，其与王铁生在美国《旅游研究季刊》发表《中国国内旅游发展：一次回归分析》一文，用数理分析方法分析中国旅游的发展优势与趋势，力图与国际旅游经济学理论接轨。同年，又发表有《浙江旅游业发展战略》(《财贸经济》1985年第4期)，对浙江旅游业的未来发展作了战略性研究。1987年，其与方民生、王铁生合著《现代旅游经济》(四川人民出版社1987年版)一书，将西方旅游经济学理论与中国旅游业的发展结合研究，大胆探求中国旅游经济学的框架结构，为中国旅游经济理论的学科化建设作出了先期努力。从20世纪80年代初至21世纪初，其先后发表有20余篇专业论文，主要有《一个旅游区的国际旅游业内部关系比例的探讨》(《浙江学刊》1982年第1期)较早涉猎国际旅游理论。其《剖析游客特点，改进旅游经营》(《浙江学刊》1982年第2期)、《关于旅游经济的几个问题》(《浙江学刊》1984年第2期)、《对来杭国内旅游者的动态分析》(《浙江学刊》1984年第4期)、《试论旅游城市的产业结构》(《浙江学刊》1985年第3期)、《论国内旅游》(译文，《国外商业》1987年第3期)、《世界最不发达国家的旅游业》(译文，《世界经济译丛》1986年第6期)、《浙江省旅游商品提高收汇水平对策》(《商业经济与管理》1992年第6期)、《杭州旅游业的新变化》(《浙江学刊》1983年第1期)、《对旅游业改革与发展若干思考》(《浙江学刊》1988年第2期)、《加入WTO对浙江旅游业的影响与对策研究》(《浙江学刊》2001年第9期)等论文，涉及旅游业战略规划、体制与机制改革、产业结构、经营管理、游客特点、旅游商品及加入WTO国内国际旅游业的新态势等诸多视域。其大部分论文被人大复印资料转载，在国内旅游经济学界和旅游业界具有一定的学术影响和实践指导意义。其他如《浙江省旅游发展战略研究》课题组撰写的《浙江省旅游业发展的战略目标、重点和模式》(《旅游学刊》1992年第5期)、张跃西的《浙江可持续旅游发展战略研究》(《中国人口·资源与环境》2002年第5期)、胡爱娟的《饮食文化与现代旅游》(浙江大学出版社2009年版)、潘明荣和韩晓鸣的《基于RMP分析的浙江体育旅游发展策略报告》(《杭州大学学报》2009年第3期)等，亦为较好的论著。

土地经济与房地产研究。丁之江、汪斌的《土地经济理论与实践》(杭州大学出版社1992年版)一书，对土地经济学的研究对象与方法，土地利用、土地制度及改革、地租等作了详细考察与研究。黄祖辉、汪晖的《非公共利益的征地行为与土地发展权补偿》(《经济研究》2002年第5期)一文,讨论了非公共利益性质征地行为对农民土地发展权的侵害问题,指出了土地分区控制对土地发展权侵害、非公共利益性质征地行为对土地发展权侵害的差别,分析了非公共利益的征地行为由于侵害土地发展权带来的后果。虞晓芬的《不动产估价》(高等教育出版社2010年版)、《居民住宅租购选择及其弹性研究》(经济科学出版社2007年版)、《土地供应对住房价格影响的实证研究》(《经济地理》2009年第4期)等著论,均对土地经济与房地产政策有较系统的研究。

能源经济研究。有隗斌贤的《能源统计学》(中国统计出版社1997年版)、《能源经济问题研究》等,其《能源经济学》(中国经济出版社1993年版)从经济学角度研究探讨了能源最有效的开发利用的方法、途径、对策。胡剑锋的《信息化资本对能源强度的影响研究——基于我国省际面板数据的实证分析》(《中国经济问题》2010年第4期)论述了信息化时代能源经济的一种变化现象,该研究表明,从整体而言,信息通信技术资本的投入可以有效降低中国能源强度,提高能源效率;研究还发现能源与资本、劳动之间具有互补关系。

文化经济研究。文化经济是浙江学者新近比较关注的研究领域,这一研究领域的开拓标志着文化产业发展对于其理论阐释的需求。隗斌贤《对教育投资经济效益的统计研究》(《中国软科学》1999年第1期)是对教育经济投资的统计学分析。吴赟《文化与经济的博弈:出版经济学理论研究》(中国社会科学出版社2009年版)一书,旨在探寻出版业这一文化与经济博弈的内在经济机理及其对出版文化的作用。张旭民的《思想市场论——分析知识产品演化的一个模式:以经济学为例》(浙江大学出版社2001年版)一书,论述了市场化状态下知识产品的经济学意义。张雷的《媒介革命:西方注意力经济学派研究》(中国社会科学出版社2009年版)一书,较为全面地介绍了现代西方注意力经济学派的主要代表人物、思想理论和有关活动,并提出了一些新的见解。

第六节　国际经济学研究

国际经济学是以经济学的一般理论为基础,研究国际经济活动和国际经济关系的经济学分支学科。主要研究对象有国际贸易理论与政策、国际收支理论、汇率理论、要素的国际流动、国际投资理论、开放的宏观经济均衡等。浙江学者的研究涉猎甚广且颇有深度。

一、国际经济理论

(一)新经济制度与国际经济中心模式研究

新经济制度研究。宋玉华的《美国新经济发展的制度分析及对中国的启示》(《管理世界》2001年第5期)一文,重点分析和研究制度的演化和创新在美国经济转型和新经济发展中的作用,并从制度的角度就中国新经济的发展提出了政策建议,认为新技术革命及其引发的第三次产业革命加速了社会经济形态的转变进程。该文指出新经济是人类历史上一次社会生产方式的革命，它实现了从工业经济社会向信息、数字和知识经济社会转型；新经济既是这种转型的产物，是以信息、知识为基础的新社会经济形态的雏形，又是信息经济、知识经济、数字经济、网络经济等的总称和简明概括。美国新经济发展中制度创新为中国经济改革提供了许多重要的启示。

国际经济中心模式研究。陈建军、姚先国的《上海建设国际经济中心与长江三角洲地区的产业经济关系研究——以浙沪经济关系为例》(《管理世界》2003 年第 6 期)一文，研究比较了上海和发达国家的国际经济中心的发展差距，采用产业分工和空间经济学理论分析上海和浙江的经济关系；认为浙江是建设中的上海国际经济中心的一部分，浙江和上海之间的资源流动是双向的，经济关系也不是单纯的“中心—边缘”“吸纳—扩散”的关系，而是资源优势互补、产业分工协作的关系；要鼓励有条件的浙江企业采取多种形式利用上海的资源发展，同时也对上海的发展作出贡献，加快浙江、上海和长江三角洲经济一体化进程，对于实现该地区的区域发展目标具有正面效应。

（二）国际经济周期研究

国际经济周期协动性研究。程惠芳、岑丽君的《FDI、产业结构与国际经济周期协动性研究》(《经济研究》2010 年第 9 期)一文，分析了国际贸易强度、外商直接投资(FDI)强度和产业结构变化与中国贸易伙伴经济周期协动变化的相关性，探讨了在经济全球化条件下经济周期协动性的主要传递因素、传递效应及对中国经济增长的影响；并选取中国及其 27 个主要贸易伙伴的相关数据，用面板数据模型的普通最小二乘估计法进行实证检验。结果表明：中国与发达贸易伙伴之间的经济周期协动性的影响因素中，贸易强度的影响大于投资强度；对中国与发展中贸易伙伴之间的双边贸易强度、FDI 强度、产业结构相似性与 GDP 周期协动性呈现出正相关关系；中国经济增长虽仍然主要靠国内劳动力和国内投资拉动，但双边贸易强度和 FDI 强度已经成为国际经济周期协动性的重要影响因素。

二、国际贸易理论

（一）国际贸易基础理论研究

马歇尔国际贸易理论研究。许心礼、严建苗的《马歇尔的国际贸易理论述评》(《世界经济研究》1988 年第 3 期)一文指出，马歇尔的国际贸易学说在很大程度上带有资本主义向垄断过渡时期的贸易理论的折中特征，他综合和发展李嘉图的比较成本和穆勒的国际需求理论，就比较成本学说进行供求理论、边际效用等唯心主义的分析。他也研究了贸易条件与贸易利益，运输、地理位置对国际贸易的影响等，折中地论述了自由贸易和保护关税政策，为垄断资本主义发展外贸和实行对发展中国家的经济扩张提供理论依据。马歇尔的相互需求理论，实质上是一个以供求关系解释国家价值决定、以贸易条件说明贸易利益的分配、以需求弹性描述贸易条件变动的理论。这种折中性质的国际贸易学说和政策主张，确立了其作为新古典贸易学创始人的历史地位。

新贸易与新增长理论研究。张小蒂、李风华的《新贸易理论的形成、内涵及其政策意义》(《江苏社会科学》1998年第2期)一文认为,传统贸易理论一向以古典的比较优势和要素禀赋理论来解释国与国之间贸易存在的原因,这已不足以解释战后国际贸易的现状。新贸易理论则认为规模经济的存在才是贸易发生的主要原因,这是由于市场结构发生了变化。该理论大量运用产业组织理论和市场结构、不完全竞争、规模报酬递增、相异产品等理论要素构筑了新的理论模型,并主张政府干预贸易的"管理贸易"政策。吕盛行的《贸易与增长——中国与印度的比较研究》(浙江大学博士学位论文,2005年)一文认为,古典贸易理论和新古典贸易理论关于各国如何从贸易中获利的分析,从本质上讲是典型的静态理论,它们所带来利益在本质上仍然是一次性的;在新贸易理论和新增长理论的框架下,贸易促进一国经济增长主要是通过国际分工的加深、动态比较优势所导致的人力资本和积累以及知识的跨国溢出而实现的,这些才是贸易增长得到的动态收益。该文通过对中国与印度的实证研究,论述两国在不同国情条件下如何推动贸易促进增长的实现。

新兴市场研究。张海燕、宋玉华的《当前全球贸易失衡的机制及中国的地位分析》(《世界经济研究》2009年第8期)一文指出,美国的巨额贸易逆差与中国的巨额贸易顺差是当前全球贸易失衡的突出表现,更是以美国为代表的发达国家与以中国为代表的新兴市场经济体在当前世界经济格局及全球生产分工体系中的地位的集中体现,是"美国贸易模式"与"东亚贸易模式"冲突的必然结果;迅速发展的中国是当前世界经济格局中的重要力量,但中国在贸易商品结构、贸易流向结构及贸易利得分配格局中的表现说明,中国在当前全球贸易失衡中充当了贸易模式冲突的突破口的作用;中国应该深刻解读"东亚贸易模式"对中国经济发展的作用,探索更科学、优化的外向型经济发展之路,引导世界经济向更均衡、更健康的方向发展。

(二)国际贸易的政策与措施研究

国际化战略与制度创新研究。陈菲琼的《民营科技企业国际化战略》(《浙江大学学报》2006年第3期)一文提出,经济全球化和知识经济时代的到来,尤其是在中国加入WTO以后,客观上要求民营科技企业提高全球化战略观念,主动实施国际化战略;根据民营科技企业在企业网络中的地位,其国际化成长的模式分为共生、群居、独居三种,这三种模式对民营科技企业更好地参与跨国公司的竞争起到了重要的作用。严建苗、申加华的《浙江省对外贸易的发展轨迹与制度创新》(《国际贸易问题》2002年第2期)一文,从分析浙江外贸增长的独特轨迹出发,探寻其背后的制度原因,并就入世与浙江外贸的制度创新提出了对策建议:重新确立小微企业组织在市场经济中的基础主体地位,将外贸活动的组织重心定位于生产企业或以此为核心的外贸生产性企业集团;以产权制度改革为核心,建立真正符合现代企业制度要求的国有外贸企业;通过制度创新,为民营外贸公司的发展培植体制土壤,充分释放其促进出口贸易增长的潜能。

国际竞争力研究。徐剑锋,主攻区域经济(含中国台湾经济)、韩国经济与产业组织学,先后承担或参与"东扩西进与浙江产业结构调整""西部大开发与浙江产业结构调整""浙江与台湾产业结构比较""浙江与韩国产业布局比较研究""产业集聚与城市化"等国家与省部、院级课题研究，著有《浙江与韩国：经济发展比较》（浙江人民出版社 1996 年版）《中国加入 WTO 与浙江经济发展》《韩国中小企业》（与朴姬福合著）、《出口商品结构研究》等。黄先海《中国制造业贸易竞争力的测度与分析》（《国际贸易问题》2006 年第 5 期）一文，运用贸易竞争力指数对中国 36 个产业部门在 1992—2003 年间的出口竞争力进行了实证测度，结果表明服装业等 13 种产业长期稳定地处于比较优势，化学纤维制造业等 9 种产业长期处于比较劣势，非金属矿采选业等 7 种产业的比较优势处于递减的态势，电子及通信设备制造业等 7 种产业的比较优势处于递增的态势。文章对实证结果作了分析，提出了进一步提升中国产业贸易竞争力的对策：以比较优势为基础，实行顺应市场型的贸易和产业政策；以产业内升级为主导，提高劳动密集型产品的技术含量和附加值；以汲取国际技术要素和介入国际分工体系为主要路径，实现资本技术密集型产业比较优势的动态转化，不断增强贸易竞争力。王明严的《全球化背景下中美贸易争端的博弈》（《时代经贸·学术版》2008 年第 3 期）一文指出，中美贸易不平衡问题的凸显及不断扩大引发了比以往范围更大、程度更深的新一轮贸易争端，成为全球化背景下世界关注的焦点。该文分析了中美双边贸易争端中的博弈策略，以木桶短板效应原理和博弈中的价值体现来预示中美双边贸易争端的价值取向。

三、国际金融理论

（一）国际金融市场与国际金融资本研究

国际金融市场研究。夏和坤的《国际金融市场的变化和利用外资方式的选择》（《世界经济》1992 年第 2 期）一文指出，随着世界经济和国际金融形势的变化，以及各个国家和地区开放型经济的发展，国际资本流动的渠道和方式亦呈现不同的特点。该文认为，利用国际股权投资不仅能够有效地弥补外商直接投资和向外举债的缺陷，而且还能促进企业的国际化和股市的繁荣；在国际金融市场证券化趋势日益发展和国际资本市场结构深刻变化的新形势下，适应中国对外开放和利用外资规模不断扩大的需要，必须不失时机地通过开放型的长期证券市场，利用国际股权投资吸收更多的外资，参与世界经济的共同发展。

国际金融垄断资本研究。面对 1997 年发生的东亚金融危机，宋玉华、徐忆林认为，此次危机的真正原因在于当今世界所面临的缺乏有效监管机制的国际金融体系，这一近乎寡头垄断竞争型金融体系的形成，是金融自由化与金融创新的结果，是伴随国际金融市场一体化、虚拟资本脱离实物经济基础而独立运行的结果，而现代科技又为其在世界范围内实现金融垄断超额利润提供了各种工具和手段①。作者分析了国际金融垄断资本的营运目的、获利手段及其运动的基本条件，指出把握国际金融垄断资本的运动规律、改革现行的国际金融体系和加强国际金融监管已刻不容缓。

---

① 宋玉华、徐忆林：《当代国际金融资本运动规律初探——东亚金融危机所引发的思考》，《中国社会科学》1998 年第 11 期。

(二)外资、外汇利用与管理研究

外资利用与管理研究。黄先海、郑亚莉的《利用外贸外资推动浙江产业升级研究》(《浙江大学学报·人文社会科学版》2000 年第 6 期)一文,对利用外贸外资推动产业升级的机理进行了探讨,并对浙江外贸外资于产业结构演进的效应进行了实证分析,在此基础上,提出了利用外贸外资推动浙江产业升级的基本思路及对策措施:再造浙江经济的动态比较优势,提升浙江产业国际竞争力;积极合理地扩大进口,实现进出口贸易的良性循环;加强对外商投资的产业导向,促进产业结构优化升级;进一步拓宽引进外资的途径,开辟更多的外资利用方式;推动企业境外投资,带动省内产业重组和升级。

外汇利用与管理研究。方志敏、张全兴、王去非的《加入 WTO 对外汇资本流动的影响及对策》(《浙江金融》2000 年第 7 期)一文,阐述了中国加入 WTO 后的三个"有利于":有利于改善投资环境,扩大外商直接投资;有利于外债流入,但结构会有所变化;有利于扩大境外投资规模,增幅大小取决于管理政策的松紧程度。同时,他提出了 4 个政策建议:调整管理中心,改善管理手段;加强资本项目外汇管理与多种经济金融政策的有机协调、综合运用;建立和完善外汇收支统计分析监测及预警体系;建立和完善外汇管理法律体系,为中国加入 WTO 创造一个良好的法制环境。黄先海、徐圣的《生产率、贸易条件与实际汇率变动》(《数量经济技术经济研究》2008 年第 6 期)一文,通过建立一个一般均衡的理论模型,分析了全要素生产率、贸易条件以及政府支出对实际汇率的影响,并利用 1980—2005 年的中国数据分别进行了长期和短期影响效应的实证分析。结果表明:在短期内 Balassa－Samuelson 效应主要体现在不可贸易部门,政府支出对实际汇率的影响是显著的;在长期内 Balassa－Samuelson 效应在可贸易部门与不可贸易部门都是显著的,政府支出对实际汇率既有直接效应又有间接效应,但净效应是正的。

四、经济全球化理论

(一)全球化战略研究

创新与后发优势研究。吴晓波在他的《全球化制造与二次创新:赢得后发优势》(《科研管理》2001 年第 5 期)一文指出,在全球化浪潮下跨国公司纷纷调整了各自的战略,通过全球化战略来实现企业创新,创新是经济全球化的根本动力,在全球化环境下创新过程呈现出了新的特点。文章运用二次创新理论,研究发展中国家企业应对全球化竞争的战略,提出了基于全球竞争的二次创新过程模型,指出了中国制造业置于全球竞争环境中的二次创新并赢得后发优势的战略对策。

模仿与后发优劣势研究。韩爱华、张小蒂的《经济全球化与中国的后发优势与劣势》(《商业研究》2002 年第 4 期)一文指出,经济全球化已经成为当今世界经济的总体趋势,在贸易、生产、资本、技术等全球化的进程中,发展中国家可以通过对发达国家的制度模仿、技术模仿而形成后发优势;中国作为发展中国家,同时又处于经济转轨时期,既有后发优势,但也存在着后发劣势，因此如何更好地发挥后发优势并减弱或扭转后发劣势是中国经济发展中应长期考虑的问题。

（二）全球化策略研究

公平、效率与全球化研究。刘其君《经济全球化与效率、公平》（《社会科学》2002 年第 6 期）一文指出，经济全球化是当代世界经济发展的基本特征。该文认为经济全球化本质上是市场机制的作用在全球扩散的结果；它促进了全球资源配置效率的提高，促进了生产要素在全球范围内的广泛流动，促进了全球整体经济效率的提升。同时认为，市场机制并不能解决所有问题，尤其是不能解决全球化过程中国与国、企业与企业之间的公平问题，从而使得个别效率和整体效率的提高在一定程度上受到限制；经济全球化推动了全球经济效率的提高，但使全球公平问题变得更为激烈；经济全球化尽管带来了全球经济效率的提高，但导致了全球两极分化的加剧；由于各国在全球化进程中的不同利益，对全球化就有了不同的立场，全球化与反全球化论争，实质上是公平与效率问题在全球化问题上的体现。

国内市场和产业保护与全球化研究。李健的《经济全球化与中国参与国际竞争的对策研究》（《江海学刊》2005 年第 10 期）一文指出，随着国际经济格局日益多元化和复杂化，中国参与国际竞争将面临严峻的挑战。该文在阐述经济全球化对中国参与国际竞争的影响与挑战的基础上，认为一国参与经济全球化的进程取决于该国国家政策目标和经济发展阶段，无视一个国家的经济发展阶段和制度环境去设计全球化目标将会产生事与愿违的效果，对此中国应加快保护国内产业和市场的配套法律的研究和制定工作，充实和加强法律运作机构，合法保护国内产业的正当权益。

五、全球经济危机理论

（一）全球金融危机研究

危机的原因与影响研究。谢杰、张海森的《全球金融危机爆发的原因及其对中国经济的影响》（《国际贸易问题》2009 年第 7 期）一文指出，美国次贷危机引发了全球的金融危机，其直接原因是美国国内的产业、金融政策错误以及华尔街的贪婪与金融监管的失误，而深层次原因是全球经济失衡与技术创新的周期性。该文应用时间序列模型验证了美国经济衰退对中国对美出口的显著影响，使用 GTAP 模型估算了全球经济衰退对中国经济的影响；结果显示：纺织、石化、电子等中国主要出口行业产出增长将进一步大幅下降，由此建议中国通过调整收入分配结构、扶持民营企业发展以扩大内需等措施，走创新发展道路以应对危机下世界经济衰退的挑战。

（二）后危机时代世界经济研究

经济再平衡研究。宋玉华、叶绮娜的《后危机时代世界经济再平衡及其挑战》（《经济理论与经济管理》2010 年第 5 期）一文指出，世界经济失衡内生于当代世界经济结构变化，全球贸易失衡内生于当代国际生产体系及“新”贸易模式，全球金融失衡内生于现行国际金融体系及现代金融发展模式，全球储蓄投资结构失衡内生于主要经济体的国内经济发展模式。世界各国尤其是中美等主要经济体的国内均衡将是实现世界经济再平衡的前提和基础。该文认为，需要认识和解决的问题是：如何描绘后危机时代世界经济相对均衡增长的图景，谁能充当后危机时代全球经济的需求方，如何实现后危机时代虚拟经济与实体经济的适度发展，如何合理安排国际货币体系与各国汇率制度，美、日、欧、石油出口国与中国等国家将接受经济发展模式转变的挑战。

后危机时代的回归与创新研究。赵伟《后危机经济预言何以失算?》(《浙江日报》2010 年 12 月 21 日)、《萧条经济学的迷失》(《中国社会科学报》2010 年 9 月 21 日)两文，评论了 2008 年 10 月初美国袭来的“金融海啸”所引发的世界经济危机与震荡局势，并较为乐观地看待 2008 年 10 月以来大国经济的复苏和回升。前文认为，财经学家为何失算，是因为他们忽略了世界经济格局在此次危机之前已发生了巨大的变化，即全球化与经济集聚两大趋势；而全球产业与资本集聚中形成三块“高地”，即美国的“金融高地”、欧盟的制造与金融兼具“次高地”，中、日、韩则形成一个松散的制造业高地。后文主要针对 1999 年保罗·克鲁格曼的《萧条经济学的回归》一书中的观点，认为“面对金融危机引发的这一次衰退，经济学必须创新，萧条经济学也不例外”。

第七节 经济史与经济思想史研究

中国经济现象与经济思想源发于先秦，浙江亦然。对此，浙江自古至今就有诸多理论建树。在世界经济思想史研究方面，也有集大成的史学论著。

一、中国经济史与经济思想史

(一)浙江经济史与经济思想史研究

民国时期，江浙一带是中国经济最发达的地区之一，是民国政府最主要的赋税来源，经济极为活跃，经济思想也相当丰富。蔡志新著《民国时期浙江经济思想史》(中国社会科学出版社 2009 年版)反映了这一历史时期浙江的经济背景和史实。该著作分 6 章作以史论，对浙江民国时期经济思想的主要代表人物及其思想特征一一作以评述：以财富分配论、西北开发论、土地改革论、商品货币论等方面史论——龚自珍经济思想；以货币本质与价值、王鎏钞法的实质与危害、白银外流危机等方面史论——许楣、许梿的经济思想；以赈济思想、振兴商务论、经营管理论等史论——经元善的经济思想；以富民论、经济法纲领、重农主义史论——宋恕的经济思想；以农工商论、财政金融论史论——陈虬的经济思想；以农业思想、货币思想、财政思想史论——章太炎的经济思想；以统制经济理论、工业化理论史论——马寅初的经济思想；以经济特征、经济发展、经济制度史论——方显廷的经济思想；以中式簿记改良论、币制改革论、税制改革论史论——徐永祚的经济思想；以“新财政学”理论、经济政策批评、中国农村经济论史论——千家驹的经济思想；以经济发展论、经营管理论史论——浙江企业家刘鸿生的经济思想；以实业报国论、经营管理论史论——浙江企业家陈蝶仙的经济思想；以金融改革论、财政改革论、发展外贸论史论——浙江企业家王晓籁的经济思想；以币制改革论、劳资协调论史论——浙江企业家徐寄顾的经济思想；以金融论、工商业论、外贸论史论——浙江企业家周星棠的经济思想；以经济发展、经济制度、经济策略史论——翁文灏的经济思想；以经济发展学说、地方经济建设论、战时经济政策论史论——吴鼎昌的经济思想；以经济建设方略、经营理念史论——张静江的经济思想；以水利论、土地论、农村复兴论、合作运动论史论——陈果夫的经济思想；对蒋介石的经济思想更是作有长篇的史论。是至今唯一的一部论述民国浙江经济史的专著。

（二）中国经济史研究

古代浙江的经济史著有南宋吕祖谦《历代制度详说》12 卷（西淮马裕家藏本）。《四库提要》有评：“此书乃十三门，一曰科目，二曰学校，第三门原本阙页，佚其校题，所言乃考课之事，四曰赋役，五曰漕运，六曰盐法，七曰酒禁，八曰钱币，九曰荒政，十曰田制，十一曰屯田，十二曰兵制，十三曰马政。皆前列制度，叙述简赅，后为详说，议论明切。元泰定三年刊行。”其著十三门，涉经济类占有八门，如赋役、漕运、盐法、酒禁、钱币、荒政、田制、屯田，此八门是为经济制度史。之后，有宋濂总裁编纂《元史》、万斯同总纂《明史稿》皆有经济史事实论述，甚丰。

近现代尤其是民国时期，著作较多，有周柏棣著《中国货币纲史》（中华书局 1934 年版）、《中国财政史》（上海人民出版社 1981 年版）、《中国财政思想史》（福建人民出版社 1984 年版）。其中《中国财政思想史》着重阐述中国古代思想名家理论的时代背景、主张依据、主论目的、阶级实质、历史作用及其影响。朱执信著《中国古代之货币》，史论中国古代特别是宋、元、明的货币制度。他将中国古代的纸币分为两类，一类是代表货币而产生的，一类是代表货物而产生的，而最后常常用货物来收兑。他认为，但在中国论钞者，仍有一特长，即对于兑换制尚无迷信，此实中国宋、元、明行交、会、钞 500 年归纳的结果。施复亮著《中国现代经济史》（良友图书印刷公司，1932 年）一书，认为洋务派创办的近代军用工业都是由官僚所创办，由官僚来经营的，所有机器和技师，完全仰赖于外国，又不注意培养本国的技术人才，加以那些担负经营责任的官僚，丝毫不懂得军用工业的精神，只知道尽量搜刮以饱私囊，因此，虽有此种军用工业，而对军事仍无什么裨益。该书认为洋务派创办的民用工业与军用工业一样，差不多完全归于失败，以官僚和士绅为总办的官办工业，自己既无经营能力，完全听信外国工程师经营，竭力排斥华人干部参与工厂经营，助长外国资本的流入，因而种下中国企业界的普遍祸根。他对洋务企业的总评价是：“中国近代企业的创始者，既然是李鸿章、左宗棠、张之洞等大官僚，所以中国的新式企业，也还与官僚结有不解之姻缘。中国近代企业的一直不发达，这亦是一个原因。”

现当代有范文澜、蔡美彪著《中国通史》（人民出版社 2009 年版），内中将经济作为基础加以史论，体现了马克思主义政治经济学思想。全书从经济史的角度论述有 4 个特点：一是将马克思历史唯物主义作为史书的指导思想和论述框架，强调经济基础决定上层建筑的认识论观点；二是突出了历朝历代经济的主导思想、经济政策和措施，并给予客观的评说；三是将社会变迁、政治改革和文化传承与创新联动于经济发展的兴与衰；四是用了大量的有关农业、手工业、商业等方面的数据，实证性地说明中国社会经济各历史时期的发展状况。翁礼华著《中国历代赋税和当前税制改革》（中国税务出版社 1998 年版）、《纵横捭阖——中国财税文化透视》（中国财政经济出版社 2004 年版）两书，前者是论史说今，历数中国历代赋税思想、制度和政策。后者史论财税文化，自成一体，全书 9 章，第二章至第五章史论赋税制度、地方政制、财政体制和官吏制度变革，融文化于财税。第六章至第九章叙述儒、佛、道文化与财税的互动，融财税于文化，精辟地剖析了财税与中国传统文化不断斗争和融合的变迁关系，具有开创性的意义。

（三）中国经济思想史研究

经济思想史的通论。蒋自强、张旭昆的《经济思想的历史——经济思想创新的源泉》（《经济思想史评论》2006 年第 6 期）一文指出，经济思想发展演化的历史可以划分为 4 个基本历史时期，即人类早期经济思想、古典经济学思想、新古典经济学和马克思主义经济学思想及现当代西方宏观经济学思想；认为经济思想史研究方法重在抓住典型和主流、描述和分析的兼顾，注重经济思想的需求和供给的互动，关注阶级分析方法的运用和“东学西渐”与“西学东渐”的交流等。该文还突出了研究经济思想史的意义：了解今天流行的经济理论和政策的来龙去脉，从而加深对当今流行的理论和政策的理解；从以往的经济思想中获得启发，更好地提出解释当前现象的经济理论以及解决当前问题的经济政策；自觉创造有助于经济思想不断创新的条件；揭示中国经济思想在整个世界经济思想演进过程中的地位和作用。

经济思想史的专题研究。周生春、曹建钢、胡倩《中国历史上的农本工商末思想与政府政策的嬗变》（《浙江大学学报・人文社会科学版》2004 年第 2 期）一文指出，中国 2000 多年来，在如何处理农业与工商业关系的问题上，人们的主导思想和政府的政策经历了从农本工商末、农末俱利，到重本轻末禁末，再到三者皆本并重的两次重大转变。农本工商末、农末俱利的思想与政策产生于战国以前；轻末禁末的思想于春秋末即已萌芽，其政策战国初业已产生，曾在魏、齐、秦等国付诸实践。三者皆本并重的思想北宋时即已产生，甲午战争后最终成为国策的主导思想。

经济思想史的文献研究。陈学文的《晚明经济思想史上的一大发展：〈崇邑蔡侯去思亭记〉的评释》（《浙江学刊》2010 年第 1 期）指出，晚明崇德县的商品经济发展，促使知县蔡贵易恤商重商，招徕了徽商等在此经营，推动了地方经济的发展和社会的安定。该碑铭反映了晚明社会思潮中“四民观”的演化，人们已从实际生活中体会到消费能促生产、商品流通能促商品生产的经济思想。这种具有纪实性的实物文献资料尚不多见，在经济思想史研究中颇有学术价值。

二、世界经济思想史

世界经济思想通史研究。蒋自强、张旭昆、袁亚春、曹旭华、罗卫东等著《经济思想通史》(浙江大学出版社 2003 年版),全 4 卷,230 余万字,被经济学研究领域的专家誉之为中国学者研究经济思想史取得新进展与成就的集大成者。《经济思想通史》连贯阐述各个时代经济思想发展脉络及内在联系,既立足经济学前沿,叙述各种经济思想的渊源关系及其演化路径,又立足史学视角,总结这些演化进程背后的内在规律。全书的基本脉络遵循了西方经济学的发展路径,又在其大框架中融合了中国几千年经济思想的发展历程,并梳理了马克思主义经济学的发展演变过程①。该著作第 1 卷讲述了人类的早期经济思想,包括古代两河流域、古埃及、古印度、古希伯来、古希腊、古罗马和古代中国,以及西欧中世纪和近代初期的各种经济思想、经济理论;第 2 卷主要史论亚当·斯密及其之后的古典经济学的发展与演化,以及与古典经济学并起的社会主义思潮,还有马克思开创的经济学体系和当代俄国和中国的经济思想;第 3 卷主要史论新古典经济学的形成,马克思经济学的列宁主义发展;第 4 卷主要史论凯恩斯的宏观经济学及近数十年来西方经济的新发展和社会主义在 20 世纪的实践,包括中国近代经济理论和实践。

西方经济学流派研究。蒋自强、史晋川等学者在《当代西方经济学流派》(复旦大学出版社 1988 年版)一书中,阐述了从凯恩斯主义、新自由主义和非主流经济学 3 个方面,较为全面和系统地介绍了第二次世界大战后发展起来的当代西方经济学的 15 个主要流派,并力图从方法论、基本经济理论和经济政策主张等方面,准确、客观地阐述当代西方经济学各个流派的经济学体系,尤其注重介绍 20 世纪 60 年代后期和 70 年代以来发展的当代西方经济学流派,例如凯恩斯主义、供应学派、理性预期学派和公共选择学派等。该文还以各流派主要代表人物的代表性著作为参考文献,综合了国内外部分同类著作的研究成果;同时概括性地阐述了当代西方经济学演变的历史过程和各个流派的经济理论、经济政策的相互关系及其对当代资本主义各国经济的影响,并以马克思主义经济理论为指导,对其作了客观的评价。蒋自强、张旭昆《评凯恩斯经济学说的历史命运》(《宁波师范学院学报·社会科学版》1985 年第 4 期)一文指出,在凯恩斯出生一个世纪后的今天,他已经成为世界上最有争议的人物之一;凯恩斯的经济学说体系主要凝缩在他的《就业、利息和货币通论》之中,该《通论》是 20 世纪 30 年代自由放任的私人企业制度崩溃的产物,它一旦产生出来,就成为一种新的因素,参与决定资本主义世界的历史进程。作者认为凯恩斯经济学借用研究科学史的著名学者库恩的概念,提出私人企业制度是一个需要对总需求加以管理的制度,并对如何管理提出了比较原则的建议。

① 金祥荣:《用经济学的方法研究经济思想的演化——评蒋自强、张旭昆等〈经济思想通史〉》,《经济研究》2003 年第 12 期。

第五章 政治学研究

政治学是以社会公共权力的形成、运作及发展规律为主要研究对象的科学。现代政治学的研究对象主要是国家，其范围涉及政治理论、政治制度、比较政治、公共政策、公共行政和国际政治等领域。政治思想是社会成员对社会生活中各种政治活动、政治现象以及潜在的各种政治关系及其矛盾运动的自觉的和系统的反应，是政治文化的一种表现形式。

浙江古代的政治制度与政治思想，最早可以追溯到“巫政合一、王权神授的良渚社会”① 及“良渚文化整体向北迁徙之后”的先秦时期（《浙江通史》先秦卷《导论》）对立国治国法度的探索。到春秋末期，文种“爱民”的治国之道和伐吴“九术”的征伐经验，范蠡“左道右术，去末取实”的治国之道，吴越之地早在2000多年前就形成比较完整的安邦定国、治世安民的思想。东汉王充主张“天道无为”的政治哲学。唐代浙江多出宰相，尤以姚崇、陆贽国策为上。五代十国时期，钱镠建吴越国，择军政合一的王国体制和治国方略。南宋临安是为国都，政治思想丰富，有黄度、赵师渊等著述安民治国之道。及至明末清初，一大批浙籍学者提出了一系列政治主张，为近代中国政治变革奠定了思想基础。如陈虬的《治平通议》、章梫的《论政体》、宋恕的《六字课斋津谈》、黄庆澄的《东游日记》等。而黄宗羲、龚自珍等则是近代中国政治批判和政治理论的开创者和集大成者。黄宗羲作《留书》8篇，后又写成《明夷待访录》2卷，其批判矛头指向了秦汉以来统治中国的整个封建君主专制制度。龚自珍提倡历史循环论，目的是宣传改革思想，其开创的托古改制的思想，被后来维新变法的领导者加以发展，助力近代资产阶级改良主义运动。

晚清民国时期，浙江是资产阶级民主革命的重要阵地，涌现了一批具有强烈的批判精神和民主思想的革命家、政治家和思想家，形成影响力的有章太炎的《訄书》、汤寿潜的《危言》、朱执信的《建国方略》、朱镜我的《社会主义的发展》、陈黻宸的《政治之原理》、陈叔通的《政治学》、楼邦彦的《不列颠自治领》以及戴季陶的《三民主义之哲学的基础》等。

中华人民共和国成立之后的相当长一段时间里，浙江的政治学研究侧重于国际共产主义运动、民族解放运动、苏东政治及中国民主集中制等问题。20世纪70年代末中共十一届三中全会以后，浙江学者的研究突出地反映在政治学原理、民主制度、政治体制改革、思想政治工作、国际政治学等方面，并在7个方面创新中国政治学研究：从政治现象的本质和内在规律研究转向政治学说的知识、概念、范畴及体系研究；从本土化角度走向全球化视域；在选举和协商民主共生发展中探讨中国特色的民主制度建设；将政府职能改变和依法行政作为政治体

---

① 《浙江通史》(史前卷)，浙江人民出版社2005年版，第437页。

制改革的主课题;在理论建设的根基上推进思想政治工作学科化、现代化;将非传统安全研究作为国家政治理论的核心之一;在中外政治制度比较研究等领域处于国内先进水平。主要代表性论著有万斌、薛广洲的《民主哲学》,边鹏飞、方光明主编的《当代世界政治经济与国际关系》,林吕建的《权力错位与监控》,吴锦良的《政府改革与第三部门发展》,郁建兴的《马克思国家理论与现时代》,蓝蔚青等的《中国社会主义政权建设》,王诗宗的《公共政策:理论与方法》,周亚越的《行政问责制研究》,陈国权的《政治监督论》,何显明的《市场化进程中的地方政府行为逻辑》,应奇的《从自由主义到后自由主义》,余潇枫的《非传统安全概论》,余逊达的《发展中国民主的战略思考》,陈华兴的《论吉登斯生活政治的本质》等,以及政治思想史专题研究方面有陈水林,陈伟平的《沈钧儒与中国宪政民主》,董建萍的《西方政治制度——传承与变革》等,皆为各自研究领域中的代表性论著。当代国际知名政论家、何新著有《论政治国家主义》《思考:新国家主义的经济观》等;中国民主治理的主要倡导者之一、俞可平著有《让民主造福中国:俞可平访谈录》《全球化时代的"社会主义"》等。

第一节　政治学理论研究

浙江古代学者中的政治学说,融贯儒、道、墨、法、名等各家,涉及政治性质、政治体制、政治管理、政治变革、政治道德、政治哲学等各门,且各有说道,至深至广。近现代,浙江较早译介西方政治学理论,并在政治学学科建设和专题研究方面成果斐然,某些领域甚至在国内占有重要学术地位。

一、政治学说和研究方法

(一)政治学说研究

古代浙江政治学说研究,自汉代已具有系统性,各立其说。如王充针砭神权政治、主张"天道无为"的政治哲学①;吕祖谦"君子小人无两立之理"的政治伦理思想②;陈亮"天不远人""人不自反"的国家"政化"模式③;叶适功利、道义并立、主"修实政"的社会政治学说与分权、疏法的政治体制理论④;王阳明"心即理""知行合一"的思想政治教育观念⑤;黄宗羲"君主德行""政在为民"的政治道德和"有治法而后有治人"的政治理念⑥;龚自珍"讥议时政""诋诽专

① 〔东汉〕王充:《论衡》卷三《物势篇》《偶会篇》卷五《异虚篇》卷十七《治期篇》卷十八《自然篇》。
② 《吕祖谦文集》卷十三、十四《易说》诸篇。
③ 《陈亮集》之《问答》上下、《中兴论》《人法》《策问》。
④ 〔宋〕叶适:《水心别集》卷十至十五之《纪纲》《法度》《实谋》《终记》。
⑤ 〔明〕王阳明:《传习录》卷上,《徐爱录》。
⑥ 〔清〕黄宗羲:《明夷待访录》之《原君》《原法》。

制”的批判政治哲学和兴王论中的政治改革学说①。至近现代，有汤寿潜政刑改造、图存济变的议院政治与宪政政治②；汪康年兴民权、倡“相爱”的维新政治观(《时务报》)；章太炎“以革政挽革命”的政治改革思想等。张元济主事商务印书馆出版的《政治学》(小野昉博士著，1907年)、《政治泛论》《政治一般》等光绪帝亲笔所列政治书籍③，足见浙江学人传播、研究政治学理论之热情及对维新运动的理论贡献。民国时期，浙江学人还关注社会主义政治理论和共产主义运动的研究，如张恭译著《社会主义纲要》、钱智修编译《近代社会主义》等。

中华人民共和国成立后的近30年里，浙江的政治学研究侧重于资产阶级政治学批判(见钱端升、楼邦彦合著《资产阶级宪法的反动本质》)、共产主义运动、民族解放运动、欧美政治和苏东政治等。直至20世纪70年代末以后，逐步恢复政治学系统教学和研究，并取得较快发展。

20世纪70年代末至80年代，浙江政治学研究侧重于在政治民主层面上反省“文化大革命”的历史教训。万斌在这方面研究文论、著作较多。他与刘佑成的《试论民主生活不正常的根源》(《哲学研究》1979年第2期)一文，从现存经济关系和政权结构、中国历史发展中寻找民主生活不正常的根源，是省内最早对10年“文化大革命”历史教训进行民主层面反省的重要文论之一。一些学者基于自身深厚的哲学功底力图为政治学研究厘清基本的范畴、原理，推进政治学研究体系化。如万斌与薛广洲的《民主哲学》④，从对民主问题的认识上将单一的政治学范畴上升到历史唯物主义的高度，揭示了民主的起源与实质、一般规定、模式与结构、历史演变与未来发展等基本理论问题，是省内第一本对马克思主义民主理论进行系统全面阐释的专著。其与唐美云的《论民主的主体性限度》(《中共浙江省委党校学报》2007年第6期)提出了人的主体性确立程度决定民主限度的观点。1987年，万斌著《略论政治哲学》一文，对政治哲学的诞生进行了历史考察，指出近代政治学从更高层次上揭示政治现象的本质和内在规律。该文将认识的视野转向了关于政治的知识、概念、范畴及体系的研究，初步构建起中国政治哲学的系统结构⑤。后其著《政治哲学》(浙江大学出版社1996年版)一书，对一些恒久的政治学基本范畴如政治、权力、民主、自由、契约、公平、人权等提出了独到的新见解，是中国第一本从哲学角度研究政治现象及发展规律的著作。

马克思主义是中国政治学学科建设的理论基础。一些学者深入马克思主义经典作家文本对马克思主义国家理论进行了较深入的研究。孙国栋在《几种社会形态的国家模式研究》(《浙江社会科学》1995年第1期)一文中对奴隶社会、封建社会、资本主义社会三种社会形态的国家模式进行了初步考察和研究。郁建兴从对黑格尔国家观、马克思国家观入手，对马克思主义国家理论进行了长期深入研究。其《黑格尔的国家观》(《政治学研究》1999年第3期)一文认为，黑格尔的国家观既不是试图为现存国家辩护也不是试图建设一个理想国家，它所

---

① 〔清〕龚自珍：《明良论》《乙丙之际著议》。
② 〔清〕汤寿潜：《宪法古义·叙》，萧山市文史资料委员会编《汤寿潜史料专辑》，1993年。
③ 张元济：《戊戌政变的回忆》，1949年9月。
④ 万斌、薛广洲：《民主哲学》，浙江人民出版社1994年版。
⑤ 万斌：《略论政治哲学》，《政治学研究》1987年第3期。

展开的是国家的合理性，对给黑格尔国家观贴标签的做法予以批评；《马克思政治思想的黑格尔主义起源》(《浙江大学学报·人文社科版》2001年第4期)一文，指出马克思政治思想的直接来源是黑格尔主义，黑格尔的政治哲学批判是马克思政治思想发展的转折点。其专著《马克思国家理论与现时代》(东方出版中心2007年版)以建构、重构马克思主义国家理论为论题，系统阐发了马克思主义思想结构中关于国家的思想，并在此基础上探讨了马克思主义国家理论在全球化时代的新形态。其提出要大力拓展马克思主义政治理论的资源意义①；着力验证马克思主义国家理论的当代解释力②。在文化理论研究中，其《马克思文化理论与现时代》(《中国社会科学》2001年第6期)提出既要重视文化和意识形态领域的领导权，又要避免“意识形态中心论”。庄国雄、严明的《全球化视域中的国家理论：马克思与施密特国家观之比较》(《吉首大学学报：社会科学版》2006年第5期)一文指出，20世纪80年代以来国家理论在全球化的潮流中逐渐复兴，其中最重要的代表施密特凭借“政治即划分敌友”的著名论断又重新回到了政治哲学的理论前沿；马克思国家理论研究因此而面临新的挑战。余华的《马克思人权观论要》(《中共浙江省委党校学报》2002年第6期)一文针对理论界对人权的理解依然存在分歧乃至误区的状况，对马克思的人权学说进行了较完整、准确的探讨。

西方政治学作为独立的学科传入中国为19世纪末20世纪初期。浙江学者较早涉入政治学教学与研究。有陈黻宸的《政治之原理》、陈叔通的《政治学》《政治通论》(1906年)等政治学理论译著，至30年代，鄞县人楼邦彦与龚祥瑞出版《欧美员吏制度》；1936年，其赴英国伦敦政经学院留学；1939年回国后先后在西南联合大学、武汉大学、中央大学、北京大学等任政治学教授，长期从事政治学研究，先后出版《各国地方政治制度·法兰西篇》(正中书局，1942年)、《不列颠自治领》(商务印书馆，1944年)等多部专著，发表《理智、民主政治与和平》(《世界政治》，1940年)、《论官吏的民权》(《观察》，1947年)等文论80余篇。

20世纪80年代以来，浙江学者对现代西方政治理论流派研究有较大兴趣。陈华兴对吉登斯政治理论的解读较为系统而深刻，一系列研究成果获得学界关注：如陈华兴、徐海晋《自然的自然——试论A.吉登斯的生态政治观》(《浙江学刊》2002年第6期)一文，指出吉登斯的生态政治观的独特性，其基本立场和观点可概括为“自然的自然”，通过对吉登斯的自然终结论，对绿色理论的批评及反射性生态理论和可持续发展理论的论述，揭示了其生态政治观的理论内涵和发展线索；陈华兴的《个人生活的自然——论吉登斯生活政治的本质》(《复旦学报》2004年第3期)一文，分析了吉登斯对性、爱、民主关系的思想，认为在吉登斯理论中，民主根植于个人生活的自然性——性、爱、纯粹关系，生活政治的基础和目的正在于个人生活的自然；其《关于吉登斯政治哲学的初步评价》(《浙江社会科学》2004年第6期)一文认为，吉登斯政治哲学是对以马克思主义为代表的理性主义批评的结果，是西方马克思主义基本立场的内在深化的结果，是后现代状况下的一种建设性政治哲学；其《社会的自然——论吉登斯超越

---

① 郁建兴：《从政治解放到人类解放——马克思政治思想初论》，《中国社会科学》2000年第2期；《马克思主义政治理论：是否可能与何以可能》，《哲学研究》2000年第10期。

② 郁建兴：《论全球化时代的马克思主义国家理论》，《中国社会科学》2007年第2期。

左右的政治》(《浙江学刊》2006年第6期)一文,指出吉登斯的超越左右的政治正是为了使社会的存在和发展符合自然的要求,激进政治不仅体现在尊重社会存在的理性内容,同时也体现在尊重社会存在的非理性内容,使其政治内容符合社会本性的要求;其《人类作为类的自然——论A.吉登斯的世界政治观》(《浙江社会科学》2008年第12期)一文,指出实现人类团结、合作、共同治理,使人类按自然的原则生活是现实的世界政治任务,也是人类政治的共同向往,安东尼.吉登斯反对人类不切实际的理性构想,反对以理想的理性内容来匡正现实的存在,而试图让这种价值贯彻到现实社会的具体情况中去,使人类在具体的实践中达到理想和现实的统一。

(二)政治学研究范式与方法

政治学重建之初,浙江学者所熟悉的研究方法是行为主义的分析方法。20世纪80年代以来,各类西方社会科学方法如个案研究、统计分析、抽象模型、计量检验、博弈分析等都有所使用。应奇的《政治学说史研究的三种范式》(《浙江学刊》2002年第2期)一文纵观一个世纪以来的发展,认为以邓宁和萨拜因为代表的自由主义现代性范式,以列奥·施特劳斯和汉娜·阿伦特为代表的前自由主义范式及以波科克和昆廷·斯金纳为代表的后自由主义范式是政治理论史研究的3种主要范式。张国清的《从政治学到政治科学——中国政治学研究的难题与范式转换》(《厦门大学学报》2004年第5期)一文,提出中国政治学研究的最大难题是学科界限的模糊性和不确定性,中国政治学必须实现研究范式的转换,从注重人文因素转向注重科学因素,就其研究方法而言应从“模糊性”“随意性”转向“严格性”“严肃性”、从注重理论转向注重实践。王国勤的《中国经验与亨廷顿“政治秩序模型”的重构》(《中共浙江省委党校学报》2009年第3期)一文,从逻辑和经验两个角度检视中国学者常以运用的亨廷顿经典政治秩序模型对于中国经验的适应性问题,并试图提出一个改进型的政治秩序模型。

二、中国政治

(一)中国政治理论研究

对中国政治的研究,在浙江籍学者中著闻者有俞可平、何新等。俞可平著有《全球化时代的社会主义》(主编,中央编译出版社1998年版)、《人权引论》(《政治学研究》1989年第4期)、《当代南方社群主义及其公益政治学分析》(《中国社会科学》1998年第3期)、《中国公民社会的兴起与治理的变迁》[《中国社会科学季刊》(香港)1999年秋季号]、《中国公民社会概念、分类与制度环境》(《中国社会科学》2006年第1期)、《中国政治学的进程》(《学术期刊》2007年第11期)、《让民主造福中国——俞可平访谈录》(闫健编,中央编译出版社2009年版)、《国家治理评论:中国与世界》(主编,中央编译出版社2009年版)等多部论著,较早运用政治系统分析、政治结构功能分析和政治沟通分析等研究方法对当代中国政治进行系统的研究。其在《当代中国政治的分析框架》(《福建论坛》1988年第3期)等论著中,提出了一个以系统、结构、功能、信息、运行机制为主体的分析框架,以此成为中国改革政治学研究的启动者之一;为了更好地理解中国民主政治的演进方式与路径，他提出了“增量民主”的概念。①

在20世纪80年代中期至21世纪初，何新是颇有影响的浙籍学者。1991年出版《世纪之交的中国与世界——何新与西方记者谈话录》（四川人民出版社1991年版），一度成为海内外各主要新闻机构追逐采访的对象。其政治学研究的代表性论著主要有：《论政治国家主义》（时事出版社2003年版）一书，重新反思国家主义，即关于国家主权理论这一问题；认为国家是一种信念，是近代兴起的关于国家主权、国家利益与国家安全问题的一种政治学说，它的正义性不需要逻辑论证，没有什么社会契约能拥有比国家主权更高的权力；只有以国家利益为神圣本位，才能统合不同阶级、不同信仰、不同生活目标和道路的人，在国家至上的信念引导下，抑制和放弃私我，共同为国家的独立、主权、繁荣和强盛而奋斗。该著还论述了国家主义与马克思主义的关系。其著《思考：新国家主义的经济观》一书认为，中国社会主义改革本质上应该看作邓小平、江泽民对列宁主义新经济政策思想和理论在中国历史条件下的创新和发展，中国理想的经济形态应当是混合经济的国家资本主义体制。其有影响的主要论著还有《东方的复兴》（第1、2卷，黑龙江人民出版社1991年版，黑龙江教育出版社1992年版）、《中华复兴与世界未来》（上下卷，四川人民出版社1986年版）、《危机与反思》（上下卷，国际文化出版公司，1987年）、《论中国历史与国民意识》（时事出版社2002年版）、《世界形势与最新观察》（时事出版社2002年版）等。

政权建设与政治改革是1978年末中国推进改革开放之后政治学研究的重要内容。《浙江学刊》于1989年1月开辟专栏，选登了3篇浙江省纪念中共十一届三中全会十周年理论讨论会上发表的论文。其中汪俊昌《我国社会改革的价值取向》（《浙江学刊》1989年第1期）一文阐述了中国社会改革五大价值取向：为谋求社会主义商品经济新秩序下的高效率、向往以机会平等为基础的经济平等、追求最大限度的民主和自由、“少谈些主义多研究些问题”、倡导适度原则和理解、宽容及牺牲精神，得到了学界的认同。在政权建设方面，蓝蔚青等主编的《中国社会主义政权建设》（中共中央党校出版社1988年版）是国内第一部系统论述中国社会主义政权建设的论著。张月发等的《农村基层政权建设研究》（杭州大学出版社1991年版）对农村基层政权建设进行了初步探讨。

政治文明是中国政治研究的一个时代主题。张伟斌于20世纪80年代中期就关注并研究社会主义政治文明的理论和实践，较早提出政治文明建设问题，发表有《试论政治文明》（《杭州师范大学学报·社会科学版》1988年第1期）。该文以马克思历史唯物主义观点解释社会主义政治文明，认为建设高度的社会主义政治文明是社会主义文明建设的重要方面，系统地开展政治文明理论的研究，对中国政治制度和政治生活的进一步民主化，对提高全体人民的政治文明水平，有着不可估量的作用。陶岳潮的《“三个代表”重要思想与社会主义政治文明》（《中共四川省委党校学报》2003年第2期）一文指出，“三个代表”重要思想是社会主义政治文明的重大成果，是建设社会主义政治文明的根本指导思想。陈炳水的《社会主义政治文明：特征、地位及其建设》（《社会主义研究》2003年第5期）一文，分析了社会主义政治文明

① 俞可平：《增量民主：三轮两票制镇长选举的政治学意义》，《马克思主义与现实》2000年第3期。

内涵、特征，阐述了其在社会文明结构中的地位与作用，就如何立足于中国国情进行社会主义政治文明建设作了探讨。

(二)中国政治建设与政治发展研究

21世纪初以来，浙江政治学研究从对西方政治理论的引介评述回归到对本国政治建设与发展上来。万斌的《中国必须建设强大的社会主义政治》(《浙江大学学报》2001年第4期)一文指出，建设强大的社会主义政治是中国社会主义历史进程的内在要求。社会主义政治文明与“三个代表”重要思想之间的内在联系和辩证关系，是学习党的十六大精神过程中迫切需要作出回答的理论和实际问题。程道平、陈国跃的《当代中国政治发展的背景及其理论建构》(《理论探讨》2000年第2期)一文，从全球化趋向、社会主义市场经济引发的深刻变革与近代以来社会政治经济结构对政治发展的影响等3个方面描述了这一特殊背景，认为中国政治发展的理论建构应从提高国家控制能力和对权力有效制约、扩大政治参与和维护政治主体利益、重构政治文化及发挥政治文化价值观的主导作用等方面着力。李一平的《当前社会阶层分化对政治发展的双重效应及其对策思考》(《中共杭州市委党校学报》2001年第5期)指出，阶层分化可能对中国政治发展产生积极的推动作用，也可能诱发转型期社会政治不稳定的负面效应，当务之急是引导和推动阶层分化健康发展。郭坚刚、孔凡义的《有效政府与中国政治发展》(《中共浙江省委党校学报》2007年第1期)指出，有效政府在中国政治发展进程中发挥着资源汲取、秩序供给、政治整合和政治容纳功能，有效政府建设要求提高中国共产党执政能力，提高政治录用的水平和政府自主性，培育成熟的公民社会。郎友兴的《民主政治、和谐政治和合作政治：中国特色社会主义政治发展之目标》(《浙江社会科学》2008年第7期)一文认为民主政治、和谐政治和合作政治构成有中国特色社会主义政治发展的三大目标。郑志耿、夏利阳等的《法治浙江——发展社会主义民主政治》(浙江人民出版社2006年版)一书认为，浙江要在全面建设小康社会中落实党中央“走在前列”的要求就必须在法治建设上“走在前列”，探讨了建设“法治浙江”与党的领导、“法治浙江”中的地方立法与依法行政、基层民主建设与公民权益保障等问题。

三、比较政治

(一)比较政治专题研究

比较政治研究的开展表明政治学研究领域的拓展和研究水平的提升。应奇的《两种政治观的对话：关于哈贝马斯与罗尔斯的争论》(《浙江学刊》2000年第6期)对哈贝马斯与罗尔斯的政治观差异进行了比较，认为罗尔斯的政治自由主义和哈贝马斯的商议性政治观同属西方主流政治传统，前者认同古典共和主义，后者则有回返到公民人文主义的倾向。潘一禾的《观念与体制：政治文化的比较研究》(学林出版社2002年版)一书，对同一问题的不同学者解释、同一困境的不同政治文化抉择、同一制度的不同亚文化层面反映等作以较深入的探讨，强调唯有在比较文化的视域里才能把握政治文化的复杂构成。包利民、万绍和的《政治之为一种责任》(《中南大学学报·社会科学版》2003 年第 2 期)一文,以古代希腊政治哲学与古代中国政治哲学为视角,对中西方古典哲学中的责任意识进行比较,阐述了古典政治责任的优先性及对现代政治的启示。胡承槐的《关于国家权力来源的三种政治哲学的比较分析》(《浙江社会科学》2004 年第 6 期)从国家权力来源的视角简略地梳理神授君权、契约主义和马克思主义国家学说三种政治哲学的基本特征和时代背景,在此基础上联系实际发表了对国家政治实践和理论建设的看法。

(二)比较政治方法与范式研究

这方面研究,张小玲的《国外政府绩效评估方法比较研究》(《软科学》2004 年第 5 期)系统介绍了国外通用的"3E"评价法、标杆管理法、平衡记分卡法 3 种政府绩效的评估方法,总结了国外政府绩效评估的成功经验,提出了中国地方政府施政绩效评估体系设计的路径和策略。周亚越的《行政问责制比较研究》(中国检察出版社 2008 年版)一书,通过对中国与西方典型国家行政问责制度、行政问责文化、行政问责案例进行的全面比较分析,深入到行政问责制度的文化背景与实际案例,全面展现了行政问责制度的全貌。陈剩勇、李力东的《20 世纪 50 年代以来的西方比较政治学发展述评》(《政治学研究》2008 年第 6 期)一文指出,西方比较政治学从 60 年代"黄金时期"发展主义范式的衰落,到其后各种替代性研究范式的兴起,比较政治学在分化组合中得到了发展,进入经济全球化时代以来对宏大理论范式的追求逐渐失去了吸引力,而基于特定区域、特定政策议题的中观层次的理论建构成了比较政治学的研究重心。

四、公共政策与行政管理

(一)公共政策理论研究

公共政策学是政治学的一个分支,公共政策考量是政治学的重要课题。浙江学者对公共政策的理论与实践、方法与机制等各个维度进行了广泛研究。王诗宗的《公共政策:理论与方法》(浙江大学出版社 2003 年版)一书对政策研究的缘起、政策概念、影响政策的因素进行了宏观介绍,对政策分析的相关理论纳入新框架进行构建,并按照政策分析的主要环节介绍了政策分析中常用的方法。陈国权的《公共政策的非公共化:寻租的影响》(《中国行政管理》2003 年第 1 期)一文,运用公共选择理论探讨制度非均衡状态下寻租与公共政策之间的共生关系,指出"租"本质上内含于公共政策制定和实施之中,寻租破坏了公共政策的公共性,又将导致新的制度非均衡。何显明的《转型期地方政府信用资源流失现象的制度分析》(《学习与探索》2003 年第 2 期)一文指出,信用资源不断流失、信用能力不断下降是转型期地方政府面临的一个严峻挑战;从公共管理的制度层分析政府信用资源流失的主要根源,并探讨如何通过优化公共管理的政治制度架构,改革公共政策制订实施的相关制度,建立政府信用责任机制和制约机制,不失为一种提升地方政府信用能力的对策思路。王春福的《论公共政策的双重价值取向》(《求实》2005 年第 2 期)一文认为公平和效率构成了公共政策的双重价值取向,效率取向追求的是公共政策对其资源配置的有效性;公平取向关注的是公共政策对社会价值进行权威性分配的合理性。其《公共政策的回应机制与公共秩序》(《江西行政学院学报》2009年第2期)一文分析了公共政策三类主要回应机制即开放机制、传导机制和应答机制,指出公共政策回应机制的弱化将导致公共秩序失衡,政策网络作为一种新型的治理方式为优化公共政策的回应机制提供了新途径。黄宇的《公共政策趋中机制的理性思考》(《浙江学刊》2006年第3期)一文指出,充分发挥公共政策的宏观调适功能就是要通过各方面在一定机制中的博弈,使公共政策趋于中性,照顾到利益多元化社会中各个阶层的利益,使整个社会在创造活力与社会公正之间找到均衡点,中国应结合自身实际创建具有自身特色的公共政策趋中机制。吴太胜的《经济社会发展与公民公共政策参与机制的创新》(《南都学坛》2010年第3期)一文分析了浙江公民公共政策参与的变动趋势,指出为使公民公共政策参与的广度、深度和效度取得新进展,应开发更多的政策资源,提供更多的制度供给,培育公民更高的参与技能。黄红华的《政策工具理论的兴起及其在中国的发展》(《社会科学》2010年第4期)一文指出政策工具理论的引入在中国尚处于引进分析框架的阶段,虽然已有部分实证研究,但仍需结合国内具体的经济社会基础、体制环境和政策背景等因素对此理论作进一步的本土化。

公共决策与政府决策是公共政策研究的实践领域。陈海嵩的《风险社会中的公共决策困境》(《社会科学管理与评论》2010年第1期)一文从社会学的角度指出专家和大众在风险认知上的对立其实是科学理性与社会理性的分裂,其根本原因是风险社会中的信任危机,解决风险社会中的公共决策面临的正当性和合理性的冲突困境的对策在于重建社会信任,实现科技风险领域的协商民主和公众参与。陈国权、麻晓莉的《民营经济发展中的公共政策创新——温州地方政府政策的演变与分析》(《公共管理学报》2004年第1期)一文以温州民营经济发展为背景,实证描述和分析了地方政府政策在突破旧制度约束过程中所呈现出的显著跃迁性的特征。

(二)行政管理理论研究

行政管理是根据国家法律推行民主政务的组织活动。它既管理社会的公共事务,又执行国家的政治职能。向公共服务型政府的转型是传统发展型政府陷入困境、适应后工业社会要求的必然选择。郁建兴、吴国骅的《超越新公共管理——基于政治层面的思考》(《湖南社会科学》2004年第11期)一文,认为中国的行政管理理论与实践都还缺乏对政治问题的思考。郁建兴、徐越倩的《从发展型政府到公共服务型政府——以浙江省为个案》[《马克思主义与现实(双月刊)》2004年第5期]提出,政府在社会主义市场经济体制已初步建立的新的历史条件下,必须适时实现角色的转型,由发展型政府转变为公共服务型政府。郁建兴、吴玉霞的《公共服务供给机制创新:一个新的分析框架》(《学术月刊》2009年第12期)一文提出了公共服务供给的复合模型,认为复合供给机制有利于发挥行政机制、市场机制和社会机制的各自优势,以实现三者的有机结合。胡税根、徐元帅的《中国政府公共服务标准化建设的价值研究》(《甘肃行政学院学报》2009年第5期)一文从公共服务标准化的内涵和特点出发,着重分析了中国政府推行公共服务标准化建设的价值,进而阐述能够充分发挥其价值的公共服务领域。杨华的《论公共行政的困境及其出路》(《社会科学战线》2009年第12期)一文指出,20世纪后期人类进入了一个全球化和后工业社会的历史转型过程中,公共行政陷入困境,而中国政府确立的服务型政府建设的目标是一项正确的历史选择,只有在服务型政府及其德治建设中才能建立起适应后工业社会要求的公共行政模式。吴玉宗的《当前我国服务型政府建设必须突破三大瓶颈》(《宁波大学学报》2010年第2期)一文指出,21世纪初服务型政府建设在中国一些地方展开,取得了阶段性的成果,但行政管理体制的制约、传统文化的束缚、第三部门的不足仍然是服务型政府建设的瓶颈,唯有突破这三大瓶颈才能推进服务型政府建设。徐邦友的《在两个转变中革新政府行政观念》(《甘肃理论学刊》1997年第2期)一文指出,革新政府行政观念需要实现"四变":即必须变管制观念为服务观念,变行政万能观念为行政有限观念,变"强制行政观念"为"引导行政观念",变注重数量速度的政府绩效评价观念为注重服务对象满意程度的政府绩效评价观念。

围绕政府绩效评估体系建立、服务型政府与责任政府建设等内容,浙江学者进行了深入的研究。范柏乃、朱华的《我国地方政府绩效评价体系的构建和实际测度》(《政治学研究》2005年第1期)一文,在对国内外政府绩效评价研究与实践述评的基础上,明确界定了地方政府绩效的概念,遴选了66个指标构成了地方政府绩效的理论评价要素,以建立中国地方政府绩效评价体系,提出指数增量的地方政府绩效的评价方法。蓝志勇、胡税根的《中国政府绩效评估:理论与实践》(《政治学研究》2008年第3期)一文着重介绍了中国政府绩效评估理论和实践的发展历程,分析政府绩效评估的主要特色与经验,并提出了未来发展的方向。

责任政府、行政问责、政府行为逻辑等问题引起了学者的关注,取得了一批成果。周亚越是国内最早研究行政问责制的学者之一,她的《行政问责制研究》(中国检察出版社2006年版)一书从责任、行政责任、问责、行政问责等基本概念入手,深入研究了行政问责制的理论;她的《公民问责:机制缺失及其治理》(《宁波大学学报·人文科学版》2009年第4期)一文认为,中国公民问责机制的缺失,使得公民问责功效难以充分发挥;作者指出要促进中国公民问责,须建立问责回应机制,并完善举报人保护机制。陈国权等的《责任政府:从权力本位到责任本位》(浙江大学出版社2009年版)一书,对责任政府的学理进行了系统研究,提出责任政府作为一种理想型政府,其本质含义在于政府组织建设从权力本位向责任本位的转变。陈国权、王勤的《责任政府:以公共责任为本位》(《行政论坛》2009年第6期)一文指出,政府问责制作为责任政府得以实现的关键机制,在于建立领导责任追究制度,以使各级领导真正成为各级政府履责的核心力量,推动责任政府建设。

五、中外政治学说史

(一)浙江古代及近代政治学说研究

吴越自古有安邦定国、治世安民的思想流传。夏禹即天子位于会稽,创"纳言听谏,安民治室,居靡山伐求,为邑画作印,横木为门,调权衡,平半斛,造井尔民,以为法度"的立国方略。(《浙江通史》先秦卷)春秋末期文种定居越国,和范蠡一起辅佐勾践最终打败吴王夫差,其在越国主持国政之际言其治国之道为“爱民”两字；他总结商周以来征伐经验，提出伐吴“九术”，是为伐吴政治谋略。范蠡主张“左道右术，去末取实”的治国之道，阐述治国三原则即“有持盈，有定倾，有节事。持盈者与天，定倾者与人，节事者与地”。三国时期阚泽，会稽郡山阴县人，吴国学者、大臣，持有“盛明之世治之礼律，宜和宜正”的政治主张，认为在盛明之世治靠的是礼律，宜和宜正，反对滥用刑罚。五代十国时期，钱镠建吴越国，形成军政合一王国体制和以州统县的政区制度，“绾阖闾之封略，统句践之山河”。[1] 南宋黄度著《周礼说》《仁皇从谏录》等，主张“纯用儒生，务惜民力”为久安重统之道。赵师渊与朱熹一起据司马光《资治通鉴》《举历要》及胡安国《举要补遗》等书，编成《资治通鉴纲目》。

明末清初，一大批浙籍学者提出了许多政治思想观点。清中后期著名改革思想家龚自珍所生活的时代正是中国封建社会日益走向没落之际，因而他对于清王朝由盛转衰的迹象有着清醒的认识。他在《明良论》(浙江人民出版社 1974 年版)中，深刻剖析了封建专制制度下的君臣关系、朝廷风气以及吏治、用人方面的种种弊端，力主“更法”“改图”，提出了很多带有近代民主色彩的改革主张，开启了士大夫“慷慨议天下事”的政治风气，对于中国近代的政治变革起到了一定的思想准备作用。

近现代浙江涌现一大批维新思想家与政治理论家。如汤寿潜、汪康年、陈虬、章梫、宋恕、黄庆澄、章太炎、朱执信、钱泰、雷震、施复亮等。

汤寿潜，晚清立宪派领袖人物，1890 年出版《危言》4 卷(载《自强斋时务丛书》，清光绪振兴学书局刻本)，引唐代宰相陆贽“法弊则全革其法”的政治改革思想，主张迁都，设“议院”，废捐官，改科举，简机构，裁冗员，以及强海军、办铁路，改革司法、赋税、礼制等。《危言》是浙江近代维新思想最早且较完整的一部代表作，汤寿潜因此被称为浙江最早且影响较大的维新思想家[2]。

汪康年是中国近代著名政论家、报人，著述富硕，有《汪穰卿遗著》《汪穰卿笔记》与《汪康年文集》(汪林茂编校)。戊戌变法时期，他在《时务报》上发表许多政论，提出设议院，兴民权，倡导“相爱”的群学观，力主自下而上的改革，这对于推动当时政治改革思想的传播，促使戊戌维新思潮的兴起具有重要作用。(徐和雍等著《浙江近代史》)

陈虬，中国近代早期维新思想家的代表人物之一，他著有《治平三议》《经世博议》《救时要议》《报国录》(均见《陈虬集》，中华书局)等，其中《治平三议》被梁启超列入《西学书目》。其维新主张内涵完整的政治维新纲领及其理论基础，尤其是开议院的主张可以媲美其他维新思潮代表人物的早期政治维新思想。

章梫，清朝及民国政治人物，著有《康熙政要》(中州古籍出版社版)、《旅纶金鉴》。《康熙政要》是章梫采集 30 余种文献，仿《贞观政要》而作，其中《论政体》《论尊法祖制》《论优礼大臣》《论尚廉》等篇补《贞观政要》之缺，较为全面地反映了康熙的治国思想与实践活动和康熙在治国实践中的反腐倡廉的言行、举措、事迹等。

---

① 钱镠:《天柱观记》,《全唐文》卷一三〇。

② 徐和雍等:《浙江近代史》,浙江人民出版社 1982 年版。

宋恕，清末思想家。1891年居上海，始撰《六字课斋卑议》，抨击程朱理学，揭露社会黑暗，仿效英、德、法、美、日等国章程设立议院、报馆和学校。1892年赴京，上书李鸿章，陈“更官制，设议院，改试令”之策；1895年撰写《六字课斋津谈》，为《六字课斋卑议》的变法主张提供理论基础，形成维新思想体系。1897年在杭州主编《经世报》以支持变法维新，提出了“三始一始”的社会改革思想和上、中、下三策居中取策的变法主张。

黄庆澄，光绪十八年(1893年)赴日本考察，接触各界学者名流，归国后将个人在日所见所闻所感整理成《东游日记》(上海古籍出版社2005年版)，其中针对中国闭塞守旧的现状表达了他改良兴国的热忱和对革旧创新的忧虑。光绪二十年(1895年)甲午战败，黄庆澄在《湖上答问》中痛斥列强侵略，竭力主张兴办新式学校，教授自然科学，使“人才辈出，贤者能，能者贤，一洗数十年虚骄昏聩之气”。

章太炎，清末民初思想家、具有爱国主义思想的革命家、学者。他于1897年担任上海《时务报》撰述与编辑，宣传维新变法，主张“以革政挽革命”。1899年，他将自己的政论和学术论文选出50篇编为《訄书》(收入《章太炎全集》，上海人民出版社1984年版)，集中体现了他反对帝国主义侵略、痛恶帝国主义侵略罪行，要求抵制帝国主义侵略，宣传民族独立的爱国思想。

徐青甫，清末民初政治人物、银行家。1927—1932年返回故里思考救国之策，撰《经济革命救国论》(1932年出版、浙江经济学会代发行)，其中系统地评述了西方经济学说，阐述了自己的理论观点，提出了救国富国的13项计策以及改革的步骤。

朱执信，清末民初思想家、近代民主革命的活动家，毕生致力于捍卫和阐发孙中山的三民主义思想，为民主革命鼓呼。从1905年同盟会成立到1911年辛亥革命期间，他先后撰写了《论满洲欲立宪而不能》《驳法律新闻之论清廷立宪》《论社会革命与政治革命并行》(均收入《朱执信集》，中华书局版)等多篇政论文章，驳斥改良派的反革命主张，揭露清政府“假立宪”的骗局。1912—1919年间为《民国》杂志撰写《未来的价值与前进的人》《无内乱之牺牲》《暴民政治者何?》《开明专制》以及《革命与心理》等文章揭露袁世凯独裁统治的罪恶，批驳反革命分子散布的种种谬论，捍卫民主共和制度。五四运动后，他协助孙中山撰写了《建国方略》等著作，表达了激进的革命思想，极力主张资产阶级民主共和制，倡导以地方自治为实行直接民权的切入点，制定体现人民权威的宪法。

钱泰，曾任职于北京政府和国民政府司法界、外交界，长期担任国民政府驻外使节，终其一生为民国外交事业作贡献。著有《中国不平等条约之缘起及其废除之经过》，对中国与外国的不平等条约签署及废除的历史进行了较为详细的研究。

施存统，中国民主革命时期著名政治活动家。在五四运动的启发下掀起“宣传新思想最鲜明的旗帜”，他的《非孝》(《浙江新潮》，1919年)是一篇反封建的战斗檄文。在五四时期各种思潮纷至沓来之际，他逐渐完成从无政府主义者向马克思主义者的转变。抗日战争期间施存统走出书斋投身抗战，从1937年下半年开始发表多篇论文与短评呼吁民主抗战，出版《民主抗战论》，系统阐述了自己的抗战主张，形成了以“持久的全面的抗战”“全民抗战”“民主的抗战”等为基本内容的抗战思想。

金仲华，1934 年与胡愈之等人创办《世界知识》杂志，旨在研究和讨论国际问题，其出版有《世界政治参考地图》等书，对内传播国际知识。1942 年出版专著《世界战争中的印度》，1943 年与其妹出版木刻版《第二次世界大战参考地图》，1948 年出版《世界现势图解》，每一本地图集都是金仲华研究国际问题、普及国际知识的里程碑。

中华人民共和国成立后尤其是 20 世纪 80 年代改革开放以来，一些学者致力于研究中国古代与近代政治思想史。在这方面，高力克的研究有一定影响，他的《调适的智慧：杜亚泉思想研究》（浙江人民出版社 1998 年版）一书对中国近代思想史研究的新视域——杜亚泉的调适思想进行了全面的研究，揭示了杜亚泉温和渐进的调适思想，重新认识 20 世纪初这位被冷落的智者及其被湮没的思想智慧。他的《杜亚泉的民主转型论》（《政治思想史》2010 年第 2 期）一文指出，经济发展、教育普及、中等阶级和妥协宽容是杜亚泉民主转型论的基本要素。他在《现代中国激进主义之再思考》（《华东师范大学学报》2009 年第 4 期）一文指出，中国近代的激进主义是中国大一统帝制结构艰难转型的产物，反思百年中国激进主义之偏激，既要知其然，又不可不知其所以然；近代中国思想“巨石走峻坂”之激进，或“石条压驼背”之极端，既有进步主义之迷思，亦含矫枉过正之策略。他的《卢梭的公民观》（《浙江学刊》2004 年第 4 期）一文还指出，在对西方政治思想史上共和主义与自由主义两类公民传统进行回溯并关照现代社会中人性的自我分裂的基础上，对卢梭公民观的积极意义与局限性进行了深刻剖析。郭世佑著《晚清政治革命新论》（湖南人民出版社 1997 年版）一书，从总体上较系统地论述晚清政治革命，大胆提出了颇富新意的见解。王锟的《寻求“精英思想”与“民众观念”的统一：对中国思想史的一些思考》（《南京大学学报》2005 年第 2 期）一文对思想史研究进行了反思，认为思想史介于哲学史和社会史之间，是相当理论化的社会观念史，指出中国思想史研究应重视思想和社会的互动，重视社会思潮和具体思想家的互动。

（二）国外政治学说研究

浙江对西方政治学说的研究，以 21 世纪初为多。董建萍的《西方政治制度——传承与变革》（经济日报出版社 2002 年版）一书从“传承与变革”的意义上，对西方政治制度的历史道路和历史传统、若干具有一定代表意义的典型模式（议会制、总统制、半总统制）、西方政治实践中的运转机制进行了较详尽的梳理。应奇在西方政治哲学著作及人物思想译介方面贡献颇多，他的《自由主义、社群与文化》（上海译文出版社 2005 年版）是威尔·金里卡一书的中文译本；《自由主义中立性及其批评者》（江苏人民出版社 2008 年版）选编了当代政治自由主义哲学家在中立性问题上最有代表性的著作；《宪政人物》（吉林出版集团有限责任公司 2008 年版）介绍了但丁·阿里基耶里、约翰·洛克、路易·孟德斯鸠、威廉·布莱克斯通、西耶斯、托马斯·杰斐逊、詹姆斯·斯卡林、詹姆斯·麦迪逊、亚历山大·汉密尔顿等人的生平及政治思想。应奇、张小玲的《迈向法治和商议的共和国：浅析共和主义政治哲学的基本走向》（《社会科学战线》2006 年第 3 期）一文，从政治思想史、美国宪法学以及共和主义与自由主义、社群主义的关系 3 个方面论述了共和主义政治哲学的谱系，并从自由概念和民主模式两个层次揭示了当代共和主义在理论探索和制度构建上的贡献和局限。郭剑鸣、陈晓凤的《从培根到哈贝马斯：西方近现代政治与知识关系观的演变》(《中共浙江省委党校学报》2009年第4期)一文，认为基于知识说明政治道理、规范政治行为，将政治运作纳入知识的检视之下，形成和谐的知识与政治关系，是知识政治学的基本要义；政治与知识的关系问题一直是西方近现代政治思潮的主题之一，培根、孔德、韦伯和哈贝马斯都系统地阐述过政治与知识的关系思想，其中富含着知识政治学的学术资源。包利民的《古典政治哲学史论》(人民出版社2010年版)一书，认为强者政治学与弱者政治学追问不同的问题——幸福与正义，体现出古典政治哲学与现代政治哲学在立足点上的重大差异；该书介绍了美德政治之悲喜交集、修昔底德的史家三言、柏拉图的问题与解法等内容。

第二节　民主制度研究

民主制度是建立在人民主权概念之上由民主和民众组合而成的社会政治秩序和制度形式。在新民主主义革命时期，一些浙江籍党内理论家较早译介并运用苏联的民主制度。20世纪70年代末之后，浙江理论界在译介西方民主制度的同时，较多地研究中国的民主与民主制度，并涉猎中国的基层民主制度，成果颇有影响。

一、中外基本民主制度

(一)中国的基本民主制度研究

中国共产党成立之后，一些浙江籍的党内理论家就介绍俄国社会民主工党提出并实行的民主集中制。最初的中文翻译为“民主主义的集中权”或“民主主义的中央集权”等。1923年5月10日，施存统在《本团的问题》(《先驱》第17号，1923年5月10日)一文中，较早提出了“民主的集中制”。1929—1932年，他编译《苏俄政治制度》，以民主集中制来描述列宁创立的布尔什维克党提出并实行的国家机构制度。中华人民共和国成立前后，马叙伦、吴亮平等都发表过相关政治协商与民主集中制问题的文论。

20世纪70年代末之后，浙江学者较多地研究中国的民主与民主制度。如余逊达的《发展中国民主的战略思考》(《政治学研究》1996年第4期)一文，认为民主思想涉及许多方面的内容，但最中心的内容是如何实现在人民群众成为国家和社会主人的情况下的民主问题，该文对邓小平关于民主制度化程序化思想及其对中国民主的意义、民主制度应如何选择和安排才能更好地反映人民意愿、民主必须与社会主义法制相辅相成等3个方面谈了自己的看法。万斌、倪东的《马克思主义民主的科学形态》(《浙江学刊》1999年第9期)一文，从历史和普遍性意义上阐述民主的两种基本形态；从人的主体性的生存和发展的视角上考察了民主的主要内容；从政治民主的动态进程中分析了民主在逻辑上呈现的两种形态；以“民主与人的主体性发展”为主线揭示了马克思主义民主的科学形态。陈水林、陈伟平的《沈钧儒与中国宪政民主》一书将沈钧儒的研究与中国宪政民主结合起来，对中国宪政民主的历史发展作了系统全面的论述和反思，揭示了中国近代由封建王朝体制经由国民党一党专制向中国共产党领导的多党合作和政治协商制度的发展过程（当代中国出版社2002年版）。何宝刚、陈承新的《中国协商民主制度》（《浙江大学学报》2005年第3期）一文，认为中国的协商制度综合了物质和规范两个方面考虑，是官方意识形态和民主的一种混合产物；该文通过讨论民主商谈会、公民评议会、居民或村民代表会几种主要的协商制度形式，概括了它们的主要特征并比较它们对协商的影响。李火林的《论协商民主的实质与路径选择》（《中国人民大学学报》2006年第4期）一文认为，协商民主把协商从政治手段上升为制度安排，把协商主体从精英扩展为广大公民，促使现代民主从注重偏好的聚集转向注重偏好形成的具体过程，是一种更具有实质民主意义的新型民主形态。潘荣江、陈朋的《选举民主与协商民主共生发展：乡村的实践与价值》（《中国特色社会主义研究》2009年第4期）一文，通过对浙江泽国镇参与式民主实践的探讨表明，选举民主与协商民主共生发展，可以开拓乡村民主发展的新空间，促进乡村权力结构的优化，提升乡村治理的绩效，推动乡村政治现代化。胡承槐著《论马克思的社会解放理论与现代民主制度构建》（《哲学研究》2000年第10期）一文，提出并讨论了"政治解放"与"人类解放"两个论题，兼论了市场经济与民主政治的关系。

（二）西方民主制度研究

伴随对中国民主制度研究的兴起，介绍西方民主制度的历史发展与现实状况以及批判性借鉴，成为学界同步开展的研究工作。蓝蔚青的《对"议行合一"的再认识》一文，对流行的"议行合一"提出了独到见解，指出马克思、恩格斯后来鉴于巴黎公社的教训不再提这一主张；而苏维埃俄国和中华人民共和国实行的都是议行分设、议高于行，并分析了议行无法合一的原因（《政治学研究》1989年第5期）。董建萍的《当代资本主义民主发展的若干成果及态势》（《云南行政学院学报》2004年第4期）指出，20世纪中后期以来，资本主义民主取得了若干重要的历史性进步，其一系列积极的发展成果和政治经验虽具有文明价值，但是私有制的经济基础造成了民主理论难以与实践真正相符的根本障碍，西方民主仍存在一系列难以克服的弊端。郎友兴的《精英与民主：西方精英民主理论述评》（《浙江学刊》2003年第6期）一文，介绍与分析了西方精英主义民主理论的发展及其主要思想，从中发掘了对中国民主化有所启迪的思想资源。董石桃的《西方民主政治的发展及其反思——基于制度史和思想史的宏观考察》（《湖北社会科学》2009年第7期）一文，从制度史和思想史的双重视角审读了西方民主政治的发展，认为西方民主政治的发展在制度上经历了直接民主制、代议民主制、行政集权民主制及复合民主制的过程；在思想上经历了对直接民主制的总结和反思并完成了资本主义民主政治发展中"破"和"立"的任务。其《当代西方参与式民主理论的研究视域》（《湖北社会科学》2010年第5期）一文，认为西方的参与式民主理论研究，主要体现在对参与式民主理论的辩护、批评研究、参与式民主理论和协商民主理论的关系以及参与式民主实践的考察等方面；深入研究当代西方参与式民主理论的发展趋势和研究视域，对中国民主建设具有一定的启示意义。

二、民主管理与民主监督

(一)民主管理研究

20世纪90年代以来,治理理论研究引起学者的重视。郁建兴、刘大志的《治理理论的现代性与后现代性》(《浙江大学学报》2003年第2期)一文指出,治理的兴起是人类探求良好公共生活和政治秩序持久努力的延续,它本质上反映了现代性绝对主权的消解;通过审慎地分析治理与民主、官僚制等政治学传统话语的复杂关系,显示了治理理论体现的现代性与后现代性的某种交融。郁建兴、吕明再的《治理:国家与市民社会关系理论的再出发》(《求是学刊》2003年第4期)一文指出,治理理论的兴起拓展了国家与市民社会关系的分析架构,它超越了自由主义与国家主义的传统对立,凸显了国家与市民社会之间实现正和博弈关系的可欲性和可行性,是一种新型的国家与市民社会关系范式。郁建兴的《治理与国家建构的张力》(《马克思主义与现实》2008年第1期)一文,分析了治理的兴起及面临的失败风险、元治理的概念内涵,较为深入地分析了国家建构与治理的辩证法,初步探讨了超越自由主义国家与国家主义之间的抽象对立及改善国家治理结构的新路径。

(二)民主监督研究

在民主监督研究方面,陈国权的研究较有代表性。他的《政治监督:形态、功能及理论阐释》(《政治学研究》1998年第4期)一文,对政治监督的形态进行了区分,揭示了不同政治监督形态的发生缘由和制度功能,分析了性恶论在政治监督理论中的深刻影响及其现实意义。他的《西方政治监督理论的发展逻辑》(《国家行政学院学报》2000年第3期)一文指出,西方政治监督理论发轫于古希腊的政治哲学,经中世纪基督教的理论准备,在近代资产阶级启蒙时期形成系统的理论;近代自由主义的法治与宪政的思想、分权与制衡的主张,构成了西方政治监督的理论基础和实现途径。他的《政治监督论》(学林出版社2000年版)一书的主要内容涉及两个方面:一是学理性问题,如政治监督的形态、功能和理论阐释、政治监督与民主、自由和法治的关系等理论问题。二是政治监督实践中的一些重大问题,尤其是被人们普遍忽视的重大现实问题,如政治监督体系的整合优化、执政党的外部监督、行贿罪的惩治等。林吕建从理论与实践的结合上,著有《驾驭权力烈马:公共权力的腐败与监控》(浙江大学出版社2003年版),该书是一本系统研究如何有效监控权力运行和权力行为的理论专著。他还著有《权力错位与监控》(中国方正出版社1996年版)一书,认为权力错位就是公共权力在运行过程中偏离了应有的作用方向,以权谋私、官僚主义、封建专制等滥用权力现象都是权力错位的具体表现。

三、民主参与与民主选举

（一）民主参与研究

浙江学者在公民政治参与、农民与先富群体尤其是私营企业家等群体政治参与研究方面取得了不少成果。陈剩勇等学者通过对改革开放以来浙江的民主恳谈、听证会、人民建议征集制度、政府网站公共论坛官民对话等案例的深入考察，在总结公民有序政治参与和制度创新经验的基础上，对扩大公民政治参与和政治稳定的关系、政治经济和社会转型的内在逻辑给出了深度解读①。陈炳水的《论发展社会主义民主政治中的公民政治参与》(《社会科学》2008年第8期)一文认为，广泛、积极、自主、有序的公民政治参与，不但是发展高度的社会主义民主政治的必然要求，更是中国全面建设小康社会，基本实现社会主义现代化的重要政治保障；应从多方面进一步扩大中国公民政治参与，拓展社会主义民主政治发展的具体路径。黄俊尧的《政治稳定视野下的社会各阶层政治参与分析》(《云南行政学院学报》2005年第6期)一文，分析了各阶层政治参与的现状与问题，认为必须重视改善政治参与的条件，提高参与的制度化水平，以达到改革、发展与稳定的动态统一。卢剑锋的《参与式民主的地方实践及战略意义：浙江温岭“民主恳谈”十年回顾》(《政治与法律》2009年第11期)一文，对发端于浙江基层的民主恳谈这一参与式民主典范的实践历程进行了回溯，认为应对基层民主恳谈进行精细的制度化建设，在基础性制度、程序性制度、支持性制度3个层面予以完善，并考虑在浙江县(市)一级进行制度化规范。

浙江作为民营经济大省，先富群体对政治参与的热衷已经引起学界的广泛关注。华正学的《私营企业主政治参与中的满意度研究》(《河北省社会主义学院学报》2005年第1期)一文，参照计量经济学的费耐尔逻辑模型，探讨了制约和影响私营企业主政治参与满意度的多重因素。邢乐勤等的《浙江私营企业主政治心理探析》(《浙江学刊》2005年第6期)一文，采用问卷调查和个人访谈的方法，从政治认知、政治情感、政治动机和政治态度4个方面，对浙江私营企业主政治心理现状进行了实证分析，阐明了浙江私营企业主参政议政的政治心理特征及其发展趋向。徐露辉、陈国权的《社会转型过程中私营企业主的政治参与》(《社会科学战线》2006年第6期)一文认为，私营企业主与地方官员关系性合意的建立过程，社会权利的均衡配置与依法保护，利益组织化机制的建立与完善及制度化社会生活的重建，是建构私营企业主政治参与理想图景的重要前提。王春福的《民营企业家政治参与的效度分析：基于政策网络视角的研究》(《学术交流》2007年第2期)一文，从政策网络视角研究民营企业家政治参与的效度问题，认为政策网络的集成程度是决定其效度的核心因素，网络学习机制是提升政策网络集成程度进而提高民营企业家政治参与效度的内在机制。

---

① 陈剩勇等：《让公民来当家——公民有序政治参与和制度创新的浙江经验研究》，中国社会科学出版社2008年版。

(二)民主选举研究

21世纪初,浙江农村的先富能人普遍表现出对村庄政治生活的参与。郎友兴的《政治吸纳与先富群体的政治参与——基于浙江省的调查与思考》(《浙江社会科学》2009年第7期)一文,基于作者于2004—2005年在浙江所做的实地调查,对先富群体政治参与的态度与渠道、实质及影响力作了归纳与分析,提出了让先富人群的政治参与得到有效的实现,并纳入有序的参与轨道上来的对策。黄俊尧的《先富能人参政背景下的村庄政治生活:从选举与治理的维度》(《云南行政学院学报》2007年第4期)一文指出,从选举的角度看,先富能人与村庄其他阶层进行多种类型的社会资源交换和策略互动,改变了选举的进程和结果,乃至影响了村庄的选举文化;从治理的角度看,先富能人一方面有可能对村庄的经济、社会事务作出贡献,另一方面对"民主治村"机制的创新能力和动力均显不足,制约了村庄内生性民主的发展。董明的《对先富参政价值及其限度的省思》(《中共浙江省委党校学报》2008年第6期)一文,基于在浙江的实地调查,对先富参政的价值及其限度作了进一步的考察与省思。卢福营、祝伟华的《村委会选举中私营企业主的竞选行为——以浙江省永康市龙村为例》(《学习与探索》2009年第2期)一文通过实证分析,认为参与竞选的农村私营企业主不仅是理性的"经济人",而且也是理性的"社会人";私营企业主的捐赠行为意在获取民众认同,具有一定的合理性;私营企业主的竞争性参与应当激励,但需要规范。王景玉的《先富参政的困境与对策分析:以浙江为例》(《中共宁波市委党校学报》2010年第2期)一文指出,先富参政的进一步发展却面临着制度安排滞后、身份转换以及行为方式等方面的困境与挑战,需要通过法制规范、以德治村以及自组织资源等形式得以疏解,使先富参政走向善治。

四、基层民主制度

(一)协商民主研究

浙江温岭所创造的以"民主恳谈""民主听证""民主议事"为主要形式的一系列举措,是基层民主建设的新探索。2002年8月,温岭市委召开了基层民主建设理论研讨会,与会专家对温岭有关基层民主建设的举措和方法给予充分的肯定和研讨。余逊达的《发展基层民主建设政治文明》(《浙江社会科学》2003年第1期)一文认为,温岭开展的"民主恳谈"是一种以"恳谈"作为切入点或载体开展的民主治理活动,文章对于"民主治理"概念给出了自己的看法,阐释了民主治理对推动中国民主政治发展的重要意义。陈华兴的《温岭基层民主建设规律探要》(《浙江学刊》2003年第6期)一文认为,温岭民主恳谈会深植于温岭的经济、政治、文化实际,具有内生性根源;它遵循中国特色社会主义民主政治的本质,把党的领导、人民当家作主和依法治国有机地统一在其基层民主政治的实践过程中;它依据民主政治建构和运行的基本要求,把治理和自治有机统一在一起。此外,郭夏娟、张婧的《平等参与条件下女性的政治潜能:来自民主恳谈会的检验》(《浙江学刊》2010年第2期)一文,通过温岭市泽国镇民主恳谈会的"控制性试验",将参与恳谈的两性代表的平等权利视为一种"还原的地位";恳谈会前后问卷调查的结果显示，当女性与男性获得同等的政治参与条件时，无论是判断公共事务、选择公共政策，还是理解认同公共利益偏好，女性的能力并不低于男性，其参与公共事务决策的潜能与男性处于相当水平。

在民主议事方面，唐玉的《论基层民主议事制度的创新与完善——基于浙江省杭州市两类社区个案的研究》(《中共杭州市委党校学报》2008 年第 5 期)一文，选取杭州市两类社区的典型个案，分析两者在基层民主议事制度创新中的做法和特点，重点探讨了传统的会议民主议事制度向新型的网络民主议事制度转型过程中所面临的困境，提出相应的对策性建议。

(二)乡村政治生活组织化研究

在乡村民主方面，毛丹的《乡村组织化与乡村民主》(《东方》2003 年第 11 期)一文，以浙江萧山市尖山下村的观察为例，分析乡村自治组织和组织自主性的发展空间、乡村经济及其非农化发展与乡村民主、乡村组织化过程以及乡村政治生活组织化过程是否为简单正相关关系，并以 1995 年一些乡村进行的乡村企业股份制改造为例分析先行乡村民主制的制度效能。郎友兴、何包钢的《村民会议和村民代表会议——村级民主完善之尝试》(《政治学研究》2000 年第 3 期)一文指出，村民会议作为一种直接民主的理念在中国广大农村具有不可操作性，所以在推行村民自治过程中，各地产生了各种形式和名称不一的村民代表会议；它较村民会议更容易举行或运作，也有较大的实际影响力和作用。

五、自治制度

(一)村社自治的政治社会学研究

在乡村社会发育与村民自治问题上，毛丹、卢福营的成果有一定影响。毛丹、任强从公共领域的分析视角考察改革开放以来的中国农村社会，认为国家实行的村民自治制度、家庭联产承包责任制，以及由此导致的以村社区为基本单位提供公共物品与公共服务，促成了中国农村的村庄性公共领域的生长；这个生长过程在两个层面上展开，一个是实践意义上的公共领域，另一个是国家成文所规制的公共领域[①]。卢福营等的《冲突与协调——乡村治理中的博弈》(上海交通大学出版社 2006 年版)一书，主要以浙江农村的经验为依据，运用政治社会学的方法研究乡村治理中的博弈问题，分析乡村治理运作过程中的各种冲突与协调的状况及其社会基础和政治社会后果，以此把握各类博弈与乡村治理的关联性，并为改善乡村治理、促进农村社会和谐发展提供公共政策设想。黄红华的《国家与农村社会的权力与交换关系——对村民自治的政治社会学考察》(《中共宁波市委党校学报》2003 年第 4 期)一文，从政治社会学的视角对国家与农村社会的权力与交换关系进行了考察，指出了改善中国的国家与农村社会关系的方式和途径。

---

① 毛丹、任强:《中国农村公共领域的生长——政治社会学视野里的村民自治诸问题》，中国社会科学出版社 2006 年版。

(二)村社自治的综合研究

有卢福营的《论村民自治运作中的公共参与》(《政治学研究》2004 年第 1 期)一文,认为村民自治运作中的公共参与是一种特殊的政治参与形式,村民自治大致可以分为“干部支配型”“能人主导型”“群众自治型”三种模式,现阶段村民的公共参与实践与其制度之间还有相当大的偏差,并呈现出非均衡发展的态势。其《村民自治发展面临的矛盾与问题》(《天津社会科学》2009 年第 6 期)一文指出,在村民自治实际运作中,因村干部素质低、村民自治制度不完善以及“乡政”与“村治”互动中的困境等因素,现阶段的村民自治正面临着农村社会异质化、村庄“分枝化”以及农村公共服务发展等新情况的挑战。吴思红的《论村民自治与农村社会控制》(《中国农村观察》2000 年第 6 期)一文,就村民自治组织和农村社会控制两者互动的内在关系、矛盾冲突的成因以及协调两者的方法进行了分析和探讨。董建萍的《村民自治与乡村政治变迁》(《岭南学刊・哲学社会科学版》2001 年第 6 期)一文,分析村民自治与乡村政治变迁的过程和意义、村民自治发展的内源动力与法律基础、村民自治实践中国家与社会关系的调整以及村民自治对乡镇民主政治发展的积极影响。陈剩勇的《村民自治何去何从——对中国农村基层民主发展现状的观察和思考》(《学术界》2009 年第 1 期)一文指出,以村民自治制度为基础的乡村治理秩序,由于制度缺陷和制度无效的双重制约,导致了村民自治的制度失灵和乡村治理的失序,提出了引导乡村治理走向有序和善治的两个方面对策。

第三节　政治体制改革研究

政治体制改革是以不改变国家的根本政治制度为前提的政治管理体制的改革。浙江在政治体制改革的研究,重视政府自身改革、行政体制改革、干部人事制度改革、行政法规建设以及人大、政协的相关职能的改革等,对全省政治体制及机制改革起到了一定的作用。

一、政治体制改革

(一)体制改革研究

关于政治体制改革,王河、董建萍的《十一届三中全会以来政治体制改革述评》(《资料通讯》1998 年第 9 期)一文,回顾与总结中国政治体制改革的历史进程和历史经验具有重要意义;认为党的十一届三中全会是中国政治体制改革的起点,政治体制改革在拨乱反正、总结历史经验和改革开放的起步中形成主题,在全面改革开放和现代化建设中形成初步的总体构想。朱桂谦主编的《邓小平政治体制改革思想纲要》(浙江教育出版社 1998 年版)一书,系统地论述了邓小平政治体制改革思想的形成过程和理论范畴。万斌的《对当代中国政治体制改革的几点思考》(《浙江学刊》2002 年第 2 期)一文指出,当代中国政治体制改革是由中国社会历史进程内在驱动所必须迈出的艰难一步;中国政治体制改革所涉及的问题重大而又复杂,因此在认识上和实践上必须慎之又慎;中国政治体制改革必须在党和国家的统筹安排、精心组织下,从解决业已成熟的问题着手,由点到面逐步展开,全方位推进。

(二)政府改革研究

进入21世纪,面对中国的体制格局将发生的重大变化,政府自身的改革相对于微观经济基础已处于滞后状态。颜春友的《21世纪初的政府定位》(《开放导报》2000年第5期)一文指出,进入21世纪后的前5年,应着力关注精简机构缩编人员、改变传统的政绩考核评价内容、大力推进审批制度改革等方面的内容。徐家良的《WTO与政府:外在变量的作用——中国政府加入世贸组织后的变化》一文指出,加入世界贸易组织对中国政府管理将产生较大的影响,如树立管理新观念、开拓价值新资源等;通过研究WTO与政府关系可在一定程度上透视出外在变量对政府管理影响的程度(《政治学研究》2002年第1期)。张钢、徐贤春的《地方政府能力的评价与规划——以浙江省11个城市为例》(《政治学研究》2005年第2期)一文,从政府战略管理的视角出发,在整合政府能力研究的基础上,提出一个新的政府能力概念模型与分析框架,并建立起评价地方政府能力的指标体系;在此基础上运用层次分析法的综合评价模型,对浙江省11个城市的政府能力进行了评价与比较分析,并对建立以能力建设为核心的政府战略规划提出了政策建议。徐邦友的《回顾与前瞻:中国政府的革命性转型》(《当代社科视野》2008年第1期)一文指出,中国政府的革命性转型是在一个宏大背景下展开的,并已经取得不俗的成就;鉴于中国市场经济的不成熟与政府改革的特殊复杂性,政府改革还相对滞后,但现实生活中的诸多良好现象又使我们有理由乐观期待现代性政府的到来。吴锦良著《政府改革与第三部门发展》(中国社会科学出版社2001年版),将中国新一轮政府机构改革放在中国社会转型的历史背景上,从政府与社会关系的演变、政府机构改革与社会组织发展的互动关系、政府机构改革与公共职能社会化及中国社会中介组织、民间公益组织发展等方面,论述政府改革的重点与举措。胡税根对政府规制改革作有多项研究,其《论新时期我国政府规制的改革》(《政治学研究》2001年第4期)一文,借鉴西方国家的政府规制的经验,研究如何推动中国政府规制改革的对策选择。

二、行政体制改革

(一)政府角色行为逻辑研究

在市场化改革浪潮中,政府角色、行为逻辑面临怎样的转变?郁建兴的《在政府与企业之间:以温州商会为研究对象》(浙江人民出版社2004年版)一书,选取政府治理转型为切入点,以政治社会学为基本理论和方法,以地方商会为研究对象,解读温州模式与浙江现象,揭示中国地方政府治理的转型机理和过程。何显明围绕地方政府自主性概念,建立起一个初步的分析框架,对浙江区域市场体系发育和市场秩序扩展进程中地方政府角色行为模式的转变轨迹和内在逻辑做出了自己的解释(人民出版社2008年版);其《市场体系发育过程中有效政府的行为模式》(《中共浙江省委党校学报》2007年第6期)一文,论述了转型国家特殊的社会历史背景决定其地方政府在市场体系发育过程中发挥的重要作用，认为对政府角色模式和行为规则的探讨，应着眼于政府引导、扶持、增进市场体系的有效性。他还著有《顺势而为：浙江地方政府创新实践的演进逻辑》（浙江大学出版社 2009 年版）一书，对市场化进程中的地方政府行为作为逻辑范畴的研究，试图探讨建立有效政府的目标模型。

（二）政府关系研究

关于中央与地方的关系、府际关系、省管县改革等问题，浙江学者进行了较为深入的研究。马力宏的《分税制与中央和地方关系调整》（陕西人民出版社 1999 年版）一书，对中国中央与地方财政关系的历史沿革、分税制与中央和地方的事权划分、中央和地方税收管理权限的划分、政府间的转移支付与中央和地方关系的改善、非税财政收入与中央和地方的财政关系、分税制与中央和地方的博弈关系、分税制条件下地方政府的积极作用等问题进行了全面深入的探讨。陈剩勇、马斌的《区域间政府合作：区域经济一体化的路径选择》（《政治学研究》2004 年第 1 期）一文，探讨了现阶段中国区域经济一体化的路径选择，提出了区域政府合作机制的建构及其原则，指出构建区域政府合作机制必要的制度环境、合理的组织安排和完善的合作规则。陈剩勇、张丙宣的《建国 60 年来中国地方行政区划和府际关系的变革与展望》（《浙江工商大学学报》2009 年第 5 期）一文指出，中国地方行政区划和府际关系的调整和改革基本上延续了传统中国的治理逻辑和治理术数；为适应工业化、市场化和城市化的现实要求，中国地方行政区划和府际关系必须根据法治政府、责任政府和公共服务型政府的制度设计，对既有的地方治理结构进行改革和调整。

"省管县"行政体制改革是地方政府管理体制的重大创新。吴帅、陈国权的《中国地方府际关系的演变与发展趋势：基于"市管县"体制的研究》（《江海学刊》2008 年第 1 期）一文，通过对市管县体制发展脉络进行回顾与总结，认为在制度创新的积极效应全部释放之后，创新带来的制度净收益逐渐消减，"市管县"体制将因制度成本超出制度收益而逐渐退出中国行政管理体制的历史舞台。何显明的《省管县改革：绩效预期与路径选择——基于浙江的个案研究》（学林出版社 2009 年版）一书，对省管县改革中的绩效预期与路径选择作了探讨和研究，包括制度环境变迁中的市管县体制困局、省管县体制绩效的经验验证、省管县改革的现实意义等。何显明在《"省管县"改革的经济社会发展效应——基于浙江的个案分析》（《中共杭州市委党校学报》2009 年第 2 期）一文中指出，浙江在"扩权强县"的基础上积极推进以"市县分治"为核心的"省管县"行政体制改革，对于发挥县域经济发达的优势以推进城乡一体化进程，探索和建构地方政府间的公共服务供给职责分工体系以提高区域公共服务的供给水平等大有裨益。其在《省管县改革的绩效预期及其现实挑战：一个理性的考察》（《江苏行政学院学报》2009 年第 5 期）一文中指出，在理论界已就"省管县"改革的必要性和可行性达成广泛共识的背景下，需要对这一改革可能取得的实际绩效保持高度审慎的理性态度，对其实施过程可能面临的挑战及其可能产生的政治—行政效应进行理性的分析和评估。

三、干部人事制度改革

（一）人事制度改革研究

社会主义市场经济体制的逐步建立，为人事工作的开展带来了机遇与挑战。项有绍的《“九五”时期人事制度改革基本走向》（《改革日报》1996年第12期）一文指出，“九五”时期浙江的人事工作围绕改革、人才、服务、管理四项内容，大胆探索、努力创造一个公开、平等、竞争、择优的用人环境，建立一套各类人员能上能下、能进能出的管理机制，形成一套法制完备、纪律严明的监督体系，积极为浙江经济和社会发展建立各类人事制度提供人才保障。

浙江干部人事制度改革研究方面，有王俊著《浙江干部人事制度改革20年》（《中国公务员》1998年第10期），认为浙江顺应时代发展的需要，结合浙江改革开放和社会主义现代化的实际，进行了多项干部人事制度的改革探索，取得了不少有突破性的进展。胡坚的《深化干部人事制度改革的实践与思考》（《党建研究》2005年第5期）、周振煊的《干部人事制度改革的几点思考》（《今日浙江》2003年第6期）、张军的《提高选人用人公信度》（《今日浙江》2010年第12期）等文论，对深化浙江省干部人事制度改革起到一定的启示作用。

（二）干部制度改革研究

21世纪初，对于处于探索阶段的党政领导干部辞职制度，胡序杭的《对实施党政领导干部辞职制度的若干思考》（《理论与改革》2004年第1期）一文指出，实施干部辞职制是一项复杂的系统工程，要整体推进并建立和完善相关的配套制度；要进一步探讨党政领导干部辞职的内涵、规范各类干部辞职的标准以及引咎辞职和责令辞职的适用范围。

“票决制”作为党内干部任用制度的一项改革得到广泛的关注，很多学者誉之为“党内民主的重大突破”，但任强撰《当前票决制存在的问题及其制度调试》（《浙江学刊》2004年第2期）一文通过调查显示，认为票决制在实际操作中存在很多问题，这些问题从根本上源于我们对党内民主制度的误解以及由此造成的对党内民主解释的“弹性”；该文尝试着从制度层面提出一些调试意见，以期通过消除制度层面的“弹性”来消除对党内民主解释的“弹性”。王河的《领导干部选拔任用制度改革述评》（《中共宁波市委党校学报》2005年第6期）一文，概括了领导干部选拔任用制度的建立及其存在的主要弊病，回顾了领导干部选拔任用制度改革的历史过程，并对正处于改革过程中领导干部选拔任用制进行了评述。高国舫的《党政领导职务任期制及其制度设计探析》（《长白学刊》2006年第5期）一文，回溯了党政领导职务任期制在中国的发展历程，探究了党政领导职务任期制的制度设计缺陷及补正措施，分析了健全党政领导职务任期制所需的配套制度。汪锦军的《干部考核中“廉”的评价问题与对策》（《中国党政干部论坛》2007年第8期）一文指出，2002年中共中央颁发的《党政领导干部选拔任用工作条例》对领导干部考察的内容及公务员法对公务员的“德、能、勤、绩、廉”的考核内容作以评论；对许多人被查处前考核“优秀”的有悖现象进行了反思和探讨，以求对“廉”的考核制度的补正。

四、行政法规建设

（一）行政法规建设综合研究

关于行政法规的建立，朱新力的《论行政法的不成文法源》（《行政法学研究》2002 年第 1 期）一文指出，法的渊源或行政法的渊源，在中国一般定义为：由国家机关制定并有不同（行政法）法律效力的法的表现形式，极少包括非制定法；从德、法、英、美等国的情形来看，非制定法也是法律渊源，其主要形式有习惯、判例、法律原则；与制定法相比，它缺乏强制力，是“非正式渊源”，即在正式渊源阙如时起作用。朱新力、高春燕的《行政立法中的最好行政》（《行政法学研究》2006 年第 3 期）一文指出，在现代社会，行政除扮演“传送带”角色外，还承担起积极的形成功能；现代行政法在守望司法审查面向的传统控权理念的同时，还应当加强对行政实体问题的关注；对涉及大量管制事项的行政立法而言，需要在“最好行政”的指针下，选择恰当的管制方式，并经由整体制度的设计，实现管制目标，促进公共福祉。章剑生的《论“行政惯例”在现代行政法法源中的地位》（《政治与法律》2010 年第 6 期）一文指出，行政惯例作为现代行政法法源之一，存在于行政和司法实务之中；成文法源效力位阶受制于制定机关在国家权力结构中的地位高低，行政惯例的效力位阶也可以参照此方法确定。

行政规章在中国社会政治、经济和文化领域中产生着积极作用，但在制定和执行过程中也出现了一些问题，有些已经直接影响到国家法制的统一和规章执行的实际效果。罗文燕的《有关行政规章若干问题的法理分析》（《行政法学研究》1996 年第 3 期）一文，从关于国务院直属机构是否有权制定部委规章、行政规章制定的依据问题、行政规章是不是法的问题作以法理分析。胡建淼、金伟峰等的《中国现行法律法规规章所涉行政强制措施之现状及实证分析》（《法学论坛》2000 年第 6 期）一文，通过对现行中国法律、法规与规章规定行政强制措施的情况进行资料性整理，了解与认识中国现行行政强制法律制度，从而深化对行政强制法理论的研究。

（二）行政行为制度改革研究

随着社会的发展变化，对政府的行政行为的科学性、合法性提出更高要求。胡税根、黄天柱的《政府规制失灵与对策研究》（《政治学研究》2004 年第 2 期）一文，借鉴西方国家规制改革的实践并结合经济转型时期中国的特定背景，认为解决中国政府的规制失灵问题，不能只是简单地放松规制，而是需要确立并强化对规制者的规制，从而实现良好规制。朱炜的《论政府信息公开法律制度的构建》（《浙江工商大学学报》2004 年第 4 期）一文指出，基于知情权保障要求，政府有公开信息的法律义务，政府信息公开制度中，公开方式、公开范围、公开的法律救济三项制度具有核心意义；该文还比较研究美国、日本等已制定信息公开法国家的相关规定。金伟峰的《关于建立我国无效行政行为制度的几个具体问题》（《浙江社会科学》2005 年第 3 期）一文指出，确立无效行政行为的确认标准和种类、法律后果以及建立独立的确认无效诉讼制度，应当分别成为未来行政程序法和行政诉讼法的重要内容。陈党的《论构建有效的行政问责法律制度》(《河北法学》2007 年第 2 期)一文认为,要充分发挥行政问责的惩罚、教育、安抚、补救、警示、预防功能,必须确立责任行政理念,明确行政问责主体,拓宽问责适用范围,统一责任认定标准,增加责任承担方式,严格行政问责程序,优化行政问责环境。罗文燕的《服务型政府与行政法转型:基于"善治"理念的行政法》(《法商研究》2009 年第 2 期)一文指出,服务型政府无论是从理念还是从制度上都向行政法提出了挑战;服务型政府的服务内涵包括作为服务核心的"生存照顾"、基于生存前提的个人发展和借用私法方式履行服务职能 3 个层次,通过对"依法行政"原则之重新解释来为服务方式的多样性提供合法性依据;全面建设服务型政府,行政法需要从给付行政、参与行政和透明行政等 3 个方面实现观念和制度之转型。

五、人民代表大会制度

(一)制度的理论研究

对人民代表大会(以下简称"人大")制度开展理论研究是坚持和发展人民代表大会制度的基础性工作。郦士伟的《对完善人大选举制度的几点思考》(《中共浙江省委党校学报》2000 年第 3 期)一文指出,人大选举制度的完善与社会主义民主政治的要求还有不小差距,马列主义关于人民代表机关选举的基本原则——普遍、平等、直接的民主选举在中国还没有完全实现;进一步完善中国的选举制度,不但直接关系到人民当家作主权利的实现,同时也是完善整个人民代表大会制度的前提、基础和切入点;完善人大选举制度,要进一步提高和扩大直接选举的层级和范围,进一步完善修选人的提名、介绍方式,要把差额选举真正落到实处并适度引入竞争机制等。吴建依的《论人民代表大会公开原则》(《社会科学研究》2000 年第 3 期)一文指出,人民代表大会公开原则是建立在人民主权思想、市场经济的平等观念和权力监督的理论基础之上的,基本内涵包括人民代表大会的议事活动及其过程公开和人民代表大会制定或决定的文件、资料、信息情报公开两个方面。实现公开原则的途径是建立旁听、报道与转播、刊载和查阅等制度。任玉秋的《人大制度的民主程序建设》(《浙江人大》2004 年第 3 期)一文指出,程序民主是实现实体民主的条件、途径和保障;没有程序规定,实体民主就只能停留在原则上、口头上;中国民主程序建设的核心应是人民代表大会制度的程序建设。周世煊、陶岳潮《论在实践中探索我国人大制度的创新之路》(《资料通讯》2007 年第 3 期)一文指出,中国人民代表大会制度是适合中国国情的根本政治制度,具有极大的优越性,但必须在坚持的基础上创新,以实现党与人大关系法治化、人大主体精英化、人大监督职能健全化。

(二)人大监督研究

人大的法律监督是中国政治生活中诸种监督的首要监督,也是人大监督第一位的任务。地方各级人大及其常委会为保证宪法和法律的遵守和执行在监督方面做了大量工作,但仍然存在监督不到位的地方。费丽芳的《人大监督不到位的主要根源探析》(《中共浙江省委党校学报》2001 年第 1 期)一文罗列了人大监督不到位的主要表现,分析了监督不到位的法律、体制等方面的原因，提出了诸如健全法律以强化权力机关的监督手段，加强地方各级人大及其常委会的建设以强化其监督职能，加快政治体制改革以处理好党委、人大和政府的关系，建立健全人大监督责任制以真正将监督落到实处等对策建议。陈锦杰的《论人大监督中的程序正义问题》(《宁波大学学报·人文科学版》2005年第4期)一文指出，正义的监督必须建立在正义的监督程序之上，程序正义不仅是司法领域的重要问题，也是人大监督的重要问题；提高人大监督的正义性，要在民主的价值观下采取实证主义的方法，建立以宪法和监督法为主、其他法律法规和政治惯例为辅的科学的、完善的监督程序。

六、政治协商制度

(一)制度的理论研究

人民政协是在中国共产党的领导下实现多党合作和政治协商基本政治制度的重要形式。林松乐的《政协形式——统一战线中特定的民主形式》(《浙江大学学报·人文社会科学版》2002年第2期)一文认为，作为民主协商和爱国统一战线的机构——政协，它所发展的民主带有中国特点和优点。李金明的《推进政协"三化"建设提高发展社会主义民主政治的能力》(《求是》2005年第3期)一文指出，提高人民政协的政治协商、民主监督、参政议政能力和水平关键在于实现政协履职的制度化、规范化、程序化；推进政协"三化"建设须坚持合法性、科学性、系统性、针对性、可操作性原则，建议大力拓宽履职的平台，严格履职程序，提高组织化程度和意见建议采纳率等，以增强政协的政治协商、民主监督、参政议政的能力。李火林等的《论政协的界别民主》(《中共浙江省委党校学报》2006年第2期)一文指出，界别民主是政协民主的重要特征，政协界别民主具有广泛代表性、精英参政性、一定组织性、巨大包容性、合法有序性、平等协商性等特点；要适时调整政协界别设置，优化组成人员结构，创新工作载体，使政协界别民主更加富有成效。周国富在《论政协文化建设》(《中国政协理论研究》2009年第1期)一文中指出，从制度层面加强政协履行职能就需要从文化层面更加有为地发挥政协的组织功能；该文立足于人民政协成立60年来尤其是改革开放30年来的实践经验，对政协文化的内涵与特征做了分析总结。其在《论人民政协协商民主》(《中共浙江省委党校学报》2010年第6期)一文中认为，人民政协协商民主是马克思主义统一战线理论、政党理论和民主政治理论与中国具体实践相结合的产物，是中国协商民主的主渠道和最高形式；新形势下推进人民政协协商民主的创新发展，必须正确把握协商民主发展方向，推动协商民主制度建设，拓展协商民主领域，提高协商民主水平，优化协商民主氛围。

(二)政协工作的调查研究

积极开展人民政协的调查研究工作是人民政协履行政治协商、民主监督的重要途径。戴明桂在《浅谈政协调研工作的特点和方法》(《中央社会主义学院学报》1992年第4期)一文中，将政协调研工作的特点归结为全局性、客观性、深刻性、可行性，并指出组织开展政协的调查研究应把握的诸多环节。

第四节　思想政治工作研究

思想政治工作是党的工作的重要组成部分，是实现党的领导的重要途径和社会主义精神文明建设的重要内容，也是搞好经济工作和其他一切工作的有力保证。对此，浙江的理论界从理论创新和实践总结两个方面展开研究，并在思想政治工作学科化方面进行了大胆的探索。

一、政治思潮

（一）西方自由理论研究

随着20世纪70年代末中国改革开放的深入与国际交流的增多，对西方政治学的源流与西方政治制度评介研究的兴起，西方自由理论引起浙江学者的关注。万斌、倪东的《马克思自由论体系中的政治自由思想》（《浙江社会科学》1999年第4期）一文认为，马克思主义自由论是从哲学层面对人与对世界多重规定的综合反映，是认识论自由、价值论自由与社会自由的内在统一，而政治自由则是社会自由在人的政治经济领域中的具体化。郁建兴的《自由主义批判与自由理论的重建：黑格尔政治哲学及其影响》（学林出版社2000年版）一书，通过对黑格尔政治哲学特别是自由理论的回顾性考察，拂去了长期以来笼罩在黑格尔自由理论上的种种迷雾，为当时方兴未艾的“自由主义讨论热”提供了一个颇具价值的理论参照系。应奇的《从自由主义到后自由主义》（生活·读书·新知三联书店2003年版）一书，探讨了自由主义与社群主义之间的理论争锋，并从观念史角度阐明程序主义政治观对自由主义和共和主义哲学传统的超越。市民社会是西方自由理论中的一个重要论题，也是当时国际社会科学研究的一个前沿领域，汪俊昌从市民社会、泰勒的市民社会概念、泰勒的自由主义批判思想的角度对此进行了深入研究。其论文《我们今天应当怎样谈论市民社会》（《浙江学刊》1999年第3期），分析了市民社会话语在当代复兴的历史背景，揭示了市民社会的多重品格，并在此基础上提供进一步深化市民社会研究可行的思路；其《泰勒的市民社会概念》（《浙江学刊》2001年第5期）运用观念史追溯和分析的方法，考察了泰勒关于市民社会观念的起源、流变以及它与西方复杂的自由传统之间的关联等方面的问题；《泰勒对自由主义的批判》（《浙江学刊》2003年第6期）一文则从泰勒对黑格尔政治哲学遗产的阐发、原子主义的批判以及现代性隐忧的揭示3个方面入手，正面考察和分析了泰勒自由主义批判的思想渊源、主要论证及其理论旨趣，认为泰勒对自由主义的批判并非对自由命题的摧毁而是对当代人自由理念体认的推进。

（二）政治发展理论研究

对西方政治发展理论的探讨，陈剩勇、钟冬生的《论阿尔蒙德的政治发展理论》（《浙江大学学报·人文社会科学版》2007年第5期）一文，介绍了阿尔蒙德的政治发展理论的内涵与实质，认为阿尔蒙德把结构分化当作功能发展的基本方式来达到政治体系的构成、过程和政策功能的完善，最终实现政治发展；但其片面夸大了结构分化的普遍性，具有美国中心论色彩。陈剩勇、徐珣的《民主的社会基础：利普塞特政治发展理论解读》(《浙江大学学报·人文社会科学版》2009 年第 2 期)一文认为，利普塞特的政治发展理论聚焦于民主的社会基础，利普塞特通过对民主社会的政治人场域的讨论，阐释并建构了政治社会和公民社会一体平衡的结构，揭示了政治发展和稳定民主机制有效运作的理想社会结构基础。

二、思想政治教育与思想政治工作

(一)思想政治教育研究

思想政治教育是实践性很强同时关涉面很广的一门学科。张世欣的《关于思政教育接受律的思考》(《学校党建与思想教育》2000 年第 1 期)是省内较早对思想政治教育接受规律进行探讨的文章；该文认为在受教育者主体性更为鲜明的当下，探讨思想政治教育接受规律更为必要，并由此提出了思想政治教育中的需要驱动律、情感参与律、认知过滤律、环境影响律、非直线性律。王勤在《试论思想政治教育发挥作用的几个社会条件》[《探索(哲学社会科学版)》2000 年第 4 期]一文，强调思想政治教育要真正发挥作用并取得良好效果，不仅取决于思想政治教育本身的科学性，还需要有一定的社会条件，如党和政府的权威与号召力、思想政治教育与政策导向的一致性、思想政治教育与制度建设的有机结合、思想政治教育与社会公正的内在关系、思想政治教育与大众传媒作用的发挥等。段治文等的《我国社会结构变化对思想政治教育工作的影响》一文在系统分析中国社会结构新变动的基础上，揭示了新时期党的思想政治教育的新现象、新特点，进而探索新的形势下思想政治教育的新内容、新载体和新方法(《中国青年研究》2005 年第 7 期)。谭劲松对学校思想政治教育课程和体系多有研究，著有《民办高校也要重视马克思主义理论教育》(《求是》2001 年第 7 期)，涉民办高校的思想政治工作。其还著有《高等教育政治理论课教材应由国家统编》(《红旗文稿》2005 年第 13 期)、《合作学习模式在思想政治理论课教学中的运用》(《思想理论教育》2007 年第 1 期)、《课题制教学法是提高思想政治理论课教学效果的有效方法》(《思想理论教育导刊》2008 年第 11 期)等。

21 世纪初，浙江学者对思想政治教育的价值进行了深入探讨。马毅松、王雄杰的《论思想政治教育的价值结构》(《思想教育研究》2002 年第 2 期)一文，认为思想政治教育审视与关注的重点是指向价值的判断，文章从目的价值与工具价值、理想价值与实践价值、个体价值与社会价值 3 个层面探讨了思想政治教育的价值结构。王勤的《论思想政治教育的经济价值》(《教学与研究》2003 年第 3 期)一文，从物质与精神的相互转化、经济与文化的相互作用、人的素质与经济发展的相互关系等方面论述了思想政治教育经济价值存在的理论依据，并对思想政治教育的经济价值作了概括。杨柳的《思想政治教育现代价值的思考》(《湖州职业技术学院》2005 年第 1 期)一文认为，促进人性的丰富和完善，促进人的全面发展是思想政治教育的本质意义；思想政治教育培育人的主体性就要增强人的主体意识、培养人的主体精神、开发人的主体能力、塑造人的主体人格。王东莉的《思想政治教育人文关怀的内容体系建构》(《教学与研究》2005 年第 2 期)一文认为,思想政治教育人文关怀应从关心人的需求、满足人的需要,提升精神品位、丰富心灵世界,唤醒主体意识、塑造独立人格,培养伦理情操、完善道德境界,建构精神家园、引导终极关怀等几个层面,全面推进人的发展。

对思想政治教育的分类探讨是思想政治教育研究走向深入的表现。侯玉琪、舒生的《新时期农村思想教育的新探索》(《浙江学刊》1996 年第 6 期)一文,以浙江农村连续 8 年开展集中性思想教育即基本路线教育的实践为依据,提出集中性教育是农村思想教育的有效载体和重要形式,探讨了开展集中性思想教育应处理的几个关系。费英勤等的《高校学生思想政治教育主题网站建设的探索》(《高等农业教育》2002 年第 4 期)一文,从网站建设的指导思想、网站定位与框架结构、网站建设的有效性、网站运行和管理等方面,对高校学生思想政治教育主题网站建设进行了探讨。童芍素、高海浩主编的《零距离纪实:基层宣传思想工作贴近实际、贴近生活、贴近群众 100 例》(浙江人民出版社 2005 年版)一书,收集自 2004 年以来浙江省基层宣传思想工作“三贴近”100 例,范围为 13 家省级文化单位,分理论武装篇、舆论引导篇、文化鼓舞篇、思想教育篇、文明创建篇五部分,是对全省宣传思想工作分类研究的集成。赵建平的《论高校思想政治教育的人性关怀》(《探索・哲学社会科学版》2007 年第 2 期)一文,认为高校思想政治教育工作者应从人的生物性、社会性以及实践主体性出发,给大学生注入真切的关怀。陈福生等的《大学生思想政治教育新论》(浙江大学出版社 2008 年版)一书,基于德行论、系统论、传播学等理论基础,系统思考思想政治教育的目标体系、内容体系和实践模式,把生涯规划和创业教育作为思想政治教育新的切入点,着力构建科学合理的考核评估体系。朱仁宝的《香港高校学生思想政治教育及启示》(《思想政治教育研究》2008 年第 6 期)一文,对香港高校大学生思想政治教育与管理的基本做法进行了分析总结,探究香港高校学生思想政治教育的基本理念,以求为大陆高校思想政治教育提供新的启迪。荆钰婷的《论高校政治教育、道德教育与人文教育的分工与衔接》(《中国成人教育》2009 年第 8 期)一文,对政治教育、道德教育、人文教育在高校教育中的各自分工与衔接关系进行了探讨。

(二)思想政治工作研究

思想政治工作是我们党的优良传统和政治优势,浙江理论界借鉴心理学、管理学、教育学等各学科理论对思想政治工作进行多侧面的研究。

在思想政治工作的理论基础与有效性研究方面,薛克诚的《论思想教育工作有效性的几个问题:学习马克思主义人学理论札记》(《浙江社会科学》1999 年第 6 期)一文,以马克思主义人学基本原理为指导,认为应从人的两重性及人权思想出发,从升华和实现人生价值出发,以提升思想教育工作有效性。杨翠玉的《思想政治工作的实效原则》(《学习与思考》1997 年第 1 期)一文,认为邓小平关于党的思想政治工作理论博大精深,内涵丰富,涉及新时期思想政治工作的指导思想、地位作用、任务目的、原则方法、内容形式、组织领导等;在这诸多的内容中,贯穿其中的一条主线是务实思想,即思想政治工作的实效原则。叶山土的《邓小平思想政治工作理论的特征探析》(《浙江师范大学学报》2002 年第 3 期)一文,认为邓小平思想政治工作理论，既继承和发扬了党的思想政治工作的优良传统，又具有鲜明的时代特征；文章初步探析了邓小平思想政治工作理论的实践性、创新性、前瞻性和实效性特征。

在高校思想政治工作科学化研究方面，李玲芬的《互联网时代高校思想政治工作的现代化》(《湖北社会科学》2002 年第 6 期)一文指出，互联网在为高校思想政治工作带来新的机遇的同时，也带来了相当的负面影响；创新教育模式、寻找相应对策、发展新的工作契机成为一个重要的课题。陈传宝的《从皮亚杰认知发展论看思想政治工作》(《温州大学学报》2003 年第 2 期)一文，强调思想政治工作应注重大学生的能动性，从皮亚杰认知发展论的个体认知发展过程出发，强调认知发展过程中同化、顺应和平衡 3 个基本过程，并尝试借助皮亚杰的认知发展论探讨新时期思想政治教育的有效方法。谢军波的《高校思想政治工作有效性的心理机制研究》(《理论探讨》2004 年第 6 期)一文，从心理学的角度对各个宣传要素的内在联系、作用方式进行了分析，提出了强化有效性的方法和途径。

在企业思想政治工作科学化研究方面，单琪在《企业思想政治工作要与经济效益相结合》(《学习与思考》1997 年第 3 期)一文中指出，企业思想政治工作要围绕企业中心工作展开，必须与企业经济效益相结合，首先做好企业思想政治工作者的工作。曾鹤翠的《论非公有制企业思想政治工作运行机制的内涵和构建》(《社会科学》2002 年第 11 期)一文，从构建非公有制企业思想政治工作运行机制的必要性和重要性入手，阐述了领导组织机制、激励机制、保障制约机制的构建及其新方法。叶新东、陈兴桂的《从管理科学的角度看思想政治工作创新》(《黑龙江高教研究》2004 年第 7 期)一文借鉴管理科学的理论和实践，分别从人力资源管理的原则和方法、客户关系管理的应用原则、管理人员所遵守的法则 3 个层面看思想政治工作，为思想政治工作的开展提供新思路和新方法。郑祖泉的《企业文化与企业思想政治工作：同异及相互关系》(《中共浙江省委党校学报》2005 年第 2 期)一文，分析了企业文化与企业思想政治工作在目标、方法、部分内容上的共同性，对比了企业文化与企业思想政治工作在职能属性、表现形态、内容范围上的差异性，厘清了企业文化与企业思想政治工作相互促进关系。毛跃专长于企业思想政治工作的体制与评估研究，著有《现代企业思想政治工作领导体制构想》(《政工导报》2000 年第 2 期)、《树立辩证的市场观需要解决好几个认识问题》(《政工导报》1997 年第 5 期)、《思想工作要适应现代企业特征》(《政工师》1994 年第 12 期)、《企业思想政治工作评价标准刍议》(《政工导报》1992 年第 5 期)等。

在农村和城市社区思想政治工作科学化研究方面，陈连清的《集中教育是农村思想政治工作的好形式》(《求是》1999 年第 5 期)一文，分析了集中教育的优势与存在的问题，提出了继续抓好农村集中教育、推进农村思想政治工作 4 个方面对策。邹建良的《试论市场经济条件下农村思想政治工作的“有位”与“有为”》(《中国农业教育》2001 年第 1 期)一文指出，农村思想政治工作应坚持在“新”字上做文章，在“活”字上动脑筋，在“实”字上下功夫，真正体现“有位”和“有为”。安华等的《论社区思想政治工作的系统性》(《嘉兴学院学报》2001 年第 2 期)一文，系统分析了社区服务、社区文化建设、社区教育、社区党建和社区管理等要素在社区思想政治工作系统中的地位和作用。

第五节　国际政治学研究

国际政治学是以国际社会各个行为主体之间的政治关系及其运行机制和规律为主要研究对象的一门学科。浙江的理论界结合国际政治理论和现实问题研究，重点研究国际关系理论、国际关系史、当代国际政治问题等，取得了一定的研究成果，并在非传统安全研究等方面有较大的理论突破。

一、国际关系理论

（一）非传统安全研究

非传统安全研究是21世纪初国际上形成的热门话题，引起了浙江学者对安全形势和安全挑战的关注与研究。余潇枫是为代表，其与贾亚君的《论国家主权的当代发展与理性选择》（《浙江大学学报·人文社科版》2001年第2期）一文指出，一个国家在国际体系中独立自主地拥有生存和发展的权利是主权的本质所在；应在对经济全球化、非国家行为体多元化、人权挑战主权等进行分析的基础上，揭示国家主权理论的当代发展趋势，思考和探索包括中国在内的发展中国家在融入国际一体化的进程中，如何维护和保障国家主权、如何拓展和开创国家主权的运作途径等问题。其《从危态对抗到优态共存——广义安全观与非传统安全战略的价值定位》（《世界经济与政治》2004年第2期）一文，在梳理安全概念的基础上，通过对安全与人的生存状态的相关性揭示，提出了“广义安全观”，并以全球伦理的维度，对广义安全的研究模型、伦理向度及其安全理论范式做了新的探索，试图为非传统安全战略的价值定位提供新的理论视角。他的《非传统安全概论》（浙江人民出版社2006年版）一书，梳理了国际关系与安全的内在联系、非传统安全问题及相关理论探索，对于人的安全、生态安全、经济安全、文化安全、信息安全、国际公共安全等领域的安全及其维护进行了系统分析，并就非传统安全和多边合作、非传统安全的地区与国家方略、非传统安全与中国发展方略等重要关联进行了深入探讨。他的《“认同危机”与国家安全——评亨廷顿〈我们是谁?〉》（《毛泽东邓小平理论研究》2006年第1期）一文，在引介、评述亨廷顿《我们是谁?》的基础上，肯定了亨廷顿对“认同危机”进行“安全化”理论努力的创新意义，也对他应对“认同危机”的思维“误区”提出了批评。他与崔顺姬的《安全治理：非传统安全能力建设的新范式》（《世界经济与政治》2010年第1期）一文，梳理了安全治理理论的缘起与演进，分析了安全治理的能力特性及其实现的可能性，并通过对安全治理的不同模式的比较，进而考察了“非传统”的安全观念、思维模式及实践经验在不同区域的差异。王江丽的《非传统安全语境下的“安全共同体”》（《世界经济与政治》2009年第3期）一文指出，非传统安全语境下的安全共同体立足于生存安全和发展安全，在维护目标、内容和手段上具有更宽泛复杂的内涵，是对政治学和社会学意义上共同体的一种回归，体现了人类在共同体问题认识和实践上的更新与突破。

(二)均势理论研究

国际关系理论的研究还有其他一些成果。张贵洪的《均势理论、均势体系与多极现实》(《浙江社会科学》2002年第2期)一文指出,均势是现实主义国际关系理论的核心概念和基本主张,但受到了广泛的批评;就均势体系层面而言,历史上经历了古典均势和现代均势两个基本阶段,并表现出各自的特点;冷战结束后,两极均势向多极均势转移,特别是在亚太地区,已形成多极均势的雏形。他的《理解国际关系:主题、方法、意义》(《浙江大学学报·人文社科版》2002年第5期)一文指出,国际关系的主题是国际合作和国际冲突,国际关系研究包括国际安全研究和国际政治经济学两大主要内容;国际关系的分析方法分为个人层次、国家层次和体系层次3个层次和理想主义、现实主义、科学行为主义和马克思主义4种取向;研究国际关系的意义在于维护国际安全,促进世界发展,推动人权进步,进行全球沟通和实现中国崛起。

(三)国际政治理论的方法论研究

对国际关系学派方法论的研究也受到浙江学者的关注。郭夏娟的《女性主义国际政治学方法论》(《世界经济与政治》2003年第12期)一文指出,由于主流国际政治理论长期忽视女性的存在,把女性排除在国际政治领域之外;女性主义者从方法论反思以往的政治理论,通过女性主义的经验论方法、立场论方法和后现代主义方法,揭示国际政治理论的父权制特征,重构女性主义的国际政治学。章前明的《英国学派的方法论立场及其意义》(《浙江大学学报·人文社科版》2006年第1期)一文指出,英国学派采取多元主义方法论立场的结果,使他们能将国际体系、国际社会和世界社会的理论主张结合起来,对国际关系进行多层次、多维度的考察;英国学派的多元主义方法论不仅为综合各种各样的国际关系理论及其观点提供了一个一致的框架,而且为它们之间的对话架设了一个理想的平台;英国学派方法论的多元主义也造成了其理论的内在矛盾和紧张。他在《英国学派与新现实主义的比较分析》(《世界经济与政治论坛》2007年第1期)一文中,通过对英国学派与新现实主义的比较分析,指出尽管英国学派在国际无政府状态、国际体系和均势等问题的认识上与新现实主义有一些共同之处,但双方在无政府状态假设、规范和制度以及方法论三个方面的认识上,存在重大的分歧。他还在《英国学派和建构主义中的规范概念》(《世界经济与政治论坛》2009年第2期)一文中指出,规范问题是英国学派和建构主义关注的核心内容,但它们对规范含义的理解并不一致;两者对规范概念的不同界定,对其理论建构和研究方法的选择产生了重要的影响,它使英国学派注重阐释方法而建构主义强调科学方法来研究规范问题。

二、国际关系史

(一)地区性国际关系史研究

对欧洲的关注。张丽东的《欧洲一体化的法理反思》(《欧洲》2000年第4期)一文,选用交叉角度对欧洲一体化进行反思,即把"法律宽容"与"实践宽容"作为探讨欧洲一体化进程的一条研究主线，把分析国际政治结构作为另一条研究主线，认为这两条主线交会之处，便是反思欧洲一体化的有意义的视点。张小劲的《从比较政策研究的角度认知欧盟》（《教学与研究》2000年第12期）一文，从比较政策研究的角度考察欧盟的组织性质，通过与一般性国际组织和主权国家政府的双向比较，说明欧盟既不同于一般的主权国家又不同于其他任何国际组织的特质。杨烨的《东扩进程中的"微观安全"与欧盟的对策》（《华东师范大学学报·哲学社会科学版》2003年第4期）一文指出，欧盟区域东扩后可能出现的大规模移民浪潮，有可能导致扩大后的欧盟东部边界出现一种来自"微观安全"方面的威胁，即与过境移民有着紧密联系的非法移民和跨国界犯罪活动；"9·11"恐怖主义事件使"微观安全"问题在欧洲更为凸显，使之成为欧盟东扩进程中一种潜在的忧虑，但是这并不会阻碍欧盟东扩的步伐。

对亚洲的关注。周颂伦的《日美安保体制的再思考》（《东北师范大学学报》2000年第6期）一文指出，《日美安保条约》确定了战后日美关系的基本体制，在这层关系中，日本发动战争的罪责及在道义上、物质上对被侵略国家的负债都被掩饰了；日美安保体制适用范围一再扩大的趋向，证实了日本在安保体制的保护下已经形成窃喜心理，并且已经对东北亚的地域安全产生了严重影响。甘峰的《"亲美入亚"与冷战后的日本亚太战略选择》（《浙江大学学报·人文社会科学版》2001年第4期）一文指出，日本传统的亚洲观始终处于"脱亚"或"归亚"双重的困惑之中，随着冷战的终结，它开始向现实的"亲美入亚"的战略转换，来自日本国内的支持使保守、革新两党价值目标趋同，而经济主义是这一趋同形成的原因。孔小惠的《美国在亚太地区的离岸制衡战略：理论涵义及其实践》（《中共浙江省委党校学报》2009年第6期）一文指出，冷战结束后，出于美国实力相对衰落、新兴大国崛起及亚太地区地缘环境变化等现实因素，美国在亚太地区所推行的是一些现实主义学派学者力推的"离岸制衡"战略；离岸制衡战略具有理论假定、政策内涵、战略优势和操作方式等丰富的含义，在离岸制衡战略指导下，冷战后美国在亚太地区采用联盟政策，例如美日同盟的巩固和加强。

对非洲的关注。刘鸿武的《当代中非关系与亚非文明复兴浪潮——关于当代中非关系特殊性质及意义的若干问题》（《世界经济与政治》2008年第9期）一文指出，随着亚非经济体的加速发展与亚非关系的加强，当代世界正在发生一系列深刻的结构性变革；对于这个新的世界及它的性质与意义，国际关系理论本身需要因应对亚非文明复兴这一宏大的、长期的世界历史发展进程而做出结构、观念与方法的创新，实现由西方本位向立足亚非、观照全球的方向转换。胡美、刘鸿武的《意识形态先行还是民生改善优先？——冷战后西方"民主援非"与中国"民生援非"政策之比较》（《世界经济与政治》2009年第10期）一文，对冷战结束后西方和中国对非洲的政策进行了比较，指出西方对非援助进入了一个新调整期，意识形态优先的做法有所变化；中国对非洲的援助也需要适时调整，努力完善对非援助战略。

（二）对世界格局变化的研究

世界格局变化的关注。张贵洪的《全球化与南北关系》（《世界经济与政治》2000年第9期）一文指出，在全球化的推动下，南北关系正处于一个新的十字路口，全球化对南北关系中的主权、安全和发展三大领域注入了新的因素；国际政治经济新秩序的建立既取决于北方国家的态度,也取决于南方国家的努力。吕有志、查君红的《八国集团:正在形成的全球治理中心》(《教学与研究》2002年第6期)一文指出,冷战结束以来,八国集团为将自身塑造成为"全球治理中心"而大力推出了众多举措和努力;它已经形成为国际社会中的一个核心机构,对于全球化进程和国际政治、经济、安全、社会诸领域均产生了广泛的影响;从七/八国集团存在近27年的国际社会现实来看,七/八国集团只有重新定义全球治理,赋予联合国系统以全球治理中心的权威,彻底改变其一直具有的大国支配世界的情结,扩大世界各国对国际事务的参与,推进国际关系的民主化、制度化,才能走出一条新路。宋玉华、姚建农的《论新兴大国的崛起与现有的大国的战略》(《国际问题研究》2004年第6期)一文指出,以中国、巴西、印度、南非、俄罗斯(简称BRICS)为代表的新兴大国的崛起是当代世界的一个重大政治现象,这一政治现象对现有世界政治格局和经济格局产生了重要影响。

三、当代国际政治问题

浙江省当代国际问题研究会自1988年升格为省一级学会后,创办了《当代国际问题研究》专刊,促进学术研讨交流,推进当代国际问题研究,在向相关部门建言献策方面发挥了重要作用。研究会组织撰写了"当代世界与中国丛书",其中边鹏飞主编、方光明副主编的《当代世界政治经济与国际关系》(浙江大学出版社1988年版)一书,以独特的学科体系、一系列创新见解、较为丰富的国际资料受到学界关注;同年出版的还有程学童、蓝蔚青主编的《战后世界政治和经济概论》(辽宁人民出版社1988年版),全书颇具系统、多有独见。

浙江学者对当代国际政治问题的研究较集中于对亚太的安全环境,尤其注重大国间关系变化影响的研究。宋玉华的《评美国政府的亚太新战略——"新太平洋共同体"的战略构想》(《太平洋学报》1994年第2期)一文,就克林顿亚太政策及其战略构想作出分析与探讨,为中国制定自己的亚洲战略提供一些思路。方柏华的《冷战后的中国国际环境及若干战略思考》(《中共浙江省委党校学报》1998年第1期)一文认为,对中国一项刻不容缓的课题就是准确地分析国际环境,并加以判断和定位,以避免对中国所处国际环境中的不利面,扩展其有利面。吕有志的《重新审视中国的安全环境》(《世界经济与政治》2001年第5期)一文认为,冷战结束以来,国际关系出现了一系列重大的新变化,从一定意义上说具有特定内涵的"后冷战"已进入一个新的阶段;中国的综合国力在不断增强,但中国所处的安全环境并不乐观,正面临着诸多方面严峻的战略性挑战。黄钢军、黄金富的《当前中亚形势浅析》(《国际观察》2001年第1期)一文,勾勒了"受力平台-外部力量-回应"三要素的简单结构,认为中亚"平台"主要针对外力在层次上和类型上进行整理,中亚局势与中国具有战略上的重要性。张贵洪的《印度对中国崛起的看法和反应》(《南亚研究》2005年第1期)一文指出,印度对中国崛起有多种看法和反应,处于主流地位的看法即认为中国将崛起成为一个竞争性大国,主张对华采取制衡加接触的策略;该文重点分析了印度对中国经济增长、军事现代化和地区影响的看法和反应。周术情的《中国在非洲的利益及其维护战略》(《国际观察》2009年第2期)一文指出,由于世界诸国对非洲的争夺日益激烈以及非洲自身的变化,中国在非洲的利益受到极大挑战;该文提出了积极推进国内改革、加强与非洲的文化交流、提高中国国民素质等维护战略。

第六章　法学研究

法律是拥有立法权的国家机关依照立法程序制定和颁布的规范性文件。法学是以法律为主要研究对象的科学，亦称“法律学”“法律科学”。具体包括法学理论（法理学）、法律史、部门法学、地方法治等。在中国，春秋时代就有关于刑事裁判的规定和法学思想的萌芽。战国时期，李悝编成《法经》六章之后，法的研究学派林立，百家争鸣。

浙江古代法治思想和实践活动可追溯到远古时代，良渚文化的石钺和玉钺为新石器时代中晚期的“武器与刑具的象征”及“仪仗工具”。上古三代的青铜钺基本继承了良渚石钺的形制。《国语·鲁语下》、贺循《会稽志》等文献有禹杀戮防风氏之“刑塘”（山阴城北 15 里）的记载。春秋越国文种“修宽刑”；东汉王充的“礼法兼用”；魏晋嵇康“任自然”的法理思想；南宋陈亮的“刑而有善”“畏而不恶”；叶适的“纪纲”“法度”；明代刘基以法制国、“以刑去刑”；明末清初黄宗羲行“天下之法”；晚清沈家本的法为程式，政之辅之，仁政为先、用法在人等法学思想，荦荦大端，甚为丰富。古代重要的法学著作有元代王与的法医学专著《无冤录》与《刑名通义》；明代陈璋《比部招议》，顾应祥《重修问刑条例》，应槚《大明律释义》，应廷育《读律管窥》；清代黄以周《礼书通故》等。明代刘基修“军卫法”及参修《大明律》；清代沈家本主修《大清现行刑律》，制订《大清新刑律》等，皆名垂法学史。晚清民国时期，著名法学家首推沈家本、沈曾植、沈钧儒三家。吴经熊是近现代中国具有国际影响的法理学家，也是中华民国法律的重要策划者之一，其法律思想具有实用哲学倾向。其他著闻者有谢冠生、潘念之、赵琛、陈汉章、张尔田等，长于法理学与法律史研究。王国维 1901 年译介日版《法学通论》，是国内最早翻译的国外法学思想专著之一。

中华人民共和国成立至 20 世纪 70 年代末，浙江籍学者的法学研究继民国时期吴经熊、谢冠生、潘念之之余续，代表性的有吴经熊《法律哲学》《超越东西方》（1951 年），谢冠生《罗马法大纲》《法律与道德》（1972 年），潘念之《宪法论初步》《中国近代法律思想史》（1992 年）等。20 世纪 70 年代末以后，浙江的法学研究从法理学起步，紧跟中国法治建设的进程，侧重在理论法学、法律史学、部门法学、地方法治等学科领域，涉及宪法学与行政法学、刑法学、民商法学、诉讼法学、经济法学、环境和资源保护法学、劳动与社会保障法学、国际法学等 9 大门类，皆有深入的研究。代表性的研究成果有万斌的《法理学》，胡建淼的《世界宪法法院制度研究》《法律适用学》，陈柳裕的《票据法详论》，钱弘道的《经济分析法学》，王健的《反垄断法的私有执行》，毛亚敏的《担保法论》，陈信勇的《法律社会学》，张志铭的《当代中国的法律解释问题研究》，孙笑侠的《程序的法理》，王斐弘的《敦煌法论》，石毕凡的《近代中国自由主义宪政思潮研究》，王立民的《中国法律制度史》，俞荣根的《羌族习惯法》，林来梵的《从宪法规范到规范宪法》，陈醇的《商行为程序研究》，沈志坤的《企业法通论》，陈有西的《反不正当竞争法律适用概论》，梁开银的《中国海外投资立法论纲》，钱水苗的《环境资源法新论》，李永明的《知识产权法新论》，蒋帅的《法治国家构建中的基本问题研究》等，在理论建树和实践应用方面皆有创新。

第一节 理论法学研究

理论法学是一门主要研究法的基本概念、原理和知识的法学分支学科。主要包括法理学、法哲学、比较法学、法社会学、立法学等学科。古代浙江法律思想极为丰富，近现代法学名家辈出，现当代又重视部门法学和地方法治研究，这对于推动法治浙江与平安浙江建设起到了十分重要的作用。

一、法理学

（一）古代主要法理思想和法治学说研究

中国古代具有丰富的法理思想和法治学说。“孔子的正名论，老子的天道论，墨家的法的观念，都是中国法理学的基本观念”。①

浙江古代法治思想及其应用，有据可考的可至上古夏禹时代。《国语・鲁语下》有记孔丘的一段话：“丘闻之：昔禹致群神于会稽之山，防风氏后至，禹杀而戮之。”防风为吴越先民防风部落的首领，其地在今德清境内。贺循《会稽志》、徐承烈《越中杂识》均记有该施刑地刑塘，“防风氏身长三丈，刑者不及，乃筑高塘临之，故曰刑塘”（《会稽志》）。“今府城（山阴）北十五里有刑塘，是其地也”。（《越中杂识》）据考古学发掘研究，良渚文化的石钺和玉钺是为新石器时代中晚期的“武器与刑具的象征”及“仪仗用具”，“是当时权杖的标志”（林华东《浙江通史》史前卷）。三代（夏、商、周）时的青铜钺基本继承了良渚石钺的形制。1990 年 3 月在绍兴出土的青铜鸠杖已非石钺形制，分为杖首、杖身、杖徽，形纹、图案精细，“一般认为鸠杖是权力、尊严之象征，被认作‘权杖’”（徐建春《浙江通史》先秦卷）。

古代浙江在春秋越国勾践复国时期，据司马迁《史记》、赵晔《吴越春秋》等记载，已有较强的法理学观念和法治思想。越王勾践尊事周室，承袭周公“明德慎罚”的法理思想，听从大夫文种建议“修宽刑，施民所欲，去民所恶，称其善，掩其恶”，推行“缓刑薄罚，省其赋敛”②的与民休养生息政策。

东汉王充崇尚黄老约法省刑、休养生息的观念，反对谶纬神权法思想，在其《论衡》中批斥“天刑”论的“天造谴告”的天罚思想和“用刑非时则寒、施赏违节则温”的时令说，主张“礼法兼用”“文武张设”，言之“夫刑人用刀，伐人用兵，罪人用法，诛人用武”。（《论衡》）王充的法理思

---

① 胡适：《中国哲学史大纲》，河北教育出版社 2002 年版。

② 〔东汉〕赵晔：《吴越春秋》卷十《勾践伐吴外传》。

想虽仍是儒家"德主刑辅"的传统主张，但在东汉时期还是有一定的积极意义的。至魏晋，嵇康以"任自然"为根本的法哲学，菲薄名教圣人，揭露封建礼法的虚伪性，主张"无为而治"，建立"任自然"的理想法制。

南宋陈亮、叶适是事功主义法理思想的主要代表。叶适在法治思想上主张"国家以法为本，以例为要"，认为"其官虽贵也，其人虽贤也，然而非法无决也，非例无行也"。① 他认为法治比人治更公平、更长久，"夫以法为治"，"盖人不平而治至平，人有私而法无私，人有存亡而法常在，故今世以'人乱法不乱'为常语"。② 叶适以事功为基础的法理思想，就是要求法律制度服务于国计民生，以社会效益作为衡量法律价值的准则，因此要求道与功、义与利、理论与实践的有机统一。他十分关注"纪纲"与"法度"的关系问题，认为"纪纲"是国家的根本大法，"法度"不仅指法律、法令，同时也包括制度。国家管理上的过度集权，必然导致"法度"的细密严苛。他认为，宋代政治体制的弊端在于"法度以密为累而治道不举"，"纪纲以专为患而国威不立"，主张"纪纲"专而不可分，"法度"密而不能疏，即要分权、疏法，使"朝廷所谓烦密不可变之法度者尽变之，以共由疏通明达之途"，使"朝廷所谓专闭不可分之纪纲者尽分之，以各合于外坚中柔之术"。叶适所议论的话题，如集权与分权的关系、法密与法疏的关系、道德与刑法的关系等，实际上触及了法律体制的一般问题，不仅具有法理学上的意义，而且具有深刻的历史意义。③

陈亮的法律思想是以事功学说为基础，在法律价值观上力陈除弊兴利，改革现行制度。他阐述了"道"与法律的关系，揭示了义理、事功、法度变革三者之间的内在联系，用功利观点去解释法律的产生和作用，认为人们具有趋利避害的天性，"有所判而为善，有所畏而不恶"，而法律的产生正是适应了个人趋利避害的天性的需要。陈亮法律思想最著名的特点是反对性理空论，提倡事功，注重实践，因此离开事功学说则无法真正认识陈亮的法律思想。④

元末明初政治家和思想家刘基为明朝开国元勋之一，对明初的法治思想形成和法律制度建设有较大的贡献。他以宋元"宽纵失国"为由，奏请设立"军卫制"，对立国初年军权的巩固起到很大的作用。他与李善长等议定《律令》430 条，为修定《大明律》的基础。他在《郁离子》（羹藿、鲁般、刑赫、韩非子为政、省政、天道、公孙无人等篇）中述有丰富的法治思想，显示其"申、韩之刑名"之智⑤。其法治思想有四：一是因时立法，主张刚济循环。如立国之初主张重典，设立军卫制；国盛已立时主张"少济以宽"；晚年，他认为，为政要令在于宽柔与刚猛循环相济。在立法方面，主张"衣食之数"不应禁止。二是贬斥天罚，力主以法治国。他承继王充《论衡》对"天刑"的批判，否认天罚论的法律传统，强调明法以治乱治国。三是以民为本，强化"以刑去刑"。他认为，司法应以民为本，所裁定的刑罚应能够达到公平服人和警示人改过自新的目地。四是仁德教化，使民自律免刑。

---

① 〔宋〕叶适：《叶适集》，中华书局 1961 年版，第 811 页。

② 〔宋〕叶适：《水心别集》卷十四《新书》。

③ 张玉霞：《叶适法律思想诠释》，《温州职业技术学院学报》2009 年第 2 期。

④ 王颢：《试论陈亮以事功学说为基础的法律思想》，《哈尔滨市委党校学报》2006 年第 2 期。

⑤ 徐一夔：《郁离子·序》，载刘基《诚意伯文集》，商务印书馆 1936 年版。

黄宗羲是明末清初伟大的启蒙主义思想家、博学多才的学问家。其一生著作宏丰,《原法》是其名著《明夷待访录》中重要的一篇,集中反映了他的法律思想。黄宗羲法律思想基本前提是,“以天下为主,君为客,凡君之所毕世而经营者,为天下也”。(《明夷待访录·原君》)所谓“天下”实指“兆人万姓”的人民,“天下为主”也即人民为主。黄宗羲痛斥封建法制是“藏天下于筐箧”的“非法之法”,主张实行“未尝为一己而立”的“天下之法”。它是保护人民“各得其私,各得其利”的。他指出这种“天下之法”,“贵不在朝廷也,贱不在草莽也”。(均见《原法》)他认为,“有生之初,人各自私也,人各自利也,天下公利莫而或兴之,有公害而莫或除之。有人者出,不以一己之利为利,而使天下受其利,不以一己之害为害,而使天下释其害”。(《原君》)黄宗羲把保护私有财产和法律上的平等作为基本要求。①

(二)近代、现当代的法理学研究

其一,法的本体研究。

法的本体主要讨论法的本质、渊源、作用、效力、价值;法律规则、原则、关系、责任、意识;权利能力、权利和义务、权利与权力的概念与关系;法律部门以及法律规范的冲突与解决等内容。对此,近现代多有浙江名家研究。

沈家本,近代中国著名法学家,清末主持修律的重臣。他受西方资产阶级法律观的影响,承继了中国古代德主刑辅、以仁统法的法理思想,孕育了近代中国的法理学。其主要法学著作集为《沈寄簃先生遗书》甲编(中国书店1990年版),共22种86卷,最为著名。这些法学论著对上自传说中的虞、夏,下至明、清各代的中国古代律令、刑制等进行了系统地考证,阐述了历代法制的沿革与得失,并对其中有些部分如汉律作了重点剖析,对清末立法与司法实践中的问题提出了一系列改革法制的重要主张,对中国旧律的考证具有较高的学术价值。他认为“法之修也不可不审,不可不明。而欲法之审、法之明,不可不穷其理”“中说多出于经验,西学多出于学理”,而“经验”与“学理”应当并重,互相结合。他的法理学观点认为,法是天下之程式,是“政之辅也”。他主张“会通中西”为修法原则,认为“我法之不善者当去之”“彼法之善者当取之”,先后主持翻译了几十部国外法规、法典,他参考资本主义国家刑法,主持制定《大清新刑律》等。他推崇民主主义的法律思想,认为各法之中以刑法为重,而中国重刑多,西方轻刑多,建议“改重为轻”,废止凌迟、枭首、戮尸、刺字等酷刑。其有影响的单本论著有《历代刑法考》(中华书局1985年版)、《历代刑官考》《律目考》《刑志总考》等。

吴经熊,近现代中国具有国际影响的法理学家,中华民国法制的重要筹划者之一。他的法律思想大体上可以分为前期和后期两个部分。前期(1946年译介《圣咏译义》之前)的吴经熊,留美的经历使其明显受到美国实用主义和社会法学的影响,加上亲身参与并致力于中国现代法制的建设,因此这一时期的法律思想具有浓厚的实用哲学倾向。主要著论有《法律的基本概念》(新见《律师文摘》2010年1月27日刊)、《法律的三度论》《法律哲学研究》(上海法学编译社,1933年)等。他的《法律的三度论》(写于20世纪20年代)就是以霍姆斯的法律预

① 《黄宗羲全集》第1卷《序》《明夷待访录》《原君》《原法》,浙江古籍出版社1985年版。

测说为蓝本，具指每一个特定的法律均具有时间度、空间度和事实度。他认为依据法律三度论，法律学便由形式学科变为一种归纳的科学。而由归纳法得出的法律结论并不像演绎法那样是绝对的，它只是法律专家根据种种法律渊源所做的对法律判决的预测。其《法律哲学研究》积集20世纪二三十年代所写的25篇论文及中西方法律思想与吴氏本人的法律思想认识以及霍姆斯大法官的一部分通信和《吴氏宪草》，阐释了法的基本概念和法律精神以及对具体法制的比较观察。后期(1946年之后)的吴经熊，欲以中西文化为视角构建出以自然法为中心的法哲学体系。这一时期，他主张区分法律科学与法律哲学，将其法哲学理论命名为"进化中的自然法"，并提出他自然法哲学的标准。这一时期，吴经熊法律思想的主要文献有《超越东西方》(1951年在纽约出版。周伟驰译本，社会科学文献出版社2002年版)、《中国新旧法制在哲学上之基础》(载《中西法律思想论集》，台北汉林出版社，1984年)、《正义之源泉：自然法研究》(1955年在美国出版，后由法律出版社出版)、《自然法与基督教》(1962年)、《自然法哲学的比较研究》(1975年)、《孟子的人性论与自然法》(洪玉钦译，载《法学论文选译集》，台北文化学院城区法律学系，1978年)等。

谢冠生，为近现代著名法学家，长期任职于中华民国司法院与司法行政部，1924年获巴黎大学法学博士学位，回国后在复旦大学、中央大学、法政大学等教授法理学、罗马法等课程，著有《法理学大纲》《罗马法大纲》《簋笙堂文稿》(法学文稿集，(台北)商务印书馆1972年版)、英文本《中华民国宪法概论》、法文本《中国法制史》等，其法学思想受美国社会法学派影响较大。1946年7月至1948年11月，以司法行政部长身份促进美国著名社会法学派创始人罗斯科·庞德教授正式访华并受聘司法行政部顾问，先后在华多次演讲和社会调查，谢均记有详细的活动日志，后撰有《追怀庞德教授》(台北，1964年)。其法理学受孔子仁德思想影响较深，在《簋笙堂文稿》中收有其《孔子学术中的民主法治思想》《法律与道德》等文论。

潘念之，长期潜心研究政治学和法学，颇精宪法学，对马克思主义法学理论建设卓有建树。1942年著《宪法论初步》("三联经典文库"第2辑，1932—1951年，后由生活·读书·新知三联书店出版)。1982年公布宪法修改草案之后，其连续发表文论有《维护我国法制的尊严与统一》(《法学》1982年第6期)、《认真学习新宪法切实遵守新宪法》(《社会科学》1983年第1期)、《略论宪法和我国新宪法的特点》等。关于法的概念和属性问题，他认为历来是有争论的，焦点有五：法现象的阶段社会特有性与人类社会的共通性；法本质的阶段性与社会性；社会主义向共产主义社会过渡阶段法的性质；法与国家联系的密切性；马克思主义经典著作上的法的概念等。他指出这些问题的核心，是法的本质属性究竟是阶级性还是社会性这一点。他强调讨论法的本质属性问题，一定要遵守马列主义的基本观点和基本理论。潘念之法律思想的主要文献还有：《阶级性始终是法律最重要的特征》(《学术季刊》1985年第4期)、《社会主义民主和社会主义法制的伟大发展》(《政治与法律丛刊》1982年第1期)等，主编有《中国近代法律思想史》(上海社会科学出版社1992年版)。

江平，为中国著名法学家，曾任中国政法大学校长，先后牵头起草中国的《民法通则》《行政诉讼法》《物权法》，参与讨论《宪法》修订，代表性著作有《商法全书》(主编)、《法人制度研究》(主编、合著)、《民法原理》《民法学》等，及《论股权》(江平、孔祥俊合著，《中国法学》1994

年第1期)、《论有限合伙》(江平、曹东岩合著,《中国法学》2000年第4期)等。

现当代代表性的研究专题和研究者有:

法理学研究。万斌对法的渊源、本质、功能等本体论问题进行了系统研究。他的《法理学》(浙江大学出版社1988年版)一书认为法是与人的社会本质相联系的一种社会现象。法的功能作用正是在人类历史发展中把握人与自然、人与社会的内在同一性,把人的行为强制性地纳入一定的社会规范。因此,法律与其他调节人的行为的规范准则,例如道德、习惯、礼仪、风俗,乃是维持人类社会生存和发展的必然要求,是人的社会本质的必然表现。其法律思想论著还有《法的阶级性、共同性的再探索——兼与田培炎、沈国明同志商榷》(《社会科学》1984年第5期)、《法的共同性初探》(《社会科学》1983年第9期)。

法传统现代化与法律移植研究。法律移植是法理学的重要范畴。陈柳裕在国内较早总结和探讨中国法律移植的实践和理论,著有《论法的本土性》(《政治与法律》2000年第2期),认为法的本土性是讨论法传统现代化和法律移植问题的核心;指出法的本土性因素是法的内向性发展规律,对其的坚持就是坚持法制建设上的"中国特色";对法的本土性因素的寻找和利用是建设中国特色的社会主义法律的前提;法的本土性命题并不否认我们借鉴、吸收域外法律制度与法制实践,相反,它对于我们所从事的法律移植工作具有指导意义。他从法的本土化角度,深入到地方法治、广告法学、票据法等研究领域,均取得了较好的研究成果,如《论地方法治的可能性——以"法治浙江"战略为例》(《浙江社会科学》2006年第2期)等。

人权领域的研究。徐亚文的《"以人为本"的法哲学解读》(《中国法学》2004年第4期)认为,人权的落脚点就是"以人为本",作为社会观的基本用语,"以人为本"一词具有历史性、不确定性和开放性;从法哲学的角度解读"以人为本",就在于试图廓清不同语境下的"以人为本"的特定含义,确立科学的法律观,推动法制改革和法治实践,使人成为社会主义民主与法制建设的首要前提、根本依据和最终归宿。其法律思想论文还有《"马克思主义法学中国化"与当代中国的社会主义法治精神》(《武汉大学学报·人文科学版》2005年第4期)、《欧洲人权公约中的程序正义条款初探》(《法学评论》2003年第5期)等。张光杰的《人权是什么——三种阐释与一个回答》(《南京大学法律评论》2002年秋季号)一文认为,人权具有价值论、规范论及事实实证论三个维度,它们展示了人权的不同侧面;人权的价值论主要考察人权的目的性价值与手段性价值,并揭示人权价值内含的三个信念即人的共同性与多样性、人的平等、个人自治理念;人权的规范论则囊括人权的三个要素即主体、客体、内容;人权的事实论主张人权现象是为一种事实在人的生理与心理上的内在基础;从上述层面来理解人权,可以有力地反驳关于"人权谎言论"的观点,揭示出人权的人性关怀与对现世的意义。

法学方法论研究。季涛的《法学方法论的更新与中国法学的发展》(《浙江社会科学》2000年第5期)指出,20世纪80年代末以来,中国法学有了较大发展,其中20世纪80年代末发动的"知识增长期"是以"权利本位说"为核心思想,对传统法理学所做的重构运动;而90年代中期发动的则是以解构传统法理学为己任的法学本土化运动。他指出这两次法学思潮的确都给人耳目一新之感,给法学界带来一些生机与色彩;但这一现象本身并非全然表示中国法学已经趋向成熟;他认为判断一个国家的法学是否成熟,关键在于该国的法学是否是独特的,这种独特性不仅能使该国法学在解释、指导本国的法律实践上游刃有余，而且也给整个世界法学带来启迪；中国法学界所作的努力，无论是重构，还是解构，都是中国法学趋向成熟的关键步伐，但不是最终的步伐。其还著有《程序理性反抗价值虚无主义的徒劳——就“新程序主义法学范式及其对中国法学发展之意义”和季卫东教授商榷》（《浙江社会科学》2006 年第 5 期）。

法律责任和法伦理学研究。余军对法律责任有一定的研究。其《法律责任概念的双元价值构造》（《浙江学刊》2005 年第 1 期）、《法律责任概念的形式构造》（《法学研究》2010 年第 4 期）两文认为，从法现象的角度看，法律责任与任何法律制度一样，均由逻辑、事实和价值三大要素组成，并由此展开对法律责任概念的诠释。现代法律责任是复合的责任，任何一种责任均表现为道义责任论与社会责任论的统一和熔合。陈寿灿侧重法伦理学领域的研究，他著《人本法律观的伦理意蕴》（《政法论坛》2007 年第 6 期）、《论人的尊严是宪政的伦理基础》（《社会科学战线》2008 年第 3 期）等，认为人本法律观的提出是中国法学界尤其是法理学界集体智慧的结晶，是马克思主义中国化的重大成果，是对人类法律文化遗产的科学总结，也是时代精神的具体体现，代表了中国法学发展的方向。他提出培植法律的人文精神，确立以人为本的法律理念、构建以人为本的法学理论体系，是中国法学的主要任务；人本法律观作为对神本法律观和物本法律观的扬弃与超越，具有自己独特的内涵，而作为一种现代的法的理念，人本法律观蕴含深刻的伦理意蕴。王凌皞主要从儒家美德的角度来研究法理学，学界形象地称其为“儒家美德法理学”。他的《儒家美德法理学论纲》（《浙江大学学报・人文社会科学版》2010 年第 6 期）一文认为，儒家的道德思想可解读为一种温和的美德伦理学，儒家美德法理学是受儒家道德思想启发而发展出来的当代法律理论，以礼、正名、义和仁四个儒家根本理念为基础，将和谐（社会层面的协调性和谐与个人层面的自治性和谐）看作是法律的重要价值之一；并从功能论的角度解释了法律如何指引公民的行为，对评价性概念的适用和法律指引人们行为的机制进行了理论上的阐释。

其二，法的运行研究。

法的运行主要讨论法律适用、法律遵守、法律推理、法律证成、法律解释、司法裁判、法律方法等内容。浙江学者均有研究。

法律解释研究。张志铭的《关于中国法律解释体制的思考》（《中国社会科学》1997 年第 2 期）一文认为，把法律解释单列为一种权力，并在不同的国家机关之间对这种权力进行分配，构成了中国的法律解释体制。他以 1981 年全国人大常委会关于法律解释的决议为线索，从规范、事实和观念三个层面，对这一体制进行了描述和分析。基于这一体制在实际运行中出现的问题，他探讨了其自身设计的合理性；同时又认为，1981 年解释决议构建了解释体制的基本框架，但它在解释权的主体、内容和对象等方面存在着与宪法和基本法律有关规定的协调问题（《中国社会科学》1997 年第 2 期）。他的《法律解释概念探微》（《法学研究》1998 年第 5 期）对确立立法解释的认识依据进行了反思，并从形成健全完善的司法功能出发，对法律解释权的分割和垄断提出了质疑。他还著有《当代中国的法律解释问题研究》（《中国社会科学》1996 年第 5 期）等。

法律运行研究。孙笑侠主要从民意与司法的关系入手研究法律的运行问题。他著《公案的民意、主题与信息对称》(《中国法学》2010年第3期),认为随着社会转型和法治建设的推进和公民法制意识的增强,司法与民意的关系日益密切,民意正在一定程度上对某些案件审判乃至整个司法体系产生影响。对此,他从民意的自身特性、主题元素、民意与司法之间的信息不对称方面入手,以民众、媒体、为政者和司法官四个主体及其相互间的角力关系为主轴,分析了民意与司法、司法与媒体的关系,认为如果没有为政者的批示,则民意与司法的关系通过言论自由与公平审判的角力,基本上是能够平衡的;媒体的新闻自由与公平审判之间通过相互的角力,也是可以自动趋于平衡的;据此,司法官考虑民意是有正当性的,是能够保障当事人公正受审的权益的。他还著有《公案及其背景——透视转型期司法中的民意》(《浙江社会科学》2010年第3期)、《判决与民意——兼比较考察中美法官如何对待民意》(《政法论坛》2005年第5期)等论文与《程序的法理》(商务印书馆2005年版)、《法律原理》(浙江教育出版社1998年版)、《法的现象与观念》(群众出版社1995年版)等专著。

法律论证与司法裁判研究。陈林林主要从事法律论证与司法裁判领域的研究。他的《基于法律原则的裁判》(《法学研究》2006年第3期)提出需解决的三个问题,即识别与个案相关的法律原则、处理原则与规则的适用关系、解决原则之间的冲突问题;他认为现有的裁判理论虽对这三个问题作了不同回应,但欠缺可靠的操作程式。他的《裁判上之类比推论辨析》(《法制与社会发展》2007年第4期)认为,与一般类比不同的是,裁判者必须考察法律规范所隐含的价值判断,运用评价才能展开法律上的类推。虽然类推适用具有逻辑推论的形式,但其实质是一种可辩驳的论辩性论证。类比推论的关节和难点,是规范事实和个案事实之间的"相似性"判断,这需要裁判者观照构成要件理论和类型理论,综合各种与类推相关的司法技术,在规范与事实、方法与结果之间寻求一种反思性平衡。他在《司法裁判中的演绎推论》(《浙江大学学报·人文社会科学版》2007年第1期)一文中认为,演绎推论预设的两个适用条件:法律体系的公理化和法律命题的形式化,在实践中往往是成问题的。演绎推论对规则和逻辑的倚重,会使裁判者过于墨守现有的规范,并导致法律趋于僵化和保守。虽然作为辅助手段的法律解释能够消除推论过程中的一些问题,但囿于演绎推论对评价和实质性理由的排斥,其功用也是有限的。他还著有《法理学》(浙江大学出版社2008年版)等。王晓对法律论证也有研究,他著《走出困境:法律论证的认识论再思考》(《法商研究》2007年第6期),认为"明希豪森困境"和"休谟问题"是困扰人类智慧的两大难题:针对第一个难题,哲学界提出了基础论、外在基础论、融贯论以及基础融贯论等理论学说,但是内中各有缺陷,相比之下,苏珊·哈克教授的基础融贯论能更好地解决其中的一些关键问题;对于第二个难题,事实与价值实质上常常缠结而很难截然两分,在法律论证领域中也同样存在认识论困境所带来的疑惑,因而需要借鉴哲学认识论的最新成果来修正法律论证的基本进路。他还著有《在规范与经验之间——法律解释语言的语用学指向研究》(《浙江学刊》2005年第5期)、《事实的法律追问——一种现象学意义上的阐释》(《浙江学刊》2004年第4期)。

法律职业研究。李学尧侧重于法律职业方面的研究。他著《非道德性:现代法律职业伦理的困境》(《中国法学》2010年第1期)一文指出,步入21世纪之后,法律人的职业伦理问题与对司法改革的质疑声交织在一起，成为中国社会公共生活中的重要话题，间接直接地触发了执政党、政府以及民众对于司法改革方向、法学教育等方面的讨论和反思；他主张以“非道德性”为基本概念，系统描述和分析当代法律职业伦理所遭遇的困境以及“自由主义”法学理论与之内在性关联，提出了以中国传统美德伦理学来克服这一困境的理论命题。他还著有《论法学教育与司法考试的衔接——法律职业准入控制的一种视角》(《法制与社会发展》2010年第1期)、《法律职业主义》(《法学研究》2005年第5期)、《这是一个“职业危机”的时代吗？——“后职业时代”美国法律职业研究的理论综述》(《中外法学》2004年第5期)。

司法公正与司法独立研究。方立新侧重于司法公正与司法独立方面的研究。他的《司法独立形态考》(《浙江大学学报·人文社会科学版》2000年第6期)、《司法改革的动因及其制度设计》(《浙江大学学报·人文社会科学版》2001年第6期)两文认为，司法独立是法治社会的基本要求，是实现司法公正、走向社会正义的重要途径和保证，它与法律运行的特点、方式以及法律规范调节社会关系所形成的结果有关；司法独立的实现，需要具备某些前提条件和必要的制度环境；实现司法独立是中国司法改革的一个重要目标，但不是司法改革的全部内容。谭世贵侧重司法独立、民主方面的研究，他的《我国司法民主的现状、问题与完善》(《法学论坛》2009年第6期)认为，司法民主是国家民主政治的重要构成和实现依法治国的必然要求，对于发展社会主义民主政治、推进依法治国基本方略的实施具有独特作用；中国的司法民主初步形成了自己的制度框架，但还存在诸多问题，应当以法律形式确立人民监督员制度，健全人民陪审制度，完善审判公开制度及其配套措施，赋予诉讼当事人程序选择权，提高律师的素质和地位，以加快中国司法民主的发展与完善。他还著有《中国司法制度若干理论问题研究》(《杭州师范大学学报·社会科学版》2010年第5期)、《论司法独立与媒体监督》(《中国法学》1999年第4期)。

二、外国法与比较法学

(一)外国法研究

美、日宪法制度研究。对此，林来梵多有研究。在美国法方面，他的《美国宪法判例中的财产权保护——以 Lucas v. South Carolina Coastal Council 为焦点》(《浙江社会科学》2003年第5期)认为，征用权与警察权的区分，是美国有关财产权保护宪法争诉的重要焦点之一，在此方面虽曾形成一系列的经典判例，但实际上没有克服法理上长期的混乱。联邦最高法院力图在1992年的路卡思诉南卡罗来纳州海岸委员会一案中就征用补偿这一方面提出了一个确定性的规则，然而其结论仍具有争议性。在日本法方面，他的《论“芦部宪法学”》(《浙江社会科学》2006年第1期)认为，日本当代宪法学界的执牛耳者芦部信喜所建立的宪法学体系，在理论构成上具有相当丰富而又相对自足的内容，体现了对日本现行宪法的体系性思考，在日本拥有“芦部宪法学”的专称。这是已有数代传承的日本宪法学说史发展脉络的自然延伸，而这一脉络又与德国国法学－宪法学的发展脉络具有一种对应沿承的结构类似性；由此理解“芦部宪法学”的理论要点，把握其法教义学的学问品格，就可以在一个方面确切了解传统宪法解释学是怎样进一步发展成为“规范性宪法学”的。他译有芦部信喜著《宪法》(北京大学出版社 2006 年版),还著有《关于中日两国宪法学研究特色的比较探讨——以〈现代中国宪法论〉(日文版)为素材》(《法学家》1997 年第 4 期)。

英、美、德、日行政法研究。对此,胡建淼的研究甚为广域。在德国法方面,他的《试论德国行政上的即时强制制度及理论》(《浙江社会科学》2001 年第 1 期)从德国的历史渊源、法治理念出发,对德国行政上的即时强制制度,特别是对即时强制与直接强制的关系、即时强制法律特征、适用范围与程序作了翔实的阐述。在英国法方面,他的《英国〈城乡规划法〉百年变迁中的规划行政权》(《浙江学刊》2010 年第 4 期)认为,英国的城乡规划立法已走过百年历程,自 1909 年以来,先后颁布了 20 多部规划法,英国规划法的演进反映了各个时期不同的经济和社会背景下,规划干预与权力制约的关系。在日本法方面,他的《依职权行政不作为赔偿的违法判断标准——基于日本判例的钩沉》(《中国法学》2010 年第 1 期)以日本判例为分析对象,通过区分食品药品公害监管不作为类型与一般行政不作为类型,提出了判断依职权行政不作为是否违法的预见可能性、结果避免可能性、期待可能性和受损法益的重大性四项要件,详述了各项要件所存有之内涵。在美国法方面,他的《美国管理性征收中公共利益标准的最新发展:以林戈尔案的判决为中心的考察》(《环球法律评论》2008 年第 6 期)介绍了美国土地管制法制的改革呈现出公益理论的新进展。其《比较行政法:20 国行政法述评》(法制出版社 1998 年版)述评了英、美等 20 个国家的行政法思想,以作为中国之借鉴。他还著有《世界宪法法院制度研究》(浙江大学出版社 2007 年版)、《世界行政法院制度研究》(武汉大学出版社 2007 年版)等。

德、英与越南、印度法律综合研究。阮方民对德国、英国、越南、印度等国家的法律展开研究。在德国法方面,他的《中德危害国家安全犯罪比较研究》(《浙江大学学报·人文社会科学版》2005 年第 2 期)认为,中德刑法在危害国家安全罪的分类及类罪名上有差异。在具体罪名的设置上,德国刑法要比中国刑法细致得多,特别是确立了“危害和平罪”与“危害民主法治国家罪”两个罪名,值得中国刑法借鉴;而中国刑法中确立的“分裂国家罪”与“颠覆国家政权罪”在是否能够由非暴力方式构成上与德国刑法的规定有着差异。在“叛乱罪”与“叛国罪”的构成设计上,两国刑法规定也是各有所长。在英国法方面,他著《英国管制“金字塔销售”的立法与发展简介》(《法商研究》1997 年第 3 期)认为,英国管制“金字塔销售”的立法规范,已经走过了 20 多个年头。研究英国管制“金字塔销售”的立法及其发展,对于借鉴和学习他国的立法经验,创建适合中国国情的关于多层次传销的法律规范,有着积极的意义。他还著有《印度刑法中的杀人罪与谋杀罪及其相互关系》(《杭州大学学报(人文社科版)》1994 年第 2 期)、《越南刑法典若干规定概述》(《环球法律评论》1993 年第 1 期)。

美国移民法研究。翁里对美国的法律制度特别是移民法多有研究。他的《解读美国移民法及其人权标准》(《太平洋学报》2007 年第 3 期)认为,美国移民法经过不断修改,已形成目前世界上最为完善而复杂的移民法典。纵观美国的移民法制史,其各个时期的移民法修改特点,都是为了迎合当时的政治和社会需要。重新回顾美国移民法的演变历程,不难发现美国存在移民歧视等不良人权记录。他还著有《论美国新移民法的国际影响》(《浙江大学学报·

人文社会科学版》2001 年第 4 期)、《美国新移民法评析》(《外国法译评》1994 年第 2 期)、《北美投资移民立法之启迪》(《行政与法》2008 年第 1 期)等。

日本社会法学等研究。王为农的《日本的社会法学理论:形成与发展》(《浙江学刊》2004 年第 1 期)从考察日本社会法产生的社会经济背景入手,对日本自第一次世界大战结束以后开始的社会法学研究作了简要的历史回顾,以期借此使人们能够从一个侧面对社会法的内涵及其本质有所了解和认识,进而推动中国的社会法学理论研究健康地发展。他还著有《日本禁止垄断法中的征缴"课征金"制度》(《财经问题研究》2005 年第 5 期)。周江洪的《日本非营利法人制度改革及其对我国的启示》(《浙江学刊》2008 年第 6 期)认为,2006 年日本国会通过了一般法人法、公益法人认定法及相关法律完善法,对现行非营利法人制度进行了一次重大的制度重构。通过本次制度变革,废除了现行民法所维持的公益法人设立的许可主义和主管机关制,对于非营利法人的设立采取准则主义,并导入行政机关以外的公益性认定机制等,在民法体系和法人制度体系上都发生了重大变化;该重大变化,从具体制度方面来说,可以为中国社会团体相关法律制度的建构提供参考。

英德竞争法与欧盟行政行为法研究。在德国法方面,王健的《德国竞争法的私人执行——历史局限和最新发展》(《现代法学》2007 年第 5 期)认为,从理论上说,德国比较重视竞争法的私人执行,尤其是在《反限制竞争法》第 7 次修订后,德国竞争法的私人执行制度在多个方面发生了积极的变化,以促进和强化竞争法的私人执行;但执行规定仍存在某些方面的不足,需要进一步发展。在英国法方面,他的《2002 年〈企业法〉与英国竞争法的新发展》(《环球法律评论》2005 年第 2 期)认为,2002 年《企业法》发展了英国竞争法,它再造了竞争主管机构,更新了企业合并控制制度,引进了一种新的犯罪——卡特尔犯罪,修正了市场调查制度,导入了超级控诉和取消董事资格制度,使英国竞争立法进入了一个新的时代。他著《反垄断法的私人执行:基本原理与外国法制》指出,反垄断法私人执行的立法和实践始于美国,现在已经为大多数国家的必然选择;反垄断法的私人执行具有自发性优势和比较优势;该著论述了中国反垄断法引入私人执行制度的必要性和立法建议(法律出版社 2008 年版)。李春燕的(译文)《欧洲良好行政行为法》(《行政法学研究》2007 年第 3 期)概述了《欧洲良好行政行为法》及其立法过程,该法把公民获得良好行政的权利和就暴政向欧洲调查专员提出申诉的权利列入公民的基本权利之列,其意图是更详细地解释宪章中获得良好行政的权利在实践中的意味。

(二)比较法研究

中、日、德、美的起诉制度和无效辩护制度的比较研究。林劲松在起诉便宜原则问题上,著《日、德、中三国适用起诉便宜原则之比较》(《浙江大学学报·人文社会科学版》2002 年第 6 期),对中、日、德三国作了比较分析,认为起诉便宜原则是现代各国刑事诉讼普遍确立的一项起诉原则。日本、德国、中国虽然同为大陆法系国家,但在适用起诉便宜原则的目的、范围和制约措施等方面却存在着明显的区别,比较、借鉴日、德两国有关起诉便宜原则的立法和司法经验,有利于中国酌定不起诉制度的完善。在无效辩护制度问题上,他著《美国无效辩护制度及其借鉴意义》(《华东政法学院学报》2006年第4期),主张应该引入美国的这一制度,认为美国无效辩护制度是一项保障刑事被追诉人获得律师有效辩护和公平审判的制度;律师的失职行为侵害了被追诉人获得有效辩护的权利,需要无效辩护制度来承载救济被追诉人权利的功能,美国判断无效辩护的标准兼顾了律师自主辩护与被追诉人权利保护之间的平衡,中国刑事诉讼模式转型后,有必要引入无效辩护制度。

西方宪政制度移植比较研究。石毕凡对近代中国移植西方宪政展开研究。他的《历史性妥协的瞬间:近代中国移植西式宪政之最后尝试》(《社会科学战线》2004年第4期)认为,20世纪40年代,以民盟为代表的中间党派所发起的宪政运动在1946年各党派政治协商会议前后达到高潮,作为政协五方妥协的结果,"宪法草案案"集中体现了中间党派的自由主义宪政理想。他将"宪法草案案"主要内容与孙中山五权宪法和西方宪政模式进行比较,试图阐明中间党派宪政理念的特质和近代中国引进西式宪政制度的艰难。

侵权法律制度比较研究。王冠玺的《法人精神损害赔偿请求权问题再探索——基于比较法上的观察》(《法制与社会发展》2010年第5期)认为,中国现行司法解释与《侵权责任法》均不支持法人享有精神损害赔偿请求权,此问题长期以来在各界引起了广泛的讨论与争议;欧洲与日本等诸多发达国家,多有承认在符合一定要件下,法人也有权主张精神损害赔偿的法律规定、法院判决或学说,特别是德国学者新近提出的理论,值得中国借鉴。他还著有《再论中国法学发展的"十字现象"(上、下)——从现代化法律的继受中反思"中国特色"》(《比较法研究》2009年第2期、第3期)。

行政法与行政程序法比较法研究。章剑生的《两大法系行政程序法观念之比:兼论中国行政程序法观念》认为对世界各国法律产生巨大影响的英美法系和大陆法系,因其传统不一致而导致在法律制度进而在法律观念产生许多差异性,这种差异性不是评价某一法律制度或法律观念优劣的标准,但可以作为我们认识问题的一个切口。鉴于比较,他进一步探讨了中国行政程序法观念及中国行政程序法典化(《比较法研究》1997年第1期)。他还著有《行政程序法比较研究》(杭州大学出版社1997年版)。应松年对行政法展开系统地比较法研究,他的研究涉猎中、英、美、法、日、加、澳等国家的行政法律制度、行政诉讼案例,从这些研究中总结行政法学原理和制度借鉴与移植。如《澳大利亚行政程序法基本原则及其对中国立法的启示》(《行政法学研究》1996年第4期)在对澳大利亚行政程序法基本原则研究中,认为澳大利亚行政程序法有五项基本原则,即合法与越权原则、透明与参与原则、告知与接触原则、时效与时限原则、公平与合理原则,这些原则对制定中国的《行政诉讼法》具有借鉴价值。他还著有《中国入世与涉外行政法》(《江苏社会科学》2004年第6期)、《中外行政诉讼法案例选评》(中国政法大学出版社1989年版)。

产品责任立法与合同错误的比较法研究。金伟峰的《浅谈西方国家的产品责任立法》(《青海社会科学》1988年第3期)认为,产品责任法是国际上正在形成的一个新兴的法律部门;随着现代工业的发展,某些制造商为了赚取利润而粗制滥造产品,这不但给广大消费者造成损失,也使产品失去信用,最终给资本家带来损失,于是在美国、西欧一些发达资本主义国家逐步形成了一些保护消费者免受劣质产品损害的判例,在此基础上制定了产品责任法,形成了完整体系。他还著有《国家公务员法比较研究》(杭州大学出版社 1994 年版)。张炳生的《合同错误的比较法研究》认为,错误是影响合同当事人意思表示真实性的核心要素,也是判定合同效力的重要条件,各国民法对合同错误概念的不同界定和处理规则,导致合同效力的确认和处理结果的迥异。他指出,尽管存在错误的合同理应得到法律的适当救济,然而救济的后果并非取消所有因错误而签订的合同之效力;作为一项原则,单方错误的合同、表示方有过错的合同和一方自愿承担风险的合同,其效力均不应被否定,但这一原则的适用又受制于适当的条件;对于合同错误的处理规则,各国的法律规定与司法实践并不完全一致(《中国法学》2005 年第 5 期)。

检察机关的比较法研究。魏腊云作有系列的研究。在法律监督权方面,他的《国家最高检察机关的法律监督职能比较研究》(《学术界》2008 年第 5 期)认为,西方国家尤其是英美法系国家弱化了检察机关的法律监督权,但法律监督职能仍然是大陆法系、英美法系、社会主义法系国家最高检察机关共有的职能。在侦查职能方面,他的《国家最高检察机关侦查职能比较研究》(《长沙理工大学学报(社会科学版)》2009 年第 3 期)认为,尽管大陆法系国家和英美法系国家侦查权配置的模式不同,但对于国家最高检察机关而言,则都履行侦查职能。如英国皇家总检察署的严重欺诈局直接负责立案侦查重大欺诈案件和职务犯罪案件,美国司法部的联邦调查局负责反间谍侦查和对违反联邦法律的重大刑事案件侦查,德国联邦总检察院负责对危害国家安全的刑事犯罪和违法行为进行侦查,法国驻最高法院检察院的侦查职责与驻基层法院检察院的侦查职责基本一致;中国最高人民检察院具有全国性重大职务犯罪及渎职侵权侦查职责,国家最高检察机关的侦查职责具有法律监督的属性和功能。

公司法与资产证券化立法的比较研究。毛亚敏的《公司法比较研究》(中国法制出版社 2001 年版)对公司设立制度、公司与股东的关系、公司组织制度、公司资本制度、公司债、公司财务会计及财务监督制度进行了系统的国别比较,指出中国公司法在公司治理能力、股东权利保护等方面存在问题并提出了修改完善意见。韩灵丽的《资产证券化立法的比较研究》(《浙江学刊》2004 年第 6 期)认为,资产证券化是一项以资产预期收益为基础进行融资的金融技术。她就发达国家和地区资产证券化立法尤其是允许资产自由转移、特殊目的机构设立运作的指导和监管、信息披露标准的调整等法律问题进行比较分析,并针对中国资产证券化业务的发展现状和配套环境建设,提出了立法的基本框架和配套法律体系建设的设想。

中德民事法律方面的比较研究。周翠有较系统的研究。在民事侵权证明责任方面,她的《〈侵权责任法〉体系下的证明责任倒置与减轻规范——与德国法的比较》(《中外法学》2010 年第 5 期)一文认为,证明责任规范属于实体法的范畴,中国现行的《侵权责任法》包含诸多证明责任分配规则、因果关系推定以及过错推定的许多规定。由于中国的证明责任理论是对德国体系的承袭,因此有必要对德国当前的证明责任及其分配、倒置与减轻的相关学说以及判例进行研究,以对中国《侵权责任法》体系下的证明责任倒置规范进行梳理和评析。在民事司法层面,她的《中国与德国民事司法的比较分析》(《法律科学》2008 年第 5 期)认为与德国相比,中国的民事司法在裁判质量、审判效率以及程序公正等方面都有一定差距,无论从法官总数的设定、法官独立原则在实践中的贯彻,还是从法院执行官和司法辅助人员的配置,乃至简易程序、督促程序、和解与调解制度的完善与改进方面看,德国的民事诉讼法都能在一定程度上为中国的诉讼制度改革提供思路。

三、法律社会学与法律经济学

(一)法律社会学研究

习惯法的研究。高其才的《习惯法研究的路径与反思》(《广西政法管理干部学院学报》2007年第11期)认为,现有的习惯法分析框架基本上是西方社会发展所产生的概念,将其运用到中国习惯法的研究需要深刻把握西方社会发展的历史背景、内在脉络、理论实质,理解中国社会本身的结构特征才能较好地借鉴和运用,这需要研究者在具体的研究和分析过程中,切实地发现和确立能够比较集中反映分析框架的互动点,进而揭示出西方的分析框架在中国社会中的冲突、相互利用和协调过程。他还著有《论中国少数民族习惯法文化》(《中国法学》1996年第1期)、《试论农村习惯法与国家制定法的关系》(《现代法学》2008年第5期)、《瑶族习惯法特点初探》(《比较法研究》2006年第3期)等。

法社会学、法律史方面的研究。尤陈俊的《法治的困惑:从两个社会文本开始的解读》(《法学》2002年第5期)指出,近年来农村的工业化发展很快,但是民间文化、宗教信仰、传统社会组织等并没有消失,而是不断表现出强大的生命力。这是社会人类学研究中的一个反思,同时也为法学尤其是法律社会学理论带来了智识上的触动。他认为现代化的进程同时也是法治化的进程,在某种意义上被认为是逐步疏离乡土社会的努力——这被视为是一种社会的进步。他还著有《明清日常生活中的讼学传播——以讼师秘本与日用类书为中心的考察》(《法学》2007年第3期)、《中国传统法律文化的重新解读与韦伯旧论的颠覆》(《法制与社会发展》2006年第2期)。陈信勇的《法律社会学在中国的发展》(《浙江大学学报·人文社会科学版》2000年第6期)认为,法律社会学于19世纪末至20世纪初在西方兴起,并于20世纪在西欧、美国等地得到了发展。中华人民共和国成立之前中国的法律社会学并未受到足够的重视,如汇集自清末以来全国30余家大型图书馆社会学藏书的《社会学参考书目》,所载法律社会学著作也只有庞德的《社会法理学论略》(陆鼎揆译,上海商务印书馆1935年版);作为一门学科的法律社会学在中国的确立和发展,实际上是从20世纪80年代初开始的。其《法律社会学》(中国社会科学出版社1991年版)是国内较早独立成体系的专著。他还著有《论法律制度与社会冲突》(《浙江社会科学》1996年第4期)、《论法律与社会发展》(《社会科学战线》1995年第6期)。

(二)法律经济学研究

浙江法律经济学研究,钱弘道是为代表之一。其在《法律经济学的理论基础》(《法学研究》2002年第4期)一文中认为,作为20世纪后半期法学最重要的发展当属法律经济学,渊源于制度经济学;法律制度能够引起经济学研究高度重视的关键就在于人类经济发展的历史充分证明,对经济增长起决定作用的是制度性因素而非技术性因素;从凡勃伦传统到康芒斯的交易概念，再到科斯的交易成本和科斯定理，法律经济学奠定了雄厚的理论基础；康芒斯把经济关系的本质归结为所有权转移的交易，是经济学发展史上的一个重要转变；科斯的交易成本理论架起了制度和交易成本、新古典理论和法律经济学之间的桥梁，科斯定理提供了根据效率原理理解法律制度的钥匙，也为朝着实现效率最大化的方向改革法律制度提供了理论依据。他的《关于对法律进行经济分析的三个角度》(《法制与社会发展》2004年第3期)，主张法律的经济分析应当包括宏观和微观、规范和实证的分析，对法律的经济分析有三个角度，即经济决定论角度、市场经济的制度基础角度、微观经济分析角度，广义的经济分析法学应当将上述三个角度的分析都纳入其中。他还著有《法律的经济分析方法评判》(《法制与社会发展》2005年第3期)、《经济分析法学的几个基本概念阐释》(《同济大学学报·社会科学版》2005年第2期)、《法律的经济分析工具》(《法学研究》2004年第4期)、《经济分析法学》(法律出版社2003年版)。潘传表侧重于从制度经济学视角来分析法律制度的变迁与运行成本。他在《国家困境与其治理路径的变迁——关于民主宪政在当下的正当性的另一种解释》(《政治与法律》2010年第8期)一文中认为，从制度经济学的角度来看，国家是一项特殊的制度安排，产生的目的是为了维持合作、增进收益；国家困境是指掌权者个人效用最大化的行为与国家的目的之间的不一致状况，它的存在严重扭曲了国家作用的发挥，应从存在“哲人王”和民主宪政两种进路去缓解和克服国家困境问题；在农业社会，“哲人王”制度模式的收益与成本比值要高于民主宪政模式，具有自生能力，是当时有效率的制度选择；而在工业社会，由于信息成本的降低以及对制度需求的增加，民主宪政制度模式变得十分有利可图，是当前历史发展的必然选择。

对法律经济学的研究方法的研究。黄锫在《法律经济学逻辑起点研究——理性选择理论的内涵、反证及其补充》(《浙江社会科学》2007年第5期)一文中认为，法律经济学的研究方法论包括了研究的逻辑起点、研究的认识论基础和研究的学术认知立场三个部分；研究的逻辑起点是一门学科研究中最基本、最简单的质的规定；法律经济学的逻辑起点是“个体总是进行理性选择”这一命题，对该命题具体内涵的理解在法律经济学中主要有四种：即解释含义、预期效用含义、自利含义和财富最大化含义。他在《论法律经济学的研究方法论》(《浙江大学学报·人文社会科学版》2008年第2期)中认为，研究的认识论基础涉及研究者对何为个体对知识的真正认识以及如何获取这些真正认识的基本观念，包括实证主义、规范主义和实用主义；在《法律经济学三种流派方法论比较研究》(《社会科学战线》2008年第1期)一文中认为，法律经济学中的主要流派即主流的芝加哥学派法律经济学、弗吉尼亚学派公共选择——宪法经济学传统的法律经济学和制度主义法律经济学，甚至同一学者在不同的思想发展时期，都采用了不同的认识论基础。

第二节　法律史研究

在封建社会历朝历代的法律思想和法律制度继承和发展过程中，浙江既有思想理论的推陈出新者,又有法律和法律制度的制定、推行的实践者。现当代浙江学者对中国法律史研究系统全面,涉足深广。

一、中国法律思想史

(一)古代法律思想史研究

中国的法律思想与法律制度始于夏朝奴隶制国家的产生。“夏有乱政,而作禹刑”,法律思想主要是“天命”“天罚”等神权法思想,并设立监狱。至周代,“以德配天”“明德慎罚”和以宗法思想为核心的“礼治”思想,既是夏商神权法思想的继承和发展,也为封建社会法律制度提供了法治思想和经验基础。

清末有沈家本著《历代刑法考》78 卷(邓经元、骈宇骞点校,中华书局 1985 年版)是中国近代法史学的奠基著作,自问世 100 余年来,被公认为了解中华法系的必读文献。其中《刑制总考》4 卷、《刑法分考》17 卷、《赦考》12 卷等,收有《历代刑官考》《汉律摭遗》《明律目笺》等重要论作。沈曾植为近代著名法学家,誉尊为“中国大儒”,法史学著作还有《汉律辑补》《晋书刑法志》《元经世大典笺注》等(钱仲联校注《沈曾植集校注》,中华书局 2001 年版,全二册)。

民国期间,陈汉章著有《中国法制史》(《陈汉章全集》第 5 册,浙江古籍出版社),是为通史;张尔田著《刑法志》(《清史稿》录)有述古代刑法思想的发展,其《史微》第 5 卷《原道》《原法》(上海人民出版社 2006 年版)述中华道、法之渊流,认为“法家之学出于理官,《汉志》明言之矣,盖道家者,君人南面之内术,法家者,君人南面之外术也。法无道则失本,道无法则不行”。著有《中国刑法总论》(世界书局 1935 年版)。还有谢冠生的《法治释义》(见谢冠生《簋笙堂文稿》);吴经熊在颇具影响的《密歇根法律评论》上发表《中国古代法典与其他中国法律及法律思想资料辑录》并著有《法律哲事》等;法学家郁华著有《刑法总则》等。

现当代浙江学者对古代法律思想史的研究,有金敏的《〈管子·明法〉与〈韩非子·有度〉比较》(《中外法学》1997 年第 6 期),认为“以法治国”盛于今日而源于先秦古籍《管子·明法》篇与《韩非子·有度》篇,两者有着无法割断的内在联系。蒋铁初的《质疑刑讯起源于西周说》(《人文杂志》2007 年第 2 期)认为依据目前资料,尚不能证明西周时期已存在刑讯,而只能表明刑讯产生于战国时期。其《中国古代的罪疑惟轻》(《法学研究》2010 年第 2 期)研究了中国古代疑罪处理问题。温慧辉的《〈周礼·秋官〉与周代法制研究》(法律出版社 2008 年版),该书对《周礼·秋官》中记载的法律制度进行了细致的剖析,探讨了与之相关的思想文化,从而说明了先秦法制在整个中国古代法制史上的地位和影响,而其中所体现的“礼”“法”“情”相结合的司法特点对中国传统法律文化的影响很大。还有胡铭的《冤案的程序逻辑——从晚清四大奇案透视正当法律程序》(《政法论坛》2009 年第 4 期)、陈林林的《古典法律解释的合理性取向——以宋“阿云之狱”为分析样本》(《中外法学》2009 年第 4 期)、俞荣根《儒家法思想通论》(广西人民出版社 1998 年版)及主编《中国法律思想史》(法律出版社 2000 年版)等,也为研究中国古代法律思想史之佳作。

（二）近现代法律思想史研究

近代法律思想史的研究方面，陈柳裕著有《法制冰人——沈家本传》（浙江人民出版社2006年版），详述了中国近代著名法学家、“法学泰斗”沈家本的生平活动、思想发展、学术成就、社会交往及其生活的社会环境、文化原因、学术思潮、师承传习、历史影响等。其撰《沈家本与中国近代法治文化》（《法治研究》2007年第1期）一文认为，无论是从中国传统律学的批评总结角度，还是就中国近代法律学的创设视角，抑或是从中国近代法学理论的开拓面而言，沈家本都对中国近代法治文化作出了巨大贡献。石毕凡的《近代中国立宪主义思潮的演进——从“五五宪草”到“期成宪草”》（《法制与社会发展》2003年第2期）、《国民党统治时期自由主义法治思潮初探》（《浙江学刊》2003年第5期）和《近代中国自由主义宪政思潮研究》（山东人民出版社2004年版）；蒋铁初《中国证据法的近代化——对清末民初证据立法的考察》（《安徽大学法律评论》2005年第2期）等，亦称尚品。

二、外国法律思想史

在外国法律思想史的研究领域里，沈家本、王国维、吴经熊、谢冠生等或翻译或研究有外国法律思想史之文论和著作。何思敬翻译过黑格尔的《法律哲学批判》。江平著有《西方国家商法概要》、《罗马法精神与当代中国立法的中国法学》（1995年第1期）等。万斌、陈柳裕合著的《西方法理思想的逻辑演变》（人民出版社2006年版），该书在理解和把握西方法理思想几千年来发展脉络的基础上，把西方法理思想的发展历史划分为前后相继的三个历史阶段：客观主义阶段、主观主义阶段和主观主义与客观主义相统一的阶段，同时又从纵横两个方面来考察西方法理思想的演变规律：纵向考察对法的规律性质、意导性质和功能性质认识的历史演进；横向考察对法的形式、事实和价值认识的历史演进。在这个新的框架下，再对西方法理思想的原始材料进行重新整合续谈，并试图全面反映西方法理学界最新的研究领域与研究动态。万斌、陈柳裕还发表《20世纪西方法理思想的发展轨迹及其评价》（《浙江学刊》2006年第1期）。这方面的成果还有李莉的《科克和他的宪法思想》（《浙江学刊》2004年第3期），夏立安、聂原的《法国律师与政治自由主义的产生》（《浙江社会科学》2003年第5期），季涛的《法哲学的阿喀琉斯之踵——论拉德布鲁赫对法律神学的知识立场》（《同济大学学报·社会科学版》2006年第5期）等。季涛的《法律之思：法律现代性危机的形成史及其现象学透视》（浙江大学出版社2008年版）一书，系统地论述了古今自然法传统的转换与法律现代性的开端、近代自然法学的终结与法律现代性的第一次危机、法律实证主义的统治与法律现代性的第二次危机、自然法学的复兴与法学的后现代转向等法律现象与问题。

三、法律制度及其史学

中国的古代法律制度重刑轻民，故而多数早期法律制度的研究集中于对刑法的研究。元代法学家王与作《无冤录》2卷及《钦恤集》，于至正三年（1343年）刊《刑名通义》以补二集之遗缺。明代陈璋著有《比部招议》，汇编刑部等会审于谦、张伟、赵燧、刘瑾、何锦等大案的记录。

明代顾应祥著有《重修问刑条例》《律解疑辩》。明代应檟精刑律，善决狱，著作有《大明律释义》（国家图书馆出版社出版）30卷、《警庵书疏》6卷及《谳狱稿》。应廷育著《读律管窥》，调修《南京刑部志》。清代黄以周撰《礼书通故》100卷（《黄以周全集》，中华书局2007年版），考释中国古代礼制、学制、国封、职官、田赋、乐律、刑法、名物、占卜等，纠正旧注不少谬误。沈家本收集古代法律资料并作整理考订，主持修改《大清律例》为《大清现行刑律》，制订适合君主立宪政体的《大清新刑律》，主持制定《刑事诉讼律草案》。

民国期间及之后，除谢冠生所著《中国法制史》（法文版）和《中国法制史论集》外，现当代王立民主编《中国法律制度史》（上海教育出版社2001年版）、《上海法制史》（上海人民出版社）、《法律思想与法律制度》（中国政法大学出版社2002年版）和《上海租界法制史话》（上海教育出版社2001年版）等，亦较有名望。刑法研究除沈曾植著有《汉律辑补》《晋书刑法志》外，还有郁华（1884—1939年，富阳人）的《刑法总则及判例》，谢冠生的《历代刑法书存亡考》等。现当代蒋铁初对清代量刑和证据制度进行过研究，发表论文有《守文与权断——清代量刑的制度与实践》（《中国刑事法杂志》2007年第5期）、《原则与例外——清代民事证据制度的表达与实践》（《现代法学》2007年第6期）、《伦理与真实之间——清代证据规则的选择》（《中外法学》2008年第5期）。王立民著有《唐律新探》，是对唐代法律的最新研究。

对宪法制度的研究主要有陈汉章的《中国古代宪法考》，谢冠生的《中华民国宪法概论》（英文版），沈钧儒《制宪必携》《宪法要览》等。林彬曾参与起草《中华民国宪法草案》《中华民国宪法草案说明书》。1933年吴经熊出任立法院宪法草案起草委员会副委员长，任期上公布有《中华民国宪法第一草案》，被称作是《吴氏宪草》。阮毅成从比较法的角度著有《比较宪法》，此外还著有《制宪日记》。梁柏台（中华苏维埃共和国第一位司法部部长、检察长，第一部红色宪法起草人）等人从苏联法制中引进了相应的制度，为中华苏维埃共和国的《宪法大纲》《政府组织法》《中央组织法》《地方组织法》《选举法》《军事裁判所暂行组织条例》《处理反革命案件和司法机关暂行程序》《裁判部暂行组织和裁判条例》的制定提供了参考。潘念之著有《宪法论初步》等。中华人民共和国成立后，何思敬参加了《共同纲领》和中华人民共和国第一部宪法即“五四宪法”的起草工作，为中国社会主义法制建设事业发挥了积极的作用。

对民商事法律制度及其他制度的研究，沈家本主持制定有《大清民律》《大清商律草案》。薛祀光著有《民法概论》《法律丛书》《管子六法》；阮毅成著有《中国亲属法概论》。林彬参与起草《标准法》《国籍法》《民事诉讼法》《刑事诉讼法》《户籍法》《土地法》《强制执行法》《破产法》《公证法》和各种机关组织法、各种人民团体组织法以及《初审立法原则草案》等数百种法，著有《民法总则》《民法物权》《民法亲属继承》《刑法各论》《民法概论》《民刑法概要》等。至20世纪80年代之后，有蒋铁初的《明清民事证据制度研究》（中国人民公安大学出版社2008年版）研究了明清民事证据制度总论、明清民事证据方法论、明清民事证据制度运行论、明清民事证据制度背景要素论等内容，他还著有《清代民事诉讼中的伪证及防治》（《华东政法大学学报》2010年第3期）。王冠玺的《清代涉台官式文书析要》（《浙江大学学报·人文社会科学版》2005年第5期）透过对清代涉台官式文书的研究，论述清代对台湾省的关注与治理方略及海峡两岸间不可分割的一体性关系。俞荣根专门研究了民间习惯法，著有《羌族习惯法》（重庆出版社 2000 年版）。

其他法律史研究。季涛的《法学方法论的更新与中国法学的发展》（《浙江社会科学》2000 年第 5 期）试图通过中国法学方法论 20 年之演进和中国法学发展之间的关系这一视角，对中国法学走向成熟的路径作一分析。石毕凡著有《开启理性司法之门：对清末司法改革的程序正义解读》（《浙江社会科学》2003 年第 6 期），探讨清末司法改革中程序之门的开启对中国传统司法的现代转型具有的重大意义。侯强的《社会转型与近代中国法制现代化：1840—1928》（中国社会科学出版社 2005 年版）一书把中国法制现代化置于社会转型的大背景下进行全面考察，将近代中国法制现代化分为启蒙、发生和徘徊三个历史时期，从不同侧面揭示了近代中国法制现代化的艰难转型；其《中国近代法律教育转型与社会变迁研究》（中国社会科学出版社 2005 年版）认为近代中国在由传统向现代的转型中，中央和地方法政（法律）学堂（学校）在全国的大量兴办以及人学中法科的设立，是中国近代法律教育现代化的表征①。方立新的《传统与超越——中国司法变革源流》（法律出版社 2006 年版）一书，从传统司法解析、传统司法的转型、当代我国司法的三进路，探讨了中国司法变革源流。

第三节　部门法学研究

部门法是一个法学概念，是构成法律体系的基本要素。浙江的法理论界对部门法学的研究主要包括宪法学与行政法学、刑法学、民商法学、诉讼法学、经济法学、环境与资源保护法学、劳动与社会保障法学、知识产权法学、国际法学等，涉猎甚广，研究至深，在国内占有一定的学术地位。

一、宪法学与行政法学

（一）宪法学研究

关于宪法总论的研究。在教材方面主要有，胡建淼主编的《宪法学十论》（法律出版社 1999 年版）、高杰和费善诚主编的《宪法学》（杭州大学出版社 1999 年版）为中国的宪法学教学提供了系统教材。在专著和论文方面，有孙笑侠的《我国宪法的涉外作用》（《法学研究》1991 年第 3 期），该文对宪法学研究范围作了拓宽，首次提出“宪法的涉外作用”；俞德鹏的《立政关系法：宪法概念的新定义》（《政治与法律》1998 年第 6 期）、《论政治法及其与宪法典的关系》（《政治与法律》2008 年第 2 期）专论宪法关系。刘东亮、郑春燕的《宪法基本国策研究》（《西南政法大学学报》2000 年第 1 期）认为现代各国宪法已突破了传统宪法的结构，形成了基本国策的“第三种结构”。还有赵世义的《经济宪法学基本问题》（《法学研究》2001 年第 4 期），方立新、徐钢的《论宪法在私法秩序内的意义》（《浙江大学学报・人文社会科学版》2004

---

① 侯强：《中国近代法律教育转型与社会变迁研究》，中国社会科学出版社 2008 年版。

年第6期),余军的《宪法权利的逻辑构造——分析法学的诠释》(《法学》2005年第3期),邢益精的《宪法征收条款中公共利益要件之界定》(浙江大学出版社2008年版),李占荣的《宪法的观念世界》(浙江大学出版社2009年版)和《宪法的民族观——兼论"中华民族"入宪》(《浙江大学学报·人文社会科学版》2009年第3期)等,皆为该领域的重要研究成果。

关于基本权利的研究涉猎甚广,在罢工权、申诉权、平等权、劳动权、受教育权、少数民族人权、民营企业生存权及户籍法等研究皆有力作。主要有苏苗罕、姚宏敏、郑磊的《法律对罢工权的确认及规范》(《法学》2001年第5期),茅铭晨的《论宪法申诉权的落实与发展》(《现代法学》2002年第6期),郑磊的《论农民的权利意识——从利益体验角度的初步审视》(《浙江社会科学》2003年第6期),陈柳裕、王坤的《民营企业生存权的宪法保障路径——兼论我国宪法相关规定的完善》(《上海交通大学学报·哲学社会科学版》2004年第6期),邢益精的《论合理的差别待遇——宪法平等权的一个课题》(《政治与法律》2005年第4期),翁晓斌、谭婧的《城市农民工处境的法律透视》(《浙江大学学报·人文社会科学版》2006年第4期),徐钢、方立新的《论劳动权在我国宪法上的定位》(《浙江大学学报·人文社会科学版》2007年第4期),陈信勇、蓝邓骏的《流动人口子女平等受教育权的应然与实然》(《浙江大学学报·人文社会科学版》2007年第6期),石毕凡的《作为基本权利的人格尊严及其规范意涵——以"深圳卖淫女示众事件"为例》(《现代法学》2008年第3期),夏立安的《经济和社会权利的可裁决性——从健康权展开》(《法制与社会发展》2008年第2期),李占荣的《少数民族人权发展的法理解析》(《浙江学刊》2008年第4期)等;俞德鹏的《城乡社会:从隔离走向开放——中国户籍制度与户籍法研究》(山东人民出版社2002年版)系统而较深入地研究了中国的户籍制度与户籍法问题。

关于宪法审查、宪法适用的研究。主要有费善诚的《论宪法的适用性》(《法学家》1996年第3期)和《论宪法在司法审判中的适用》(《法治研究》,杭州大学出版社1996年版)是中国较早深入研究宪法适用问题的成果。其《试论我国违宪审查制度的模式选择》(《政法论坛》1999年第2期)和《我国公民基本权利的宪法诉讼制度探析》(《浙江大学学报·人文社会科学版》2001年第4期)两篇论文比较了各国违宪审查和宪法诉讼制度的模式,结合我国的法律和实际情况,提出了制度建设方案。王建东的《论宪法与司法适用》(《浙江学刊》2003年第4期)也颇有见地。胡建淼主编的《法律适用学》(浙江大学出版社2010年版)是中国第一部法律适用学方面的理论专著,其中探讨了宪法适用问题。郑磊有《合宪法性审查该如何启动》(《法学》2007年第2期)、《守护宪法:对法律进行宪法审查的解释方案——以宪法文本及其沿革为基础的考量》(《华东政法大学学报》2009年第5期)、《制度层面的合宪性限定解释》(《浙江社会科学》2010年第1期);其专著《宪法审查的启动要件》(法律出版社2009年版)专论宪法审查中的启动要件问题,在法学界有一定影响。刘义的《宪法审查的程序研究》(法律出版社2010年版)等文论和著作,从多种角度讨论了宪法审查问题。何永红的《基本权利限制的宪法审查:以审查基准及其类型化为焦点》(法律出版社2009年版)一书,分别从德、美的宪法审查之判例中,系统地梳理两种模式的审查基准及其衍生出的次级审查基准的内容构成和类型化过程,进一步探索了两种审查基准的类型化规律。

关于规范宪法学研究。林来梵的《从宪法规范到规范宪法：规范宪法学的一种前言》(法律出版社 2001 年版)一书，首次提出了“规范宪法学”的概念，初步创立了“规范宪法学”理论体系。全书内容包括宪法规范的认识手段、宪法规范的价值核心、规范宪法的生成条件、规范宪法的制度保障。通过应用“规范宪法学”的方法，有效地恢复了宪法学作为一种规范伦理科学的应有面目，在国内宪法学界中第一次如此系统地批判和吸收了现代国际宪法学主流理论里的大量学说，被誉为“近年来中国法学界中最好的一部宪法学专著”。

其他宪法制度研究。费善诚参编的著作《民族区域自治区简说》(辽宁大学出版社 1985 年版)是当时民族区域自治制度研究领域最早的著作之一；其《关于人大监督的若干问题思考》(《杭州大学学报》1995 年第 2 期)一文对人大监督的内容、本质、对象、手段和界限做了探讨，尤其是对当时盛行的人民代表大会对法院的个案监督进行了分析思考，指出这一监督应当是全面的、根本性的监督，而非对具体案件的介入、指示和越俎代庖，该观点在当时具有前瞻性。另有陈丹的《论税收正义——基于宪法学角度的省察》(法律出版社 2009 年版)一书也颇有影响。

(二)行政法学研究

关于基础性的教材成果。张焕光、胡建淼的《行政法学原理》(劳动人事出版社 1989 年版)得到国际权威杂志《国际公法与比较法》的高度评价；胡建淼主编的《行政法教程》(杭州大学出版社 1990 年版)和《行政法教程》(法律出版社 1996 年版)，是国内较早广泛使用的行政法学教材；胡建淼与金伟峰合编的《行政法与行政诉讼法》(高等教育出版社 1999 年版)自出版后被有关单位广泛使用；胡建淼主编的还有 21 世纪法律教育互动教材精品课系列的《行政法与行政诉讼法》(清华大学出版社 2008 年版)，中国法制出版社组织的“名校名师法学讲义”《行政法与行政诉讼法》(中国法制出版社 2010 年版)等。胡建淼独著的《中国行政法学论纲》(杭州大学出版社 1998 年版)系统地构建了中国的行政法学体系；其作为“九五”规划高等学校法学教材的《行政法学》(法律出版社 1998 年版)，至 2010 年先后修订出版了三版。另有朱新力独著的《行政法基本原理》(浙江大学出版社 1995 年版)，其与金伟峰、唐明良合著的 21 世纪普通高等学校法学系列教材及国家级精品课程教材《行政法学》(清华大学出版社 2005 年版)；章剑生的《现代行政法基本理论》(法律出版社 2008 年版)等教材在教育界反响也较好。

关于行政法总论的研究。主要有胡建淼的《有关中国行政法理上的行政授权问题》(《中国法学》1994 年第 2 期)、《中国行政法学理论体系的模式及评判》(《中国法学》1997 年第 1 期)、《“特别权力关系”理论与中国的行政立法——以〈行政诉讼法〉〈国家公务员法〉为例》(《中国法学》2005 年第 5 期)，以及与邢益精合作的《公共利益概念透析》(《法学》2004 年第 10 期)，与马良骥合作的《政府管理与信息公开之法理基础》(《法学论坛》2005 年第 4 期)等在法学界颇有影响。谢晖的《行政权探索》(云南人民出版社 1995 年版)一书，《法律科学》载专文予以较高评价。金伟峰在这一方面研究文论和著作颇丰，有《授权行政主体探讨》(《行政法学研究》1995 年第 3 期)、《关于完善我国授权立法的探讨》(《法律科学》1996 年第 5 期)、《我国无效行政行为制度的现状、问题与建构》(《中国法学》2005年第1期)等,其专著《无效行政行为研究》(法律出版社2005年版)从思考公民对于国家行为的防卫权出发,提出了从统一的无效行政行为制度、独立的确认无效诉讼制度和专门的行政强制执行制度三方面建构中国的无效行政行为制度。孙笑侠的《法律对行政的控制:现代行政法的法理解释》(山东人民出版社1999年版)和《论法律对行政的综合化控制:从传统法治理论到当代行政法的理论基础》(《比较法研究》1999年第3—4期),朱新力的《论行政法的不成文法源》(《行政法学研究》2002年第1期)及其主编的《法治社会与行政裁量的基本准则研究》(法律出版社2007年版),茅铭晨的《行政文明——对行政法理论基础的再认识》(《中国法学》2004年第2期),章剑生的《行政惯例的法学思考:论"行政惯例"在现代行政法法源中的地位》(《政治与法律》2010年第6期),朱新力、骆梅英的《论裁量基准的制约因素及建构路径》(《法学论坛》2009年第4期),张旭勇的《权利保护的法治限度——无效行政行为理论与制度的反思》(《法学》2010年第9期)等,从多个层面论述了行政法理论。郑春燕的《现代行政过程中的行政法律关系》(《法学研究》2008年第1期)一文认为,行政权是由羁束权(权力与义务)和裁量权(权力与特权)组合而成的复合型法律概念,由此展开的行政法律关系,比权力一权利的传统行政法律关系定位要更精确。

关于行政法原则的研究。主要有胡建淼的《关于中国行政法上的合法性原则的探讨》(《中国法学》1998年),与杨登峰合作的《有利法律溯及原则及其适用中的若干问题》(《北京大学学报·哲学社会科学版》2006年第6期)分别从合法性、明确性、法律溯及等方面论述了行政法原则。金伟峰的《一事不再罚原则新探——兼谈行政处罚法有关规定的适用》(《行政法学研究》1997年第4期),章剑生的《论行政程序法上公正原则》(《浙江大学学报·人文社会科学版》2000年第6期)、《论行政公正原则》(《法商研究》2001年第5期)和《现代行政法基本原则之重构》(《中国法学》2003年第3期),朱新力的《论一事不再罚原则》(《法学杂志》2001年第11期),李春燕的《行政信赖保护原则研究》(《行政法学研究》2001年第3期),金承东的《论法律保留原则》(《浙江社会科学》2002年第1期)及《申辩禁止不利变更——一个不断扩展的行政法基本原则》(《政法论坛》2005年第5期)、《案卷排他与看得见的程序作用》(《行政法学研究》2007年第3期),郑春燕的《必要性原则内涵之重构》(《政法论坛》2004年第6期)等文论,分别从一事不再罚、公正性、信赖保护、保留、申辩禁止、排他、必要性等多视角讨论了行政法原则。

关于行政行为的研究。胡建淼的《行政行为基本范畴研究》(浙江大学出版社2005年版)对行政法学中的抽象行政行为与具体行政行为、内部行政行为与外部行政行为、依职权行政行为与依申请行政行为等范畴进行了系统而深入的研究。朱新力、高春燕的《行政行为的重新定位》(《浙江大学学报·人文社会科学版》2003年第6期)等立论于行政行为的定位。国家社会科学基金项目、浙江大学公法与比较法研究所"强所"项目和浙江大学行政法学重点学科研究成果"行政强制法研究丛书",其中有胡建淼主编的《行政强制法研究》(法律出版社2003年版)、章剑生主编的《中外行政强制法研究资料》(法律出版社2003年版)、朱新力主编的《外国行政强制法律制度》(法律出版社2003年版)和金伟峰主编的《中国行政强制法律制度》(法律出版社2003年版)等,该系列丛书集中体现了"行政强制法的基本理论与实践"研究在理论性与系统性方面所达到的成就。在论文方面,还有胡建淼的《试论行政强制执行》(《法学研究》1988年第1期)、《论中国"行政强制措施"概念的演变及定位》(《中国法学》2002年第6期)、与蒋红珍合作的《论最小侵害原则在行政强制法中的适用》(《法学家》2006年第3期),朱新力的《论行政上的即时强制》(《浙江学刊》2001年第5期),陈红、余军的《对我国行政强制措施制度的质疑与思考——以大陆法系行政执行理论为参照》(《法学论坛》2001年第5期),金伟峰的《行政强制手段模式的比较与反思》(《浙江大学学报·人文社会科学版》2001年第6期)等,皆在业内有较好评价。在其他行政行为的研究方面,有朱新力的《行政复议应向司法化逼近》(《法学研究》2004年第2期)和其与陈无风合作的《公私法视野中的行政登记》(《法治研究》2007年第4期),章剑生的《论行政处罚中当事人之协助》(《华东政法学院学报》2006年第4期),胡建淼的《"其他行政处罚"若干问题研究》(《法学研究》2005年第1期)、与王银江合作的《现代行政视野中的事实行为——行政环境、蕴含与诉讼》(《行政法学研究》2003年第1期)、与吴恩玉合作的《行政主体责令承担民事责任的法律属性》(《中国法学》2009年第1期),茅铭晨的《对地方行政许可设定权的若干认识》(《政法论坛》2005年第1期),唐明良的《行政指导的权力性》(《行政法学研究》2005年第11期),李春燕的《行政征收的法律规制论纲》(《行政法学研究》2008年第2期),方洁的《相对集中行政许可权理论与实践的困境与破解》(《政治与法律》2008年第9期),郑春燕的《论诱导型规制下的口头行政契约》(《中外法学》2010年第4期)等文论和金伟峰、姜裕富《行政征收征用补偿制度研究》(浙江大学出版社2007年版),王坤、李志强的《新中国土地征收制度研究》(社会科学文献出版社2009年版)等专著。茅铭晨的《中国行政登记法律制度研究》(上海财经大学出版社2010年版)一书,试图形成一种系统化的行政登记制度的法学研究方法和研究理论,以解决长期得不到解决的有关行政登记制度理论上、认识上和实践上的混乱。

关于行政程序的研究。主要有章剑生的《行政程序法学原理》(中国政法大学出版社1994年版),该书全面论述了行政程序法的基本理论问题,试图建立一个适合中国国情的行政程序法学的理论框架。其还有《论行政程序违法及其司法审查》(《行政法学研究》1996年第1期)、《我国行政程序法观念之更新》(《行政法学研究》1996年第3期)、《行政行为说明理由》(《法学研究》1998年第3期)、《行政行为说明理由判解》(武汉大学出版社2000年版)、《现代行政程序的成因与功能分析》(《中国法学》2001年第1期)、《论行政行为的告知》(《法学》2001年第9期)、《行政程序法基本理论》(法律出版社2003年版)、《知情权及其保障——以政府信息公开条例为例》(《中国法学》2008年第4期)、《行政听证制度研究》(浙江大学出版社2010年版)等。胡建淼的《行政程序法的模式》(《行政法学研究》1996年第3期),孙笑侠的《法律程序设计的若干法理——怎样给行政行为设计正当的程序》(《政治与法律》1998年第4期),郑春燕的《论行政行为补充说明理由》(《行政法学研究》2004年第2期),李春燕的《中国公共听证研究》(法律出版社2009年版)等文论和著作,涉及行政程序研究的方方面面,体现了浙江学者在这方面的研究实力。

关于行政违法、行政责任和监督的研究。主要有朱新力的《行政滥用职权的新定义》(《法学研究》1994年第3期)、《论行政不作为违法》(《法学研究》1998年第2期)、《行政违法研究》(杭州大学出版社1999年版),其《论行政超越职权》(《法学研究》1996年第2期)一文较早对行政超越职权的定义、界限、类型和效力等方面作系统研究。崔荣法等著的《行政监察学》(杭州大学出版社1991年版)一书,除了探讨政务、事务和执法等专项监察外,还阐述了监察工作的一系列方法和技巧。章剑生的《行政监督研究》(中国社会科学出版社2001年版)在体系化和方法论研究上颇有新意。其与古力、余军还著有《行政法律责任的规范分析——兼论行政法学研究方法》(《中国法学》2004年第5期)。周亚越的《行政问责制研究》(中国检察出版社2006年版)一书,是中国国内第一本专门研究行政问责制(属行政法范围)的专著。作者从责任、行政责任、问责、行政问责等基本概念入手,深入研究了行政问责制的理论,并对西方国家、中国香港及内地问责制实践作了系统考察,探讨中国完善行政问责制的路径。

关于行政补偿、国家赔偿的研究。主要有胡建淼主编的《国家赔偿法教程》(浙江人民出版社1994年版),章剑生的《论行政侵权赔偿责任的分配》(《中南政法学院学报》1994年第1期),季涛的《论国家侵权责任豁免的理论基础》(《杭州大学学报(哲学社会科学版)》1998年第4期),朱新力、余军的《国家赔偿归责原则的实证分析》(《浙江大学学报·人文社会科学版》2005年第2期),金伟峰的《国家侵权赔偿中的违法责任原则》(《法学杂志》2001年第3期)及其与姜裕富合作的《行政补偿范围的经济分析》(《浙江大学学报·人文社会科学版》2006年第2期),胡建淼、杜仪芳的《依职权行政不作为赔偿的违法判断标准:基于日本判例的钩沉》(《中国法学》2010年第1期)等文论和著作,分别从责任分配、责任豁免、归责原则、判断标准及实证分析、经济分析等视角,讨论了行政补偿、国家赔偿问题。

关于行政(政府)规制的研究。朱新力、宋华琳合作的《现代行政法学的建构与政府规制研究的兴起》(《法律科学》2005年第5期)一文提出,政府规制理论为现代行政法学提供了一个强有力的分析工具,有助于革新传统行政法的概念架构和学理体系,建立起对真实世界行政过程有解释力的现代行政法学体系。茅铭晨的《政府管制法学原论》(上海财经大学出版社2005年版)、《政府管制法基本问题研究——兼对纺织业政府管制制度的法学考察》(合著,上海财经大学出版社2008年版)和论文《政府管制理论研究综述》(《管理世界》2007年第2期),唐明良的《行政法研究疆域的拓展:以案例分析为切入点》(《政法论坛》2005年第4期),朱新力与唐明良合作的《政府对彩票业的法律规制:问题、成因及和谐社会理念下的制度面应对》(《浙江大学学报·人文社会科学版》2006年第2期)、《现代行政活动方式的开发性研究》(《中国法学》2007年第2期)、朱新力与高春燕的《行政立法中的最好行政》(《行政法学研究》2006年第3期)、朱新力与宋华琳等合作的《彩票业的政府管制与立法研究》(浙江大学出版社2007年版),郑春燕的《服务理念下的程序裁量及其规制》(《法学研究》2009年第3期)等文论和著作,分门别类地探讨了行政规制和政府管制问题。

关于部门行政法的研究。主要有胡建淼、张焕光的《人事行政法概论》(劳动人事出版社1989年版),曾祥平、胡建淼主编的《民政行政法》(中国人事出版社1993年版),朱新力的《卫生法学》(人民出版社2000年版),金承东的《经济行政法——以民营经济为视角》(法律出版社2005年版)和《民营经济的行政法问题及其改革》(《浙江大学学报·人文社科版》2006年第4期)，金伟峰、姜裕富的《公务员忠诚义务的若干问题研究——对〈公务员法〉第12条的解读》(《行政法学研究》2008年第1期)，金伟峰、崔浩等著的《禁毒法律制度研究》(浙江大学出版社2009年版)，张云的《我国食品召回法律对策研究》等文论和著作，对人事行政、民政行政、经济行政、民营经济、公务员等方面作以部门行政法探讨。其中朱新力、王国平合著《卫生法学》(人民出版社2000年版)一书，对卫生法治作了系统研究和总结，“这在卫生法制领域里是一项具有开拓性的工作”。

二、刑法学

(一)刑法总论研究

对犯罪构成要件理论研究。高铭暄在《论四要件犯罪构成理论的合理性暨对中国刑法学体系的坚持》(《中国法学》2009年第2期)一文中，主张取消四要件犯罪构成理论，推翻现行中国刑法学体系的观点是不可取的；四要件犯罪构成理论是一种历史性的选择，具有历史合理性；符合中国国情，具有现实合理性；逻辑严密、契合认识规律，符合犯罪本质特征，具有内在合理性；与德日三阶层犯罪论体系相比，相对稳定、适合中国诉讼模式，具有优势。其还著有《关于中国刑法学犯罪构成理论的思考》(《法学》2010年第2期)、《对主张以三阶层犯罪成立体系取代我国通行犯罪构成理论者的回应》(《刑法论丛》2009年第3期)。

对罪刑法定原则以及刑事立法的研究。袁继红的《论罪刑法定原则与刑事立法》(《浙江大学学报·人文社会科学版》2001年第2期)认为，罪刑法定原则在刑法典中不只是一项保护人权的基本原则，从立法的角度看，更应该将它视为刑事立法上的一项重要原则。从罪刑法定原则与刑事立法的要求看，其消极要求的实现主要取决于一国的法治状况，对刑事立法的要求并不高，中国刑法已实现其消极方面的要求；其积极要求实现程度如何直接取决于一国的刑事立法水平，积极要求在中国的实现程度还比较低的原因在于中国的刑事立法水平还比较低，真正实现罪刑法定原则，一方面需要不断提高刑事立法水平，另一方面应当有专门的刑事立法解释。其还著有《刑法》(浙江大学出版社2007年版)。

对犯罪定义的研究。周振晓的《犯罪定义新表述》(《浙江大学学报·人文社会科学版》2001年第2期)认为，将“应当受到刑罚处罚”作为犯罪定义的组成部分不准确，也不宜作为犯罪的基本特征；“一定的社会危害性”具有不确定性和变异性的特点，判断是否犯罪的标准只能是刑事违法性；笔者对犯罪定义的新表述是：犯罪是符合刑法规定的应当承担(负)刑事责任的行为。他还著有《刑法应增设犯罪单位的追诉时效期限》(《政治与法律》2005年第1期)、《刑法学》(浙江大学出版社2003年版)、《也论以危险方法杀人案件的定性》(《政法论坛》2001年第2期)。

对行为加重犯问题的研究。楼伯坤的《行为加重犯研究》(《法学家》2005年第2期)认为，行为加重犯是一个崭新的概念。文章通过对加重犯基本构成及加重因素的分析研究，提出所有的加重因素都可以被称为“情节”。情节加重犯的概念要分广义和狭义两种，在广义的情节加重犯中应当剥离出行为加重犯，成为独立的加重犯形式，并与结果加重犯、数额加重犯、狭义的情节加重犯一起形成加重犯完整的理论体系。其主要著作和文论有《香港刑法中的犯罪客观要素及对内地的启示》(《江淮论坛》2010年第4期)、《对〈刑法〉第133条“逃逸”的逻辑解释——以加重犯为视角》(《河北法学》2008年第1期)、《刑法发展新思域》(人民法院出版社2006年版)。

对罪数论和单位犯罪问题的研究,叶良芳多有涉猎。在罪数论问题上,他的《罪数论的体系性反思与建构》(《中国法学》2008年第6期)(《浙江大学学报·人文社会科学版》2007年第4期)认为,罪数论肩负解决罪数的判定基准及其处罚原则的双重任务,其中,罪数的处罚原则是本源问题,罪数的判定基准是衍生问题;罪数判断的实质是检视行为事实与犯罪构成是否相符合的过程,因而应以犯罪构成为基准,且重在行为要素的判断。在单位犯罪问题上,他的《论单位犯罪的形态结构——兼论单位与单位成员责任分离论》认为,中国单位犯罪立法实行的是一种“严而不厉”的立法政策,单位犯罪是一种特殊的犯罪聚合体,它包含两个犯罪:一个是单位成员犯罪,这是实在的犯罪;另一个是单位自身犯罪,这是拟制的犯罪。单位自身犯罪和单位成员犯罪之间密切联系,但是两者并非共同犯罪,而是独立的两个犯罪行为。既然单位犯罪是两个犯罪行为,那么单位与单位成员就是并列、独立的两个犯罪主体,其各自的刑事责任应相互分离。他还著有《转型期刑事立法的宪政制约研究》(知识产权出版社2010年版)、《单位犯罪责任构造的反思与检讨》(《现代法学》2008年第1期)。

对因果关系问题的研究。魏皓奔的《刑法因果关系探究》认为,犯罪中的因果关系是刑法理论和司法实践中的一个重要问题。它是判定行为人是否应负刑事责任的必要条件。在犯罪因果关系的构成问题上,一直存在不同的观点。一种观点认为,犯罪因果关系有必然因果关系和偶然因果关系两种形式,两者都可以作为负担刑事责任的客观基础;另一种观点认为,犯罪中只有必然因果关系一种形式,偶然因果关系形式是不存在的,在必然因果关系以外的有关联的东西统称为条件或联系,并由此得出结论:犯罪中只有必然因果关系才是负担刑事责任的唯一客观基础(杭州大学出版社1991年版)。对此,他在《对偶然因果关系要作具体剖析》(《浙江学刊》1983年第1期)一文中认为,这两种观点都有一定的片面性,偶然因果关系能否作为行为人负担刑事责任的客观基础,不能一概而论,而应该根据其中的不同情况作进一步具体剖析。他还著有《再谈犯罪中的因果关系——兼答王策来同志》(《浙江学刊》1984年第3期)、《也谈“罪刑适应”》(《法学》1983年第7期)。张小天侧重于刑法因果关系的研究。他的《刑法因果关系理论的一个哲学基础》(《法学研究》1994年第1期)认为,刑法因果关系至今依然是刑法学领域的一大悬案,他从因果关系的层次和形式入手,根据研究意义将因果关系划分为哲学意义的因果关系、法律意义上的因果关系和刑法意义上的因果关系,提出应依照因果关系的不同层次分析具体案件中的因果关系。他在《因果关系的层次和形式及其在刑法领域的表现》(《浙江大学学报·人文社会科学版》1993年第5期)一文中提出,刑法因果关系可分为充分因果关系和非充分因果关系两种基本形式,并以主体免责、主观免责、客体免责、不同犯罪形态、教唆犯罪、传授犯罪方法、不作为犯罪、自杀案件、低概率事件等不同情形为例,分析了因果关系的层次和形式在刑法领域中的具体表现。

从女性主义的视角重新理解刑法中的“正当防卫”制度,陈红在《从女性主义的视角重新理解“正当防卫”》(《浙江学刊》2005年第4期)一文中,介绍了当代西方的女性主义理论对传统刑事法理论的颠覆,对以男性文化为主导的现行正当防卫制度进行了大胆质疑,提出刑法中正当防卫的概念应顾及女性在遭受家庭暴力侵害下自我防卫的经历和特点,以女性主义的视角重新审定正当防卫的认定条件,以期对中国家庭暴力相关问题的解决提供某种借鉴。

对实行犯过限行为的研究。梁剑在《实行犯过限行为研究》(《中共中央党校学报》2004年第1期)中认为,实行犯过限行为是指在共同犯罪过程中,实行犯故意或过失地实施了超出共同故意范围的一种犯罪行为;实行犯罪的过限行为可以划分为重合性过限行为和非重合性过限行为、量的过限行为和质的过限行为、对组织犯的过限和对实行犯的过限、对教唆犯的过限和对帮助犯的过限、故意的过限行为和过失的过限行为;对过限行为,应由实行犯独立承担刑事责任,但其他共犯对实行犯未超出共同故意的行为应该共同承担刑事责任。

从事经济犯罪对刑事政策(包括是否废除死刑)方面的研究。章惠萍在《论经济犯罪的存在价值及其对刑事政策的影响》(《民族论坛》2008年第1期)、《对我国经济犯罪死刑废除的分析》(《政治与法律》2007年第3期)等文中,认为经济犯罪是一种社会现象,与市场经济形影相随;经济犯罪行为虽然侵犯了国家的整体经济利益,但并不具有暴力侵犯人身的特点,经济犯罪属于法定犯,其主观方面应受谴责的程度逊于自然犯,故其刑罚自应轻于自然犯;对经济犯罪适用死刑违反了刑法谦抑性原则,有悖于刑法平等与刑罚均衡的原则;随着中国人权观念逐步深入人心和最高人民法院死刑复核权的收回,废除经济犯罪死刑符合中国已经签署的《公民权利和政治权利国际公约》的基本要求,经济犯罪死刑废除的时机已经成熟。

对量刑与定罪问题的研究。高艳东在《量刑与定罪互动论:为了量刑公正可变换罪名》(《现代法学》2009年第5期)一文中认为,现行刑法理论中定罪与量刑的关系被扭曲了,刑法理论把准确定罪置于至高无上的地位,司法机关把大量精力耗费于准确判断罪名,定罪决定量刑、量刑不可能影响罪名成为刑法公理;但是,判断罪名意义上的定罪,并非刑法的目的,对被告人和社会最有意义的是量刑,判断罪名只是为公正量刑服务的,因此,常规判断的罪名若会使量刑失当,就可以为了公正量刑而适度变换罪名。他还著有《从盗窃到侵占:许霆案的法理与规范分析》(《中外法学》2008年第3期)等。

(二)刑法分则研究

对青少年犯罪综合治理方面的研究。谷迎春在《青少年犯罪综合治理概论》中指出,要全面地寻找青少年犯罪的原因,必须实行社会的、意识的、心理的三者统一的研究,或者说综合研究。这种综合研究,一种是从自己的学科领域出发,“单打一”或搞社会的、或搞意识的、或搞心理的研究,这样的研究会深化人们对青少年犯罪某一方面原因的认识(北京群众出版社1986年版)。其《对青少年犯罪“原因论”的商榷》(《青年研究》1983年第6期)强调另一种即多学科的联合攻关,这种研究无论从组织上、参加者的知识水准上都有更高的要求,这种研究才能真正全面把握青少年犯罪的原因,才能准确地摸索到防治青少年犯罪的规律。

对重大环境污染事故罪的研究。钱水苗的《论重大环境污染事故罪》(《浙江大学学报·人文社会科学版》2000年第2期)一文从构成要件入手,认为国家对环境保护和污染防治的管理制度及国家、单位、公民的环境权益都是重大污染环境罪所侵害的客体，危害行为是一切犯罪的共同要件，而行为对象、行为所造成的危害结果是某些犯罪的客观方面的内容；重大环境污染事故罪的客观方面囊括了以上三项内容。在主体方面，他认为本罪的绝大多数犯罪主体是从事生产经营活动的、能够产生危险废物并足以造成重大环境污染事故的企业、事业单位以及那些与排放、倾倒或者处置危险废物直接相关的人员；本罪以造成重大环境污染事故，致使公私财产遭受重大损失或者人身伤亡的严重后果为构成要件，属结果犯，其主观方面应根据行为人对某行为可能造成危害结果的心理状态来确定。

对职务犯罪和贪污贿赂犯罪方面的研究。庄建南在《论职务犯罪侦查权的配置》(《法学评论》2008 年第 5 期)一文中认为，由于侦查权的属性乃是一种工具和手段，故在中国赋予检察机关职务犯罪侦查权与检察机关的宪法定位及法律监督机关并不冲突。各个国家或地区对职务犯罪侦查权的配置相去甚远，意图通过法律移植的方法将中国职务犯罪侦查权从检察机关中剥离出去，改由公安机关、监察机关或另行成立的机构行使，很可能水土不服。职务犯罪侦查权配置的问题主要是独立性弱、侦查措施匮乏，对此可通过实行检察机关垂直领导体制、赋予检察机关技术侦查权、建立强制证人作证制度等方法予以解决。他还著有《论贪污贿赂犯罪的刑事政策》(《法学家》2003 年第 4 期)等。

对保险诈骗罪的研究。张利兆在《保险诈骗犯罪“虚构保险标的”的行为方式》(《华东政法大学学报》2007 年第 4 期)一文中认为，“虚构保险标的，骗取保险金”是保险诈骗犯罪的基本行为手段。“虚构保险标的”既可以是虚构保险标的的整体，也可以是虚构保险标的的一部分。对恶意重复保险以及隐瞒保险危险(瑕疵投保)骗取保险金，对事后投保骗取保险金，对超额投保骗取保险金，对无可保利益的财物进行投保骗取保险金，对在人身保险中伪造、变更受益人的书面指定或书面同意骗取保险金等违法行为均应作为“虚构保险标的，骗取保险金”处理。其《保险诈骗罪研究》(中国检察出版社 2007 年版)对中国的保险犯罪这一日益严重的犯罪形式作全方位研究。还著有《关于保险诈骗罪一般主体立法模式的思考》(《人民检察》2007 年第 8 期)。

对犯罪发展问题的研究。周长康在《论犯罪发展研究》(《青少年犯罪问题》2006 年第 4 期)一文中认为，犯罪学研究在促进社会主义和谐社会的构建中有着重要的作用，要发挥好这一作用，必须在内容上重视研究犯罪发展，尤其是对社会转型时期犯罪发展的特殊性研究，在方法上要大力推重理论联系实际的方法及实证的方法。其还著有《预防重新犯罪的几点思考》(《上海市政法管理干部学院学报》1999 年第 5 期)、《研究城镇社区犯罪控制的战略意义》(《浙江学刊》1994 年第 3 期)；其《中国现阶段犯罪问题研究(浙江省分卷)》(中国人民公安大学出版社 1992 年版)一书，对浙江省现阶段犯罪问题作了多层面、多角度的分析和研究。

对国际恐怖组织犯罪的研究。潘建珍在《论依法控制国际恐怖主义犯罪》(《现代国际关系》2002 年第 8 期)一文中认为，国际恐怖主义犯罪渊源于历史悠久的有组织犯罪。随着社会的发展和现代科技的进步，恐怖主义犯罪手段更为残忍，给国际社会造成的危害更为深重。她主张，尽管国际恐怖主义犯罪的深层次原因在于不同民族之间文化、宗教、政治以及意识形态等领域的冲突，但是各主权国家在达成反恐怖共识的基础上，协商构建《国际反恐怖公约》

等法律框架，只要共同遵守当代的国际法律新秩序，遏制国际恐怖主义犯罪是能奏效的。其还著有《城市规划与防控犯罪之理论初探》(《中国人民公安大学学报》2003 年第 2 期)。

从企业帮教的角度研究青少年犯罪问题。吴之欧在《青少年犯罪治理的制度创新——以温州鹿城法院推行的企业帮教制度为例》(《公安学刊——浙江警察学院学报》2010 年第 1 期)一文以浙江温州市鹿城区法院尝试采用一种全新的矫正制度——企业帮教为切入点，认为企业的参与为青少年犯在监狱机构外的处境提供了一条新的路径，为社会力量参与犯罪治理提供了另一选择方式；企业帮教制度是根据现实需要而合理借助地区优势资源的产物，从一个微观层面反映出中国正逐步从由国家主导的犯罪控制模式向社会力量广泛参与的犯罪控制新模式转变以及现代社会中法律运作过程中的民主化趋向。她还著有《刑事和解的初步经济分析》(《法学杂志》2009 年第 9 期)。

三、民商法学

(一)民法研究

民法总论方面的研究。主要有王建东的《论民法与市场经济》(《法学》1995 年第 8 期)、陈信勇的《死者民事主体地位研究》(《浙江社会科学》2002 年第 1 期)，梁上上的《利益的层次结构和利益衡量的展开》(《法学研究》2002 年第 1 期)和《利益衡量的界碑》(《政法论坛》2006 年第 5 期)，洪伟的《论民商法中的诚信原则》(《当代法学》2003 年第 6 期)，陈醇的《意思形成与意思表示的区别：决议的独立性初探》(《比较法研究》2008 年第 6 期)及《论单方法律行为、合同和决议之间的区别——以意思互动为视角》(《环球法律评论》2010 年第 1 期)等文论，分别从市场经济背景、民事主体地位、利益衡量、诚信原则、决议的独立性、意思互动等方面讨论了民法总论。

人格权法方面的研究。主要有梁上上的《论商誉和商誉权》①、陈信勇与蓝邓骏的《居住权的源流及其立法的理性思考》(《法律科学》2003 年第 3 期)，洪伟的《传媒产业化与肖像权的保护》(《浙江学刊》2004 年第 5 期)及其与郑星合作的《试论人格权的商品化》(《浙江社会科学》2008 年第 12 期)，王冠玺的《我国法人的基本权利探索——法人得否主张精神损害赔偿的宪法上论证》(《浙江学刊》2010 年第 5 期)等文论，分别从商誉权、居住权、肖像权、法人基本权利等角度探讨人格法权问题。

物权法方面的研究。主要有梁上上的《物权法定主义：在自由与强制之间》(《法学研究》2003 年第 3 期)，丁关良的《农村土地承包经营权初论：中国农村土地承包经营立法研究》(中国农业出版社 2002 年版)，毛亚敏的《海域使用权初探》(《杭州商学院学报》2004 年第 3 期)，韩家勇的《抵押物让与的法律效果》(《杭州大学学报・哲学社会科学版》1995 年第 1 期)，陈信勇与徐继响的《论动产让与担保与动产抵押之雷同》(《法学论坛》2004 年第 4 期)，梁上上与贝金欣的《抵押物转让中的利益衡量与制度设计》(《法学研究》2005 年第 4 期)，陈永强与

① 梁上上：《论商誉和商誉权》，《法学研究》1993 年第 5 期。

王建东的《论抵押物转让的法律效果——以对我国〈物权法〉第191条的解释为中心》(《政治与法律》2009年第9期)等文论,分别探讨了物权法原则、土地承包权、所有权、担保物权等问题。毛亚敏的《担保法论》(中国法制出版社1997年版)一书是中国较早系统研究担保法律制度的专著。周江洪的《区分所有建筑物的灾后重建》(《中国社会科学》2008年第5期)一文认为,区分所有建筑物的重建是灾后复兴的重要环节之一,区分所有建筑物全部灭失时,应依据《物权法》第97条决定是否予以重建。

合同法方面的研究。主要有毛亚敏的《社会服务承诺的法理思考》(《杭州大学学报·哲学社会科学版》1997年第4期)及《论中标通知书的法律效力及毁标行为的法律责任——兼论中国〈招标投标法〉及〈合同法〉的完善》(《政法论坛》2002年第4期),吴勇敏的《合同法通论》(工商出版社1999年版),李有星的《合同意思自治与合同监管研究》(《浙江大学学报·人文社会科学版》2000年第2期),王建东的《评〈合同法〉第286条》(《中国法学》2003年第2期)与《垫资施工合同法律效力问题研究》(《法学》2003年第12期)及专著《建设工程合同法律制度研究》(中国法制出版社2004年版),王冠玺的《法学发展的"十字现象"——以物权行为制度与〈合同法〉第51条为说明主体》(《现代法学》2005年第1期)及《〈合同法〉第51条释评》(《当代法学》2005年第2期),陈信勇与董忠波的《论附赠式有奖销售的法律规制》(《浙江大学学报·人文社会科学版》2005年第4期),李政辉的《合同法定解除原因研究》(中国检察出版社2006年版),王建东与孙兴洋的《建设工程合同竣工结算规则的合理性探讨》(《法学》2006年第11期),王建东与毛亚敏的《建设工程合同的主体资格》(《政法论坛》2007年第4期),周江洪的《服务合同在我国民法典中的定位及其制度构建》(《法学》2008年第1期)与《旅游合同性质决定之局限性探讨》(《旅游学刊》2009年第11期)及《风险负担规则与合同解除》(《法学研究》2010年第1期)等文论和著作,分别就服务承诺、合同意思自治与监管、毁标行为、垫资合同、合同主体资格、合同法定解除、服务合同等多个方面探讨合同法的诸多问题。周江洪的专著《服务合同研究》(法律出版社2010年版)一书分为服务合同总论和服务合同分论两编,既涵盖总论层次的研究,亦覆盖包括建筑承揽、软件制作、保安、旅游、教育培训、护理、侦探、会计审计服务、律师服务、医疗服务等在内的分则层次的研究,书中提供的各类型服务案例为中国相关研究提供了丰富的第一手文献资料。

侵权行为法方面的研究。主要有金彭年的《侵权行为法律适用的新发展及中国的理论实践》(《法学研究》1993年第3期),潘申明的《论工作物致害责任之工作物界定与责任人范围》[梁慧星主编《民商法论丛》(第29卷),法律出版社2004年版],张谷的《作为救济法的侵权法,也是自由保障法——对〈中华人民共和国侵权责任法(草案)〉的几点意见》(《暨南学报·哲学社会科学版》2009年第2期)和《论〈侵权责任法〉上的非真正侵权责任》(《暨南学报·哲学社会科学版》2010年第3期),王冠玺的《法人精神损害赔偿请求权问题再探索——基于比较法上的观察》(《法制与社会发展》2010年第5期),周江洪的《惩罚性赔偿责任的竞合及其适用——〈侵权责任法〉第47条与〈食品安全法〉第96条第2款之适用关系》(《法学》2010年第4期)等分别就侵权行为法律适用、工作物致害责任、救济法的侵权法、非真正侵权责任、惩罚性赔偿责任等方面作研究分析。蔡先凤的《核损害民事责任研究》(原子能出版社2005年版)一书讲述了和平利用核能领域的核损害问题、国内外核损害责任问题的现状及研究该问题的重要意义。巩固的《社会视野下的死亡赔偿》(《法学研究》2010 年第 4 期)一文,认为死亡赔偿实际上要综合发挥救济、弘扬、惩罚、预防等多种功能,结合社会现实,考虑社会效果。

继承法方面的研究。主要有金彭年的《论分割制不动产继承准据法适用范围》(《法学评论》1987 年第 6 期),韩家勇的《试析代位继承中的几个问题》(《中南政法学院学报》1988 年第 3 期)和《转继承论析》(《政治与法律》1992 年第 6 期)等。

(二)商法研究

基础性的研究。专著方面有陈醇的《商行为程序研究》(中国法制出版社 2005 年版)和《商法原理重述》(法律出版社 2010 年版),对商法中权利的结构、民事权利的集中、滥用与控制等问题有独到见解。论文方面有韩灵丽的《信用机制与商法保护》(《浙江学刊》2003 年第 4 期),陈醇的《权利的结构:以商法为例》(《法学研究》2010 年第 4 期)等。有关商事主体的研究有阮赞林的《我国商事主体法律制度研究》(光明日报出版社 2000 年版),该书从商事、商法的一般理论入手,对商法的调整对象进行了探讨,提出了"商法是调整商事主体资格确立过程以及以商事主体身份从事营利性活动过程中所发生的各种社会关系的法律"。这在商法学理论体系尚未建立的情况下,是一种较为创新的提法。教材方面有李有星主编的《商法》(高等教育出版社 2006 年版)等。

公司法方面的研究。主要有毛亚敏的《合伙三论》(《浙江学刊》1996 年第 12 期)、《困惑与选择——对公司治理机构的法律思考》(《政法论坛》1997 年第 3 期),王宗正的《论合伙财产的法律性质》(《中外法学》1997 年第 4 期)、《我国股份有限公司内部监督制约机制及其完善》(《浙江学刊》2001 年第 1 期)、《股东会通讯表决制度研究——兼评〈上市公司股东大会规范意见〉的相关规定》(《政治与法律》2004 年第 3 期),梁上上的《股份公司发起人责任研究》(《法学研究》1997 年第 6 期)、《控股股东侵权案的法律障碍与制度创新》(《法学》2002 年第 7 期)、《上市公司信用的法律架构》(《浙江社会科学》2003 年第 3 期)、《论表决权信托》(《法律科学》2005 年第 1 期)、《股东表决权:公司所有与公司控制的连接点》(《中国法学》2005 年第 3 期)及其专著《论股东表决权:以公司控制权争夺为中心展开》(法律出版社 2005 年版)等。李有星的《公司规范运作法律研究》(浙江大学出版社 2001 年版)对公司制的规范运作作以法律的研究。其与曹邵鸣、刘维合作的《论法人权利能力分层理论的构建及其在公司法上的意义》(《浙江大学学报・人文社会科学版》2006 年第 1 期),李永明的《竞业禁止的若干问题》(《法学研究》2002 年第 5 期),王建东的《离婚诉讼中的股权分割问题研究》(《政法论坛》2003 年第 3 期),王建东、毛亚敏的《离婚诉讼之公司股权分割问题探讨——兼论"〈婚姻法〉司法解释(二)"第 16 条之完善》(《法学》2007 年第 5 期),王健的《特殊目的公司法律制度研究》(法律出版社 2009 年版),梁开银的《论公司股权之共有权》(《法律科学》2010 年第 2 期)等文论和著作,对深入进行合同法理论研究和实施实践具有指导和参考价值。

证券法方面的研究。主要有王健的《资产证券化的法律构造》(中国方正出版社 2006 年版),赵春兰的《试论证券民事纠纷的解决机制》(《政治与法律》2006 年第 3 期),李有星与蓝燕合作的《我国上市保荐制度的效力分析》(《法学论坛》2006年第3期)、与徐晓琼合作的《论证券发行上市中保荐人职责制度的完善》(《商业经济与管理》2008年第1期)以及与董德贤合作的《证券内幕信息认定标准的探讨》(《浙江大学学报·人文社会科学版》2009年第8期)等,对中国证券市场的发展研究具有一定的意义。

票据法方面的研究。陈柳裕的《票据法详论》(山西经济出版社1998年版)一书,着重讨论了票据保证的从属性与独立性等问题;他还著有《我国票据冲突规范研究》(《民商法论丛》第20卷,香港金桥出版社2001年版)。其他如韩家勇的《票据关系与票据基础关系论》(《政治与法律》1995年第2期),李有星、孟斌富的《论票据禁止背书的理论与实践》(《浙江大学学报·人文社会科学版》1998年第2期)和《票据伪造背书的法律问题研究》(《浙江大学学报·人文社会科学版》1999年第2期)等。

保险法方面的研究。主要有吴勇敏的《试论我国保险立法的系统化》(《杭州大学学报·哲学社会科学版》1994年第4期)、《保险法原理》(浙江大学出版社1995年版),其与胡斌合作的《对我国保险人说明义务制度的反思和重构——兼评新〈保险法〉第17条》(《浙江大学学报·人文社会科学版》2010年第3期)等。陶丽琴的《保险与抵押的机制衔接及其制度构架——以按揭住房保险为视角》(《法学研究》2006年第4期)一文,认为保险和抵押机制有机衔接的关键是代位效力实现的规则设置,需解决代位物的特定化、担保价值的控制、担保效力的公示等实质性问题,物权立法必须对物上代位制度重新做出科学的制度构架。

四、诉讼法学

(一)民事诉讼法学研究

对民事诉讼模式和既判力的研究。翁晓斌的《职权探知主义转向辩论主义的思考》(《法学研究》2005年第4期)认为,随着审判方式改革的推进,通过司法解释初步确立了辩论主义;但是中国民事诉讼中的辩论主义存在诸多缺陷,克服这些缺陷并完善中国民事诉讼中的辩论主义,必须建立起辩论主义的理论体系,改变法官职业群体的传统思维。在既判力问题上,他的《我国民事判决既判力的范围研究》(《现代法学》2004年第6期)认为既判力的范围包括主观范围、客观范围和时间范围,大陆法系既判力制度的核心内容是既判力范围的法律规范;为有利于实现民事诉讼解决纠纷的目的和维护法的安定性,中国应当参照大陆法系就既判力范围作出系统且明确和合理的规定。其还著有《论已决事实的预决效力》(《中国法学》2006年第4期)等。

对民事抗诉制度的研究。宋小海的《论民事抗诉制度的程序法定位——基于修改后民事诉讼法的分析》(《中外法学》2010年第4期)认为,"再审司法分权制约"是我们从民事诉讼程序角度对民事抗诉制度的定位进行客观的逻辑性分析的结果,它不是法律的明文规定;主张在现行民事诉讼法框架下,将"再审司法分权制约"作为民事抗诉制度在程序法上的自觉性定位,以使我们在程序法理上更科学地认识民事抗诉制度的性质和价值,为立法上进一步完善民事抗诉制度、实践中加强推进和规范民事检察工作确定方向。他建议:可借鉴再审之诉的原理与制度架构对民事抗诉制度与实践进行完善与改进，合理界定抗诉权与诉权、抗诉权与审判权在再审程序中的关系，以实现抗诉权的“司法权化”。

对民事证据的研究，蒲一苇的《证据的适格性探析——以民事证据为视角》(《河北法学》2005 年第 5 期)认为，民事证据的适格性是判断诉讼中的某项证据是否具备法定资格的依据，其判断标准是合法性和关联性，其作用是确定证据调查的范围，并为进一步进行证据证明力的评价和判断提供必要前提；证据适格性虽与英美法中的证据可采性属于同一范畴的概念，但实质内容并不完全等同。其还著有《民事诉讼第三人制度研究》(厦门大学出版社 2009 年版)、《真实情结：民事证据概念的魅惑与超越》(《浙江社会科学》2006 年第 4 期)。

对民事举证责任的研究。杨琴在《议举证责任的程序保障制度》(《浙江学刊》2002 年第 1 期)一文中认为，强化当事人的举证责任是审判方式改革的重要方面，是民事诉讼不告不理的应有之义，但这也从根本上加重了当事人的诉讼负担，如没有与之相配套的程序保障制度，很可能导致司法实体公正的不能实现；从中国实际出发，从三个方面对加强和完善中国举证责任的程序保障制度：即当事人取证权利的程序保障制度；当事人举证责任救济的程序保障制度；当事人提供证据的程序保障制度。

对民事速裁程序的研究。赵春兰的《我国民事速裁程序适用过程须明确的几个问题》(《政治与法律》2008 年第 1 期)指出，尽管速裁程序本身也是简易程序的一种，但中国民事诉讼立法中并没有对速裁程序的明文规定，有关速裁程序的规范化运作等一系列问题还处于司法实践的探索之中；她认为人民法院推行速裁程序顺应了公民平等接近司法权利的要求，是实现司法资源优化配置的有效路径，是诉讼公正与诉讼效率相互协调的体现；规范中国民事速裁程序必须明确适用速裁程序审理的案件范围、速裁审理的组织机构与速裁案件的审判模式、法官诉讼指挥权与当事人程序选择权的协调、对速裁程序的司法救济、适用速裁程序审理的民事案件的收费标准、加强对速裁程序运作的监督与管理等问题。

对民事执行的研究。童兆洪的《民事执行权性质再认识》(《浙江学刊》2005 年第 3 期)、《民事执行救济制度刍论》(《比较法研究》2002 年第 3 期)两文认为，民事执行程序是运用公权力实现已确定私权的程序，执行机构实施强制执行时，债务人须容忍并服从其执行行为，但由于执行依据既判力和执行力扩张等原因，有时会造成对执行当事人或第三人利益的不法侵害，司法上将针对此类侵害的补救，称之为执行救济。执行救济制度是指因执行依据错误或执行程序中的违法执行、不当执行或懈怠行为对执行当事人或第三人的合法权益造成侵害时设定的一种程序保障或实体补救的权利保护制度；其目的是通过对违法执行或不当执行行为进行矫正，对出现的后果予以程序上和实体上的弥补和救济，从而实现对私权的保护。

对民事虚假诉讼的研究。毕慧的《论民事虚假诉讼的法律规制》(《浙江学刊》2010 年第 3 期)认为，民事虚假诉讼的频发对现有的法律漏洞提出了挑战，针对其产生的原因应该从完善民事程序法、民事实体法和刑事责任等方面进行规制，并在民事诉讼法中确立法院更强的审查权、在民事责任法中规定虚假诉讼者承担侵权责任、在刑事法律中引入虚假诉讼罪。

（二）刑事诉讼法学研究

刑事和解研究。陈光中的《刑事和解初探》认为，刑事和解是一项具有中国特色的刑事司法制度，不仅可以适用于轻罪案件，也可以有条件地适用于重罪乃至可能判处死刑的案件，并且应当贯穿刑事诉讼的整个过程；中国现行刑事立法为刑事和解的实行提供了一定的法律依据，由于罪刑法定原则与罪责刑相适应原则开始从绝对走向相对，因此刑事和解与此两项原则并不矛盾；刑事和解以加害人认罪并真诚悔罪为前提条件，附带民事赔偿与刑事处罚是互有关联的两种不同责任，没有犯罪行为就不会产生附带民事赔偿的问题①。其还著有《刑事和解再探》（《中国刑事法杂志》2010 年第 2 期）、《刑事和解实证研究观点撷录》（《国家检察官学院学报》2009 年第 2 期）、《刑事诉讼法再修改若干问题之展望》（《法学》2008 年第 6 期）、《刑事诉讼法的成功修改是我国法制建设的一项重大成就》（《中国法学》1997 年第 5 期）。

对刑事自诉的研究。宋高初的《我国刑事自诉负效益分析》（《法学评论》2005 年第 6 期）认为，刑事自诉会产生负效益，即刑事诉讼的过程或结果背离了刑事自诉的立法目的，给诉讼当事人和国家带来了不利的结果及影响；为消除或降低中国刑事自诉的负效益，在刑事司法实践中人民法院在追求刑事司法公正的同时，应妥善处理好自诉人物质损失的赔偿和国家补偿问题以及中国公安司法机关对自诉人不提起自诉、和解、撤诉行为的干涉问题。其还著有《论我国刑事自诉风险及其规避》（《政治与法律》2005 年第 3 期）、《论刑事诉讼成本》（《政治与法律》2002 年第 5 期）。

对刑事司法程序正义的研究。马贵翔的《刑事司法程序正义探微》（《复旦学报·社会科学版》2002 年第 1 期）认为，刑事司法程序正义的功能在于纠正作为实体法的刑法本身存在的依靠自身无法克服的固有缺陷；作为刑事司法程序正义核心的程序公正，其内在机制是以起诉、审判、辩护三权互动为背景形成的控辩平等对辩与法官中立的理想格局；刑事司法程序正义实践理性的精髓是寻找一种公正与效率的调和机制。其还著有《公正与效率调和的两条路径》（《中国法学》2003 年第 1 期）、《公正、效率、效益——当代刑事诉讼的三个基本价值目标》（《中外法学》1993 年第 1 期）。

对刑事诉讼成本和效率的研究。胡铭的《论诉讼效率的提高与资源配置的优化——从刑事诉讼的角度分析》（《甘肃社会科学》2005 年第 1 期）认为，从经济学上来看，刑事诉讼面临着资源的稀缺性与产出的高要求之间的尖锐矛盾；如何更新刑事诉讼基本理念，合理配置司法资源，使得有限的资源产出最大的社会效益，是进一步完善刑事诉讼制度，推进司法改革必须思考的问题。他提出应该区分无形司法资源和有形司法资源，在此基础上，借鉴经济分析的方法，提出了若干优化资源配置、提高诉讼效率的路径。其还著有《刑事司法的国民基础之实证研究——一项基于城市问卷调查的分析》（《现代法学》2008 年第 3 期）。

对刑事司法理念与制度的研究。夏立安的《论我国刑事司法理念与制度的发展——一种整合法律观下的解读》（《浙江大学学报·人文社会科学版》2008 年第 2 期）一文中认为，随着

① 陈光中：《刑事和解初探》，《中国法学》2006 年第 5 期。

中国经济发展和社会进步，法律也呈现出迅速成长的特点，刑事司法从以重视打击犯罪为主到兼顾保护被害人的权利，法律适用从重视形式性到兼顾实质性，诉讼模式从以对抗制发展为主到兼容合作性司法；从法的深层面看，这些变化表明了一种兼容自然法、实证主义法和历史法学派思想的整合法律观正在形成。

对刑事诉讼诉因理论的研究。杨杰辉的《英美法诉因制度及其评析》（《中国刑事法杂志》2009年第10期）认为，诉因是指检察机关为了所控诉主张获得法官的支持而提出的相当于犯罪构成要件的事实；由于诉因具有限定审判范围、明确防御对象等功能，因此诉因的记载必须符合法定要求，检察官和法官原则上都不能变更诉因；诉因制度的价值主要在于维护被告人的防御权，它是与当事人主义的审判理念以及审判方式密切相关的。其还著有《三种刑事审判对象模式之比较研究》（《现代法学》2009年第3期）。

对检察引导侦查取证与侦查监督的研究。陈然在《检察引导侦查取证之理论及实践问题分析》（《政治与法律》2010年第1期）一文中认为，检察引导侦查取证具有明确的法律依据和实践操作规范；侦查取证过程中普遍存在笔录缺乏客观性、全面性的问题，而侦查笔录抗辩性不强、取证不及时、勘验重点不突出、勘验不及时、侦查活动关注民生不够等一系列问题也在一定程度上影响刑事公诉的效果；增强检警合作，提高诉讼效率，规范取证行为，完善证据形式，对检警配合完成控诉犯罪任务至关重要。丁寰翔的《关于侦查监督基本理论的若干思考》（《浙江万里学院学报》2005年第5期）认为，侦查监督作为国家法律监督机关的一项重要职能，是维护国家法制统一、实现司法公正、强化程序正义、保障人权的重要途径；如何发挥侦查监督应有的作用，需要厘清侦查监督的相关基本理论问题，为改进和完善侦查监督法律制度、建立科学的侦查监督运行机制提供理论依据。

对刑事诉讼二审制度的研究。章立军的《关于贯彻二审终审制的一些思考》（《杭州大学学报》1990年第1期）认为，二审终审制是中国刑事诉讼法规定的一项重要的诉讼原则，地方各级人民法院审理第一审案件所作的判决或者裁定，如果当事人不服或者人民检察院认为有错的，在法定期限内可以向上一级人民法院提出上诉或者抗诉；上一级人民法院就上诉或者抗诉案件所作的第二审判决或者裁定，是终审判决、裁定，立即发生法律效力；但是有两种情况例外：一是最高人民法院作出的一审判决或者裁定，是终审的判决或者裁定，不能上诉或者抗诉。二是判决死刑的案件不适用这一原则。

对证据审查机制的研究。封利强的《对英美证据法借鉴价值的理性审视》（《政法论坛》2008年第3期）认为，证据审查包括证据筛选和证据评价两个相对独立的环节。英美法系国家证据审查的“分离模式”与大陆法系国家证据审查的“融合模式”各有优劣。他在《证据审查机制初探》（《北方法学》2009年第5期）一文中认为，中国证据审查模式选择的基本思路是将证据筛选和证据评价适度分离、对证据筛选活动进行诉讼化改造以及完善证据评价机制。

对附条件逮捕制度的研究。张兆松的《附条件逮捕制度批判》（《现代法学》2009年第5期）指出，附条件逮捕制度是近年检察机关出台的一项审查逮捕改革措施，其核心是将原本不符合逮捕条件的犯罪嫌疑人批准逮捕；该制度违反《刑事诉讼法》第60条之规定，违背程序法定和刑事司法解释的原则，背离刑事诉讼的价值目标，不符合司法改革的基本原则，实施附条件逮捕制度只会扩张检察机关的逮捕权，而不会利于保障犯罪嫌疑人的合法权益；建议立法机关对附条件逮捕制度进行审查，并通过相关程序修改或废止这一制度。其还著有《检察机关逮捕权制约机制的反思与重构》(《河北法学》2009 年第 12 期)。

(三)行政诉讼法学研究

对行政诉讼的事实审查与行政诉讼中的证据标准与评价的研究。朱新力致力于研究行政诉讼中构成合法性审查对象的被诉具体行政行为的事实问题及其本质、事实瑕疵之表现和司法审查事实问题的强度。他的《论行政诉讼中的事实问题及其审查》(《中国法学》1999 年第 4 期)认为，事实问题的行为表现是行政主体的事实认定，而事实认定实际上是自由裁量权运行的过程；事实上，证据违法、举证责任分配违法、行政推定或行政认知违法、对事实认定违反证明标准都可能导致事实认定瑕疵；他建议：中国法院对事实问题的审查强度应以美国法中的合理性标准为原则，根据判决种类、争执点和行政程序保障状况辅之必要的法院调查取证权。其还著有《行政诉讼客观证明责任的分配研究》(《中国法学》2005 年第 2 期)、《行政诉讼应该确立调解原则吗？》(《行政法学研究》2004 年第 4 期)。吴振宇《行政诉讼中的证据评价与证明标准》(《行政法学研究》2004 年第 3 期)一文认为，行政诉讼中的事实认定是一种证据评价的程序。现代行政诉讼法对证据评价采取自由心证主义，并要求法官心证的形成具有合理性，证明标准即是此种合理性的反映；依法行政原则要求行政行为必须合法，严格满足构成要件，故行政诉讼证明标准原则上必须固定且严格，一般采取清楚而有说服力的标准，但在特定情形下，证明标准可能且应当修正以利于实现实体权利。

对行政诉讼确认无效判决与第三部门是否具备行政诉讼被告资格的研究。尹伟琴的《行政诉讼确认无效判决三题》(《行政法学研究》2004 年第 4 期)认为，行政诉讼确认无效判决制度在以下方面值得讨论：确认对象，确认无效判决须以业已成立的行政行为为对象，确认行政行为依法不成立在一定程度上是自相矛盾的；与判决撤销的关系，一般应当作模糊处理，只有当原告要求宣告无效或者在常规诉讼时限之外起诉时，法院才有必要严格区分“无效”与“可撤销”；举证责任，“无效”的举证责任应当由原告承担。其还著有《对作为行政诉讼“通道”的功能性概念的再认识》(《政法论坛》2005 年第 1 期)。方洁的《从第三部门组织到行政诉讼被告》(《行政法学研究》2007 年第 8 期)认为，第三部门组织是具有组织性、非政府性、非营利性、公务性的社会公共服务组织，具有行政主体资格；由于行政主体资格对于行政诉讼被告资格的确立具有相当的意义，第三部门组织在运用权力组织公务时也因此获得行政诉讼被告资格；而对于个案而言，被告的最终确立还有赖于形式与实质相结合的规则与推定规则，同时运用司法权衡来判定。其还著有《相对集中行政许可权理论与实践的困境与破解——以行政服务中心“一站式服务”为视角》(《政治与法律》2008 年第 9 期)、《参与行政的意义——对行政程序内核的法理解析》(《行政法学研究》2001 年第 1 期)。

对行政诉讼维持判决机制的研究。张旭勇的《行政诉讼维持判决制度之检讨》(《法学》2004 年第 1 期)认为，行政诉讼维持判决是中国独有的判决类型。他从制度的功能与效率的视角对行政维持判决制度的合理性提出质疑；以制度演进的角度剖析中国行政维持判决制度的历史成因，并对催生了行政维持判决制度的“维护行政机关行使行政职权”之目的进行价值批判；分析并指出行政维持判决制度在运作中可能造成的低效率和种种矛盾；主张以“控权”价值观置换原先的“维护”目的，并在此基础上以驳回诉讼请求判决全面取代维持判决、确认合法判决、确认有效判决，重构行政诉讼否定性判决制度。其还著有《行政判决的分析与重构》(北京大学出版社 2006 年版)、《民事、行政确认判决辨析》(《行政法学研究》2006 年第 2 期)。

对民众诉讼的研究。郑春燕《论民众诉讼》(《法学》2001 年第 4 期)一文认为，长期以来中国行政诉讼领域存在着一种误区，认为只有自己的合法权益受到具体行政行为违法侵害的行政相对人才具有原告资格；这种观点的弊端在于忽略了公共利益的存在，关闭了对这些权利的救济之门；她试图通过对他国有关民众诉讼理论与实践的借鉴，针对中国行政诉讼的基本情况，提出应在中国建立民众诉讼，并严格受案标准，提高管辖级别，修改举证责任，设立物质奖励，以期进一步完善中国的行政诉讼制度。其还著有《论“基于公益考量”的确认违法判决——以行政拆迁为例》(《法商研究》2010 年第 4 期)。

五、经济法学

(一)基础性理论研究

对经济法体系的研究。杜飞进的《经济法的体系与社会主义商品经济》(上、下)(分别载于《法学》1988 年第 6 期、1987 年第 12 期)认为，经济法的体系是指由中国现行的和即将制定的经济法各部门法所组成的经济法律规范的有机整体；它是质与量、内容与形式的有机统一，不仅要求在数量或形式上具备相当规模的经济法规群，而且还要求各经济法律规范在质量或内容上和谐统一；从中国多年的实践看，人们对经济法体系在质量或内容方面的要求远不及对其数量或形式上的要求重视，其中不同经济法规之间时有的矛盾与冲突以及某些经济法规的不断“改”与“废”，在某种意义上就可以认为是对经济法体系质量或内容指标重视不够的结果；必须从大力发展社会主义有计划商品经济的内在要求出发，构筑中国经济法体系的宏观框架。他还著有《论有计划的商品经济和经济法民法的关系》(《学习与探索》1986 年第 6 期)。

对经济法的动态性问题研究。吴勇敏、刘仲明的《经济法动态性初探》(《浙江大学学报·人文社会科学版》2004 年第 4 期)认为，经济法作为国家干预经济之法，必须随着社会经济形势和市场的变化而变化，经济法的动态性具有变动性、扩张性与回复性、相对稳定性的特点；经济法的动态性与民商法、行政法的动态性特性又有明显的区别，这种区别既有经济法自身品格方面的原因，又与市场失灵、政府失灵等外部条件有关；经济立法的意义在于不应一味追求经济法典的制定，而应致力于建立原则性与灵活性相结合的经济法律体系，立足本国国情，积极创建有中国特色的经济法理论。其还著有《新编经济法学》(浙江大学出版社 2003 年版)。

对经济法调整对象、体系以及性质的研究。李占荣、韩灵丽的《论经济法的调整对象、体系以及性质》(《江西社会科学》2004 年第 7 期)认为,经济法学界的代表人物在经济法的调整对象、体系以及性质等问题上存在着分歧,各种争议观点基本上都可以从国外找到其理论渊源;应当详细考察中国现行经济法律的基本内容,并结合作为学科研究对象的经济法的共性来归纳经济法的调整对象和体系;关于经济法的性质,公法与私法的划分,至今仍具有一定的现实意义,理论基本遵从着私法的个体本位、公法的国家本位和经济法的社会本位这样一条思路。作者认为,国家本位的提法过于宽泛,应当用"政府本位"取代国家本位,并从社会本位与社会主义的联系中理解中国经济法的性质。李占荣还著有《经济法社会性背景的法理学考察——兼论德国经济法的社会市场经济背景》(《政法论坛》2004 年第 6 期)、《论经济法的产生——经济法基础理论的反思之一》(《江西社会科学》2004 年第 3 期)。

对经济法制的研究。方腾高的《大失衡:14 年中国经济法制建设的忧患》(《中外法学》1994 年第 1 期)一文指出,1979—1999 年国家共制订经济法律及有关决定 135 件,经济法规 434 件,地方人民代表大会制订的经济法规约达 70 件,大大超过前 30 年经济立法总和。但是,随着改革开放的进一步延伸和拓展,新旧经济体制的摩擦日益尖锐并趋激化,建立在新旧双重经济体制"混合体"上的经济法制凸显令人担忧的"瓶颈现象"——经济立法的数量和规模急剧增长和扩大,而经济立法效益并未随之有效增长;立法者的期望与法律实施效果之间巨大的失衡使经济法制建设陷入进退维艰的矛盾峡谷之中,这不能不引起人们的担忧。

对经济法逻辑起点的研究。吴伟达的《国家调节:经济法的逻辑起点》(《浙江学刊》2009 年第 2 期)、《国家调节:经济法逻辑起点的科学界定》(《河北法学》2008 年第 4 期)两文认为,逻辑起点的科学界定对经济法学科的形成和发展具有决定性的作用;我们说国家调节是经济法的逻辑起点,理由在于国家调节是经济法理论体系逻辑结构的起始范畴,它包含经济法研究对一切矛盾萌芽的规定性与从国家调节可推演出经济法理论体系逻辑结构的其他范畴、命题,它是经济法历史起点的反映,符合经济法发展历史与逻辑相统一的原则。

(二)企业法研究

对外商投资企业设立条件的研究。沈志坤的《试论外商投资企业设立的条件》(《法学杂志》1988 年第 2 期)认为,中国直接调整外商投资企业的法律、法规对于外商投资企业设立的条件虽有一些零散的规定,但受这些法律法规调整对象的范围所限并未对外商投资企业设立条件作统一规定;这种法律化的条件对于鼓励外国投资者大胆投资,对于中国对外商投资管理的计划化、法律化都是不可缺少的。其著有《企业法通论》(杭州大学出版社 1995 年版)。

对中小企业信用评价指标的研究。范柏乃的《中小企业信用评价指标的理论遴选与实证分析》(《科研管理》2003 年第 6 期)一文认为,中小企业信用评价体系的构建及其信用度量,是世界各国信用体系和信用管理制度建设的重要组成部分。其作用:一是通过深入调查、科学测算和比较分析,及其信用等级公布,有利于减少和避免投资者由于信息不对称而产生的投资风险;二是开展信用评估,有助于降低全社会的交易成本,降低融资成本,拓宽融资渠道,三是,通过信用评价,有利于金融机构识别中小企业的信用风险,采取相应的防范措施;四是通过信用评价,以增强中小企业的信用意识,加快国家信用体系和信用制度的建设。其还著有《高新技术产业发展法律环境》(上海财经大学出版社 2001 年版)。

(三)竞争法研究

对反不正当竞争执法中行政裁决的研究。陈有西的《论反不正当竞争法执法中的行政裁决》(《中国行政管理》1998 年第 2 期)认为,行政执法权主要包括行政监督检查权、行政处罚权、行政裁决权;从中国当前的反不正当竞争行政执法现状看,工商机关一般只行使了前两项权力,而对行政裁决权放弃使用,被侵权者要获得侵权赔偿,只有向人民法院起诉获得法律救济,这一现象牵涉到一些比较复杂的法律问题、执法指导思想问题和对被侵权主体权益的救济问题;对此,他建议:要在反不正当竞争执法中充分考虑行政裁决的运用,保护被侵权主体的合法权益;对赔偿部分尽量进行行政调解,协议达成生效后就有执行力。其还著有《反不正当竞争法律适用概论》(人民法院出版社 1994 年版)。

对商业秘密侵害和法律防范的研究。李有星的《论商业秘密的侵害与法律防范》(《商业经济与管理》2000 年第 12 期)认为,商业秘密作为一种知识产权,能为拥有者带来竞争的优势和创造巨额的利润,因而倍受各界人士的重视;不少企业因商业秘密受侵害而失去竞争优势和面临困境的残酷现实,使企业界认识到了商业秘密保护的重要和迫切,但对商业秘密的侵害和防范保护仍存在许多误区,因此正确理解商业秘密,切实采取法律防范措施十分必要。其还著有《论我国商业秘密及其司法保护》(《国际商务研究》1997 年第 4 期)。

就我国加入 WTO 对竞争法的影响的研究。王卫星的《我国加入 WTO 后的竞争法律问题——外国企业参与我国市场竞争带来的影响及其对策》(《浙江社会科学》2001 年第 3 期)一文指出,由于 WTO 解决的仅仅是市场准入的问题,并没有确立一个国际通行的市场竞争规则,因此加入 WTO 后如何应对将会出现的各种竞争法律问题,这对于我们国家无疑是一个极大的挑战。他建议:为了改变中国目前竞争法领域内立法尚不完善状况,有必要对规制不正当竞争行为、垄断、限制竞争行为以及使用不公正交易方法行为的法律规范做出全面细致的规定;同时,经济的国际化和全球化使各国在竞争法上表现出了共同的发展趋势和目标,这也迫使我们在制定本国的反垄断法时,不得不考虑反垄断法的域外适用问题和与国际接轨的问题,尽快制定中国的反垄断法已成为当务之急。

对现代反垄断法发展趋势以及中国反垄断法立法的研究。朱宏文的《现代反垄断法的发展与我国的反垄断立法——以企业合并控制为中心》(《社会科学研究》2001 年第 3 期)认为,反垄断法所赖以存在的经济环境已从国内竞争走向了国际竞争,反垄断法把其规制的重心也逐渐由国内经济集中转向了国际经济集中,从而引发了反垄断法国内控制日益弱化、国际控制日益强化的发展趋势。对此,她建议中国反垄断法立法要顺应潮流,制定整体宽容、局部严厉的反垄断法以控制企业合并,利用反垄断法的域外适用制度保护本国利益;针对外国的反垄断法的域外适用,制定中国的阻却制度及参加国际合作。其著有《反垄断法——转变中的法律》(社会科学文献出版社 2006 年版)从市场机制的历史发展中,论述反垄断法产生的时代意义;《欧盟贸易壁垒条例的实施状况与法律分析》(《法学评论》2005 年第 5 期)等。

（四）消费者权益保护法研究

对《消费者权益保护法》的适用范围、法律责任、消费仲裁制度的研究。许建宇的《完善消费者立法若干基本问题研究》（《浙江学刊》2001 年第 1 期）认为，随着市场化进程的加快，中国的《消费者权益保护法》面临着诸多亟待完善的问题；他就适用范围、法律责任、消费仲裁制度这三个既具有理论研讨价值又有实践意义的代表性问题，提出了若干立法修改建议和制度设计方案。在适用范围上，他建议把消费者的定义修改为：消费者是指购买、使用、接受生活消费品或服务的个人，但能够证明其将商品或服务用于经营活动的除外；在法律责任问题上，他认为关于《消费者权益保护法》第 49 条对经营者欺诈行为适用双倍赔偿即惩罚性赔偿的规定；在消费仲裁问题上，他建议对于小额或简单的消费争议在设计处理程序时，应充分体现经济、及时、便民的原则，使最后的处理结果具有法律效力，在现有框架内寻找一种既能发挥现有处理机制长处、又能及时有效化解争议的方式。其还著有《经营者对消费环境的安全义务浅论》（《浙江社会科学》2002 年第 2 期）。

（五）金融法研究

对银行资本充足率与金融衍生产品的法律监管研究。李缙、孔庆江的《银行资本充足率监管的法律研究》（《浙江大学学报·人文社会科学版》2000 年第 5 期）一文认为，现代商业银行的资产负债管理的核心内容是银行资本充足率的管理，鉴于资本充足率在金融业中的重要作用和资本充足监管的需要，在适当的时候《刑法》应有所体现，对违反资本充足率等规定、严重扰乱金融秩序的行为予以刑事打击。张蹇的《从金融危机看金融衍生品的法律监管》（《金融与经济》2009 年第 6 期）一文认为，2007 年美国次贷危机的爆发，并在极短的时间内迅速发展成为全球性的金融危机，引起全球股价、大宗商品的价格和主要货币汇率等剧烈变动，对工业、制造业的影响也日益明显；从危机开始到进一步发展，都与曾在经济发展中扮演重要推进器角色的金融衍生品脱不了干系，因此加强金融衍生品的法律监管，是金融全球化的必然要求。

对住房按揭贷款中的保险问题的研究。陶丽琴的《对住房按揭贷款两个保险问题的法律质疑》（《国家检察官学院学报》2002 年第 2 期）认为，作为抵押权人的银行，在抵押房产保险中的法律身份应是被保险人，而非受益人；将受益人这一具有人身保险的特殊法律属性的专门概念随意地混用于财产保险中，不合保险法理，在实践中也无法有效地保障银行的抵押权益，银行应该理清法律关系；贷款银行并不一定要执管保险单，银行可以免除自身的保管责任。其还著有《住房金融民事法律新问题研究》（知识产权出版社 2007 年版）、《保险与抵押的机制衔接及其制度架构——以按揭住房保险为视角》（《法学研究》2006 年第 4 期）。

（六）投资法研究

对海外投资保险代位权的研究。梁开银的《论海外投资保险代位权及其实现——兼论我国海外投资保险立法模式之选择》（《法商研究》2006 年第 3 期）认为，海外投资保险代位权的运行存在两方面的依据：一是国内海外投资保险法（或保险合同），二是国际双边投资保护协定，以何种方式和途径将两者连接以使国内法上的代位权获得国际法上的效力，从而确保代位权的实现，是一个国家选择海外投资保险立法模式必须考虑的问题；只有在借鉴各国先进立法经验、适应海外投资实践要求的基础上，选择有别于美国和日本的折中立法模式，才能更有效地保护中国的海外投资和投资者。其还著有《中国海外投资立法论纲》（法律出版社2009年版）、《论中国海外投资立法的路径与体系》（《河北法学》2006年第1期）、《论中国海外投资理论建构与相关法律对策》（《江汉大学学报·人文社科版》2004年第3期）。

（七）电子商务法研究

对电子商务立法原则、模式与价值取向的研究。刘满达的《电子商务法》（中国人民公安大学出版社2001年版）认为，中性原则是电子商务立法所独有的基本原则，包括技术中性与媒体中性两个方面；在不损及现有法律框架的前提下，电子商务宜走统一的、形式意义上电子商务立法的道路，并根据实际情况制定配套的单行法规以及对现有法律进行清理与修订，电子商务不宜法典化。在经济全球化和法律全球化环境下，根据电子商务的内在要求，其立法应以内含公正的法律效益为其价位取向。其还著有《在线拍卖欺诈及其防范——以eBay为视角》（《法学杂志》2005年第3期）、《论数据电文的证据价值》（《法学》1999年第8期）。

对电子商务中ISP赔偿责任问题的研究。何松明的《电子商务中ISP的赔偿责任》（《上海综合经济》2001年第2期）认为，电子商务一般要通过由ISP（网络服务提供商）维护、经营的网络来完成，由此就引发了ISP在运作过程中可能因误发、错发电子信息导致用户权益受损的责任问题，对ISP究竟应该如何归责及承担责任的内容和程度，已经成为法律界亟待解决的一项新课题。他建议：在ISP与用户权益均衡点的选择上，可以考虑采用两套并行的赔偿机制，即以限制责任原则为主，兼采完全责任原则；同时，有必要考虑制定一项有关赔偿责任的法规来解决ISP与用户的责任问题；在目前尚无法律规范的情况下，用户与ISP必须就有关问题达成协议，以明确双方的法律责任；用户对一些重大交易的电子数据指令投保，以便在数据遭受损害时从保险公司获得补偿；用户还应该尽量提前发送数据指令，以便在出现意外时有机会采取补救措施。其还著有《电子商务立法三题》（《中国法学》2002年第1期）。

六、环境与资源保护法学

（一）基础性理论研究

基础性的研究主要以环境法作为整体进行系统性、体系化的研究。在这一领域钱水苗编著有系列研究成果，如主编《环境法》（杭州大学出版社1994年版）、《环境资源法》（浙江大学出版社2007年版）、《环境行政执法理论与实践》（杭州大学出版社1994年版）、《环境资源法新论》（浙江大学出版社2001年版），钱水苗与叶勇飞、范莉编著的高等学校法学教材《环境资源法》（高等教育出版社2005年版）等。其《环境法调整对象的应然与实然》（《中国法学》2003年第3期）一文指出，环境法的调整对象是环境法学的一个基础性理论问题。作者认为，环境伦理并不能为环境法调整“人与自然”关系提供充足的论据，学者对环境法调整对象的分歧，从根本上说是渊源于对“法”概念的不同认识，因而建构可持续发展指导下的环境法律体系是更为务实的选择。李明华、李可、陈立琴等著的《可持续发展与环境法学方法论》(吉林人民出版社 2005 年版)一书，包括可持续发展的限度及其超越、一般科学方法论、法学方法论的一般构造、环境法学在一般科学下的特殊性、环境法学方法论的基本构造等内容。钭晓东的《论环境法功能之进化》(科学出版社 2008 年版)，该书紧密结合环境法学与法理学，以环境法功能为研究视点，对环境法功能的历史、现状、发展趋势作了动态分析，指出“利益确认、利益保护、利益限制、利益救济”组成环境法之利益调整功能的运行结构。钭晓东的《环境法三个难题解析》(《学术月刊》2002 年第 5 期)、《论环境法的利益调整功能》(《法学评论》2009 年第 6 期)和《俄罗斯环境管理问题所引发的法律思考》(《重庆环境科学》2002 年第 2 期)等论文也论意颇深。另有巩固的《环境伦理学“真理化”批判及其对环境法学的启示》(《文史哲》2009 年第 1 期)则从环境伦理学的角度探讨了环境法相关问题。

(二)环境资源法基本制度研究

环境资源法基本制度方面的研究，有钱水苗的《论环境行政合同》(《法学评论》2004 年第 5 期)、叶勇飞的《“绿色信贷”的“赤道”之旅》(《环境保护》2008 年第 7 期)和《节能减排信贷受助主体识别研究》(《法治研究》2007 年第 10 期)等。巩固的《“环评风暴”的制度困境解析——以水电项目为例》(《法商研究》2009 年第 6 期)一文认为，从现行法律规定来看，战略环境影响评价薄弱导致一系列问题，如项目依据不合理为建设者违法提供了“原动力”，制度体系不严密为违法者以违法事实“倒逼”环境影响评价提供了便利，责任体系不合理起到“反激励”作用等，是导致甚或“推动”建设者不认真执行环境影响评价制度的主要原因，只有通过完善相关立法，环境影响评价才能走出制度困境，摆脱对“风暴”的依赖。

(三)环境资源权利研究

环境资源权利方面的研究涉及水权、林权等方面，主要有巩固的《环境权热的冷思考——对环境权重要性的疑问》(《华东政法大学学报》2009 年第 4 期)，钱水苗的《论环境自卫权》(《中国法学》2001 年第 3 期)等。周伯煌的《物权法视野下的林权法律制度》(中国人民大学出版社 2010 年版)，以一般物权理论为基础，以系统论观点和方法为主要研究方法，厘清中国林业产权制度现状，明确存在的问题，并在此基础上设计中国林业物权制度创新方案。杨琴的《对水权交易的几点思考》(《人文杂志》2005 年第 1 期)主要是对环境权中的水权加以讨论。

(四)环境法运行研究

这方面的研究，有钭晓东的《论环境监管体制桎梏的破除及其改良路径——〈环境保护法〉修改中的环境监管体制命题探讨》(《甘肃政法学院学报》2010 年第 2 期)和钱水苗的《论环境行政执法存在的问题及对策》(《浙江学刊》2001 年第 4 期)，皆分析了环境法监管体制及行政执法过程中存在的问题。钭晓东、欧阳恩钱等著《民本视阈下环境法调整机制变革：温州模式内在动力的新解读》（中国社会科学出版社，2010）重点论证和阐述了生态文明演进及生态危机背景对法律的利益调整机制及其功能提出的要求。钭晓东的《论环境保护责任社会化的契合——以温州模式为例》（《求索》2002 年第 6 期）以温州模式为视角探讨了环境保护责任的落实问题。

（五）环境与生态文明研究

浙江学者着重于生态文明建设与环境保护的研究，有钭晓东的《论社会变迁与环境法律规则运行模式的演进》（《河北法学》2008 年第 3 期）、《论生态文明背景下环境法功能运行之趋势与模式》（《浙江学刊》2009 年第 4 期）、《西部大开发中的生物多样性的保护》（《四川环境》2001 年第 1 期），李明华、陈真亮、文黎照的《生态文明与中国环境政策的转型》（《浙江社会科学》2008 年第 11 期）等。李明华、陈真亮的《生态习惯法现代化的价值基础及合理进路》（《浙江学刊》2009 年第 1 期）一文认为，生态习惯法在中国拥有本土资源价值和独特的品格，其对中国现代环境法治建设具有制度性借鉴意义，为此有必要对其进行改造，形成文化转换，以便与国家法衔接和融合。

（六）环境资源法律责任和救济研究

这方面研究主要有钱水苗的《论环保自力救济》（《浙江大学学报・人文社会科学版》2001 年第 5 期），翁里、王晓的《环境法的民事侵权归责原则和举证责任——兼论环境法民事责任的公平适用》（《法学评论》2002 年第 4 期）等。叶勇飞的《论环境民事公益诉讼》（《中国法学》2004 年第 5 期）一文指出，环境权是一项公益性与私益性相结合的权利，它既可私益诉讼，也应允公益诉讼；他分析了英美法系与大陆法系对公益诉讼建立相应诉讼机制，提出了环境民事公益诉讼的问题，颇有创建。

七、劳动与社会保障法学

（一）劳动法研究

关于劳动法的研究，主要涉及劳动合同、劳动权及相关法律问题研究。有许建宇的《论工资的法律保障》（《现代法学》1994 年第 2 期）、《劳动法新论》（杭州大学出版社 1996 年版）、《关于劳动法若干基本理论问题的探讨》（《法商研究》2000 年第 3 期）等；其还立足于权利角度分析劳动权的基本问题，如《论罢工权应该缓行》（合著，《山西大学学报・哲学社会科学版》2003 年第 3 期）、《劳动权的位阶与权利（力）冲突》（《浙江大学学报・人文社会科学版》2005 年第 1 期）、《劳动权的界定》（《浙江社会科学》2005 年第 2 期）、《劳动合同法的权利观》（《中州学刊》2005 年第 6 期）等。有关劳动合同及相关问题的研究，许建宇著有《“有利原则”的提出及其在劳动合同法中的适用》（《法学》2006 年第 5 期）、《“用工”法律问题初探》（《北方法学》2009 年第 3 期）、《事业单位聘用合同的定性与法律适用模式选择》（《法学》2010 年第 12 期）等。另有俞德鹏的《“职业保留法”评析》(《法学家》2000 年第 6 期)也为这方面研究作了理论添色。

(二)社会保障法研究

这方面的研究有陈信勇的《中国社会保障法研究》(杭州大学出版社 1999 年版),是为法社会学分支学科的研究专著。著作类的成果还有陈信勇的《社会保障法原理》(浙江大学出版社 2003 年版)和《中国社会保险制度研究》(浙江大学出版社 2010 年版)等。论文有陈信勇的《我国养老保险问题及其法律对策》(《浙江大学学报·人文社会科学版》1999 年第 1 期)、《社会保障法学学科的若干问题》(《学习与探索》1999 年第 2 期)、其与王运福的《建立农村医疗保障体系的路径选择——一个需求演化的视角》(《浙江社会科学》2004 年第 1 期)、与蓝邓骏的《失土农民社会保障的制度建构》(《中国软科学》2004 年第 3 期)、与金向英的《农民工医疗救助研究》(《浙江大学学报·人文社会科学版》2006 年第 6 期)等,皆用力颇深。

八、知识产权法学

(一)基础性理论研究

著作方面有李永明的《知识产权法新论》(浙江人民出版社 1996 年版),颇有理论新意。其与张振杰的《知识产权权利竞合研究》(《法学研究》2001 年第 2 期)一文认为,在我国法律上存在知识产权竞合现象,主要表现为各种知识产权的权利竞合和知识产权与民法上规定的其他民事权利的权利竞合;处理权利竞合需要进行利益的协调,应统一采用相对的保护在先权原则、对不同权利给予不同水平保护的区别原则、限制权利负面外部效应原则和尊重社会利益原则。论文方面还有李永明的《关贸总协定与我国知识产权保护制度》(《杭州大学学报·哲学社会科学版》1994 年第 2 期),王冠玺、李筱苹的《知识产权法律与基本权冲突的法理研究》(《知识产权》2005 年第 4 期)和《我国知识产权法律与国家发展政策的整合》(《法学研究》2005 年第 6 期);王坤的《知识产权本体解析——以二十世纪哲学转向为背景》(《浙江学刊》2008 年第 1 期)等。

(二)著作权研究

著作权方面的研究主要有:李永明的《著作权保护中的“作品源”理论》(《政治与法律》1990 年第 4 期)、《试论我国表演者权利的法律保护》(《知识产权》1993 年第 3 期),《我国录音制品保护的法律思考》(《法学》1993 年第 8 期)、《对完善我国邻接权保护制度的若干设想》(《知识产权》1996 年第 5 期),李永明、叶慧霖的《网络著作权若干问题研究》(《浙江大学学报·人文社会科学版》2001 年第 6 期),李永明、杨勇胜的《民间文学艺术作品的版权保护》(《浙江大学学报·人文社会科学版》2006 年第 4 期),李永明、王君兰的《建筑作品著作权问题研究》(《浙江大学学报·人文社会科学版》2008 年第 1 期),李永明、钱炬雷的《我国网络环境下著作权许可模式研究》(《浙江大学学报·人文社会科学版)》2008 年第 6 期);王坤的《著作人格权制度的反思与重构》(《法律科学》2010 年第 6 期)等论文,分别从著作“作品源”、表演者权利、录音制品保护、网络著作权、出版保护、著作人格权等方面探讨著作权问题。

(三)专利权及其他知识产权研究

专利权研究方面。主要有李永明的《试论我国的职务发明制度》(《杭州大学学报·哲学社会科学版》1990年第3期),李永明、潘灿君的《论基因技术的专利保护》(《浙江大学学报·人文社会科学版》2003年第1期)等。

其他知识产权方面的研究。有李永明的《商业秘密及其法律保护》(《法学研究》1994年第3期)和《论原产地名称的法律保护》(《中国法学》1994年第3期),李永明、麻剑辉的《商标权与商号权的权利冲突及解决途径》(《法学家》2002年第4期);韩灵丽的《论商标侵权行为的认定和处理》(《知识产权》1998年第4期)和《标准战略的法律研究》(《现代法学》2002年第6期)等。董雪兵的《软件知识产权保护制度研究》(浙江大学出版社2009年版),以对软件知识产权保护历史实践与模式的讨论为起点,探讨了软件产业中用经济学方法研究知识产权保护制度问题的可行性。在知识产权行政救助制度方面的研究,有李永明的《知识产权侵权损害法定赔偿研究》(《中国法学》2002年第5期),讨论了知识产权救助制度等问题。

九、国际法学

(一)国际公法学研究

国际公法基础研究。早期(民国期间)研究有劳乃宣的《各国约章汇录》,王鸿年的《国际中立法则提要》《战时国际法规总纲》,谢冠生的《苏联和国际法》(英文版),吴经熊在法国期间著有法语论文《国际法方法论》《成文国际法》和《论自然法》,梁鋆立著有《国际法之法典化》(法文版)等。

国际组织法研究。国际公法的研究主要集中于联合国和国际法院两个方向。早在抗日战争胜利后,中国国际法学家李浩培在筹建浙江大学法学院并担任首任院长期间就发表了有关联合国的文章和论著,如《联合国》(华夏图书出版公司,1948年)、《联合国组织述要》(《东南日报》1948年10月24日第3版)、《联合国的安全理事会与国际和平》(《观察》1948年第4卷第7期)、《安全理事会中大国的否决权》(《东南日报》1948年9月15、22、29日第6版),领全国之先。国际法院作为联合国的主要司法机关,其司法实践是国际法学研究的重要源泉。对联合国的研究主要在当代。中国国际法学家史久镛(1926年生于浙江宁波)曾就职于联合国国际法委员会和国际法院,并于1994年当选为联合国国际法院法官,他与于湛旻的《国际法院在和平解决国际争端中的地位和作用》(《国际经济法学刊》2007年第1期)一文,从国际争端解决的角度分析了国际法院的作用与地位。宋杰的《"国家在战争或武装冲突中使用核武器的合法性问题咨询意见案"述评》(《武大国际法评论》2007年第2期)、《国际法院司法实践中的解释问题研究》(武汉大学出版社2008年版)、《"定案"之于国际法院:避难所抑或挡箭牌?》(《甘肃政法学院学报》2009年第2期)、《"保护的责任":国际法院相关司法实践研究》(《法律科学》2009年第5期)等文则结合了国际法院的丰富案例,讨论了涉及条约、国际法院判决、普遍性利益、战争法等相关问题。另外,盛红生的《从诉讼角度考察国际组织的法律人格》(《法学评论》2010年第1期),涉国际组织法律人格领域的研究。

关于国际法上人权等问题的研究。有史久镛的《外交庇护》,宋杰的《国家权利、国家义务与人权保障——〈外交保护条款草案〉研究》(《云南大学学报》2007年第6期),翁里、肖春竹、朱兴祥的《引渡与人权问题初探》(《政治与法律》2008年第10期)。关于国际法上领土的研究主要有史久镛的《南极的法律问题》。在国际海洋法方面的研究有盛红生的《运用军事措施解决海洋争端的法律问题》(《法学论坛》2010年第5期)。在国际人权法方面的研究有李浩培的《国际人权保障公约刍议》(《中建》1948年第6卷第1期)。在国际条约法方面有史久镛的《条约法讲演集》等。

国际刑法方面的研究。主要有吴高庆的《惩治腐败犯罪之司法程序——〈联合国反公约〉程序问题研究》(中国人民大学出版社2006年版),该书以公约为基本框架,阐释了公约规定的程序问题,剖析了中国相关法律制度的缺陷和不足,并对完善中国的惩治腐败犯罪程序,即建立反腐败专职机构并完善腐败犯罪的特殊诉讼程序,构建反腐败的执法合作、联合侦查、司法协助、引渡、监测资产转移以及追回腐败资产等国际合作机制提出了积极的建议。

国际环境法研究。有姜双林对欧盟、美国的环境法进行的相关研究,如《欧盟农业环境补贴法律制度的嬗变及其对中国的启示》(《法治研究》2008年第6期)和译著《可持续的水质管理政策——交易的作用:美国的经验》(泰国范丽琦著,中国政法大学出版社2010年版)。此外钭晓东还从国际责任的视角分析了有害废物越境转移的问题,如《有害废物越境转移对传统国家责任的挑战》(《现代法学》2004年第1期)等。

国际移民法研究。翁里的《国际移民法初探》(《浙江社会科学》1995年第3期)一文,将国际移民法视为一门独立学科,探讨了国际移民法的基本概念与特点、研究对象与体系。其《国际移民法学》(浙江大学出版社2010年版)是国内第一本关于"国际移民法学"研究领域的著作,该著阐明了国际移民法学的研究对象及其理论体系,强调移民立法必须坚持"迁徙自由"等四项基本原则,在比较国际社会现行护照、签证和国籍法律制度的基础上,简述了亚洲、欧洲、美洲、非洲及大洋洲若干国家的移民法律与政策。翁里、毕伟的《中国出入境管理体制的抉择》(《浙江大学学报·人文社会科学版》2006年第4期)和翁里的《论依法保护华侨的出入境权益》(《浙江大学学报·人文社会科学版》2009年第6期)两篇文章对中国出境入境管理法的制定和领事保护问题进行了论述。

(二)国际经济法学研究

基础性研究的成果,有李有星、唐炳洪主编的《国际经济法学》(浙江大学出版社1996年版),翁国民等编著《国际经济法学》(高等教育出版社2005年版)以及翁国民主编的《国际经济法案例》(中国人民大学出版社2004年版)等著作,论述较为系统,体系构建较完善。

国际贸易法方面,有对国际贸易合同、贸易壁垒、贸易救济及争端解决等的研究。如史久镛的《普遍优惠制度与国际贸易》,李有星、阮赞林的《试论国际技术贸易中限制性商业条款的界定与管制》(《国际商务研究》1996年第3期),李有星的《国际反倾销趋势与对策研究》(《商业经济与管理》1996年第3期)等。翁国民的《贸易救济体系研究》(法律出版社2007年版)对贸易救济等新概念作以法理研究,其还有《全球化与国际商事合同规则的国际统一》(《中国法学》2001年第3期)、《技术性贸易壁垒之应对方案研究:以浙江经济国际化进程为背景》(经济科学出版社2008年版),与傅林涌合作《弥补贸易利益失衡——中欧关于欧盟东扩补偿谈判的法律依据》(《国际贸易》2004年第6期)等。其他有张蹇的《WTO视野下的中国贸易救济法律制度研究》(黑龙江教育出版社2008年版),马光的《〈反倾销协定〉中新出口商复审制度的不足及改善方案》(《华东理工大学学报·社会科学版》2010年第5期)等文论,涉猎丰富,角度多元。另有涉及国际贸易、国际投资、国际金融等国际商事领域交叉学科的著作,有陈利强的《美国贸易调整援助制度研究》(人民出版社2010年版)突破传统贸易政策的研究范式,从政治学、经济学与法学的视角,采用历史、比较与实证研究方法,全面系统地研究了美国贸易自由化进程中的TAA制度。朱宏文的《国际保理法律与实务》(中国方正出版社2001年版)是中国第一本系统介绍国际保理业务的运作和深入分析国际保理业务中的法律问题的专著,充实了国际贸易法研究的内容,并结合研究了有关金融法的问题;该著还首次系统论证了国际保理的法律基础和法律实质,以确立其交易基础和界定国际保理当事人间的业务关系。另有段葳、王玉梅、余松林所著的《国际商法》(华中科技大学出版社2010年版)。

中国加入世贸组织前后,国际贸易法领域针对GATT/WTO的研究也有诸多成果。早年如史久镛的《香港与关税和贸易总协定》。后期的成果研究视角丰富,涉及反补贴、条约解释、贸易措施等问题。如李有星的《论商标平行进口中存在的冲突与协调》(《商业经济与管理》2001年第11期),翁国民、蒋奋的《论WTO规则的法律解释方法——兼谈国际条约法的解释理论在WTO争端解决机制中的运用》(《当代法学》2004年第5期),陈利强的《WTO协定下美国贸易权利论——以美国对中国实施"双轨制反补贴措施"为视角》(《法律科学》2008年第2期),宋杰的《公共秩序、知识产权保护与中美知识产权争端》(《国际贸易问题》2008年第10期)与《WTO内"潜在利益"的保护:一种新的贸易干涉工具》(《国际贸易问题》2009年第11期),孔庆江的《与世贸组织争端解决机制有关的几个问题》(《法学杂志》2004年第2期)等。对TRIPS协定专门研究的有翁国民、孙皓琛的《论〈与贸易有关的知识产权协议〉的解释——一种以WTO争端解决机制为基础的分析》(《国际经济法论丛》2002年第2期),孔庆江的《坎昆会议后TRIPS协议执行的政治经济学和我国的知识产权战略》(《国际经济法学刊》2004年第3期)和古祖雪的《TRIPS框架下保护传统知识的制度建构》(《法学研究》2010年第1期)等诸多文论,既有理论创新,又有对实践的指导意义。

国际投资法方面的研究。主要有梁开银的《论ICSID与WTO争端解决机制的冲突及选择——以国家和私人投资争议解决为视角》(《法学杂志》2009年第8期)和赵骏的《论双边投资条约中最惠国待遇条款扩张适用于程序性事项》(《浙江社会科学》2010年第7期)等。

国际金融法方面主要是针对世界银行的研究。这方面的成果有缪心毫的《公众参与与世界银行问责机制的完善》(《国际经济法学刊》2008年第3期)、《世界银行与国际货币基金组织贷款交叉条件的法律分析》(《现代法学》2010年第5期)及其著作《跨境资产证券化私人治理法律问题研究》(厦门大学出版社2010年版)等,皆为视野宽广之作。

在国际海商法领域，王炳南曾参与过《海商法》的起草。另有闻银玲的《海运履约方法律制度研究》(法律出版社 2010 年版)一书，运用历史分析、比较分析、理论分析的方法对海运履约方制度的沿革、制度构成、制度值和中国相关制度建构等问题进行系统深入的论述。

(三)国际私法学研究

基础性理论研究。20 世纪 30 年代，任浙江省政府委员兼民政厅厅长的阮毅成著有《国际私法》(世界书局，1933 年)。国际法学家李浩培发表过《19 世纪的国际私法学》(《新法学》1948 年第 5 卷)，他的论著对于国际私法理论问题进行了若干专题梳理，分别涉及国际私法的总论和分论。这一阶段恰逢中国国际私法学的逐渐形成，也是李浩培国际私法研究的一个高潮期。金彭年与李双元合著的《中国国际私法》(海洋出版社 1991 年版)被《全国哲学社会科学现状与发展趋势调查报告》列为中国国际私法研究的代表性著作之一。此外，教材类的成果还有金彭年著的《国际经济争端法导读》(浙江大学出版社 2000 年版)，参编的“九五”规划高等学校法学教材《中国国际私法通论(第 3 版)》(法律出版社 2007 年版)，编著的 21 世纪实用法律系列教材”《国际私法》(浙江大学出版社 2008 年版)等。

在冲突规范与准据法相关问题领域，有关准据法的研究主要有李浩培的《国际私法中的当事人本国法主义》(《新法学》1948 年第 1 卷第 3 期)；金彭年的《论国际私法上当事人意思自治原则》(《杭州大学学报・哲学社会科学版》1988 年第 1 期)，其与王健芳合作的《国际私法上意思自治原则的法哲学分析》(《法制与社会发展》2003 年第 1 期)。与确定准据法相关的法律规避问题研究，有金彭年、吴德昌的《婚姻中的法律规避问题探究》(《浙江社会科学》2004 年第 2 期)和《以强制性和禁止性规范为视角透视法律规避制度》(《法学家》2006 年第 3 期)。有关公共秩序的研究，有金彭年的《论国际私法上的公共秩序》(《杭州大学学报・哲学社会科学版》1989 年第 1 期)、《国际私法上的公共秩序研究》(《法学研究》1999 年第 4 期)。有关反致制度的研究，有金彭年、汪江连的《从反致制度的本质看我国关于反致制度的取舍》(《浙江大学学报・人文社会科学版》2004 年第 2 期)。与冲突规范的研究有关的特别法方面，有陈柳裕的《我国票据冲突规范研究》(《浙江学刊》2001 年第 1 期)。

国际私法分论的研究。在婚姻家庭与继承方面，有李浩培的《关于离婚及别居的国际私法》(《新法学》1948 年第 5 卷)、《婚姻的形式成立要件的准据法》(《中华法学杂志》1948 年第 7 卷第 1 期)和《子女身份的准据法》(《中华法学杂志》1948 年第 7 卷第 8 期)。针对法定之债的研究，主要有金彭年的《国际私法上侵权行为的法律适用》(《法学研究》1998 年第 3 期)，其与章晓科合作的《国际私法上无因管理法律适用新探》(《浙江大学学报・人文社会科学版》2001 年第 2 期)及与张明珠合作的《国际私法上的不当得利冲突规则研究》(《法学家》2005 年第 2 期)。在程序法研究方面，有金彭年的《国际民商事程序法》(杭州大学出版社 1995 年版)。

国际私法发展的研究。有金彭年的《国际私法发展的一个新趋势》(《法学杂志》1989 年第 3 期)、《中国国际私法典示范法：侵权条款及其法理》(《中外法学》1995 年第 4 期)等。陈柳裕的《山田三良与中国国际私法》(《当代法学》2003 年第 2 期)一文认为，中国对西方国际私法的认识，虽然是从英美法开始的，但对中国国际私法真正产生过影响的，却是日本和德国

(经由日本)的国际私法学说,而山田三良则是其中最关键的人物之一。

第四节　地方法治研究

法治是国家治理现代化的必由之路。在法治中国建设过程中,地方法治建设处于非常重要的地位。作为中国法治实践学派的倡导者之一,浙江法理论界根据省委、省政府提出的法治浙江和平安浙江建设任务,积极地作出了理论研究的回应,取得了一系列研究成果。

一、依法治国法律思想

(一)依法治国的基本问题研究

对法治及法治国家的研究,孙笑侠有系列成果。包括《中国法治的现实目标》(《法律科学》1996 年第 3 期)、《新一代行政法治》(《外国法译评》1996 年第 2 期)、《法治、合理性及其代价》(《法制与社会发展》1997 年第 1 期)、《法治国家及其政治构造》(《法学研究》1998 年第 1 期)、《监督,能否与法治兼容》(《中国法学》2005 年第 3 期);与胡瓷红合著的《法治发展的差异与中国式进路》(《浙江社会科学》2003 年第 4 期),其与郭春镇合著的《法律父爱主义在中国的适用》(《中国社会科学》2006 年第 1 期)一文将西方的法律父爱主义理论概括为"政府对公民强制的爱",认为该理论与中国法律文化传统、法律规范与社会现实颇有契合之处,且与中国当前注重以人为本的新"民本"理念相适合,因此具有广泛的适用空间;但需将其限定在不得侵犯作为基本权利核心的人性尊严的范围内。胡铭等著的《转型中国法治进路的选择》(知识产权出版社 2007 年版)既有对和谐社会、宪政、人权等宏观法治问题的论述,也有对打击犯罪、反腐败等中观法治问题的讨论。蒋帅的《法治国家构建中的基本问题研究》(中国社会科学出版社 2010 年版)一书从法治的内涵入手,论述了立法、对权利的保护、对权力的制约、法律的遵守与法律信念等要素,对法治国家的法律、权力运作、司法、公民权利的保护、宪政与民主等方面展开论述,并提出中国需要加强宪政与民主建设,不断推进政治体制改革,处理好国家与社会的关系,为法治建设打造良好的政治、社会和文化环境。

法治与社会生活、政治、道德的关系研究。陈信勇、郎友兴、李华合著的《中国社会发展的支撑体系》(云南人民出版社 1997 年版)一书不仅仅将法律制度视为社会发展的一种手段,也将法律制度贯穿于所有社会制度并广泛地规范社会生活视为一种理念,社会主义的法治国理想,也是中国社会发展的一大目标。陈信勇的《法治是一种社会生活方式》(《光明日报·理论版》2002 年 12 月 31 日)一文指出在法治社会,法治应当是国家坚定不移的治国方略;法治应当是国家政治生活的基本运行方式,包括政治权力的配置方式、政治权力的运行方式和政治纠纷的处理方式。夏立安的《发展中国家的政治与法治》(山东人民出版社 2003 年版)一书分析了发展问题、法律发展运动等。钱弘道的《治道的选择——从德治到法治的必然逻辑》(清华大学出版社 2006 年版)一书从政治学、法学、经济学、历史学等多角度对德治思想的起源、成型、转折、衰落，德治到法治的转变，法治和有限政府的经济逻辑，民主和宪政的前途等重大问题进行了探讨。

(二)依法行政、法治政府研究

对依法行政的研究。孙笑侠著有《契约下的行政》(《比较法研究》1997 年第 3 期)、《论法律对行政的综合化控制》(《比较法研究》1999 年第 13 期)、《论司法对行政的合理性审查》(《公法研究》，商务印书馆 2002 年版)；《一些地方先行法治化突出》(《政府法制》2010 年第 8 期)等；其《局部法治的地域资源》(《法学》2009 年第 12 期)一文，总结过去 15 年的法治建设经验，认为其中最为重要的一点就是法治必须生根于基层。郑春燕《现代行政过程中的行政法律关系》(《法学研究》2008 年第 1 期)一文认为，行政权是由羁束权和裁量权组合而成的复合型法律概念，由此展开的行政法律关系，比权力一权利的传统行政法律关系定位要精确。她还著有《行政裁量中的政策考虑——以“运动式”执法为例》(《法商研究》2008 年第 2 期)、《程序主义行政法治》(《法学研究》2012 年第 6 期)等。

对法治政府的研究。朱新力、唐明良的《法治政府建设的二维结构：合法性、最佳性及其互动》(《浙江学刊》2009 年第 6 期)一文认为，国务院《全面推进依法行政实施纲要》以及法治行政实践中贯穿着两条主线，即以约束公权力、保障私权利为核心的合法性考量与以提高政府效能为核心的最佳性考量，行政法理论也应当围绕合法性和最佳性的二维结构展开；在多元方法论的支撑下，以书面执法指南、实验性法律及其绩效评估数据库、制度创新模块数据库等为实践载体，合法性与最佳性应当并且可能进行互动与循环，从而实现最佳的政策制定和政策执行。

二、地方法治理论与实践

(一)基础性理论研究

基础性理论研究方面，陈柳裕与王坤、汪江连合著有《论地方法治的可能性——以“法治浙江”为例》(《浙江社会科学》2006 年第 2 期)一文，从理论和实证两个层面论证了地方法治的可能性问题，认为法治的渐进性决定了地方法治的必要性，法治的具体性决定了地方法治的必然性，地方法治的能动性决定了地方法治的现实性；并指出其可能性的实现进程又在总体上受制于国家法治化的进程。他还合著有《“地方法治”正当性之辩——在特殊性与统一性之间》(第一作者，《公安学刊》2006 年第 2 期)。丁寰翔、陈兵的《论地方法治》(《求索》2010 年 5 月)一文认为，“地方法治”是国家法治的有机组成部分，具有丰富的内容；程序法治是“地方法治”的重要保障。

中国法治实践学派的创建与研究。中国法治实践学派提出可以追溯到习近平同志担任浙江省委书记时推行的“法治浙江”实践，追溯到发生在浙江省杭州市余杭区的法治指数实验。2008 年，钱弘道根据《法治余杭评估体系研究报告》《余杭法治指数报告》，代表课题组撰成《余杭法治指数的实践学派》的理论材料。正是发生在浙江的法治指数、司法透明指数、电子政府发展指数等系列法治实验，孕育了中国法治实践学派。作为学派的开创者，钱弘道在国内最早提出中国法治实践学派的概念；并在《中国法治实践学派的界定》（《浙江大学学报·人文社会科学版》2014 年第 5 期）一文中将中国法治实践学派的内涵作出了 5 个方面的初步界定。其总编“中国法制实践学派书系”代表性著作有《中国法治实践学派的基本精神》（人民出版社 2007 年版），认为今日中国的法治研究不再仅是书斋学究式的学理解说，更重要的是向实践领域的重大转变。

（二）“法治浙江”研究

“法治浙江”研究方面，陈柳裕重在理论的创新与践行，先后承担有“法治浙江”与浙江发展研究（2005 年）、“法治浙江”与平安浙江研究（2005 年）、“法治浙江”评估体系研究（2007 年）等重要课题研究；主编有《学者视野下的法治浙江》（浙江大学出版社 2006 年版），执行主编有《浙江蓝书皮·2004 年浙江发展报告（法制卷）》至《浙江蓝皮书·2010 年浙江发展报告（法制卷）》（杭州出版社 2004—2010 年版），合著有《民主法治看浙江》（浙江人民出版社 2008 年版）等，与胡虎林主编的《“法治浙江”干部读本》（浙江人民出版社 2006 年版）一书作为浙江省“五五”普法指定用书。另外，陈月星、蔡祥华、王小明著有《浙江省依法治理的调查与思考》（《学习与思考》1996 年第 10 期），孙笑侠等著有《浙江地方法治进程研究》（浙江人民出版社 2001 年版）。郑志耿、夏利阳合作的《法治浙江——发展社会主义民主政治》（浙江人民出版社 2006 年版）一书作为科学发展观在浙江的实践丛书之一。郑磊、王崟屾的《“法治浙江”的核心是什么》（《法治研究》2007 年第 3 期），朱新力、蓝蔚青主编的《“法治浙江”与和谐社会建设》（浙江人民出版社 2008 年版），茅铭晨主编的《政府与社会关系的经验模式——温州社会政策点评》（上海财经大学出版社 2009 年版），孙笑侠等著的《先行法治化：“法治浙江”三十年回顾与未来展望》（浙江大学出版社 2009 年版），孙笑侠、钟瑞庆的《“先发”地区的先行法治化：以浙江省法治发展实践为例》（《学习与探索》2010 年第 1 期）等文论、著作，均对法治浙江研究和实践具有重要的指导意义。

浙江农村法治建设问题（中央文献出版社 2006 年版）一直是浙江法学研究的一个重点。陈志忠、连晓鸣、陈柳裕主编的 5 册《浙江农村法治建设丛书》，由时任浙江省委书记习近平作序，包括现代农业建设、农村民主政治建设、农村文化保护与建设、农村社会保障、村镇建设与人居环境。

三、其他法治问题

（一）法治与经济研究

法治与经济关系的研究，主要有吴伟达的《民营企业市场竞争的法律环境研究》（《浙江学刊》2006 年第 6 期），陈信勇的《旅游业发展的法制保障》（知识产权出版社 2007 年版），汪庆红的《“三农”发展与地方法律调整机制的转换——以“新农村建设”为中心》（中国政法大学出版社 2010 年版），陈柳裕的《浙江经济转型升级法制保障问题研究》（2009 年）等，比较集中于民营企业市场竞争、新农村建设、旅游业发展、经济转型升级等方面的法律保障研究。

(二)法治与环境、文化研究

法治与环境的研究。蒋帅的《海陆环境资源一体化开发利用法律制度研究:以浙江省为例进行考察》(海洋出版社2009年版)一书作为浙江省社会科学重点研究基地"浙江省海洋文化与经济研究中心"重点课题"浙江省海陆环境资源一体化可持续开发利用法律制度创新研究"的成果,该著将海陆环境资源结合起来进行研究,具体包括海陆资源开发利用的结合、海陆环境保护的结合、海洋资源与环境保护的结合等方面,并就全省的海洋立法提出建议。

法治与文化的研究。李克西的《必须用立法来保证我国图书馆事业的发展》(《图书馆研究与工作》1980年第1期)一文研究了图书馆事业发展中的立法问题。

第七章　社会学研究

社会学是通过社会关系和社会行为来研究社会的结构、功能、发生、发展的综合性学科，具有理论社会学和应用社会学之分，形成有自己独特的对象和方法。其研究领域广及人类社会生活的各个方面，其内容包括基础理论，社会及社会中的个人、群体、组织、阶级和阶层、社区、社会变迁、社会控制(问题与管理)、社会秩序、社会史等，以及衍生出的诸多分支学科。

浙江的社会学研究可追溯到春秋时期越国的亲民思想与对应协同的社会思想，《越绝书》《国语·越语下》均有记。历代名者有东汉王充的"历数"与社会循环论；南宋叶适的"四民交致其用"的阶层思想和"生养之仁"的理想社会模式；明代王阳明的"以天地万物为一体"的"仁者"社会模式；明末清初黄宗羲的《明夷待访录》被誉为中国的"民约论"；清中期龚自珍提出"历史循环论"以及"宗族社会保障"的典型模式。清末民初，章太炎是从古代社会思想发展到近代社会学的先驱之一。1898 年，他与曾广铨合译《斯宾塞尔全集》是国内最早系统翻译英国哲学社会学家斯宾塞尔的著作。其译日本社会学家岸本能武太的《社会学》是中国第一本全译出版的近代社会学著作。应成一为中国最早的社会学家之一，著有《社会学原理》《中国古代社会史》等。陈达是中国人口学的开拓者，著有《中国劳工问题》《人口问题》《南洋华侨与闽粤社会》等，其 1923 年博士论文《中国移民的劳动状况》被美国众议院第 88 次会议选为档案出版。20 世纪 50 年代，陈达与马寅初一起在全国政协会议上提出节制生育、控制人口的国策建议。

20 世纪 50 年代之后，社会学教育、研究处于沉寂状态。直至 20 世纪 70 年代末、80 年代初恢复社会学教学与研究，浙江学者在政治、经济、社会、文化、生态等诸多领域推进社会学研究和应用，探讨政治社会学、经济社会学、文化社会学、生态社会学等宏观层面的分支学科，并深涉社会心理学、家庭社会学、妇女社会学、青年社会学、老年社会学、儿童社会学、城市社会学(社区)、农村社会学、社会保障学、发展社会学、社会工作学以及社会问题、社会管理等诸多方面，其中在社会心理学、家庭社会学、妇女社会学、青年社会学、发展社会学等方面具有一定的国际影响。著闻者有郑杭生的中国社会学体系创建、谷迎春的综合治理及青年学创建、王金玲的女性社会学创建，杨建华的分化与整合研究、冯刚的非西方社会发展研究、毛丹的村落共同体研究、郭祥才的跨越式发展研究、王俊昌的市民社会研究、卢福营的乡村治理研究、郎友兴的社区治理研究、张敏杰的家庭问题研究、王小章的现代性研究、汪丁丁的嵌入理论研究、李一的网络群体行为研究、梁敬明的乡村社会变迁研究、杨张乔的青年自杀问题研究、王曙光的青年文化研究等，以及车裕成、李长江、朱才友、陈修颖、于景新对村落变迁的类型学系列论著，均占有学术领域之先且具有区域的特色。

第一节 社会学原理研究

古代浙江孕育着丰富的社会思想，近代又为国外社会学译介和研究的前沿，章太炎是中国从古代社会思想发展到近现代社会学的先驱。中华人民共和国成立后，社会学教学和研究曾一度中断，至1979年前后得以恢复。浙江学者在基础理论方面的系统研究始于20世纪80年代；至21世纪初，对社会学体系与社会科学建构的关注加深了浙江学者的社会学基础理论研究。

一、古代社会思想

（一）先秦至汉代的代表性社会思想研究

早在春秋时代，越国勾践以文种、范蠡、计倪为代表的谋士群，采取以“农末俱利”为基础的亲民、和谐的社会思想作为复兴治国之道；亲民者，则不乱民功，施民所善，去民所恶，内亲群臣，下义百姓①；和谐，则顺应天道、地道、人道，理顺“持盈”“定倾”“节事”三者之对应和协同②；“农末俱利”为重，则先富而后治③。

东汉王充《论衡》中蕴含着深刻的社会思想。包括人的物性与社会的自在说、人性善恶互变及社会教育观、社会交往与互动、社会动乱成因论、“历数”与社会循环论等。王充认为“人，物也；物，物也”，“人不能以行感天，天亦不能随行而应人”，肯定了社会对应天的自在性。以此为立足点，他提出了人性善恶与社会教育的关系论，认为“人之性，善可变为恶，恶可变为善”，至成互变得之于社会教育与熏陶；他将儒家“礼尚往来”作为人的交往原则，将馈赠关系等交换关系作为社会交往的形式；将社会混乱归结于“饥寒致乱”，以此解释人的欲望与人的行为；将忠、敬、文、忠的循环来解释社会变迁，并认为社会变迁经受着“历数”的制约；但他反对“奉天法古”的思想，认为汉在“百代之上”，所以并不否认社会变迁的进步性。④

（二）宋至清代的代表性社会思想研究

南宋叶适的社会思想明显具有功利主义的特性。其功利主义强调社会性功利，而非私功、私利。他认为，人不能“私其身”“私其家”“私其学”①；人的自成其身则是“合乎万世共由之学”。他以“四民”即士、农、工、商划分社会阶层，强调工、商阶层的重要性，认为“夫四民交致其用，而后治化兴。抑末厚本，非正论也”②；他特关注自耕农破产而造成社会贫困现象，提

① 《越绝书》卷四《计倪内经》。

② 《国语·越语下》。

③ 《史记》卷一二九《货殖列传》。

④ 《论衡·物势篇》《论衡·自然篇》《论衡·变虚篇》《论衡·异虚篇》《论衡·问孔篇》。

①② 〔宋〕叶适：《习学纪言序目》卷五、卷十二、卷十九。

出使民垦田以增税强兵，使民各就实业以事效良的对策，反对过分“偏聚而不均”的社会分工不公与兼并③。同时，他提出了以理想君主形象为主旨、以“生养之仁”为境界的理想社会模式，即具有君民一家，农商并举，各阶层关系融洽的社会特点。这种以托古形式反映社会理想虽缺乏实现的基础，但具有否定和批判现实社会的思想启蒙意义。④ 陈亮的社会思想也具有事功学派的特点，认为“天理”与“人欲”是并行不悖的，义理就在欲利之中。⑤

明代王阳明(名守仁)的理想社会是“以天地万物为一体”⑥的仁者模式，“致良知”是其核心概念，认为“良知”就是“天理”，要靠“良知”和“心”去灭人欲⑦。他提出了达到这一理想境界的途径为主教化、安民心、养民德，即施其“良知学”于生民，以使人人达到“万物一体”之“仁”而天下太平。他制定《南赣乡约》颁布于明正德十五年，提倡实行“十家牌法”建立社区控制组织以强化社会管理。

明末清初黄宗羲的社会思想强调社会措施与契约的重要性，其《明夷待访录》(沈善洪主编《黄宗羲全集》第1册)被学者誉为中国的“民约论”。他猛烈地批判了封建专制的皇权制度，提出了“天下为主，君为客”的口号，发挥了孟子的民本论即“民为贵，社稷次之，君为轻”的思想⑧，假托对上古“三代”的回顾，描绘了一个君主为民兴利而不享其利的理想社会。他看重“工商皆本”的市民社会并认为“今夫通都之市肆，十室有九”⑨。他的天地人欲之辨与公私观念是其社会思想重要的理论支持，认为让民众“各得自私，各得自利”是天经地义的“大公”⑩。他的私有观念反映了明清之际社会庚变的市民社会的要求。

清中晚期龚自珍的社会思想主要有四：一是提出了社会发展的历史循环论。他根据“公羊三世说”引申为“据乱世”“升平世”“太平世”或“治世”“乱世”“衰世”三个历史环节，诠释社会变迁必然性⑪。二是以社会批判作为思想武器，对君主专制制度及其官场政治、科举制度、封建经济、儒家“君权神授”以及诸多不平等的社会政策等进行了大胆的揭露与批判，著有《明良论》《尊隐》《平均篇》(均收入《龚自珍全集》)等。三是基于社会批判和社会改革至上的社会思想，针对社会的贫富分化问题，他提出了“农宗方案”，构想了“宗族社会保障”的典型模式，以建立一个以农业宗法制组织为蓝本的太平大一统治世。四是阐述了追求个性解放的人性论，提出了具有时代意义和个人特色的“尊性论”和“童心论”，以弘扬人类感性的尊严和率真(《论私》《病梅馆记》《乙丙之际箸议》，收入《龚自珍全集》)。其《病梅馆记》是其“从赞美童心发展到争取个性解放的宣言”⑫。

---

③ 〔宋〕叶适：《水心别集》卷二。
④ 〔宋〕叶适：《水心别集》卷二。
⑤ 〔宋〕陈亮：《龙川文集》，商务印书馆1936年版。
⑥ 〔明〕王阳明：《书王嘉秀请益卷》，《王阳明全集》卷八，上海古籍出版社1992年版。
⑦ 〔明〕王阳明：《王文成公全书·传习录》(上)，上海商务印书馆1927年版。
⑧⑨⑩ 〔清〕黄宗羲：《明夷待访录·原君、财计三、原法》。
⑪ 《龚自珍全集》，上海人民出版社1975年版。
⑫ 陈铭：《龚自珍综论》，漓江出版社1991年版。

(三)民国期间社会学理论研究的发展

清末民初的章太炎是中国从古代社会思想发展到近代社会学的先驱之一。继严复译《天演论》介绍达尔文和斯宾塞尔的社会进化论学说后,1898年,章太炎与曾广铨合作翻译《斯宾塞尔全集》(连载于《昌言报》第1—6、8册),这是国内最早的系统翻译的斯宾塞尔著作。始于此,章太炎接受了西方社会学。1902年他译日本社会学家岸本能武太的《社会学》(上海广智书局,1902年)一书,在序言中他既不赞成英国社会学家斯宾塞尔只注重自然界和人类社会的“战争”及过于强调社会有机体论的观点,也不完全赞成美国社会学家古丁斯把人类社会的“同类意识”绝对化的主张,而称赞岸本能武太的折中两家之学说,该译著是中国第一本全文翻译出版的近代社会学论著②。这一期间,他还写有不少阐发社会思想的著作,如在《訄书·族制》中,论证了中国古代由母系社会向父系社会过渡的历史过程,又借用西方的优生学理论和达尔文生存竞争学说,警策中国人要增强民族竞争能力;在《读管子书后》中,他以生产工具的进化,说明社会发展的原因;其《订礼俗》一文,指出一切礼仪风俗都应随着社会的发展而变革等③。

应成一是中国早期社会学家,1927年留学美国,在威斯康辛大学师从社会学家E. A. 罗斯。回国后,长期任教于复旦大学并任社会学系主任。1950年之后一直从事社会学研究。其学自成一说,认为社会学是沟通各种科学界域,融合各种科学见解,贯通心理现象、生物现象和物理现象,以研究社会现象为目的的一门综合科学;他强调社会意识是研究社会现象的关键。著作有《社会学原理》(上海民智书局发行,1933年)、《社会问题》《十年来(1937—1947年)的中国劳工问题》等。

二、基础理论

(一)学科理论研究

20世纪70年代末之后,浙江学者较早介入社会学理论体系的译解和构建。1981年孟还参加全国第一部社会学教材《社会学概论》的编写。是年,浙江人民出版社出版《社会学文选》和《比较社会学丛书》20种。1988年奚从清、沈赓方主编的《社会学原理》(浙江大学出版社1988年版)介绍了社会学研究的对象、特点、体系、功能和意义,以人与社会的双向运动为端点,构架了社会学原理体系。该书是当时浙江学人编撰的一本具有较大影响力的社会学专业教材。郑杭生、杨敏的《社会学理论体系的构建与拓展——简析个人与社会的关系问题在社会学理论研究中的意义》(《社会学研究》2004年第2期)一文认为,社会学要研究个人与社会关系过程的对立和协调、冲突和整合:从对立和冲突之中寻求协调和整合;研究对立和冲突是为了促进协调和整合,反之,探讨协调和整合是为了解决对立和冲突。

浙江学者还通过对国外社会学名家的社会学理论评介,促进中国社会学基础理论建设。

---

②③ 汪林茂:《浙江通史》(清代卷下),浙江人民出版社2005年版。

刘玉能的《弗兰克与社会科学建构的全球视野》(《社会学研究》2000 年第 5 期)一文认为，弗兰克使世界体系研究的观念向前推进了一步。其关于世界体系研究的思想有一个发展过程，即从实质上仍然是欧洲/西方中心论视角的依附论，发展到以人类整体为中心的彻底的全球论。王小章的《中古城市与近代公民权的起源：韦伯城市社会学的遗产》(《社会学研究》2007 年第 3 期)一文指出，韦伯向我们展示了西方中古城市何以能孕育出近代民主公民权制度雏形的结构的、经济的、文化的条件，认为公民权是近代政治的一个核心概念，西方晚期中古城市是别具特性的近代公民权的发源地。吴飞的《"空间实践"与诗意的抵抗——解读米歇尔·德塞图的日常生活实践理论》(《社会学研究》2009 年第 2 期)一文，介绍了法国当代著名的社会学家米歇尔·德塞图的日常生活实践理论，论述了德塞图理论的意义与局限。王小章的《社会的客观知识是否有效及如何可能》(《社会学研究》2002 年第 3 期)一文指出，现代社会科学和后现代社会科学的区别，从某种意义上讲只是对类似的价值多元化情形的态度的区别：在价值领域中，诸神复活时代的科学研究必须自觉严格约束诸神的作祟，只有这样才能获得客观的、普遍有效的知识或者说真理，真理的拥有将有助于人类的幸福和解放；在价值多元化的今天，没有哪种话语有权声称自己独享真理，或者是真理的化身；只要存在霸权话语，包括所谓科学话语的霸权，就不能说解放。

(二)社会发展理论研究

20 世纪 90 年代以后，社会发展理论引起浙江学者的重视。冯钢的《马克思的"世界历史"思想与社会发展理论》(《社会学研究》1992 年第 4 期)，从对马克思的现代社会发展观的分析入手，通过对黑格尔与马克思关于"世界历史"思想的剥离、发掘，把所谓历史的"一般发展道路"、五种经济形态的运行与马克思关于历史哲学的理论联系起来考察，认为马克思的思想始终是通过对现实社会基本矛盾的分析来把握具体的社会发展过程的，反对用任何公式化理论来作为不研究具体历史的借口。其《马克思与韦伯：关于东方社会落后原因的探讨》(《社会学研究》1992 年第 1 期)一文认为，马克思和韦伯都曾对东方社会落后原因进行过研究。马克思对该问题的解释并非仅仅停留在说明不发达的生产力导致自然经济结构停滞不前，而是强调了土地所有制形式阻碍了社会分工的发展，堵塞了商品经济发展的道路。韦伯对该问题的解释常被理解成"文化决定论"，但事实上他更多的是从社会政治结构方面来分析东方社会停滞不前的原因，并合乎逻辑地将这种政治结构形成的根源归结到土地所有制结构上。作者认为，马克思与韦伯对东方社会落后原因的探讨近似"殊途同归"。这说明马克思的东方社会理论有着强大的生命力，并在当代社会发展理论中有着深刻的影响。他的《科层制与领袖民主——论 M. 韦伯的自由民主思想》(《社会学研究》1998 年第 4 期)指出，韦伯的自由民主思想是他理论中理性与价值冲突的集中体现。理性的科层统治最终导致非理性的领袖民主这一结局，表明现代文明对精神价值的解构本身，也同时对超越精神的迫切呼唤。作者认为，韦伯对自由民主思想的理解，不应只视其为一种出于物质利益考虑的政治立场，而应把它看成是对现代人类命运的关怀。其《非西方社会发展理论与马克思》(浙江人民出版社 1992 年版)一书运用历史唯物主义的基本立场和观点，对 18 世纪以来的主要发展学说作了全面、深入的分析和批判；认为西方“现代化理论”把非西方社会的发展视为对西方社会的忠实模仿，以为这样就可以消除贫富差距并实现现代化，这种理论是站不住脚的。作者就目前流行的“韦伯命题”作了深入的批判，并提出了自己独到的见解。郑杭生的《马克思主义与社会学》（《理论学刊》2003年第6期）一文提出：坚持和发展马克思主义的关键是要正确区分根本观点和具体论断；在具体实践中要搞清楚善于破坏旧世界与善于建设新世界的关系；在社会学学科中要搞清楚社会学的两种形态，进行有中国特色社会学的理论创新。

社会建设是社会发展的一个经典性的研究课题。杨建华在《发展的异化与异化的反思》（《江苏行政学院学报》2002年第1期）一文认为，进入21世纪后，中国在现代化进程中遇到更多的将是社会发展问题，出现了一些“发展异化”的现象。如发展的目的与手段相颠倒、发展的主体与客体相对立、发展的机制与规范失衡及失范等，消除这些异化现象应确立一些基本的发展新理念。他的《社会建设：建构和谐社会的一条路径》（《中共浙江省委党校学报》2007年第1期）一文认为，社会和谐是一种理想、一个目标，但社会和谐并不是没有矛盾。它需要通过社会建设，以动员社会力量、整合社会资源、发展社会事业、完善社会功能，构建全体人民各尽所能、各得其所而又和谐相处的社会环境。王小章的《风险时代的社会建设》（《浙江社会科学》2010年第3期）一文认为，社会建设的一个基本的功能是有效地应付各种社会风险；社会风险有三个值得注意的特点，即风险是自反性现代化本身的产物，风险已经全球化，风险的承受和应对主体已经个体化；风险时代的社会建设在方略上应该注意援用并坚持“辅助原则”，在坚持个体本位性的基础上重建“社会”和激活积极的公民权。

（三）社会改革研究

社会改革是社会学研究的基本范畴。王金玲在《“大一统”与社会管理的现代化——简论权力过分集中的弊病》（《浙江学刊》1987年第5期）一文中提出，决策层次单一、执行者与决策者混同及社会反馈的不健全，是大一统社会管理的三个弊端；实行合理的分权，让权力各得其所，才能使社会管理获得最大的经济效益、政策效益和社会效益。汪俊昌的《社会改革理论初探》（《浙江学刊》1988年第3期）将社会改革作为历史唯物主义的基本范畴，并从社会改革的根源、实质、条件、内容以及地位等方面作了较为深入的探讨。张敏杰的《社会变革与社会学》（《浙江社会科学》1989年第5期）一文指出，社会学是当代中国最有生命力的学科之一。社会学在中国的曲折历程，一定程度上反映了中华人民共和国成立40年来的巨大社会变动；20世纪70年代末以来社会学以崭新的面貌重新登上了中国社会科学的舞台，揭示了社会学是适应改革和开放的科学。徐斌的《开放、震荡、重新结构——关于温州社会二元结构的社会学思考》（全国“纪念党的十一届三中全会十周年理论讨论会”入选论文，1988年）一文，通过对温州模式的剖析，分析了社会改革的几种思路的利弊，提出从宏观上全面分化，微观上积极整合的主张。张兆曙的《非常规行动与社会变迁：一个社会学的新概念与新论题》（《社会学研究》2008年3期）认为，当例行化程序和路径无法支持行动者的自主性欲求时，行动者将会筹划出新的行动程序和路径，借助非常规行动实现自主性欲求；非常规行动在初始形态上的个案性决定了它不足以导致宏观层面的社会变迁，但是它的普遍化和常规化过程将会带来行动程序和路径的“固定化”，进而生成社会生活新规则（包括反规则、潜规则、损规则和益规则），新规则对旧规则的接替和促变构成了社会变迁的基本脉络。郑杭生的《改革开放三十年：社会发展理论和社会转型理论》（《中国社会科学》2009 年第 2 期）一文认为，在当代中国，发展中国哲学社会科学事业要以马克思主义原理、马克思主义中国化的最新理论成果为指导，不断解放思想，积极推进理论创新，为丰富和发展中国特色社会主义理论体系服务；中国的哲学社会科学事业只有融入党的理论创新的伟大事业中，才能获得繁荣发展。他与洪大用的《当代中国社会结构转型的主要内涵》（《社会学研究》1996 年第 1 期）指出，自 1978 年改革开放以来，中国社会结构转型出现了身份体系弱化，结构弹性增强；资源配置方式转变，体制外力量增强；国家与社会分离，价值观念多样化等三个方面的变化；当代中国社会流动的特征是以经济地位为主的多样化的上向流动，这一方面促进了社会结构的合理变化，另一方面也加深了社会结构的失衡状况。

（四）市民社会研究

市民社会与现代性研究扩大了浙江学者的理论视野。王小章在《国家、市民社会与公民权利——兼评我国近年来的市民社会话语》（《浙江大学学报·人文社会科学版》2003 年第 5 期）一文认为，中国的市民社会话语一开始就是一种规范性话语，具有明显的意识形态化倾向；正如黑格尔、马克思分析指出的那样，市民社会既有解放性，又有它的欠缺性、压迫性，从维护保障公民权利的角度出发，关键是如何防止市民社会的压迫性和国家的压迫性的重叠，进而以市民社会和国家的解放性、保护性去克服、遏止它们的压迫性。他的《现代性与他者》（《浙江学刊》2010 年第 2 期）一文指出，现代性的他者是人为理性秩序的他者，作为人为理性秩序的对立面，他者既呈现出否定性的价值，也蕴涵着一种肯定性的意义和积极的潜能；在现代社会思想、社会理论中，将“现代性”在总体倾向上当作一种可欲的价值目标和一种值得反思的经验性“问题”之间的变奏，与此相应，对他者意义的认识也几经变化；对现代性危机的当代反思或将导致“虚假现代性”的终结，带来“真正的解放现代性”的扬帆起航，而解放的现代性则将带来他者的解放。

三、应用社会学

（一）社会分层研究

在社会阶层的分析研究方面，徐斌、王金玲的《沉浮于肯定与否定之间——城市个体经营者阶层特征透视》（《浙江学刊》1988 年第 4 期）一文，对城市个体经营者阶层给予互为矛盾的两重性质的归纳，反映了现阶段新旧体制交替中社会矛盾的一个侧面。文中主张社会应以积极的态度欢迎他们登上社会舞台，加速个体阶层社会角色的成熟与定型，使他们的人格得到统一，心理获得平衡，其内在的进取精神及社会责任感进一步发扬光大。林晓鸣的《建国后农民阶级队伍演变及其发展》（《探索》1988 年第 6 期）一文认为，随着农村生产力的解放，大量的农村剩余劳动力从农业特别是从粮食种植业中分离出来，农村局部出现非农化现象；由此农民队伍开始分解，内部出现了如传统农民、乡镇企业工人、乡村管理者、个体工商业者、私营企业主这样的不同阶层；这种阶层分化的结果将不是巩固农民阶级这个庞大的队伍，而是向其他劳动阶级的转变。何显明的《当前社会阶层分化趋势及其社会效应》(《中共浙江省委党校学报》1998 年第 4 期)一文认为，尽管任何社会事实上都存在着一定的社会分层，但社会阶层不断分化并成为社会生活的常态，却是现代市场经济社会特有的现象；中国在社会结构转型和社会体制转轨过程中出现了剧烈的社会阶层分化现象，深入研究和把握当前社会阶层分化的动态趋势，分析总结社会阶层分化现象的社会效应，促进社会阶层分化的健康有序发展，是当前中国面临的一个重大的现实课题。王小章的《社会分层与社会秩序——对当代中国现实的考察》(《中共宁波市委党校学报》2001 年 5 期)一文认为，中国社会中不同阶层之间的矛盾冲突不太可能酿成大规模、整体性的社会抗争运动，但是局部的、以具体问题和诉求为目标的社会抗争事件则将不断零星出现，社会成员个体性的社会越轨行为也将继续增长。

在社会阶层分化与整合研究方面，杨建华的《分化与整合：一项以浙江为个案的实证研究》(社会科学文献出版社 2009 年版)一书，选择浙江的城市、乡村为个案，以田野调查为研究基础，考察改革开放以来中国社会分化与整合的演变，讨论分析社会分化整合的类型与演变及理想型的社会分化整合问题。作者提出了社会分化的社会分工、社会分层和系统功能分化的三个基本维度，将社会整合根据其形成诱因划分内源性整合与外源性整合，并根据社会分化与整合的状态、程度将人类社会发展状况区分为四种形态，以此为基础建立了一个分析中国社会分化与整合演变的逻辑框架，从而为中国社会变迁的路径提供一个实证与学理性的解释。

(二)温州模式、义乌模式的社会学研究

温州模式的社会学研究深化了浙江的应用社会学理论。张敏杰的《温州“第二次创业”考察》(《社会学研究》1996 年第 4 期)一文，通过对温州社会经济发展中出现的新情况、新问题、新矛盾和正在进行的“第二次创业”实践的考察，探讨了具有温州特色的中国农村发展道路的形成和特点，以及地方政府在社会转型中的作用与地位。王尚银在《中国区域性公民社会新探——以温州模式为例》(《新视野》2007 年第 5 期)一文中指出，由于市场经济体制的确立和民营经济发展的推动，在政府向社会分权的条件下，推进了在温州社会事务管理的民间化，伴随着社会自主空间的出现和扩展，区域性公民社会得以生长，正在形成的温州公民社会已经显露了其自身的一些特征。郁建兴、江华、周俊著《在参与中成长的中国公民社会：基于浙江温州商会的研究》(浙江大学出版社 2008 年版)一书，较为系统地讨论了温州商会的兴起、组织治理、行业治理及政绩、社会管理、失灵与矫正以及政府的关系等问题，以期对中国公民社会的未来发展作出展望。汪丁丁、贾拥民的《一个嵌入社会网络的市场经济：义乌案例》(《社会科学战线》2007 年 1 期)一文，通过一个义乌商人利用其社会网络发家致富的故事，将经济学理论和社会学理论结合起来，对义乌市场的发展提供一个独特的学术解释。

（三）其他研究

网络行为研究。李一的《网络行为失范》（社会科学文献出版社2007年版）一书，以网络行为失范为研究对象，归纳概括了它的形态、类型和危害，分析了它的成因，提出并讨论了人应当为网络行为失范“买单”的观点；在如何应对网络行为失范的问题上，该书提出和讨论了网络社会控制的思路，并提出了一些对策措施。其在《网民群体互动及其对社会稳定的促进意义》（《中共杭州市委党校学报》2010年第5期）一文中，分析了网民群体政治参与的内在机制，剖析了网络舆情的实质，并且针对如何引导网民群体良性互动以促进社会稳定和谐的现实课题提出了对策思路。

社会风气研究。陈立旭的《论转型期社会风气的社会化功能》（《社会科学辑刊》1998年第2期）一文指出，在个体社会化过程中，家庭、学校、社会组织以及社会制度、社会文化等具有决定性的影响。在社会转型时期，社会的这些领域无疑仍然对个体的社会化及其社会风气产生重要的影响。

古代社会的相关研究。吴铮强的《唐宋时期科举制度的变革与社会结构之演变》（《社会学研究》2008年第2期）一文讨论了唐宋时期社会结构演变的文化缘由，认为均田制崩溃之后，中华帝国出现了掌握经济资源却没有稳固政治地位的绅士阶层。儒家学者扩张自身文化权力的学校取士方案不能被帝国采纳，最终放弃了主导文化教育和推举官员的要求，仅提议通过科举理学化提升绅士集团的政治地位，为科举制度发展“功名身份的终身制”指明了方向。杨张乔著有《论中国传统社会的社会结构》（《学术季刊》1994年第2期）、《中国社会制度研究》（收入《中国社会学百年》，广东人民出版社2003年版）两文，较为系统地研究了中国古代的社会结构和社会制度。

四、社会学研究方法

（一）方法的经验性研究

经验与操作性研究是浙江学者对社会学方法研究的重要课题。张小天的《关于社会科学经验基础的一个注释》（《社会学研究》1993年第1期）一文，通过对自然科学的经验基础考察和对社会知识来源的分析，指出作为社会科学基础的经验有三种：社会研究者对社会现象的具有一致性的观察；具有一致性的被调查者的某些感知，被调查者愿意把这些感知结果真实地告知社会研究者；社会研究者对被研究的社会成员某些表述的获取。他的《论操作化》（《社会学研究》1994年第1期）一文，鉴于现有的操作化理论的不足，提出了一种关于操作化的看法，即通过定义和命题来建立变量间的联系，不同的联系有不同的效度。其《显著性水平的含义》（《社会学研究》1997年第2期）一文澄清了假设检验中的显著性水平的确切含义。赵定东的《试论费孝通的社会学本土化思想架构》（《沈阳师范大学学报·社会科学版》2005年第4期）指出，社会学的本土化研究关键在于本土化研究方法的确立，费孝通从寻求社会学传统与现代的统一、追求社会学研究应用策略和价值关怀的协调、探求社会学研究从文化反思到人的自觉这三个角度分析和归纳了社会学本土化思想架构，这种思想对于当代中国社会学研究具有重要意义。

口述实录法的应用与研究在浙江社会学研究中有较大突破。杨建华主编《经验中国：以浙江七村为个案》（社会科学文献出版社2006年版）一书（5册）既是乡村社会史，又是口述实录的社会学传统方法的大范围应用，是一种方法论的探索。正如著者所言："是在试图做些力所能及的、田野的、实证的工作，试图从村民的日常实际生活中挖掘出易为人们所忽略的一些社会事实，试图从村民对50年来自己日常生活的一些最深刻、最清晰的记忆感受的口述实录中抢救出一些文献资料所没有或语焉不详的真实材料，试图以这种材料（真实材料）的铺陈和挖掘来对中国社会学理论研究做一些基础性的贡献，为专家学者们构建一种更有解释力的分析框架做一点个案性的探讨。"

（二）方法的统计学研究

浙江学者对统计方法的应用与研究在20世纪80年代初就有较多成果。如叶长法的《抽样调查浅说》。之后，有学者从方法论入手，丰富了统计学的研究。

（三）方法的思辨性研究

浙江学者对事物的本质论研究遵循着马克思主义认识论与方法论的基本观点。杨张乔的《青年本质研究的方法论》（《青年研究》1987年第6期）一文认为，历经对青年现象的研究之后，理论界正在探求从本质论出发的青年学；然而，研究一开始便遇到了青年本质定义的多样化，需要我们作慎重的抉择；青年研究的方法是以一定的层次呈现着它的结构性，如经验研究层次、单学科研究层次、不同学科之间的相关联层次、哲学层次等。张小天的《因果关系与相关关系：它们的关系及它们的差异》（《社会学研究》1992年第3期）一文，分析并求出了相关关系与因果关系之间的关系，较为明确地指出了相关关系不等同于因果关系的理论根据；同时分析并指出了求证因果关系的方式，并就因果关系与相关关系的一些差异做了探讨，指出了相关关系被普遍采用的若干原因。

方法的价值观研究也是浙江学者十分关注的问题。董明的《再论社会学者的价值立场》（《中共浙江省委党校学报》2004年第3期）一文认为，"价值中立"与"价值关联"的问题一直是困扰社会学研究者的一大难题，这表现在其理论承诺与理论原则间的矛盾自始就未能得到有效的疏解，甚至关涉到了对社会学这门学科所具有的科学性的诘问；这一难题的症结在于其研究对象的特殊性，如果说经验性和整体性的承诺是社会学不可祛除的本质特征和基本使命，那么，就应当考虑适当改变客观性的理论原则，并寻找到更恰当的社会研究方法。

第二节　社会学分支学科研究

社会学研究社会事实的多重范式，分支领域甚多。浙江的理论工作者从社会实践出发，研究社会的各个层面和侧面，为创建中国的家庭社会学、青年社会学、妇女社会学、农村社会学、社会保障学、文化社会学、社会工作学、组织社会学等作出了理论贡献。

一、家庭社会学

（一）家庭变迁研究

浙江的家庭变迁研究，既包括结构性、功能性的演变，又包括观念、文化层面的转型。张敏杰的《中宅村的家庭结构与家庭职能》（《浙江学刊》1983年第6期）、杨秀石的《家庭规模结构的演变与社会设施》（《浙江省第三次人口普查科学讨论会论文选编》）、郑吉昌的《当代青年的家庭观念》（《青年问题》1987年第9期）等文，从家庭结构演变的角度认为，近年来正是通过对父权家长制的经济基础的冲击和对旧家庭制度的改造，使广大农村家庭发生了较大的变化，家庭规模日渐缩小，核心家庭比重不断上升，家庭功能出现了转型，家庭观念日益更新。颜春友的《农业管理体制中家庭功能的地位及其与集体功能、社会功能的关系》（《浙江学刊》1983年第2期）、李云河的《农村"户学"初探》（《浙江学刊》1985年第1期）两文，从社会学的视野研究了与联产承包责任制相关联的农村家庭生产功能问题，指出以家庭经营为形式的联产承包责任制使农村中传统家庭以新形式出现，并以生产为轴心，使家庭的生产功能重新强化。王金玲的《非农化与农民家庭观念的变迁——浙江省芝村乡调查》（《社会学研究》1996年第4期）一文，通过对非农化程度较高的浙江省芝村乡的调查，分析了农民的家庭观念中有关权力、消费、生育、交往和支持、隐私等观念在40余年间的变化，认为农民的家庭观念正受到非农化的影响而变化，特别是1985年后非农化长足发展，这种变化更为显著。杨张乔《现代中国家庭的历史变迁——本质、阶段、范畴、文化背景与历史契机》（《浙江社会科学》1991年第6期）一文认为，中国自鸦片战争以来所经历的那种从农业转向工业、从传统转向现代、从同质转向异质的激烈转型，历史性地成了推动中国传统家庭变迁的契机与动力。

（二）婚姻问题研究

浙江省有关婚姻问题的研究主要包括婚姻、农村婚恋观、婚前性行为及贞操等问题的研究。杨张乔的《浙江农村的买卖婚姻问题》（《青年研究》1981年第1期）一文，通过对浙江农村买卖婚姻问题的调查，为1981年团中央制定"移风易俗"的青年政策提供基层情况。黄健全的《本应成为历史陈迹的现实——浙南山区订小亲现象的调查与思考》（《探索》1987年第4期）一文，对当时浙南山区出现"订小亲"现象的原因，从意识、经济、法律等方面作了考察。韩常先的《畲族人口的婚姻家庭》（《中国人口科学》1990年第4期）一文深入考察了畲族的婚姻制度和早婚习俗，对婚嫁形式作了社会学归类，对婚姻状况作了村落典型分析。嵇毓贞执笔的《改革、开放与婚恋观——现阶段农村婚恋观的特点、问题和对策》（《探索》1988年第3期）一文，从改革开放以来农村婚恋观变化的特点及存在问题入手，对浙江农村婚姻观的转变进行了研究。王金玲的《结婚费用剧增的社会大背景》（《中国妇女报》1987年5月25日）一文认为，在中国人的传统消费观念里，结婚是主要的消费途径；新的生活方式的刺激，传统的抚育模式造成的家长以下一代为重的抚养心理及婚礼社交功能的扩大，大众传播媒介的不恰当宣传及物价上涨等是结婚费用出现剧增的主要原因。她的《婚姻的导航台——论婚姻的理性基础》(《婚姻与家庭》1988 年第 5 期)，提出婚姻具有稳定性、世俗性和现实性的特征，指出仅以具有流动性、脱俗性、理想性的爱情为婚姻的基础是不够的，只有具备了爱情和理性这两大基础，才能保证婚姻的美满和幸福；她的《婚前性行为之我议》(载《说不完的话题》，中国妇女出版社 1988 年版)认为个性的复苏与性的自我意识的觉醒，是产生婚前性行为的社会大背景；生理成熟的提前与非理性的性解放是重要的生物性因素；性奉献，性占有是封建的妇女观和封建的婚姻观的行为体现；婚前性行为的增多，作为中国特定的社会发展阶段的特定产物，对它的评判绝不能一概而论；她在《浙江农民异地联姻新特点》(《社会学研究》1992 年第 4 期)一文中指出，浙江省是近十年来中国农村农民异地联姻现象突出的省份，并根据省内各地区、县的调查数据，总结归纳出近十年来浙江省农村农民异地联姻的新特点，这些特点在全国具有典型性。张敏杰的《从"征婚广告"这一窗口望去》(《社会》1984 年第 1 期)一文，根据 1982 年 9 月至 1983 年 8 月一年间刊登于报刊的 723 则征婚广告材料的分类统计，分析了男女择偶的年龄曲线、文化程度、职业状况以及择偶条件和婚姻价值观；他的《贞操观》(北方妇女儿童出版社 1988 年版)是 20 世纪 50 年代之后中国第一本研究贞操的专著，该书指出原本意义上的那种贞操观是封建和片面的，对女性是不公正的，但如果把守贞操与两性关系的自重自爱，尤其是与爱情基础上的两性平等、互相忠诚相联系，则不失为一种可以提倡的性文明；他的《中国的婚姻家庭问题研究：一个世纪的回顾》(《社会科学研究》2001 年第 3 期)一文，回顾了 20 世纪以来中国对婚姻家庭问题研究的概况，指出中国的婚姻家庭问题研究，存在重复性研究课题多、创新性研究成果少，现实性问题研究多、理论性研究成果少的问题，迫在眉睫的是如何提高研究质量，将感性认识上升到科学分析的高度。在婚姻史研究方面，蒋寿康的《春秋婚俗与儒家学派》(《浙江学刊》1988 年第 6 期)和黄佩芳、王志邦的《魏晋士族妇女的风貌》(《浙江学刊》1988 年第 6 期)两文，论述了春秋和魏晋时期婚姻观念的演变，对封建伦理道德的评价提出了自己的看法。

（三）家庭教育研究

在家庭教育研究方面，朱棣云自 20 世纪 90 年代就专注于家庭教育和教学研究，著有《小学生家长学校教材》全 4 册(湖北教育出版社 1998 年版)、《诫弟子书》(北京出版社 2000 年版)、《教一个能放飞的孩子》(湖北教育出版社 2004 年版)、《父母与孩子的 100 封信》(浙江摄影出版社 2012 年版)等 10 套 18 种著作，相关文论 300 余篇，其著作内容丰富，语言生动，在国内有较大影响。陈浪东的《独生子女陈贾三年来的追踪情况(婴儿期 1980 年 4 月 18 日至 1983 年 4 月 18 日)》一文，通过对个体的追踪观察，考察了家庭教育在幼儿成长过程中的作用。赵薇薇的《在情境中教育是儿童家庭教育的一项重要原则》(载《家庭教育文选》(1982—1984 年，浙江省家庭教育研究会编印)一文，从社会心理学的角度对家庭教育进行了研究。作者提出了"情境中教育"这一命题，认为有效的家庭教育是教育者利用现成的或设置某种特定的情境，并以这种情境作为主要的或辅助的教育手段，对孩子进行教育。余匡纬的《家庭教育的今天和明天——对家庭教育的再认识》(载《家庭教育论文选》,1985—1986年)一文,考察了家庭氛围、家庭生活方式、夫妇冲突与家庭教育的关系,提出家庭教育研究的家庭模式、家庭组成和矛盾、家庭需求、社会文化一家庭文化的互变、家庭住宅、家庭犯罪、家庭立法等范畴和研究要素。

二、青年学与青年社会学

(一)青年学科研究

浙江学者在国内最早关注青年学基础理论研究。郑智强在《目前青年研究的若干问题综述》(《青年问题》1983年第1期)一文中指出,青年基础理论着重要研究青年的各种变化规律。它包括青年层次的研究即青年总体的社会存在研究;对各层次青年进行定量、定性的现状、特点的分析;微观变化的研究,包括对青年生理变化、心理发展、思想形成的研究,道德伦理研究,犯罪研究,成才研究等。高友德等主编的《青年与美学》(中国青年出版社1986年版)一书,认为"青年与美学"所以成为青年研究的范畴,不仅是美学发展,也是青年研究发展的必然结果。谷迎春、杨张乔著《青年学导论》(黑龙江人民出版社1987年版)一书,把青年的自然属性、社会属性、思维属性三者统一起来进行研究;界定青年是以性成熟平均年龄为起点的一个人类生命阶段,它是以其特殊的需求和作用而表现为最具能动性的社会群体,它以其自我意识与社会期望相平衡为终止点;同时认为青年期是一个年龄层次,青年是特殊的社会群体,青年通过思维活动而表现出其成熟性。该书获全国第三届青年优秀读物二等奖。杨张乔的《论青年学范畴的抽象》(《青少年研究》1987年第1期)一文认为,客观存在的青年本体是青年学范畴界定的根本依据,它要反映青年期的个性,反映相关学科对青年范畴研究的内在联系。其在《青年学批判、认知与前行——青年学后时期的学术包容与学科"创造"》(《当代青年研究》2009年第7期)一文中指出,中国青年学研究在"沉寂"了近20年之后,在新老两代研究者的互相交流中渐渐"复苏"。该文对青年学在21世纪的"复苏"称之为青年学后时期,这主要是针对20世纪80年代轰轰烈烈的青年研究及其学科化建设而言。

(二)青少年特征研究

青少年特征是浙江学者最为关心的青年学课题。黄秀兰在《青年期自我意识的特点与青年工作》(《青年问题》1983年第1期)一文中认为,当代青年特点研究是以青年本质特点为基点的青年意识、政治、心理、行为及社会化诸特点的研究;当代青年的意识特点被认为是思维的情感性与世界观的矛盾性,而个性化和形式化构成青年的行为特点。胡勇跃的《开放·逆反·竞争·实在——温州青年的四大特征》(《青年研究》1987年第2期)一文,是青年特点研究的一项区域性有分量的调研报告。羊惠民的《企业青工的类行为倾向初探》(《青年问题》1983年第2期),张成德、周华翔的《几所农村中学学生思想状况调查》(《青年问题》1984年第3、4期),陶海心的《青年思想的层次和归一》(《青年问题》1984年第3、4期)等文章,均从职业关系上分析了青年思想特点及发展过程中成熟、过渡、幼稚、反向这四个层次的归一性。21

世初，陈微的《"青年领袖"群体的崛起及开发》(《中国青年研究》2002年第4期)一文认为，青年领袖是崛起于中间阶层的一群青年俊杰，他们独特的历史背景、社会地位、经济收入、社会评价等，使这类群体的职业声望较高，其言行、兴趣、爱好以及行为方式等对社会的行为方式和价值观具有明显的导向作用。张波、汪慧的《"青年民工"生存现状及青年工作的应对策略》(《青少年研究》2006年第2期)一文指出，"民工"是中国工业化和城市化的产物，"青年民工"是一种过渡性的职业身份状态，作为弱势群体，他们的基本权利难以得到合理保障，从而给社会稳定留下了较大的隐患；实现各阶层社会成员共同富裕，是建设和谐社会的必然趋势。刘成斌、吴新慧的《流动好？留守好？——农民工子女教育的比较》(《中国青年研究》2007年第7期)一文，立足于实证调查数据对流动儿童与留守儿童的社会化过程进行比较，分析结果发现：在智育社会化与生活社会化方面流动儿童与留守儿童不存在显著差异，在身心健康、知识面广度方面流动儿童优于留守儿童；在人际关系方面留守儿童优于流动儿童，总体社会化结果上流动儿童优于留守儿童。林晓珊的《青少年中性化风潮的源起：社会建构论的视角》(《中国青年研究》2009年第9期)一文指出，作为一种性别认同的新模式，青少年中性化风潮的出现是社会建构的产物。该文以性别的社会建构论为理论视角，分别从结构性因素和主体能动性因素两个方面分析了中性化是如何被建构起来的；从结构性的因素来看，中性化的出现是社会结构转型的产物，它的广泛流行是消费主义意识形态操纵的结果；从主体能动性因素来看，中性化是青少年展示个性特征的一种表达方式，也是青少年在新的性别审美观念指引下重塑身体形象的一种认同创作。

(三)青年文化学研究

关于青年文化与传统文化的冲突存在两种观点。一种观点，如杨健在《青年文化与社会冲突》(载《青年文化问题》专辑，浙江省青年研究学会，1987年)一文中提出，当今的社会冲突从本质上来看是一种文化冲突，青年主体文化与传统文化及其他各种亚文化的冲突是现阶段社会冲突中表现最激烈、最突出的一面。这种观点强调了青年文化的反传统性。另一种观点，如朱伟、徐新所撰的《从当代青年的失落感看青年文化的重建》(载《青年文化问题》专题)一文认为，青年文化虽具有超前性，但与主流文化之间存在一种前喻的关系，显现了对主导文化传统的某种认同的趋势。浙江学者还注意到商品经济冲击下青年文化的激烈变化。孙景淼在《商品潮冲击下的青年文化》(载《青年文化问题》专辑)一文中提出，文化的商品化是商品经济条件下的特点，文化活动和文化产品以商品活动和商品形式出现，文化的社会效益伴随经济效益的实现而实现。杨治平的《商品经济与青年文化观的思考》(载《青年文化问题》专辑)一文认为在商品经济冲击下，青年文化的特点表现为青年文化价值观的"务实化"与青年文化活动体系的"多元化"。陈亮的《青年和社会思潮》(中国青年出版社2005年版)一书，通过对近20年来的历史总结，概括了青年思潮的五大特点，即历史性、区域性、群体性、功利性、变异性；剖析了青年社会思潮的三个成因，即知识界的舆论作用、媒体的推波助澜、政府和政党的宣传等。张兵主编《跨入新世纪的浙江青年》(中国广播电视出版社2006年版)一书，是浙江省跨世纪青年发展的一项大型调查报告，问卷量10000份，在杭州、宁波、温州等全省11

个地市内全面展开，分青年阶层形成10个子报告，对21世纪初浙江的青年工作和共青团发展提出了战略发展方针和任务。赵一德主编的《浙江青年文化现象实证研究》（中国青年出版社2006年版）一书，反映了浙江青年生活方式的变革，从文化角度提出了引导消费，具有一定的针对性；具体分析了浙江青年文化设施和文化产业；提出在青年文化素质培养中的非政府组织介入和推动第三部门发展的对策，具有较强的学术性和对策性。

（四）青少年违法犯罪与综合治理、行为失范与矫正研究

浙江的青少年犯罪研究重点分析了当代青少年违法犯罪的原因和特点。杨张乔的《婚姻与违法犯罪》（《青年研究》1982年第6期）、周伟新的《从一个典型的流氓团伙的形成看几点经验教训》（浙江省青年研究学会编《青年问题》1984年第3、4期）、陈安行的《城市犯罪多是谁?》（《青年问题》1985年第4期）等，都从不同的角度揭示城市青少年犯罪的团伙性、情绪性、模仿性的特点及同学校、家庭、社会相关联的诸多因素。汪安圣、来水木的《试论青少年犯罪的动机的形成》（《青年问题》1984年第1期）、郑以斌的《目前青少年激情犯罪的情况分析》（《青年问题》1984年第6期），从心理学的角度探讨了犯罪的非社会性因素，强调预防犯罪的青少年自我约束性。胡吾木的《从地下流氓舞会的演变形成看加强青少年业余生活指导的必要》（《青年问题》1983年第1期）、马晶森的《青少年性罪错的预防和教育》（《青年问题》1985年第1期）以大量统计资料论证了性犯罪的年龄特殊性。张纹邦的《当前农村少年犯罪的严重情况、发展趋势及其对策》指出了农村青少年犯罪的城市化倾向及其应对策略。

浙江青少年犯罪的综合治理研究成果较多。谷迎春的《对青少年犯罪的“原因论”的商榷》（《青年研究》1983年第6期）和《论综合治理的概念》（《浙江法学》1985年第1期）两文，针对中国青少年犯罪研究中的传统观点，对“综合治理”的概念作了社会的、意识的、心理的三者统一的新释。其主编有《青少年犯罪综合治理概论》一书。刘子正的《切实预防青少年犯罪》（《青年问题》1984年第2期）、周伟新的《运用系统工程进行青少年的综合治理》（《青年问题》1985年第4期），均提出了青少年犯罪的预测与预防的系统设想。徐向群的《青少年吸毒行为及其防控的社会学分析》（《青年研究》2000年第3期）一文指出，青少年吸毒行为是一种具有复杂背景的社会越轨现象；对青少年吸毒行为的防控应该着力改善产生吸毒行为的社会宏观环境，进行以社区为主的早期预防。方巍的《香港青年药物滥用与社会政策分析》（《青年探索》2006年第1期）一文，在回顾香港青年药物滥用现象及其政策的基础上，探讨其原因及应有的社会政策取向，以期对我们制止青年药物滥用及其政策制定起到借鉴作用。余礼明的《浅析青少年犯罪的家庭因素》（《浙江社会科学》1990年第5期）分析了家庭对青少年犯罪的影响，认为不健康的家庭环境和不良的家庭教育会加大青少年犯罪的几率。毛建一的《青少年“嫉妒型”犯罪及其对策》（《青年研究》1990年第4期）一文分析了青少年嫉妒型犯罪的心理原因及其行为特点，并提出了相应对策。孔一的《少年再犯研究——对浙江省归正青少年重新犯罪的实证分析》（《中国刑事法杂志》2006年第4期）一文，公布了浙江省1998—2000年刑满释放的青少年连续7年的追踪调查结果：5年内重新犯罪率为7.2%；影响归正青少年重新犯罪的有现实表现、安置就业、社会态度、首犯案由、回归婚恋、家庭关系、家庭住址、户口落

实、捕前职业、家庭经济、刑期、首犯年龄、判前婚恋等 13 项因素;而性别、帮教情况和文化程度等 3 项因素与是否重犯无关;他认为控制归正青少年重新犯罪的基本路径是:促进归正青少年加入职业团体,通过职业团体对其进行社会整合。

青少年行为失范与矫正研究。青少年行为失范是青少年与儿童发展研究的主要课题。杨张乔的《危险的年龄——1978—1989 年中国青年自杀现象》(中国国际广播出版社 1993 年版),从青年研究的视角出发,对 1978—1989 年间多省青年自杀的案例进行了整理和分析,就可查自杀人数以年龄、性别、职业、原因及其他项目作了统计分析,对 1400 余例青年自杀案的社会背景、类型特点、社会过程进行了梳理,初探了青年自杀预测与干预的社会系统。屈坚定、高伟娜、余星池的《中国青少年自杀意念》(《青年研究》2002 年第 6 期)一文,通过量化在中学生中自行报告压抑和自杀意念的比例和严重程度,从而确定压抑与自杀之间的关系,做出宏观和微观环境中的社会——人口统计学的预测。姚月红的《构建青少年自杀干预体系》(《中国教育学刊》2005 年第 8 期)一文认为,青少年自杀危机干预体系的构建思路可归纳为一个基本理念、两个工作重心、三个实践环节。青少年自杀危机干预的关键是正确认识和理解青少年的自杀行为,要关注和研究自杀问题,整合社会、学校、家庭等各种资源。朱美燕、朱凌云的《透视青少年"网络成瘾综合征"》(《中国青年研究》2002 年第 6 期)一文,分析了青少年的网瘾问题,对青少年"网络成瘾现象"进行了扫描、探源,并提出了相应的对策。张延华、汪慧的《"90 后"网络依赖及团体干预办法》(《当代青年研究》2010 年第 8 期)一文认为,"90 后"是"网络成瘾综合征"的高感人群,作者从"90 后"网络依赖的主要原因进行分析,充分认识网络依赖对"90 后"所造成的负面影响和危害,并提出用团体干预办法治疗"90 后"网络依赖征,最大限度地减少网络成瘾对青少年的负面影响。

(五)青少年发展研究

在青少年成长与青年社会化研究方面,杨张乔侧重人格研究,他在《关于青年人格问题的社会学考察》(《浙江学刊》1987 年第 3 期)一文中认为,青年期本质是人的本质的人格化;青年人格一般状态呈生物－社会性基因的冲突;近现代青年人格特殊状态呈现人格冲突的类－个体的历史的复合。王勤在《市场经济与青年人格发展的"初速度"》(《当代青年研究》1994 年第 4 期)一文中论述了现代化、市场经济与青年的关系,认为人格的现代化是实现经济加速发展乃至推动社会整体现代化进程的先决条件之一,因此青年人要从传统人格向现代化人格转变。徐德明、杜向军《发展中国家青年社会化的特点——论共享价值体系的内化》(《当代青年研究》1997 年第 1 期)指出,青少年社会化的本质实际上是共享价值体系的内化,并将其概括为尊重科学、崇尚民主等十大指标,作者认为发展中国家的青年社会化有三个特点:差异性和不平衡性、爱国主义、青年先锋作用。微波的《现代化的动力:青年的反向社会化》(《当代青年研究》2000 年第 4 期)一文,探讨了青年反向社会化的问题,他从青年类行为出发,解释了以前喻行为为特征的青年反向社会化对社会文化变迁的影响,认为反向社会化包括反向消费、闲暇生活亲情化和超前就业等方面。张波、陈亮的《地域文化与青年成长》(《当代青年研究》2009 年第 4 期)一文,论述了浙江地域文化对青年成长的影响,认为浙江地域文化的渊源和文化传承表现为:经世致用、崇尚事功的文化观念,开拓创新、敢为天下先的文化精神,善于经营、富于机变的文化性格,浙江青年的成长与发展离不开这一文化的积淀、培育、浸润和重建。

青年与网络研究。耿依娜的《网络对青年人性发展的影响》(《中国青年政治学院学报》2002 年第 2 期)一文认为,网络对青年人性发展的影响不可低估,它以其特有的方式使青年人性得以展现,但也给青年人性发展带来了一些负面影响,因此,需要不断调整网络与青年人性发展之间的关系,为青年人性发展创造一个良好的环境。王天德的《当代青年媒介素养教育及回归》(《当代青年研究》2007 年第 5 期)一文认为,媒介信息包围是影响当代青年次文化的重要因素,它促进着青年世界观和深层价值观的形塑,并对多元文化教育产生重大影响,因此青年媒介素养教育理性的价值取向和感性的实践活动显得愈加迫切和重要。

青年与文化研究。陈海燕、胡琦的《青年流行文化双效影响分析》(《当代青年研究》2010 年第 1 期)一文概括了青年流行文化的内涵、特征与社会化影响机理,分析了青年流行文化社会化功能的缺失,并提出了提升青年流行文化社会化功能的思路。陈亮在《论青年文化在传播中的社会导进功能》(《当代青年研究》2005 年第 3 期)一文中强调了"青年文化"的概念,指出青年文化是青年在社会化过程中的"自我表达",或者说自我身份确认,是青年所特有的社会存在方式。她认为青年文化以其解构性、创造性、前卫性的肌理特点,在传播中发挥着社会导进功能,以边缘姿态向中心渗透。林晓珊的《城市青年职业女性香烟消费的情境与实践》(《青年研究》2009 年第 5 期)一文以巴特勒的"性别表演"理论为分析工具,通过对城市青年职业女性的深度访谈,从青年女性香烟消费所面临的"污名化"情境及其所采取的"去污名化"的实践策略中,分析了女性是如何通过性别化的消费方式来建构性别认同的。文章不仅阐明了性别消费与性别认同的形成机制,而且也揭示了男性主义文化霸权和消费主义意识形态在女性性别表演背后所发挥的规训机制。

"80 后"研究。"80 后"指 1980—1989 年期间出生的青少年人口,是青年研究中的一个独特现象,这也归结于"80 后"所处时代的特殊性。浙江学者对"80 后"现象颇感兴趣。姜方炳在《对"80 后"一代角色偏差问题的体认与反思》(《当代青年研究》2007 年第 6 期)一文中指出,改革浪潮的冲击、计划体制的解构、多元文化的勃兴必然导致代际纽带的松弛、角色偏差问题的出现,文章从"80 后"偏差行为的考察、原因剖析和由社会对偏差行为的评论引发的反思三个方面进行深入探讨。他在另一篇文章《消费时代与后现代式的叛逆——"80 后"角色偏差问题的新视野》(《当代青年研究》2009 年第 1 期)中探讨了消费行为、消费社会及大众传媒对"80 后"的影响,并将后现代式的叛逆视作"80 后"一种自我救赎的企图。魏水英在《"80 后"青年的时代特征:历史社会化的产物》(《当代青年研究》2009 年第 7 期)一文中,从经济、政治、文化与社会四个因素来分析"80 后"青年成长的社会化条件,分析了"80 后"青年时代特性与社会结构的嵌入性,指出"80 后"青年是历史社会化的产物。

留守儿童研究。刘志军的《留守儿童:基于一个村落的人类学研究》(《中南民族大学学报》2008 年第 3 期)一文基于对江西一个村落中的留守儿童的人类学研究,讨论了 5 个方面的议题:他们如何度过童年、他们在父母离开的状况下的感受与愿望、他们的家庭教育及学校成绩如何、他们的基本权利是否得到保障,他们的道德发育是否存有危机、他们有什么样的意见和呼声;并讨论了留守孩童背后的老人问题及留守儿童问题的解决思路。他在《留守儿童的定义检讨与规模估算》(《广西民族大学学报》2008 年第 3 期)一文中对留守儿童的定义和规模进行了阐述,认为应将"留守儿童"界定为不能随外出务工、经商或从事其他活动的父母一起生活而留在家乡,由代理监护人教养或自我照顾的 18 岁以下的未成年人,他推算 2005 年末中国留守儿童的规模大致为 1450 万人～1850 万人,其中农村留守儿童约为 1250 万人～1600 万人。刘成斌编著的《留守与流动:农民工子女的教育选择》(上海交通大学出版社 2008 年版)基于"城乡和谐发展"的视角,运用社会学社会化理论、人口流动理论、人力资本理论、组织理论对浙江省流动民工子女的教育选择,通过分层抽样、整群抽样进行比较研究,既关注选择流动的民工子女,也关注选择留守的民工子女,并对其流动与留守的选择空间、现有留守子女的流动倾向、民工子弟学校的政策导向等进行深入分析。周国华的《2008 年流动与留守儿童研究新进展》(《人口与经济》2010 年第 3 期)一文认为,2008 年学界对流动与留守儿童的研究达到了一个新的高度,他对相关研究成果进行了系统的回顾和评述;认为有关流动与留守儿童研究重点在于关注教育公平、关爱身心发展和关心社会适应。其理念基于正义,动机始于关怀,其目标是对社会和谐的追求。黄祖辉、许昆鹏的《农民工及其子女的教育问题与对策》(《浙江大学学报》2006 年第 4 期)一文认为,农民工子女的教育问题包括流动儿童教育和留守儿童教育两个方面;流动儿童教育问题具有多元性,大部分留守儿童短期内无法结束其留守状态。

(六)其他青少年问题研究

同性恋问题研究。张敏杰的《714 名中国男同性恋者的情况分析》(《青年探索》1999 年第 2 期)一文认为,同性恋是一种独特的文化、社会现象;当下在中国大陆认为同性恋行为不道德或不合乎伦理的社会舆论仍占主导地位,但对同性恋问题的认识已由"罪恶"向非罪恶转化,这毕竟是一种认识的进步。

青年信教问题研究。张敏杰的《浙江年轻僧尼的情况调查》(《青年研究》1982 年第 4 期)一文,通过对僧尼的调查,披露了一部分青少年出家为僧尼的严重现象,尖锐地向社会提出了应予进一步重视的问题。梁长明在《当前农村青年封建迷信思想试析》(《青年问题》1983 年第 1 期)一文中,通过对长兴农村的调查,概括了农村青年在对待封建迷信问题的多重特点。汪慧的《长三角经济发达地区青少年信教状况的调查——以浙江省为例》(《当代青年研究》2004 年第 6 期)一文指出,一些青少年为疏解心理压力、受家人亲友或生活环境的熏陶以及出于对宗教文化的崇拜等因素走进宗教殿堂;针对青少年信教状况,青少年工作者应提倡普及科普知识及人文关怀等增强青少年心理挫折的承受能力,切实提高思想政治教育的针对性、实效性和吸引力。

青少年心理问题研究。周立的《两代人的心理差异和良好关系的建立》(《青年研究》1984 年 10 期)一文,分别从出生于 20 世纪 50 年代和 80 年代两代社会生活环境和成长道路、所受教育、身心发展过程、社会地位及责任等角度分析了两代人心理差异的产生原因,提出了建立两代人之间良好人际关系的基本途径。杨心德、陈霞的《青少年离家出走的心理分析与干预策略》(《宁波大学学报·教科版》2006 年第 4 期)一文,在概述以往研究的基础上,从心理学角度分析青少年离家出走的原因,发现青少年离家出走行为是在家庭、学校、同伴和社会等外部环境的诱发下,因一定的内部心理条件而引起的,并据此探讨相应的认知、情感和行为等心理干预技术。

三、妇女社会学与社会性别研究

(一)妇女社会学与妇女史学研究

妇女问题,浙江早在民国期间就有名家论之。如鲁迅的《我之节烈观》(《新青年》第 5 卷 2 号)、《我们现在怎样做父亲》(《新青年》第 6 卷 6 号)等文,犀利地揭露了封建专制对中国妇女和青少年的贻害。茅盾的《怎样方能使妇女运动更有实力》(《妇女杂志》第 6 卷 6 号)、《家庭改制的研究》(《民铎》第 2 卷 4 号)提出了唤醒知识女性和改革封建家长制的观点。杨之华的《妇女运动概论》(亚东图书馆,1927 年)一书,专论法、英、美、德、俄等国的妇女运动状况与中国国民革命中的妇女运动。

20 世纪 80 年代之后,妇女问题受到浙江社会学界的重视并成为恢复社会学研究的一个突破口。嵇毓贞在《纵谈妇女观》(《浙江省妇女问题研究学会首届年会文集》)一文中提出,妇女观是一定社会经济基础的反映,不同的社会形态和历史时期,存在着不同的妇女观。吴哲儿、陈平天的《论农村妇女的社会角色》(《浙江省妇女问题研究学会首届年会文集》)一文认为,在人类社会发展过程中,妇女担当着不同的历史角色:母系社会的社会角色——奴隶社会的家庭奴隶——封建社会初期的半奴隶半家庭妇女——封建社会中期、后期的家庭主角——解放初期的半家庭半社会角色——当今的家庭角色与社会角色并重。王金玲在《社会应当为妇女生育抚育后代承担责任——有关招工招干中男女不平等问题的经济上的思考》(《中国妇女报》1986 年 9 月 6 日)一文中指出,生育抚育后代的责任由妇女单方面承担是不公平的,社会也应承担这种责任;并在全国首次提出建立妇女生育基金,根据女职工的比例核算企业利税和制定劳动力配备的相关政策。王金玲的《社会控制;它的起点与终点——兼论“性别文化”》(《中国妇女报》1987 年 11 月 20 日)一文认为,社会控制力以生殖力为起点,经过体力时代,以智力时代为终点;目前中国正处于体力控制向智力控制的过渡阶段,男女两性角色身份的变化也出现了本质性的分歧:智力控制的需要,使得差异只有个体意义而失去社会意义,而体力控制需要在保留差异的个体意义的同时仍保留其社会意义,男女对抗的性别意义正在悄悄消失。

妇女的支持系统研究。郅玉玲的《老年妇女的社会非正式支持系统分析——以浙江省为例》(《中华女子学院学报》2004 年第 5 期)一文,利用“2000 年全国 22 个省、自治区、市老年人口与健康调查研究”中浙江省的资料,构筑了生活费的主要来源、婚姻状况、居住状况、身体不舒服或生病时主要照顾者等指标,分析老年妇女的社会非正式支持系统,其结论为老年妇女的社会非正式支持系统主要由亲缘的亲情关系构成。郅玉玲还著有《老年妇女的社会支持系统研究——一项基于浙江省的分析》(《华东理工大学学报·社科版》2006年第2期)。

妇女教育与就业研究。对于女性接受高等教育比例较低的原因,韩常先在《中国妇女接受高等教育的历史与现状》(《中国人口素质研讨会论文选集》,1987年)和《我国妇女的文化素质与成才之路》(《人口与经济》1988年第5期)两文中对妇女教育状况概括为四点:女生报考高校与录取的比重较低;女性总体文化程度低于男性;女性青年就学率低,就业率高;女性大学生毕业分配遭冷落,造成女性读书无用的社会心理。颜士梅的《企业人力资源开发中的性别歧视问题研究》(科学出版社2009年版)一书,以社会认知和社会分层等理论为基础,运用文献分析法、访谈法、问卷法和内容分析技术系统,探讨了企业人力资源开发中性别歧视的具体表现形式、维度、程度、原因、影响和应对策略。徐敏的《被忽略的再就业主体需求——一次下岗女工劳动力交流会追踪研究所引发的思考》(《妇女研究论丛》2001年第1期)一文指出,如果将下岗女工置于主体位置,就会发现下岗女工的五大主体需求,即劳动保护需求、工作价值需求、就业尊严要求、转制获惠需求和牺牲补偿需求均有不同程度的忽略。社会只有真正把下岗女工置于主体位置,理解她们的主体需求,才能为下岗女工提供有效的就业指导和就业服务。黄祖辉、宋瑜的《对农村妇女外出务工状况的调查与分析——以在杭州市农村务工妇女为例》(《中国农村经济》2005年第9期)一文,通过问卷调查和访谈,具体考察了中国农村妇女外出务工的现实状况;指出她们在城市中的生活和就业情况,不仅关系着她们自身的发展,更是关系着中国社会的稳定和发展;为农村妇女外出务工提供社会保障,既是贯彻和落实科学发展观的内在要求,也是中国工业化、城市化、现代化进程的一个重要环节。

(二)社会性别研究

女性社会学研究。王金玲的《学科化视野中的中国女性社会学》(《浙江学刊》2000年第1期)一文,以建设中国女性社会学学科为出发点,提出中国女性社会学的理论框架、方法及内容。她认为,中国女性社会学的理论框架应力图形成自己的女性化加本土化的话语体系;其方法应包括有性人和证伪、主体化(责任感)和行动性等方面;内容则至少应包括社会分层、社会化、就业、文化与教育、健康、公共政策、婚姻家庭、违法犯罪、发展与比较研究及女性社会学史等10个方面。其《社会学视野下的女性研究:十五年来的建构与发展》(《社会学研究》2000年第1期)一文指出,中国的妇女理论研究始于20世纪80年代;在近15年的进程中,女性社会学由对社会学、妇女研究的依附走向相对独立,作为一个独立学科的女性社会学正在形成。其《后现代主义:中国大陆女性主义面临挑战与颠覆》(《浙江学刊》2001年第1期)一文认为,中国大陆女性主义与后现代主义的携手是一种存在的需要,女性主义在利用它作为解构武器的同时,必然会遭到它的解构,在利用它作为改造的工具的同时,必然会受到它的改造;而这一解构和改造又难免与妇女解放目标背道而驰,所以后现代主义是中国大陆女性主义发展道路上的一大陷阱;事实上中国大陆女性主义也正面对着它的挑战与颠覆。其在《从边缘走向主流:女性/性别社会学的发展(2001—2005年)》(《浙江学刊》2006年第6期)一文中指出,女性/性别社会学在研究领域、学术水平、学术成果的数量和质量、学术影响、学术新突破等方面都取得了重要进展,从而获得了主流学界更多的认同与肯定。揭爱花在《国家话语与中国妇女解放的话语生产机制》(《浙江大学学报·人文社会科学版》2008年第4期)一文指出,女性话语能够在何种程度上确立自己相对独立的地位,并将女性的立场、权利诉求渗入国家话语,既取决于女性群体的自觉程度,也取决于国家话语在何种程度上整合了包括妇女在内的社会各群体的利益诉求;应立足于提升女性的主体意识,张扬女性的话语权,通过各种方式将性别话语渗入国家话语,逐步弱化国家话语的男性话语霸权秩序。其《单位制与城市女性发展》(《浙江社会科学》2001年第1期)一文认为,单位制度为计划经济条件下的国家实现其政治意图提供了有效的保障,但也存在一些问题;在传统单位制逐步走向式微,城市女性失却旧的种种特殊的组织关怀并面临无情的市场竞争的今天,必须努力摆脱渴望被关怀、照顾的依赖心理,增强并不断提升自主意识,走出一条妇女解放的新路子。王金玲、高雪玉、胡涤菲、张丽的《生存与发展:浙江妇女社会地位研究(1990—2000)》(中国妇女出版社2004年版)一书,以性别和本土为视角,提出了一系列具有原创性的学术观点和概念,如"离家"型非农就业和"留家"型非农就业两个概念;对于农村受教育机会中的性别不平等现象的存在,该书更多地归之为一种家庭策略运作的结果等。

(三)妇女/性别与发展

对妇女就业的研究主要集中在女性职业发展及就业的性别歧视等方面。揭爱花的《单位制度变迁过程中的城市女性职业发展障碍》(《浙江大学学报》2003年第4期)一文分析了单位制对女性职业发展的影响,她指出单位制可以给城市妇女就业提供保障,但是在市场化环境中容易出现"保护过度"与保障不适当问题。她认为,要解决市场化进程中单位女性面临的职业发展障碍问题,就必须对国家、社会和个人在女性职业发展中的责任及权利重新进行界定。乐君杰、屈利娟基于补偿性工资差别假说,对影响城镇地区已婚妇女就业选择的决定因素进行了分析,在《就业机会成本对城镇地区已婚妇女择业行为的影响分析》(《浙江社会科学》2007年第3期)一文中指出,城镇地区已婚妇女的就业决策不仅取决于其保留工资率和市场工资率的相对大小,还受由就业类型的工作特性所引起的就业机会成本的影响,作者发现已婚妇女的择业行为与其配偶的收入和就业类型之间存在着较强相关。聂玉梅、贺怡的《城镇女性就业中的性别歧视现象分析》(《浙江理工大学学报》2010年第6期)一文,通过对在杭州市非公有制经济性质单位就职的6名女性个案的访谈调查,分析探讨女性在应聘与工作过程中所遭遇的各种性别歧视状况及性别歧视在女性就业过程中的影响,进而提出解决性别歧视的建议。王红芳在《女性就业边缘化问题的思考》(《南昌大学学报》2006年第2期)一文中,认为女性就业的边缘化趋势主要表现为性别职业及部分女性职业下沉、女性就业和再就业困难、男女两性收入和社会保障差距的扩大,主要原因是就业制度存在缺陷、男女雇佣成本和培训成本的差异与女性主体意识不强和就业动机的不足。

女性地位与权利研究。20世纪下半叶,尤其是八九十年代之后,这一问题研究涉及家庭地位、社会地位、经济地位、政治地位等多个方面,并相应地延伸到女性在上述诸方面的权利。张敏杰在《改革开放以来浙江农村女性的家庭地位变动》(《浙江学刊》1999年第3期)一文指出,浙江省农村妇女群体的社会角色和家庭角色向多样化、个性化方向变动,女性的婚姻观念、生育观念开始向现代型更新，她们的家庭地位和社会地位有了较大的提高。但是，重男轻女的社会环境仍是制约妇女发展的重要因素。卫龙宝、张清霞的《农村工业化进程中农村妇女社会地位的变迁》(《浙江大学学报·人文社会科学版》2005年第5期)一文指出，在农村工业化进程中，农村经济结构和社会结构的变迁必然引致农村妇女社会地位的变化。文章对中国31个省市的统计资料进行了定量分析，结果表明农村工业化进程中农村妇女社会地位变迁是不同因子共同作用的结果，但由于不同因子的作用力度和方向不一致，共同决定了农村妇女社会地位变迁的具体路径。郭夏娟、张婧的《平等参与条件下女性的政治潜能:来自民主恳谈会的检验》(《浙江学刊》2010年第2期)一文指出，作者在温岭市泽国镇进行了民主恳谈会的"控制性试验"，研究发现当女性与男性获得同等的政治参与条件时，无论是判断公共事务、选择公共政策，还是理解认同公共利益偏好，女性的能力并不低于男性，其参与公共事务决策的潜能与男性处于相当水平。卢福营、王琳的《寻求性别平等的选举制度创新与现实遭遇——浙江省X、T镇的女村委专职专选调查》(《浙江省社会学年会论文集》,2010年)一文对女村委专职专选制度及其成效进行了分析，他们认为女村委专职专选增加了村委会中的女性人数和比例，促进了农村妇女的政治参与，但未能从根本上改变农村妇女在村庄治理中的边缘地位，缺乏坚实的社会基础和广泛的民众认同;这项寻求男女事实平等的选举制度创新及其实践遭遇，引发了一系列值得思考的问题。

女性角色与意识研究。王金玲的《女性的价值定位与双重角色冲突》(《妇女学苑》1993年第4期)一文指出，双重角色冲突有两层含义:一是指女性自己对自我角色认定或在自我角色认定过程中的冲突;一是指男性对女性角色期待满足中的冲突。这两个冲突划分依据的都是女性的价值定位——女性的自我价值定位或对女性的价值定位。女性的价值定位是在定位者一定的价值取向下进行的，若价值取向出现了双向或多向性，价值定位便难免会变得游离不定和模糊不清。华颖的《社会转型与中国城市女性角色形象研究》(《中共浙江省委党校学报》2004年第4期)一文结合"社会性别"理论，探讨了中国女性在社会转型时期角色形象的变化，即从"向男人看齐"到张扬"个性"、从"舍小家"到"顾小家"、从"他者叙述"到"自我叙述";剖析了当前女性角色形象存在的传统角色形象的回归、职业女性的种种困惑等问题，并积极寻求创建健康和谐的社会性别之路。许放明的《女性家庭角色和谐关系探讨》(《社会主义研究》2006年第6期)一文指出，在社会转型时期应着力构建角色期望吻合条件下的和谐女性家庭关系以及社会高度分化条件下满足资源互补和情感需求的和谐女性家庭关系。高雪玉的《浙江妇女社会性别观念状况的比较分析》(《宁波大学学报》2004年第5期)一文认为，"社会性别"不是天生的，而是由社会赋予的。文章通过调查分析指出，20世纪90年代以来浙江妇女社会性别观念趋向自信，社会地位、自我权利意识变强，与全国相比，浙江妇女这种社会性别观念的变化总体上走在前列。

女性发展与社会发展研究。浙江省妇女问题研究会课题组在《妇女发展与经济发展、社会发展的关系研究》(《中共浙江省委党校学报》2003年第4期)一文中指出，妇女发展是社会发展的一个重要组成部分。该文通过分析相关数据和研究成果，认为近10年来，中国妇女发展与经济社会的发展呈现出一种双向的多层次的相关性发展态势，蕴含着三个层次的相关性:第一个层次表现为妇女发展与经济社会发展的同步性;第二个层次包括总体上与经济社会发展同向,但局部逆向发展;第三个层次则反映了妇女发展与经济社会发展不相适应的方面,具有逆向发展趋势。解红晖在《和谐社会构建与女性发展》(《理论导刊》2008年第7期)一文中分析了女性在构建和谐社会中的重要作用,并将其概括为:女性是和谐家庭的建设者,女性是经济建设的重要力量,女性在环境维护方面起着关键性作用,女性的优势品质为和谐社会建构提供持久精神动力,中国女性特殊的性别文化诉求已成为和谐社会发展的动力。

妇女的其他社会问题研究如卖淫与拐卖、拐骗妇女、儿童等社会现象研究,有王金玲、徐嗣荪的《新生卖淫女性构成、身心特征与行为之缘起——389名新生卖淫女性析》(《社会学研究》1993年第2期)一文认为,幼年时家庭教养结构对成年后卖淫行为出现有决定性影响,而本人婚姻状况对卖淫者的影响也不可低估。同时作者分析的社会渗导原因特别指出人口流动形成了一个较大的“买方市场”。王金玲关注、重视对于全国普遍存在的拐卖、拐骗妇女、儿童问题的研究,其《华东五省云南/广西籍未成年被拐卖/骗妇女、儿童流入地个案研究》(《浙江学刊》2005年第4期)一文,在对华东五省被拐卖/骗流入的婚迁妇女、性服务妇女、被收养儿童和廉价劳动力四大目标人群深入访谈的基础上,力求了解被拐卖/骗者在被拐卖/骗前后及目前的生活状况和心态,探讨目前中国大陆买卖/拐骗妇女、儿童现象的特征、类型、规律、趋势,把握不同类型目标人群被买卖/拐骗的发展态势,进而提炼更具草根性、效用性和创新性的学术观点,更具可行性和有效性的法律政策建议和行动建议。其《跨地域拐卖或拐骗:华东五省流入地个案研究》(社会科学文献出版社2007年版)一书,在翔实的被拐卖/拐骗妇女、儿童的述说资料中,清晰地展现了被拐卖/拐骗妇女、儿童的流出缘起、经过、流入过程以及在流入地生活的辛酸苦辣,为我们揭示了社会中典型的非正常区域流动群体的生活众相,为政府和有关部门进一步制定、完善和实施有关遏制拐卖或拐骗妇女、儿童现象的法律、政策和实施措施提供有用的基础性资料。

(三)妇女史学研究

这方面的研究成就突出的是陈高华与童芍素主编的《中国妇女通史》10卷(杭州出版社2010年版),约500万字,是为巨。具体包括:王子今、张经著先秦卷(2010年),彭卫、杨振江著秦汉卷(2010年),张承宗、陈群著魏晋南北朝卷(2010年),高世瑜著隋唐五代卷(2010年),方建新、徐吉军著宋代卷(2011年),陈高华著元代卷(2011年),张国庆、韩志远、史金波著辽金西夏卷(2011年),陈宝良著明代卷(2010年),郭松义著清代卷(2010年),郑永福、吕美颐著民国卷(2010年)。《中国妇女通史》不仅以翔实的史料与严谨的史学研究填补了国内的学术之空白,而且以唯物史观揭示中国妇女历史变迁的轨迹与发展的规律,以及中国妇女对中华民族历史发展的不可低估的作用,由此为现在与未来中国妇女的发展提供历史学的依据。

四、农村社会学

农村社会学是以农村社会结构、社会关系及社会发展为对象的社会学分支学科。20世纪80年代之后，浙江的农村改革领全国之先，农村社会学研究也具有很大的优势。

(一)村落社会研究

农村社会的经验研究。杨建华的《日常生活：中国村落研究的一个新视角》(《浙江学刊》2002年等4期)一文提出了中国现代化发展的主干内容是中国乡村社会的变迁。该文通过对村民日常生活世界，诸如50年的追踪描述、解剖、透视，观察村落中居民与社区、市场、城市、国家的互动，阐释乡村中国现代化的变迁、发展。其主编有《经验中国：以浙江七村为个案》。张兆曙的《农民日常生活视野中的城乡关系及其出路》(《福建论坛・人文社会科学版》2009年第12期)一文认为，面对城乡二元市场的总体格局及日常生活的市场遭遇，体现农民自主性的选择是进城务工和跟从性的农业投机：前者最重要的不是进入城市，而是进入一种职业分工体系；后者也不能简单视为盲目的市场行为，它具有促进地域内专业生产和地域间农业分工的潜在功能。萧楼的《夏村社会：中国"江南"农村的日常生活和社会结构(1976—2006年)》(生活・读书・新知三联书店2010年版)一书，沿着费孝通"差序格局"的理论脉络，通过对江南"夏村"精致的民族志描写，提出了"差序场"的分析框架，为我们深刻认识当代中国东部沿海地区村庄社会的特质提供了不可多得的案例。

村落变迁研究。毛丹的《一个村落共同体的变迁——关于尖山下村的单位化的观察与阐释》(学林出版社2000年版)一书，通过观察与分析单位化村落兴起的组织资源、生态环境资源和政策资源及单位化村落的形成过程以及观察单位化村落的运转状况、分析单位化的组织方式与村落变迁的相互作用，强调村落单位化是村落前所未有的对城市基层组织格局和城市生活的一种趋近方式和趋近过程。毛丹等著的《村庄大转型：浙江乡村社会的发育》(浙江大学出版社2008年版)一书，从区域文化入手，对一地文化的历史与现状展开全面、系统、扎实、有序的研究，以拓展深入了解中国文化、研究中国文化、发展中国文化、创新中国文化的途径。梁敬明的《走近郑宅——乡村社会变迁与农民生存状态(1949—1999)》(中国社会科学出版社2005年版)一书，对浙江省浦江县郑宅镇，从土地改革、农业合作化、人民公社化，直至实施联产承包责任制改革以来(1949—1999)的经济社会变动进行了深入、细腻的剖析，力图通过"点"的解剖与放大，从乡村社会变迁角度去理解、阐释当代中国历史，勾勒乡土中国的当代图景，探讨乡村社会变迁的机理，审视重大的历史变动对农民的冲击及农民的感受，进而逆向评价这些历史变动。

(二)农民研究

农民角色研究。谢小荣的《温州农民的分化与角色变迁问题初探》(《人口研究》1993年第3期)一文，就温州农村改革以来农民的分化情况进行简单剖析，认为随着农村经济的发展和乡村城市化进程的加快，传统的农民开始分化，他们在商品经济发展中的社会角色发生了深刻的变迁；应采取相应对策，推进农民与农村的现代化。卢福营、徐勇的《论中国农村居民的分化》(《学术季刊》1995年第3期)一文认为，农村居民在不同经济单位之间、产业之间和社会之间的社会流动，导致其多元阶层化。卢福营、刘成斌等著的《非农化与农村社会分层：

十个村庄的实证研究》(中国经济出版社 2005 年版)一书,是作者自 2000—2004 年间所承担的有关农业、农村和农民"问题"研究课题成果,以及国内国外田野调查笔记及考察报告的汇集与再创作。它记录了作者对中国新乡村建设的观察、思考、分析、研究成果,表达了作者解读中国新乡村建设、建言新乡村建设以及对新乡村建设的渴望。林坚、马彦丽的《我国农民的社会分层结构和特征——一个基于全国 1185 份调查问卷的分析》(《湘潭大学学报·哲学社会科学版》2006 年 1 期)一文指出,随着中国农民的社会阶层分化进一步深入,不同职业农民之间的收入也出现了较大差异。卢福营、张兆曙的《客观地位分层与主观地位认同》(《中国人口科学》2006 年第 3 期)一文指出,村民的主观地位认同与客观地位分层在总体上具有一致性,但在这种总体一致性下隐藏着两种截然不同的局部关系:对于中间层次的村民来说,其主观地位认同与客观地位分层存在正相关关系,但相关程度减弱,呈现明显的"趋向中层";而对于上层和下层的村民而言,其主观地位认同发生了明显的偏移,分别呈现出"向下偏移"与"向上偏移"的趋势。卢福营的《中国特色的非农化与农村社会成员分化》(《天津社会科学》2007 年第 5 期)一文指出,中国改革发展选择了一条独特的非农化道路,这决定了中国农村社会成员分化方式的多元性,导致了农村社会成员的多元化流动和身份转换,并且逐渐分离为若干社会阶层。这一进程也呈现了中国农村社会成员分化量度上的非充分性,造成部分离农成员的"两栖化"和边缘化。

流动性与市民化研究。周晓虹的《"浙江村":中国农民进入城市的一种独特方式》(《社会学研究》1998 年第 5 期)一文,通过对北京"浙江村"和与其密切相关的温州乐清市虹桥镇农民流动历史的考察,探讨了流动与城市体验对温州农民的价值观、生活态度和社会行为模式变迁的作用和具体方式。潘捷军的《新农村建设、城镇化进程与流动人口问题——我国"三农"问题的双重视野、双向效应和双轨路径》(《浙江师范大学学报·社会科学版》2007 年 1 期)一文指出,解决"三农"问题的根本之策是减少和转移农民,农民流动是一种必然规律;从新农村建设和城镇化进程的双重视野思考问题,以新农村建设和城镇化建设的双轨路径来妥善解决流动人口问题是最终解决"三农"问题的关键所在。卫龙宝、胡慧洪、钱文荣、曹明华的《城镇化过程中相关行为主体迁移意愿的分析——对浙江省海宁市农村居民的调查》(《中国社会科学》2003 年第 5 期)一文,通过抽样调查及采用成本收益分析方法,对农民和中小企业主的迁移决策行为进行分析,提出了关于制定符合迁移主体意愿的农村城镇化的政策建议。任强、毛丹的《构建从农民到市民的连续谱——关于农民市民化政策的观察与评论》(《浙江社会科学》2008 年第 2 期)一文认为,"农民市民化"政策是一个公共产品;作为公共产品,农民市民化转型的所有风险应该由政府承担,然而,由于财政困境,地方政府被迫发展出了一套政府、集体经济、个人三方一体的风险分担机制,这种分担机制的一个重要支柱就是要保证有一个强大的、有持续收益的、不能亏损的集体经济的存在。作者强调新的公共政策的调整应转向以个人能力发展为核心。

(三)村社治理与自治研究

村社治理与自治是 21 世纪初浙江学者重点关注的理论域。卢福营的《治理村庄:农村新兴经济精英的社会责任——以浙江省永康市的私营企业主治村为例》(《社会科学》2008 年第 12 期)一文认为,随着农村私营经济的恢复和发展,农村私营企业主作为一个新社会群体迅速崛起,积极参与村庄政治生活甚至主政村庄;治理村庄是农村新兴经济精英的一种社会责任,也是私营企业主社会责任的最新发展,具有深厚的社会基础。毛丹的《村落共同体的当代命运:四个观察维度》(《社会学研究》2010 年第 1 期)一文,指出了去社会学化、去社会理论化的村庄研究必须把握四个观察视野:即批判社会学视野、专业社会学视野、公共社会学视野、政策社会学视野。彭兵的《超越市场:中国乡村社区发展道路研究》(《丽水学院学报》2010 年 4 期)一文指出,鉴于农业、农村与农民的弱质性,乡村社区的发展天然地需要国家的支持与保护;国家理应通过恰当的公共政策及制度设计,消除单纯依靠市场力量振兴乡村而给乡村社区带来的损害。毛丹、王萍的《村级组织的农地调控权》(《社会学研究》2004 年第 6 期)一文指出,鉴于村级组织调控农地所具有的法律法规资源、所依赖的村民自治的制度系统、所承担的农村公共服务功能,提出物权法至少要同时考虑如何处理以上问题,并做出相应的制度安排。

五、社会保障学

(一)社会保障理论与政策研究

社会保障学是研究国家和社会依法建立的,具有经济福利性以及社会化的国民生活、社会保障体系的一门学科。浙江学者对此多有研究。余逊达、陈旭东的《人权与社会保障》(《浙江社会科学》1997 年第 6 期)一文提出,在重构社会保障制度时,充分体现社会保障的人权属性,应该成为一项必须遵循的重要原则。王小章的《公民权视野下的社会保障》(《浙江社会科学》2007 年第 3 期)一文认为,现代社会保障制度的价值基础是公民权利的理念,其直接对应和满足的是公民的社会权利,它支持着法律权利、政治权利和社会权利等在内的整个公民权利体系。其在《公民权利、市场的两重性和社会保障》(《学术论坛》2007 年等 7 期)一文中指出,公民权利的观念是现代社会保障制度的正当性基础,而社会保障则是促进和实现公民权利的一个基本手段;市场作为生产组织机制和作为分配机制的两重性使它与社会保障之间处于一种多面的复杂关系之中。

相关社会政策研究。张敏杰的《社会政策及其在我国社会经济发展过程中的取向》(《浙江社会科学》1999 年第 6 期)一文,在对西方社会政策的概念和理论进行回顾和分析的基础上,提出了中国社会政策不同于西方流派的若干特征,对当前特别值得重视的一些社会政策问题进行了探讨。其《美国的"肯定性行动"及对中国社会政策的启示》(《浙江学刊》2007 年第 5 期)一文,则通过回顾美国的"肯定性行动"政策的出台背景及其对一部分弱势群体处境改善所起的作用,思考了中国的社会政策在向弱势群体提供社会支持方面可以得到的有益启示和借鉴。林卡、赵怀娟的《论生产型社会政策和发展型社会政策的差异和蕴意》(《社会保障研究》2009 年第 1 期)一文,展开对于生产型社会政策和发展型社会政策两种政策模式和理念的讨论,阐说了这两个模式的内涵及其区别,从积极的意义上来评估这两个模式,强调把

“生产型社会政策”看做一个独立的社会政策模式的必要性，并从新的视野对其意义进行重新评估。

（二）社会福利研究

社会福利研究。赵定东、雷天怡的《社会福利的国家道义与福利社会化逻辑悖论分析》（《浙江社会科学》2009 年第 8 期）一文指出，社会福利社会化的逻辑误差在于不加区分地片面社会化而违背了中国社会主义市场经济体制构建中的人民共建共享改革发展成果的最终目的，因此不可因为目前市场化过程中出现的一些社会福利问题而强化社会福利社会化；政府道义责任是中国社会福利理念嬗变的价值底线，在市场化的深化改革中国家责任主体地位仍然必须加以确认。林卡的《“福利社会”：社会理念还是政策模式？》（《学术月刊》2010 年第 4 期）一文认为，如果作为价值理念来倡导“福利社会”，从而形成一种关注福利事务、注重解决民生问题的意识导向和气氛，这将有助于我们把以往的追求经济成长的导向转向更为广泛的民生问题上；但作为政策模式，在缺乏国家或政府推动力的作用下，“福利社会”这一模式是很难有大的成效的，因此，中国应慎用“福利社会”这一理念。祝建华、林闽钢的《福利污名的社会建构——以浙江省城市低保家庭调查为例的研究》（《浙江学刊》2010 年第 3 期）一文，通过对国外福利污名缘起的追溯以及对浙江省城市最低生活保障家庭的调查，分析了城市最低生活保障家庭中福利污名的表现和影响因素，初步探讨了城市最低生活保障家庭福利污名的成因。祝建华的《可及与可得：我国城市居民最低生活保障制度的目标定位》（《浙江学刊》2008 年第 3 期）一文从目标定位的几种主要方式出发，就城市居民最低生活保障制度的目标定位方式进行了分析，指出要有效地解决为低保制度的可及与可得性存在着的问题，需要进一步改善制度的设计与执行。

（三）社会保障制度研究

对农村社会保障制度研究，较早期的成果有奚从清、鲁志根、胡振产的《21 世纪中国农村社会养老保险制度之探索》（《社会学研究》1996 年第 1 期）一文，该文针对农村社会养老保险存在的问题与困难提出了探索性意见与建议。杨翠迎的《中国农村社会保障制度研究》（中国农业出版社 2003 年版）一书，对中国农村社会保障制度进行系统剖析与研究，考察中国农村社会保障制度的现状与政策演变，结合中国农村经济发展实际来设计衡量农村社会保障水平的指标体系及适度水平的测定标准，提出适应不同经济发展阶段的农村社会保障制度模式框架，探讨现阶段全面实施农村社会养老保险制度的经济可行性，以期为中国农村社会保障实践和改革提供政策依据。其《中国农村养老保障何去何从？——对农村养老保障现状与问题的思考》（《商业研究》2005 年第 8 期）认为中国农村现存三种主流养老保障方式，即家庭养老、社会养老保险、社区养老。孙胜梅、叶明德、付国祥、吴云山的《发达地区农村社会养老保险问题的新探索——以浙江省绍兴市的经验为例》（《农村经济》2004 年第 1 期）对绍兴市结合人口与计划生育工作综合改革的农村社会养老保险加以探索性分析。郭金丰的《统筹城乡发展视野中的社会保障问题》（《求实》2004 年第 10 期）从统筹城乡发展的视野，指出应该在保持城镇社会保障现有水平或略有增加的同时，着重加强农村社会保障制度的建设。葛小娥、王寒等的《浙江农村居民社会保障问题调查报告》(《浙江统计》2006年第2期)认为，农村的社会保障体系由于人口众多、财力不足等原因而发展较慢，存在着农村医疗保障不落实、社会救助制度水平很低、养老模式不成熟等问题。耿相魁的《当前我国农村社会保障制度存在的问题及对策》(《哈尔滨市委党校学报》2009年第1期)认为对农村社会保障制度的建立，政府必须承担起主要责任，要加大对农村社会保障的投入，加快发展农村经济，提高农村社会保障意识，完善农村社会保障的法律体系。黄祖辉、王朋的《基于我国农村土地制度创新视角的社会保障问题探析》(《浙江社会科学》2009年第2期)一文，则从中国农村土地制度创新的视角，阐述了农村土地制度与社会保障体系之间的基本逻辑关系，揭示了以土地、劳动力、社保和环境为基础的经济增长"红利"理论，并对农村土地制度与社会保障及社会稳定的利弊关系进行了分析。米红的《我国新型农村社会养老保险制度推进的若干问题与对策建议》(《中共浙江省委党校学报》2009年第5期)建议尽快创造条件，构建国家新型农村社会养老保险基金理事会或国家新型农村社会养老保险基金政策银行。在城镇社会保障制度的研究方面，有褚超孚的《城镇住房保障模式研究》(经济科学出版社2005年版)一书，对美国、英国、德国、新加坡等部分国家和地区从住房供应体系、住房补贴模式、房租控制模式、减免税收政策、住房金融政策和住房调控管理机构等方面进行比较研究，并从微观经济学、消费经济学、福利经济学、公共管理学、社会学和政治学等不同学科领域的视角，对住房保障的理论依据和保障的模式、水平方式等方面展开了研究。柴效武的《以房养老模式》(浙江大学出版社2008年版)一书，对以房养老的理论价值、实践意义与运作模式，对反向抵押贷款的制度、运作机制、产品定价、风险防范、社会为此当做的工作等，从多个方面展开深入、广泛之研究。

其他社会保障问题研究。金碧华的《对社区矫正假释犯对象在社会保障方面的社会排斥问题研究》(《社会科学》2009年第5期)一文指出，正视社区矫正过程中假释犯对象在社会保障方面面临的社会排斥事实，寻求社会融合、社会宽容的积极举措，将是今后国家、政府以及社区必须解决的问题。陈微的《当代中国流浪乞讨人员社会救助路径分析》(《浙江社会科学》2006年第6期)一文认为，建立一系列救助管理政策，区分流入地、流出地等不同救助主体的救助责任，提供分类分层救助并注重流浪乞讨人员的主体建设，是形成良性社会救助环境，循序渐进地解决流浪乞讨现象的救助路径，也是完善流浪乞讨救助制度需要优先解决的问题。

六、文化社会学

(一)文化功能与现代化研究

文化社会学是研究文化产生、发展规律与社会功能、社会属性的社会学分支学科。陈立旭的《论文化的超越性功能》(《中国社会科学》2000年第2期)一文认为，在市场经济条件下，政治、经济、文化三个领域具有不同的目标和功能，不能互相取代；文化的核心目标和功能则在于培养和塑造全面发展的人，为整个社会创造意义的世界；弘扬文化的真善美的价值取向，强化文化的超越性功能，对于建立一个健全的社会是一项重要的措施。其在《大众文化的兴起与当代文化转向》(《浙江学刊》2003 年第 6 期)一文中指出,大众文化借助于现代传播媒介和商业化运作机制,深刻地影响了人们的生活方式与闲暇活动本身,还改变了当代社会文化的走向;大众文化的孕育和成长,意味着当代文化进入了影像的、形象的或视觉的时代,意味着传统社会地域文化之间的鸿沟被填平,文化从特殊地域中凌越出来,而成为不同地域居民可以共同消费的文化;意味着生活与艺术的边界逐渐变得模糊,意味着公共话语与私人话语变得界限不清。他的《都市文化与都市精神:中外城市文化比较》(东南大学出版社 2003 年版)一书,审视了作为现代中外文化生产和消费中心的城市文化及其结构,指出在全球化的作用之下,中国的城市文化显然也已被深深地打上了全球化的印记。

文化现代化研究。连连的《文化现代化的困境与地方性知识的实践》(《学海》2004 年第 3 期)一文指出,现代化的全球性进程发生了不同地区和国家传统与现代性的矛盾冲突,构成了文化现代化的历史与现实困境。作者认为以地方性知识的实践为条件,去寻找文化现代化实现的途径就成为一种客观要求。冯婷的《浮出表面的文化——文化社会学的传媒研究》(《中共浙江省委党校学报》2006 年第 4 期)指出传媒研究是文化社会学的重要领域;该文叙述了文化社会学之传媒研究的缘起,分析了传媒与意识形态、传媒与公共领域、传媒与集体认同、传媒与拟像社会等几个核心研究论题,并对有关全球化和大众传媒的研究进行了简要的阐述。陈立旭的《从传统到现代:浙江模式的文化社会学阐释》(中国社会科学出版社 2007 年版)一书,介绍了改革开放以来,浙江由小商品、手工艺活动开始,从不太发达的区域迅速地成长为经济社会发展领先于全国的省份的历程;当代浙江区域社会的变化过程,呈示出"诱致性"变迁的特点,其动力主要来自于民间,政府起着主持性、促进性的作用。

(二)文化传播与舆论研究

现代公共关系在经济与社会发展中的地位和作用,是浙江研究者关注的一个理论与实践问题。杨张乔主编的《中外公共关系趣谈》(中国国际广播出版社 1987 年版)一书认为,公共关系是近代多学科理论发展的产物,是社会关系有序管理的一个方面。他的《声张自我的艺术——舆论社会学》(中国国际广播出版社 1988 年版),从本质论入手对社会舆论作了分类考察,并从心理—社会的功能上论述了社会舆论发生、发展的一般规律和指导过程,提出自我意识的外在扩散是社会舆论机制的核心。方宪轩主编的《公共关系学教程》(浙江大学出版社 1987 年版)一书提出,中国经济引入竞争机制后,企业的知名度和美誉度,即外在形象关系到企业的生存和发展。章瑞华的《试论社会主义企业的公共关系》(《杭州大学学报》1988 年第 2 期)认为,公共关系作为一门"内求团结,外求发展"的管理艺术,是发展社会主义商品经济的必然结果,也是深化经济体制改革和政治体制改革的客观要求。顾峥的《公共关系学在国内发展的可行性与局限性初探》(《探索》1988 年第 2 期)一文认为,公共关系在国内的展开和发展,取决于社会主义的经济体制改革和社会主义商品经济的发展,具有现代经济、政治、文化发展的必然性。谷迎春在《公共关系三论》(《探索》1988 年第 5 期)中提出公共关系把"生意经"学科化,把竞争手段推向文明化,把人际关系引向现代化等三论。潘捷军的《论受传者在宣传活动中的地位和作用》(《理论探讨》1988 年第 6 期)、《政府社会传播论》(《天津社联学刊》1988年第4期)两文,较系统地考察了受传者从消极被动的宣传客体到积极能动的接受主体这一认识发展过程,提出了受传者能动接受过程的三个渐次发展的层次:对待宣传的心理倾向性,接受宣传的活动积极性,实现宣传价值的行为创造性。

(三)商帮文化研究

近世浙江有两大著名商帮,即沿海域的宁波帮与位于内地的龙游帮,对此的研究更多地集中在地域商业文化的特色。叶炳南的《"宁波帮"的心态分析》(《浙江学刊》1988年第1期)、张敏杰的《论"宁波帮"》(《探索》1987年第6期)等文在区域的商帮文化问题如"宁波帮"这一专题研究中有一定影响。陈学文著《龙游商帮研究》(杭州出版社2004年版)一书认为,龙游帮体现着丰富的地域商业文化特点。也有学者从另两个角度审视中国的商帮文化,一个角度是从历史的角度,认为中国古代形成有五大商帮即粤商、徽商、晋商、浙商、苏商。另一角度从当代时空角度,认为中国当代形成有新五大商帮,即浙江商帮、山东商帮、苏南商帮、闽南商帮、珠三角商帮,是一个新经济成长条件下的商帮文化印记。对比研究有陈翊的《宁波商帮和温州商帮发展历程比较》(《绍兴文理学院学报》2010年第9期),该文认为宁波商帮与温州商帮具有地域文化和历史文化的共性,但又都有各自的优势特点。

对儒商现象研究。谷迎春的《"儒商现象"析》(《社会学研究》1995年第4期)指出,"儒商现象"是中国自改革开放以来出现的第三次"商潮"。如若将辛亥革命至抗日战争各个历史阶段中的知识分子划为"五代"的话,当代"儒商"的出现是五代知识分子的职业理想与价值取向的一次成"建制"的出新。

七、社会工作学

(一)社会工作理论研究

浙江的社会工作专业的学科化教育与研究,在21世纪初形成一个学术高潮。张敏杰的《二十世纪中国社会工作的学科发展进程》(《浙江学刊》2001年第2期)一文认为,中国的社会工作专业作为学科在20世纪经历了萌芽、初步发展、中断、恢复重建和趋向繁荣的发展进程;该文在对中国社会工作百年进程作回顾分析的同时,也指出了中国社会工作所面临的挑战与机遇。张小波的《杭州市上城区:试水社会工作专业专升本学历教育》(《中国社会工作》2009年第12期)系统介绍了一个区的社会工作专业理论教育的经验,并探讨了中国社会工作的模式化问题。

(二)社会工作实践研究

慈善及伦理性的社会工作研究。张敏杰的《欧美志愿服务工作考察》(《青年研究》1997年第5期)一文指出,志愿服务是一种非政府系统的组织行为和服务行动,是民间系统服务于社会的群体行为或个人行为,即民间组织或个人利用自己的知识、技能、体能或财富,通过各种服务性的行动去实现和体现对社会事业的服务与奉献,或实施和完成对有困难的社会群体及个人的服务与保障；在志愿服务的过程中，志愿者以自己的行动接受了社会的评价与检验，并获得了对自我价值的认同与升华，志愿服务所体现的核心精神是人道主义。刘志军、周博的《救助管理工作的问题与对策：基于浙江经验的反思》（《广西民族大学学报·哲学社会科学版》2009年6期）一文，基于对浙江省三个市县的考察，认为现有的救助管理工作存在信息传递不畅、人员素质有待提升、救助经费拮据、特殊受助者处理艰难、立法初衷与救助实践脱节等问题；可采取的对策包括多渠道宣传、开展社会工作专业培训、通过社会捐赠及福利彩票拨付等形式筹措资金、建设公共劳动形式的"最低生存保障"体制、吸纳民间组织与个人参与特殊受助者的安置、拓展救助对象等。林卡、周伦的《中国吸毒与艾滋病状况调查的综述和评论》（《社会工作》2010年第1期），把研究的落脚点放在与吸毒人群的艾滋病传播风险相关问题的文献评述上，以期为展开艾滋病防范和对吸毒人群的矫治等方面的社会工作提供一定的理论帮助。

环境与生态保护方面的社会工作研究。童志锋的《动员结构与自然保育运动的发展——以怒江反坝运动为例》（《开放时代》2009年9期）一文以怒江反坝运动为例，对自然保育运动的动力机制进行探讨，认为推动中国自然保育运动的动力在于环保NGO之间、环保NGO与媒体和公众之间的独特关系结构及其动员；NGO之间的松散联合越来越普遍，由此产生积聚效应，使得原本弱小的单个组织通过独特的联合机制而发出能够影响社会的声音。

社会关系协调方面的社会工作研究。张宗和著《中国民营企业的群体性劳资冲突》（中国社会科学出版社2009年版）一书，对民营企业的群体性劳资冲突的发生原因及特点作社会学分析，并提出相应的对策。胡小平、顾金喜的《社会视野下群体性事件冲突的内在机理及其应用》（《中共浙江省委党校学报》2010年第3期）一文研究了社会排挤与社会冲突产生的内在联系，并结合2008年云南孟连恶性群体性事件，以此为反思的维度揭示当前威胁社会稳定和谐的基本因素以及消弭这些冲突与矛盾的基本对策，以期为当前的和谐社会建设提供一定的对策建议。

八、组织社会学

（一）组织结构研究

组织社会学是研究社会组织的分类结构、运行管理、组织行为及其变迁发展的社会学分支学科。冯钢的《整合与链合——法人团体在当代社区发展中的地位》（《社会学研究》2002年第4期）一文指出，在体现着现代分工特征的法人团体中，社会控制与个人自我控制结合在一起，通过纪律精神显现个人利益与公共利益协调一致的道德属性；正是在职业团体这种类似的中介组织中，适应现代市场社会的道德原则得到了发展，并形成待欠完整的"社会整合"与"系统整合"。宣勇的《大学组织结构研究》（高等教育出版社2005年版）一书是关于大学组织结构研究的学术专著。该书聚焦于组织理论的发展、社会变迁与高等教育大众化背景下大学组织结构的创设与选择，阐述大学组织变革与创设的必要性和紧迫性，提出关于大学组织结构动态选择的对策建议。

治理一自治的组织建构研究。吴锦良等著的《走向现代治理:浙江民间组织崛起及社会治理的结构变迁》(浙江大学出版社 2008 年版)一书指出,浙江大量民间组织主要活动在公益事业领域,它们在为社会提供公共服务、促进社会就业、改善政府管理社会的方式、推动政府职能转变等方面发挥了日益重要的作用,并在治理视域下探讨了浙江民间组织与政府的良性互动。杨张乔的《村社治理一自治的组织建构和制度创新——以浙江农村为例的新制度主义分析范式》(《浙江学刊》2009 年第 5 期)一文,以浙江村社治理自治的发展为例,展示村社组织从家族自治到组织村民自治,从单一功能到多元复合功能,从自力到政府、社会和个人合力的功能性转变;提出村社选举、村社发展参与和管理参与的制度安排思路。张兆曙的《城市议题与社会复合主体的联合治理——对杭州 3 种城市治理实践的组织分析》(《管理世界》2010 年第 2 期)一文,立足于杭州市推进城市治理的 3 个典型案例,提炼联合治理的社会组织形式、参与结构与运作机制等"杭州经验"。杨建华、姜方炳的《"共同体的重构":对城市社会"终极实在"的追寻——以杭州社会复合主体建设为例》(《浙江社会科学》2010 年第 10 期)一文认为,杭州的社会复合主体建设无疑是对"共同体的重构"方面的探索;它不仅建构了中国特色的政府与社会间的新型合作伙伴关系,实现了具有中国特色的共同体化与社会化的融合,而且还推进了社会结构的现代转型与公共精神的有效发展。徐祖荣的《城市社区民间组织研究》(杭州出版社 2006 年版)一书,认为社区民间组织是社会民间组织的重要部分,社区建设实践要求社区民间组织成为社区建设社会化、市场化、群众化、广泛性、生命力、凝聚力的有效载体;通过解构社区民间组织在发展中面临的双重困境——普遍困境和特殊困境,提出培育和发展社区民间组织的对策措施。

(二)组织权研究

农民工组织权研究。陈建胜、刘志军的《加入工会抑或成立自组织——关于农民工组织权的思考》(《人文杂志》2010 年第 5 期)一文指出,在中国向市场型社会转变的过程中,在政府没有有效制衡市场力量甚至与市场力量合作的情况下,"资强劳弱"的格局不可避免,而农民工组织权却是抵御这种力量的重要武器;把农民工纳入工会,存在着政府、工会、单位和农民工四者之间的博弈,既有组织性优势,又存在着制度性弱势。

九、其他社会学分支学科

主要有陈信勇的《法律社会学》(中国社会科学出版社 1991 年版),这是国内第一批对法律社会学的学科性质、任务及其研究框架等进行系统阐述的著作之一。李明华的《山区社会学引论》(中国林业出版社 2001 年版)认为,山区社会学是以山地社区为研究对象,研究山地社区的生活、结构、功能、问题及发展规律的一门分支社会学;山地社区不仅仅是农村社区,而是包括农村、城镇的一个综合型社区,也是中国贫困人口集中、社会发展落后的社区;山区是中国许多江河的发源地,山区的环境生态状况与大区域以至全国的生态环境有密切联系;消除贫困和改善生态环境质量这两大根本问题均集中在山区。徐崇文、顾峥的《旅游对社会文化影响初探》(《杭州大学学报》1984 年第 3 期)一文,从社会文化的角度研究旅游现象。陆立德、郑本法的《旅游社会学概说》(《社会科学评论》1986 年第 5 期)、《社会文化刍议》(《学习与探索》1986 年第 2 期)两文,对旅游社会学作了界定,并构想了学科的研究框架。他们所著的《旅游与社会》(人民出版社 1988 年版)一书认为,旅游的社会学研究涉及旅游概念、旅游活动、旅游资源、旅游人口分布、旅游心理、旅游接待礼俗以及社会变迁、社会文化等相关领域。严浩仁的《中国农村低收入人群和贫困群体犯罪问题研究》(浙江工商大学出版社 2009 年版)一书,基于统计年鉴数据分析结果,对浙江省刑事案件发生率上升的原因进行系统分析,对影响犯罪率的因素及其机制进行理论研究,探讨浙江省犯罪率上升的预防方法和控制措施。

第三节 社会问题与社会管理研究

社会问题是社会学研究的重要领域之一。社会管理是解决社会问题的重要手段,是政府和社会组织对社会系统协调运转各个环节进行的统筹管理。浙江的理论工作者与实际工作相结合,对社会问题的控制和城乡社会及新出现网络社会的管理作全方位的研究和探索,对浙江的社会稳定与发展起到了重要的作用。

一、社会问题

(一)社会问题综合性研究

浙江的社会问题研究按不同的历史时期可以分为三个阶段。第一个阶段是近代社会问题研究,当时的社会问题研究主要集中在贫困问题、犯罪问题等研究上。其中严景耀,是中国犯罪学研究开拓者之一,一生写下了较多的社会学、犯罪学和监狱学论著,代表性的有《中国的犯罪问题与社会变迁的关系》(Ching-Yueh Yen, *Grime in Relation to Social Change in China*, The University of Chicago 1934)。第二个阶段是研究中华人民共和国成立初期的社会问题,包括大量的人民内部矛盾问题研究。如吴亮平著《论我国人民内部矛盾》(1957 年)一文,从辩证法的角度论述了社会基本矛盾与人民内部矛盾的关联及其相互转化的问题。又如反对封建迷信、铺张浪费及移风易俗等问题的研究。浙江大学的李立志《建国初期的社会问题及其治理》(《教学与研究》2002 年第 11 期),把建国初期社会问题分为三类:一是旧社会的遗留物;二是新结构、新规范取代旧结构、旧规范的社会转型时期并由此带来了社会某些方面的失调;三是由新结构、新体制带来的社会失调。第三个阶段是 20 世纪 80 年代后的转型时期,社会问题研究更为多元化。施松青的《转型时期的社会问题及其治理》(《浙江社会科学》1997 年第 1 期)将社会问题分为:贫富分化、社会颓风、社会恶习、社会犯罪、社会失业这几种。王尚银《社会结构的层次性与深层次和谐问题的提出》(《求索》2007 年第 9 期)从社会结构的层次性推演出和谐社会构成的层次性。还有学者提出要"防范拐点上的社会问题",指出社会大动荡往往不是发生在经济长期停滞时期,而是发生在经历了经济增长之后,如丁凯、童素娟的《防范拐点上的社会问题》(《浙江经济》2008 年第 17 期)。杨建华在《浙江"倒 U 形曲线”拐点分析》(《浙江社会科学》2009 年第 7 期)一文中应用西蒙·库兹涅茨“倒 U 假说”，研究 6000 美元阶段浙江第二产业的产值比重和劳动力比重的倒 U 曲线、区域经济发展的倒 U 曲线、社会问题倒 U 曲线以及环境污染的倒 U 曲线拐点状况，提出通过加大社会调节力度，完善市场经济体制，健全社会公平制度，维护社会正义秩序等，探求“倒 U 形曲线”拐点。陈剩勇、李继刚的《后金融危机时代的政府与市场:角色定位与治理边界——对当前中国经济和社会问题的观察与思考》(《学术界》2010 年第 5 期)指出，金融危机以来中国的经济问题是居民消费率过低的问题，它涉及分配不公及政府、资方和劳方的关系问题，其实质是政府角色调整滞后，造成政府失灵及至市场失效。

(二)社会问题的分类研究

老年问题研究。区域老年问题研究是浙江学者的常态化课题。沈毅的《浙江人口老化的背景、态势及对策》(《浙江学刊》1991 年)一文，针对浙江早期老龄化情况作社会学分析，预判到未来浙江的老龄化问题会处于向上的走势，对此该文提出了指标控制问题。他在《老年人口“老有所为”综合调查指标分析》(《浙江社会科学》1991 年第 3 期)一文中对前述问题作了指标分析。张敏杰的《中外家庭养老方式比较和中国养老方式的完善》(《社会学研究》1994 年第 4 期)一文，认为对发达国家的家庭养老方式及其实践进行总结和借鉴，有助于探讨、完善和发展具有中国特色的养老方式，对建立符合中国国情的老年社会保障制度具有重要的意义。郅玉玲的《“居家养老”的浙江实践》(《中共浙江省委党校学报》2010 年第 2 期)一文指出，在中国日益严峻的人口老龄化形势的挑战下，传统的家庭养老方式渐趋式微，适时发展居家养老服务，完善社会保障体系，则成为促进社会稳定与和谐的有力举措。董红亚在《住房对养老及服务方式的影响》(《浙江学刊》2010 年第 3 期)一文认为，住房在养老及服务方式的形成过程中发挥着重要作用，住房结构、功能的变化改变并制约着养老及其服务方式，集合式、板式单元户型的住房结构使得传统家庭养老方式出现困难，探索构建新的养老及服务方式，采用低龄空巢家庭的自我服务是其中的重要方面。

失地农民社会保障问题研究。对失地农民问题的研究兴起于 20 世纪 90 年代，其中社会保障问题则是学者关注的重点。吴小明的《当前建立失地农民社会保障工作中应关注的两个问题》(《经济研究参考》2004 年第 25 期)认为，地方政府正在积极开展被征地农民社会保障工作，但存在两个急需解决的问题，一是经济欠发达地区的年轻农民参保积极性不高，二是政府出资部分没有规定到位期限且资金到位率低。王美涵、董文松的《失地农民的社会保障问题研究——以龙港的社会保障为例》(《财经论丛》2004 年第 5 期)揭示了失地农民社会保障中存在的问题及其对策。徐岳平、陆国咪、刘智的《失地农民就业保障——社会主义新农村建设的重大现实问题——基于宁波市鄞州区的个案研究》(《中共宁波市委党校学报》2006 年第 4 期)通过对鄞州失地农民就业时出现政府热而培训对象冷的现象进行分析，指出就业问题已直接影响鄞州和谐社会的构建。关宏超的《失地农民养老保障制度的创新、问题、建议——浙江台州的实践》(《经济问题》2007 年第 11 期)提出应该从规范政府出资时间与资金来源、引导失地农民成立互助合作组织、完善参保人员的转移政策等方面对失地农民养老保障制度作进一步的完善。

城市农民工问题研究。经济发展过程中农业所释放出来的过剩人口不断向城市转移，这是城市化进程的必然现象。樊小钢的《论城市农民工的社会保障问题》(《农业经济问题》2003年第11期)一文分析了城市农民工的就业模式和生活状况，阐述了社会保障制度缺失不仅造成城市农民工的权益得不到保证，也阻碍了中国农村人口城市化的进程。钱文荣、张忠明的《农民工在城市社会的融合度问题》(《浙江大学学报・人文社会科学版》2006年第4期)一文探讨了农民工在城镇社会的融合度和面临的挑战，指出进城农民工与原城镇居民的融合状况总体良好，但城市内部形成的“新的二元社会结构”是阻碍城市社会融合和谐的主要制度因素，推进城乡一体化改革，是促使进城农民融入城镇社会的制度保障。张晖、何文炯的《进城、流动与保障——农民工社会保障问题研究综述》(《浙江大学学报・人文社会科学版》2007年第2期)一文认为，对农民工社会保障问题研究存在着内容和方法方面的问题，应采用多学科综合的研究手段对这一问题进行总体规划和制度创新。李娜的《城市化进程中的农民工社会保障问题分析》(《湖北经济学院学报・人文社会科学版》2007年第4期)一文指出，农民工社会保障的滞后影响着中国的城市化进程，呼吁尽快完善农民工的社会保障制度。高君的《推进中国农民工社会保障与市民化制度创新问题研究》(《城市发展研究》2009年第1期)分析了中国农民工市民化及其与农民工社会保障之间的关系，提出了推进农民工社会保障与市民化的制度创新措施。

贫困、贫富差距问题研究。钟儒主编《走出贫困的实践与思考——浙江贫困山区开发研究》(杭州大学出版社1992年版)一书对浙江贫困山区及其脱贫发展作以研究。刘文琦、顾凌云的《城市贫困问题与加强社会救助法制建设的建议》(《浙江树人大学学报》2005年第1期)一文分析了城市贫困问题的原因，对改进和加强社会救助法制建设提出了一些建议。王小章、冯婷的《精英对贫困问题的认知和精英的社会意识》(《江苏社会科学》2009年第4期)一文从贫困、贫困归因、贫困问题的社会影响、解决贫困问题的有效途径及主要责任者四个方面，叙述了精英对贫困问题认知状况的经验调查结果。贫困问题的另一形态是“相对贫困”，也即贫富差距问题。郑晓丽的《谈社会收入分配中制度性问题及政策取向》(《商业时代》2006年第1期)一文，针对收入分配领域中的贫富不均、低收入群体比重大、非规范收入与非法收入等问题及其对宏观调控政策效力发挥所产生的系列影响，提出了具体调节措施，包括调节收入差距，扩大中等收入群体，取缔非法收入，反对平均主义和适时缩小收入差距等。翁一娟的《构建和谐社会要解决好收入差距问题——浙江省的收入差距带给人们的启示》(《嘉兴学院学报》2006年第2期)一文指出，日渐突出的“相对贫困”问题开始困扰浙江社会的稳定，并逐渐成为构建和谐社会的严重障碍，要用科学发展观统领经济社会发展全局，正确处理公平与效率的关系，完善城乡社会保障体系，以确保和谐社会的顺利构建。张国平、邱风、郑恒著《现状、根源与对策：我国城乡差距实证分析》(浙江人民出版社2007年版)一书对当前城乡差距进行了实证分析。叶晖《和谐社会视角下的收入分配公平问题研究》(《浙江师范大学学报・社会科学版》2009年第6期)一文认为，当前中国居民收入分配差距扩大，已经影响到和谐社会建构的进程；应通过加快经济发展、深化分配制度改革、完善税收调控机制、健全社会保障体系等政策措施，以逐步缩小收入差距。虞忠平《收入分配社会转型期面临问题探析》（《现代经济信息》2009 年第 12 期）一文指出，城乡之间、地区之间、各阶层间收入差距不断扩大，严重影响和谐社会的构建；该文分析了收入分配差距过大的原因，探讨了可能的解决方案。金小明《当前中国社会分配不公问题及对策探讨》（《商业时代》2010 年第 13 期）一文指出，中国经济怪圈的根源在于分配不公造成的贫富悬殊，这种非纯经济因素引发的社会矛盾与经济问题要以行政、法律手段加以勘正。

社会公平问题研究。何显明的《阶层分化中的社会公正及政府职能的强化问题》（《学术研究》2000 年第 9 期）一文认为，促进阶层分化健康并有序发展的关键是加快政治体制改革，克服"政府失灵"现象，将阶层分化导入公正、规范的制度轨道。洪国政的《公平与效率关系的再认识——应关注当前中国社会的公平问题》（《求实》2004 年第 6 期）一文认为，公平与效率的关系问题是现代各国政府面临的最基本、最重大的经济社会选择，处理好这个问题有助于一个国家在经济上采取有效的对策、措施以促进经济发展，在政治上更好地维护社会秩序，保障社会和法律体系的有效运行及在伦理上使社会成员确立良好的道德规范和价值取向。还有董建萍的《中国社会主义初级阶段的社会公正问题》（《中共杭州市委党校学报》2006 年第 2 期），《当代中国的社会公正：进展与问题》（《云南行政学院学报》2007 年第 2 期），毕昌萍、陈湘舸的《论我国社会公平问题的现状及可能性路径》（《学术论坛》2010 年第 9 期）等，论述也较深。

弱势群体与社会稳定问题研究。邢南艳《构建和谐社会过程中社会稳定基本问题浅思》[《公安学刊（浙江公安高等专科学校学报）》2006 年第 2 期]一文，对中国传统和谐理念、现代和谐理念以及社会主义和谐社会理念中的稳定观进行分析，提出要正确树立在和谐社会背景下的稳定观，为维护社会稳定工作提供科学的思维和方法。李忠、张涤新的《转型期社会风险问题探析》（《贵州社会科学》2009 年第 1 期）一文将中国面临的主要社会风险形态划分为自然灾害风险、生产事故风险、公共卫生风险等七类，并针对中国社会风险形成的背景与原因及社会风险管理存在的主要矛盾，提出强化社会风险管理、健全风险管理体系、加快社会保障制度改革、充分发挥保险的风险管理作用和加强对公众风险教育等对策。

如何对待弱势群体并积极反映他们的诉求是维护好社会稳定的重要工作。蒋旭明的《试论弱势群体问题的社会整合》（《温州大学学报》2004 年第 6 期）一文从社会整合的应用即社会政策、产权重构、社会救助等方面进行论述，指出解决弱势群体问题的关键在于产权重构，即明晰农民的土地产权与工人的劳动力产权和财产权。王雅君的《社会政治稳定视阈下我国弱势地位群体的政治参与问题研究》（《哈尔滨市委党校学报》2010 年第 2 期）一文认为，政治稳定与政治参与存在着内在的联系，解决好弱势地位群体的政治参与问题，不仅有利于改革大局的稳定，也有利于党的执政基础的稳固，利于中国特色社会主义事业的发展。

二、农村社会管理

（一）农村社会管理经验研究

20 世纪末至 21 世纪初，浙江农村的社会管理在社会治理背景下得以实践与创新，并作出理论的总结。如卢福营的《村社区公共权力的监督——兼以浙江省的两个村为例分析》(《社会主义研究》2000 年第 4 期)一文结合两个村社区公共权力监督的实践,对现阶段中国农村社区公共权力监督的特点、类型、方式以及表现特色等公共管理问题进行了深入细致的探析。其《农村社区的公共管理方式——以浙江省 3 个村为例分析》(《浙江师范大学学报·社会科学版》2001 年第 1 期)一文指出现阶段中国农村社区公共管理方式的三种主要类型:动员教育、报偿奖励、制裁惩罚,分析了不同村治环境下的社区公共管理的村域特点。毛丹、王萍的《村级组织的农地调控权》(《社会学研究》2004 年第 6 期)基于村级组织调控农地所具有的法律法规资源、所依赖的村民自治的制度系统、所承担的农村公共服务功能考虑,提出物权法至少要同时考虑如何处理以上问题,并做出相应的制度安排;物权法的实施也当以此为前提。任志安的《农村社区治理模式探析——以绍兴农村"两种"模式为例》(《黑龙江社会科学》2007 年第 6 期)总结了绍兴市农村社区的治理经验,将其归结为能人治理模式和以法治理模式即乡村典章模式。丁友良的《创新农村社会管理　促进农村社会稳定——舟山渔农村"网格化管理、组团式服务"的经验与启示》(《农村·农业·农民(A 版)》2009 年第 11 期)一文对舟山市在渔农村基层管理模式上的探索创新进行总结,认为其最大的成功经验是寓管理于服务之中,做到服务全方位、信息全覆盖,及时化解乡村矛盾,促进渔农村社会的和谐稳定。王国勤的《先富参政与民主恳谈的治理逻辑——乡村治理的结构与绩效研究》(《甘肃行政学院学报》2009 年第 5 期)一文总结了浙江乡村治理创新实践中的两个治理模式,即"先富参政"和"民主恳谈";并指出乡村治理结构越具有包容性或开放性,其治理的绩效就越高,而乡村治理结构越具有排他性或封闭性,其治理的绩效就越低。

对浙江农村社会管理改革的经验,浙江的理论界从民生主题、政府能力与村民自治等方面展开了深入研究。毛桂文的《农村社会管理创新大有可为——从浙江省常山县"民情沟通日"谈起》(《农村工作通讯》2008 年第 1 期)一文总结研究了以"听民声、察民意、知民情、解民忧、帮民富"为主的常山经验,以有效缓解农村各类社会矛盾,有力促进农村和谐社会建设。郎友兴、周文的《社会资本与农村社区建设的可持续性》(《浙江社会科学》2008 年第 11 期)一文从社会资本的概念与理论出发,认为中国农村社区建设的可持续性之关键在于必须有良好的内在发展机制,而这个机制就是农村社区中社会资本的重构与开拓。王凤山的《加强宁波农村社会管理的对策思考》(《三江论坛》2008 年第 12 期)一文从"营造和谐社会,建设平安宁波"的高度,理清农村社会管理总体工作思路。姚莉的《论乡镇政府的社会治理能力:现状、改革及启示——以浙江"强镇扩权"为例》(《经济与社会发展》2008 年第 10 期)一文指出要提高乡镇政府的社会治理能力,必须深化公共财政制度改革,消除城乡不平等的体制性因素;必须建立完善相应的监督体系,大力培育社会自治力量,发展非政府组织性质的农村经济合作组织。李桂英的《村民自治与农村和谐社区建设——对余姚市 H 村的调查与思考》(《宁波大学学报》2007 年第 1 期)一文分析了村民自治存在的村民自治的有限性引起的矛盾、村民的各种烦恼和忧虑等问题,提出要采取切实措施深化村民自治的范围,发展村民自治与和谐社区建设的经济基础和精神文化生活。李勇华的《农村社区管委会:对村民自治的除弊补缺——公共服务下沉背景下农村社区管委会体制的实证研究》(《学习与探索》2009 年第 2 期)一文探讨了公共服务下沉背景下国家政权重返农村基层的现实要求。何一峰的《农村社会变迁与新社区自治的制度目标构建——以浙江省杭州和嘉兴市农村为例》(《科学发展》2009 年第 4 期),从支持系统、机制创新、功能结构运行、权限实现等方面提出了农村新社区自治的制度安排设想。

(二)新农村建设研究

建设社会主义新农村已成为改变农村社会管理的一项发展战略。冯婷的《农村的前景与农民的前途——也谈新农村建设的道路和前景》(《浙江社会科学》2008 年第 11 期)一文指出,新农村建设既从属于中国城市化、现代化的普遍进程和长远目标,又是这一进程中的特定阶段和环节,新农村建设之道路和前景的选择定位必须两者兼顾。张领、高力克的《共同体视阈下的新农村建设》(《浙江大学学报·人文社会科学版》2009 年第 4 期)一文指出,在从传统向现代的社会转型过程中,农民必然面临着以工具理性为特征的现代社会对以归属感、安全感和确定性为特征的共同体冲击,新农村建设缓释了社会转型造成的心理困扰。

新农村建设涉及土地制度、市场制度、教育制度以及参与机制的改革。郁建兴的《新农村建设与土地制度改革——与浙江省桐乡市委书记费建文的对话》(《中国党政干部论坛》2007 年第 10 期)一文指出,现行土地制度已构成对农地规模化经营的最大约束,必须通过建立健全农村社会保障体系从而打破土地的制度约束,从中发展现代农业。杨宏翔的《基于制度约束的新农村建设障碍分析》(《学术交流》2008 年第 1 期)认为制约新农村建设的制度约束主要来之于土地制度、市场制度和教育制度等方面;作为一个涵盖了经济增长和社会发展双重层面的治理范式,社会主义新农村建设并不是一个一蹴而就的过程,它既需要国家整体发展战略思路和方向的根本性转换,也需要建构起支撑这种转换的政策体系和治理结构。诸凤娟的《新农村建设中农民的政治参与——以绍兴市为例》(《绍兴文理学院学报》2008 年第 3 期)一文指出新农村建设的主体是农民,但农民的政治参与存在着参与的被动性、利益诉求未真实的表达、未形成健全的政治参与机制等问题,一定程度上阻碍了新农村建设的进程。高伟的《农民政治参与意识和新农村建设关系研究》(《农业经济》2009 年第 3 期)一文也指出,农民政治参与意识淡漠对于农村基层民主、农村基层党组织以及农民向现代公民的转化都会产生消极影响,建设社会主义新农村就必须要提高农民的政治参与意识,加强农民政治参与的制度建设。

浙江作为中国农村市场取向改革的先行地区,统筹城乡的改革探索与社会主义新农村建设也走在了全国前列。何一峰、王一胜的《略论建设新农村与发展市场经济——以浙江省义乌市为例》(《浙江学刊》2006 年第 4 期)一文以义乌经济社会发展为例,说明新农村建设与市场经济发展是相辅相成的,因此必须改革现有的市场经济体制,在发展民营经济的基础上推动新农村建设。葛深渭的《欠发达地区新农村建设路径探讨——对景宁畲族自治县雁溪乡常年外出人口状况的调查与思考》(《人口与经济》2007 年第 5 期)一文从人口学的角度,提出山区欠发达乡村新农村建设必须因地制宜,探索适合自身条件的特殊路径。杨宏翔的《中心镇:新农村建设的发展极》(《广西社会科学》2007 年第 11 期)一文提出,发展中心镇就是要打造农村经济社会的发展极，使其在新农村建设中发挥集聚功能、集散功能、接纳功能、辐射功能和吸引功能。何显明、周建民的《新农村建设中的县级政府角色转型——基于长兴县的个案研究》（《中共浙江省委党校学报》2008年第5期）一文指出重新厘定县级政府的角色职能，创新政府运行机制，已经成为县级政府行政体制改革的重大现实课题。李勇华、赵金辉、黄红心的《新农村建设对村级党组织权威的提升效应及其解析——基于浙江省三类村庄的实证调研》（《探索》2008年第3期）通过解析浙江省三类村庄的实证调研成果，对新农村建设中村级党组织权威的提升总结了四点启示：执政党对其基层组织要输送制度化的领导资源，提供制度化的展示舞台，基层组织要着力解决百姓急需的公共产品供给，完善党组织领导下的村庄治理结构。杨雪兰、朱华友的《新农村治理模式创新：能人治理及其问题研究——以温州市沧河村为例》（《安徽农业科学》2009年第14期）一文对温州龙湾沧河村建立在村集体经济组织基础上的能人治理进行研究，探讨了这种治理方式的创新成果以及利弊。胡豹、顾益康、王丽娟的《浙江省统筹城乡建设新农村的成就与经验分析》（《浙江农业学报》2009年第6期）一文在分析和评价浙江统筹城乡发展、建设新农村成就的基础上，总结了统筹城乡发展、建设新农村的若干改革经验。

三、城市社会管理

（一）城市社会管理及其理论研究

城市社会管理是城市社会学的重要范畴，它涉及城市规划、城市功能、城市规模、城市建设、社会问题的解决等方面。周文骞等人的《杭州城市规划初探》（《浙江学刊》1983年第1期）一文，认为中等城市规划应考虑社会环境的综合指标和历史文化的诸多因素。浙江省农村政策研究室的《小城镇建设在温州农村商品生产中的地位和作用——关于20个小城镇的调查》（《社会学研究》1986年第2期）、黄月沪的《温州模式与集镇建设》（《浙江学刊》1986年第5期）、徐令义的《温州集镇规模建设的社会学意义》（《探索》1988年第6期）等文，概括了温州小城镇情况，分析了温州经济发展的特点、基础和与城市社会管理发展的关系，并就小城镇规划、体制、建设资金及社会管理等问题提出积极建议。

流动人口与市民化研究。王春光的《我国城市就业制度对进城农村流动人口生存和发展的影响》（《浙江大学学报・人文社科版》2006年第5期）一文，通过对职业流动、就业的制度路径和就业非正规化的研究表明，建立在户籍制度基础上的城市就业制度仍然在阻碍着农村流动人口在城市社会的生存和发展，阻碍着他们与城市社会的融合；这不仅对农村流动人口是不合理、不公平的，而且也不利于中国和谐社会的建设。王小章的《从"生存"到"承认"：公民权视野下的农民工问题》（《社会学研究》2009年第1期）一文通过对户籍制度与公民权的重新检视，从承认与排斥的关系来理解公民权的实质，重新认识和思考"农民工"这个群体及其获取公民权的进程。毛丹的《赋权、互动与认同：角色视角中的城郊农民市民化问题》（《社会学研究》2009年第4期）一文指出，角色视角所能发挥的重要提示包括社会身份完整、角色期待明确、互动环境良好以及新旧角色间的转换通道顺畅等，这些都是顺利实现城郊农民市民化的前提或条件；城郊农民市民化的主要障碍是农民受到了赋权不足与身份缺损、新老市民互动不良、农民特殊认同策略三方面条件的限制。

生活方式与指标研究。揭爱花《单位：一种特殊的社会生活空间》（《浙江大学学报·人文社会科学版》2000年第5期）一文指出，作为计划体制的重要组成部分，单位制度既给城市居民提供了相对丰富的物质性与社会性资源，又极大地限制了他们自主选择生活的权利与机会，由此形成了一种封闭、狭隘的社会生活空间和单位人千篇一律的生活方式及依附性人格，最终导致社会创造性活力的日趋枯竭；市场化进程以及与之伴生的民间“自由流动资源”和“自由活动空间”的出现，显出单位制度改革的迫切性。梁长明在《生活方式初探——与〈生活方式浅探〉一文作者王玉波同志商榷》（《青年问题》1984年第3期）一文中指出，作为历史唯物主义、社会学基本范畴的生活方式不能把生产领域排斥在它的范围之外。作者认为生产方式是一种特定的生活方式，是生活方式这个综合体内的基本因素和主要形式；生产方式决定生活方式。夜生活是研究生活方式的一个方面。谷迎春在《夜生活应该讨论》（《社会》1985年第4期）一文中，较早提出不应把生活中的闹区变成理论上的禁区，呼吁开展夜生活问题的讨论。谷迎春、杨张乔著《月光下的生命——中国夜生活探幽》（中国国际广播出版社1990年版），从历史与现实的结合上，探讨中国社会的夜生活问题。柳志明的《乡镇企业职工用时结构的变化》一文采用问卷与个案调查结合的方法，从乡镇企业职工的劳动、上下班、家务、农业劳动、教育、闲暇时间等6个项目说明中国农民传统的单向时链的弊病，提出要建立结构劳动时间和闲暇时间的双向反馈模式①。邵思忠、陆亚泉、张尚松等的《杭州市小康社会指标体系研究》（《杭州科技》1994年第2期）一文根据对国外社会指标体系的分析，结合杭州经济社会发展的特点探索性地建立了具有针对性的社会指标体系，在国内具有领先意义。范柏乃的《我国城市居民生活质量评价体系的构建与实际测度》（《浙江大学学报·人文社会科学版》2006年第4期）一文，基于对生活质量概念的理解，结合城市居民生活的特征，遴选64个评价指标构成中国城市居民生活质量理论评价体系，并运用该评价体系对中国31个城市居民生活质量进行了实际测度。

城乡关系研究。张兆曙的《“大树进城”中的城乡关系》（《人文杂志》2010年第4期）一文，以“大树进城”作为一种解读城乡关系的动态过程视角，指出“大树进城”是由中间环节的参与者共同“运作”出来的资源转移过程；“大树进城”构成一个“隐喻”，在最弱的农民和最“富有”的公共财政之间谋取利益，导致城乡资源转移过程中的“蒸发”。

（二）城市社会管理的问题研究

浙江省社会科学院社会学研究所于1986年承担国家哲学社会科学“七五”规划重点课题《开放城市的社会问题研究》，分别就流动人口、家庭、老龄化、生活方式、社会保障、交通、犯罪、污染、社区服务等问题提出多项专题报告，由谷迎春主编、杨张乔等副主编的《中国的城市“病”——城市社会问题研究》（中国国际广播出版社1989年版）一书，是国内首批研究城市社会

① 柳志明：《乡镇企业职工用时结构的变化》，《社会学研究》1986年第3期。

问题的专著。王嗣均的《中国城市化区域发展问题研究》(高等教育出版社 1997 年版)一书从理论上分析中华人民共和国成立以来在经济政策、社会政策和区域发展政策的制约下城市化区域发展的几个基本问题,针对各省区域城市化进行实证性比较分析并对城市化的现状及其形成机理进行典型剖析。喻运鑫的《论行政不作为对社会管理的损害及其矫治》(《公安学刊》2000 年第 1 期)一文指出行政不作为现象是实现管理目的的主要障碍,作者通过对行政不作为的原因分析和危害性认识,提出应通过加强立法、强化教育、深化监督、优化保障等来减少和避免不作为行为的发生。吕贤的《转型期基层政府社会管理的难题、成因及对策》(《领导科学》2010 年 7 月)一文认为基层政府在社会管理中面临诸多困扰,有待解决的问题包括价值取向面临暂时社会“失范”问题、利益格局调整带来社会规制暂时“失效”问题、群体性事件中面临社会控制机制暂时“失灵”问题、基层政府的财权和事权面临暂时“失调”问题等。

(三)城市社会管理的创新与浙江经验研究

浙江学者从土地制度、社会组织、社会管理着力点等方面研究了城市社会管理的发展研究。吴桂英的《完善社会管理　促进社会和谐》(《今日浙江》2007 年第 8 期)一文认为民间组织和城乡基层群众自治组织等社会组织,既是加强和完善社会管理的重要内容,又是公众参与社会管理、提供公益服务的重要组织载体;要创新社会组织培育管理的制度和机制,健全社会组织体系,完善社会组织管理。丁凯的《改革创新社会管理体制》(《浙江经济》2008 年第 11 期)一文提出转变政府职能以适应新的“国家一社会”关系,把握重点、分类开展、整体推进改革创新社会管理体制。丁凯、励斌的《改进和深化社会管理的四个着力点》(《浙江经济》2008 年第 14 期)一文指出改进和深化社会管理需要把握四个着力点:加快推进政府转型,更加注重公共服务;积极完善社会政策,维护社会公平;健全社会组织,增强服务社会功能;建立利益协调机制,妥善处理社会矛盾。周俊、郁建兴的《行业组织参与社会管理:基于温州商会的研究》(《中共宁波市委党校学报》2009 年第 3 期)一文以温州商会为例,论述了其在城镇环境治理、安全生产管理和劳资关系协商等领域中发挥的作用,以此论证了作为社会组织重要形式的行业组织参与社会管理的可能性和可能方式。

浙江的城市社会管理实践走在全国前列,学者们对杭州、舟山等城市社会(社区)管理经验进行总结和思考。陈微、孙凌寒、原伟霞的《杭州“三位一体”社区管理体制的实践与发展》(《“秩序与进步:浙江社会发展 60 年研究”理论研讨会暨 2009 浙江省社会学年会论文集》,2009 年)对杭州市复合主体进行了研究,认为社会复合主体的实践意义在于多元社会主体的分化和复兴社会主体性的过程形成了一种关系的再造;“复合治理”能够有效转移政府的部分社会职能,是当前中国城市公共事务治理的路径创新,政府应引导、吸纳各社会主体积极参与公共事务治理。

舟山的“网格化管理”在全国影响很大。孙建军、汪凌云、丁友良的《从“管制”到“服务”:基层社会管理模式转型——基于舟山市“网格化管理、组团式服务”实践的分析》(《中共浙江省委党校学报》2010 年第 1 期)一文对舟山市推行的基层社会管理模式在管理理念、方式、手段、服务内容和组织结构等进行了梳理,对其行政理念民本化、行政范围有限化、行政职能服务化、行政准则法制化、服务主体多元化、行政决策民主化、行政执行透明化和行政资源整合化等特征进行了总结。还有一些研究对舟山网格化管理的宗旨、手段、目标等进行总结。如中共浙江省委宣传部、中共舟山市委宣传部《网格化管理组团式服务——舟山市基层社会管理模式的新探索》(《求是》杂志 2010 年第 24 期),中共舟山市委政法委员会课题组、中共舟山市委政法委员会《网格化管理　组团式服务——舟山市加强基层社会管理创新的探索与实践》(《公安学刊(浙江警察学院学报)》2010 年第 5 期)。

"枫桥经验"是浙江城镇社会管理的宝贵财富。金伯中对"枫桥经验"的文化底蕴、时代特征、人本思想及其与社区警务创新发展等方面都有较深入地研究,如《论"枫桥经验"的文化底蕴》(《公安学刊(浙江公安高等专科学校学报)》2004 年第 3 期)、《论"枫桥经验"的时代特征和人本思想》《公安学刊(浙江公安高等专科学校学报)》2004 年第 5 期)、《论"枫桥经验"与社区警务创新发展》(《公安学刊(浙江公安高等专科学校学报)》2009 年第 1 期)。朱志华、周长康在 2010 年完稿并由浙江人民出版社出版的《枫桥经验发展论——兼论中国特色整体预防犯罪模式的构建》一书总结了新时期的"枫桥经验",并就如何构建中国特色整体预防犯罪模式做了系统论述。还有一些研究将"枫桥经验"与基础治理创新、社区矫治相结合,丰富了"枫桥经验"的内涵,如吴锦良的《"枫桥经验"演进与基层治理创新》(《浙江社会科学》2010 年第 7 期);杨张乔、王翀的《枫桥经验:中国乡镇犯罪预防与矫治的社区模式》(《社会科学》2004 年第 8 期)。

四、社区建设与管理

(一)社区建设与管理的理论研究

浙江的社区建设与研究在国内学术界和实际工作中具有较大的影响,学者们从一开始就十分关注社区的兴起与成长。陈志成的《从"单位人"转向"社会人"——论我国城市社区发展的必然性趋势》(《温州大学学报》2001 年第 3 期)一文认为,由于市场经济的种种冲击和单位制固有的弊端,以单位作为基本单元的城市社会结构逐渐趋于消解,被一种崭新的组织形式所取代,这种组织形式就是社区。从单位制转向社区制,城市居民的生活方式从"单位人"转向"社会人"。针对这一大格局的变化,杨建华的《社会整合:从单位走向社区》(《浙江经济》2008 年第 20 期)一文强调,社会管理的重心也应该从单位转向社区,加强社区建设。

社区建设专题理论研究。梁平波的《文明社区建设调查研究》(《浙江社会科学》1997 年第 6 期)一文指出,经济和社会发展的客观趋势要求我们必须把文明社区建设作为城市工作的一项重要载体,提出要从思想认识、创建内涵、工作机制、强化领导等方面进一步做好工作。齐麟的《论社区功能的多样化》(《南方人口》2000 年第 4 期)一文以社区养老、社区医疗、社区流动人口管理和社区文化建设为例,论述了目前社区功能的多样化,探讨了搞好社区建设的对策。奚从清的《社区建设的几个问题》(《温州大学学报》2001 年 2 月第 1 期)一文论述了社区建设兴起的客观必然性、社区建设的涵义和内容及其研究的重要意义。张东和、余潇枫的《社区建设:社会与人的现代转型》(《城市问题》2002 年第 5 期)一文认为社区以共同的价值认同和自治精神为市民构筑了一个能够营造公共精神氛围、实现公共理性和现代人格塑造的社会空间。王洪江的《中国城市社区建设：政策目标的宏观解析》（《社会主义研究》2005 年第 4 期）一文认为中国城市社区建设是典型的社会发展和政府政策的双重驱动，现有的中国城市社区建设政策目标研究模式有一定缺陷，应当把政策目标分成工具性目标和实质性目标。杨张乔的《我国城市社区结构和治理的人文区位学分析》（《社会科学》2007 年第 6 期）一文就中国城市化进程中社区变迁后的结构和治理状况作以人文区位学的分析，并针对小康居住型、旧有居住型、高级商住型、排屋别墅型、撤村建居型五种基本社区形态，提出睦邻推动—楼宇自治、精英动员—公共参与和文化转型—城乡一体三种治理模式。翁卫军、杨张乔主编有《建设现代和谐社区》（中国社会出版社 2006 年版）一书。马良的《构建和谐社区和外来居民主体角色的定位》（《中共浙江省委党校学报》2007 年第 1 期）一文认为，中国现代化进程和城市化革命是建设和谐社会的必然之路；对外来居民在和谐社区构建中的角色定位实际上是科学发展观在社区建设领域的延伸。曾鹏的《社区网络与集体行动》（社会科学文献出版社 2008 年版）一书提出改革现行社区体制的新方案，将目前新型都市社区的“单边垄断型”社区关系模式转变为“多边互赖型”社区关系模式，促进社区网络的融合；该书提出了社区工作者介入社区网络建构的创新实务模式，从而达到建构融合性社区网络、推进和谐社区建设的目标。赖金良的《我们与他们：关于社区内部分隔的观察与思考》（《浙江社会科学》2010 年第 8 期）一文，分别从两个层面描述了社区内部本地居民与外来居民之间的分隔，进而探讨了导致这种社区内部分隔的相关原因；指出户籍制度改革和社会内部开放，其意义绝不亚于经济体制改革和对外开放。

社区与社区管理理论研究方面，王小章和冯钢的研究是比较前沿的。王小章通过追溯“社区”一词的来龙去脉，说明社区的本质内涵，进而结合社区社会学的有关研究，分析作为地域性社会生活共同体的社区在现代城市社会生活中的境遇和前景，并说明社区在现代城市社会中的生长点，著有《何谓社区与社区何为》（《浙江学刊》2002 年第 2 期）。其与王志强《从“社区”到“脱域的共同体”——现代性视野下的社区和社区建设》（《学术论坛》2003 年第 6 期）一文进一步提出“脱域的共同体”概念，指出其在一体化、全球化的背景下的实现意义。冯钢的《现代社区何以可能》（《浙江学刊》2002 年第 2 期）一文提出了在现代社会条件下，人们是否可能重建社区共同体关系，何种环境才有利于“社区意识”的培养，如何理解社区共同利益与社区成员个人利益的关系以及对社区建设中的“社会资本”“创造问题”等一系列问题，探讨了“如何在现代社会条件下积极地重建社区”的策略。奚从清的《构建中国社区建设理论的框架体系》（《温州大学学报》2002 年第 1 期）一文指出，20 世纪 90 年代初，中国蓬勃兴起的社区建设的实践愈来愈强烈地呼唤着社区建设理论的创建。该文阐明构建具有中国特色社区建设理论体系的客观必然性、基本框架及其主要原则。赵定东、杨政的《社区理论的研究理路与“中国局限”》（《江海学刊》2010 年第 2 期）一文指出，在西方的社会学研究中常见有两个社区定义，即“一种关系类型”和“一种地域社会”，这两种定义代表着西方学界研究社区的不同理论脉络；中国的社区理论充分体现着西方学界的影响力，但也发生了一些变化，提升中国社区理论研究的学科意识和使命感是中国社会学本土化过程中所必须要解决的问题。

（二）制度、文化（体育）与管理实践的创新研究

社区建设与管理的创新研究涉及管理体制、社区意识、民主制度、居民参与等方面的体制和机制创新。丁鼎棣的《城市社区管理要在创新上下功夫》（《浙江统计》2001 年第 10 期）一文认为城市社区管理中存在着管理体制落后、管理水平不高等问题，不适应管理对象复杂化的社会要求和城市化进程的要求，要根本扭转少数领导干部对社区工作认识不到位、责权利不统一等状况，以创新城市社区管理。肖剑忠的《城市社区民主的制度建设》（《求实》2002 年第 4 期）一文就如何在民主选举、民主决策、民主管理及民主监督诸方面完善制度建设提出了一些创新见解。张芝萍、张玲玲的《城市社区建设与“社区意识”的构建》（《宁波高等专科学校学报》2003 年第 1 期）一文指出，应在努力创新社区党建、社区文化、社区教育和社区服务等方面，增强社区居民对社区的认同感、归属感和参与感，使社区建设真正实现“共居、共管、共建、共享”的最终目标。王小章、冯婷的《城市居民的社区参与意愿——对 H 市的一项问卷调查分析》（《浙江社会科学》2004 年第 4 期）一文中的调查数据表明，城市居民的社区参与意愿总体上较弱，居民与社区的利益关联和情感认同是制约其参与意愿的两大因素；要在社会一体化进程中不可避免地弱化居民与地域性社区的利益关联和情感认同的背景下，更多地关注那些“脱域”的共同体。张敏杰的《单位社区的嬗变与公民社会发育》（《河北学刊》2009 年第 1 期）一文认为在社区建设中，还有相当多的成员缺乏社区意识和参与意识，尚未意识到居民在社区建设和管理中的主体地位，参与的制度化渠道还不够畅通，公民参与的广度和深度及影响力有待进一步提高。

社区文化（体育）建设是社区建设与管理的重要路径。陈国裕的《创建有产业特色的社区文化　探索农村文明建设新路》（《浙江社会科学》1992 年第 2 期）一文提出，要用社区文化逐步取代村落家族文化。梁萍的《城市社区文化形象建设》（《经济工作导刊》2001 年第 19 期）一文认为社区文化一旦形成，对社区的行为规范、群众关系、生活方式、法规制度等方面起着规定性的作用，社区内任何事物、组织关系、行为、意识活动无不打上社区文化的烙印。查志强的《试论中国城市社区文化建设的变迁与创新》（《中共杭州市委党校学报》2001 年第 1 期）通过对城市社区文化建设的演进逻辑和内涵的阐述，考察了中国城市社区文化建设的历史实践，并针对当前城市社区文化建设中存在的主要问题提出了若干对策建议。陈宁的《阻碍城市社区文化建设的文化心理》（《社会》2002 年第 4 期）一文认为社区文化建设仍比较滞后，造成这种现象有体制和投入等方面的原因，也有文化自身方面的因素。邵晓寅的《浅论社区文化建设》（《兰州学刊》2003 年第 1 期）一文指出当前社区文化建设存在重视不够、投入不足、设施缺乏等问题，要创新探索文化建设的社区路径。黄逸的《社区教育的实践与思考》（《教育理论与实践》1991 年第 2 期）一文对湖州市的社区教育模式进行探讨，并论评了“以地区为中心的社区教育，以学校为中心的社区教育和以厂区为中心的社区教育”等三种模式。李平的《21 世纪初浙江省社区教育发展研究》（《浙江社会科学》2005 年第 1 期）对浙江社区教育的发展进行研究，分析了开展社区教育实验工作的必要性与可行性，探讨了今后一段时间促进社区教育发展的对策与措施。刘尧的《社区教育的内涵、特点与功能探讨》（《西北农林科技大学

学报(社会科学版)》2010 年第 3 期)一文指出社区教育具有社区性、灵活性、“三全”性、目的性和特色性等特点，具有公民教育、社区凝聚、社区发展、文化建设和资源整合等功能。刘尧还著有《我国社区教育发展现状、问题及对策》(《华中师范大学学报・人文社会科学版》2010 年第 4 期)。寿文华、陆永庆的《发展社区体育促进全民健身计划的开展》(《浙江师范大学学报・自然科学版》1996 年第 1 期)一文探讨了社区体育如何发展、如何与全民健身计划接轨的问题。王锦芳的《社区体育建设论》(《浙江师范大学学报・自然科学版》1997 年第 1 期)简述了社区体育的内涵及其发展的内在因素，阐述了社区体育建设在中国全民健身运动、竞技体育事业和双文明建设中的重要意义，并就如何进一步建设好中国的社区体育提出了自己的观点。这方面的研究，还有李秀梅的《关于浙东社区体育活动的现状调查研究》(《北京体育大学学报》2002 年第 5 期)，林恬的《社区体育管理含义、内容与原则的再认识》(《体育与科学》2004 年第 2 期)，于可红、江铁锋的《杭州市社区体育“全民健身路径”的使用与管理调查研究》(《中国体育科技》2005 年第 2 期)等。李朝晖、丛湖平的《社区体育建设的方法论与机制创新》(《体育学刊》2007 年第 4 期)一文指出，社区体育建设在方法上应该体现单一性与多样性的统一、普遍性与特殊性的统一、自发性与组织性的统一、时效性与前瞻性的统一以及继承性与创造性的统一;在机制上要实现组织运作、资金运作和制度运作的有序化，以整体性意识和前瞻性眼光保证资源的优化配置和可循环利用，以规划的可持续化、资金的高投入化和队伍的高素质化来推动社区体育建设的持续发展。

社区自治能力的提升是社区建设与管理的重要基础。黄宇的《政府公共职能社会化与社区自治组织创新》(《浙江学刊》2008 年第 5 期)一文指出，社区自治组织(居民委员会)在承接政府公共职能社会化方面扮演重要角色，但目前社区自治组织相对来说还处在被动和尴尬的地位，解决政府公共职能社会化问题以减轻社区自治组织角色之间的张力，在于创新社区自治组织职能与机制。李慧凤的《社区治理与社会管理体制创新——基于宁波市社区案例研究》(《公共管理学报》2010 年第 1 期)认为，当前中国的社区治理不仅要求政府更有效地履行职能转型，而且要求公民社会积极成长并与政府合作共治。唐玉的《论基层民主议事制度的创新与完善——基于浙江省杭州市两类社区个案的研究》(《中共杭州市委党校学报》2008 年第 5 期)认为，扩大基层民主是发展社会主义民主的基础性工作，而健全基层自治组织和加强民主管理、民主议事、民主决策等则是这一基础性工作中的关键环节。

社区党建与民主建设是社区建设与管理的重要阵地。高汉荣的《社区党建与我国基层社会自治组织的重构——从党的执政建设来考虑》(《甘肃社会科学》2003 年第 3 期)一文认为，社区党组织是发展基层民主过程中的领导核心，必须重视社区党建并重新构建社区基层社会自治组织，从而推进中国基层民主建设的进程，更好地实现党对基层社会的有效整合。张旭光的《居民自治与社区党建》(《中共浙江省委党校学报》2005 年第 6 期)一文认为社区党建是基层群众自治的核心力量，基层群众自治是社区党建的宽阔舞台;这层关系决定了社区党建和基层群众自治的发展具有同等重要的意义，偏废任何一方都将使中国民主政治建设陷入危机。

市井生活的文化研究是考量城市社区文化的新视角。杨张乔、谷迎春著《中国城市社区文化——市井生活的文化视角》(吉林人民出版社 2000 年版)一书，以市井生活为视角，系统考量了社会转型中的社区文化变革，包括社区自治、社区中介、社区形象、社区闲暇、社区心态与社区文化交流中的文化特质。郭夏娟、吴理俊的《城市社区治理中的道德调控——来自杭州市德加社区的实践》(《浙江社会科学》2005 年第 5 期)一文通过对杭州市南都德加社区的研究，论述了通过现代化的网络途径，运用网络民主协商、道德模拟法庭等形式进行道德评判，成功地将现代网络手段与传统道德评判结合起来的实践模式。

(三)"撤村建居"社区研究

"村改居"社区处于行政村向城市社区过渡与转变的社区形态，这类社区呈现出典型的过渡特征。浙江学者从经验研究出发，探讨这类社区自治的特征与存在的问题。万雪芬的《"村改居"社区转型期自治模式探微——以杭州市西湖区为例》(《中共杭州市委党校学报》2007 年第 2 期)一文对"村改居"社区建设特征与问题进行分析，探讨了"村改居"社区在城市化进程中的演变过程以及制度困境，提出了"村改居"社区良性发展的若干思路。马良的《"撤村建居"社区融入城市进程中的优势和局限——对杭州三叉社区的实证调查》(《党政干部学刊》2008 年第 3 期)一文指出"撤村建居"过程中要防止"伪城市化"，防止社会排斥现象的出现，以使"撤村建居"社区真正融入城市。傅歆的《浙江"撤村建居"后新型社区文明的创建》(《浙江学刊》2008 年第 6 期)一文从区域发展轨迹和演变趋势的角度，剖析"撤村建居"后新型社区文明创建的现状和特点、问题和原因，并提出相应的意见和建议。操世元、王永胜的《"村转居"社区：特点、问题与建设方向》(《西华师范大学学报・哲学社会科学版》2010 年第 3 期)一文指出，"村转居"社区的建设近期应理顺集体经济组织与新社区的关系，妥善处理村集体经济实体与新社区机构的摩擦，增强"村转居"社区居民对社区的认同感和归属感；中期要切实落实"村转居"社区的自治与选举权，理顺政府指导和社区自治的关系；远期目标是要完善"村转居"社区的服务功能，实现村转居社区全面融入一体化的城市视域。

此外，还有学者从杭州的个案出发，对城乡接合部社区进行研究。徐力的《城乡接合部社区建设的新探索——杭州留下镇的经验与启示》(《浙江学刊》1995 年第 4 期)一文通过实证研究，论述了城郊社区管理的格局、内涵、途径和方式，以及这一社区管理正在经历着的巨大的变革过程，对存在的问题解释作了新的探讨。范晓光、金卉的《隔离与整合：城乡接合部的社区建设——以杭州上城区 X 社区为例》(《浙江学刊》2009 年第 2 期)一文分析了城乡接合部社区建设中管理主体、公共物品供给和社会参与等方面存在的问题及成因，并从社区组织、社区功能和社会资本等方面探讨了城乡接合部社区整合的途径和方式。

五、网络社会管理

(一)网络社会及其特征研究

中国已经形成了规模巨大、构成复杂、形态多元的网络社会，网络社会管理问题也随之产生，成为当今公共管理领域的最为重要的课题之一。

对于“网络社会”的概念，王焕斌的《“网络社会”：内涵及其特征探析》（《江西社会科学》2003 年第 2 期）一文认为，“网络社会”是建基于信息网络平台上的人类交往实践活动的共同体。它是一种世界普遍交往的社会结构，由人们的交往实践主体及主体通过网络这一中介客体构成的一个相互交错或平行的交往大系统；“网络社会”具有虚拟化的文化生存、一体化特性、多元差异性、智能创新性的特征。冯瑛、陈坚的《浅析网络社会及网络社会问题的特征》（《湖北成人教育学院学报》2004 年第 4 期）一文则强调“网络社会”的虚拟性，指出这是一种全新的虚拟化和符号化的社会系统，在很大程度上与人类既存的任何社会系统一样，具有正反两方面的功能，当其负功能带来的问题引起社会大众关注、影响到社会成员的健康生活并妨碍网络社会协调发展时，就已构成了社会问题，即所谓“网络社会问题”。胡文财、刘志刚的《网络传播的社会控制分析》（《佳木斯大学社会科学学报》2004 年 9 月）则从社会控制的角度对网络传播进行分析，认为网络传播和传统的大众传播一样都受到了诸多的社会控制，包括有形和无形的控制。

(二)网络政治与网络民主研究

浙江学者较早关注网络政治和网络民主研究。蓝蔚青的《加强对网络政治的研究》（《探索与争鸣》2001 年第 2 期）一文指出，我们不能害怕和回避对网络的政治性应用，而应认真研究互联网和社会结构网络化对社会政治生活的影响，兴利除弊，争取主动，把握其发展趋势。章明的《网络政治的兴起与参政党建设刍议》（《江苏省社会主义学院学报》2009 年第 2 期）一文认为，网络改变了民众的生活，也深刻改变了政治生态环境，为民主政治的发展提供了新的方式和渠道。陈炳、高猛的《网络时代政府与公民社会的沟通问题》（《探索与争鸣》2010 年第 12 期）一文认为，网络政治随着公民通过论坛、博客等网络公共空间参政议政而兴起。姚秋艳的《网络政治参与：涵义、特征和功能》（《湖北经济学院学报·人文社会科学版》2010 年第 2 期）一文指出，网络政治参与是公民借助于网络媒介来表达意图和利益诉求并试图影响国家决策和行为的活动，该文对网络政治参与的涵义、特征和功能进行了分析，并认为网络政治参与具有高效便捷性、途径多样性、主体平等性、成本低廉性及去责任性等特征。李小园《一种政治沟通的新视角——论执政党与民众之间的网络互动》（《内蒙古电大学刊》2010 年第 4 期）一文认为，执政党应充分利用网络这个平台加强与民众之间的沟通，把跟民众的网络沟通从控制转向互动、互补，走出一条符合地方和谐政治生态逻辑的必由之路。

网络政治发展的同时，网络民主也在推进。陈国营《网络民主在中国的兴起及其对民主政治的推进》（《浙江工业大学学报·社会科学版》2010 年第 2 期）一文认为，网络民主积极的影响涉及增进公民的政治话语权，拓展公民政治参与的空间，发展参与式民主，开创公民监督新方式，促进官民互动，改善公共治理，推进民主的广度和深度。叶蒙荻的《网络公共空间在我国民主政治建设中的作用》（《中国出版》2010 年 8 月）一文指出网络公共空间提供了公民参与社会政治生活的平等机会，形成了各方能充分沟通和互动交流的有效机制；互联网已成为中国公民参与经济社会及政治生活的重要公共空间，加快了社会主义政治文明进步的现代化步伐。还有学者针对浙江在网络民主推进方面的实践进行研究，如何晓柯的《“网络民主”

在城市社区自治中的实践及启示——以杭州德加社区为例》(《未来与发展》2010 年第 12 期)。

随着网络社会的发展和网络参政的兴起,政府公务人员的网络媒介素养水准不但关系到政府形象,关系到社会稳定,也反映了政府执政的能力。赵莉的《提升政府官员的网络媒介素养初探》(《黑龙江史志》2010 年第 11 期)一文探讨了政府官员网络媒介素养内涵,提出了提高政府官员网络媒介素养的建议。

(三)网络舆论与网络监督研究

网络舆论是一种新型的舆论,网络媒体在许多事件中发挥了重要的舆论导向作用。李琼瑶的《网络舆论的现状及引导》(《湖南行政学院学报》2006 年第 2 期)一文认为,由于缺乏合理的引导,网络舆论有时呈现无序状态,不可避免地带来了相应的社会问题,从而分散了舆论的社会整合性。袁利民的《网络舆论危机的分析把握与管理引导研究》(《思想理论教育》2006 年第 11 期)一文分析阐释了网络舆论危机的内涵、形成及其演变特征,并从法律、技术、管理和远景规划等方面,提出了网络舆论危机管理、引导体系的建构方法和具体对策。卢正伟的《网络舆论的分析思考》(《东南传播》2008 年第 5 期)一文探讨了网络舆论的形成,认为在网络营造的"公共领域"中,民众尽情地使用网络赋予的话语权,表达自己的思想和意见,并凭借网络独有的"意见公开市场"展开讨论,形成网络舆论。李昌祖的《论加强政府网络舆论引导能力建设》(《上海党史与党建》2008 年 11 月号)一文提出要分析政府在网络舆论引导能力建设中的指导理念、行为举措和政策导向,并在此基础上系统地加强政府网络舆论引导能力的建设。刘波、伍志华、袁志刚的《网络舆论动员建设刻不容缓》(《理论界》2008 年第 11 期)一文认为,网络媒体的舆论动员仍然面临严峻的挑战,因此网络舆论动员建设需要进一步加强。徐海晋、朱宏的《刍议新媒体环境下涉警网络舆情危机的处置策略》(《公安学刊(浙江警察学院学报)》2010 年第 5 期)分析了在涉警网络舆情危机处置过程中,公安机关必须重新审视与媒体的关系,创新公安新闻发布的内容和方式,以占据舆论宣传的制高点;同时,要完善警察公共关系机构,强化涉警网络舆情处置的专业性、主动性和及时性。

对网络舆论监督的研究。陈剑芳的《如何正确对待网络舆论监督》(《公安学刊》2010 年第 3 期)一文认为正确对待网络舆论监督,一要实现新闻舆论由传统宣传向现代传播转变;二要加强对新闻工作者、网站、网民的教育和引导;三要加强对网络秩序的整治和管理。陈党的《网络监督的独特优势与有效利用》(《中共天津市委党校学报》2010 年第 5 期)一文指出,网络监督即公民通过互联网对党和国家机关及其工作人员实施的检查、评价和督促,具有监督主体的广泛性、监督内容的全面性、监督方式的互动性、监督过程的开放性、监督时效的迅捷性、监督环境的虚拟性和监督成本的低廉性等独特优势。其《网络监督的引导与规范》(《学习论坛》2010 年第 10 期)一文提出,网络监督在具有独特优势和强大威力的同时也存在着一些自身的缺陷,主要表现为监督主体的匿名性、监督信息的不确定性、监督内容的公开性、监督效果的间接性和监督语言的情绪性。操世元、唐静的《网络舆论监督的政治学分析——基于政治参与的视角》(《浙江传媒学院学报》2010 年第 6 期)一文认为,网络舆论监督是一种对公共事务的非正式的政治参与，网络监督就是在驱使权力归位；该文从发生学、形态学、目的论、过程论等角度对网络监督进行分析，认为网络舆论监督中存在两种可能的逻辑循环，即善的逻辑循环与恶的逻辑循环。

网络舆情的其他问题研究。楼玲娣、周小斌的《网络舆情的运行状态分析》（《特区实践与理论》2009 年第 2 期）一文将网络舆情的发展过程分为起始、扩散和整合 3 个不同阶段。王满荣的《网络暴力的形成机制及治理对策探究》（《兰州学刊》2009 年第 11 期）指出，网络暴力主要是由网络自身的特性、网民的结构及其文化层次、群体极化、网络道德及法律的缺失、转换空间的正义诉求等众多因素合力的结果，该文从网络、网络运营商、网民、现实社会 4 个层面提出相应的对策。李文明的《论突发事件的网络互动模式》（《探索思考》2010 年第 2 期）一文认为，政府需要通过与外部的危机沟通，在公众、政府、媒体三者之间建立信息良性互动关系，从而进一步收集危机信息并通过与危机信息的沟通，对公众的情绪进行有效控制。高抗的《试论网络集群行为的生成演变机理——以胡斌飙车案引发的网络公共事件为例》（《中共浙江省委党校学报》2010 年第 5 期）以网络事件为案例，从社会心理学角度探究网络集群事件的形成机理。李昌祖的《网络舆情研判的类型分析及其制度建设的途径思考》（《上海党史与党建》2010 年 6 月）一文分析了网络舆情研判与网络舆情处理的关系，提出了即时研判与深度研判的两种模式及相应的制度建设。

（四）网络行为失范与青少年网络问题研究

网络行为失范的研究，李一有系列的研究成果。他从内涵、类型、特征和社会本质等方面对网络行为这一网络社会学的基本概念展开了探讨，如《网络行为：一个网络社会学概念的简要分析》（《兰州大学学报·社会科学版》2006 年第 5 期）。他的《网络行为失范的生成机制与应对策略》（《浙江社会科学》2007 年第 3 期）一文分析了网络行为失范发生机制、应对策略。他还进一步提出网络行为失范的判定标准，撰有《网络行为失范及其判定标准》（《广西社会科学》2007 年第 8 期）。

网络对于青少年而言，具有两面性，学者更多关注的是其负面效应。付刚、吴倩的《“网络暴力”的危害及对策》（《中国教育技术装备》2009 年第 5 期）一文呼吁，要让年青一代远离“网络暴力”，让互联网上少一些“网络暴力”，多一些诚信。于春艳、谢浩的《大学生网络成瘾者健康调查与体育手段干预研究》（《浙江体育科学》2010 年第 3 期）一文指出，网络成瘾影响着大学生身心的健康发展，大学生网瘾群体体质健康水平与心理健康水平亟须调整和改善，该文认为通过运动处方对于调节大学生网瘾群体的身心健康具有积极作用。张延华、汪慧的《“90后”网络依赖及团体干预办法》（《当代青年研究》2010 年第 8 期）一文提出“90 后”（指 20 世纪 90 年代出生的人群）是“网络成瘾综合征”的高感人群，提出用团体干预办法治疗“90 后”网络依赖症，最大限度地减少网络成瘾对青少年的负面影响。另有一些学者进一步研究了在网络时代高校如何加强思想政治工作的问题，如陈定樑的《试论网络时代大学生思想政治教育之改进》（《学校党建与思想教育》2010 年第 20 期），胡洪彬的《化“危”为“机”：网络信息时代高校思想政治教育的理性选择》（《扬州大学学报·高教研究版》2010 年第 5 期），陈炳、贝静红的《网络对大学生政治社会化的影响与调控策略——基于浙江省高校的问卷调查》(《中国青年研究》2010 年第 11 期)等。

第四节 社会发展研究

社会发展理论又称发展社会学,它以现代社会中政治、经济、社会、文化、生态的综合协调发展为研究对象,主要探讨社会发展的现代化理论、模式、战略乃至具体策略。浙江学者重视对社会发展的研究,研究成果在全国的相关研究中占有一席之地。

一、社会发展理论

(一)国外社会发展理论研究

浙江是 20 世纪 70 年代末之后中国改革开放的先发地区,学者对社会发展理论的触知更敏感,也涉足较深。冯刚的《非西方社会发展理论与马克思》是较早研究国外社会发展理论的著作之一。他在《世界文化危机与发展》(《社会学研究》1987 年第 1 期)、《现代化过程中的政治发展》(《社会学研究》1988 年第 2 期)、《马克思与韦伯:关于东方社会停滞原因的探讨》(《社会学研究》1992 年第 1 期)、《文化轨迹与社会变迁》(浙江大学出版社 1999 年版)、《马克斯·韦伯:文明与精神》(杭州大学出版社 1999 年版)等论著中也透露出了他对国外社会发展理论的研究和探索。他认为,一种切合本国情况的发展理论,最有希望的是由这些国家的人民和政府自己努力来创建。

(二)本土社会发展理论研究

浙江学者坚持理论的自觉精神,从社会转型与社会变迁的视角建构具有本土特色的社会发展理论。张兆曙在《非常规行动及其后果——社会变迁理论的新视域》(中国人民大学出版社 2009 年版)一书中,把广泛存在于社会生活中但长期被社会学所忽视的非常规行动带回到社会学的分析视野,讨论了非常规行动的生成、结构、类型和社会形态,建立起非常规行动与社会变迁的基本命题;并对事件性日常生活的概念及形态作了概括性描述,对事件性日常生活进行了社会分析,以探寻事件性日常生活与社会结构的深层关系。王小章的《社会分层与社会秩序:一个理论的综述》(《浙江社会科学》2001 年第 1 期)一文指出,社会资源、中产阶级、地位不一致以及阶层意识等导致社会分层的因素也会极大地影响社会秩序,而这些也是双刃剑,对导致社会分层的机制或者社会资源配置方式的认同则绝对有利于社会秩序的维系;全文作者都在尝试建立一个阶层矛盾的社会调节机制。

二、社会发展战略

(一)社会发展水平评估研究

对浙江省社会发展水平进行总结评估的主要有浙江省计划经济委员会、浙江省社会科学院等。在浙江省政府办公厅发布的《转发省计经委、统计局关于建立全省社会发展评估报告制度意见的通知》精神指导下，浙江省计划经济委员会联合浙江省统计局共同开展了全省社会发展评估工作，从 1999 年开始，每年都发布《浙江省社会发展分析报告》，这是全国最先由政府部门发布的省级社会发展报告文本。浙江省社会科学院的学者也长期关注浙江社会发展的研究和评估。杨建华早在 1992 年就发表了《浙江省社会发展水平的评估与分析》(《浙江社会科学》1992 年第 3 期)，深入研究了各项社会发展指标和数据，对浙江省社会发展水平进行了详细的分析与评估。谷迎春、杨建华合作的《走向均衡：1995—1996 年浙江省社会发展评估》(《浙江学刊》1996 年第 6 期)分析了社会发展研究应采用的理论模式，认为社会发展是人类理想实现的一个历史过程，是各个国家立足于现状、实行社会变迁的高度自觉，是多种领域、多重目标的综合体系，它的最终指向是国民生活质量。作者指出“失衡—均衡—再失衡，以此往返”符合社会发展的逻辑。从 1996—2010 年浙江社会科学院发行的“浙江蓝皮书”，其中历年的《浙江发展报告(社会卷)》从总体上对浙江社会发展进行了分析与评估，并具有一定的权威性。

用什么及怎样评估社会发展，陈华兴在《论评价社会发展的价值尺度》(《浙江社会科学》1997 年第 4 期)一文中，论述了社会发展的价值内涵和价值尺度，指出社会发展不仅是一种存在结果或事实，而且更是一种价值律动，它内含人们的需要、目的、理想。因此评价社会发展也必须运用价值尺度，包括主体性尺度、社会性尺度、文化尺度和理念尺度等。

(二)社会发展动力研究

浙江社会发展体现出一种内源性的特点。如黄先海、叶建亮的《内源主导型：浙江的开放模式》(浙江大学出版社 2008 年版)一书认为，浙江开放进程的典型特征是内源主导型的，是一种“倒逼型”的模式，其中民营经济的发展及市场化是内源开放模式的重要动因。杨建华在《社会结构转型与浙江社会发展的瓶颈制约》(《公安学刊》2006 年第 1 期)一文中指出在社会结构转型时期，浙江社会发展和构建和谐社会的最大困境和问题来自于社会的二元结构。他将社会内部的二元结构划分为城乡发展的二元结构、贫富发展的二元结构、居民身份的二元结构、区域发展的二元结构、计划与市场管理体制的二元结构等方面，并详细分析了这些二元结构对浙江社会发展的影响和制约。他还分析了社会发展过程中的“异化”现象，他在《发展的异化和异化的反思》(《江苏行政学院学报》2002 年第 1 期)一文中提出了“发展异化”概念，认为所谓“发展异化”，就是将发展的主体与客体对立起来，将发展的目的与手段颠倒过来，割裂发展的本意，扭曲发展的本质，最后将发展变成“无发展的增长”或“恶性发展”；要消除“发展的异化”必须要树立以人为本、社会公正和本土化的发展新理念。他的《社会化小生产：浙江现代化的内生逻辑》(浙江大学出版社 2008 年版)一书指出,社会化小生产是一种以家庭、家族为基本生产组织形式,以草根力量和现代社会分工为主流,以亲缘、地缘为主要生产网络,以分散化、专业化为主要生产形式的发展方式,这是一种典型的内生为主的发展路径,也为浙江社会经济的发展提供了内在动力。这方面相关研究还有方民生的《内源与外生相融合的发展模式构架——对浙江发展模式转型的思考》(《浙江社会科学》2005 年第 4 期)、张炎兴的《"准先发内源型"发展模式——韦伯题下的浙江发展经验研究》(《浙江社会科学》2007 年第 1 期)。

(三)社会变迁机制研究

对社会变迁的研究。谷迎春、杨建华从宏观角度对浙江社会变迁引发的发展问题进行了深入的研究。如《浙江社会发展问题思考》(杭州大学出版社 1998 年版)一书,提出了浙江社会发展进程中面临的五大矛盾:经济高速增长与社会发展相对滞后的矛盾;社会发展体制与社会主义市场经济要求不相适应的矛盾;社会资源供给与居民迅速提高的生活质量需求不相适应的矛盾;社会经济发展与资源环境的矛盾;地区间和社会事业内部发展不均衡的矛盾。杨建华在《进步与秩序——浙江乡村社会变迁 60 年》(浙江人民出版社 2009 年版)一书中指出,中国社会的根基在乡村、在农民,中国的社会发展问题主要是乡村的社会发展问题,中国现代化发展的主体内容也正是中国乡村社会的变迁。该书将自 1949—2009 年这 60 年来浙江区域乡村社会变迁作为基本问题,探究现代性因子在乡村社会、在村民日常生活中的渗透与扩展;并对乡村社会 60 年变迁的内在逻辑归纳为发展主体的人民性、发展动力的内源性、发展方式的均衡性和发展路径的创新性。李炯、金兴华在《浙江社会发展区域差距与协调》(《浙江省委党校学报》2005 年第 6 期)一文中,侧重研究了社会变迁中区域间社会事业发展的不平衡,对区域间的教育、文化、卫生、科技、体育等社会事业发展状况即差距进行了实证研究,指出经济发展差距决定和影响社会发展差距,对浙江省来说,社会发展差距与经济发展差距的程度与走势并不完全相同,某些指标在走势上还存在负相关现象。相似的研究成果还有方民生的《浙江制度变迁与发展轨迹》(浙江人民出版社 2000 年版)和卓勇良的《挑战沼泽——浙江制度变迁与经济发展》(中国社会科学出版社 2004 年版),均以不同的角度来解读浙江改革开放以来的制度变迁和发展历程。

浙江师范大学农村研究中心的一批学者对浙江省不同类型农村的社会变迁进行了系统的研究,并形成了一系列研究成果。如车裕斌的《浙江山区村落经济社会变迁研究》(中国社会科学出版社 2007 年版)、李长江的《浙江现代农业型村落经济社会变迁研究》(中国社会科学出版社 2007 年版)、朱华友的《浙江省现代工业型村落经济社会变迁研究》(中国社会科学出版社 2007 年版)、陈修颖的《浙江专业市场型村落经济社会变迁研究》(中国社会科学出版社 2007 年版)、王景新的《溪口古村落经济社会变迁研究》(中国社会科学出版社 2010 年版)等,这些成果的一个共同点就是把区域转型发展下沉到村域来研究,以村域经济社会问题及其转化机制为主要研究对象,对浙江省各种典型村庄的经济社会变迁的历史过程进行了系统梳理,从整体或全貌上反映了村域经济社会转型的起点、历史进程、基础与约束条件、目标与路径、动力与机制、变迁与协调等基本理论问题。

（四）社会阶层分化研究

对社会阶层的划分研究。卢福营在《社会主义初级阶段的阶级阶层划分新探》(《社会主义研究》1988年第1期)和《社会主义初级阶段阶级阶层划分再探——现阶段我国社会阶层结构之多维分析》(《浙江师范大学学报》1991年第3期)，以收入状况和贫富差别为坐标，从四个维度将家庭划分为富裕户、小康户、温饱户和贫困户；依据城乡、工农区别可划分为农民、城市工人、农村工人、城市农民工；根据社会分工不同可划分为物质生产劳动者、知识劳动者、服务劳动者、管理劳动者、安全保卫劳动者；以人们对生产资料的关系为坐标可划分为社会劳动者、集体劳动者、个体劳动者、业主和雇工。

对社会阶层分化的趋势与结构研究。何显明在《当前社会阶层分化趋势及其社会效应》(《浙江省委党校学报》1998年第4期)一文中认为，中国社会阶层分化发展势头之迅猛，表现形式复杂，对公众心态冲击强烈；他总结了社会阶层分化的主要特征，分析了阶层分化对社会发展带来的正负两方面的效应。杨建华、范晓光在《社会阶层结构现代转型：一项以鄞州区为个案的实证研究》(《秩序与进步：浙江乡村社会巨变历程与经验理论研讨会论文集》，2008年)一文中，以宁波市鄞州区为例对社会阶层结构的现代转型进行了实证研究，分析了社会阶层结构现代转型的特点及内在逻辑，他们认为在社会阶层结构的现代转型中，“内生发展是动力、非农化是路径、社会流动是机制、教育是基础、培育市场与社会是必要条件”。

对社会中间阶层研究。陈中权在《社会中间阶层与大众文化的繁荣——以温州为例》(《浙江省委党校学报》2002年第5期)一文中探讨了社会中间阶层和大众文化之间的关系，认为中间阶层和大众文化之间的作用是相互的，中间阶层是大众文化的生产者和消费者，而大众文化对中间阶层也起着型塑的反作用。蔡馥生、赵慧兰在《新的社会阶层的发展趋势及其政治参与问题：基于浙江省的调查研究》(《中央社会主义学院学报》2009年第6期)一文中，分析了中国以中等收入人群为代表的新社会阶层的发展趋势并探讨了其政治参与问题，认为新社会阶层不仅作为一个经济群体，而且作为一个政治群体正在中国社会迅速崛起，其参与政治已成为中国社会发展的必然。

（五）社会发展战略研究

社会发展战略的研究更侧重于应用性，更多地关注现代化进程中的战略问题。陈信勇、郎友兴、李华在《中国社会发展的支撑体系》(云南人民出版社1997年版)一书中指出，社会发展战略是中国社会发展的生命线。他们提出了一些具体领域的战略观点，如在政治领域，强调了建设一个强大的政治中心、开发政治资源等战略性建议；在法律领域，强调了建构法律制度理想模式，强化法律制度的整合功能和安全阀功能，重构中国法律文化等战略性建议；在经济领域，强调了企业形态法定化、产权制度明晰化、市场体系统一化及市场经济法制化等战略性建议；在文化领域，提出了以人的全面发展为文化终极目标，提高教育和科技在中华新文化体系中的地位等战略性思路；在社会保障领域，提出建设一个社会化、多层次、管理科学化与法制化的新型社会保障体系的战略设想。陈正良在《中国软实力发展战略研究》(人民出版社2008年版)一书中,他把“软实力”主要内容概括为国家政治合法性认同度与执政团队的政治公信力、文化的辐射力与吸引力、国家凝聚力、社会发展模式的影响力、国民素质蕴含的基础资源力、国家形象魅力等方面,并运用大量的数据材料对“中国软实力”进行了深入细致的分析。潘捷军的《按照科学发展观要求调整社会发展战略》(《红旗文稿》2004年第11期)一文提出要以科学发展观来分析社会发展现状,调整社会发展战略,推进社会发展进程;该文分析了“增长与发展”“经济发展与社会发展”“社会事业与社会发展”等几个关系方面存在的误区,提出了相应的对策建议。

学者们更多研究的是浙江社会发展总体战略。徐璞英的《科学发展观与区域发展战略的升华——以浙江“八八战略”为例》(《浙江省委党校学报》2004年第5期)一文指出,“八八战略”是科学发展观的具体化,是浙江区域发展战略和理念的升华,也是浙江加快全面建设小康社会、提前基本实现现代化的重大决策和部署。孔伟杰、白红霞在《“十一五”时期浙江社会发展八大任务》(《浙江经济》2005年第6期)一文中认为:“十一五”期间是经济转轨和社会转型的关键时期,以人为本、协调与和谐成为发展的新目标,加强社会管理,适当平衡各种利益关系,最大限度地创造就业机会,提高社会公共产品的供给水平和质量,构建和谐稳定的社会,成为浙江社会发展的主要任务。

浙江省发展规划研究院课题组在《创新发展模式,加快转型步伐,率先实现全面小康——“十一五”时期浙江经济社会发展战略构想》一文中,预测了“十一五”时期浙江省发展环境的变化趋势及其影响,定位了自身发展阶段面临的主要矛盾,并提出了“十一五”时期浙江省社会发展的战略构想,包括“五个率先”和“五个更加”的战略目标、总体思路和12个方面的主要任务。

三、现代化理论与实践

(一)现代化理论与思潮研究

现代性理论研究。现代性是现代化的结晶,是现代化过程本身和各种表象的本质。王小章在现代性研究方面著述颇丰,他的《经典社会理论与现代性》(社会科学文献出版社2006年版)一书,以托克维尔、马克思、涂尔干、齐美尔、韦伯这5位经典社会理论家为中心,从理论所由产生的语境、方法论之辩、经验性的现代性诊断学、规范性的现代性治疗学诸方面对经典社会理论的现代性话语做了系统清理,揭示了理论家们共通的主题及各自的关怀,提出自由、共同体、正当性为经典社会理论与现代性的三个核心问题。他在《齐美尔论现代性体验》(《社会》2003年第4期)、《现代性的辩证法:从现代性方案到现代性问题》(《中共浙江省委党校学报》2004年第3期)、《现代化求索与现代性反思》(《现代哲学》2005年第4期)、《现代性与他者》(《浙江学刊》2010年第2期)等多篇文章中研究和论述了现代性理论。胡建在《现代性价值的近代追索——中国近代的现代化思想史》(上海人民出版社2008年版)一书中指出,中国社会发展面临的最重大的理论课题是建构和确立合理的现代性价值。他以历史唯物主义为立脚点，阐述了中国现代化思想演化的依据，研究和描述了近代中国的现代化思想史或现代性价值观的演变史，揭示和展现了中国现代化过程的深层内蕴和主观逻辑，并勾画了近代中国思想家们追寻现代性价值的历程——孕育、奠基、深化和转向的四部曲，提供了近代中国现代性价值史演变的宏观线索。郎友兴、项辉的《现代性：来自吉登斯的观点》(《浙江社会科学》2001 年第 3 期)一文认为现代性是现代社会研究的一个主题，而吉登斯的观点是最具有代表性的；该文从现代性特征、后果以及现代性与全球化、传统、后现代性的关系等方面介绍了吉登斯的观点。郭祥才的《现代性、后现代性与当代后发国家的跨越式发展》(《哲学研究》2006 年第 2 期)一文，以马克思主义跨越式发展观为指导，对当代后发国家所面临的现代性与后现代性问题做了深入的探讨，认为现代性与后现代性问题不仅是先发国家所面临的问题，也是后发国家所面临的问题；后发国家面临现代化与后现代的两难选择，而只有跨越式发展才是最佳选择，它能在获得现代性的同时也获得后现代性。姜方炳、徐士青的《现代性：出路抑或绝路？——兼谈韦伯理性化思想的启示与限度》(《沧桑》2008 年第 4 期)一文，以启蒙理性为着眼点，透过韦伯的思想反思人类在现代化过程中的得失，展望现代性方案的出路，分析理性化与现代性的悖论，认为对现代性问题的研究必须坚持超越与创新的思想，任何偏执的思想取向都将陷入韦伯命题式的理论困境。

现代化思潮研究。胡承槐的《批判的、综合的现代化理论——马克思现代化理论的方法论特征》(《浙江社会科学》1997 年第 5 期)一文认为，马克思对现代化范畴的界定是全方位的，它本质上是指一种新的社会形态、新的生活方式的生成；马克思的现代化理论是反思的、批判的，其反思和批判的立足点是“以主体为本位”的价值方法论和人、实践(劳动)、社会、历史“四位一体”的历史辩证法。他在《现代化的社会关系载体》(《中共浙江省委党校学报》1997 年第 4 期)一文中认为，自然经济的社会关系载体已经瓦解了，而现代化的社会载体则是从“人的依赖关系”变为“物的依赖关系”，并论述了“物的依赖关系”对人的发展的意义。周文骞的《社会学视野中的现代化》(《浙江经济》1999 年第 9 期)一文以社会学视角来解读现代化，认为在实现现代化的过程中，必须要澄清现代化的起源、现代化与物质文明、传统与现代等观念，指出中国的现代化需要从经济技术的现代化、制度的现代化和思想行为的现代化这三个方面展开，浙江亦然。杨建华从历史纵向的角度分析了 20 世纪的社会学思潮，他在《与现代化互动：20 世纪中国社会学的发展主潮》(《东南学术》2002 年第 2 期)一文中指出，中国社会学的百年是与中国现代化相生相伴、坎坷前行的百年，这对于中国现代化的互动及自身学科化、本土化和科学化的探索采取了三种形式即导入、建构和停滞后的复兴。在导入期(19 世纪末到 20 世纪 20 年代)，主要有三种形式即大量译介出版西方社会学著作、派留学生到国外学习社会学、在新型高校开设社会学课程；建构期(20 世纪 20 年代到 50 年代初)，崛起了三个主要学术流派即马克思主义学派、乡村建设学派和社会人类学派；停滞后的复兴期(20 世纪 50 年代初到 20 世纪末)，取得了三方面的突破即学科体系上的突破、目标理念上的突破和理论研究上的突破。尹红群在《韦伯命题与中国现代化研究》(《石油大学学报》2004 年第 3 期)一文中指出，韦伯命题即“为什么中国没有发展出理性资本主义”是中国现代化研究重要的学术起点和资源，该文重点分析了韦伯命题对中国现代化进程的影响方式及影响程度。

另外，还有一大批学者研究了毛泽东、邓小平的现代化思想。如王葆霞的《略论毛泽东的中国现代化思想》(《中共浙江省委党校学报》1999年第6期)、杨建华与朱红的《毛泽东与中国现代化》(《浙江学刊》1993年第6期)、郁建兴的《论毛泽东的现代化观》(《高校理论参考》1995年第1期)、陆立军与陈立旭的《国情与毛泽东对中国现代化模式的选择》(《浙江学刊》1993年第6期)、杨张乔的《论邓小平现代化发展理论的抽象问题》(《毛泽东邓小平理论研究》1995年第6期)、何建华的《试论邓小平现代化理论的时代特质》(《实事求是》1995年第3期)、戚如强的《毛泽东和邓小平现代化思想比较——从现代化目标及其实现模式的角度》(《河海大学学报》2003年第4期)、苏开源的《志卓行笃的中国现代化发展战略——重读〈邓小平文选〉》(《中共浙江省委党校学报》2004年第4期)、高国舫的《毛泽东的现代化困惑》(《广东行政学院学报》2004年第4期)等。

(二)现代化实践研究

中外现代化比较研究。何一峰、杨张乔的《潜力与制约:中国、印度农村现代化发展比较研究》(社会科学文献出版社2009年版)一书，在实地考察了中国浙江省、山东省、四川省农村与印度哈里亚纳邦、马哈拉施特拉邦和德里近郊农村的基础上，着重就农村社会现代化问题——包括农村社会结构、农村经济和农村改革、农村自治和政治民主、农村社会管理和公共服务、农村社会保障和医疗卫生、农村文化和教育科技等进行了较为系统的比较研究，并从农村社会发展水平及其对整体社会现代化影响的角度，总结了两国农村现代化的经验和教训，分析了两国发展的内在动力及其前景，提出了两国未来前行的制约因素及其破解对策。该著就21世纪初国际国内对印度和中国对比研究中的理论和现实的不对称问题提出独到的看法，认为在中国未来的现代化发展中，会更多地得益于中国农村改革的相对深度和农村经济(工业化)社会发展的优势，而这一高于印度的基点，将是中国未来发展中要强于印度的前置性条件。马丁在《瑞士现代化进程研究》(方志出版社2005年版)一书中，从瑞士的国家形成和经济崛起等基本历史线索出发，全面而深入地阐述了瑞士的现代化进程、基本特点及其成功的经验，重点介绍了瑞士首创的“全民公决”、中立外交政策以及循环经济等;他运用历史唯物主义和辩证唯物主义的方法，探索了瑞士现代化进程的规律和内在动力，用翔实的史料分别对瑞士旅游、金融、科教、环保、社会和谐等方面进行了较为深入的研究。

浙江现代化实践研究。史晋川在《浙江的现代化进程与发展模式》(《浙江社会科学》1999年第3期)一文中，将推动浙江经济近20年来高速增长的最大动力总结为以市场化为特征的资源配置方式的变革，认为在现代化进程中形成的浙江经济发展模式，是浙东北地区与浙东南沿海地区在经济发展过程中尤其是农村工业化进程中相互交融的结果，也是中国现阶段一个最富生命力和最有前途的区域经济发展模式;他提出城市化进程滞后于工业化进程，是当前浙江经济与社会发展中存在的主要问题。罗卫东从现代化的发动方式、动力机制、产业和区域推进模式等方面对改革开放以来浙江现代化进程进行了回顾和反思。他在《改革开放以来浙江现代化进程的回顾与展望》(《浙江学刊》2000年第6期)一文中指出，浙江现代化具有三个基本特征:即自下而上而非自上而下的发动方式，民间诱致型制度创新引发的活力和效率为主要动力源，以轻低小集散的劳动密集型产业为推动现代化的主导产业以及从农村向城市推进、从东部沿海向中西部辐射现代化的区域发展模式。陈凌参照社会科学现代化理论的观点探讨浙江现代化的特殊起点、源泉和动力，用内发性来概括浙江现代化进程的独特风格，他在《论浙江现代化的内发性进程》(《浙江学刊》2000 年第 2 期)一文中指出内发性取内生与创新两重含义，内生意味着发展是从原有起点出发的渐进改革，创新则是不断扩展人类合作秩序的关键，两者缺一不可。朱家良回顾了 1993—2003 年间浙江现代化战略部署的提出和调整的历程，提出了新的看法和建议。他在《浙江现代化战略部署的几点认识和探讨》(《浙江社会科学》2003 年第 4 期)一文中认为要结合新的情况调整浙江现代化战略部署，从经济和社会发展的全局来审视农业和农村现代化，重视整体推进城市现代化，慎用定量评价指标。汪水波主编的《面向 21 世纪的浙江现代化建设》(国家行政学院出版社 2001 年版)一书从综合的角度研究分析了浙江现代化进程，包括浙江精神研究、浙江城市化建设研究、浙江社会发展研究、浙江欠发达地区研究、浙江文化大省建设研究、浙江非公有制经济研究、浙江党建研究等七大方面。史晋川、罗卫东在《浙江现代化道路研究 1978—1998》(浙江人民出版社 2000 年版)一书中对浙江省从 1978—1998 年这 20 年的现代化探索进行了系统的总结分析，从工业化、工业集约化、程度市场化、专业市场、城镇化、区域经济、社会发展、现代化反思等方面对浙江现代化建设进行了研究。陆立军等著《区域经济发展与欠发达地区现代化》(中国经济出版社 2002 年版)一书研究了浙江省欠发达地区的发展状况，并在对浙江省区域经济发展水平及欠发达地区的分布做出明确界定的基础上，就 26 个欠发达县(市)的发展态势与现代化道路分别提供了研究报告。一些机构也组织力量研究浙江的现代化建设问题。中共浙江省委党校中青年干部培训班编著的《浙江现代化若干问题研究》(浙江人民出版社 2002 年版)从高新技术产业、城市经营、浙江旅游、政府与区域体制创新、私营企业主入党等微观视角与地方经验，叙述了浙江经济社会发展情况及为实现现代化进程所做出的努力。浙江大学可持续发展研究中心编的《浙江可持续现代化报告》(浙江大学出版社 2006 年版)对浙江的科学发展观与可持续现代化、浙江可持续现代化总体水平评估与预测、浙江可持续现代化动态水平协调与预测、浙江可持续现代化的战略目标与速度协调等做了分析。其中尹文耀首创了“可持续现代化理论”，提出了可持续现代化定量评价指标体系、标准体系、指数体系和评价方法，创造性地提出了浙江省可持续现代化龙腾战略。

(三)城市现代化研究

城市化是实现现代化的重要战略，也是衡量现代化水平的一个重要指标，是研究现代化无法回避的一个视角。黄祖辉、鲁柏祥的《非农化与城市化：浙江现代化战略的重点》(《浙江社会科学》2000 年第 5 期)一文指出，非农化和城市化是浙江现代化战略的重点，是现代化水平的重要标志。文章分析了浙江非农化和城市化的进程和特点，总结了浙江省非农化与城市化的任务与难点，并提出了相应的战略举措。罗卫东、许彬的《论城市化与浙江社会发展》(《浙江学刊》2000 年第 2 期)一文，对浙江社会发展水平的现状作了评价，通过大量数据证明，城市化水平低下是社会发展水平滞后的主要原因；提出要推进社会发展必须提高城市化水平，城市化水平的提高需要从供给和需求两个方面入手。汪水波、马力宏主编的《浙江农村城镇化道路探索》(浙江人民出版社 2001 年版)一书指出，农村城镇化是中国城市化建设中的一种普遍现象，是中国特定的工业化进程的必然结果。该书总结了浙江农村城镇化所取得的成功经验，内容包括浙江农村城镇化是浙江农村工业化的必然结果、浙江农村城镇化的特点和模式、浙江农村城镇的合理规划等。王自亮、钱雪亚在《从乡村工业化到城市化——浙江现代化的过程、特征与动力》(浙江大学出版社 2003 年版)一书中也提出城市化是实现浙江现代化的必然选择，正处于城市化进程中期阶段的浙江已经具备了加速城镇化的有利条件；该书论述了社会环境与现代化的人文动因、乡村工业的崛起与经济增长、经济增长的市场环境、产业优势及其支持系统等方面内容。张苗根在《浙江城市化 30 年》(浙江人民出版社 2009 年版)一书中概括了浙江城市化 30 年来的主要成就，详析浙江省城市化建设的探索与实践。史晋川、钱陈在《空间转型：浙江的城市化进程》(浙江大学出版社 2008 年版)一书中中对浙江的城市化进程作了梳理，提炼出了“空间转型”的概念；并从浙江城市化的背景与基础、城市化的阶段与机制、工业化与城市化的互动、市场化与城市化的互动、区域发展不平衡与城市化和城市化进程中的城乡统筹等六大方面，系统地考察了浙江改革开放以来的城市化进程。

对浙江现代化以及城市化的相关延伸问题进行研究的学者还有戴宗贡、解力平、王炜的《农村工业化、商品化、城镇化综合研究》(《浙江学刊》1991 年第 5 期)，李一的《城市化：我国城乡经济社会发展的有效载体》(《宁夏社会科学》2001 年第 2 期)，郭占恒的《以城市化为主导推进浙江城乡一体化发展的战略思考》(《浙江学刊》2010 年第 5 期)等。葛立成的《产业集聚与城市化的地域模式——以浙江省为例》(《中国工业经济》2001 年第 1 期)论述了产业集聚的地域城市化效应。

第五节 人口学与民俗学研究

浙江学者在人口学和民俗学方面的研究具有早期的优势，其中现代人口学开拓者陈达的“人口对等更替”和马寅初的“人口计划发展”思想成为中国人口发展理论之经典。民俗学研究成果颇丰，在民俗史、民俗文化、吴越民间信仰和浙江地方民俗等研究方面，都在国内占有一定的学术地位。

一、人口学

(一)人口发展理论研究

陈达是现代中国人口学的开拓者之一。他所著的《现代中国人口》(谬宝昀译，天津人民出版社 1981 年版)(英文版)一书提出每对夫妇只生一对子女，实行“对等更替”控制人口的主张；他提出的“生存竞争与成绩竞争”理论在国内外影响巨大。此外，陈达把对中国人口问题的研究与劳工问题联系在一起，《中国劳工问题》(商务印书馆，1929 年)是其撰写的一部研究

20世纪前期中国都市劳工问题的专著。该书详细考察了工人生活、工会组织、罢工斗争、工资和工时、生活费、福利设施、劳工法规等问题。作者在考察每个问题时，都将国外情况与中国情况做了对比说明。在考察中国工人罢工斗争问题时，列举了1918—1926年9年中每年的罢工次数、参加罢工的人数和罢工日数等材料。这些翔实的资料受到了各界的重视，常被辗转引用。

陈达关于人口发展的社会学主张与马寅初相似，可以说两者相互影响。马寅初强调要大力进行宣传，破除"不孝有三，无后为大"等封建传统观念，实施《婚姻法》，实行晚婚；并辅之以更严厉的行政力量，主张生育两个孩子的有奖，生育三个孩子的要征税，生育四个孩子的要征重税，以征来的税金作奖金，国家财政不进不出；在节育的具体办法上，主张避孕，反对人工流产①。

20世纪80年代之后浙江对近现代人口思想的评述，较有影响的成果是对马尔萨斯人口理论和马寅初《新人口论》的重新评价。自1979年以来，浙江人口学界率先突破"禁区"，提出一些不同的观点，在全国有较大影响。其中最突出的是王声多，他自1980年以来先后在全国许多刊物上发表《不应全盘否定马尔萨斯人口论》等近10篇文章。1986年集成了《马尔萨斯人口论述评》(中国财政经济出版社1986年版)一书，认为马尔萨斯的"两个公理"有其合理因素，"两个级数"有其真知灼见，"两种抑制"有其可取之处，"一条规律"有其研究价值。顾跃德也就马尔萨斯人口论以及马克思和恩格斯对马尔萨斯人口论的批判，写了《应该一分为二看待马尔萨斯人口论》(《浙江学刊》1981年第2期)一文，认为马克思和恩格斯在批判马尔萨斯人口论的反动本质的同时，对马氏理论的合理成分还是予以适当肯定的。顾文认为马尔萨斯的"两个级数"观点有可取之处，人口增殖要与生活资料的增长相平衡的认识是正确的；在节制人口中的道德抑制，提倡晚婚、晚育有积极意义。部分学者则认为应该承认马尔萨斯的《人口原理》是历史上第一次出现的人口理论著作，对某些人口问题的论述含有合理因素，不应全盘否定；但马氏理论在总体上和立论的基本观点上是违反科学的，是为维护资本主义剥削制度服务的。

对马寅初的《新人口论》，浙江人口学界较早地给予了高度评价，写了不少评述性文章，较有影响的评述大部分刊登在《人口与经济》1987年第5期的专辑上。学者们认为：马寅初的《新人口论》是从中国现实中概括出来的，它符合中国国情，符合马克思主义思想。这一著作就人口的自然变动、人口数量、人口质量、人口与经济的关系诸方面进行了全面的分析，得出了符合规律性的结论，提出了解决中国人口问题的政策思路和切实可行的措施，具有重要的理论和实际意义。马寅初的人口理论形成了体系，他不仅是一位经济学家、教育家，而且还是当之无愧的人口学家。

(二)人口发展问题与对策研究

关于人口发展问题的研究，浙江学者从人口发展问题的成因、特点和对策方面做了较多

---

① 马寅初：《新人口论》，《人民日报》1957年7月5日。

研究。李南寿在《浙江近代人口发展初探》(《杭州师范学院学报》1986年第1期)一文中指出,人口问题是浙江及全国的一个重大经济社会问题;人口问题既是当今社会生产力水平和经济社会状况的反映,又是人口自身历史发展的结果。陈国泉、李师兰的《浙江省人口发展特点和对策》(《社会学研究》1990年第1期)一文对浙江省人口的新特点和展望进行了探讨,认为浙江人口的主要特点为:人口基数大,密度高,人口再生产类型转变快;人口在空间上形成弱迁移、强流动,乡村人口向城镇转移,农业人口向非农产业转移的潜力大;人口老龄化来势猛,进程快;人口素质低,地区和性别差悬殊等,必须适当调整生育政策,在控制人口数量的同时狠抓人口素质的提高。尹文耀、徐天琪的《浙江省21世纪适度生育率研究》(《浙江社会科学》1998年第1期)一文,以浙江省实现第三步战略目标为出发点,研究适度人口量的上限值,再结合人口年龄结构合理化,从数十种生育率方案中选择21世纪人口发展理想模式,并提出浙江省普遍实行一对夫妻生育两个孩子的最佳时机是21世纪中期,呈渐变的过程。尹文耀、叶宁的《从杭州看我国大城市地区人口数量增长转变及对策》(《人口研究》2008年第2期)一文论述了杭州市人口数量增长转变态势,指出在中国大城市地区人口数量增长转变中应全方位地优先投入于人的全面发展,以确保人口数量增长转变与经济社会和资源环境的协调及可持续发展。叶明德的《对"中国进入后人口转变时期"的质疑》(《中国人口科学》2001年第1期)一文,对近期学术界关于中国人口转变已经完成并进入后人口转变时期的论断提出疑义,认为中国人口转变"已经完成"这一结论缺乏科学性。该文对人口转变时代与后人口转变时代的划分提出了自己的看法,认为过早地宣布中国与西方发达国家一样已进入"后人口转变时期",不仅在理论上经不起推敲,而且对实际工作有可能产生误导。他还著有《反贫困与人口问题》(杭州大学出版社1998年版)、《浙江现象与人口素质》(与孙胜梅合作,《人口与经济》2004年第2期)、《低生育稳定期:中国特色的人口转变阶段》(《人口与发展》2008年第6期)等。

对农村劳动力转移与人口问题研究成果颇丰,其中代表性的有徐天琪、叶振东合作研究、连续发表的《我国农村劳动力转移的必然趋势与主要途径》(《人口研究》1985年第5期)《我国农业剩余劳动力转移流向探索》(《人口学刊》1985年第6期)、《农村劳动力转移模式试探》(《人口与经济》1987年第1期)、《论两栖人口》(《人口研究》1987年第6期)、《浙江农村劳务输出探析》(《探索》1988年第2期)等,这些论文从阐述农村劳动力转移的客观必然性出发,分析了中国农村劳动力转移的特殊性与流向,提出农村劳动力转移的传统型、兼业型、离土型三种类型及苏南模式和温州模式两种转移模式,综述了中国农村劳动力转移的主要途径、存在问题和发展趋势。

(三)人口社会学专题研究

婚姻家庭是直接与人口再生产密切相关的社会因素。韩常先在《浙江省人口家庭结构分析》(《人口》1986年第2期)一文中,对家庭规模、家庭类型、家庭结构的特点作了具体分析,指出其发展趋势是家庭规模将逐渐缩小、核心家庭将占多数、联合家庭和单身户将日渐减少。韩常先又在《浙江省人口婚姻状况分析》(《人口研究》1985年第3期)一文中,对未婚、有偶、丧偶、离婚以及再婚人口作了具体分析，并提出制止包办婚姻、买卖婚姻、早婚、重婚等不良现象的对策。还有一些人口学者对家庭规模结构的演变与社会设施、婚育观念变化、大龄青年未婚原因、山区人口的婚姻迁移、外来女性人口的婚姻状况等作了探索。

人口老龄化问题研究方面，姚引妹的《浙江省人口老龄化与全国的比较研究》(《西北人口》2000 年第 1 期)一文，首次提出了浙江省的人口老龄化进程发端于 20 世纪 60 年代末的观点，通过与全国的平均水平进行比较，得出浙江省的人口老龄化程度高于全国，发展速度快于全国，比全国早 10 年左右进入老年型社会的结论；她认为虽然人口老龄化的成因基本相同，但生育率、年龄结构和死亡率所起的作用强度及作用方向不同。姚引妹的另一篇文章《人口老龄化对卫生资源利用和配置的影响——对浙江省情况的调查》一文，分析了老年人口的数量、城乡分布以及老年病的发病特点对卫生保健服务需求的变化；并对目前中国卫生资源的配置、利用效率进行详细研究，认为中国现行的卫生资源配置不尽合理，不能适应人口老龄化的需求；针对存在的问题，作者对未来卫生资源的配置如何更好地适应人口老龄化社会提出了对策和设想。

对人口地理学的社会学研究。王嗣均在《人口地理学中一个被忽视的领域》(《人口与经济》1984 年第 2 期)一文中提出，人口地理学应该研究一切人口现象的空间规律性，人口地理学不仅包含经济人口地理，还应包含社会人口地理，应把视角从经济地理扩大到人文地理上来。他在与周复多合写的《从人口地理角度看浙江人口的几个问题》(《浙江学刊》1981 年第 1 期)一文中，根据浙江人口稠密、耕地稀少的特点，研究了解决人地矛盾、城镇人口率过低及其派生的问题。他在《人口地理学概观》(“人文地理学论丛”，人民教育出版社 1985 年版)中，系统论述了人口地理学的历史、对象、基本内容、发展中的基本问题以及面临的实践任务。尹文耀、白玥《人口空间分布转变态势与发展战略研究》(《人口研究》2007 年第 5 期)一文以杭州市为例，为大城市地区人口空间分布战略研究提供了一个实际案例。

人口城镇化与都市化研究。胡子诚的《人口城镇化问题刍议》(《探索》1988 年第 3 期)一文，指出在工农业现代化和经济现代化的过程中，人口城镇化的发展是一种客观的必然趋势；由于各国人口、土地、自然资源和社会条件差异，各国人口城镇化的道路也不尽相同；人们在探讨人口城镇化问题中，对人口城镇化的水平、基础和规模结构问题，也各有不同的看法。班茂盛、王嗣均的《都市带人口容量：理论概念、国际经验与长三角人口趋势》(《中国地理学会 2004 年学术年会暨海峡两岸地理学术研讨会论文摘要集》，2004 年)一文指出，随着人口和经济的增长，资源枯竭、生态破坏、环境污染的趋势日渐显露，都市带人口容量问题引起学术界关注，地理学、人口学、经济学、某些自然科学和技术科学的学者以及不同国家和地区对所承载的人口进行研究，以寻求缓解人地关系紧张的途径。该文在人口理论和国际经验结合研究的基础上，对长三角都市带人口容量进行了合理性研究，并作以趋势性判断。王涤著《试论都市化发展中的城市市民素质——以浙江省会杭州为例》(《杭州师范大学学报》2003 年第 6 期)、《小城镇综合改革中流动人口问题探析》(《西北人口》1999 年第 1 期)、《浙江人口城市化发展的若干思考》(《商业经济与管理》2000 年第 9 期)等文，分别从不同角度讨论了浙江城市化发展中的人口问题。

(四)省区人口与人口预测研究

浙江省区人口研究。1982年的第三次人口普查和千分之一生育率抽样调查,为人口研究提供了空前丰富的资料,浙江省高等教育局、计划生育委员会、人口普查办公室以此为契机组织编写了《中国人口·浙江分册》(王嗣均主编,王瑞梓副主编,中国财政经济出版社1988年版),该书作为第6个五年计划期间国家哲学社会科学重点项目,主要围绕1982年第三次人口普查资料,分别从人口活动的自然环境与社会经济条件、历史人口状况、中华人民共和国成立后人口总量的变化、人口的出生与生育率、人口的死亡与死亡率、人口的迁移与流动、人口的分布、人口的城镇化、人口的性别与年龄构成、劳动适龄人口、人口的婚姻与家庭状况、各民族人口、人口的素质、计划生育、未来人口发展趋势的预测等15个方面来对浙江人口进行了全面详尽的阐述。这部著作的出版,为了解省情、制订人口规划和进一步实行计划生育提供了科学依据,也为浙江省人口科学研究和人口学教学积累了基本资料。

对人口发展战略与人口预测的研究,始于第三次人口普查资料的电子计算机汇总处理。此前,学者用一般人口统计学方法对局部地区的人口进行预测,如黄鑫楣、吴树滔曾于1981年写的《湖州市人口现状的分析及其今后发展趋势的预测》。浙江学者利用第三次人口普查的计算机汇总资料设计生育率和死亡率参数,通过计算机仿真对未来人口进行预测和分析。如陈国泉、汪琳、周佑明的《浙江省未来人口发展趋势和初步分析》(《浙江人口通讯》1984年第3期),根据中华人民共和国成立以来浙江人口发展的历史和发展趋势的特点,从目标性预测、人口趋势性预测、探索性预测,设计了多种方案作比较分析,选择一个较理想的人口目标和较合理的测算方案,有一定的实用参考价值。骆克任的《浙江省人口预测》(《浙江人口通讯》1986年第2期)一文探求并提出了浙江省较为合理的未来人口控制方案,该方案以控制总和生育率的高、中、低三个方案为基础,测算了2050年以前的人口发展,为制订生育政策提供了一定的量化依据。

二、民俗学

(一)民俗史研究

古代浙江对民俗研究较为著名的学者有南宋的楼钥,其撰《北行日录》(宋孝宗乾道五年)是一部见闻录,所录内容是其以书状官的身份陪同吏部尚书汪大猷、承宣使宁国军出使金国时的所见所闻。全书为日记体裁,详记每日所见所闻,内容包括天气、行程、道里、城郭、古迹、人物、风俗、饮食、物产、典章等,重点记述金中都(今北京宣武区域)的见闻及使节入贺礼仪。此录还详细描述了汴京沦陷后的凄凉景象和遗民的困境,记录了与北宋遗民的对话详情、金人对遗民的奴役与压榨、汴京城中娼妓盗贼的盛行、货物奇缺与物价的奇高等情况。明清时期,浙江有多位官员、学者出使夷域,记有奇风异俗。民国期间,著名民间文艺学家、民俗学家钟敬文(1903—2002年)曾两度到浙江任教(1928—1933年,1936年夏),写下了《中国的天鹅处女故事》《中国地方传说》《盘瓠神话考察》等论文论著,并与人合创了中国民俗学会,编印了

《民间》《民俗学集镌》等刊物和丛书。

20世纪70年代，对民俗史专题的研究成果较为突出的有浙江籍娄子匡所做的台湾民俗与中原民俗血缘关系的研究，写有《台湾民俗源流》（1971年）一书，系统分析民俗的形成、演变特点、台湾民俗各种形式的产生与发展以及与大陆民俗的深厚血缘关系，从民俗学的角度证实了台湾自古就是中国的一部分，台湾民族是中华民族的血肉成员。

浙江民俗文化研究的主要代表人物有吕洪年等。他的《江南口碑——从民间文学到民俗文化》（杭州大学出版社1993年版）一书，被学术界誉为“复述领域研究的成果”，该书中文献、考古、口碑互参互证，把口碑引入与考古、文献并列研究的范围；同时还用此“三者互证法”解决诸多民俗文化的疑难问题，其中最突出的史学贡献是对“大禹在历史上确有其人”，“防风氏是吴越先民中的治水功臣”的考实。他的另一代表作《万物之灵——中国崇拜文化考源》（广西民族出版社1996年版）一书，被学术界称誉为“崇拜文化研究第一书”，该书从“考源”上下功夫，剖析信仰心态，抽绎信仰体系，勾勒出崇拜文化信仰体系的来龙去脉。

对中国民俗史的研究，成果突出者有徐吉军等。20世纪90年代，其著有《中国丧葬史》（江西高校出版社1998年版），在国内丧葬礼俗研究方面具有一定的影响；与贺云翱合著《中国丧葬礼俗》（浙江人民出版社1991年版）；21世纪初，其与陈高华主编《中国风俗通史》12卷约500万字的巨著，分别于2001—2002年由上海文艺出版社出版。该通史按时代划分为原始社会、夏商、两周、秦汉、魏晋南北朝、隋唐五代、宋、辽金西夏、元、明、清、民国12卷，力图全面系统地反映中国民俗发展的历史轨迹和各时代的风俗特点。同时，又著有《长江流域的丧葬》（湖北教育出版社2004年版）及《论宋代火葬的盛行及其原因》（《中国史研究》1992年第3期）、《论宋代厚葬》（《浙江学刊》1992年第6期），分别为区域丧葬史和断代丧葬史方面的研究专作。

（二）吴越民间信仰研究

浙江作为吴越文化的重要发祥地，其民间信仰自然是民俗学家的重要研究领域。姜彬的《吴越民间信仰民俗》（上海文艺出版社1998年版）一书从神歌、仪式歌、宣卷、民间戏曲、舞蹈、美术、迷信语、灯会、传说故事等诸多方面，对吴越地区民间信仰的产生、发展、变迁，乃至衰亡的全过程进行了历史的考察，揭示了吴越地区民间信仰与民间生活、民间文艺之间的内在联系，指出吴越地区的民间信仰活动早在远古时期就已十分盛行，其形式主要有动植物信仰、图腾信仰、龙信仰、神灵信仰、鬼灵信仰、巫术、禁忌、占卜等。除了对吴越民间信仰习俗的研究，陈华文还研究了吴越的丧葬习俗与文化，他的代表作《吴越丧葬文化》（华文出版社2008年版）首次在广泛意义上证明文化作为区域的存在，尤其是丧葬文化与区域文化在历史背景、生态环境以及文化发展方面的紧密联系。

（三）浙江地方民俗研究

对浙江区域地方民俗史研究的代表作有陈华文的《浙江民俗史》（杭州出版社2008年版），该书第一次系统地梳理和建构了浙江区域各民族在历史过程中生活的形态和内容，审视了历史上不同时期的浙江地方文化和生活文化，并通过对浙江民俗历史梳理和审视，使人们更全面更深刻地了解和认识浙江各民族在区域中的生存方式和民俗的独特文化形态。

另一领军人物叶大兵的《浙江民俗》(甘肃人民出版社2003年版)一书，全面介绍了浙江的民俗发展脉络，涉及生产民俗、村落民俗、家族民俗、居住民俗、饮食民俗、服饰民俗、节日民俗等内容。他的《温州民俗大全》(新疆人民出版社1998年版)一书收集和记述温州地区的各种民间风俗事象，分为"汉族民俗""畲族民俗"两编，各涉及节日民俗、经济民俗、物质民俗、人生礼仪民俗、社会民俗、文化娱乐民俗、信仰民俗及方言俗语等。浙江作为沿海省份，对岛屿民俗的研究亦有成果。姜彬的代表作《东海岛屿文化与民俗》(上海文艺出版社2005年版)一书，从文化学的角度挖掘和考察平原、海岛和南方山区不同区域中存在的不同文化形态。该书通过对海岛人生活礼仪及其形成的历史渊源、生活方式与表现形式以及对海的崇拜等考察和分析，终落于海岛文化资源的开发和利用。

对浙江民俗文化的当代传承，童芍素做了大量的调查与研究。她作为一个学者型的党政领导干部，在长期文化工作实践中，关注于民俗学研究，曾任浙江省民俗文化促进会会长。近年来主持完成国家课题《四大传统节日列入法定假日的民俗活动与文化价值》和省重点课题《浙江省新农村建设和民俗文化传承》等。其编著《流淌的母亲河——浙江新农村建设中的民俗文化传承》(浙江人民出版社2007年版)为社会主义新农村建设与民俗文化传承专题调研成果，该书从浙江丰富多彩的民俗文化宝藏中挑选了民族特色鲜明、而今依然在民间生活中特别是在新农村建设中活态传承的民俗事项100例，涉民俗与民居、工艺、美术、戏曲、舞蹈、音乐、风情、信仰、传说诸多方面，记述了每一民俗事项的定名来历、历史流变、文化价值与活态传承，简要生动、轮廓清晰地勾勒出一幅丰富鲜活的民俗画卷。她还主编《我们的节日——中国民俗文化当代传承浙江论坛(嘉兴)论文选》(浙江人民出版社2010年版)，所选文论从节日文化反观民俗传承的文明进程。

第六节　社会史与社会学史研究

社会史是指作为社会本身的整体和各个侧面发生、发展过程的历史。社会学史是指作为一门科学的社会发生、发展及其规律的认识史。浙江学者在这方面都有较深的研究，并出版有《中国社会史丛书》与《现代社会学比较研究丛书》。

一、国际社会学史

对社会学史研究方向的研究，王小章的《社会状态的社会学和历史进程的社会学——一个社会学史的考察》(《浙江社会科学》2000年第4期)一文指出，19世纪社会学关注的主题是社会发展变迁进程的性质和动力；而到了20世纪，特别是到了结构功能主义那里，则主要转向了对社会状态的静态分析。作者分析了这种研究转向的原因，并指出20世纪60年代以来由西方社会危机所引发的对非历史性的社会学研究的批判反思已导致了历史视野在社会学中的复兴，历史进程的研究在一种新的水平上重新受到学者们的重视。

对社会思想史的研究，刘玉能、杨维灵的《社会行动的意外后果：一个理论简史》（《浙江大学学报·人文社会科学版》2008 年第 3 期）一文，阐述了社会学家默顿、吉登斯和贝克等行动的意外后果的社会学理论。作者认为，默顿在前人研究的基础上把意外后果作为一个专门的社会学理论问题和范畴提出来，从功能主义和知识社会学的角度作了具体的研究；吉登斯将意外后果的范围扩展到风险，直接把现代社会的意外和风险与专家知识的特征及其运用联系起来，从而深化了这一问题的研究；由于不满吉登斯过分强调专家知识的作用而忽视意外后果以及人们对它的无知的重要性，贝克从行动者之间基于社会分层和权力分化而在知识和理性上产生的矛盾和冲突来解释意外后果和风险，认为正是这种矛盾和冲突造成人们对意外后果和风险的无知，并使工业社会转变成风险社会。

二、中国社会史与社会学史

民国时期，应成一著有《中国古代社会史》，并于复旦大学教授社会学课程。对民国期间的中国社会学史研究，杨建华的《本土化：中国社会学 20 世纪 20—40 年代的探索》（《江海学刊》2000 年第 5 期）一文认为，20 世纪 20—40 年代是中国社会学的建构期，是中国社会学本土化的过程，社会学本土化是中国现代化实践的要求，也是社会学学科化的必然。

20 世纪八九十年代，浙江的社会史研究以古代地方社会史和中国社会学史为重。陈剩勇的《明代浙江：乡村社会、农家生活和社会教化》（《浙江社会科学》2000 年第 1 期）一文，以浙江为例，勾勒和叙述了 14—17 世纪江南地区乡村社会的特征，描述了当时乡村地区乡民的四时农事、日常生活、岁时节日和娱乐活动，探讨了明代社会教化和乡村自治的特点。

浙江人民出版社于 20 世纪 80 年代末出版“中国社会史丛书”，内容涉及社会结构、社会阶层、社会团体、社会思潮、社会问题、社会生活等方面。其中，第 1 辑有《中国秘密社会》（蔡少卿著，1989 年）、《中国婚姻家庭的嬗变》（张树栋、李秀领著，1990 年）、《动荡时代的知识分子》（李良玉著，1990 年）、《十字架与龙》（孙江著，1990 年）；第 2 辑有《近代上海黑社会研究》（苏智良、陈丽菲著，1991 年）、《中国民间秘密宗教》（濮文起著，1991 年）、《酷刑与中国社会》（金良年著，1991 年）、《中国丧葬礼俗》（徐吉军著，1991 年）、《权力塔尖上的奴仆——宦官》（李禹阶著，1991 年）；第 3 辑有《中国近代社会风俗史》（严昌洪著，1992 年）、《中国近代人口史》（姜涛著，1993 年）、《商人与中国近世社会》（唐力行著，1993 年）、《清代社会的贱民等级》（经君健著，1993 年）。这套丛书对于推动中国 20 世纪末的社会史研究起到了一定的积极作用。同一时期，浙江人民出版社还出版有“现代社会学比较研究丛书”，也涉社会学发展史。

第八章 历史学研究

历史学，亦称“史学”，是研究和阐述人类社会发展的具体过程及其规律的科学。其研究对象甚为广泛，举凡人类社会发展史和世界各国、各民族的历史，从远古到现代都作以综合的、分期的、断代的或分类的研究。

浙江的史学研究，古有传统。东汉《越绝书》《吴越春秋》被称为最早的地方史。王充《论衡》对历史观有重要阐述。魏晋六朝，浙江私家修史兴起。隋唐确立史书官修制度和实录通史体例，唐太宗贞观三年令姚思廉主撰《梁书》《陈书》，孔颖达等撰《隋书》。虞世南《帝王略论》可说是开唐代撰修通史之先声。姚察、姚思廉、姚璹、姚珽祖孙和虞世南、许敬宗等均为隋唐重要史家。宋元时期，浙江学者对史学贡献主要在私家笔记撰述及目录学，有沈括《梦溪笔谈》、陆游《老学庵笔记》、岳珂《桯史》、周密《癸辛杂识》、陈振孙《直斋书录解题》、胡三省《新注资治通鉴》等。明代，宋濂、王祎共为总裁撰《元史》，胡应麟《史书占毕》为史书史事之评论，又有谈迁《国榷》、查继佐《罪惟录》、张岱《石匮书》皆为史学巨著。另有刘辰、谢铎、王宗沐、张元忭、朱国桢亦为名家。清代浙江史家迭出，形成浙东史学派，代表人物有黄宗羲、朱舜水、万斯同、全祖望、章学诚、邵廷采、邵晋涵等。黄宗羲有《明史案》340卷、《明文海》217卷及《明儒学案》，后者偏重学术史。万斯同有《明史稿》500卷，时为史学最巨。章学诚乃浙东史学派中的史论大家，所著《文史通义》《校雠通义》为史论名著。罗振玉、王国维从甲骨、汉简与敦煌文书文物的考古发轫对史学有重大贡献。民国时期，浙江著名史学家亦多。

20世纪50—70年代浙江的史学研究，最著者为范文澜的《中国通史简编》修订本三编。1969年7月，蔡美彪续范文澜遗留的中国通史编写工作，于1994年、2008年出齐10卷本、12卷本，是为中国近百年来最完整、最系统的一部中国通史。至70年代末及21世纪初，在史学理论和方法方面，有王正平的《史学理论和方法》、陈启能与何兆武合著《当代西方史学理论》、蔡克骄的《比较史学在中国的发展与前景》；史学史方面，有郑鹤声的《正史记目》、仓修良与魏得良合编《中国史学史简编》、钱茂伟的《明代史学编年考》；史前史方面，有林华东的《河姆渡文化初探》《良渚文化初探》；古代史、近代史方面，有陈乐素的《宋元文史研究》、徐规的《王禹偁事迹著作编年》、吴晗的《朱元璋传》、陈高华的《元史研究论稿》、王仲荦的《魏晋南北朝隋初唐史》、陈桥驿的《吴越文化论丛》、曹锦炎的《释甲骨文北方名》、陈年福主持编纂《殷墟甲骨文摹释全编》10卷本、黎子耀的《老子秘义》、陈剩勇的《中国第一王朝的崛起——中华文明的国家起源之谜破译》、孙达人的《中国古代农民战争史》、董楚平的《吴越文化新探》、卢向前的《唐宋变革论》、包伟民的《传统国家与社会：960—1279年》、梁太济的《两宋阶级关系的若干问题》、陈植锷的《宋学通论》、黄朴民的《秦汉统一战略研究》、陈学文的《明清社会经济史研究》、蒋兆成的《明清杭嘉湖社会经济史研究》、郭松义的《清代全史》第3—4卷、胡珠生的《清代洪门史》、王庆生的《太平天国的历史与思想》、杨树标的《中国社会主义时期史稿》(合著)、楼子芳的《浙江抗战史》、张学继的《陈其美与辛亥革命研究》等，诸家或通史、或专题、或史料整理，史论上古至古代与近代历史和史学史，各占学科鳌头。徐和雍的《浙江近代史》为地方近代史的早期研究。金普森、陈剩勇主编的《浙江通史》是为当代浙江史学巨著。党史研究方面的浙籍著名学者有施存统、胡绳、华岗、胡华以及王学启、高三山、杨福茂、金延锋等。世界史研究著名者有毛昭晰、童书业、沈炼之、王正平、丁建弘、王渊明、龚缨晏、胡玉堂、沈坚等，尤以毛昭晰的世界上古史研究与沈炼之的世界近代史研究为最。

第一节　史学理论、史学史与历史文献学研究

浙江在史学理论、史学史与历史文献学方面的研究古来厚重，近现代更是名家辈出。尤其是在史学体裁与史学方法论以及方志理论等方面的研究，在国内占有重要的学术地位。

一、史学理论

(一)古代史学理论研究

东汉王充是著名哲学家，他的名著《论衡》对历史观有重要阐述。在社会发展的理想目标上，他主张“天道无为”，“无为之为大”，主张“无为而治”；批驳三代是黄金时代之虚幻说法，明确指出：“德化则周不能过汉，论符瑞则汉盛于周。”①这是一种进步主义的历史观。但是，王充又持自然主义的历史观，认为历史发展过程中起决定作用的是“时”“数”“命”等自然因素，而非人的因素；他反对圣贤可以决定国家，社会治乱兴衰的英雄史观，认为圣贤之君、开明政治不能对社会治乱兴衰产生重要影响，抹杀政治对人类历史发展的影响与作用，走向了另一个极端。

唐朝初年，吴兴籍历史学家姚察、姚思廉父子两代人接棒完成《梁书》《陈书》两部正史，在这个过程中形成了比较系统的史学理论。姚氏父子强调“以史为鉴”的编纂宗旨。《陈书·何之元传》指出：“梁氏肇自武皇，终于敬帝，其兴亡之运，盛衰之迹，足以垂鉴戒，定褒贬。”所谓“垂鉴戒”，就是总结前人的得失成败及其经验教训；所谓“定褒贬”，就是对前人的是非功过作出恰如其分的评价，其目的是“敦励风俗”。姚氏父子重视历史人物的忠奸顺逆，褒奖忠臣良吏，在立传时突出各人的特点和优长。如《庾荜传》突出其生活俭朴，为官廉洁；《沈瑀传》突出其执法严明；《孙谦传》突出其体恤民情，重视生产；《何远传》突出其抑富扶贫。对“悖逆”之人予以贬斥，将他们的传置于全书末尾，作为反面典型以昭劝诫。姚氏父子还提出了天命与人事并重的进步历史观，多次总结梁、陈两代的历史，认为决定国家政权兴亡成败的不仅是天

---

① 〔东汉〕王充：《论衡》卷十九《宣汉篇》。

命，也是人事。《梁书》第一篇史论指出，梁之亡国，“虽历数斯穷，盖亦人事然也”。

南宋吕祖谦著《史说》，对史学体裁、如何评价历史与人物、如何考察纷繁复杂的历史以及读者如何阅读与鉴赏历史等问题提出了比较系统的观点。关于史学体裁问题，吕祖谦指出：“史有二体，编年之体始于左氏，纪传之体始于司马迁。”吕祖谦对这两种体裁的优劣得失进行了比较：“然编年与纪传互有得失：论一时之事，纪传不如编年；论一人之终始，编年不如纪传。”吕祖谦主张“二者皆不可废”。关于如何评价历史与人物的问题，吕祖谦指出：“读史先看统体，合一代纲纪风俗消长治乱观之，如秦之暴戾、汉之宽大，皆其统体也（其偏胜及流弊处皆当考）；复须识一君之统体，如文帝之宽、宣帝之严之类。统体盖为大纲，如一代统体在宽，虽有一两君稍严，不害其为宽；一君统体在严，虽有一两事稍宽，不害其为严。”这就是说评价历史与人物应看主流，观其大势，不能拘泥于一人一事之得失。关于考察纷繁复杂的历史方法问题，吕祖谦提出：“至于战国，三分之时，既有天下之统体，复有一国之统体。观之亦如前例，大要先识一代统体，然后就其中看一国之统体，二者常相关也。既识统体，须看机括。国之所以盛衰、事之所以成败、人之所以邪正，于几微萌芽，察其所以然，是谓机括。读史既不可随其成败以为是非，又不可轻立意见，易出议论；须揆之以理，体之以身，平心熟看，参会积累，经历谙练，然后事情、时势渐可识别。”①这段话提出了许多有重要价值的历史观念与史学理论。

南宋杨简强调理学对于历史研究的指导地位。他提出：“学者当先读孔子之书，俟心通德纯，而后可以观子史。学者道心未明而读非圣之书，溺心于似是而非之言，终其身汩汩，良可念也。”（《慈湖遗书》卷十九）宋代理学盛行，重经轻史风气弥漫，杨简的观点与宋代理学家的观点是一致的。陈亮在历史评价上则主张王与霸、义与利都要统一在事功之上，反对单纯用道德标准去评判历史，指出：“古今异宜，圣贤之事，不可尽以为法，但有救时之志、除乱之功，则其所为虽不尽合义理，亦自不妨为一世英雄。”②“考论人物，要当循其世变而观之，不可以一律例也。评后世之人物，一绳以帝王之盛德，则自秦汉以下殆无全人矣”。③叶适针对以《史记》《汉书》为代表的史学著作务求广博、内容庞杂的弊病提出批评，提出史学之价值不仅在于明事，而在于明义的观点。他说传统史学“不能知圣人之意，而纷然记之以为奇，以夸天下”，“后世病史之难，以为不幸无（司马）迁、（班）固之才，是类出迁、固下矣”。④ 叶适主张“因事明义”，“理”与“事”相结合，有机地统一起来。他说：“经，理也；史，事也。《春秋》名经而实史也。专于经则理虚而无证，专于史则事碍而不通，所以难也。”⑤他主张：“文字章，义理著，此古圣贤所择以为法言，非史家系日月之范文也。”⑥

明清时期，浙江籍学者在史学理论方面作出了重要的贡献。一方面是“六经皆史”理论的正式提出，浙籍学者宋濂、潘府、王阳明、胡应麟、袁枚、汪辉祖、章学诚、龚自珍等均持此说。潘府首先提出“五经皆史”说。王阳明提出“六经皆史”说：“六经皆只是史，史所以明善恶、示

---

① 〔宋〕吕祖谦：《史说》，《吕东莱先生文集》卷十九。

②③ 《陈亮集》卷二十八、卷十七。

④ 〔宋〕叶适：《水心别集》卷六。

⑤ 〔宋〕叶适：《水心文集》卷十二。

⑥ 〔宋〕叶适：《习学记言序目》卷五。

训诫。"他说："以事言谓之史，以道言谓之经，事即道，道即事。《春秋》亦经，五经亦史。《易》是包羲氏之史；《书》是尧舜以下史；《礼》《乐》是三代史。其事同，其道同，安有所谓异？"①"六经皆史"理论的提出，否定了经学的神圣性与垄断性，提高了史学的地位，扩大了史学研究的对象与范围，在中国史学理论及史学发展史上具有划时代的意义。但另一方面，明清时期史学理学化的趋势又有新的发展。这派学者反对"六经皆史"说，强调史学来源于经学，史学应受经学统治，强调史学的功能在于宣扬道德性命与微言大义。杨维桢、方孝孺等浙籍学者是史学理学化的主要支持者。杨维桢在《正统辨》中指出："正统之义，立于圣人之经，以扶万世之纲常。圣人之经，《春秋》是也。《春秋》，万代之史宗也。"方孝孺所著《释统》及《后正统论》，提出以《春秋》要旨作为判断是不是"正统"的标准，具体有三："辨君臣之等""严华夷之分""扶天理，遏人欲"，据此提出了历史上"有天下而不可比于正统者三：篡臣也，贼后也，夷狄也"。在《释统》中，方孝孺又提出了"变统"的命题。在上篇里，他指出："天下有正统一，变统三。"夏、商、周三代是名符其实的正统；汉、唐、宋可以"附之以正统"。而"取之不正"的晋（西晋、东晋）、宋、齐、梁，"守之不以仁义，戕虐乎生民"的秦、隋，以及以少数民族入主中原的前秦苻坚，"女后而据天位"的武则天，都是"变统"。在中篇里，方孝孺阐明了区分正统与变统的价值取向，是通过"褒贬明"，达到"劝诫著"的目的，他认为只有这样，才能真正使"正统尊，奸邪息，夷狄惧"。下篇侧重从可操作性的角度，具体规定了书写正统与变统的办法，如"正统之君始立，则大书其国号、谥号、纪年之号"，变统"则书甲子而分注其下，曰是为某帝某元年，书国号而不书大，书帝而不书皇，书名而不著谥"等。

明朝胡应麟著有《经籍会通》《史学占毕》《三坟补遗》等史学理论著作，提出了一系列有价值的理论。胡应麟在唐代刘知几"三长"论（即"才、学、识"）理论的基础上，提出"公心""直笔"二善说，认为只有"五者兼之"，才能达到史学家的最高境界，成为孔子那样的真正史学家。"尽公心、尽直笔"的理论对史学家提出了很高的要求。胡应麟在史学批评观上提出了"务成曩美，毋薄前修，力求弗合，各申己见可也"的观点。

明末清初黄宗羲撰写《留书》《名夷待访录》《易学象数论》《孟子师说》《破邪论》等著作，提出了一系列进步的历史理论。在历史观上，首次提出了"天下为主，君为客"，"天下之治乱，不在一姓之兴亡，而在万民之忧乐""有治法而后有治人"的民主制理想。黄宗羲还在《周易》变通思想和历算学的基础上提出了历史变革理论。其根本之道是仁义，中心是万民，方法则是变革制度，形成了一个完整的理论体系。黄宗羲对历史学的社会价值有很高的评价，提出了"国可灭，史不可灭"的理论。

清康熙年间，毛奇龄入明史馆参与《明史》编撰，他明确提出"揑造非史"的理论，他说："揑造之不可也，揑造则何不可造也，揑造非史也。"清代中期，章学诚的代表作《文史通义》被称为中国古代史学理论的集大成之作。作者申明写作该书的目的是"为千古史学辟其榛芜"。《文史通义》对清朝康熙以前的中国传统史学进行了全面的评论，同时提出了自己关于史学的理论观点，其中影响较大的有：一是支持"六经皆史"的观点。他说："六经皆史也。古人不著书，

① 〔明〕王阳明：《传习录》，《王阳明全集》，上海古籍出版社 1992 年版。

古人未尝离事而言理，六经皆先王之政典也。”①二是总结前人编撰方志的得失，提出修志义例和理论，建立了比较完整的方志学理论。“方志之在前人，多为图经之概念所囿，视为地理之书而已。先生则以为方志乃《周官》外史小史之遗，为国史之所取资，其视国史，具体而微耳。吾国方志学之成立，自先生始”。② 他强调修志要实地调查，重视乡邦文献，要求详近略远，反对追求形式。三是提出“史意”概念，强调史学的目的与意义在于“经世致用”。四是提倡史学家应具有“三长”及“史德”。所谓“三长”就是史才、史学、史识。所谓“史德”，就是“著述者之心术”。《文史通义》将中国传统的史学理论提高到了一个更高的水平。

（二）近代史学理论研究

清道光二十年（1840年）鸦片战争以后，中国历史进入近代时期。这个时期，西方资产阶级史学理论逐步引进中国，夏曾佑、陈黻宸、章太炎、张尔田、朱希祖、何炳松、金兆梓、陈训慈、缪凤林、张其昀以及华岗、范文澜、吴晗、胡绳等浙籍史学家均做出了重要贡献。

陈黻宸在他主编的《新世界学报》上发表《独史》《地史原理》等论文，引入民史观念，批判君史。章太炎发表《俱分进化论》（《民报》第7号，1906年9月5日）提出“俱分进化论”的历史观：“善恶苦乐之并进也……由下级之乳哺动物以至人类，其善为进，其恶亦为进也”，“乐之愈进者，其苦亦愈逝”。章太炎的俱分进化论意识到了进化论的不足与缺陷，他表示不能简单地认为人类社会将无限地趋向于进步与发展，单凭科学技术并不能够确保人类的生活比以往更加美满、幸福。清光绪三十四年（1908年），张尔田仿章学诚《文史通义》体例，著《史微》8卷。该书以“考镜六艺、诸子学术流别”为宗旨，继承并修正了章学诚的“六经皆史”理论，提出“六艺由史而为经”的观点，以弥合经今古文学的争端。他指出：“知改订覆刊为史者，挽近独一章实斋，可谓好学深思不随流俗之士也。然章氏只知六艺之为史，而不知之由史而为经……史主于记事，经主于明义。”③该书对先秦两汉学术、孔子思想等多个方面做出新的解释，是一部系统的以六经诸子为中心的古代学术思想的通论性著作。张尔田晚年又著《历史五讲》，从历史哲学的角度陈述他心目中的道德史观。陈训慈的《史学观念之变迁及其趋势》（《史地学报》第1卷第1号，1921年11月），将欧洲资产阶级的史学观念归纳为十一类：美术史观、宗教史观、道德史观、政治史观、个人史观、科学史观、社会史观、哲学史观、经济史观、地理史观、综合史观，并一一加以介绍，是对西方资产阶级史学理论的全面介绍。缪凤林的《历史与哲学》（《史地学报》第1卷第1号，1921年11月）一文，第一次比较系统地阐述了历史与哲学之间的关系，指出：“历史、哲学相互之关系至密，不明哲学，恐未足治历史；不明历史，亦未足治哲学。英某哲学家曰：‘苟欲精于一者，必知万物之全。’谓一切科学之皆相关也。而历史与哲学，特其尤密焉耳！”

关于历史学的价值，陈训慈、章太炎、胡绳等学者有深刻的论述。陈训慈发表《历史之社

① 〔清〕章学诚：《文史通义·易教上》。
② 〔清〕章学诚：《文史通义·题记》，中华书局1985年版，第2页。
③ 张尔田：《史微》，上海书店出版社2010年版。

会的价值》(《史地学报》第1卷第2号,1922年5月)提出四点:一是“助成完全之智识”;二是“影响人类之心理”;三是“进化之指导”;四是“人类共同了解之促进”。其结论是:“史学与社会之关系,日就密切,生而为人,即不能不有历史之常识。”1933年3月15日,章太炎在无锡师范学校发表《历史之重要》的演讲(后载于《制言》第55期,1939年8月),指出:“人不读经书,则不知自处之道;不读史书,则无从爱其国家。即如吾人今日,欲知中华民国之疆域,东西南北究以何为界,便非读史不可。有史而不读,是国家之根本先拔矣。”他还说:“昔人读史,注意一代之兴亡。今日情势有异,目光亦须变换,当注意全国之兴亡,此读史之要义也。”胡绳发表《谈历史研究的必要》(《读书与出版》第1卷第7期,1946年11月1日),指出:“历史是可以改变的,但要改变历史就先要了解历史。知道现实的事情是由怎样的历史条件和历史根源而产生,才能找出如何改变的办法。”

中华人民共和国成立以后,王正平、陈启能、仓修良、方祖猷、茅蔚然、陈剩勇、蔡克骄、钱茂伟、王学川、俞樟华、严建强等学者对历史学理论均有重要研究。王正平的《史学理论与方法》(杭州大学出版社1990年版)就史学界普遍关心的史学理论和方法问题,进行了全面系统的阐述,提出了一系列独到的见解,为我国的马克思主义史学理论与方法的发展作出了贡献。陈启能在史学理论研究上成果众多。他从1962年发表《关于古代俄罗斯国家起源的“诺尔曼理论”批判》(《历史教学》1962年第6期)开始,在数十年里先后发表六七十篇论文,主编的著作有《八十年代的西方史学》(中国社会科学出版社1990年版)、《当代西方史学理论》(与何兆武主编,中国社会科学出版社1996年版)、《史学理论大辞典》(与蒋大椿合编,安徽人民出版社2000年版)等;专著有《当代西方史学思想的困惑》(中国社会科学出版社1991年版)、《史学理论与历史研究》(团结出版社1993年版)等;合著有《苏联史学理论》(经济管理出版社1996年版),《评魏特夫的〈东方专制主义〉》(与李祖德合著,中国社会科学出版社1997年版),《马克思主义史学新探》(社会科学文献出版社1999年版),《西方史学的东方回响》(社会科学文献出版社2000年版)等;涉及马克思主义史学、西方和苏联史学理论等。其《当代西方史学思想的困惑》(中国社会科学出版社1991年版)一书,从理论、方法论的高度,阐述当代西方史学思想面临的困惑,内容涉及亚里士多德与东方专制主义、历史思维、当代有影响的中外史学家的理论和方法评价等。

二、史学方法

(一)古代史学方法研究

关于史学方法,陈亮主张超越历史文本,发前人之所未发。他说:“能于前史间窃窥英雄之所未及,与夫既已及反之,而前人未能别白者,乃从而论著之,使得失较然,可以观,可以法,可以戒,大则兴王,小则临敌,皆可以酌乎此也。”(《陈亮集》卷五)胡应麟对历史文本的繁简问题,提出了“简者约而赅,繁者赡而整”的观点。他对繁简的概念有明确的定义:“史恶繁而尚简,素矣。曷谓繁?丛脞冗阘之谓也,非文多之谓也。曷谓简?峻洁谨严之谓也,非问寡之谓也。”胡应麟认为,繁简的标准不是绝对的,他说:“简之胜繁,以简之得者论也;繁之逊简,以繁之失者论也。要各有攸当焉。繁之得者遇简之得者，则简胜；简之失者遇繁之得者，则繁胜。执是以论繁简，庶几乎?”为了把握繁简之间的度，胡应麟提出了一个“合作”的概念：“合作，则简者约而赅，繁者赡而整；不合作，则繁者猥而冗，简者涩而枯。”胡应麟还提出了“史非专不可”的观点。

清代中期，邵晋涵入四库馆参与撰写《四库全书总目提要》，为《四库全书》史部书籍作提要时，提出了自己的史学观点与思想，在历史编纂学理论上有重要建树。他主张从时代背景、历史环境、主观与客观等方面来考察、评价各个时代史学创作的成败得失；主张史书在形式与内容、体例与史实上相统一，反对不顾内容而强行敷张体例的做法；主张专人修史，反对众手杂成。(邵晋涵著《江南文钞》)龚自珍肯定清代考据学的贡献，但他对考据学末流陷于烦琐主义、埋头于故纸而不关心现实给予严厉批评，认为“辨古籍真伪，为术浅且近者”(《资政大夫礼部侍郎武进庄公神道碑铭》，载《龚自珍全集》上册)他主张经世致用，关注现实问题。在史书编纂方法上，主张“宜繁不宜简”，“良史毋吝为博，多以贻之，以厌足之”。(龚自珍撰《与徽州府志局纂修诸子书》，载《龚自珍全集》)

(二)近现代史学方法研究

近现代，陈黻宸、王国维、朱希祖、何炳松、罗家伦、缪凤林、张其昀、范文澜、华岗等学者对史学方法均作了探索。

清末民初，王国维根据自己多年从事甲骨文、金文、石经的经验，提出了“二重证据法”理论。1928 年 8 月 7 日，何炳松在上海尚公学校暑期讲习所作了《历史研究法》(《民铎》杂志第 10 卷第 1 号，1929 年 1 月 1 日)的演讲，系统地阐述了与古代中国完全不同的历史研究方法。他首先探讨了历史研究法的对象，即人类过去的活动，分为经济、政治、教育、艺术、宗教五个方面，谓之活的和动的人类史；认为历史研究法与自然科学研究法有三点不同：一是观察点不同，自然科学研究在实质上求同，而历史研究是在各实质上求异；二是研究对象不同，历史的事实绝对不能离开地方和时代，时与地是历史事实必要的元素，而自然科学研究就不受这种限制；三是研究步骤不同，自然科学研究的步骤是观察与实验，而历史研究的研究对象是已经过去的人类活动，无法进行实验。何炳松总结了历史研究的三大步骤：第一步是搜集材料。第二步是分析，把搜集到的材料按其性质，加以种种解剖的工夫。第三步是综合，将分析研究所得的结果，全部综合起来。就方法上讲，搜集资料是起点，著作成书是终点，中间一定要经过许多分析和综合的工夫。何炳松的《新史学导言》(原载《史地丛刊》第 2 卷第 1 期，1924 年)详细向中国读者介绍了美国资产阶级史学鲁滨孙学派的《新史学》基本内容与观点。

罗家伦发表的《研究中国近代史的意义和方法》(《社会科学季刊》第 2 卷第 1 号，1931 年 3 月)一文指出：“研究中国近代史的方法，主要的部分就是整理中国近代史料的方法”，首先是“放开眼光，扩大范围，随时随地和猎狗似的去寻材料”，然后在史料的整理翻译考订上下苦功，编成中国近代史料的丛书，“必须有这各部分的史料丛书几百种以后，才可以动手写科学的中国近代史”。

华岗、范文澜对马克思主义史学方法进行了初步的探索。华岗的《研究中国历史的锁钥》

(《读书月报》1939 年 12 月 1 日第 1 卷第 10 期)一文指出，中国古代的历史著作之所以不能成为真正科学的东西，是因为古代的史学家根本没有找到一把真正研究社会历史规律的锁钥；研究社会历史规律的锁钥，“应该从每个一定的历史时期中的社会所实行的生产方法中去找，从社会经济中去找。因为历史科学的第一等任务，就是研究与发现生产的规律，生产力与生产关系发展的规律，社会经济发展的规律，研究的规律。同时，应该从广大民众，尤其是劳动者的奋斗中去找。因为社会发展的历史，根本就是物质财富的生产者的本身的历史”。华岗还发表了《历史为什么是科学和怎样变成科学》(《群众》1942 年第 7 卷第 15 期)一文指出，只有用马克思主义辩证唯物主义为指导去研究历史，才能使历史成为科学。范文澜的《古今中外法浅释》(延安《解放日报》1942 年 9 月 3 日)一文指出：古今中外法“就是运用马列主义分析方法去正确解决问题的必要程序。古今中外是指分析一个问题的过去的现在的，也就是在时间(古今)和空间(中外)界限以内，历史地全面地来认识客观的现实，而分析的目的在于发现客观事物的内部联系即规律性，作为我们行动的向导。我们研究一个问题，如果细心地从它的历史发展过程看，从它的当前具体情况看，从它的内在基本特征看，从它的周围相互关系看，四个条件具备，问题的面貌和性质，大体是看清楚了。问题清楚以后，即分析过程完了以后，再做一番综合功夫，指明问题的性质，给以解决的办法，这就是马列主义处理问题的态度和方法”。文章指出“古今中外法是马恩列斯整部思想方法论的最简要的”，“古今中外法概括了整个唯物辩证法”。运用古今中外法，“必须从丰富的材料中抽出其内部联系，因而定出解决问题的办法”。

(三)现当代史学方法研究

中华人民共和国成立特别是 20 世纪 70 年代末以后，王正平、茅蔚然、陈剩勇、蔡克骄等学者对历史研究方法问题进行了较多的探讨。陈剩勇对中国古代史学的功能、结构、批评模式等问题进行了比较系统的研究，并对中西古代史学进行了比较研究，先后发表《论中西方古代史学的差异及其特征》(《学习与探索》1987 年第 6 期)、《关于中西古代史学比较之尺度——答刘楠、殷梦霞和文常善》(《探索》1988 年第 6 期)、《中国传统考据学的结构、功能和误区》(《浙江社会科学》1990 年第 1 期、第 2 期)、《中国传统史学的批评模式》(《学习与探索》1994 年第 2 期)、《儒教伦理与中国传统史学》(《学术研究》1995 年第 2 期)、《资治通鉴：中国传统史学功能分析》(《史学理论研究》1995 年第 4 期)等一系列论文，引起史学界的关注。蔡克骄发表《比较史学在中国的发展与前景》(《温州师范学院学报》1988 年第 4 期)等论文，全面总结了比较史学在中国的发展情况，并对其前景进行了展望。茅蔚然等学者对历史教学法等问题进行了比较系统的探讨，出版有《中小学历史教学法》(甘肃人民出版社 1983 年版)。王加丰发表了《我国历史教育面临的几个深层次的问题》(《历史教学问题》2005 年第 6 期)、《全球观与世界史教育》(《全球史评论》2008 年)等系列论文，对历史教学的方法等进行了探讨。

三、史学史

（一）近现代浙江的史学史研究

中国史学史学科的出现很晚，清光绪二十九年（1903年）梁启超在日本学者浮田和民等人的影响下，首先提出了“新史学”的主张，建立起了“中国史学史”的体系，并使中国史学史在中华民国成立以后陆续进入高等学校历史系的课程，浙江籍历史学者在其中也发挥了重要作用。民国8年（1919年）12月朱希祖出任北京大学史学系主任，积极推行历史教学体系建设，率先为史学系学生开设“中国史学概论”课程，这是中国高等学校最早开设的史学史课程。民国18年（1929年），何炳松翻译的美国新史学流派学者绍特威尔的名著《西洋史学史》由上海商务印书馆出版，这是在中国翻译出版的第一部外国史学史著作。民国19年（1930年），张尔田担任燕京大学国学总导师，给学生开设《文史通义》等课程。范文澜在北平辅仁大学任教期间，出版了《正史考略》（北平文化学社，1931年）。

浙江籍学者最早出版的史学史著作，是曹聚仁的《中国史学ABC》（ABC丛书社，1930年），标题列为：绪论、古史、纪传诸史、编年诸史、纪事本末及其他、刘知几与史通、郑樵与通志、清初之浙东史学、章学诚与文史通义、史学界之新曙光。该书对中国传统史学进行了系统的回顾与梳理，对未来的新史学进行了展望。朱希祖在北京大学史学系任教期间，发表了《中国史学之起源》（《北京大学社会科学季刊》第1卷第1期，1922年）、《中国史学之派别》《太史公解》（《制言》第15期，1936年）等，后将部分文章结集为《中国史学概论》，是中国史学史课程最早的讲义，后改名为《中国史学通论》（重庆独立出版社，1943年）。该著为中国史学史学科的建立奠定了基础。

郑鹤声的史学史研究跨越了两个时代。民国时期，他发表了《司马迁之史学》（《史地学报》第2卷第5期、第6期，1923年7月、8月）、《汉隋间之史学》（《学衡》第33至38期，1924年9月至1925年2月）、《各家对后汉书综述》（《史学与地学》第1期，1926年1月）、《正史总论》（《史学杂志》第1卷第2期，1929年5月）等系列史学史论文，并出版了《班固年谱》（商务印书馆，1929年）、《史汉研究》（商务印书馆，1930年）、《司马迁年谱》（商务印书馆，1931年）、《杜佑年谱》（商务印书馆，1934年）等史学史著作。

（二）现当代浙江的史学史研究

中华人民共和国成立后，杭州大学历史系在20世纪60年代由黎子耀、胡玉堂等分别开设中国古代史学史、西方史学史专题讲座。1978年后，由仓修良、王渊明、陈仰光等讲授中国古代史学史、西方史学史、中国近代史学史等课程。之后，浙江师范大学、宁波大学、杭州师范大学、温州大学等高校先后开设了史学史课程。

史学史研究成果渐之丰富。仓修良出版有《中国古代史学史简编》（与魏得良合著，黑龙江人民出版社1983年版）；其《中国古代史学史》（人民出版社2009年版）对发展阶段划分甚为严谨；他参与了《中国历史大辞典》分卷《史学史》（上海辞书出版社1983年版）与《中国史学家传》(辽宁人民出版社 1984 年版)等的编写,还与夏瑰琦撰写了《明清时期"六经皆史"说的社会意义》(《历史研究》1983 年第 6 期)等论文。刘节以讲义为基础,撰写《中国史料学与史学史》(曾庆鉴等整理成《中国史学史稿》,中州书画社 1982 年版)。魏得良还发表了《计六奇与明季南北略》(《史学史研究》1982 年第 4 期)等论文,仓修良、魏得良还主编出版了《史记辞典》《汉书辞典》(山东教育出版社 1996 年版)。俞旦初以中国近代史学史为主要研究对象,先后发表《简论十九世纪后期的中国史学》(《近代史研究》1981 年第 2 期)、《20 世纪初年中国的新史学思潮初考》(《史学史研究》1982 年第 3、4 期和 1983 年第 2 期连载)、《20 世纪初年中国的爱国主义史学思潮初考》(收入《中国近代文化问题》,中华书局 1989 年版)、《20 世纪初年法国大革命史在中国的介绍和影响》(《近代史研究》1989 年第 4 期)、《美国独立史在近代中国的介绍和影响》(《世界历史》1987 年第 2 期)等系列论文,后结集为《爱国主义与中国近代史学》(中国社会科学出版社 1996 年版),在社会上有较大影响。钱茂伟长期研究中国史学史,重点是明清史学,先后发表《论明中叶史学风气的变化》(《史学史研究》2001 年第 2 期)、《论明中叶史学的转型》(《复旦学报·哲学社会科学版》2001 年第 6 期)等论文并出版《明代史学编年考》(中国文联出版社 2000 年版)、《明代史学的历程》(社会科学文献出版社 2003 年版)等专著。鲍永军以汪辉祖研究切入史学史研究,发表《汪辉祖史学成就初探》(《浙江学刊》1996 年第 5 期)、《王世贞的史学思想》(《史学史研究》2001 年第 4 期)、《论永嘉学派的史学思想》(《史学史研究》2003 年第 3 期)等论文,并著有《史学大师章学诚传》(浙江人民出版社 2007 年版)等著作。

四、历史文献学

(一)古代、近现代历史文献学研究

第一个系统论述历史文献学的浙江学者,是南宋吕祖谦。吕氏关于历史文献学理论归纳有四:第一是重文字训诂。他在与朱熹讨论古书注疏问题的函中说:"诸先生训释,自有先后得失之异,及汉儒训诂不可轻,此真至论。"[①]第二是重传注。指出:"学者多举伊川语,云'汉儒泥传注'。伊川亦未尝令学者废传注。近时多忽传注而求新说,此极害事。后生于传注中须是字字考,始得。"[②]他认为对于汉儒的传注不可轻率地否定。第三是重视版本校雠。要求得善本、精本,在校勘中校正文字,对于一时难以裁决者,应当"同异两存之,以待知者"。第四是重视史实考订。指出《左传》《论语》《史记》等古代经典名著都多少存在史事失实、粗疏等种种问题,即使记录当代历史的著作也难免发生传闻失实的现象,均需要加以考订。他说:"大凡记录故实,虽同时人,舛驳盖亦时有之,不可便以为断也。"[③]

南宋后期,王应麟、黄震、胡三省等浙东学派学者在历史文献学上均有重要贡献。王应麟

① 〔宋〕吕祖谦:《东莱别集》卷七《与朱元晦书》。
② 〔宋〕吕祖谦:《东莱别集》卷六《己亥秋所记新居时对诸生说》。
③ 〔宋〕吕祖谦:《东莱别集》卷七《与汪端明圣锡》甲午七月。

有关历史文献学的建树主要有两大著作，一是《玉海》240余卷，全书门类丰富，上至天文地理，下至礼乐器用；上起伏羲、尧舜，下至宋之末年。“其摭集之书籍，则有六经众史百家子集、注疏传记、谱牒艺术、隐颐之书，靡有孑遗，纂次详备，博而有要”。其用力最多的《困学纪闻》，该著采用笔记体的形式，分类编排，对文献典籍、学术渊源、文化现象进行梳理、考证、鉴定与评介，将考史与论史相结合。该书涉说经、天文、地理、诸子、考史、评诗文、杂识共12卷，有很高的学术价值与史料价值，是中国考史著作走向成熟的标志。黄震的《黄氏日钞》，是其“所阅经史诸书，随手考订，并奏札、申请、劝诫等作，凡百卷，名之曰《日钞》”，文献价值很高。胡三省以30年的时间完成《资治通鉴音注》一书。“凡纪事之本末，地名之同异，州县之建制离合，制度之沿革损益，悉疏其所以然”。③ 他擅长地理考订与文字音义的训释，对《资治通鉴》地制沿革与分合方面的错误与训释文字上的错讹一一加以订正。他自我总结道：“人苦不自觉，前注之失，吾知之；吾注之失，吾不能知也。又古人注书，文约而义见；今吾所注，博则博矣，反之于约，有未能焉。”④

明朝初年，宋濂著《诸子辨》，对上至传为殷商时代鬻熊所著的《鬻子》，下至宋代《子程子》等40部子类图书进行真伪的考辨与思想内容的评议。该书在辨伪学的发展史上具有承前启后的关键地位，对于明代以后历史文献学的发展产生了重要的影响。胡应麟是明代成就最大的历史文献学家，他毕生的精力都用在搜集、辑录、整理、研究图书文献，他的传世著作，大多与历史文献学有关。例如，《经籍会通》4卷，“皆论古莱藏书存亡聚散”；《九流绪论》3卷，“皆论子部诸家得失”；《四部正讹》3卷，“皆考证古来伪书”；《三坟补遗》2卷，“专论《竹书纪年》《逸周书》《穆天子传》3种，以补《三坟》之缺”；《玉壶遐览》4卷，“皆论道书”；《双树幻钞》3卷，“皆论内典”；《丹铅新录》8卷、《艺林学山》8卷，“则专驳杨慎而作”。概括起来，胡应麟的历史文献学思想包括以下三个方面：第一，全面论述中国文献产生与发展的历史，指出“图籍之废兴”与王朝（国家）的命运息息相关。第二，总结历史文献分类的基本规律，指出历史文献分类有一个从单一到多样，由简单到复杂的发展过程。上古时代，历史文献并无经史子集的分类，对历史文献典籍进行四部分类是文化发展的结果。第三，关于历史文献辨伪的思想，所著《四部正讹》对于伪书的种类（手法）、伪书的分布以及考辨伪书的办法进行了全面系统的阐述，指出伪书在“四部”中分布的基本情况与规律：“凡四部书之伪者，子为盛，经次之，史又次之，集差寡。凡经之伪，《易》为盛，纬候次之。凡史之伪，杂传记为盛，琐说次之。凡子之伪，道为盛，兵及诸家次之。凡集，全伪者寡，而单篇列什，借名窜匿甚众，于别编详之。”最后，他提出了八种辨伪方法。

明末清初的黄宗羲在历史学体裁、体例与史料学上有重要贡献。在历史学体裁上，黄宗羲最特别重视“志”“表”在纪传体史书中的作用，认为“表”可以概见历史发展的大势，“志”可囊括历代典章制度，是史书中不可缺少的重要组成部分。他撰《今水经》，首列《今水经表》；他删定《明史·历志》，将“作表之法，载于志中”。黄宗羲主张写史的人要广泛地占有材料，只有

③④〔宋〕胡三省：《新注资治通鉴序》。

对一代盛衰之迹了然于胸，然后才可下笔[①]；他主张历史著作不仅史料要真实可信，而且要有文采，所谓"言之不文，行之不远"；历史著作一定要在真实可信的史料基础上，做到"叙事须有丰韵""使其人之精神生动"，写出人物内心的世界与风采。黄宗羲撰《明儒学案》，各学案均由序、传记、案主的论著语录等资料选辑三个部分组成，他用这种三段式的体例，将整个明朝一代各派各家学术思想的渊源、宗旨、流派及其演变等清晰地展示了出来，完善了学案体史书的体例，具有重要的学术价值。黄宗羲在史料学上也有很多真知灼见；对方志、家谱、碑铭、野史等的史料价值作了自己的判断；还根据自己多年的治史经验，提出了一套史料取舍标准："年月依国史，官爵世系取家传，参详是非兼用稗官杂说。"

晚清龚自珍对历史文献学有重要的论述，认为文献史是史学研究的基础，研究历史首先必须广泛搜集资料。所谓"文献无征……恐贻误国史，所关非小耳！"[②]在龚自珍看来，不仅经史文献是历史研究的重要史料，而且商周彝器（即青铜器）文字、古代刻石、墓碑、古印、古镜、瓦当以及诗文等也都是重要史料。关于文献史料的考订问题，龚自珍主张"以经还经，以记还记，以传还传，以群书还群书，以子还子"，也就是通过考订来恢复史料的本来面目。对于史料考订，龚自珍主张除采用小学（即音韵训诂之学）与古器物的手段来考订外，还可以采取实物与文献相互印证的办法来加以考订，订正错误。龚自珍对目录学也很有研究，认为目录学是搜集史料的重要工具。

近现代以来，罗振玉、王国维、赵万里、朱希祖等学者在历史文献学上有重要建树。罗振玉在历史文献学上的贡献主要是对于甲骨文、金文的收集整理，先后编成《殷墟书契》《三代吉金文存》等著作。王国维的文献学成就主要在对于中国古代史料，特别是甲骨文、金文、石经、古器物等的考释，留下了大量的著述，王氏遗著最先由罗振玉编成《海宁王忠悫公遗书》面世。张元济长期主持商务印书馆，在历史文献整理以及版本学、目录学、校勘学等领域均有重大贡献。张元济主持的商务印书馆在清末民国时期先后出版 43 种古籍丛书，其中张元济与商务同人编辑整理出版的有 12 种，影响最大的是《四部丛刊》初编、续编、三编，《续古逸丛书》，《百衲本二十四史》等；张元济著有《校史随笔》（长沙商务印书馆 1938 年版；北京商务印书馆 1957 年版）、《涵芬楼烬余书目录》（上海商务印书馆 1951 年版）等著作。赵万里到北京大学史学系任教时，主讲必修课"中国史料目录学"，他的讲稿《中国史料目录学讲义》《目录学十四讲纲目》《校勘学纲要》《版本学纲要》，为中国史学史课程的建立作出了重要贡献；先后编印有《国立北京大学图书馆善本书目》（1933 年编印）、《汉魏六朝冢墓遗文图录》（编印时间不详）。朱希祖在文献史籍考订、史籍辑录整理以及目录学等领域均有重要贡献。他的《整理中国最古书籍之方法论》（《北京大学月刊》第 1 卷第 3 号，1919 年 3 月）一文对整理古代文献的方法进行了探讨。他编辑整理了《杨么事迹考证》（商务印书馆，1935 年）、《伪齐录校证》（独立出版社 1943 年版）、《伪楚录辑补》（独立出版社 1943 年版）、《孙吴佚史辑校》（未刊）、《清代文字狱史料汇编》（未刊）等。在版本目录学方面，有《郦亭藏书题跋记》（《图书月刊》第 2 卷第 1、2

---

① 《黄宗羲全集》第 10 册《谈孺木墓表》。

② 《龚自珍全集》下册《语录》。

期,1942年1、2月)、《郦亭读书记》(《中国学报》第1卷第2期,1943年10月)以及未刊的《宋代官私书目考》《宋代金石书目考》《版本目录学论丛》《中兴馆阁书目四卷续目》《目录学杂记》《海盐著述家目录》《海盐朱氏藏地方志目录》等。郑鹤声对文献学、目录学也有很多研究成果,先后出版《中国史部目录学》(商务印书馆1933年初版,1956年再版),《中国文献学概要》(与郑鹤春合编,商务印书馆1933年初版,上海书店1983年版)等著作,并发表《中国历代治河文献考略》(《真理杂志》第1卷第4期,1944年)等论文。

(二)现当代历史文献学研究

中华人民共和国成立以后,郑鹤声、柴德赓、蔡美彪、陈高华、王庆成、王兴福、胡国枢、陈学文、卢向前等众多学者在历史文献学上均有重要成果。郑鹤声有《郑和下西洋资料汇编》(与郑一钧合编,齐鲁书社1980年、1983年、1989年出版),《正史汇目》(天津古籍出版社2009年版)等。中国近代史料整理方面,有炎明主编的《中法战争镇海之役史料》(光明日报出版社1988年版),冯琛等编的《鸦片战争在舟山史料选编》(浙江人民出版社1992年版),王庆成主编的《稀见清世史料并考释》(武汉出版社1998年版),王万盈编的《清代宁波契约文书辑校》(天津古籍出版社2008年版)等。其中,太平天国史料整理的成果最为丰富,有浙江省博物馆、浙江省社会科学研究所历史研究室主编,王兴福、周其中、王煊成合编的《浙江太平天国革命文物图录选编》(浙江人民出版社1984年版),《中国近代史资料丛刊续编·太平天国》10卷(罗尔纲、王庆成主编,广西师范大学出版社2004年版),王庆成主编的《天父天兄圣旨:新发现的太平天国珍贵文献史料》(辽宁人民出版社1986年版)以及《影印太平天国文献十二种》(中华书局2004年版)等。

第二节　中国古代史研究

浙江历代学者中,史学研究占多,而史学成果中,又以考古学成就支持的先秦史、地缘政治凭借的南宋史以及地域人才鼎力的浙东史学见长。

一、先秦史

晚清民国时期,在先秦史研究领域,浙江学者名家辈出,孙诒让、章太炎、罗振玉、王国维、夏廷棫、邵瑞彭(次公)、张尔田、沈瓞民、陈汉章、张元济、朱希祖、钱玄同、吴其昌、缪凤林、周予同、赵景深、孙正容、童书业、陈梦家、唐兰、吴泽、王蘧常、张世禄、何天行、陈登原、郑鹤声、刘节、梅思平、朱偰、曹锦炎、陈年福、叶志衡等,在各自的领域都有重要建树。

(一)史前文明起源研究

关于中华民族起源、中华文明如何发展演化的问题,一直夹杂在历史考古的双重辨证发展中。浙江史前遗址的大量发现、发掘,不仅为浙江史前文明研究提供了科学论证的佐证,而且也为中华史前文明的起源研究提供了可信的依据。早在1994年5月，陈剩勇就发表专著《中国第一王朝的崛起——中华文明和国家起源之谜破译》（湖南出版社1994年版），利用崧泽文化、河姆渡文化、良渚文化等遗址发掘的大量实物，以中国历史上第一个王朝夏朝为基本解剖对象，探讨了夏族的发祥地和夏王朝诞生地，提出了夏族的发祥地在长江下游地区，夏文化萌生崛起于东南地区，即以太湖为中心的长江三角洲平原。1996年，毛昭晰撰《良渚文化与文明起源之管见》（《浙江学刊》1996年第5期）进一步论证良渚文化在中国史前文明初兴时的作用。夏鼐著《中国文明的起源》（文物出版社1985年版）一书高度肯定了良渚文化对中华文明起源的贡献。2007年，良渚古城的发现，引起了国内外考古学专家们对史前文明的起源问题更深层次的论争。如张忠培指出，良渚古城可称为“中华第一城”，其意义不亚于殷墟的发现。严文明提出“良渚古城可看作是良渚文明的‘都城’”，“它改变了原本以为良渚文化只是一抹文明曙光的认识，标志着良渚文化其实已经进入了成熟的史前文明发展阶段”。“良渚文化对整个中国文明的起源和发展起了非常巨大的作用”。（《严文明在良渚古城考古发现新闻发布会上的讲话》，2007年）此前，严文明发表有《良渚随笔》（载《文明的曙光——良渚文化》，浙江人民出版社1996年版）《良渚遗址的历史地位》（《浙江学刊》1996年第5期）等，肯定了良渚文化与中华文明的缘起关系。董楚平用了玉器文明和青铜文明两个概念来表述史前文明的进阶与发展。

对良渚文化于史前文明进程中的贡献，研究成果有王明达的《良渚文化在东亚文明进程中的贡献》（《浙江学刊》1996年第5期），吴汝祚的《良渚文化——中华文明的曙光》（见《文明的曙光——良渚文化》），沈德祥、周如汉的《文明曙光从这里升起——良渚文化综述》（见《文明的曙光——良渚文化》），吴汝祚、徐吉军合著的《良渚文化兴衰史》（社会科学文献出版社2009年版），吴汝祚的《太湖、杭州湾地区的史前文化在我国史前史上的地位》（《东南文化》1980年第3期），周膺著的《良渚文化与中国文明的起源》（浙江大学出版社2010年版）等。

（二）商代甲骨文研究

这方面，孙诒让是最早的开拓者，他的《契文举例》是开创性的著作。罗振玉、王国维将这门学问发扬光大。罗振玉著有《殷商贞卜文字考》1卷（《罗振玉学术论著集》，上海古籍出版社2010年版）、《殷墟书契考析》1卷、《殷墟书契待问编》1卷以及《析叔》《析爰》《与林浩卿博士论卜辞王宾书》《与王静安徵君论卜辞上甲书》等，为近代甲骨文研究奠定了基础。王国维先后发表《殷卜辞中所见先公先王考》《殷卜辞中所见先公先王续考》《殷周制度论》（《王国维全集》，浙江教育出版社、广东教育出版社2009年版）、《析星》《析旬》《殷墟卜辞中所见地名考》《殷礼征文》《古史新证》等。他的主要贡献是在证史，学术界认为王国维在《殷卜辞中所见先公先王考》及《续考》中对殷代世系的考证多数精确；他的《殷周制度论》及《殷礼征文》等论著对殷代礼制的探讨和殷周制度异同的论述发千古之秘；学者指出，王国维的研究使蒙昧的商代历史呈现了新的光明。在甲骨文的考析方面，唐兰、吴其昌、陈梦家也有很多发明。唐兰著有《古文字学导论》《殷墟文字记》（《唐兰全集》，上海古籍出版社）、《天壤阁甲骨文存考析》等，被学术界称为甲骨文考析领域贡献最大的学者。吴其昌著有《卜辞所见先公先王三续考》

(《燕京学报》第14期)、《殷墟书契解诂》(《国立武汉大学文史哲季刊》第3卷第2号、第3号,第4卷第2号、第4号,第5卷第1号上连载),在老师王国维的研究基础上继续甲骨文研究。中华人民共和国时期,曹锦炎、陈年福的成就较大。曹锦炎除了发表《释甲骨文北方名》(《中华文史论丛》1982年第3期)、《浙江省博物馆新藏甲骨文字》(《文物》1990年第5期)、《甲骨文地名构形试析》(《殷都学刊》1990年第3期)等系列论文,还与人合作编纂出版了《新编甲骨文字型总表》(文物出版社2001年版)及20卷本《甲骨文校释总集》(饶宗颐、曹锦炎、沈建华等编,上海辞书出版社2006年版)等大型工具书。陈年福撰写了《甲骨文词义论稿》(上海古籍出版社2007年版)涉甲骨文词义字目(3654个)与词目(3596个),对普通词词义进行详尽类举;主持编纂10卷本《殷墟甲骨文摹释全编》(线装书局2010年版)。

(三)金文与典籍研究

金文研究方面,也是晚清孙诒让开其端,罗振玉、王国维发扬光大。罗振玉编有《贞松堂集古遗文》16卷、《贞松堂集古遗文补遗》3卷、《贞松堂吉金图》3卷、《梦郼草堂吉金图》3卷、《梦郼草堂吉金图续编》1卷、《殷文存》2卷以及《三代吉金文存》等,收录的多是私人所藏金文。金文研究方面成就最大的仍然是王国维,他著有《古礼器略说》《观堂古金文考析》《周葬京考》《邶北鼎跋》《散氏盘跋》《克钟克鼎跋》等系列论著,学者评价他的考释"多极精确"。之后,吴其昌全盘整理存世铜器铭文并加以总结,著有《金文历朔疏证》《金文疑年表》以及《王号表》《诸侯王表》《王在王格表》等。此外,陈梦家著有《禺邗王壶考释》(《燕京学报》第21期)、《陈口壶考释》(《责善半月刊》第2卷第23、24期),唐兰著有《莽京新考》(《史学论丛》第1期,1934年)、《古乐器小记》(《燕京学报》第14期,1934年12月)等,也都有相当的贡献。

先秦典籍研究方面,孙诒让、俞樾、章太炎、王国维、邵瑞彭、张尔田、陈汉章、缪凤林、吴其昌、唐兰、梅思平、童书业、刘节、朱偰、黎子耀等均有重要成果。孙诒让的《周礼正义》《墨子间诂》等著作被学术界称为"不刊的名著"。俞樾的代表作有《诸子平议》《古书疑义举例五种》《太上感应篇缵义》等。章太炎著有《尚书续说》(《制言》第1期,1933年2月)、《与吴承仕论尚书古今文书》(《华国月刊》第2卷第1、2期,1925年4、5月)、《疏证古文八事》(《华国月刊》第2卷第10期,1925年11月)、《古文尚书拾遗》(《国学论衡》第4期上册、第5期下册,1934年11月、1935年6月)、《与邵瑞彭论太誓书》(《国学论衡》第3期,1935年6月)、《与徐哲东论春秋书》(《制言》第17期,1936年5月)、《安逸周书世俘篇校正》(《制言》第32期,1937年1月)、《春秋昭十年不书冬说》(《民权素》第12期,1935年11月)、《与吴承仕论春秋答问作意书》(《国学丛编》第2卷第1期,1932年10月)、《春秋左传读续录》(《国粹学报》第3卷第1—11期,1907年)等系列论文,在经学、诸子学等研究方面独辟蹊径。

中华人民共和国成立以后,研究先秦史的浙江学者有黎子耀、沙孟海、董楚平、陈剩勇、徐建春等。黎子耀著有论文《周易"序卦"、"杂卦"秘义》(《浙江学刊》1987年第4期)、《殷商先公先王与阴阳五行思想的关系》(《王国维学术研究论集》第3集),出版《老子秘义》(三秦出版社1989年版)、《周易秘义》(浙江古籍出版社1989年版)、《周易导读》(巴蜀书社1990年版;中国国际广播出版社2008年版)、《论语秘义》(三秦出版社1991年版)、《老子秘义补注》(三秦出版社2002年版)，并与魏德良合著《易经解谜——周易黎氏学》(陕西人民出版社2000年版)，他的研究独辟蹊径，自成一说，发前人之所未发。

(四)先秦史研究

这方面，疑古派的钱玄同(1887—1939年，吴兴人)、童书业影响较大。童书业的《尧舜禅让说起源的另一推测》(《文澜学报》第3卷第1期，1937年)是他从事疑古史研究的起点。童书业与老师顾颉刚合编的《古史辨》第7册(分上、中、下3编)，被学者称为"古史传说批判的一个大结集"，收录了顾颉刚、童书业等多位疑古史学者的论文。童书业还出版了《春秋史》(开明书店，1946年)，为先秦春秋史第一部专著。李学功的《夏商周三代礼法制度论略》(《青海师范大学学报·哲学社会科学版》2000年第4期)，对三代的礼法制度进行了探讨。张广志、李学功合著的《三代社会形态:中国无奴隶社会发展阶段研究》(陕西师范大学出版社2001年版)，提出中国没有奴隶社会的新观点。叶志衡的《战国学术文化编年》(浙江大学出版社2007年版)，对战国时期的学术文化进行了系统的梳理。

值得一提的是对西周分封制的政治性质这一涉及中国封建社会起始的过渡问题，李志庭较早著《西周分封的政区性质》(《杭州大学〈庆祝建国三十周年科学报告会论文集〉》，1979年)一文，提出西周分封国非政权性而是政区性，认为"与后世地方政区的地方官领有一定的统辖范围并代表中央政府在辖区内行使权力，为国家征收赋税，维持社会秩序等方面大有形似之处"。李学勤在《东周与秦代文明》(文物出版社1984年版)一书中，引此文作为西周统一国家形式的依据之一。

(五)古代宗教与神话研究

对此，陈梦家著有《古文字中之商周祭祀》(《燕京学报》1937年6月第19期)、《商代的神话与巫术》(《燕京学报》1937年12月第20期)、《祖庙与神主之起源》(《燕京大学文学年报》第3期)、《高禖郊社祖庙通考》(《清华学报》1937年第12卷第3期)等论文，在商周的祭祀制度与商代的宗教神话与制度方面取得了重要成就。董楚平先后发表《防风氏神话的新发现》(《浙江社会科学》1993年第1期，《"鸟田"神话刍议》(《民族研究》1997年第2期)、《中国最早的创世神话》(《杭州师范学院学报》1998年第2期)、《中国上古创世神话钩沉——楚帛书甲篇解读兼谈中国神话的若干问题》(《中国社会科学》2002年第5期)等论文及专著《防风氏的历史与神话》(浙江古籍出版社1996年版)。

二、秦汉三国两晋南北朝隋唐五代史

(一)秦汉三国史研究

浙江学者关于秦汉三国史的研究始于20世纪初，罗振玉、王国维、马衡、夏鼐等学者利用当时发现的汉简从事秦汉史研究，取得了相当大的成就，如夏鼐的《新获之敦煌汉简》(《国立中央研究院历史语言研究所集刊》1948年第19卷)就是利用汉简从事秦汉史研究的代表作。

缪凤林的《西汉诸帝及外戚之祸》(《史学杂志》1931年4月第2卷第5—6期合刊)是浙江学者利用文献史料撰写的第一篇论文。何炳松撰写了小册子《秦始皇帝》(商务印书馆,出版年不详)。李源澄于20世纪三四十年代先后在浙江大学、四川大学讲授秦汉史,以讲义为基础改写成《秦汉史》(商务印书馆1947年版)是第一部秦汉断代史著作。

中华人民共和国成立后,宋云彬、范文澜、夏鼐、陈梦家、周予同、童书业、胡珠生、李祖德、黄朴民、李学功等学者对秦汉史有较多的研究。宋云彬先后发表《秦始皇的统一和汉武帝的对外斗争对中国社会有什么影响?它对中华民族的形成是否有什么作用?》(《新建设》第4卷第3期)、《秦始皇论》(《进步青年》1951年7月第237期)、《汉武帝论》(《进步青年》1951年9月第239期)等论文,对秦始皇、汉武帝两个最重要的皇帝进行了研究。童书业的《略论战国秦汉的社会性质》(《新建设》1957年第8期)、《战国秦汉时代的手工业与商业》(《文史哲》1958年第2期)对秦汉社会及经济作以论述。胡珠生的《汉代奴隶制说的根本缺陷在哪里?——对〈再论汉代是奴隶社会〉一文的意见》(《历史研究》1957年第7期),对以王思治为代表的主张西汉是奴隶社会的观点进行批评;胡珠生还著有《论汉金非铜及其减退原因》(《文史哲》1957年第6期)、《苍头军非奴隶军辨》(《人文杂志》1958年第3期),对赵俪生、王思治、张恒寿等人的观点进行了辩驳。周予同与汤志钧的《博士制度和秦汉政治》(《新建设》1963年第1期)对博士制度与秦汉政治的关系进行了检讨。李祖德对秦汉时期的货币及屯田等有较多的研究,先后发表《西汉的屯田》(《复旦大学学报·哲学社会科学版》1991年第1期)、《论西汉的货币改制——兼论西汉的"重农抑商"政策》(《历史研究》1965年第1期)、《论西汉的货币改制》(《历史研究》1965年第3期)、《试论秦汉的黄金货币》(《中国史研究》1997年版)等多篇论文。黄朴民对秦汉军事史、思想学术史等领域著述繁多,论文有《两汉兵学的发展及其特色》《汉代"独尊儒术"的背后》《"大一统"与秦汉历史地位再评价》(分别载《光明日报》2002年11月19日,2004年5月11日,2004年6月1日)、《国策与国运——析汉武帝身后的政治走向》(《中国人民大学学报》2005年第6期)、《秦汉时期统一战争的战略智慧述略》(《东岳论丛》2009年第1期)等数十篇,另有《秦汉统一战略研究》(中国人民大学出版社2007年版)等多部专著。还有李学功、张科著《略论战国秦汉时期的思想整合问题》(《史学月刊》2001年第6期),陈梦家著《汉简考述》(《考古学报》1963年第1期)等。

(二)两晋南北朝史研究

民国时期,浙江学者罗振玉、朱希祖、郑鹤声等对两晋南北朝史用力较多。罗振玉的《补〈宋书〉宗室世系表》(《亚洲学术杂志》第2、3期,1921年11月、1922年4月),对《宋书》中的宗室世系表进行了增补。朱希祖先后发表《萧梁旧史考》(《国学季刊》第1卷第1、2期,1923年1—3月)、《十六国旧史考》(《制言》1936年3月第13期)、《西魏赐姓源流考》(《张菊生先生七十生日纪念论文集》,1937年1月)等论文,被后人编为《朱希祖六朝历史考古论集》(杨晓春编,南京大学出版社2009年版)及《六朝陵墓调查报告》(岳麓书社2010年版)。郑鹤声著有《晋书汇目考略》(国立中央大学主办《史学》1933年3月第2期)。

中华人民共和国成立以后,在魏晋南北朝史研究领域,王仲荦成就最大。他先后发表论文

《北魏初期社会性质与拓跋宏的均田、迁都、改革》(《文史哲》1955 年第 10 期)、《试论淝水之战为什么南胜北败与苻秦败亡后的北方局势》(《文史哲》1955 年第 12 期)、《三国时期的经济发展》(《历史教学》1956 年第 10 期)等;他的著作有《魏晋南北朝隋初唐史》上下册(上海人民出版社 1961 年版)、《曹操》(上海人民出版社 1956 年版)、《说曹操》(中华书局 2009 年版)等,其《魏晋南北朝史》(上海人民出版社 1979 年、2003 年版)上下册一书,将中国中世纪 370 年的复杂历史进行了梳理。在文献典籍整理研究上,出版了《北周六典》上下册(中华书局 2008 年版)、《宋书校勘记长编》上中下 3 卷(中华书局 2009 年版)。王志邦著有《六朝江东史论》(中国青年出版社 1989 年版),主编 5 卷本《六朝地域社会丛书》(团结出版社 1992 年、1993 年版)。此外,吴晗的《敕勒歌歌唱者家族的命运》(《人民文学》9 月号,1962 年 9 月),卢向前、王春红的《光极堂大选与品令》(《浙江大学学报・人文社会科学版》2010 年第 4 期)等也是重要作品。

(三)隋唐五代史研究

民国时期,孙诒让、章太炎、陈汉章、邵瑞彭、朱希祖、张元济、夏廷棫、何炳松、夏承焘、钱宝琮、俞大纲、陈登原、缪凤林等众多学者涉足过隋唐五代史研究。孙诒让的《唐静海军考》(《国粹学报》1909 年第 5 卷第 9 期)为浙江学者研究隋唐五代史的开篇之作。缪凤林编《中国通史纲要》,其中隋唐五代史的部分内容以《汉胡混合之北统》为题发表(《史学杂志》1931 年 4 月第 2 卷第 5、6 期合刊)。隋唐五代史研究用力、成果较多当推朱希祖。他的《五代时之文化》(《民铎杂志》1925 年 5 月第 6 卷第 5 期),对五代文化进行了初步研究;他的《驳李唐为胡姓说》(《东方杂志》1936 年 8 月第 33 卷第 15 号)、《再驳李唐氏族出于李初古拔及赵郡说》(《东方杂志》1937 年 5 月第 34 卷第 9 号)两文,对当时以陈寅恪、刘盼遂为代表的关于唐朝皇帝李渊、李世民出于胡姓血统的观点进行了批驳。7 卷本《南京图书馆藏朱希祖文稿》(凤凰出版社 2010 年版)亦有不少隋唐五代史研究的作品。

中华人民共和国成立以后,王仲荦、梁太济、李志庭、张涌泉、卢向前、陈志坚、何勇强等学者在隋唐五代史研究方面均有重要建树。王仲荦有《隋唐五代的书法》(《历史研究》1984 年第 1 期)、《唐和南海各国的经济文化交流》(《唐史论丛》1987 年 1 月)等。20 世纪 70 年代末的改革开放以来,浙江隋唐五代史研究的重心在杭州大学历史系及四校合并后的浙江大学历史系,并且将隋唐五代史同敦煌学研究相结合,在全国有一定的影响力。倪士毅的论文《五代吴越国的佛教文化》(《东南文化》1989 年第 6 期),分析了五代吴越国佛教文化兴盛的原因。卢向前则是继王仲荦之后学术成就较大的一位学者,他发表隋唐五代史论文十余篇,代表作有《金山国立国之我见》(《敦煌学辑刊》1990 年第 2 期)、《论麴氏高昌臧钱——67TAM84：20 号文书解读》(《北京大学学报・哲学社会科学版》1991 年第 5 期)、《麴氏高昌和唐代西州的葡萄、葡萄酒及葡萄酒税》(《中国经济史研究》2002 年第 4 期)、《武则天"畏猫说"与隋室"猫鬼之狱"》(《中国史研究》2006 年第 1 期)、《新材料、新问题与新潮流——关于隋唐五代制度史研究的几点看法》(《史学月刊》2007 年第 7 期)等,他还出版了《敦煌吐鲁番文书论稿》(江西人民出版社 1992 年版)、《唐代西州土地关系述论》(上海古籍出版社 2001 年版)、《唐宋变革论》(黄山书社 2006 年版)等多部学术专著,在学术界影响较大。李志庭著《也谈钱镠"保境安民”国策》(《中国史研究》1997 年第 3 期)一文,对国内多数学者认为吴越国之所以国运长久,能在恢复、发展唐末以来的浙江及苏南太湖流域社会经济方面发挥重要作用,主要是因为钱镠及其继承者们贯彻执行了“保境安民”的基本国策,对此观点他提出了不同意见。他还著有《略论钱镠的军事思想》(《军事历史研究》1996 年第 4 期)、《吴越国的治国方略》(浙江省历史学会编《浙江文学论丛》第 1 辑,杭州出版社 2004 年版)等。何勇强的《钱氏吴越国史论稿》(浙江大学出版社 2002 年版),对吴越国历史进行了全面系统研究。

21 世纪初,浙江在五代史书编纂方面,有傅璇琮、徐海荣、徐吉军主编的《五代史书汇编》(杭州出版社 2004 年版),共收集五代至清代有关五代十国历史文献典籍 49 种,分甲、乙、丙 3 编。甲编为新旧《五代史》的考证;乙编记述北方后梁、后唐、后晋、后汉、后周五朝史事;丙编记十国史事,除政治史外,还涉及社会民俗、书画艺术等。全书 10 册共计 500 万字,荦荦大端,是为巨著。

三、两宋史

(一)古代、近现代浙江的两宋史研究

浙江的宋史(尤为南宋史)研究历史悠久,名家众多,在全国占有十分重要的地位。在南宋,浙江形成了以吕祖谦、王应麟、黄震、胡三省等为代表的浙东史学流派,浙东史学大家均对南宋朝历史有所研究。吕祖谦曾任南宋秘书省秘书郎兼国史院编修官、实录院检讨官,参与重修《徽宗实录》(200 卷),以后又参与《皇朝文鉴》编纂、校正,并修《中兴馆阁书目》。王应麟著述繁多,与两宋特别是南宋史有关的有《玉海》(240 余卷)与《困学纪闻》(20 卷),其中《困学纪闻》重点反思了两宋亡国惨痛历史,学者认为该书是中国考史著作走向成熟的标志。黄震的百卷本《黄氏日抄》对南宋理学史有精到的研究;他的《古今纪要逸编》1 卷,即《理度两朝政要》是对南宋衰亡史的总结。胡三省以毕生精力完成 294 卷本的《资治通鉴音注》及 12 卷本的《资治通鉴释文辨误》,其中也包括了对两宋时期的研究,并且痛心于宋朝灭亡的奇耻大辱,体现了对民族命运的关怀。此外,南宋时期,几部宋史的基本著作如《续资治通鉴长编》《长编拾补》《文献通考》《宋史》等都是在浙江首次刊行的。

民国时期,朱希祖、缪凤林、郑鹤声、楼桐孙、朱偰、黄云眉等学者都发表过有关宋史研究的论文。朱希祖先后发表的论文有《伪齐录校证自序》《伪楚录辑补自序》(以上两文均刊于《中央大学文艺丛刊》1935 年 6 月第 2 卷第 1 期)、《“高宗六龙幸海记”考证》(《文澜学报》1937 年 6 月第 2 卷第 2 期)等,朱希祖之子朱偰发表论文《宋金议和之新分析》(《东方杂志》1936 年 5 月 16 日第 33 卷第 10 号)。此外,还有缪凤林的《宋高宗与女真议和论》(《国风》1936 年 2 月第 8 卷第 2 期),楼桐孙的《一件国难外交的史实——寇准澶渊之役》(《东方杂志》1936 年 2 月第 33 卷第 4 号)等论文。

(二)中华人民共和国成立后浙江的两宋史研究

中华人民共和国成立以后,浙江的两宋史研究逐步发展壮大,成为历史研究中的优势学

科之一。1978 年，杭州大学历史系成立宋史研究室，在学术带头人徐规教授的带领下学科发展很快，并开始招收宋史硕士研究生。1986 年开始招收博士研究生，宋史研究室还主办《宋史研究集刊》。1984 年 10 月，杭州大学历史系宋史研究室与中国宋史研究会在杭州主办了中国宋史研究会第三届年会，会后出版了《宋史研究论文集》第 3 辑（浙江人民出版社 1987 年版）。1985 年 5 月，杭州大学与北京大学联合在杭州举办首届中国宋史国际学术讨论会，在国内外产生了较大影响。1998 年四校合并后的浙江大学历史系宋史研究依然走在全国高校的前列。此外，浙江省社会科学院、浙江师范大学、杭州师范大学、宁波大学、温州大学等单位也有一批宋史研究人才。以浙江大学历史系为中心，经过数十年的发展，浙江形成了一个很强的宋史研究学术梯队，学者包括徐规、陈乐素、倪士毅、梁太济、杨渭生、束景南、林正秋、周梦江、龚延明、何忠礼、陈植锷、包伟民、方建新、徐吉军、方如金、沈松勤、何俊、陆敏珍等。2005 年 6 月，杭州市社会科学院成立南宋史研究中心，由何忠礼任主任，方建新、徐吉军任副主任。该中心成立后，集中力量从事《南宋史研究丛书》的编撰工作，计划用五六年时间完成 50 卷的《南宋史研究丛书》，并出版内部刊物《南宋史研究》。2008 年 10 月，杭州市社会科学院配合杭州市人民政府开展了“南宋文化周”活动，承办了“中国南宋史国际学术研讨会暨南宋定都临安（杭州）870 周年纪念会”。

浙江的宋史研究成果十分丰富，研究领域也很丰富，其中成果最显著的有以下领域：

关于两宋综合研究。何忠礼、徐吉军合著的《南宋史稿》（杭州大学出版社 1999 年版），何忠礼主编的《南宋史及南宋都城临安研究》上下册（人民出版社 2009 年版）是属于南宋断代通史著作。王国平主编的“南宋史研究论丛”上下册（杭州出版社 2008 年版），也属于综合研究的范畴，主要探讨了绍兴和议后的南宋帝国、南宋江湖诗派、南宋中叶马球衰落和文化的变迁、南宋定都临安的原因、南宋临安的瓦市、南宋临安的娱乐市场、南宋临安府钱牌研究，杭州老虎洞南宋官窑窑址的考古学研究等等，共 50 卷。包伟民著有《宋朝简史》（福建人民出版社 2006 年版），其《传统国家与社会：960—1279 年》（商务印书馆 2009 年版）是以宋代史为例的国家与社会史论稿。

关于两宋政治军事史、农民起义史研究。两宋政治军事史研究方面，重要论文有徐规、方建新的《“杯酒释兵权”说献疑》（《文史》第 14 辑，1982 年）对流传已久的宋太祖赵匡胤“杯酒释兵权”的陈说提出怀疑。徐规、方如金的《评宋太祖“先南后北”的统一战略》（《宋史研究论文集》第 2 辑，河南人民出版社 1984 年版），徐规的《宋太祖誓约辨析》（《历史研究》1986 年第 4 期）是为宋史专题研究之范本。陈植锷的《从党争这一侧面看范仲淹改革的失败》（《北京大学学报·哲学社会科学版》1986 年第 4 期），梁太济的《北宋前期的中枢机构及其渊源》（《集刊》第 2 集，1988 年），倪士毅的《宋代宰相出身和任期研究》（《杭州大学学报》1986 年第 4 期）、《赵宋宗室中之士大夫》（《杭州大学学报》增刊，1984 年），杨渭生的《略论蔡襄的政治思想》（《福建学刊》1987 年第 5 期）等。专著方面，有何忠礼的《宋代政治史》（浙江大学出版社 2007 年版）、《南宋政治史》（人民出版社 2008 年版）皆为专题史重要论著。两宋农民起义史研究方面，浙江重点研究方腊起义，也涉及其他起义。“文化大革命”期间，淳安县革命委员会报道组集体撰写了《关于方腊起义》（《文史哲》1974 年第 4 期）、《关于方腊的出身和早期革命活动的探索》（《文史哲》1976 年第 3

期)等,比较系统地研究了方腊与方腊起义。之后,杨渭生的《方腊起义》(浙江人民出版社 1980 年版)《关于方腊起义若干问题的再探索》(《文史》第 8 辑,1981 年),孙平的《方腊到底是哪里人?》(《浙江学刊》1982 年第 3 期)对方腊及方腊起义作了进一步的研究。此外还有徐朔方的《从宋江起义到水浒传成书》(《中华文史论丛》1982 年第 4 辑,上海古籍出版社),徐规的《关于李顺之死》(《中国古代史论丛》第 9 辑,岳麓书社 2004 年版)等。

关于两宋经济财政金融贸易史研究。两宋经济贸易史研究方面,徐规、倪士毅、林正秋、梁太济、包伟民、周梦江、方如金、袁俐等学者成果较多。梁太济先后发表《两宋的土地买卖》(《宋史研究论文集》第 1 辑,1982 年)、《宋代五等下户的经济地位和所占比例》(《杭州大学学报》1985 年第 3 期)、《两宋的户等划分》(《宋史研究论文集》第 3 辑,1987 年)、《两宋的夫役征发》(《集刊》第 1 集,1986 年)等系列论文,就宋代土地买卖、下户的经济地位、夫役征发等问题进行考证和研究;出版《两宋阶级关系的若干问题》(河北大学出版社 1998 年版)一书,专论两宋的阶级关系。梁太济还与包伟民合著了《宋史食货志补正》上下册(中华书局 2008 年版)。包伟民在宋代经济、财政、金融、赋税、城市等多个领域均有重要的科研成果,其《宋代的粮食贸易》(《中国社会科学》1991 年第 2 期)专论宋代的粮食贸易。先后发表《论宋代折钱租与钱租的性质》(《历史研究》1988 年第 1 期)、《试论宋代纸币的性质及其历史地位》(《中国经济史研究》1995 年第 5 期)、《宋代的上供正赋》(《浙江大学学报·人文社会科学版》2001 年第 1 期)、《"专业市镇"与江南市镇研究范式的再认识——以浙江乌青镇个案研究为基础》(与黄海燕合作,《中国经济史研究》2004 年第 5 期)《宋代"别籍异财法"的演变及其原因阐释》(与尹成波合作,《浙江大学学报·人文社会科学版》2009 年第 5 期)等多篇重要论文,对宋代的钱租、诸库务、粮食贸易、纸币、上供正赋、劝农制度、别籍异财法等问题作以研究,涉题甚广。他还出版了《宋代地方财政史研究》(上海古籍出版社 2001 年版)等著作。此外,吴松弟的《南宋人口史》(上海古籍出版社 2008 年版),张锦鹏的《南宋交通史》(上海古籍出版社 2008 年版),邓禾颖、唐俊杰的《南宋官窑》(杭州出版社 2008 年版),葛金芳的《南宋手工业史》(上海古籍出版社 2008 年版),方健的《南宋农业史》(人民出版社 2010 年版)等,专论宋代人口、交通、手工业和农业史。徐吉军的《南宋临安工商业》(人民出版社 2009 年版)为研究南宋工商业史的专作。

关于学术文化史、两宋典章制度史研究。在宋代学术文化史领域,陈植锷有论文《试论王禹偁与宋初诗风》《宋学通论》(《中国社会科学》1982 年第 2 期、1989 年第 4 期)为研究宋代人物与学术史的代表作。其《从疑传到疑经——宋学初期疑古思潮述论》(《福建论坛·文史哲版》1987 年第 3 期)、《论北宋知识分子的知识结构》(《社会科学研究》1988 年第 2 期)、《周、程授受辨》(《文献》1994 年第 2 期)等,出版专著《北宋文化史述论》(中国社会科学出版社 1992 年版),编辑出版《徂徕石先生文集》(中华书局 1984 年版)、《石介事迹著作编年》(中华书局 2003 年版)等,涉猎两宋诗风、学风及学术文化史等论题。在宋代典章制度特别是官制、科举制度等领域,龚延明成果最多,先后发表《略论宋代职官简称别名》(《宋史研究论文集》,1987 年)、《宋代官吏的管理制度》(《历史研究》1991 年第 6 期)、《宋代的皇帝制度》(《河南大学学报·社会科学版》1992 年第 2 期)、《宋代中央机构剖析》(《浙江学刊》1993 年第 3 期)、《中国历代职官别名研究》(《历史研究》1998 年第 6 期)等数十篇论文,出版有《宋史职官志补正》(浙江古籍出版社 1991 年版)《宋代官制辞典》(中华书局 1997 年版)、《中国历代职官别名大辞典》(上海辞书出版社 2006 年版)、《中国古代职官科举研究》(中华书局 2006 年版)等专著与工具书,主编《宋代制度史研究百年:1900—2000》(商务印书馆 2004 年版),在国家层面的典章制度作以宏观的、历史的考证。此外,还有曾小华的《略论宋朝勘磨制度的特点及其社会原因》(《浙江学刊》1990 年第 3 期)、《论宋代的资格法——兼论中国任官资格制度》(《历史研究》1992 年第 6 期)等,何忠礼的《宋代官吏的俸禄》(《历史研究》1994 年第 3 期),姚建根的《宋朝制置使制度研究》(上海书店出版社 2010 年版)等,对具体的制度执行作以考证。在学术史、制度史的系统研究方面,成果亦丰,有关长龙的《两宋道学命运的历史考察》(学林出版社 2001 年版)等,孔令宏的《宋代理学与道家道教》上下册(中华书局 2006 年版),方建新的《宋代婚姻礼俗考述》(《文史》第 24 期,1986 年)等。具有浙江特色的《南宋史研究丛书》已经出版的有:《南宋教育史》(苗纯德、赵国权著,上海古籍出版社 2008 年版),《南宋思想史》(何俊、范立舟著,上海古籍出版社 2008 年版),《南宋史学史》(罗炳良著,人民出版社 2008 年版),《南宋绘画史》(陈野著,上海古籍出版社 2008 年版),《南宋临安的典籍文化》(顾志兴著,杭州出版社 2008 年版),《南宋书法史》(方爱龙著,上海古籍出版社 2008 年版),《南宋戏曲史》(徐宏图著,上海古籍出版社 2008 年版),《南宋科举制度史》(何忠礼著,人民出版社 2009 年版),《南宋科技史》(管成学著,人民出版社 2009 年版)等。

关于南宋首都临安研究。南宋都城临安研究始于民国时期,张其昀的《南宋都城之杭州》(《史地学报》第 3 卷第 7 期,1925 年),孙正容的《南宋临安都市生活考》上(《文澜学报》第 1 期,1935 年 1 月)是早期的代表作。中华人民共和国成立后,林正秋、包伟民、方如金、徐吉军、周峰、陈国灿等在南宋都城临安研究领域有较多的成果。林正秋发表《南宋时期杭州的经济和文化》(《历史研究》1979 年第 12 期)等系列论文,后来结集为《浙江经济文化史研究》《浙江古籍出版社 1988 年版)。林正秋还著有《南宋都城临安》(西泠印社 1986 年版)、《宋代生活风俗研究》(中国商业出版社 1997 年版),《南宋都城临安研究》(中国文史出版社 2006 年版)及其他一些相关的论文。周峰主编的《南宋京城杭州》(浙江人民出版社 1988 年版)收录 20 世纪 80 年代以来有关临安研究的论文及相关的图表等资料。傅伯星、胡安森著《南宋皇城探秘》(杭州出版社 2002 年版),徐吉军的《南宋都城临安》(杭州出版社 2008 年版)对都城临安作了全面细致的研究。陈国灿的《南宋城镇史》(人民出版社 2009 年版)也有专章探讨临安。王勇、郭万平的《南宋临安对外交流》(杭州出版社 2008 年版),方建新的《南宋临安大事记》(杭州出版社 2008 年版),林正秋的《南宋临安文化》(杭州出版社 2010 年版),鲍志成的《南宋临安宗教》(杭州出版社 2010 年版),何兆泉的《南宋名人与临安》(杭州出版社 2010 年版)等,均具有浙江南宋史的地方特色。

关于两宋历史人物研究。浙江涉两宋历史人物甚多,研究的对象包括宋太祖、石介、宋徽宗、司马光、王安石、沈括、岳飞、秦桧、宋高宗、宋理宗、朱熹、陆九渊、辛弃疾、陆游、李焘、王禹偁、吕祖谦、黄震、王应麟、黄震、胡三省、陈亮、陈傅良、叶适、李心传、马扩、王十朋、薛季宣、徐照、徐玑、翁卷、赵师秀、贾似道、史弥远、文天祥等各个领域的众多人物,成果形式包括传记、年谱、文集、全集、论文集、专题论文等多种形式。1984 年成立浙江岳飞研究会,组织开展岳飞研究，多次召开岳飞研究学术谈论会，先后发表论文百余篇。先后担任岳飞研究会秘书长、会长的龚延明有《岳飞》（浙江人民出版社 1980 年版）、《岳飞研究》（浙江古籍出版社 1988 年版）、《岳飞评传》（南京大学出版社 2001 年版）等著作。1986 年成立了沈括研究会，研究的主要成果有杭州大学历史系宋史研究室编的《沈括研究》（浙江人民出版社 1985 年版），祖慧的《沈括评传》（南京大学出版社 2004 年版），何勇强的《科学全才——沈括评传》（浙江人民出版社 2005 年版）等。朱熹研究方面，有束景南的《朱熹佚文辑考》（江苏古籍出版社 1991 年版）、《朱子大传》（福建教育出版社 1992 年版）、《朱熹年谱长编》（华东师范大学出版社 2001 年版）、《朱熹研究》（人民出版社 2008 年版），孔令宏的《朱熹哲学与道家、道教》（河北大学出版社 2001 年版）等。人物研究方面的重要成果还有徐规的《王禹偁事迹著作编年》（中国社会科学出版社 1982 年版），董平、刘宏章合著的《陈亮评传》（南京大学出版社 1996 年版），方如金、方同义、陈国灿合著的《陈亮与南宋浙东学派研究》（人民出版社 1996 年版），沈松勤的《北宋文人与党争》①，周梦江的《叶适年谱》（浙江古籍出版社 2006 年版），周梦江、陈凡男的《叶适研究》②，韩酉山的《秦桧研究》③，邢舒绪的《陆九渊研究》④，辛更儒的《辛弃疾研究》⑤，张金岭的《宋理宗研究》⑥，俞兆鹏、俞晖的《文天祥研究》⑦。人物研究方面，代表性的论文有费君清的《南宋江湖诗人的谋生方式》（《文学遗产》2005 年第 6 期）等。

四、元明清史

（一）综合研究

把元明清史作为一个大历史时段来研究，郑鹤声的《中国近世史》（商务印书馆 1945 年版；上海书店 1992 年版）把明清史视为中国近世史，史论三朝，可通贯近世社会变迁之脉络。

明清史尤其是明清经济史研究，有蒋兆成的《剖析中国的封建市镇——简论中国封建社会长期延续的原因》（《学术月刊》1982 年第 2 期）一文，指出中国封建社会长期延续的原因，如专制主义中央集权封建国家对社会经济的干预和压抑、儒家思想对人们头脑的禁锢，少数民族侵扰中原所造成的频繁战乱及其带来的落后因素等，都还不是根本的原因；他认为，要阐明中国封建社会长期未能向资本主义转化，必须探讨中国封建社会经济结构的特殊性。另有《明清杭嘉湖蚕桑丝织业的重要地位》（《杭州大学学报》1988 年第 5 期）、《清代官营杭州丝织工业的生产方式与经营管理》（《中国经济史研究》1994 年第 3 期）等论文和《明清杭嘉湖社会经济史研究》（杭州大学出版社 1993 年版）等专著。

研究明清史，重点研究商品经济史、明清城镇史、江南区域史、明清契约文书、商帮史等，代表作有陈学文《明清社会经济史研究》（台北稻禾出版社 1991 年版），该书以明清社会经济发展状况为中心，涉及政治文化外贸诸问题，尤重工商业市镇发展和演变的分析；认为唐宋之

---

①②③④⑤⑥⑦ 沈松勤著《北宋文人与党争》，周梦江、陈凡男著《叶适研究》，韩酉山著《秦桧研究》，邢舒绪著《陆九渊研究》，辛更儒著《辛弃疾研究》，张金岭著《宋理宗研究》，俞兆鹏、俞晖著《文天祥研究》，皆为人民出版社 2008 年出版。

前市镇是封建国家基层政权所在，主要是政治性的，明中叶后兴起的一些中小市镇，是工商业发展的结果，主要职能是经济性的。他还著有《明清时期杭嘉湖市镇史研究》（群言出版社 1993 年版），《明清时期商业书及商人书之研究》（台湾洪叶文化事业有限公司 1997 年版），《明清时期太湖流域的商品经济与市场网络》（浙江人民出版社 2000 年版），《徽商与徽学》（方志出版社 2003 年版）等，亦有学术影响。

对明清时期的中外经济文化与宗教交流的研究，代表性论文有徐明德的《明清之际来华耶稣会士对中西文化交流的贡献》（《杭州大学学报・哲学社会科学版》1986 年第 4 期），《明清时期的闭关锁国政策及其历史教训》（《中外关系论丛》第 3 辑，1987 年 3 月）等，后将论文集为《论明清时期的对外交流与边治》（浙江大学出版社 2006 年版）。刘水云著《明清家乐研究》（上海古籍出版社 2005 年版）一书，对古代家乐与宫廷、民间戏乐的关系及家乐的形式、活动内容、艺术成就等问题作了探讨，将明清家乐放在整个古代家乐的发展中加以考察，是为研究明清文化史的重要文献。

（二）元史研究

古代有陶宗仪著《南村辍耕录》，以笔记体的形式保存了元朝一代的重要史实。明朝初年，宋濂与王祎组织编纂了二十四史之一的《元史》。王祎还著有记述元朝人物的《国朝名臣列传》（已失传）。清初邵远平著有《元史类编》（又名《序弘简录》）。

民国时期，王国维、何炳松、郑鹤声、陈叔陶等对元史均有相关的研究成果。其中，王国维的成就最大。自 1925 年 4 月至 1927 年 6 月去世前的短短两年多时间里，他先后完成了一系列极具学术性的专论，如《萌考古》综合《蒙古秘史》与各类散见于汉文典籍的记载，对蒙古部的起源以及宋代史籍中涉及蒙古族的同名异译问题等考证，迄今仍为多数学者所赞同。其《鞑靼考》提出的"鞑靼即阻卜"说，《元朝秘史之主因亦儿坚考》（《史学与地学》1928 年 7 月第 3 期）对蒙古风俗和习语的考释，也都能发前人所未发。其所校注的《蒙鞑备录》《圣武新征录》和《长春真人〈西游记〉》，不仅校勘精审，还对涉及的人名、地名、部族、职官、年代和史迹作了大量富有学术价值的注释和考证，至今仍最具参考意义。这些成就，不只在学术史上树立起一座座丰碑，还在理论、方法和视野等方面，为一系列学术新领域的创建提供了极富启示意义的示范（见《王国维全集》第 1 卷《出版说明》，浙江教育出版社、广东教育出版社 2009 年版）。他还发表有《蒙文元朝秘史跋》（《学衡》1926 年 1 月第 49 期）、《南宋人所传蒙古史料考》（《清华学报》1927 年 6 月第 4 卷第 1 期）等高水平的论文。何炳松的《〈元史外纪〉译者导言及原序》（《民铎杂志》1925 年 3 月第 6 卷第 3 期）、《〈蒙古史〉导言并序》（《东方杂志》1925 年 8 月第 22 卷第 15 号），并翻译了法国学者白罗舍的《拉施特〈元史〉考》（《史学与地学》1928 年 7 月第 3 期）。郑鹤声著有《清儒对于元史学之研究》（《史地学报》1925 年 3 月第 3 卷第 4 期；1925 年 5 月第 3 卷第 5 期），对于清代学者研究元史的成果进行了系统梳理。陈叔陶（1913—1968 年，浙江余姚人）著有《〈元史：郝经传、高鸣传、张德辉传〉正误》（《史地杂志》第 1 期，1937 年 5 月）、《〈新元史〉本证》（《中央研究院历史语言研究所集刊》第 7 卷第 3 期，1937 年 11 月）两篇重要论文，是为浙江大学工科新生挑战《新元史》谬误之力作，被当时校长竺可桢在日记中特加称赞。

中华人民共和国成立以后，蔡美彪、陈高华、黄时鉴等学者在元史研究领域有较大的成就与影响。蔡美彪数十年致力于蒙元史与中国通史写作，涉及的既有物器考释、碑集考证，又有语言考源、关系论证，先后发表有《元代圆牌两种之考释》(《历史研究》1980 年第 4 期)、《试论马可·波罗在中国》(《中国社会科学》1990 年第 2 期)《成吉思及撑黎孤涂释义》(《中国史研究》2007 年第 2 期)等数十篇重要论文，出版《元代白话碑集录》(科学出版社 1955 年版)、《中国通史·元代卷》(人民出版社 1996 年版)等多种著作。陈高华对辽史、西夏史、元史及少数民族史均有研究，著述繁多，其中，元史研究的重要论文有《元代饮茶习俗》(《历史研究》1994 年第 1 期)、《从〈老乞大〉〈朴通事〉看元与高丽的经济文化交流》(《历史研究》1995 年第 3 期)、《元朝的土地登记与土地籍册》(《历史研究》1998 年第 1 期)、《〈湛然居士文集〉中"杨行省"考》(《历史研究》2006 年第 3 期)，他的研究成果结集为《元史研究论稿》(中华书局 1991 年版)及《陈高华文集》(上海辞书出版社 2005 年版)。陈高华的元史研究专著有《宋元时期的海外贸易》(与吴泰合著，天津人民出版社 1981 年版)、《元大都》(北京出版社 1982 年版)、《中国政治制度通史·元代卷》(与史为民合著，人民出版社 1996 年版)、《中国海外交通史》(与陈尚胜合著，台北文津出版社 1997 年版)、《中国经济通史·元代经济卷》(与史为民合著，经济日报出版社 2000 年版)、《中国风俗通史·元代卷》(与史为民合著，上海文艺出版社 2001 年版)、《元朝史事新证》(兰州大学出版社 2010 年版)，他还主编了《元代农民战争史料汇编》(中华书局 1985 年版)。黄时鉴发表有《元好问与蒙古国关系考辨》(《历史研究》1981 年第 1 期)、《〈大元通制〉考辨》(《中国社会科学》1987 年第 2 期)《关于茶在北亚和西域的早期传播——兼说马可·波罗未有记茶》(《历史研究》2001 年第 3 期)、《〈光明之城〉伪书考》(《历史研究》2001 年第 3 期)等，他先后整理点校元史资料《通制条格》(浙江古籍出版社 1986 年版)、《元代法律资料辑存》(浙江古籍出版社 1997 年版)等，出版专著《元朝史话》(北京出版社 1985 年版)、《东西交流史论稿》(上海古籍出版社 1998 年版)、《利玛窦世界地图研究》(上海古籍出版社 2004 年版)等，在国内外皆有所影响。其与龚缨晏合著《马可·波罗与万里长城——兼评〈马可·波罗到过中国吗?〉》(《中国社会科学》1998 年第 4 期)，释疑马可·波罗的中国之行。

(三)明史研究

清朝初年，黄宗羲以保存故国文献为己任，记录、编纂了大量明代文献，如《明文海》《明史案》《弘光实录钞》《行朝录》《海外恸哭记》《思旧录》《明儒学案》以及大量碑版墓志、家状行略、诗词歌赋等，为后人研究明史保存了珍贵的历史资料。其又以《明文海》为巨，编于康熙七年(1668 年)，最初为 217 卷，后扩充为 482 卷，集明朝各家文集 2000 多种，费时 26 年；全书凡分 28 类，即赋、奏疏、诏表、碑、议、论、说、辨、考、颂、铭、箴、戒、解、原、述、读、问答、文、诸体、书、序、记、传、墓文、哀文、稗文。后又编《明文授读》62 卷，为文海简本。宁波名士张锡琨《明文海·序》有言："先生明文之选，权舆于文案，绝笔于《文海》，而《授读》之集为家传简捷之本。"

万斯同继承黄宗羲"儒者经纬天地"的经世致用思想，把史学视作"治国平天下之业"。康熙十八年(1679 年)开明史馆，万氏以布衣参史局，历十余年，主撰完成《明史稿》310 卷(12

册，宁波出版社 2008 年版），也是后来《明史》的主要底稿，唐以后官修诸史，皆不如《明史》质量之高。此外，他还著有《宋季忠义录》《两浙忠贤录》《明季两浙忠义考》等表彰宋明忠烈节义之士的史著，有《万代史表》《历代宰辅汇考》《纪元汇考》《明代河渠考》《昆仑河考》等历代典制沿革著作，以及《儒林宗派》《书学汇编》等学术文化史著作。梁启超在《中国近三百年学术史》中言："清代史学研究开拓于黄梨洲，万季野。"（叶建华《浙江通史》清代卷上，浙江人民出版社 2005 年版）

明末清初史学家谈迁著有史学巨著《国榷》及《史论》《北游录》《西游录》《海昌外志》等。《国榷》（108 卷，古籍出版社 1958 年版）为记载明朝历史的编年体史书。为编此书，谈迁遍寻史料，广征博采，天启元年（1621 年）始编著，初稿 6 年后完成，顺治四年（1647 年）全稿被窃，又发奋重写，前后 30 余年，"六易其稿，汇至百卷。"全书记载从元文宗天历元年九月（1328 年）明太祖朱元璋诞生，到顺治二年清兵入南京、弘光政权灭亡为止的 317 年间的历史；书中直书《明实录》避而不谈的明朝一些重要史实，考订精审，材料有相当的可靠性和参考价值。史学家张岱著《石匮书》（220 卷及后集 64 卷，上海古籍出版社 2007 年版），该书始撰于明崇祯元年（1628 年），"五易其稿，九正其讹"，历 50 年成书，内容分本纪、志、世家、列传；志有天文、地理、礼乐、科目、百官、河渠、刑名、兵事、马政、盐法、漕运、艺文诸目；列传有循吏、独行、行人、儒林、文苑、妙艺、方技、隐逸、名宦、宦者、胜园遗臣、盗贼、兀良哈、朵颜三卫、朝贡各国。又著有《石匮书后集》64 卷，记载崇祯朝以及南朝史事。史学家查继佐著《罪惟录》（102 卷，商务印书馆影印出版，1936 年），该书为统记明代史事的纪传体史书，原名《明书》，后取孔子"罪我者其惟春秋"之义而改名《罪惟录》。原书分帝纪 22 卷，志 32 卷，列传 36 卷，民国期间由张宗祥、姜佐禹等人整理为 102 卷。与《明史》相比，该书多南明诸帝纪，志的部分设有《土田志》《贡赋志》《屯田志》等；传的部分以事立传，不以人立传；所记年代始于洪武迄于南明弘光、隆武、永历、鲁王朱以海、韩本铉各代，记农民起义之事尤详，是研究明史（南明史）较有系统的史料。另有高承埏著《自靖录》（又名《崇祯忠节录》）记录明末众多殉难臣民的事迹；以及张煌言著《北征纪略》，彭贻孙著《流寇志》《明朝纪事本末补编》，邵廷采著《西南纪事》《东南纪事》《明遗民所知传》，温睿临著《南疆逸史》，万言著《崇祯长编》《明史举要》（又名《明鉴举要》），毛奇龄著《胜朝彤史拾遗记》等多种史籍及史籍资料。上述明末清初浙江遗民的著述，记述明代特别是晚明、南明史实与人物，体现国亡历史不亡的情怀，寄托将来复兴的希望。

中华民国时期，从事明史研究的有杜亚泉、朱希祖、吴晗、黄云眉、陈叔陶、童书业、缪凤林、张其昀、朱倓、刘绍宽、金致淇等众多学者，其中成就较大的是朱希祖、吴晗、郑鹤声。朱希祖的代表性论文有《郑延平王受明封爵考》（《国学季刊》1932 年 3 月第 3 卷第 1 期）、《吴三桂周王纪元释疑》（《中央研究院历史语言研究所集刊》1932 年第 2 卷第 4 期）、《晚明史籍考序》（《文史学研究所月刊》1933 年第 1 卷第 2 期）、《明成祖生母记疑辨》（《文史学研究所月刊》第 2 卷第 1 期（1933 年 10 月）等，他整理研究南明史料的成果，由后人辑为《明季史料题跋》（中华书局 1961 年版），是公认的南明史研究的开拓者。吴晗集中研究明朝开国史及开国皇帝朱元璋，代表性论文有《胡惟庸党案考》（《燕京学报》1934 年 6 月第 15 期）、《明成祖生母考》（《清华学报》1935 年 7 月第 10 卷第 3 期）、《明代靖难之后与国都北迁》（《清华学报》1935 年第 10

卷第4期)等,他研究朱元璋的成果有《由僧钵到皇权》(重庆在创出版社1944年版)、《民族伟人——朱元璋》(胜利出版社1944年版)。郑鹤声的明史研究集中于郑和,他出版有《郑和》(《胜利出版社1945年版)、《郑和遗事汇编》(中华书局,1947年、1948年版)。

中华人民共和国成立以后,吴晗的明史研究进入一个新的阶段,即以马克思主义为指导研究明史,首先是修改《朱元璋传》,经过多次修改后的《朱元璋传》于1965年出版(人民出版社1965年版)。与此同时,吴晗在明代的阶级、阶层结构及社会矛盾、社会风俗等领域也取得了很大成就。郑鹤声编成《郑和下西洋资料汇编》上中下3卷(齐鲁书社,1980年、1983年、1989年版)。此间,浙江学者从事明史研究的还有王正平、蒋兆成、沈雨梧、孙正容、钱茂林、徐明德、魏得良、董郁奎、孙竞昊、鲍永军、杨雨蕾、吴艳红、余清良、赵红娟等,研究的领域涉及明代政治、军事、法律、司法、经济、金融、贸易、行政体制等方方面面。有徐明德的《试论朱元璋的让步政策》(《江淮论坛》1980年第1期),孙正容的《朱元璋系年要录》(浙江人民出版社1983年版),董郁奎的《试论清太祖、清太宗的对明政策》(《浙江学刊》1991年第3期)、《试论崇祯皇帝的历史地位》(《浙江学刊》1995年第2期)、《张煌言与浙江人文传统》(《浙江学刊》1997年第6期),郝兆矩的《增订刘伯温年谱》(中州古籍出版社1990年版),吕立汉的《刘基考论》(中州古籍出版社2000年版),赵红娟的《明遗民董说研究》(上海古籍出版社2006年版)等论文和著作。吴艳红对明代的法律、刑法等问题有较深的研究,有论文《明代流刑考》(《历史研究》2000年第6期)、《明代卑幼人法律地位研究》(载《晚明社会变迁:问题与研究》,商务印书馆2005年版),专著《明代充军研究》(社会科学文献出版社2003年版)。何俊著有《西学与晚明思想的裂变》(上海人民出版社1998年版),为近代思想转型的研究。钱茂伟为20世纪80年代之后的明史研究专家,著有《国家、科举与社会:以明代为中心的考察》(北京图书馆出版社2004年版),《明代史学的历程》(社会科学文献出版社2003年版),《明代史学编年考》(中国文联出版公司2000年版),点校整理《皇明通纪》(中华书局2008年版)。

(四)清史研究

清中后期,钱仪吉编《滇南碑传集》160卷(燕京大学研究所,1932年),杜文澜著《平定粤匪纪略》(同治八年即1869年治谷堂刊行)。前者为清代人物传记,清代第一部大型碑传文集;后者记述清军镇压洪秀全始末,既是兵家韬略之书,亦是文献史料类古籍。

民国3年(1914年),中华民国北京政府设立清史馆纂修清史,众多浙江学者参与其中。金兆蕃、金兆丰、张尔田、夏曾佑先后担任纂修,俞陛云、陈敬第、朱希祖、邵瑞彭先后担任协修,陈汉第、周肇祥、邵章担任提调,吴士鉴担任总纂。民国16年(1927年)编成《清史稿》536卷,共231册,浙江学者在其中贡献很大。章太炎、张尔田、朱希祖、陈敬第、马叙伦、吴晗、陈训慈、郑鹤声等均有清史研究的论文发表,如朱希祖的《后金国汗姓氏考》(《蔡元培先生六十五岁论文集》上册,1933年1月),吴晗的《后金之兴起》(《越风》1937年第2卷第1、2期),陈训慈的《清史感言》(《史地学报》1922年第1卷第3期),郑鹤声的《前清康乾时代之理藩政策》(《边政公论》1943年第2卷第3至5期合刊)等。

中华人民共和国成立后,郭松义、马大正、蒋兆成、徐明德、沈雨梧、胡珠生、鲍永军、钱茂伟等对清史均有研究。郭松义毕生研究清史，代表作有《清代全史》第 3 卷、第 4 卷（辽宁人民出版社 1991 年版），《伦理与生活：清代的婚姻关系》（商务印书馆 2000 年版），《民命所系：清代的农业与农民》（中国农业出版社 2010 年版），《中国妇女通史・清代卷》（杭州出版社 2010 年版）等，另有论文数十篇。马大正研究中国边疆史，在清代边疆史研究领域成果十分突出，代表作有《清代的边疆政策》（主编之一，中国社会科学出版社 1994 年版）等。蒋兆成著有《康熙传》（人民出版社 1998 年版）。

五、古代史综合研究

（一）通史编著与通史研究

中国古代史的综合研究方面，成果最多的当属通史类著作。最早具有通史性质的著作当属南宋黄震所著的《古今纪要》与《古今纪要逸编》两书，学者认为这两本书已经属于通史之作。与黄震几乎同时代的王应麟著有《历代田制考》《历代漕运考》，也是贯通古今的通史类著作。南宋吕祖谦著有《大事记》（27 卷），以编年体的形式记述《春秋》以后的历史，起自周敬王三十九年（前 481 年），止于汉武帝征和三年（前 90 年）。明朝王祎著《大事记续编》（77 卷），今存本起自汉武帝征和四年（前 89 年），至五代周显德六年（959 年）。元末明初学者杨维桢著的《历代史钺》，明朝郑晓著有《古言》《今言》等，项笃寿著有《二十四史论赞》（14 卷，嘉禾项氏万卷堂印行）、《全史论赞》（明嘉靖四十五年，1566 年），清初万斯同撰有《补历代史表》（53 卷）等。

书名冠以通史的历史著作最早出现于清朝末年，是在西方通史著作的影响下出现的。晚清民国时期，浙籍学者撰写的通史著作主要有：夏曾佑在清朝光绪年间编著《中国古代史》，原名《中学历史教科书》，这是中国学者写的第一本中国古代通史著作。该书在《叙》中批评旧史学："史本王官，载笔所及，例止王事，而街谈巷语之所造，属之稗官，正史缺焉。"《凡例》提出编写原则是："总以法名今日社会之原为主，文字虽繁，其纲只三端：一、关乎皇室者，如宫廷之变，群雄之战，凡为一代兴亡之所系者，无不详之；其一人一家之事，则无不从略。虽有名人，如与所举之事无关，皆不见于书。二、关乎外国者，如匈奴、西域、西羌之类，事无大小，凡有交涉，皆举其略，所以代表。三、关乎社会者，如宗教风俗之类，每于有大变化时详述之，不随朝二举也。执此求之，则不觉其繁重矣。"（《中国古代史》，三联书店 1955 年版）。第二部中国通史著作是章嵚在民国初年开始编著的《中华通史》（商务印书馆 1935 年版），全书分甲编（上古史）、乙编（中古史）、丙编（近古史）、丁编（近世及现代史），共计 5 册，内容包括历代官制、币制、税制、兵制、法制以及文学、史学、天文、医术、雕刻、音乐、宗教、风俗等。学者评价该书"由'君史'的立场进而至于'民史'的立场，这在中国史学史上可说是一个大的过渡"。第 3 本中国通史著作是缪凤林的《中国通史纲要》（南京钟山书局版，上中下 3 册），"系本传统的儒家明经通史之方法，以讲微言大义为史观"，"以民族主义为立场，认为历史为民族的原动力"。

在编写通史的同时，出现专题研究论文。黄伯珣在 1920 年 6 月出版的《史地丛刊》第 1 卷第 1 期起连载《研究本国史的指导》。郑鹤声在《史学杂志》第 1 卷第 2 期（1929 年 5 月出版)发表《正史总论》。金兆梓先后发表《编纂本国史材料的商榷》(《史地丛刊》1921年第1卷第2期)、《通史新诠》(《新中华》1936年第4卷第19期),就通史所使用的材料、体例等一系列问题提出自己的看法。

范文澜是第一个尝试用马克思主义指导来编写中国通史的浙籍学者。1940年5月,时任延安中央研究院副院长兼中国历史研究院主任的范文澜在《中国文化》第3期发表《关于上古历史阶段的商榷》,明确赞同马克思主义史学家吴玉章首先提出的殷代是奴隶社会、西周是封建社会的观点,并作了论证。他著的《中国通史简编》上册(五代十国以前)、中册(宋辽至清中叶),分别于1941年、1942年由延安新华书店出版,并从1943年开始着手下册的编写,由于其后接手其他研究项目,下册在1949年前未能完成。中华人民共和国成立以后,范文澜担任中国科学院历史研究所第三所(后更名中国社会科学院近代史研究所)所长,继续从事《中国通史简编》的修订与补写,修订本《中国通史简编》第1编(远古到秦统一)、第2编(秦到南北朝),第3编1、2册(隋唐五代)分别由人民出版社于1953年、1957年、1965年出版。1969年7月,范文澜逝世,浙籍史学家蔡美彪继续范文澜遗留的中国通史编写工作,《中国通史》10卷本由人民出版社于1994年全部出齐,全书从远古先秦一直叙述到清代中期嘉庆年间。之后,蔡美彪与其他学者合作,编写了《中国通史》第11、12卷,2008年人民出版社出版了12卷本的《中国通史》。《中国通史》是中国近百年来最完整、最系统的一套中国通史。对范文澜组编《中国通史》的杰出贡献,董郁奎著《新史学宗师——范文澜传》(杭州出版社2004年版)有详细介绍。

20世纪80年代,杭州大学等10所院校在教育部组织下编写的《中国古代史》教材,学术界认为代表了当时中国的史学水平。陈高华、徐吉军主编的《中国风俗通史》(12卷,上海文艺出版社2001—2002年版)、《中国服饰通史》(宁波出版社2002年版),傅璇琮、徐吉军等主编的《中国藏书通史》(宁波出版社2001年版)等,也都是新世纪的通史佳作。

(二)农民战争史专题研究

在中国古代农民战争史及农民史研究领域,范文澜、吴晗、王仲荦、陈登原、蔡美彪、徐规、孙达人、陈学文、董楚平、陈高华、孙如琦、叶哲明等学者均有重要论著发表。吴晗于民国23年10月19日、26日出版的《大公报·史地周刊》发表《晚明流寇问题初探》,对明末农民起义进行了探讨。中华人民共和国成立以后,农民战争史研究受到高度重视,成为一门显学。蔡美彪的《对中国农民战争史讨论中的几个问题的商榷》(《历史研究》1961年第4期)《再谈中国战争史的几个问题》(《新建设》1962年11月第11期),对当时学术界关于农民战争存在争议的几个问题提出了自己的观点。这个时期,集中研究农民战争的当推孙达人与董楚平。孙达人的《应该怎样估价"让步政策"》(《光明日报》1965年11月20日),毛泽东在《1965年12月21日在杭州的谈话》(《穆欣办〈光明日报〉十年自述》,中共党史出版社1994年版)对该文作有短评,作以肯定。他还著有《农民战争史历史发展的动力——批判翦伯赞的反动"让步政策"论》(《文汇报》1970年10月23日)、《论隋末瓦岗农民起义军的失败》(《思想战线》1978年第2期)、《秦末农民战争后的社会和汉初生产力的发展》(《陕西师范大学学报·哲学社会科学版》1978 年第 2 期)、《“论平均主义的功过与农民战争的成败”质疑》(《陕西师范大学学报・哲学社会科学版》1980 年第 4 期)等系列论文;他著有《中国古代农民战争史》(第 1 卷)(陕西人民出版社 1980 年版),该书跳出农民战争史的传统写作模式,从封建社会的经济制度着手,力图从经济关系与阶级关系的结合上探索封建社会的发展规律。20 世纪 70 年代末以来,孙达人顺应时代的需要,倡导进行中国农民史的研究,先后发表《在马克思主义指导下加强农民史研究》(《中国史研究》1983 年第 3 期)、《论宏观与微观的衔接——再论加强对中国农民史的研究》(《中国史研究》1994 年第 1 期)、《摒弃“精英”史观,发现中国农民创造历史的潜力》(《历史教学问题》1997 年第 4 期)等重要论文,并出版了专著《中国农民变迁论——试探我国历史发展周期》(中央编译出版社 1996 年版),在学术界有较大影响。董楚平先后发表《从生产关系的基础看奴隶与农奴的最根本的区别》(《历史研究》1956 年 8 月第 8 期)、《论平均主义的功过与农民战争的成败》(《历史研究》1980 年 2 月第 1 期)、《论农民战争中的平均主义与封建特权主义》(《学术月刊》1981 年 1 月第 1 期)、《封建社会中农民的平均主义究竟包含哪些内容》(《史学月刊》1981 年 2 月第 2 期)、《农民战争特殊规律初探——兼答周良霄、张德信同志》(《求是学刊》1981 年 5 月第 2 期)等系列论文,后结集为《农民战争与平均主义》(方志出版社 2003 年版)。董楚平认为,旧式农民战争是由于封建制度的正常机制遭到破坏而爆发,农民战争不是封建制度的掘墓人,而是封建制度的修理工。陈高华编辑了 3 卷本的《元代农民战争史料汇编》(中华书局 1985 年版),为研究元代农民战争史提供了基本史料。此外,孙如琦的《封建小农浅析》(《中国农民战争史研究集刊》1985 年第 4 辑)、《西汉刘敏问题初探》(《青海社会科学》1986 年第 4 期)等论文在学术界也有一定的影响。

第三节　中国近现代史研究

中国近现代史是指自 1840 年以来至今的历史。在这段历史中,浙江经历了旧民主主义革命、新民主主义革命和社会主义革命与建设 3 个重大的历史时期。对此,浙江的理论工作者视角多元,颇多力作,在太平天国史、辛亥革命史、抗日战争史以及社会主义时期史等研究方面颇具优势。

一、旧民主主义革命史

学术界通常把 1840—1919 年称为中国旧民主主义革命时期。浙江学者对旧民主主义革命的研究始于 20 世纪 30 年代,千家驹、陈训慈、毛以亨、范文澜、华岗、夏鼐、沈炼之等众多学者研究旧民主主义革命史,取得了初步的成果。中华人民共和国成立以后在两次鸦片战争、太平天国革命、辛亥革命研究领域的成就就更加突出。

(一)鸦片战争史研究

民国期间,千家驹发表《东印度公司的解散与鸦片战争》(《清华周刊》1932 年第 37 卷第

9、10期)、《一个历史事实的新看法——鸦片战争史论》(《中山文化教育馆季刊》1935年7月第2卷第3期)、《鸦片战争后的国民生计问题》(《中山文化教育馆季刊》1936年1月第3卷第1期)等有关鸦片战争的论文。夏鼐发表了《鸦片战争中的天津谈判》(《外交月报》1934年第4卷第4期和第5期)等论文,是浙江学者在鸦片战争史研究方面的重要成果。

(二)太平天国史研究

太平天国革命运动对浙江影响深远,浙江地主阶级知识分子对太平天国事迹多有记载。1903年,《浙江潮》第3期载文从民族主义的角度肯定太平天国革命运动。民国时期,陈训慈的《太平天国之宗教政治》(《史学杂志》第1卷1929年12月第6期、第2卷1930年3月第1期)是浙江学者研究太平天国的第一篇论文。毛以亨在20世纪30年代中期连续发表了《太平天国崛起之因》(《申报月刊》1935年6月第6期第4卷)、《李鸿章与戈登关于苏州杀降之冲突》(《东方杂志》1935年7月第14期第32卷)、《太平天国的对外政策》(《时事日报》1936年2月第2期第14卷)等多篇论文,是民国时期发表有关太平天国史论文最多的学者。夏鼐的《太平天国前后长江各省之田赋问题》(《清华学报》1935年4月第2期第10卷),沈炼之著《太平天国革命前夕的土地问题》(《中央日报》1936年4月7日)也是这一时期的重要论文。20世纪40年代,浙籍学者范文澜、华岗运用马克思主义理论研究太平天国史取得重要成果。范文澜发表《汉奸刽子手曾国藩的一生》(《解放日报》1944年7月25日、26日连载)、《太平天国革命运动》(《解放日报》1945年4月25日、30日连载);华岗发表《太平天国反清战争的战略研究》(《群众周刊》第8卷第15期1943年9月16日),出版了专著《太平天国革命战争史》(上海海燕书店,1949年),这是浙江学者写的关于太平天国革命的第一部专著。

中华人民共和国成立以后,浙江是全国研究太平天国成果较多的省份。1979年5月,浙江省太平天国史研究会成立,编印《浙江太平天国史研究通讯》6期,先后召开了4次学术座谈会及学术讨论会,与全国各省市及英国学者柯文南等进行学术交流。1984年10月,浙江省太平天国史研究会、浙江省社会科学院等5家单位发起在浙江金华召开了"浙江太平天国史学术讨论会",就太平天国在浙江的诸多问题展开了热烈讨论。宁波市成立了太平天国史研究组,举办了"太平天国在宁波"学术讨论会。浙江省社会科学院主办的《浙江学刊》开辟了"天国春秋"专栏,发表省内外学者有关太平天国研究的论文、资料共计61篇。中华人民共和国成立以来,参与太平天国史研究的浙江学者达数十人之多,其中郦纯、王庆成、王兴福、吴良祚、沈雨梧等是以研究太平天国史见长的学者。郦纯在前人研究成果的基础上,比较系统地探讨了太平天国政治、军事、经济、教育等各方面的重大问题,著述达200余万字,《太平天国制度初探》(人民出版社1956年版)《太平天国军事史概述》(中华书局1982年版)是他对太平天国史从纵横两个方面进行总体研究的代表作。舒翼《郦纯与太平天国研究》(《浙江学刊》1990年第6期)。王庆成是继罗尔纲之后成就最大的太平天国史专家,他先后发表论文30多篇,代表作有《石达开》(三联书店1980年版)《太平天国的历史与思想》(中华书局1985年版)等。王庆成另一重大贡献就是有关太平天国史料的搜集整理出版,除了与罗尔纲联名主编10卷本《中国近代史资料丛刊续编·太平天国》(广西师范大学出版社2004年版)外,还编辑出版了《天父天兄圣旨:新发现的太平天国珍贵文献史料》(辽宁人民出版社 1986 年版)、《影印太平天国文献十二种》(中华书局 2004 年版)等。吴良祚发表有关太平天国文献学方面的论文 70 余篇。其《关于"天父诗"》(《历史研究》,1957 年)对历来被视作"天书"的天父诗做了创造性的研究,得到国际学术界的认可;他对于太平天国避讳的研究,填补了国内外学术界的一个空白。他参与了《中国近代史资料丛刊·太平天国》的编辑工作,并担任《太平天国大辞典》(中国社会科学出版社 1995 年版)的副主编。王兴福致力于浙江太平天国史的研究,发表论文 20 余篇,著作有《太平军在杭州》(浙江人民出版社 1959 年版)、《太平军在浙江》(浙江人民出版社 1982 年版)、《浙江太平天国史论考》(浙江人民出版社 2002 年版)、《太平天国在浙江》(社会科学文献出版社 2007 年版),他还主编了《浙江太平天国革命文物图录选编》(浙江人民出版社 1984 年版),他的论著将浙江太平天国史研究推进到了一个新的阶段,受到学术界的高度评价。

总的来看,20 世纪 90 年代以后,太平天国史研究开始降温,至 21 世纪以后,除了几位老学者外,研究太平天国史的年轻学者已稀见。

(三)辛亥革命史研究

浙江是辛亥革命的重要策源地之一,在辛亥革命中有卓越表现与贡献。最早研究辛亥革命史的是参与辛亥革命的志士。1908 年光复会领导人陶成章撰写的《浙案纪略》陆续刊登于缅甸仰光的《光华早报》,民国 5 年(1916 年)在国内印刷出版,这是一部记述皖浙起义历史的著作。中华民国成立以后,顾乃斌主编了《浙江革命记》(陆镇书斋,1912 年印刷),记述了浙江省内革命运动及杭州光复的全貌。民国时期,主要成就表现在对秋瑾、徐锡麟、陈其美、陶成章、章太炎、蔡元培等辛亥革命名人的生平事迹的介绍与宣传。秋瑾血案文献汇编有《秋雨秋风》(黄民编)、《越恨》(湘灵子编),生平事迹介绍有《秋女侠传》《鉴湖女侠秋瑾传》《鉴湖女侠秋瑾墓表》《六六私乘》《六六私乘补遗》《秋瑾被害始末》等,另有《秋瑾诗词》《秋女士遗稿》《秋瑾女侠遗集》《秋瑾诗文集》。关于陈其美,除蔡元培、章太炎、项士元等人写的回忆文章外,有邵元冲写的《陈英士先生革命小史》(香港坊间重印,1970 年),编辑出版了《陈英士先生纪念全集》(上下册);浙江省政协文史委编《陈英士》(浙江人民出版社 1987 年版)一书。

1949—1979 年,浙江辛亥革命史研究的主要成果是辛亥革命的参与者或见证人吕公望、张效巡、傅墨正、钟丰玉、斯道卿、马叙伦、来伟良、葛敬恩、陈魏、朱赞卿、邱寿鸣、黄亦云、钱钧夫、何思诚、蒋成言、樊崧甫、章微寒等,这些回忆录先后发表在《近代史资料》(中国科学院历史第三所主办,1954—1957 年出版的各期)、全国政协文史资料研究委员会主编的《辛亥革命回忆录》第四辑以及浙江省政协文史资料委员会主编的《浙江文史资料选辑》,这些回忆文章全面系统地介绍了浙江辛亥革命的情况,为学者研究这段历史提供了重要史料。历史事件研究方面主要有董巽观的《清末叶嘉兴香铺工人的罢工斗争》(《历史研究》1955 年第 2 期),黄铁宗的《1905—1907 年间江浙人民反对苏杭甬铁路借款的斗争》(《史学集刊》1957 年第 8 期),赵金钰的《苏杭甬铁路借款和江浙人民拒款运动》(《历史研究》1959 年第 9 期),黄成礼、杨渭生的《辛亥革命时期的浙江》(浙江《求是》1961 年第 5 期),杭州大学历史系资料室编写的《浙江辛亥革命纪录》(《浙江日报》1961年第10月14日)等。人物研究方面主要有朱耀庭的《秋瑾》(浙江人民出版社1957年版),山石(谢岳)的《秋瑾年谱》(《史学月刊》1957年第6期),张灯的《徐锡麟安庆起义——纪念徐锡麟烈士殉难五十周年》(《浙江日报》1957年6月28日)。“文化大革命”期间,辛亥革命史研究陷入停顿状态。

20世纪70年代末中国改革开放以后,浙江辛亥革命史研究逐步成为显学。1980年12月,浙江省辛亥革命研究会成立,并出版了4期《会讯》。中国国民党浙江省委员会成立了孙中山研究会。1985年,绍兴市也成立了辛亥革命史研究会和秋瑾研究会。1990年1月,湖州市成立了陈英士研究会。浙江省政协文史资料委员会、浙江省社会科学院历史研究所以及浙江大学(前身为杭州大学)历史系、浙江师范大学(前身为浙江师范学院)、杭州师范大学(前身为杭州师范学院)历史系、宁波大学人文学院、温州大学、湖州学院等省内众多高等院校以及省内各地政协、文博、方志等系统众多学者参与到辛亥革命史研究中来,出现了朱馥生、杨渭生、胡国枢、郑云山、姚辉、沈雨梧、汪林茂、莫永明、钱茂竹、谢一彪等以研究浙江辛亥革命史见长的学者。

浙江辛亥革命史成果包括史料整理出版与研究两个方面。史料整理方面,有浙江省辛亥革命研究会与浙江省社会科学院历史研究所、浙江省图书馆等单位合作编辑了《辛亥革命浙江史料选辑》(浙江人民出版社1981年版)、《辛亥革命浙江史料续辑》(浙江人民出版社1987年版);浙江省政协文史资料委员会编辑了《浙江辛亥革命回忆录》(浙江人民出版社1981年版)、《浙江辛亥革命回忆录·续辑》(浙江人民出版社1984年版)、《浙江辛亥革命回忆录·第3辑》(浙江人民出版社1985年版)。此外,绍兴市政协编辑的《绍兴辛亥革命专辑》,嘉兴市政协编辑的《褚辅成专辑》,台州地区政协编辑的《辛亥革命中的台州著名人物》,湖州市政协编辑的《陈英士史料专辑》,金华市政协编辑的《纪念辛亥革命八十周年专辑》(《金华文史资料》第7辑);云和县政协编辑的《云和辛亥革命史料专辑》(《云和文史资料》第1辑);绍兴县政协编辑的《陶成章史料》《徐锡麟史料》;秋仲英等编的《秋瑾史料》。

研究成果方面,徐和雍等编写的《浙江近代史》(浙江人民出版社1981年版)以两章的篇幅对辛亥革命这段历史进行了描述。杨渭生著《辛亥革命在浙江》(浙江人民出版社1984年版);郑云山著的《光复会》(浙江人民出版社1984年版)、胡国枢著《光复会与浙江辛亥革命》(杭州出版社2002年版)等著作,对光复会的历史进行了比较全面系统的研究,高度评价了光复会的历史功绩与地位。金普森、陈剩勇主编的《浙江通史》《清代卷》下册及《民国卷》上册用数章的篇幅详细记录了浙江辛亥革命的历史全貌。浙江辛亥革命史研究成果最丰富的当属人物研究,汤寿潜、蔡元培、章太炎、徐锡麟、秋瑾、陶成章、陈其美、黄郛、褚辅成、蒋尊簋、朱瑞、吕公望、童保暄、鲁迅、王金发、马宗汉、陈伯平、尹维俊、尹锐志等众多人物都有相应的研究成果问世,包括传记、年谱、文集、论文、历史小说等。

二、新民主主义革命史

（一）民国期间的研究

民国18年（1929年）8月，朱佩我发表《中国革命之史的分析》（《新生命》第2卷第8期），这是浙江革命者兼学者写的关于中国革命历史的论文。华岗（原名华延年）于民国20年（1931年）7月出版了《一九二五至一九二七中国大革命史》（上海春耕书店出版，1931年），这部书用马克思主义理论作指导，重点阐述了中国大革命产生、发展的历史原因、社会基础、准备阶段、经验教训等重大问题，初步确立了大革命史研究的体系，被学者称赞为“一部很好的中国大革命史教材”。民国29年8月，华岗出版了《中华民族解放运动史》（上海鸡鸣书店1940年版），后该书修订改名为《中国民族解放运动史》（第1卷，大连大众书店1946年版；第2卷，读书出版社1947年版）。该书把中国近百年的斗争看成是民族解放与社会解放两种斗争紧密结合的发展史，在评论中国近百年革命运动时，总是放眼世界局势，把握住了中国民族解放运动的时代特点，被称为“中国近现代史的奠基之作”。

（二）中华人民共和国成立之后的研究

中华人民共和国成立以后，开启中国新民主主义革命史研究的还是华岗。1948年，华岗在香港养病期间，将《中国民族解放运动史》第1卷最后一章《五四运动》修改补充后，于1949年底由上海海燕书店出版。该书适应了全国解放后大专院校师生和机关干部配合学习《社会发展史》《新民主主义论》和《共同纲领》的需求。

在中国新民主主义革命史研究领域成就最大的是胡华。1950年4月，胡华编著的《中国新民主主义革命史（初稿）》（人民出版社1950年版）出版发行，1952年出修订本多次印刷，成为权威教材与读本。与此配套，还出版了胡华等著的《关于学习中国新民主主义革命史的几个问题》（新潮书店1951年版）及胡华主编的《中国新民主主义革命史参考资料》（商务印书馆1951年版）两书。20世纪70年代末以后，胡华主编的《中国革命史讲义》上下册（中国人民大学出版社，1979年、1980年版）成为全国高校中共党史、中国革命史专业普遍采用的教材，他还编写了《五四时期的历史人物》（中国青年出版社1979年版）。胡华成为中国新民主主义革命史体系的主要创立者之一。

关于五四运动在浙江的研究，主要有王山的《从“五四”到“五卅”（浙江人民的斗争）》（《当代日报》1951年8月2日），施存统的《四十年前的浙江新思潮》（《光明日报》1959年4月18日），浙江省委党校党史室编写的《钱江怒潮——五四运动在浙江》（《实践》1979年第15期），姚辉的《浙江新潮和“一师风潮”——五四新文化运动在浙江》（《实践》1979年第16期），郑振铎的《新文化运动的精神与态度》（《杭州大学学报·哲学社会科学版》1980年第3期），胡绳《从鸦片战争到五四运动》（人民出版社1981年版）。资料整理方面有杭州大学历史系与浙江省档案馆编的《浙江革命历史档案选编·第一、二次国内革命战争时期》（浙江人民出版社1989年版），沈自强主编的《浙江一师风潮》（浙江大学出版社1990年版）等。

浙江抗日战争史成为研究的一个热点。资料整理方面，有浙江省中国国民党历史研究组（筹）1986年编印的《抗日战争时期国民党战场资料选编》，杭州大学历史系与浙江省档案馆编《浙江革命历史档案选编·抗日战争时期》（浙江人民出版社1987年版），浙江省档案馆、中共浙江省委党史研究室编的《日军侵略浙江实录（1937—1945）》（中共党史出版社1995年版），中共浙江省委办公室组织编辑的《浙江省抗战时期人口伤亡和财产损失》（中共中央党校出版社2010年版）等。研究著作方面，楼子芳主编的《浙江抗日战争史》（杭州大学出版社1995年版）是第一部系统研究浙江抗日战争史的专著；还有中共浙江省委党史研究室编的《浙江八年抗战》（中共党史出版社1996年版），张世欣的《浙江省崇山村侵华日军细菌战罪行史实》（浙江教育出版社1999年版），张根福的《抗战时期浙江人口迁移与社会影响》（上海三联书店2001年版），袁成毅的《浙江抗战损失初步研究》（陕西人民出版社2003年版）等。中共浙江省党史研究室还编有《浙江省纪念抗日战争胜利五十周年论文集》（当代中国出版社1997年版）。论文方面，段治文的《历史、国情与理论的双重建构——中国共产党对道路的选择与创造》（《浙江大学学报·社会科学版》1991年第2期）一文认为，中国共产党人把握住了近代中国演进中的两大信息——历史与国情，在把握与分析这两大信息过程中，实现了历史、国情与理论的双重建构，历史性地选择了科学社会主义。该文分析了中国共产党人在选择科学社会主义及其革命过程中的创造性，解决了近代中国遗留下来的一系列历史课题，为中国发展社会主义和现代化建设提供了崭新的思路和深层基础。

三、社会主义革命与建设时期史

（一）关于“中国社会主义时期历史”的编写

关于社会主义革命与建设时期历史的研究，浙江起步较晚。1975年，杭州大学历史系成立中共党史讲义编写组，后改为中共党史教研室，将研究重点转向社会主义革命与建设时期历史，组织班子编写多卷本中国社会主义时期的历史。1978年11月，杭州大学举办了“建国后七年”（1949—1956年）第一次全国学术讨论会，来自教育部政教司、中共中央党校、中国人民大学、北京大学等80个单位的150余名专家学者参加了会议，王学启代表编写组在会上做编写情况与编写原则的报告，并与课题组成员杨树标、沈家善、姚鸿瑞分章介绍了重点内容及一些难点的处理与想法，受到与会专家学者的好评与肯定。1985年5月，中共浙江省党史学会与杭州大学联合举办了第二次全国学术讨论会，主题是“前十年”（1957—1966年）历史，来自全国28个省、市、自治区的300多名专家学者出席了会议，中共中央党史研究室副主任廖盖隆出席会议并在会上做专题报告，会议讨论了杭州大学中共党史教研室编写的“前十年”的历史草稿以及这一时期的重大历史事件。1986年11月，浙江省党史学会同中共中央党史研究室、全国党史学会在杭州联合举行全国学术讨论会，主题是“新时期的社会主义建设（1976—1986年），全国各省市自治区130多名代表出席会议，王首道、江华、王芳等到会讲话，会议对中国共产党第十一届三中全会以来党对社会主义建设理论的贡献、政治与经济体制改革、社会主义精神文明建设、四项基本原则与改革开放等问题进行了认真的讨论。

(二)资料整理与史学研究

资料整理。1981年,浙江省党史学会编印了《社会主义时期党史参考资料汇编》(上下册)。1984年,杭州大学中共党史教研室编印了约200万字的《中国社会主义革命和建设教学参考资料》(3卷6册),为编写多卷本中国社会主义时期的历史打下了良好的史料基础。

史论专著方面,有王学启、杨树标、沈家善、姚鸿瑞编著的《中国社会主义时期史稿》第1卷(浙江人民出版社,1983年,1984年再版),对中华人民共和国成立前7年的历史作了全面系统的论述。1984年2月6日,《光明日报》发表书评《开拓中国社会主义时期历史研究的新成果》,肯定该书"在社会主义革命与社会主义建设方面的研究和论述都取得了重大的进展"。王学启、杨树标、沈家善、姚鸿瑞编著的《中国社会主义时期史稿》第2卷(浙江人民出版社1988年版),主要阐述"前十年"(1957—1966年)的历史,作者以《关于建国以来党的若干历史问题的决议》为依据,广泛吸收中外学术界已有的科研成果,对前十年的历史作了实事求是的叙述。王学启、方宪轩、沈家善编著的《中国社会主义时期史稿》第3卷叙述"文化大革命"十年(1966—1976年)的历史,由于种种原因,本卷未能正式出版。王学启著的《中国社会主义时期史稿》第4卷(浙江人民出版社1994年版)叙述1976年10月至1982年9月共6年的历史。李立志的《变迁与重建:1949—1956年的中国社会》(江西人民出版社2002年版),该书以社会史的研究方法,从社会结构、社会生活、社会心理等三个方面着手,深入细致地分析了中华人民共和国头七年向现代化迈进的成就,该书视角新颖,史料翔实,说理透彻,受到学术界重视。

专题论文方面,李立志的《土地改革时期农民心理变迁》(《中共党史研究》2002年第4期)指出,土地改革不仅改变了既存的土地关系,而且使中国乡村社会政治结构发生了根本性转换。这一转换推动了农民社会心理由"知足常乐"到"发家求富"、由保守到激进,以及阶级意识替代家族意识、领袖崇拜替代民间信仰等方面的变迁,推动了农业合作化运动的发展。罗平、周越的《正确的道路,伟大的成就》(载《社会主义时期论文选辑》,中共中央党校出版社1982年版),以丰富的史料论证了浙江农业合作化运动的发展基本上是健康的,回击了否定农业合作化的思潮。王水湘等的《农业合作化运动中浙江贯彻"坚决收缩"方针初探》(《党史研究资料》1985年第1期),论证了这一方针的正确性,以及被批判的不良后果。姚鸿瑞的《对1957年史的几点认识》(载《怎样研究社会主义时期党史》,河南人民出版社1986年版)实事求是地评价了1957年党和国家的全部工作,指出这一年工作的主体不是整风反右,而是大规模的经济建设和三大改造的最后完成。叶炳南的《反右派斗争严重扩大化的因果初探》(《浙江社会科学信息》1985年第2期),对1957年反右派斗争严重扩大化的原因进行了探讨。王学启、沈家善的《开始全面建设社会主义时期若干问题的探索》(载《怎样研究社会主义时期党史》)对这一时期的一些重大问题提出了自己的观点。

第四节　中国共产党历史研究

中国共产党筹建初期，浙江籍革命家曾作出过重大贡献。嘉兴南湖又是党的第一次代表大会的会址之一。浙江学者对中国共产党史（以下简为“中共党史”）早期研究力度较大，史料整理与史论成果皆丰。后续研究主要围绕着地方党史，如浙东抗日根据地研究、新四军研究以及中华人民共和国成立后党和国家领导人在浙江的活动研究、青年运动史研究等。

一、中共党史

（一）中华人民共和国成立前的中共党史研究

1949 年 10 月 1 日中华人民共和国成立以前，浙江籍的政治家、政治活动家、宣传理论家如周恩来、张秋人、施存统、胡愈之、胡绳、华岗等写过一批带有政论、宣传性质的论著。如华岗的《一九二五至一九二七年大革命中的中国共产党》（原载《布尔塞维克》1931 年 5 月、7 月第 4 卷第 3、4 期），吴亮平的《斥叶青、张涤非、任一、黎学稼诸托洛茨基派》（原载《解放》1937 年 5 月第 1 卷第 3 期），周恩来的《关于一九二四至二六年党对国民党的关系》（1943 年春在重庆中共中央南方局干部学习会上所做的报告，后收入《周恩来选集》上卷（人民出版社 1980 年版）等。

（二）中华人民共和国成立后的中共党史研究

关于大革命时期中共党史的研究。杭州大学王学启教授先后发表了一系列有重要影响的论文，如《1924 年 5 月中共中央扩大执委会述评》（《杭州大学学报・哲学社会科学版》1984 年第 2 期），《关于 1925 年 10 月中共中央扩大执委会》（《近代史研究》1984 年第 4 期），《1926 年 7 月中国共产党第三次中央扩大执委会述评》（《杭州大学学报・哲学社会科学版》1985 年第 4 期），《〈中国社会各阶级的分析〉和张国焘的“左”倾机会主义》（《浙江学刊》1987 年第 2 期），《对中国共产党是马克思列宁主义同中国工人运动相结合的产物的再认识》（《杭州大学学报・哲学社会科学版》1989 年第 3 期）等论文，对大革命时期中共党史上的一些重要史事及理论问题进行了探讨，提出了自己的观点。其中《1924 年 5 月中共中央扩大执委会述评》一文指出，此次扩大执委会及时纠正了第一次国共合作建立以后不久党内出现的右倾错误，重新调整了国共合作的政策，对于二七大罢工失败以后革命运动的恢复和发展起了积极的推动作用。王光银的《对大革命时期党的军事运动历史地位的再认识》（《史学集刊》2006 年第 3 期）一文指出，大革命时期的军事运动是中国共产党武装斗争史的发端，它对人民军队的创建，对土地革命战争、抗日战争、解放战争都产生了深远影响，有力地推动了中国革命胜利的进程。鲍世平、许孟飞的《马克思主义的传播和中国的知识分子》，全面系统地探讨了中国知识分子在马克思主义传播过程中的作用、地位等（中共中央党校出版社 1983 年版）。徐义君的《新民主主义国家学说与无产阶级在民主革命中领导地位的思想》(《浙江学刊》1984 年第 3 期)及专著《新民主主义革命思想的开端》(湖南人民出版社 1985 年版),对毛泽东新民主主义革命思想的开端、形成以及在大革命时期的实践等问题进行了全面探讨。其论文《试论广州、武汉时期国民政府的反帝外交策略》(《近代史研究》1982 年第 3 期)、《中国共产党对广州、武汉时期国民政府反帝外交的影响与帮助》(《北方论丛》1994 年第 6 期),对大革命时期国民政府与中共的反帝外交策略进行了探讨。

关于抗日战争研究,徐义君、王瑞珍的《"七七"事变后日本侵华的暴行》(《历史教学》1987 年第 7 期),对日军侵华及其深层次的原因进行了探讨。丁晓强的《中共对抗战总体战略的影响和战争中的地位》(《上海行政学院学报》2005 年第 5 期),论述了抗日战争时期国共两党抗战战略的形成以及战略实施过程中的作用和相互关系,由此考察两党在战争中的地位,特别是对中共及其军队在抗战第二阶段以后的中流砥柱突出作用从新的角度提出了看法。张亦民的《抗战胜利前后我党战略方针的转变》(《党史研究》1984 年第 4 期),对中共在抗日战争胜利前后战略方针的转变进行了探讨。唐洪森的《新四军夺取宁沪杭大城市计划及其放弃》(《抗日战争研究》2003 年第 2 期)、《抗战胜利初中共让出南方解放区战略研究》(《中共党史研究》2006 年第 2 期),指出在抗日战争胜利后的国共和谈中,中共以大局为重,以团结合作共图振兴国家大业的和平理念,适时转换战略发展目标,主动提出从浙江等南方各解放区撤退军队,让与国民党政府接管。其后,中共信守承诺,撤退南方解放区(海南岛除外)绝大多数武装和地方政权机关,为实现全国范围内和平团结,延缓内战发生,发挥了重要作用。

关于土地革命与土地改革研究,张永泉发表《土地革命中富农问题的正确解决应在 1935 年夏——与夏道汉同志商榷》(《历史教学》1988 年第 2 期)、《毛泽东在解决农民土地问题上的重大贡献》(《浙江学刊》1994 年第 1 期)、《"平分土地"的土地政策应当基本肯定》(《中共党史研究》1994 年第 6 期)等系列论文;并与赵泉钧合著《中国土地改革史》(武汉大学出版社 1985 年版),对中共领导的土地改革进行了比较全面系统的研究,肯定了中共土地改革所取得的历史性成就与贡献。

关于青年运动史、学生运动史研究,王水湘、王宏志、臧嵘等的《北京大学学生运动史》(1919—1949)(北京出版社 1988 年版)对新民主主义革命时期北京大学的学生运动进行了系统研究。叶志麟《浙江学生运动史》(共青团浙江省委青运史研究室印,1985 年)对 1946—1949 年浙江的学生运动作以史论;后又编印 1903—1945 年的《浙江学生运动史》(共青团浙江省委青运史研究室编印 1997 年版)。

关于在中共党史领袖人物及其思想的研究,姚守中、马光仁的论文《瞿秋白与毛泽东思想萌芽》(《探索》1985 年第 3 期),对瞿秋白在毛泽东思想萌芽过程中的作用进行了探讨。王学启、张雅丽的《邓小平理论形成和发展的历史轨迹》(《浙江学刊》1993 年第 5 期),对邓小平理论形成和发展的历史轨迹进行了探讨。丁晓强等著的《邓小平与中国文化现代化》(江西人民出版社 1995 年版),探讨了邓小平与中国文化现代化的关系。

二、浙江地方党史

(一)资料征集与整理

浙江是全国较早建党的省份之一。中华人民共和国成立后，中共浙江省委很重视浙江地方党史资料的征集与研究。1956—1957年，省委组织全省开展征集革命历史档案工作，省、地、县三级党委成立了征集革命历史档案小组，征集到的主要资料上报中央，省委办公厅编印了11期《征集工作资料》。1959—1961年，浙江省军区与中共浙江省委党校和杭州大学等单位联合整理浙江地方党史资料并开展研究工作，先后编印了《浙江地方革命史资料》《浙江武装斗争史资料》《浙江地方史大事年表》《浙江人民革命斗争史》等著作。1980年6月，省委决定成立浙江地方党史资料征集小组，由省委副书记薛驹兼任组长。1981年7月，小组更名为中共浙江省委党史资料征集委员会；1982年7月，又更名为中共浙江省委党史资料征集研究委员会，薛驹兼任主任委员。各地(地级市)、县(县级市、区)等先后成立相应的党史资料征集与研究机构，省总工会、省妇联、团省委、省公安厅、省军区等单位也相继成立了类似机构。1990年9月，中共浙江省委党史资料征集研究委员会更名为中共浙江省委党史研究室，设《足迹》杂志编辑部等机构。1981年，浙江省新四军历史研究会成立。自1980—2010年的30年间，全省共完成党史专题研究(包括党史专题整理)2000多项，出版各种著作数百种。

党史资料征集整理与出版方面，代表性著作有浙江省军区主编的《浙南三年》(浙江人民出版社1984年版)，收录粟裕、刘英等回忆文章17篇，从不同侧面反映了浙南3年游击战争艰苦卓绝的历史。龙跃的《坚持浙南十四年》(浙江人民出版社1987年版)记录自1935年随红军挺进师入浙一直到1949年浙江解放14年间亲身斗争的经历，具有较高的史料价值。《浙东抗日游击纵队和浙东抗日根据地的创建与发展》(《浙江党史通讯》1986年第12期)，是浙东游击纵队和浙东敌后抗日根据地主要领导人谭启龙、张翼翔、张文碧、刘亨云等人的回忆文章，简明扼要地概述了浙东游击纵队和浙东敌后抗日根据地创建、发展与斗争的全部历史过程。刘亨云撰写了《浙东游击纵队》(浙江人民出版社1987年版)。省政协文史资料研究委员会编辑的《浙江革命史料特辑》(浙江人民出版社)先后出版7期，收录回忆文章100余篇。

档案文献整理与出版方面，省档案馆利用馆藏的革命历史档案资料编辑了《浙江革命历史档案选编》(浙江人民出版社1987年版)，选编分3卷，第1卷为党的创立与第一、二次国内革命战争时期；第2卷为抗日战争时期，分上下两册；第3卷为解放战争时期。中共中央档案馆与浙江省档案馆联合编辑的《浙江革命历史文件汇集(1922—1936年)》共出版了8辑。省委党史研究室编辑的《中国共产党浙江省组织史资料(1922.4—1987.12)》(人民日报出版社1994年版)，内容包括1922年4月至1987年12月的60余年间中国共产党在浙江创建、发展的历史沿革及各个时期各个系统、各个单位领导人名录。

专题资料方面，主要有沈自强主编的《浙江革命烈士书信选》(浙江人民出版社1986年年版)，收录新民主主义革命时期62位烈士生前所写的书信、遗墨共129篇，并附有每位烈士的生平简介与照片。杨福茂等主编的《衙前农民运动》(中共党史资料出版社1987年版)；其主编的《浙东抗日根据地》(中共党史出版社1987年版)、《红十三军与浙南特委》(中共党史出版社1988年版)、《先驱的足迹》(浙江人民出版社1988年版)、《浙西抗日根据地》(浙江人民出版社1992年版);杨晓彤主编的《浙江解放》(浙江人民出版社1989年版);沈自强主编的《周恩来抗日前哨行》(浙江人民出版社1989年版)、《中共"一大"南湖会议》(浙江大学出版社1989年版)、《浙江一师风潮》(浙江大学出版社1990年版);中共浙江省委党史研究室等单位合作编写的《中国工农红军北上抗日先遣队》(中共党史出版社1991年版),中共浙江省委党史研究室等单位合作编写的《闽浙皖赣革命根据地》上下册(中共党史出版社1991年版),中共浙江省委党史研究室编写的《中国资本主义工商业的社会主义改造·浙江卷(上下册)》(中共党史出版社1991年版),中共浙江省委党史研究室等单位合编的《日军侵略浙江实录》(中共党史出版社1995年版),朱健、包晓峰分别主编的《浙江八年抗战》上下册(中共党史出版社1996年版),李华忠等主编的《浙江农民暴动》(当代中国出版社1996年版),高三山主编的《括苍游击根据地》(中共党史出版社1995年版)、《解放战争时期第二条战线学生运动卷》(下册)(中共党史出版社1997年版),黄梅英主编的《浙江战时政工队》(当代中国出版社1999年版),宁波市新四军暨华中敌后抗日根据地研究会编辑的《浙东抗战与敌后抗日根据地史料丛书》9卷(中共党史出版社2001年版)等,对浙江地方党史和革命史作以多角度、多层面的史论。俞红霞主编的《"大跃进"运动(浙江卷)》(中共党史出版社2006年版)等,则研究了1949年之后浙江地方党史一个侧面。

(二)党史研究

浙江党史综合研究方面,代表性的著作有:中共浙江省党史资料征集研究委员会组织编写、杨福茂主编的《中共浙江党史大事记(1919—1949)》(浙江人民出版社1990年版),以编年体的形式记述了浙江中共党组织从成立到1949年浙江解放的重大历史事件与人物,分党的创立时期、第一次大革命时期、土地革命时期、抗日战争时期和解放战争时期。沈自强、黄梅英、祝龙光编著的《浙江青运史话》(浙江大学出版社1991年版),对新民主主义革命时期中共领导的浙江青年运动中的一些主要事件、重要历史阶段和有代表性的历史人物作了通俗的讲解。中共浙江省委党史研究室组织编写、章健主编的《中国共产党浙江历史大事记(1949—1993)》(中共党史出版社1996年版),用编年体方式记述中共浙江省委、省人民政府领导全省人民在政治、经济、文化、教育、军事等各方面的重大活动与重大事件,全书按历史时期分为基本完成社会主义改造时期、开始全面建设社会主义时期、"文化大革命"时期和社会主义现代化建设新时期。金延锋主编的《当代浙江简史》(当代中国出版社2000年版),是《中华人民共和国简史》丛书的一卷,对浙江解放以来特别是改革开放以来进行社会主义革命和建设、改革开放和现代化建设的历史过程、主要成就及主要经验教训进行了全面总结。金延锋主编的《浙江改革开放30年大事纪要》(浙江人民出版社2008年版),采用编年体与纪事本末体相结合的方式,记述改革开放以来浙江在政治、经济、文化、教育、科技、卫生、体育、军事等各方面的重大事件,突出反应具有浙江特色、独特经验和首创精神的大事、要事。中共浙江省委党史研究室组织编写有《中共浙江党史》(第1卷)(中共党史出版社2002年版);主编的《浙江改革开放史》(中共党史出版社 2006 年版),记述浙江改革开放的发展过程、发展规律、历史经验,为浙江的持续发展提供历史借鉴。

专题研究方面,主要有杨晓彤主编的《浙江解放》(浙江人民出版社 1989 年版),介绍了自 1949 年 5 月至 1955 年 2 月浙江全境解放的全部过程,书后附有浙江各市、县解放的日期表。金延锋主编的《浙江剿匪纪实》(浙江人民出版社 1990 年版),记述了解放初期浙江军民围剿国民党潜伏的武装匪特的全部过程及其光辉业绩。金延锋、黄旦的《浙江抗战文化》(当代中国出版社 1995 年版),对抗日战争时期浙江的抗日战争文化进行了全面系统的叙述。中共浙江省委党史研究室组织编写、包晓峰总撰稿的《不能忘却的历史——抗日战争在浙江》(浙江人民出版社 2005 年版),以图文结合的方式反映浙江抗日战争史的全貌,揭露并谴责日本侵略者的罪行,讴歌浙江省不屈不挠的抗日军民。中共浙江省委党史研究室组织编写、包晓峰总撰稿的《中流砥柱——中国共产党与全民族抗日战争(浙江篇)》(中共党史出版社 2005 年版),全面介绍了中国共产党在浙江领导抗日救亡运动、开展抗日武装和建立根据地,英勇抵抗日本侵略者的历史,肯定了中国共产党人在浙江抗日战争中的重大贡献。中共浙江省委党史研究室组织编写、高三山主编的《浙江抗日战争事件人物录》(中共党史出版社 2005 年版),收录了中共在浙江抗日战争中的重要历史事件和人物等条目,同时酌收了国民党在浙江抗日战争中的重要事件与人物以及日伪方面的重要事件和人物等条目。

专题方面还有青年运动史研究。有杨张乔、王曙光等主编的《浙江省青年运动志》,历时 18 年,经 6 届编纂委员会,于 2009 年完编,由浙江人民出版社出版。此期间,各市相继编印有《杭州市青年运动志》(杭州大学出版社 1998 年版)、《宁波市青年运动史》《湖州市青年运动史》《嘉兴青年运动》《温州市青年运动志》(初稿)等。

论文集方面,主要有黄梅英主编的《生而为英,死而为灵——纪念刘英牺牲五十周年论文集》(中共党史出版社 1993 年版)、《纪念浙西南、浙南游击根据地创建 60 周年研讨会论文集》(中国档案出版社 1996 年版),浙江省毛泽东思想研究中心、中共浙江省委党史委员会等编辑的《风范 · 思想 · 乡情——纪念周恩来诞辰九十五周年纪念文集》(中央文献出版社 1994 年版)等。

关于浙江党史人物研究方面,主要有叶炳南主编的《不朽的战士——浙江革命英烈传(第 1 集)》(浙江人民出版社 1986 年版),收录了 41 位革命烈士的传记。高三山主编的《不朽的战士——浙江革命英烈传(第 2 集)》(浙江人民出版社 1990 年版),收录新民主主义革命时期浙江籍或战斗牺牲在浙江的 37 位著名革命烈士传记。杨福茂主编的《先驱的足迹》(浙江人民出版社 1988 年版),记述新民主主义革命时期先后牺牲的王家谟、张秋人、徐英、罗学瓒、卓兰芳、龙大道、李硕勋、夏曦、刘英等 9 位浙江省委书记、代理书记的光辉业绩,并收录了先烈的著作、传记以及回忆文章等。沈自强主编的《故乡情》(春秋出版社 1989 年版),收录了老一辈无产阶级革命家、革命先烈以及各行各业先进模范人物以及国际友人共 29 人(其中浙江籍 21 人)的名人逸事、革命故事及英模事迹。章健主编的《丹心谱》(浙江人民出版社 1991 年版),记述浙江解放以来在社会主义建设中出现的 113 名典型人物和优秀共产党员的事迹。高三山主编的《刘英》(中国国际广播出版社 1992 年版),介绍了中共浙江省委书记刘英一生的事迹，并附有大事年表。中共浙江省委党史研究室等单位合编的《俞秀松的故事》（当代中国出版社 1994 年版），收录了无产阶级革命家俞秀松各个历史阶段的 20 个小故事。中共浙江省委党史研究室组织编辑的《俞秀松纪念文集》（当代中国出版社 1999 年版），该书为纪念俞秀松烈士诞辰 100 周年而编辑，分回忆录、日记书信、文稿、档案报刊和专题资料等 4 个部分。黄梅英主编的《刘英纪念文集》（中共党史出版社 2002 年版），有题词、照片、回忆、纪念文章、刘英文稿、书信、档案报刊资料、专题、传略、年表等。金延锋、刘建平、张维主编的《江华传》（中共党史出版社 2007 年版），全面记述了江华从事革命事业的一生，并附有生平大事年表。

（三）中国共产党和国家领导人在浙江活动的研究

关于毛泽东、周恩来、邓小平、陈云等中共党和国家领导人在浙江活动的研究方面，主要有：浙江省毛泽东思想研究中心与中共浙江省委党史研究室为纪念毛泽东诞辰 100 周年合编的图片集《难忘的瞬间，永恒的怀念——毛泽东在浙江》（中共党史出版社 1993 年版），收录了毛泽东在浙江期间的历史照片及题词 38 幅。乐子型主编的《毛泽东与浙江》（中共党史出版社 1993 年版），收录与毛泽东有过交往的浙江各界人士的回忆文章 35 篇，附有毛泽东与浙江大事记、在浙江活动时间表。李林达的《情满西湖》（中央文献出版社 1993 年版），记述了毛泽东 50 多次到杭州视察、学习和休息的基本情况，附有毛泽东在浙江的活动大事记。金延锋、徐斌、王祖强合著《共和国命运的抉择与思考（毛泽东在浙江的 785 个日日夜夜）》（浙江人民出版社 2009 年版）一书，以翔实的史料、生动的文笔揭示了毛泽东 53 次到浙江视察的点点滴滴与 785 个日日夜夜的丰富细节。浙江省毛泽东思想研究中心与中共浙江省委党史研究室合编的图片集《千秋功业镌故园——周恩来在浙江》（中共党史出版社 1992 年版），收录了周恩来生前 30 次到浙江期间的历史照片、题词等。乐子型主编的《周恩来与浙江》（中共党史出版社 1992 年版），是为纪念周恩来诞辰 95 周年编辑的回忆纪念文集，收录了与周恩来有过交往的浙江各界人士的回忆文章 45 篇，并附有周恩来与浙江大事记。李林达的《情系桑梓》（中央文献出版社 1998 年版），记述周恩来先后 30 多次视察浙江的情况，讴歌周恩来的故乡情怀、高尚的道德品质和坚定的革命精神。李林达主编的《邓小平与浙江》（当代中国出版社 1998 年版），记述邓小平生前 15 次视察浙江的情况，收录与邓小平有过交往的浙江各界人士的回忆纪念文章 49 篇，并附有邓小平在浙江的活动记事。李林达主编的画册《情满钱塘——邓小平在浙江》（浙江摄影出版社 2004 年版），系为纪念邓小平诞辰 100 周年而编辑的，收录邓小平在浙江视察、工作、生活以及与浙江有关的照片 122 幅。为纪念陈云诞辰 100 周年，中共浙江省委党史研究室编辑 3 本图书，分别是李林达的《陈云的钱塘情怀》（中央文献出版社 2005 年版）、李林达主编的画册《情满西湖——陈云在浙江》（浙江人民美术出版社 2005 年版）、《陈云与浙江》（中央文献出版社 2005 年版）。浙江省毛泽东思想研究中心与中共浙江省委党史研究室合编、乐子型主编的大型画册《足迹——党和国家领导人在浙江》（中央文献出版社 1994 年版），收录了中华人民共和国成立以来 45 年间，到浙江视察过的 119 位党和国家领导人在浙江期间的照片 500 幅，书后附有党和国家领导人在浙江的活动年表。

第五节 区域史与专门史研究

区域史反映各地区之间在地理条件、民族、语言风俗、宗教等方面的历史，形成独具特征的区域文化。专门史是叙述某一方面的事迹或某一学科的发展的历史著作，有政治史、军事史、经济史、文化史、哲学史、文学史、史学史等。浙江专门史的研究兴起于20世纪30年代。此后至21世纪初的80年间，浙江聚集了一批从事区域史与专门史研究的学者，发表了一批浙江区域史与专门史的论文或著作，于2005年完成《浙江通史》12卷。

一、浙江地方史

(一)《浙史纪要》关于春秋战国至民国中期的浙江地方史研究

民国时期，第一部浙江通史性质的著作当属李洁非著的《浙史纪要》(正中书局1948年版)。该书分10章共115页，涉春秋战国前后之浙江、秦汉的设治和三国吴之开始、晋室南渡后的浙江人文、唐代浙江的国际往来、五代吴越国的偏安一隅、闽越反为天下中之浙江、有明一代的浙江倭寇、近代忠义之乡与人文的渊薮、承平日久的浙江及其现势等内容，勾勒了浙江从史前到20世纪40年代的历史大轮廓，其价值不容低估。

(二)浙江古代史与浙江文化史研究

浙江古代史研究方面，有倪士毅著《浙江古代史》(浙江古籍出版社1985年版)，该书介绍了原始社会至清代鸦片战争以前的浙江的历史，是为系统。陈国灿、奚建华著《浙江古代城镇史》(安徽大学出版社2003年版)一书，填补了中国古代区域城镇史研究的一个空白。浙江文化史研究方面有沈善洪、费君清主编《浙江文化史》(浙江大学出版社2009年版)，滕复等著《浙江文化史》(浙江人民出版社1992年版)，佘德余著《浙江文化简史》(人民出版社2006年版)等。其中，佘德余《浙江文化简史》对浙江文化的含义、沿革及总体特征首次作了较为明确的界定和论述。

(三)《浙江通史》关于新旧石器时代至中华民国的浙江地方史研究

1997年8月，《浙江通史》被列为浙江省哲学社会科学重大课题，由金普森、陈剩勇共同担任主编并组织实施。中共浙江省委、省政府决定成立浙江通史编纂工作指导委员会，由浙江省政协主席刘枫担任主任，中共浙江省委常委、宣传部部长梁平波与浙江省政府副省长徐志纯任副主任，由浙江省委宣传部副部长、浙江省社会科学院院长侯玉琪兼办公室主任。同年11月底，浙江通史编纂工作指导委员会邀请沈善洪、毛昭晰、孙达人、沈文倬、徐规、陈桥驿、魏桥、黄时鉴、陈学文、董楚平、杨树标、梁太济、谢宝森等学者召开专家咨询会议，审议了《浙江通史》的编纂思路、体例及各卷作者拟定的撰写大纲，并提出了详尽的修改意见，使编写成员进一步明确了编纂思路，决定在全书结构上打破现有通史流行的把历史划分为政治、经济、文化、军事四大板块的结构，一改传统史学偏重于政治、军事，转而注重对社会史、文化史的叙述，重点描述7000年来生活在浙江这块土地上的人的发展与进步、社会结构与社会阶层的演化、地域文化的发展与进步。在各卷章节安排上，以有代表性及有重要影响的事件、风俗、现象和人物为重点，突出浙江历史发展的地域特点、浙江文化的丰富内涵与浙江文明的历史成就。在行文过程中，还注意到浙江与全国的关系及其互动、浙江与世界的关系及其互动。经过数年的努力，《浙江通史》12卷由浙江人民出版社于2005年12月出版。

各卷内容有：第1卷《史前卷》，林华东著，本卷共11章，重点叙述马家浜文化、河姆渡文化、崧泽文化与良渚文化以及上山遗址、小黄山遗址、跨湖桥遗址、下孙遗址等，反映了浙江的旧石器文化向新石器文化的过渡、母系社会向父系社会的转型，展示浙江灿烂的史前文明。

第2卷《先秦卷》，徐建春著，共10章，叙述起自4100年前良渚文化整体向北迁徙之后，夏、商、西周、春秋战国直至秦王政二十五年（前222年）秦灭楚国而尽收吴越故地为止。作者认为，先秦时期的浙江历史是一段低开而缓慢走高、步步攀升，创造辉煌而后渐渐走向衰落，最终被秦国统一的历史。本卷重点介绍春秋战国时代越国的兴衰成败及这一时期浙江的思想文化。

第3卷《秦汉六朝卷》，王志邦著，共13章，本卷时间跨度为秦王政二十五年至陈后主祯明三年、隋文帝开皇九年（589年），包括秦朝、西汉、东汉、三国、西晋、东晋以及南朝的宋、齐、梁、陈。本卷除了介绍这一时期的历史变迁外，十分注重普通民众活动，重视人群迁移、聚落发展以及由此带来的生产方式和生活方式的变化乃至社会阶层的变化；重视地域内部不同区块的经济文化发展。

第4卷《隋唐五代卷》，李志庭著，共9章，时间跨度为隋文帝开皇九年至宋太宗太平兴国三年（978年）吴越国王纳土归宋为止共390年，包括隋朝、唐朝、五代（在浙江地区就是吴越国）。本卷重点叙述唐朝中后期全国经济重心南移，以苏南、浙北为核心的江南地区取代中原、关中成为新的经济中心，叙述了这个时期浙江经济（农业、手工业、渔业、商业）以及教育、科技、文化发展的全貌，反映了五代时期吴越国统治下的浙江地区维持了相对安定与经济、教育、科技、文化、宗教等持续发展的局面以及与中原和北方因战乱而导致的衰败局面所形成的强烈对比。

第5卷《宋代卷》，沈冬梅、范立舟著，共10章，时间跨度为宋太祖建隆元年（960年）北宋建立至南宋端宗景炎元年（1276年）南宋灭亡为止共316年，包括北宋与南宋。本卷重点叙述北宋建立后，特别是南宋建都临安（今杭州）后作为全国经济重心的两浙路在农业、副业、手工业、城市工商业、区域市场网络、江南城市园林、文化教育、城市市民社会、地方组织建设、学术思想流派、对外经济文化交流等诸多方面。

第6卷《元代卷》，桂栖鹏、楼毅生等著，共9章，时间跨度为元世祖至元十三年（1276年）元军进入南宋首都临安至元顺帝至正二十七年（1367年）朱元璋平定浙东为止共91年。本卷指出，自南宋灭亡后，杭州与浙江的政治地位一落千丈，浙江地区的土著居民属于等级地位最低的“南人”（属于第四等），在政治上受到严重的歧视与压迫，但在经济、文化方面浙江依然保持着在全国的领先地位，成为全国外海贸易的最重要基地，元代7个重要的对外贸易港口，浙江占有4个。重点叙述元代浙江地区的经济、文化、宗教等方面的成就。

第7卷《明代卷》，陈剩勇著，共12章，时间跨度为元顺帝至正二十六年明朝在杭州设立浙江等处行中书省至清世祖顺治二年清军占领杭州为止共279年。明初在杭州设立浙江等处行中书省，管辖杭州、湖州、嘉兴、绍兴、宁波、严州、金华、衢州、处州、台州、温州等十一府，奠定了浙江的版图，至今数百年未有改变，为区域亚文化——浙江文化的融合提供了空间平台。在明代浙江全境得到全面开发，经济、文化、社会等各方面得到全面发展，为浙江"文物之邦"的地位奠定了坚实的基础。

第8卷《清代卷》上册，叶建华著，共12章，时间跨度为清世祖顺治二年(1645年)清军进入杭州设立浙江巡抚至清宣宗道光二十年(1840年)、鸦片战争爆发前共195年，包括清朝早期与中期。清朝作为少数民族建立的政权，继承了明朝的封建专制统治体制并加以强化，将封建专制主义政治推向高峰，经济、文化继续得到发展，迎来中国封建社会最后一个盛世——康乾盛世。这个时期，浙江在经济、文化、教育等各方面继续领先全国。

第9卷《清代卷》中册，赵世培、郑云山著，共8章，本卷时间跨度自清道光二十年至清光绪二十年(1900年)为止共60年。本册重点论述了19世纪60—70年代浙江传统社会的重建和变化，外国侵略的扩大与深入及近代企业、社会矛盾、维新思潮和维新活动等。这个时期，浙江与全国一样走向半封建半殖民地社会，是全国的一个缩影。

第10卷《清代卷》下册，汪林茂著，共8章，时间跨度为清光绪二十年至清宣统三年(1911年)为止共11年，本册主要叙述清末最后11年的政治、经济与社会变革，包括改良与革命，革命党人的武装起义、清朝封建专制统治的结束。

第11卷《民国卷》上册，金普森等著，共9章，本卷时间跨度为民国元年(1912年)至民国16年(1927年)共15年。本册叙述这一时期浙江社会经济和政治思想的变动与发展以及浙江人民反帝、反封建、反军阀统治的历史。第12卷《民国卷》下册，袁成毅著，共9章，时间跨度为民国16年至民国38年(1949年)为止共22年，作者以半殖民地化、革命化、现代化多重变奏的视角来叙述这一时期的历史。

《浙江通史》的出版，是浙江历史研究的一个里程碑。

二、专门史

(一)民国时期的专门史研究

浙江专门史的研究开始于民国时期，代表作有：民国20年(1931年)2月由浙江省教育厅编印的《浙江教育史略》(孙苐侯著)，是迄今为止最早的一部浙江专门史著作。民国21年，吴晗发表《两浙藏书家史略》(署名辰伯，《清华周刊》第37卷第9、10期)是为藏书家的专门史。民国22年，上海商务印书馆出版何炳松编著的《浙东学派溯源》，该书探讨了浙东学派的起源、崛起以及思想理论架构等多方面的内容。民国35年，浙江省农业改进所编印的《浙江省农业改进史略》，对浙江农业的技术改良过程进行了初步探讨。谭其骧于民国36年10月4

日在杭州《东南日报》上发表的论文《浙江省历代行政区域——兼论浙江各地区的开发过程》，被学术界称为“浙江区域史研究的奠基之作”。该文从浙江省各地县治设置时代的先后以及从老县的行政区域中析分出新县治的史实，推断地区性移民的时间、过程和方位，进而论证浙江历史上的开发进程。

（二）中华人民共和国成立后的专门史研究

1949年10月中华人民共和国成立以来，浙江专门史的研究大致可以分为两个大的阶段：

第一阶段为中华人民共和国成立后的第一个30年（1949—1979年）。这个时期发表的有关浙江专门史的文章，基本上属于知识性、史话、史料性质，大都发表在《浙江日报》《当代日报》《杭州日报》等报纸或者省政协、市政协出版的文史资料上。如唐力新、马遂吾的《浙江茶叶的今昔》（《当代日报》1953年9月12日），吕韶羽的《浙江丝绸工业的今昔》（《浙江日报》1954年9月16日），许超的《杭州第一棉纺织厂七十年来的变迁》（《浙江文史资料选辑》第8辑）等。这个时期，发表在学术期刊上的专门史学术论文有谷依的《清朝前期对浙江海塘的修筑》（《史学月刊》1958年第10期）。

第二阶段（1979年以后），浙江专门史的研究日益受到学者的重视，越来越多的学者参与这方面的研究。从研究机构来说，有浙江大学（原杭州大学）历史系，专长两宋浙江史、民国浙江史、史学史、浙江稻作史与农业史研究；浙江省社会科学院历史研究所、文化研究所、哲学研究所等机构，专长浙江史前文化、吴越文化、明清江南经济史、明清抗倭史、浙江太平天国史、民国浙江史、浙江文化史研究；杭州师范大学（原杭州师范学院）人文学院专长浙江地方史、杭州地方史、民国浙江史研究；浙江师范大学专长宋代浙江经济史、浙江华侨史、浙江文学史、江南文化研究；宁波大学与宁波市委党校专长浙江史学史、宁波商帮、宁波地方史研究等；温州大学专长温州商帮、温州华侨、口述史研究；浙江文物考古研究所专长浙江史前史研究等。出现了一批以研究浙江地方史与专门史的专家学者，其中有何天行、吴汝祚、林华东、牟永抗、王明达等人的浙江史前史研究；陈桥驿的浙江区域（绍兴）历史研究；游修龄的浙江稻作史与农业史研究；董楚平、陈剩勇、林华东、颜越虎等人的吴越文化研究；徐规、何忠礼、徐吉军等人的南宋史研究；林正秋的南宋临安城历史文化研究与浙江、杭州地方史研究；方如今的宋代经济史研究；陈学文、李伯重等人的古代江南经济史、城镇史研究；蒋兆成的明清杭嘉湖社会经济史研究；沈善洪、吴光、钱明等人的阳明学与浙江思想史研究；仓修良、王凤贤、钱茂伟等人浙东学派研究；王兴福的浙江太平天国史研究；徐和雍、郑云山、赵世培等人的浙江近代史研究；金普森、姚辉、胡国枢、陶士和、汪林茂、张学继、谢一彪等人的浙江民国史与人物研究；杨树标、陈红民、肖一平等人的蒋介石、宋美龄、蒋经国研究；包伟民、周祝伟、王一胜等人的浙江区域史研究；高力克、毛丹、董平等人的学术思想史研究；陶水木、孙善根等人的浙江商帮研究；楼子芳、袁成毅、包晓峰等人的浙江抗战史研究；丁贤勇的浙江交通史研究；潘国旗、翁礼华的浙江财经史、公债史研究；陈国强等人的金融史研究；朱新予的浙江丝绸史研究；李志庭的浙江开发史研究；张根福的浙江历史人口地理与近现代史研究；陈国灿等人的江南历史文化研究；陈荣富、陈永革的浙江宗教史研究；滕复、徐吉军、卢敦基、董平等人的浙江文化史研究；周少雄、王嘉良的浙江文学史研究；顾志兴的浙江藏书史、浙江出版史研究；陈野的浙江绘画史、美术史研究；朱德明的浙江医药史研究；沈晓敏、冯筱才的浙江议会史研究；乐承耀、林士民的宁波史、宁波海外交通史研究，等等。浙江地方史与专门史的研究日益走向繁荣。

这一阶段中，浙江省社会科学院于2003年启动“浙江省文化名人传记”系列丛书项目。这套丛书通观浙江纪元文化以来100余位历史名人，其中古代51部，涉60人，20世纪51部，涉51人。选取准则有三：生在浙江，或者主要文化成就在浙江完成者；卒年在2000年底前者；在某一文化领域作出巨大贡献，在全国有更大影响者。①

古代部分：有《论衡之人：王充传》（徐斌著）、《旷古书圣：王羲之传》（徐斌著）、《天地一客：谢灵运传》（宋红著）、《一代辞宗：沈约传》（林家骊著）、《隐逸诗人：寒山传》（何善蒙著）、《江东才俊：罗隐传》（薛亚军著）、《道门领袖：杜光庭传》（蔡堂根著）、《丹经之祖：张伯端传》（孔令宏、韩松涛著）、《科学全才：沈括传》（何勇强著）、《词家之冠：周邦彦传》（沈松勤、黄之栋著）、《亘古男儿：陆游传》（高利华著）、《婺学之宗：吕祖谦传》（徐儒宗著）、《人龙文虎：陈亮传》（卢敦基著）、《永嘉巨子：叶适传》（朱迎平著）、《永嘉四灵：徐照、徐玑、翁卷、赵师秀传》（吴晶著）、《浮世绘影：李唐、刘松年、马远、夏圭传》（陈野著）、《松雪斋主：赵孟頫传》（陈云琴著）、《丹青圣手：黄公望、王蒙、吴镇传》（寿勤泽著）、《沉抑曲家：张可久传》（孙侃著）、《一代医宗：朱震亨传》（马雪芹著）、《传奇之祖：高明传》（万晴川著）、《文臣之首：宋濂传》（徐永明著）、《千古人豪：刘基传》（吕立汉著）、《读书种子：方孝孺传》（连晓鸣、徐立新著）、《南村文儒：陶宗仪传》（晏选军著）、《风孰与高：于谦传》（钱国莲著）、《儒学正脉：王守仁传》（钱明著）、《天一阁主：范钦传》（戴光中著）、《畸人怪才：徐渭传》（江兴祐著）、《大河安澜：潘季驯传》（马雪芹著）、《俯察大地：王士性传》（徐建春、石在、黄敏辉著）、《耶儒柱石：李之藻、杨廷筠传》（赵晖著）、《儒学名臣：刘宗周传》（陈永革著）、《拍案惊奇：凌濛初传》（赵红娟著）、《遗民史家：谈迁传》（钱茂伟、柴伟梁著）、《都市文人：张岱传》（佘德余著）、《丹青有神：陈洪绶传》（吴敢、王双阳著）、《胜国宾师：朱舜水传》（钱明著）、《天下为主：黄宗羲传》（吴光著）、《风流道学：李渔传》（万晴川著）、《天盖遗民：吕留良传》（俞国林著）、《博大之宗：朱彝尊传》（王利民著）、《布衣史官：万斯同传》（朱端强著）、《曲中巨擘：洪昇传》（王丽梅著）、《子才子：袁枚传》（罗以民著）、《史学大师：章学诚传》（鲍永军著）、《辑佚大家：严可均传》（李士彪、吴雨晴著）、《剑气箫心：龚自珍传》（陈铭著）、《学贯中西：李善兰传》（杨自强著）、《清秀淳儒：俞樾传》（马晓坤著）、《浮生印痕：赵之谦传》（张钰霖著）。

20世纪部分：有《法制冰人：沈家本传》（陈柳裕著）、《百年一缶翁：吴昌硕传》（吴晶著）、《朴学大师：孙诒让传》（李海英著）、《画之大者：黄宾虹传》（吴晶著）、《出版巨擘：张元济传》（张学继著）、《革命哲人：章太炎传》（陈永忠著）、《潮落潮生：王国维传》（陈铭著）、《一代师表：经亨颐传》（董郁奎著）、《古道长亭：李叔同传》（吴可为著）、《人之子：鲁迅传》（项义华著）、《嘉业堂主：刘承干传》（项文惠著）、《国学巨匠：张宗祥传》（郑绍昌、徐洁著）、《兵学泰斗：蒋方震

① 万斌主编，卢敦基（常务）、陈铭副主编：《浙江文化名人传记丛书》，浙江人民出版社2003—2008年版。

传》(张学继著)、《天地良知:马寅初传》(徐斌著)、《亭亭寒柯:余绍宋传》(余子安著)、《一代儒宗:马一浮传》(滕复著)、《铁肩辣手:邵飘萍传》(郭汾阳著)、《正道上行:马叙伦传》(余丽芬著)、《平屋主人:夏丏尊传》(王利民著)、《走出象牙塔:蒋梦麟传》(孙善根著)、《扫雪斋主人:钱玄同传》(周维强著)、《人间潮音:太虚大师传》(陈永革著)、《书生本色:翁文灏传》(戴光中著)、《忠信笃敬:何炳松传》(房鑫亮著)、《太白之风:陈望道传》(周维强著)、《新史学宗师:范文澜传》(董郁奎著)、《广博之师:陆志韦传》(项文惠著)、《天涯孤舟:郁达夫传》(罗以民著)、《逃墨馆主:茅盾传》(余连祥著)、《大道之行:胡愈之传》(陈荣力著)、《逝水人生:徐志摩传》(周静庭著)、《五四健将:罗家伦传》(陈明珠著)、《大笔淋漓:潘天寿传》(卢炘著)、《坦荡君子:章乃器传》(张学继著)、《茶圣者:吴觉农传》(王旭烽著)、《缘缘堂主:丰子恺传》(陈野著)、《自由报人:曹聚仁传》(卢敦基、周静著)、《古槐树下的学者:俞平伯传》(萧悄著)、《世纪行吟:夏衍传》(陈坚、张艳梅著)、《科学泰斗:严济慈传》(卢曙火著)、《凤鸣华冈:张其昀传》(王永太著)、《雪之歌:冯雪峰传》(孙琴安著)、《克隆先驱:童第周传》(俞为洁著)、《核物理先驱:赵忠尧传》(段治文、钟学敏著)、《大鸿飞天:常书鸿传》(叶文玲著)、《雨巷诗人:戴望舒传》(北塔著)、《清官梦:吴晗传》(刘光永著)、《千面人生:袁牧之传》(郭学勤著)、《时代的吹号者:艾青传》(骆寒超、骆蔓著)、《禹贡传人:谭其骧传》(葛剑雄著)、《德艺双馨:尹桂芳传》(陈华兴、黄宇著)。

这个时期,浙江区域史研究也有较大创新与发展。代表性著作有:李志庭著《浙江地区开发探源》(江西教育出版社 1997 年版)以发展的认识基础,以开发的进取、开放的实践精神,探讨浙江区域的农业、手工业、盐业、渔业、水陆交通业及商贸业等的开发与发展的历史进程,拓展了经济史论的开发概念和创新视角。又有朱新予的《浙江丝绸史》(浙江人民出版社 1985 年版),陈学文著的《明清时期杭嘉湖市镇史研究》(群言出版社 1993 年版)、《明清时期太湖流域的商品经济与市场网络》(浙江人民出版社 2000 年版),蒋兆成著的《明清杭嘉湖社会经济史研究》(杭州大学出版社 1994 年版),包伟民主编的《浙江区域史研究(1000—1900)》(杭州出版社 2003 年版),林正秋等著的《浙江地方史》(合著,浙江人民出版社 2004 年版)、《浙江历史文化研究》(中国文史出版社 2006 年版)等系列论著。周祝伟的《7—10 世纪杭州的崛起与钱塘江地区结构变迁》(社会科学文献出版社 2006 年版)一书,考察了 7—10 世纪越州与杭州前后易位的史实,通过对钱塘江地区当时的产业结构、水陆交通条件以及城乡市场状况等的细致考察,揭示了其区域一体化的发展趋势。王一胜的《宋代以来金衢地区的经济史研究》(社会科学文献出版社 2007 年版)一书,通过对该地区农业、手工业、商业和城镇等各个方面的考察,并对比太湖流域地区,提出了"行担经济"概念。陈国灿著的《浙江城镇发展史》(杭州出版社 2008 年版)亦有特点。

专门史研究涉及的领域众多。跨省域文化史方面,徐吉军有多部论著和系列论文,其与李学勤主编有《长江文化史》(2 卷本,江西教育出版社 1995 年版)、《黄河文化史》(3 卷本,江西教育出版社 2002 年版),通过对长江、黄河两大流域文化史的研究,展示出这两大区域在中华文明中的重要地位。在一定意义上说,这是带有填补学术空白性质的工作。其还有专著《长江流域的丧葬》(湖北教育出版社 2004 年版)及论文《论长江文化区的划分》(《浙江学刊》

1994年第6期)、《试论长江文化的发展特征》(《长江文化论集》第1集,湖北教育出版社1995年版)、《论黄河文化的概念与黄河文化区的划分》(《浙江学刊》1994年第6期)等。省域文化史方面,有滕复等人著的《浙江文化史》(浙江人民出版社1992年版);吴光主编的《浙江文化史话丛书》(宁波出版社1999年版),包括《河姆渡文化史话》《良渚文化史话》《浙东学术史话》《浙江戏曲史话》《浙江佛寺史话》《浙江丝绸文化史话》《浙江茶文化史话》等7册。有佘德余著的《浙江文化简史》(人民出版社2006年版);沈善洪主编的《浙江文化史》(上下册,浙江大学出版社2009年版)。地方文化史方面,有陈建波主编的《处州文化史》(浙江古籍出版社2010年版)。学术思想史研究方面,沈善洪、王凤贤的《中国伦理学说史》(浙江人民出版社1988年版)、《中国伦理思想史》(人民出版社2005年版);高力克的《历史与价值的张力——中国现代化思想史论》(贵州人民出版社1992年版),《五四的思想世界》(学林出版社2003年版);曹旭华的《经济思想史论集》(浙江大学出版社1995年版),蒋自强、张旭昆等人的《经济思想通史》(第1、2、3、4卷,浙江大学出版社2003年版);董平的《浙江思想学术史——从王充到王国维》(中国社会科学出版社2008年版)。出版印刷史、藏书史方面,有顾志兴的系列著作——《浙江藏书家藏书楼》(浙江人民出版社1987年版)、《杭州藏书史》(浙江人民出版社1987年版)、《浙江出版史研究——中唐五代两宋时期》(浙江人民出版社1991年版)、《浙江出版史研究——元明清》(浙江古籍出版社1993年版)、《浙江藏书史》(杭州出版社2006年版);另有寿勤泽著的《浙江出版史研究——民国时期》(浙江大学出版社1994年版)。教育史方面,有张彬主编的《浙江教育史》(浙江教育出版社2006年版),何增光著《浙江高等师范教育史》(杭州出版社2008年版),张道森著的《浙江近现代美术教育史》(浙江人民美术出版社2009年版)。金融史方面,有陈国强、龚方乐主编的《浙江金融史(1949—1999)》(浙江人民出版社2003年版)。医药史方面,有朱德明的《浙江医药史》(人民军医出版社1999年版),其《民国时期浙江医药史》(中国社会科学出版社2009年版)为民国医药史第一部专论。宗教史研究方面,有陈荣富著的《浙江佛教史》(华夏出版社2001年版)等。饮食史方面,有徐海荣主编《中国饮食史》(华夏出版社1999年版)6卷,约300万字,历原始社会的饮食、夏商时期的饮食、西周时期的饮食、宋代的饮食、辽金西夏饮食、元代饮食、明代饮食、清代饮食、民国时饮食,悠悠史长,是为宏富。

三、越文化史

(一)越文化研究

越文化研究开始于20世纪30年代。民国25年(1936年)8月,吴越史地研究会在上海成立。次年,吴越史地研究会出版了第一本论文集《吴越文化论丛》,收录13名作者写的24篇论文,这是越文化研究早期最重要的成果。

中华人民共和国成立以后,越文化研究长期处于停顿状态。但也有力作,如张宗祥校注的《越绝书》是该书问世以来的第一部注释本①。20 世纪 80 年代以后，越文化的研究再度展开。李志庭在《杭州大学学报》1985 年第 1 期发表《从越王句践的改革看越国社会的性质》，用文献记载叙述了春秋时期越王句践实行社会改革的主要内容及其对越国社会的影响，“不仅达到了复仇雪耻的预期目的，而且为越国历史的发展开辟了广阔的前景”。浙江省社会科学院率先成立了吴越文化课题组与国际越文化研究中心，后又成立了越国文化研究会，浙江省社会科学院主办的《浙江学刊》开辟了“吴越文化”专栏，1990 年 8 月，浙江省社会科学院国际越文化研究中心在杭州举办了首届国际百越文化学术讨论会，会后出版了《国际百越文化研究》(中国社会科学出版社 1994 年版)；2002 年 6 月，中国百越民族史研究会、浙江省社会科学界联合会、绍兴市人民政府主办，浙江省社会科学院历史研究所、浙江省越国文化研究会、浙江省历史学会等单位承办的越国文化国际学术讨论会在绍兴举行，来自海内外的 70 余名学者专家出席会议，就越文化的几大问题展开热烈的讨论。此期间，绍兴文理学院成立了越文化研究中心，后成为浙江省社会科学重点研究基地，出版了《中国越学》期刊；2005 年，绍兴市在越文化研究所的基础上成立越文化研究会，出版《越文化研究通信》月刊及《越风》年刊，编撰“越文化丛书”。温州大学以瓯越为研究重点，建立了瓯越文化特色数据库，《温州大学学报》与温州新闻网联合开辟“瓯越纵横”专栏，传播瓯越文化；温州市社会科学联合会成立了瓯越文化研究会。在这样的背景下，大批学者参与越文化与百越文化的研究，形成一支强大的学者队伍，包括沙孟海、陈桥驿、毛昭晰、董楚平、曹锦炎、林华东、陈剩勇、盛鸿郎、蔡克骄、金永平、杨建华、徐建春、龚剑锋、林文彪等。经过学者近 30 年的努力，越文化与百越文化研究取得了十分丰硕的成果。

综合研究方面，董楚平出版了《吴越文化新探》(浙江人民出版社 1988 年版)，这是中国第一部系统论述吴越文化形成、发展、特征、成就、影响的专著，受到学术界的广泛关注，《人民日报》《中国社会科学》《历史研究》等数十家报刊发表了书评与出版信息。之后，董楚平与金永平等合著了《吴越文化志》(上海人民出版社 1998 年版)。陈桥驿出版了《吴越文化论丛》(中华书局 1999 年版)。

关于金文及古文献研究领域，曹锦炎的《绍兴坡塘出土徐器铭文及其相关问题》(《文物》1984 年第 1 期)一文，通过对徐器汤鼎的解读，指出越国是徐人入浙后建立的，鼎文完全是入主者的口吻。曹锦炎以此撰写了《越王姓氏新考》(《中华文史论丛》1983 年第 3 辑)，认为越王为彭姓诸稽氏，与徐人相同。董楚平的《徐器汤鼎铭文考释中的一些问题》(《杭州大学学报》1987 年第 1 期)则认为徐人是亡国后逃入浙江的，寄人篱下，并无入主迹象。之后，董楚平出版了《吴越徐舒金文集释》(浙江古籍出版社 1992 年版)，对 49 件越器铭文进行了解读。陈桥驿在越国古文献研究领域贡献很大，先后发表《关于〈越绝书〉及其作者》(《杭州大学学报》1979 年第 4 期)、《〈吴越春秋〉及其记载的吴越史料》(《杭州大学学报》1984 年第 1 期)、《校点本〈越绝书〉序》(上海古籍出版社 1985 年版)、《〈论衡〉与吴越史地》(《浙江学刊》1986 年第 1、2 期)等论著。金永平先后发表《〈吴越春秋〉研究》(杭州大学中文系 1988 年硕士论

① 张宗祥校注《越绝书》，商务印书馆 1956 年版。

文)及《〈吴越春秋〉讹误考辨》(《浙江学刊》1991年3月第1期)等。桑椹编纂的5卷本《历代金石考古要籍序跋集录》(浙江古籍出版社2010年版)这是一部翔实的资料汇编。

关于吴越文化之间的关系问题,陈桥驿的《古代于越研究》(《民族研究》1982年第1期)、《于越历史概论》(《浙江学刊》1982年第2期)、《论勾践与夫差》(《浙江学刊》1987年第4期)等论文提出一个新假设:于越和句吴本是宁绍平原的同一部族,后由于卷转虫海侵,一支沿杭州湾进入浙西、苏南,成为句吴;另一支向南进入浙东山地,称为内越;还有一支留在宁绍平原东部(舟山群岛)和北部(今余姚、慈溪间)的丘陵与高地,称为外越。

关于越文化精神、信仰与风俗习惯研究方面,陈剩勇的《古代越人信仰蛇图腾说质疑》(《福建论坛》1986年第5期)、《试论古代越人的蛙图腾》(《浙江师范大学学报》1987年第1期),根据古文献关于越人喜欢吃蛇的记载,否定越人崇拜蛇图腾旧说,并根据出土文物与古文献资料,赞同越人崇拜蛙图腾之说。陈剩勇的《上古时代东南越族的服饰》(《文史》第30辑)、《古代越人的饮食与居住方式》(《浙江学刊》1988年第4期)对古代越人的服饰、饮食、居住等问题进行了全面的探讨。杨建华的《吴越文化结构论》(《吉林大学学报》1987年第4期)对吴越文化的内在结构、发生基础等问题进行了理论分析。金永平的《吴越民族性格述略》(《杭州师范学院学报·社会科学版》1991年8月第4期),对吴越民族性格进行了初步研究。沈作霖的《绍兴出土的春秋战国文物》(《考古》1979年第5期)对吴越物质文化进行了研究。

越文化的范畴拓展与方法突破。颜越虎等关注越文化细分领域的研究。2004年,其与傅建祥直接策划并组织了"绍兴历史文化丛书"(傅建祥、颜越虎主编,中华书局2004年版),内容深涉《绍兴简史》(陈桥驿、颜越虎)、《绍兴农业史》(卓贵德、赵水阳、周永亮)、《绍兴思想史》(傅振照)、《绍兴绘画史》(李敬仕、楼国明)、《绍兴戏曲史》(罗萍)、《绍兴名产》(邵治中、尧铭、洪惠良)、《绍兴文物》(钟越宝、罗海笛)、《绍兴越窑》(周燕儿、沈作霖、周乃复)、《绍兴越文化》(孟文镛)、《绍兴旅游文化》(金泽民、傅建祥)、《绍兴饮食文化》(张达观)、《绍兴医药文化》(沈钦荣)、《绍兴民俗文化》(徐冰若、阮庆祥、杨乃浚)、《绍兴古桥文化》(罗美洲)、《绍兴水文化》(盛鸿郎)等物质文化和精神文化,从而拓展了越文化研究范畴。其中,《绍兴简史》是首部越文化区域史,为"绍兴历史文化丛书"之纲纪与引领。2003年夏天,颜越虎等12位学者为完成省地方志办公室与绍兴越文化研究所发起的《古越文化传播分布地域实堪研究》课题,冒着酷暑在浙、闽、桂、粤、琼五省区追寻古老的越文化,为时22天;探讨性且有规模地采用地理学"勘查"概念与中国古代的"实证"语用,对课题研究需要取证的事实进行勘验、查访、发现、固定和提取有关的痕迹、物件等证据材料及信息,将文献资料与实勘成果相互验证和补充,以田野调查活化书斋查索的真实性,从而突破了重文献而少实勘的传统史学方法的框囿,给予越文化传播分布地域一个真实的历史全程纪实。这项研究形成《越文化实勘研究论文集(一)》(中华书局2005年版)。2005—2007年,越文化实勘研究课题组成员分三次对云南、贵州、江西、湖南等地以及老挝、越南、泰国等国有关越文化的遗址、博物馆、民族村落进行实地考察研究,形成《越文化实勘研究论文集(二)》(科学出版社2008年版),内容涉民族学、历史学、考古学、历史地理学、民俗学、社会学、文化学及宗教学各个方面。

（二）瓯越文化研究

对瓯越文化也有较多的研究。胡珠生的《关于东瓯古史的几个问题》（《浙江学刊》1988年第5期），对东瓯古史上的争议提出了看法。蔡克骄的《瓯越文化探源》（《温州师范学院学报·哲学社会科学版》1997年第2期）、《瓯族分布与百越族分布的重合》（《温州师范学院学报·哲学社会科学版》2005年第3期），对瓯越文化的起源及其与百越族的分布进行了探讨。

1998年始，由戈悟觉等主编的《瓯越文化丛书》12册，由作家出版社陆续出版。包括：《瓯越文化史》（蔡克骄，1998年）、《温州历史人物》（殷惠中，1998年）、《历史人物与温州》（潘善庚，1998年）、《王十朋评传》（徐顺平，1998年）、《叶适评传》（周梦江，1998年）、《刘伯温评传》（郝兆矩，2002年）、《温州古诗选注、温州历代词百首》（黄世中，1998年）、《温州历代文选》（潘猛补，1998年）、《温州历代书藏》（张宪文，1998年）、《温州南戏考述》（胡雪岗，1998年）、《温州名胜古迹》（1998年）、《温州古文实杂录》（郁宗鉴、侯百朋，1998年），为首部反映瓯越文化研究的大型丛书。

四、中外科技史

科技史研究是浙江自古以来的一种学术传统。北宋沈括《梦溪笔谈》被称为“中国科技史上的坐标”。清代陈云龙《格致镜源》探讨事物起源，被称为“专门涉及科技史的小型百科全书”。近现代钱宝琮著《中国算学史》《中国天文学史》，鲍鉴清《生物学史》，全增瑕等译的《自然科学史》等，这些研究成果为现当代浙江科技史研究铺垫了基石。

（一）中国科技史研究

20世纪50年代初，浙江对科学史的研究有着非常好的开端，浙江大学始涉科技史研究，至80年代以后形成研究高潮，并带动浙江学界的科技史研究。王锦光是中国古代物理学史研究领域的重要开拓者，著《中国光学史》（湖南教育出版社1986年版）。游修龄被誉为“新时期农史研究的旗手”，出版《稻作史论集》（中国农业科技出版社1993年版）、《中国稻作史》（《中国传统文化研究丛书》，中国农业出版社1995年版）、《农史研究文集》（中国农业出版社1999年版）等系列专著。许良英译《科学的哲学：科学和哲学之间的纽带》（上海人民出版社1985年版）、《物理学的基础》（商务印书馆1964年版），编著《走进爱因斯坦》（辽宁教育出版社2005年版）等。沈康身先后出版《中算导论》（1990年获国家优秀科技图书一等奖）、《九章算术导读》《Nine Chapters on the Mathematical Art》（牛津大学出版社1999年版）；沈康身还任《中国数学史大系》副主编，并负责主编《中国数学史大系》第2卷《中国古代数学名著·〈九章算术〉》、第4卷《西晋至五代》、第5卷《两宋》、附卷第1卷《早期数学文献》。陈桥驿著《水经注研究》（天津古籍出版社1985年版）。闻人军关于《考工记》的研究深受学界好评；姚德昌的生物学史和遗传学史研究也有一定影响。刘操南对中国古代历算有深入研究，出版《历算求索》（浙江大学出版社2000年版）、《古代天文历法释证》（浙江大学出版社2009年版）。

在中国科技史的研究上，可以分为古代科技史和现代科技史。中国古代科技史研究范围较宽，涉及面广。徐日辉的《新石器时期渭水上游的生态变化》（《中国历史地理论丛》2002 年第 3 期）通过对渭水上游地区新石器时期环境的研究，揭示出该地区生态环境不断恶化的渐变过程，为制定大西北环境保护和经济可持续发展战略，提供不可多得的历史借鉴。童圣江的《唐代地震灾害时空分布初探》（《中国历史地理论丛》2002 年第 4 期）对唐代中国地震灾害的发生频率及时空分布作了分析，并得出了几点规律性结论。吕作昕、吕黎阳合著的《古代磁性指南器源流及有关年代新探》（《历史研究》1994 年第 4 期）探讨了磁性指南针发明的源流。方如金、陈国灿合著的《六朝时期南方经济作物种植》（《历史研究》1993 年第 5 期）研究了六朝时期南方的经济作物种植问题。宓汝成（中国社会科学院荣誉学部委员）著《中华民国铁路史资料》（社会科学文献出版社 2002 年版），是为集成。还有对古代专门史的研究，如对医药史、水利史、交通史、道教科技史等都有相应研究。

现代科技史的研究也有许多成果，如黄祥云的《牛胰岛素事件及其科学社会学研究》（《自然辩证法通讯》1992 年第 1 期），在回顾中国科学家于 1965 年 9 月 17 日在世界上第一次用化学方法成功地合成结晶牛胰岛素的基础上，指出科研组织良性运行的条件，并构建了政治—科学互动的新模式。

（二）外国科技史研究

在对国外科技史的研究上主要集中在科技人物和科学学派的研究。对国外科技人物的研究，王建安、张钢的《从劳丹“研究传统”理论看医药化学的历史演变》（《自然辩证法研究》1992 年第 1 期）通过对劳丹的研究描述了医药化学的历史演变。

对国外科学学派的研究，盛晓明的《巴黎学派与实验室研究》（《自然辩证法通讯》2005 年第 3 期），认为自巴黎学派兴起以来，科学知识社会学的重心由基于利益分析的宏观进路（爱丁堡学派）转向了微观社会学进路（科学人类学）；实验室研究正是这一转向的产物，表明科学知识是在特定的情境中生成并得到辩护的。汪建丰的《试论铁路在近代后期美国经济转型中的地位》（《历史教学》1993 年第 8 期）认为，铁路作为“19 世纪最后 40 年美国经济发展的中心”，具有不容忽视的重要地位。

第六节　谱牒学研究

谱牒学是一门专门研究家谱、族谱的学科。清代以前的谱学家绝大多数出自中原与北方的世家大族，浙江籍的谱学家似乎不多见。但自明清代以来，浙江逐渐成为修谱大省，产生了一批谱学名家及其研究力作。至 20 世纪下半叶至 21 世纪初，浙江谱学在全国仍占有优势地位。

一、谱学与谱家

（一）古代、近代的谱牒学研究

谱牒系史书分类名目之一，是以著录记载氏族家谱世系之史书。谱牒学历史悠久，章学诚说："古者锡姓命氏，义与封建相表里。故谱牒之学，肇自生民之初，大原出于天也。"①秦朝统一以前设官掌管帝王诸侯之世系。汉代司马迁著《五帝本纪》，所依据的史料即是谱牒。秦始皇统一中国后，继承了前代的做法设立专官修谱牒，以丞相下之宗正掌管帝王之宗亲；汉代改为九卿之一，后世的宗正寺（唐朝及宋朝）、宗正院（元朝）及宗人府（明朝、清朝）一脉相承。《汉书·艺文志》记载帝王诸侯世谱20卷，很可能是宗正的成绩。唐宗正寺置有图谱官及修玉牒官各一人，前者掌宗室图谱，后者掌帝系。北宋祥符年间以后，皇族谱系专称"玉牒"，朝廷之"大政治、大号令、大更革，大拜罢"皆与世系相胪列，以符"牒"字之义。到了明清两朝，玉牒专详宗室世系，不涉及史事。《清会典》规定："玉牒以十年纂修一次……统以帝系，序以长幼，存者硃书，殁者墨书。"

自魏至唐约700年，为中国谱学最盛之时期。唐朝灭亡以后，经过五代十国的大动荡，旧谱十九散亡，官方不再提倡，谱学遂成中绝状态。祖籍湖州的归有光在为《龙游翁氏宗谱》作序时亦言谱经"五季衰乱，荡然无复有存"。自宋朝以后，官方不再修谱，但民间修谱的活动一直存在，可因为各自为政，"草率简陋，不复成专门之学"。②

章学诚是明清两代谱学集大成者，其谱学理论可归纳五个方面：承认家谱为史学的一个门类，非历史学家或习于史例者不宜修谱；发明史学的即科学的谱例；主张在方志中增加族望表；主张州县设立方志科兼收谱牒；手订家谱叙例。他对科学的家谱提出了五条原则：第一，谱法划一原则。其《家谱杂议》提出欲求谱法划一，必须有组织之规划与提倡；在《议州县应设志科》中主张方志增添族望表，州县设立方志科兼收谱牒。第二，礼以义起或例以义起原则。"礼以义起，临文不能概拘以古法也"。（《杂录》）第三，公言不讳、所亲不尊的原则。认为隐讳与私尊为家谱之通病，因为事关一人一家族之名誉。"谱为一族公书，而秉笔之人，独自尊其所出，则人子孰不爱亲，必致交相扬抑，启争端矣"。② 认为"人人有其特殊之品质"，都有记载之价值，应提倡"公言不讳，所亲不尊"。第四，繁简悠当的原则。针对时人"修谱贵简"的观点，其主张在真实客观的基础上，根据事迹本身数量之多寡与可信之程度来决定繁简。第五，便于稽检的原则。其提出四条技术性办法：一是推翻欧阳修的"五代别起"旧法，代之以"世代尽一图"的办法；二是表牒宜划分；三是排行宜一律；四是世数宜上推。章学诚在谱学上的另一重大创造，就是主张"方志表氏族"。

民国时期，在谱学上有贡献的学者当推余绍宋。余绍宋的谱学理论主要体现在他撰写的

---

① 〔清〕章学诚：《高邮沈氏家谱序》。

② 潘光旦：《中国家谱学略史》，《东方杂志》第26卷第1号，第116页。

②③ 〔清〕章学诚：《与冯秋山论修谱书》。

《龙游高阶余氏家谱叙例》《开化霞峰郑氏族谱序》《衢县铜峰杜氏家谱序》等 3 篇文字中，特别是第 1 篇，集中体现了他的谱学理论。余绍宋在《龙游高阶余氏家谱叙例》(《浙江省通志馆馆刊》第 1 卷第 2 期，第 1 页)中言："吾乡诸家谱牒，予得寓目者无虑百数十部。大率成于谱匠之手，芜秽荒谬，不可究诘。偶有成于其族中士人学子之手者，又皆未谙著述体例，亦无足观。每对人叹谱学之云亡，而人必反询以何谓谱学，苦不能尽言也。"③民国 19 年(1930 年)起，余绍宋主持修撰《龙游高阶余氏家谱》，在钻研谱学理论的基础上，为该家谱设计了一套全新的体例，首次将家谱的内容划分为 10 项：(甲)宗支谱(世系图、行序)；(乙)世德谱(封赠、祠祀及坊表、科目及职官)；(丙)规训谱(家训、家礼)；(丁)祠墓谱(祠制、墓域)；(戊)祭祀谱(仪制、条规)；(己)祀产谱(旧产、现存产)；(庚)传志谱(遗像、世传、墓志)；(辛)艺文谱(旧谱、著述)；(壬)文章谱(内篇、外篇)；(癸)杂载谱。关于家谱的功能，余绍宋认为"谱牒亦史之流也"，"家谱之用，其最大者为统厘族属，辨序昭穆"。余绍宋还对家谱记什么、如何记等问题一一提出了自己的见解。

(二)中华人民共和国成立后的谱牒学研究

中华人民共和国成立以后，家谱被当作封建主义的残余受到排斥。直至 20 世纪 80 年代以后，家谱学开始复苏。来新夏、仓修良、葛剑雄、王世伟、王泉根、钱杭、刘应梅、丁红、陆敏珍、杜建海、励双杰、陈国灿、李圣华、郑笑笑、潘猛补等学者相继从事谱学研究与家谱整理。

论文方面，葛剑雄发表《家谱：作为历史文献的价值和局限》(《历史教学问题》1997 年第 6 期)，就家谱作为历史研究的史料价值及其局限性问题进行了探讨。王泉根发表《中国谱牒学及其八九十年代研究综述》(《文教资料》1999 年第 5 期)，对谱牒学的研究历程进行了回顾，概述了新时期谱牒学研究的特点。丁红的《浙江家谱版本特征分析》(《图书馆理论与实践》2006 年第 1 期)对现存的浙江家谱的特征进行了分析。专著方面，来新夏与徐建华合著《中国的年谱和家谱》(山东教育出版社 1991 年版)介绍了家谱的起源、发展与演变、名称与类型、内容与结构、避讳与谱禁、价值与利用、传统与收藏、记录与整理、纂修、特殊家谱——玉牒、少数民族家谱等。钱杭出版《周代宗法制度史研究》(学林出版社 1991 年版)、《中国宗族制度新探》(中华书局 1994 年版)、《中国宗族史研究入门》(复旦大学出版社 2009 年版)等著作，大量利用家谱等史料。有关家谱学的学术研讨会也相继召开。2003 年在上海召开"迈入新世纪中国族谱国际学术研讨会"，会议结束后，由王世伟与王鹤鸣、马远良主编了《中华谱牒研究：迈入新世纪中国族谱国际学术研讨会论文集》(上海科学技术文献出版社 2003 年版)。2005 年 10 月，在浙江省图书馆召开"家谱与中国文化：浙江家谱研讨会"，省内学者与来自上海、天津、湖南等地的部分学者出席了会议，会议收到论文 39 篇，会后出版了《家谱与中国文化——浙江家谱研讨会论文集》(程小澜主编，浙江人民出版社 2005 年版)。在家谱整理方面，浙江图书馆牵头，编辑出版了《浙江家谱总目提要》(程小澜主编，浙江人民出版社 2005 年版)，该书 250 多万字，收录 12000 多种家谱，是目前为止收录浙江家谱种类最多的一种总目提要。温州图书馆成立了浙南谱牒收藏研究中心，除了出版《浙南谱牒研究丛刊》，还编辑出版了《浙南谱牒文献汇编》(郑笑笑、潘猛补主编，香港出版社 2003 年版)。

二、家谱、族谱

（一）古代家谱、族谱研究

学者一般把1949年中华人民共和国成立以前编撰的称为古代家谱、族谱。浙江古代家谱现存的情况，根据上海图书馆编辑出版的《中国家谱总目》（王鹤鸣、马远良、王世伟主编，上海古籍出版社2008年版）著录，该书共收录52401种谱牒，其中谱籍标明为浙江各县市者有13556种，占存谱总数的25.9%。其中，中华人民共和国成立以前编撰且现存的有11626种。现存的这11626种家谱，按照地区来分，分别是杭州1086种，嘉兴271种，湖州197种，宁波1603种，绍兴2095种，金华3205种，衢州899种，舟山59种，丽水1135种。这些家谱皆为明清以及民国时期编撰的。由于战乱以及自然灾害等原因，明朝以前编撰的家谱已无存。

（二）当代家谱与族谱研究

1949年10月中华人民共和国成立以后，家谱被当成封建主义的残余加以排斥，但仍有少数地区少数人悄悄进行修谱活动。上海图书馆编辑出版的《中国家谱总目》显示，该书共收录52401种谱牒，其中中华人民共和国成立以后至2004年间编撰的有9883种，其中谱籍属于浙江的有1930种，在中华人民国成立以后30年（1949—1979）间问世的有255种，其中温州市148种，此中，苍南县59种，平阳县34种，瑞安25种，分列全省前三。在中华人民共和国成立以后的30年间，浙江全省74个市县中，有杭州市以及余杭、临安、桐庐、镇海、海宁、桐乡、嘉善、海盐、德清、安吉、长兴、上虞、东阳、武义、磐安、龙游、开化、舟山、岱山、临海、温岭、玉环、三门、仙居、天台、青田、遂昌等28个市县没有修新谱的记录。根据《中国家谱总目》，1980—2004年间浙江编撰的新谱有1672种，按照全省11个市来区分，分别是温州731种，丽水323种，金华264种，台州181种，杭州46种，宁波35种，绍兴29种，湖州19种，嘉兴19种，衢州16种，舟山9种。温州市新谱的数量仍居全省第一位，其中，苍南县（171种）、平阳县（139种）、乐清县（123种）分别居全省第一、二、三位。实际上，已经申报的家谱数量并不是现存家谱数量的总和，由于种种原因，深藏民间没有上报的家谱数量还会有很多。有学者估计，温州现存的家谱总量当以万数，苍南县存谱达3000种。在编辑《中国家谱总目》时，温州地区仅上报了1000余种，“与民间实存的家谱数量相去不啻天壤”①，有待继续发掘探索。

第七节　世界史研究

世界史的研究开始于20世纪初。1936年，浙江大学成立史地学系，始建世界史相关学科。中华人民共和国成立后，浙江师范学院、杭州大学、浙江师范大学、宁波大学、杭州师范大

① 郑笑笑、潘猛补主编：《浙南谱牒文献汇编·代序》，香港出版社2003年版。

学等也相继开设世界史课程。至21世纪初，浙江在世界史研究方面的格局，可说是老一辈著名学者学术根基深厚，均有重大建树；而中青年学者继往开来、不断开拓着新的研究领域。

一、世界古代史

（一）世界史前史研究

世界史前史理论问题研究。中华人民共和国成立初期，中国学术界关于世界史前史的观点沿袭苏联学者的看法。1979年，人民出版社出版了《世界上古史纲》（上册），这是由中国学者编写的第一部世界古代史学术著作，毛昭晰负责该书原始社会部分的写作。他根据考古研究的最新成果，提出了世界史前史的发展阶段以及该学科的学科体系，认为人在体质形态上经历了攀树的猿群、正在形成中的人、最后发展为完全形成的人；完全形成的人分为最早的人属、直立人、早期智人、晚期智人等四个阶段；在生产工具上，从使用天然工具的正在形成中的人发展到旧石器时代，经过中石器时代而进入新石器时代，最后发展为铜石并用时代、青铜时代、铁器时代；在社会组织上，从原始群发展到血缘家族，再演变为母系氏族社会、父系氏族社会，最后产生国家。1983年，毛昭晰在《世界历史》第3期发表论文《蒙昧时代低级阶段是从猿到人的过渡时期》，指出正在形成中的人，就是从猿到人的过渡时期，就是蒙昧时代的低级阶段，而不是苏联学者所说的猿人、尼安德特人等化石人类，并根据恩格斯《家庭、私有制和国家的起源》一书的德文原本，纠正了中译本及日译本中的某些错误。1984年，戴尔俭在《史前研究》第3期发表论文《人类历史上究竟有没有木器时代》，驳斥了关于木器时代的说法，认为“木器时代”是根本不存在的。在《中国大百科全书・外国历史卷》（中国大百科全书出版社1990年版）中，毛昭晰将他的关于世界史前史的理论进行了全面系统的阐述。他提出的关于世界史前史的学科体系已经为国内许多学者所接受。

关于人类学研究。龚缨晏长期关注、追踪国际学术界关于人类起源问题研究的最新进展，先后发表《关于人类起源的几个问题》（《世界历史》1994年第2期）、《关于“劳动创造人”的命题》（《史学理论研究》1994年第3期）、《现代人类起源的理论问题》（《世界历史》1995年第5期）等论文，指出当年法国学者拉马克提出“劳动创造了人本身”的命题，已被现代生物学否定，认为“人类作为一种生物物种，它的产生和发展都要受到自然规律的支配”。龚缨晏的观点引起学术界的关注与讨论。戴尔俭的《旧大陆的手斧与东方远古文化传统》（《人类学学报》1985年第3期）探讨了远古时期东方艺术发展的规律及其特点。

世界史前史、上古史研究。童书业参与编写的《世界上古史纲》（上下册，人民出版社1979年、1981年版）是中国世界古代史领域通史性的著作，代表了当时国内世界古代史学术界的最高水平。毛昭晰先后参与编写《世界通史》（周一良、吴于廑主编）的上古部分以及《世界上古史》（吉林人民出版社1979年版）、《简明世界通史》（人民教育出版社1981年版）上古部分。毛昭晰承担《泰晤士世界历史地图集》（中译本）史前史部分的全部文字翻译工作。毛昭晰、詹天祥等学者还承担了中国第一部百科全书《中国大百科全书》考古卷与外国历史卷的编写工作，科学地论述了西亚、非洲、南美等地区的史前文化、遗址、遗物和遗迹等。

(二)世界古代史、中世纪史研究

最早进行这方面的教学与研究的是何炳松。20 世纪 20 年代,他在北京大学开设“中世纪欧洲史”课程,编写讲义,出版教科书,他的《中古欧洲史》(商务印书馆 1924 年版)是中国人写的第一部专门的欧洲中世纪史著作,影响很大。随后,张乃燕出版《罗马史》(商务印书馆 1929 年版),对古罗马帝国的历史进行了简略的勾画。1936 年,浙江大学设立史地学系,顾谷宜等在该系从事世界史教学与研究,方豪著有《中外交通史》(商务印书馆 1940 年版),胡玉堂著有《西洋史简编》(商务印书馆 1947 年版),沈炼之翻译美国学者斯温的《世界文化史》(上海开明书店 1947 年版),皆是这一时期的代表作。

1949 年中华人民共和国成立后,浙江高等院校历史系普遍开设了世界史专业,20 世纪 60 年代初,杭州大学历史系编辑出版了《马列主义经典作家论世界史》。童书业出版了《古代东方史纲要》(新知识出版社 1955 年版)、《古巴比伦社会制度试探》(山东人民出版社 1957 年版)。1976 年 10 月后,世界史的教学与研究走上正轨,有关世界古代史、中世纪史研究的成果大量涌现。代表作有:毛昭晰、胡玉堂、王正平等编写《世界古代中世纪史》(上海教育出版社 1979 年版)、王海燕著《古代日本的都城空间与礼仪》(浙江大学出版社 2006 年版)。

关于国家起源学说研究。毛昭晰在《15 世纪以前的美洲》(载《世界古代中世纪史》,上海教育出版社 1984 年版)中,依照考古新材料,对 15 世纪以前的玛雅人、印加人的社会发展状况做出了新的论述。胡玉堂的《恺撒征服前高卢的社会结构和雏形国家》(《法国史研究论文集》,三联书店 1984 年版),王正平的《试论国家产生的另一种主要形式》(上海《社会科学》1985 年第 11 期),龚缨晏的《国外关于国家起源的学说》(《世界史研究动态》1988 年第 4 期)等,对国家学说进行了新的探索,既肯定马克思主义国家起源学说在各国历史发展中所体现的共性,同时实事求是地肯定国家起源不限于经典作家提出的三种主要形式,还有第四种形式的可能。

关于前资本主义社会形态研究。毛昭晰的《亚细亚生产方式问题》(《东北师大函授教育》1955 年历史版),《论古典奴隶制是否奴隶制的典型形态》(《杭州大学学报》1962 年第 1 期);胡玉堂的《西欧奴隶社会向封建社会过渡的几个问题》(《历史研究》1980 年第 1 期),《中世纪西欧的政权、教权与封建制度》(《历史研究》1987 年第 5 期);王正平的《三到七世纪北印度社会经济的演变——印度封建主义产生问题》(《杭州师范学院学报》1960 年第 1 期),《西欧封建早期历史发展的一些特点》(《世界历史》1980 年第 1 期),《论一些民族直接过渡到封建社会的原因和共同特征》(《历史研究》1981 年第 2 期);叶洵灶的《关于中世纪的七点问题》(《浙江师范学院学报》1984 年第 4 期),《略论日耳曼民族大迁徙的原因》(《浙江师范大学学报》1987 年第 2 期)等学者文论指出,社会发展的原始社会、奴隶社会、封建社会、资本主义社会、社会主义社会五种形态依次更替说,不符合世界古代、中世纪历史发展的实际。这一观点引起学术界极大的关注。

关于政治的研究。主要论文有王正平的《论中国与英法中世纪君主专制的形成及其实质》(《杭州大学学报》1982 年第 4 期),赣生的《希腊戏剧与雅典奴隶主民主政治》(《台州师专学报》1983 年第 1 期),白玉的《伊凡四世特辖制度的主要活动及社会后果》(《宁波师范学院学报》1986年第1期)，叶洵灶的《中世纪西欧教皇专制政治的确立》(《浙江师范大学学报》1988年第5期)，均对中世纪时期欧洲各种君主政治的形成与演变进行了探讨。

关于经济、社会的研究。王渊明先后发表《法国封建社会农民的生活状况与社会发展的关系》(《历史研究》1985年第5期)、《试论中古法国市民与君权的关系》(《杭州大学学报》1986年第2期)、《中古法国市民与封建土地所有制》(《齐鲁学刊》1986年第3期)等论文，提出法国封建社会史应分为封建领主制和封建地主制两个阶段，农民的生活水平与社会发展之间不一定成正比，市民的商品经济活动促进了地主之发展等见解。杨杰的《英国农民家庭经济》(《杭州大学学报》1988年第1期)，对英国农民的经济生活进行了专门研究。

关于宗教研究。胡玉堂的《历史上的耶稣》(《宗教研究》1981年第1期)否定耶稣是神话人物说，指出耶稣确有其人，在学术界引起很大反响。王加丰先后发表《加尔文教与法国宗教改革——16世纪法国反暴君思想的理论与实践》(《世界宗教研究》1987年第1期)、《胡格诺战争是封建战争吗》(《浙江师范大学学报》1987年第1期)等论文，论证法国宗教改革的特点及其性质与意义。

关于文化的研究。1953年，竺可桢在《光明日报》《新华月报》发表《纪念尼古拉斯·哥白尼》《哥白尼在现代科学上的贡献》等，介绍这位伟大科学家的生平及杰出贡献。

二、世界近现代史

浙江学人研究世界近现代史始于研究第一次世界大战及20世纪20年代的国际政治，黄郛的《欧战之教训与中国之将来》(中华书局1918年版)和《欧战后之新世界》(直隶省教育厅印行，1920年)，叶景莘的《华盛顿会议于中国》(国际研究社印行，1921年)，张乃燕描述第一次世界大战的《世界大战全史》(商务印书馆1926年版)和《世界大战史》(商务印书馆1929年版)以及沈炼之的《简明世界近代史》(中国青年出版社1957年版)是这个时期的代表作。

20世纪70年代末中国的改革开放以来，浙江的世界近现代史研究进入了崭新的阶段。主要研究领域集中在法国史、德国史、英国史(包括回归的香港史)、美国史、日本史及中东史等领域。

(一)法国史研究

法国史研究在中国的世界史研究领域长期处于领先地位，这门学科的开拓者是沈炼之。沈炼之于民国22年(1933年)获法国文学博士学位，归国后先后在广州、温州、福建等地从事法国史研究。民国30年(1941年)，他编著的《法国革命史讲话》(改进出版社，1941年)是中国人编写的第一本关于法国大革命史的著作。中华人民共和国成立以后，沈炼之于1951年调到浙江师范学院历史系任教，1958年起任杭州大学历史系主任长达30年。1979年，杭州大学历史系成立了法国史研究室。同年，中国法国史研究会成立，沈炼之任名誉会长。1980年、1983年先后在杭州举办了有关法国史的学术研讨会。在法国史著作、译著方面沈炼之编著的《法国简史》(商务印书馆1978年版)是国内第一部法国通史的通俗读物。沈炼之、楼均信主编《法国通史简编》(人民出版社1990年版)被列为国家统一审编的重点教材，该书被评价为国内第一部最系统、最详尽的法国通史。楼均信的《法兰西第三共和国兴衰史》(人民出版社 1996 年版)被学者评价为填补了中国史学研究的一大空白。吕一民的《法国通史》(上海社会科学院出版社 2002 年版)具有很高的学术水平。专题研究方面，戴成钧参与编写的《欧洲反法西斯抵抗运动史》(陕西人民出版社 1985 年版)对抵抗运动发生的原因、发展、胜利以及它的历史地位进行了全面的论述。沈坚的《近代法国工业化新论》(中国社会科学出版社 1999 年版)，为经济、领域内开拓的论题，有很高的学术水准。乐启良著的《近代法国结社研究》(上海社会科学院出版社 2009 年版)，涉近代法国社会问题。译著方面，吕一民翻译了法国著名学者皮埃尔·罗桑瓦龙的著作《公民的加冕礼:法国普选史》(中译本，上海人民出版社 2005 年版)，吕一民、沈坚、黄艳红等翻译了法国著名学者乔治·杜比主编的 3 卷本《法国史》(中译本，商务印书馆 2010 年版)。

法国史研究的重要论文。浙江学者关于法国史研究的论文数量众多。沈炼之数十年研究法国史的精华结集为《沈炼之学术文选》(杭州大学出版社 1998 年版)。楼均信先后发表《试论丹东的宽容政策》(《世界历史》1982 年第 4 期)、《论丹东的历史作用》(《杭州大学学报》1985 年第 4 期)等论文，对 18 世纪法国大革命时期著名政治家乔治·雅克·丹东进行了重新评价，肯定他的宽容政策以及他的历史作用。郑德弟的《甘必大在法兰西第三共和国确立过程中的作用》(《法国史论文集》，三联书店 1984 年版)，重新评价普法战争时期法国著名政治家莱昂·甘必大，肯定他的历史功绩。沈坚的《试论法兰西第三共和国政治制度中的稳定因素》(《杭州大学学报》1988 年第 3 期)、《论近代法国的经济增长模式》(《世界历史》1998 年第 5 期)，分别在政治与经济两大领域质疑传统的观点，属于创新之作。戴成钧的《论 1940 年法国溃败原因探讨》(《杭州大学学报》1982 年第 4 期)对 1940 年法国溃败于德国法西斯军队的原因，从军事、政治、外交、心理等多方面进行了综合考察。计翔翔的《近代法国城市化初探》(《世界历史》1992 年第 5 期)，对法国城市化的独特性进行了研究。吕一民的《法国知识分子视野中的德雷福斯事件》(《浙江大学学报·人文社会科学版》2001 年第 1 期)，从知识分子的角度对德雷福斯事件进行解读，填补了空白。乐启良的《法国何以告别革命?——皮埃尔·罗桑瓦尔对近代法国民主史的解读》(《社会学研究》2008 年第 4 期)一文指出，罗桑瓦尔把市民社会作为法国民主的唯一救赎，他把恢复民主活力的希望寄托在市民社会。

(二)德国史研究

浙江的德国史研究始于何炳松。20 世纪 20 年代中期，他先后翻译出版了《近世欧洲史》(商务印书馆 1924 年版)和《中古欧洲史》(商务印书馆 1925 年版)以及他为两本书写的《弁言》，第一次系统全面地介绍日耳曼民族——德意志国家的历史。20 世纪 30 年代，留学德国的朱家骅发起成立“中德文化协会”，出版“中德文化丛书”，该丛书第四种是魏以新翻译的德国史学家哈勒尔著的《德国史纲》(中译本，商务印书馆 1935 年版)，该书成为中国引进的第一部德国史专著。沈炼之翻译斯温的名著《世界文化史》(中译本，开明书店 1947 年版)，第一次对德意志文化及其发展进行了系统的介绍。

中华人民共和国成立以后，德国史研究成为一门独立的学科。20 世纪 50 年代有沈炼之翻译恩格斯著作《德国维护帝国宪法运动》(中译本,人民出版社 1958 年版)。浙江的德国史研究得到国际史学界特别是德国史学界的好评。杭州大学历史学丁建弘于 1981 年、1988 年两次获得联邦德国的最高学术奖——洪堡研究奖学金奖,多次前往德国、瑞士讲学和从事合作研究。该学科的其他科研人员同德国的著名高等学校和研究机构建立了紧密的学术联系。

其后,丁建弘翻译维纳·洛赫著的《德国史》(中译本,人民出版社 1961 年版)是中国引进的第一部以马克思主义为指导编写的德国历史教科书。1991 年,丁建弘与陆世澄主编的《德国通史简编》(人民出版社 1991 年版)是中国人编写的第一部德国通史著作。1993 年,丁建弘与李霞合著的《普鲁士精神和文化》由浙江人民出版社 2002 年出版。丁建弘还著有《德国通史》,由上海社会科学院出版社 2002 年出版。

关于德国历史事件、人物研究。20 世纪 60 年代,丁建弘先后发表《德国社会民主党右派和中派在十一月革命中的叛变》(《历史教学》1964 年第 8 期)、《1923 年德国汉堡起义》(《历史教学》1965 年第 4 期)等论文。70 年代以后,丁建弘相继发表《德国统一和沙皇霸权》(《历史研究》1977 年第 11 期)、《俾斯麦在德国统一中的作用》(《历史研究》1981 年第 2 期)等多篇论文,对俾斯麦与德国统一运动进行了重新评价。夏龙珠《三十年战争》(商务印书馆,1981 年、1986 年版),外界评论认为该书摆脱了席勒书中的文学与宗教色彩。许琳菲与丁建弘合著的论文《希特勒的上台与德国法西斯专政的实质》(《世界历史》1985 年第 6 期),用新的研究方法,质疑季米特洛夫提出的法西斯定义。

(三)西欧及英国史研究

浙江学者关于西欧及英国史的研究成果主要有计翔翔、洪朝辉合著的《圈地运动——农业资本主义发展的"英国式"道路》(《江淮论坛》1983 年第 1 期)和计翔翔著的《试论西欧资本主义工业化与政治现代化的关系》(《杭州大学学报·哲学社会科学版》1990 年第 2 期),重点探讨了西欧早期资本主义发展中的经济动因。

专著方面有陈启能主编的《英国如何撤出殖民地》(香港文汇出版社 1993 年版)、《香港与英国的殖民地撤退》(中国社会科学出版社 1993 年版),朱健安的《西欧分合论》(杭州大学出版社 1994 年版),王加丰、张卫良合著的《西欧原工业化的兴起》(中国社会科学出版社 2004 年版)等,另有王世训翻译英国学者伍德沃德著的《英国简史》(中译本,上海外语教学出版社 1990 年版)等,重点探讨和介绍了英国的殖民政策和西欧工业化等问题。

(四)中外关系史与东亚区域史研究

中外关系史及东亚区域史也是浙江大学世界史学科的传统研究方向,主要从事早期欧洲的世界地图研究、远东耶稣会史研究、东亚传统文化及不同文化间交流的研究。主要成果有:王勇著《日本文化——模仿与创新的轨迹》(高等教育出版社 2001 年版),戚印平著《日本早期耶稣会史研究》(商务印书馆 2003 年版)、《远东耶稣会研究》(中华书局 2007 年版),黄时鉴、龚缨晏编著《利玛窦世界地图研究》(上海古籍出版社 2004 年版),龚缨晏著的《西方人东来之后:地理大发现后的中西关系史专题研究》(浙江大学出版社 2006 年版)等。王仲殊为当代中国著名考古学家，精于中国汉唐时代考古学，兼及日本考古学和日本古代史，著有《中日两国考古学、古代史论文集》（科学出版社 2005 年版）、《探求日本古代文化的交接点》（日文，合著，山川出版社 1982 年版）、《从中国看古代日本》（日文，日本学生社 1992 年版）等。

（五）美国史的研究

浙江的美国史研究方向是第二次世界大战后的外国外交史，以专题研究为多。论文有宋玉华著《评美国政府的亚太新战略——"新太平洋共同体"的战略构想》（《世界经济》1994 年第 12 期），孙仲著的《试析现实主义的规范立场》（《世界经济与政治》2004 年第 8 期），姜振飞著《新保守主义与布什政府的外交政策》（《当代世界与社会主义》2005 年第 4 期），刘国柱著《和平对与肯尼迪政府的冷战战略》（《南开学报·哲学社会科学版》2001 年第 5 期）、《论艾森豪威尔第一届政府对外援助的政策的调整》（《南开学报·哲学社会科学版》2007 年第 5 期）、《和平队与第三世界外交的软实力》（《浙江大学学报·人文社会科学版》2008 年第 1 期）、《当代美国"民主援助"解析》（《美国研究》2010 年第 3 期）。著作有刘国柱的《美国文化的新边疆：冷战时期的和平队研究》（中国社会科学出版社 2005 年版），孙仲著的《美国政治文化中的现实主义》（浙江大学出版社 2006 年版），姜振飞著的《美国约翰逊政府与国际核不扩散体制》（中国社会科学出版社 2008 年版）及《冷战后的美国核战略》（光明日报出版社 2010 年版）等，涉及当代美国史中的政治敏感问题。

浙籍学者陶文钊（中国社会科学院荣誉学部委员）先后在中国社会科学院近代史研究所与美国研究所从事近现代中美关系史研究，成绩斐然。他先后发表《马歇尔使华与杜鲁门政府对华政策》（《世界历史》1986 年第 2 期）等论文近 200 篇，他主编、专著、合著的著作近 20 种，代表作有《中美关系史（1911—1950）》（重庆出版社 1993 年版）、《中美关系史（1949—1972）》（上海人民出版社 2004 年版）、《中美关系史（1972—2000）》（上海人民出版社 2004 年版）上中下册等，在美国史研究领域有较大影响①。

① 陶文钊：《中美关系史》上中下册，重庆出版社 1993 年版，上海人民出版社 2004 年版，上海人民出版社 2004 年版。

第九章　文学与语言学研究

文学是社会科学的学科分支。它是“用语言塑造形象以表现社会生活、表达作者思想感情的艺术”，或者说是将语言文字用于表达社会生活和心理活动的学科(包括中国语言文学和外国语言文学)，通常可分为诗歌、散文、小说、戏剧、影视文学等，主要研究有文学理论、文学批评、中国文学、比较文学、文学史等。语言学是研究语言的科学。

古代中国文学为“孔门四科”(德行、政事、文学、言语)之一。浙江的文学起源，最早可追溯到先秦越族的《弹歌》《候人歌》《越人歌》等。魏晋南北朝，晋室东渡，随着中原文化浸染，浙江文学蔚然勃兴。干宝的《搜神记》是魏晋志怪小说的代表作。谢灵运开创了中国古代山水诗派，对后世影响颇大。隋唐、北宋，浙江文学代有其人，如骆宾王、贺知章、罗隐、周邦彦以及任官浙江的白居易、元稹、杜牧、范仲淹、王安石、苏轼等文采风流、代代相传。南宋期间，陆游作品众多粹美，史所罕见。南渡的李清照和世居钱塘的朱淑真堪称宋代女作家的“双子星座”。陈亮、吴文英、王沂孙、周密、张炎及参与南宋战事的辛弃疾等均为南宋词坛大将。而古代的白话小说和戏剧文学，也都发源于这一时期的浙江。元明清时期，浙江文学继续繁荣。元朝，赵孟頫、杨维桢乃文学大家，杭州逐渐成为杂剧中心。明代是浙江文学史上最具成就的一个时期，客居浙江的名家小说有罗贯中的《三国演义》与施耐庵的《水浒传》，乌程人凌濛初的《拍案惊奇》《二刻拍案惊奇》，均为名作。晚明，张岱的小品，徐渭、袁枚的诗文和以朱彝尊、厉鹗为代表的浙西词派，影响巨大。明末清初，汤显祖的《牡丹亭》、洪昇的《长生殿》皆为戏剧瑰宝。浙江对于现代文学的贡献亦蔚为大观。鲁迅是当代小说与现代杂文的开创者，茅盾是文学研究会的主帅，郁达夫是创造社的主将。其他如徐志摩、戴望舒、施蛰存、艾青等都是现代文学史上的重要作家。民国 11 年，在杭州成立的湖畔诗社是中国第一个新诗社。

浙江古代文学理论研究盛同于同时期的文学创作。上溯自东汉，赵晔撰《韩诗谱》《诗细历神渊》《诗道微》，发挥了韩诗学派的解诗学说。王充撰《论衡》，颇涉文章之事。南北朝时沈约的《四声谱》，推动了中国古典格律诗形式的规范化。晚唐诗僧皎然撰《诗式》《诗议》《诗评》，对中国古典文学批评理论的发展实堪权重。宋代周邦彦对词律定型贡献尤巨，为宋词集大成者。元代戴表元《剡源集》，力主振唐音之复古，开明一代诗风。杨维桢论诗主性灵，为明代“后七子”及“公安派”之先导。明初宋濂为文坛领袖，其文学观念影响了整整一个时代的文学风气。据中华书局 1981 年出版的清代嘉善人何文焕编的《历代诗话》，所收诗话 27 种，浙江学者或任职、流寓浙江者诗话共 6 种，占五分之一强。杨载为“元诗四大家”之一，所著《诗法家数》为元代著名诗论，受后人所重。明陆时雍撰《古诗镜》《唐诗镜》及《总论》，乃古代规模宏大的诗歌选本，其诗学思想对清代王士祯创立“神韵派”具有很大的影响。胡应麟《诗薮》、胡震亨《唐音统签》均为明代系统化的诗话，为明清罕见。而明清时期王阳明、黄宗羲等浙籍思想大家，则在更深层面为中国文学理论发展提供了新的思想基础。其间，戏曲理论成就斐然，徐渭的《南词叙录》是最早的南戏专论，吕天成的《曲品》是中国戏曲史上第一部系统的戏曲批评专著，王骥德的《曲律》为中国第一部有关南北曲的理论著作。造诣最高、影响最深的是明末清初兰溪人李渔的《闲情偶寄》之《词曲部》《演习部》，为古代系统完整的戏曲艺术理论体系，可谓中国古代戏曲理论的集大成者。清代杭州袁枚重情韵之真新，开摆脱传统诗学理论的性灵派，流风广远。嘉兴叶燮的《原诗》系统探求诗歌创作情感原则，列“乾隆三大家”之首。清初中期执词坛牛耳的浙西词派，其倡导者朱彝尊力主清空醇雅的词风，厉鹗、项鸿祚承其余绪，增光添彩，影响直至近代。龚自珍为“中国近代文学第一人”，主情主变，振聋发聩。姚燮以救国之旨衡文。俞樾学问渊博，重视小说戏曲等通俗文学。谭献发展了常州词派的寄托理论。朱祖谋精研词籍，其《彊村丛书》被誉为“晚清词籍四大丛刻”之一。王国维的《人间词话》，引入西方哲学、美学观念评论中国诗词小说，实为新旧文学研究范式转折之始。

五四新文化运动时期，浙籍文人志士的创作及其思想走在时代前列。蔡元培提出以美育代宗教。钱玄同倡导白话文和文学革命。鲁迅无论在文学理论、创作还是对古代文学研究方面，均有煌煌业绩。茅盾丰厚的创作和深刻的理论是中国现代文学的另一面旗帜。冯雪峰是中国最早介绍马克思主义文艺理论的作家之一。郁达夫以情感为核心的文艺评论及创作实践，是现代浪漫主义文学的重要组成部分。

当代浙江对诗学、词学、小说、戏曲理论等的研究，具有六个重点：一是以姜亮夫为代表的楚辞研究，代表作有姜亮夫的《屈原赋校注》《楚辞通故》等，黄灵庚的《楚辞章句疏证》(全5册)，董楚平的《楚辞译注》，崔富章的《楚辞书目五种续编》等。二是以夏承焘为代表的词学研究，代表作有夏承焘的《唐宋词论丛》《词源注》等，蒋礼鸿的《敦煌曲子词集校议》，吴熊和校点的《词学全书笺校》，吴蓓的《梦窗词汇校笺释集评》等代辈为续。三是以俞平伯为代表的红学研究，代表作有俞平伯的《红楼梦研究》《脂砚斋红楼梦辑评》等，吴世昌的《红楼梦探源》，蔡义江的《红楼梦诗词曲赋评注》，刘操南的《桐花凤阁评红楼梦辑录》，梅新林的《红楼梦哲学精神》等亦为力作。四是以许钦文、黄源为代表的鲁迅研究，代表作有许钦文的《〈鲁迅日记〉中的我》，黄源的《怀念鲁迅先生》，俞芳等的《鲁迅教育思想与实践》，郑振魁的《〈阿Q正传〉的思想与艺术》，张颂南的《鲁迅美学思想浅探》，项义华的《人之子——鲁迅传》等。五是以王西彦、史瑶为代表的茅盾研究，代表作有王西彦的《论〈子夜〉》，史瑶的《从〈蚀〉到〈子夜〉——在创作方法上的一个飞跃》，李标晶的《茅盾传》，李广德的《一代文豪：茅盾的一生》等。六是卢敦基《金庸小说论》等的新武侠小说研究。其他重要者有蒋风的儿童文学理论，王元骧的文学(美学)理论，骆寒超的诗学理论，蒋承勇的西方文学的人的母题理论，曹禧修的文学批判理论，王嘉良的文学思潮史论，飞白的外国诗论，孙席珍的外国文学理论以及李庆西、吴秀明的当代文学理论等，皆在国内相应领域拥有重要的学术地位。

第一节　文学理论研究

文学理论是指关于文学现象的本质、特征、发展规律和社会作用的原理与原则。浙江的理论工作者遵循着文学理论发展的历史过程，从古代、近代、现当代三个阶段，研究浙江的文学理论及其发展，展示浙江的文学理论研究在中国人文学术进程中的地位。

一、古代浙江的文学理论

（一）上古先民的诗歌研究

浙江的文学及文学理论发展最早可追溯到上古时期于越先民的《弹歌》《候人歌》以及稍后的《越人歌》。《弹歌》这首诗歌总共只有8个字："断竹，续作，飞土，逐宍。"此诗属原始猎歌的一种，是中国二言诗歌之开端。① 《候人歌》在辗转流传中仅留下四个字："候人兮猗。"与《弹歌》相比，《候人歌》在艺术形式上实现了飞跃性的进步，是中国保留至今最早的一首爱情诗。《越人歌》（《说苑·善说》），是一首越女棹歌，是于越民族最具有代表性、最具真实性的诗歌。据著名楚辞专家游国恩考证，该诗为约公元前500年的作品，其歌辞之旖旎、译文（越音楚译）之优美，不在《风》《骚》之下。

（二）古代的文学理论研究

东汉时期，王充文论思想独树一帜，《论衡》一书颇多文论大抵见于《超奇》《佚文》《书解》《案书》《对作》《自纪》等篇。赵晔《韩诗谱》《诗细历神渊》《诗道微》是浙江最早的诗学专论，而其《吴越春秋》则对唐宋以后的文学产生重大影响，后人取材于该书而改编的话本及剧目颇多。

齐梁时期沈约著《四声谱》，建立以"四声八病"为核心的"声律论"，严格遵守声韵格律，于后代诗体影响至巨，推动了五言古诗向律诗演变。其创"永明体"诗，对诗歌音韵和形式发展有重要影响。

唐代诗僧皎然，有三部诗论专著即《诗式》《诗议》《诗评》，《诗式》（5卷）为分量最重，树立了"四不""二要"等标准，探讨诗的艺术风格，开宋人以禅喻诗、以喻示诗之先河，对中国古典文学批评理论的发展起到了一定作用。

宋元时期，浙江的诗学经历了从北宋江西诗派"善陈时事""句律转深"的文风，走向南宋两浙诗人抒发激昂慷慨的爱国情怀和清淡圆美的田园诗风。这一转变以陆游为代表，并形成了两浙诗人、客籍诗人与"永嘉四灵"、江南诗派、遗民诗人等诗人群体，这一变革同样也反映在两浙词坛。宋代以来，包括陆游、陈亮、叶适在内的众多浙籍名家，都提出了自己文学创作

---

① 滕复：《浙江文化史》，浙江大学出版社2009年版，第66页。

的理论观点。张炎在《词源》中的理论主张对清代浙西词派影响深远。

明代浙江的文学理论深涉诗词文及小说戏曲领域。明初，宋濂、刘基、方孝孺三大家作为文学主流力量的代表，一扫因袭元代以来的纤弱萎靡之风，文理重道德教化。明中叶，于谦推动文学运动从教化转向复古，为晚明文学的个性解放作了理论的铺垫。明代浙江文学史上还有著名的"前七子""后七子"，以承诗学脉向。明初，浦江宋濂以文见长，追求文道合一、心理合一。明代推崇"唐宋八大家"的归安（今湖州）茅坤，反对模拟创作的山阴（今绍兴）徐渭，推考戏曲的山阴祁彪佳，整理品评小说戏曲的兰溪胡应麟、长兴臧懋循、嘉兴沈德符等人，各有所长。文学典籍的考订、整理、编纂、出版，成为广泛的学术活动。明清之际的学术思潮，影响并更新了文学思想观念，在小说、戏曲创作及其理论方面的成就地位尤为突出。这一期间，戏曲理论造诣极高，徐渭的《南词叙录》为南戏重要的学术专论，吕天成的《曲品》为中国戏曲史第一部系统的戏曲批评专著，王骥德的《曲律》为中国第一部有关南北曲的理论著作。

清代是浙江文学理论系统发展的一个重要时期。黄宗羲重经世之学，力主文与道合，文与学合，其义理、考据、辞章三位一体的衡文观，有起一代文风之功。戏曲理论巨擘李渔为古代戏曲艺术构建起一个系统的理论体系，其突出贡献在于把戏曲当作一种独特的文学样式而进行整体研究，晚年所著《闲情偶寄》中的《词曲》《演习》诸部，对戏曲创作中的结构、语言、声律以及戏曲的表演、导演等艺术问题，都作了系统而详尽的论述，是中国古代戏曲理论的集大成者。嘉兴叶燮的《原诗》探讨诗的本原，形成完整、严密的诗论体系，颇多创见，被誉为"清人诗话之冠冕"。钱塘袁枚独创"性灵说"，论诗主"真"重"情"。钱塘龚自珍为"中国近代文学第一人"，论文主"情"主"变"，体现启蒙思想，振聋发聩。镇海姚燮以救国之旨衡文。德清俞樾学问渊博，重视小说戏曲等通俗文学。仁和谭献发展了常州词派寄托理论，又强调审美感受要有主观性，使词论跨出常州词派范围。归安朱祖谋精研词籍，所编《彊村丛书》，被誉为"晚清词籍四大丛刻"之一。

二、近现代浙江的文学理论

（一）清末民国的文学理论研究

20 世纪初，随着西方现代哲学观念和科学方法的引入，中国文学理论研究进入了一个新的发展阶段。这个阶段最有影响的学者是海宁人王国维，他于清光绪三十年至民国元年（1904—1912 年），先后发表了《红楼梦评论》《宋元戏曲考》《人间词话》（《王国维全集》第 1 卷、第 2 卷）等论著，提出了新的悲剧理论和境界说、古雅说等许多重要的文学理念，对艺术的特性作了全新的阐发；他把小说、戏曲、诗词等门类的研究推到了一个新的高度，为中国文学和美学现代研究开创了科学和哲学相结合的新"范式"。民国 12 年（1923 年），俞平伯著《红楼梦辨》(商务印书馆 2010 年版),为新红学的奠基之作,与胡适并称“新红学派”的创始人①。

(二)中华人民共和国成立前后的文学理论研究

鲁迅的学术成就主要体现在中国小说史研究方面,但在文艺理论上也多有创见。他于清光绪三十三年(1907 年)发表《摩罗诗力说》,宣扬“立意在反抗,指归在动作”的“摩罗精神”,强调文学必须激发人的精神力量。民国 16 年(1927 年)后,鲁迅参与了一系列的文学论争,在文艺与政治的关系、文学与革命的关系、文学的人性与阶级性等问题上发表了自己的理论主张;他还翻译和介绍了一些马克思主义文艺理论著作,为中国文学理论提供了一种新的养分。周作人是中国新文学开创期间重要的文学理论家。他在民国 7—11 年(1918—1922 年)连续发表了《人的文学》《平民文学》《个性的文学》等一系列文论,把人性和人道的精神作为“文学革命”与“思想革命”的契合点,在理论上为文学找到了“人学”的根基。

茅盾是 20 世纪 20 年代初期用力最勤也最有建树的文学理论批评家,他积极提倡“为人生的艺术”,并且比较系统地阐述了现实主义文学原理。20 世纪 50 年代末,他又撰写了《夜读偶记》(百花文艺出版社 1958 年版),阐述社会现实主义创作原则、特质、产生和发展以及世界观对文艺创作的重要作用。其理论主张对中国现当代文学创作具有很大的影响。

此外,郁达夫浪漫主义文学观的代表作《小说论》、梁实秋新人文主义文学思想的代表作《文学的批评》、冯雪峰革命现实主义理论的代表作《论民主革命的文艺运动》和王任叔(巴人)按照马克思主义观点撰写的文学理论代表作《文学论稿》,都从不同的方面丰富了中国现当代文学的理论宝库。

20 世纪 50 年代以后,中国学术研究范式发生了重大变化,用马克思列宁主义理论学说和毛泽东文艺思想解释文学现象及其功能、本质、方法成为理论研究的重要内容。主要集中在三个方面:第一,学习和运用马克思主义文学基本原理。较系统的代表性论著有王任叔的《文学论稿》(上海新文艺出版社 1954 年版),该论著是作者运用马克思主义基本原理和毛泽东文艺思想系统论述文学的力作。王任叔对 1950 年由海燕出版社出版的《文学初步》作了三方面的重要修改:一是以毛泽东在延安文艺座谈会上的讲话精神,摆正了作品的马克思主义文艺方向;二是强调阶级性、人民性和历史观评价中国古典文学;三是强调文艺作为上层建筑为社会基础服务的功能。冯雪峰 1954 年刊出的《目前中国文学上的现实主义》也是运用马克思主义文艺思想论述现实主义文学的力作。第二,《鲁迅全集》的出版及鲁迅研究。1951 年,冯雪峰任人民文学出版社社长兼总编辑,出版了《关于〈鲁迅日记〉》(影印本)《回忆鲁迅》《怎样读鲁迅的杂文》等一批关于鲁迅文献、回忆录及相关研究成果;1956 年主持编注新版《鲁迅全集》。同年,浙籍著名记者、作家曹聚仁在香港著有《鲁迅评传》,1967 年又编著《鲁迅年谱》;王任叔著述、出版的有《鲁迅的小说》(上海新文艺出版社 1956 年版),在青年中很有影

① 红学研究初始,胡适将科学的方法引入《红楼梦》研究;俞平伯的《红楼梦辨》将考证运用到文本研究,开启了《红楼梦》文学批评的新模式,突破了胡适、周汝昌等人为代表的基于材料的考证派“文学研究”思路,充分体现了五四精神主导下现代转型期“红学”研究的飞跃。1952 年,俞平伯将《红楼梦辨》修改成《红楼梦研究》出版。

响。第三，外国文学及文学史研究。20 世纪 50—60 年代，杭州大学是浙江研究外国文学与外国文学史的学术中心，著作有孙席珍的《日本文学史纲》《西欧文学史》《印度文学史》等。在苏联文学研究方面，有影响者为王任叔的《苏联作品中看苏维埃人》(中国青年出版社 1955 年版)及文集《关于〈士敏土〉》等。

三、当代浙江的文学理论

20 世纪 70 年代末 80 年代初，中国文学理论界对 20 世纪 50 年代以来一些传统的理论命题作以新的讨论，文学理论研究重新走上学术的正轨，对文学理论上的一系列重要问题，特别是马克思的艺术生产理论、悲剧和喜剧理论、人的本质力量对象化理论等作了更加深入的反思与探讨。80 年代，美学、文艺学在中国学术界成为一门“显学”，文学研究视野愈发自由和广阔，逐步形成集新思潮、新观念、新流派、新方法的多元格局。

(一)文学理论一系列重大问题研究

浙江学者参与探讨了国内文艺理论中的一系列重大问题，且有较大影响。20 世纪 80 年代前期，王元骧的《论典型化》(《文学评论》1980 年第 4 期)对典型问题作了深入研究；1988 年，他的《反映论原理与文学本质问题》(《文艺理论与批评》1988 年第 1 期)深入探讨审美反映的本质论问题；翌年，其《审美反映与艺术创造》(《文艺理论与批评》1989 年第 4 期)又大胆讨论了审美反映与艺术创造的关系；在 1988 年召开的全国“纪念党的十一届三中全会召开十周年理论讨论会”上，他的《论文学的意识形态性与非意识形态性》一文获得中共中央宣传部、中共中央党校、中国社会科学院联合颁发的“优秀论文奖”；90 年代后，他重点涉猎艺术的实践本性范畴，其《艺术的实践本性》(《文学评论》1995 年第 6 期)重申实践对于艺术创造的重要性。21 世纪初，其论文《关于文学评价中的“人性”标准》(《文学评论》2006 年第 2 期)、论文集《论美与人的生存》(浙江大学出版社 2010 年版)，从艺术的实践本性范畴深化为与人性、生存等艺术的根本问题。骆寒超《艾青论》(青海人民出版社 1981 年版)通过对艾青诗的抒情结构与意象世界的论述，力图追求一种新的角度与新的诗评风格。王林祥《论典型化》(《文学评论》1980 年第 4 期)一文，论述了普遍性基础上的典型化的艺术手法。艺声、闻嘉的《文艺盛衰探略》(《文艺理论研究》1983 年第 2 期)一文，从宏观层面对影响文艺盛衰的诸多因素进行综合考察。李庆西的《文学的当代性及其审美思辨特点》(《文学评论》1984 年第 4 期)对文学的当代意识问题作了深入的探讨。1985 年以来，叙事学成为全国文艺理论的热点，金健人发表了《小说的时间观念》(《文学评论》1985 年第 2 期)等 10 多篇有关小说时空观、叙事单元、节奏基调的文章，集中系统地论述了叙事学的一些理论问题，著有《小说结构美学》(浙江人民出版社 1994 年版)、《论文学的特殊本质》(浙江大学出版社 2009 年版)等。徐岱《小说叙事学》(中国社会科学出版社 1992 年版)为构建小说叙事的学科结构作出了努力。其《艺术文化论》(人民文学出版社 1990 年版)以人文情怀关注不断发展的文艺思想和问题，其《美学新概念——21 世纪的人文思考》(学林出版社 2001 年版)、《边缘叙事：20 世纪中国女性小说个案批评》(学林出版社 2002 年版)、《批评美学：艺术诠释逻辑与范式》(学林出版社 2003 年版)，探讨了新美学的诸多范畴。梅新林著《中国文学地理形态与演变》(复旦大学出版社 2006 年版),以具有原创意义的“场景还原”“版图复原”之“二原说”为理论支撑,为当代中国文学地理学研究的学术代表之一。余凤高从科学史、医学文化史等方面对现当代文学中的病态现象作有较深刻的研究,著有《鲁迅杂文与科学史》《解剖刀下的风景》《病魔退却的历程》等著作。

在诗学、审美、古代文论、新媒体等研究方面,浙江学者均有不俗成就。吴晓《意象符号与情感空间——诗学新解》(中国社会科学出版社 1990 年版)运用符号学方法探讨意象这一诗学的基本命题。马大康《诗性语言研究》(中国社会科学出版社 2005 年版)以跨学科的研究方法和新颖独特的研究视角,突破已有诗性语言研究思路,构建出自己的新体系。徐岱《基础诗学——后形而上学艺术原理》(浙江大学出版社 2005 年版)立足于后形而上学视野,对作为人类文明的文化基础的艺术现象,从本体论层面进行重新审视。在审美问题上,杜卫《走出审美城——新时期文学审美论的批判性解读》(东方出版社 1999 年版)探讨了文学审美论的引入与本土化以及审美实践论、审美形式论等问题。其《中国现代的“审美功利主义”传统》(《文艺研究》2003 年第 1 期)认为,认识审美功利主义思想应从中国的具体语境出发,提出了“无用之用”的创造性命题,以独特的方式来解决审美的无利害性与功利性之间的二元对立。李岩《媒介批评:立场、范畴、命题、方式》(浙江大学出版社 2004 年版)从符号学、意识形态分析、叙事理论、解构主义、女性主义等理论视角,构建媒介批评的理论体系。古代文学与文论研究有着传统学术根基,老一辈学者研究成果丰富而扎实,影响弥远。如夏承焘的词学,姜亮夫的楚辞学、敦煌学,胡士莹的话本,王焕镳的先秦文学等研究均成果卓越。格律诗先驱沈祖棻著《宋词赏析》《唐人七绝浅释》,文学修辞大家陈望道著《修辞学发凡》,术业精湛,建树辉煌,堪为乡梓增光。

(二)对古代文学的研究

现当代浙江学者对古代文学研究盛于 20 世纪 80 年代后。吴熊和、蔡义江等著《唐宋诗词探胜》(浙江文艺出版社 1981 年版)为时代的早春之作。平慧善《李清照及其作品》(时代文艺出版社 1985 年版)分评传与作品选注两部分,史论相得意彰。陈铭《唐诗美学论稿》(中州古籍出版社 1987 年版)从大文化的角度多学科探讨了唐诗的美学特色。骆祥发、杨柳的《骆宾王评传》(北京出版社 1987 年版)全面探研骆宾王的生平与创作。马成生《明清作家论小说艺术》(团结出版社 1988 年版)分析评论明清小说理论发展特点。徐青《古典诗律史》(青海人民出版社 1980 年版)从唐以前诗的平仄、押韵分析诗律形成的历史。费君清《南宋江湖诗人的谋生方式》(《文学遗产》2005 年第 6 期)发掘南宋江湖诗派的资料与创作内涵。林家骊《谢铎及茶陵诗派》(中华书局 2008 年版)论述了谢铎及茶陵诗派在文学史上的地位。蒋祖怡《王充的文学理论》(上海古籍出版社 1980 年版)从文学理论批评史的角度审视王充,以考证求实的态度系统地阐述了王充在文学理论上的重要贡献。蒋祖怡在“文化大革命”前就已开始《文心雕龙》研究,20 世纪 80 年代先后出版了《文心雕龙论丛》(上海古籍出版社 1985 年版)、《文则》(黄山书社 1986 年版)等著作。徐季子发表了多篇《文心雕龙》研究文论。滕福海、孙敏强发表论文论述刘勰《文心雕龙》中的“通变”观。

与中国古代文学研究密切相关的是古籍整理。老一辈学者夏承焘、姜亮夫、胡士莹都勤勉于古籍整理。王焕镳《墨子集诂》(上海古籍出版社 2005 年版)是继孙诒让《墨子间诂》百余年之后又一部被誉为"集墨子研究之大成"的专著。蔡义江的《红楼梦诗词曲赋评注》(北京出版社 1979 年版)为学界第一部《红楼梦》诗词曲赋的全注本。卢敦基撰《曹雪芹的幸福观》(《红楼梦月刊》1983 年第 3 期)用全新的视角阐述了《红楼梦》作者的创作思路。雪克整理的《十三经注疏校记》(齐鲁书社 1985 年版),为晚清经学大师孙诒让的名作,学术价值很高。周维德校点的《诗问四种》(齐鲁书社 1984 年版),为明清文论丛书之一。朱宏达校点的《四书遇》(浙江古籍出版社 1985 年版),是明末清初张岱的语录体读经著作,为首次整理刊行。杭州大学中文系集体编写的《古书典故辞典》(江西人民出版社 1984 年版),则是阅读、整理古籍的工具书。浙江古籍出版社在 20 世纪 80 年代出版一套浙江古代作家作品集,包括《宗泽集》《朱淑真集注》《永嘉四灵诗集》《雪翁诗集》《钱肃乐集》《王季重集十种》《杲堂诗文钞》《思复堂文集》等,校点精严,为研究工作者提供了可靠的资料。李圣华《汪琬全集笺校》(人民文学出版社 2010 年版)汇集了现存的各种汪琬作品并加以笺校,对作品中涉及的人物本事、写作时间多有笺注和考订,可以说是一部最完备的汪琬作品的整理本。黄世中《类纂李商隐诗笺注疏解》(黄山书社 2009 年版)汇辑唐至清末 580 余家有关李商隐诗之笺释与评论文字,350 万字,为收录李商隐诗最全、系年最多的整理本。

第二节　古代文学研究

浙江古代文学理论研究同于文学创作,诗歌起于先秦越族,至东汉已形成系统的解诗学说。自古至今,浙江的文学家们在诗词的格律改造和风格迥别,文学创作和文学批评理论创新等方面,均作出过重大贡献。

一、楚辞

(一)楚辞综合研究

以屈原《离骚》为代表的楚辞文学,在文学史上产生了巨大的影响。2000 多年来,众多辑集、注释、考订、评议、辩论、图绘、绍述或再创作,被称为"楚辞学"。

战国中期以后,浙江曾为楚地。浙人研习楚辞,渊源有自。北宋以前,图籍散佚,莫可穷诘。南宋时期,高似孙撰《骚略》3 卷,至今流传。明代中叶以后,萧山来钦之撰《楚辞述注》5 卷;诸暨陈洪绶绘《九歌图》11 幅;鄞县屠本畯撰《离骚草木疏补》4 卷,《楚骚协韵》10 卷,《读骚大旨》1 卷;秀水冯梦祯撰《读楚辞语》1 卷,辑《读本楚辞集评》;武林冯绍祖辑《楚辞句解评林》;槜李(今桐乡)陆时雍撰《楚辞疏》19 卷;秀水蒋之翘辑《七十二家评楚辞》。明末至清,桐乡周拱辰撰《离骚草木疏》10 卷,萧山毛奇龄撰《天问补注》1 卷,淳安方槼如撰《离骚经解略》1 卷,海宁祝德麟撰《吴仁杰离骚草木疏辩证》4 卷,练湖女子陈银撰《楚辞发蒙》5 卷,"西泠十子”之一的丁澍作《演骚》，将屈、宋之文演为戏曲。清末至民国间，章炳麟撰《訄书》，首倡“《楚辞》定本出于淮南（刘安）”之说，余重耀撰《骚旨诗诠》1卷，鲁迅撰《屈原与宋玉》（《汉文学史纲要》），沈雁冰撰《楚辞选读》《楚辞与中国的神话》，李翘著《屈宋方言考》等。

姜亮夫早年受学于王国维、梁启超、章太炎等大师，一生从事楚辞学、敦煌学、语言学、史学研究，并领军于浙江的楚辞研究工作，使浙江成为全国楚辞研究的区域中心。1983年4月，教育部批准建立杭州大学古籍研究所，楚辞学被列入全所重点课题。1984年6月，中国屈原学会成立，公推姜亮夫为名誉会长。研究的重点，20世纪50年代以校注为主，60年代以书目提要为主，70年代末以后，转向综合研究，研究队伍日益壮大。

（二）楚辞专题研究

楚辞校注。20世纪30年代，姜亮夫提出“个别分析，综合整理”，以校注和书目两方面的深入研究为依托，对楚辞各领域进行综合阐发、概括，成果丰硕，如通论式讲稿《楚辞今译讲录》（北京出版社1981年版）。其《屈原赋校注》（人民文学出版社1957年版）从文字、音韵、训诂、章句、大义、版本校勘诸方面进行了校理注释串解。1987年，天津古籍出版社将修订本再版，题《重订屈原赋校注》，是中华人民共和国成立以来唯一一部著录屈原全部作品的精校、详注本。1984年，作《二招校注》，定《招魂》《大招》为屈原作品。1987年，其《屈原赋今译》（北京出版社1987年版）将《离骚》至《渔父》等7题25篇译为白话诗。刘操南、郭在贻、董楚平等发表过相当多关于楚辞学研究的论文。郭在贻的《楚辞解诂》和《楚辞解诂（续）》（《文史》第6辑、第14辑），旁引文字、音韵、考古等资料，对楚辞中难度较大、历来疑说纷纭的20余个词作了考释，纠正了古今学者的不少谬说，一些成果已为后来的几种楚辞注本所吸收。黄灵庚《楚辞集校》上中下册（上海古籍出版社2009年版）充分运用已有的《楚辞章句》的各种版本，包括主校本27种、参校本100多种，校出多种版本的异文6000多条，并考订其是非优劣；同时运用楚辞文献内部用语词例及逸用语词例进行本校，运用出土简帛文献考订楚辞文字的是非，为当代学人研究楚辞提供很多重要的版本材料和真切的文献依据，具有重要的学术价值。

楚辞书目研究。20世纪50年代，姜亮夫完成版本目录学专著《楚辞书目五种》（中华书局1961年版），总计著录图书295种，篇章、札记、考论等1441题，这是一部反映自刘安、刘向以来近2000年间有关楚辞辑集、注释、考订、评议、辩证、图绘、绍述屈宋古辞成就的专题目录学著作。其中《楚辞书目提要》为全书之主体，于著录书名、卷数、著者生平、内容得失之外，全录原书序跋，以明著述宗旨；并新增版本叙录一项，详载原书版刻面貌，在目录学史上开创新的风格，至今为海内外学者所称引。崔富章撰《明汪瑗〈楚辞集解〉书录解题》（《屈原研究论集》，长江文艺出版社1984年版）、《楚辞版本源流考索》（《浙江学刊》1987年第1期），并完成《楚辞书目五种续编》（上海古籍出版社1993年版），重点补录传世善本及20世纪60—90年代的研究著述，著录图书340余种、专论1500余篇。郭在贻撰有《楚辞要籍述评》（《杭州大学学报》1988年12月增刊）。

楚辞其他方面的研究。在学科化探讨方面，浙江学者作出了很大的努力，如姜亮夫著《楚辞学论文集》（上海古籍出版社1984年版）是楚辞学领域全面系统、深入和多角度研究的结晶。崔富章主编《楚辞学文库》，将两汉以迄当代的重要楚辞学论著，由远及近，去粗存精，以类相从，列为4卷。姜亮夫《楚辞通故》(齐鲁书社1985年版)，全书80卷，分4辑、10部、56类，总计条目3570条，文字180万，图谱400余幅；其自序："余一生业绩，此为最巨。"史学方面，崔富章撰《楚辞研究史略》(《语文导报》1986年第10期)，综述自西汉至五四运动前的研究状况，与郭在贻文恰好衔接。王德华《屈骚精神及其文化背景研究》(中华书局2004年版)从文化史论的角度研究屈骚精神。

二、诗学词学

(一)诗学研究

诗学，做诗论诗的学问。中国古代对诗学并无概念的定论。唐郑谷《中年》诗、《雕训志·袁枢传》，清田兰芳《叙袁仲方甲子秋冬诗》均提到诗学，但无释义。近人陈衍《沉乙盦诗序》言："诗学深者，谓阅诗多；诗功浅者，作诗少也。"朱自清《论诗学门径》言："所谓诗学，专指关于旧诗的理解与鉴赏而言。"虽非定义，但可作探究的范围。浙江古代诗学专论可追溯到东汉赵晔的《韩诗谱》《诗细历神渊》《诗道微》(《浙江省人物志》，浙江人民出版社2005年版)，发挥韩诗学派的解诗学说。

魏晋南北朝，谢灵运、沈约文学研究成就最著。南北朝杰出诗人、文学家谢灵运开创中国文学史上的山水诗派，"情必极貌以写物"和"尚巧似"成为其主要的艺术追求。沈约在诗体改革方面立"四声八病"之说，创"永明体"诗，对古体诗向律诗转变起到重要作用。另沈重以治《毛诗》为名，有《毛诗义》《毛诗音》传世。

唐代浙地诗人著闻，以诗学称道者当为晚唐皎然，其为诗僧，有诗三论，即《诗式》《诗议》《诗评》，尤以《诗式》为最。

宋元时，浙江文学的诗、词领域人杰辈出，文学理论以《诗经》研究见长。吕祖谦为南宋著名理学家，开"浙东学派"之先声，与朱熹、张栻并称"东南三贤"，治《诗经》亦有建树，其《吕氏家塾读诗记》36卷，是《诗经》学术史上不可替代的硕著。永嘉戴溪的《续吕氏家塾读诗记》取《毛诗》为宗，折中众说，亦为解读《诗经》之上品。另有兰溪范处义著《诗补传》30卷，以尊旧序著称，以疏平直见长。东阳许谦著《诗杂说》2卷，以考据占优，功力之深，堪列经典，为研治《诗经》者所必备。金华王万《诗说》、王柏《诗疑》2卷，不拘旧解，别开生面，于《诗经》学史自得一席之地。而余姚胡宗伋《诗话隽永》，永嘉陈傅良《诗解诂》，新昌黄度《诗说》，丽水黄许《诗书类要》，钱塘范晞文《对床夜话》，吴兴韦居安《梅石间诗话》，丽水陈绎曾《诗谱》等皆为诗学理论之翘楚。定居、流寓、任职于浙江的有杨载(杭州)《诗法家数》、姜夔《白石诗话》、吕本中《紫微诗话》、尤袤《全唐诗话》被收入清代何文焕辑的《历代诗话》①。其中杨载为元代四大

① 〔清〕嘉善人何文焕:《历代诗话》，成书于乾隆三十五年(1770年)，共收诗话27种，起自萧梁，迄于明代，1981年中华书局出版点校本。早于何文焕此著的，有明末清初归安人吴景旭著的《历代诗话》，此书分10集80卷，有1958年中华书局上海编辑所出版点标本，为目前流传本。

诗人之一，其《诗法家数》是一部有相当理论价值的诗论专著。

明代中晚期，浙江诗学理论方面出现两大巨著，一是胡应麟著《诗薮》(中华书局 1958 年版)，有着庞大的诗论体系，对自《诗经》至明嘉靖的各体汉族诗歌进行了广泛而系统的评论，不仅对每一朝代的诗风及其流变作以总结，而且对每一诗体变化作以寻绎；不仅对每一诗体的创作原则进行确认和规范化，而且对每一时期的代表诗及其代表作也进行广泛的比较，其系统化、规模化程度后代少有超逾，在中国诗歌批评领域中具有十分重要的地位。二是胡震亨著《唐音癸籤》全 9 册(海南出版社 2003 年版)，为胡氏倾毕生精力编辑而成的巨卷，其卷帙浩繁，资料丰富；《癸籤》诗论精到，于唐诗研究有重要价值。同时期的诗论名家还有桐乡陆时雍的《诗镜总论》、钱塘(今杭州)瞿佑的《归田诗话》等。

清代浙江诗论名家有毛先舒的《诗辩坻》与袁枚的《随园诗话》。袁枚是乾隆诗坛反复古、主性灵思潮的杰出代表。他倡导"性灵说"诗论，以反对乾隆诗坛流行的主张复古与诗教的格调说，批评以汉学考据作诗的不良风气，推动了清代诗歌的健康发展。《随园诗话》是其诗歌关系和理论的代表。毛先舒是"西泠十子"的领袖，其诗话著作《诗辩坻》集中反映了其早期诗学思想，主张文缘世降、稽古日新、尊唐贬宋、敛才就格、含蓄为正等诗学原则。何文焕辑《历代诗话》开古代汉语诗歌理论丛书之先，该诗话收辑宋元明诗话 27 种，又作《历代诗话考索》1 卷，以对前诗话的详述较有价值。明末清初，归安(今湖州市)吴景旭的《历代诗话》，周容的《春涵堂诗话》、陈仪的《养宜斋诗话》、汪师韩的《诗学纂闻》、陈仅的《竹林答问》均为近代诗学的代表性论著。

在清代诗坛、词坛，"浙派诗"和"浙西词派"堪称是影响最大的诗词流派之一。但由于两个流派的代表人物基本相同，且又都是诗、词见长，合并称述"诗词浙派"(汪林茂著《浙江通志》清代卷下)。其中一种观点把清初的"西泠十子"作为浙派之发端，另一种观点是把黄宗羲作为浙派之始祖，但大多数学者认为朱彝尊是浙派的开山祖。另有吕留良、吴之振、李邺嗣等诗人亦为"诗词浙派"中的重要人物。(叶建华著《浙江通志》清代卷上)明末清初，陆圻与柴绍炳、毛先舒等结社赋诗于西子湖畔，名为"西泠十子"。陆圻著有《诗经吾学》《诗礼》等多部诗学论著，他的文学理论和创作实践对西泠派的影响极其深远，被认为是西泠派的领袖和灵魂人物。黄宗羲诗歌创作与诗学理论的基调是"诗史"，强调切于时代，"以诗补史"。吕留良与吴之振合辑《宋诗钞》，直接影响了清初宗宋诗风的形成。李邺嗣辑《甬上耆旧诗》汇选浙东诗家 430 人的 3000 多首诗，成为浙东诗学的集大成文献。"诗词浙派"的开山人物应推朱彝尊，并以查慎行、汤右曾、郑梁、姜宸英、万斯备、万斯大等为前期主要成员，全祖望在《翰林院编修初白查先生墓表》中言："浙之诗人首自朱先生朱垞，其嗣音者，先生暨汤先生西厓实鼎足。至今浙中诗派，不出此三家。"《四库全书总目·怀清堂集》(汤右曾著)有言："论者称浙中诗派，前推竹垞，后推西厓，两家之间，莫有能越之者。"朱彝尊博通经史，诗与王士祯并称南北两大宗，作词风格清丽，诗学观主尊唐黜宋却又重宋诗之"才学"。其在康熙四十一年(1702 年)汇辑《明诗综》(中华书局 2007 年版)100 卷，由其友汪森、朱端、张大受等人分卷辑评，涉明初洪武直至明末崇祯年间诗人以及明亡后遗民及殉节大臣的诗共 3400 余家，是其一生除经学巨著《经义考》外的又一巨作。后附其《静志居诗话》，专论诗歌创作，以为诗综文理论托底。

诗词浙派在清初主要以由明入清的一大批遗民作家为主，内容多撰写易代之际的社会变动，表达兴亡之感和悲愤之情。至雍正朝以后，迫于清廷对思想文化的高压和钳制，诗词作家大多对现实政治冷漠而远离，然对诗学艺术风格和技巧仍孜孜追求。浙派后期崛起有厉鹗、袁枚等诗词巨匠。厉鹗著《宋诗纪事》（上海古籍出版社 1983 年版）采集宋代诗人的家世、生平和诗之本事甚详，是后人研究宋诗的重要资料。袁枚以自己杰出的诗词创作和理论见解将浙派诗词推向高峰，并对浙派诗词的发展历程进行自我反思和总结评判。（叶建华著《浙江通志》清代卷上）浙派后期诗人中，全祖望唯守清初诗词浙派之精神，被今人称为“遗民精神的复现”。而至嘉（庆）道（光）时期，浙派衰落，龚自珍顺应思想领域的变革，在文学领域率先提出反传统的变革，针对传统文学的“文以载道”观点，宣扬“尊情”说，以表现其追求个性解放之情，其充满忧患意识和经世精神的文学思想对传统诗学产生巨大冲击。同治朝以后，沈曾植、袁昶、金蓉为著名的“同光体”诗派的浙派代表，主导诗拟古文学，然力主时代意境。此诗学尤以沈曾植为著。

甲午战争之后，资产阶级维新运动兴起，在文学领域也开展了革新运动。蒋智由提出了较为系统的文学革新理论，为这场运动的纲领和目标。新诗是新文学运动的一大成就。夏曾佑以新名词入诗，表现出积极、新颖的思想风气，为“新诗”的旗手。其与蒋智由、黄遵宪三人被梁启超誉为“近世诗界三杰”。

（二）词学研究

词学初为诗学一支，嗣后与诗学互济互补，发展成为有自身独立性的专门之学。词学以唐以来，尤其晚唐、五代、两宋与清代的词为研究对象，研究范围包括词体、词史、词乐、词论、词韵、词籍等内容。浙江在词的创作与研究两方面一向占有突出地位。据唐圭璋《两宋词人占籍考》，宋代浙籍词人凡 216 人，约占两宋词人籍历可考者的 1/4，居于全国之冠。

宋词是中国诗歌史上的一个高峰。综观宋代词坛，浙江词人的成就非常突出、耀眼，出现了周邦彦、姜夔那样一流的集大成词家和词论家，又有客籍著名文学家李清照、辛弃疾等词坛大家。南宋末，浙派如周密、王沂孙、张炎等形成了当时词坛的主要派别，主宰了一代词风。其他有名的词家如张先、毛滂、陆游、陈亮、吴文英及女词人群朱淑真、严蕊、吴淑姬等，人数更众。宋初著名词人张先首开抑咏词风，其词作多为婉约词典范。而周邦彦是北宋词坛的最后一位大家，宋徽宗即位，被任校书郎，后提举大晟府，负责讨论古音，审定古词，谱制词曲，创新词调，集婉约派词之大成，开南宋一代词风，成为宋词发展中承前启后的关键性人物（滕复、卢敦基等编著《浙江文化史》，浙江人民出版社 1992 年版）。隐居湖州苕溪的胡仔专攻诗歌史，其《苕溪渔隐丛话》前、后合集 100 卷（人民出版社 1962 年版），其中词话 180 条，推崇词的整体性和结构美，初步建立了词学批判的辩证分析和审美感悟相统一的方法，树立了实事求是的批判范例，是中国文学史上一部很有影响的诗（词）史本和诗（词）话集。姜夔是南宋著名词人和词论家，对词学的贡献主要在于对传统婉约词表现艺术的改造，建立起新的审美规范，阐释及推广“清空”的创词风格和“骚雅”的审美理想，为江湖词派词风的杰出典范，其《白石词说》等词学著作为江湖词派形成的理论根基。江湖词派是同时具备词人、词作、词选、词论、词社五种因素比较典型的词学流派，在中国文学史上实不多见。其后又有张炎，初学周邦彦，取法姜夔，为宋代浙派词人的殿军，今存词300首，词学著述有《词源》(唐圭璋《词话丛编》，中华书局1986年版)2卷，所论以词体、词法为多，主张作词要志趣高远、审音协律、意境清空、归于醇雅，是宋元季有影响的词学专论。宋代词繁荣之后，明代渐趋衰微，但江浙仍不乏其人。明初，浙江有刘基、杨基、瞿佑等。杨基为“吴中四杰”之首，著有《论鉴》。瞿佑有《归田词话》，为明初词论之翘楚。明中期陈霆的《渚山堂词话》(人民文学出版社1998年版)为当时三大词话专著之一，存录元明之际诸多散佚词作。徐渭词话亦为上品。曾在浙任官的陈子龙，被后世词评家称为清词中兴的开创者，为婉约派名家、云间派盟主，重词境创造，为重回南唐、北宋风格作出贡献。

明末清初，浙江词学理论有所声张，誉重者有两大家，对词学的结构变化有大的发展。一是以“西泠十子”为主的词韵、词谱研究。有毛先舒、柴绍炳、沈谦，皆为仁和人，都长于韵学。毛先舒有《声韵丛说》《韵问》《南曲正韵》，柴绍炳有《古韵通》，沈谦有《东江词韵》《古词韵词谱》《词学》等(唐圭璋《词话丛编》，中华书局1986年版)。沈谦在明初对词谱初创有较大贡献，其《古韵略》分韵为19部，获词学界认可，并引发明初韵学的争议，后被毛奇龄《西河词话》(萧山书留草堂，清康熙刻本)以“了无依据，不足推求”而否认；毛氏《西河词话》以论述音韵和体制见长。二是以朱彝尊为主的词籍版本的目录学研究。朱氏的词学活动始于中年，词论标举南宋，为浙西词派创始人，在清词发展史上具有重要地位。其编纂《词综》36卷(上海古籍出版社2005年版)，选辑唐、五代、宋以来下迄元代张翥诸家名词，是清代影响最大的词选本。《词综·发凡》以及汪森等人的序文，详细介绍了《词综》的版本来源、编纂体例和校勘考订内容，具有词籍版本目录学价值，成为清人整理词籍的重要参考文献，在词籍整理成为专门学术的过程中贡献卓然。同时期“梅里诗派”创立人周篔有《词纬》30卷与《今词纬》问世。清后期浙江词坛声誉高望，词论亦精粹。如“晚清四大家”朱祖谋、况周颐、王鹏运和郑文焯，其中浙江籍与任职浙江的占四分之三。朱祖谋词工倚声，词风标举南宋，为近代词学大师，尤精词的校勘，有《彊村词》《彊村集外词》，选编的《宋词三百首》至今仍为最权威的宋词选集之一，所刻《彊村丛书》搜唐、宋、金、元163家善本词加以校勘，为迄今所见的比较完善的词苑大型总集之一。钱塘人项鸿祚为清代著名词人，与龚自珍被称为“西湖双杰”，其词出入于五代、两宋之间，在浙派、常州派之外，词论多自序形式。晚清词学成就较高者要数谭献，他奉常州派词风，极力推崇词体，曾点评周济《词辩》，以阐发自己的论词主张，“开近三十年风尚”(叶恭绰《广箧中词》)，著有《箧中词》《复堂词话》。晚清与民国交替之际的词学研究，数王国维的《人间词话》(谢维扬、房鑫亮主编《王国维全集》第1卷，浙江教育出版社2010年版)最负盛名。这部论著以传统词话的形式，融入了西方近代文学理论，并以之对词及诗、小说等开展研究和批评，进而提出了中国资产阶级“纯粹”文艺哲学指导下的文艺理论——“境界说”，强调对审美对象采用“静观”“直观”方式，与审美对象融为一体，在“须臾”之间把握稍纵即逝的艺术境界。这部论著在中国近代文学批评史上具有崇高的地位。

现当代浙江词学的杰出代表要数夏承焘，被誉为“一代词宗”，其继承了历代词学之长，对传统词学作以多方面的开拓与创新，对于建立当代词学，推动全国词学研究的发展和研究队伍的形成起到奠基作用。中华人民共和国成立后，他领军浙江词学研究并获得巨大发展。现当代浙江的词学研究成就如下：

其一，词学研究领域的开拓。现当代浙江的词学研究，在词体、词乐、词律、词籍诸方面都有新的开拓，词史、词学理论的研究也进入了一个新阶段。最具代表性的是夏承焘《唐宋词论丛》（古典文学出版社 1956 年版），对词和音乐的关系以及声韵学上的若干问题，作出许多重要考证和文献整理。夏承焘校注的《词源注》（人民文学出版社 1963 年版）对宋代张炎词学名著《词源》（光绪八年，许增收入《榆园丛刻》）作了新的阐述。任铭善的《论白石词谱中之折字》（载夏承焘《唐宋词论丛》）考证了姜夔词十七调旁谱无折字之法。蒋礼鸿《敦煌曲子词集校议》（蒋礼鸿《敦煌变文字义通释》一书附录，上海古籍出版社 1981 年版）和《敦煌资料第一辑词释》从语言学角度诠释敦煌曲子词字义，为研究近代俗语词和解说敦煌词树立了范例。吴熊和校点的《词学全书》（清查继超著，书目文献出版社 1986 年版）则是一部明清之际一度盛行的词学中型工具书。

其二，对词籍整理的重视。夏承焘《姜白石词编年笺校》（中华书局 1958 年版）、《白石诗词集》（人民文学出版社 1959 年版）和《龙川词编年校笺》（与牟家宽合著，中华书局 1961 年版），分别对南宋两大词人的全部作品作出精审的校订、笺注，嘉惠后学。蔡义江、蔡国黄《稼轩长短句编年》（香港上海书局 1979 年版）对南宋辛弃疾词作了全面整理，补充了梁启超、邓广铭对辛弃疾词编年之说，还把前人未编年的词考定编入。夏承焘、吴熊和的《放翁词编年笺注》（上海古籍出版社 1980 年版）对陆游词作了全面整理，为现今最为完备的陆游词编年笺注，笺校俱精。夏承焘主编的《天风阁丛书》，专门辑集清代名家词集，已出版了《饮水词》（广东人民出版社 1984 年版）、《梅村词》（1985 年）、《衍波词》（1986）、《曝书亭词》（1987）等数种，除提供周全校本外，还附录传纪、叙序录、集评、年谱，堪为《四印斋所刻词》等著名词籍丛刊的后续。浙江古籍出版社《两浙作家文丛》（1984—2010）出版了《朱淑真集注》（郑元佐注，冀勤辑校，1985 年）、《毛滂集》（周少雄点校，1999 年）、《张先集编年校注》（吴熊和、沈松勤校注，2000 年）、《山中白云词笺》（张炎撰，黄畬校笺，1994 年）、《朱彝尊词集》（屈兴国、袁李来辑校，1994 年）。周明初、叶晔《全明词补编》（浙江大学出版社 2007 年版）依《全明词》体例收录《全明词》未收之明代词人词作，已收词人未收词作的，附以作者小传，简介其字号、籍贯、生卒年、仕历、著述等。吴蓓《梦窗词汇校笺释集评》（浙江古籍出版社 2007 年版）认为，作品在构建形式美的过程中体现出独一无二的价值和意义。

其三，词史（词作）的研究。夏承焘《唐宋词人年谱》收录唐宋词人 12 家年谱，不但考订这些词人史传，而且对唐宋词各阶段历史风貌和词风嬗递演变之迹也披寻可得。《天风阁学词日记》（浙江古籍出版社 1984 年版），是夏承焘民国 17 年（1928 年）以来 50 年间从未中断的日记选抄，有许多精到的词学研究见解和资料，记述了并世学者之间众多交往的学术珍闻，无异于半个世纪来词学史的珍贵资料。吴熊和、李剑亮、陶然、沈松勤合著《唐宋词汇评》（两宋卷）（浙江教育出版社 2004 年版）选录 875 位词人的代表作 7045 首，集历代对两宋词人、词作的评论于一书，具有十分重要的学术史价值。词史研究也拓展到近代词学的研究。陈铭《龚自珍综论》（漓江出版社 1991 年版）对龚自珍的词作和词论作了大篇幅的阐述，认为龚词淡定了传统词学的柔美观念和文体分工论，透露出近代民主主义思潮中某些常有的共同性现象。李剑亮《试论〈四库全书总目〉词籍提要的词学批评成就》(《文学遗产》2001 年第 5 期)对古代词学批评理论几成历史性总概。

其四，词学理论的研究。夏承焘的《四声绎说》(《中华文史论丛》)，归结了宋词四声的规律。吴熊和、夏承焘《怎样读唐宋词》(浙江人民出版社 1958 年版；修改本改名《读词常识》，中华书局 1982 年版)，详细说明了词本身的艺术规律。吴熊和《唐宋词通论》(浙江古籍出版社 1985 年版)为中华人民共和国成立以后第一部系统的词学理论，系统阐述唐宋词的词源、词体、词调、词派、词论、词籍和词学，把唐宋词研究提高到一个新的水平。

其五，唐宋词鉴赏学的发展。浙江文学研究工作者推出了许多文学鉴赏著作，既受学术界推重，又受广大读者欢迎。如夏承焘、盛静霞的《唐宋词选》(中国青年出版社 1959 年版)；夏承焘在《浙江日报》《文汇报》连载《西溪词话》，并出版《唐宋词欣赏》(天津百花文艺出版社 1980 年版)。蔡义江、吴熊和、陆坚合著的《唐宋诗词探胜》(浙江文艺出版社 1981 年版)，选目精审，要言不烦，影响久远。吴熊和主编的《唐宋诗词评析词典》规模宏大，涵盖面广。

三、古代小说及小说理论

(一)古典小说理论研究

晚清，夏曾佑作为文学革新运动中“新诗”的旗手，在小说理论研究方面也有新作。他于光绪二十三年(1897 年)撰写的《本馆附印说部缘起》(《二十世纪小说理论资料》第 1 卷，北京大学出版社 1989 年版)是中国第一篇阐明近代小说理论的论文。他从自然人性论和资产阶级历史观出发，指出小说的本原在于人类普遍存在的“公性情”，即英雄崇拜与男女之性，还总结了小说不同于经、史、子、集的特点，评价了小说的地位和作用。夏曾佑关于小说理论的阐述标志着中国小说观念从古代向近现代的根本性改变，为中国近代小说的发展奠定了理论基础。

至五四新文化运动，浙江学者对古代小说研究作出了突出贡献。鲁迅《中国小说史略》(北新书局修订本 1931 初版)主要探讨了中国古典小说的艺术技巧以及演变趋势，首篇始于神话与传说，迄于晚清谴责小说。全书多用文言，材料丰富，见解精辟，是研究中国小说史“一部开山的著作”(胡适《白话文学史序》)。此外，诸暨蒋瑞藻《小说考证》(商务印书馆 1910 年版)为小说、戏曲史料集，辑录自元至清 470 余种小说、戏曲研究资料，涉及作家生平事迹、作品题材源流和内容评价分析等，为学术界所重。桐乡孔另镜《中国小说史料》(上海古籍出版社 1957 年版)以及鲁迅《小说旧闻钞》(齐鲁书社 1997 年版)，均属于系统小说资料编纂。

话本是白话小说的起源。在中国小说发展史上，话本和话本小说是极为重要的一个环节。胡士莹的《话本小说概论》(中华书局 1980 年版)是他一生研究话本小说的总结和结晶，是该学科的权威性著作。该书全面系统地论述了话本小说的产生及其演变过程，著录话本、拟话本集六七十种之多。其编选《古代白话短篇小说选》(中国青年出版社 1980 年版)为中华人民共和国成立后第一部古代话本小说选集。其学生萧欣桥先后出版《西湖古代白话小说选》(浙江人民出版社 1982 年版)、《八洞天》(书目文献出版社 1985 年版)等多部古代小说选本。

(二)《红楼梦》与《金瓶梅》研究

《红楼梦》研究始于脂砚斋的批语,但真正以文学观点来评论《红楼梦》,首推王国维。王国维于清光绪三十年(1904 年)发表的《红楼梦评论》,以叔本华的哲学思想为指导,认为《红楼梦》的主旨在于揭示人生痛苦的由来及其解脱之道。俞平伯是新红学派的代表人物之一,他于民国 12 年(1923 年)出版了《红楼梦辨》(亚东出版社 1923 年版;1953 年再版易名为《红楼梦研究》),是新红学史上的第一部专著,涉及红学的诸多领域,很多研究具有开创性。1954 年又出版《红楼梦简论》。此外,他还先后出版了《红楼梦八十回校本》(人民文学出版社 1958 年版)和《脂砚斋红楼梦辑评》(上海文艺联合出版社 1954 年版),在胡适研究基础上,考证了《红楼梦》前八十回(曹雪芹作)、后四十回(高鹗续)的作者,认为《红楼梦》是曹雪芹的"自叙传",并提出"钗黛合一"等观点。吴世昌是 20 世纪 50—60 年代与吴恩裕、周汝昌三足鼎立的红学家,其研究以《红楼梦》版本和成书过程见长,所著《红楼梦探源》(英国牛津大学出版社 1961 年版)分钞本探源、评者探源、作者探源、本书探源、续书探源,是《红楼梦》考证学派的重要论著。此外,刘操南 20 世纪 40 年代撰有多篇研究《红楼梦》的论文,至 80 年代初出版了《桐花凤阁评红楼梦辑录》(天津人民出版社 1981 年版),显示了旧红学中不同思想观点的矛盾与斗争。蔡义江著的《红楼梦诗词曲赋评注》(北京出版社 1979 年版),内容完备,体例严谨,注释精确详尽,评说鞭辟入里。作者还发表过诸多研究《红楼梦》的论文,结集为《论〈红楼梦〉佚稿》(浙江古籍出版社 1989 年版)。梅新林从哲学角度研究红学,著有《红楼梦哲学精神》(华东师范大学出版社 2007 年版),提出《红楼梦》的本然结构源于远古神话原型,然后演绎为思凡、悟道、游仙三重模式与儒、佛、道三重哲理,由此解开《红楼梦》主题之谜。该著是红学史上第一部系统的《红楼梦》哲学研究专著。

《金瓶梅》在中国小说发展史上具有重要地位。徐朔方《论金瓶梅的成书及其他》(齐鲁书社 1988 年版)主要论及《金瓶梅》的作者和成书、评价及影响。

第三节　近现代文学研究

浙江的现代文学创作与研究皆有较长的历史。以鲁迅、茅盾、郁达夫、夏衍、徐志摩等为代表的中国现代作家,许多是浙江人。浙江现代文学研究以鲁迅、茅盾和浙籍作家的研究为重点,不仅研究力量强,成果数量多,而且不少论著是开拓创新之作。

一、鲁迅研究

(一)综合研究

浙江的鲁迅研究,素有传统。民国10年(1921年),鲁迅小说《故乡》在《新青年》上发表不到3个月,沈雁冰即在《小说月报》上以笔名郎损发表《评四五六月的创作》,评论了《故乡》的中心思想。他又写有《读〈呐喊〉》(《时事新报》1923年10月),并以笔名方璧发表了《鲁迅论》(《小说月报》第18卷第11期),这是鲁迅研究初期阶段的压卷之作。唐弢为中国著名作家、文学理论家、鲁迅研究家、文学史家,参加初版《鲁迅全集》的编校工作,撰有《鲁迅思想与鲁迅精神》(《文艺阵地》1940年第5卷第2期)等,在国内较早提出鲁迅精神的理论命题。另辑有《鲁迅全集补遗》《鲁迅全集补遗续编》,于1953年由上海出版公司出版。许杰的《文艺、批评与人生》(战地图书出版社,1945)中的《论鲁迅的历史小说》,王任叔《学习与战斗》(上海杂志公司1946年版)中的《鲁迅先生的治学方法》等从多角度论及鲁迅的精神。此外,周作人的《关于鲁迅》(之一、之二)(《宇宙风》1936年第29、30期)和《关于阿Q》(《中国文艺》1940年第2卷第1期),周建人的《阿Q时候的风土人物一斑》(《读书与出版》1947年第2卷第4期),许寿裳的《我所认识的鲁迅》(《新苗》1936年第11期)和《亡友鲁迅印象记》(峨嵋出版社1947年版),均以与鲁迅的亲身经历为例,讲述鲁迅、研究鲁迅。

20世纪50年代,唐弢等学术大师始创鲁迅研究的专业学科,打开了鲁迅研究学科化的大门,推动了鲁迅作品的文学研究、美学研究、哲学研究、政治学研究等。著名者有王西彦、许钦文等。王西彦有论文集《论阿Q和他的悲剧》(新文艺出版社1957年版)。许钦文从20世纪30年代开始研究鲁迅,发表了《〈示众〉底描写方式》(《读书月刊》1931年第2卷4、5合刊)、《鲁迅先生的〈肥皂〉》(《文学月刊》1936年第2卷第1期),《阿Q哲学浅释》(《宇宙风》1940年第35期)、《鲁迅先生著〈故事新编〉》(《青年界》1947年第3卷第2期)和《〈幸福的家庭〉的前景》(《大公报》,1948年12月6日)等文论。20世纪50年代以后,他出版了《〈呐喊〉分析》(中国青年出版社1956年版)、《〈彷徨〉分析》(中国青年出版社1957年版)等专著。

20世纪60年代初,许钦文、黄源、叶遐修、俞仲武、曹湘渠、谢狱等人组织成立鲁迅研究组。“文化大革命”后,浙江鲁迅研究重新活跃和繁荣。1980年10月,浙江省社会科学研究所(浙江省社会科学院前身)在绍兴举行鲁迅研究座谈会,之后成立了浙江省鲁迅研究会,随即开展了一系列学术活动:1981年举办了纪念鲁迅诞辰100周年学术讨论会,这是中华人民共和国成立后浙江第一次开展鲁迅研究学术活动,会后编成《鲁迅研究论文集》(浙江文艺出版社1983年版)。1986年10月,为了纪念鲁迅逝世50周年,在杭州举行了一次以“鲁迅与中国传统文化和外国文化”为主题的学术研讨会,会后编选了《鲁迅与中外文化》(浙江文艺出版社1991年版)。1982年,绍兴成立鲁迅研究会。浙江文艺出版社从70年代末开始,先后出版了国内几十种著述的鲁迅研究理论著作和资料集,又出版《国外鲁迅研究资料丛书》等。2005年10月,绍兴鲁迅研究中心、浙江省社会科学院国际鲁迅研究中心在绍兴鲁迅纪念馆正式挂牌成立,并召开了特约研究员第一次会议。同年11月,新版《鲁迅全集》(人民文学出版社

2005年版)在北京人民大会堂浙江厅举行出版座谈会暨首发式。从1978—2005年,绍兴鲁迅研究工作者在国内外报刊发表文章1000余篇,出版专著60余种,很多成果在国内外引起巨大影响。

(二)专题研究

鲁迅资料的发掘与研究。对于鲁迅史料的研究,绍兴和杭州拥有得天独厚的优势。曾经受到鲁迅教诲的黄源在《杭州文艺》杂志上连载了《关于鲁迅先生给我信的一些情况》,后出版《忆念鲁迅先生》(人民文学出版社1981年版),为鲁迅研究提供了不少可贵的第一手材料。许钦文著有《〈鲁迅日记〉中的我》(浙江人民出版社1979年版)。许氏自称是鲁迅先生的"私淑弟子",曾受到鲁迅先生的扶植与指导,并将其列入"乡土作家"之列,该著作提供大量有研究价值的鲁迅先生的回忆录。绍兴的鲁迅研究工作者为发掘、记录、抢救和保存鲁迅有关的资料,进行了大量调查研究,并撰写了一批论著。如谢德铣、朱忞、王德林、裘士雄四人编著的《鲁迅在绍兴》(浙江人民出版社1981年版),追寻鲁迅及其作品的文化之根。绍兴百岁老人、教育家俞芳长期从事鲁迅研究,十二三岁时曾与鲁迅全家在北平比邻而居,受鲁迅的教诲影响至深,著有《我记忆中的鲁迅先生》(浙江人民出版社1981年版)。吕漠野的《鲁迅与李大钊》(《鲁迅研究资料》1984年第14辑),论及了鲁迅与李大钊的关系。

鲁迅作品研究。20世纪50—60年代,研究者们就鲁迅小说和杂文发表了一些理论思考。张仲浦《〈故事新编〉创作上的几个问题》(《杭州大学学报》,1959)被当时学界认为是对这部历史小说集所展开的热烈争论的一个"新贡献"。王元骧《对阿Q典型研究中的一些问题的看法》(《文学评论》1964年第3期)对持续了几十年,特别是何其芳《论阿Q》发表后趋于激化的这一问题的争论,提出了重要看法。在"文化大革命"之后,浙江的鲁迅研究有长足的进展。郑择魁(1936年出生,天台人)的鲁迅研究长于作品的思想与艺术,著有《〈阿Q正传〉的思想与艺术》(浙江人民出版社1978年版)、《喜剧和悲剧的交融——论〈阿Q正传〉的一个艺术特色》(《中国社会科学》1981年第4期)等,在国内有较大影响。其《吴越文化与中国现代文学》将文学浙军中的鲁迅等一大批现代著名作家作品的根基追溯到吴越文化,为创新之作。高松年的《关于狂人形象及其创作方法——谈〈狂人日记〉及其评价》(《新文学论丛》1981年第4期)是关于《狂人日记》争论的一篇重要论文。李广德撰《鲁迅写作技法理论概说》(《嘉兴师专学报·社会科学版》1981年第8期),技法概说较为系统。王嘉良《典型化技巧的日趋圆熟与提高——鲁迅小说艺术发展初探》(《鲁迅研究论文集》1983年7月)是鲁迅研究中小说艺术专项研究上品。陈坚《现代中国文坛巨子鲁迅》(浙江人民出版社1988年版)以大量翔实的资料研究,阐述鲁迅的文学地位。2000年,陈越的《论鲁迅的越文化背景》一文研究了源远流长的越文化与鲁迅人格特征、思维方式及文学创作的传承关系,被誉为绍兴学者将鲁迅研究从感性上升到学理层面的开风气之作。

鲁迅思想研究。中华人民共和国成立之后,曹聚仁于1956年在香港撰写《鲁迅评传》(复旦大学出版社2006年版)一书,对鲁迅心路历程、文艺观、思想政治观作了精辟的评述。20世纪70年代末,庄肖荣、陈坚的《鲁迅文艺思想散论》(浙江人民出版社1979年版)一书对批评“四人帮”在鲁迅研究中散布的流毒，对文艺战线拨乱反正起过较大作用。顾明远、俞芳、金锵、李恺的《鲁迅的教育思想和实践》（人民教育出版社1981年版）是中华人民共和国成立以来第一本系统介绍鲁迅教育思想和实践的著作。张颂南《鲁迅美学思想浅探》（浙江文艺出版社1982年版）通过对鲁迅的杂文、小说与文学艺术论文的研究，较为系统地论述了鲁迅的美学思想。20世纪90年代至21世纪初，鲁迅思想研究有一个很重要的学风转变，即把鲁迅思想研究与现当代政治思想和社会思潮研究相结合。如当代学人项义华撰有《鲁迅与现代中国的道德革命》（《鲁迅研究月刊》1997年第7期）、《读书与立人——鲁迅“启蒙主义”文化思想考辨》（《鲁迅研究月刊》1997年第1期）、《在文学与革命之间——鲁迅与郭沫若的文字纠葛》（《江汉论坛》2003年第4期）、《鲁迅与光复会关系考辨》（《鲁迅研究月刊》2005年第9期），而其《人之子——鲁迅传》（浙江人民出版社2003年版）一书，则是以当代学人的崭新视野，评述鲁迅的一生及其思想、精神。

比较研究。陈元恺针对鲁迅与外国文学撰写了一系列研究文章，后来收集在其论文集《二十世纪中国文学与世界》（陕西人民出版社1987年版），这是新时期浙江从比较文学角度研究鲁迅的最早成果。孙席珍《鲁迅与日本文学》（《鲁迅研究》第5辑）论述了日本近代作家的作品对鲁迅早期思想的触动和影响，以及鲁迅对日本文学的借鉴、取法和比照。20世纪90年代，项义华撰《鲁迅与中外文化比较》（《浙江大学学报·社会科学版》1998年第1期）一文，将鲁迅研究置于中外文化尤其是日本文化的比较之中。

二、茅盾研究

（一）20世纪的茅盾研究

茅盾研究的根基在浙江。民国16年（1927年）茅盾（沈雁冰）第一部小说《幻灭》一发表，茅盾研究就开始了。1949年以前，浙籍作家和学人，如鲁迅、冯雪峰、郁达夫、孔另境、唐弢等均撰文对茅盾的思想、创作进行过评价。20世纪50—60年代，也有一些论者论及茅盾的创作。1957年，王西彦发表题为《论〈子夜〉》（《新港》1957年12月号）的长篇论文，是中华人民共和国成立以来对《子夜》进行全面论述较有分量的文章。1959年，史瑶（笔名丝鸟）发表《从〈蚀〉到〈子夜〉——在创作方法上的一个跃进》，是全国较早对茅盾创作方法的发展进行考察的长篇论文。

浙江茅盾研究新局面开创于20世纪80年代，成立有专业研究机构，形成了专业研究队伍，涌现出在全国有一定影响力的研究者，并开展了各种重要的学术活动。1985年12月，浙江省茅盾研究会成立；1986年1月，湖州师范专科学校成立茅盾研究室；1986年5月，桐乡县成立茅盾研究会。1987年，省茅盾研究会出版研究成果集《论茅盾的创作艺术》（浙江文艺出版社1987年版），从各个角度对茅盾的创作艺术进行论述与评论。杭州师范学院李标晶撰《论辨意识与探索精神的结合——近年来我省茅盾研究评述》（《浙江社会科学》1987年第4期）一文，对“科学的理性分析是茅盾创作的基本特征”加以新的评述，提出了“怎样估定茅盾创作的全部艺术价值”的问题，令学术界深思。浙江茅盾研究基本形成了以地区为特点的研究格局，即以杭州、金华高校和研究部门为核心的关于茅盾创作与文艺思想研究，以湖州、嘉兴高校为主的茅盾生平思想研究和以桐乡、乌镇为主的茅盾童年少年时代影响研究。李广德《一代文豪：茅盾的一生》（上海文艺出版社 1988 年版）是浙江第一部茅盾传记研究。李标晶先后发表了一系列论文，考察了茅盾从 20 世纪 30 年代一直到“文化大革命”中的思想、创作和社会活动，最后写成《茅盾传》（团结出版社 1990 年版）。史瑶、王嘉良均发表许多关于茅盾的研究。史瑶等《茅盾文艺美学思想论稿》（杭州大学出版社 1991 年版）一书系统地论述了茅盾的文学美学思想，提示了其作品中的审美视野。其《论茅盾的小说艺术》（厦门大学出版社 1995 年版）一书出版后，王嘉良撰《从“作家实际”出发逼近茅盾——读史瑶的〈论茅盾的小说艺术〉》（《茅盾研究》1999 年第 7 辑）一文，认为作者用现实主义理论框架建构全书，选取了一个更为逼近茅盾实际的研究角度评说茅盾小说独创的艺术价值，这是其他著作无法取代的研究成果。

（二）21 世纪初的茅盾研究

21 世纪初，浙江的茅盾研究从创作研究、文艺思想与批评研究、传记和史料研究、专题研究等方面对茅盾及其作品作了全方位的研究，取得了丰硕成果（李标晶《新时期以来浙江的茅盾研究述评》，《湖州师范学院学报》2000 年第 4 期）。李秋谷的《茅盾作品中的浙北风景画及其审美意识》（《茅盾研究》2005 年第 9 辑）一文从乡土文学的特定角度，认为茅盾作品中浙江地方“风景画”的艺术特色表现为“自然美与社会美融为一体”，把人作为“风景”的构成内容之一，颇有新意。刘永良《茅盾眼中的曹雪芹和〈红楼梦〉——重读〈节本红楼梦导言〉和〈关于曹雪芹〉》（《红楼梦学刊》2007 年第 6 期），对茅盾先生的两篇红学文献进行研究，拓展了茅盾研究的范畴。吕新禄的《从政治文化视角透视茅盾小说的政治化倾向》（浙江师范大学，2010 年）一文认为，现代中国特定的政治文化生态滋养了茅盾文化思想的多重色彩以及由此导致其小说创作文本的多重政治色调，这种政治文化介入程度的差异使其创作显出一定的“矛盾性”。另有何辉斌《论茅盾的进化论文学观》（《汉语言文学研究》2010 年第 3 期）、吴秀明和黄健的《论茅盾对现代历史文学理论建设的贡献》（《中国现代文学研究丛刊》2009 年第 4 期）、周兴华的《茅盾作家论的发生与文体模型》（《名作欣赏旬刊》2009 年第 9 期）等论述了茅盾作品的历史观、文学观、文论观。

三、近现代文学与现代浙籍作家研究

（一）综合研究

中国的现代文学研究几乎是与现代文学创作同步的，浙籍作家在新文学创作方面成就辉煌，同样在新文学研究方面也成就斐然。20 世纪 20 年代，在新文学草创期，绍兴周氏兄弟（周树人、周作人）不仅以创作著称，在新文学理论上也建树良多。鲁迅（周树人）提出的启蒙主义文学主张即“为人生”文学观；周作人倡导“人的文学”“平民文学”，其新文学研究涉及小说、诗歌、散文、戏剧各种文体。1932 年，周作人在辅仁大学的讲稿《中国新文学的源流》（江苏文艺出版社2007年版),讲述了中国文学的变迁,尤其是近代从八股文到桐城派古文再到文学革命运动的发展,是对中国新文学史之总结。其文艺批评散文集《自己的园地》(北京晨报社初版印行,1923)一书被称为“确立了中国新文艺批评的基石”(阿英《周作人的小品文》)。另一个新文学运动先驱茅盾,是中国现代最大新文学团体即文学研究会的重要理论家,在其从事创作前,专事文学批评与研究近10年之久。20世纪二三十年代,他对中国现代作家进行系统研究和论述,写下《鲁迅论》《冰心论》(《文学》1934年8月第1卷第2号)、《王鲁彦论》(《小说月报》1928年1月第19卷第1号)、《落华生论》《徐志摩论》(《现代》1932年12月第2卷第4期)、《庐隐论》《女作家丁玲》以及对田汉、叶圣陶、王统照、臧克家、沙汀、彭家煌、余上沅等一大批作家作品进行评论,涉及面广,理论开掘深入,在现代作家中罕有其匹。鲁迅、茅盾、周作人、郁达夫还分别为《中国新文学大系(1917—1927)》第一辑(上海良友图书印刷公司出版,1935—1936)的两集小说、两集散文作序,这四篇序言实为长篇研究论文,均详尽论析各种流派、各类作家创作特色,被认为是对第一个十年新文学进行系统研究的权威评论,对后来的现代文学研究产生深刻的影响。其他一些浙江作家在现代文学研究方面也各有建树。冯雪峰论述民主主义革命时期的文学运动与文学创作。慈溪邵荃麟、天台许杰、义乌王西彦是抗日战争时东南文艺运动的重要组织者。许杰著有论文集《蚁蛭集》(战地图书公司1945年版),对战时东南地区作家作品逐一评述,迄今仍是研究这一时期文学不可或缺的宝贵文献。

浙江的现代文学广泛、深入的研究更多是在中华人民共和国成立以后。全省文科高等院校开设“中国现代文学”课程,研究重点主要在鲁迅、茅盾等著名现代作家。“文化大革命”结束后,浙江的文学研究迎来较大的发展。1980年,成立了浙江现代文学研究会。其间,现代文学学科逐渐成熟,除名家研究、浙籍作家研究等优势项目外,还拓展和深化到了文学史研究、文学思潮流派研究、文化艺术研究、现代文学名著研究、浙江作家以外的现代作家研究等。

(二)专题研究

文学思潮流派研究。浙江的文学思潮流派研究起始于20世纪40—50年代,至80年代初、中期,现代文学研究逐步向深层次研究转化,探讨中国现代文学思潮与文学流派形成和演化的发展轨迹,成为另一项重要研究内容。浙江研究者在中国新诗流派研究中取得很大建树。“九叶诗派”老诗人唐湜一直致力于“九叶诗派”研究,发表了一系列回忆、研究文章,对“九叶诗派”的研究有开拓之功,文学评论代表集有《伍子胥》(《文艺复兴》1947年第3卷第1期)、《意度集》(平原出版社1950年版)、《新意度集》(生活·读书·新知三联书店1990年版)。骆寒超对新诗流派研究有更大拓展,充满浓厚理论思辨色彩,如《中国的现代诗歌论》(江苏人民出版社1984年版)。其《论中国现代叙事诗》(《文学评论》1985年第6期)一文梳理了中国现代叙事诗的发展。郑择魁对现代文学流派进行综合研究,其《试论“新月派”》(《文学评论》1983年第1期)一文对“新月派”进行了较为深刻的分析。蒋承勇著《西方文学“人”的母题研究》(人民出版社2005年版)一书,认为古希腊—罗马文学时代人的生存状况,呈现的弘扬个性、放纵原欲,肯定世俗生活和个体生命价值的人文特征与希伯来—基督教文学中的理性宗教人本意识,这两种人文传统在文艺复兴文化转型时期形成了新“人”论,这是西方人文传统的母题。同时，他将这种“人”母题与五四新文学运动结合救民于水火，作为现代转型的文化样本，撰有《西方文学“人”的母题的现代转型——兼论对五四新文学的影响》(《中国社会科学》2004 年第 6 期)。曹禧修《中国现代文学形式批评理论与实践》(中国社会科学出版社 2007 年版)一书，从困境及对策、话语修辞法、小说修辞结构、文本思想与非文本思想等方面，提出了现代文学形式批判的理论框架和实践基地。王嘉良《现代中国文学思潮史》(中国社会科学出版社 2008 年版)一书，梳理了现代中国文学思潮史脉络，论述了文学思想在文学研究中的特殊地位和重要意义，以及对文学的历史进程和发展走向的影响。李蓉《中国现代文学的身体阐释》(中国社会科学出版社 2009 年版)阐述了“身体”对于不同历史时期、不同作家的文学创作的独特意义，有力地拓展了现代文学研究的范围。

现代作家研究。浙江现代文学研究在浙籍作家研究方面有显著优势，成果令人瞩目。五四运动以来，以鲁迅为代表的浙江作家十分活跃。《中国新文学大系》第一辑附载作家小传 142 人，其中浙江籍 34 人，占近 1/4，除已列专节的鲁迅、茅盾外，创造社的发起人之一郁达夫，“左联五烈士”中的殷夫、柔石都是浙江人。这一作家群体在中国现代文学长河中发出璀璨的星光。20 世纪 20 年代末，柔石《二月》刚写毕，鲁迅即为之撰写“小引”。30 年代中期，鲁迅又为殷夫诗集《孩儿塔》作序。这两篇文章对两位年轻作家给予恰切的评价和热情的赞许。在鲁迅所写《〈中国新文学大系〉小说二集序》中，对五四运动以后的新文学社团及其成员更是作了全面而生动的评述，其中提到同时代的浙籍作家就有俞平伯、罗家伦、汪敬熙、魏金枝、许钦文、王鲁彦等人。茅盾在 20 世纪 30 年代发表《王鲁彦论》《徐志摩论》，紧密结合作家所处时代的思想主流及其政治立场、世界观、与各种文学流派的联系等，探讨了作家的独创性、思想成因及局限，至今仍为权威之论。郁达夫在《〈中国新文学大系〉散文一集导言》中，对鲁迅、周作人散文在思想、文体、风格各方面作了比较，发表了精辟见解；对丰子恺、川岛、叶永蓁、郑振铎等浙籍作家散文的艺术风格都有精到论断，常为人称引。

但就总体而言，对其他浙籍作家的研究成果远远不能与鲁迅、茅盾研究相比。20 世纪 80 年代以后，对浙籍现代作家的介绍、记述、评论和研究逐渐升温。1981 年，由杭州大学中文系现代文学教研室编选的《浙江现代作家创作选》(浙江人民出版社 1981 年版)，是国内第一部浙籍作家作品选本。随后，浙江陆续出版了《郁达夫全集》(浙江大学出版社 2007 年版)、《林淡秋选集》(浙江文艺出版社 1983 年版)、《夏丏尊文集》(浙江文艺出版社 1983 年版)、《徐志摩诗全编》(浙江文艺出版社 1991 年版)、《戴望舒诗全编》(浙江文艺出版社 1989 年版)等。大型研究资料汇编如《陈学昭研究专集》《徐迟研究专集》《许钦文研究专集》《许杰研究专集》等也先后问世。这些文集、选集和资料的出版，对开展乡贤文学业绩的整理研究作了必要的准备。张颂南的《浙江新文学作家研究》(厦门大学出版社 1989 年版)推动了现代文学的本土化。浙江各地开展了各种研究本土作家的学术活动，蔚然成风。自 1979 年开始，浙江学者对柔石进行全面研究。郑择魁、盛钟健合著《柔石的生平和创作》(浙江文艺出版社 1985 年版)是这方面的代表作，出版后受到国内外学术界好评，被国外书评认为是“系统研究柔石的第一部书”，国内书评认为是“柔石研究的重大成果，而且是‘左联五烈士’生平和创作研究新阶段的标志”。骆寒超的《艾青论》(浙江文艺出版社 1982 年版)，是第一部全面系统研究艾青的专著，将艾青研究向前推进了一步。此外，重要的成果还有骆寒超等编的《艾青研究论文集》（新疆人民出版社 1983 年版），蒋海涛、金永汉编著《艾青专集》（江苏人民出版社 1982 年版）等。陈坚发表的《夏衍剧作的艺术风格》（《中国现代文学研究丛刊》1981 年第 2 期）是粉碎"林彪、江青反革命集团"之后最早综合论述夏衍剧作的论文。陈坚所著《夏衍的生活和文学道路》（浙江文艺出版社 1984 年版），是国内出版较早且影响较大的一部夏衍研究专著，日本学者称之为"是了解夏衍不可或缺的文献"。郑择魁与王文彬合著《戴望舒评传》（百花文艺出版社 1987 年版）是国内学术界的第一部戴望舒传记。郑择魁著《鲁彦作品欣赏》（广西人民出版社 1986 年版）选入鲁彦小说散文 11 篇，加以赏析，并附有前言《鲁彦的生平和创作》及《鲁彦年表》。钱英才撰写的《许钦文年谱简编》（《杭州师范学院学报》1985 年第 3—4 期）是第一种许钦文年谱。王嘉良《辉煌"浙军"的历史聚合——浙江新文学作家群整体透视》（中国社会科学出版社 2009 年版）展示了中国新文学背景下形成的浙江七个作家群：浙东乡土作家群、"湖畔"诗人群、"白马湖"作家群、"语丝"作家群、浙东左翼作家群、"现代"作家群、战时浙江作家群。

第四节　当代文学研究

20 世纪 70 年代末之后，浙江的理论界开始重视对当代文学的研究，并主要集中于当代文学史、当代浙籍文学作品研究、金庸等新武侠小说专题研究等，取得了一些扎实而深刻的研究成果。

一、当代文学史与文学理论研究

（一）当代文学史研究

20 世纪 70 年代末，杭州大学中文系、浙江师范大学中文系与省外院校的教师代表汇集于华东师范大学，研讨当代文学新学科诸问题，会后协同编写《当代文学史》和《当代作家研究专集丛书》，浙江戴林淹、何寅泰等是主要撰稿人。至 80 年代初，杭州大学中文系和浙江师范大学中文系开设当代文学课程；杭州大学、浙江师范大学、杭州师范学院编写了多部《当代文学史》和《当代文学作品选》教材；出版有何寅泰、金汉、金葵等参与编写的《中国当代文学史》三卷本（福建人民出版社，分别于 1980 年、1981 年、1985 年出版）。1978 年，由杭州大学和苏州大学发起编写的《中国当代文学研究资料》，是迄今为止全国规模最大的当代作家研究丛书，共 200 余种，浙江负责其中十几种的编纂工作。

（二）当代文学理论研究

20 世纪 80 年代初，浙江出现一些直接评述文坛现状与针对现实问题的文学研究。李庆西的《文学的当代性》（人民文学出版社 1988 年版）汇集了他近 30 篇评论文章，其中《文学的当代性及其审美思辨特点》(《文学评论》1984 年第 4 期)一文，从文学与时代的关系上把握当代性的审美要求命题。1985 年前后，对文学的艺术本质问题进行了较为充分的研究。戴光中《关于“赵树理方向”的再认识》(《上海文论》1988 年第 4 期)一文是此后影响颇大的“重写文学史”大讨论的首篇。斯炎伟《全国第一次文代会与新中国文学体制的建构》(人民文学出版社 2008 年版)一书考辨新中国文学体制的矛盾、冲突与变革要求等重要问题。吴秀明《转型时期的中国当代文学思潮》(浙江大学出版社 2001 年版)一书论述了转型时期文学思潮的总体格局、精神现象、艺术实践、微观世界等。吴秀明还另辟蹊径，对历史小说研究情有独钟，其《评近年来的历史小说创作》(《文学评论》1982 年第 2 期)、《真实的构造——历史文学真实论》(春风文艺出版社 1995 年版)，为新时期历史小说评论的杰作。其《中国当代文学史写真》(浙江大学出版社 2002 年版)等涉及现当代文学理论的诸多方面。

二、当代浙江作家与作品研究

(一)文学作品研究

20 世纪 80—90 年代，浙江文学理论研究的空间、视野有很大拓展，构建出各种各样的文学理论体系。郭志今主编的《当代浙江文学概观》(浙江大学出版社，1988 年版)，对 1979—1987 年浙江文坛的方方面面进行了综合考察，比较全面地反映了该时期浙江文学创作的态势。1995 年，出现了关注作家作品的文化态势和文化根基的倾向，剑指吴越文学及引发的地域文化和地域小说研究，有吴秀明《文学浙军与吴越文化》(浙江文艺出版社 1999 年版)，郑择魁《吴越文化与中国现代文学》(杭州大学出版社 1998 年版)，王嘉良、金汉编《现代浙籍作家论丛》(上海社会科学院，1991 年)等。其中高松年用力最勤，有《当代吴越小说概论》(学林出版社 1999 年版)、《关于当代吴越小说断想》(《浙江社会科学》，1990 年)、《论吴越小说的精神内涵》(《杭州师范大学学报》，1999 年)、《论吴越小说的文体特征》(《浙江社会科学》，1998 年)等。他的吴越作家评论几乎与作家的作品创作同时，涉及对李杭育、张廷竹等作家作品的评论，探寻他们作品中的文化底蕴。

21 世纪初，更多的作家群为浙江文学界关注。钟本康对于叶文玲、余华等作家均有评论，特别关注李杭育、李庆西兄弟①。另外，还有刘卫、李庆西、钟本康、徐龙渊、梁旭东、许志强、叶金龙关于李杭育寻根文学“葛川江”系列小说的评论。郑绩于 21 世纪初着手研究浙江现代文坛的 100 多位大家，以互文性的体裁，撰《浙江现代文坛点将录》(海豚出版社 2014 年版)，对浙江 108 位现代作家加以评说。洪治纲关注当今小说景观和地域风情，有《丧失否定的代价——晚生代作家论之一》(《文艺评论》1996 年第 2 期)、《回到现实，回到存在——关于长篇小说〈兄弟〉对话》(《南方文坛》，2006 年)、《1976：特殊历史中的乡村挽歌——论毕飞宇的长篇小说〈平原〉》(《南方文坛》，2005 年)等。

---

① 《当代小说的艺术创新——钟本康评论集》，中国文联出版社 2002 年版。

(二)金庸新武侠小说专题研究

金庸武侠小说是20世纪至21世纪初中国文学史上最受欢迎的畅销书,征服了无数读者,学界也掀起了对其作品的研究热潮。卢敦基是浙江最早系统研究金庸新武侠小说的学者之一,20世纪90年代起撰有《金庸新武侠小说的文化与反文化》(《浙江学刊》1991年第1期),该文认为从情节的曲折完美、性格的丰富真切、思想的深远高妙等一切现代常具的因素来说,金庸作品比古代那些通俗小说还要高出一筹;然而,古代的通俗小说是从平话、演杂剧、街谈巷议、口耳相传等复杂活动中生成的,它凝集了历代平民的情绪与理想,积淀了众多集体无意识,因此必然更容易引起大众读者的共鸣,两者不能互相包容,也不能相互替代。《论金庸武侠小说创作过程中的重要转变》(《浙江学刊》1997年第6期)一文认为,金庸的14部武侠小说,可以1960年左右为界,分为前后两个时期:前期的小说看重民族关系和阶级矛盾,后期的小说则以探索人性为旨归;《论金庸对中国文学的独特贡献》(《浙江学刊》1999年第6期)一文认为,金庸小说完全可以成为20世纪中国文学的传世之作。其20世纪末所著《金庸小说论》(浙江文艺出版社2000年版)是对金庸小说研究的跨世纪的学术总结。李爱华发表有《大陆金庸研究二十年》(《浙江学刊》1999年第2期)一文,回顾了中国内地学界20年对金庸武侠小说的研究历程,并从生平与创作历程研究、思想内涵与文化意蕴、文本与艺术价值、比较研究和影响研究、"后金庸"及武侠文本的展望等方面概括地总结了内地金庸研究的状况,探讨了金庸研究的意义及不足。2001年,李爱华又发表《关于金庸研究的思考》(《三峡大学学报·人文社会科学版》2001年第2期)。劳褫褫《从金庸的创作看武侠小说的生命力——兼谈"武侠小说重蹈骑士文学覆灭之路"论》(浙江大学人文学院,2007年)一文围绕武侠小说的生命力主题,从思想性、艺术性和娱乐性三个方面分析和阐述金庸小说的生命力。

第五节 民间文学研究

浙江的民间文学研究始于五四新文化运动,蔡元培、沈兼士、周作人等对中国民间文学研究具有开创之功。20世纪80年代中期,浙江11个市5万多人参与搜集和整理民间故事、民间歌谣、民间谚语工作。90年代至21世纪初,民间文学各类体裁的总体研究和专题研究范围有所拓宽,更加重视区域民间文学的考察和发掘,从而显现出更多的吴越文化特征。

一、浙江民间文学的搜集、整理和研究

(一)五四新文化运动前后民间文学的搜集、整理与研究

民间文学研究始于五四新文化运动。1917年,蔡元培任北京大学校长时,主张"兼容并包",发表"校长启事",支持进行近世歌谣征集;1920年,成立北京大学歌谣研究会,由沈兼

士、周作人等负责其事。周作人是新文化运动的杰出代表与民间文学研究的先驱，第一次将民间文学提到“民族的文化形式”“民族艺术的基础”的高度，为其“人的文学”思想打下了基础。他提出民间文学研究的具体方法和原则，如田原调查、儿童本位论、民间审美精神等，从民间的立场建构其新文学的理论框架。在这一研究领域，其最早、最为关注的是童话研究，1913—1915年间就写有《童话研究》《儿歌的研究》《古童话略论》《古童话释义》等，对中国早期民间文学研究作用巨大。鲁迅在故乡从小受到民间文学和民间艺术的熏陶，他在《摩罗诗力说》《破恶声论》和《科学史教编》等文中论及中外神话、传说；在其所编著的大学讲义《中国小说史略》《汉文学史纲》和《中国小说的历史的变迁》中，大量论述中国古代神话、传说和民间故事。鲁迅还于民国元年（1912年）在《拟播布美术意见书》中倡议成立“国民文术研究会”，以便搜集、整理“各地歌谣、俚谚、传说、童话等”。

20世纪20年代末到30年代初，著名民俗学家钟敬文从广东来到杭州工作，发起筹备中国民俗学会，该学会于1930年在杭州成立。绍兴杨浦（今属上虞）陶茂康因酷爱民间文学，个人出资编辑《民间》，后与中国民俗学会联系，1932年10月改名为《民间月刊》正式出版。除绍兴外，中国民俗学会还在宁波、吴兴、永嘉等地建立分会。当时在杭州出版的《艺风》《民众教育》《新民》《孟姜女》等都出过“民间文学专号”，同时出版丛书达26种之多。

（二）中华人民共和国成立之后民间文学的搜集、整理和研究

中华人民共和国成立后，民间文学的搜集、整理和研究工作，得到前所未有的发展。1958年的新民歌运动，使民间文学受到全社会的重视。浙江有《小篷船》等7首新歌谣选入郭沫若、周扬所编的《红旗歌谣》（红旗杂志社1959年版）。继《红旗歌谣》之后，又出版《中国各地歌谣集》，其中就有《浙江歌谣》（人民文学出版社1960年版）。自1960年起，连续3年召开全省性的民间文学座谈会，并在中国作家协会浙江分会内设立民间文学小组，各地、县也成立民间文学小组，搜集、整理民间文学作品的热潮在全省各地掀起。1959年，杭州市文化局组织力量，着手搜集杭州和西湖的民间故事；杭州大学中文系赴浙西山区和四明山区搜集方腊民间故事和四明山革命斗争传说故事。畲族民间文学作品也受到重视，并进行了搜集、整理。一大批珍贵的民间文学作品被发掘记录下来，据不完全统计，这一时期出版的民间文学作品集有24种。

1978年末以后，民间文学研究重新恢复生机并迅速发展起来，在深度和广度上达到前所未有的水平。1979年4月，中国民间文艺研究会浙江分会成立。1980年，杭州大学中文系在全省高校中率先恢复民间文学课程。1981年3月创办了民间文学刊物《山海经》，先后出版《浙江民间文学丛书》《山海经丛书》。1980年以来，先后召开全省性的民间文学学术讨论会。1982年，内部刊行《民间文学研究文集》。1986年出版《〈白蛇传〉论文集》（浙江古籍出版社1986年版）。1979年，由文化部等共同发起并主办的国家社会科学重大项目“中国民族民间文艺集成志书”编纂出版工程启动，由各省市承担各自省卷的编纂工作。1985年，浙江省文联民间艺术家协会承担了民间故事、民间歌谣、民间谚语3套民间文学集成浙江分卷的编纂工作，全省11个市有5万人参与，搜集了丰富的民间文化瑰宝。全省共采录到64万条谚语、

各类歌谣 67000 余首，这在全国也是少有的。

浙江在民间文学研究中形成了一些相对独立的分支学科和研究队伍，先后就神话、传说、故事、歌谣、谚语等进行专题研究，莫高、吕洪年等都发表了许多民间文学方面的研究文章。

二、民间文学专题研究

（一）神话与传说研究

神话研究主要反映在神话定义和范围探讨、神话学史研究、江南地区具体神话作品的分类考察。董楚平著有《中国上古创世神话钩沉》（《中国社会科学》2002 年第 5 期），专议上古创世神话，是古文字学与史学交叉研究的一种尝试。他将楚帛书的甲篇为依据，成为中国创世神话的发现者，从而结束了国际学术界争论的一个跨世纪的大问题——中国无创世神话（《温州晚报》·温州网《学者董楚平去世，在永强执教 20 年屡屡"轰动全国"》）。钟伟 30 余年来致力于德清三合乡防风神话的研究，曾推动湖州市举办"中国防风神话学术研讨会"，出版专著 3 部，发表文章百万余字，在国内外学术界引起反响。传说研究主要集中在对《白蛇传》《孟姜女》和《梁山伯与祝英台》等大型传说方面。此外还有对牛郎织女传说、方腊传说、张苍水传说、八仙传说、名医传说、风物传说、节日传说等的研究，大多集中探讨各类神话所具有的学术价值和审美意义，也对传说深刻的历史文化内涵进行多角度、多方位的考察，以助于民族文化精髓的把握。成果丰硕、影响较大的有民间文学研究专家吕洪年，其将文献、考古、口碑互参互证，把口碑引入与考古、文献并列研究的范围，先后参编或主编出版《吴大帝传说》《钱王传说》《方腊民间传说》以及《中国民间文学大辞典》《中国民间文学集成（浙江卷）》等。1982 年其出版的《民间文学论文集》对中国民间文学与民俗学的复苏与振兴作出贡献，代表作有《江南口碑——从民间文学到民俗文化》《万物之灵——中国崇拜文化考源》等。

（二）故事研究

自刘大白出版《故事坛子》（上海黎明书局 1943 年版）以来，浙江的故事研究一向颇为活跃，从故事实际流传的情况概括出具有相同特征的故事类型，并重视研究从"老故事"和"当代流传故事"脱胎而来的新故事。随着研究手段和方法的不断更新，2000 年之后，浙江故事研究形成高潮。顾希佳《山魈故事的追踪研究：以浙江为例》（《民族文学研究》2005 年）一文通过典籍文本和当代采集成果的梳理和比较，勾勒出山魈故事的衍变轨迹。他另著有《"银变型"故事的比较研究》（《浙江学刊》2000 年第 4 期）。陈林侠《从文化自信到虚无：历史叙事的另类形态——〈故事新编〉与"新故事新编"比较研究》（《浙江学刊》2006 年第 3 期）一文采用历史比较法研究故事形态。顾希佳的《浙江民间故事史》（杭州出版社 2008 年版）是中国首部地方民间故事史，融秦汉以来浙江的神话、传说、故事于一体，是一项具有开创性的研究工程。

（三）歌谣与俗语、谚语研究

歌谣研究有以下几个突出的特点：一是古歌谣研究有所深入；二是对本地区民歌进行专

题性研究，并作宏观的审视；三是对汉族地区民间叙事长歌的考察和研究。如滕复等编著《浙江文化史》对上古歌谣《弹歌》《候人歌》《越人歌》作以诠释与评论。俗语、谚语研究在浙江有着优良的传统，其中古俗谚的辑录，清代较为突出。清代秀水（今嘉兴）杜文澜编的《古谣谚》（中华书局1958年版），全书100卷，搜集古籍中所引上古至明代的谣谚，加上附录和集说，并注明出处与有关本事，是一部较完备的总集。毛奇龄编过《越语肯綮录》（浙江巡抚采进本），范寅编《越谚》（上海文艺出版社1987年版）及续编《正续新增越谚》，费洁心编过《中国农谚》（中华书局1941年版），均有较大影响。

（四）畲族民间文学研究

浙江是畲族主要聚居地之一，民间文学蕴藏丰富，至今流传着大量具有鲜明民族特色的神话、传说、故事、歌谣等。为加强对畲族民间文学的研究，1983年5月浙江省畲族民间文艺学会成立，并于1984年12月在温州市召开了首届年会。畲族文学由传统的民间文学和新兴作家文学两部分组成。如神话古歌《盘古歌》《麟豹王歌》及散文体神话《高辛与龙王》等，浙江学人较重视畲族民间故事研究和整理。1979年，陈玮君整理出版《畲族民间故事》（浙江人民出版社1979年版）；1993年，蒋风、陈华文整理出版《畲族民间故事选》（上海文艺出版社1993年版）。著名民俗学家陈华文长期从事民俗学研究，畲族民间故事研究是其研究的重要方面，功力颇深。其撰有《女性的骄傲——简论畲族机智人物故事》（《民族学研究》1992年第1期）和《叙述与文化：在表层和隐义之间——畲族螺女故事概述》（《民族学研究》1999年第1期）等。邱国珍还以闽浙地区为考察中心，以畲族的民间神话故事为主要资料，研究畲族女神信仰，颇有深度。

第六节　儿童文学研究

中国的儿童文学研究是五四运动前后伴随着现代儿童文学创作的兴起逐步开展起来的。在现代儿童文学理论的建设过程中，一些浙江籍作家曾经立下过草创之功，其中著名者有周作人、鲁迅、茅盾等文坛巨擘。20世纪70年代末至21世纪初，浙江形成了以浙江师范大学儿童文学研究院为基地的研究阵营，创新了比较系统的儿童文学理论体系以及儿歌理论体系、童话理论体系。

一、民国时期的儿童文学

（一）儿童文学理论研究

早在民国元年（1912年）到民国3年，周作人就在《民兴日报》《绍兴县教育会月刊》等报刊陆续发表了《童话研究》《童话略论》《儿歌之研究》《古童话释义》等文，这些文章是中国现代儿童文学史上较早出现的儿童文学专论。国民性批判是他童话研究的主旨，“儿童本位论”是其儿童文学理论的核心，以此为基础，成功揭示了儿童文学的本质，重新规定了儿童文学的价值取向。1920年以后，周作人又先后发表《儿童的文学》《童话的讨论》《儿童的书》《儿童剧》等文章，1932年3月汇编成《儿童文学小论》(儿童书局1932年版)。他不仅竭力鼓动倡导创作、研究儿童文学，而且对儿童文学的特征、分类等问题也作了有价值的理论阐述。张梓生也是五四时期的童话研究者，他以民俗学和儿童学的观点研究童话，写过《论童话》(《妇女杂志》，1922年)等论文。

(二)儿童文学杂论与名作研究

鲁迅在《我们现在怎样做父亲》《二十四孝图》《看图识字》《〈表〉译者的话》《〈勇敢的约翰〉校后记》《我们怎样教育儿童的》等大量杂文、随笔、序跋、书信等文字中，对儿童教育、儿童读物等问题发表了许多宝贵的见解。茅盾从民国10年(1921年)开始主编并改革了当时全国最有影响的文学杂志《小说月报》，随即开始在该刊的"海外文坛消息"专栏里向读者介绍国外儿童文学作品，先后发表了《神仙故事集汇志》(1921年)、《最近的儿童文学》(1924年)、《关于儿童文学》(1935年)、《再谈儿童文学》(1936年)、《马尔夏克论儿童文学》(1936年)等文章(《茅盾全集》第10卷、第28卷，人民出版社，1984—2006年)。从20世纪20年代到40年代，茅盾共发表儿童文学方面的评论文章约20篇。

童话研究者顾均正，20世纪20年代在《小说月报》《文学周报》上发表了《世界童话名著介绍》《安徒生传》《童话与想象》《童话与短篇小说》《童话的起源》等文章。徐调孚曾与顾均正合著《安徒生年谱》(《小说月刊》安徒生专号上、下，1925年)，还写了评介安徒生的《哥哥，安徒生是谁?》《安徒生的处女作》等论文。丰子恺也写过《〈古代英雄的石像〉读后感》(收入叶圣陶《中国现代文学史笔论》，1931年)等文章。

二、20世纪50年代以来的儿童文学

(一)儿童文学理论研究的系统化

从全国颇具规模和影响的理论丛书情况来看，甘肃少年儿童出版社推出《中国当代中青年学者儿童文学论丛》(1994年)的6部论著中，有3部为浙江学者所著:《代际冲突与文化选择——吴其南儿童文学文论》《流浪与梦寻——方卫平儿童文学文论》《文化的启蒙与传承——孙建江儿童文学文论》。江苏少年儿童出版社1992—1995年推出"中华当代儿童文学理论丛书"的5部论著中，有3部为浙江学者所著:韦苇《外国童话史》、方卫平《中国儿童文学理论批评史》、孙建江《二十世纪中国儿童文学导论》。湖南少年儿童出版社1992年起陆续推出"世界儿童文学研究丛书"，共10种，其中4种为浙江学者所著:韦苇《俄罗斯儿童文学导论》、吴其南《德国儿童文学纵横》、方卫平《法国儿童文学导论》、孙建江《意大利儿童文学概述》。湖北少年儿童出版社1990—1996年推出的"儿童文学新论丛书"共7种，浙江学者作品有两部:方卫平《儿童文学接受之维》、孙建江《童话艺术空间论》。

浙江在儿童文学研究方面，蒋风的《儿歌浅谈》(四川人民出版社1979年版)一书，在中国

儿童文学研究史上第一次构建了比较系统的儿歌理论体系；他的《儿童文学概论》（湖南少年儿童出版社 1982 年版）则是中华人民共和国成立后第一部由个人独立编写的系统的儿童文学理论专著。这些系统的理论著作的出版，奠定了蒋风作为国内有影响的儿童文学研究者的学术地位。1986 年 8 月，蒋风应邀参加了在日本大阪举行的儿童文学国际研究会议，并应日本儿童文学学会邀请，出席儿童文学研究恳谈会，在会上作了题为“中国儿童文学研究的历史与现状”的专题报告，会后他被国际儿童文学学会吸收为第一个中国籍会员。

浙江当代儿童文学研究方面，重要的成果还有孙建江的《二十世纪中国儿童文学导论》（江苏少年儿童出版社 1995 年版），在儿童文学界引起普遍关注和强烈反响，获冰心儿童图书奖；吴其南《转型期少儿文学思潮》（少年儿童出版社 1997 年版）以新锐的角度对转型时期的当代少儿文学思潮提出了个性化的观点，具有重要的理论价值。

（二）儿童文学研究的发展

1949—1966 年是浙江儿童文学研究的起步和发展阶段。这一时期比较重视儿童文学资料的收集和整理。蒋风于 20 世纪 40 年代开始从事儿童文学创作、研究和教学，是一位开创性人物，曾创立中国第一个儿童文学研究所（前身为浙江师范学院中文系儿童文学研究所），是中国第一位儿童文学硕士生导师。蒋风出版了《中国儿童文学讲话》（江苏文艺出版社 1958 年版）一书，该书概述了中国儿童文学的发展状况，是这一时期取得的较为重要的成果。

1978 年以后，特别是进入 20 世纪 80 年代以来，浙江儿童文学研究事业获得了新的生机，有了很大的发展。浙江师范学院于 1979 年建立了儿童文学研究室，这是中华人民共和国成立后中国第一个专门的儿童文学研究机构。同年开始招收了中华人民共和国成立后第一名儿童文学硕士研究生，在儿童文学教学和研究人才的培养方面迈出了重要一步。《浙江师范大学学报》是儿童文学研究的一个引人注目的理论窗口。

进入 20 世纪 90 年代以后，浙江儿童文学研究逐渐形成以浙江师范大学为中心的研究阵地。尤其在 21 世纪初，浙江师范大学专门成立儿童文化研究院，建立全国首个国际儿童文学馆和台湾地区儿童文学资料中心等专业机构。2008 年就中国儿童文化研究组织了各领域的学术进展研讨，涉及儿童艺术、儿童文学与中国儿童政策、儿童社会学等理论范畴，赵霞就此撰有《2008 年度儿童文学研究述评》（《浙江师范大学学报・社会科学版》，2009 年第 5 期）。其间，先后召开“不同文化视野下的儿童发展与教育研讨会（2009 年）”“第十届亚洲儿童文学大会”（2010 年）等国际学术会议，出版儿童文学研究的年鉴和大型研究书系《浙江师范大学儿童文化研究院红楼书系》（上海少年儿童出版社 2008 年版）。该书是 1949 年以来中国当代儿童文学理论界首次系统评介、引进国外儿童文学研究成果，在国内外儿童文学界产生较大影响。

三、儿童文学专题研究

(一)中外儿童文学史研究

浙江儿童文学研究者十分重视对儿童文学史的研究。由蒋风主编的《中国现代儿童文学史》(河北少年儿童出版社 1986 年版)一书,系统地描述了中国现代儿童文学的发展历史,重点评介了鲁迅、郭沫若、茅盾、郑振铎、叶圣陶、冰心、张天翼、陈伯吹、贺宜、苏苏、仇重等作家的儿童文学活动或作品,是第一部描述中国儿童文学发展历程的"断代史"。韦苇编著的《世界儿童文学史概述》(浙江少年儿童出版社 1986 年版),分别从三个方面对 19 世纪前、19 世纪、20 世纪的外国儿童文学作了全面的介绍,并对各个时期有代表性的儿童文学作家和作品进行了重点评介。这两部儿童文学史著作的出版,填补了中国儿童文学研究的空白。1995 年,韦苇应台北天卫图书出版有限公司之约,撰写出版了《世界童话史》,为童话文体的专史,记述和评介包括中国在内的世界各重要国家和地区的童话发展进程。

(二)当代儿童文学理论思潮研究

著名儿童文学理论家吴其南 1983 年始发表文学作品,1990 年之后,主攻儿童文学理论,先后出版《中国童话史》(河北少年儿童出版社 1992 年版)、《转型期少儿文学思潮史》(少年儿童出版社 1997 年版)、《童话的诗学》(中国文联出版社 2000 年版)等。其《中国童话发展史》(少年儿童出版社 2007 年版)采用多元的研究方法,以童话概念、童话特征为理论体系的中轴,以童话观为中心,以论带史构建童话理论体系,从而完成了对中国童话史与中国童话理论发展史的梳理和论述,是研究中国童话的一本重要理论著作。① 其论文《20 世纪中国文学中的儿童形象》(《温州师范学院学报·哲学社会科学版》2003 年第 3 期)从历史学的角度,系统分析了 20 世纪中国文学中的五类儿童形象,从而对 20 世纪中国儿童文学艺术、美学思想作出新的审视和评价。胡丽娜的《时间:童话的阿德涅彩线——论童话的叙事结构》(浙江师范大学 2004 年版)一文,将中国童话分三大部分作时态研究,深度分析童话的叙事结构。方卫平、孙建江编《浙江儿童文学 60 年理论精选(1949—2009)》(浙江少年儿童出版社 2009 年版)一书,将浙江儿童文学理论发展分为 6 个时间段:1962 年为幼儿文学的语言研究;1962—1990 年为儿童文学理论的逻辑起点;1990—1996 年为幼儿文学的艺术和审美个性研究;1996—1999 年为儿童文学审美中介研究;1990—2004 年为儿童文学与民间文学的契合;2004—2006 年为全球化语境下中国儿童文学研究。该书为浙江儿童文学理论之集大成者。

---

① 王雅琴:《〈中国童话发展史〉中的童话理论体系的构建》,《攀枝花学院学报》,2013 年第 3 期。

第七节　外国文学研究

浙江的外国文学研究重在外国诗与莎士比亚戏剧研究，始于20世纪初，在此领域辛勤耕耘的学人众多，成绩卓著。至20世纪80—90年代出现了蓬勃发展的局面，最为突出的是译诗理论的创新与《莎士比亚全集》的翻译、出版。

一、外国诗歌研究

（一）综合研究

外国诗研究方向是鲁迅开辟的。早在清光绪三十三年（1907年），鲁迅就在长篇论文《摩罗诗力说》（《鲁迅全集》，中国文艺出版社1981年版）中结合反帝反封建的历史要求，热情赞扬以拜伦（George Gordon Byron）为代表而“力足以振人”的摩罗诗派，弘扬其启蒙思想与战斗精神。此后，鲁迅在外国诗译介研究工作方面始终积极支持年轻作家，如殷夫译介裴多菲（Petőfi Sándor）诗得到鲁迅的关心扶持，孙用译裴多菲长诗《勇敢的约翰》（湖风书局1931年版）也是在鲁迅帮助下出版的。20世纪20年代，茅盾发表《匈牙利爱国诗人裴多菲的百年纪念》《泰戈尔与东方文化》《苏维埃俄罗斯的革命诗人玛霞考夫斯基》等文（《茅盾全集》，人民出版社1989年版），并在《译诗的一些意见》等文中讨论了译诗艺术。郑振铎评介苏联诗歌，热烈赞扬十月革命的诗歌；并撰写出版了《泰戈尔传》（《郑振铎全集》，花山文艺出版社1998年版），译介了泰戈尔（Rabindranath Tagore）的《新月集》《飞鸟集》。周作人则主要译介日本短歌与俳句，引发了中国的小诗运动。徐志摩游学英伦，从欧洲诗汲取灵感，在翻译和创作中进行了大规模的移植试验，并发表了研究介绍哈代（Thomas Hardy）等外国诗人的系列文章。此外，评介外国诗的还有赵景深等人。

20世纪30—40年代，施蛰存发表《现代美国诗抄》（《现代》第5卷第6期，1934年10月）；黄源主编的《普式庚研究》出版（生活书店1937年版）；曹未风、梁实秋、朱生豪三氏先后翻译莎士比亚诗与诗剧；游学法国的戴望舒则致力于译介法国象征派和西班牙现代诗，特别是蜚声世界的波德莱尔名作《恶之华》掇英，并译出瓦雷里著名论文《波德莱尔的位置》与之衍合。此外，冯雪峰对苏俄诗歌、孙大雨对勃朗宁、徐迟对荷马、孙席珍对英国浪漫派、李一航对叶赛宁、艾青对凡尔哈伦均作过研究、译介或论述，孙席珍还在授课中融会中外诗学而作《诗歌论》（中国大学出版部1935年版）。

中华人民共和国成立以来，浙江的外国诗研究工作继续取得长足的进展，至20世纪80年代出现了蓬勃发展的新局面。其总的发展趋势是：从初期的偏重于一般性介绍，发展到对重要诗人、诗派的较深入的学术探讨；从20世纪50—60年代专注苏联与现实主义诗歌，发展到对世界诗歌史的全方位把握和总体研究；从专注社会历史分析的研究方法，发展到多学科综合的研究方法。80年代初，以外国诗研究著称的飞白到杭州大学执教，致力于建设世界诗歌新学科体系和研究中心。浙江研究工作者深入系统地开展世界诗歌史、文化学诗学、当代外国诗等方面的研究，形成了自己的特色、方法和体系。

（二）世界诗歌史研究

浙江的世界诗歌史研究者少，但佳作甚重，飞白为著闻者。他自1955年始从事世界诗歌名著研究和翻译，在世界诗歌史研究方面，成果亦丰，重要作品有《英国维多利亚时代诗歌绪论》（湖南人民出版社1985年版）一书，力排众议，重新评价了诗歌史上这一重要转折时期，对其诗歌的复线发展与创作特色作了独到论述。其《诗海——世界诗歌史纲》（漓江出版社1990年版）是世界诗歌史研究的重要成果。陈才宇选编《英国民间谣曲选》（中国民间文艺出版社1989年版），并写作《英国民间谣曲述评》（《杭州大学学报》1983年第3期）等系列论文，讨论了英国民间叙事谣曲的起源、特征与研究价值。1994年，他又著《英国古代诗歌》（杭州大学出版社1994年版），填补了中国世界诗歌史研究的一项空白。

（三）外国诗译介与译诗理论研究

外国诗译介是外国诗研究的基础。20世纪50—60年代，浙江译介的外国诗以苏俄、亚非较多。如飞白译特瓦尔多夫斯基这位苏联大诗人的诗。其译马雅可夫斯基的长诗《列宁》与《好》（上海文艺出版社1961年版），再现了马诗豪放奇峻的面貌，大大修正了中国读者过去形成的印象。其他成果有宋兆霖、杜苕等译《阿富汗诗歌选》（人民文学出版社1957年版），宋兆霖译《鲁米诗选》（人民文学出版社1958年版），飞白译希腊长诗《贝劳扬尼斯的故事》（中国青年出版社1959年版）和涅克拉索夫的长诗《货郎》（人民文学出版社1962年版）等。

1976年10月“文化大革命”结束后，译介外国诗的范围逐渐扩大。飞白翻译了多种语种的诗歌，被誉为“是一位具有世界文学眼光且集大成的诗歌翻译家”（中国台湾地区《国语日报》）。1990年，其将历年译自10多个语种的世界名诗代表作500首辑入其编的《诗海》（漓江出版社1990年版）。飞白任主编，张德明、吴笛等任副主编的《世界诗库》（花城出版社1995年版）汇集世界诗歌精华，收诗6400首，共计800多万字，以诗史为纲并加以评介，是翻译和研究外国诗歌的一项宏伟工程。① 宋兆霖主编并参加合译《诺贝尔文学奖获奖诗人作品选》（浙江文艺出版社1988年版），收集了26位获奖诗人作品，是国内收集面较广的选本。孙钿译《日本当代诗选》（湖南人民出版社1987年版），向我们展现了战后流派纷呈的日本诗坛新貌。吴笛译著《劳伦斯诗选》（漓江出版社1988年版）与合译《帕斯捷尔纳克诗选》（浙江文艺出版社1988年版），填补了现代诗译介名家诗作中亟需填补的两个空白。吴笛、李力译《现代外国女诗人诗选》（漓江出版社1990年版），收50余国百余位女诗人作品，反映了女性文学在现代世界的地位。施蛰存译法国象征派诗人庞维尔、达尔尚、马拉尔美、孟代思、韩波散文诗，编为《法国散文诗十篇》（《百花洲文库》，1980年）。顾正祥等译《德国抒情诗选》（陕西人民出版社1988年版），薛菲译的多国诗集《外国名家散文诗》（浙江文艺出版社1984年版）和《外国

① 彭少健、华宇清、刘新民、陈才宇、张君川、沈念驹、宋兆霖也参与了这项工程。

名家抒情诗》(浙江大学出版社 1987 年版)、《诺贝尔文学奖获奖者散文诗选》(浙江文艺出版社 1994 年版),吴笛的《雪莱抒情诗全集》(浙江文艺出版社 1995 年版)等,涉域甚宽,译笔准确、流畅、凝练。陈才宇、马海甸、刘新民等译《莎士比亚诗全集》(浙江文艺出版社 1996 年版),是继梁实秋译《莎士比亚全集十四行诗》(中国广播电视出版社 2001 年版)之后,浙江学人的又一部莎翁诗译佳作。另有飞白、汪晴合译《勃朗宁诗选》(海天出版社 1999 年版),陈才宇译英格兰史诗《贝奥武甫》(译林出版社 1999 年版),刘新民译《哈代诗选》(人民文学出版社 2003 年版),刘新民、杨晓波译《豪斯曼诗全集》(浙江工商大学出版社 2010 年版)等。

在译诗理论研究方面,飞白是新时期浙江翻译界的领军人物,其“多语种世界诗歌翻译”实践以及在翻译文学理论探索领域提出的“风格译”学说,在中国文学翻译界有着举足轻重的地位。他提出“诗不可译,心可通”,对以“诗感论”为核心的译诗理论作了初步阐述,分析了诗歌符号的多重信息和译诗时对这些信息的处理原则,并针对直译论的谬误提出了译诗的标准。①

诗歌史与诗学史紧密交织。飞白就此问题发表专题论文《试论现代诗与非理性》(《外国文学评论》1987 年第 2 期),辩证地探讨非理性在诗学中的内涵与地位、理性层面与非理性层面的依存关系及诗歌跨越两层面的机制,是一项开拓性的研究。

(四)诗人研究和作品评论

“译”与“评”是外国诗研究相辅相成的两翼。在诗人研究方面有:鲍屡平的《论〈坎特伯雷故事集总引〉中的人物和人物描写》(《杭州大学学报》1983 年第 1 期),评价了杰弗雷·乔叟笔下的人物及描写特色。华宇清的《真实与神秘——泰戈尔研究》(浙江文艺出版社 1993 年版),着重论述了泰戈尔的印度式浪漫主义与西方浪漫主义的不同特色。飞白的《涅克拉索夫研究》,分析了大转折年代史诗作家涅氏的思考与探索,并通过与民间文学原型的对比揭示涅氏诗的意蕴,为涅克拉索夫研究开拓了新意。飞白等的《马雅可夫斯基研究》(全国马雅可夫斯基讨论会论文集,1980 年),主张从实际出发并以历史的角度看待马氏参加未来派的事实和马氏对未来主义的改造。飞白的特瓦尔多夫斯基研究,论述了特氏作为苏联 20 世纪 30 年代以来最重要诗人的贡献及其在现实主义领域中的开拓。飞白还分别评介了俄罗斯诗人丘特切夫、英国诗人勃朗宁、法国诗人马拉美、法国诗人魏尔伦在世界诗歌中独树一帜的诗学诗艺。朱炯强、姚暨荣著《济慈》(辽宁人民出版社 1984 年版)一书,系统扼要地评介了英国诗人济慈的生平、诗作名篇与美学思想。鲍屡平的《济慈叙事诗〈伊莎贝拉〉分析研究》(《杭州大学学报》1980 年第 1 期),评介了济慈的重要的叙事长诗。对过去我们缺乏了解的一些外国诗人与诗作,浙江也有研究成果问世,如张德明评析英国第一位重要的浪漫主义诗人布莱克神秘主义长诗,将《西风颂》与巫术作以研究,发表《〈西风颂〉的巫术动机》(《外国文学评论》1993 年第 4 期)。吴笛的《劳伦斯诗选·前言》(漓江出版社 1988 年版)和《帕斯捷尔纳克诗选·序》,评析了两位诗人的创作风格及主题的发展演变,还有对英国玄学派诗歌研究。沈弘《弥

① 飞白:《论风格译》,《中国翻译》1995 年第 3 期。

尔顿的撒旦与英国文学传统》(北京大学出版社 2010 年版)一书,通过探索撒旦这个人物性格的不同侧面,提示英国文化传统对于《失乐园》创作的重大影响。

在外国诗鉴赏方面,有华宇清编的《金果小枝——外国历代著名短诗欣赏》(黑龙江人民出版社 1982 年版),选收短诗 500 余首,并作以赏析。张德明等编的《中外诗歌精品丛书》(浙江文艺出版社 1987 年版),亦配有简要赏析或评注,拥有广大读者。

二、莎士比亚研究

(一)综合研究

早在五四运动前后,一批浙江的学者在莎士比亚翻译和研究方面就已作出贡献。新文化运动的旗手鲁迅,清光绪三十三年(1907 年)在他的《摩罗诗力说》和《科学史教论》两文中提到莎士比亚,并强调介绍莎士比亚的重要性。民国 16 年(1927 年),鲁迅写了《文学与出汗》(《鲁迅全集》第 3 卷《而已集》),批判当时莎士比亚研究中的人性论观点。民国 23 年,他还一连写了《莎士比亚》《又是莎士比亚》《以眼还眼》《论裘力斯·凯撒》等文(《鲁迅全集》第 5 卷《花边文学》和第 6 卷《且介亭杂文》),驳斥"第三种人"和"新月派"文人对莎士比亚的歪曲。曹未风、朱生豪、梁实秋等人从 20 世纪 30 年代起就开始翻译莎士比亚戏剧。另外,徐志摩、戴望舒、顾仲彝等人分别翻译了《罗密欧与朱丽叶》片断和《麦克白》《威尼斯商人》等。孙大雨早年曾在徐志摩主编的《诗刊》上发表过莎士比亚的戏剧及短诗译文。他们在翻译同时,也写了介绍、评论莎士比亚的文章。20 世纪 40 年代,陈嘉和张君川(山东惠民县人,1940 年起一直任职于浙江大学等)在浙江大学主讲莎士比亚课程。

中华人民共和国成立初期至中共十一届三中全会以前,这一时期除了"文化大革命"期间几乎中断研究外,对莎士比亚的介绍和研究均有所开展,但研究、评论文章数量很少,深度和广度也不够。20 世纪 70 年代后期以后,莎士比亚研究活动蓬勃开展起来,取得了长足的进展。黄源、张君川等学者为筹建中国莎士比亚研究会付出了辛勤的劳动。1981 年,裘克安出席在英国举办的国际莎士比亚协会第二届大会。1986 年,张君川、任明耀出席在西柏林召开的国际莎士比亚协会第三届大会。此后,陆续有浙江学者出席此类国际性专业会议。

(二)莎士比亚戏剧评论

在浙江工作的老一辈莎学学者有杭州大学的张君川,多年从事莎士比亚研究,先后在浙江大学、杭州大学、中央戏剧学院和上海戏剧学院主讲莎士比亚,他的论文有《〈哈姆雷特〉中的矛盾》(《戏剧艺术》1980 年第 1 期)、《时代的风暴——论〈李尔王〉》(《莎士比亚研究》1983 年创刊号)等。他兼教、导、译于一身,成就是多方面的。在 1986 年上海举行的首届莎士比亚戏剧节上演的剧目中,不少是由他指导的。孙席珍在译小泉八云著的《英国文学研究》(商务印书馆 1936 年版)中,对李尔王的形象和创作特色作了详尽的分析。裘克安(1943 年毕业于浙江大学,嵊州人)对莎士比亚有较深的研究。他在中国莎士比亚研究会成立会上的讲话和论文《莎学在英国》(《莎士比亚研究》1983 年创刊号),有助于了解国际莎协动态和英国莎学情况;他的著作《莎士比亚年谱》(汉英对照,商务印书馆 1988 年版),材料详尽丰富,是一本研究莎士比亚的重要工具书;由他主编的"莎士比亚注释丛书"(商务印书馆,1993 年后陆续出版),每卷有前言介绍莎士比亚及其具体著作的背景与文学和语言特色,参加注释的有钱兆明、罗志野、杜苕等浙江学者。余姚籍学者陆谷孙从事莎学教学和研究三四十年,尤专莎士比亚戏剧文本研究,代表作《莎士比亚研究十讲》(复旦大学出版社 2005 年版),从不同文化移植的视角考察中国人对莎翁戏剧人物的理解与接受。

(三)莎士比亚比较研究

浙江在莎士比亚比较研究方面涉足较早的是徐朔方,他在 20 世纪 70 年代末就发表了《汤显祖和莎士比亚》(《社会科学战线》1978 年第 2 期),文中对这两位同时代的中、英戏剧大师从创作思想、剧本内容、人物形象、艺术特色等方面作了比较研究。1987 年,他又在北京召开的中国戏曲艺术国际学术讨论会上提交了论文《莎士比亚和中国戏曲》(《艺术研究》1987 年第 8 辑),对这位戏剧大师和中国戏曲作了比较分析。此后许多研究者都作过莎士比亚与汤显祖或与中国传统戏剧的比较,如章子仁的《莎士比亚悲剧与中国古典悲剧的结局与比较》(《浙江师范大学学报》1992 年第 4 期)、骆蔓的《论两个"梦"意象构成的浪漫剧及其象征追求——〈牡丹亭〉与〈仲夏夜之梦〉比较》(《浙江艺术职业学院学报》2003 年第 3 期)。同时,浙江学者还注意到莎士比亚戏剧与诗歌的比较,如刘云雁的《朱生豪莎剧翻译——影响与比较研究》(浙江大学,2011 年)。浙江学人还关注莎士比亚戏剧、诗歌翻译的不同版本的比较研究,如陈逢丹的《接受美学视野下的译者主体性研究——以莎士比亚十四行诗三个汉译本为例》(浙江工商大学,2008 年)。

(四)莎士比亚作品翻译及戏曲化尝试

浙江籍学者为翻译莎士比亚作品作出巨大贡献的首推朱生豪。他从民国 25 年(1936 年)译出《暴风雨》起,就立志要把全部莎剧翻译过来。他一生在贫病交迫中从事莎剧翻译工作,直至病逝前已译完 31 部半,剩下 5 部半历史剧未译出。1979 年,以朱生豪译本为基础的《莎士比亚全集》由人民文学出版社出版,立即受到海内外学者和读者的好评。另一位以散文形式翻译莎士比亚作品的重要学者是梁实秋,他是译完全部莎氏作品的唯一中国学者,历时 37 年,20 世纪 60 年代最后完成《莎士比亚全集》的译作共 40 册,约 400 万字,译笔优美传神,为莎学界所公认①。另外,曹未风从民国 20 年(1931 年)春天开始翻译莎剧,前后近 30 年,可惜于 1963 年病逝,未能把这一工作完成。他译的《威尼斯商人》等 11 种剧本,曾以《莎士比亚全集》的总名,先后由贵阳文通书局在民国 31 年到民国 33 年(1942—1944 年)出版。抗日战争胜利以后,上海文化合作公司在民国 35 年(1946 年)又用《曹译莎士比亚全集》的总名出版了其中的 10 种剧本;1955—1962 年间,上海新文艺出版社先后出版了曹氏译的 12 种剧本。

① 梁实秋译:《莎士比亚全集》,台湾文星书局出版,由中国广播电视出版社、远东图书公司于 2001 年在中国大陆出版发行。

用诗歌形式翻译莎剧的首推孙大雨，民国37年（1948年）由商务印书馆出版他译的《黎琊王》集注本2卷，另外还有《罕秣莱德》《奥赛罗》《麦克白》《风暴》《冬日故事》5部莎剧集注本；另外，他发表《莎士比亚的戏剧是话剧还是诗剧》（《华东师范大学学报》1987年第2期）一文，阐明他坚持用诗歌形式翻译莎剧的观点。

在浙江戏曲舞台上，早在20世纪50年代初就出现根据莎剧改编的戏曲，当时的浙江昆苏剧团以昆剧形式将《哈姆雷特》改编成《疯太子》，在浙江城市、农村演出。由于此剧题材新颖，演出时很受观众欢迎。1986年，杭州越剧团排练的《冬天的故事》在上海举办的首届中国莎士比亚戏剧节亮相，立即获得好评。导演王复民还专门为此写了论文《莎士比亚与中国戏曲浅探》（《艺术研究》第7辑），该文对越剧改编莎剧和如何导演改编的莎剧作了可贵的探索。1987年，由阮东英导演的《血剑》（根据《麦克白》改编）由东阳小百花婺剧团在杭州演出，同样获得专家和观众的好评。张君川为此专门写了论文《有意义的尝试——略谈〈麦克白〉到〈血剑〉》（《戏文》1987年第4期），热情赞扬了《血剑》是继《冬天的故事》之后，浙江地方戏曲普及莎剧的又一次成功的尝试。张君川还为莎士比亚戏曲化发表评论，如《怎样演出莎剧》（《莎士比亚戏剧节特刊》，1986年）、《探索莎剧的表演艺术》（《莎士比亚研究》1986年第3辑）等，对排演莎剧均有指导价值。

三、其他外国文学研究

（一）外国文学理论研究

20世纪70年代末改革开放以来，研究者们积极而广泛地介绍、评价外国文学，成果显著。孙席珍、蒋炳贤、郭智石合译《古希腊文学史》（上海译文出版社1988年版）。该书系著名希腊文学史家吉尔伯特·默雷所著，译著忠实原作，流畅可读。陈元恺的《二十世纪中国文学与世界》（陕西人民出版社1987年版）从中外文化交流的高度，论述20世纪中国文学与外国文学互动的影响和作用。华宇清探究东方文学多年，对印度泰戈尔的研究尤勤，于1985年2月参加在印度新德里举行的印度和世界文学国际学术讨论会，并在会上宣读论文。他的《泰戈尔的〈吉檀迦利〉》（贵州人民出版社1987年版）集中体现了他对印度文学研究的业绩。吴笛的《哈代研究》（浙江文艺出版社1994年版）是在翻译哈代小说和诗歌的基础上所完成的一部总结性的研究成果。蒋承勇等在探究外国文艺思潮方面的论文，受到学术界关注，代表作有《十九世纪现实主义文学的现代阐释》（高等教育出版社1996年版）。殷企平《推敲"进步"话语——新型小说在19世纪的英国》（商务印书馆2009年版），通过对小说中具体人物形象的深入剖析，揭示了由农业文明向工业文明转型时期的英国人切身感受的困惑、痛苦以及种种思想危机和情感危机，展示了19世纪"进步"潮流冲击下的英国社会情感结构。丁子春的《评弥尔顿的〈失乐园〉》，殷企平、高奋、董燕萍的《英国小说批评史》（上海外语教育出版社2001年版），蒋承勇《〈堂吉诃德〉的多重讽刺与人文意蕴的重构》（《外国文学评论》2001年第4期），龙建春《人类精神与艺术之源——世界上古散文浅论》（浙江大学出版社2008年版），廖昌胤《悖论叙事——乔治·爱略特后期三部小说中的政治现代化悖论》（中国社会科学出版社 2007 年版），在学术界均有较高评价。蒋承勇的《西方文学"两希"传统的文化阐释——从古希腊到 18 世纪》（中国社会科学出版社 2003 年版）一书的面世，标志着作者在外国文学研究领域已经建立起自己一套独特的理论构架，实现了其一以贯之的西方文学人性的深度把握的理想，这是中国外国文学研究中的重大突破①。

（二）外国文学作品的编纂

主要有宋兆霖主编的《勃朗特两姐妹全集》（收入河北教育出版社"世界文豪书系"1996 年版）与《索尔·贝娄全集》（2001 年），沈念驹主编、吴笛副主编的《普希金全集》（1997 年）等。

第八节　语言学及其分支学科研究

中国语言学史可宏观地划分为两个大的阶段：从汉末到晚清为传统语言学史，从 1899 年到 1949 年为现代语言学史。传统语言学称为语言学，涉及音韵学、文字学、词汇学等。古代浙江的语言学研究，在唐宋时成就突出。清代中后期，浙江学人致力于推动传统语言学向现代语言学的发展。其中，训诂学是浙江传统语言学之长；在修辞学方面，浙江学人更有开山之功，居国内领先地位。

一、传统语言学（语文学）

（一）清代以前浙江传统语言学研究

南唐徐锴精于小学，著有《说文解字系传》（中华书局 1987 年版）与《说文解字韵谱》，前者是自汉魏以后最早一部有系统且比较详慎的许慎《说文解字》的注解，已注意到形声相生、音义相转之理，在文学训诂学上占有重要地位。北宋沈括的《梦溪笔谈》中有 30 多条记述与语言学有关，内容涉及音韵学、文字学、训诂学诸方面。其对于"反切"之法源起的注解、"石文"说的记述、部分文字的音义考辨等，均是研究古代语言学的宝贵资料。北宋陆佃曾召补国子监直讲，同监察御史王子韶由司农丞提致力修订《说文解字》，时王子韶举两浙常平，神宗与其论文字学，著有《字解》②。南宋毛晃精通文字学，修订、补充有《礼部监韵》，绍兴三十二年（1162 年）编就《增修互注礼部韵略》5 卷，较《礼部监韵》增收 2655 字，增注别音、别体字 1961 个，订正注音、解释 485 个。明代宋濂奉命编修《洪武正韵》，其注释音切按毛晃所定。娄机著有《班马字类》，采《史记》《汉书》所载古字、僻字，以四声部编次，考评训诂，辨别音声。

---

① 李安斌：《西方文学人文传统的异质互补与延续——评蒋承勇教授〈西方文学"两希"传统的文化阐释〉》，《浙江社会科学》2004 年第 5 期。原著中"两希"传统，指古希腊罗马文学与希伯来基督教文学之传统。

② 〔宋〕沈括：《梦溪笔谈》卷十四《艺文一》。

(二)清代与民国浙江的传统语言学研究

清代中后期是传统语言学向现代语言学发展的重要时期。乾隆年间,万光泰(1717—1755年,秀水人,今嘉兴)著《汉音存正》《遂初堂类音辨》(清诸可宝《畴人传三编》,光绪十二年),精于文字、音韵研究。

嘉庆三年(1798年),阮元在杭州编辑刊刻的训释经义的名著《经籍籑诂》(中华书局影印本1982年版),是中国唯一一部大型的汇辑古书中的文字训释编排而成的训诂词典,是研究古汉语的重要工具书之一。19世纪以后,浙江的学者和流寓浙江的语言学家在传统语文学的文字、音韵、训诂的各个方面都作出了重要成绩。孙诒让、罗振玉、王国维是最主要的研究甲骨文的学者。他们在材料搜集、流传与文字的考释方面为甲骨文研究奠定了基础。罗振玉、王国维还在金文研究方面作出了贡献。俞樾的《古书疑义举例》(中华书局校点排印《古书疑义举例五种》,1956年)一书,既总结了传统的训诂学,又开近现代训诂学的先声,至今还是训诂学者的一本入门书。章太炎在文字、音韵、训诂方面都有深入研究,著有《小学答问》《新方言》(《章太炎全集》,上海人民出版社,1980—1994年点校本)及《章太炎说文授课笔记》(中华书局2008年版),学者把他和他的弟子黄侃所倡导的学问称为"章黄之学",被誉为乾嘉以来小学的集大成者,对传统语言学研究方面有深远的影响。劳乃宣、蔡元培、汪怡、钱玄同等人积极参与并推动了清末民国初宣传拼音文字、提倡白话文、推行国语(即普通话)的语文改革运动。

五四运动以后,一方面有传统语言学的延续,一方面又有新语言学的发展。朱起凤、张相分别编纂的《辞通》(开明书店1934年版)和《诗词曲语辞汇释》(中华书局1953年版),是两本训诂学的重要著作。钱玄同、沈兼士则是运用新语言学观点研究古代音韵的音韵学家。钱玄同在提倡简体字、推行国语和国语语音研究方面是这一时期的代表人物之一。马叙伦的《说文解字六书疏证》(上海书店出版社1985年版)被誉为《说文》学的殿军之作。在西方语言学的影响下,20世纪30年代初,胡以鲁(清末民国初,宁波人)就以《国语学草创》(《庸言》1914年第2卷第1、2期合刊)的名义,结合论述汉语特点,较系统地介绍了西方语言学理论,是中国最早的一部普通语言学著作。以陈望道、方光焘、傅东华为主将的"中国文法革新"讨论,不但为汉语语法研究开辟了道路,而且引进了以索绪尔为代表的西方结构语言学,对中国语言学的发展起了一定的推动作用。这一时期,张世禄在音韵学研究和西方语言学介绍方面,陆志韦在上古、中古以至官话的音韵研究和北京话词汇、语法调查研究方面,都为中国语言学的发展作出了贡献。郑奠、任铭善(江苏如东人,任职于浙江)等教授则专攻小学研究。

(三)1949年10月以后浙江的语言学发展

1949年10月以后,浙江师范学院(今浙江师范大学)等高等院校成立了语言教研室。20世纪60年代起,浙江以杭州大学为主,参与了《辞海》语词部分的编写工作。70年代,杭州大学成立了专门编写组,任铭善、蒋礼鸿在编写中起了重要作用。蒋礼鸿、曾华强、祝鸿熹等不断参加《辞海》的修订工作。在1975年开始的《汉语大词典》编纂过程中,曾在杭州、金华、温州、台州等地成立了6个编写组，培养了不少词典编纂专家和汉语史研究人才，为浙江省古籍整理工作奠定了基础。1978年起，杭州大学开始招收汉语史和现代汉语硕士研究生。1986年又开始招收汉语史、古代文献博士生。1980年成立了浙江省语言学会，并出版年刊和论文集，出版了《浙江方言概况》一书。学会下设古代汉语、现代汉语语法、方言、修辞、语言理论和中学语言教育6个研究会。还主办了《中学语文报》(全国发行)，为促进和改革中学语文教育作出了贡献。

现代汉语研究方面。有高玉《现代汉语与中国现代文学》(中国社会科学出版社2003年版)，王建华、周明强、盛爱萍《现代汉语语境研究》(浙江大学出版社2002年版)等。“汉语节律学”研究的是从音节到语篇的不同层次内汉语音高、音长、音强以及音色的组合规律和层次间的音长、音空的组合规律，是研究运用汉语语音节律手段来加强表情达意的力度和精度的学问。这方面研究有吴洁敏《汉语篇章节律研究》，吴洁敏、朱宏达《汉语节律学》(语文出版社2001年版)。

文字学方面。姜亮夫多年从事文字学研究，早年对《诗经》《楚辞》中的联绵字进行了考释，对汉字的起源和“六书”提出新的看法，并注意汉字与汉文化的关系。关于《说文》的研究成果，有郭在贻《从〈说文段注〉看中国传统语言学的研究方法》(《中华文史论丛》增刊，1982年2月)、曹锦炎的《释鞷——兼释續、瀆、竇、鄺》等。

音韵学研究方面。姜亮夫早年著有《中国音韵学》(世界书局1933年版)一书。1955年，上海出版公司出版其早年赴欧洲研究敦煌写本中有关音韵学的成果《瀛涯敦煌韵辑》。该书为研究《切韵》和中古音提供了丰富的资料，并对《切韵》进行了校勘和音系的探讨，是《切韵》研究史上的一部重要文献。其《说文形声字声类交变表》(《语言学年刊》1982年创刊号)一文，根据“二徐”(指南唐徐锴、徐铉)旧音及《广韵》切语考订了《说文》全部9000余字的声母系统及其交互变化，是过去作者研究古音的总结。潘悟云用越语和藏语的比较方法进行中古音研究，其与朱晓农著有《汉越语和〈切韵〉的唇音》(《中华文史论丛》增刊《语言文学研究专辑》上册，1982年2月)。另任铭善编有《汉语语音史要略》(河南人民出版社1984年版)，亦颇有影响。

古代汉语研究方面。代表作有祝鸿熹《古代汉语“倒文以成句”质疑》(《语文研究》1984年第3期)、马贝加《近代汉语介词》(中华书局2002年版)、黄金贵《古代文化词义集类辨考》(上海教育出版社1995年版)、陈年福《甲骨文词义论稿》(上海古籍出版社2007年版)等。

应用语言学方面。主要有辞典编纂、检字法、中学语言教育等研究成果。如浙江语言学者参加了两部重要辞书《辞海》和《汉语大词典》的编写工作。蒋礼鸿、任铭善在《辞海·语词部分》编纂中，姜亮夫、蒋礼鸿、曾华强、祝鸿熹在《汉语大词典》编纂中，都起了重要作用。此外，浙江语文工作者还在1973年集体编写了《汉语常用字典》(浙江人民出版社1973年版)一书。

二、训诂学

（一）综合研究

训诂学是浙江省传统语文学研究中成绩最为突出的一个方面，不但老一代学者如姜亮夫、蒋礼鸿等作出了重大贡献，而且新一代学者如郭在贻等也取得了突出成绩。姜亮夫等关于《楚辞》的校释，蒋礼鸿等关于敦煌变文中词语的研究，郭在贻等关于训诂学理论和训诂学史的研究等诸多方面的著作，都是这些研究领域中具有代表性的成果。

浙江对训诂学的研究，有传统的优势。晚清以来，就出现了一批杰出的训诂学家，如俞樾、孙诒让、章炳麟、王国维、沈兼士、马叙伦、朱起凤、张相等，留下了《群经平议》《诸子平议》《古书疑义举例》《名原》《札迻》《周礼正义》《墨子间诂》《文始》《新方言》《小学答问》《观堂集林》《联绵字谱》《尔雅草木虫鱼鸟兽名释例》《段砚斋杂文》《说文解字六书疏证》《辞通》《诗词曲语辞汇释》等不朽的名著。

20 世纪 50 年代初到 1966 年，浙江一些著名学者出版了几种有影响的古籍校释著作，如王焕镳（王驾吾，江苏南通人，任职于浙江）的《韩非子选》、夏承焘的《姜白石词编年笺校》、胡士莹的《吟风阁杂剧校注》、徐朔方的《牡丹亭》与《长生殿》校注等。80 年代，浙江的训诂学得到了前所未有的发展，以杭州大学为中心，其中最突出者有姜亮夫、蒋礼鸿、郭在贻等。姜亮夫以语言为根基，著作甚多，被聘为中国训诂学研究会学术顾问与《汉语大字典》《汉语大词典》学术顾问、中国敦煌吐鲁番学会语言文学分会会长。蒋礼鸿一生专力于训诂学，所著《敦煌变文字义通释》（上海古籍出版社 1981 年版），受到国内外学者的高度评价；训诂专著《义府续貂》（中华书局，1981，1987 年增订本）考释了数百个词语的词义词源，还出版了《怀任斋文集》（上海古籍出版社 1986 年版）等，被聘为中国训诂学研究会学术顾问、《汉语大词典》副主编、《辞海》语词分科主编、中国敦煌吐鲁番学会语言文学分会副会长。蒋礼鸿、任铭善合著的《古汉语通论》（浙江教育出版社 1984 年版）是一部别具一格的古汉语通论性著作。郭在贻师事姜、蒋两教授，在文献考据方面打下了坚实的基础，出版有《训诂学》（湖南人民出版社 1986 年版）、《楚辞解诂（续）》（《文史》1982 年第 14 辑）与《唐代白话诗释词》（《中国语文》1983 年第 6 期），被推举为中国训诂学研究会副会长、中国敦煌吐鲁番学会语言文学分会副会长。浙江学者对训诂学史上名著的整理工作，也作出了不可忽视的贡献。如雪克辑录与校点的孙诒让的《十三经注疏校记》《籀庼遗著辑存》《大戴礼记斠补（外四种）》及其与陈野合作校点的《札迻》等均由齐鲁书社出版，沈文倬校点的焦循《孟子正义》由中华书局于 1987 年出版，都以功力湛深、工作审慎见长，而成为诸书中最精善的本子。

（二）文献研究

在先秦两汉文献中，浙江学者除对《楚辞》训诂的研究成果外，先秦两汉文献训诂研究的成果亦丰。王焕镳在前人研究的基础上拾遗补阙，多方研考，形成《〈墨子〉校释商兑》（中国社会科学出版社 1983 年版）、《墨子校释》（浙江文艺出版社 1983 年版）等书；蒋礼鸿的旧稿《商君书锥指》，勘定通诂全书，博洽而又简明，被中华书局编入代表近现代子部书校释水平的《新编诸子集成》丛书第一辑。黄金贵《古代文化词义集类辨考》（上海教育出版社 1995 年版）对传统训诂学如何继承和发展、现代训诂学如何科学地建立等问题提出了自己的看法。曹锦炎参加了《殷墟甲骨刻辞摹释总集》《殷墟甲骨刻辞类释》的编纂，并发表了多篇精湛的古文字考释。

在先秦两汉文献研究方面，“三礼”学号称绝学，研究难度极大。沈文倬是“三礼”研究权威之一，点校了《周礼》《仪礼》《孟子》三部清人新疏；其《菿闇文存》（商务印书馆 2006 年版），汇集了自己 60 多年来学术研究成果之精华，广涉《仪礼》撰作时代、武威《仪礼》汉简、宗周礼乐文明、汉代经学（尤其是礼学）形成和发展的考证以及礼书、礼制、礼学、汉简等的考辨。

（三）语词研究

传统的训诂学是为经学服务的，故以先秦两汉文献为主要的研究对象，而对魏晋以下文献尤其是其中的方俗语词殊少措意。浙江学者为解决这些问题，作出了可贵的努力，尤以对敦煌文献的诠释解读，成就最丰。有蒋礼鸿的《敦煌资料（第一辑）词释》（上海古籍出版社 1986 年版）、《敦煌文献语言词典》（杭州大学出版社 1994 年版）为前期代表作。郭在贻、张涌泉、黄征对敦煌变文进行了全面的汇校，核以原卷胶片，订正了前人的大量误录，并形成专著《敦煌变文集校议》（岳麓书社 1990 年版）。郭在贻《敦煌变文校勘拾遗》（《中国语文》1983 年第 3 期）、张涌泉《从语言文字的角度看敦煌文献的价值》（《中国社会科学》，2001 年）为学界看重。张涌泉等还著有《敦煌经部文献合集》（中华书局 2008 年版）。敦煌文献之外，还有《绍兴文理学院大型字典编纂中与俗字相关的若干问题》（《中国社会科学》1997 年第 4 期），方一新《东汉魏晋南北朝史书词语笺释》（黄山书社 1997 年版）与《中古近代汉语词汇学》（商务印书馆 2010 年版），颜洽茂《佛教语言阐释》（杭州大学出版社 1997 年版），《六朝诗歌语词研究》（黑龙江教育出版社 1999 年版），王云路《中古汉语词汇史》（商务印书馆 2010 年版）等论著力透题意，学术评价甚高。

三、语法与修辞

（一）综合研究

汉语语法和修辞的科学研究是在清光绪二十四年（1898 年）《马氏文通》问世之后正式开始的，20 世纪 20—40 年代达到一个高峰。在建立中国现代语法学和修辞学的体系方面，浙江籍的语言学家作出过自己的努力和贡献，如陈望道、方光焘、陆志韦、傅东华等。其中，陈望道对中国语法修辞的研究有开创之功。民国 21 年（1932 年），他出版了《修辞学发凡》一书，创立了中国第一个科学的修辞学体系，被誉为“修辞学界的《马氏文通》”。方光焘、陆志韦、傅东华等在语法研究上也都卓有成绩，对中国汉语语法研究的发展都产生重要的影响。20 世纪 50—60 年代任铭善等的语法修辞研究，70—80 年代以王维贤、倪宝元等为代表的语法修辞研究，显现了浙江语法修辞研究所具有的理论深厚、材料丰富、分析细致、方法严谨等优势，在现代汉语复句研究与句法、语义、语用三个平面研究及比较修辞学研究等方面深具特色，居国内领先地位。

浙江现代汉语语法和修辞研究注意结合语文教学实际，注意新的研究理论和研究方法的探讨，并注意同相关学科如逻辑学、文学、社会学相联系，逐渐形成自己的特色。如任铭善对小学语法的研究；王维贤在语法研究中从结构主义到转换生成语法再到功能语法的探索以及对语言逻辑的研究；倪宝元对名家改笔的修辞内涵的研究及对中学语法教学系统的阐释，等等，都体现了本土特点。

（二）语法理论研究

在20世纪50年代的语法大讨论中，任铭善（江苏如东人，长期任职于浙江大学等）大胆地提出应该把句法和句子区别开来的观点，认为抽象的句子形式、填入词汇之后的一般句子和有具体所指内容的句子是三种不同性质的东西，这三种区分很类似于当代语法研究中的句法、语义、语用三个平面的区分，可看作是今天语法研究三平面的滥觞①。王维贤的《〈马氏文通〉句法理论中的"词"和"次"的学说》（《杭州大学学报》1963年第2期），是研究《马氏文通》句法理论的一篇较重要的论文。

20世纪70年代末以来，浙江的语法理论研究进入了复兴、发展的新时期。王维贤对美国20世纪60年代兴起的新的语法理论——乔姆斯基"转换生成语法学"做了较为及时的研究和介绍。王维贤、陈宗明《语言逻辑引论》（湖北教育出版社1989年版）、陈宗明《现代汉语逻辑初探》（生活·读书·新知三联书店1979年版）是精辟之作。任绍曾《论叶斯柏森的语法理论体系》（《杭州大学学报》1986年增刊）是研究丹麦叶斯柏森语法理论的重要作品。

（三）专题研究

词类、句法的分析和研究。词类和句法结构问题历来是汉语语法的重点，浙江的研究者对此也十分重视。关于句法分析的研究，出现了一批较有影响的论文。如王维贤的《现代汉语的短语结构和句子结构》（《语文研究》1984年第3期）一文，提出对句子的结构应作多平面、多角度的研究。张先亮的《汉语句式在篇章中的适用性研究》（中国社会科学出版社2008年版）、《真性向与假性向：明清汉语选择问句的功能考察》等属句法方面的研究上品。

中学语法系统的讨论与修订。20世纪50年代，任铭善积极参与了中学语法教学系统的普及工作。他的《语法教学和汉语规范化》（收入《语法和语法教学》，人民教育出版社1956年版）一文，是他为中学语法教学暂拟系统而写的。他还出版过普及性的语法书《小学语法讲话》，在当时影响很大。80年代初，学术界开展了对中学语法暂拟系统的讨论和修订，浙江的王维贤、倪宝元、卢曼云、刘云泉、张学成等积极投身其中。

修辞格和比较修辞学的创新研究。自陈望道的《修辞学发凡》出版以来，修辞格的研究就一直为学界所关注。1954年，倪宝元出版了《修辞学习》（上海东方书店1954年版）一书，着眼于中学教学实际，重点讲授常用的20多种辞格，得到中学教师的好评。在修辞学研究方

① 蒋礼鸿、任铭善：《古汉语通论》，浙江教育出版社1984年版。

面，浙江学者不囿于既定的框架，而是大胆创新，取得了较大的成绩。1980年，倪宝元的《修辞》（浙江人民出版社1980年版）一书，建立了用词、造句、辞格三足鼎立的新体系，并率先采用“原句”和“改句”的比较方法，开比较修辞学的先河。他的一系列修辞学著作，如被学界誉为最早的“汉语比较修辞学”专著之一的《词语的锤炼》（甘肃人民出版社1981年版）、《炼句》（上海教育出版社1985年版）以及《名家锤炼词句》（与章一鸣合作，浙江教育出版社1988年版）等，都成功地运用比较的方法，取得了很好的研究效果。学术界评价倪宝元对汉语比较修辞学的建立“有着开创之功”。

特殊语汇多角度的综合研究。浙江的语法修辞学者在特殊语汇的研究方面也取得了一系列较有影响的成果，其中以倪宝元、刘云泉、王建华等人的研究较有影响。倪宝元的成语研究成果颇丰，有《成语辨析》（中国社会科学出版社1979年版）、《成语辨析续编》（中国社会科学出版社1986年版）等著作，是他20多年来辛勤钻研的结晶。这几部著作对汉语的特殊语汇——成语进行多方面的综合研究，既有例示，又有对比；既有解释，又有辨析，学术界评价为“开创了成语研究的一条新路”。

教材、辞书的编写。在大学语法修辞的教材建设方面，浙江学者编写或主编的教材有：王维贤、卢曼云的《现代汉语语法》（浙江人民出版社1981年版），倪宝元的《修辞》等。辞书编写方面有陆稼祥等主编《修辞方式例解辞典》（浙江教育出版社1990年版）、《中国语言学大辞典・修辞学卷》（江西教育出版社1991年版），王维贤的《语法学辞典》（浙江教育出版社1992年版）等。

四、浙江方言

（一）方言调查

浙江方言复杂，境内有吴语、闽语、徽语、官话、客家话等地域方言。以吴语分布地区最广，遍及全省各县市；闽语分布于浙南，徽语分布于淳安、建德两县，官话分布于浙西北，畲族说的汉语方言客家话分布于畲族居民地区。中华人民共和国成立后，国家非常重视语言、文字工作，开展语言科学研究。在浙江省教育厅、杭州大学等有关部门的领导和支持下，曾于1957年、1959年、1964—1966年3次有组织有计划地对浙江方言进行普查，调查的材料整理汇编成《浙江方音集》上下两册（油印本，1959年）。该书在较长的时间内起了浙江方言概说的作用，成为国内研究浙江方言的主要参考资料。其中，以傅国通为首组成的专业队伍进行的方言普查，写出了70多个方言点的调查报告。1978年后，浙江的方言调查研究工作重新启动。1981年，浙江省方言调查协作组成立，浙江方言调查研究也被列为省教育厅重点科研项目。为了配合国家重点科研项目《中国语言地图集》的绘制，撰写了《吴语的分区》，并在此基础上编成《浙江方言简志》。1984年，方言调查协作组进一步调查浙江吴语的边界，进行浙江吴语的分区研究，并由傅国通、方松熹、蔡勇飞、鲍士杰、傅佐之写成《浙江吴语分区》（《杭州大学学报》1985年增刊）。该书资料丰富，总结了20世纪50年代以来吴方言研究的成果，材料可信，立论正确，叙述翔实，附有对浙江吴语有分区意义的142个字的字音对照表和35幅方言地图，是浙江对吴语数十年来研究成果的初步总结，具有开创性。浙江人民出版社出版的《温州方言文献集成》，由著名温州籍语言学家郑张尚芳、沈克成主编，已出4辑，是全国首部以地方单位搜集整理方言资料的书籍。

（二）方言研究

浙江方言研究有着悠久的历史。在清代以前的一些语文学著作中就有许多“吴音”“吴语”的记录。清代开始有一些方言专著问世。如康熙年间毛奇龄的《越语肯綮录》，记述了“一隅里谚”，是现存最早的一部记录浙江吴语方言俚语的专著。光绪年间范寅的《越谚》，辑录了绍兴一带的方言俚语，并对一些方言本字作了粗略的考证。乾隆年间余国光（瑞安人）的《俗字编》，记录了“温州方言所有之字”，并注明音义之出处，偏重于考本字。清末谢恩泽的《因音求字》，以声韵调为纲目，考定了近1万个汉字的方言音义。陈虬的《瓯文音汇》《瓯文音汇七音铎》，则以较为先进的拼音方法记录温州方音和方言词语。章太炎的《新方言》，也以传统的方法考证了一些吴语本字。此外，一些方志如《镇海县志》（清光绪五年）、《定海县志》（民国元年）、《金华县志》（民国4年）等，也都辑录了比较丰富的方言资料。

用现代语言学方法研究浙江方言始自著名的语言学家赵元任。他在民国17年（1928年）出版的《现代吴语的研究》中记录了浙江的嘉兴、杭州、绍兴、诸暨、嵊县、余姚、镇海、宁波（鄞县）、黄岩、温州、衢州、金华、永康等十几个方言点（连同苏南、上海共33个点）方言的语音系统，概括地说明了各地语音的基本特点和吴方言的共同特点。赵元任在书中提出的“以有帮滂并、端透定、见溪群三级分法为吴语的特征”的论点，至今仍有理论上的指导意义。

方言语音研究。有傅国通《武义方言的连读变调》（《方言》1984年第2期）专注武义方言研究。王世范编著《衢州话》（浙江文艺出版社2008年版），以汉语拼音的声韵母为基础，根据衢州话的语音特点，创制出一套“衢州话声韵母”，将衢州话的字词拼注定格，对衢州话的字音、语义、语式、句式作了准确的描述和诠释，还揭示了衢州话与普通话的某些相关规律。赵善义《江山方言》（中国文史出版社2013年版）从语言学的层面揭示江山方言的本质特征，解说江山方言的音韵、语词等语言现象，构建了江山方言的语音体系，列出声母28个、声调8个，列出了秦汉以前读音的字近200个，收录单字489个、熟语1291条、基本词汇2278个。

方言变音和语义语法关系研究。语音是语言的物质外壳，是与意义紧紧地联系在一起的。而一些语音的变化现象，又常常表示某些特定的语义和语法意义。傅国通著《方言丛稿》（中华书局2010年版）收集其有关方言研究的21篇论文。傅国通等又编《浙江方言词》（浙江省语言学会印行，1992），对浙江69个县市200条词作以比较。他的《浙江方言语法的一些特点》（《杭州大学学报》1978年第2期）在全面考察浙江方言（浙江吴语）的基础上，论述了18种与普通话有差异的语法现象，大致上概括了浙江吴语一些主要的语法特点。如此全面而概括地论述方言语法的学术论文发表在国内尚属首次，这不仅对浙江吴语的语法研究，而且对包括苏南、上海在内的整个吴语的语法研究，都具有开创性的意义。

方言词汇研究。《浙江常用方言字》（浙江人民出版社1974年版，《汉语常用字典》附录）是较早研究方言字的篇章。另浙江省新编各市志、县志记有当地方言大量的字、词，方言词汇甚为丰富。

第十章　艺术学研究

艺术是人类以情感和想象为特征把握世界的一种特殊形式。艺术学是阐明艺术本质、特征、功能等基本原理和创作、批评、鉴赏、发展规律的学科。艺术学有狭义、广义之分，狭义艺术学指艺术理论，广义艺术学则包括艺术理论、艺术史、艺术批评、鉴赏的研究。该领域的研究，古代即已形成独立学科。现代艺术学衍生出各门类艺术的理论和艺术美学、艺术社会学、艺术心理学、比较文艺学等多种分支学科。

浙江的原始艺术起于乐舞，可考的物件有河姆渡出土的长哨、陶埙等。海宁长安发现的东汉墓画像石则推进了古代绘画艺术的研究。在浙江古代、近代的乐舞、书画、诗词文、小说戏曲及其理论研究，蕴含着丰富的艺术学的内容。在乐舞艺术研究方面，晋代有嵇康的《琴赋》《声无哀乐论》；北宋有沈括的《乐论》《乐律》及其音阶理论；清代有徐养原的《古乐章考》；晚清民国有应尚能的《乐学纲要》，沈知白的《中国音乐史》，丰子恺的《近世二大乐圣的生涯与艺术》，吴梦非的《和声学大纲》等，皆深涉艺术理论。书画艺术研究方面，晋代有"书圣"王羲之的书法艺术；"初唐四杰"之一虞世南的书论《书旨述》及其褚遂良的书法艺术，另有徐浩之的《论书》；宋代之后，浙派画艺术崛起，有南宋院体画艺术，元四家山水画艺术，明代的版画艺术与青藤画派的大写意艺术，清代"西泠八家"及海上画派的书画艺术等皆为体现较大影响的艺术特色。晚清民国时期中国书画论著较盛，有吴昌硕、黄宾虹、郑昶、陈叔亮、董大酉、陈之佛、吴茀之、孙福熙、诸闻韵、袁迈、沈尹默、顾燮、陈士文等，皆有所论。戏剧艺术研究方面，古代及近现代亦名家辈出，有徐渭、陈与郊、臧懋循、王骥德、吕天成、祁彪佳、沈德符、凌濛初、王思任、李渔、王国维、钱南扬、赵景深、董每戡等。

中华人民共和国成立之后，尤其是 20 世纪 80 年代以来，浙江的艺术研究方面，有徐岱的艺术文化论、曹意强的艺术史学、黄厚明的艺术考古学、韩天雍的艺术禅学、陈野的少数民族美术史论、梁超的艺术社会学、马峰辉等的艺术欣赏理论、沈语冰的艺术批评理论等，在艺术学相关领域各执牛耳。在书画艺术、音乐美学、舞蹈艺术、戏剧理论、艺术设计等方面，有潘天寿的绘画史论、王伯敏的中国美术史论、沙孟海的印学史论、徐邦达的绘画史录、洪再新的美术史论，洛地的戏曲音乐理论、修海林的古代音乐美学、黄大同的梦溪笔谈律论、李荣的汉画缘音乐学、吴露生的浙江舞蹈志述、王季思的《西厢记》校注、徐朔方的南戏研究、何辉武的"西方悲剧的中国式批判"，以及陈最亮、许江、宋建明、许喜华、顾方松、黄幼钧、吴战垒、王澍等美学与设计理论研究，堪称精品。王澍所获普利兹克建筑奖，体现了整个世界建筑界对中国实验建筑艺术的肯定。

第一节 艺术学理论研究

浙江的艺术论古有传统，在音乐、舞蹈、书画、诗词文、小说戏剧及其理论研究方面蕴含着丰富的艺术学的内容。近代浙江对艺术学理论有许多开创性的研究，比较突出的有艺术教育理论、艺术哲学等。现当代的研究又重于艺术现象与艺术规律的研究，且成果丰硕。

一、艺术学基础理论与方法

（一）近现代浙江的艺术理论研究

艺术与美术概念。“艺术”和“美术”是两个不同的概念。前者是一个一级学科的概念，包括绘画、雕塑、建筑、音乐、舞蹈、设计、影视、摄影、书法、服饰等所有类型的艺术；后者是一个从属的二级学科的概念，包括绘画、雕塑、书法等各种视觉艺术。但是这两个概念曾经在一定的历史阶段是平等的，甚至可以相互替换。“艺术”和“美术”作为两个包含了学术意味的概念，是在20世纪初由西方引进的，作为传统艺术向现代艺术转型的表征。在现代艺术的概念与内涵的确立及理论阐述中，浙江人厥功甚伟。在王国维、鲁迅、蔡元培的文章中，“美术”这一概念术语所指，并非只是现在的“美术学”所包含的狭义的视觉（绘画、雕塑、书法、建筑等）艺术概念，而是一个包含了语言艺术、视听艺术和综合艺术的广义的艺术概念。蔡元培在《美术的起源》一文中说：“美术有广义的，狭义的。狭义的，是专指建筑、造像（雕刻）、图画与工艺美术（包括饰品）等。广义的，是于上列各种美术外，又包含文学、音乐、舞蹈等。西洋人著的美术史，用狭义；美学或美术学，用广义。”王国维、鲁迅、蔡元培、李叔同、丰子恺等浙江学者、艺术家、教育家在各自的一些著述中，从思想文化层面阐述了他们对于艺术的见解。

王国维的艺术哲学。王国维之学术论，最重哲学和艺术。而就艺术而论，他认为又“必求诸哲学”。他在《人间词话》《〈红楼梦〉评论》（《王国维文集》第1卷，中国文史出版社1997年版）、《论哲学与美术家之天职》（《王国维文集》第3卷）、《孔子之美育主义》等论著里，阐述了丰富的艺术哲学思想。他从纯哲学和纯美术的角度，审视艺术的地位、目的、功能、来源及艺术美的种类等问题，认为艺术与哲学都是表现真理的手段，具有神圣的地位，其目的在于解脱人生的痛苦，具有消遣与遣散寂寞之苦的功能；艺术来源于艺术家的“美的预想”并可分为多种类型，这实际上是将“纯艺术”思想立于纯粹哲学的基础之上，为中国艺术的现代转型作以理论的破题。他从艺术哲学的解构上，提出了艺术直观说、“无用之用”说、“境界”说与“古雅”说等诸多现代艺术的观点，成为中国现代艺术理论的开创者与杰出代表者。（《浙江通史》清代卷下，浙江人民出版社2005年版）

蔡元培、李叔同的艺术教育思想。蔡元培教育思想的最重要方面，是从理论与实践结合上倡导了以艺术为核心的美育教育，提出以“美育代替宗教”的观点①，其美育思想来源于康德与席勒，但又以中国古代六艺为例，认为乐是纯粹的美育，其他礼、射、御、书、数五艺，除数外均含有美育作用；乐既包括艺术教育，又包括一切使人感到愉悦的其他教育。因而，他综合中西方美育教育内容，创立北京大学音乐传习所、画法研究会，开创了现代意义上的中国音乐教育和美术教育之先河，并推动全国在地方教育中确立美育的地位。与此同时，他还引昆曲和电影进校园，最早在高校普及戏曲教育与电影教育。李叔同是中国现代史上著名的艺术家和艺术教育家，他在《近代欧洲文学之概论》（《弘一法师全集》第7册文艺卷，福建人民出版社，1990—1993年）、《李叔同先生的文艺观》《李叔同先生的教育精神》（《弘一法师全集》，第十册附录卷第4、5辑）等文论和评传中，提出了人格艺术教育观，主张“器识为先，文艺为后”“应使文艺使人传，不应使人以文艺传”的教育观点，重视处理艺术技能与艺术品格的关系，这实际上是一种注重实践的教育，是艺术技能与艺术品格相结合的教育。

鲁迅的社会功利美学观与大众艺术观。鲁迅的美学观形成于他从进化论转向唯物论的认识过程中，自唯物史观理论基础确立之后，他先前曾持有的进化论、人性论观念即全部摈弃，最终发展成社会功利美学观。其中贯穿性的主题思想则是文艺的人民大众属性的观念，强调人民大众作为艺术原初创造主体和艺术欣赏主体。对于艺术的发展，他认为世界艺术的发展是相互影响的，指出艺术也要走在时代前列。他还提出艺术的通俗化和大众化的要求和兼容并蓄、变革创新发展的艺术思想。唐弢著有《鲁迅的美学思想》（人民文学出版社1984年版）一书，对鲁迅杂文的思想特征与艺术特征、鲁迅的美学思想、鲁迅小说的现实主义等都有独到的见解。

丰子恺的艺术观。丰子恺是20世纪的一位文化大家，非常重视艺术理论的普及与研究。他认为艺术是人类的精神食粮，著有《视觉的食粮》；强调艺术源于生活，著有《艺术漫谈》（上海书店1936年版）、《艺术与人生》（桂林民友书店1944年版）。他将艺术教育的精髓定性为：艺术以“心为主，技为从”，完整意义上的艺术应是“艺术心”和艺术技能的结合（《桂林艺术讲话》之二、《教师日记》，1939年）。他还重视艺术理论的体系化、史学化，著有《近代艺术纲要》（中华书局1934年版）、《艺术概论》（译作，开明书店1928年版）等。

（二）现当代浙江的艺术学理论

现当代浙江学者对艺术学理论侧重从宏观的角度，侧重从思想文化层面进行把握和梳理。如庄肖荣《艺术直觉的特点和作用》（《文艺报》1984年第10期），对艺术直觉与感觉之间的关系、对艺术直觉的特点作了较为中肯的分析。徐岱的《艺术文化论：艺术在文化价值系统中的位置》（人民文学出版社1990年版），从当代艺术存在的新现实出发，针对多元文化语境中的艺术变相、艺术表现，从哲学和文化人类学的角度对人类文化价值系统中的艺术文化进行新的诠释，还人类艺术活动以本来面目，并试图从学理层面阐明艺术及其精神对于人类存

① 以美育替代宗教说，取自蔡元培于1917年4月8日在北京神州学会的演讲词。该演讲词刊登于《新青年》第3卷第6号，1917年8月1日刊行。

在和社会历史演化的价值所在，对艺术本体的探究以及诠释模式作以新的尝试和发见。黄厚明《什么是艺术史？为什么是艺术史？》(《清华大学学报》2008年第3期)对艺术史发出“是什么”“为什么”的诘问并试图解答。这些论题都探及到艺术的本质和地位。

自20世纪90年代起，艺术学理论开始呈现出自我圆融的态势，并在21世纪收获丰硕。具代表性的有曹意强的《包罗万象：史的观念与西方艺术史的兴起》《中国艺术史学的基本特征》《视觉习惯与文化》《图画再现与蒙古制度特征》《历史画在观念时代的命运》《艺术世界与超凡世界》《个人创造与传统模式》《艺术媒介与创作意图》《艺术管理概论》等一系列论著，都是对艺术学理论与方法探索的成果。黄厚明《中国早期艺术史研究的方法论问题——以商周青铜器饕餮纹图像为例》(《艺术考古》2006年第4期)、《中国艺术考古学的学科向度与理论框架》(《美术研究》2006年第1期)、《图像与思想的互动：饕餮纹内涵的转衍和射日神话的产生》(《学术研究》2006年第7期)等论文，韩天雍《中国禅宗墨迹研究及其相关文化之考察》(中国美术学院出版社2008年版)等著作，反映了浙江的艺术学理论研究已经关乎到艺术史、考古学、文化学等多个维面、多种方法。

二、艺术现象

艺术现象的基本结构由艺术家、艺术创作、艺术品和艺术接受等要素构成。不同的历史时期，人们对于艺术现象结构中要素的意义及其重要性的理解各不相同。

(一)人物传记与作品欣赏

对人物传记的研究方面，如刘江的《诸乐三评传》(中国美术学院出版社2002年版)，陈野著《浮世绘影——李唐、刘松年、马远、夏圭传》(浙江人民出版社2007年版)、《缘缘堂主——丰子恺传》(浙江人民出版社2003年版)，崇尚人品与艺品相一致的美术观①。其他有吴敢、王双阳《丹青有神——陈洪绶传》(浙江人民出版社2008年版)，吴晶《画之大者——黄宾虹传》(浙江人民出版社2003年版)、《百年一缶翁——吴昌硕传》(浙江人民出版社2005年版)，卢炘《大笔淋漓——潘天寿传》(杭州出版社2004年版)，吴可为《古道长亭——李叔同传》(杭州出版社2004年版)等。对人物群体与艺术流派的关注通常出现在艺术史的著述之中，如梁超《时代与艺术：关于清末与民国“海派”艺术的社会学诠释》(中国美术学院出版社2008年版)等。

对中外艺术作品的鉴赏，在世纪之交也由浅层次的欣赏走向有理念的深度透视，具体表现在鉴赏对象与鉴赏角度的择取等方面。如马峰辉《吴茀之名作赏析》(中国美术学院出版社2005年版)，陈宗义、戴昱的《世界名家素描鉴赏》(中国美术学院出版社1998年版)，孙周兴《世界之轴：帕尔特海姆艺术》(中国美术学院出版社2003年版)等。于洪的《凝聚与争执：从版、画、人的角度论版画创作》(中国美术学院出版社2008年版)，何加林的《凝视的空间：浅识山水画境界的契机》(中国美术学院出版社2008年版)则显示了对版画、山水画的观审角度的

① 陈野撰：《人品与艺品》，台北：《雄狮美术》1994年第2期。

独特性。

（二）画风、画派及艺术创新

在浙江美术史上，发生过许许多多引人注目的艺术现象，如南宋时期的院画，元四家的山水画，元季的墨花墨禽，明代的版画，青藤的水墨大写意，清代的“西泠八家”，清末的海上画派等，都引起后世的研究。以海宁长安镇东汉墓画像石研究为例，相关的研究就有不少。如郑立君的《剔图刻像——汉代画像石的雕刻工艺与成像方式》（重庆大学出版社 2010 年版），透过汉代画像石的雕刻工艺与成像方式，看到了汉代的经济、政治、忠孝观念、民间信仰、丧葬习俗以及不同阶层的生活方式等。陈野在美术史研究方面，专长于古代浙江画派画风及其艺术创新研究。其著《浙江绘画史》（杭州出版社 2005 年版）一书，按不同历史时期，对浙江的绘画史进行论述，包括先秦的绘刻艺术、秦汉的画艺画论、魏晋至隋唐及吴越国的绘画艺术、宋元明清的画派画风等。其著《西湖绘画》（杭州出版社 2008 年版）、《南宋绘画史》（上海古籍出版社 2008 年版）及论文《西湖绘画文化》（载《西湖文化》，西泠印社出版社 2005 年版）、《明代杭州绘画研究》（载《明代杭州研究论文集》，杭州出版社 2009 年版）等，展示了浙江，尤其是宋代绘画在中国绘画艺术发展史上的重要地位。

浙江的艺术家有很强的创新精神，新的艺术现象层出不穷。如 20 世纪 80 年代，书法的变革与创新成为书法界一股强大的思想趋势，强调个性并追求独立的艺术风格成为每一位书法家的创作方向。王蘧常以章草、陆维钊以蜾扁，成为“新古典主义”书法家的代表。至 20 世纪末，王冬龄又以巨幅狂草，刷新了书法的当代艺术形象，被视为当代书法家应对公共空间和大众媒体时代的一种积极有力的实践，也为中华书法史增添了新的一页。洛齐编著的《书法主义文本》（中国美术学院出版社 2001 年版），显现了浙江新一代美术家和理论工作者对于中国当代艺术的前卫思考及社会效应。

三、艺术规律

艺术规律是艺术品、艺术现象、艺术创作过程中的内在的、本质的、必然的联系。它体现在艺术的基本原理之中，通过不断的实践与理论总结得以发现和把握。

（一）艺术精神与艺术批评研究

艺术精神是 20 世纪 80 年代之后研究的新视角。吴战垒《中国艺术的精神特质》（《浙江社会科学》1998 年第 4 期）认为，中国艺术的基本精神特质有二：从本体论的角度，是人与天地万物相融合、相沟通的宇宙意识，表现为艺术哲学范畴即“中和”；从表现论的角度看，它是“至美”与“至善”的统一，即“传神”“气韵”“写意”这三位一体的基本范畴，其本质是一种生命意识反映和生命价值追求。

艺术批评在 20 世纪 80 年代之后有新的诠释。沈语冰《二十世纪艺术批评》（中国美术学院出版社 2003 年版），以现代主义、前卫艺术、后现代主义三个关键术语为经，以 20 世纪西方最重要的 10 大艺术批评家为纬，在中文语境中第一次较为全面地梳理与诠释了西方现代艺术批评的主要理论、方法与问题。其研究建立在大量的第一手外文文献的基础上，是一部有体系、有深度的专著。

(二)艺术认识与总结

各门类艺术创作的具体技法的教研，往往体现着美术工作者对于艺术规律的认识。如蒋跃《绘画构图学教程》(中国美术学院出版社2003年版)，从视觉的形式原理出发，阐述形象思维活动和思维联系的规律。石炯《构图：一个西方观念史的个案研究》(中国美术学院出版社2008年版)，讨论了文艺复兴时代的构图理论和相应的制图技术，详论构图从技术问题上升到一般性理论问题的历史过程。曹兴军《曹兴军谈石膏头像》(中国美术学院出版社2008年版)，介绍石膏头像写生训练的基本要点。同类的著作还有陆秀竞《山水画基础》(中国美术学院出版社1999年版)、陈洙龙《山水画技法要点答问》(中国美术学院出版社2004年版)等。

此外，孟剑东著《存在与图像》(中国美术学院出版社2010年版)，通过存在主义的基本解读以及“存在”对于当代艺术的若干个案的解析，重新思考当下中国油画创作与发展的方向与脉络等。朱炳仁、朱军岷《梵音大铜——朱炳仁朱军岷两代铜建筑艺术》对丰富的实践进行了总结，有助于推动铜建筑理论与实践的探索和研究。

第二节　音乐学与舞蹈学研究

音乐学是研究音乐的所有理论学科的总称，它的任务是透过与音乐有关的各种现象来阐明它们的本质及其规律。舞蹈学是对舞蹈艺术作全面、系统、历史的研究的一门科学，包括舞蹈理论、舞蹈历史、舞蹈鉴赏等。浙江的音乐学与舞蹈学研究历史悠久，至现当代方兴未艾，涉猎广泛，成果丰硕。

一、音乐学

(一)古代浙江的音乐学研究

乐器在浙江的史前发现，是考古学文化的重要方面。河姆渡遗址中发现的骨哨、陶埙等，拉开了浙派音乐研究的序曲。秦汉之后，浙江各地的音乐活动形式多样，风格独特，代有盛况。比如北宋源于浙东永嘉(今温州)一带的民歌、曲子，以旋律“流畅婉转”、风格“轻峭柔远”著称的宋元南戏，似“细腻水磨，一字数转，清柔婉折，圆润流畅”的明清昆曲，出没勾栏瓦舍、街头巷尾的“陶真”“弹词”等说唱音乐，还有“始繁终促，嘈杂难辨”的“十番鼓”，以及历久弥新的浙派古琴与被列为文化部第一批国家级非物质文化遗产的越剧等。音乐理论方面，早在魏晋时期，嵇康就著有《声无哀乐论》；北宋沈括著有《乐论》《乐律》(《宋元艺文志》)，为古代乐律行家。

浙江的古代音乐研究，多与戏曲研究相伴生，明清一些戏曲文献资料同时也保留着音乐史料，近代以来对宋元明清戏曲的研究，也多与音乐相关。

（二）现当代浙江的音乐学研究

五四新文化运动之后，一批曾留学日本、西洋的新文化人开启了中国文学、音乐、美术的新视域。浙江的音乐教育，在李叔同及其弟子群体的努力下，拉开了现代格局。李叔同留学日本期间，曾组织成立中国最早的话剧团“春柳社”，创办了中国最早的音乐期刊《音乐小杂志》。学成后，曾在杭州从事美术和音乐教学活动。李叔同的弟子丰子恺、吴梦非、刘质平等都相继从事音乐、美术教育，他们编著《歌剧与乐剧》《近世十大音乐家》（丰子恺著，开明书店1949年版）、《艺术论集》（丰子恺著，上海中华书局1935年版）、《音乐入门》《近代二大乐圣的生涯与艺术》（丰子恺著，上海亚东图书馆印行1936年版）、《世界大音乐家与名曲》（丰子恺著，1929年）、《西洋音乐知识》等通俗音乐读物，编写《和声学大纲》（吴梦非著，开明书店1941年版）、《风琴弹奏法》（吴梦非著，开明书店1934年版）、《初中乐理课本》等教材，翻译《生活与音乐》（田边尚雄著，丰子恺译，开明书店1929年版）、《音乐的听法》（门马直卫著，大红书铺1930年版）等外国音乐著作，为中国音乐的教育普及作出了积极的贡献，也为浙江的音乐研究培养了人才。

20世纪80年代中期始，艺术学科国家重点研究项目十大文艺集成志书之一的《中国戏曲音乐集成・浙江卷》开始为期十年的收集、整理、编纂，浙江不少戏曲、音乐研究者参与了这项学术活动之中，为浙江的戏曲音乐做了一次系统的、规范的、科学的整理与集成。该书主编洛地数十年从事古代戏剧、词曲音乐研究，所著《词乐曲唱》（人民音乐出版社1995年版）开拓了戏曲音乐理论研究的范畴，对研究和理解民族音乐具有一定的指导意义。

21世纪初，浙江音乐研究在系统化和理论化以及学科的深度与广度方面都开始了进一步的尝试。如绍兴文理学院修海林的《中国古代音乐美学》（福建教育出版社2004年版）对上起原始社会下迄清代不同历史时期的音乐审美意识进行了研究，与一般的中国音乐美学史相比，更注意研究对象的历时与共时的统一、历史与逻辑的统一。浙江省文化艺术研究院黄大同《中国古代文化与〈梦溪笔谈〉律论》（人民音乐出版社2009年版），将被20世纪中国音乐史学界所忽略的宋代沈括《梦溪笔谈》中的论律内容作为中国古代乐律学典案，从纵向史学渊源与传承背景以及横向跨学科理论的文化研究视野中进行研究。李荣有《汉画像的音乐学研究》（京华出版社2001年版），通过对汉代画像砖石及相关乐舞俑等音乐文物的图像学研究，获得对汉代音乐文化的新的认识，使音乐考古学的分支领域音乐图像学研究得到了长足的进步。另外，郭克俭的论文《分歧与弥合——新中国第二次声乐学术论争高潮回顾与思考》（《中国音乐学》2008年第1期），陈净野的著作《李叔同学堂乐歌研究》（中华书局2007年版）等均具有相当的学术代表性。

二、舞蹈学

（一）浙江的乐舞发展

根椐乐舞同源说，远在新石器时代，浙江的先民已出现用乐器伴奏的原始舞蹈活动。春秋战国时期，越地以祭祀为目的的巫舞风行。当时浙江一带还出现了一批专门活动于王室、贵族府邸的女乐倡优，将民间舞蹈带入宫廷，推动了舞蹈的发展。西施为越王献舞的史实，曾入明代传奇《浣纱记》中，明代张岱《陶庵梦忆·朱云崃女戏》记录了演出的场景："西施歌舞，对舞者五人，长袖缓带，绕身若环，曾挠摩地，扶旋猗那，弱如秋药。"汉魏六朝之际，浙江的舞蹈有很大发展。1973年，海宁长安镇出土的画像石，刻画乐舞百戏，场面大、种类多，充分展现了汉末吴越民间歌舞的盛况。晋代湖州德清前溪村有"前溪歌舞"盛行大江南北，及至唐代诗歌中依然可以找到前溪舞的记载。南宋时期浙江的民间舞蹈极为繁荣，傩舞盛行，临安流行的"瓦子""勾栏"的舞蹈文化，许多均含浓重的傩舞韵味。南宋吴兴人周密《武林旧事》记述南宋"舞队"节目，从名称、角色、形式来看与当代舞蹈均无多大变化。明清两代，表演性舞蹈减弱，而节庆中的自娱性民间舞蹈继续得以传承。

中华人民共和国成立后，党和政府一方面对浙江传统民间舞蹈的发展给予高度重视，另一方面努力推动专业舞蹈的发展。1954—1957年，全省共挖掘民间舞蹈节目300个左右，在此基础上，浙江省群众艺术馆又花了3年时间整理成有完整场记的节目达60多个。《奉化布龙》《渔翁捉蚌》《百叶龙》《盾牌舞》等舞蹈在全国业余会演中得奖或获较高评价。1957年，在浙江省民间歌舞巡回演出团的基础上成立了浙江省民间歌舞团，经常上演整理改编后的浙江民族民间舞蹈。1981年，文化部、国家民委、中国舞蹈家协会联合发出关于编纂《中国民族民间舞蹈集成》的通知，浙江省以《中国民族民间舞蹈集成·浙江卷》（中国舞蹈出版社1990年版）的编纂为契机，促进了浙江传统舞蹈艺术的研究、继承与发展。1957年成立的浙江民间歌舞团，1966年改为浙江歌舞团（1990年更名为浙江歌舞总团）。杭州市、宁波市、温州市也相继成立了专业舞蹈团体。这些最初以参加民间业余舞蹈会演演员为成员的专业舞蹈团体的成立，标志着浙江舞蹈艺术由民间到专业的融合与转化。在舞蹈教学方面，浙江省艺术学校（2002年融合浙江艺术学校、浙江省电影学校及浙江省艺术研究所成立浙江艺术职业学院）与温州市少年艺术学校培养了大批舞蹈专业的优秀人才。

（二）舞蹈及其艺术研究

这方面的研究，有裘樟清《论吴晓邦舞蹈美学思想的发展》（《舞蹈论丛》1985年第4辑），研究了中国现代舞创始人吴晓邦，并将其美学思想放置于中外舞蹈艺术的历史发展和现代变革的运动过程中加以论述。1999年，由吴露生主编的《中华舞蹈志·浙江卷》（学林出版社1999年版），其主干"志略"部分，整理搜集了浙江历史上流传下来的汉族与畲族共150个民间舞的资料；"文物史迹"部分选取与舞蹈相关的重要文物留存，以物证史；"史料钩沉"部分则从明清地县志及宋代《西湖老人繁胜录》《武林旧事》《梦粱录》《癸辛杂识》《西湖游览志余》等古籍中钩稽舞蹈学史料;“综述”部分史论结合,对浙江自远古以来的舞蹈史进行了总体的把握,将浙江汉族舞蹈从内容上划分为五大类,对浙江具有代表性的舞种如龙舞、狮舞、马灯舞、面具舞、船舞、小调歌舞、鬼舞等进行了重点阐述,并分析了浙江畲族舞蹈的文化渊源与习俗特性;概括了浙江舞蹈的艺术特征,即刚柔互补的秀美之气、歌舞交映的情节发展、巧用道具的形式美感、品种多种统一的整体舞姿。

第三节　戏剧学与影视学研究

浙江在中国古代戏曲史上具有特别重要的地位。与此相应,浙江的古代戏曲研究也有着深厚的文化积淀。影视学虽属新兴学科,但其在中国发展之始,浙江的艺术家及学者就在电影电视创作与研究方面,占有重要的地位。

一、戏剧学

(一)浙江古代的戏剧及其理论研究

浙江是中国古代最早成熟的戏曲形式“南戏”的发源地,又是北杂剧的中心,更是明清传奇的主要阵地。洪昇的《长生殿》,被誉为清代戏曲的“双璧”之一,代表着中国古代戏曲的最高成就。

明清以来的戏曲研究,大体有三种形式:文献学,如徐渭《订正元本北西厢》、陈与郊《古名家杂剧》、臧懋循编《元曲选》、王骥德校注《西厢记》《琵琶记》等;作家作品品鉴,如吕天成《曲品》、祁彪佳远山堂《曲品》和《剧品》等;曲学理论,如徐渭《南词叙录》、王骥德的《曲律》、沈德符《顾曲杂言》、凌濛初《谭曲杂劄》、王思任《批点玉茗堂牡丹亭叙》等。李渔的《闲情偶寄》是民族戏曲理论中有代表性的、自成体系的著作,代表着清代戏曲理论的最高成就。时至近代,王国维在完成了《曲录》《戏曲考原》《录鬼簿校注》《优语录》《唐宋大曲考》《录曲余谈》《古剧脚色考》等系列著作的基础上,于1912年撰写了《宋元戏曲考》,是中国第一部系统研究戏曲发展的专著,从而开拓了对古代戏曲研究的新局面。此后,钱南扬的《宋元南戏考》《宋元南戏百一录》(1956年增订成《宋元戏文辑佚》,上海古典文学出版社,1956)为较完备的宋元南戏资料汇辑等。赵景深的《宋元戏曲本事》、《元明南戏考略》(作家出版社1958年版)等10余种著作,奠定了现代南戏研究的基础。董每戡著有《中国戏剧简史》(商务印书馆1950年版)、《西洋戏剧简史》《戏剧的理论和欣赏》《五大名剧论》等,其《中国戏剧简史》上起远古、下迄民国,是继王国维《宋元戏曲考》以后,中国人自著的较早的戏剧通史。

(二)现当代浙江的戏剧学研究

中华人民共和国成立以后,浙江对古代戏曲的研究,形式上大体继承明清戏曲研究格局。王季思于1954年出版《西厢记》校注,并相继撰写了《〈西厢记〉叙说》(《人民文学》1955年9月号)及探讨《西厢记》作者问题等论文;胡士莹撰写了《伟大的杂剧作家关汉卿》(《杭州日报》1958年1月5—7日)等一系列文章;戴不凡有《戴不凡戏曲研究论文集》(浙江人民出版社1982年版)等,皆为这一研究领域的佳作。1980年,温州成立南戏研究小组,编辑出版了《南戏探讨集》(共5辑)(浙江省温州市艺术研究室,1980—1985)。1987年全国性的南戏学会在温州成立,王季思任名誉会长,徐朔方任会长,学会举办多届学术研讨会,发表了一系列南戏研究论文。徐朔方的戏曲研究成果丰硕,5卷本《徐朔方集》(浙江古籍出版社1999年版)第1卷"曲论编"收金元杂剧、南戏及传奇研究文章42篇(组),其《晚清曲家年谱》3卷集39位曲家年谱为一书,对谱主的生平、著述、交游进行了详尽考证,澄清了戏曲史上许多疑难问题。此书不仅征引丰富,而且每个年谱前均冠以作者的引论,各谱之间又互为补充,突破了传统年谱的框架,可当别具一格的晚明戏曲史读。1988年,国家统修的专业性方志丛书之一《中国戏曲志·浙江卷》由中国ISBN中心出版,这部凝聚着许多戏曲研究者心血的著作,充分体现浙江戏曲改革成就和研究水平,为进一步开展戏曲及艺术史的研究打下了坚实的基础。

20世纪80年代之后,专家学者的研究视阈和方法都有了扩大和提高。比如张永绵的《元曲语言研究述略》(《浙江师范学院学报》1984年第1期),梳理了自五四新文化运动以来元曲的语言研究的历史,旨在从方法论的角度作一些总结和分析。吴金韬的《〈西厢记〉和〈罗密欧与朱丽叶〉的继承和创新》(《宁波师范学院学报》1984年第3期)采用中西戏剧的比较方法。陈衍《中国古代编剧理论初探》(湖北人民出版社1984年版)探索戏剧创作理论。朱克玲的《悲剧与喜剧》(文化艺术出版社1985年版),把社会历史过程的矛盾运动和审美观赏过程的心理运动结合起来,研究审美意义上的悲剧和喜剧。洛地数十年研究戏曲,成果丰硕,后结集于《洛地文集》卷二、卷三(戏剧)(艺术与人文科学出版社2007年版)中,其特点是对戏曲本体之音乐属性有深入的研究,并以"独见""创说"闻名于学界,构成了自己的"洛氏体系"。浙江艺术职业学院徐宏图长于戏曲史研究,其断代史《南宋戏曲史》(上海古籍出版社2008年版)和地域史《浙江戏曲史》(杭州出版社2010年版),史料丰富,在体例上均有首创之功。其《南戏遗存考论》(光明日报出版社2009年版)提出"遗存"新命题,拓展了传统南戏的研究范围。汪超红继《明清曲家考》(中国社会科学出版社2006年版)之后,又呈力作《明清浙籍曲家考》(浙江大学出版社2009年版),史料翔实,考证严谨,是研究明清戏曲与文学、浙江地域文化的重要参考书。

现代戏剧研究方面,浙江也是人才济济。以话剧为代表的现代戏剧肇始于晚清,以李叔同、曾孝谷(早年就学于浙江)等人创办春柳社上演文明戏为标志,王钟声也是现代戏剧的奠基人之一。宋春舫是五四时期第一批介绍欧洲现代戏剧的学者之一,著有《宋春舫论剧》。其间,梁实秋翻译《莎士比亚戏剧全集》37卷;董每戡著《西洋戏剧简史》;顾仲彝翻译《英美独幕剧选》,著《编剧理论与技巧》。20世纪80年代以来,浙江戏剧研究代表性的成果有:陈衍《戏剧冲突散论》(《语文战线》);陈坚所著《夏衍的生活和文学道路》(浙江文艺出版社1984年版)是国内出版较早且影响较大的一部夏衍研究专著。还有陈坚的《〈日出〉的结构艺术》(《中国现代文学研究丛刊》1986年第2辑),包维岳的《论〈子夜〉的结构艺术》(《文艺论丛》1986年第23辑)亦为佳作。21世纪初,陈坚与盘剑合著《20世纪中国话剧的文化阐释》(时代文艺出版社 2001 年版），对中国话剧作以研究。何辉斌《西方悲剧的中国式批判》（中国社会科学出版社 2007 年版），将中国文化中的儒家和道家智慧用于西方悲剧批评。胡志毅的《国家的仪式：中国革命戏剧的文化透视》（广西师范大学出版社 2008 年版），选取了从延安到“文化大革命”时期的革命戏剧作为研究对象，试图通过当代中国非常重要的历史时期中的戏剧剧目和演出状况，更深入地梳理这些表征之下蕴含着的相当厚重和复杂的历史脉络，以及关乎国家命运的意识形态问题。

二、影视学

（一）民国时期浙江的电影事业研究

清朝末年，电影传入中国。在早期，上海知名的电影人士中，浙江籍的占了三分之一强。20 世纪 30 年代，以夏衍、袁牧之为代表的一批浙江籍进步作家投身电影创作事业，创造出《狂流》《春蚕》《女性的呐喊》《桃李劫》等一批具有浓郁的反帝反封建色彩的电影作品。中华人民共和国成立后，袁牧之、夏衍先后成为中国电影界的掌门人，电影文学创作开始活跃。镇海人邵逸夫在 1958 年于香港成立邵氏兄弟电影公司，拍摄过逾千部华语电影，他旗下的电视广播有限公司主导着香港的电影行业。

浙江籍电影人在电影评论、电影教育方面也造诣非凡。左翼电影时期，有著名影评家、理论家王尘无，左翼剧联影评小组成员毛羽等。

（二）中华人民共和国成立后浙江的电影事业研究

20 世纪 50 年代后，浙江籍电影人或著书立说，或担任重要电影刊物的主编，为中国电影理论建设贡献力量。如邢祖文为《中国电影发展史》编著者之一，张建勇任《当代电影》主编等。在电影教育方面，沈嵩生任北京电影学院院长、罗光达任副院长，干学伟、汪岁寒任教授。作为早期电影的开拓者和引领者，夏衍有《夏衍剧作集》《夏衍电影剧本集》，还有《写电影剧本的几个理论问题》等理论著作。

20 世纪 80 年代改革开放后，浙江籍电影家继续在电影界起着重要作用。而此时，浙江的电视事业也有了一个辉煌的开端，浙江影视伴随着经济的腾飞而步入快速发展阶段。20 世纪 90 年代至 21 世纪初，浙江的影视研究虽然相对于影视艺术的繁荣而显得有些不相匹配，但也取得了可喜的成绩，如李广德《电影评论写作学》（浙江大学出版社 1992 年版）、金章才《论影评人的基本素质》（《杭州师范学院学报》1994 年第 2 期）、胡志毅《刻意挖掘当代中国女性的精神境界——电视剧〈中国空姐〉中的“女性意识”读解》（《北京广播学院学报·现代传播》1996 年第 2 期），卢守怡、汤丽娟《电视剧的情节美学》（《杭州师范学院学报·社会科学版》2001 年第 3 期）等。盘剑长期从事影视艺术研究与教学，著有《映像创造——影视艺术文本创作与观众接受的双向研究》（中国文联出版社 2001 年版）、《革命文艺与商业文化的双向选择——论夏衍三十年代的电影文学创作》（《文学评论》2001 年第 3 期）、《走向泛文学——论中国电视剧的文学化生存》（《文学评论》2002 年第 6 期）、《论鸳鸯蝴蝶派文人的电影创作》

(《文学评论》2004 年第 6 期)、《选择、互动与整合:海派文化语境中的电影及其与文学的关系》(浙江大学出版社 2006 年版),并主编高校教材《影视艺术学》(浙江大学出版社 2004 年版)。林吕建主编的《浙江电视剧发展史》(浙江大学出版社 2004 年版),对 1978—2002 年浙江省电视剧发展状况作了考察,既有历史的描述,也有作品的分析;所著《传播学视野中的中国影视艺术》(光明日报出版社 2006 年版),从传播学视角出发,综合运用艺术学、文化学、经济学等理论,研究影视艺术传播的科技环境、文化环境、产业环境和受众环境,揭示影视艺术传播与环境、本体与环境的互动机制,梳理出其中的特点和规律,探讨现代化语境下影视艺术生存与发展之道,从而给影视艺术生产、传播实践和影视艺术素养教育实践以新的启示。刘阳著《媒介转型论——从第五代、第六代导演看中国当代电影的商业化转型》(中国传媒大学出版社 2008 年版),选取中国第五代、第六代电影导演的商业化转型这一特殊视角加以观照,从转型的时代语境、商业意识、表述策略、审美风格等方面进行分析,深入触及当代中国电影转型过程中存在的种种问题,并结合国外影视创作现状进行纵横对比,提出建议与对策。

第四节　美术学研究

浙江的美术史研究一直在全国处于领先地位,且持续发力。20 世纪 80 年代之后,成就更为突出。浙江又是近代美术教育的发源地,并在传统美术教育向现代转型过程中发挥了重要作用。现当代浙江学人在美学评论方面颇有成就,曾引领全国性的"新潮美术"之争。

一、美术史研究

(一)20 世纪浙江的美术史研究

20 世纪初以来,由于社会结构的变化和西学东渐的影响,中国的美术史学因引进了科学的方法而别开生面。张宗祥《书学源流论》(1919 年撰,手稿存浙江图书馆,见《历代书法论文选续编》),有别于传统书论,是一部体系明确且较为完备的书法艺术学著作,其体系结构、研究范围和方法,都对当代书法艺术学体系的构建具有启示作用。潘天寿的《中国绘画史》(商务印书馆 1926 年版),对后来的美术史研究起到了积极的推动作用。

中华人民共和国成立后,浙江的美术史研究成就突出地体现在王伯敏、沙孟海等人编著的一系列著作中。王伯敏所著《中国版画史》(上海人民美术出版社 1961 年版)、《中国版画通史》(河北美术出版社 1982 年版),是中华人民共和国成立后最早的系统阐述中国版画发展的专史。其《中国绘画通史》(三联书店 2008 年版),对历代画事、画家及画作均系统地加以评价,更增补了最新出土资料 130 余处,是迄今最完备、最全面、最具规模的一部关于中国绘画发展史的专著。其主编的《中国少数民族美术史》,是中国第一部大型的民族美术史著作。由其组织全国各地 17 位专家通力合写的《中国美术通史》(山东教育出版社 1987—1988 年版),集国画、雕塑、版画、油画、书法篆刻、建筑艺术、工艺美术六门艺术于一体,涉及各朝各代美术家2000多人，囊括上下几千年。1988年，该书获首届“中国图书奖”，是浙江省乃至全国美术史论界第一个文化艺术类图书大奖。

在书法史、印学史研究领域，沙孟海晚年作出了积极的探索与重大的贡献。其所著《印学史》（西泠印社出版社1999年版）结合印章图例，介绍印章的产生、发展、变迁及著名的印学派别、名家及名作；编著的《中国书法史图录》第1、2卷（上海人民美术出版社1991，2000年版），以图谱的形式收录了大量自新石器时代至清代的经典书法作品，系统演示了中国古代书法的发展历程。其中有相当数量的书法真迹或碑版拓本庋藏于国内各大文博单位，赖此编得以首次刊布。其著论述考究，积平生潜修之功，与徐邦达所著《中国绘画史图录》珠联璧合，对中国古代艺术史研究影响甚巨。

关于少数民族美术史研究，陈野有多方面的系列成果。其著《中国南方民族文化之美》（台湾东大图书出版公司1998年版），重言中国南方少数民族美术特征与美术史。其合作撰著《中国少数民族美术史》（副主编并撰12个民族40万字，福建美术出版社1995年版）6卷本，300万字，为中国第一部全面系统论述55个少数民族美术史的大型史书。其论文涉猎绘画艺术与工艺美术之史论，如《百越民族的玉器》（《新美术》1992年第1期）、《纳西族东巴画的古今流变》（《新美术》1993年第3、4期）、《浙江青瓷与“陶瓷之路”》（《文史知识》1996年第10期）、《沧源崖画“鸟形人”图形释读》（《浙江学刊》1999年第5期）、《试论民间话语在岩石释读中的作用》（《2000年国际岩画委员会年会论文集》，宁夏人民出版社2001年版）等，甚为精湛。

（二）21世纪初浙江的美术史研究

21世纪初，新编美术史不断涌现，如洪再新著《中国美术史》（中国美术学院出版社2000年版），展示了民国以前中国古代美术演变的宏大画卷。陈野著《浙江绘画史》（杭州出版社2005年版）及《南宋绘画史》（上海古籍出版社2008年版），后著分别从宫廷画、水山画、人物画、花鸟画等层面，展现宋代画师们的艺术功底和特色，认为宋代的绘画是中国绘画艺术发展史上的一个高峰。方爱龙的《南宋书法史》（上海古籍出版社2008年版）论述中吸收了历代书法理论研究的成果，内容中穿插了南宋书法名家的传世或摹刻墨迹。孔令伟的《风尚与思潮：清末民国初中国美术史的流行观念》（中国美术学院出版社2008年版）则对近代美术史的风尚与思潮作出了自己的理解和把握。

文献研究是美术史研究的基础，在这方面也有许多成果。如民国时期余绍宋的《书画书录解题》，运用“科学新理”，对古代书画文献进行了科学的整理分类，是近代中国画学研究的重要成果。20世纪80年代，任道斌致力于美术家年谱研究，有《方以智年谱》（安徽教育出版社1983年版）、《赵孟頫系年》（河南人民出版社1984年版）、《董其昌系年》（文物出版社1988年版）等。何鸿的《浙江历代书画鉴藏及鉴藏家印鉴》（中国美术学院出版社2010年版）对浙江宋以前至近现代的书画鉴藏进行了梳理。

美术史作为一门学科起源于近代西方国家，浙江的学者也十分关注西方美术史的学术演变。如范景中曾翻译贡布里希的《艺术发展史》《艺术的故事》《艺术与科学：贡布里希谈话录和回忆录》等一系列著作，主编《美术史的形状——从瓦萨里到20世纪20年代》（中国美术学院出版社2003年版）、《西方美术史的文献和书目》，通过对这些西方美术史研究前沿著作的介绍，帮助国人了解西方美术史的探索方法、一般理论和学术演变。欧阳英、潘耀昌编的《外国美术史》（中国美术学院出版社1997年版），简要介绍了从史前社会到20世纪的外国美术历史。陈平《西方美术史学史》（中国美术学院出版社2008年版），叙述西方美术史学发展的历史。许江、杨参军等《历史性题材绘画研究——全国及浙江历史文化重大题材美术工程油画创作研究报告》，关乎美术创作重大题材的研究，可谓有史识。

二、美术教育研究

（一）20世纪浙江院校的美术教育研究

浙江是近代美术教育的发源地，在中国传统美术教育向现代转型中发挥了重要的历史作用。经亨颐担任校长的浙江第一师范学校和创办的春晖中学，推行"人格教育"，为国家培养了一大批优秀的美术人才；李叔同、丰子恺、潘天寿师生相沿，将美育的种子传播开来。李叔同是现代美术教育的先驱。他首次将西方美术教学方法较完整地引入到近代中国美术教育中，将中国传统美学思想与西方美术教学法相结合，形成了适用于本土的教学新法，走出了一条促进传统美术教育发展的中西美术教育融合之路。

1928年，教育家蔡元培怀着"科学美术""以美术代宗教"的新兴美术思想，邀林风眠在杭州创建了中国第一所综合性的国立高等艺术学府——国立艺术院，也就是现在中国美术学院的前身。建院以来，聚集和造就了一大批中外闻名的艺术家，如林风眠、潘天寿、黄宾虹、刘开渠、吴大羽、颜文樑、倪贻德、李苦禅、李可染、艾青、陈之佛、庞薰琹、雷圭元、萧传玖、关良、黄君碧、常书鸿、董希文、王式廓、王朝闻、李霖灿、邓白、吴冠中、赵无极、朱德群、罗工柳等，都曾在这里留下耕耘的足迹。当今许多活跃在国内外艺坛的知名艺术家也曾经在此学习、教学。历任校长有林风眠、滕固、吕凤子、陈之佛、潘天寿、汪日章、刘开渠、莫朴、肖峰、潘公凯、许江。

潘天寿两度担任中国美术学院院长，他的美术教育思想，与林风眠的"融和中西"相比较，更着重在"振兴民族艺术"这个中心点上。他认为每个国家的民族，都应有自己独立的文化艺术，作为国家民族的光辉；学习中国的艺术，应以中国的方法为基础。他所主张的美术教育，以"人格教育"为主干，以"学识修养"为支撑，以"借古开今"为途径，以"创新精神"为动力，以民族文化艺术的传承和发展为内容。在中华人民共和国成立后的十几年时间里，他倡导了中国画教学的改革，与当时的国画系主任吴茀之，教授诸乐三、方增先等人一起，构建了一套人物、山水、花鸟独立分科，以白描、双钩为造型基础训练，熔诗书画印于一炉，建立基于传统笔墨趣味的浙派教学体系。浙派美术教学体系与北派美术教学体系双峰并立，对中国的学院美术教育具有深刻的影响。唐楷之《生命现场：中国美术学院现代书法教育创新特色》（中国美术学院出版社2010年版），对中国美术学院自蔡元培、林风眠、潘天寿所创的现代书法教育进行了历史的回顾和总结。

(二)21世纪初浙江的高等美术教育研究

21世纪伊始,许江担任中国美术学院院长,提出"多元互动、和而不同"的学术宗旨,制定"增强传统优势学科高点、营造设计学科亮点、拓展新型学科增长点"的学科发展策略,带领美院建构起环环相扣、共生共进的美术学和设计艺术学学科链状结构,建立起二段式、工作室制的教学机制,倡导和落实"重建美院理论讲坛高度、践履中国传统文化思想"的一系列理念和措施,倡导品学相通、古今相通、中外相通、艺理相通的通人之学、成人之境的思想。这些教育理念和方法,在当今中国的高等美术教学中具有"纲领性"效应。中国美术学院已成为当今国内在造型艺术领域中,学科最完备、规模最齐整的综合型美术学院。

浙江美术教育,除了中国美术学院之外,师范类高等院校,如杭州师范大学、浙江师范大学等,美术教育的门类设置也较齐备。浙江艺术职业学院也是美术教育的重要基地。浙江一些综合性的大学如浙江大学、宁波大学、浙江工业大学、浙江理工大学、浙江工商大学、温州大学、绍兴文理学院等在最新的院系调整中,都设立了艺术学院或美术学院,培养美术人才。

美术教育研究的专论性著述,如翁震宇《美术教育概论》(中国美术学院出版社2009年版)以"感悟"与"终极关怀"为精神主题,围绕美术教育展开论述,内容包括美术教育的发展过程与涵义衍变、美术教育的性质与特点、价值与目的、原则与方法以及美术教学等,并就当代中国美术教育提出具有重要价值与前瞻性的观点与思考。潘耀昌《中国近现代美术教育史》(中国美术学院出版社2002年版),聚焦于中国近现代美术教育思想和教育实践的发展历程,凸现了20世纪中国美术教育中的大事件,记述了各个时期的主要教学流派及其代表人物。

三、美术评论

(一)古代、近代浙江的美术评论

浙江美术在远古时代便产生了,但美术理论要晚得多。传统美术理论多依附于文论,且多为只言片语,缺乏系统性。东汉王充的《论衡》中已表现出绘画评论和美学思想。西晋陆机也辨识过画与文的关系。唐代顾况的《画评》,元代黄公望的《写山水诀》、王绎的《写像秘诀》和《彩绘法》等,都是对绘画实践的经验总结。明代画学著作超过前代,宋濂、徐渭、高濂、屠隆、李日华等人都有著作行世。

晚清民国,王国维主张美术应有自己的独立地位,认为自然之美是"美的第一形式",经过艺术家的表达,转化为"美的第二形式",指出不论是美术创作还是欣赏,人的追求都是美的第二形式。他的"一切之美,皆形式美"的观点,成为近代中国美术史上"为艺术而艺术"的思想先驱。蔡元培寄希望于以纯粹之美育来陶冶人们的感情,把美育作为改造国民精神的手段,主张"为人生的艺术""美术救国"。鲁迅受蔡元培的影响,承认美术的社会功利性,主张美术"为立人",提倡大众美术。此后,黄宾虹、李叔同、丰子恺、潘天寿、林风眠等人,在传统美术理论的基础上,扩大研究领域,更新研究方法,促进了近代美术向现代美术的转变。

(二)现当代浙江的美术评论

从浙江美术教育和研究的重要阵地中国美术学院的发展史来看,清末至现当代的美术家、教育家们,无不在理论与实践的相互促进下,不断地推动着美术向前发展。如颜文樑《美术用透视学》(上海人民美术出版社1957年版),周轻鼎《周轻鼎谈动物雕塑》(浙江人民美术出版社1990年版),陆维钊《书法述要》(浙江古籍出版社1985年版),吴茀之《中国画理概论》(上海书画出版社2010年版)、《画论笔记》《画微随笔》,关良《关良艺事随谈录》,倪贻德《西洋画概论》《色彩琐谈》《倪贻德美术论集》(浙江美术学院出版社1993年版),刘开渠《刘开渠美术论文集》(山东美术出版社1984年版),邓白《邓白美术文集》(浙江美术学院出版社1992年版)、《潘天寿评传》(浙江美术学院出版社1988年版),陆俨少《山水画刍议》(上海人民美术出版社2006年版),方增先《怎样画水墨人物画》,肖峰《谈艺论美》(浙江美术学院出版社1992年版)、《肖峰谈艺录》《论油画技法》,潘公凯论文集《限制与拓展》(浙江人民美术出版社1997年版)等,可谓传承有序。

20世纪80年代,杨成寅(生于河南南阳,长期任职中国美术学院)积极投入当代美术评论和美学理论的研究,撰写了数十篇在全国美术界具有影响力的评论文章,翻译有300多万字的俄、法、英等国的美术理论著作,专著有《石涛画学本义》《美学范畴概论》《太极哲学》(学林出版社2003年版)等。自1982年始,他针对西方现代美术思潮发表了一系列评论文章:《抽象派美学的困境》(《新美术》1982年第4期)、《抽象理论探源》(《美术译林》1984年第6期)、《自我表现理论及其美学基础》(《新美术》1984年第1期)、《一股美术思潮之概观》(《美术》1986年第6期)、《西方现代派美术的基础面貌》(《大众美术报》1988年连载)等。这些文章具体分析了西方现代主义艺术思潮的性质、倾向、形态及其同中国"新潮美术"之间的密切关系,在《文艺报》和《美术》杂志上引发了一场围绕"新潮美术"的全国范围的美学论争。

同一时期,丁宁编著的《美术心理学》(黑龙江美术出版社1994年版),包括美术心理学的当代进展及其前景、美术渊源和人类心理、美术的心理功能、美术作品的形式构成、美术家的心理结构、美术家与超常心理、美术接受心理、美术史和心理学九部分内容,为美术评论提供心理学支撑。画家评论方面,有陈星的《弘一大师绘画研究》(北岳文艺出版社2006年版),以原件、史料等第一手资料为基础,以学术为原则,对新发现的弘一大师出家后的绘画作品作以真实的研究。不凭"感觉"来评判作品的真伪。朱晓江《有情世界:丰子恺艺术思想解读》(北岳文艺出版社2006年版),从儒、释、道思想全面分析丰子恺的艺术作品。毛建波《余绍宋的山水画艺术——兼及对20世纪上半期传统文人山水画的考察》(《新美术》2006年第2期)有助于开启对过去美术史上有所忽略的余绍宋其人其作的重新认识。全山石、曹意强《名家点评大师佳作:欧洲油画》(山东美术出版社1998年版),曹意强所著的《时代的肖像:意大利文艺复兴艺术巡礼》(文物出版社2006年版)、主编的《美术鉴赏》(高等教育出版社2009年版),这些论著始终贯穿着这样的思想:美术作品在给人以审美愉悦的同时,也改变了我们观看世界的方式,由此塑造了我们的创造性思维模式。

第五节　艺术设计学研究

艺术设计是一门技术和艺术融通的新兴的边缘学科。浙江学人以中国美术学院为基地，较早地介入艺术设计及学科建设研究，并在这一领域占有重要的学术地位。

一、艺术设计学基本原理

（一）现代艺术设计理论的探索

现代艺术设计是20世纪西方国家伴随着工业革命所带来的机械化大生产而逐渐形成的新兴学科。中国从1980年代以后逐渐用现代设计的概念取代原先的工艺美术概念。近20年来，以中国美术学院为代表的浙江高校艺术设计学在基础理论的探索与研究上结出了丰硕的成果。

由潘公凯、卢辅圣主编的《现代设计大系》（上海书画出版社2000年版），包含曹增节编著的《设计造型基础》，朱淳编著的《工艺与工业设计》，郑巨欣编著的《染织与服装设计》《视觉传达设计》。吴家骅、朱淳著《环境艺术设计》5个分册，每一分册的规模为正文约40万字，图片约2000幅，内容分历史状况、设计原理和应用实践三部分，采用条目化的方式编纂而成，体现了现代设计诸多分支的历史积淀、存在原理和发展动向，对现代设计学科基础理论的探索具有奠基和指导意义。

（二）艺术设计学的专题研究

环境艺术、公共艺术设计研究。如俞雄伟编著《环境艺术设计丛书》之《室内效果图表现技法》（中国美术学院出版社2004年版）、朱淳等编著《建筑表现技法》（中国美术学院出版社1996年版）、施慧编著《公共艺术设计》（中国美术学院出版社1996年版）、雷达编著《家具设计》（中国美术学院出版社1995年版）、朱伟编著《环境色彩设计》（中国美术学院出版社1995年版）、吴家骅著《设计思维与表达》（中国美术学院出版社1995年版）、俞雄伟编著《室内效果图表现技法》（中国美术学院出版社1995年版）、朱淳编著《展示设计》（中国美术学院出版社2000年版）等。由吴晓淇等编著的《建筑与环境意象表现丛书》（中国美术学院出版社2005年版），收录有《环境艺术表现入门》《计算机绘图技法》《硬笔线描及淡彩技法》《水彩渲染及相关表现技法》《环境艺术设计表现入门》等著作。这些成果，大多包括艺术设计概论及基本原则、技法，兼理论性与实用性于一体。

综合艺术设计研究。赵延年的《木刻艺术》（浙江美术学院出版社1988年版）、邓小鹏的《装潢美术》（1988年），是较早反映木刻与装潢原理的专著。此外，还有张艺声的《艺术创造工程学》（作家出版社1999年版），陈志明的《设计素描的视觉造型元素与形式表现语言》（《新美术》2009年第2期）等。在这些艺术设计中，不乏创新门类的开拓，如郑巨欣的《染缬艺术》

(浙江美术学院出版社 1992 年版),从不同角度讲述此项工艺,为该领域的拓荒之作。

二、设计史论

(一)工艺美术史本土研究

设计史论很大一块内容,集中在工艺美术史论。浙江自古以来,丰富的工艺美术遗存奠定了史学研究的基础。余姚河姆渡文化和萧山跨湖桥遗址表明,在 7000 年前的新石器时代,浙江先民就能制作牙雕、骨雕、夹炭黑陶和彩陶。浙江是中国瓷器的重要发源地和主要产区之一,浙东的陶瓷发展,为人类社会的物质文明和精神文明作出了卓越贡献。越窑青瓷制作精美,六朝时即为翘楚,唐宋时的“秘色”青瓷,更是代表着中国陶瓷艺术的至高成就,不仅与金银、宝器、丝绸并列为宫廷的贡品,而且漂洋过海,走出一条“陶瓷之路”,成为世界人民赏爱的珍宝。宋金时的龙泉窑,是继越窑之后的青瓷工艺中心,也是中国当时出口最多的青瓷产地。尽管明代以后,浙江陶瓷业发展速度开始放缓,但现代龙泉青瓷依然继承了“雨过天青云破处,梅子流酸泛绿时”的传统工艺和色泽。宁波市博物馆林士民的《青瓷与越窑》(上海古籍出版社 1999 年版),是全面研究与探讨青瓷与越窑的专著,以丰富翔实的第一手考古资料见长,厘清了浙东青瓷的历史绪脉,对越窑青瓷的装饰艺术、装烧工艺、技艺的传播以及越窑的兴盛与衰落的历史原因等问题,展开了全面的探讨研究,可当作一部青瓷工艺史。唐勤彪、林华东《玉笥堂藏越窑青瓷》(文物出版社 2007 年版)所收器物,上起战国,下至唐宋,多达 170 余件,展示了起源最早、规模最大、烧制时间最长、影响最为深远的越窑青瓷体系。吴战垒《图说中国陶瓷史》(浙江教育出版社 2001 年版),长于以文史证器物,发人所未见,尤其是对浙江诸窑口器物的介绍,结合数十年收藏识鉴的经验和物证,颇多新得。

除陶瓷外,浙江在金属工艺、漆器工艺、染织工艺、家具工艺、雕刻工艺以及牙骨雕等工艺上都有深厚的历史积淀。工艺美术教育家郑白著有《浙江民间工艺选集》。在新的历史时期,勤劳智慧的浙江工艺人又谱写出新的篇章。浙江省工艺美术研究所编写的《绚丽多彩的浙江工艺美术》(轻工业出版社 1986 年版),精选内容包括东阳木雕、青田石雕、乐清黄杨木雕、宁波朱金木雕、宁波泥金彩漆、宁波骨木镶嵌、瓯塑、湖笔、硖石灯彩、西湖绸伞、萧山花边、双林绫绢、宁波金银彩绣、海门雕绣、杭州织锦、温州十字花台布、瓯绣、平湖丝毯、嵊县竹编、浦江麦秆扇、天竺筷子、黄岩翻簧、慈溪金丝草帽、龙泉宝剑、杭州王星记扇子、杭州张小泉剪刀、乐清细纹刻纸、泰顺车木玩具、嵊县泥塑、台州麻草编织等 30 项,是对中华人民共和国成立以来浙江工艺美术新发展的一次总集呈现。

(二)国内、国际艺术设计史论

浙江对艺术设计的学科意义上的史学研究,始于 20 世纪 80 年代之前,工艺美术方面有陈叔亮的《漫谈工艺美术》(《陈叔亮文集》,山东美术出版社 2011 年版)。陈叔亮,曾任中央工艺美术学院党委书记、院长,在延安鲁迅艺术学院任教时出版有《新美术运动及其他》(《陈叔亮文集》),编著的《窗花》一书是最早研究中国剪纸艺术的专著。袁迈,1956 年调中央工艺美术学院任商业美术专业的系主任，此前于1954—1955年访问罗马尼亚、保加利亚等国，著有《罗马尼亚工艺美术品选集》《保加利亚工艺美术品选集》(人民美术出版社1958年版)。

20世纪80年代之后尤其是21世纪初，以中国美术学院为主力，出版有许江、宋建明主编的《新设计丛集》(中国美术学院出版社2005—2008年版，1—6集)。该丛书从2006—2010年底已出版6集，每集又或分A、B、C版不同的板块内容。A版以设计史论为主，注重学术性；B版关注时尚前沿动态，推介业内焦点人物，提倡概念设计案例，强调当代性；C版以发表已实施的优秀应用设计案例为主。六集史论文章，可以反映艺术设计研究的方方面面，其中如沈雁、包铭新、莫艳《从系带到纽扣——中国古代服饰闭合系统研究》，阙碧芬《明代提花丝绸图案与设计》，茅惠伟《宋锦新探》《礼藏于器——青瓷的形制与人文精神》《明清紫砂壶制作工艺研究》等，是对传统艺术设计的研究；陶音、严磊《旧物移用与创新——传统文化之当代设计体验》，袁宣萍《西方人眼中的"中国设计"及其变迁》，汪建军《东方美学对德国"现代主义"设计运动的影响》，是以中国传统艺术设计的当代运用和国际影响为研究角度；赵榕《后资本主义的"社会压缩器"——库哈斯建筑作品的空间模式初探》、陈平《装饰纹样的历史重构——论李格尔的纹样史基础》，将西方艺术设计纳入研究视野；董奇《现代设计方法论的历史及其对教学的启示》，朱海辰《新中国十七年招贴画艺术》，陈永怡《传统招幌的视觉特点和民俗意蕴》，张道一《造物艺术的角度转换》，俞佳迪《中国美术学院平面设计教育(1937—1949)》，石建航《新传播时代的视觉传达设计》，方舒弘《书籍装帧形态研究》等文论，都表明艺术设计已经突破传统的工艺美术范畴而走向现代的琳琅满目。

在设计史论方面成果丰硕，如郑巨欣《中国传统纺织品印花研究》(中国美术学院出版社2008年版)对中国传统印花的技术、艺术与文化背景做了全面的介绍，在艺术和科技的结合研究上，开拓了有益的尝试，填补了国内对这项研究的空白，不但有学术价值，而且对现实生产也有一定的参考价值。其《梳理的文明——关于梳篦的历史》(与陆越合著，山东画报出版社2008年版)介绍了古今中外梳篦林林总总的工艺，并从中考察梳篦的工艺文化，从器物阐明了文明的演进。郑立君《场景与图像——20世纪的中国招贴艺术》(重庆大学出版社2007年版)，既梳理了20世纪中国多种招贴艺术产生与发展的脉络，分析图像的能指符号、总结概括图像背后的所指意义，又把它们串联在中国招贴艺术发展的主线上进行总体把握，从而探索出20世纪中国招贴艺术发展的规律。宋建明《色彩设计在法国》(上海人民美术出版社1999年版)介绍法国的建筑色彩设计，旨在洋为中用。吴海燕有《设计意识和操作能力交融的循环升华——服装基础教学内容改革的尝试》《服装设计中的文化要素》《服饰配色》《吴海燕服装精款》等，她认为，创新中国为设计师提供了无限机遇，要培养自己对广义市场及目标市场的调查研究习惯，形成对流行现象的认同性、敏感性、应用性和设计性。

三、设计美学

(一)造型艺术设计研究

中国美术学院是国内造型艺术研究的重地。20 世纪 80 年代,顾方松著有《凤鸟图案研究》(浙江人民美术出版社 1984 年版)、《敦煌图案》(《杭州工艺美术》1985 年连载,阐明了中国古代纹饰图案中包含的生命力想象与民族的审美理想。潘耀昌致力于欧美造型艺术的理论研究,译介了瑞士著名美术家与美术史家沃林夫林的《艺术风格学》(辽宁人民出版社 1987 年版)。此外,刘江在篆刻美学方面,陈淞贤、熊寥在陶瓷美学方面,陈振濂在书法美学方面也多有建树。

在设计美学方面,还有许喜华的《工业造型设计》(浙江大学出版社 1986 年版),认为工业造型设计是融科学的理智与艺术的情感、技术美与艺术美于一体的创造性的设计活动。卢少夫《立体构成》(中国美术学院出版社 1993 年版),阐述了美的立体构成。周刚《体验设计 · 色彩》(中国美术学院出版社 2004 年版),体现设计中的色彩之美。韩光煦、韩燕编著的《别墅及环境设计》(中国美术学院出版社 2006 年版),体现建筑设计中的环境之美。黄幼钧《巧夺天工——中外工艺艺术鉴赏》(广西人民出版社 1990 年版)从和谐统一的形式美、作为骨架的造型美、视觉愉悦的色彩美、变化有致的构图美、丰富多彩的纹样美、自然天成的材质美、富有情趣的意境美等七个方面,对中外工艺艺术进行了鉴赏。吴战垒《鉴识青花瓷》(福建美术出版社 2002 年版)、《鉴识古砚》(福建美术出版社 2002 年版)鉴识了瓷器和古砚之美。黄厚明《从良渚玉器神像到青铜器饕餮纹》(《艺术学研究》2009 年第 3 集)、《商周青铜器饕餮纹的文化原型》(《南京艺术学院学报 · 美术与设计版》2009 年第 1 期)、《良渚文化“鸟人纹像”的内涵与功能》(《民族艺术》2005 年第 1、2 期)等,对良渚玉器、商周青铜器的纹样进行了研究。黄雅峰《汉画像石的平面装饰形式分析》,则是对汉代画像石的装饰形式作了分析,从而深化了对汉画像石这一在中国艺术史上具有重要意义的艺术现象的理解。

(二)建筑美学研究

在建筑美学研究方面,杭州的董大酉成果显著,其于民国 11 年(1922 年)清华大学毕业,即去美国留学;民国 18 年(1929 年)与美国同学菲利普合办建筑事务所,同年加入中国工程师学会,被推选为中国建筑师学会会长,为民国时期著名设计大师,论著有《中国艺术》《建筑纪事》《大上海发展计划》等。其大上海发展计划工程庞大,因当时国民政府腐败、财政拮据,计划内容大部分均未实现,仅完成五角场地区规划设计筑就的一批驰名中外的重要建筑,1990 年被市政府定为文物保护单位。现当代浙江建筑美学研究著闻者有唐葆亨、吴建明、王澍等。唐葆亨 20 世纪 50 年代初毕业于国立艺专(中国美术学院前身)后,从事建筑设计 60 余年,从理论和实践两个层面上积极探索东方“美学建筑”的形与神,力争做到传统与现实、继承与创新、空间与造型、美观与实用等的和谐统一,精心设计出既汲取世界建筑精华,又坚持中国特色的一个又一个“美学建筑”。其“美学建筑”强调“城市望点”[①]、地域特色与现代主义等理念，擅长建筑钢笔画，著有《浙江地域的传统和建筑形式》(《建筑学报》1987 年第 1 期)、《义乌传统建筑的文化初议》(《建筑美学》1990 年第 5 期)、《浙江水乡——绍兴民居》(《建筑学报》1992 年第 9 期)等。宋建明，曾任中国美术学院副院长、中国美术学院色彩研究所所长，1984—1987 年进修于法国巴黎装饰艺术学院，专长于色彩学基础理论与系统应用研究，完成了一套中国应用标准颜色系统(3000 个等色差色谱)的创建，对中国城市色彩规划及规划方法研究作出贡献，主持完成了全国 50 多个城市城区色彩规划，著有《中国传统建筑上的色彩代码》[②]《阅读澳门城市色彩》(澳门民政总署、中国美术学院联合出版，2009)、《现代设计大系・设计造型基础》(上海书画出版社 2000 年版)、《色彩设计在法国》(上海人民美术出版社 1999 年版)等。王澍，时任中国美术学院建筑艺术学院院长，为中国实验建筑师的代表。其建筑观强调“自由比准则有更高的价值”(王澍《业余的建筑》)，其硕士论文《死屋手记》批判了当时整个中国建筑学界，其博士论文以“虚构城市”为题形成了自然形式叙事与几何表现的建筑风格。其著有《设计的开始》(中国建筑工业出版社 2002 年版)，是建筑哲学论著，将建筑作为思想的脚注。其所获普利兹克建筑奖“是整个世界建筑界对中国实验建筑的肯定”(著名建筑评论家王明贤评语)。

---

① 该“城市望点”被作者形象地描述为“我在城楼看风景，有人看我亦一景”。

② 法文版《FOURLA　SCENCE》。

第十一章　教育学研究

教育，广义指以影响人的身心发展为直接目的的社会活动，狭义指由专职人员和专门机构进行的学校教育。教育学是研究教育活动及其规律的一门社会科学。主要研究教育学基础理论、教育制度和方针、教学方法和组织形式、学校教育等。人才学是与教育学紧密相关的独立学科，《浙江通志·哲学社会科学志》将其列入教育学门类。

浙江自古就有耕读传家、重教兴学的传统。东汉王充《论衡》提出“学为世用”的教育观，被称为“台郡文教之祖”。北宋胡瑗创立“苏湖教法”，为太学所授；吕祖谦开启宋代讲学论辨之风，提出教育层次论。元代程端礼重视德行教育观。明代王阳明重视教育的道德修养。明末清初朱舜水倡导实用学风；黄宗羲提出“公其非是于学校”的主张。清末民初，浙江涌现了如林启、陈虬、郑晓沧、蔡元培、许寿裳、蒋梦麟、杜亚泉、夏丏尊、金海观、经亨颐、杨贤江、孙诒让、王国维、章太炎等一大批著名的教育家和教育思想家。汤震、陈虬、宋恕提出了“废科学”、“办实学”的教育改革思想。蔡元培、林启在近代中国创办大学教育迈出了坚实一步。在西方教育学理论的传播方面，王国维于1901年译日版《教育学》，与叶瀚泽于同年译日版《泰西教育史》，为国内最早。1910年章太炎刊行《教育今语》杂志，倡导德育、智育与体育并重。蒋梦麟《中国教育原理之研究》、庄泽宣《教育概论》最早对中国教育学进行梳理。杨贤江《新教育大纲》初步奠定了中国马克思主义教育理论的体系。林汉达《向传统教育挑战》倡导民众教育。陶行知《中华教育改进、改造全国乡村教育宣言》促进了平民教育之后又倡导生活教育理论。姜琦《教育学新论》等系列论著对作为一门学科的教育学思想进行了构建。

中华人民共和国成立后，浙江的教育学研究得到了进一步的发展，其发展可分为三个阶段：第一阶段为1949—1966年，浙江教育科学研究经历了从中华人民共和国成立前照搬西方，到成立之后学习苏联，再到1958年以后独立探索建设有中国特色教育学的转变。第二阶段为1966—1976年，对中华人民共和国成立之后的17年间的教育学研究成果全盘否定，教育学研究处于停滞状态。第三阶段为1978年至21世纪初，浙江教育学吸收外来新知，积极开拓研究领域，如中国近代教育史、教育评论学、非洲教育研究、人才学研究等，教育学研究进入蓬勃发展的新阶段。代表性研究成果有舒定志的教育哲学，刘尧的教育评论学，应坚志的教育管理学，朱君毅的教育统计学，朱祖祥、陈立、吕静的教育心理学，陈学恂、田正平、郑晓沧、张彬的教育史，王承绪的比较教育学，王炳南的教育学理论，吴雪萍的国际职业技术教育研究，缪进鸿的比较人才学等，各领学术风骚。

第一节　教育理论、教育史与比较教育学研究

中国近现代的教育学是从引进西方教育学开始逐渐建立起来的。浙江学者在这个过程中，作出过重大贡献。中华人民共和国成立特别是20世纪70年代末改革开放以来，浙江的教育理论研究发展迅速，且涉猎广泛。对以后教育哲学、教育评论学、教育现代化、教育管理学、教育史及比较教育学等都进行了研究和探索。

一、教育理论

（一）古代教育思想研究

一般认为，在20世纪初引进西方教育学之前，中国并无自己的教育学。但在此之前，教育思想家们已经从不同层面对教育作过大量的论述，这些不同的教育思想和观点，也是教育理论的重要组成部分。东汉王充在其著作《论衡》中，用不少篇幅来讨论教育问题①。王充提出"学为世用"的教育观，对教育的作用、目的等问题作出重要论述，在中国教育史上具有重要的影响。他认为，教育不仅具有改造人性、完善人格的功能，而且还具有改造社会的作用，亦即教育具有个体和社会双重价值，被称为"台郡文教之祖"②。唐代郑虔在任台州司户参军期间，主张以儒家伦理道德淳化社会风尚，并创设官学以兴文教。北宋胡瑗提倡经世致用的实学，重视经义和时务，主张"明体达用"，创立"苏湖教法"（陈学恂《胡瑗的教育思想》，《杭州大学学报》1959年第4期）。南宋时，"四明学派"的舒璘、沈焕、袁燮、杨简都曾在书院讲学。在理学盛行的年代，浙东学派的理论极具特色，他们主张经世致用之学，鲜明地提出事功性的人才教育思想。吕祖谦兼取朱（朱熹）陆（九渊）之长，开启讲学论辩之风③，强调"讲实理，育实材而求实用"④之教育理念。他对道德教育问题提出了极具特色的观点，认为教育应当是务实的，以培养受教育者生存的能力；教育还应该对教育者有着更高层次的期待，以培养受教育者的人文素质和道德品格。早在12世纪，吕祖谦已经认识到教育应当兼具务实和德育双重目的，足见其见识之不凡（张彬《浙江教育发展史》，杭州出版社2008年版）。陈亮强调人才的道德修养和事功能力，倡导实学、实用的学风。叶适在人性平等的基础上强调人之质的差异，强调教育旨在培养道德和事功能力合一的统治人才⑤。浙东学派"经世致用"教育思想明显异于朱熹倡导的培养"粹然醇儒"和"充备盛德"的"圣人"教育思想。这种区别于理学的教育思想，为教育理论的发展提供了新的思路。"北山四先生"何基、王柏、金履祥、许谦都有在书

①② 张彬：《浙江教育史》，浙江教育出版社2006年版。

③ 〔清〕全祖望：《同谷三先生书院记》。

④ 〔宋〕吕祖谦：《吕东莱文集·太学策问》。

⑤ 佘德余：《浙江文化简史》，人民出版社2006年版。

院讲学的经历和经验。元代教育家程端礼亦十分重视德行教育，他对当时“失序无本”[①]的学风进行了严厉的批判，认为教育的根本是儒家伦理道德，家庭教育以及学校教育都应牢牢抓住德行教育。明代王阳明继承并发展了陆九渊的学说，创立了与程朱理学大相径庭的“阳明学派”，强调理存于心、“学以去其昏蔽”，倡导“致良知”的教育目的论和“知行合一”的道德修养论[②]。承金华学派、永康学派和永嘉学派之学的清代浙东学派以注重研究史料和以通经致用为治学宗旨，朱舜水、黄宗羲是其主要代表[③]。明末清初学者和教育家朱舜水认为国家兴衰与教育兴废相关，倡导实用学风[④]。黄宗羲提出“必使治天下之具皆出于学校”，“公其非是于学校”[⑤]的主张，在中国教育史上具有创新意义。清末民初时期，汤震、陈虬、宋恕纷纷在其各自的代表作《危言》《治平通议》《六斋卑议》中对“废科举”“办实学”等教育变革中的关键问题进行了阐述，对浙江教育的改革与发展产生了广泛的影响[⑥]。在西学东渐影响下，浙江涌现出了一批具有民主思想的教育家，他们的教育主张和教育理论，对中国教育事业的发展起到了积极的推进作用，在全国影响很大(张彬《浙江教育发展史》，杭州出版社 2008 年版)。如林启在任杭州知府期间，先后倡办蚕学馆、养正书塾及求是书院，为影响全国的高等学府。

（二）近现代教育与教育学理论研究

教育学基本理论研究。王国维翻译的日本文学士立花铣三郎的《教育学》连载于《教育世界》1901 年第 9、10、11 号，这是中国最早直接引进的西方教育学。章炳麟于 1910 年在日本刊行《教育今语杂志》，主张以“以保存国故，振兴学艺，提倡平民普及教育为宗旨”，倡导德育、智育、体育并重。蒋梦麟曾求学于哥伦比亚大学教育系，其博士论文《中国教育原理之研究》(商务印书馆 1924 年版)提出“要保持中国文化精华，同时把某些西方的理想结合到中国生活中来”的构思。庄泽宣的《教育概论》(中华书局 1928 年版)和《新中华教育概论》(新国民图书出版社 1932 年版)，较早对中国教育学进行了研究。杨贤江是中国第一位比较系统地以马克思主义来指导研究教育现象的教育理论家[⑦]。他著的《新教育大纲》(上海南强书局 1932 年版)从教育的本质、教育的进化及教育的概观三个方面进行论述，初步奠定了中国马克思主义教育理论的体系。董纯才认为，该书是一本“在我国最早系统地用马克思主义的理论结合中国实际，阐明教育理论的著作”[⑧]。1984 年成立了杨贤江教育思想研究会、杨贤江教育基金会。20 世纪 20 年代，陶行知在浙江推行平民教育运动。民国著名教育家姜琦毕生从事教育研究，通过《教育哲学》(上海群众图书公司 1933 年版)、《教育可能成为一种独立研究之科学》(《教育杂志》1948 年第 33 卷第 5 号)、《教育学新论》(正中书局 1946 年版)等著作或文章对教

---

① 〔宋〕程端礼：《读书分年日程·序》。
② 〔明〕王守仁：《王文成公·传习录》。
③ 何炳松：《浙东学派溯源·自序》，中华书局 1989 年版。
④ 李甦平：《论朱舜水的实学思想》，《船山学报》1987 年第 1 期。
⑤ 〔清〕黄宗羲：《明夷待访录·学校》。
⑥⑦ 张彬：《浙江教育发展史》，杭州出版社 2008 年版。
⑧ 中央教育科学研究所、厦门大学合编：《杨贤江教育文集·序》，教育科学出版社 1982 年版。

育的一系列根本性问题进行了研究，对作为一门学科的教育学进行构建，提出教育就是一种生产力的观点。中国杰出的民众教育家林汉达的教育理论代表作《向传统教育挑战》（世界书局1949年版）一方面批判地引进西方的教育学说，另一方面向中国传统教育提出挑战。浙江师范学院（原杭州大学前身）教育学教研室编著的《教育学讲义》一书，是国内探索中国特色社会主义教育学的首批著作之一。励学琴的《社会主义初级阶段教育的基本特征》（《黑龙江高教研究》1988年第4期）一文，对中国社会主义初级阶段教育的基本特征进行了探索，该文获国家教委首届教育科学优秀成果（论文类）二等奖。邵祖德的《关于传统教育与现代教育的思考》（《光明日报》1988年2月10日），就如何妥善处理传统教育与现代教育的关系，提出了独到的见解。方展画的《教育科学论稿》（上海教育出版社1995年版）试图在"科学"的意义上规范教育研究及其内容；其《教育理论研究的历史、现状与展望》（《华东师范大学学报·教育科学版》1997年第1期）对教育理论研究的历史及现状进行了系统的考察与分析，提出了21世纪教育理论发展的走向问题。杨明的《中国教育离现代化目标有多远》（《教育发展研究》2000年第8期）提出了一个国际教育现代化的评价指标与参数体系。吴华的《从民办教育到"教育民营"——未来五十年中国教育制度变迁的重要方向》（教育科学出版社2005年版）对"教育民营"的合理性与制度架构、民办教育的未来等问题进行了阐述，为促进中国民办教育的发展作出贡献。李承先和陈学飞的《话语权与教育本土化》（《教育研究》2008年第6期）一文，提出中国教育的本土化需要打破西方教育话语霸权，使中国本土的教育话语得以觉醒与重构。此外，浙江教育学者就如何进行教育学研究进行了思考。李润洲的《教育学研究的价值生成》（山西教育出版社2010年版）是一部阐述教育学研究价值的著作，该书以反思批判的精神，围绕提升教育学研究的价值问题，直面教育学研究的价值冲突；在此基础上，详细分析了教育学研究在直面意识形态、接纳异域教育理论、吸收其他学科知识与联系教育实践时应坚守的价值立场，深入辨析了教育学研究在教育问题选择、研究路径取舍和学术评价导引等方面的价值生成问题。

教育哲学研究。20世纪20年代，中国的教育哲学学科逐渐兴起与发展。石中英《20世纪中国教育哲学的回顾与展望》（《教育研究与实验》2000年第5期）一文指出，20世纪中国教育哲学的建设是从课程建设和教材编写开始的，浙江的教育哲学研究也在此背景下兴起与发展起来。范寿康的《教育哲学大纲》（上海商务印书馆1923年版）是中国学者写的第一部教育哲学著作。该书概述了康德以后哲学与教育哲学的发展，并运用康德的先验哲学来分析教育问题；对教育与伦理学及美学的关系作出阐述，全面论述在教育中如何体现真、善、美的问题；他认为教育哲学的研究方式有两种，即将教育学的根本观念或根本原用哲学来研究和将哲学的规范应用于教育学上面。[①] 姜琦的《教育哲学》（群众图书公司1933年版）"博综群学，折中至理，而会归于三民主义"，是"阐扬国父遗教之巨擘"[②]。该书以三民主义为依据来解释"教育哲学"，从教育哲学的本质论、教育哲学的研究方法论、教育本质论、教育目的论、教育方法

① 迟艳杰：《范寿康教育哲学思想评述》，《教育史研究》2005年第4期。
② 周邦道：《近代教育先进传略（初集）》，台北："中国教育文化出版部"1981年版，第109页。

论、教育价值论等方面进行论述；认为马克思主义的唯物辩证法“乃是一种真正的科学方法”，教育哲学研究“采用这种方法最为适当”①。姜琦撰写的《中国教育需要哪一种哲学——读吴俊升先生〈中国教育需要一种哲学〉以后》（《教育杂志》1935 年第 1 期）认为，美国的实用主义、德国的国家主义、苏俄的共产主义哲学都是其国家民族的产物，都不能作为有特殊民族的中国哲学和教育之基础；进而明确提出“中国是一个三民主义的社会，因此，三民主义就是我们中国的哲学和教育之基础”。姜琦对张君劢的《中国教育哲学之方向》（《教育杂志》1937 年第 5 期）提出商榷，批评张君劢把教育与哲学混为一谈。他虽然同意张君劢提出的各派哲学和各时代文化大综合的意见，但认为教育哲学学科建设要明确什么是综合、怎样综合，综合不是调和或折中。此后一段时间，时局不稳，浙江的教育哲学研究亦受此影响，论著较少。

中华人民共和国成立后，中国高等院校课程体系中教育哲学一科被取消；直到 1979 年教育部召开的全国教育科学规划会议上，提出重新开设“教育哲学”，浙江的教育哲学研究在 21 世纪初得以发展。较有影响的有舒志定著的《教育哲学引论》（中国社会科学出版社 2007 年版），该书以马克思主义教育思想为指导，为教育学的一些基本理论问题和实践寻求哲学的依据，内容包括教育哲学的研究传统、教育目的、教育功能等基础性问题和教育的知识论基础、教育中的主客体关系、教育的价值、教育与人类关怀的关系、教育的意识等问题。其《人的存在与教育：马克思教育思想的当代价值》（学林出版社 2004 年版）一书对马克思的教育思想进行了阐释，提出以“现实的人”为马克思教育思想的基点，回应马克思教育思想面临的时代问题及前进方向。周光迅等的《哲学视野中的高等教育》（中国海洋大学出版社 2006 年版）从哲学的基本立场来审视高等教育哲学学科体系中的基础性问题，集中阐述了高等教育哲学的历史论、本质论、价值论、功能论和品格论等问题。李润洲和李伟的《教育本质：一种现象学的拓展》（《教育学术月刊》2009 年第 11 期）一文认为，传统的“我思”与现象学的“我看”“我做”的教育本质探寻的方式各有利弊，在探寻教育本质时应综合运用多种视角，以便更加全面地揭示出教育的“本真”。李润洲的《教育本质研究的反思与重构》（《教育研究》2010 年第 5 期）一文认为，中华人民共和国成立以来，教育本质研究大致经历了由“一”到“多”，再到对“多”的反思与新说阐发的过程；未来的教育本质研究应廓清教育本质研究的逻辑前提，搞清楚教育本质到底是“一”还是“多”、是“有”还是“无”，并在洞察教育本质探寻意涵的基础上，用关系思维取代实体思维，确立新的教育本质观。

其他交叉性学科的研究。综合化是当代教育科学的一个显著特点。张永东《教育科学的分化与综合趋势》（《教育科学研究》1987 年第 1 期）一文认为，这一特点与趋势也体现在浙江省教育学科研究及其体系的建构中，其中教育评论学、教育管理学、教育统计学、教育心理学等交叉性学科正是在这建构中创建、充实与发展的。

教育评论学研究。1994 年，刘尧在《教育科研要进一步解放思想》（《教育科学论坛》1994 年第 2 期）中提出教育科研要加强教育史的研究，并构想了教育评论的理论框架，在教育界引起共鸣。此后，他发表了数百篇教育评论与研究论文。21 世纪初，他先后出版了国内首部

① 姜琦：《教育哲学》，上海：群众图书馆 1933 年版。

《教育评论学》(中国文联出版社 2000 年版)及其《现代教育问题评论》(作家出版社 2001 年版)、《教育评论:问题与研究》(当代中国出版社 2004 年版)、《中国高等教育热点问题评论》(江苏大学出版社 2009 年版)等,有力地推动了中国教育评论事业的发展。他认为,教育评论学是与教育理论、教育史并列的一门教育学科;是研究教育评论现象和教育评论活动规律的科学,或者说它是研究教育评论活动的历史、现状,教育评论现象的本质联系,教育评论工作的性质、任务和作用,以及教育评论工作的原则、方法的科学。其本质就是根据社会和人的发展对教育提出的要求,对教育文化进行鉴别、评说以产生社会舆论作用,使教育文化在社会文明进步和人的发展中发挥更大的作用。(刘尧《教育评论研究的回顾与反思》,《青岛科技大学学报·社会科学版》2010 年第 1 期)

教育管理研究。在民国时期,蔡元培在北京大学推行"囊括大典、网罗众家、思想自由、兼容并包"的办学方针,使北京大学成为新文化运动的堡垒。朱君毅受杜威教育思想的影响,提倡实验主义教育学说,强调智力测验,开创中国的教育统计学。其著有《教育统计学》(商务印书馆 1930 年版)、《教育测验与统计》(商务印书馆 1934 年版)及译作《心理学与教育之统计法》等。此后,浙江学者对教育统计学的研究,鲜见有影响力者。20 世纪下半叶尤其是 80 年代之后,浙江学者及教育学专家重视研究大中小学校教育管理。应坚志任副主编的《中学管理工作讲话》(上海教育出版社 1985 年版)与应坚志、杨一青主编的《小学管理工作讲话》(上海教育出版社 1986 年版),是华东七省市教育学院(校)干训班学校管理课程的教材。王承绪、徐辉等主编的《汉译世界高等教育名著丛书》(浙江教育出版社 1997 年版),系统介绍了世界高等教育的理论。张天雪和曾天山的《公民社会理念下的学校治理与校长权力》(《教育研究》2006 年第 5 期)一文认为,本土化的公民社会理念为学校变革提供了背景因素和理念支持;在学校的治理和学校共同体内的道德领导的二重作用下,校长权力有来源、配置、运行和约束四种机制,"教育系统将由过去的统治走向和谐社会要求的治理,在这种管理路径的转换下,学校内的治理方式也将发生变革,其中校长将从管理者成长为一个道德领导者"。张天雪的《校长权力论:政府、公民社会与学校层面的研究》(教育科学出版社 2008 年版)吸取了现代管理科学的成果,并把它应用到教育管理中,促进教育管理理论的科学化。他的《我国高等教育管理研究的范式变迁与发展进路》(《清华大学教育研究》2010 年第 2 期)一文认为,中国的高等教育管理研究基本形成自己的学科范式;今后的研究应加强高等教育管理的基本理论建构,奠定方法论基石,建立高等教育管理核心研究团队并强化学术规范。廖曰文著有《辅导员与大学班集体建设》(浙江教育出版社 2006 年版)从班集体角度论述班集体的管理问题。

二、教育史

(一)中国教育史研究

教育史是教育科学的一个分支学科。浙江学者在教育史尤其是中国教育史的研究方面作出了重大贡献。国内最早的一部教育史专著是由黄绍箕草创,柳诒徵辑补,完成于 1910 年 5 月。黄氏《中国教育史》(5 卷)初步确立了中国教育史的研究对象与范畴,标志着中国教育史学科的诞生①。第一本中国教育史资料是王国维和罗振玉编写的，刊载在《教育丛书》第5集(《浙江省哲学社会科学志》，浙江人民出版社1999年版)。陈鹤琴在《教育史导言》(《陈鹤琴全集》第5卷，江苏教育出版社2008年版)中认为，研究教育史应以马列主义、毛泽东思想为指导，运用辩证唯物主义和历史唯物主义观点，研究古今中外教育家的思想。杨贤江是自觉运用唯物史观进行教育史学研究的先驱，其1928年完成的著作《教育史ABC》(中央教科所和厦门大学合作编著《杨贤江教育文集》，教育科学出版社1982年版)是中国第一部运用辩证唯物主义和历史唯物主义观点较为系统地论述世界教育历史发展的教育史著作。中华人民共和国成立后，浙江在中国教育史的研究方面，逐渐形成了一支国内有一定影响力的专业队伍。杭州大学的陈学恂(江苏江阴人)是知名的中国教育史专家，在他的带领下，杭州大学的中国教育史研究在国内影响较大。以田正平为首的浙江大学教育史研究团队，以中国近代教育史特别是中国教育现代史研究而著称于中国教育史学界②。

中国近代教育史，特别是中国教育现代化史研究。浙江对中国教育史的研究重点在近代部分，特别关注中国教育现代化问题研究。在资料和史料方面做了大量的基础性工作，先后完成多部工具书的编纂工作。如陈学恂《中国近代教育大事记》(上海教育出版社1981年版)汇集中国第一次鸦片战争至1919年的教育政策法规、教育家的论著和活动以及各类学校的演变情况。其《中国近代教育文选》(人民教育出版社1984年版)选取了中国近代著名教育家的代表性著作，在反映中国近代主要教育家的教育思想的同时，兼顾中国近代不同阶段主要教育思潮的发展过程。其次，运用现代化理论就近代教育的诸多问题开展了深入研究。1990年初启动由田正平任主编的《中国教育近代化研究丛书》(广东教育出版社1996年版)，该丛书由7部学术专著构成，共计210万字，是教育史学界较早运用现代化理论对中国近代教育史进行系统考察的成果。其《留学生与中国教育近代化》(广东教育出版社1996年版)从不同层次、不同角度考察留学生与中国近代化的关系；该书获得国家教委人文社会科学研究优秀成果二等奖。周谷平著的《近代西方教育理论在中国的传播》(广东教育出版社1996年版)以西方实验教育学派和欧美教育革新实验传入中国的历史为脉络，论述近代西方教育实验理论和方法在中国传播的历程，及其对传统教育观念的变革与教育教学改革的关系。此后，他陆续编著完成了一系列在全国教育史学界有重要影响的研究成果，如《近代教育与社会变迁丛书》(河北教育出版社2001年版)，进一步扩展了中国教育现代化史研究范围。其主编的《中国教育史研究·近代卷》(华东师范大学出版社2002年版)，研究与论述了鸦片战争后近80年的中国教育发展情况，该教育史研究的时间下限延伸到了现代，重点研究高等教育史和中外教育交流史。其主编的《中外教育交流史》(广东教育出版社2004年版)分明末清初、晚清、民国、中华人民共和国四编，介绍了中国与世界各国在各个层面展开的教育交流。他和商丽浩主编的《中国高等教育百年史论：制度变迁、财政运作与教师流动》(人民教育出版社2006

① 杜成宪、崔运武、王伦信：《中国教育史学九十年》，华东师范大学出版社1998年版。

② 于述胜、王俊明：《在积累与反思中深化教育现代化史研究——兼评〈中国教育早期现代化问题研究〉》，《教育学报》2010年第4期。

年版),以专题的形式深入地论述了百年来中国高等教育发展史上事关全局的诸多重大问题;其在大量收集、发掘原始资料的基础上,从高等教育财政制度变迁、高等学校薪酬制度演进、高等教育收费制度变革三个维度,考察了近代中国高等教育财政运作的理论和实践。他与陈胜合著的《中国教育早期现代化问题研究——以清末民初乡村教育冲突考察为中心》(浙江教育出版社 2009 年版)一书,以"乡村教育冲突"为核心透视了教育现代化过程中的深层次历史问题。他和于潇的《教育决策民主化的最初尝试——民初临时教育会议考察》(《高等教育研究》2010 年第 1 期)一文认为,从教育现代化的角度看,民初临时教育会议是蔡元培主持下的教育部追求教育决策民主化的最初尝试,它对于开启民国教育的新局面起到了积极作用。

自民国时期开始,浙江省教育工作者一直重视浙江地方教育史研究。1931 年,沈茀侯撰写的《浙江教育史略》(浙江省教育厅刊印)是第一本浙江教育史,较清楚地反映了清末至民国全省教育发展的概貌。郑晓沧的《浙江两级师范和第一师范校史志要——近代浙江地方教育史资料之一》(《杭州大学学报》1959 年第 4 期)探讨了浙江两级师范从筹备(1906 年)到 1923 年的历史,对其筹备情况、学级学科的设施、行政组织、教科科目、师资情况以及学生的思想和生活情况进行了考察。其《戊戌前后浙江兴学纪要与林启对教育的贡献》(《浙江文史资料选辑》1962 年第 1 辑)成为研究近代浙江兴学的重要依据。20 世纪 70 年代末的改革开放以来,在纂修教育志的推动下,浙江教育史的研究出现前所未有的新局面。邵祖德、张彬等编写的《浙江教育简志》(浙江人民出版社 1988 年版),率先对浙江古代、近现代、当代教育的概况、学制课程、教育管理等方面做了简要记述。《浙江省教育志》编纂委员会编的《浙江省教育志》(浙江大学出版社 2004 年版)详细收集了东汉至 1989 年间有文字记载的浙江省教育发端、延续、进展并逐步走向现代化的各方面史料。张彬主编的《浙江教育史》对浙江教育发展的历史进行了客观的梳理、分析与总结,基本上展现了浙江从古到今教育发展的全貌。刘希平主编的《千秋大业,教育为基——浙江教育 60 年》(浙江人民出版社 2009 年版),对中华人民共和国成立 60 年来的浙江教育事业的发展作了系统的梳理和回顾,并在此基础上对浙江教育作了分析与提炼;认为浙江教育事业的发展是建立在与社会经济积极整合与互动的基础上的,"浙江道路"是一种深具个性和生命力的发展模式。吴民祥的《空间拓展与精英塑造——近代浙江女子留学教育之考察》(《浙江师范大学学报·社会科学版》2010 年第 5 期)对近代浙江女子留学教育进行了考察,认为其拓宽了浙江女子成长的空间,培养了一批女性精英,促进了浙江女子教育发展与妇女的解放,推动了浙江社会的变革。

浙江教育学者重视对教育家的研究,对民国时期的蔡元培、鲁迅、孙诒让、经亨颐、竺可桢、金海观、俞子夷、陶行知、邵力子等人物的教育思想和实践都进行过专门的研究。胡国枢长期从事史学理论研究,对陶行知等教育家的思想进行了深入研究,尤其是他对陶行知的研究,可谓久负盛名①。金锵与顾明远、俞芳等合著出版的《鲁迅的教育思想与实践》(人民教育出版社 1981 年版)于 1983 年由横山宏译成日文在日本出版。叶立群、吴履平主编的《中国近

① 金林祥:《一本有很高学术价值和现实意义的陶研佳作——读胡国枢新著〈中华本土教育家陶行知〉》,《生活教育》2010 年第 9 期。

代教育家论著丛书》(人民教育出版社 1994—1998 年版),选辑 1912—1949 年间的重要教育论著,以教育家立卷,择其有代表性的教育论述文章以及专著节录等。这套丛书对读者全面了解和研究中国近代教育的发展过程、各个历史阶段的主要教育思潮和流派及其论争状况,极有帮助。(曾业英《五十年来的中国近代史研究》,上海书店出版社 2000 年版)。浙江学者承担该丛书中孟宪承、陈鹤琴、经亨颐、黄炎培、郑晓沧、俞子夷、陈独秀、李大钊 8 位教育家教育论著的编辑工作。田正平与周志毅著的《黄炎培教育思想研究》(辽宁教育出版社 1997 年版)对黄炎培的教育思想进行了系统的、深入的研究;该成果获得全国第二届教育科学优秀成果二等奖。杨卫的《竺可桢教育思想对当代一流大学建设的启迪》(《中国科学基金》2010 年第 5 期)对竺可桢在浙江大学办学期间创造性提出的办学理念与教育思想进行了研究。

(二)外国教育史研究

外国教育史学研究。浙江省对外国教育史的研究始于 20 世纪初。1901—1902 年,王国维翻译出版了日本立华铣三郎的《教育学》和牧濑五一郎的《教育学教科书》,在罗振玉于 1901 年 5 月创办的中国最早的教育专业杂志《教育世界》上刊载,其中颇多篇幅阐述赫尔巴特的教育学说,为中国研究外国教育史的发端。姜琦的《西洋教育史大纲》(商务印书馆 1921 年版)是中国学者撰写的第一本外国教育史著作。他的《现代西洋教育史》(商务印书馆 1935 年版)对现代西方诸多教育理论及代表人物、代表学说都有详细的说明与论述,在叙述现代西洋教育史的同时,时时观照中国自身的社会情形与社会趋势。20 世纪三四十年代,在郑晓沧、孟宪承、庄泽宣、林汉达和王承绪等一大批学者的努力下,浙江在外国教育和教育思想的探讨、外国教育名著的译介等方面成果丰硕(《浙江省哲学社会科学志》,浙江人民出版社 1999 年版)。中华人民共和国成立后,浙江省的外国教育史研究有了新的进展,形成了以郑晓沧、王承绪和金锵为骨干的教研队伍。杭州大学外国教育研究室于 1981 年 5 月成立,致力于开展有组织有计划的专项研究。1988 年,联邦德国与浙江省共同组建了"中德翻译中心",翻译了大量有价值的德文著作,成为中国介绍德国教育的一个重要机构(《浙江省哲学社会科学志》,浙江人民出版社 1999 年版,第 339 页)。

外国教育家与教育制度的研究。1957 年,郑晓沧《夸美纽斯斗争的一生和他丰富的教育遗产》(《人民教育》1957 年第 6 期)一文,在国内率先对夸美纽斯的教育理论作了颇具创见的研究。其《中国具有教育意义书籍附用绘图纸之历史的研究》把夸美纽斯的《世界图解》与中国古代插图本教材作了比较研究,发现中国编制插图本教科书较西方学者公认的世界第一本附插图儿童读物早 200 年;论文在捷克斯洛伐克《东方杂志》上发表后,引起了国际教育史学界的重视①。方克朋的《重评夸美纽斯的教学量力性原则——读〈大教学论〉札记》(《杭州大学学报·哲学社会科学版》1980 年第 4 期)澄清了中国教育界 20 世纪五六十年代对夸美纽斯"教学量力性原则"的错误批判。金锵的《欧文与教育》(《杭州大学学报·哲学社会科学版》1987 年第 3 期)对欧文的教育思想作了新的较详细的探讨与评价。於荣著的《冷战中的美国

① 《杭州市志》(第七卷),中华书局 1995 年版,第 126—127 页。

大学学术研究》(北京师范大学出版社 2008 年版)把冷战对美国大学的学术研究的影响作为研究对象,通过探究第二次世界大战后 25 年间美国联邦政府为实现冷战目标与美国大学的学术研究两者的相互影响,旨在揭示美国大学的学术研究与国家利益之间的关系。赵卫平等著的《欧美高等教育思想史论稿》(浙江大学出版社 2010 年版)较系统地介绍了米尔、加塞特、雅斯贝尔斯、海德格尔、克尔、博克和博耶等 7 位在欧美高等教育思想发展的历程中占有重要地位的思想家及其思想。

外文编译和教材撰写。1962—1964 年,杭州大学教育系组成编译组与南京师范学院教育系合作,编译了《西方资产阶级教育论著选》(张焕庭主编,人民教育出版社 1964 年版),该书选入夸美纽斯、洛克等 12 位外国教育家的论著,是国内第一本供高校学生使用的外国教育名著选。20 世纪 80 年代,王承绪、赵端瑛与华东师范大学赵祥麟等合作完成《现代西方资产阶级教育思想流派论著选》(人民教育出版社 1980 年版)、《西方古代教育论著选》(人民教育出版社 1985 年版)、《杜威教育论著选》(人民教育出版社 1985 年版)3 种高校外国教育史教材和教学参考书的编译工作。单中惠主编的《外国教育思想史》(高等教育出版社 2000 年版)按照时间顺序和思想流派的不同,分别考察分析了古代教育思想、近代教育思想、现代教育思想的发展演变。2001 年,王承绪先后组织编译了《西方现代教育论著选》《别国的学校和我们的学校》《民主主义与教育》等著作,均由人民教育出版社出版。

三、比较教育学

2003 年,浙江师范大学成立非洲教育研究中心,是国内首家专门研究非洲教育问题的学术机构。2004 年,浙江大学成立亚洲教育研究中心,重点关注东亚、海峡两岸暨香港、澳门教育政策与发展动向。2006 年,浙江师范大学正式获准设立比较教育学硕士学位点;2009 年,成立比较教育研究所,研究所形成非洲教育研究和印度教育研究两个特色鲜明的研究方向,学科综合力量在国内领先。

(一)比较教育学学科建设

中国的比较教育学作为一个独立的分支学科开始于 20 世纪初;其间,浙江学者开展了系统的比较教育研究,取得了一些成果。庄泽宣撰写的《各国教育比较论》(商务印书馆 1929 年版)采用列国并比法,以学校系统、教育行政、初等教育、中等教育、高等教育、师范教育、职业教育、成人教育为主题,比较英、美、德、法四国的情况;该书是中国出版最早的一部比较教育学专著。20 世纪三四十年代,孟承宪、庄泽宣、王承绪等学者对比较教育学进行了进一步的研究,发表了诸多探讨外国教育的专著、译著和论文。中华人民共和国成立后,浙江的比较教育学学科建设与学术研究工作发展迅速,形成了一支以王承绪为学科带头人并在国内有较大影响的教学与科研队伍,承担多项国家重点研究课题,发表出版了多部在国内有影响的学术成果,并与联合国教科文组织等国际组织建立了良好的合作关系。21 世纪初,浙江比较教育学学科建设与研究工作取得了新的进展,在继续保持原本英国教育研究优势的基础上,逐渐将研究触角延伸至亚洲。

中国当代著名比较教育学家王承绪，为新中国比较教育学科的奠基和理论体系的建设作出了重大贡献[①]。1979年，王承绪发表《从国外比较教育学科发展的现状看我国比较教育教学的若干问题》(《杭州大学学报·哲学社会科学版》1979年第4期)，就中国比较教育教学中的问题，包括比较教育学科的性质、课程设置目的、教学内容与方法等问题提出一些初步的意见。该文获全国首届教育科学研究优秀成果一等奖。1982年，王承绪、朱勃和顾明远共同主编的《比较教育》(人民教育出版社1982年版)，是中华人民共和国成立后第一部比较教育教材，也为后来中国比较教育教材的建设奠定了基础[②]，该书于1988年获得国家教委"全国高等学校优秀教材奖"二等奖。王承绪主编的《中外教育比较史纲》3卷(山东教育出版社1997年版)，从中国实际出发，强调文化解释和理解以及可比性，"以问题为纬、以时代为经、立足本国、放眼世界"，这种比较教育学方法论得到学术界的广泛肯定(阚阅、李志永《王承绪先生比较教育思想研究》，《中国高教研究》2010年第10期)。王承绪主编的《比较教育学史》(人民教育出版社1999年版)详细地阐述了西方比较教育研究发展的历程，认为中国的比较教育严格来说还没有走到方法论的阶段，应加强比较教育研究者的方法论修养，建立新的方法论模型，促进比较教育学发展。同时，王承绪翻译出版多部经典著作，极大地丰富了中国现代教育思想的宝库(单中惠《不倦的学术追求　杰出的学者楷模——百岁学者王承绪先生学术人生记事》，《比较教育研究》2010年第9期)。

(二)国别教育研究

浙江的外国教育研究从英国教育研究一枝独秀，形成到对韩国教育、非洲教育、印度教育研究百花齐放研究态势。20世纪70年代末改革开放以后，王承绪组织、邓特翻译的《英国教育》(浙江教育出版社1987年版)对英国教育作了全面系统的介绍，成为了解英国教育的一本重要的入门书。徐小洲的《韩国高考改革的动向及启示》(《教育研究》2003年第12期)分析了20世纪80年代以来，韩国高等院校入学制度的几次重要变革；他与柳圣爱的《韩国跨国教育的现状与问题》(《比较教育学研究》2005年第6期)对韩国跨国教育的发展背景、形式及存在的问题进行研究；他与罗伯特·伽纳泰理主编的《多国视野下的教育革新》(浙江大学出版社2006年版)从跨国教育、高等教育、教师专业发展、传媒教育、特殊教育等方面，对美国、韩国、意大利、中国等国家的教育革新进行研究。徐辉和顾建新主编的《非洲教育译丛》从2008年起由浙江大学出版社陆续出版；《非洲高等教育研究丛书》从2009年起由中国社会科学出版社陆续出版。安双宏长期潜心印度教育研究，成为国内印度教育研究的权威，著有《印度基础教育发展热点问题评析》(《教育发展研究》2010年第4期)等。

得益于王承绪与联合国教科文组织的良好关系，浙江大学教育学院与联合国教科文组织建立了良好的合作关系。1946年，王承绪和竺可桢作为中国代表团成员参加在法国巴黎召

① 陈伟、郑文：《我国比较教育研究的奠基者——记王承绪先生的学术生涯》，《教育发展研究》2010年第21期。

② 王英杰：《我国比较教育的一部奠基之作——评王承绪和顾明远主编的〈比较教育〉兼议学风问题》，《中国大学教学》2003年第6期。

开的联合国教科文组织成立大会。时隔 36 年，1982 年，联合国教科文组织浙江大学亚太地区教育革新发展服务计划(APEID)联系中心成立，成为联合国教科文组织 APEID 计划在中国的首批联系中心之一，为推动中国与联合国教科文组织的交流与合作，促进基础教育革新与发展作出积极贡献。2001 年，浙江师范大学开始承担中非合作论坛框架下的教育援非培训项目，至 2003 年成为国家教育援外基地，2006 年承办教育部首届中非大学校长论坛；2007 年 9 月，在教育部支持下正式组建非洲研究院，随后在外交部支持下成立中非合作论坛研究中心。2009 年，该研究院吸纳国内外专家组成团队，中标教育部哲学社会科学研究重大课题攻关项目“新时期中非合作关系研究”。2010 年，该研究院是中国高校建立的首家规模最大的综合性非洲研究院，已经成为国家对非事务智库。

第二节　教育分层研究

教育分层，也称教育学制，它规定了各级各类学校的性质、培养目标、入学条件、入学年限、课程设置和相互关系。现代教育纵向将教育分为初等教育、中等教育与高等教育三个阶段，横向又分为师范教育、职业教育等。中华人民共和国成立之后，采用新学制，教育分层基本定型。教育分层是浙江教育学研究的重点，其丰硕的成果对教育制度的改革起到积极的作用。

一、基础教育

(一)基础教育改革研究

浙江省中小学学校教育在清末已设立，在壬寅学制、癸卯学制颁布后得到初步的发展，随后受国家政局的影响，几经大起大落(《浙江省教育志》，浙江大学出版社 2004 年版)。20 世纪 70 年代末改革开放以来，浙江省重视发展基础教育，基础教育改革工作稳步开展，规模和质量都得到了极大的发展。1988 年 5 月，浙江省开始进行义务教育阶段课程改革实验工作，成立浙江省义务教育教材编辑委员会。1993 年秋季起，全省全日制小学和初中起始年级开始施行省编义务教育教学计划和使用新编教科书。从 2002 年秋季开始，浙江省进入新一轮基础教育课程改革，首批 33 个国家级实验区和第二期 48 个实验区实验的工作顺利进行，有效推动了基础教育的健康发展。

在基础教育改革与发展历史过程中，浙江省教育研究人员作出了很大的贡献。五四运动前后，经亨颐秉持“纯正教育”的理念，在由陈春澜捐资、经亨颐创立的春晖中学实践此理念，使该校成为国内享有盛誉的名校；经亨颐也被认为是中等教育改革的先驱者(张彬《经亨颐的教育改革理论和实践》，《杭州大学学报・哲学社会科学版》1984 年第 1 期)。抗日战争时期，俞子夷(祖籍苏州，迁居浙江)致力于建立一套国产教法，在云和主持国民教育示范区，进行小学教材教学实验研究。1947 年，他在兼有城乡特点的杭州市西湖区进行普及教育的实验，开国民教育和普及实验研究的先河。① 中华人民共和国成立后，随着各级教研机构建设的加快，教师之间、学校之间以及地区之间纵向和横向联系逐渐形成，并形成省、市(地)、县(市、区)、校(乡)四级教研网络。1957年，建立浙江省教育学会。该学会以组织和发动广大教育工作者开展教育教学研究活动、提高教育质量、发展浙江教育事业、加速浙江社会经济建设为主要任务；1984年，建立浙江省教育科学研究所(1994年改为浙江省教育科学研究院)，重点研究浙江省教育改革和建设中的重大理论问题和实践问题；1985年，浙江省教育厅设立普教科研项目，开创教育行政部门直接参与教育科研的先河(《浙江省教育志》，浙江大学出版社2004年版)。宁波市教科所1988年启动的"宁波教育发展战略研究"课题，在全国较早制定2000年前全市教育发展战略，这项研究成果获1989年度中国教育学会优秀论文(论著)二等奖。② 2009年，经浙江省教育厅批准，在浙江师范大学内设立浙江省基础教育研究中心。

(二)家庭教育与学前教育研究

浙江自古就重视家庭教育。中国古代最具影响力的儿童启蒙教材《三字经》即为元末明初王应麟所著。明末清初，桐乡的张履祥十分关注家庭教育，主张从幼儿开始就注重道德教育，并特别强调择师的重要性③。1925年，中国现代家庭教育的开拓者和奠基人陈鹤琴出版《家庭教育》，以"心理学具体化，教学法大众化"的全新形式，论述了家庭教育的101条原则，为中国父母们提供了第一部现代的家庭教育通俗读本(陈庆《家庭教育的现代内涵》，载《基础教育论坛》2014年第23期)，成为中国现代教育史上的经典著作之一。陶行知赞誉其"是儿童幸福的源泉，也是父母幸福的源泉"，"愿与天下父母共读之"④。中国著名幼儿教育专家张宗麟著有《幼稚教育概论》(中华书局1932年版)、《幼稚园的演变史》(商务印书馆1935年版)等有关幼儿教育的著作。张雪门是中国近代教育史上著名的幼儿教育专家，著有《幼稚园课程编制》(商务印书馆1931年版)、《幼稚园教材研究》(中华书局1934年版)等，为幼儿教育理论的建设作出了重要的贡献。此外，他撰写的《幼稚教育新论》(北京中华书局1936年版)在具体分析心身与环境、个人与社会、现在与将来的关系基础上，以幼稚园教育"应完全以儿童为本位，成就儿童在该时期内身心的发展并培养其获得经验的根本习惯，以适应环境"为出发点，提出"幼稚园课程的目的，在于联络孩子们的旧观念，以引起其新观念，更谋其旧经验的打破，新经验的建设"，培养孩子独立自主生活和发展的能力，促进孩子身心全面发展。⑤ 1951年，陈鹤琴发表《幼稚园的课程》，批判了欧美国家所实行的完全从儿童出发，缺乏系统性的单元教学的课程编制模式，进而提出了适合中国国情的幼儿园课程编制应遵循原则及具体方法。20世纪70年代末改革开放以来，浙江省的家庭教育和学前教育都开始进入迅速发展时

① 《浙江省哲学社会科学志》，浙江人民出版社1999年版，第339—340页。
② 《浙江省哲学社会科学志》，1999年。
③ 〔清〕张履祥：《训子语下》，《杨园先生全集》，中华书局2014年版，第1364页。
④ 《陶行知文集(上)》，江苏教育出版社2008年版。
⑤ 戴自俺：《张雪门幼儿教育文集(上卷)》，北京少年儿童出版社1994年版。

期，学前教育研究受到了广泛的关注。[1] 王春燕的专著《中国学前课程百年发展与变革的历史研究》（浙江教育出版社2004年版），以大量的文献资料和人物谈话相结合为手段，以历史与逻辑相统一的分析和评估为方法，以学前课程的变革为线索，对学前课程的百年发展作了一次全面的分析和梳理，探讨中国学前课程百年发展与变革的规律。她还于2007年完成一部国家“十一五”规划教材《幼儿园课程概论》（高等教育出版社2007年版）。吕萍的《浙江省农村幼儿教育发展策略研究》（《教育研究》2007年第8期）认为，浙江省农村幼儿教育存在着民办幼儿园比例大、办园水平总体偏低、教师素质亟待提高等问题；认为应加大对农村幼儿教育的财政投入力度，促进乡镇中心幼儿园公立化；加强对农村各类幼儿园的扶持与管理，进一步提高教育质量；保障待遇，加强职后培训与交流，提高农村幼儿教师素质。步社民的《学前教育的“市场化之伤”——以浙江省部分区域为例》（《教育发展研究》2008年第20期）一文，针对中国学前教育在市场化过程中存在着教育公平受到挑战、教育被异化等问题，提出要深入思考学前教育与市场的关系，政府要规范控制学前教育事业，从而保障学前教育的健康发展。朱宗顺的《学前教育奠基教育事业》（《光明日报》2009年3月18日）一文强调学前教育是奠基性事业，呼吁重视学前教育。秦金亮的《浙江省幼儿园教师教育60年：发展历程、成就与展望》（《幼儿教育·教育科学版》2010年第6期）对中华人民共和国成立以来浙江省幼儿园教师教育发展历程进行考察，充分肯定了浙江在幼儿园教师教育体系、教师队伍、教师培养模式、教师专业发展促进机制等方面所取得的成就。

（三）中小学教育研究

20世纪60年代初，杭州大学教育系就开始深入中小学教学实际，参加教育改革研究。1960年，周淮水、孙经灏和杨鸿昌发表《在初中二年级试教代数“极限”部分的实验研究》（《心理学报》1960年第4期），对初中数学教育改革进行研究。20世纪70年代，杭州大学心理系教研室对小学“三算结合”甚为关注，开展了“三算结合”教育改革的比较实验。1983年，杭州大学教育系与杭州市天长小学合作，在张定璋的主持下进行为期6年的“小学生最优发展综合实验”。该项实验成果由课题组成员郑继伟执笔写成《小学教育综合实验初探》（杭州市天长小学、杭州大学教育系综合实验组：《小学教育综合实验初探》，浙江教育出版社1986年版）一书，获全国首届教育科学优秀成果奖一等奖。作为对天长小学实验精神的延续和发展，盛群力与金伟民写成《个性优化教育的探索》（人民教育出版社1996年版），探讨素质教育、个性教育等理论热点问题，该书获教育部颁发全国第二届教育科研优秀成果二等奖。肖龙海和张江执笔的《小学生人格教育实验研究报告（低年段）》（《教育研究》1998年第10期）对小学生的人格教育进行实验性研究。1999年，以刘力为组长的课题组申报的《“珠算式心算”教学实验效应的理论论证》获全国第二届教育科研优秀成果二等奖，为“把浙江建设成珠算之乡”创造条件。徐小洲的《高考改革中应关注素质教育评价》（《光明日报》2006年9月27日）对体现关注素质教育评价的高考制度改革提出建议。肖正德的《中小学课堂对话教学的偏误与匡

[1] 吕萍：《浙江幼儿教育发展史》，杭州出版社2009年版，第66页。

正》(《中国教育学刊》2010年第6期),对在新课程所倡导的对话教学的实践中存在的问题进行归纳分析并提出解决的策略。

二、职业技术教育

(一)职业技术教育的发展

浙江省的职业技术教育事业发展与教育研究开展较早。清末孙诒让兴办学计馆、化学堂、方言馆、蚕学馆、工商学社、师范学堂、女子蒙塾、中学堂、小学堂等新式学堂,倡导女子教育,主张教育救国,研究培养对外可卫国制夷,对内可治国理财、余泽乡里,对己能理财习艺以自殖其家的"应时需"人才。① 林启于光绪二十四年(1898年)创办蚕学馆,培养蚕桑技术人才。浙江省对职业技术教育的系统研究开始于20世纪80年代,并以应用性研究为主。1988年10月,成立浙江省中等专业教育研究会。1989年,成立浙江省中等职业技术研究会。1985年7月,浙江工学院成立的技术师范系,是中国第一所在普通工科院校中创办职业技术师范教育的院系。2005年12月,浙江工业大学将职业技术学院分为教育科学与技术学院与职业技术教育学院。2006年6月,浙江省政府启动"职业教育六项行动计划",按照省"职业教育六项行动计划"中等职业教育课程教材改革的要求,浙江省教育科学研究院职业成人教育研究所选择数控技术应用、汽车运用与维修、服装和旅游4个紧缺专业进行课改,形成了"公共课+核心课程+教学项目"的基本模式②。至2010年,这4个专业的课改任务已完成,另有24个专业的课改已全面启动。同时4个专业已完成全部教材编写任务,出版专业教材30种并进入课堂使用。为了解教材的质量和使用有效性,浙江工业大学、浙江师范大学、杭州师范大学3所高校分别进行"第三方绩效评估"。结果表明,本次课改的思路新颖、教材符合企业的需要,达到了"教师易教、学生乐学、企业欢迎"的基本目标。

(二)职业技术教育实证研究

农村职业技术教育研究。1987年,王炳仁等对绍兴市及其所属县进行较系统的农村职业技术教育发展情况的调查研究,撰写《浙江农村职业技术教育改革初探》(《探索》1988年第6期)一文,为制定浙江省职业技术教育发展战略提供了依据。皮红红的《论农村职业教育与农村经济社会发展的互动——以杭州市新农村建设为分析对象》(《经济论坛》2008年第22期)一文认为,农村劳动力就业形式的多元化要求杭州市农村职业教育作出回应,其主要途径是优化杭州市农村职业教育专业设置。其《农村社会"非农化"转型与农村职业教育应对——以浙江省为分析对象》(《浙江工业大学学报》2009年第3期)一文认为,为适应浙江省农村出现的农民收入、农民就业、农村生产、农村建设的"非农化"转型现象,农村职业教育应该在价值取向、专业设置和层次提升等方面积极加以应对。胡斌武、刘辉和邬向群的《中等职业学校

① 张彬:《浙江教育史》,浙江教育出版社2006年版,第394—399页。

② 刘希平:《千秋大业教育为基——浙江教育60年》,浙江人民出版社2009年版,第130—135页。

人才培养的问题与对策——以浙江省中等职业学校电子商务专业为例》(《教育理论与实践》2010 年第 36 期)对浙江省中等职业学校人才培养中存在的问题进行分析并提出对策。

比较职业技术教育研究。钱根珊的《香港职业技术教育观感》(《浙江农村技术师专学报》1992 年第 4 期)介绍了香港发展职业技术教育的经验,为内地的实践提供参照。吴雪萍的专著《国际职业技术教育研究》(浙江大学出版社 2004 年版)在对丹麦、芬兰、德国、中国等 17 个国家职业技术教育的发展历史、现行制度和发展趋势进行系统研究的基础上,对世界职业技术教育的总体发展进行了回顾与展望。她与叶依群合撰的英文专著 *Technical and Vocational Education in China*(浙江教育出版社 2009 年版)系统地介绍了国内职业教育研究前沿问题并预测了职业教育发展趋势。楼世洲和彭自力的《尼日利亚职业技术教育体制改革的分析》(《比较教育研究》2010 年第 4 期)分析尼日利亚政府为提高职业技术教育质量对职业技术教育体系进行改革的内容、成效和面临的困境。

(三)职业技术教育理论研究

对职业技术教育的理论研究,有朱志立和陈效平的《端正办学思想　深化教育改革　为农村经济建设培养创业型人才》(《浙江农村技术师专学报》1990 年第 2 期)论述了嘉兴农业学校改革试点情况,在明确职业教育培养目标、加强实践教学和加速教改步伐等方面提出了新的见解和实施方案,并对农村经济建设创业型人才的培养进行理论的提炼。方展画和贺武华的《我国高职高专教育评价摭谈——兼评"中国大学排名"现象》(《高等教育研究》2005 年第 1 期)认为,高职高专院校应建立合乎自身发展的评价体系,并关注自身的"学术话语"。杨明撰写的《论职业核心能力及其培养策略》(《教育与职业》2007 年第 24 期)认为,职业核心能力主要包括学习能力、交流能力、社会能力、组织和管理能力、问题解决能力等;各级各类职业学校需要深化教育目标、课程体系、教学方法和教学评价形式的改革,重视社会实践能力和动手能力的培养。李海宗编著的《高等职业教育概论》(科学出版社 2009 年版)探讨了如何构建以就业为导向的高等职业教育人才培养模式的理论和实践问题。方展画、刘辉、傅雪凌编著的《知识与技能——中国职业教育 60 年》(浙江大学出版社 2009 年版)对中国职业教育的发展历程进行了系统的回顾。刘晓的《论职业教育的本质属性》(《教育与职业·理论版浙》2010 年第 20 期)认为,"技艺授受"是职业教育的本质,由此衍生出职业教育的人人性、生利性、中介性三大本质属性;三大本质属性有着内在的逻辑关系,它们互为补充、互相作用,共同构成职业教育的本质属性。

三、高等教育

浙江早期的高等教育研究大多为教育行政部门的政策研究。如 1897 年,求是书院总办林启撰写的《浙江巡抚廖中丞奏设求是书院折》;1923 年,浙江省教育会会长郑晓沧的《杭州大学筹办方针:给杭州大学董事会的一封信》(《中华教育界》1936 年第 7 期);1936 年,竺可桢的《大学教育之主要方针》(《浙江大学校刊》1936 年第 248 期)。20 世纪 70 年代末之后,高等教育成为一门独立的学科,浙江的高等教育研究由此获得了大的发展。1982 年始,杭州大学成立高等教育教研室，浙江省各高校陆续建立了高等教育研究机构。2005年，浙江师范大学建立高等教育学研究中心（浙江省高校人文社科重点研究基地）。

（一）比较高等教育研究

20世纪80年代初，浙江的教育工作者开始了比较高等教育的研究和教学工作。王承绪曾为杭州、上海等高校干部进修班的学员作过比较高等教育专题报告，并指导徐顺松、李克兴等人撰写比较高等教育研究著作。1986年他为M. E. Sharpe（U. S. A）出版的《中国教育》（英文版）和1983年为联合国教科文组织亚太地区教育办事处公报撰写了《中国大学文科教育》《中国高等教育》等论文，主持出版《高教研究丛刊》。浙江大学高教研究所课题组的《市场经济国家政府与大学关系的比较研究》（《河北师范大学学报·教育科学版》2000年第4期）将市场经济国家的高等教育体制概括为集中型、分散型和复合型三种模式。2001年起，由王承绪、徐辉、徐小洲主编的《汉译世界高等教育名著丛书》陆续在浙江教育出版社出版，共12册，系统介绍了国外高等教育理论的研究成果。顾建民的《自由与责任——西方大学终身教职制度研究》（浙江教育出版社2007年版）对西方大学终身教职制度展开系统研究，是中国首批系统研究高等教育政策变革的著作。阚阅的《当代英国高等教育绩效评估研究》（高等教育出版社2010年版）以英国高等教育绩效评估政策的形成、发展与实践为主线，重在分析高等教育领域引入绩效评估的社会经济背景及思想基础，详细阐述了有关绩效评估的政策文本和实践运行，旨在揭示出英国高等教育绩效评估存在的利弊以及对中国高等教育评估的启示。

（二）高等教育管理与政策研究

浙江的早期研究侧重于高等教育管理经验的总结，20世纪80年代以来相关研究逐步趋于科学化。1982年，王亚朴、应坚志合编的《高等教育管理》（华东师范大学出版社1983年版）注重中国高等教育管理的理论研究和实践经验的总结，为各大区的教育管理干部培训中心及其有关院校广泛选用。陆有德与林正范合著的《现代学校管理原理》（中国广播电视出版社1982年版）曾被中央教育科学研究所作为国内6本教育管理干部培训的教材之一，介绍给联合国教科文组织亚太地区办事处。林正范的《试论高等学校民主管理的目的、本质与途径》（《黑龙江高教研究》1988年第1期）认为，学校实现民主管理的基本途径有四：高校领导人员的产生要以师生员工的普遍参与为基础、学校领导管理者要自觉形成民主作风、建立民主管理的组织制度和采用目标管理法。郭石明、余红娜和钟丽娜的《对浙江高等教育结构与布局调整的思考》（《建材高教理论与实践》1998年第3期）认为，调整高等教育结构和布局是深化高等教育体制改革的核心内容和有效措施，进而就浙江高等教育资源的合理布局提出思路。徐力和徐辉的《加强我国高等教育政策研究的若干思考》（《高等教育研究》2001年第1期）认为，加强高等教育政策的学科建设，培养高素质的政策研究人员，建立各种高等教育政策研究组织并利用组织的创造性进行政策研究，强化政策研究人员的实践意识，加深学者与决策者之间的沟通和理解，是促进、推动高等教育政策研究发展的有效路径。宣勇的《大学组织结构研究》（高等教育出版社2005年版）通过对外国大学组织结构的历史演变脉络的梳理和对中国大学组织结构的观照，认为大学组织结构的变革与创设须在组织理论的指导下进行，构建学校—学院—学科二级机构三级管理的新的大学组织结构形式，分析不同类型大学组织的基本特点、组织目标、组织特征与组织结构，提出关于大学组织结构动态选择的对策建议。刘明的《学术评价制度批判》（长江文艺出版社 2006 年版）从梳理近年来不断披露的学术腐败现象及由此引发的学术规范讨论入手，深入分析中国时下主流的量化评价制度的特点和弊端，回顾和总结清末民国时期和中华人民共和国成立后的学术评价制度，介绍和评论可资借鉴的国外学术评价制度。庞学铨的《走向一流大学的基础——重建现代学术制度》（《浙江大学学报·人文社会科学版》2006 年第 2 期）认为，重建现代大学学术制度是现有的研究型大学走向世界一流的重要基础；其实现的可行途径是大学的管理者和教授们从多方面克服和改变学术活动、学术行为本身存在的问题，在大学自身使命和功利追求之间采取正确的态度。杨明撰写的《政府与市场：高等教育财政政策研究》（浙江教育出版社 2007 年版），对高等教育管理中的政府角色定位及其转变问题进行了深入研究。宣勇和张金福的《学科制：现代大学基层学术组织制度的创新》（《教育研究》2007 年第 2 期）认为，学科制是大学最基本的学术组织制度，也是现代大学基层组织制度的一种创新；它以知识创造为主导，将学科组织化与建制化，从而把人才培养、科学研究、社会服务集中于大学最基层的学科组织，以有利于实现知识共享互动，推动知识主体的自我成长，提高大学的知识创新能力。他的《合作与引领发展："长三角"高等教育行动》（《中国高教研究》2010 年第 6 期）提出借鉴欧盟博洛尼亚进程的成功经验，建立"长三角高等教育合作区"的建议。眭依凡的《组织缺陷对大学发展的制约》（《教育发展研究》2010 年第 19 期）认为，大学组织存在的问题包括大学行政组织设置过于庞大导致管理效率的低下、大学组织的过度行政化导致官本位问题日益严重、大学学术机构设置的过度细化导致学科专业组织的琐碎化、大学组织决策体系的混杂导致大学决策的非民主和简单化等，应尽快启动内部的组织变革和制度变迁，使其回归自律和自觉于坚守大学属性和使命的组织理性。

（三）高等教育基本理论研究

浙江学者还十分重视高等教育基本理论的研究。陈列、陆有德和袁君毅合著的《大学教学概论》（浙江大学出版社 1987 年版），以教育思想与教学思想为主线，对大学教学学科内的一些基本理论问题，如大学教学过程的本质特点、大学知识观和课程观、学生观与教学观、教学方法与形式及教学手段等问题作了探讨。徐辉在《高等教育发展的新阶段——论大学与工业的关系》（杭州大学出版社 1990 年版）一书中对国外校企合作模式进行了介绍，指出大学与工业的关系是高等教育发展新阶段的新议题。徐小洲的《高等教育论：跨学科的观点》（人民教育出版社 2003 年版）一书用多学科的观点分析高等教育中存在的理论问题，并为基础理论研究注入新的观点和方法。刘尧的《建立农村高等教育体系的构想》（《职业技术教育·教科版》2002 年第 6 期）一文，开辟了农村高等教育研究领域，引起社会对农村高等教育的关注。他撰写的《农村现代化与农村高等教育》（群言出版社 2005 年版）一书，重点讨论了农村存在的"贫困综合征""知识贫乏"等问题，对农村高等教育体系进行了建构，对中国农村高等教育发展有一定的指导意义。他提出重建大学教育理想的观点，受到学界的关注，《光明日报》就此进行了专访（朱振国：《重塑大学的教育理想》，《光明日报》2005 年 10 月 19 日）。徐辉和杨天平合作发表的《特色化：中国高等教育发展的战略选择》（《光明日报》2005 年 11 月 1 日）指出，特色化的发展道路是中国高等教育发展的战略选择。孙华在《大学不能缺失社会教育职能》（《光明日报》2006 年 12 月 6 日）一文中呼吁重塑大学“造就公众心灵”的职能。宣勇著的《大学变革的逻辑》（人民教育出版社 2009 年版）一书引入大学利益相关者分析，认为须建立一种基于学科平台的大学协商性网络。周国华的《建国 60 年来中国高等教育性质的反思》（《现代大学教育》2010 年第 5 期）从哲学的本体论、价值论和认识论角度，对中华人民共和国成立后 60 年间中国高等教育性质进行反思，认为高等教育性质是一个不同视角或立场下的概念的竞争与选择，在不同的历史条件与背景下，它总是与社会实践相互作用而发生变化的。

四、其他教育

（一）教师教育研究

民国时期，金海观（撰写的《论吾国的乡村师范》（1932 年）、《丹麦的乡村教育》（《中华教育界》第 10 卷第 1—4 期，1920 年）、《乡村运动的展望》（《湘湖生活》，1932 年）、《湘湖沿岸教育建设计划》等，是其在浙江省立湘湖乡村师范学校办学实践的经验总结，从而形成他对师范教育的一系列主张，也是对陶行知生活教育的新发展；合译有《德谟克拉西的发达和他对于教育的关系》（《少年社会》创刊号，1919 年 12 月）等。郑晓沧在民国 27 年（1938 年）写出《广师说》一文，对韩愈的《师说》作了专门论述。其在《师范学校教育学科之教学》中认为，师范教育学科的教学“不仅包括科目，并包含教法及教材”[①]，师范生应重视教育科学研究。

浙江的教师教育研究在 20 世纪 80 年代再度兴起。詹振权的《“师范性”的我见》（《课程·教材·教法》1984 年第 2 期）对师范教育的“师范性”存在的分歧进行分析与澄清。张国胜的《高师师资结构现状及思考》（《高等师范教育研究》1990 年第 2 期）对高等师范院校的师资结构进行分析，提出提高高等师范师资水平的建议。舒志定的《中国教师在职进修观念的演进》（《师资培训研究》1999 年第 4 期）认为，教师在职进修有三大基本趋势，即教师数量的增加向内涵质量的提升转变、教师职前培养由封闭走向开放、教师受训从资格获得向自身素质提高转变。楼世洲的《试论师范教育的结构调整与制度创新》（《高等师范教育研究》2001 年第 3 期）认为，师范教育由封闭走向开放是必然趋势，是师范教育体制创新的核心，其根本所在是如何培养出高素质的教师，这需要构建开放型的教师管理体制，更为严格地推行教师职业准入制度，进一步加大对师范教育的改革力度。卢真金的《反思性实践是教师专业发展的重要举措》（《比较教育研究》2001 年第 5 期）认为，反思性实践是对教育界技术理性主义的反动，是对自上而下的教育改革形式的反动，是对传统教师专业发展方法的反动；反思性实践是教师专业发展、教育改革的强大推动力，但反思性教学并不一定是一种好的教学。徐君的

① 王承绪、赵端瑛编：《郑晓沧教育论著选》，人民教育出版社 1993 年版。

《新时期教师教育的发展趋势和高师院校改革对策》(《浙江社会科学》2004 年第 5 期)认为,世界各国教师教育已经呈现出教师职业专业化与教师教育终身化、多元化、高层化、信息化、投资和管理的综合化等发展趋势;面对这些趋势,中国高等师范院校应在人才培养目标、培养模式、学科结构、课程体系、教学模式等方面进行改革和创新,以适应基础教育全面发展的需要。梅新林发表了一系列有关教师教育方面的高水平论文和专著,提出了现代教师 RPT 核心能力的思想①。2008 年,梅新林和杨天平共同主编的《教师教育实践与思考》(重庆大学出版社 2008 年版)多维度地展示了浙江师范大学教师教育的研究成果,提出了教师教育改革的一系列重大问题。杨天平的《当前我国教师教育制度改革的几个问题》(《中国教师》2008 年第 20 期)和《中国教师教育制度改革的战略审思》(《中国教育学刊》2009 年第 6 期)等文章,针对当前中国教师教育制度改革存在的问题,提出了切实可行的解决方案。其《推进教师教育制度改革》一文在 2009 年 3 月中共中央政策研究室《群言》第 44 期发表,教育部将此文所谈重要问题纳入教育规划纲要。2010 年,浙江师范大学调研组撰写的《提高教师的质量和水平是教改的重中之重——对七省(市)教师队伍建设状况的调研》在《国是咨询》上刊载,供中央领导参阅。季诚钧与王凯的《教师教育的国际经验与我国的现实选择》(《光明日报》2007 年 3 月 15 日),结合国际经验对建立符合中国国情的现代教师教育制度进行了有价值的论述。李伟和李润洲的《论教师文化的重塑》(《教师教育研究》2010 年第 6 期)认为,培育教师的教育信念是教师文化重塑的根基,洞悉教师的教学习惯是教师文化重塑的抓手,而重构新的教师形象则是教师文化重塑的标识。

2008 年 12 月,浙江师范大学"教师教育研究基地"被评为"浙江省高校人文社会科学重点研究基地",是为浙江省唯一从事教师教育研究的省级重点研究机构。该基地以教师教育理论与政策、欧美等发达国家教师教育比较研究、教师教育模式改革研究、教师教育现代化研究、学科教育专家等为主要的研究方向,在国内有一定影响。

(二)全面发展教育研究

对全面发展教育的研究,方天培的《从近视眼问题看普及教育科学》(《教育研究》1981 年第 5 期)从教育科学的角度,对中小学近视眼问题进行了探讨。王炳仁编著的《思想政治教育的理论和方法》(杭州大学教育系内部印刷发行 1982 年版)是全国较早编著的道德思想政治教育论著之一。1994 年,魏贤超主编的《现代德育理论与实践》(杭州大学出版社 1994 年版)尝试探索一个"主体参与式德育理论与整体全息大德育课程体系理论"。于可红的《国家中小学生体育与健康教育个体评价标准的研究》(浙江大学出版社 2000 年版)为中国中小学体育健康教育的个体评价提供了一个常模。杜卫编写的《美育论》(教育科学出版社 2000 年版)对美育的功能、方法等作出了深入的探讨。高亚兵和骆伯巍在《论青少年儿童性教育的误区》(《教育研究》2002 年第 1 期)中,通过大量的调查研究指出教育工作者在性教育的观念、对象和内容等方面存在着认识误区。徐辉和祝怀新著的《国际环境教育的理论与实践》(人民教育

---

① 梅新林:《中国教师教育的历史启示与战略取向》,《光明日报》2007 年 3 月 14 日。

出版社 2002 年版）和祝怀新主编的、由中国环境科学出版社 2002—2004 年陆续出版的《基础教育阶段环境教育丛书》，为中国系统有序地开展环境教育提供了有效的理论框架和实践策略。赵祖地、廖曰文等主编的《高校德育评估概论》（浙江人民出版社 2003 年版）对德育评估的一般原理、主体与客体、心理因素、技术与方法等内容进行了系统的阐述。蔡志良和蔡应妹合著的《道德能力论》（中国社会科学出版社 2008 年版）运用多学科的知识，就道德能力问题提出了许多原创性的观点。金雁和杨柳的《和谐德育论》（中国社会科学出版社 2008 年版）提出了构建中国和谐德育的思路及高等学校进行和谐德育教育的建议。岳刚德的《中国学校德育课程近代化的三个特征》（《全球教育展望》2010 年第 11 期）通过对中国近代学校德育课程从修身科到公民科演进历史的剖析，从文化学的视野揭示了学校德育课程近代化的三个特征，即德育课程目标由圣贤人格到公民人格的转换、德育内容选择的中西文化价值取向和德育教科书从《修身》到《公民》的演进历程和时代变迁，从而初步概括和提出了近代学校德育课程演进的历史逻辑。

第三节　课程与教学研究

课程是学生应学习的学科总和及其进程与安排。教学是教师把知识、技能传授给学生的过程和模式。20 世纪 80 年代末至 21 世纪初，浙江省先后开展了义务教育阶段和基础教育阶段的新课程改革，课程研究随着改革实践的推行得到了迅猛发展。教学研究，浙江古已有之。现当代在教学理论、学科教学及教学设计与教学技术等方面，有许多创新性研究。

一、课程研究

（一）课程理论研究

课程研究，古而有之。早在东汉时期，王充就对当时迷信、烦琐的经学教育进行了无情的批判，提倡教育内容应当符合社会实际。南宋吕祖谦一方面认可孔孟之学和宋代理学“正学”的地位，认为教育应以它们为主要内容；另一方面主张经史并重，以便从历史中寻找解决现实问题的方法。元代程端礼依照人的年龄、心理特征和思维发展水平，把教育分成学前、小学、大学基础和大学提高 4 个阶段，并对每个阶段的教育目标和内容进行了较为详细的规定（张彬《浙江教育史》，浙江教育出版社 2006 年版）。近代中国社会发生了翻天覆地的变化，一部分思想先进的人士极力主张引进西学，创办新式学堂。传统的课程发生了变化，课程类型得到了极大地丰富，课程设置的观念不断获得更新。

课程理论的综合研究。戴莲康的《建立课程的教育目标体系——浙江义务教育课程改革探索之一》（《课程·教材·教法》1992 年第 1 期）和《建立课程的教育目标体系——浙江义务教育课程改革探索之二》（《课程·教材·教法》1992 年第 6 期）认为，义务教育的教育目标是课程设计的出发点，对浙江义务教育课程改革中如何建立教育目标体系进行探索与研讨。余自强的《科学课程论》(教育科学出版社 2002 年版)着重探讨了综合科学课程的理论和实践问题。林正范、贾群生等合著的《课程更新与教师行为的改变》(浙江大学出版社 2005 年版)着重对课程更新后教师行为的变化特点与规律进行了研究。蔡铁权的《后现代课程理论的耗散结构观》(《全球教育展望》2008 年第 10 期)认为,教育是一个复杂的巨系统,他从耗散结构理论的视角,审视教育系统,构建新颖模型,揭示学习的本质与规律,从而阐释与建构课程理论。徐佳和吴刚平翻译出版澳大利亚学者科林·马什的《理解课程的关键概念(第 3 版)》(教育科学出版社 2009 年版)一书,涵盖了课程的内涵及其关键概念、课程的规划与开发、课程的管理、教学观、合作参与课程和课程的意识形态等 6 个方面的问题,涉及课程领域内的 21 个关键论题。张文军翻译美国教育学家亚瑟·K. 埃利斯的《课程理论及其实践范例》(教育科学出版社 2009 年版)一书,展现了课程理论和课程模式在课堂中的运用。季诚钧的《课程管理与课程领导辨析——兼与靳玉乐先生商榷》(《教育研究》2009 年第 3 期)一文,厘清了课程管理和课程领导这两个相近概念的含义及其差别。刘宇的《论课程变革中的学生参与》(《全球教育展望》2010 年第 3 期)认为,学生参与课程变革不仅有利于提高变革的有效性,更是儿童的内在需要和基本权利。

教材研究与课程改革。宋元时期,蒙学教育遍及浙江城乡。浙江学者编写的蒙学教材在当时颇具代表意义,如流传很广的《神童诗》是北宋的汪洙所作;识字教材中最为著名的《三字经》是南宋王应麟所作;侧重于对幼儿进行伦理道德教育的《童蒙训》和《少仪外传》分别为南宋的吕本中和吕祖谦编写;内容涉及天文、地理、人物、鸟兽、草木等常识的教材《名物蒙求》为南宋方逢辰所编写(张彬《浙江教育史》,浙江教育出版社 2006 年版)。20 世纪 30 年代,夏丏尊与叶圣陶针对中学生合著《文心》(开明书店 1933 年版)、《初中国文教本》(开明书店 1936 年版)等。1959—1960 年,浙江教师进修学院教研部编写出版了一套思想性较强、密切联系生产劳动实际的中小学教材。该学院在 1963 年 5 月教育部陆续颁布全日制中小学各科教学大纲(草案)后,编写出版各科教学参考书;从 1978 年开始,还组织编写了地方乡土教材和补充教材。1988 年 5 月,根据国家教委,浙江省开始进行义务教育阶段课程改革试验工作,并成立了浙江省义务教育教材编辑委员会,经过 3 年努力,编写了侧重适用于农村九年制义务教育教学计划、教学指导纲要,完成了小学阶段、初中阶段前两年教科书的编写。1991 年,按“义务教育各科教学指导纲要”编制的浙江省义务教育教学计划和新编教科书在第一批试教实验区试用。[①] 2002 年初,义乌市、宁波市北仑区和杭州市余杭区被列入第二批国家级基础教育课程改革实验区,拉开了浙江省新一轮基础教育课程改革的序幕,按照浙江省确定的新课程改革实验方案,这 3 个实验区分别选用了适合自己的各科教材,共涉及人民教育出版社等 6 家出版社的 19 种新教材。与原先的课程结构相比,新课程除了国家规定的必修课外,还有地方课程与学校课程。尤其是新增了活动类课程,包括信息技术、研究性学习、社区服务与社会实践、劳动与技术 4 个方面的内容。2004 年秋季,全省 90 个县(市、区)全面进入新课程实验,实验区小学、初中一年级学生全部执行新课程计划,使用新教材。2009 年 7 月 29 日,下

① 张彬:《浙江教育史》,浙江教育出版社 2006 年版,第 934 页。

发《浙江省教育厅办公室关于调整普通高中课程设置的通知》的决定。2010年8月，由浙江省教育厅教研室编著的“普通高中新课程课堂教学案例研究丛书”由浙江教育出版社出版。该丛书共15本，涉及高中所有学科，体现了浙江省高中新课程实施的深度、广度和浙江省高中新课程教学研究水平。

（二）课程开发研究

这方面研究，王而治的《教学传统与课程发展》（《课程·教材·教法》1994年第3期）以中小学数学为例，对教学传统与课程发展的相互关系进行研究。傅建明的《校本课程开发中的教师与校长》（广东教育出版社2003年版）一书探讨了校本课程开发背景下，教师和校长应该承担什么样的角色、应该具备什么样的素质、如何促进教师的专业发展等内容。其《校本课程开发：初中案例》（华东师范大学出版社2006年版）以中小学教师为主要阅读对象，紧扣当前中国中小学课程开发的实际，具有可操作性和可模仿性，成为教育部教师教育优秀资源。徐君的《从课程管理到课程领导：课程发展的必由之路》（《课程·教材·教法》2005年第6期）认为，随着教育课程改革的不断深化和以人为本管理理念的不断深入，从课程管理到课程领导是教育课程发展的必由之路。刘正伟和仇建辉共同撰写的《校本课程开发与特色学校建设——以宁波市江东区为中心的考察》（《教育发展研究》2007年第10期）以宁波市江东区特色学校创建过程为例，深入分析了校本课程开发与学校文化塑造之间的关系。张剑平、张家华的《人工智能课程研究》（人民教育出版社2009年版）对中国基础教育课程改革理念下的人工智能课程及实施问题进行了探索，该书获2010年浙江省高等学校科研成果一等奖。钱旭升撰著的《信息技术课程实施的文化取向研究》（教育科学出版社2009年版）将信息技术课程实施中存在问题的原因归结为技术取向，并尝试在信息技术课程实施的文化蕴义表达和学生弱势身份现实转化的途径探索方面做出创新。顾兴全和于可红的《基于体育价值观之嬗变透视高校体育课程发展》（《浙江体育科学》2010年第2期）通过探求体育价值观变迁与高校体育课程指导思想变革的关系，进而再分析以体育人文观为核心的多元价值观在当今高校体育教育中的地位。

二、教学研究

（一）教学理论研究

浙江自唐宋创立书院教学，对其的总结研究水平位全国之前列。北宋胡瑗创立“苏湖教法”，被设立在京城的太学所采用，称为“太学法”。南宋朱熹与浙江书院关系密切，既直接讲学、论道于很多书院，又因访友、问学而成为各地书院常客，他的“循序渐进，熟读精思，虚心涵泳，切己体察，着紧用力，居敬持志”的读书法，丰富了中国古代的教学思想。[①] 南宋陈亮、叶适提出学艺能，为事功，注重锻炼，“学与思考互用”“博学与分析渐进结合”的教学思想，在中

---

① 何生根：《朱熹与浙江书院》，《宁波大学学报·教育科学版》2002年第3期。

国教育史上有一定的影响。明代之后，王阳明、黄宗羲的让儿童“乐学不倦”“日长月化”的教学方法，对后来的教育也产生一定的影响。

20 世纪 80 年代之后，浙江对教学论的研究发展迅速。裴文敏和董远骞的《掌握知识技能与发展认识能力》(《教育研究》1981 年第 2 期)，对在教学过程中如何正确认识知识技能与发展智力的关系提出自己的看法。周理镛的《情感与教学》(《教育研究》1981 年第 9 期)，较早提出情感在教学过程中的作用。董远骞、张定璋、裴文敏撰写的《教学论》(浙江教育出版社 1984 年版)是中国教育理论界较早出版的教学论专著之一，它较为系统地论述了教学过程的一般规律，探讨了课程、教学原则、教学方法、自学方法、考察和考试及教学形式等重要问题。董远骞著的《教学原理与方法》[1]，不仅对教学规律进行深入研讨，还对教学方法提出许多新见解，该书获国家教委首次教育科研优秀成果二等奖。其还著有《中国教学论史》(人民教育出版社 1998 年版)。宋秋前著的《教学缺失与矫治策略》(贵州人民出版社 2002 年版)，对教学思想、课堂教学、学业成绩评价、课堂管理等教学理论与实践中存在的问题及其矫治进行了研究。汪刘生的《教学美学》(吉林人民出版社 2004 年版)运用美学的观点重新审视了教学范畴中审美的理论和实践。裴娣娜的《中国教学论学科的当代形态及发展路径》(《教育研究》2009 年第 3 期)认为，改革开放以来，中国教学论学科经历了反思重建、引进借鉴、构建体系及综合创建几个阶段，在开拓理论视野、转变教育观念、探索新的研究方式和方法等方面取得了许多重大的研究成果。李长吉著的《教学论思辨》(教育科学出版社 2009 年版)用形而上的思辨方法，对教学主体、教学内容、教学历程、教学方式、教学研究等 5 个方面的问题进行了讨论。李伟著的《实践范式转换与实践教学改革》(教育科学出版社 2010 年版)以实践范式的历史分析为切入点，通过分析历史上不同的实践范式及其演变的历程与原因，探索不同实践范式与实践教学之间存在的相互关系，从实践范式转换的视角观察和反思现有的实践教学活动与实践教学改革，为实践教学改革指出了明确的道路。

浙江学者重视从外国获取教学改革的理论和实践经验。徐辉主编翻译《国外大学教学与教改译丛》。该丛书由浙江大学出版社于 2006 年出版，共精选了 8 种美国大学教学与教改著作，为中国学者了解美国的教学与教改情况搭建了平台。杜惠洁著的《德国教学设计研究》(中国科学技术出版社 2008 年版)一书，比较准确地透视出德国教学设计实践的基本状况和本质特征。

(二)学科教学研究

语文教学研究。张传宗著的《中学语文教育学研究》(浙江教育出版社 1984 年版)是较早的语文教育学著作。朱作仁曾在《心理学报》上发表多篇有关小学低年级识字的研究文章，出版了多部有关语文教学的著作，特别是 1988 年主编的《小学语文教学法原理》(华东师范大学出版社 1994 年版)，被指定为全国高等院校文科教材。潘涌的《语文新课程与教学的解放》

---

① 董远骞:《教学原理与方法》，人民教育出版社 1985 年版。此前其与张定璋、裴文敏出版有《教学论》，故称前后两书为“姐妹篇”。

(广东教育出版社 2004 年版)认为,课程改革的实质是从全预制、全垄断、全封闭的指令型课程转向生成型、开放型和个性化的新课程,在这种课程范式转换的背景下,指令型语文课程及其教学自然趋向解体。以此为基础,作者回顾了世界各国母语课程改革的基本历程以及百年以来语文教育的价值嬗变;进而认为在语文教学新理论冲击下语文教学必然走向解放的前景。郑逸农原创性地提出了“非指示性”语文教育,其《“非指示性”语文教育初探》(浙江教育出版社 2006 年版)一书在国内有了一定的影响。刘正伟的《现代性:语文教育的百年价值诉求》(《教育研究》2008 年第 1 期)认为,在过去 100 年的语文教育变革中,现代性的核心价值从不同向度建构了语文教育现代性的历史谱系;重建语文教育既要重估经典教育的价值,又不能拒绝生活关怀;既要深刻反思科学在语文教育中的价值与作用,又要从语文学科人文性及汉语语言本身的特性出发。张传宗的《高中语文教学应开拓优质高效的科学发展之路》(《课程·教材·教法》2010 年第 8 期)认为,研究和改革高中语文教学,必须以科学发展观为指导,从改革整个语文教学出发,明确语文学科的性质和教学任务,建立具有一定科学性并能促进语文教学发展的学科理论。

数学教学研究。傅克昌的《义务教育数学教材的完善与数学教育的现代化》(《数学教育学报》1995 年第 4 期)认为,九年制义务教育数学教材的改革与完善必须研究如何实现数学教育的现代化;其途径主要包括更新数学教育观念、体现中国国情与特色、注重教育方法与手段的现代化等。张维忠著《数学文化与数学课程》(上海教育出版社 1999 年版)以文化学为视角,运用哲学、教育学、文化人类学、科学史等相关学科的理论,揭示数学、文化与课程之间存在的密切关系与作用机制,探求信息时代数学课程应用的风貌。其《文化视野中的数学与数学教育》(人民教育出版社 2005 年版)结合中国中小学正在实施的数学新课程,认为数学是一种文化体系的数学哲学观,并从多角度阐述数学的社会文化价值;充分利用数学名著、多元文化数学、数学史等数学题材与史料,揭示数学的文化意义。孙利利的《小学数学教学文化内涵缺失探因》(《中国教育学刊》2010 年第 7 期)对小学数学文化教育的现状和原因进行了分析。

教学设计与教学技术研究。盛群力主编的《现代教学设计论》(浙江教育出版社 1998 年版)系统地介绍了当代有影响力的国际教学设计理论。他为国家精品课程“教学理论与设计”编写的教材《教学设计》(高等教育出版社 2005 年版),被教育部专家组评为教师教育优质课程资源。信息化时代,教育技术的变革对改善教与学的过程产生了积极的影响,周跃良编写的“十一五”国家级规划教材《现代教育技术》(高等教育出版社 2008 年版),重点阐述了各种教学媒体的特征、媒体应用方式及媒体的发展对教学过程和教学组织等方面的影响。张剑平长期从事教育信息化领域的研究,主编有《教育信息化新视界丛书》(科学出版社 2008 年版),其主持的“面向教师教育的信息化环境创建与应用”项目获得国家级高等教育教学成果奖。浙江工业大学的研究人员开发了一系列教学软件和网站,如王永固的“儿童益智”专题学习网站、“创新知博”网络协作学习支持系统 V1.0;李浩君的“计算机系统结构”网络教学平台、高校网络课程教学平台软件等,在浙江省内教师软件评比中获得多项奖励。张丽霞和王文利的《生态系统视角下的虚拟学习环境的构建》(《中国电化教育》2010 年第 8 期)把学习环境看成一个生态系统,提出了设计与开发、运行与管理虚拟学习环境的构想。

第四节　人才学研究

人才学是一门研究人才成长规律和人才代际关系的学科。浙江古代思想家、政治家对人才问题有过许多精辟的论述。作为一门独立的现代科学的人才学出现在20世纪80年代。浙江的人才研究工作特别是干部人事制度改革的探索实践,在全国有一定的影响。

一、人才与人力资源开发

(一)人才思想与人才学理论研究

古代人才思想。东汉王充将教育目标由低到高分成“儒生”“通人”“文人”和“鸿儒”,并将“鸿儒”作为培养目标(王充《论衡·超奇篇》)。北宋范仲淹(曾知杭州)重视培养治国人才和实用人才,提出“教以经济职业,取以经济之才”①。南宋陈亮批判了“士以尺度而取,官以资格而进”的选人用人制,提出了“唯才是用”“东西驰骋而人才出矣”的人才观。清龚自珍提出“世有三等”而“三等之世,皆观其才”②。

比较人才学研究。浙江学者缪进鸿被公认为“比较人才学”这一新学科分支的创立者。1991年,他发表《长江三角洲与其他地区的人才比较研究》(《教育研究》1991年第1期)。2001年4月,他在宁波大学举办的“教育·科技·人才”研讨会上,较为详细地介绍了“比较人才学”的学科框架,此演讲稿被整理成《介绍一门新的学科分支——比较人才学》(《宁波大学学报·理工版》2001年第3期)。2009年始,他研究并撰写《中外杰出人物群体比较研究丛书》,主编《中外杰出人物主题阅读丛书》(商务印书馆2009年版)。沈登苗《明清全国进士与人才的时空分布及其相互关系》(《中国文化研究》1999年第4期)对明清时期人才和进士的空间分布作了若干间接的比较,显露了进士与人才在地理分布中的一些内在联系,隐现了唐至清科举和人才中心城市形成和转移的轨迹,为后人的进一步探索开了筚路蓝缕之功。

(二)教育与人力资源开发研究

20世纪90年代,浙江重视教育与人力资源之间的关系。浙江省教育科学“九五”规划重点研究课题“浙江省教育经费的筹措及管理研究”课题组撰写的《教育、经济和教育的市场化》(《财经论丛》1998年第4期)一文认为,在人力资本理论看来,教育在现代经济条件下是整个经济增长与发展的重要动力与源泉,主要原因在于教育形成的人力资本在生产力诸要素中发挥着越来越重要的替代作用。张仁寿和丁静的《论浙江的教育发展、人力资本与经济增长方式》(《浙江社会科学》1998年第5期)认为,教育是提高人力资本质量的最重要途径,而人力

---

① 〔宋〕范仲淹:《范文正公集·答手诏条陈十事》。

② 《龚自珍全集》,王佩净校点,上海古籍出版社1975年版。

资本与经济增长具有十分密切的关系;增加教育投资,大力发展教育,提高人力资本质量,已成为促进浙江经济增长方式转变的根本选择。张坚民的《人力资本与教育投资》(《工会理论与实践》2000 年第 1 期)认为,人力资本是经济发展的根本性因素;人力资本的重要来源是教育投资,人力资本质量的高低也取决于教育投资的数量和质量;增加教育投入,提高人口质量,建立中国特色的教育体系是一项十分重要而紧迫的任务。刘尧发表了《新农村人力资源开发与县级社区学院发展研究》(《教育与现代化》2007 年第 2 期)、《农村知识贫困与农村人力资源开发》(《中国地质大学学报·社会科学版》2008 年第 2 期)等文章,探讨教育与农村人力资源开发的关系,指出农民受教育水平偏低是中国农村经济社会发展在人力资源层面需要解决的根本性问题。姚先国与张海峰合作的《教育、人力资本与地区经济差异》(《经济研究》2008 年第 5 期),该文应用动态面板数据方法(system—GMM 估计)和传统的固定效应估计法,得出劳动力教育程度的提高对区域经济增长有显著积极影响的结论。张海峰、姚先国、张俊森合著的《教育质量对农村劳动生产率的影响》(《经济研究》2010 年第 7 期)借鉴国外的有效教育概念,利用 1980—2005 年间的中国省级面板数据估计了平均教育年限(教育数量)和平均师生比率(教育质量)对地区劳动生产率的影响,得出教育质量越高对劳动生产率的促进效应越大的结论。

(三)经济与人力资源开发研究

对于浙江的经济与人力资源开发问题,徐天棋和周镇元的《开发浙江省人力资源的思考》(《人口学刊》1989 年第 6 期)认为,进一步开发人力资源是振兴浙江经济的重要途径,并在此基础上分析了浙江人力资源的优势、存在的问题及其对策。邵旦萍的《人力资本理论与我国的经济发展》(《中共浙江省委党校学报》1995 年第 4 期)认为,人力资本投资是发展社会主义经济的重要条件,加大人力资本投资的关键在于大力发展中国的教育事业。许彬和罗卫东的《人力资本增长模型与经济增长方式的转变》(《浙江大学学报·人文社会科学版》1999 年第 1 期)认为,人力资本积累是中国经济增长方式转变的基础,教育是人力资本形成的最佳途径;在既定的人力资本存量下,改善配置也可以达到推进增长方式转变的目的;随着知识经济时代的来临,人力资本对经济增长的功能将更加具有关键性。姚先国的《新世纪浙江经济发展中的人才战略》(《中共杭州市委党校学报》2000 年第 1 期)认为,人力资源的结构、素质与产业结构调整要求的不相适应,人才不足及吸引人才的环境欠佳势必危及浙江经济发展的后劲;浙江必须制定正确的人才战略,建立符合社会主义市场经济体制要求的开放型、市场化、高效有序的人才培养与合理配套机制。其专著《人才战略与区域经济发展》(浙江大学出版社 2006 年版),研究了上海"四大中心"建设与浙江经济发展问题,并提出了面向知识经济时代的人才战略构想。陆根尧主持完成的国家社会科学基金项目研究成果《人力资本对产业集群竞争力影响的研究》(经济科学出版社 2008 年版),对人力资本与产业集群的关系进行了探究,揭示人力资本对产业集群竞争力的影响。他和张俊森主编的《中国人力资本投资与劳动力市场管理研究》(中国劳动社会保障出版社 2010 年版),重点对人力资本投资回报与投资决策、人力资本产权与劳资关系、教育市场与劳动力市场的有效衔接、义务教育与财政制度、产业结构与就业结构变动等问题进行了研究。廖曰文著《合作与共赢》(浙江人民出版社2007年版)一书,针对专业技术人才道德教育问题,从合作主义的哲学高度作以宏观的评价和指导,是“合作与共赢”主题研究的专论。

二、专门人才培养

(一)创业人才培养研究

浙江省重视创新人才培养工作,在创业教育研究领域取得了丰硕的成果。温州大学从2001年开始在全校开展创业教育,经过多年的探索与实践,取得了一定的成效,走在国内高校的前列,2008年被教育部评为国家级创业教育类人才培养模式创新实验区。谢志远负责的“大学生创业教育温州模式的研究”成果获2008年中国高校创业教育与创新创业人才培养模式研讨会论文一等奖;黄兆信负责的“地方性高校创新人才培养的研究与实践”成果获浙江省第六届教育科学优秀研究成果二等奖。2009年,温州大学陈福生负责的“依托区域优势构建具有温州特色的创业教育模式”成果获浙江省教学成果一等奖、国家教学成果二等奖。2009年,徐小洲组织编写了创业教育教材《创业教育》(普通高校版)和《创业教育》(职业院校版),均由浙江教育出版社出版。其主编的“创业教育研究丛书”(浙江教育出版社2010年版),包括《美国高校创业教育》《日本高校创业教育》《中国高校创业教育》和《国外中学创业教育》等著作。

2010年,联合国教科文组织批准在浙江大学设立“创业教育”教席。

(二)体育教育与人才培养研究

浙江省自古重视体育与体育人才培养。据出土文物和考古研究发现,距今6000年～7000年,在余姚河姆渡一带,就已经有了萌芽状态的体育①。早期的体育以游水、舞剑、摔跤、划船等民族传统体育为主。鸦片战争后,浙江的有识之士大力倡导体育与体育教育,以实现“强国强种”、洗刷“东亚病夫”的愿望。民国时期,蔡元培在1912年发表的《对于教育方针之意见》一文中,提出军国民教育、实利主义教育、公民道德教育、世界观教育和美感教育“五育”并举的教育思想。其中“军国民教育”是为提高国民身体素质的体育教育。1917年,他在《爱国女校之演说》中提出体育在全面教育中的位置,认为“完全人格,首在体育”。此外,他还辩证地看待身体与精神之间的关系,认为“有健全的身体,始有健全的精神”。杨贤江在其教育论文中,对体育的目的、内容、效能、法则等方面都有精辟的论述。

中华人民共和国成立后,浙江的体育事业进入新的发展时期,国民体育、竞技体育发展迅速,体育人才问题研究稳步开展。1983年10月,成立浙江省体育科学研究所,在开展基础理论研究、竞技体育科技服务与攻关、国民体质监测、大众健身咨询服务的同时,重视体育人才的培养与研究。丛湖平与郑芳共同撰成《我国东部省份体育产业区域发展模式及策略选择研

① 张彬:《浙江教育史》,浙江人民出版社2006年版。

究》(浙江大学出版社2004年版)认为,考察区域体育产业发展的问题时,应将体育人才研究作为策略选择的重要方面。李建设关注体育经纪人管理的理论与实践研究,著有《浙江省体育经纪人管理体制与运作机制研究》(《浙江体育科学》2003年第2期);他完成的"体育经纪理论与实践"项目获国家体育总局优秀科研成果二等奖。潘慧炬2007年主持的课题"国家赛艇队重点运动员综合科研攻关研究与应用"获得国家体育总局第29届奥运会科研攻关和科技服务项目贡献一等奖。2006年7月,成立浙江体育职业技术学院。该校以培养一流竞技体育人才为根本任务,并积极开展体育的科学研究。

第十二章　管理学研究

管理是社会组织中实现目标进行的以人为中心的协调活动。管理学是以管理工作中普遍适用的原理和方法为研究对象的综合性应用科学，是一门横跨自然科学和社会科学的综合性交叉学科。现代管理学包括管理科学与行为科学两大门类，主要研究管理学原理和方法、企业管理、人事管理、社会管理心理学、行为科学、比较管理等。浙江的管理学研究路径基本契合中国整体管理科学的发展轨迹，并在某些学科领域独树一帜，引领全国管理科学的发展。民国至20世纪70年代末，浙江涌现了一批在国内外有影响的管理学家。70年代以后，伴随着浙江工业行业的标准化管理和各类企业管理协会的相继成立，管理理论和方法在实践中得到广泛的应用。80年代至21世纪初，浙江的管理学教育、研究和实践得以蓬勃发展。至2010年底，省内有18所高等院校设置管理学的学科专业和学院。

浙江学者对于管理学的研究以陈立于1935年出版的《工业心理学概论》一书为早期，该书系统地论述了管理心理学的基本问题，填补了国内在这一领域的理论空白。浙江籍著名管理心理学家徐联仓，在国内行为科学方面有许多开创性研究。他率先在中国展开领导行为的研究，使行为科学从理论热议进入到实际测评操作；他与王家微构建了结合中国实际的组织行为学体系。许庆瑞开创了中国管理工程学科与创新管理理论，2007年当选为中国工程院院士。马国祥不仅在科技管理、工程管理、技术经济学等领域的研究成果卓著，而且在国际上最早提出了"神经管理学"概念和框架。卢盛忠、王重鸣、吴谅谅、郑全全等长于从心理学层面研究当代管理学问题。吴晓波提出了"二次创新"管理理论体系；王爕臣、郧文华是浙江早期的信息管理学专家；陈畴镛、刘南长期从事物流管理研究；项保华是国内较早研究企业战略管理的学者；胡祖光是东方管理学的创始人。

第一节　基础理论研究

浙江的管理学基础理论研究，早期始于工业管理的心理学。20世纪70年代之后以引入国外行为科学破题。而20世纪八九十年代至21世纪，在行为科学、管理心理学、管理经济学、神经管理学、公共管理学等学科领域有创新性研究。

一、行为科学

(一)行为科学研究

行为科学是企业管理学的重要分支学科。广义的行为科学是与研究人的行为规律有关的学科,如社会学、心理学、人类学、经济学、劳动科学、哲学、医学等。狭义的行为科学是现代管理科学的重要组成部分,运用类似自然科学的实验法和观察法以及社会科学的社会调查法,研究人在工作环境中的行为规律。

中国早期从事管理心理学研究的专家徐联仓,被誉为中国工程心理学和人类工效学的开拓者,管理心理学的奠基者之一。曾任中国科学院心理研究所所长、中国心理学会秘书长,获中国心理学会终身成就奖,有着广泛的国际影响。1951 年毕业于清华大学心理学系,1962 年获苏联教育科学院心理研究所副博士学位。他在行为科学方面具有开创性研究:一是率先在中国开展领导行为的研究。1981 年 3 月分别发表《关于"领导"的科学研究》(《自然辩证法通讯》1981 年第 3 期)《行为科学与经济体制改革》(《经济管理》1981 年第 3 期),推开了行为科学在领导层和体制内的传播和研究;1983 年,他发表《关于行为科学在我国引起的争论之我见》(《现代化》1983 年第 7 期),推动 20 世纪 80 年代改革开放初期关于行为科学引入的争论;其间,他主持了 17 省市关于领导行为的测评量表的常模编制,创造了一整套定性与定量结合的评价方法,使行为科学从理论争论进入到实际测评操作,成为一种可实用践行的有效工具;他撰写发表有《关于企业领导行为评价的试点》(《经济管理》1982 年第 6 期)、《中国开展领导行为评价研究》(在日本大阪大学人间科学会议上的报告,1982 年)、《管理科学与行为科学》(《现代化》1983 年第 11 期)、"行为科学与有效管理丛书"(4 册,中国经济出版社 1988 年版)、与杨林合著《领导行为研究》(华中理工大学出版社 1991 年版)等。二是创造性地提出了"管理三重性"理论,系统地开展了管理决策、高科技人员工作价值观的组织行为学研究,拓宽了心理学在实践中的应用。他与凌文辁著有《组织管理心理学》(科学出版社 1988 年版),发表《一门值得重视的管理科学——组织行为学》(《求实》1989 年第 12 期),较早介绍国外组织行为学理论;之后还与 E. Russo、安宝生合著《决策行为分析》(北京师范大学出版社 1998 年版),与黄河、苏耀彬合著《PM 理论与领导行为评估》(中国经济出版社 1999 年版)等。

20 世纪 80 年代,以浙江大学管理心理学研究力量为核心,展开了对西方行为科学的研究和推广。王加微著《行为科学》(浙江教育出版社 1986 年版)一书,系统地介绍了国内外行为科学的基本理论和研究成果,阐述行为科学的由来、冬季理论、个性差异、需要理论、激励理论、团体行为、信息沟通、组织行为、领导行为等问题,是国内最早介绍行为科学的书籍之一。其在《领导科学与人的管理》(浙江人民出版社 1992 年版)一书中,对领导工作决策、用人、思想政治工作等方面作了阐述,并讨论了行为科学与思想政治工作关系等问题。他与徐联仓合著《组织行为学》(中央广播电视大学出版社 1993 年版),构建了结合中国实际的组织行为学体系。

(二)管理心理学研究

管理心理学是研究组织管理过程中人们的心理及行为现象、心理过程及其发展规律的科学。在这一领域,浙江有成就者有陈立、徐联仓、卢盛忠、王重鸣、吴谅谅、郑全全等。

1935年留学归国的陈立出版了《工业心理学概观》(商务印书馆1935年版)一书,填补了国内在工业心理学研究和应用的空白。1985年,杭州大学心理学系的卢盛忠、吴谅谅、郑全全、王重鸣合作编著出版了《管理心理学》(浙江教育出版社1985年版)一书。该著作是第一部由中国学者编纂的管理心理学教材。1986年起,王重鸣就管理决策、组织变革、创业创新等一系列管理理论和现实问题进行了深入研究,取得了丰富的理论和应用成果,先后著有《劳动人事心理学》(浙江教育出版社1988年版)、《管理心理学》(人民教育出版社2001年版)等学术著作,并获得多项学术奖励和荣誉,包括复旦大学设立的中国管理学杰出贡献奖等。

二、其他管理学理论

(一)管理经济学研究

管理经济学是微观经济学与管理实践相结合的一门学科。它为企业决策和管理提供分析工具和方法。其理论主要围绕需求、生产、成本、市场等方面。

对商业经营的管理是浙江在20世纪80年代推进的商业体制改革所关注的重要理论和实践问题。金家麟先涉足这一领域。他曾任浙江省商业厅工商行政室副主任、浙江省委对私改造领导小组办公室副主任。1948年,在当时国内著名杂志《新中华》上发表处女作《货币数量说之基本观点的批判》。20世纪70年代末改革开放后,先后在《经济研究》《财贸经济》《价格理论与实践》《商业经济与管理》等期刊发表经济理论论文30多篇,其中《试论商业经济效果》(《商业经济与管理》1982年第2期)一文,论述了商业销售额和价格跟商业经济效果之间的关系,并建议通过加强市场预测、改进产销衔接关系、畅通流通渠道、扩大商品销售、改善库存结构和提高零售商业服务质量这几个方面来提高商业经济管理效果。他突破计划经济下忽视供求关系,仅凭政策要求定价格高低的支配思想,提出商品供求关系必然对价格运动起直接作用,而商品供求关系本身和价格的长期运动又必然受价值规律的内在支配这个价格运动的基本原理,强调按质论价,对中国价格管理体系改革的推动具有一定的理论贡献。2004年,金家麟以81岁高龄获得中国价格学研究的最高奖——薛暮桥价格学研究奖;主要著作有《商业价格学》(主编,中国商业出版社1991年版)、《经济大辞典·价格部分》(上海辞书出版社1992年版)等。

(二)公共管理学

公共管理学是运用管理学、政治学、经济学等多学科理论与方法专门研究公共组织,尤其是政府组织的管理活动及其规律的学科群体系(张成福《公共管理学》,中国人民大学出版社2007年版)。在这一研究领域,浙江已形成一个功底扎实的研究群体。范柏乃对地方政府绩效评价体系的构建和实际测度、中小企业信用评价指标作有广角度的研究。如范柏乃、朱文斌著《中小企业信用评价指标的理论遴选与实证分析》(《科研管理》2003 年第 6 期),范柏乃、单世涛著《城市技术创新能力评价指标筛选方法研究》(《科学学研究》2002 年第 6 期),范柏乃著《城市技术创新透视:区域技术创新的一个新视角》(机械工业出版社 2004 年版)等。其中范柏乃、朱华著《我国地方政府绩效评价体系的构建和实际测度》(《政治学研究》2005 年第 1 期)一文,在对国内外政府绩效评价研究与实践述评的基础上,明确界定了地方政府绩效的概念,从行政管理、经济发展、社会稳定、教育科技、生活质量和生态环境 6 个领域,遴选了 66 个指标构成了地方政府绩效的理论评价体系,采用隶属度分析、相关度分析和鉴别力分析等方法对评价指标进行实证筛选,建立了中国地方政府绩效评价体系,并提出了指数增量的地方政府绩效的评价方法。其主要著作还有《高新技术产业发展法律环境研究》(上海财经大学出版社 2001 年版)、《政府绩效评估理论与实务》(人民出版社 2005 年版),后著获得浙江省高等学校科研成果一等奖。

对人力资本、科技转化等管理也是浙江学者所关注的重要问题。姚先国任浙江大学公共政策研究院院长,1997 年被评为"浙江省跨世纪学科带头人"。其《浙江经济竞争力与科技成果转化研究》(浙江人民出版社 2001 年版)一书,深入讨论了浙江省经济竞争力状况实证研究、浙江省科技成果转化的现状以及浙江省科技成果转化政策等问题。

(四)管理学的学科教育

1978 年,浙江大学与上海交通大学联手,招收了国内第一届管理科学研究生。1979 年,在浙江大学电机系工程经济教研组基础上,许庆瑞牵头在全国率先创办了工业管理工程学系,建立第一个管理工程硕士点。在创系过程中,王加微、王爱民、沈沛霖、洪鲲、黄擎明、张密机、王笑曼等教授均付出巨大努力。1981 年经国务院学位委员会批准,浙江大学获得硕士学位授予权,1985 年获得国内首批管理工程博士学位授予权,成为国内该学科首批管理工程博士点之一。1988 年,由国家教委管理工程专业教学指导委员会出版并委托浙江大学管理学院主办《管理工程学报》。1997 年国家人事部批准浙江大学设立管理科学与工程博士后流动站。与此同时,浙江工业大学、浙江工商大学、浙江理工大学等拥有管理科学与工程硕士点。2007 年,管理科学与工程被批准为国家重点学科。为推动管理科学与工程学科的健康发展,马庆国于 2002 年、2004 年、2005 年分别在《管理世界》等期刊上陆续发表了《中国管理科学研究面临的几个关键问题》《管理类研究生学位论文要求与评判标准》《管理科学研究方法与研究生学位论文的评判参考标准面临的几个关键问题》《"管理科学与工程"的学科定位与人才培养》等系列文章。其研究成果《"管理科学与工程"学科学位论文规范与评判参考标准》被该学科绝大多数博士点学校采用。

第二节　管理科学与工程研究

管理科学与工程是综合运用系统科学、管理科学、数学、经济、行为科学、心理学、认识科学、神经科学以及诸多工程方法，结合信息技术研究解决社会、经济、工程等方面的管理问题的一门学科。在推动管理科学与工程学科发展的过程中，浙江省的高校和学者做出了突出的贡献。

一、科学技术管理

（一）学科的开创性研究

许庆瑞（江苏常州人，长期任教浙江大学）是中国工程院院士、中国管理工程学科重要开创者之一，是中国技术创新管理理论的开拓者和奠基人。1982 年，许庆瑞根据国外理论与实践，在国内首次提出“技术创新管理”这一概念。1986 年、1990 年先后出版了《研究与发展管理》（高等教育出版社 1986 年版）《技术创新管理》（浙江大学出版社 1990 年版）两部著作，均是国内该领域的首部著作，对促进技术创新理论在中国的传播以及国家技术创新工程建设发挥了重要作用。20 世纪 90 年代中期，许庆瑞提出以企业为主体，“二次创新——组合创新——全面创新”的理论体系。21 世纪初，许庆瑞与郑刚、喻子达和沈威将组合创新理论升华为全面创新管理理论，被认为是当今创新管理研究的重大突破，受到美国惠普、中国海尔集团等国内外著名企业的高度认同。许庆瑞倡导并参与国家技术创新工程和企业创新实践，在海尔、杭氧等企业取得显著效益。其主要著作还包括《工业企业经营管理学》（机械工业出版社 1986 年版）、《管理学》（高等教育出版社 1997 年版，获 2000 年教育部中国高校科技进步一等奖）、《研究、发展与技术创新管理》（高等教育出版社 2010 年版）等。其主编的《全面创新管理：理论与实践》（科学出版社 2007 年版）是浙江大学创新与发展研究中心（RCID）研究团队 30 多年研究成果的汇集，从理论上和实践上阐明了全面创新管理的背景、源头、基本内容、形成基础、机制和过程，并列举了国内外 7 个跨国企业形成和实施全面创新管理的案例。许庆瑞还把教育理论和人才培养实践充分结合起来，构建了创新管理教育与创新型人才培育体系，设立了“创新管理与持续竞争力研究国家哲学社会科学研究创新基地”。著名技术创新专家、麻省理工学院（MIT）的冯·希伯尔教授认为，浙江大学技术创新研究机构已进入世界 30 个著名技术创新研究单位的前 10 名。基于在创新管理领域的杰出成就，许庆瑞于 2009 年获中国管理科学学会首届“管理科学奖”中的“管理科学特殊贡献奖”。

浙江大学创新基地的其他学者也对创新管理进行了深入研究。吴晓波于 20 世纪 90 年代初基于全球化背景和发展中国家的实际，提出了“二次创新”管理理论体系，对发展中国家自主创新与技术追赶的动态规律与战略管理理论体系进行了开拓性的研究。吴晓波和倪义芳在《二次创新与我国制造业全球化竞争战略》（《科研管理》2001 年第 3 期）一文中，提出了基于全球竞争的“二次创新”过程模型，指出了中国制造业将自身置于全球竞争的环境中积极开展“二次创新”，赢得后发优势的全球化竞争战略对策。此外，吴晓波主编的《创新管理评论》（浙江大学出版社2007年版）收录了国内知名专家学者最新的创新管理理论研究成果，从多样化的角度介绍了创新管理领域的发展动态和趋势。在其主编的《创新管理评论2》（浙江大学出版社2009年版）中，围绕“创新系统及有效模式”这个主题，提出只有构建和持续完善企业的技术创新体系，不断探索以升级原有创新模式，才能有效保障创新投入获得有效产出。陈劲和陈钰芬在《开放创新体系与企业技术创新资源配置》（《科研管理》2006年第3期）一文中，认为开放式创新模式能减小技术创新和技术市场的不确定性；该文融合上海宝钢集团的案例加以阐述，提出以全面创新投入替代研发投入来衡量企业技术创新水平将更为合理和完整。陈劲在技术引进与自主创新、集成创新的理论模式、突破性创新及其识别、企业技术创新绩效评价指标体系、开放创新体系与企业技术创新资源配置等领域开展了系统研究，主要著作有《正在爆炸——R&V：一个整合全球资源的中国自主创新案例》（浙江大学出版社2006年版）、《技术创新管理方法》（清华大学出版社2006年版）。

（二）科技预测的管理研究

这方面研究的专长者有马庆国，其长期担任中国价值工程协会主席，浙江省技术经济与管理现代化研究会理事长，主持国家自然科学基金会重点项目“高新技术产业发展研究”“浙江省高新技术产业研究”等课题，其《科技预测》（浙江大学出版社1990年版）一书介绍了世界上科技预测的主要方法和发展方向，研究了科技发展的规律及基本理论；其与胡隆基和姚志坚合著的《技术跨越论》（科学出版社2008年版）一书，首次给出了严格的、可以计量的技术跨越的定义，提出了测量“技术跨越”的方法，给出了基于技术特征的技术跨越的分类，概括了技术跨越机遇的来源及企业技术跨越所需社会环境的要点，设计了技术跨越的实施原则、两阶段方法、最佳组织方式等。

二、工程管理

（一）工程效益评估研究

工程管理是工程技术与管理交叉复合性学科。在这一领域中，对工程长期效益和对经济影响的评估计算是一个难点。马庆国主持的课题成果“三峡工程对国民经济影响和上马时机分析”列入长江三峡工程论证综合经济评价专家工作组的最终报告正文，并获得1995年国家教委人文社会科学优秀成果二等奖。在《三峡工程投入与国民经济承受能力分析模型》一文中，马庆国用28个方程的模型，采用变系数方法，对三峡工程投资对于国民经济的影响进行20年以上的评估。结果表明，三峡工程建设不会影响2000年翻两番的国民经济发展目标，也不会影响人均国民收入总的水平，而对2000年后的国民经济发展十分有利。该成果为三峡工程专家组的论证结论和国家决策提供了支持。他还著有《动态系统计量学（DSM）及其在三峡工程对国民经济影响分析的应用》（《浙江大学学报·人文社会科学版》1992年第2

期)及与胡志育合作《三峡工程投资对2000年以前我国国民经济影响》(《中国软科学》1990年第1期)。

浙江学者对秦山核电站的技术论证也作出了一定的贡献。黄擎明在其《技术评估——理论、方法与实践》(浙江大学出版社1990年版)、《技术经济与管理》(浙江人民出版社1986年版)两本著作中,对技术评估的理论、方法做了深入探讨,推进了技术评估在核电建设中的应用。此外,黄擎明和高肖俭的《华东电网核电开发的系统动态模型》(《浙江大学学报·人文社会科学版》1992年第1期)建立了华东电网电力开发与经济相互协调发展的系统动力学模型,并运用该模型对华东电网核电开发速度进行政策分析,提出了在该地区较适宜的核电开发速度模型。

(二)价值工程理论研究

价值工程理论是通过对选定研究对象的功能及费用分析以提高对象的价值,它是把握工程的价值全局与提升工程价值的关键。马庆国是价值工程"基点法"的发明人。1982年,他针对价值指数直接分析法的某些弱点提出了基点双曲法,此法能更准确地指示出待改进零部件的范围。1983年,他又在美国价值工程师协会国际会议上发表《Some new methods in value engineering》,被吸收为美国价值工程师协会的成员。马庆国陆续发表论文《价值工程中成本—功能分析的一个新方法》(《浙江大学学报·工学版》1982年第1期)、《价值工程中基本模型的局限性与基本方法的修正》(《系统工程理论与实践》1984年第4期)和《组织与人事管理价值工程》(企业管理出版社1989年版),与马延路合著的《价值工程的理论和方法》(浙江人民出版社1985年版)等论文和著作,对价值工程基点法进行完善和推广。"价值工程基点方法系列"成果获1985年国家教委科技进步二等奖,该方法被20余本公开出版的有关著作采用,一些大型手册和辞典设立了基点法条目。

(三)信息管理研究

随着社会信息化和全球化的不断深入,信息管理在经济和社会发展中的作用越来越大,推动了国内的信息管理研究。王燮臣是浙江早期的信息管理领域专家,其与邬文华主编有《管理信息系统》(浙江大学出版社1989年版)等书籍,并发表了一系列信息系统开发的研究论文,包括邬文华、王燮臣合著的《管理信息系统的研究与开发》(《计算机研究与开发》1987年第2期)、王燮臣、祁建伟合著的《设备综合管理信息系统的研究与开发》(《医学与工程》2000年第1期)等。王光明长期从事信息系统建设和电子商务研究,其《生命周期和原型法的结合——管理信息系统开发的新模式》(《中国管理科学》1988年第2期)一文,结合系统开发生命周期(SDLC)和原型法两种方法,提出了新的管理信息系统(MIS)开发模式——P-SDLC,对中国MIS的开发和推行起到了重要的作用。其主编的《中国电子商务之都互联网经济发展报告》(浙江大学出版社2009年版)中对杭州市2009年度互联网经济的发展环境、资源和应用状况进行全面总结,对2009年中国以及国际互联网产业发展情况的宏观分析和综述、对杭州市互联网细分业务和典型应用发展状况的关注和研究。

三、物流与优化管理

(一)供应链管理研究

供应链管理是20世纪90年代在全球企业界兴起的一种管理思维和模式,它通过对供应链中的物流、信息流和资金流进行协调、管理,旨在提高企业间协作及整体运作效率的一种管理模式。陈畴镛长期从事供应链管理研究,尤其是在供应链绩效评价、合作伙伴的选择、协调与激励机制等领域成果突出。如陈畴镛与徐龙光、蔡晨构造了一个多目标决策模型,并提出了高标定位法和模糊综合评判法两种方法,为供应链合作伙伴选择决策提供相对量化的处理方法。陈畴镛和陆锦洪合著《基于数据挖掘方法的供应链合作伙伴选择》(《数量经济技术经济研究》2002年第12期),提出了供应链合作伙伴选择的二阶段模型:即筛选阶段与评价阶段;并应用数据挖掘方法对潜在的合作伙伴进行聚类和分类分析,使供应链的合作伙伴选择过程更为高效。陈畴镛、胡保亮的《基于平衡记分卡和层次分析法的供应链绩效评价》(《浙江财经学院学报》2003年第5期)应用平衡记分卡理论为供应链建立平衡记分卡,从财务、顾客、经营过程和学习与发展水平四方面构建了核心企业为制造商响应型供应链的绩效评价指标体系,为供应链绩效评价提供了依据。在其主编的《电子商务供应链管理》(东北财经大学出版社2002年版)一书中,结合中国电子商务的发展,把供应链管理与电子商务紧密结合,突出分析了供应链管理特别是e－SCM的本质特征,引导掌握先进的供应链管理的理念和方法。

(二)交通运输经济管理与应急、物流管理研究

在交通运输经济管理与应急、物流管理领域,刘南主持了3项国家自然科学基金项目,代表性专著《城市道路拥挤定价理论、模型与实践》(科学出版社2009年版),阐述了城市道路次优拥挤定价的理论、模型方法以及世界各国在城市道路拥挤定价方面的成功实践。他通过应用经济学理论与城市交通优化理论方法,构建多用户、多时段、多方式弹性需求次优拥挤定价模型,并采用模拟数值分析研究城市道路拥挤定价的效率与公平问题,为解决现实城市交通拥堵问题提供理论依据和政策启示。该书推动了国内交通运输微观经济学的发展。他还在物流系统规划与管理领域,发展了现代物流与经济增长的理论与方法。如他和李燕在《现代物流与经济增长的关系研究——基于浙江省的实证分析》(《管理工程学报》2007年第1期)一文中,从供给推动、需求拉动两个角度分析现代物流发展与经济增长之间的相互关系,运用了格兰杰因果检验方法,对现代物流发展与经济增长之间的双向因果关系进行分析,发现这两者之间互为因果,存在互动关系。该文获中国物流学术年会一等奖。刘南、成锋和远高合著《现代物流与经济发展——理论、方法与实证分析》(中国物资出版社2007年版)一书,从经济发展的崭新视角重新审视现代物流体系,深入剖析了现代物流与经济发展的影响机制,从点(物流结点)、线(交通线路)的物流体系结构分析现代物流系统规划与建设运营,结合实证分析探讨现代物流的研究方法与工具。此外,刘南的研究团队长期为浙江省发改委、浙江省

交通运输厅提供咨询服务，成功为世界500强企业浙江省物产集团公司提供供应链物流与决策优化咨询服务。

在企业物流发展中，浙江传化集团首创中国公路物流平台模式，定位于第四方物流平台集成服务商。通过搭建高效的物流运营平台，建立物流资源集聚区以提供一站式服务，实现车源与货源的有效对接，改变了以往“散、小、乱、差”以及资源浪费大的行业运行状态，显著提升了公路物流运营管理效率。这一创新的公路港物流模式，被誉为“中国物流行业最具价值的创新”。传化物流“公路港物流服务平台的建设与运营”模式，在北京召开的2010年全国企业管理创新大会上获一等奖。钱言、沈玉燕、叶浅吟的《基于传化物流的公路港服务模式研究》(《民营科技》2014年第8期)，马绝尘、朱晓露的《浙江传化集团公路港物流模式研究》(《中国物流与采购》2009年第10期)等文认为，通过建设大型公路港平台集聚与整合物流资源，实现了物流企业和社会车辆这两大物流主体在平台内“集约化经营、信息化管理”的目标；在继海港、航空港物流之后，以新的“公路港物流模式”拉升了中国公路物流短板，助推中国现代物流集海、陆、空于一体的完整体系的构建。

四、决策管理科学

(一)决策管理的过程研究

决策管理研究的兴起，一方面与20世纪80年代中期中国经济改革中注重决策民主化与科学化的实践紧密相连，另一方面也与赫伯特·西蒙和丹尼尔·卡尼曼两位美国行为决策研究者先后于1978年和2002年获得诺贝尔经济学奖有关。浙江的决策管理研究主要围绕三个方面：决策与预测的概念性研究、决策权与参与模式及其影响因素、决策的心理过程与决策辅助模型。

决策与预测的概念性研究。马庆国和孙飞翔的《决策科学导引》(浙江人民出版社1989年版)一书指出决策科学是关于研究问题的全局性的科学；该书系统研究了各学科分支上的决策论，从各类决策问题中抽出决策问题的共同结构，并以此为基础把各学科分支中的决策论统一在同一个框架中；此外，对决策科学中的某些理论与方法，如效用理论和乐观系数的确定方法等做了改进和补充。马庆国在《科技预测》一书中，阐述了预测原理、标准与方法特征，概括了专家预测法、基于逻辑分析的非时序的探索性预测法、目标预测法、系统动态模拟预测法以及增长曲线外推预测法等数十种预测方法；并从方法的定性到定量、从简单到复杂的系统整理过程中，在衔接处、空白处填补了相关图预测法、定型模拟预测法等实用预测方法。王同煦专注于企业经营决策研究，主持完成了“经营计划中的预测方法研究”等多项部级科研项目，主持完成的科研项目《微机辅助综合经济计划优化决策》，获1984年电子工业部科技进步一等奖。

管理决策权与参与模式研究。杭州大学陈立、王重鸣等学者在1987—1993年与英国塔维斯托克人群关系研究所决策研究中心Frank Heller等合作，开展有关管理决策权利分享模式及新技术应用的跨国研究，系统地分析不同层次人员在不同决策任务中的决策参与模式、决策技能利用以及在各类决策中的影响力。结果表明，决策参与、决策技能的利用发挥与工作满意感密切相关；不同行业的企业，在决策权利分享和参与模式方面有显著差异，管理干部与工会负责人之间在决策模式知觉上有显著区别。发表的成果有马剑虹、王重鸣、王钢、郑全全合著的《决策影响力分布的阶段分析——中英企业比较研究》(《应用心理学》1992 年第 3 期)等。

在决策心理过程与决策辅助模型方面，研究者最初围绕决策任务特征、信息结构、决策者认知加工策略和决策信息利用方式等开展研究，并在此基础上构建决策辅助心理模型。相关研究有王重鸣和王益宝的《企业人事决策的特点与对策》(《应用心理学》1989 年第 3 期)，在不同类型的九家企业所作调研的基础上，分析了企业人事决策的若干特点；他们的《人事决策信息的网络结构和决策辅助策略》(《应用心理学》1991 年第 3 期)通过对 47 个县市部分劳动人事管理干部的现场访谈和测量，系统考察了人事管理决策的信息结构特点与决策辅助要求。王重鸣和何贵兵的《新技术引进决策的程序特征与评价模型》(《应用心理学》1989 年第 4 期)通过对若干企业新技术引进决策情况的现场调研，对引进决策的程序特征、任务要求和影响等因素进行了较深入的考察与分析；他们的《新技术引进决策的信息结构与辅助要求》(《应用心理学》1991 年第 2 期)通过对浙江、安徽两省 38 家企业与 6 家引进主管单位的现场调研与测评，就新技术引进决策的信息特征与结构关系进行了系统的分析。王重鸣和范柏乃的《企业承包招标决策的任务结构和信息加工要求》(《应用心理学》1990 年第 4 期)分析了决策信息偏向与联系、备择方案特点、考核与评估手段和决策方式等任务结构因素，并从决策信息结构、投标方案规范化和群体决策与参与等方面，讨论了企业承包招标决策的信息加工要求。王重鸣、沈剑平等的《中外合资企业管理决策的特征与评估指标》(《应用心理学》1990 年第 4 期)就企业管理、自动机管理的决策特征和效能评估指标进行了比较深入的考察与分析。这些研究表明，决策任务特征和信息结构影响决策认知策略和信息加工方式进而影响决策结果，在此基础上，王重鸣、王益宝构建了人力资源决策心理辅助模型，开发了相应的决策支持系统 HRDSS 软件。郑全全的《企业新产品开发决策的影响因素》(《应用心理学》1993 年第 1 期)还分析了影响企业新产品开发决策的各类因素以及企业组织宏观环境不确定性特征，提出应以宏观工效学思路优化企业产品开发决策。

(二)决策类型与决策方法研究

20 世纪 90 年代之后，越来越多的决策研究开始深入探究风险决策、跨期决策、群体决策、多方对策等不同类型决策的特点和决策心理过程，决策问题也涉及投资、消费、环境、健康等领域。有何贵兵等的《组织决策的不确定性及心理学对策》(《心理学动态》1993 年第 4 期)、《决策任务特征对风险态度的影响》(《人类工效学》1996 年第 2 期)和《风险决策中的参照点效应研究》(《心理学报》1997 年第 2 期)，对风险决策中参照点效应、框架效应进行了研究。何贵兵等的《分布式群体在动态系统控制决策中的内隐学习》(《心理学报》2003 年第 6 期)和《个人影响力在群体决策整合过程中的作用：对 SDS 理论的扩展》(《心理学报》2004 年第 1 期)，对群体决策和多方对策的策略及其内隐学习机制进行了研究。郑全全等的《不同沟通方式下群体决策信息利用分析》(《心理科学》2005 年第 5 期)对群体决策中的信息利用方式进行了研究。何贵兵和陈海贤等的《跨期选择中的反常现象及其心理机制》(《应用心理学》2009 年第 4 期)对跨期决策的心理机制进行了研究。丰琳、马剑虹的《资源两难问题的研究及其新进展》(《心理科学进展》2003 年第 3 期)和马剑虹、刘满霞的《社会两难行为理性特点的实验分析》(《心理科学》,2006 年)对两难对策行为进行了研究等。这些研究探究了不同决策情境下决策行为的心理机制,为决策辅助和过程优化提供了研究依据。郑全全、李宏《面对面和计算机群体决策在观点产生上的比较》(《心理学报》2003 年第 4 期),郑全全、刘方珍《任务难度、决策培训诸因素对群体决策的影响》(《心理学报》2003 年第 5 期),郑全全、宋昱《分布式决策支持系统设计中的心理学研究和趋势》(《应用心理学》2004 年第 5 期),郑全全、郑波、郑锡宁等《多决策方法多交流方式的群体决策比较》(《心理学报》2005 年第 2 期),从各个角度研究了群体决策问题。

在管理决策科学与工程研究方法和统计工具领域,马庆国的著作《管理统计——数据获取、统计原理、SPSS 工具与应用研究》(科学出版社 2002 年版),依托人文社会科学领域使用最广泛的 SPSS 统计软件为基本工具,结合实际案例讲述了管理科学中常用的统计学原理、方法与技术,是国内最具影响力的管理统计参考书之一。他还著有《管理科学研究方法》(高等教育出版社 2008 年版)一书。

五、神经管理学

(一)神经管理学应用研究的兴起

神经管理学是运用神经科学和其他生命科学技术来研究经济管理问题的新兴学科,它以一个全新的视角来诠释人类决策行为以及更为一般化的社会行为与人性,从而更新管理学的相关理论。神经管理学是国际上最新的管理学理论之一。2006 年,马庆国最早提出了“神经管理学(Neuromanagement)”概念和架构。此后,马庆国教授团队采用认知神经科学的研究工具和方法对经济管理问题等应用范围进行了持续深入的研究。如网瘾诊断方面的研究成果,有马庆国、戴珅懿、王小毅著有《网瘾概念的定义研究》(《管理工程学报》2006 年第 2 期)等,这些成果受到包括新华社、《北京青年报》在内的近十家媒体的关注和报道。2008 年 10 月 6 日和 7 日,央视《走近科学》播出对马庆国教授的采访及网瘾诊断和防治管理的成果介绍。他还在刻板印象影响的神经机理、购买从众决策的神经机理、作业人对危险认知神经过程等方面作有前瞻性研究。马庆国主持多项国家自然基金和社会科学基金资助的神经管理学研究课题,其中“基于神经营销学方法的品牌延伸认知与决策研究(2007)”是国家自然基金在该学科领域的首次资助,“西方经济学前沿发展:基于神经经济学的不确定经济决策理论研究(2008)”是国家社会科学基金在该学科领域的首次资助。他还主持了国家自然科学基金会重大研究计划项目“基于神经管理学的非常规突发事件下‘氛围—个体—群体’与‘生理—心理—行为’多层耦合规律和组合干预研究(2009)”,其研究成果“神经营销学与品牌延伸态度的脑电波识别技术”获得 2010 年浙江省科学技术进步二等奖。他于 2006 年带头成立的浙江大学管理学院神经管理学实验室，于2009年正式成为校级实验室，是国内最早从事神经管理学和神经经济学研究的专业实验室。

(二)神经管理学研究的发展

认知神经科学的发展为管理决策认知加工过程的研究提供了新的视角。马庆国、王小毅合著《认知神经科学、神经经济学与神经管理学》(《管理世界》2006年第2期)系统地界定了神经管理学的多个分支学科的质性和功能。马庆国、沈强、李典典、王凯的《经济决策神经化学与遗传基础》(《管理世界》2010年第10期)一文认为，人在信任博弈、最后通牒、独裁者博弈、囚徒困境等博弈中，会表现出信任、公平、利他、合作等各种社会偏好；探寻人们各种社会行为背后的神经机制，可以更好地理解人在社会环境中的经济行为。汪蕾、林志萍等的《神经经济学：经济决策研究的新视角》(《经济学家》2009年第3期)，指出神经经济学不仅为行为经济学的很多理论和思想建立了初步的神经学基础，而且其最大的创新在于发现了对决策有重要影响的但却被理性决策理论低估或忽视的生理学变量。马庆国、沈强、李典典和卞军的《社会神经经济学：社会决策和博弈的神经学基础》(《浙江大学学报·人文社会科学版》2009年第3期)，以神经递质多巴胺、5—羟色胺、催产素为例，着重介绍大脑内的3种神经递质及其对应的相关基因与人们经济决策中风险决策、社会决策的密切联系与内在机理。

第三节　工商管理研究

工商管理一般指工商企业管理。它是研究工商企业经济管理基本理论和一般方法的学科。浙江的工商管理研究起步较早，重在企业管理理论、技术经济与管理、饭店与旅游管理等领域的研究，对浙江的经济建设起到了很好的指导作用。其中，“企业内不对称信息理论——HU理论”在国业企业界有较大影响。

一、企业管理理论与实践

(一)企业管理理论研究

在生产经营的企业管理学研究方面，王爱民的《论生产经营的全过程》(《浙江大学学报·社会科学版》1991年第4期)一文详细论述了生产经营全过程的涵义，认为物流、时间流、资金流、价值变化流、消耗流、信息流、技术流、管理流、完成生产目的流以及生产力运动流是生产经营全过程的内涵要素，并提出如何合理组织生产经营过程的对策和建议。他还主编有《工业管理科学总论》(浙江大学出版社1984年版)等。张秘机对浙江“三资”企业产业结构的优化、技术引进的战略战术、企业管理现代化等进行了深入研究，在《论浙江省外向型乡镇工业部门结构的发展战略》(《管理工程学报》1989年第2期)一文中，提出了浙江省外向型乡镇工业部门结构的发展战略目标、工业部门结构的调整内容、优势行业的选择标准等，并就实现战略目标的有关步骤与措施提出了若干有益的建议和设想。他还著有《工业企业管理学》(浙江大学出版社 1990 年版)。王加微著《行为科学》《领导科学与人的管理》(浙江人民出版社 1992 年版)等著作,也是这一阶段的重要研究成果。

在企业战略研究方面,项保华是国内较早参与的学者,其《企业战略管理若干问题试析》(《南开管理评论》1999 年第 4 期)一文采用"问题导向型"研究思路,从持续竞争优势、业务组合演化、市场竞合互动、内部配套管理四个角度讨论了中国企业战略管理问题,克服了传统的"理论导向型"研究所存在的实际操作性不强的缺陷,给出了有关提高中国企业战略管理水平的操作思路与对策建议。其《战略管理——艺术与实务》(华夏出版社 2001 年版)一书,同样采用非理论导向的研究思路,围绕企业经营实践中所遇到的关键战略问题展开研究,为中国各类工商管理硕士研究生的战略管理课程提供创新教材。

在人力资源管理、组织行为学和创业管理研究方面,王重鸣在"人与计算机界面层次决策模型"和"基于胜任特征的双维管理决策整合模型"的基础上,提出了"基于胜任特征的多层次管理决策模型",成为中国企业"百年老店"基业常青的新策略;提出了内隐评价技术和跨维度动态评价方法,构建了包含协同引领能力、决策驾驭能力和学习创新能力等三项领导胜任力要素的中国党政领导干部能力模型。他还完成了中国企业家创业策略与战略人力资源匹配的理论模型,提出了"适应—选拔—发展"的组织行为动力机制,并成功地应用于中国企业创业与自主创新的实践,为中国管理心理、组织行为和人力资源管理的发展提供了新型的理论框架与方法。王重鸣与陈民科《管理胜任力特征分析:结构方程模型检验》(《心理科学》2005 年第 5 期)一文,在运用基于胜任力的职位分析并总结国内外有关文献的基础上,编制了管理综合素质评价量表,并运用此量表调查了 220 名中高层管理者,采用因素分析和结构方程模型检验企业高级管理者胜任力特征的结构;结果表明,管理胜任力特征结构由管理素质和管理技能等两个维度构成,但在维度要素及其关键度上,职位层次间存在显著差异。其主要论著还有《劳动人事心理学》(浙江教育出版社 1988 年版)、《管理心理学》(人民教育出版社 2001 年版)等著作,其中《管理心理学》获国家新闻出版总署第五届国家图书奖。

东方管理学的创始人胡祖光,其专著《管理金论——东方管理学》(电子工业出版社 1994 年版)建立的关于企业内的不对称信息理论——HU 理论(联合确定基数法)在国内企业界有较大影响,《人民日报》《光明日报》《中国经济时报》《中国改革报》《中国企业报》、人民网、新华网等媒体都有报道或介绍。全国许多省市都有企业学习 HU 理论并取得效果。

曾担任国家考试中心非师范类管理学概论专升本考试命题小组组长的邢以群,在《管理学》教材编写、教学、运用等方面做了很多工作,曾先后主编多版《管理学》教材(浙江大学出版社 1997、2001、2005 年版;高等教育出版社 2007 年版)。他通过理论研究和咨询实践,提出了"科学管理平台"理论,对民营企业"二次创业"有独到见解。邢以群、周建华《高技术企业经营管理论》(浙江大学出版社 2000 年版)一书,对高技术企业的特点、高技术企业的系统构成、创业群体的形成条件与方式、企业的形成与达标方式等问题进行了系统论述。邢以群和张大亮在《组织结构设计规范分工协作体系》(机械工业出版社 2007 年版)一书中,从理论上对组织结构的规范分工协作体系进行了论述,同时从实践上对如何构建适应企业可持续发展的组织结构体系、如何明确各部门之间的分工协作关系、如何明确员工的责任等提出了具体的解决方法和措施。

（二）企业管理实践研究

关于科学管理平台建设研究。邢以群《打造科学管理平台，从不规范到规范》（机械工业出版社2009年版）一书，从中国企业由“不规范走向规范”的过程中经常遇到的管理问题出发，阐述了构建系统的管理体系的必要性和重要性，从理论上描述了科学管理平台的六个体系（理念体系、目标体系、职权体系、业务体系、考核体系和报酬激励体系）的重要性、组成要素、建设和完善办法等，展示了科学管理平台构建的全过程。

关于管理的环境与对策研究。陆立军、盛世豪等人编著的《科技型中小企业：环境与对策》（中国经济出版社2002年版）一书，从区域经济环境、技术基础设施、制度环境和社会文化背景等多重角度，研究分析科技型中小企业的成长环境及规律，分析了科技型中小企业成长的特点、过程与机制，探讨决定科技型中小企业成败的基本要素。

关于MBA教育与研究。工商管理硕士（Master of Business Administration，简称MBA），是专门培养中高级职业经理人员的专业硕士学位。20世纪70—80年代是世界各国MBA的黄金时代。浙江大学MBA教育中心成立于1994年，是全国第二批、浙江省第一批在全国进行工商管理硕士学位教育的高等教育机构。2006年，学院率先通过AMBA（英国工商管理硕士协会）国际认证，全球著名的英国《金融时报》（2006年12月21日）评价，称其为中国商学教育在寻求国际认可征途上的一座里程碑。至2010年，浙江MBA培养院校已增至8所，包括浙江大学、浙江工业大学、浙江工商大学、浙江财经大学、浙江理工大学、杭州电子科技大学、浙江师范大学、宁波大学。

二、技术经济与管理

（一）技术经济学科建设

技术经济学在中国的建立始于20世纪70年代，其研究任务是正确地认识和处理技术与经济之间的关系，寻找技术经济的客观规律，寻找技术和经济之间的合理关系。1981年6月9日，浙江省技术经济与管理现代化研究会在杭州正式成立。

这方面的研究及其学科化建设，黄擎明、马庆国、门熙新的《技术经济与管理》（浙江人民出版社1986年版），是中国出版较早的技术经济学的著作之一。该书对技术经济学原理、方法和技术管理作了较为完整和深入的分析，在学术界有较大影响。1989年，黄擎明在《技术经济综合评价的理论和方法》（《技术经济》1989年第1期）中总结了综合评价的程序和一般方法，构造了企业技术改造项目的指标体系，并以技术选择的综合评价模型为例，阐述了模型开发的步骤；其《技术评估：理论、方法与实践》（浙江大学出版社1990年版）一书，介绍了技术评估的理论、方法以及实践应用的若干案例。吴添祖等先后主编了多部《技术经济学概论》[1]，在其主编的《技术经济学概论》一书中(2004 年)，把技术经济学的对象归纳为研究技术领域的经济活动规律、经济领域的技术发展规律与技术发展的内在规律三大领域；并把研究对象分为工程(项目)、企业、产业和国家四个层面的技术经济问题；学科构成包括基础理论、基本方法以及理论方法的应用等。吴添祖还重视从企业层面进行技术经济问题研究，如吴添祖、冯勤、余春生的《高新技术企业发展一般规律》(《中国软科学》2000 年第 11 期)从企业主体、融资战略和政府行为这三个因素，分析高新技术企业发展的一般规律及其在企业的种子期、创业期、发展期和成熟期四个阶段的特征，并认为不具有资源优势的后发地区可以依靠技术创新实现经济的发展。此外，吴添祖的《民营科技型企业的创新特征与创新绩效研究》(《中国软科学》2002 年第 8 期)针对不同类型提出了促进民营科技企业发展的对策。

(二)技术经济学的应用研究

能源经济是技术经济学应用研究的重要方面。石瑛从 1986 年起与欧洲共同体能源署合作研究了“能源价格”“能源经济与环境可持续发展”“华东地区的能源结构选择”“节能的费用收益分析”等 8 个项目。在石瑛、虞镇国《中国能源密度分析》(《中国能源》1993 年第 9 期)一文中，对中国能源密度进行了估计，并就中国农业、交通和工业等各部门的能源密度进行了国际对比，认为对整个中国经济来说，能源密度的提高主要依赖于全面工业技术和管理水平的提高，而不是仅依赖于能源系统效率的提高。1990 年，马庆国主持了能源部重大项目中的华东能源供需分析项目，撰写了《2050 年中国能源问题——异质发展与对策》一文，提出了产业转型、升级以及支撑中国经济长远发展的政策建议。

随着市场经济的发展，技术经济学方法被应用于环境污染与生态破坏的经济损失估算、绿色 GDP 核算体系、环境政策与管理的经济分析及资源技术经济领域和信息经济领域等。项浙学和陈玉瑞《论共性技术》(《浙江工业大学学报・社会科学版》2003 年第 1 期)一文，被认为对 G. 坦森的“以技术为基础的经济增长模型”作了修正，从理论上揭示了共性技术的本质和发展规律。项浙学的《浙江绿色 GDP 的测算和生态补偿机制研究》被评为 2004 年中国科协优秀调研报告特别奖，2005 年，中共浙江省委书记、省人大常委会主任习近平对此调研报告予以批示。对赵新龙、项浙学《测度技术进步贡献率的一种新方法——流量余值法》(《浙江经济》1995 年第 8 期)这一研究成果，专家委员会的鉴定认为：本课题研究在方法论上有重大突破，提出流量余值法在中国尚属首创，测度方法具有创新性、科学性和可操作性，在国内同类研究中居领先水平。此外，项浙学《经济建设项目决策程序的优化》一文，所介绍的《浙江省重大经济建设项目决策程序暂行条例》(方案设计稿)，受到中共中央书记处、浙江省人大常委会、中国科协领导的重视，根据中共中央书记处领导的指示，由中国科协转发全国各省市科协学习参阅。

---

① 包括：吴添祖、虞晓芬、龚建立：《技术经济学概论》，高等教育出版社 1998 年版；吴添祖、冯勤、欧阳仲健：《技术经济学概论》，清华大学出版社 2004 年版。

此外，技术经济学方法也被运用于房地产宏观政策与市场、城市经济等预测与评价研究。如虞晓芬、吴集《居民住房消费满意度评价体系设计与实证研究》(《技术经济与管理》2003年第1期)一文，在专家咨询基础上设计了影响居民住房消费满意度的评价指标体系，并对浙江省已拥有住房的1000户居民进行了问卷调查，得到了浙江城镇居民对现在住房满意度偏低、要求改善住房的欲望强烈的结论。虞晓芬《基于居民住房负担能力的房价合理性评价研究——以浙江杭州为例》(《价格理论与实践》2005年第11期)一文，提出了建立以居民住宅负担能力为核心的房价合理性评价指标体系，对杭州不同收入阶层居民住宅可负担能力进行了测算，从购买力角度对杭州房价合理性进行了实证研究，结果发现杭州楼市已成为高收入者的市场，严重地背离了住宅分配的公平性原则。区域技术创新效率会影响区域经济发展，虞晓芬、李正卫、池仁勇等《我国区域技术创新效率：现状与原因》(《科学学研究》2005年第2期)一文利用DEA方法，对1999—2002年期间中国30个省自治区市的技术创新效率进行了测算，结果显示，中国区域技术创新效率呈现由东到西逐渐下降的趋势，进一步的计量分析表明，企业性质、人力资本、产业结构等是影响中国区域技术创新效率的显著因素。

三、旅游管理

(一)旅游管理理论与实践研究

旅游管理是随着经济的发展而兴起的一门新兴学科，随着国际经济的全球化及旅游业的繁荣发展，对旅游的管理实践和理论研究的要求也越来越高。创建于1993年的浙江大学旅游学院(时为杭州大学旅游学院)是全国第一个开设旅游本科专业和第一个获得旅游管理硕士授予权的院校。浙江大学旅游学院原院长陈纲，是中国第一位旅游学博士，主要研究方向包括旅游经济、酒店管理理论及其应用、旅游资源开发和旅游规划，主要有《旅游经济》(浙江人民出版社1987年版)、《饭店市场营销》(中国旅游出版社1992年版)等著作。

饭店管理是旅游管理的重要方面。邹益民1990年被国家旅游局聘请担任旅游饭店总经理岗位资格培训教材的编委，主编了《饭店业务管理》(中国旅游出版社1992年版)一书，并与周亚庆编著《饭店管理——理论、方法与案例》等著作和教材20余部。其中《饭店管理——理论、方法与案例》(高等教育出版社2004年版)一书以新世纪现代饭店面临的环境为研究背景，以饭店整体经营管理为基本研究主题，对饭店机制建设、市场竞争、集团化发展、立体营销、人本管理等方面进行了比较系统的理论探索。周玲强《旅游产业整合提高竞争力研究：以浙江为例》(航空工业出版社2005年版)一书，详细分析了浙江旅游业的方方面面，对提高浙江省的旅游竞争力提出了有益的建议。

(二)旅游管理规范研究

2007年，周玲强受浙江省质量与技术监督局的委托，主持制定了两个省级地方标准：浙江省地方标准DB33/T634《生态旅游区建设与服务规范》和浙江省地方标准DB33/T669《农家乐经营户(点)旅游服务质量星级划分与评定》。

第四节 农业经济管理研究

农业经济管理是国家领导和管理农业发展的重要方面。民国期间，浙江大学设有农业社会学系(后改为农业经济学系)。20世纪80年代之后，浙江重视农业经济管理研究，并涉入土地经济管理的研究，对浙江农业与农村经济发展起到一定的作用。

一、农业经济管理基本理论

农业经济与管理专业是浙江大学历史最悠久的专业之一。浙江大学农业经济学科的发展可追溯到1927年国立第三中山大学农业社会学系的创建。国立第三中山大学于1928年改名为浙江大学，农业社会学系也在1936年改名为农业经济系，1942年又增设了农业经济研究所并开始招收研究生。1928年任系主任的许璇教授是中国早期著名的农学家、农业教育学家和农业经济学科之先驱。1999年，依托浙江大学整体学科基础和管理学院平台，组建了教育部首批人文社会科学重点研究基地——农业现代化与农村发展研究中心(CARD)；2006年，被国家批准为"985"二期工程"中国农村发展研究"创新基地(A类)，并在此基础上建立了"中国农村发展研究院"。该学科在2003年和2006年的两轮一级学科评估中，均名列国内同类学科第一，并成为国家重点(培育)学科。

原浙江农业大学农业经济管理系教授及学科负责人袁飞，一直从事农业经济及管理学科的教学和研究工作，其著《农业技术经济分析》(浙江人民出版社，1983)，对农业技术效益、分析方法以及农业技术经济学的学科建设有所建树和创新。还著有《农业技术效益学》(广东科技出版社，1987)、《农业经济管理概论》《实用农业技术经济学》《茶叶经营管理》(中国农业出版社，1993)、《农业技术经济学》(中国农业出版社，1996)等10余部。著有论文：袁飞、徐丽安和惠建国《茶树最佳更新期的研究》(《茶叶科学技术》1985年第11期)、袁飞和胡瑞法《橘树经济效益数学模型及其应用》(《农业技术经济》1990年第1期)、袁飞《关于农业技术经济学的几个理论问题》(《农业技术经济》1994年第6期)分别于1986年、1991年、1995年获得浙江省自然科学优秀论文奖二等奖等奖项。袁飞还深入讨论了农业技术经济学科的理论基础、研究方法、研究对象和研究内容，指导研究团队对相关农业技术经济及其管理的研究。

另外，杜修昌《农业经济管理概论》(浙江人民出版社1981年版)一书，对农业集体所有制、生产方针、计划管理、劳动管理、财务管理、经济核算、收入分配以及农业现代化问题作以论述。

二、土地经济管理

浙江大学中国农村发展研究院院长黄祖辉，任中国农业经济学会常务理事，农业部软科学委员会委员，主要研究方向为农业与农村经济发展、产业组织与制度企业管理、土地经济管理，对征地行为与土地发展、农民专业合作组织发展、农村土地流转等问题有深入的研究。其与汪辉在《非公共利益性质的征地行为与土地发展权补偿》(《经济研究》2002 年第 5 期)一文中，指出了土地分区控制对土地发展权侵害、非公共利益性质征地行为对土地发展权侵害的差别，认为"涨价归公"的错误理念导致了非公共利益征地行为，并提出了两种可选的解决方案。其主持的"城市化进程中的土地制度改革"获得首届中国农村发展研究专著奖(2004 年)。他还著有《土地适度规模经营》《城市化进程中的土地制度改革研究》、《求索中国特色现代农业之路》(浙江大学出版社 2007 年版)。

另外，余思忠、褚大益的《浙江省发展土地适度规模经营的思路与实践》一文，认为发展土地适度规模经营是农村商品经济发展的内在要求，采取"坚持条件、积极引导、规模适度、形式多样"的工作方针，以"双田制"和有偿转移土地为主要形式，结合推广高产栽培技术、农业机械化、社会化服务，实行"三配套"。对土地适度规模经营问题，罗鉴宇有《土地适度规模经营——浙江的实践与启示》(浙江人民出版社 1998 年版)的专著。

另外，黄祖耀、屠帆、卫龙宝、张佳《易地代保和土地发展权转移比较》(《中国土地科学》2008 年第 2 期)一文，通过对浙江省 2001—2003 年基本农田易地代保案例和美国马里兰州卡尔弗特县 1978—2003 年 TDR 项目案例比较，分析在不同土地所有制背景、土地管理体制下中美规划管理模式的异同，以期对完善土地利用规划模式有进一步启发。

土地利用问题也成为政府部门管理政策研究的重点。浙江省委政策研究室(省政府发展研究中心)副主任郭占恒，对浙江省工业化、城市化以及"三农"问题提出了很多重要的建议。其《浙江省土地征用与工业化、城市化、非农化进程》(《经济研究参考》2002 年第 42 期)提出，根据浙江地少人多的省情，浙江的工业化、城市化和现代化建设只能走土地节约型发展路子，并通过多种途径妥善安排好征地农民的利益。

第十三章　心理学研究

心理学是研究心理规律的科学，具体地说，是研究认知、情感、意志等心理过程和能力、性格等心理特征与规律的科学。主要研究方向有理论心理学、应用心理学及心理学史。理论心理学主要研究人类心理活动规律，即人类心理现象成因、产生及其发展的规律；应用心理学包括普通心理学、发展心理学、工业心理学、实验心理学、比较心理学等；心理学史包括中国心理学史和外国心理学史。

浙江古代心理学思想，除心性问题外，更多地重视应用心理学，在教育、军事、文艺、社会、儿童及梦境等方面都有记述和论述。如东汉王充朴素唯物主义的人贵论、形神论与性习观，魏晋嵇康的才性合一观，宋代胡瑗的“苏湖教法”、王应麟《三字经》的教育心理学、明末清初的性一元论等。而阳明心学也蕴含有丰富的心理学内容，总体反映在心性论、形神论、心物观、天人论、人贵论等范畴，隐喻着知虑、情欲、志意、智能、人格等现代心理学思想。中国现代心理学先驱陈大齐著《荀子学说》，在现代心理学与古代心理学研究之间构筑了一座“心”的桥梁。

近现代浙江较早地引入心理学并涌现了一批国内著名的心理学家。1918 年，陈大齐著《心理学大纲》是中国第一本大学心理学教科书。1924 年，陆志韦著《社会心理学新论》为中国社会心理学之始。高觉敷的《中国心理学史》是中国第一部系统研究先秦至近代中国心理学思想的通史性著作。郭任远的《人类的行为》等诸多论著构成了新行为主义理论和灵验的发生心理学。陈立于 1935 年著《工业心理概观》，第一次系统论述了中国工业心理学与管理心理学的基本问题。陈鹤琴《儿童心理学研究》最早开创中国儿童心理学研究。1920 年，浙江大学开设心理系，吸引了如黄翼、郭任远、陈立等一流心理学家。黄翼创办了浙江大学培育院和最早的心理实验室。

中华人民共和国成立后，陈立的实验心理学的方法有了新的发展，并完善了工业心理学体系。徐联仓开拓了中国的人类工效学，为管理心理学的奠基人之一，负责完成中国卫星系列计划项目“动物上天”的首次联合实验。朱祖祥对中国工程心理学与人类工效学的创建和发展作出了重大贡献。汪安圣较早涉入认知心理学研究和教学，合著有《认知心理学》。20 世纪 70 年代末至 21 世纪初，卢盛忠的管理心理学，王重鸣的劳动人事心理学，许百华的认知心理学和工程心理学，郑全全的社会心理学，吴谅谅的管理能力素质测评方法，龚浩然、黄秀兰的维果茨基研究，郑莉君的心理健康研究，曹立人的养成实验，吕静的儿童心理学，姜乾金的医学心理学，赵国秋的心理危机干预，陈永胜的宗教心理学史等，皆为心理学各学术领域的代表性成果。

第一节 基础理论与方法研究

浙江是国内最早引入西方心理学理论的省份之一。民国期间，浙江籍学者完成了中国第一本心理学教科书，较早地开展学生道德意识的调查；并在北京大学建立中国第一个心理实验室，最早探讨了中国古代的心理学说，首次介绍俄国巴浦洛夫学说等，是全国心理学研究重镇。中华人民共和国成立之后至21世纪初，浙江的心理学研究从普通心理学转向认知心理学、工程心理学、人类工效学方面，并取得显著的研究成果，走在全国的前列。

一、心理学说与心理学史

陈大齐与现代心理学和古代心理学。陈大齐，中国现代心理学的先驱，曾任浙江高等学校校长、北京大学代理校长等。1903年留学日本专攻心理学，1921年赴德国柏林大学研究西洋哲学。1918—1919年，其“北京高小女生道德意识之调查”是国内较早的心理研究报告。1918年，所著《心理学大纲》（商务印书馆1918年版）是中国第一本大学心理学教材，较准确而全面地介绍了西方科学心理学的内容和成就。五四运动时期，在科学与灵学论争时，他发表《辟“灵学”》（《新青年》1918年第4卷5号）、《心灵现象论》（《新潮丛书》1920年第2卷4号）等，率先用科学心理学的理论观点，对“灵学”的反科学宣传和迷信思想进行了揭露与批判；又著《迷信与心理》（财政部印刷局1920年版；北京大学出版部1922年版），对五四新文化运动起到一定的推动作用。其心理学文论还有《德国心理学派略说》《儿童的被暗示性》及专著《现代心理学》（见刘绍唐主持编纂《民国人物小传》第6册，上海三联书店2014年版）等，尤其在人格心理学研究方面有独到见解。他在北京大学创建了中国第一个心理实验室。他把心理学研究拓展到中国古代的心理学说，著有《荀子学说》（台北：中华文化出版社1956年版）一书，将荀子在《性恶》篇中所言“质”和“具”划归到“心”而不是“性”的范畴，从而在现代心理学与古代心理研究之间构筑了一座“心”的桥梁。

高觉敷与新心理学。高觉敷，中国现代心理学家、心理学史家，1923年毕业于香港大学教育系，发表《新心理学与教育》（《教育杂志》，1923年）、《麦独孤的灵魂论及咒州评》上下篇（《教育杂志》1923年3月号、4月号），1924年发表《机械主义与生机主义的教育》（《教育杂志》1924年3月号）、《心体平行论与心体交感论》（《教育杂志》1924年4月号）、《心理学的对象与方法》《心理学的无政府状态》（《民锋杂志》，1924年）。他曾翻译科夫卡《心之发展》（1933年）、克勒的《格式塔心理学》（译稿交商务印书馆后被毁于战火）、勒温《拓朴心理学原理》（译名为《形式心理学原理》，正中书局1934年版）、扬琴巴尔《社会心理学》（商务印书馆1927年版）、披林的《实验心理学史》（商务印书馆，1950年增订版）、弗洛伊德的《精神分析引论》并发表《弗洛伊德及其精神分析的批判》（《教育杂志》23卷3号）。其在基本理论上，既反对二元论，也反对还原论，坚持唯物主义一元论即辩证唯物主义，认为心理学的诞生和发展是受社会历史条件制约的，有它本身发展的内在逻辑或内部矛盾的。其学术专著有《现代心理学》(1935 年)、《教育心理学》(1946 年)、《西方近代心理学史》(人民教育出版社 2001 年版)等。其中《中国心理学史》(人民教育出版社 2009 年版),是中国第一部系统研究先秦至近代以来中国心理学思想的通史性著作。

二、心理测验与实验心理学

陆志韦与实验心理学。陆志韦,中国现代心理学的开创者和奠基人之一,曾任燕京大学校长、中国科学院哲学社会科学部委员、中国心理学会会长等职。1915 年留学美国,1920 年毕业于芝加哥大学心理系,博士论文《遗忘的条件》。同年回国后执教于南京高等师范学校、国立东南大学、燕京大学的心理学课程,潜心于实验心理学、教育心理学、社会心理学以及比内测验等研究。1924 年曾以美国心理学家 L. M. 特曼 1916 年修订的斯坦福一比内智力表为蓝本,修订出版了《订正比内一西蒙智力测验说明书》,第一次将比内测验引入中国。1936 年他与吴天明合订《第二次订正比内一西蒙智力测验说明书》(商务印书馆 1936 年版)。其著《社会心理学新论》(商务印书馆 1924 年版)为中国社会心理学之肇始。其翻译的《教育心理学概论》首次介绍巴甫洛夫学说,并引入西方心理学的理论和方法。

郭任远与新行为主义理论。郭任远(广东潮阳人,曾任浙江大学校长)。1918 年赴美国伯克利加州大学,受到著名心理学家、新行为主义代表托尔曼的肯定。1921 年,发表《取消心理学的本能说》(美国《哲学杂志》,见《郭任远心理学论丛》,黄维荣辑译,开明书店 1928 年版),挑起了美国心理学界关于本能的论战。此后,他撰有《我们的本能是怎样获得的》(1922 年)、《反对本能运动的经过和最近的主张》(1923 年)、《一个心理学革命者的口供》(1926 年)、《心理学的真正意义》(1926 年)、《心理学里面的鬼》(1927 年)、《一个无遗传的心理学》(1928 年)等文论,后合为《郭任远心理学论丛》。其主要论著有《心理学与遗传》(上海商务印书馆 1933 年版)、《行为学的领域》(世界书局 1935 年版)、《行为的基本原理》(世界书局 1935 年版)、《人类的行为》(上海商务印书馆 1923 年版)、《行为学的基础》(上海商务印书馆 1927 年版)。他建构了新行为主义理论和实验的发生心理学,动摇了心理学理论的旧观念、旧体系,对中国心理学界具有重要的启蒙作用。

陈立与工业心理学。陈立(湖南平江人,长期任职于浙江)1930 年留学英国,1933 年获伦敦大学理科心理学博士,其博士论文《感觉阈限和智力活动中的起伏》运用经典的心理物理实验和现代心理测量结合的研究方式,对 G 因素取材甚为广泛,被认为是对时相分析的一种新设想。1935 年出版《工业心理学概论》(商务印书馆 1935 年版)一书,第一次从环境、疲劳、休息、工作方法、事故与效率以及工业组织、激励与动机等方面,系统论述了中国工业心理学和管理心理学的基本问题。之后他引进并自编 10 种测验,对小学、高中、大学近 800 名学生进行测验和因素分析,结果证明“因素组成随年龄而简化”,批评了他的老师 C. E. 斯皮尔曼的 G 因素不变说,并撰写《一套智力测验在不同教育水平的因素研究》(英国《发展心理学报》,1948 年),引起国际心理学界的重视。他在清华大学筹建疲劳研究实验室,在北京、上海、江苏等地的工厂调查劳动环境对生产的影响,在杭州开展对事故分析、细砂工培训、操作分析、工艺流程、视觉疲劳等方面的研究。他还著有《一个工厂中的室内气象研究》(《气象学报》1937 年第

1期)、《我国科学技术不发达原因之心理分析》(《科学与技术》1944年第4期)、《爱因斯坦相对论的发明思想史——一个心理学的研究》(《学原》1947年第7期)等,对中国心理测验的正确应用产生了良好的影响。其主要心理学文论编入《陈立心理科学论著选》(杭州出版社1992年版)、《陈立心理科学论著选(续编)》(浙江大学出版社2001年版)。

汪敬熙与生理心理学。汪敬熙,中国现代生理心理学家、神经生物学的奠基人之一。1920年留学美国,1923年获霍普金斯大学哲学博士学位后回国,曾任中州大学、中山大学、北京大学教授及中华民国政府中央研究院心理研究所所长。1948年参加联合国科教文组织工作。他在生理心理学上造诣精深,著有《生理电学在心理学上之应用》(《清华周刊》1932年第35卷第5期)、《中国心理学的将来》(《独立评论》1933年第44期)、《答潘菽先生"关于心理学的预言"》(《独立评论》1933年第49期)、《科学方法漫谈》(商务印书馆1938年版)、《汗腺分泌的神经调节》(1964年)等。

陈鹤琴、黄翼与中国的儿童心理学。黄翼(福建恩明人,1930年就任浙江大学心理学教授)。他的主要研究领域是儿童心理学,成就受中外学者瞩目。他力求通过自己的实验来检验国外的理论。为此,研究了儿童对奇异现象的解释、儿童的物理因果概念和儿童的泛灵论思想,在实验的基础上提出了自己的见解,并对皮亚杰的观点提出了质疑。他创办了浙江大学培育院,作为儿童心理学教学的实习和研究基地,并筹建浙江大学心理实验室。主要论著有《心理学》(与沈有乾合编,新亚书店1933年版)、《儿童心理学》(正中书局1942年版)、《神仙故事与儿童心理》(商务印书馆1936年版)、《儿童绘画之心理》(商务印书馆1938年版)、《儿童误导论丛》(与沈有乾编集,商务印书馆1948年版)以及论文《幼儿心理健康个案研究法》(1935年)等,在国外杂志也发表一些重要论文,如《儿童对奇异现象的解释》(1930年)、《儿童的物理因果概念》(1943年)、《儿童泛灵论的实验分析》(1945年)、《儿童形色抽象》(1945年)等,对中国的儿童心理学发展作出重大的贡献。陈鹤琴,中国著名儿童教育家、儿童心理学家,1919年获美国哥伦比亚大学硕士学位,回国后曾任中央大学师范学院院长和南京师范学院校长等。他的《儿童心理之研究》(商务印书馆1925年版),为中国最早用追踪方法研究儿童心理的专著①,是"我国儿童心理学的一部开拓性和奠基性著作"②。而陈大齐翻译的《儿童心理学》是20世纪初国人翻译的最早的西方儿童心理学著作之一。

三、心理学研究的理论综合

20世纪五六十年代,浙江省心理学界以马克思主义认识论的基本观点为指导,用社会科学与自然科学的方法去研究心理现象(反映过程)的普遍规律。在学术界主要开展批判西方心理学、学习苏联心理学的活动;在心理学教学方面,强化了以巴甫洛夫学说为代表的苏联心理学作为师范院校的教材。

在实验心理学理论和方法研究方面,陈立有新的发展,他将这一理论和方法运用于儿童

---

① 张文郁:《陈鹤琴先生与我国儿童心理研究》,《大众心理学》1983年第1期。

② 车文博:《陈鹤琴儿童心理学思想探新》,《学前教育研究》2006年第3期。

心理的研究。1950 年起，他在杭州市对幼儿园到中学的万余名儿童和少年进行了广泛的测量研究，取得了中华人民共和国成立初期儿童生长发育现状的第一手资料，研究规模之大，在国内是第一次。1965 年，陈立、汪安圣等人合作在《心理学报》上发表了《儿童色形抽象的发展研究》(《心理学报》1965 年第 9 期)等 3 篇系列实验研究报告。当时姚文元化名葛铭人在《光明日报》上抛出题为《这是研究心理学的科学方法和正确方向吗?》的攻击文章，煽动整个心理学界对陈立等人的心理学研究工作展开批判。以陈立为主的原杭州大学一批教师不畏强权，在《光明日报》上发表《对心理学中实验法的估价问题》一文，予以反驳，抵制姚文元对心理学研究的污蔑和破坏，展现了中国知识分子的浩然正气。

20 世纪 60 年代以来，浙江籍心理学家中卓越者首推徐联仓，著有《信息多余性对掌握信号结构过程的影响》(《心理学报》1963 年第 3 期)、《水平排列信号的组合特点对信息传递效率的影响》(《心理学报》1963 年第 4 期)、《刺激与反应配合的适合性对水平排列信号的言语反应和运动反应特点的关系》(《心理学报》1964 年第 4 期)及徐联仓、王缉志《心理学应用信息论的一些问题》上、中、下(《心理学通讯》1964 年第 1、2、3 期)等，这些成果领先于国外的同类研究。20 世纪 60 年代中期，徐联仓参加了国家 651 重大工程规划，作为中国卫星系列计划的项目负责人之一，顺利完成了中国第一个“动物上天”的联合实验，揭示了火箭亚轨道飞行失重状态下动物的生理、心理变化特征。70 年代，他承担了激光的生物效应等国防任务，主持了动物地震预报任务，这些开拓性的研究为发展中国的工程心理学和人类工效学发挥了重要的作用。他在国内进行了不少管理心理学的开创性研究。另外还有朱祖祥，曾任国家技术监督局全国人类工效学标准化技委会副主任、浙江省心理学会理事长等职，对中国工程心理学与人类工效学的创建和发展作出了重大贡献。1986 年，其“飞机座舱照明工程心理学研究”获浙江省科技进步一等奖，代表性著作《工程心理学》获 1995 年国家教委高校优秀教材一等奖。还著有《人类工效学》《工业心理学》等著作及《计算机显示终端 CRT 亮度对比度对视觉功能的影响》(《心理学报》1987 年第 3 期)、《加强应用研究、加速发展我国心理学》(《应用心理学》1992 年第 3 期)等论文。2009 年获中国人类工效学会终身成就奖。

20 世纪 70 年代末中国共产党的十一届三中全会后，浙江心理学界贯彻理论联系实际的方针，把重点放在解决实际问题的研究上，同时也不忽视基本理论问题的研究。其中，基础心理学中一个分支——心理测验得到医学界、心理学界、教育界、组织人事部门、司法部门等许多方面的广泛重视和普及应用。汪文鋆发表《心理测验编制过程中的取样问题》(《外国心理学》1985 年第 1 期)和《再谈心理测验编制过程中的取样问题》(《外国心理学》1985 年第 2 期)等论文，对作为测验常模中的受试者的选取及有关测验项目内容的选取作了阐述，对于中国心理测验编制工作提出了指导性的意见。

20 世纪 80 年代之后，陈立深化对实验心理学方法的研究，著有《习见统计方法中的误用与滥用》(《心理学通讯》1985 年第 1 期)、《从冯特的实验心理学到现代的差异心理学——官能心理学因素分析的评述》(《杭州大学学报》1986 年第 3 期)、《测验效度理论的析义》(《应用心理学》1990 年第 1 期)、《对方差分析法的重估与改辙的考虑》(《心理科学》1992 年第 4 期)等。

在这一时期，浙江的心理学逐渐从普通心理学转向认知心理学、工程心理学、人类工效学方面，许百华的研究具有一定的代表性。他作为主要编写人，参编国家标准1项(GB/T12984—91)、国家军用标准2项(GJB—301—87、GJB—2025—94)，主持国家级与各部级科研项目10多项。他先后任浙江大学认知与发展心理学研究所所长、中国人类工效学会理事，曾在美国印第安纳大学和英国爱丁堡大学从事心理学基础研究，在国内外学术期刊和国际学术会议上发表论文90余篇，代表性论文有《VDT上移动式中文文本阅读效果与显示速度、步幅及窗口宽度的关系》(《心理科学》2002年第1期)、《低色温度强度背景光照射下液晶显示颜色编码的实验研究》(《心理科学》2003年第3期)、《预览搜索中基于颜色的两种自下而上加工》(《心理学报》2007年第6期)、《人机交互过程中认知负荷的综合测评方法》(《心理学报》2009年第1期)、《Dimension－Based Working Memory－Driven Capture of Visual Selection》(《The Quarterly Journal of Experimental Psychology》.2009，vol.6)、《人机交互中认知负荷变化预测模型的构建》(《心理学报》2010年第5期)等。2005年获国家级教学成果二等奖。王甦、汪安圣较早介入认知心理学的教学和研究，合著《认知心理学》(北京大学出版社1991年版)涉及各种认知过程的多方面的研究成果，是影响比较大的一个学科体系。汪安圣还著有《心理学及其在工业中的应用》(机械工业出版社1987年版)等。刘爱伦主编、水仁德副主编的《思维心理学》(上海教育出版社2002年版)，对问题解决、推理、决策等思维心理学领域及信息加工的理论和方法、认知心理学的研究成果作了阐释。

基础心理学方面出版了一批新教材：邵宗杰主编、符丕盛副主编的《心理学教程》(浙江教育出版社1987年版)，是"文化大革命"后全省高等师范院校教师共同编写的心理学教材，对提高心理学教学质量有所帮助。陆续出版的同类著作还有孙铭钟主编、卢正芝副主编的《现代心理学导论》(杭州大学出版社1999年版)；程素萍主编，张宏武与宋其争副主编的《心理学》(浙江大学出版社2007年版)等。在普及心理学方面，钟建安主编的《探索心理的奥秘：心理学及应用》(浙江大学出版社2009年版)，向社会广大民众作了心理学知识普及，以助民众掌握心理学知识以应对生活、学习及工作中的心理问题，以健康的心理状态投入生活。

第二节　专业心理学研究

现代心理学专业理论分支丰富，几乎涉及经济、政治、社会、文化的方方面面。20世纪70年代末至21世纪初，浙江在管理心理学、社会心理学、教育心理学等领域的研究风生水起，在某些方面处于国内领先地位，形成了一支在国内有影响力的研究和教学队伍，活跃于经济、社会发展的理论实践领域。

一、管理心理学

(一)学科理论研究

20 世纪 80 年代初,经济体制及管理机制等方面改革的深入,促进了管理心理学的研究和发展。1980 年,中国心理学会工业心理专业委员会成立。同年,中国第一机械工业部委托杭州大学心理学系举办了多期组织管理心理学培训班,首开高等院校向企业领导干部和管理人员普及管理心理学知识的先例。

20 世纪 80 年代中后期,浙江的管理心理学理论和应用研究已处于国内领先地位,并形成了一支在国内有重要影响力的教学和研究队伍,聚集了卢盛忠、王重鸣、郑全全、吴谅谅等一批国内知名学者。1985 年,卢盛忠、吴谅谅、郑全全、王重鸣编著了《管理心理学》(浙江教育出版社 1985 年版)一书,该著作是中国学者编纂的第一部管理心理学教材,详细介绍了国外管理心理学的理论和研究成果,反映了中国企业的管理经验,对管理心理学的进一步普及起到了重要作用。卢盛忠主编了《职工教育心理学》(机械工业出版社 1991 年版)、《组织行为学——理论与实践》(浙江教育出版社 1993 年版)等著作,主持翻译了《工业与组织心理学》(科学出版社 1991 年版)等。1986 年起,吴谅谅对管理干部的事业心等 30 种基本素质进行了分析并开发了测评工具,为干部选拔和晋升提供了系统全面的测评依据。她编著的《现代管理心理学纲要》(湖南人民出版社 1987 年版)和《管理心理学》(中国地震出版社 1993 年版)被许多高校和企业作为大学生和管理干部培训的教材及参考书。1986 年起,王重鸣在国内许多企业就工作责任制方式对员工工作结果归因、工作态度以及工作绩效的影响进行了现场研究;1990 年起,他又在国内许多中外合资企业中,就合资动机、管理决策模式及其影响因素进行了现场解析,就管理决策、组织变革、创业创新等一系列管理理论和现实问题进行了深入研究,取得了丰富的理论和应用成果,先后著有《心理学研究方法》(人民教育出版社 1990 年版)、《管理心理学》(人民教育出版社 2000 年版)等,并获得过多项学术奖励和荣誉,包括中国管理学杰出贡献奖一等奖。

(二)劳动人事管理心理研究

激励机制研究。20 世纪 80 年代初,中国企业开始以改革体制、激发活力、提高效率为目的进行管理改革,为管理心理学开启了一系列以激励机制为核心的理论和实践研究。陈立于 1982 年发表的《期望理论的心理学基础和实践意义》(《外国心理学》1982 年第 1 期),为研究激励提供了理论基础和指导思想。王重鸣对工作动机与激励的研究,开展了不同经济责任制及其激励效果的研究,先后发表了《不同工作责任制中职工的归因及其对绩效的影响》(《应用心理学》,1986)和《责任制改革与团体归因训练对于工作绩效的影响》(《应用心理学》1988 年第 3 期),提出了"工作责任制归因模型",从认知归因角度解释中国企业员工工作激励的动态特点,并指出不同层次与类别的员工有着十分不同的需要,应运用不同的激励手段,设计出更有针对性的奖励方案。吴谅谅、陈子光的《企业的物质激励的手段及效率研究》(《应用心理学》1992 年第 4 期)总结概括了中国国有大中型企业的物质奖励方式,分析了奖金的公平性、激励作用和副效应,并对完善企业奖励制度提出了有益的建议。此外,邹静的《激励理论及其综合模型的新进展》(《应用心理学》1994 年第 2 期)探讨了国有大中型企业中物质奖励与精神奖励、内在激励与外在激励之间的关系。这些研究成果丰富了中国本土的激励理论,为企业激励制度设计与改革提供了理论依据。

劳动人事心理学研究。中华人民共和国成立初期,劳动心理学的研究受到重视,相关研究主要围绕技术培训、工作环境设计、劳动竞赛等问题展开。党的十一届三中全会以后,为有效地发挥人们的劳动积极性,使劳动组织更好适应现代技术的要求,劳动人事心理学在中国应运而生。杭州大学心理系王重鸣、吴谅谅等为浙江省劳动人事心理学发展作出了重要贡献。王重鸣编著的《劳动人事心理学》①,不仅系统介绍了西方有关劳动人事心理学的基本知识,还着重介绍国内最近几年取得的研究成果及科学的统计知识和各种研究方法。吴谅谅编著的《劳动人事心理学》《人员素质测评》(浙江人民出版社 1990 年版)等著作,系统介绍了劳动人事心理学理论知识体系以及人事测评的各种科学方法。这些论著为浙江省劳动人事心理学研究奠定了一定的理论基础。②

(三)领导行为与组织管理心理研究

随着全国企业改革的不断深入,企业领导的行为研究也备受关注。1985 年,徐联仓等发表《心理学为提高企业素质服务》(《应用心理学》1985 年第 4 期),修订了日本学者三隅二不二的 PM 量表并作为评估领导素质及管理状况的工具。翌年,吴谅谅发表《企业管理干部职务分析》(《应用心理学》1986 年第 3 期),分析了管理干部的基本素质类型,探索了对干部德才和工作实绩进行全面、科学评价的方法,为干部选拔和晋升提供了依据。王重鸣参与了人事部人事考试中心的研究与应用项目工作,运用人事测评研究的最新理论与应用成果,研究开发了《企业管理基本技能测验》(1988 年)和《企业中层管理业绩评价测验》(1990 年),把管理人才素质评价提高到一个新水平。此后,领导行为研究进一步涉及领导技能、能力、风格和模式。如钟建安、陈子光发表了《领导——成员交换理论的研究及发展趋势》(《应用心理学》2003 年第 2 期);蒋天颖、张一青和王俊江发表了《战略领导行为、学习导向、知识整合和组织创新绩效》(《科学管理》2009 年第 6 期)等。

组织管理心理研究。如何进行组织变革与发展,是在全国改革开放背景下企业等各类组织面对的核心问题之一。浙江省的管理心理学界对此十分关注。陈立的《工业心理学简述》(浙江人民出版社 1983 年版)从开放系统的观点出发,就职务设计如何满足个体与社会需要、生产效率要求、组织改革原则以及组织发展中对个人改造的要求等方面作了阐述。他在《改革开放中企业的新秩序观》(《应用心理学》1991 年第 1 期)中强调采取开放的社会技术系统观,主张通过"预诊、信息采集、反馈、计划、行动、再诊断"的行动研究途径,实现组织的变革与

---

①② 劳动心理学研究是浙江心理学界的强项。有王重鸣编著:《劳动心理学》(浙江教育出版社 1988 年版);吴谅谅编著:《劳动心理学》(知识出版社 1988 年版)等多个版本,各有特色。

发展，进而提出改革开放中企业的新秩序观。王重鸣的《计算机系统开发的界面特征和心理学对策》（《应用心理学》1986 年第 3 期）和《计算机在企业应用的途径及其心理学特点》（《应用心理学》1987 年第 1 期）在 40 多家企业就管理信息系统的开发与应用及其对组织发展的影响，进行了一系列调研和案例分析，提出了以技能、系统联系和参与应用三个维度组成的"人一计算机系统一组织"的界面层次模型；据此，他提出技能对策、系统对策和参与对策三种管理心理学策略，以提高系统开发与组织改革的可接受性和适用性。陈立的《经济体制改革中的组织发展研究》（《应用心理学》1989 年第 1 期）在总结中国经济体制改革中的组织发展研究时指出，组织发展最终还是取决于人的素质，而管理训练和教育是必然手段；他认为应按系统论观点，采用"宏观工效学"的整体论思想（既强调组织的作用，又不忽视个体与技术的功能，既看到眼前利益又顾及长远发展潜力）进行组织变革与发展。

（四）跨文化管理心理学研究

20 世纪 80 年代中期，跨文化管理成为管理心理学研究的新课题。1987 年起，杭州大学心理系与英国塔维斯托克人际关系研究所开展了数年合作研究，比较中英两国不同类型企业的管理特点；90 年代初，又与日本名古屋大学若林满合作，开展了企业文化的形成与组织革新研究，比较了中日企业文化特点的异同。此外，王重鸣、沈剑平的《中外合资企业管理决策的特征与评估指标》（《应用心理学》1990 年第 4 期）就合资企业的合资动机、管理决策模式以及合资双方的文化和管理方式差异进行了现场研究，发现合资企业"复合式决策"特点显著地影响合资企业的组织文化建设、人力资源利用以及各项经济效益指标。马剑虹与印度尼西亚、美国等学者合作，发表了《跨文化协同增效研究的 3 种典型视角》（《心理科学进展》2006 年第 5 期）、《跨文化胜任力与敏感性研究进展》（《人类工效学》2006 年第 4 期），就跨文化协同增效问题进行研究。

二、社会心理学

社会心理学是研究社会情境因素如何影响个人和群体的思想、情感和社会行为的一门科学。社会心理学解释和预测社会行为的原因，包括社会知觉、社会认知、助人和利他行为、侵犯行为、从众行为、消费行为、人际关系以及家庭婚姻等。浙江的先行者，有陈大齐、陆志韦。如 1919 年陈大齐首次用问卷法调查北京高小女生的道德意识；对民族心理也有一定的研究，著有《民族心理学的意义》（1919 年）。陆志韦致力于社会心理学学科的研究工作，出版了《社会心理学新论》（1924 年）。

1949—1978 年，浙江省的社会心理学研究，基本上处于停滞状态。1978 年之后，陈立首次开讲社会心理学；1980 年，他针对社会心理学是资本主义国家的产物的观点，肯定社会心理学的价值，强调加强研究学习。1993 年 9 月，浙江省社会心理学会成立，其研究范围主要包括基础研究与应用研究。

（一）社会心理学的基础研究

有关维果茨基心理学理论的研究。维果茨基是苏联时期卓越的心理学家，他所创立的文化历史理论不仅对苏联，而且对西方心理学产生了广泛的影响。龚浩然积极倡导对维果茨基的学术思想和心理学理论的探讨和研究。他对维果茨基有关人的心理形成的社会文化一历史发展观，对儿童认知发展的“最近发展区”的思想，对社会环境影响个性发展的论述等进行了阐述和分析；对维果茨基极力推崇，认为他是天才的马克思主义心理学家。他对维果茨基心理学理论的研究成果主要有《维果茨基及其对现代心理学的贡献》（《心理发展与教育》1997年第4期）、《试论Л. С. 维果茨基的历史文化发展观》（《心理学探新》1981年第3期）等，他的文论集《龚浩然与俄罗斯心理学研究》（浙江大学出版社2006年版），从维果茨基心理学研究入手，广涉俄罗斯心理学尤其是社会心理学研究的诸多论题。黄秀兰在维果茨基心理学理论研究方面也有不少成果，编有《维果茨基心理学思想精要》，在龚浩然的倡导下，于浙江舟山成立全国维果茨基研究会。

信息取样理论的群体决策研究。美国心理学家们在20世纪八九十年代开始重视群体决策的研究，提出了群体决策的信息取样理论。郑全全带领的团队对信息取样理论进行了长期的实验室实验，来检验该理论对中国的适用性以及其他一些变量，如领导、动机，对群体决策时的信息取样的影响等。这些研究取得了一系列重要成果，如《群体决策的信息取样研究》《自由讨论条件下群体决策质量的影响因素》《MAU决策程序和自由讨论的群体决策质量比较》（《心理学报》2001年第1期，第3期，第6期）；《面对面和计算机群体决策运用排序法上的比较》（《心理学报》2004年第2期）；《多决策方法多交流方式的群体决策比较》（《心理学报》2005年第2期）。

社会认知的内隐心理研究。内隐和外显两种心理状态及其心理过程的研究是当今社会认知中的研究热点。吴明证用内隐联想测验等方法对内隐自尊和外显自尊的关系进行了探讨，并扩展到内隐攻击性、内隐与心理健康和幸福感、内隐与完美主义、内隐与消极反馈等关系的研究上，取得了可观的研究成果；有崔丽娟、胡海龙、吴明证等的《网络游戏成瘾者的内隐攻击性研究》（《心理科学》2006年第3期），吴明证、梁宁建、孙晓玲《青少年自尊水平与自尊稳定性的关系：完美主义的中介作用》（《应用心理学》2008年第4期），吴明证、孙晓玲、耿开迪、丁莹《青少年内隐自尊稳定性的压力缓冲作用》（《心理科学》2009年第6期）等。叶映华对归因理论进行了实验室实验研究，得出了归因过程由外显的和内隐的两部分组成的结论，打破了过去学者们认为归因只有单一过程这一说法。其著作和论文有《归因与教师绩效评估——基于内隐的角度》（浙江大学出版社2008年版）、《归因双重过程模型研究》（《应用心理学》2007年第3期）及其与郑全全的《以阈上启动和投射方法对内隐归因的探讨》（《心理科学》2008年第4期）等。

对构像理论的研究。构像理论是美国心理学家Lee Roy Beach等人提出的一种行为决策研究的新取向。郑全全、温廼《决策科学描述性范式的发展——构象理论》（《应用心理学》2007年第1期）一文介绍构像理论的核心概念，对该理论在个体决策和组织决策两个层面上的研究成果作以分析，显示了构像理论在传统决策理论基础上的新突破，具有很大的应用前景。温迺的博士论文中以17个实验室实验来检验构像理论的基本命题，提出了筛选性决策框架以及“接受”或“拒绝”策略的影响因素模式。其专著《以构像理论为基础的筛选阶段决策研究》（浙江大学出版社2008年版）颇有新意，内容包括决策科学、决策策略、决策中的偏差、筛选性决策研究的理论背景、以构像理论为基础的筛选性决策研究的理论构建与研究思路。

学科体系研究。21世纪初，浙江学者在社会心理学学科体系研究方面有新的发展，冯刚、王小章的《社会心理学教程新编》（浙江教育出版社2004年版）、郑全全的《社会心理学》（《浙江大学出版社，2010年第2版）等，较20世纪八九十年代国内的社会心理学体系有所创新。

（二）社会心理学的应用研究

由于社会心理学本身涵盖的范围相当广泛，因此社会心理学的应用研究及其范围也很广，主题众多，这一点充分地表现在浙江省社会心理学工作者的研究上。

以维果茨基思想探索中小学教育改革。维果茨基的心理学理论尤其是其“最近发展区理论”和教学“三主体”思想，对中国教学改革具有一定的启示。龚浩然、黄秀兰等从20世纪80年代初就开始通过办讲习班、讲学、咨询、到学校指导和操作等方式宣传维果茨基的教育心理学思想，开展了学校班集体建设的自然实验，并在江苏、浙江、广东等地推行，取得了很好的成果。他与黄秀兰合作有《维果茨基对年龄与教育心理学的贡献》（《全国心理学学术会议文摘选集》，1987年）、《介绍维果茨基——关于教学与智力发展的关系的思想》（《应用心理学》1981年第3期）。黄秀兰对维果茨基的发展区理论与教学的关系有较深入的研究，其有《维果茨基心理学思想精要》（广东教育出版社1998年版）一书，用了相当的篇幅介绍维果茨基关于教育的“三主体”思想（学生、教师、环境）和教学与发展的关系以及班集体建设理论，这对于中国的教学改革具有一定的理论意义。

从社会心理学角度开展心理健康的实践研究。郑莉君一直以来进行学生心理健康方面的研究，1996年始她对内蒙古少数民族大学生心理健康状况进行了调查，对内蒙古大学生心理障碍的类型及原因进行了探索和分析，著有《内蒙古大学生心理健康研究》（内蒙古文化出版社1998年版），以及《儿童心理健康知识手册》（中国审计出版社1997年版）、《中国心理健康教育和回顾与展望》（《内蒙古师范大学学报》2000年第4期）、《关于心理咨询和心理健康教育中国化的思考》（《心理科学》2003年第1期）等。继后，浙江学者还对中小学生心理健康和大学生的强迫症方面进行了探讨性研究。1999—2004年，浙江大学郑全全、陈树林，浙江工商学院的温迺，湖州二中的郑胜圣等人对中学生进行大规模取样，就中学生心理健康问题进行了调查，形成了《中学生应激源量表》（《心理发展与教育》1999年第4期）、《中学生应对方式量表》（《中国临床心理学杂志》2000年第4期）以及《中学生心理健康诊断测验》（《中国临床心理学杂志》2005年第3期），这些量表得到其他省市心理学工作者的运用。张虹、陈树林、郑全全发表《高中学生心理应激及其中介变量的研究》（《心理科学》1999年第6期），杨宏飞发表有《浙江省中小学心理健康教育发展研究》（《教育研究》2003年第3期），杨建华、边玉芳、蒋芸发表《杭州市中小学教师心理健康及人格特征的研究》(《中国学校卫生》2006年第3期)等，皆为这一领域的研究佳作。浙江省的社会心理学工作者基本上每年都举行一次有一定规模的面向社会大众的心理咨询活动，扩大了社会心理学的影响。

心理危机干预研究。浙江省心理危机干预方面的工作在国内起步较早，研究成就也是非常突出的。第一，关注青少年心理咨询与自杀问题研究。1990年1月1日，共青团杭州市委在全国率先开设一条青少年心理咨询热线，免费为广大青少年和家长提供心理疏导和问题干预，标志着浙江省心理危机干预的正式启动。1993年，杨张乔出版专著《危险的年龄——1978—1989年青年自杀现象》(中国国际广播出版社，1989年)，这是中国第一本正式出版的研究自杀问题的专著，作者通过对1400多例青年自杀案的研究，建立了基于社会心理学的危机干预模式。2004年5月25日，杭州市心理危机研究与干预中心成立，是全国唯一一家由政府主导的心理危机研究与处理机构。(《杭州心理研究与干预中心昨成立》，《杭州日报》2004年5月26日)第二，关于突发公共事件心理危机干预及研究。2004年8月21日，浙江省首次派出心理危机干预队伍，对“云娜”台风袭击后的浙江灾区群众进行心理危机干预。这是浙江省首次对重大突发事件进行灾后的“心理干预”。(《台风“云娜”过后浙江首次进行灾后心理干预》，中华网新闻，2004年8月21日)2007年10月31日，浙江省卫生厅应急办研究制订并发布“浙江省突发公共事件心理危机应急干预行动方案”，明确四级心理危机干预的实施标准，这标志着浙江省的心理危机干预工作有了统一的执行标准和工作方案。与此同时，浙江省卫生厅应急办还成立浙江省突发公共事件心理危机应急干预协调小组，组长由省卫生厅厅长担任，副组长由省卫生厅分管副厅长担任，成员有省政府新闻办、省卫生厅、省水利厅、省农业厅、省林业厅、省公安厅、省教育厅、省民政厅、省交通厅、省气象局、省地震局、杭州铁路办事处、民航浙江安全监管办、省科协、省红十字会等部门有关负责人；各个部门在干预行动中的职责也进行了明确规定。(浙江省卫生厅应急办发布，2007年10月31日)2008年5月12日14时27分59.5秒，四川省阿坝藏族羌族自治州汶川县发生里氏8.0级地震。2008年5月14日上午10点，浙江省心理危机应急干预专家组到达四川地震灾区，积极参与汶川大地震后的心理危机干预工作，为浙江省全面参与四川地震后心理重建工作拉开序幕。2008年5月28日，浙江师范大学心理研究所李伟健编制了《灾后心理危机干预手册》，通过各种途径送到地震灾区群众及心理危机干预专业人员手中，提供帮助。在干预实践过程中，赵国秋等人在《灾难中的心理危机干预——精神病学的视角》(《心理科学进展》2009年第3期)一文中提出了心理危机干预策略选择的重要性，指出早期的心理危机干预，认知行为治疗与眼动脱敏和认知再加工两类策略对创伤的干预可能更为有效。随着心理危机干预工作在浙江的蓬勃发展，研究者也提出了更多的思考。张新卫等在《中国健康教育》发表《浙江省突发公共事件后公众心理状况调查分析》一文指出，公众对心理危机干预的需求调查结果显示，项目地区公众对突发事件危机心理干预不甚了解，对专业心理援助认识不足，获取专业心理援助的意识不强；这一结果提示我们当突发公共事件来临时，除了相应的应急救援外，必须大力开展应急危机心理干预工作；通过广泛宣传和社会舆论的作用，使各级政府能够真正重视突发公共事件危机心理干预工作，从而加大在政策制定和人财物等方面的投入。

城镇化方面的社会心理学研究。2000年之后，石向实对中国城市化进程的社会心理进行了深入的调查、探讨，从多个视角探讨了当代中国人尤其是进城务工人员在城市化大潮中的种种社会心理问题，如，农民工的认同问题、新生代农民工的特点、农村居民以及城市居民在城镇化过程中的心理变化和社会行为的变化①。此外，石向实还对杭州外资企业农民工生活质量与心理健康状况进行了调查研究。郑全全、赵立也对农民工问题进行了研究。他们关注的是农民工在城市就业所产生的心理问题，探讨了农民工的职业价值观、农村劳动力转移就业中的社会支持、农民工的择业心理倾向等一系列课题，这些研究均取得了很好的成果。如赵立、郑全全著《职业认知、社会支持对农民择业倾向的影响》(《心理学报》2009年第4期)等。

社会心理学与学校教学相结合的研究。学校教学涉及许多社会心理学课题。李伟健把学生的学习时间分配，从社会认知心理学的角度进行探讨，从项目难度、习惯性反应、议程等方面来研究对自主调节学习的影响，有《浙江金华农村初二学生时间管理倾向、心理健康水平及学习成绩之实证研究》(金军伟、解学慧、李伟健合作，全国心理学术会议交流论文，2007年)、《初中生时间管理倾向训练对心理健康及学业成绩的影响》(浙江师范大学，2007年)。他还对群体关系与共情反应在大学生观点采择与助人行为之间的作用、中小学教师的共情能力的发展与促进等问题进行了深入的探索，著有《观点采择对高中教师共情反应的影响：共情倾向的中介作用》(孙炳海、黄小忠、李伟健、叶玲珠、陈海德合作，《心理发展与教育》2010年第3期)等文论。朱晓斌对教师行为与儿童发展之间的关系进行考察，以实证研究深入分析了教师的"情感—态度"的转变如何促进了儿童的发展。他还对流动人口子女义务教育政策的价值进行了分析，并据此对上级相关部门提出了一些建议，著有《超常儿童的认知发展及其教育策略》(《中国特殊教育》2007年第2期)、《流动人口子女义务教育政策的价值分析》(《教育评论》2003第2期)。刘宣文在国家社科基金项目"儿童媒介识读能力及介入策略研究"的资助下，以儿童与媒介的关系为抓手，从不同媒介类型的角度对儿童的媒介使用和媒介识读能力进行了实证研究。其著有《学校发展性辅导》(人民教育出版社2004年版)、《心理咨询技术与应用》(宁波出版社2006年版)等专著及《生命教育与课程设计探索》(《课程·教材·教法》2004年第8期)、《复原力研究与学校心理辅导》(《教育发展研究》2004年第2期)等论文。

浙江社会心理学应用研究的其他方面，有陈永胜的宗教心理学研究，著有《警惕西方宗教心理学中有神论的扩散与渗透》(《中国社会科学文摘》2010年第5期)等。方晨光对于文艺心理学的探讨，著有《文艺辅导心理学》(西泠印社出版社2001年版)。陈传峰对老年人心理的研究，著有《城市退休老年人居家养老消费心理研究》(与原献学等合作，《心理科学》2007年第5期)、《家庭居住与机构居住老年人社会支持的比较研究》(与金一波等合作，《心理与行为研究》2008年第1期)；同时他还长于对征地农民的心理研究，有《城市化进程中被征地新居民的心理反应与需求状况研究》(与贺豪振等合作，《心理科学》2007年第1期)。陈树林等

① 石向实：《中国城市化进程的社会心理研究》，社会科学文献出版社2013年版；《中美欠发达地区城市化进程比较研究》，《理论学习与探索》2001年第1期。

对社区心理学的研究，与方喻等著《自我报告问卷在社区人群筛查精神病障碍的适用性》(《中国农村卫生事业管理》2013 年第 5 期)等。

三、教育心理学

(一)古代与近代浙江的教育心理学思想与学科传播

古代浙江就有教育心理学思想的萌芽。如东汉王充不仅从朴素唯物主义角度论述了人贵、形神、性习等古代心理学论题，而且对环境和教育决定论多有涉及，认为“患不能化，不患人性之难率”，“亦在于教，不独性也”，强调后天环境教育对“性行”的决定作用。他论述了环境与教育对儿童成长的作用，认为“壁犹炼丝，染之蓝，则青；染之丹，则赤……夫人之性，犹蓬萨也，在所渐染而善恶变也”①；他还论述了学习的重要性：“不学自知，不问自晓，古今行事未之有也。”②这些思想对当时及后世的教育心理研究起了一定的作用。

“宋初三先生”之胡瑗所创立的“湖学”(也称“苏湖教法”)，其中不乏教育心理思想的精髓。胡瑗开宋代理学之先河，重视教育体制的改革和教化心理的培养，提出“致天下之治者在人才，成天下之才者在教化，教化之所本者在学校”③的至理名言。他的教育心理思想上承儒家传统教育思想，下启“经世致用”的教育理念，理论基础为“性善论”“学知论”和“明体达用”，并十分重视德育、礼育(礼义)、乐育(音乐)的教化作用。其教育心理思想有四：即学习心理思想、德育心理思想、差异心理思想和教师心理思想④。又有论者言：研究胡瑗的“苏湖教法”，有利于我们对当下的大学生进行革命理想教育、个性教育和素质教育，从而培养高素质的复合型人才(余连祥、沈建民《胡瑗的“苏湖教法”及其当下意义》，《湖州师范学院学报》2004 年第 5 期)。

近现代海宁人王国维是西方心理学、教育心理学以及幼儿教育的最积极的推广者。1907 年，他据英国人龙特氏汉译丹麦学者海甫定著《心理学概论》(商务印书馆刊出)，系统地传播西方心理学原理以及知识之心理学、感情之心理学、意志之心理学。1909 年 7 月，其汉译美国文部省教育报告《论幼稚园之原理》(刊于《学部官报》第 90 期，译著见《王国维全集》第 18 卷)译文首语言：“论幼稚园者，莫不以心理学研究为根本。”此处所言心理学，实为教育心理学。同年又译美国文部省 1903 年教育报告《法国小学校修身教授之官定条例》(刊于《学部官报》第 94、95 期，译著见《王国维全集》第 19 卷，浙江教育出版社，广东教育出版社 2009 年版)，向国人介绍法国的德育教育，称“修身教授，所以完成学校之他科目而高尚之者也”。“修身一科，则在发达其人之全体，即其品性、知力、良心等，故与其他科目而稍异其趣。要之，德育之势识力，不存于其知识之精密，而存于其感情之兴起，印象之活泼，即信仰之真实也”。

① 〔东汉〕王充：《论衡・率性篇》。
② 〔东汉〕王充：《论衡・实知篇》。
③ 〔宋〕胡瑗：《松滋县学记》。
④ 丁丽萍：《胡瑗的教育心理研究》，上海师范大学学位论文，2010 年。

1910 年，汉译美国禄尔克《教育心理学》[1]，同年由学部图书局刊行，系统传播教育心理学体系。他是中国最早翻译西方心理学及教育心理学著作的学者。

（二）现当代浙江教育心理学研究

当代浙江的教育心理学研究，从基础理论到应用研究均有不少成果。赵兴奎的《教育心理学发展历程概况》（全国心理学学术大会，2005 年）一文认为，教育心理学是一门介于心理科学与教育科学之间的边缘学科；它是社会发展的产物，随着人类文化历史发展而发展，经历了萌芽、初创、纷争、兼容和较成熟等阶段。他与王映学合作的《教育心理学发展的五阶段》（《心理教育研究》2006 年第 9 期）指出，自西方教育心理学传入中国后，对于中国的教育实践起到很大的作用，如早期有经亨颐倡导的“人格教育”“因材施教”等教育、教学主张。因素分析是心理学领域中发展起来的一种多变量解析手段，陈立的《从冯特的实验心理学到现代的差异心理学——官能心理学与因素分析的评述》（《浙江大学学报》1986 年第 3 期）中指出，因素分析已经渗透到包括教育心理在内的心理学的各个领域，如对教育心理学家皮亚杰的作业作过因素分析，各阶段的作业都有若干相关，因而可以分析成几个第二级的因素。

运用实验心理学的方法研究学生心理素质与心理健康是浙江心理学界的常态化课题。20 世纪 90 年代，杭州大学教育系在浙江桐乡市第一实验小学进行了“小学生心理、行为主动适应性教育实验”研究，在学生心理素质的培养方面进行了积极的探索。该研究运用实验方法，通过先后对比，分析了实验对学生心理测试结果的影响。如边玉芳的《学生心理健康状况与学习成绩的相关研究》（《上海教育科研》1997 年第 11 期），重点分析了当前教育条件下学生心理健康状况的各个方面和学生学习成绩两者的相关程度，由此分析学习成绩和学生心理健康的关系，揭示了单纯重视学生学习成绩对学生心理发展带来的种种弊端。还有以浙江大学刘力教授为组长的课题组发表的《“珠算式心算”教学实验效应的理论论证》（《教育研究》1993 年第 3 期）以及课题参与主体慈溪市课题组出版的《珠心算数学模式的实践与研究》（教育科学出版社 2001 年版），也是非常成功的实验研究的范例。曹立人与萧山市新湾中学老师合作的《初中生焦虑状况的动态特征研究》（《心理科学》1999 第 4 期）的报告，描述了初中生焦虑水平状况在不同学习阶段的动态特征及其变化规律，认为初中生的特质焦虑水平略为偏高但仍属正常，初中学生焦虑水平呈现动态变化特征，女生的焦虑水平高于男生。王权的《一本对多层次读者均有指导意义的专著——喜读〈现代教育与心理测量学原理〉》（《心理学探新》2000 年第 3 期）一文，对漆书青、戴海崎、丁树良总结 16 年研究现代教育和心理测量学理论并将其应用于各种测量实践经验所形成的《现代教育与心理测量学原理》作了高度评价。

学习策略研究成为 21 世纪浙江学者以及高中教师普遍关注并研究的课题。这方面研究以曹立人为代表。2002 年，曹立人主持了教育部“十五”重点规划项目“高中生学习策略特征及优化学习策略的养成实验研究”。该课题的早期部分成果有曹立人和陈艳的《高中生学习策略调查研究》（《心理科学》2006 年第 4 期）。该课题组经 6 年的现场实验研究，创建了一套

---

[1] 《王国维全集》第 19 卷。

涵盖计划策略、预习策略、听课策略、作业策略、复习策略、考试策略6个环节的过程学习策略，一套包括语文课程学习策略、数学课程学习策略、物理课程学习策略等学科内容的课程学习策略，一套包括优秀保持型、发展波动型、成长上升型、挫败下降型四类典型学生特征的个性学习策略。他在2009年全国心理学学术大会上发表《高中生学习策略特征及优化学习策略的养成实验研究》，指出这项研究以当代认知理论、多元智能理论、归因理论为指导，在重点高中、普通高中、城镇高中、农村高中、职业高中等不同种类的高中进行优化学习策略养成实验研究，所形成的这些学习策略具有很强的可操作性。2008年起，在浙江20余所中学里推广及应用，都产生了可喜的成果。

浙江大学教育系的工作者采用SCL－90量表(症状自评量表)和卡特尔16PF(16种人格因素问卷)全面检测了杭州市中小学教师的心理健康水平及其人格特征，发表了研究报告《杭州市中小学教师心理健康及人格调查研究》(杨建华、边玉芳、蒋芸撰写，《心理卫生》2006年第3期)，该研究发现：杭州市中小学教师的总体心理健康水平较低，但存在中度以上心理问题的教师比例低于其他地区；杭州市中小学教师的人格总体上讲是积极的、良好的；其人格特征是具有较强的自信心和自尊心、冒险、敢为、好强、开放、外向、随和、情绪稳定、富于幻想等。

2003年，浙江大学沈模卫主持的课题组发表《天才儿童及其教育问题新论》(《华东师范大学学报·教育科学版》2003年第4期)一文，描述了有关天才儿童在能力结构和人格特征上分别表现出的不均衡性和双重性，提出了重新审视有关天才儿童教育的一些角度。杨宏飞发表了《浙江省中小学心理健康教育发展研究》(《教育研究》2003年第3期)一文，回顾了浙江省中小学心理健康教育的历史，提出了2010年前“普及为主、兼顾提高”的总体目标，并阐述了实现目标的6个对策：即行政立法、整合培训、宣传普及、以点带面、设置专业、加强交流，以进一步推动全省中小学心理健康教育。

其他方面的研究有：童金皓和边玉芳的《网络学习中的自我效能感》(《现代远距离教育》2005年第3期)一文，阐述了网络学习自我效能感的概念及其对网络学习的重要性，在分析其影响因素的基础上提出了培养和提高网络学习自我效能感的途径及措施。边玉芳的《学习自我效能感：是一般的还是针对特殊领域的？》(《心理科学》2006年第5期)一文，运用自编和他人编制的一般自我效能感量表和各种不同层次的学习自我效能感量表，对各层次的自我效能感与学习领域各层次的行为表现间的关联进行了考察，对学习自我效能感是一般的还是针对特定领域的这一问题作出了回答。曹立人的《幼儿园专家教师和新手教师教学设计特征的研究》(《教师教育研究》2009年第4期)一文，运用半结构化访谈的研究方法获取语言数据，发现幼儿园专家教师在科学教育领域中的思维活动在内容、组织、策略三方面表现出明显的差异特征。

第三节　发展心理学研究

发展心理学是研究人从出生到死亡的生命周期中，心理发生、发展的特点及其规律的学科。一般以个体从出生到青年初期(14—15岁)心理的发生和发展为主要研究对象。中华人民共和国成立以后,浙江在发展心理学研究方面逐渐形成了在国内有较大影响力的专业队伍,涌现出一批有代表性的发展心理学专家及其优秀成果。

一、认知发展

(一)儿童色、形发展研究

在儿童认知发展的研究方面,陈立与他的助手早在20世纪60年代就开展了一系列有关儿童色、形发展的研究。其中,陈立、汪安圣的《儿童色、形抽象的发展研究》(《心理学报》1965年第9期)一文,从横向发展角度得出抽象作用的年龄差异:3岁以前是形状抽象占优势,3岁到5岁半是颜色抽象占优势,6岁以后则同一抽象占优势。他们的《儿童色、形抽象发展的跟踪实验》(《心理学报》1965年第9期)确定了抽象发展的年龄阶段,并且同时也指出个别差异的存在,特别证明了经验或训练对抽象发展可能起一定的作用。陈立、汪安圣在《色、形爱好的差异》(《心理学报》1965年第9期)一文中还进一步探讨色、形抽象的个体差异,考察情绪对色、形抽象的影响。

(二)儿童逻辑概念认知研究

吕静和她的学生在皮亚杰理论的基础上,对儿童数概念认知、类包含概念认知、分类能力、逻辑推理能力、几何图形认知等方面开展了系列研究。吕静、王伟红的《婴幼儿数概念的发生的研究》(《心理科学通讯》1984年第3期)一文指出,数概念的发生有一定顺序,即从自辨数、认数再发展到点数。她和何剑的《儿童相差概念形成过程的实验研究》(《心理科学》1989年第6期)认为要获得两数相差概念,首先要建立两数"同样多"的概念。吕静、麦虹、沈晓红的《儿童开始认识几何图形的研究——与皮亚杰"从拓扑到欧氏几何"论点的商榷》(《心理科学》1991年第8期)一文,对皮亚杰"儿童认识拓扑关系远早于欧式几何图形"的观点进行了修正。另外,吕静和卢琬君的《3—7岁儿童理解类包含概念的初步研究——对皮亚杰类包含实验的初步意见》(《心理学报》1981年第13期)、吕静的《4～9岁儿童逻辑推理能力的研究——对J. Piaget某些实验的验证》(《心理学报》1981年第13期)等论文和实验报告,大胆地验证了国外发展心理学权威的某些实验结论。

二、智能发展

(一)特殊儿童智能发展研究

在特殊儿童的智能发展与教育上,自1983年以来,杭州大学心理学系儿童生长发育和智能发展研究中心在联合国儿童基金会的资助下,组织力量开展了大量的特殊儿童的研究,取得了一定的成果。在特殊儿童诊断鉴别方面,吕静、徐芬等人编制了《儿童认知能力诊断量表》(《应用心理学》1988年第3期),汪文鋆、傅根跃等人编制了《3～7岁儿童社会适应行为评定量表》(《应用心理学》1992年第7期)。在诊断的基础上,他们开展了一系列针对特殊儿童矫治的研究。其中,吕静主编的《儿童行为矫正手册》(浙江教育出版社1992年版)将实用性和理论性相结合,系统阐述了各种行为矫正方法的基本原理和实例,并强调各种方法的综合运用。汪文鋆、徐云对弱智儿童进行了系统训练,汪文鋆主编了《弱智儿童的诊断和教育》(浙江少年儿童出版社1990年版)、《弱智儿童的家庭教育咨询》(浙江教育出版社1994年版),徐云主编了《弱智儿童教学与训练方法》(杭州大学出版社1995年版)、《弱智儿童教育经验精选》(浙江教育出版社1990年版),这些书籍全面介绍了弱智儿童的诊断以及训练和培养,为中国特殊教育的发展作出了一定的贡献。

（二）儿童行为、情绪发展研究

随着浙江省各个高校的心理系的发展,一批儿童发展与教育心理学的优秀研究者在各个领域开展了多样化的研究。在社会认知和行为发展方面,傅根跃、丁晓攀等《Lying in the Name of the Collective Good: A Developmental Study》(《Developmental Science》2008年第11卷第4期)等文对儿童说谎等道德行为进行了研究;徐芬、李庆功、马凤玲等开展了儿童欺骗和信任等方面的研究,发表了《Lying and Truth－Telling in Children: From Concept to Action》(《Child Development》2010年第81卷第2期)、《故事情景下儿童回答问题的反应倾向》(《心理科学》2010年第33期)等论文。徐琴美、马伟娜、张晓贤、何洁等则从儿童情绪发展角度进行探索,发表了《儿童情绪理解发展的研究述评》(《心理科学进展》2006年第14期)、《人际因素促进5—9岁儿童内疚情绪理解的研究》(《心理科学》2010年第4期)、《自动化情绪调节及其神经基础的研究概述》(《心理科学》2010年第33期)等论文。值得一提的是,在儿童行为研究的基础上,张琼、丁晓攀等许多研究者还利用功能核磁共振(fMRI)、脑电(EEG/ERP)、近红外成像(NIRS)等认知神经科学的手段,探讨认知与行为发展的脑基础,从微观层面进一步揭示儿童认知与行为发展的内在神经机制。

三、婴儿实验研究

婴儿研究由于其被试和方法的特殊性,一直是儿童心理学研究的难点。在中国科学院院士唐孝威的支持下,徐琴美、陶冶等人在浙江大学建立了国内第一个专业的婴儿实验室,他们的《不同母语环境下16个月婴儿词汇表征中声调的语义特性》(《心理学报》2012年第8期)一文指出,普通话声调在16个月的中英两国婴儿词汇表征中具备语义特性。此外,何洁等人开展了早期情绪和社会认知发展方面的研究,发表了《Anger and Approach Motivation in Infancy: Relations to Early Childhood Inhibitory Control and Behavior Problems》(《Infancy》2010年第15卷第3期)等论文。刘少英等人还开展婴幼儿面孔识别、情绪和社会行为发展方面的研究,这些研究成果不仅让我们更好地了解天性和早期社会行为发展,也大大改变了人们对“婴儿无能论”的认知,说明即使是不会说话的婴儿也在不断地认识世界,他们在心理的各个方面都会有明显的发展。

第四节　心理学史研究

浙江省的心理学研究有较久的历史。20世纪以来，浙江涌现了一批著名心理学家，为中国心理学事业的发展作出了重要贡献。浙江的心理学史研究在全国占有重要地位，并具有一定的国际影响。

一、西方心理学史

(一)西方心理学史综合研究

陈大齐关注西方心理学派的发展，其1921年留学德国研究西洋哲学，著有《德国心理学派略说》，对19世纪60年代之后德国的心理学派，如以费希纳与冯特为代表的内容心理学派等的产生与发展作以简说。陈大齐除西方心理学史研究外，还热衷于中国心理思想史的研究，著有《孟子性善说与荀子性恶说的比较研究》《荀子的心理学说》等。

高觉敷在西方心理学史方面，早期翻译有扬琴巴尔的《社会心理学史》(1927年)《心理学名人传》(1933年)、E. G. 披林的《实验心理学史》(1950年)。1981年著有《西方近代心理学的总结与展望》，1982年主编《西方近代心理学史》，1983年著有《评西方心理学的时代精神说》等(载《高觉敷心理学文选》，人民教育出版社1970年版)。其于1959—1964年编著的《心理学史讲义》，包括中国、西方和苏联心理学史。其《西方近代心理学史》(人民出版社1982年版)研究了17—19世纪英国、法国、德国的哲学心理学思想和19世纪的生理心理学、实验心理学等发展的历史。

在苏联心理学史方面，徐联仓有许多阶段性的研究，如《对苏联学术界讨论心理学的哲学问题的一点体会》(《光明日报》1955年5月13日)、《苏联心理学界在研究什么?》(《心理学报》1959年第4期)，两文较早地讨论了20世纪50年代苏联心理学界的学术动态及其新发展。1960年，他著有《著名苏联心理学家鲁宾斯坦逝世(1889—1960)》(《心理学报》1960年第2期)，回顾了鲁宾斯坦一生的心理学研究成果及其对苏联心理学发展的贡献。1961年著《苏联劳动心理学最近的一些研究工作》(《心理学报》1961年第4期)，对苏联劳动心理学的发展作了介绍。其他心理学史方面，他著有《发展中的新学科——工效学》(《光明日报》1979年2月21日)对工程心理学的工效学理论的发展进行叙述。1981年，他著《联邦德国病理心理学一瞥》(《健康报》1981年1月10日)一文，介绍联邦德国心理学的分支学科的发展。

(二)西方宗教心理学史专题

专长于宗教心理学史的陈永胜，也著作甚丰。在西方心理学史的研究方面，主要是以人物为核心的宗教心理思想史，著有《现代西方宗教心理学理论流派》(人民出版社2010年版)，较为系统地研究了现代西方宗教心理学开创时期的詹姆斯的个体经验宗教心理观、冯特的民族文化宗教心理观、早期精神分析学派的弗洛伊德的精神分析宗教心理观、新精神分析学派荣格的集体潜意识宗教心理观、埃里克林的自我身份认同宗教心理观、弗罗姆的人本精神分析宗教心理观、弗兰克尔的意义分析宗教心理观、人本主义学派奥尔波特的人格取向宗教心理观、马斯洛的高峰体验宗教心理观、瓦茨的神秘体验宗教心理观。作者搜集、整理和钻研了主要流派代表人物的重要原著，以期通过原著的挖掘以及其他史料的具体佐证，把握其理论或学说的本质特征。还有陈永胜、沈译的《詹姆斯的宗教心理学新探》(《宗教心理学》2007年第3期)、《瓦茨的神秘体验宗教心理学探究》(《世界宗教研究》2010年第2期)，陈永胜、林琳、王琪《略论西方宗教心理学中无神论与有神论话语权的争夺》(《科学与无神论》2009年第6期)等。

二、中国心理学史

高觉敷对中国心理学史的研究具有学术的独创性，与著名心理学家潘菽同为中国心理学史的创始人，其著《中国心理学史》(人民教育出版社2009年版)是全国第一部系统研究自秦至近代以来中国心理学思想的通史性著作。他按知虑心理思想、情欲心理思想、意志心理思想、智能心理思想及习性心理思想五大类，发掘和整理古代各个时期名家的心理学思想。如先秦儒、墨、法三家的心理学思想，汉唐的王充、范缜、柳宗元及《淮南子》中的心理学思想，宋明清三代理学的心理学思想、心学的心理学思想等。作者在"后记"中认为，"我国是世界心理学思想最早的策源地之一"。

1997年，徐联仓著《潘老把自己的一生贡献给心理学和心理所》(《心理学动态》1997年第3期)回顾了著名心理学家潘菽的心理学事业及其对中国心理学理论的贡献。1980年，他与C. C. Ching，Bay Over合著《中华人民共和国心理学的新发展》(《International Journal of Psychology》1980年第15期)，系统介绍了中国心理学的发展。1981年，他在第四十五届日本心理学会年会上发表《中国心理学的发展》的报告。1984年，又在墨西哥召开的第二十三届国际心理学大会上报告《中国组织行为学研究的新进展》(英文)。他对组织行为学在中国的发展历史作有研究；1986年，著《组织行为学在中国之发展与领导行为研究》(《心理学报》1986年第4期)对组织行为学从一般行为研究到领导行为研究的发展历程作以叙述；同年著《中国古代的用贤之道与今日的认识管理》(在香港召开的中国式管理研讨会上的报告，1986年)对中国的认识管理的历史性作了论述。

第十四章　军事学与体育学研究

军事学，亦称军事科学，是反映战争和国防的本质和规律，用以指导战争准备与实施及国防和军队建设的科学。军事学以战争、国防和军队建设的实践活动为研究对象。其知识体系包括军事思想、战略战术、军队管理、军事后勤、军事装备和技术、国际军事、军事史等。浙江自春秋越国就已建有较强大的中央军事机构和地方军事机构，出现了如范蠡等著名兵家及兵学著作。东汉《越绝书》被称为“复仇之书”，是中国最早的兵学史志篇章。根据对《中国兵书总目》《中国兵书通览》等文献统计，从宋元至清代浙籍及任职浙江的非浙籍人士有论著的主要兵家 113 家，主要兵书 155 部(篇)。这些论著涉 6 方面的内容：对传统经典兵书兵法作新的注释和理解；对兵学经典的集成；对古代兵学思想的阐述、发微；对古代兵制的研究；对著名战例的纪述；对兵事政治和地理的研究。主要代表人物有朱服、戴溪、陈傅良、柴望、刘基、何守法、李盘、戚继光、茅元仪、俞大猷、许乃钊、葛云飞、黄以周、金应麟等。蒋方震(百里)是近代中国军事理论创建的卓著者，其《国防论》被誉为“民国国防思想”的“奠基石”，《新兵制与新兵法》是其第一部重要的军事著作。他最早提出中国的“制空权”理论及抗日战争中国的西北防卫线问题。粟裕的军事思想对浙江抗日战争中后期具有很大的指导作用。现当代浙江军事学研究，代表性的有黄朴民的《先秦两汉兵学文化研究》、史美衍的《古代兵略》、粟品孝等的《南宋军事史》、张延龙的《赤壁之战研究》，谢宝森的《毛泽东与中国古代兵法》，沈伟光的《新战争论》等。1999 年出版有《浙江省军事志》。

体育学，亦称体育科学。它是研究、揭示体育，提高、改善和发展人的身体机能、运动能力、心理品质及社会特征的规律的学科群。除自然科学类外，社会科学类主要包括体育学原理、体育哲学、体育史学、学校体育学、群众体育学、体育管理学等。浙江自古盛行武术、养生、棋类、蹴鞠之道。近现代浙江体育，得益于清末军事体育教育的兴起与西方体育的引入。蔡元培确定“体、智、德、美”教育国策；陶行知倡导“德、智、体、美、劳”生活教育方针；杨贤江提出“运动”“卫生”的体育主旨。民国期间，徐一冰著有中国最早的《体育学原理》；出现了如宋君复、江良规、金兆钧、谢似颜、胡卫煌、宋钜林、钱耀庭等一批体育教育家与体育学学者。当代浙江体育学研究深涉发展战略与体育改革、学校体育、竞赛体育、体育道德、全民健身、运动人体科学、体育史等层面，在国内有一定的学术地位。代表性的有黄圣方等的发展战略研究，金钦昌等的学校体育学研究，凌平等的竞技体制改革研究，李翅鹏的体育教学研究，郭仪的奥林匹克精神研究，陈桂灿的体质调查研究，郑志林的中国体育史研究，姚廷华的学校体育史研究等，在国内皆有一定的影响。

第一节　军事学研究

古代浙江的军事思想甚丰，无论是冷兵器时期还是热冷兵器兼用时期，皆有有影响的兵书兵法问世。至民国时期，又对中国现代军事学理论的创见作有重要贡献。中华人民共和国成立之后至21世纪初，浙江的军事学研究在军事战略战术、军事指挥学、军队后勤与装备以及军事现代化等方面，有许多引人注目的研究成果。

一、军事思想与军事学

中国在清中期之前的军事研究，一般称之为兵学或武学，而兵法是其重要的理论基础。

（一）古代冷兵器时期浙江兵法研究

东周越国兵家之战略战术。浙江自春秋后期越国就已建有较强大的中央军事机构和地方军事机构，出了些著名兵家及兵学著论。周敬王时，越国（都会稽）立允常为越君后，始称王，建有教士（正规军）、君子（国君亲兵）和舟师（楼船士、水兵）等常备军。周敬王二十四年（前496年），越王允常卒，子句践即位，担任大夫之职的有石买、文种、范蠡、计然、扶同（逄同）、苦成、皋如、后庸等，历经23年之吴越战争，于句践三年（前494年）兵败质于吴。文种主持国政，其总结商周以来征伐经验，提出伐吴九术：尊天地、事鬼神；重财帛，以遗其君；贵籴粟缟，以空其邦；遗之美好，以劳其志；遗之巧匠，使起宫室高台，尽其财、疲其力；遗之谀臣，使之易伐；强其谏臣，使之自杀；邦家富而备器；坚厉甲兵，以承其弊①。此九术实为征伐吴国的政治战略。句践又举范蠡主持军务，建都筑城，制造兵器、战船②。范蠡为东周著名兵家，提出“行阵队伍军鼓之军，吉凶决在其一”的建军思想③，并提出“后则用阴，先则用阳，近则用柔，远则用刚”④的军事原则，助越于句践十九年（前478年）灭吴。相传范蠡兵法曾受吕尚《阴符经》和孙子兵法的影响，有《范蠡兵法》⑤《范子计然》⑥等兵书。

越国是冷兵器时期较早系统传授弦射术的国度。楚人射术世家陈音出任越国军队射术总教练，并用诗经之句作以《弹歌》，是浙江最早的兵术教诀和射器术论，也是中国弓矢起源之一说。

东汉、魏晋、南北朝浙江军事史志篇章与兵法注释。浙江是最早的军事史志的著地。东汉初期辑录的《越绝书》，被王充誉为当时五大名著之一。《越绝书》内容极其广泛，但其核心部分详录有吴越交战、句践生聚教训、最后兴越灭吴、逐鹿中原的过程等，涉及兵法、权谋、术教等，被有些学

---

① 〔东汉〕赵晔：《吴越春秋》卷九《勾践阴谋外传》。
② 《浙江省人物志》，浙江人民出版社2005年版，第591页。
③ 张觉译：《吴越春秋》，贵州人民出版社1993年版。
④ 《国语·越语下》。
⑤ 辑佚见《汉书·艺文志》。
⑥ 《国语·越语下》。

者称为“复仇之书”，是中国最早的兵学史志篇章。三国吴兴人沈友作《注孙子》，是浙人较早注释古代兵法经典的范本。魏晋南北朝时期，葛洪《兵法孤虚月时秘要法》卷四是浙江最早用兵法冠之的兵书。①

宋、元时期浙江的兵学研究。隋唐至五代十国，浙地战事不断，至钱镠征战创建了吴越国，有攻刘汉宏浙东之战、攻董昌越州之战、讨卢佶温州之战等著名战役。② 至南宋迁都临安，浙江为全国之政治、军事中心。这些都为宋代兵学研究提供了战事案例和用兵经验，浙地由此萌生了一批卓有成就的兵家及其兵书兵法。而最著名或最有特色的有陈傅良《历代兵制》、朱服校定《武经七书》、戴少望《将鉴论断》、李光《兵略》、薛季宣《校定后风握奇经》及姚宽《弩守书》等。③

表 78-14-1-1　　宋元时期浙籍与任职浙江兵家及兵书兵法著作一览表

朝代	兵　家	籍贯或在浙任职	兵书兵法著作
宋代	滕元发(1020—1090 年)	东阳	《孙威敏征南录》
	沈　括(1031—1095 年)	钱塘	《修城法式条约》二卷(与吕和卿合著)
	朱　服(1048—未详)	乌程	《校定六韬》《武经七书》
	邹补之(北宋)	开化	《诸经兵书解》
	李　光(1078—1159 年)	绍兴	《兵略》
	姚　宽(1104—1161 年)	嵊县	《弩守书》
	倪　朴(1105—1195 年)	浦江	《舆地会元志》《鉴辙录》
	赵元鹿(生卒未详)	缙云	《平寇十策》
	徐　霆(南宋)	永嘉	《北征日记》《黑鞑事略》
	陈直中(南宋)	温州	《孙子发微》
	陈尧英(1108—1178 年)	温州	《兵书》
	鲍　极(生卒未详)	永嘉	《平戎书》
	薛季宣(1134—1175 年)	永嘉	《校定后风握奇经》《汉兵制》

① 刘申宁:《中国兵书总目》，国防大学出版社 1990 年版，第 32 页，第 45 页。

② 《浙江省军事志》编委会编:《浙江省军事志》，方志出版社 1999 年版。

③ 《浙江省军事志・军事著作存目》，方志出版社 1999 年版；黄虞稷:《千顷堂书目・兵家类》，刻入张均衡《适园丛书》第 2 集，始自 1913 年；许保林:《中国兵书知见录》，解放军出版社 1988 年版。

续表

朝代	兵　家	籍贯或在浙任职	兵书兵法著作
宋代	沈　该(南宋)	吴兴	《阴符经注》
	陈傅良(1137—1203年)	瑞安	《历代兵制》
	王自中(1140—1199年)	平阳	《孙子新略注》
	陈　亮(1143—1194年)	永康	《酌古论》
	戴少望(南宋间)	永嘉	《将鉴论断》
	钱文子(1148—1220年)	乐清	补汉兵书一卷
	夏　休(生卒未详)	会稽	《兵法》
	王　霆(1180—1245年)	磐安	《沿江筹边志》
	王致远(1193—1257年)	永嘉	《开禧德安城守城录》
	柴　望(1212—1280年)	江山	《丙丁龟鉴》
	贾似道(1213—1275年)	天台	《奇奇集》
元代	潘衍翁(生卒未详)	天台	《孙子释文》
	俞在明(生卒未详)	钱塘	《用武提要》
	周　密(1232—1298年)	居杭州	《乾淳御教记》

资料来源:《中国兵书总目》《中国兵书通览》《浙江省军事志》《浙江省人物志》《浙江历代名人录》。

(二)冷热兵器并用转型时期浙江兵学研究

明代冷热兵器并用转型时期的兵学研究。明代为中国军事上冷热兵器并用的重要过渡时期。从明代开创时期刘基的《百战奇略》《兵法心要》到戚继光的《纪效新书》《练兵实纪》、万表的《海寇前后论》、侯继高的《全浙兵制》、盛万年的《岭西水陆兵纪》等,反映了这一时期浙江兵法研究的重大转变,即从冷兵器为主的兵法转向冷热兵器并用的兵法理论基础,从陆军为主转向陆军与水师紧密结合运筹的兵法制度结构,从城防体系为主的兵法转向城防、海防整体防御构建的兵学防御体系。

表 78-14-1-2　　　　明代浙江较有影响地位的兵书兵法一览表

朝代	兵　家	籍贯或在浙任职	兵书兵法著作
明代	叶　兑(1307—1389年)	宁海	《武事纲目》
	刘　基(1311—1375年)	青田	《百战奇略》《兵法心要》
	罗贯中(1330—1400年)	居钱塘	《三国演义》

续表 1

朝代	兵　家	籍贯或在浙任职	兵书兵法著作
明代	邵以正(1368—1463 年)	天台	《火攻》(止止道人)
	郑士元(1371—未详)	宁海	《孙武子注》
	黄润玉(1389—1477 年)	鄞县	《阴符经注》《孙子兵法注》
	于　谦(1398—1457 年)	钱塘	《历代经武要略》
	李　棠(1400—1460 年)	缙云	《将鉴节要》
	张　津(未详—1518 年)	上虞	《兵略》
	王守仁(1472—1529 年)	余姚	《兵符节制》
	万　表(1498—1556 年)	鄞县	《海寇前后议》
	郑若曹(1503—1570 年)	任职浙江	《海防图说》《万里海防图说》《海防图考》
	俞大猷(1503—1579 年)	浙西总兵	《镇海议稿》
	沈　炼(1506—1557 年)	会稽	《兵法赤牍》
	卜大同(1509—1555 年)	秀水	《备寇记》
	胡宗宪(1512—1565 年)	任职浙江	《兵略》
	谷中虚(1525—1585 年)	浙江巡抚	《水兵律令》《水兵操法》《陆兵律令》《陆兵操法》
	吴时来(1527—1590 年)	仙居	《海防考》
	戚继光(1528—1588 年)	浙江总兵	《纪效新书》《练兵实纪》
	王士琦(1551—1618 年)	临海	《封贡纪略》《三云筹组考》《东征纪略》
	侯继高(1533—1602 年)	浙江总兵	《全浙兵制》《孙子解正》
	赵士桢(1553—1611 年)	乐清	《神器谱》《用兵八笺》《备选屯田车铳议》
	虞淳熙(1553—1621 年)	钱塘	《阴符经演》
	范之来(1560—1610 年)	任职浙江	《两浙海防类考续编》
	钱　旃(1597—1647 年)	嘉善	《城守筹略》
	查继佐(1601—1676 年)	海宁	《兵権》《罪惟录》
	俞汝言(1614—1679 年)	秀水	《左氏晋军将佐表》
	王应遴(未详—1645 年)	山阴	《备书》20 卷
	盛万年(生卒未详)	秀水	《岭西水陆兵纪》
	郑　林(生卒未详)	常山	《八阵图说》

续表 2

朝代	兵　家	籍贯或在浙任职	兵书兵法著作
明代	陈　珂、陈天策	钱塘	《孙武子断注》
	陈王献、陈　珂	海宁、钱塘	《武经节要发挥》
	闻人诠(生卒未详)	余姚	《阳明武编》《引射图解》
	钱人楷(生卒未详)	余姚	《靖海编》
	潘凤梧(生卒未详)	桐乡	《地水师》《车关图》
	钱　芹(生卒未详)	海盐	《兵略》
	黄元恭(生卒未详)	鄞县	《蠡测海警车步骑三阵法》《屯田仪》《驭将》
	吴　栩(生卒未详)	鄞县	《阴符经疏义》
	黄　廉(生卒未详)	湖州	《兵法秘录》
	王　潼(生卒未详)	钱塘	《阴符经补注》
	钱继登(生卒未详)	嘉善	《孙武子释》
	潘曾绪(生卒未详)	乌程	《权书止观》8 卷
	何继高(生卒未详)	山阴	《孙子解证》
	刘世鹍(生卒未详)	山阴	《兵臆论》
	俞　闻(生卒未详)	永康	《握奇经图释》
	嚣嚣生(生卒未详)	西浙	《谈兵髓》(一说晚明浦江戴良)
	曾　容(生卒未详)	山阴	《左略》(专稿 56 篇)
	虞舜卿(生卒未详)	钱塘	《握奇经注》
	何良臣(生卒未详)	余姚	《军权》《阵纪》《利器图考》《制胜便宜》
	徐学颜(明末)	兰溪	《握奇正法》

资料来源:《中国兵书总目》《浙江省军事志》。

清代从传统兵学向现代军事学研究转变。清代对兵书兵法的刊刻控制较严,但由于近现代军事思想的影响,又促进了兵书兵法的流传,成为中国传统兵学(武学)研究走向现代军事学研究的重要时期。浙江这方面的研究反映在三个方面:一是近现代武器发明、使用的研究。二是开始翻译并引入西方军事思想理论。三是对中国古代兵法经典的注释和集解注入西方军事思想和战术理解。

清代初、中期浙江的兵学(武学)研究是在传统兵法思想基础上推进的。据有关资料统计,有影响者涉 19 人 26 部著作。

表 78-14-1-3　　清代浙江传统兵学(武学)研究著作一览表

朝代	兵　家	籍贯或在浙任职	兵书兵法著作
清代	彭孙贻(1615—1673 年)	海盐	《海防志》《平寇志》《靖海志》
	姜宸英(1628—1699 年)	慈溪	《海防总论》《江防总论》
	黄百家(1643—1709 年)	余姚	《征南射法》
	许松年(1767—1827 年)	瑞安	《海疆利弊》
	钱仪吉(1783—1850 年)	嘉兴	《补晋兵志》
	葛云飞(1789—1841 年)	萧山	《水师缉捕管见》《名将录》《浙海防险要图说》
	金应麟(1793—1852 年)	钱塘	《预计受支图》《筹海战方略》《火器图》
	龚振麟(？—1861 年)	长兴县丞	《铁模图说》《枢机炮架新式图说》
	许乃钊(1799—1878 年)	钱塘	《武备辑要》《继武备辑要》《乡守辑要合钞》
	黄以周(1828—1899 年)	定海	《军礼司马法考证》
	李善兰(1811—1882 年)	海宁	《火器真诀》
	王家坊(未详—1893 年)	桐庐	《左氏兵略》
	许景澄(1845—1900 年)	嘉兴	《外国师船图表》
	袁　昶(1846—1900 年)	桐庐	《参军》《浙西村舍丛书》
	周郇雨(1850—1882 年)	临海	《新法炮台议》
	陈　虬(1851—1904 年)	乐清	《报国录》《治年通议》
	黄方庆(1858—1890 年)	黄岩	《火器新术》
	王　卓(生卒年未详)	仁和	《兵仗记》
	孙周元(生卒年未详)	仁和	《六韬逸文》
	谭吉总(生卒年未详)	嘉兴	《历代武学考》
	秦先地(生卒年未详)	嘉兴	《行军法戒录》
	丁乃文(生卒年未详)	钱塘	《炮法图解》《火药准则》《炮法举偶》
	张大昌(生卒年未详)	仁和	《杭州八旗驻防营志略》
	费锡章(生卒年未详)	归安	《治平要略》
	费　俊(生卒年未详)	归安	《兵书》
	傅　禹(生卒年未详)	义乌	《武备志略》

续表

朝代	兵　家	籍贯或在浙任职	兵书兵法著作
清代	祝　淦(生卒年未详)	海宁	《删定阴符》
	朱广川(生卒年未详)	嘉兴	《孙吴子辑注》
	凌介禧(生卒年未详)	归安	《古今兵略》
	施礼嵩(生卒年未详)	黄岩	《武经心解》
	董毓琦(生卒年未详)	临海	《火鸟图说》《富国强兵条陈要略》
	冯　孜(生卒年未详)	桐乡	《古今将略》
	曾　益(生卒年未详)	山阴	《左略》

资料来源:《中国兵书总目》《浙江省军事志》《浙江省人物志》。

上述兵学著述大部分仍因袭经典注释等学术传统,但已开始注入了新的军事思想,有一部分如葛云飞、金应麟、董毓琦、周郇雨、黄以周等已将重点转向新型兵器研究、海战研究和军礼制度研究。嘉兴县丞龚振麟仿英国火轮战船并参酌林则徐提供的《车轮船图》,研究、制造成了人力推动车轮击水的战船,是近代中西技术结合的新式战船。同时,新式操练法教学研究也为晚清军事要务。光绪二十三年(1897年),设立浙江武备学堂,教学《行营防守学》等10种武备教科书,驻浙清军改练洋操。

(三)民国时期浙江军事思想和军事学研究

近代中国屡受外国列强的侵略且军事力量、装备、战略、战术等方面的落后,引发有志之士对西方军事思想的研究。至抗日战争时期,余杭人何思敬受毛泽东委托翻译德国军事理论家冯·克劳塞维茨军事名著《战争论》,系统地介绍西方军事思想理论。海宁人蒋方震(百里)译著《世界军事之新趋势》,并主张发展空军。[①] 上虞人黄郛系统介绍西方军制学理论,在北京大学开设军制学和北京师范大学讲授世界政治地理课。浙江学者对军事思想研究主要围绕四个方面:一是对传统兵法思想的新解。如奉化人俞济时结合抗日战争实际,著《孙子之战术战略思想采微》;蒋方震亦著有《孙子新释》(1913年)等。二是对中外战争史、军事史的研究。慈溪人陈训慈著有《世界大战史》《甲午战争历史教训》及译作《战后德国的历史教育》。上虞人黄郛结合两次世界大战,著《欧洲之教训与中国之将来》《欧战后之新世界》《欧战之中国》。宣侠父著《西北远征记》(原名《灰梦》,上海北新书局1930年版)等。蒋方震等著《中国五十年军事变迁史》(上海申报馆50年纪念文1923年版)等。三是抗击抵御外敌入侵的研究。如蒋方震《国防论》《速战与速决》《总动员纲要》,研究指导对日寇侵华战争的抗击和抵御。金华人施复亮《民主抗战论》等。四是对军事形势的分析和军事报告。如王一飞参与起

① 张学继:《兵学泰斗:蒋方震传》,杭州出版社2004年版。

草《中共中央关于军事工作的决议》。1939年3月中旬、4月上旬先后20余天，周恩来到浙西视察，3月24日，在浙西临中开学典礼上作演讲，着重宣传“持久战”的战备思想，激励大家继续奋勇抗战；4月2日，由黄绍竑陪同，对国民党浙江省军区干部教导队总部军官作题为《建军的重要性与社会军事化的实施》的军事报告（《中共中委周恩来来浙经过》，浙江省档案馆，1934年3月17日至4月6日）。20世纪初中期，中国革命经历了北伐战争、土地革命战争、抗日战争、解放战争等重要的历史阶段，浙江不仅培育了一批杰出的军事指挥将领和军事家，而且产生了不少著名的军事理论家，其中不乏在国内外有影响者，如蒋方震、胡公冕、粟裕等，对创建和发展中国近现代军事学理论作出过重大的贡献。

蒋方震对中国军事学理论的创建。蒋方震，字百里，海宁人，民国著名军事家、军事理论家，早年留学日本、德国学习军事；配合蔡锷策划讨袁护国运动，参与浙江、湖南省省宪起草工作，曾出任东北新军督练公所总参议、浙江都督府总参议、国民党军事委员会高级顾问、国防参议会议长、蒋介石特使等，先后考察第一、第二次世界大战欧洲战场；先后出任保定军官学校校长和国防大学校长，致力于军事教育和军事学理论构建，著论甚丰。其中之《国防论》被誉为“民国国防思想的奠基石”。《国防论》（庐山训练团编印，1937年）共7篇，即《国防经济学》《最近世界之国防趋势》《从历史上解释国防经济学之基本原则》《二十年前之国防论》（即1917年出版的《军事常识》中的第四章）、《十五年前之国防论》（即1922年出版的《裁兵计划书》）、《中国国防论之始祖》（即1913年春著的《孙子新释》）、《现代文化之由来及新人生观之成立》（即《罗马游记》之片段）。《国防论》汇集了蒋方震30年来军事著作的精华部分，是一部影响深远的军事学著作。《新兵制与新兵法》（与谢贻征合作编译）是蒋方震第一部重要的军事著作。他结合第一次世界大战后世界“国民皆兵”的新军制变化，选择了世界著名军事学家如德国名将哥尔紫《国民皆兵论》、培利中校《国民皆兵新论》、意大利军事学家杜黑《现代空军力之基础》的核心理论等，探讨中国抗日战争的新兵制和新兵法，尤其是发展空军的战略构想与持久主义和速决主义的战略思路选择。著名学者张其昀在1962年4月为《国防论》再版写的序言中称蒋为“中国近代军事学开山之祖”。

（四）当代浙江军事学研究

军事学理论与实践研究。现当代浙江军事学理论研究领域较宽、学术厚重。主要反映在七个方面：一是对古代兵书兵法经典的研究；二是对马克思主义、毛泽东军事思想的研究；三是对近代战争如太平天国、抗日战争、解放战争史的研究；四是对古代、近代战例的研究；五是对械器、军制的研究；六是对现代战争如信息战、核战争等的研究；七是对新四军的研究。上述军事研究成果，在浙江省第一届至第十五届哲学社会科学优秀成果奖获奖军事学研究等成果中可略见一斑。如：王兴福《太平军在浙江》《浙江太平天国1986年12月革命文物图录选编》《浙江太平天国史论考》；吴良祚《太平天国史料校点琐史》；龚延明《岳飞》；杨福茂《中国现代农民运动的先声——浙江萧山衙前农民斗争的概述》（与王作仁合作）、《浙东抗日根据地概述》；李培沂《试论毛泽东对马克思主义战争观的继承和发展》（与王福金合作）；黄时鉴《关于汉军万户设置的若干问题》；张亦民《抗日战争胜利前后我党战略方针的转变》；省军区《浙江民兵》；沈伟光《信息战》；史美珩《古代兵略》《王霸兵略》《如何评价孙子兵法的历史观》；章均立《浙江革命根据地货币史》；张靖龙《赤壁之战研究》；刘旭《中国古代火药火器史》；何扬鸣《试论抗日战争时期的〈东南时报〉》；唐洪森《新四军夺取宁沪杭大城市计划及其放弃》《抗战胜利初中共让出南方解放区战略研究》；王光绪《对大革命新时期党的军事运动历史地位的再认识》；张根福《抗战时期的人口迁移》等。

另外，黄朴民对秦汉军事颇有研究，有论著《两汉兵学的发展及其特色》（《光明日报》2002年11月19日）、《秦汉时期统一战争智慧述略》（《东岳论丛》2009年第1期）等；其《先秦两汉兵学文化研究》（中国人民大学出版社2010年版）专论兵学语文化，甚有新意，在军事学领域有一定的影响。粟品孝等著《两宋军事史》（上海古籍出版社2008年版）专司两宋军事史研究。关于浙江近现代革命斗争史方面的研究也有不少力作，如浙江省新四军历史研究会的《浙南游击区挺进师与红军》（2007年）、《新四军苏浙军区战史》（2008年）、《新四军在浙江活动大事记》（2005年）；安邦《温州地区第二战线史》（当代中国出版社2005年版）；浙江省社会科学院谢宝森的《毛泽东与中国古代兵法》（载《毛泽东与中国传统文化》，安徽人民出版社，1994年获第五届中国图书奖）。

以训（练）带研（究）、以演（习）带研（究）的军事学研究。当代浙江军事学研究大量的反映在从实战出发的军事训练与军事演习中的理论和实践研究。以训（练）带研（究）主要反映在七个方面：作战训练中的军事思想学习、研究；外军军事研究；现代战争——核战争、化学武器战争、信息战等的研究；古代兵法研究；专业军事课程学习、研究；海防研究；大规模协同作战研究。据《浙江省军事志》记载统计，从1953—1990年，由南京军区、华东军区和省军区组织的较有规模的以训练带研究的主要课题有20余项，论文数百篇。军事演习是较军事训练更具有规模性、协同性的军事训练活动，因此，更具有研究性。据《浙江军事志》记载，从20世纪50—90年代的主要演习课题有：带通信工具步兵海岸防御演习与研究；海、陆、空三军海岛防御战术演习与研究；试验性战术演习中作战部队、民兵的统一指挥问题研究；反空袭军事演习与研究；现代化、正规化远航“五种作战能力”训练与研究；对空、对海、对潜防御训练与研究；加强岛屿防御实兵实弹演习与研究；陆军野战阵地防御战斗实兵检验性演习与研究；战争初期快速反应能力演习与研究；带通信工具的海岸（岛）防御作战演习与研究；空军夜间作战训练与研究；带通信工具的野战阵地防御战演习与研究；针对现代战争特点的四种气象条件下空军作战训练与研究等。

二、战略战术

（一）古代浙江兵家战略战术研究

古代浙江兵家战略战术研究，根据各历史时期的特点，可分为五个时期：

其一，汉至宋元的兵家战略战术思想研究。

东汉的《越绝书》是为最早的兵学史志篇章。魏晋南北朝，沈友《注孙子》是对《孙子兵法》注释较早的典籍。

宋元时期,浙江军事战略、战术研究进入一个重要时期,其研究不仅著作丰厚,学说众多,而且经典性、系统性、原则性都很强。这些研究包括:一是从战略战术综论的角度对传统经典兵书兵法作了新的注释,有了更新的理解。如宋代平阳王自中《孙子新略注》,温州陈直中《孙子发微》,开化邹补之《诸经兵书解》,吴兴沈该《阴符经注》,永嘉薛季宣《校定后风握奇经》等。元代有天台潘衍翁《孙子释文》等。二是兵学经典集成。著名者有宋代乌程(今湖州)朱服校定的《武经七书》,为宋代官方校刊颁行的兵法丛书,也是中国古代第一部军事教科书。三是对古代兵学思想的阐述、发微。有宋代会稽夏休《兵法》、永嘉戴溪《将鉴论断》、绍兴李光《兵略》、温州陈尧英《兵书》、钱塘俞在明《用武提要》等。四是对古代兵制的研究。有宋代鄞县陈傅良《历代兵制》、孙锵鸣《陈文节公年谱》、永嘉薛季宣《汉兵制》等。五是对战例的记述。有宋代东阳滕元发《孙威敏征南录》、永嘉徐霆《北征日记》《筹道事略》。元代永嘉王致远《开禧德安城守城录》等。六是对兵事政治与地理的研究。兵事政治研究有宋代永康陈亮《酌古论》、元代江山柴望《丙丁龟鉴》等。兵事地理研究有浦江倪朴《舆地会元志》等。七是对战略策略的研究。著名者有宋代许洞(吴兴人一说苏州吴县人)的《虎吟经》,列为中国十大古代兵书之一,还有赵元鹿的《平寇十策》、永嘉鲍极的《平戎书》、天台贾似道的《奇奇集》等。八是对兵器革新的研究。宋代嵊县姚宽的《弩守书》系统研究了箭弩的射程。其中主要者详下:

朱服与《武经七书》。朱服,官任宋代中书舍人、礼部侍郎,集贤殿修撰、广州知府等职。宋神宗于熙宁五年(1072 年)重新开设"武学",元丰三年(1080 年)诏命国子监司业朱服等人"校定《孙子》《吴子》《六韬》《三略》《李靖问答》等书,镂版行之"(《续资治通鉴》卷三百三)。校定后的兵书共 25 卷,于元丰年间刊行,统称《武经七书》,以之考选武举和武学教学,是宋代官方校刊颁行的兵法丛书,也中我国古代第一部军事教科书。《武经七书》集中了中国古代兵法的精华,被宋及后世确定为武学经典,对中国军事思想的发展产生了重要影响。①

戴溪与《将鉴论断》。戴溪,曾权工部尚书兼修国史,以宜奉大夫龙图阁学士致仕。遗著《石鼓论语答问》颇受人称赞。其《将鉴论断》10 卷采辑古来善用兵者,始于孙武,终于郭崇韬,凡九十三人各以时代为次。每人之下,皆以一语标目,评其得失,而反复论其所以然,大旨主于尚仁义、战权谋、尊仁者、抑武臣。大抵多为南渡后时事而发。②

陈傅良与《历代兵制》。陈傅良,曾任浙西提点刑狱、吏部员外郎等职,著作有《止斋文集》《春秋后传》《历代兵制》等。其《历代兵制》于乾隆二十三年(1758 年)敕辑四库全书,为中国古代第一部兵制史专著。

柴望、罗大春与居安思危的备战思想。柴望,官至史馆编修,涉军事史学,自编《丙丁龟鉴》,列举自战国秦昭襄王五十二年至五代后晋天福十二年(前 255—947 年),凡属丙午、丁未年份,约有半数发生战乱,意在说明"今来古往,治日少而乱日多",切望居安思危。

其二,明代兵学之战略战术研究。

明代兵学(武学)之战略战术研究主要反映在五个方面:一是多兵种协同作战的战略战术研究。最著者为镇守浙江海防的戚继光及其《纪效新书》《练兵实纪》;另有鄞县万表《海寇前

①② 许保林:《中国兵书通览》第 12、35 章,解放军出版社 1990 年版。

后仪》、秀水卜大同《备倭图记》、秀水盛万年《岭西水陆兵纪》、余姚钱人楷《靖海编》、鄞县黄元恭《蠡测海警车步骑三阵法》、嘉善钱旃《城守筹略》等都对多兵种协同作战的战略战术进行了研究。二是在冷热兵器并用的兵学转型期重新注解阐发古代兵学经典思想。刘基《兵法心要》，李盘《武德全书》，于谦《经武要略》，郑士元《孙武子注》，叶兑《武事纲目》，张津《兵略》，陈珂与陈天策《孙子断注》，陈王献、陈珂《武经节要发挥》，沈炼《兵法赤牍》，闻人诠《阴阳武编》，吴栩《阴符经疏义》，潘凤梧《地水师》，黄廉《兵法秘要》，王潼《阴符经补注》，虞淳熙《阴符经演》，钱继登《孙武子译》，刘世鹍《兵臆论》，王应麟《备书》，李棠《将鉴节要》等，均以战略战术角度重新理解并注释古代兵法经典，赋以新的时代特点。三是深化对兵制研究。较有影响的有王守仁《兵符节制》、查继佐《兵権》、侯继高《全浙兵制》、潘曾绪《权书止观》、何良臣《军权》等。四是对阵法和兵器的研究。包括虞舜卿等浙籍兵家、学者对《握奇经》的研究，常山郑林的《八阵图说》，何良臣《阵纪》及火器、神器的研究。五是兵事史志研究。有俞汝言《左氏晋军将佐表》、李棠《将鉴节要》、查继佐《罪惟录》等。其中主要的代表人物和著作有：

刘基与《百战奇略》《郁离子》《兵法心要》。刘基，明朝开国功臣，著有《百战奇略》《郁离子》《兵法心要》。《百战奇略》《兵法心要》总体上主张“慎战”的战略思想，强调审时度势；治军方面要宽猛相济，强调兵精将良。《郁离子》是一部寓言集，其中提出了“幸不可常、胜不可待、兵不可玩、敌不可侮”的慎战主张，这在一定程度上影响了朱元璋的军事决策。其与李善长等制定《军卫法》在军事史上有极高价值①。

何守法与《投笔肤谈》。何守法，嘉庆与万历年间浙江解元，著有《投笔肤谈》(著名西湖逸士，何守法撰音点注，明万历三十二年弘锡堂刊本；岳麓书社 1997 年版)，该书上卷为本传、家计、达权、持衡、谍间、敌情六篇，下卷为军势、兵机、战形、方术、物略、地纪、天经七篇，效法孙子，但体系比《孙子》更为明确系统。在战争观上，强调战争目的在于保民康国，进行战争时应该注意制造舆论，“我执其名而加敌以恶名，我仗其义而加敌以不义”；在对战争规律的认识上，强调以我量敌，以敌量我，由两军相距，匪我谋敌，敌亦谋我；在作战指导上，强调灵活机动，因形措胜，藏机误敌，“韬其所长，交其所短”，“守之顺者攻之道，攻之易者守之难”；在治军上，强调教诫为先，要求君主发挥将帅的自主作用，“不中制、不外监、不分权、不信谗”。该书论述军事问题具唯物和辩证法思想，要求“察物之理，察物之用，总括其利，不遗微小”。但本书也存在“人命不何违”“风可以祭而得”等唯心主义观点②。

李盘与《武德全书》。李盘，明代浙江进士，著有《金汤借箸十二筹》《武德全书》等兵学(武学)著作。其《武德全书》15 卷，汇集了《易经》《书经》《诗经》《礼记》《春秋》《司马法》《太公六韬》《孙子》《吴子》《荀子》《尉潦子》《黄石公三略》《诸葛武侯将苑心法》《李卫公问对》《无名子百战奇法》15 部经传中有关兵法方面的内容。著者认为“经以道胜，传以法胜”“读经而无传，犹舍木草而行舟；读传而无经，犹弃慈航而用樯榄也”，意在将文武结合。③ 其增订的《金汤借

① 周加敢：《兵书通览·百战奇法》，海南大学出版社 2005 年版，第 111—119 页。
② 周加敢：《兵书通览》四·明清兵书《投笔肤谈》，海南大学出版社 2005 年版。
③ 引自《贵州省图书馆藏国家珍贵古籍(第三批注：明刻本武德全书)十五卷基本情况并附图》。

筹十二筹》记有大型沙船结构和功能，是为海战的重要战船。

戚继光与《纪效新书》《练兵纪实》。山东蓬莱人戚继光，明嘉靖年间袭世职登州卫指挥佥事，不久改佥浙江都司。他总结了南北两地作战的经验，写出了《纪效新书》(中华书局 1996 年版)等著名兵书，在中国古代军事思想史上占有重要地位。《纪效新书》写于嘉靖三十九年(1560 年)在浙江任参将之时，主要总结其在南方抗倭的经验。《练兵纪实》是嘉靖四十七年(1568 年)以后，他在蓟州任都督，总理四镇时所写，主要总结了在北方练兵、防止蒙古入侵的经验。其兵法理论的哲学基础是"求于实际之间""于切实处用力"的朴素唯物主义。他在《练兵纪实》(中华书局 2001 年版)中把作战指导思想分为三种：既反对冒险主义的舍命战，又反对消极被动的糊涂战，主张"件件算个个胜"的算定战。他强调集中兵力打歼灭战的军事原则，认为集中兵力不仅表现在数量上，而且表现在质量上，要从各方面提高军队的战斗力，并特别重视对武器的改进，以发挥兵力优势。他在中国兵学史上首次比较系统地论述协同战术理论，以适应冷热兵器并用的转型与海战规模不断扩大的军事形势。他在军队中建立了车营、步营、骑营、辎重营等编制，并配备了各种火炮；他提出了"八勇"的协同作战方略，强化选练为先的原则，在抗倭实践中取得了卓越的战绩，成为一代抗倭名将和军事理论家①。

茅元仪与《武备志》。茅元仪，明天启元年(1621 年)，其先后汇集兵书 2000 余种，历时 15 年，撰《武备志》240 卷，声誉鹊起。崇祯即位，呈《武备志》，升翰林待诏，后曾任辽东副总兵署大将军印。《武备志》全书分五个部分，从军事理论、建军作战、兵器制造使用、后勤医护、天象地理、江河海防等方面提出军事改革的思想，以求振兴明王朝的武备，改变朝野之间莫知其兵，"东胡一日起，上大夫相顾惊骇"的状况。有的部分，编者还加以评点，说明自己观点，如在兵诀评中提出"前孙子者，孙子不遗；后孙子者，不遗孙子"。战略考中收录了很多战例，注重奇略，"以益人意志"，在阵练制中提出"士不选，则不练""士不练，则不可以阵""练为最要"。他对自《火龙经》以来关于火药成分配比和作用的理论加以更正，使火药理论的记载更为科学(《武备志・火药赋》)。其所绘《郑和航海图》(原名为"自宝船厂开船从龙关出水直达外国诸藩图")是中国现存最古的海图，其中有许多牵星资料(《武备志》卷 240)。该书于明天启元年(1621 年)刊行，设类详备，收辑丰富，为后世所推重②。

俞大猷与《韬钤续篇》。福建晋江人俞大猷，曾任浙西总兵，专办讨倭事宜，获普陀山之捷，其用兵"先计后战，不计近功"，颇有建树。军事著作有《安国全军之道》《兵法发微》《剑经》《兵略对》《大同镇兵车操法》《京营战车近议》《防倭议》(以上诸篇收入俞大猷的《正气堂集》，清道光年间木刻本 16 卷，厦门博物馆影印 1991 年版)。其代表作《韬钤续篇》，承其师赵本学阵法加以推演，论述了兵器使用要领；认为阵形不论方圆，其要在内外相维、大小相包，四面为一、触处为首，贵为奇正、有分有合，利于相救、便于攻守，因地形险夷之便而增损其数。他用发展的观点看待阵法，强调奇正变化无常，"奇亦为正之正，正亦为奇之奇，奇正之变，如循环之无端"。他汇编刊刻赵本学《续武经总要》(嘉靖三十六年付印 1557 年版)，将《韬钤续篇》及

① 许保林：《中国兵书通览》第六章，第 232—242 页。

② 许保林：《中国兵书通览》第十三章第七节《武备志》，第 372—381 页。

《剑经》编为末第 8 卷。

其三，清代兵学之战略学术研究。

总体上说，清初及中期统治者对非官方兵法研究实行较为严格的限制，因此，浙籍兵家、学者对兵法之战略战术研究更多地转向对古代兵法经典的注释与解读。有钱塘许乃钊《武备辑要》（道光十二年广州许氏家刻本 1832 年版）、《续武备辑要》（收入许乃钊创刻《敏果斋七种》），分水（今桐庐）王家坊《左氏兵略》，归安费俊《兵书》，海宁祝洤《删定阴符经》，常山郑楠《武经捷解》，嘉兴朱广川《孙吴子辑注》，归安凌介禧《古今兵略》，黄岩施礼嵩《武经心解》，定海黄以周《军礼司法考证》等。

海防的战略战术研究是清代浙籍兵家、学者著论的重点之一。名将葛云飞是这方面理论研究和战事实战的重要代表，著军事书籍多种，有《浙海险要图说》《水师缉捕管见》《机械制药要言》《名将录》等（《清史稿·葛云飞传》，中华民国初年赵尔巽主编）。瑞安许松年《海疆利弊》（《清史稿·许松年传》），临海周雨《新法炮台议》，钱塘金应麟《筹海战方略》（金应麟《豸华堂奏议》）等，亦皆有所论。

对身经战乱的反思成为清代浙江籍兵家、学者研究战略战术得失的新领域，有柯城罗大春《思痛录》（见郑永禧纂修，《衢县志》，民国 18 年辑，民国 26 年付印）；桐庐袁昶著《参军蛮语止斋杂著》等，条陈晚清军政危局。

其四，民国时期军事学之战略战术研究。

晚清与民国时期，西方大量军事学理论引入中国，促使传统兵学（武学）迅速转向近现代军事学理论。其中之特点：一是留学国外学习军事。光绪十九年（1893 年）浙江籍大量进步青年被选派留学日本陆军士官学校，学习西方军事学（陆军）。前三期有陈其采、蒋方震、蒋尊簋等民国著名人士，其中蒋方震因为成绩优秀而与蔡锷、张孝准并称为“中国士官三杰”，与蒋尊簋合称为“浙江二蒋”。前六期为陆军学校中国留学生的极盛时期，单是浙江求是书院的学生就有 10 余人。日本东斌学堂等均有浙籍留学生学习军事，如陈其美等。浙江成为东渡日本留学生人数最多的省份之一。① 二是创办军校。光绪二十三年浙江巡抚廖寿丰奉命在杭州蒲场巷创设浙江武备学堂，效仿日本士官学校的课程设置和教学方法，聘用日本军官为教习，效法日式军制。光绪三十二年浙江巡抚张曾敭以武备学堂毕业生为骨干，改编旧防营，建立浙江新军第一校，使新式陆军基本完成向近代化军队的转化。后又创办炮兵工学堂和陆军小学，设立督练公所。② 三是考察欧美诸国，反思各国政略、战略战术。如 1918 年第一次世界大战结束，梁启超精选了军事、外交、工业、政治、经济方面的社会名流作为随同，考察欧洲战场，梁启超请蒋方震撰文《德国战败之诸因》（收入《西欧战场形势及战局概观》），详细分析了德国战败的政略和战略原因。1936 年，蒋方震以国民政府军事委员会高等顾问名义赴欧洲考察总动员法，历经德、法、英、意、美、加等国，在德国请教著名军事家伯卢麦，译读其著《战略论》；在意大利他重视并详细了解了意大利军事理论的主要创导者朱利奥·杜黑及其著名

---

① 张学继：《兵学泰斗——蒋方震传》第 4 章，杭州出版社 2004 年版。

② 《浙江省军事志》第五篇《军事训练》，方志出版社 1999 年版，第 311 页。

的制空权理论（亦称“空军制胜论”），提出了空军建设的战略建议。① 四是结合西方军事学理论诠释传统兵法经典中的战略战术问题。五是对抗日战争中的战略战术研究。如对国防中心区选择和建设研究、国防经济学研究、速胜论与持久战的战略研究、民主抗战研究等方面，均有浙江社会名流的参与讨论。六是关于土地革命战争、抗日战争、解放战争之战略战术研究。如 1930 年 4 月 28 日，负责浙南红军游击总指挥政治工作的王国桢《给中央的武装斗争工作报告》，从军事上、战略上、策略上报告了永嘉中心县委第五次扩大会议决议②。1938 年 2 月 9 日，浙江省政府委员会通过《浙江省战时政治纲领》，该纲领由省政府主席黄绍竑提议，由省建设厅厅长伍挺飏助手冯紫岗、刘瑞生负责，由共产党员张锡易执笔成文，省国民抗敌自卫团总部秘书严北溟定稿。该纲领以中国共产党提出的《抗日救国十大纲领》为基础，确定浙江“现阶段之政治设施，以动员全省民众参加抗战，创建新的政治及军事力量，收复沦陷土地，争取最后胜利为一切努力之总方向”。③ 1947 年春，中共浙东工委发出《中国革命高潮前夕的形势与任务》，提出从隐蔽精干转向武装斗争之后，要全新开展游击斗争；浙南、浙西南和苏浙皖边等地中共党组织提出要以革命的武装打败反革命的武装，推动浙江的解放战争进入一个新的历史发展阶段。④

其五，当代浙江军事战略战术研究。

当代浙江军事战略战术研究主要反映在五个方面：一是对古代兵学战略战术研究。二是对马克思主义军事思想、毛泽东军事理论研究。三是对现代战争及其战略战术应对研究。四是对古代军事史志研究。五是对古代著名战役的战略战术分析。其中较系统、全面的研究成果有：

在古代军事思想、军事史研究方面，黄朴民是为代表人物。其军事史研究重在先秦两汉，集中五个方面：一是古代兵法文献解读。主要有《孙子兵法解读》（解放军文艺出版社 2003 年版）、《孙子探胜》（主编，军事科技出版社 1992 年版）、《孙子兵法研究一百年》（《管子学刊》2003 年第 4 期）等。其孙子兵法的解读具有深邃的哲学精神。二是古代兵学文化研究。主要有《刀与剑的永恒：中国传统军事文化散论》（国防大学出版社 2002 年版）、《早期兵学的发展脉络与时代特征》（《史学演讲录》第 2 辑，新世界出版社 2003 年版）、《齐鲁兵学的时代精神与文化特征》（《中国军事科学》2003 年第 2 期）、《齐鲁兵学及其文化价值》（《光明时报》2003 年 8 月 11 日）等，其古代军事文化研究得力于时代精神分析。三是古代兵学思想学术研究。主要有《中国历代军事思想教程》（丁汝波、黄朴民主编，军事科学出版社 2004 年版）、参编《中国军事学术史》（糜振玉主编，解放军出版社 2008 年版）等。四是古代军事史研究。主要有《春秋军事史》《我国军事史》（参编）等。五是兵法思想的古为今用研究。主要有《孙子兵法的哲学精髓及其现代价值》（《滨州学院学报》2006 年第 5 期）、《从基本原则看美英攻打伊拉克的得与失》（《光明日报》2003 年 5 月 7 日）、《秦穆公的战略短视》（《光明日报》2004 年 2 月 3

---

① 张学继：《兵学泰斗——蒋方震传》第 6 章，杭州出版社 1999 年版，第 40—41 页，第 44 页。

② 《中共浙江党史》第 1 卷第 7 章，中共党史出版社 2002 年版，第 232—234 页。

③ 《中共浙江党史》，中共党史出版社 2002 年版，第 344 页。

④ 《中共浙江党史》第 1 卷，中共党史出版社 2002 年版，第 534 页。

日)等。

古代兵略研究方面,有史美珩的《古代兵略》《王霸兵略》。史美珩1978年着手研究古代兵书。1985年其4500字的论文《如何评价孙子兵法的历史观》(《中国哲学史研究》1985年第2期)针对中国军事理论界权威认为《孙子兵法》的历史观是唯心史观的说法,以充分的证据提出《孙子兵法》是一部有着丰富的朴素唯物主义因素的光辉军事著作的论断。该论文被认为是"孙子兵法研究的重大突破",《中国军事年鉴》(1988年)大篇幅作了评价。1993年11月,其专著《古代兵略》(辽宁教育出版社1993年版)一书,从宏观上概括与总结中国古代兵法中具有普遍指导意义的规律、原则与方法,认为古代兵书是一门综合儒、道、法、墨、阴阳纵横等各家学说之长,用以治军、治国、用兵和外交的综合性领导科学。而《孙子兵法》的所有论述,包括治军思想、用兵之法、外交方针与认知理论等,都是围绕着谋求战争的胜利、辅王成霸这个中心,服务于这个目的,通过兵家权谋解决诸侯问题,通过兵家权术最大限度地调动治军的战斗力,通过兵家诡道夺取战争的主动权,争取"不战而屈人之兵"或以最小的代价取得最大的胜利,以达到"辅王成霸"的目的。《中国社会科学》以"中国古代兵学思想研究的上乘之作"为题发表书评。2003年6月,其《王霸兵略》(中国科技大学出版社2003年版)被认为是较全面系统地拓展了研究孙子兵法的新视野。《王霸兵略》分上、下编,上编按孙子兵法是"王霸兵略"的思路,从各个不同的方面系统综合地研究孙子兵法;下编就孙子兵法的某个观点或几个问题提出研究看法,包括与齐文化的关系,认为孙子兵法的宗旨定位于"辅王成霸",它的谋略是"王霸兵略"。史美珩对古代兵法的研究充满了军事哲学的色彩。

毛泽东军事思想研究方面,有谢宝森的《毛泽东与中国古代兵法》。谢宝森曾任浙江省社科院副院长、党委副书记,主攻中国哲学史、朝鲜李退溪哲学思想。毛泽东军事思想研究是其中晚年迈入的重要学术领地,其主要代表作有《毛泽东与中国古代兵法》(《毛泽东与中国传统文化》第十章)、《毛泽东对中国传统战争观的批判继承》(入选全国社科系统纪念毛泽东诞辰百年理论研究会,1993年)等,其认为"中国古代军事思想是毛泽东军事思想的历史源泉",毛泽东阅读和研究了大量的中国古代兵法理论和战争谋略方面的兵书,创造性地继承和发扬了中国古代军事思想的精华,并与马克思列宁主义的基本原理和中国革命战争具体实践相结合,形成系统的军事思想理论,成功地运用于指导中国革命战争,创造了人类战争史上的奇观。作者从无产阶级的战争观和方法论、人民军队建设理论、人民战争思想、人民战争的战略战术和国防建设理论五个方面,系统地论述了毛泽东军事思想体系与中国古代兵法的关系,认为中国古代军事学中称做"兵法"的部分,是军事学的理论部分,囊括了关于战争和军队的全部理论,其内容包括战争性质及其规律论、指导战争的谋略战法论、国防和军队建设理论、辅助战争的后勤理论、教器备利思想等。而毛泽东不仅大量阅读古代兵法书,而且还从史书、演义小说中汲取古代兵法思想,提出了其军事理论体系。

三、军事指挥学

（一）军事指挥学理论的发展

宋、元、明、清时期军事指挥理论研究。宋到清代，浙江兵家重视军事指挥的研究，研究与著述重点为募兵训练、布列阵法和通常的战术等方面，对孙子、吴子等古代兵书兵法中的军事指挥思想和方略作以注释。宋元有夏林《兵法》、薛季宣《校定后风握奇经》等；明代有刘基《兵法心要》，戚继光《练兵实纪》，盛万年《岭西水陆兵纪》，茅元仪《督师纪略》《车营有八扣答台编》（合），郑林《八阵图说》，沈炼《兵法赤牍》，黄元恭《蠡测海警车步骑三阵法》《驭将》，黄廉《兵法秘录》，徐学颜《握奇正法》，俞闻《握奇经图释》，虞舜卿《握奇经注》，何良臣《阵纪》《制胜便宜》（未刻），谷中虚《水兵操法》《水兵律令》《陆兵操法》《陆兵律令》，何守法《投笔肤谈》等；清代有费俊《兵书》、郑楠《武经捷解》、施礼嵩《武经心解》、黄以周《军礼司马法考证》等。

民国时期军事指挥学研究。民国期间，在浙江境内先后发生了军阀之间的战争、北伐军讨伐孙传芳军阀的战争、中国军队抗击日本侵略军的战争、中国共产党领导的革命军队与国民党军队之间的战争。在这些战争中，不仅有许多著名战役，涌现了许多知名的军事指挥家，而且学习、运用了日本、德国、苏联等国的军事指挥理论，整合了中西方军事理论的特点。中国共产党领导的军队的各级指挥官学习研究毛泽东军事思想，在土地革命战争、抗日战争、解放战争及中华人民共和国成立初期解放浙江海防岛屿等战役中发挥了杰出的军事指挥才能。在浙江区域，著名者有胡公冕（任红十三军军长等职）、方志敏（任红十军团军政委主席等职）、粟裕（任苏浙军区司令员等职）、刘英（浙江省委书记等职）、何克希（任新四军浙东游击纵队司令员等职）、谭震林（新四军浙东游击纵队政委等职）、王建安（三野七兵团司令等职）、张爱萍（浙东前线指挥部司令员等职）等著名将领，他们在各种军事报告和回忆录中，留下了许多有关军事指挥方面的成功经验和理论总结。蒋方震的《军事常识》（商务印书馆 1917 年版）、《新兵制与新方法》中，也有篇幅系统地论述军事指挥学的理论和实践。

1949 年之后军事指挥学研究。1949 年 10 月中华人民共和国成立至 1978 年党的十一届三中全会之后，浙江的军事学研究重在军事指挥学，主要研究力量为省军区与驻浙部队、各大专院校、党校及专业科研力量和图书馆、档案馆等。省军区与驻浙部队通过以训（练）带研（究）、以演（习）带研（究），着重研究了常规战争、核战争、化学武器战争以及其他现代武器战争中的山地战指挥、平地战指挥、海防战指挥以及多兵种协同指挥的大量课题，形成一系列由军事专家学者、军队实际指挥干部撰写的论文、专著和作战计划、方案等。省内大专院校、科研机构、学会和图书档案馆等科研人员有影响的科研成果有张端龙《赤壁之战研究》，史美珩《王霸兵略》，中法镇海之役资料选辑委员会《中法战争镇海之役史料》、《中法战争镇江之役 110 周年学术研讨会论文集》（人民出版社 1996 年版），方如令《岳飞所具凝聚力的多层次分析》，省新四军历史研究会《浙南游击区挺进师与红军》（人民出版社 2007 年版），谢宝森《毛泽东与中国古代兵法》等。

(二)古今主要兵家、学者和研究成果

其一，练兵与乡守团练研究。

戚继光练兵法。戚继光既是杰出的军事理论家，又是卓越的军事指挥家。他注重“临重实用”的练兵思想和“非严不克”的练兵要求。他在《练兵实纪》(《四库全书》本)中提出练伍法、练胆气、练耳目、练手足、练营阵、练将等练兵法，既注意吸收南方练兵的实际，又结合北方练兵的经验，提出“守不志战，将之任也；训练有备，兵之事也”，并创造性地提出了一套符合实战的练兵方法和协同作战的实地操练，以及对武器使用的实操训练。

谷中虚操法与律令。谷中虚，明代浙江巡抚，其擅长对水陆兵种的操练，著有《水兵律令》1卷、《水兵操法》3卷、《陆兵律令》《陆兵操练》(《千顷堂书目》卷十三)，为古代具有系统性的分兵种练兵的兵书宝典，对中国古代练兵思想和方法的形成具有重要作用。

何良臣《阵纪》之选练。何良臣，其《阵纪》4卷(《民国丛书集成》，中华书局1985年版)主要论述练兵与作战，主张“选练为先”革新军制，变用古法，且少迷信虚妄之说。他主张治军与治国相结合，礼治与法治相结合，募选和训练相结合，练胆和练艺相结合。关于练兵，他提出了“五教”的原则，即教目、教耳、教足、教手、教心，包括了练胆和练艺。

许乃钊《乡守辑要合钞》。许乃钊，曾任清朝江苏巡抚，江南军务帮办，著有《武备辑要》(清道光十三年广州许氏家刻本1833年版)《续武备辑要》等。《续武备辑要》又名《乡守辑要合钞》(令贻堂文奎斋刻印本)，内容甚为系统，包括乡守保甲、乡守选练、乡守友助、乡守号令、乡守藩篱、乡守器具、水乡守御、乡守通论、乡守杂述等。

其二，阵法研究。

何良臣《阵纪》之作战。何氏《阵纪》又是一部作战之法的兵书，他从奇正、节制、众寡、技用、战令、战机、摧陷、车战、骑战、步伐、水战、火战、夜战、山林泽谷之战、风雨雪雾之战等方面，详述作战的谋局主阵之法，并强调了奇正的相互渗透与相互转化，把奇、正、伏三者结合起来，正兵如人之身，奇兵如人之手，伏兵如人之足，有身而后有手足，三者的运用又必须以虚实之情为依据。他具体分析了识众寡之治、求众寡之情、审众寡之敌三种情况，并根据敌我力量对比，作出正确的决策，力求做到“将寡而用众”。他提出了因势取胜的作战原则。(见《四库全书总目提要》·阵纪)他还著有《军权》一书。

古代兵家、学者对《握奇经》的研究。有宋代永嘉人薛季宣的《校定风后握奇经》(《直斋书录解题》卷十二)、明代兰溪人徐学颜的《握奇证法》，永康人俞闻的《握奇经图解》，钱塘人虞舜卿的《握奇经注》等。《握奇经》为古代八阵兵书，380余字，分四正四奇，四正为天阵赞、地阵赞、风阵赞、云阵赞，四奇为飞龙赞、翔龙赞、蛇蟠赞、虎翼赞，为古代基本阵法，但在运作中却是千变万化，正奇莫测。宋明时期，浙江兵家、学者对《握奇经》的研究各具特色。有俞大猷的“贵为奇正，有分有合”的观点，茅元仪的“士不练，则不可为阵”的选练为上观点，何良臣的奇、正、伏相互转化的观点等，都不同程度地发展了古代阵法理论。

其三，综合研究。

军事指挥既是选练、阵法问题，又是审时度势、治军律令、握兵袭机、用将之法的问题。浙

江古代兵家、学者对此有许多真知灼见。如在审时度势方面，刘基提出“慎战”的主张；何守法强调“以我量敌，以敌量我”“察物之理，察物之用，总括其利，不遗微小”的作战策略；戚继光主张打“件件算个个胜”的算定战；何良臣主张治军与治国相结合，礼治与法治相结合；俞大猷提出要“先计后战，不计近功”的作战谋略。在治军律令方面，刘基提出要宽猛相济，做到兵精将良；何守法强调教诫为先，要求君主“不中制、不外监、不分权、不信谗”；谷中虚主张操法与律令同步而行等。在握兵袭机方面，何守法强调灵活机动、“围形措胜”；戚继光强调集中兵力打歼灭战和“齐勇”的协同方略；茅元仪注重奇略，以“益人意志”。(《明清时期的军事哲学》，Baidu 文库，2013 年 10 月 28 日)

军事指挥官素质研究。近现代较系统的研究有蒋方震译《职分论》(《兵学泰斗——蒋方震传》)、《参谋》等，金佛庄《军官心理学》，粟裕《战时参谋工作》等。

现当代浙江的军事指挥学研究方面，设有专门的教学和研究机构，如武警指挥学校、士官学校等。在研究方面，有几个特点：一是重视联合登陆海防指挥研究和海岛守备研究。二是重视对现代战争的防御指挥研究。三是重视对民兵指挥作战的研究等。

四、军队后勤与装备

(一)军队后勤管理研究

兵家素有“兵马未动，粮草先行”之说。浙籍兵家多有后勤管理的研究。

罗寿，明代新城(今富阳新登)人，学识广博，知古知今，以举人出身任广东高安县学训导，后为河北度河教谕等。明正统十四年(1449 年)，督同粮长袁逐发放军粮，作《放发军粮记》，以记其事。①

姚宽，曾任尚书户部员外郎、枢密院编修官。为抗金兵，他创制三弓合弹弩，射程可达两里，集古代用弩实例及造弩技术，编成《弩守书》，是古代箭弩兵器的重要著作②。

沈朝焕，官至四川按察佥事，福建布政参议，他也是古代在军事方面竭力奏、疏之名臣。万历年间，倭寇进犯，其上疏“相机远袭对马岛，近袭釜山为上策，通商为下策，而以训练土著，垦屯田，重武科，运用反间计为最终上策”。后奉命赴荆南，升武选郎中，因忧虑太平年武事不修等弊，上疏条陈四事：军营将士宜练，辽左军饷宜核，武臣世爵宜奖，秦晋乱萌宜防。升四川按察佥事并代理军政大权后，设“五运法”改革饷务，使四川用兵所损无多(《浙江省人物志》沈朝焕词条)。

金应麟，官至大理寺少卿。道光十三年(1833 年)，其奏责武备废弛、水兵弊坏、将吏惟以搜查讹诈办事、克扣军饷、作践农民等弊端，建议破除积习，以振衰除弊，整顿海疆。道光二十二年(1842 年)，又上疏揭露在鸦片战争中唯以爵禄为重、战阵之中闻风潜逃、谎报战绩等恶行，提出“无人以求，无兵当练，无饷械也当计度”的主张。他先后入奏《预计度支图》《火器图》

---

①　《浙江省人物志》，浙江人民出版社 2005 年版，第 50 页。

②　童剑超：《姚宽与〈西溪丛书〉》，嵊州新闻网，2011 年 5 月 4 日。

《筹海战方略》等，对军饷、兵器、防务提出方略。

（二）武器装备研究

浙江历代军事重视武器的发明改进与配备，分为两个重要阶段的武器概念。

一是明之前，为冷兵器时期。这一时期的兵器发明及改进研究，最早可见春秋越国的弓箭及其射术。系统地研究并提高弓弩器及其射术改进的是嵊县人姚宽著《弩守书》。而黄百家撰《征南射法》则是较传统地论述箭术射技的专著①。浙江兵家还重视舟楫和车铳运输。浙地早在8000年前就有较成熟的独木舟制造技术基础。三国时，富阳孙氏家族入主吴郡，大量使用舟船作战以及箭弩火攻。同时，对冷兵器使用的枪法、把式研究也较盛行。如明代富阳人金有光，自幼好武术，喜《孙子》《六韬》，官至陕西总兵，善用阵法、兵器，尤对前后八路枪法、梨花枪射、十里红炮、镗钯诸艺有独到研究并传之后世。

二是明清时期，军事作战进入冷热兵器并用阶段。其中重要的火器是装有火药的鸟铳，先前是前装填，戚继光时改为后装填，提高了命中率。冷热兵器并用时代，产生了车、步、骑、炮、辎的协同和陆、水军协同等新战法。戚继光著《辩请兵》，提出了以战为正兵、以步为卫、以骑为兵，相互协同配合的战法；在抗倭作战时，又重用战船装备，推进了“兵船速伍法”的海战术②。明赵士桢为著名兵器专家，著有《车铳图仪》《备边屯田车铳议》和《神器谱》《续神器谱》。前两著讲述了已大量使用火器的明代战车的设计；后两著是叙述火器技术的专著，介绍了20余种铳枪、战车、火箭、火药等火器的构造图式、使用方法，论述了各种火器的特点、作用和在作战时的运用原理，并提出了火器是富国强兵的重要条件，强调军事训练火器要与冷兵器并用的军事理论观点。明代天台止止道人著《火攻》，研究了各类火器及其战术应用。清代临海董毓琦著《火鸟图说》为当时火器名作。

清代浙江车船、铸炮技术及其研究已达到相当水平。著名者有龚振麟，其任嘉兴县丞时，潜心研学西方的数学、物理学和船炮技术，仿造成功以车轮击水的大型车轮战船。清道光二十一年（1841年），受林则徐委派到炮局工作，首次铸成一门4000公斤重的大铁炮，并研制出新式炮架，其撰《铁模图说》，专说铸炮方法，是世界上最早全面论述金属铸造的科学著作。

中华人民共和国成立之后，浙江的军事学对兵器研究也有不少成果。如淳安人严发奎，1978年入伍，为解放军某部3连火箭筒射手，一直潜心钻研火箭筒战术。1982年，著《四〇火箭筒打得准百题解》，归纳出“感觉判定”“视觉判定”口诀，革新创制电动沙盘、弹道显示器、教学计划版、野外教学箱等16件教具。1983年4月和6月，《人民前线》《解放军报》报道其事迹。1985年后又撰写《浅谈四〇火箭筒超直射》等有价值的论文，为四〇火箭筒性能的改进提供了重要依据。

又如董绍庸，曾任航空部队某院总工程师、哈尔滨军事工程学院教授，毕生研究航空装备和制造，对中国军事航空事业发展有一定贡献，著有《航空发动机》《喷气推进机》等。浙江林

① 刘申宁：《中国兵书总目》征南射法一卷，第234页。

② 周加敢编著：《兵书通览·练兵实纪》，海南大学出版社2005年版。

学院刘旭著《中国古代火药火器史》(大象出版社 2004 年版),从古代四大发明之一的火药起论,系统地论述了火器的发明与发展。

(三)军事地理与城池炮台研究

军事地理研究。古代兵家和兵学者极其重视对军事地理的研究,包括地理区域、气象、地形地貌等。如倪朴,浦江人,宋代学者,专长于军事地理学,认为用兵制胜,必先审明天下山川形势,著《舆地会元志》40 卷(已佚),记载军事地理险要;又著《鉴辙录》(已佚),斥责国家御侮用策之失。

城池、炮台研究。城池与炮台是古代战争中重要的防御工事和手段,浙江古代兵家有多部军事著作论之。明代嘉善人钱旃著《城守筹略》,为著名城防军事建设的重要专论。该书总结了历史上城防要塞设计与建筑经验,根据冷热兵器并用的特点,对城防要塞的城体长度、四角铳台、三角敌台、空心敌台及城墙上配备的各种小型火器、冷兵器等作以实体图示,并对城墙建筑材料的材质,分别将各功能区位所需一一作以规范说明,是为城防要塞工事建设的较为科学的经典论作(许保林《中国兵书通览》第十七章《城守类》)。清代临海人周郇雨,近代工程学家,著《新法炮台议》1 卷,吸收西方要塞炮台的设计经验,对传统城防工事设施加以改进,使之符合重炮使用的军事需要,为清代沿海防御工事建设作出贡献。

(四)信息化与新战争研究

新的时代必然伴随新的战争形态,信息战成为现代高技术战争的焦点,已经成为当今世界军事革命的重点。浙江著者较早对信息化条件下的新战争进行研究。1997 年,沈伟光著《新战争论》(人民出版社 1997 年版)对信息战的规律、特点、趋势等问题作了探讨和研究。同年 2 月,他在《制造革命——信息社会的能量考察与人类的远程设计》(中国社会出版社 1997 年版)一书中对信息化条件下的传统战争提出质疑,认为"战争受制于经济利益",是政治失败的无奈手段,并"服务于威慑","世界在和平中存在着危险,在危险中保持着和平",引起理论界重视。

第二节　体育学研究

浙江自古盛行武术、养生、棋类、蹴鞠之道,而养生及其理论尤胜,可见于历朝历代佛、道、儒等诸家养生观的论辩之中。近代浙江体育,发端于清末西方体育的引进,以开国内体育学研究之先河,著有中国最早的《体育学原理》。现当代浙江几成体育强省,体育学研究不仅在应用理论层面,而且涉及体育教育、竞赛等深层次理论层面,在国内都有一定的地位和影响。

一、基础理论与应用理论

体育学是研究体育科学及其发展方向的一门学科,从学科的相关性上涉及体育哲学、体育社会学、体育史学、体育教育学、体育统计学等诸多分支学科，具有历史的延续性。

（一）古代传统养生学理论与武术运动研究

中国传统养生历史悠久，它不仅是一种技巧，更是一门哲学，具传统健身与体育哲学的特征。

其一，先秦至西汉养生观和养生学基本理论。

先民的“气”认识与儒家的“中和”自然观。中国先民最早发现“气”的作用，认为“气”是自然万物生命之源。西周时已出现以“气”说明一些自然与社会现象的论述。先秦时儒家提出“中和”自然观被历代养生家作为养生理论之基础，形成以和养生、健身的传统养生学基本理论①。

王充“元气”养生观与形、神辨。西汉董仲舒提出“元气”这一范畴，直接丰富了传统养生学理论。东汉王充继承和发展了这种说法，认为“万物之生皆禀元气”“天地合气，万物自生”（见《论衡·言毒篇》），形与神关系是先秦两汉各派养生家对传统养生理论讨论的哲学焦点。王充认为：“夫人所以生者，阴阳气也。阴气主为骨肉，阳气主为精神。人之生也，阴阳气具，故骨肉坚，精气盛。精气为知，骨肉为强。”“故精神言谈，形体固守同”，“骨肉精神合错相持，故能常见而不灭亡也”②。他提出了一套养生见解，言“幽居静处、恬谈自守”“养气自守、适食则酒、闭明塞聪、爱精自保、适辅服药引导，庶冀性命可延，期须不老。”③他主张无神论，对当时“天人感应”“谶纬”求仙服药的怪论邪说进行深刻的批判。

越女胜剑与强身术。越女为越国人，赵晔撰《吴越春秋》卷九《勾践阴谋外传》中越王使聘剑戟之术之侠者，有道：“凡手战之道，内实精神，外示安仪，见之似好妇，夺之似猛虎。布形候气，与神俱往，杳之若日，偏如滕兔；追形逐影，光若仿佛；呼吸往来，不及法禁，纵横逆顺，直复不闻。”此为剑道强身之论。

魏伯阳《周易参同契》与内丹术理论。东汉末期，道教养生理论形成以符咒驱鬼治病为主的符箓派与以练丹求长生成仙的丹鼎派的分异。丹鼎派以上虞人魏伯阳为代表，其代表作《周易参同契》，此书将大易、黄老、炼丹家理论参照会同而契合为一，主张调和阴阳，修练精、气、神，以求长生，奠定了内丹术兴起的理论基础。

其二，魏晋至隋唐传统养生理论的发展。

智顗的“止观法”。魏晋南北朝，佛教的传播充实了养生学的内容。南北朝末，天台宗创始人智顗倡导“止观法”，著有《童蒙止观》《六妙法门》，其中“调身、调息、调心”的论说体现了佛教“守此中道、调和其所”的养生理论。

葛洪的《抱朴子》。东晋葛洪继承并改造了早期道教的神仙理论，主张老庄“我守其一，以处其和”（见《庄子·在宥》）的养生观，从守一、导引、行气、内丹术等方面提出一系列养生的理

① 《浙江省体育志》，方志出版社2003年版。

②③ 〔东汉〕王充：《论衡·订鬼篇》。

论观点。他认为导引的功用是“疗未患之疾，通不和之气”①，善行气者“内以养身，外以却恶”②，“卧起有四时之早晚，兴居有至和之常制”③。他从辩证的角度对劳、食关系提出了自己的衡度，即“体欲常劳，食欲常少。劳勿过极，少勿至饥”④，对当时气息内功的养生健身术起到理论上的引导作用。

其三，唐宋元明清的传统养生理论。

施肩吾、司马承祯、张伯端对道教内丹术的发展。唐代道士、桐庐人施肩吾著《钟吕传道集》《西山群仙会真记》，摒外丹术之弊疾，宏内丹术之兴盛。⑤ 唐代道教学者司马承祯隐居天台玉霄峰，撰有《天隐子》《坐忘论》《服气精义论》等养生健身著作。其导引论言：“夫肢体关节，本资于动用，经脉荣卫，实理于宣通，今既闲居，乃无运役事，须导论以致和畅”⑥，对传统养生理论和内丹术的发展有一定的贡献。宋初天台张伯端的《悟真篇》以三教一理的思想阐述内丹理论，与《周易参同契》并为内丹理论的扛鼎之作。

陆游对传统养生理论的研究和继承。北宋陆游重视传统养生术并作以研究和继承，其养生方法兼及道教的导引、行气、内丹、禅定等，强调动的健身功效，其《书意三道·其一》说，“户枢流水是我师”，其《春晚》诗云：“导引何妨效五禽。”他对行气法也有心得：“心如净水静无风，一坐数千息。”他对道佛的养生方法也有研究。

传统养生理论研究及其特点。明清以来，浙江的传统养生、健身理论研究广泛而深入，人才辈出，在国内占有重要学术地位。王阳明是明代大哲学家，其养生哲学主张知行合一，“以默坐澄心为学”“动静交致”，以使学说和身心至臻成熟⑦。王阳明“默坐澄心”对传统养生理论影响较大。武林人冷谦的《修龄要旨》，钱塘人高濂的《遵生八笺·按摩导引法》，衢县人杨继洲的《针灸大成》养生篇，山阴人张景岳的《类经》，嘉善人袁黄的《摄生三要·静坐要诀》，杭州人胡文焕的《寿养丛书·养生导引法》，海盐人王文禄的《医先》，秀水人周履靖的《夷门广牍》，嘉善人曹庭栋的《老老恒言》，会稽人董德宁的《悟真篇其义》、鄞县人仇兆鳌的《周易参同契集注》和《悟真篇集注》，吴兴人沈一炳的《还源篇》和闵一得的《古书隐楼丛书》等。⑧ 上述代表人物和养生理论有三个显著特点：一是传统养生理论和方法的研究整理渐趋科学，在前人术式的基础上创编了不少形式简易、功效显著的成套的肢体运动导引术，做到形神俱练，内外结合。二是注重静坐养生，强调“安心静坐”对健身延年的积极作用。三是进一步推进内丹学的系统发展，如闵一得为清末内丹学的代表人物。

（二）民国时期体育学基础研究与应用研究

浙江是国内最早推行现代体育及其教学的省份之一，也是现代体育学研究的先发地区。绍兴体育教育始于晚清光绪二十五年（1899 年），时任绍兴府学堂总理蔡元培提倡德、智、体、

---

①②③④　东晋葛洪：《抱朴子·别旨》。

⑤　《浙江省体育志》，方志出版社 2003 年版，第 82 页。

⑥　〔唐〕司马承桢：《服气精义论》导引论第三。

⑦　〔清〕黄宗羲：《明儒学案》，卷十《姚江学案》。

⑧　以上书目来源于《浙江省体育志》，方志出版社 2003 年版，第 83—84 页。

美四项和谐发展，设立体育课。1912年，吕公望、沈钧儒等人创立浙江体育会，倡办浙江体育专门学校。1921年，蔡兆棠、吴乐天发起将浙江体育会改组为浙江体育研究会，以“研究体育真理，谋图人的身心之发达，促进全省体育为主旨”，并编辑出版《浙江体育研究报》，推动了浙江体育基础理论和应用理论的研究。1932年，省立体育馆首任主任陈柏青创办《浙江体育》，刊载过不少体育论述和体育研究译文。抗日战争胜利后，全省体育专业和体育研究得以恢复，但内战烽起，发展较为缓慢。1949年10月中华人民共和国成立后，才有大的发展。①

其一，体育教育研究。

蔡元培“德智体美”的教育思想与学校体育教育。1912年元月，其上任中华民国临时政府的教育总长时，向全国公开发表《对于教育方针之意见》，提出“军国民教育、实利主义、公民道德、世界观、美育的教育方针”。后将上述“教育方针”简练为“体育、智育、德育、美育”，以养成学生健全之人格。②

陶行知的体育教育思想。陶行知是中国著名教育家，生活教育理论是其教育思想的核心与精华，“全面教育”是其全部教育理论的重中之重。陶行知认为“心、脑、手并用，学政治、学经济、学文化相结合，健康、科学、劳动、艺术及民主将构成和谐的生活”，以培养“心、脑、手并用”，真善美合一，德、知、体、美、劳全面发展的“觉悟型”“创造型”“开拓型”人才（即“真人”）。③

杨贤江的体育教育思想。杨贤江，余姚人，为中国早期马克思主义教育家，著有《教育史》《新教育大纲》以及《青年与游戏》《莫忘了体育》等著作与文论，他坚持德、智、体全面发展的教育思想，强调体育的目的在于“造就健全人格”，体育的意义在于“发展身心”，体育的内容是“运动、卫生”，体育方法以“贵在有道”，提倡“动乐主义”；坚持言行一致的体育观，提出“游戏是必需品，不是奢侈品”的重要观点。他鼓励青年向着“健全的体魄、充实的精神，清醒的头脑和坚强的意志”的目标奋进。④

竺可桢与体育教育实践研究。竺可桢，绍兴人，近代科学家、教育家，早年留学美国，他的教育思想和办学实践，始终把体育列为教育实践研究的重要位置，认为运动之目的最重要者是增进健康；主张“吾人提倡运动，非以运动本身为目的，而是使读书做事之能效加多”“以运动为一种方法，借此方法以完成良好之性格、道德与学问”，致力于青年一代全面素质的培养⑤。

其二，体育哲学与体育原理研究。

近代体育理论的变革首先得益于体育哲学的兴起。中国早期体育理论家们深受美国体育哲学思想的影响，较为系统地用哲学观点研究体育学的是徐一冰、江良规、金兆钧等。

徐一冰“正当体育”观与《体育原理》。中国最早系统地研究体育学的是著名体育教育家

① 《浙江省体育志》，方志出版社2003年版，第569页。

② 胡国枢撰，《浙江十大文化名人》，浙江人民出版社1987年版，第309—310页。

③ 《陶行知全集》，四川教育出版社1991年版。

④ 徐仲林、熊明安、李定开、张晋潘：《中国教育家传略・杨贤江篇、竺可桢篇》，云南人民出版社1983年版。

⑤ 徐仲林、熊明安、李定开、张晋潘：《中国教育家传略・杨贤江篇、竺可桢篇》，云南人民出版社1983年版。

徐一冰，为强国强民、卫国御侮，最早到日本专攻体育专业。自1906年学成回国至1922年操劳过世，先后参与创办中国近代体育史上第一所专业体操学校——中国体操学校，并率先将提倡尚武精神的办学宗旨改为“提倡正当体育”，这一改革思想和实践对推动全国体育改革产生很大影响；他提出了“体育即教育”的命题，认为体育是经过选择组织的大肌肉活动为方法，以特有的场地设备为环境，以有机体固有的身心需要为依据，使个人在实践力行中让体格获得完美的发展，行为加以理性的控制，动机能有正当的满足，动作富于和谐的协调，进而扩展经验范围，提高适应能力，改变行为方式，传递固有文化，繁荣生活，以体现生命的意义。他先后出任中国第一份体育杂志《体育界》与《体育杂志》主编，出版有中国最早的《体育史》《体育学原理》以及《徐氏教育学》等专著。他发表《整顿全国学校体育上教育部文》（《体育杂志》1914年第2期），论述学校体育的重要性，力主革除兵式教练、培养女子教员等，为中国的学校体育构建了基本框架。他试图通过体育实现“人人具有健全的体格、活泼之精神，得永久享受康强之幸福”，这不但反映出中国人的体育观念在变化，而且对推动当时全国的体育改革产生很大的影响。①

宋君复的《体育原理》。近代中国体育思想经历了从赫尔巴特教育思想向杜威实用主义教育思想的转变，这一转变以1915年新文化运动为界点，表现在形式上则是体操向体育的转变，军国民体育向自然体育的转变。宋君复早期留学美国，回国后任教于东北大学、山东大学等；其《体育原理》（商务印书馆1929年版）深受美国体育思想转变的影响，尤其是受美国著名体育家、西方体育理论的传播者麦克乐体育思想的影响，是一部带有科普性质的体育理论书籍。该著认为体育是一种影响个人与文化的特殊学习方式，在教材上注重篮球等自由式运动，体制上则倾向于美国青年会制，是国内阐述威廉姆斯与麦克尔自然体育思想的代表性著作。1932年，作为中国体育代表团教练，率刘长春一人参加第十届奥林匹克运动会。他还与国内黄蕴瑞、袁敦礼等民国中期体育理论家和体育运动的推动者，共同形成“中国近代体育思想多元发展的总体态势”（《体育报》1977年1月19日）。

江良规的《体育原理》与叶琛的《体育的基本原理》。江良规，曾留学德国获体育教育合格证书，回国后曾任中央大学教授兼总务长、体育系主任等职。他在体育理论方面最大的贡献是遵循“体育即教育”的理念，使之成为其后相当长时间里体育学界的共识。《体育原理》（商务印书馆1945年版）是反映其体育思想的一部重要著作。该著作系统地论述体育史、体育的生物学基础、心理学基础、社会学基础、体育哲学、中国体育行政系统等，表明该时期体育学研究的中国化趋势。他还译有《奥林匹克哲学》，以宣传哲学层面上的奥林匹克体育精神。译有《德意志体育概况》，传播并研究体育哲学②。叶琛著《体育的基本原理》（上海大中国图书局1948年版），也是早期较为系统的体育学教材。

其他体育思想与理论研究。民国时期，有知名体育学者谢似颜的《科学主义的体育》；著名体育教育家金兆钧的《体育之真义的科学分析》，体育学教授、平湖人胡卫煌的《体育理论》，

---

① 伍星：《中国近代体育的先驱——徐一冰》，人民政协网，文化，2008年8月7日。

② 谢振声：《江良规先生与〈体育原理〉》，转载《辛亥革命网》，2010年。

体育学教授、诸暨人章钜林的《体育辞典》与《体育基础理论》，体育学教授钱耀庭的《中国体育概论》与《体育理论》等。

其三，应用体育理论研究。

体育教学与训练研究。主要有徐一冰的《课堂运动法》《学校游戏法》《兵式教练》等；宋君复的《女子篮球训练法》（上海勤奋书局 1932 年版）、《女子垒球训练法》（上海勤奋书局 1934 年版）、《刘长春短跑》（上海勤奋书局 1932 年版）等；王庚的《体育游戏教材》（中华书局 1933 年版）、《几种机巧运动》（商务印书馆 1949 年版）；屠德川的《小学体育教育法》；张恒《田径赛训练法》（上海勤奋书局 1931 年版）；陈柏青的《欧美各国及日本青年训练》（南京正中书局 1932 年版）；金兆均等《个人与团体之竞技运动》（中大体育科 1930 年版）、《早操与课间操》（上海勤奋书局 1932 年版）；朱士方的《游戏教材》（译作，上海能强学社 1922 年版）、《柔软体操教学法》（上海东南大学 1926 年版）；江良规的《田径训练图解》（上海勤奋书局 1935 年版）、《田径运动图解》；省教育厅的《体育科开始教学法》（1932 年）等。

体育管理研究。主要有金兆钧的《体育行政》（上海勤奋书局 1935 年版），王庚的《民众体育实施法》（上海勤奋书局 1933 年版），孙樯的《标准运动实施法》等。

公共体育场研究。主要有王庚的《公共体育场》（浙江省教育厅 1932 年版），祝家声的《体育建筑与设备》（《浙江省立体育场》1936 年版）等。

体育与卫生研究。主要有张信孚等的《体育与卫生研究》（上海青年法协会书局）、省体育场的《儿童保健及体育常识》、金兆钧的《实用按摩术》（上海勤奋书局 1932 年版）与《实用按摩与改正体操》（上海勤奋书局 1934 年版）等。

体育赛事研究。主要有谢似颜的《田径赛的理论与实践》（上海开明书店 1927 年版）、祝家声的《田径运动图解》（《浙江省立体育场》1936 年版）等。

（三）当代体育学研究

其一，体育发展战略与体制改革研究。

浙江省重视体育发展战略规划。这体现于自 1955—2010 年先后制订的浙江省 12 个经济、社会发展五年计划之中。1979 年之后，体育研究列入科技发展规划，受到学术界和体育界的高度重视。1988 年，以黄圣方为组长的课题组完成《浙江省竞技体育发展战略研究总报告》（黄圣方、余绍森、丛湖平等撰《浙江体育科学》1988 年第 2 期，国家体育软科学研究二等奖），报告基于大量的调查数据，从全省竞技体育现状和发展状况，分析了全省竞技运动的长处和不足，论证了与国内外先进水平的差距及原因，提出了相应对策和措施。翌年，黄圣方课题组完成《浙江省群众体育发展战略研究》（全国第二届体育科学学术报告会论文，1987 年），对全省广泛、深入开展群众性体育运动起到积极的推动作用。1991 年，余绍森、林可、厉丽玉、姜建华、赵戋华编制的《浙江省群众体育发展战略研究总报告》（《浙江体育科学》1991 年第 1 期），进一步完善了体育发展的战略研究。

此期间竞技后备人才战略的专项研究受到全省体育界的重视，1987 年，凌平、金钦昌、李翅鹏等编写《关于浙江省竞技体育后备人才的战略研究》（《体育科学》1988 年第 4 期），对全国体育运动会项目布局和人才培养作了全面深入的剖析，提出了人才结构的合理布局可行性方案及其有效实施措施。余绍森、林剑峰的《浙江省竞技体育发展战略投入——产出效益的研究报告》(《浙江体育科学》1988年第2期)，林可、姜建华、刘学寿、黄圣方《浙江省竞技体育发展战略“外环境”研究报告》(《浙江体育科学》1988年第2期)等，对浙江省竞技体育发展战略作以专项研究。曹士元《浙江省高校体育师资队伍现状调查与发展战略研究》(《杭州师范学院学报·社会科学版》2000年第3期)一文，对省内32所高校体育师资队伍的职业素质、年龄结构、职称与学历结构进行调查并提出战略对策。

群众性的体育健身运动计划受到全省体育界和学术界的高度重视。1994年，省体委根据国家全民健身计划的要求，提出了《浙江省全民健身计划(草案)》，省体育学会组织了体育理论、体育史和武术等专业委员会的专家学者进行反复研究论证，进一步完善省全民健身计划的理论和实践框架。同年11月，召开“浙江省实施全民健身计划研讨会”。其间，较有影响的研究成果还有余绍森、林可、厉丽玉等撰《浙江省群众体育发展战略研究总报告》(《浙江体育科学》1991年第1期)、韩锡曾《浅析民族体育的战略地位》(《浙江体育科学》1991年第3期)，黄一飞、金钦昌、李秀梅《高校体育与全民健身计划接轨的几点思考》(1993—1994年度省第八届自然科学论文二等奖)等。

在全省体育专业深入发展过程中，关于体育运动发展的体制和机制问题受到热切的关注。1995年，凌平、李明的《中国竞技体制改革的新视野》(1995—1996年度浙江省第九届自然科学论文一等奖)一文，运用“休克疗法”和“JV型转轨”理论对竞技体育的社会化、科学化、制度化、民主化等进行了创新性研究。2001年，凌平《模式的变革与变革的模式——中国体育体制和运转机制变革的研究》(《体育学刊》2001年第1期)对中国40年来的体育制度及运转机制的弊端作出了批判性意见，提出了制度、机制方面改革的总体思路和阶段性目标及其措施，受到学术界和体育界的高度重视。

21世纪初，随着改革开放的深入，体育场馆与体育公共服务方面也引入新的体制和机制。有影响的研究成果有陆亨伯、陆方喆、戴美仙《论公共体育场馆民营化后经济与社会效益的均衡——基于典型体育场馆的调研》(《体育文化导刊》2007年第8期)，樊炳有、高军《体育公共服务——内涵、目标及运行机制》(人民体育出版社2010年版)。体育作为广泛的民生主题，如何发展，也越来越受到学者的关注，有影响的研究成果有邱亚君著《休闲体育行为现阶段动机和限制因素研究》(浙江大学出版社2009年版)等。

其二，学校体育研究。

学校体育研究基本理论方面，有金钦昌主编的《学校体育理论》(高等教育出版社1987年版)、《学校体育学》(高等教育出版社1994年版)；陈德明主编的《浙江省高等学校体育教材》。前两者主要是为培训体育老师的教材，注重于理论体系的相对完整性，后者突出增强学生体质，注重传统体育与现代体育相结合。

学校体育应用研究范围较广。如李翅鹏主编的《体育与卫生》(1991年国家教委农村学校试点教材)、《少年体育与健美》(与寿云霞合编，1987年)，前者是国家教委面向农村的九年制义务教育教材，它突出体育与保健相结合，一改传统教材体系；后者突出体育与少年健美的关系。沈祖炎编著《怎样上好体育课》(江苏教育出版社1995年版),强调课程教育的方式方法问题。黄明权主编《学校体育大辞典》(武汉工业大学出版社1994年版),以辞典形式传播学校体育知识。论文如吴生洲的《谈小学低年级体育教学应注意的几个问题》(《浙江体育科学》1985年第3期),金钦昌《中学体育业余训练的几个问题——部分中学业余训练情况调查》(浙江省第四届自然科学优秀论文名录),李翅鹏《关于〈体育〉课本的编号研究》(《浙江体育科学》1987年第1期、《中国学校体育》1983年第5期),丛湖平、李寅生、燕琳《高师体育系(科)学生的学校体育工作能力的模糊综合评价的研究》(《体育科学》1990年第3期),李郁华、王鉴《中专体育老师工作综合评估研究》(《浙江体育科学》1990年第3期),陈德明《我省普通高校体育教学现状与对策》(《应用心理学》1991年第4期),黄滨《浙江省普通高校体育基础理论首次统考考试卷分析》(《应用心理学》1991年第4期),郭冬生《贯彻〈条例〉发展高校群体活动》,陈雪良、吴金泉《对农村复式小学体育教学的探索》(《学校体育》1991年第2期),宣长恩《县级体校办学形式初探》(《学校体育》1991年第2期),于可红、金钦昌《初中毕业生升学考试体育的回顾与展望》(《中国学校体育》1994年第45期),贾明学《浙江省高校定向运动公体课开展现状与对策研究》(《浙江体育科学》2008年第6期),汪晓鸣、李金平、楼晨辉《浙江省普通高校公体课开展体育俱乐部教学模式的现状与对策研究》(《湖北体育科技》2009年第3期)等,对高校公体课作以调研和对策研究。丛湖平《我国体育运动学校的发展特征及战略思考》(1995—1997年度浙江省自然科学优秀论文名录),田忠、周清志《关于高校体育俱乐部对增强学生体质的绩效研究》(《四川体育科学》1995年第3期)等,这些成果反映了浙江学校体育研究的多面性。

21世纪初,学校体育教育研究向许多新的领域发展。童丽平《浙江省普通高等学校体育课程教学实施现状分析与对策研究》(北京体育大学硕士学位论文,2005年),对浙江学校体育教育提出了很有见地的建议。郭怡的《奥林匹克演绎的教育文化》(浙江大学出版社2006年版)认为,奥林匹克运动是以体育为载体实现其德、智、体、美多层面的教育功能,强调身体教育与精神教育的统一,倡导科学教育和人文教育的结合,论述了新世纪体育教育的新方向和目标。他还发表有《古希腊奥林匹克运动中的教育思想》(《体育文化导报》2004年第9期)、《论奥林匹克精神与青少年心理健康教育》(2004年第三届亚洲体育科学大会英文报告,《北京体育大学学报》2005年第3期)等。

二、运动人体科学的体质调查研究

(一)体质调查研究

浙籍学者较早讨论体格体质。竺可桢早年留学美国期间,曾作《中国人之体格论》和《中国人之体格再论》(《竺可桢全集》第1卷,上海科技教育出版社2004年版),认为"运动之目的,最要者是增进健康",使人有一个健康的体魄。中国早期马克思主义教育家杨贤江著《新教育大纲》(上海南强书局1930年版),他坚持德、智、体全面发展的教育思想,强调体育的目的在于"造就健全人格",其意义在于"发展身心",鼓励青年向着"健全的体魄、充实的精神、清醒的头脑和坚强的意志的目标奋进”。浙江乃至全国体育科学定量化研究和评价，得益于美国著名体育教育家麦克乐的中国学生体格的统计与体育测验标准的研制，他推行西学的统计方法进行人体测定及身体检查的系列研究。陶行知、程其保在《民国十三年中国教育状况》（商务印书馆 1925 年版）一文中，强调指出“由麦克乐教授指导的大量研究，或许是今年进行过的最重要研究”“当一切完成时，中国的体育及身体检查水准至少要比当时进步 10 年”。麦克乐的体育科学量化测定的理念和方法曾影响了浙籍体育教育家江良规、金兆钧等。如江良规《体育原理》中已非常突出体育之生理学基础及体格体质的量化测定问题。20 世纪 50 年代之后，浙江体育科学的量化研究在老师层面创新应用较多。如体育特级教师汪学淦著《测量法省时省力》，用“倒量法”创新掷技类体育成绩。体育特级教师黄昌明著《体能健康教育大纲》对体能健康的意义及其标准测定提出了独到的看法。

全省性的体质调查研究。1927—1937 年，南京国民政府开始推行社会体育，国民的体质问题备受各界关注。浙江作为最先推行“体育实验区”的省份之一，“每年举行成年男女健康比赛”，分别于 1925 年和 1938 年作过 7—8 岁年龄组的体质调查。中华人民共和国成立后，浙江曾于 1955 年进行过一次体质调查。至 1984—1985 年，国家体委、国家民委、教育部、卫生部部署对全国学生的体质、健康进行全面调查研究，浙江被选定为“全国体质调查研究统一观察片”。省政府设立“浙江省学生体质、健康调查研究领导小组”，按照国家统一规定的检查、计划、方法和要求，对大、中、小学生形态、机能、素质和健康状况进行抽样测试和健康调查，第一次全面了解浙江学生的体质状况、特点和某些规律，初步研究制定了浙江省学生生长发育与身体素质的评价标准，以及脉搏、血压和肺活量的正常值，填补了浙江体质研究的空白。这次体检健康调查结果，汇编出版了《浙江省学生体质健康调研成果》（浙江教育出版社 1986 年版），形成了《浙江省 60 年来学生身体形态的变化（1925—1985）》（全国体质健康调研论文报告会推荐论文）等 21 项论文成果。①

区域性、局部性学生体质调查研究。20 世纪 80 年代之后，学生体质调查受到各级教育部门和学校的普遍重视，取得了对区域性和局部性学生体质调查研究的成果。如陶根友《学生体质调查与体育教学的设想》（《体育科学》1983 年第 3 期），沈祖炎《通过体育锻炼提高学习效率，促进智力发展的两年试点的调查分析》（1982 年浙江省第一届体育科学优秀论文名录）、陈学亮《女生青春期发育的顺序对未来身高潜力影响的探讨》（1982 年浙江省体育科学优秀论文名录），陈德明《试用指数法评价我校学生身体发育现状》与《杭大 84 级学生体质研究及综合评价》（1989—1990 年浙江省体育科学优秀论文名录），陈桂灿《高考学生体质状况的调查和分析》（1991—1992 年浙江省体育科学优秀论文名录），吴金泉《嘉兴地区中小学生体质调查报告》（1984—1985 年浙江省体育科学优秀论文名录），赵军、周钦等《我省公安系统高校招生体能测试评分标准的探析》（1993—1994 年浙江省体育科学优秀论文名录），田忠《关于高校体育俱乐部对增强学生体质的绩效研究》（1995—1996 年浙江省体育科学优秀论文名录）等。

---

① 《浙江省体育志》，方志出版社 2003 年版，第 357—358 页。

(二)运动体质与心理研究

体质人类学与心理学研究一直是体育原理研究的基础。这在民国时期徐一冰、宋君复、江良规等《体育原理》中都将此作为基础理论的核心要素。中华人民共和国成立后,尤其是20世纪80年代之后,运动心理成为竞技体育和学校体育教学的重要课题,心理素质成为竞技体育与生理素质同等重要的测试指标。浙江这一方面的研究成果有陈桂灿《噪声对儿童体质健康的影响》(1993—1994年浙江省体育科学优秀论文名录),毛一平、方建平等《体育锻炼对反应时的影响》(1993—1994年浙江省体育科学优秀论文名录);凌平《从行为科学看马俊仁的运动队管理》(《浙江体育科学》1994年第2期),章莺、金一平、朱华珍《浅析心理因素对改进提高动作技能的影响》(《浙江体育科学》1995年第17期)等。

对马俊仁现象的分析和研究一度成为浙江体育学和心理学界的热点。凌平连续发表10余篇论文谈论这一体育竞技的心理现象。其《对马俊仁现象的心理思考》(《浙江体育科学》1994年第3期)一文,通过对马俊仁现象的整体反思后得出:教练员是优秀运动队的核心,"拼搏精神"是优秀运动队的灵魂,严格管理是运动队创造优异成绩的保证。其《超越带来的困惑——马俊仁留给体质人类学和运动训练学的难题》(《体育与科学》1994年第3期)一文,讨论了人类身体极限的问题,认为亚洲人智慧水平较高,但身材却相对矮小,运动能力也较差,这是马俊仁现象向中国体育界提出的体质能力新挑战。他还有《中国女子体能类项目崛起的契机——兼谈马俊仁成功的突破口》(《体育与科学》1994年第2期)、《国际兴奋剂与奥林匹克运动的新难题》(《山东体育学院学报》1994年第1期)。

三、体育史

(一)体育编年史研究

浙江对体育史的研究,最早可追溯到20世纪20年代。1914年3月,《体育界》停刊,徐一冰与王钧卿即筹办上海体育学校校刊《体育杂志》,宣传近代体育,主张正当体育,推进学校体育。自第2期后,《体育杂志》连载徐一冰撰写的《体育史》(《体育杂志》连载,1914),该《体育史》列举古今中外的事例及其沿革,"成为中国最早的一本《体育史》"(《人民政协网》,伍星,2008年8月7日)。他还编译有《希腊体育史》等。

1956年国家体委在杭州召开两次"中国体育史"座谈会,这两次会议引起了省内学者对体育史研究的关注。郑志林对体育史颇有研究,曾参编《体育史》教材、《中国近代体育史》等,发表《我国体育史研究八十年》(《体育文化导刊》1989年第6期)、《杨贤江体育思想初探》(《体育文化导刊》1985年第5期)等论文60余篇。① 朱东方著《中国古代射箭概述》(《中国体育史参考资料》第5辑,人民体育出版社1958年版),该文从石镞等出土文物和史籍记载的大量史料,认证了中国古代射箭术的产生、发展和"射"在古代"六艺"教育中的地位,开创了中国

① 《浙江省体育志》,方志出版社2003年版,第78页。

对古代文人、妇女参与体育的史料研究之先河。

1979 年，中华全国体育总会下发《关于搜集和整理体育史资料的决定》，推动了体育史研究。1980 年，姚廷华著《浙江近代体育史略》（全国体育科学学术报告会论文，1980 年），依史阐述近代浙江体育的兴起、演变、发展及其地位。郑志林著《略论我国近代女子体育的兴起》（1993—1994 年浙江省自然科学优秀论文名录），系统论述了近代中国女子体育兴起的历史背景、历史因素、现状及发展。

（二）体育文化史研究

浙江体育文化史研究主要在三个方面，一是与传统文化的关系研究，如陈心平、张平中著《试论中华传统文化与武术的关系》（1991—1992 年浙江省自然科学优秀论文名录）一文，提出中华武术受儒家武备说、道家神静养生说、释家坐禅练功方式影响，形成中国独特的武术理论体系与形态动作。季建成《略论武术与中国传统文化》，认为中华武术深受东方哲学的哺育、融合，并影响了舞蹈、杂技、戏曲、文学、绘画、书法文化艺术的发展，呈现独到的高深境界。其与葛列丛合辑《宗教理论对传统武术的影响》（《浙江体育科学》1996 年第 1 期）通过中西文化比较研究，探讨宗教文化对传统武术直接和间接的影响。赵廷华还考察过中国式斗牛的史实，发表有《中国式斗牛述论》（《浙江体育科学》1992 年第 1 期）。二是中外武术交流研究，朱振武《海上武术友谊之路初探》，以宁波到长崎海上之路航道，借风力、水流和人力为动力的木帆船为载体，以徐福、鉴真、陈元赟、朱舜永东渡与日使、日僧的文化交流为史实，论述了中华武术传入日本并影响柔道、相扑、空手道等术式运动的发展。三是体育道德研究，赵戋华《我国古代体育道德初探》及其与郑俊武合著《武术与阴阳五行学关系析论》（1989—1990 年浙江省自然科学优秀论文名录），前者提出“习武先习德”的体育道德，同人类基本道德紧联一致的观点，它与奥林匹克精神相融合，促进现代体育的发展；后者论述了中华武术的兴起、发展与中国传统五行学说的密切关系。①

（三）学校体育史

浙江是近代体育教育的重要省份。光绪三十一年（1905 年），光复会浙江领导人徐锡麟在绍兴创办了大通师范学堂，特别开设兵式体操、器械体操、琴歌等，尤重兵式体操，是为中国近代体育的早期传播场所和近代体育专业教育之始。对此，研究者甚多，如姚廷华《大通师范学堂考释》（1983—1985 年浙江省自然科学优秀论文名录），从史学角度作以深研考释。而其《浙江近代体育学校简史》（1982 年浙江省自然科学优秀论文名录）则是系统地研究浙江近代体育学校的发展史。

（四）区域体育史

浙江学者的体育史研究还深入到区域体育史。早在 20 世纪二三十年代，中共浙南根据

---

① 《浙江省体育志》，方志出版社 2003 年版，第 576—577 页。

地把开展军民体育活动放在重要的地位，曾用武术、民间体育和各种各样的军事体育，以提高军事素质，丰富军民生活。40 年代初，浙东抗日根据地不仅开展各种体育文化活动，而且还开辟民众体育场，组织赛事和运动会。对这一区域性体育活动的研究，有姚廷年、张法清《浙江革命根据地与游击区体育》（1991—1992 年浙江省自然科学优秀论文名录），该文从历史学的角度，阐述了体育运动的历史意义和历史过程。浙江民族体育也引起学界的关注，有韩锡曾《浅析民族体育的战略地位》等。

（五）体育发展史

随着浙江体育事业的发展，体育发展史研究受到学者的重视。主要成果有汪为生《我国体操发展三十年》、朱震武《对新中国四十年来体育热的分析和对未来体育热的预测》（1989—1990 年浙江省自然科学优秀论文名录）、郑志林《略论我国近代女子体育的兴起》（1993—1994 年浙江省自然科学优秀论文名录）等。凌平、卢芬《中国近现代体育发展过程的比较研究》（《山东体育学院学报》1995 年第 3 期），创新了体育史研究的方法。

（六）体育考古学研究

浙江学者利用考古学方法对中国体育史遗存文物进行了深度发掘和研究。如郑志林《从河姆渡文化看萌芽状态的体育》（1989—1990 年浙江省体育科学优秀论文名录），从河姆渡遗存文物，考据论述了中国原始体育现象。沈寿《西汉帛画〈导引图〉考辨》，认为西汉帛画《导引图》不是传统术式的一式多图，而是每式一图，它是一整套循径归类的导引套路图谱。朱方孝《越女考》（1986—1988 年浙江省自然科学优秀论文名录），根据赵晔《吴越春秋》和王充《论衡》所载考证，认为越女确有其人，是春秋末期剑术家的代表和文武双全的巾帼人杰，越女论剑渗透着《易》理、《孙子兵法》、老子的哲学思想，是对春秋时期击剑术的总结。翁士勋《试论我国古代角力的发展演变》（1986—1988 年浙江省自然科学优秀论文名录），认为古代角力经历了先秦发展阶段、秦汉艺术阶段、隋唐专门化阶段、宋元明清全面完善提高阶段，并有其含义和特点。在体育石刻考据中，姚廷华据浙江省图书馆馆藏《动静乐寿》拓片影印件，在绍兴觅得摩崖原址，作《动静乐寿拓片探源》，考证该石刻源自《论语・雍也》"知者乐水，仁者乐山，知者动，仁者静，知者乐，仁者寿"的观点，系明代嘉靖年间摩崖遗迹。他还对杭州云居山民国元年（1912 年）浙江体育学会成立的摩崖题记进行考释，著有《浙江体育会考》（《浙江省体育志》）。

体育史书评也是这一时期具有价值的研究。如姚廷华《一部使空白属于过去的教科书——清末〈湖北武学〉评介》是中国迄今保存最早的体育教材，姚的研究、整理、述评是对中国近代体育史的重要补阙。其间，较有影响的成果还有张德清《南宋杭州露台遗址考》（1993—1994 年浙江省体育科学优秀论文名录）、韩锡曾《精武体育会创始人考辨》（《浙江体育科学》1995 年第 2 期）、翁士勋《存真是史料之本——也谈史料学与中国古代体育研究》（《体育文史》1995 年第 17 期）。

（七）其他体育史研究

如郑志林著《〈阵纪〉与体育》（《体育文化导刊》1988年第5期）认为，《阵纪》虽然是明朝何良臣著的一部军事著作，但却包含着丰富的体育思想和内容。其还著有《我国近代体育史上的三次爱国主义浪潮》（《体育文化导刊》1991年第1期）。沈寿著有《甩手运动的反思》（《体育文化导刊》1989年第6期）等。姚廷华《我国近代最早的体育人及其创始人》（《上海体育学院学报》1980年第2期）一文，探讨了绍兴体育会及徐锡麟等人的历史贡献。

第十五章　图书馆学、情报学与文献学研究

图书馆学是研究图书馆事业建设原理、工作规律以及知识与信息的组织、整理、交流、利用的理论和方法的科学，主要研究图书馆学基础理论、知识和信息的组织、描述、检索及交流的理论与方法、负责图书馆工作内容和组织方法，图书馆事业现代化和标准化、图书馆等教育，图书馆发展史等。图书馆学与情报学、档案学、文献学、目录学等相关联。其中，情报学是研究情报的特性、功能以及情报传递、交流过程的规律性的学科，档案学从之；文献学是研究文献的产生、分布、交流、利用等规律性的学科；目录学是研究古今中外书目工作发生和发展一般规律的学科。①

中国图书馆名始用于清末。历代藏书与刊刻的阁、馆、楼、堂、室、坊等是中国图书馆的前身。古代浙江的藏书活动起于东汉王充《论衡》手稿的传抄和三国阚泽的佣书。西晋时范平祖孙和褚陶两家开私家藏书之先，名于九州。据吴晗《浙江藏书家史略》统计，自晋到清末，浙江私人藏书家计359人，藏书楼有名可稽180多处；另有宫廷藏书、书院藏书和佛寺藏书等。民国期间，徐树兰的古越藏书楼的改制，是为中国藏书楼向近代公共图书馆制度的转型。印刷出版业，浙江始于中唐，至五代吴越时为兴盛；两宋，杭州已为全国雕版印刷的中心；明万历之后吴兴发明彩色套印技术；至清代，书坊、书肆甚兴；至民国期间，浙江籍出版家投资所创商务印书馆和中华书局为当时中国最大的两家出版机构。藏书楼时期的思想艺术研究，以经、史、子、集四部分类的藏书整理方法为核心的目录学、校勘学、版本学构成，代表性人物有宋元时期的叶梦得、曹溶、周密、洪迈、程俱、陈振孙、王应麟、胡三省之辈；明清时期又有祁承爜、高濂、胡应麟、章学诚、丁丙等承代。浙江近代图书馆学研究，起于《古越藏书楼书目》与《古越藏书楼章程》这两份具有近代图书馆学思想的文献，并分别在学科建设、史志、读者服务、书录与辑录版本考证、分类目录、信息技术、收藏保护与利用以及管理、教育等研究方面成果斐然。有影响者有沈学植、王国维、陈独醒、陈训慈、俞爽迷、钱湘、刘子亚、王省吾、鲍振西、裘开明、毛昭晰、来新夏等，均有佳作。在情报学研究方面，浙江学者亦涉足较早，后发有力。前中期交叉于近现代文献学、版本目录学、图书馆学、档案学等传统理论。现当代随着信息和计算机技术的发展而深入到情报检索、分析、数据库的理论模型设计和实践应用等多个方面。前者为蒋复璁、毛春翔、李明华、高学友、杨渭生、项戈平、王效良、程小澜、胡东、金中仁、王杜泉、丁红、崔富章、骆兆平、顾志兴等是然。后者有陈光祚、叶鹰、周海鹏、缪家鼎、谢天吉、吴伟深等人开拓。来新夏曾任国家教委高校图书情报工作委员会等职，参加国家社会科学文献检索系统设计。

---

① 《社会科学学科辞典》，中国青年出版社1990年版，第594、606、617页。

20 世纪 80 年代之后，浙江档案学研究有长足的发展和创新。1991 年，娄德生发表全省市县综合档案检索情况分析的系列报告，为全省近 10 年档案工作及理论研究的经验总结。何嘉荪提出全宗理论主客体结构，引发了档案学界对全宗理论的深层讨论。其与傅荣校合著《文件运动——从新角度审视档案学基础理论》一书，标志着中国化的文件生命周期理论的形成。潘连根从经济学、哲学、文化学等多学科视角，创新档案学的范畴体系。宗培岭是国内档案保护方面的技术权威，在降湿公式、字迹材料的耐久性、复制技术、装订技术等方面有许多创新。还有陈作明、金更达、章燕华、何达多、王茂法等在档案管理学方面亦有创新性研究。在档案编纂学方面，古代赵汝愚、章学诚卓有建树。近代浙江学人在甲骨档案、金石档案、简牍档案、大内库存档案等编纂方面成就尤著，代表人物有罗振玉、王国维、蔡元培、罗家伦、赵万里等学术大家。罗振玉是近代以个人力量从事档案史料编纂贡献最大的学者。现当代学者如徐绍敏、朱盛兴等在档案编纂学学科建设方面，方新德等在档案史方面，金更达、郭渊等在政务信息管理方面皆有学术和实践贡献。

第一节　图书馆学研究

浙江的图书馆事业，溯源于古代藏书，鼎盛于近代楼、馆并重的藏书之势，发展于新中国成立之后 60 年的规划建设。这一漫长的发展过程中，创建了古代、近代著名的藏书楼和近现代公共图书馆及其恢宏的藏书，涌现众多著名的古代藏书家，形成近现代图书馆管理专业队伍，创立和创新有古代文献目录、档案学和近现代图书馆学方面的地方性学术理论。无论是前者还是后者，都在全国占有较重要的地位。

一、图书馆发展史述

(一)浙江古代与近代藏书史研究

藏书史是浙江图书馆的前史。对此，顾志兴多有研究。其《浙江藏书史》(杭州出版社 2006 年版)认为，浙江古代的藏书，最早可追溯到东汉王充《论衡》手稿的传抄和三国时浙地出现的专司抄书的“佣人”。其引《三国志・吴志》所记：阚泽“家世农夫，至泽好学，居贫无资，尝为人佣书，以供纸笔。所写既毕，诵读亦遍。追师论讲，究览群籍，兼通历数，由是显名”。据这方面的记载，“可证东汉、三国时浙江已有一定规模的私人藏书活动”。该著对浙江 2000 余年的藏书历史分为三大时期：以唐末五代前为浙江藏书发展期、宋代为繁荣期、明清为鼎盛期，民国为浙江私家藏书之余绪和公共图书馆的兴起时期。此中，浙江遂成私家、官府、书院、佛寺道观四大藏书体系。

浙江藏书家的类型也极为丰富多元。据吴晗《江浙藏书家史略》(《吴晗史学论著选集》，人民出版社 1984 年版)初步统计研究，自晋至清末，仅以私人藏书家计，就有 359 人，藏书楼有名可稽的达 180 之处，另有皇宫宫廷藏书，书院藏书和佛寺道观藏书等，品种数量、质量蔚为可观。在浙江藏书史上，有见之于开私家藏书之风的魏晋范平祖孙与褚陶及其后众多私人藏书家和藏书世家；有五代吴越国王家藏书，两宋国子监、内府刻书藏书，明代省级与地方衙署藏书，清代皇家文澜阁《四库全书》等为典范的官府藏书；有开之唐代转盛于两宋及元明的书院藏书；有起于五代而通贯宋元明清的佛寺道观藏书。尤为卓著的是私家藏书方面，藏书家之著名，藏书楼之多之大，藏书量之丰，藏书品质之高，均居全国前茅。其中宁波天一阁为中国现存藏书楼之最古老。这些对保存和传播中国古代文献，促进学术研究和文化繁荣，推动藏书及之后藏书事业发展人才之哺育与辈出，均产生过重要作用和影响。

浙江是中国近代藏书楼向图书馆转型最早的省份之一。据《浙江省图书馆志》(中国书籍出版社 1994 年版)记载，清光绪二十三年(1897 年)创办的近代高等学院求是书院和清末创办的其他高等学校、中等学校，大多已设有图书室。由清光绪二十六年创建的杭州藏书楼于 1903 年扩充改称浙江藏书楼，1909 年奏准扩充建立的浙江图书馆，是全国最早的省级图书馆之一。清光绪二十八年建成的古越藏书楼，是全国最早的私人创办的近代图书馆。清光绪三十年创办的嘉郡图书馆和海宁州图书馆，是全国成立较早的县市图书馆。民国时期历次全国图书馆调查统计，浙江的图书馆均居前几位。民国许晚成编的《全国图书馆调查录》(1935 年)，收录全国 27 个省、市图书馆 2520 个，浙江有 213 个，与江苏并列第二。据浙江省立图书馆调查统计，至 1936 年 6 月，全省共有各类图书馆 334 个，其中，省、市、县、区立及私立图书馆 52 个，各级民众教育馆设图书馆 139 个，学校图书馆 121 个，机关团体图书馆 22 个，藏书总数 225 万余册。1936 年 4 月成立了浙江省图书馆协会。浙江的图书馆事业在抗日战争时期遭到严重破坏，全省仅存 74 个图书馆(《浙江省图书馆志》，中国书籍出版社 1994 年版)。

近现代浙江学者、藏书家对古代与近代藏书史研究触角多元，有记有录，有史有志，成果甚为丰硕。著闻者有蒋光煦、丁丙、陆心源、王国维、项士元、陈训慈、郑振铎、赵万里、吴晗、陈从周、蒋雨田、王松泉、朱友纶、杨复、余绍宋、朱遂翔、郁达夫、周子美、骆兆平、顾志兴等。

(二)现当代浙江的图书馆事业史研究

中华人民共和国成立后，浙江图书馆事业得以恢复和发展，至 1956 年，全省有省、市、县图书馆 31 个，高等学校图书馆 5 个，科研单位图书馆(室)10 个，工会图书馆(室)445 个，农村图书馆流通站和图书室 5287 个。1959 年，省科委、省文化局、省教育厅联合成立了浙江省中心图书馆委员会，开展图书馆间的协调协作，提高了图书馆为科学研究和建设服务的能力。同时，大力发展了工矿企业和农村的图书馆事业。至 1960 年，工会图书馆(室)曾发展到 300 万个，农村图书馆流动站和图书室曾发展到上万个。1978 年党的十一届三中全会之后，全国进入社会主义现代化建设的新时期，图书馆事业得到党和政府的广泛重视。1979 年，恢复浙江省中心图书馆委员会，成立浙江省图书馆学会。1980 年 9 月，浙江省文化局设图书馆处，对全省图书馆建设事业实现系统的领导，并将图书馆建设作为重要社会文化事业列入国家经济社会发展五年计划。自 20 世纪 80 年代至 21 世纪初，全省各图书馆有计划地补充馆藏，改善图书结构，提高藏书质量，普遍推广使用《中国图书馆图书分类法》分类图书，按照《文献著录总则》和《普通图书著录规则》进行著录，逐步实现分类、著录的标准化、规范化，建立和健全馆藏目录体系。各图书馆充分利用多媒体和互联网的平台手段，努力改革读者服务工作和图书、文献信息的开发利用工作，提高图书馆整体服务能力，为现代化、网络化建设创造了有利条件。

对浙江图书馆事业史的研究亦丰。主要有王省吾《图书馆事业论》，鲍振西《当代中国的图书馆事业》《中国公共图书馆概论》，来新夏《中国近代图书事业史》（上海人民出版社 2000 年版）、《中国图书事业史》（上海人民出版社 2009 年版）与《中国古代图书事业史》，黄建国《近代中国图书馆事业的兴起》（《图书馆研究与工作》1981 年第 4 期），李明华《走向辉煌而不是消亡——对图书馆事业的探讨》（1998—1999 年浙江省社会科学优秀成果名录）等。

二、古代藏书楼与近现代图书馆理论

中国图书馆的历史发展，可分为藏书楼与图书馆前后两个时期，并分别贯以不同内涵的学科理论。藏书楼时期的思想学术研究，以经、史、子、集四部分类的藏书整理方法为核心，具体涉猎目录学、版本学、校勘学（今归入文献学范畴）。作为一门独立的图书馆学学科，是在中世纪之后形成的，19 世纪中叶传入中国。浙江为先发地区，其办馆思想融合西方图书馆与中国古代藏书楼的宗旨与方法，对近现代图书馆学的发展起到过重要影响。

（一）古代、近代藏书楼时期的藏书思想与方法研究

叶梦得与《石林燕语》的书品研究。叶梦得（原籍吴县，居乌程，曾官婺州编修）。学问渊博，精熟掌故，藏书愈 10 万卷。《石林燕语》（中华书局 1984 年版）为其笔记类著作，书中多有对杭州北宋期间刻书、藏书之记录，其时言“今天下印书，以杭州为上，蜀本次之，福建最下”。其言及杭州刻印不仅雕版技术精良，而且纸张、刻板的木质都佳，对古代杭州印刷出版的分析笃实，为中国印刷出版史的珍贵史料。

曹溶与《流通古书约》的流通借阅研究。曹溶，其藏书在嘉兴金陀坊，谓静惕堂。其《流通古书约》（为《藏书绝句、流通古书约、古欢杜约、藏书十约》合集，杨守敬、曹溶等著，古典文学出版社 1957 年版）为清初藏书理论专著，主张以流通方式借书，“卷数多寡相敌者”“觅工写之，写毕各以奉归”，以此辑佚、补缀，是为古籍保存之方法。

周密与《齐东野语》的藏书考义研究。周密（祖籍济南，流寓湖州，出生杭州，长期在浙江任职），有笔记集《齐东野语》、《武林旧事》等数十种，藏书极富，有藏书楼“书种堂”“志雅堂”“浩然堂”，编有《书种堂书目》《志雅堂书目》，《齐东野语》卷 12《书籍之厄》记录历代藏书故实，考证古义详细丰赡，对研究唐宋藏书史极有价值。

洪迈与《容斋随笔》的典籍评考研究。洪迈，历任两浙诸官职。其著《容斋随笔》（上海古籍出版社 1998 年版），乃穷 40 年之功编纂而成，内容宏富，其中之最重要的价值和贡献是除考证了前朝政治制度、事件、年代、人物等史实外，还对历代经史典籍进行重评、辨伪与订误，在中国历史文献整理方面有重要地位和影响。

程俱与《麟台故事》的楼藏规制研究。程俱，衢州开化人，北宋官员，诗人。绍兴元年（1131 年），任少监期间，搜三馆旧闻与诸书所载以及经验、知识，辑《麟台故事》（中华书局 2000 年版），为记述北宋政府藏书制度的著作，全书共 5 卷 12 篇，有官联、选任、书籍、校雠、修

纂、国史、沿革、省舍、储藏、职掌、恩荣、禄廪等篇，其中卷12论述了国家藏书之养育人才、资政参考、以利修纂等重要性，并就三馆、秘闻之作业内容、人员管理、馆舍建筑等提出建议，其与晁公武、郑樵等人是为集宋代古典图书馆学之大成者。

陈振孙与《直斋书录解题》的题解目录研究。陈振孙，藏书家与目录学家。性好搜书、藏书，仿晁公武《郡斋读书志》而撰《直斋书录解题》(上海古籍出版社1987年版)，是中国古代一部重要的私家藏书提要题解目录。全目共56卷，著录图书3039种计51180卷。其图书分类继承了以往目录的传统和类目，设立了语孟、别史、诏令、法令、时令、音乐等新类目，为宋代以后公私目录所仿效。其解题内容丰富而明切，记述撰人事迹，阐论学术源流，考据真伪得失，注重版本款式，为古籍考证提供了极其宝贵的资料和方法，对宋代学术源流的考证具有指导门径的作用。

王应麟与《玉海》的藏书评点研究。王应麟，宋末元初著名学者、教育家、政治家。其博学多才，对经史子集、天文地理皆有研究。著有《国学纪闻》《玉海》《汉艺文志考证》等600多卷。《玉海》(清光绪九年，浙江书局重刊本)为百科全书式的著作，其中多有藏书之谈论及点评。

胡三省与《资治通鉴音注》的传注学研究。胡三省，宋末元初官员，学者。宝祐四年(1256年)，案牍之余专事《资治通鉴广注》编撰。其搜罗不同版本《通鉴》，初撰《雠校通鉴凡例》，后成《资治通鉴音注》(全10册，中华书局1956年版)，极具文献学价值。该著是《通鉴》学与古典传注学方面的名著，于典章、音训、地理考稽精详，订谬甚多，为后人研究《通鉴》的工具书。还著有《通鉴释文辨误》等。

祁承㸁与《澹生堂藏书目》的目录学与读书观研究。祁承㸁，明代官员，喜藏书，筑“澹生堂”于绍兴柯桥。著有《澹生堂集》《两浙著作考》等43种239卷，编有《澹生堂明人集部目录》等；所编有《澹生堂藏书目》《澹书堂读书记》(合集，上海古籍出版社)，为祁氏《藏书约》《藏书训》及《藏书目》的整理本。《藏书约》《藏书训》集中反映了他的目录学思想及其读书观，《藏书目》则是其目录学思想的实践体现。《藏书目》收书9000多种，10万余卷，收书内容重地方文献和俗文学，且注重类别，提出“审轻重，辨真伪，复名实，权缓急，而别品类”的鉴别标准，在目录学史上很具影响。

高濂与《遵生八笺·论藏书》的版本鉴别研究。高濂，明代戏曲家、藏书家。著有《遵生八笺》(巴蜀书社1992年版)，其中卷十九《论藏书》，论述其实用的藏书观，“自经史子集，百家九流，诗文传记，稗野杂者，二氏经典，靡不兼收”。其精于鉴别版本书，《论藏书》对鉴别宋、元版本的方法以及明代伪造宋版书的种种手段作以详细论述，极受后来藏书家和版本家的重视。

章学诚与《校雠通义》的目录编纂研究。章学诚，清代著名史学家，方志学家。官国子监典籍，主“六经皆史”之论，治经治史，著作甚丰，皆有特色。除承继浙东学派史学传统外，在校雠学方面贡献卓著。著有《文史通义》九卷，一为对传统文学的批评，二为对典籍的校雠。其《校雠通义》是一本关于图书目录编纂理论的专著。其校雠释义，不仅仅局限于核对书籍、厘正谬误之一般校勘，而且更重于辨章学术，考据源流。该书总结了自汉代刘向、刘歆以来目录学的传统，继承与发展了宋代郑樵的目录学理论，明确提出目录学考辨之目的任务，倡导图书编目的应用辅助著录法“互著与别裁”，主张编制索引，实为近代目录学的经典之作。

丁丙与《善本书室藏书志》的史志学研究。钱塘人丁丙，清末著名藏书家。其家多藏书，著述颇富。为重建文澜阁，与其兄丁申四处搜寻、收购和补扩，历经7年，得书3396种，抄补残缺891件，使文澜阁《四库全书》复得八九。其重视地方文献的整理与刊印，编刊有《武林掌故丛编》12册（与丁申合编，广陵书社2008年版）、《八千卷楼书籍》20卷（北京图书馆出版社2009年版）等。代表作《善本书室藏书志》全16册（广陵书社1986年版），共收丁氏所藏善本书2653部，仿《四库全书》部类序列。该志对所藏书印章记载详细，对藏品源流和藏家生卒屡有述略，每书有解题，多有考证，具有较高的藏书史料和学术价值。在该志《跋》中提出的“旧刻”“精本”“旧抄”“旧校”善本四标准，对目录学、版本学研究影响较大。

（二）近现代图书馆办馆思想研究

徐树兰与“古越藏书楼”的办馆思想。徐树兰，其一生淡泊入仕，甚做善事，并受西学东渐思想影响，于光绪二十三年（1897年）创办绍郡中西学堂。又性喜藏书，有图籍、译本、报章等7万余卷，于光绪二十八年筹建“古越藏书楼”，为中国最早私人公共图书馆之一。徐氏及古越藏书楼对中国藏书楼的现代转型在理论和实践上作出了两大贡献。一是徐树兰编《古越藏书楼书目》（冯一梅，光绪崇实书局版），继梁启超《西学书目表》之后突破了长期被封建社会视为永制的经、史、子、集四部分类体系，创制了学部和政部两大分类体系，各部又分24类，共48类332个子目，为中国引进、编制和执行杜威十进图书分类法的现代转型提供了先例。二是制定《古越藏书楼章程》，将宗旨定位于“存古”与“开新”并举，推进了藏书楼对外开放，推动藏书楼向近代公共图书馆制度的转型。①

浙江的图书楼（馆）办馆思想研究。这主要反映在近代图书楼转型为图书馆规制中的章程和规则等的研究和制定。清光绪二十九年（1903年），学政张京嘉与浙江巡抚聂缉木规议定，将杭州藏书楼扩充改建为浙江藏书楼。其藏书章程已基本按照早期图书馆建设管理思想与原则，有统一的人员编制、经费计划、开放方式、行政要务等规章，是浙江公共图书馆的最早过渡模式。至1909年，浙江巡抚增韫上奏获准创建浙江省图书馆。1917年12月8日由浙江省政府审定《浙江公立图书馆章程》和《浙江公立图书馆办事规则》，是政府审定的图书馆之规程。其中办事细则之规范、完备，充分体现了浙江图书馆办馆的日趋成熟。（《浙江省图书馆志》，中国书籍出版社1994年版）。1936年，浙江省图书馆协会的成立，标志着浙江图书馆研究进入有组织、有规程阶段。其宗旨为“以研究图书馆学术，发展本省图书馆事业，并谋求推进本省之学术文化”。中华人民共和国成立后，各系统图书馆就各自的情况和担负的任务，研究如何建设完善的馆藏体系，制定了藏书规则，有计划有重点地补充藏书。20世纪80年代，浙江省文化厅先后召开了全省县（市）图书馆藏书建设研讨会（1983年9月）和全省公共图书馆地方文献工作研讨会（1986年10月），研究县（市）图书馆的藏书范围、藏书组织、藏书保管、藏书剔除等问题，以及如何加强地方文献的收藏、整理和开发利用。1989年3月，浙江省中心图书馆委员会组织16个公共图书馆和高校图书馆，参加全国文献资源调查。针对出版物大量增加、书刊大幅度提价和经费紧缺

① 《浙江省图书馆志》编纂委员会编:《浙江省图书馆志·文献辑存》，中国书籍出版社1994年版。

的情况，浙江省图书馆学会组织研究如何以有限的经费选购最佳书刊、优化图书馆的藏书建设模式(《浙江省图书馆志》，中国书籍出版社 1994 年版)。

三、现当代图书馆学研究

(一)图书馆学科体系研究

浙江学者对图书馆学科研究包括三个方面，一是学科体系建设，有沈学植著译《图书馆学ABC》(民国“ABC 丛书”刊本 1929 年复印本，书林书局)，俞爽迷著《图书馆学通论》(正中书局 1976 年版)，陈独醒(1899—未详，上虞人)编著《流通图书馆学》，陈训慈著《图书馆函授讲义》，刘子亚著译《图书馆学书目解题》，钱湘合编《中国图书馆学论著目录》。二是学科综合研究，有蒋复璁著《图书与图书馆》与《图书馆管理法》，陈训慈著《中国之图书馆事业》，吕绍虞著《图书馆论丛》。三是国外图书馆学研究，有王国维《世界图书馆小史》(《王国维全集》第 19 卷，中华书局 2008 年版)，舒翼翚译《苏联大众图书馆工作》(中华书局 1953 年版)与《苏联图书馆事业》(中华书局，1952)，沈学植《美国图书馆与研究学术之关系》，刘子亚《苏联农村图书馆工作》，宋国楷《世界图书出版发行近况》，陈云达《日本图书馆的统计工作》，马大任《西欧中文图书馆调查报告》，王省吾《澳大利亚图书事业的最近发展》等。

(二)图书馆史志研究

浙江省图书馆史研究在民国期间就有专著。有裘开明著《近代图书馆运动》，张汝钊著《宁波图书馆沿革史》，皮高品著《中国图书史纲》等。浙江学者对图书馆史研究呈现出多层面、多角度的特点。20 世纪下半叶，尤其是 70 年代末之后，有高学安《古代藏书楼成楼年代考辨》(《图书馆研究与工作》1986 年第 3 期)，杨渭生《孙诒让与他的玉海楼藏书》(《图书馆研究与工作》1980 年第 1 期)，刘实《浙江古籍刻印管窥》(《浙江师范学院学报》1980 年第 1 期)，项戈平《书籍的变迁》(《人民日报》1978 年 8 月 6 日)等，以专题史为主。1994 年由毛昭晰主编的《浙江省图书馆志》则是有关图书馆史志研究的集大成者。

20 世纪末 21 世纪初，又有研究陈训慈对浙江图书馆事业贡献的学者，如王效良《陈训慈与三十年代浙江图书馆活动》(《图书馆杂志》2002 年第 12 期)，张素梅《陈训慈先生及其创办的浙江图书馆馆刊》(《图书馆研究与工作》2001 年第 4 期)，朱小燕《陈训慈先生的办馆宗旨及其实践》(《图书馆研究与工作》2001 年第 3 期)，吴忠良、王效良《陈训慈与浙江图书馆》(《大学图书馆报》2008 年第 1 期)、《陈训慈与文澜阁〈四库全书〉》(《兰台世界》2009 年第 11 期)等。

(三)图书馆管理研究

图书馆信息与技术研究。浙江对图书馆信息化研究历时较早。1989 年王益明、金中仁著有《图书馆现代技术》(广西教育出版社 1989 年版)一书，在国内较早提出图书馆工作信息化问题。20 世纪末 21 世纪初，浙江图书馆信息与技术研究成果较丰。金中仁、成建权、陈振宇、张杰著《图书馆信息共享与信息集群服务》(人民邮电出版社 2009 年版)一书，重点对信息集群的组织框架、网络架构、宏观和微观发展思路、集群与图书馆软实力等一系列概念和问题进行探讨和研究，并提出了解决方案和结构模型。陈洁《数字出版赢利模式研究报告》(《求索》2007 年第 7 期)则探讨了数字出版问题。程小澜、丁红《香港图书馆中文名称规范数据库的建设及经验》《台湾图书馆现代化建设与信息服务》两文，系统介绍香港与台湾两地区图书馆信息化管理与规范数据库建设的经验，对发展浙江的图书馆信息化建设具有较好的启示和借鉴作用①。丁红《网络环境下的文献采访工作》(《高校图书馆工作》2005 年第 3 期)、《高校图书馆与大学生信息素质教育》(《高校图书馆工作》2002 年第 6 期)对浙江省图书信息事业的功能性发展具有积极的意义。还有程小澜、陈晔、胡东等《图书馆计算机应用系统开放性与安全性的控制研究》(《中国图书馆学报》2000 年第 3 期)，胡东、程小澜《关于 INNOPAC 系统业务参数设置的研究与思考》(《现代图书情报技术》2000 年第 2 期)，胡东、程小澜、贾晓东《INNOPAC 系统 OPAC 功能特色和应用措施》(《现代图书情报技术》2001 年第 2 期)，胡东、陈杨杨《流通站计算机管理系统的设计》(《中小学图书馆情报世界》2008 年第 6 期)，胡东、詹利华《浙江网络图书馆的实践与思考》(《图书馆学研究》2010 年第 20 期)，胡东《UHF RFID 技术在图书馆的实践和思考——以浙江图书馆为例》(《图书馆杂志》2010 年第 10 期)等，均涉图书馆信息技术前沿。

读者服务研究。古越藏书楼章程是浙江最早的图书馆规程，其中把读者服务作为重要功能之一，确立了为读者服务的具体方法、流程和管理，包含了现代图书馆的服务精神。之后，1917 年 12 月 8 日浙江省政府审定颁布的《浙江公立图书馆办事细则》，1930 年 9 月 3 日浙江省教育厅颁布的《浙江县市立图书馆暂行规程》，1932 年 1 月修正的《浙江省立图书馆的后章程》等都将“供众阅览研究”作为图书馆宗旨和业务，给大众以“阅读方法之提示，书报内容之讲述，阅书者提问之答复”，使大众“阅读兴趣之提高”“阅读兴趣机会之增加”。中华人民共和国成立，特别是 20 世纪 70 年代末改革开放之后，图书馆为读者服务已成为学术研究的重要方面。研究工作主要体现在三个方面，一是阅读教育与阅读辅导。如王松泉提出了建设语文教育学科大系的宏伟构想，尤其是其阅读学的两部重要著作《阅读学》(辽宁大学出版社 1992 年版)和《阅读教材学》(辽宁大学出版社 1997 年版)，探讨了阅读教学原则、阅读能力等一系列理论和实践问题。还有沈小英《略论少年儿童阅读辅导的特点和做法》(《儿童图书馆》1982 年第 2 期)。二是图书评论。有徐朔方《论金瓶梅的成书及其他》(齐鲁书社 1988 年版)，高玉海《明清小说续书研究》(中国社会科学出版社 2004 年版)，叶晗《百部文化名著导读》(浙江大学出版社 2005 年版)。三是读者工作研究。有项戈平《建国以来读者工作研究鸟瞰》(《高校图书情报学刊》1989 年第 2 期)，于庆《高校图书馆读者工作模式初探》(《图书馆工作》1985 年第 2 期)，郎冠芳、胡建化《监狱图书馆流动站是图书馆读者工作改革实践中出现的新事物——兼论图书馆在社会主义精神文明建设中的作用》(新中国公共图书馆事业四十年征文活动征文奖，1989 年)等；而丁红《电子图书馆的服务理念转变》(《理论界》2004 年第 5 期)、《因特网环境下小型公共图书馆的信息服务定位》(《江西图书馆学刊》2004 年第 4 期)，胡东、

① 程小润、丁红:《香港图书馆中文名称规范数据库的建设及经验》,《图书馆工作》,2002 年;《台湾图书馆现代化建设与信息服务》,《图书馆研究与工作》,2001 年。

徐荣斌、朱晴《读者服务体系的构建和思考》(《图书馆建设》2006年第5期),贾晓东《公益、亲民、开放——浙江图书馆文澜讲坛的创新实践》(《图书馆建设》2008年第5期),徐洁《以平等和共享打造盲人读者的精神家园——浙江图书馆盲人图书馆的建设》(《图书馆建设》2007年第3期),吴苻、朱克勤《面向基层服务群众——浙江图书馆流通站、分馆建设探索与实践》(《图书馆建设》2008年第5期)等,探讨了21世纪初图书馆读者服务的新形式。

书录、辑录版本考证研究。这方面较有影响的研究有崔富章《明汪瑗〈楚辞集解〉书录解题》(《浙江省图书馆学会第二次科学讨论会论文选编》,1982年),沈湛侯《论四库全书馆辑录"大典本"的功过与得失》(《文献》1980年第3期),刘实《浙江古籍刻印管窥》(《浙江师范学院学报》1980年第1期),张宪文《瑞安孙氏玉海楼书藏考》(《文献》1988年第3期),费君清《〈论江湖小集〉非陈刻〈江湖集〉》(《文学遗产》1989年第4期),丁红《馆藏信札著录之我见》(《图书馆学刊》1989年第4期)等。

图书分类目录研究。浙江的图书馆系统围绕推广使用《中国图书馆图书分类法》(以下简称《中图法》),举办了多次培训班、研讨会。并参与讨论修订《中图法》,对医药、教育、文艺、历史、传记等类目提出修订意见,有的意见已被《中图法》编委会采纳。浙江美术学院图书馆受《中图法》编委会委托,对《中图法》三版的造型艺术图书的类目设置提出了方案。浙江图书馆参加了国家社会科学"七五"规划重点课题项目《中国分类主题词表》的编辑,同时开展了主题目录及与分类目录关系的研究。浙江省图书馆提出了图书馆目录工作重点应由分类目录转移到主题目录的观点,引起全国图书馆界的关注。浙江医科大学图书馆等研究编制了主题目录,浙江工学院图书馆研究编制了分类目录主题索引,投入使用后取得良好效果。浙江省图书馆学会还把中文同类书排列作为一项重点课题,与中国图书馆学会分类主题研究分委员会、河南省图书馆学会合作,研究起草中文同类书排列方法的国家标准。编目方面,主要研究推广使用国家标准《文献著录总则》及各分则。浙江大学、浙江医科大学等高校图书馆还开展了西文编目的研究(《浙江省哲学社会科学志》,1999年)。其他有丁红《浙江图书馆古籍善本书目的编制与特点》(《国家图书馆学刊》2000年第3期)、《浙江图书馆古籍与善本书目解题》(《图书馆研究与工作》2001年第1期)等。

收藏、保护与利用研究。主要有丁红、程小澜《浙江图书馆的历史文献收藏及其特色》(《图书馆工作与研究》2002年第1期),丁红《浅谈馆藏历史文献的整理、开发和利用》(《贵图学刊》2002年第4期)、《功在当代利在千秋——浙江图书馆古籍保护与阅览设施更新工程述实》(《图书馆研究与工作》2003年第3期),贾晓东、张琰等《中国书写与印刷文化遗产和图书馆工作——2006年国际图联杭州会前访谈录》(《国家图书馆学刊》2006年第4期)等,从多个角度、细节上研究馆藏资料的收藏、保护和利用问题,发挥过期报刊资料的作用。

图书馆规程与流程研究。早在民国时期,图书馆管理受到老一代浙江图书馆学人的关注,并注入研究探索精神。鲁迅于1909年回国之后,曾任职于南京临时政府和北洋政府教育部,主管图书馆等工作,创办了京师通俗图书馆,研究推动教育部颁布《通俗图书馆规程》和图书馆规程,推动全国国立图书馆事业的发展。蔡元培于1927年任大学院长时,设立图书馆,研究大学图书馆管理,公布《图书馆条例》。另有蒋希曾《图书馆使用法》,许振东《战时图书馆》，蒋复璁《图书馆管理法》，洪焕椿《怎样办图书馆》与《图书馆行政》，程长源《机关图书馆工作》与《图书馆工作基础知识》，陈和平《图书馆质量管理》，周文骏《小型图书馆图书管理法》与《图书馆工作论述》，有金天游编的《图书馆工作简本》，刘子卫《图书馆推广工作》等，王增清《我国早期高等学校的图书馆管理》（《大学图书馆通讯》1987 年第 6—9 期），1932 年浙江图书馆刊印的《图书馆丛书》，有刘澡《图书之选购》、许振东《图书之流通》、金天游《图书之分类》、王文莱等《图书之典藏》、陈豪楚《图书之征购》等（《陈训慈百年诞辰纪念论文集》，北京图书馆出版社 2006 年版）。

图书馆立法研究。浙江学者与图书馆工作者较早提出必须用立法来保证图书馆事业的发展，如李克西《必须用立法来保证我国图书馆事业的发展》（《图书馆研究与工作》1980 年第 1 期）一文，在全国引起较大反响。全省积极研究制定图书馆的行政规章，现已由行政主管部门颁发施行的有《浙江省县图书馆条例》《浙江省普通高等学校图书馆评估指标体系及计分标准》《浙江省中等专业学校图书馆工作暂行条例》《浙江省中等专业学校图书馆评估细则》《浙江省公共图书馆管理办法》（《浙江政报》2003 年第 28 期）等，对促进全省县市图书馆以及高校、中专图书馆、公共图书馆的建设和管理工作规范化，起了积极的作用。

20 世纪末 21 世纪初，浙江学者对图书馆日常管理提出了许多有价值的新学术观点。有龚亚明《试论人本管理在图书馆管理创新中的运用》（《中国科教创新导刊》2008 年第 19 期）、《试析公共图书馆的服务创新》（《河南图书馆学刊》2008 年第 3 期）、《试析欠发达地区公共图书馆的服务创新》（中国社区和乡镇图书馆发展战略研讨会，2007 年）等。

四、图书馆建设与教育研究

（一）图书馆建设研究

中华人民共和国成立后，浙江省图书馆建设列入各阶段“五年计划”中，推动了各市县（区）的图书馆事业的发展。至 1978 年党的十一届三中全会之后，为制定全省图书馆建设的发展规划，推进图书馆的现代化、网络化建设，开展对图书馆情况的调查研究，整理了一些比较系统的资料。为促进农村图书馆事业和少年儿童图书馆事业的发展，浙江省图书馆学会设立了乡镇图书馆和少年儿童图书馆两个分委员会，多次召开研讨会，就有关乡镇图书馆和少年儿童图书馆的建设和管理工作进行了探讨。① 图书馆建设和设计研究也受到专家和业内人士的重视，有吕绍虞著《大学图书馆建筑》，②1979 年后，潘鉴秋《试论县级图书馆建设》（《图书馆研究与工作》1980 年第 1 期），于湖滨《高校图书馆藏书建设最佳化探析》（《图书馆研究与工作》1987 年第 3 期），李志明《图书馆藏书建设基本原则的探讨》（《浙江大学学报・人文社会科学》1987 年第 2 期），李明华《从便于管理和节省人力来考虑图书馆建设设计》（《图书馆学研究》1985 年第 4 期），瞿嘉福《论藏书复选》（《大学图书馆通讯》1987 年第 8 期）等。

---

① 《浙江省图书馆志》，中国书籍出版社 1994 年版，第 360 页。

② 《浙江省图书馆志》，中国书籍出版社 1994 年版，第 359 页。

(二)图书馆教育研究

图书馆教育是一种独立教育,在社会教育中起着和学校教育一样举足轻重的作用,这是从清末建成浙江藏书楼时就已明确的一个观点。如《浙江藏书楼碑记》(《浙江省图书馆志·文献辑存》),开宗明义即为“天以教育完我圣清”“从来国家之兴,务必明教育而开知识,乃能自卫其群,而爱国之心益固”,而“书楼之法,辅学堂以行,在我国最称善政”。该楼之《藏书规程》第一条,即言明“书楼向归杭府经理,今改建全省藏书楼”,事关学务,自应由学政衙门主持(转引自《浙江省图书馆志·文献辑存》)。图书馆与教育的宗旨,早在浙江藏书楼建成时即已提出,如徐树兰在《为捐建绍郡古越藏书楼恳请奏咨立案事》中提出“泰西各国”讲求教育,辄以藏书楼与学堂相辅相行。之后,浙江学者和实际工作者多有研究图书馆教育,认为这类独立教育既可以进行通俗教育,又可以成为研究高深学问的场所,成为学术中心。尤其是20世纪80年代以后,党和政府重视图书馆教育,在“七五”期间,先后出台《全省公共图书馆工作会议纪要》《浙江省高等学校图书情报事业“七五”规划要点》(试行草案)等(见《浙江省文化厅关于印发〈全省公共图书馆工作会议纪要〉的通知》,1986年6月30日;《浙江省教育委员会关于贯彻〈普通高等学校图书馆规程〉的实施意见》)。

20世纪末及21世纪初,浙江的图书馆教育功能研究进一步深化。丁红撰有《我国图书馆教育职能的发展和预测》(《情报杂志》1997年第6期)、《高校图书馆与大学生信息素质教育》(《情报探索》2006年第2期),杨敏文有《我国图书馆社会教育思想探源》(《图书馆理论与实践》2011年第8期)等。

第二节　藏书研究

浙江藏书历史久远,东汉时已有佣书至藏的记载。之后,浙江藏书家辈出,藏书楼遍及。明代宁波天一阁是中国现存最早的私家藏书楼,也是世界最早的三大家族图书馆之一。浙江的藏书研究重在藏书史实、藏书理论、藏书楼形规及藏书流通与利用等方面,古今著述甚丰。

一、浙江藏书史实

(一)汉唐宋元藏书史实研究

浙江藏书起源甚早,可追溯到东汉时期,有对王充《论衡》手稿或抄写本流传的记载。三国时山阴人阚泽抄书至佣更为流传,“佣书”即以抄书和贩卖图书为营生者,为私人藏书活动所必备的书肆条件。先秦笔的发明,东汉之后蔡伦又改进造纸术,这为书籍的传播、流行创造了更好的条件,私家藏书之风遂开。西晋,有吴郡钱唐(杭州)藏书家范平祖孙和褚陶两家著名。范平喜读书、藏书,以“研览坟索,偏该百代为乐”。此中“坟索”为《三坟》《五典》《八索》《九丘》等中国最早之典籍;“百乐”为诸子百家的著作,足见其藏书之富。范平之孙范蔚有书

7000余卷。稍后之吴郡钱唐褚陶藏书亦丰。沈约《晋书》卷九十一《儒林记》称范“清闲淡默，以坟典自娱”；陈颐道《钱唐怀褚陶》诗称其“西京典籍同刘向，南国藏书匹范平”。南朝宋、齐、梁三代，浙江大藏书家吴兴武康人沈麟士、沈约名于世。前者喜藏书且多自抄本，年过八十，但藏书之志不辍，于灯下手抄复成二三千卷。沈约任官宋、齐、梁三代，其藏书既多又精，达12万卷。同时期，会稽山阴人孔休源也是一位著名藏书家，藏书7000卷，常自校练。①

唐末五代浙江藏书家与藏书史实研究。唐代浙江越州雕刻印刷术，推广于印书业，也促动唐末藏书活动。南唐藏书中，浙江颇有名望的是会稽藏书家徐锴(陆游《南唐书》卷五)，而吴越国王钱镠子孙在杭州藏书亦富，有钱传瑛、钱惟治、钱惟演等藏书。这一阶段又有佛寺道观藏书。自汉晋至五代，首府杭州、浙东会稽、浙西湖州是为浙江藏书的发祥地。

两宋、元代藏书史实研究。北宋时杭州已成为雕版印书和图书流通的中心之一，尤其是南宋之后杭州成为全国政治、经济、文化的中心，藏书事业更为发达。北宋时，浙江藏书知名的有杭州九里松钱翕禾藏书和关景仁、关注父子藏书，湖州沈思父子东林藏书，鄞县有陈郁与陈谧祖孙藏书，处州有周启明藏书等甚是知名，时为藏书大家。据沈冬梅、范立舟考证，南宋越地藏书最为著名者为陆宰、陆游父子及新昌石公弼、石邦哲父子与诸葛行存，上虞李光父子等，列于首位的陆氏即山阴陆宰及其子陆游，在藏书馆双清堂、千岩亭藏书达1万多卷。浙东藏书名家有鄞县楼郁和史守之，两家环月湖而居，有“南楼北史”之称，其中楼郁藏书达万卷以上。浙西藏书名家有吴兴周密，安吉陈振孙，嘉兴岳珂，杭州陈起、周煇、陈思等。周密家三代藏书，自述藏书42000卷，藏书处有书种堂、志雅堂，“时人称其藏书为全国之冠”。②

两宋时期的浙江藏书已形成私人藏书、官府藏书、书院藏书和佛寺道观藏书四大体系。据顾志兴史考南宋官府藏书以宫廷、内廷诸阁、御书院、损斋、缉熙殿、德寿宫、秘书省、国子监及地方政府等为重。书院藏书有丽泽书院(婺州)、南园书院(东阳)、石洞书院(婺州)、钓台书院(严州)以及瀛山书院(淳安)、石峡书院(淳安)、龟山书院(余杭)、安定书院(湖州)、桃源书院(明州)、稽山书院(山阴)、汪隐君讲舍(明州)、南山书院(庆元)、甬东书院(庆元)、城南书院(明州)、龙川书院(永康)、浮沚书院(温州)、柯山书院(衢州)、清献书院(衢州)、包山书院(衢州)、上蔡书院(台州)、独峰书院(处州)、美化书院(处州)等，佛寺道观藏书主要有净慈禅寺(杭州)、灵隐禅寺(杭州)、天宁禅寺(秀州)、八圣寺(吴兴)、阿育王寺(明州)、大佛寺(越州)、国清寺(台州)、开元寺(婺州)、江心寺(温州)、治平禅寺(处州)等30多处佛寺，以及东太乙宫、佑圣观(杭州)、神霄玉清万寿宫(越州)、桐柏崇道观(台州)、景霄观(处州)等10余处。秘书省为南宋最大图书馆，在恢复国家藏书方面，“入藏太祖以来实录、会要、国史、宝训等书”，并“屡下求书诏”，以书目手段求访遗书，促进了藏书及其理论的产生。③

元代浙江私人藏书以杭州路、庆元路(宁波)两地最著名，其余各路也有藏书，但总体上不及宋代之盛。据丁申《武林藏书录》考，杭州路有名望的私人藏书家与藏书楼主要有金应桂的

① 顾志兴:《浙江藏书史》，杭州出版社2006年版，第6—7页。

② 沈冬梅、范立舟:《浙江通史》宋代卷，浙江人民出版社2005年版，第462—466页。

③ 沈冬梅、范立舟:《浙江通史》宋代卷，浙江人民出版社2005年版，第460—462页。

荪似壁山房、张模学的古斋藏书、张雨的石室、张雯的西湖蓄书楼、杨维桢的铁崖书楼等。庆元路有名望者有应伯震的花崖书院(《鄞县志》)、胡三省的南湖藏书窖、袁桷的梅涧藏书窑(叶昌炽《藏书记事诗》)等。湖州路主要私人藏书家以赵孟頫为代表(《湖州文化概论》,中华书局2003年版)。金华路藏书家以郑鉴、蒋玄为代表。元代官府藏书,延及官府与官办学校藏书之传统,书院藏书以杭州西湖书院、余杭集虚书院和慈溪杜洲书院为著。杭州西湖书院始建于元至元二十八年(1291年),所藏书为宋国子监旧籍书版等与太学藏书、宋国子监书版库所藏书板经整理而印成的书籍。佛寺藏书以杭州为上,有南山普宁禅寺、大万寿寺、尊胜寺、龙井寺等;道观藏书有湖州路升元报德观等。

(二)明清藏书史实研究

明代刻书业的发达和书肆的兴起,杭州和北京、南京、苏州成为全国四大图书流通中心,这为藏书事业的发展创造了物质条件。其时,浙江私家藏书影响更著。据对王河主编《中国历代藏书家辞典》的粗略统计,明代知名藏书家有358人,浙江为114家,名列第二。据陈剩勇考据,藏书万卷以上的有丰坊的万卷楼、范钦的天一阁、项元汴的天籁阁、钮石溪的世学楼、胡震亨的好古堂、高承埏的稽古堂、祁承㸁的澹生堂等私人藏书家与藏书楼。① 宋濂开明一代私家藏书之风气。祁承㸁提出并系统地总结了鉴别古书的经验和庋藏编目等的理论,著有《澹生堂藏书约》。范钦的天一阁藏书盛时达7万多卷,存世430余年,成为现存世界最古老的家族图书馆之一。明代官府藏书亦盛,在杭各衙署都有丰富的官居藏,各府、州、县学多有尊经阁以藏书。明代浙江书院甚多、藏书亦丰,著名者有杭州西湖书院、万松书院,湖州安定书院,宁波慈湖书院,绍兴稽山书院,金华丽泽书院、石洞书院,温州鹿城书院等16家。② 浙江历来多佛寺道观,而藏书有名者30余处。

清代是浙江藏书的鼎盛时期,据叶建华考证,可分为清初、清中和清末三个时期。清初,浙东有宁波范钦的天一阁、绍兴祁承㸁的澹生堂、余姚黄宗羲的续抄堂、慈溪郑性的二老阁等著名者,浙西有嘉兴曹溶的静惕堂、朱彝尊的潜采堂,杭州赵氏二林的小山堂和吴焯瓶花斋等著名者。清中期,乾隆修《四库全书》被誉为亘古盛事。浙江自乾隆三十七年至三十九年(1772—1774年)短短两年内,向北京四库全书奏书12次,共献书4588种56955卷,不分卷者2092册,约占全国呈藏书总数的20.8%,为全国之冠。且藏书名家辈出,献书六七百种以上者全国共4家,浙江占3家。清末,浙江仍颇多名家名楼,最有名者为"晚清四大藏书楼"之称的湖州陆心源皕宋楼和杭州丁氏八千楼。有史料评价:"清光绪中,海内数收藏之富,称瞿、杨、丁、陆四大家。然丁氏于文化史上之价值实远过瞿、杨、陆三家。"除此之外,还有瑞安孙衣言、孙诒让父子所创的玉海楼和绍兴徐树兰私人捐办的公共图书馆"古越藏书楼"。从清初至清末,浙江有规模、有名望的藏书家及藏书楼有百余家。清代凡书院必有藏书阁、楼,所藏书籍以经、史、子、集传统典籍为主,清后期收藏有西方译著和报章等。浙江有藏书规模和名望

① 陈剩勇:《浙江通史》明代卷,浙江人民出版社2005年版,第334页。

② 陈剩勇:《浙江通史》明代卷,第298—300页。

的书院 26 家。① 清代浙江佛寺道观众多，有佛经、道藏的收藏，有记载者 32 家。

（三）民国藏书史实研究

民国期间，浙江私人藏书仍承前朝余绪，而传统官府藏书为公共图书馆所替代。民国初，杭州书业流通一度繁盛，商务印书馆于民国 2 年(1913 年)设立杭州分馆，中华书局于民国 3 年(1914 年)设立杭州书局；一些传播新思想、新文化的书店如生活书店、群众书店、光华书店、民智书店等，促进新书的传播。杭州先后开设有 135 家旧书店，其中专营古籍的旧书店有 55 家。初期有八千卷楼丁申之子立诚、丁丙之子立中有小槐簃藏书；杨文莹之子杨复继承丰华堂藏书且大量收购古籍，于民国 18 年(1929 年)售与清华大学，赵氏小山楼之后裔收集先代原藏之书②。民国时期，私家藏书有名望者，杭州有王同与子王绮、王禔藏书，汤寿潜及所捐建浙江图书馆藏书，姚瀛藏书，杨复丰华堂藏书，徐则恂东海楼藏书，吴昌绶双照楼藏书，吴士鉴九钟精舍藏书，孙峻寿松堂藏书，徐珂小自斋与大受堂藏书，王体仁九峰旧庐藏书，邵章石灯庵藏书、陈叔通百梅书屋藏书，张宗祥铁如意馆藏书，马浮(一浮)蠲戏斋藏书，邵裴子韬庵藏书，马叙伦天马山房藏书，郁达夫风雨茅庐藏书、黄宾虹藏书等 70 余家。③ 其余浙江有张元济涵芬楼、王国维观堂、朱希祖郦亭、刘锦藻坚匏别墅、张均衡适园、蒋汝藻密韵楼、刘承干嘉业堂、张寿镛约园、罗振玉大云书库、曹炳章集古阁、屈映光精一堂、胡宗楙退补斋、孙延钊玉海楼、郑振铎玄览堂等著名者 50 余家。上述藏书家、藏书楼所藏古籍涉经、史、子、集各部，近代书籍更是涵盖天文地理及医学、科技、军事、农事、佛经、道藏等各个领域。

由传统的官府藏书走向公共图书馆藏书是中国藏书史上的重要变革。据《浙江省图书馆志》统计，民国元年至民国 26 年(1912—1937 年)，浙江省、市、县(区)各级公立、私立及民众教育馆建有图书馆 191 家，藏书总数 134 万余册。

民国 26—34 年(1937—1945 年)，由于日军入侵浙江大部分市县，浙江公私藏书遭受空前浩劫，如"杭州藏书家藏书，十之有九被日寇搜去，或遭地痞流氓偷盗一空"④。全面抗日战争 8 年中，公共图书馆仅浙江图书馆就损失 31000 册以上。据民国 37 年(1948 年)统计，全省有公共图书馆 81 个，藏书总数 100 万册，较抗日战争前期下降很多。⑤

二、藏书理论与实践

（一）主要研究著述

浙江自古为印刷出版与搜集藏书之重要地区，有关藏书方面的著述者及藏书甚丰。古代主要有陈骙、王应麟、周密、叶梦得、王阳明、祁水生、黄宗羲、高濂、曹溶、吴焯、杭世骏、卢文

① 叶建华:《浙江通志》清代卷上，第 459—469 页。
② 政协杭州市委员会文史委员会编《杭垣旧事・民国杭州藏书家》，2001 年 9 月内部准印证本。
③ 顾志兴:《浙江藏书史》，第 455—509 页。
④ 杭州市政协文史委编:《杭垣旧事・民国杭州藏书家》。
⑤ 《浙江省图书馆志》，中国书籍出版社 1994 年版。

弨、周中孚、钱泰吉、全祖望等。近现代及当代又有一批学者、藏书家喜习藏书理论与藏书史，既有宏篇大论，又有一事一议之专题。详见下表：

表 78-15-2-1　　浙江学者对藏书理论与实践研究的主要著述一览表

年代	作　者	籍贯	书(文)名	出　处
宋元	叶梦得	乌程	《石林燕语》10 卷	中华书局 1984 年版
	陈　骙	临海	《南宋馆阁录》	《四库全书》;《续录》,中华书局 1998 年版
	王应麟	鄞县	《玉海》艺文部	《四库全书总目》:中国书店出版社 1987 年版
	周　密	绍兴	《齐东野语·书籍之厄》	中华书局 1983 年版
明	王阳明	余姚	《稽山书院尊经阁纪》	《王阳明全集》
	胡应麟	兰溪	《少室山房笔丛》	影印文澜阁《四库全书》本
	祁承㸁	山阴	《澹生堂藏书约》	《笔记小说大观》,江苏广陵刻印社 1984 年版
	高　濂	仁和	《遵生八笺·论藏书》	嘉庆十五年(1810 年)弘雪居重订本;黄山书社 2010 年版
明清	黄宗羲	余姚	《天一阁藏书纪》	天一阁藏书楼,一层明间中堂前壁题记
	曹　溶	秀水	《绛云楼书目》	商务印书馆丛书集成初编本
	吴　焯	钱塘	《薰习录》	仁和吴昌绶精刻红印本 4 册
	杭世骏	仁和	《补史亭记》	《道古堂文集》,清乾隆五十五年(1790)初刻本
	全祖望	鄞县	《鲒埼亭集》	《全祖望集》,上海古籍出版社
	卢文弨	仁和	《群书拾补》39 卷	台北商务印书社 1968 年版
	石韫玉	吴县	《灵隐藏经碑》	沈镕彪《续修云林寺志》卷五
	阮　元	浙江巡抚	《杭州灵隐书藏记》	清光绪杭州嘉惠堂丁氏刊本
	范　锴	乌程	《吴兴藏书录》	古典文学出版社 1957 年版
	周中孚	乌程	《慈云楼藏书志》	刻入民国年间刘承干《吴兴丛书》
	钱泰吉	嘉兴	《曝书杂记》	《丛书集成》初编本
	蒋光煦	海宁	《东湖丛记》	台北广文书局,1979

续表 2

年代	作　者	籍贯	书(文)名	出　处
明清	丁　申	钱塘	《武林藏书录》	古典文学出版社 1957 年版
	丁　丙	钱塘	《善本书室藏书志》	光绪辛丑(1901 年)钱塘丁氏刻本《中国古代藏书与近代图书馆史料》,中华书局 1982 年版
	陆心源	归安	《皕宋楼藏书志》	中华书局 1990 年版
	叶昌炽	绍兴	《藏书纪事诗》	上海古籍出版社 1958 年版
民国至中华人民共和国	杨　复	杭州	《丰华堂旧藏浙江地产志目录》	载《浙江省通志馆馆刊》1945 年第 3 期
	王国维	海宁	《观堂集林》	《王国维全集》第 8 卷,2009 年
	钟毓龙	杭州	《说杭州・说兵祸》	《西湖文献集成》第 11 册,杭州出版社 2004 年版
	余绍宋	龙游	《亡书叹》	《浙江通志馆馆刊》创刊号,1945 年
	项士元	临海	《浙江藏书家略》 《浙江藏书家概论》 《灵隐书藏纪事》	《文澜学报》第三卷第 1 期 清光绪三十三年(1907)刊本 清光绪嘉惠阮元《揅经室集》第三卷录
	郁达夫	富阳	《图书的惨劫》	新加坡《星岛日报》1939 年 5 月
	周子美	湖州	《近百年来江南藏书家概述》	上海《图书馆》1982 年第 2 期
	郑振铎	温州	《西谛书话》	三联书店 1983 年版
	陈训慈	慈溪	《贩书经眼录》 《释经楼藏书题跋记》	浙江古籍出版社,1994 《丛书集成》初编本
	赵万里	海宁	《重整范氏天一阁藏书纪略》	《中国古代藏书与近代图书馆史料》,中华书局 1982 年版
	吴　晗	义乌	《江浙藏书家史略》	中华书局 1981 年版
	蒋启霆	海盐	《西涧草堂藏书纪略》	《浙江文史资料选编》1959 年第 29 辑
	王松泉	杭州	《民国杭州藏书家》	《杭垣旧事》,2001 年 9 月内部准印刊证本

续表 2

年代	作　者	籍贯	书(文)名	出　处
民国至中华人民共和国	俞泽民	德清	《俞曲园与杭州》	《杭州文史资料》第 25 辑，2001 年 9 月刊印
	朱道翔	绍兴	《杭州旧书业回忆录》	《中国现代出版史料》，中华书局 1959 年版
	骆兆平	诸暨	《新编天一阁书目》	中华书局 1996 年版
	顾志兴	杭州	《浙江藏书史》	杭州出版社 2006 年版
	徐三见	临海	《台州藏书家传略》	《天一阁论丛》，宁波出版社 1996 年版
	刘　杭	未详	《浙江寺观藏书考述要》	《图书馆研究与工作》2004 年第 3 期
	傅璇琮	宁波	《中国藏书通史》(合作)	宁波出版社 2001 年版

资料来源：浙江省社会科学院图书馆、浙江省图书馆。

(二)藏书理论与实践研究

藏书目的与宗旨研究。浙江历来有经世致用的学风和传统，这在很大程度上影响到文人学士的藏书观。大而论之，是抄书以增所藏，刻书以广传播。顾志兴认为，其原因是“由于书籍流通地区相对集中，由于交通不便或限于经济等原因，故只能抄书而藏之。原因之二是遇见珍本、异本或罕见之本，舍抄录以补别无他法”①。从微观而言，则为提高学业见识与身心修养。如黄宗羲认为，藏书目的“当以书明心，无玩物丧志也”。严可均《铁桥漫稿 · 书葛香士林屋藏书图后》一文认为“书非骨董”“足供撰述可耳”。②

藏书楼形规与体制研究。宁波天一阁藏书楼是中国现存最古老的藏书楼。该楼由著名藏书家范钦精心设计，其形规最大特点，是突出了“天一生水”“地六成之”的建筑寓意，历代多有官员、学者、藏书家研究之。清乾隆三十九年(1774 年)，杭州织造寅著奉军机大臣传谕乾隆旨意，亲往天一阁实地考察后，向乾隆禀告：“天一阁在范氏宅东，坐北朝南，左右砖瓷为垣，前后檐上下俱设窗门。其梁柱俱用松杉等木。”“阁前凿池。其东北隅又为曲池。传闻凿池之始，土中隐有‘天一’二字，因悟‘天一生水’之义，即以名阁。阁用六间，取‘地六成之’之义。是以高下深广及数目尺寸，俱含六数。特绘图俱呈。”③现当代学者如赵万里《重整范氏天一阁藏书纪略》、骆兆平《风雨天一阁》、顾志兴《浙江藏书史》等都对天一阁藏书楼形规作过考录。

① 顾志兴：《浙江藏书史》，杭州出版社 2006 年版，第 186 页。

② 〔清〕叶昌炽：《藏书纪事诗》卷六，上海古籍出版社 1989 年版。

③ 〔清〕王先谦：《东华续录》乾隆卷七九。光绪甲午(1894 年)上海积山书局石印本。

丁丙嘉惠堂藏书楼形规研究。光绪十四年（1888年），丁丙在主持抄补文澜阁《四库全书》后，检点出家藏四库著录之书，筑嘉惠堂藏书楼以贮之。据丁丙《八千卷楼自记》记其形规并入《善本书室藏书志》。该藏书楼占地二亩，共五楹，堂屋三楼层即为八千卷楼，楼堂后有五楹；后八千卷楼之西又辟一室，称善堂书室，楼上为小八千卷楼，藏书最为珍贵。①

蒋光焴衍芬草堂、西涧草堂藏书楼形规研究。海宁藏书楼盛名者有蒋光煦别下斋与其从弟蒋光焴衍芬草堂和西涧草堂。蒋光焴为三世藏书，有硖石衍芬草堂与海盐的西涧草堂。当代学者顾志兴在《浙江藏书史》中对其形规作过考录。顾从蒋氏亲戚同济大学陈从周教授处曾得《梁启超与王国维题〈西涧草堂〉》的复印件，对蒋氏两藏书楼规制有更直接的印象，以衍芬草堂门楹"九侯望族，万卷藏书"以概之。② 陈从周作《海宁蒋氏衍芬草堂藏书史与藏书楼调查记》，亦有考录。

卓氏传经堂藏书楼形规研究。明余杭单摢（原籍瑞安）及其家族世喜藏书，有水一方藏书楼、传经堂藏书楼，极负盛名。传经堂筑成之日，吴绮、李文胤、许祚明、计东、余怀、程邑、朱彝尊、郑梁、徐乾学、杨鸣鹤、严我斯、姜宸英等皆有题记及诗作记文。吴绮所作《传经堂记》更是考据细悉，分别就各处位、景观、功能、特点等，题"只是读书""小心云影""且吃茶""冷冷来风""相於阁""无事此静坐""桥西草堂"等③。由此可见，卓氏传经堂既具有江南园林建筑特色，又是一代藏书名楼。

藏书体制研究。包括三大部分，一是历代藏书主体的研究，包括机构藏书和私人藏书。如宋代陈骙的《南宋馆阁录》，明代王阳明的《稽山书院尊经阁记》，清代浙江巡抚阮元《杭州灵隐书藏记》（清光绪杭州嘉惠堂丁氏刊本），丁申《浙江藏书录》与现当代刘杭《浙江寺观藏书述要》、张崟的《西湖文澜阁规制征故》以及顾志兴《浙江藏书史》等藏书史对浙江古代及近代藏书四大主体——官府藏书、书院藏书、寺观藏书及私家藏书体系变革作以大量考录。二是藏书的所属关系研究。如丁申对清代仁和黄树穀"化私书为公书"的考录。黄氏为清代杭州藏书家，其先世黄佛儿曾官少参，其在先世东马塍故里创办广仁义塾，并将所藏精品供四方学者诵读。每书版心折缝处，斜盖"广仁义塾"四大字，以免书被人巧取豪夺。丁申对其做法所有考录，认为此乃"藏书家之变体，是化私书为公书"（《武林藏书录》卷下）。三是传统藏书向现代图书馆藏书体制转变研究。晚清，浙江藏书家、学者等对从传统藏书转向现代图书馆藏书的历史过程多有研究和创新，典型的是绍兴藏书家徐树兰。至中华人民共和国成立前后，浙江学者将藏书之变体作为图书馆学研究的重要范畴。

藏书形式与方法研究。较有影响的有明代著名戏曲家高濂，他不仅是位藏书家，而且在藏书理论方面也很有造诣，这集中反映在其所著《遵生八笺·论藏书》（巴蜀书社1992年版）之中。他提出"藏书为读，读书为用"的藏书宗旨，还在藏书方法上有独到之处。概括有三：一是从版本鉴别上去评价藏书。他认为对宋元版书特点是"雕镂不苟，校阅不讹，书写肥细有

---

① 〔清〕丁丙：《善本书室藏书志·附录》，光绪辛丑（1901年）钱塘丁氏刻本。

② 顾志兴：《浙江藏书史》，杭州出版社2006年版，第307—313页。

③ 〔清〕丁申：《武林藏书录》卷中，古典文学出版社1957年版。

则，印刷清朗”。他采用比较的方法，对宋元旧本的差别进行研究，认为宋版书“纸坚刻软，字画如写；格用单边，间多讳字。用墨稀薄，虽著水湿，燥无烟迹，开卷一种书香，自生异味”。而“元刻仿宋单边，字画不分粗细，较宋边条阔，多一线，纸松刻硬，用墨秽浊，中无讳字，开卷了无臭（香）味”，由此认为宋版优于元刻。二是对作伪选假宋版书提出“鉴书”方法。高濂从用纸、质地、墨浸、做旧、年号、名号、装衬、套壳等方面，提出了一套鉴别方法，为藏书家们所重。对古籍保养，浙江藏书在实践中亦摸索出一些方法。如清代平湖人陆烜性喜藏书，光绪《平湖县志》称其“废产购书”，所藏至富，对古籍保养之法颇有研究；“凡治定书，必用雌黄，其色久而不渝”，“修补古书，浆粘中必入白芨，则岁久不脱”。（叶昌炽《藏书纪事诗》）

藏书流通与利用研究。浙江藏书家较早注意研究图书流通，尤其是古书的流通问题。清代浙西藏书家曹溶作《流通古书约》一文（载李希泌、张椒华《中国古代藏书与近代图书馆史料（春秋至五四前后）》，中华书局 1982 年版）中录其友人钱谦益“不取近人所刻及抄本”“傲他氏以所不及，片楮不肯借出”之爱书状，斥之偏颇；主张藏书必须“流通古书”，并“酌一简便法”；“彼此藏书家，各就观目录，标出所缺者，先经注，次史逸，次文集，次杂说，视所著门类同，时代先后同，卷帙多寡同，约定有无相易，则主人自命门下之役，精工缮写，校对无误，一两月间，各赍所钞互换。此法有数善：好书不出户庭也；有功于古人也；己所藏日以富也；楚南燕北皆可行也”，是为中国藏书史上的重要文献。曹溶所处年代，其法难以流行。近代上海创办“古法流通处”，而“流通”一词亦成了近现代图书馆学的重要范畴。浙江学者中有许振东《图书之流通》（浙江图书馆刊印 1932 年版）以及之后周文骏《文献交流引论》（中国文献出版社 1986 年版）等，均为书籍流通理论研究的专论。

藏书风尚与文化研究。浙地藏书事业有悠久的历史，许多文人学士都有藏书的习惯，考录研究者亦多。吴晗在《两浙藏书家史略·序》（《吴晗史学论著选集》第一卷，人民出版社 1984 年版）考录“自板刻兴而私人藏书乃盛，其中风流儒雅，代有闻人宿史枕经，笃成绝学。甚或连楹充栋，富夸琳琅，部次标签，搜穷二酉，导源溯流”，“士大夫学者之博古笃学者至大且巨”。古人之赞誉者也不乏其人。如明代学者王世贞《二酉山房记》载：“元瑞（胡应麟字）以嗜书故，有所购访，时时乞月俸，而独其载书”，“盖十余岁尽毁其家以为书，录其余资以治屋而藏焉”。清代李宗莲作《皕宋楼藏书志·序》（《皕宋楼藏书志·序》影印本，中华书局 1990 年版）赞皕宋楼主人陆心源“先生博闻缀学，偶见异书，倾囊必购，备兵南韶，丁封翁银，归装有书百椟，乃复近钞远访，维日孳孳”，“十余年来，凡得书十五万卷，而刻坊不与焉”。浙江许多著名藏书家的“好”藏书之风成为其毕生藏书活动之精神。如全祖望在《梨洲先生神道碑文》中夸誉黄宗羲：“既，尽发家藏书读之，不定，则钞之同里世学楼钮氏、澹生堂祁氏、南中则千顷斋黄氏、吴中则绛云楼钱氏，穷年搜讨，游履所至，遍历通衢委巷，搜鬻故书。”[①]而全祖望自家，经营藏书事业历尽数代艰辛。他在《双韭山房藏书记》《春明行箧当书记》等著述中，称藏书与自己乃是“山河跋涉之交”（《鲒埼亭集》卷十一）。全氏不仅自己悉心搜书藏书，而且还熟稔浙江之藏书事业的研究，有考纪本《七贤传》《小山堂祁氏遗书传》《旷亭集》《小山堂藏书记》《二老

① 〔清〕全祖望著《鲒埼亭集》卷十一。

阁藏书记》等，是藏书史上极为珍贵的史料。现当代浙江学者将古代藏书家的藏书风尚和精神统摄到藏书文化的范畴，作以研究。如骆兆平著《天一阁藏书文化的历史轨迹和发展前景》等。

藏书史论的方志研究。浙江地方史志对于藏书、藏书家、藏书楼有许多研究。如从宋代《浙江通志》到清代雍正、道光、光绪诸年间的《浙江通志》对浙江藏书的考录。雍正《浙江通志》对宋代两浙各地方政府和官办学校藏书的考录，认为这两类藏书的来源有二，其一是官署所刻之，其二是朝廷赐书并建有御书阁藏之。① 该书还对浙江各地书院和寺观藏书有所考录，记有东阳石洞书院藏书、建德钓台书院藏书、临海净明寺藏经、松阳治平禅寺藏经等。古代大量的府志、县志以及现当代市县志均对当地藏书楼、藏书家及其藏书活动有丰富的记载。如《宁波市志》（中华书局 1995 年版）对鄞县卢址的抱经楼，从楼名、形规、书源、数量、门类及扩书方法、现在状况等方面作以考录。《杭州市志》（中华书局 1999 年版）有对藏书家蒋抑卮在上海合众图书馆创建时捐书捐款的详细考录。《湖州市志》（昆仑出版社 1999 年版）对南浔董氏家族藏书的考录等。在藏书楼志的研究方面，浙江古代许多藏书楼均作有藏书志或藏书楼志，较著名的有清代周中孚《慈云楼藏书志》、陆心源《皕宋楼藏书志》、丁丙《善本书室藏书志》及项士元《浙江藏书楼志略》等。

对浙江藏书史与中国藏书史的研究。如较著名者有黄宗羲《天一阁藏书记》、项士元《浙江藏书家略》、陈训慈《张氏涉园藏书世系简表》（张氏，即张元济世族，见叶昌炽《藏书纪事诗》卷四）、吴晗《江浙藏书家史略》与《两浙藏书家史略》、王松泉《浙江藏书史》、骆兆平《抱经楼和水北阁的变迁》、徐三见《台州藏书家传略》（载《天一阁论丛》，宁波出版社 1996 年版）、顾志兴《浙江藏书史》等。傅璇琮、谢灼华等的《中国藏书通史》是迄今为止第一部全面系统论述中国历代藏书史实的著作。顾志兴《浙江藏书家藏书楼》（浙江人民出版社 1987 年版）是国内最早的一部地域性藏书专著。

藏书活动研究。古代浙江藏书家的藏书活动内容相当丰富，涉及藏书、考研、编书、刊书等。如宋代临安人陈思、陈起既是藏书家，又是书商，集藏书、编书、刻书于一身，专攻所藏之古碑拓片，编成《宝刻丛刊》（《四库全书总目》卷一八七，中华书局 1965 年版）。陆游是南宋最著名的爱国诗人，也是古代大藏书家，其抄书、校书、刻书是其最重要的藏书活动，其刻书在宋代最具代表性。据顾志兴研究，除陆游外，宋代还有岳珂、沈作宾、汪纲、施元之、唐仲友、廖莹中等浙江藏书家，在抄书、搜书、研书等藏书活动中，均有刻书刊行。（顾志兴《浙江藏书史》，2006 年）

藏书相关学科研究。浙江历来以学者型藏书家见长，即藏书家充分利用家藏书籍，将目录学、校勘学、文献学等相关学科结合研究，通过考评、注疏等形成新的藏书理论与实践研究成果。有叶梦得《石林燕语》、周密《齐东野语》、陈振孙《直斋书录解题》、王应麟《玉海》、钱泰吉《曝书杂记》、陆心源《皕宋楼藏书志》、丁申《武林藏书录》等。至于研究藏书后作目录学著述的则更多。

---

① 雍正：《浙江通志》卷二十六、卷二十九、中华书局 2002 年版。

第三节 文献学与目录学研究

文献学是以文献为本体的学问，研究范围主要是文献的形态、整理方法、鉴别、分类与编目、形成历史、特点与用途、检索等。浙江古代的文献学研究，涉及深广，近现代研究亦有不菲成就。“目录”一词现存文献以《汉书》为最早。古代目录包括目次、校雠整理情况、作者生平、内容评价。浙江学者在刊印、藏书过程中对古代目录学的理论和应用都有较重要的贡献。

一、文献学

（一）文献形成与载体研究

文献形成方式可归纳为著、述、编、译等方式，浙江不仅在这四方面多有名品，而且在点评、研究方面也面广意深。浙江最早的论著为王充的《论衡》，其自称“《论衡》非作也，亦非述也，论也。论者，述之也”①。

“编(纂)”，即按一定体例缀辑旧文，为中国古代文献形成的主要方式。浙江学人在这方面有大量编纂成果。类书编纂有唐虞世南《北堂书抄》160卷，唐徐坚《初学记》《官修类书》等，丛书类编纂著闻者有鲍廷博《知不足斋丛书》、吴骞《拜经堂丛书》、陆心源《十万卷楼丛书》、张均衡《适园丛书》、罗振玉《史料丛刊》、钟人杰《唐宋丛书》、卢文弨《抱经堂丛书》、陶宗仪《古刻丛钞》等；集类有胡应麟《少室山房笔丛正集》等；另南朝谢灵运参与编纂国家四部藏书，计64582卷，是为宏巨；邵晋涵根据《永乐大典》《册府元龟》等类书辑成《旧五代史》，是为辑佚类大书；而胡维新《两京遗编》、张应昌《春秋属辞辩例编》《国朝词综续编》、刘喜海《长安获古编》等亦为古代著闻。

“译”为中国文献形成的重要组成部分，主要集中在佛典翻译、学术翻译与文学翻译三大类。佛典翻译方面，如东汉桓帝建和二年(148年)，安世高(约2世纪)自安息国来华，至灵帝建宁四年(171年)，游历南北20余年，曾足驻会稽等地，译佛经35部41卷，是佛经汉译的创始人。学术翻译方面，明代著名翻译家李之藻，曾与利玛窦合译《圜容较义》《同文算指》《浑盖通宪图说》，又与葡萄牙人傅讯际合译《寰有诠》《名理探》等，与徐光君、杨廷筠及利玛窦等合作译编《大学初函》21种55卷，为中国科技译述丛书之创始者。清李善兰先后任制造局翻译、京师同文馆总教习，为咸丰、同治以来翻译外国科技书籍的开辟者之一。清张元济主持南洋公学翻译书院，出版严复翻译《原富》第一册、第二册，并买下严复其他译稿，之后张入商务印书馆，1931年整理出版《严译名著丛刊》8种，1914年又主持出版近代文学翻译巨匠林纾的《林译小说丛书》一、二集共100种。

---

① 杜泽逊：《文献学概要》，中华书局2008年版。

（二）文献校勘的理论与实践

校勘古书的目的是恢复古书原貌，正本溯源。浙江学人对历史文献以传抄、刻印、排印时出现的讹（错误）、脱（漏字）、衍（多余字）、倒（字颠倒）、错乱（字乱序）等的校勘及其研究，有许多经典之作和经典之例。如南宋岳珂校刻九经三传，清卢文弨校订《抱经堂丛书》、杭世骏校勘武英殿《十三经》，近代俞樾、孙诒让、章炳麟等，亦各有所校之经典。又多有类书、旧注本可作校订依据，如唐代虞世南《北堂书钞》、徐坚《初学记》等，通过对校法、他校法、本校法、理校法等综合考证法的运用，校勘了许多经典古籍。尤其是清代以来，有杭世骏《道古堂集》，吴寿旸《拜经楼藏书题跋记》，陆心源《皕宋楼藏书志》《仪顾堂题跋》，丁丙《善本书室藏书志》，邵懿辰《四库简明目录标注》，朱一新《无邪堂答问》，赵万里、冀淑英《中国版刻图录》，张元济《缘园序跋集录》等，这些经典不仅在校勘方法上是为榜样，而且成为当时及至后校勘古籍的参照版本。张元济《校史随笔》对校勘理论和实践作了总结，成为中国近现代古籍校勘的重要理论指导和实践参考。①

（三）文献辑佚的理论与实践

浙江学者对古文献的辑佚与辨伪及其理论建构，做了大量工作，作出过重要贡献。如章学诚《校雠通义・补郑篇》认为，昔王应麟以《易》学独传王弼，《尚书》止存《人为孔传》，乃采郑玄《易注》《书注》之见于群书考，为《郑氏周易》《郑氏尚书注》。又以四家之诗独《毛传》不亡，乃采三家诗说之见于群书者，为《三家诗考》，嗣后好古之士，踵其成法，往往缀辑佚文，搜罗略遍。可见王应麟辑佚之法对后人的影响。乾隆元年（1736 年），浙江学者从《永乐大典》中辑佚书，对清代辑佚事业有很大影响。如"全祖望寓节绂京宅"，因专得借《大典》，"日各读二十卷，以所鉴分令人抄之，计抄出寓氏《春秋交宗》一百五十卷、王安石《周官新义》六十卷，《曹放斋诗选》《刘公文抄》《唐说斋文钞》，史其隐《尚书》《周礼》《论语》释，《二袁先生文钞》及永乐《宁波府志》诸书"。杭世骏《读礼记集说》所采元人说，亦大半辑自《大典》。② 清乾隆年间，四库馆开，浙江采迹遗书中已有抄存《大典》内《考工记》六本。清嘉庆年间，严可均《全上古三代秦汉三国六朝文》746 卷（中华书局 1965 年版），收书 3000 余种，辑校诸经，逸注及佚子书数 10 种，合经、史、子、集为《四录堂类聚》1206 余卷，涉作者 3496 人，填补了唐以前学术史的空白。民国期间，鲁迅的《古小说钩沉》（《鲁迅全集》第 8 卷，1938 年）为辑录的古小说佚文集，收自周至隋的散佚小说 36 种。

（四）文献辨伪的理论和实践

浙江学者在辨伪理论和实践方面建树颇多。宋代叶适等继欧阳修之后，对一直被认为圣人作品《十翼》提出辨难，使《十翼》中除《彖传》《象传》以外均被认为非孔子所作。稍后的赵汝

① 杜泽逊：《文献学概要》，中华书局 2008 年版，第 143 页。

② 郭伯恭：《四库全书纂修考》，民国学术文化名著，上海书店 1992 年版。

谈的《南塘易说》3卷，被宋代陈振孙《直斋书目解题》称为“专辨《十翼》非夫子”的第一部专著。赵氏、陈氏还对《关子明易传》提出怀疑。元代赵孟頫是继宋代朱熹等之后谋辨《古文尚书》之伪的人。元至正十八年(1358年)，宋濂《诸子辨》，对上起周秦，下至唐宋的四十部子书逐一进行审辩，共得伪书27部(包括疑伪)，是为“中国历史上第一部辨群书真伪的专书”①。

明代胡应麟被文献学界称为辨伪学理论的始作俑者，其《四部正讹》辨出经史子集四部共97部伪书，是中国第一部综合性的辨伪专书。胡氏之著打破了自梁释僧祐、唐释道世、智昇、宋儒朱熹以来的重实践而不重理论的传统，系统地提出关于作伪手段、动机、类型、方法等一整套辨伪学理论，而其中辨伪八法则为其要②。其八法至今仍为辨识伪书的基本原则和方法。

清代古籍辨伪之成就远远超过前人。一是围绕《周易》中的辨伪，如黄宗羲作《易学象数论》，否认《河图》《洛书》出自上古的传统定论，指出两书为伪妄之作；毛奇龄撰《古文尚书冤词》，专驳阎若璩以图翻案，极言《古文尚书》不伪；胡渭作《易图明辨》十卷，将围绕《周易》的“太极”“先天”“后天”等图乃至“河图”“洛书”之类作一总的清扫③。二是，古文经学派中，朱彝尊《经义考》300卷，具有经学文献考述上的总结性；毛奇龄《春秋简书刊误》《大学征文》(《毛奇龄全集》，学苑出版社2015年版)，从文献记述上考订古代制度、典故；章太炎在辨伪方面较为著名，有《春秋左传读》《刘子政左氏说》(《章太炎全集》，上海人民出版社1982年版)传世。三是晚清浙江学人王国维《今本竹书纪年疏证》(《王国维全集》第5卷)、黄云眉《古今伪书考补证》(山东人民出版社1959年版)、马叙伦《列子伪书考》(《马叙伦学术论文集》，科学出版社1958年版)均为其时辨伪或与其相关的著作。其中，黄云眉《古今伪书考》从《四库提要》中获取材料增加辩证佐证，马叙伦《列子伪书考》列举12证，以辨《列子》之伪(杜泽逊《文献学概要》)。四是对历史地理学的文献作“集解”“辩证”，如清代胡渭《禹贡锥指》(上海古籍出版社1996年版)、万斯同《昆仑河源考》(合集，商务印书馆1936年版)。

(五)专题文献研究

甲骨文献的研究。浙江学者以早期甲骨文献研究著闻。清孙诒让《契文举例》2卷(蟫隐庐石印本，清光绪三十年，1904年)是第一部考释甲骨文的专著，全书分10类。孙氏“是初步的较为系统地认识甲骨文字的第一人”。④ 罗振玉先后从1906年开始搜集甲骨计2万片，为早期最多者，编撰《殷虚书契》与《殷虚书契考释》等著作7部，总计公布甲骨拓片近4000片，其在甲骨文资料搜集、流布方面所作贡献，是其他研究者无可比拟的。其《殷虚书契考释》共8篇：都邑、帝王、人名、地名、文字、卜辞、社利、卜法共释字485个，是为甲骨文字学之巨观，郭沫若在《中国古代社会研究》中称“甲骨自出土之后，其收集、保存、传播之功，罗氏当居第

---

① 杜泽逊：《文献学概要》，中华书局2008年版，第194—195页。

② 〔明〕胡应麟：《四部正讹》，《少室山房集》120卷，上海古籍出版社1993年版。

③ 张国刚、乔治忠等著：《中国学术史》，东方出版中心2006年版，第504—505页。

④ 陈铭：《潮落潮起——王国维传》，杭州出版社2004年版，第142—143页。

一，而考释之功亦深赖罗氏”①。王国维《戬寿堂所藏殷墟文字》及《考释》选拓片655片。

古籍制度研究。古籍是文献最主要的内容之一。浙江学者在古籍制度与分类研究上占有优势地位。其研究包括：一是典册制度研究。甲骨文、铭文、刻石文是典册制度的重要载体，其中铭文、刻石文研究，有王应麟《困学纪闻》，考据刻石证经时期的7个著名石经等，是为著闻；马衡《凡将斋金石丛稿》论及石刻文字始于春秋战国时期。二是简策制度研究。较有影响的有陶宗仪《辍耕录》、王国维《简牍检署考》等。陶氏认为“上古玩墨，竹挺点漆而书”。王氏认为“书契之用，自刻画始，金石也，甲骨也，竹木也，三者不知孰后先，而以竹木之用为最广。竹木之用，亦未识起于何时。以见于载籍者言之，则用竹者曰‘册’。书金滕‘史乃册祝’。洛诰‘王命作册逸祝册’，顾命‘命作册度’。‘册’字或假‘鞭策’之‘策’字为之”。“周礼内史‘凡命诸侯及公卿大夫，皆策命之’。左传‘灭不告败，克不告胜，不书于策’”，“曰‘简’，诗小雅‘畏此简书’、左传‘执简以往’，王制‘太史执简记’是也”②。三是卷轴制度研究。卷轴为帛书时期的形制，也是篇、卷之书的分界。章学诚《文史通义》认为，“向歆著录，多以‘篇’‘卷’为计，大约篇从竹简，卷从谦帛，因特定名”。（章学诚《文史通义》）四是册页制度研究。浙江自唐宋之后，已成为全国雕版刻书的最主要区域之一，册页制度研究也较有影响，涉及古书的装帧、印刷等。

古籍分类研究。古籍分类始于目录的产生。浙江学者对目录的研究，内容宏富，涉及著录、解题、提要、摘要、书评等。在史志目录研究、编纂方面，有南朝谢灵运《宋元嘉八年秘阁四部目录》，最先按东晋李运改定甲部经籍、乙部史论、丙部诸子、丁部文集的四部次序格局编纂的大型古籍分类目录。隋代许善心《七林》，其体例继刘向、刘歆父子《七略》，编排上为“七分法”。清代姚振宗编纂《后汉书艺文志》《三国志艺文志》等7种目录学著作，成《快阁师山石房丛书》（上海开明书店1936年版）。《四库全书》的编纂是文献学史上的一项巨大的工程，以经史子集四部分44类。浙江学者邵晋涵以史学家出任纂修官，属史部，并参编《四库全书目录提要》，浙江最先刊印四库提要。尔后，仁和人邵懿辰编《四库简明目录标注》20卷，其曾孙邵章编《增订四库简明目录标注》（上海古籍出版社2000年版）。另曾任慈湖、柯山书院山长的马临瑞《文献通考》设24门以作分类；陈振孙《直斋书录解题》未标四部之名而分53类；周中孚《郑堂读书记》设四部分41类；鲁迅《中国小说史略》分四部等③。

现当代浙江文献学研究以文献学专题理论研究为多。洪湛侯《文献学的主要课题——兼论建立文献学的完整体系》（《杭州大学学报》1987年第2期）、《类书的文献价值》（载《中文工具书参考资料》，北京师范大学出版社1987年版），对文献学的体系和价值问题进行研究。毛春翔著有《古书版本常谈》（中华书局1962年版）等。崔富章《文澜阁〈四库全书总目〉残卷之文献价值》（《文献》2005年第1期），对目录的文献价值作以研究；其《论版本及其在文献学中的基石地位》（载周彦文主编《文献学研究的回顾与展望——第二届中国文献学学术研讨会论

① 陈铭：《潮落潮起——王国维传》，杭州出版社2004年版，第126—127页。

② 《王国维全集》第2卷，第479页。

③ 万刚：《中国古代文献学》，北京大学出版社2007年版。

文集》,台湾学生书局,2002 年)一文,深入研究了版本学与文献学的关系。对古籍文献的研究有:骆兆平《天一阁藏明代地方志考录》(书目文献出版社 1982 年版)一书,对天一阁地方志版本的收藏情况一一作考。对文献版本、目录的研究有:崔富章对版本、目录学有较深的研究,发表《〈楚辞〉版本源流考索》(《浙江学刊》1987 年第 1 期)、《论版本和善本》(《杭州大学学报》1988 年第 4 期)、《关于〈四库全书总目〉的定名及其最早的刻本》(《文史》2004 年第 2 期)等。

二、目录学

(一)目录及目录学研究

古代校雠学与近代目录学理论。校雠是目录发展的基础。清代章学诚从校雠学的角度系统地论述了目录学的精髓,其《校雠通义》序说:“校雠之义,盖自刘向父子部次条别,将以辨章学术,考镜源流,非深明于道术精微,群言得失之故者,不足语次。后世部次甲已,纪录经史,代有其人,而求能阐大义,条别学术异同,使人由委溯深,以想见于坟籍之初者,千百之中不十一焉。”章氏把目录之学的境界归纳为“辨章学术,考镜源流”八个字。民国陈鳣亦深谙校雠之学,其《简庄疏见》《经籍跋文》为校雠学之范本。其间,浙江学者在目录学体系建立方面研究较深,学著较多,有蒋伯潜《校雠目录学纂要》(正中书局 1960 年版)、郑鹤声《中国史部目录学》(商务印书馆 1956 年版)、李笠《校雠学》(中山大学出版社 1936 年版)《中国目录学纲要》(武汉大学印刷,民国 25 年,1936 年)、来新夏《古典目录学》(中华书局 1991 年版)亦为上乘之作。

经籍志书目及订正校补。古代与近代浙江学者著书目及订正校补的重心在史经籍志。宋代王应麟《汉书艺文志考证》10 卷,使《汉书艺文志》成为专门之学。清代著名目录学家姚振宗(1842—1906 年,会稽人)著有《隋书经籍志考证》(上海古籍出版社 1995 年版)、《后汉艺文志》(艺文印书馆)、《汉书艺文志条理》(中华书局 1995 年版)及《师石山房书录》等数十种,所编书目及订正校补多为史经籍志。章太炎《七略别录佚文征》(学海出版社 1984 年版)之后集,涉献书之路、校雠杀青之事。

“辑录体”提要与版本著录经典。提要是目录的主体形式,“辑录体”提要是辑录前人序跋而成。浙江学者对目录提要多有创制,多有经典。清朱彝尊《经义考》,辑录前人大量序跋作为目录提要,为后人提供丰富的原始资料,很有价值。清末孙诒让《温州经籍志》在传统“辑录体”基础上,加入个人考评案语。

清代及近代藏书家所编目录重视著录版本,尤其是善本目录。清末仁和邵章《增订四库简明目录标注》区分了刻本、抄本、校本、稿本、石刻本、活字本等不同类别。

(二)藏书目录、小说目录、丛书类书目录及常见目录研究

公藏目录与私藏目录及其他经典。官府目录始于汉代《书略》,经历代延续民国直至 1949 年之后。浙江学者(藏书名家)参与官府藏书目录辑录的,不乏名家名录。南宋临海人

陈骙等编《中兴馆阁书目》70卷，已佚。赵士炜有《中兴馆阁书目辑考》《中兴馆阁续书目辑考》。明代宁波孙能传与张萱、秦焜等人共编校内阁藏书，成《内阁书目》4卷(万历三十三年，1605年编撰，见《中国藏书家辞典》)。清代钱东垣曾官松阳知县，调上虞县，与桐乡金锡鬯等辑释《崇文总目》70卷(北宋王尧臣编次，台北商务印书馆1978年版)，世称精本。于敏中曾督浙江学政，任浙江宣平知县，著辑编有《天禄琳琅书目》10卷，彭元瑞等后编有20卷。至民国，海宁赵万里编《国立北平图书馆善本目录》4卷，毛春翔编《浙江省立图书馆善本书目甲编》4卷等，均为浙江学者公藏目录修撰的经典。私藏目录在浙江历有传统，且在中国古代私藏经典目录的占比很大。南朝时，沈约与任昉同为“竟陵八友”，任昉殁后，沈约奉命就任昉书目核对时，凡朝廷所无，就昉家取之，但其目录不传。传之于今的，有宋代陈振孙《直斋书录解题》、尤袤(曾知台州)《遂初堂书目》为早。明代有范钦《天一阁书目》(清初抄本)，祁承㸁《澹生堂藏书约》等。清代有朱彝尊《潜采堂宋金元人集目》、吴寿旸《拜经楼藏书题跋记》、陆心源《皕宋楼藏书志》等。史志目录有清代姚振宗《三国艺文志》、卢文弨录补《补辽金元艺文志》等。其中不乏目录学之经典，清代阮元命范邦甸编辑的《天一阁书目》10卷(世称阮目)是天一阁藏书目录中编辑较为科学、著录最为详备的一种书目。民国时期，蒋汝藻《传书堂藏书志》(邀王国维撰)、刘承干《嘉业堂藏书志》(邀缪荃孙、董康、吴昌绶撰)、张元济《涵芬楼烬余书录》、张均衡《适园藏书志》(邀缪荃孙撰)等。

小说(戏剧)目录经典。从目录学上看，小说始终是子部的范畴。自《新唐书・艺文志》将异记、近异录、搜记、神录、志怪、幽明录、齐谐记等列在小说类里，《四库全书》又把一大批原先属史部杂史类的作品列入小说类，浙江学者对小说目录分类有着学术上的贡献。如明代胡应麟《少室山房笔丛正集》《少室山房类稿》(胡宗楙辑《续金华丛书》本，民国13年刊本)将小说分为志怪传奇、杂录、丛谈、辨订、箴规等六类(《少室山房笔丛》卷二九《九流叙论》)，不同于现代所指小说。民国鲁迅《中国小说史略》(上海古籍出版社2006年版)是中国最早小说史专著，其将中国古代小说分为四部：即宋元部、明清讲史部、明清小说部甲、明清小说部乙。第四部又分四类，即烟粉、灵怪、说公案、讽喻，其存疑目、丛书目各列1卷，日本译中国小说目录1卷附后。

丛书目录及经典。丛书或变称丛刊、丛刻，即刊刻群书而成一书者。丛书注名自唐宋始。浙江是丛书刊刻的故乡。传统的说法以南宋古鄮山人(今宁波市东)左圭的《百川学海》为丛书之祖，所收多是唐代以来的短书小记、宋人诗话笔谈、谱录小品等。顾志兴《浙江印刷出版史》所收明代浙江学者刊刻丛书众多，有黄岩陶宗仪《说郛》、余姚胡维新《两京遗编》57卷(涵芬楼影印本，民国)、会稽商濬《稗海》(《中国丛书综录》著录10函，70种448卷，中华书局1959—1962年版)，钱塘钟人杰、张遂良辑《唐宋丛书》等，是为经典。其中陶宗仪之《说郛》100卷，收集经史及百氏杂说汇成丛书，影响极大。清代浙江学者刊刻丛书之著闻者有卢文弨《抱经堂丛书》、鲍廷博《知不足斋丛书》、吴骞《拜释经堂丛书》等，涉地理、金石、艺术、故学、词典等。专收类目录丛书有陆心源《十万卷楼丛书》、张均衡《适园丛书》、罗振玉《吉石庵丛书》(复训古旧书店1982年版)与《玉简斋丛书》(清光绪二年石印本)、吴昌绶《双照楼景刊宋元本词》(文物出版社影印本)、陆费逵《四部备要》(中华书局1920—1936年版)，而罗振玉又专著存古丛书子目汇编书目《续汇刻书目》。

类书书目及经典。类书，即从各种不同的书籍里按名或按段摘录、分门别类地综合汇编的套书，浙江学者之经典类书以唐代为最，有唐代虞世南《北堂书钞》852卷、徐坚奉敕修撰《初学记》、欧阳询等编撰的《艺文类聚》、白居易辑并宋人孔传续辑的《白氏六帖》合称为唐代“四大类书”。

（三）书籍版本研究

目录与版本相辅相成，研究目录必先求证版本。对书籍版本的研究始于南宋而盛于清乾嘉时期。版本学是对版本源流、优劣真伪的研究，浙江学者对古籍版本研究涉及历代写本、历代刊本、历代传录本、批校本、稿本及雕版源流、善本、劣本、原刻以至印纸墨色、字体刀法、藏书印记、版式行款、装订式样等。各藏书家有关记载版本的目录学著述经典有范钦《天一阁书目》，陈鳣《经籍跋文》（《知圣斋读书跋、经籍跋文》，商务印书馆1936年版）、邵懿辰《四库全书简明目录标注》、丁丙《善本书室藏书志》、陆心源《皕宋楼藏书志》与《仪顾堂题跋》等。清吴寿旸《拜经楼藏书题跋记》（上海古籍出版社2007年版）历来被认为是版本目录学名著。近代有赵万里、郑振铎、徐森玉等编《中国版刻图录》（文物出版社1990年版），以刻工类比等方法鉴定版本；张元济通过字体、版式、刻工等方面考据一部分宋版刻本。山阴沈仲涛将运到台湾的家藏善本捐献给台北故宫，并辑《沈氏研易楼善本图录》，通过核查避讳之法，鉴定一部分南宋刻本。

（四）现当代目录学研究

现代浙江学者对目录学的研究承继了明代祁承㸁和清代章学诚目录学的学术传统。1902年刊行的《杭州藏书楼书目》和1904年刊行的徐树兰《古越藏书楼书目》，突破了中国传统的经史子集四部分类法，开中国近代图书馆目录学之先河。随着浙江图书馆事业的兴起和发展，在清末、民国时期涌现了一批如孙诒让、吴寿旸、陈鳣、赵万里、毛春翔、罗振玉、鲁迅、丁丙、张元济、沈仲涛等名家，为近代浙江目录学基础理论和应用理论研究作了重要贡献，也为中华人民共和国成立后的目录学研究打下了很好的基础。

中华人民共和国成立初期，浙江学者的目录学研究主要集中于图书分类法研究，内容涉及图书分类编目的意义、图书分类法的理论体系、《人民图书分类表》的修正、中小型图书馆分类简表的讨论、图书分类标准及图书分类定额标准、著者号码及索书号码的组成、目录体系及目录改造等。1952年，金天游编《中文图书编目条例》是浙江省立图书馆内部使用的规范性探讨的阶段成果。1963年，浙江医科大学图书馆编写《中文图书卡片目录检字表》是涉及具体操作的实用性成果。20世纪50—60年代，杭州大学图书馆曾编印了《中国历代人物年谱集目》《杭州大学图书馆善本书目》《杭州大学图书馆总本总目》，是对于新图书分类的实践性成果。

20世纪60年代中期至70年代中期，由于“文化大革命”的冲击，浙江的图书馆事业遭受严重摧残，图书馆学研究也处于停顿状态。

至20世纪70年代中期之后，周恩来总理提出“尽快编纂全国古籍善本书目”的指示。1978年浙江图书馆全面整理和编纂本省馆藏古籍善本书目。到1980年5月，全省核查统计图书馆藏总量约在350万册。

20世纪80年代之后，浙江的图书馆界在目录学基础理论研究方面成果显著，有陈晓华《鲁迅与目录学》(《四川图书馆学报》1981年第3期)、黄景行的《论专科目录学的研究对象和内容》(《江苏图书馆学报》1984年第2期)、李国庆著有《开启域外汉籍文献宝库的钥匙——评〈中国馆藏和刻本汉籍书目〉》(《中国图书评论》1995年第9期)、周子荣《佛教图书馆使用〈中国图书馆分类法〉的尝试——〈云林佛教图书分类法〉编制》(《中国索引》2005年第3期)等，专业探讨了目录学在新时期的发展方向和学科建设问题。在应用理论方面，主要围绕推广使用《中国图书馆分类法》(简称《中图法》)和《文献著录总则》，推进分类、编目的科学化、标准化研究，对《中图法》的个别类目的设置提出了修订意见，并为《中图法》编委会所采纳。关于中文同类书的排列，浙江省图书馆学会与中国图书馆学会分类主题研究分委员会等合作，研究并提出《中文同类书排列方法国家标准(草案)》报批。

关于检索工具的组织方法，即分类目录与主题目录关系的研究，是这一阶段图书馆学界重点讨论的课题。1979年，黄景行《试论分类目录与主题目录的区别和职能》(《浙江图书工作》1979年第3期)是最早该题讨论的文论。周子荣、陆宗诚、夏勇先后撰写《从分类目录到主题目录——试论图书馆目录工作的重点转移》和《再论从分类目录到主题目录》(《图书情报工作》1981年第1期、1983年第2期)两文，提出“主题检索系统成为图书情报部门的主要检索系统已是大势所趋”的观点，引发图书馆界不同意见的争鸣。据此，浙江医科大学图书馆成功编制了主题目录系统；浙江工学院陆近春编成学校分类目录字顺主题索引(FZZS)，并形成《分类目录字顺主题索引试编结果与分析》(《图书馆研究与工作》1984年第4期)的研究成果；宁波大学胡建平将主题目录的应用改造机读目录系统，并撰《谈机读目录的主题索引》；周子荣《西文医学图书主题目录的编制》(《图书馆研究与工作》1986年第4期)一文对医学专业图书的编制提出了主题目录的思想。夏勇、周子荣还就西文编目开设课程，编有《实用西文编目教程》(浙江大学出版社1989年版)；陆宗诚著《图书分类》(广西教育出版社1989年版)为全国图书馆学中专系列教材。

理论研究的不断深入推动了浙江图书馆界专题(业)书籍的目录编制，较有影响的有项孔言编《新编馆藏中文法学书目》(浙江图书馆，1983年印行)，王宝平、李国庆编《中国馆藏日人汉文书目》(杭州大学出版社1997年版)，浙江丝绸工学院图书馆编印《丝绸科技期刊目录集(1958—1985)》(1990年中国图书馆学会成立十周年优秀科研成果奖成果)，杭州大学图书馆编印《中国历代人物年谱集目》(1962年编印，1990年中国图书馆学会成立十周年优秀科研成果奖成果)，方建新《二十世纪宋史研究论著目录》(北京图书馆出版社2006年版)。

20世纪末21世纪初，浙江图书分类目录检索进入数字化时代，形成了大量的研究成果。有周子荣、史国祥撰《OHIO LINK及其对我国省级图书馆网络建设的启示》(《现代图书情报技术》1996年第6期)，周子荣《日文图书计算机编目的若干问题》(《浙江高校图书情报工作》2000年第5期)、《国际书目数据库共享中MARC自动转换研究》(《浙江高校图书情报工作》

2002年第3期)，宓永迪、夏勇《资源描述框架(RDF)的应用》(《大学图书馆学报》2001年第2期)，王建涛、胡明玲等《基于Web2.0的开放目录系统设计与实现》(《图书情报知识》2009年第5期)，胡明玲、王建涛《混搭技术在图书WEB服务中的应用》(《情报探索》2010年第12期)，严慧英《影响网络信息检索行为的主体因素》(《情报杂志》2004年第4期)等将计算机技术应用于图书目录检索服务。许儒敬、周子荣《从传统图书馆到现代化图书馆的模式转变》(《江苏图书馆学报》1999年第5期)一文，对数字化时代"图书馆消亡论"提出了看法。陆近春将新科技引入图书索引研究，著有《科技体系的变迁与图书分类法的发展路向》(《中国图书馆学学报》1998年第1期)、《科学统一总体构成论》(《中国索引》2005年第3期)等。

第四节　情报学与档案学研究

情报学作为一门独立的研究领域，起始于20世纪50年代，其研究具有交叉学科或跨学科特点，是一门综合性的横断学科。浙江学者在情报学研究方面涉足较早、后发有力，早中期交叉于近现代文献学、版本目录学、图书馆学、档案学等传统理论和实践研究。现当代随着信息和计算机技术的发展而深入到情报检索、分析、数据库的理论模型设计和实践应用等多个方面。

一、情报学

(一)学科理论建设

传统交叉学科的基础作用研究。近现代浙江学者在文献编纂学、版本目录学、图书档案学等传统学科创建和研究方面有较好基础和建树。这些成果对于后来的情报学研究奠定了理论和实践基础。这一发展大体反映在以下三个方面：一是传统文献编纂对现当代文献情报源的基础性发展。二是传统版本目录学及其私家藏书目录、馆藏目录对现当代情报检索体系与数据库建设的基础性发展。如陈光祚自1980年起充分利用湖北省地方志馆藏优势，主持设计"湖北省地方志全文检索系统"等科研项目，并通过科研，促进了科技文献检索和计算机情报检索系统的学科建设。来新夏依托南开大学和天津图书馆的社会科学文献基础，研究社会科学文献检索和利用，形成《社会科学文献检索与利用》的专业著作。2000年以后，浙江省图书馆系统利用馆藏目录优势，设计并创建文献情报检索系统，形成系统网络情报信息体系。三是传统校雠学对现当代文献情报分析的基础性发展。

译著、译编国外学科知识。浙江学者在情报学及情报工作学研究方面，有两个特点：一是翻译及编著国外学科辞书及其他外文工具书，引入及宣传国外情报学理论知识和实践经验。有宋国楷等译的《外文工具书的应用及英美概况》，刘子亚、陆宗诚的《英汉图书情报文献学词汇》(书目文献出版社1987年版)，来新夏主编的《图书馆学、情报学、档案学简明辞典》(南开大学出版社1991年版)，周文骏主编的《图书馆学、情报学词典》(书目文献出版社1991年版)、吴尔中合编的《科技情报实用手册》《国外科技工具书指南》等。

学科理论研究及其推广。浙江大学叶鹰等主编的《情报学基础教程》,是浙江大学与上海交通大学的有关专业教师在吸收众多研究成果基础上合作编写的。全书以三个简明扼要的科学化概念为基础,把信息作为物理实在并定义为信息密度的积分,将情报定义为有价值的信息(有效信息),再将知识定义为有效信息的积分。全书从情报学经验规律入手,吸收国内外情报学基础理论和方法论,提出了情报源、情报组织、检索、分析、技术、服务、教育等学科范畴,是国内较有影响的国家级规划教材。① 浙江学人较重视情报工作理论及推广。研究成果有为沈家模、许培基合著的《科技文献情报工作常识》(上海科技出版社 1979 年版),是国内较早结合情报工作进行系统研究的应用理论著作,对情报工作有较好的指导作用,也为中国情报学的创建研究提供了实践基础。

(二)情报检索研究

情报检索研究与实用系统建设相结合。如著名情报学专家陈光祚,曾任中国图书馆学会情报学分委员会主任、国家科委计算机情报检索领导小组技术顾问等,先后主持了"DI—EC1022b 情报检索系统"、湖北省地方志全文检索系统等科研项目,1972 年在全国图书情报学教学单位首先创立《科技文献检索》课程,译著有《情报检索系统:特性、试验与评价》《新一代的情报检索》,出版有中国第一部电子图书《国共两党关系通史》(武汉大学出版社 1991 年版),著有《图书情报学探索的足迹——陈光祚文集》(北京图书馆出版社 2006 年版)。缪家鼎曾任浙江大学图书馆馆长、浙江省高等学校图书情报工作委员会副主任,结合长期工作实践,撰写发表《进一步发挥浙江省高校图书馆情报职能的管见》(《大学图书馆学报》1992 年第 1 期)等图书情报工作方面的论文。杭州商学院图书馆馆长周海鹏长期讲授"文献检索和利用"等课程,主编有《文献检索与利用・轻工分册》等。谢天吉长期致力于情报检索、情报语言的教学、研究,主要成果"全国计算机和情报检索系统设计",是为国内情报检索系统设计的一个范本。来新夏曾任国家教委高校图书情报工作委员会常委等职,参与社会科学文献检索系统设计,并著有《社会科学文献检索和利用》(南开大学出版社 1986 年版)等。吴伟深著有《实用科技文献检索》(西北电讯工程学院出版社 1987 年版),系统地研究科技文献检索的特点及其系统建设问题。程子澜通过对国外农业情报数据系统和联机检索的实践研究,著有《国外农业情报数据库和联机检索的特点及发展前景——兼谈我国农业情报检索系统的建立》(《农业科技情报工作》1987 年第 6 期)。

(三)情报工作的信息化研究

浙江学者较早推行了情报工作信息化,并有许多有影响的研究成果。吴龙涛自 1978 年起致力于国家标准书目著录的研究,1981 年,在他主持下,上海图书馆率先采用《国家标准书目著录——连续出版物》,1984 年与叶奋进共同起草的国家标准《连续出版物著录规则》经国

① 叶鹰、武夷山主编:《情报学基础教程・前言》,科学出版社 2006 年版。

家标准局批准于 1985 年颁布，还成功主持研制了“中外文期刊编目、检索、激光排版一体化微机系统”和机编《全国报刊索引》。周海鹏主授图书情报系统的“计算机算法语言”等课程，主编有《信息技术大辞典》。陈光祚将计算机技术引入情报信息化系统，著有《计算机联机检索》。

在图书馆信息化大系统建设中，探讨情报工作信息技术的研究成果还有王益明、金中仁著《图书馆现代技术》（广西教育出版社 1989 年版），胡建平著《谈机读目录的主题标引》（《中国图书馆学报》1998 年第 3 期）等，金中仁、成建权、陈振宇、张杰合著《图书馆信息共享与信息集群服务》（人民邮电出版社 2009 年版），陈洁著《数字出版营利模式的研究报告》（《求索》2009 年第 7 期）。

（四）社会科学情报研究

浙江省图书情报系统较早关注社会科学情报研究及其信息化建设。1994 年，成立浙江省社会科学信息学会。1997 年，潘志良撰《关于社科情报理论建设的探讨》（《浙江学刊》1997 年第 1 期）一文，结合国际经验，较早较系统地构建了中国社会科学情报学的理论体系。之后，周全撰《解放思想与我国社会科学情报理论研究》（《中共浙江省委党校学报》1999 年第 1 期），赵美娣、陆国强撰《“社科文献检索”与“社科情报检索”辨新》（《图书情报工作》1999 年第 8 期），鲁黎明撰《论社会科学情报》（《浙江万里学院学报》1999 年第 2 期）；陈卫东、叶鹰《人文信息学初探》（《图书馆研究与工作》2005 年第 1 期）一文认为，人文信息学是人文社会科学情报研究的未来发展方向之一。在社科情报信息事业发展研究方面，王亚范较早地提出建立具有地方特色的社科情报系统，撰有《试论地区社会科学情报事业发展战略》（《浙江学刊》1986 年第 3 期）；张耀东的《论当代地方社科文献信息系统的特色建设》（《浙江学刊》1997 年第 1 期）、《简论社科信息事业的发展与创新》（《浙江社会科学》2004 年第 6 期），方宝花的《我国社科信息资源保障体系建设研究》（《情报资料工作》2005 年第 1 期），徐璞英的《建立全省社科文献信息中心是繁荣发展哲学社会科学的重要保障》（《浙江社会科学》2005 年第 5 期），赵骥、徐璞英的《省域社科文献信息中心建设方案探讨》（《情报杂志》2007 年第 10 期），周全《关于区域性社科情报信息资源共建共享问题的思考》（《图书情报知识》2006 年第 6 期）等，皆从地方社科资源利用的角度，探讨了社科情报信息事业的发展。在社科情报的信息服务方面，许方英撰有《网络环境下的社科信息服务工作》（《图书馆学研究》2001 年第 3 期），徐璞英撰有《摆脱尴尬境地，寻找图书馆社科情报服务的新的生长点》（《情报资料工作》2002 年第 1 期）、《社科信息服务：现状、需求与对策》（《浙江社会科学》2006 年第 5 期），周全撰有《论基本知识管理的社科信息服务》（《中国图书馆报》2004 年第 2 期），林雅宏撰有《基于用户需求的图书馆社会科学信息资源建设》（《科技情报开发与经济》2010 年第 16 期）等，在上述方面，张耀东、林祖藻主编，陈华、张洪增、贾晓东、徐璞英、高跃新副主编有《当代社会科学文献信息化建设》（浙江大学出版社 2001 年版），毛一国、卓勇编著有《实用社会科学文献信息检索》（浙江大学出版社 2006 年版）等著作，皆有一定的系统性和创新性。

二、档案工作与档案管理学

(一)档案工作研究

档案工作研究主要是从事档案工作者结合实际开展的学术研究活动。早在1959年,浙江省的《关于科技档案工作调查研究报告》在全国档案工作会议上交流,并被收录于中国人民大学出版的《科技档案管理学参考资料》一书中。1962年《关于江山煤矿科技档案工作的调查报告》被省委以工作文件转发全省。①

20世纪80年代之后,档案工作研究被摆到理论层面上进行多角度研究。陈作明的《档案工作基本原则的深远意义》(《浙江档案》1986年第5期)一文,系统而深刻地认证了档案工作基本原则的意义,提出了档案事业要适应现代化管理的需要,有计划、有步骤地实现从封闭型向开放型转变,建设全国性或地区、行业的档案信息网络。何嘉荪《加强档案工作,提高企业信息管理水平》(《档案学通讯》1984年第1期)一文,阐述了企业档案工作及其与信息管理的关系,其《档案管理技术实用手册》(中国档案出版社1987年版)是档案管理较早出版的工具书。1991年,娄德生发表"全省市、地、县(市、区)综合档案馆检查情况分析"(一至六篇)系列调研报告:《蓬勃发展的档案馆事业》《档案收集工作的喜与忧》《档案管理的进步与不足》《档案保护技术工作尚须努力》《成效显著的利用工作》《必须重视和加强档案馆的科学管理工作》(《浙江档案》1991年第7—12期连载),全面总结和反映浙江档案工作的经验和不足。

20世纪末21世纪初,浙江学者用新的理论视野和新的学科方法研究档案工作。潘连根发表有《档案工作评价标准的思考——兼与陈永生同志商榷》(《浙江档案》1992年第7期),对档案工作评价标准提出了新见解。其还撰有《国外私人档案管理及其启示》(《浙江档案》2000年第7期)、《档案鉴定内涵层析》(《档案》2002年第2期)等。一些新的方法被引入档案工作的评价体系,如傅荣校、李丽燕、刘菁等的《基于德尔菲法和层次分析法的城建档案部门工作效益指数研究》(《档案学通讯》2009年第3期)等。傅荣校著有《档案工作实务》《档案专业概论》(《浙江档案》2010年第4期、第6期)等文论。

(二)档案管理学研究

档案管理学是档案学的一门重要分支学科。它在重点研究一般公文档案管理的基础上,概略地涵盖其他门类档案的管理原理和原则。

基础理论研究。全宗理论是档案管理学的基本理论之一,它的创立已有100多年历史。何嘉荪根据中国档案工作中出现的新情况,连续发表《全宗理论的反思》《全宗理论的实质》(《档案学通讯》1988年第4期、第5期),提出了"主体全宗和客体全宗"的理论概念,认为一个相对独立的主体单位在其活动过程中形成的文件,往往构成"主体全宗";以客体为中心形成的档案整体可以简称为"客体全宗";其中"主体全宗"的论述基本上是传统全宗理论的继承,

① 《浙江省哲学社会科学志》,1999年,第430—431页。

“客体全宗”的论述是对传统全宗理论的发展，这一理论引发了档案学界对全宗理论的深入讨论。关于档案管理的基本内容，娄德生认为，管理是档案馆基本任务之一，其工作内容包括档案的整理、编目、检索、工具编制、鉴定、统计、保管等。[①] 何嘉荪、史习人、章燕华关注后保管时代档案学基础理论研究，著有《后保管时代档案学基础理论研究——简评文件构成要素论》(《档案学研究》2010 年第 1 期)等。

关于文件运动理论。文件运动规律也是档案学基础理论的重要内容。何嘉荪、傅荣校著《文件运动规律——从新角度审视档案学基础理论》一书，是 20 世纪 90 年代中国档案学理论创新的经典著作，标志着中国化的文件生命周期理论的形成。该书从文件、文件运动形态和文件运动动力三个角度，分析了文件生命周期理论、全宗理论和文件价值三大档案学基础理论，并对文件运动研究相关的更广泛的实践问题及档案研究方法做了新的思考[②]。何嘉荪还著有《也谈文件运动理论中的几个基本概念》(《档案管理》2006 年第 1 期)，何嘉荪、陈荣红、叶鹰《文件运动理论模型机理分析》(《档案学通讯》2004 年第 6 期)等。潘连根在档案基础理论方面也有相当的研究，如从经济学角度的《档案馆劳动的性质及其社会效益》(《浙江档案》1991 年第 8 期)；从科学学角度研究的《从科学学的角度看档案学的学科体系》(《山西档案》1995 年第 4 期)；从哲学角度研究的《关于主客体全宗的哲学思考》(《档案学研究》1997 年第 3 期)、《文件生命周期理论与档案管理现代化——兼论文档一体化管理》(《浙江档案》2000 年第 1 期)、《理论联系实际的个案研究——关于文件生命周期理论中国化问题的几点认识》(《档案学研究》2001 年第 6 期)等；从文化学角度研究的《试论档案文化及其内涵》(《山西档案》1998 年第 5 期)、《论档案文化观》(《四川档案》2001 年第 5 期)、《档案文化价值及其实现》(与屠剑虹合作，《浙江档案》2009 年第 4 期)等。

档案收集、保护、利用和复制的理论技术研究。王茂法的《把住进馆档案质量关》(《档案工作》1987 年第 7 期)一文，经过对 40 个市、县档案馆的调查后，提出控制进馆档案质量的三个意见：一是要在调查研究的基础上确定并编制收集单位名册；二是对收集单位档案室的工作进行监督、指导，实施超前控制；三是在接收档案时，严格审核档案的完整与精炼情况，实施入口控制。何嘉荪的《试论档案的主题标引》(《档案学通讯》1981 年第 5 期)一文，为档案检索理论和技术研究阐述了主题标引的优点和方法，以及档案如何进行主题标引。这在档案界较早地引进图书、情报检索技术，具有开拓档案检索途径的意义。朱盛兴在全国第一次档案学术讨论会上发表《关于开放历史档案若干问题的探讨》(1981 年)一文，较早地探讨了开放历史档案的范围及档案复制与公布权以及开放历史档案的服务重点问题。韩素梅《试论公共档案中涉及个人机密档案的利用与开发》(《浙江档案》1988 年第 4 期)一文，提出了个人机密档案的利用与开发，涉及法律与社会学方面的意义。

电子档案的备份、保存、复本等问题研究。主要有金更达、张军、吴京华等《图书复本决策模型构建》(《图书馆杂志》2006 年第 1 期)；傅荣校有《登记备份的现实需要与理论启示》(《浙

---

① 娄德生：《档案管理的进步与不足》，《浙江档案》1991 年第 9 期。

② 何嘉荪、傅荣校：《文件运动规律——从新角度审视档案学基础理论》，中国档案出版社 1999 年版。

江档案》2010年第1期)；章燕华、邵力、魏红撰有《建设电子文件归档与移交的策略研究——基于杭州市的调查与思考》(《档案学通讯》2010年第2期)一文，对电子文档的保存作策略性的实证研究。

档案管理的工具书编研。朱盛兴、王茂法等还分别参与了《当代中国的档案事业》(裴桐主编，当代中国出版社2009年版)、《中国档案分类法》(《中国档案分类法》编委会编，档案出版社1997年版)等大型工具书的撰写和规范性文件的起草工作。何嘉荪、曹家驹合作翻译出版阿根廷比阿萨里的《档案管理技术实用手册》(档案出版社1987年版)；何嘉荪、方新德等合作翻译出版了《国际档案学术语词典》等实用工具书。

(三)科技档案管理学研究

科技档案管理学是档案学的又一门重要分支学科。陈作明发表《略谈科技档案集中统一管理》(《档案工作》1981年第4期)一文，对科技档案集中统一管理提出三项措施：重要且常用的除档案室归档一份外，由承办部门保存一份；重要而不常用的统一由档案室保存；常用而不重要的，由有关部门保存，但要由档案室掌握一套目录，实施检查、监督。1985年，陈作明又主编国家教委"七五"规划确定的高校档案专业教材《科学技术档案管理学》(档案出版社1987年版)，该书对科学技术档案内涵的提示和外延的界定，提出了科学技术档案的"成套"理论和检验成套的方法标准及对于现行的科学技术档案完整率、利用率等定量考核方法作了科学的修正和补充，在中国档案学界率先对档案分类问题全面引进逻辑学中的划分规则，在一定程度上丰富了档案学理论。陈作明还发表《科技档案的经济属性及我们的工作策略》(《档案学研究》1970年第1期)，系统地阐明了科技档案和科技档案工作所含的经济属性，并且提出一套较为完整的工作策略。娄德生于1982年在全国第一次档案学术讨论会上发表了《对经济改革中科技档案工作三个新问题的认识》一文，认证了加强对企业经营档案的管理、专利制度与科技档案工作、科技档案的奖励政策等问题，较早地提出了科学技术档案工作与经济工作的关系。王叔度发表《略谈科技档案在提高铁路运输经济效益中的地位和作用》(《浙江档案》1984年增刊)也谈科技档案对经济工作的重要性。潘连根发表有《科技档案信息商品化若干问题研究》(《北京档案》2001年第7期)一文，认为档案不是商品，档案信息可以商品化，因为档案商品化实是"档案信息商品化"。

档案工作信息化与数字档案馆研究。浙江的档案工作信息化经历了从一般的信息管理到数字档案馆的发展过程。1984年全国第二次档案学术讨论会上，娄德生根据邓小平的《开发信息资源、服务四化建设》的重要题词精神，发表了《开发档案信息，服务四化建设》的论文，把档案内容列入信息的范畴，并且归纳档案信息的原始性、真实性、广泛性等特点，进而提出开发档案信息的具体措施。何嘉荪的《档案信息的组织》(《档案工作》1986年第9期)一文，在中国档案学界首次提出了"智能控制和自由度"的理论，认为实体控制是基础，智能控制是对实体控制的升华。孙芳芳的《浅论建立企业信息中心》(载《浙江省档案学会第二次学术讨论会论文集》)中，提出企业的档案、情报、文件一体化管理，组成企业信息中心的建设性意见。吕筱芬主持完成的《主题词自动标引系统》《文书、档案、资料一体化管理系统》两项目是计算机管理档案研究的重要课题，其中《主题词自动标引系统》获得国家科技进步三等奖。数字档案馆建设是21世纪初浙江档案学研究最热门的话题。浙江学者对数字档案馆及数字档案馆研究有许多新见解、新认识。如潘连根的《试论数字档案馆产生的现实背景及思想理论基础》（《绍兴文理学院学报·自然科学版》2005年第9期）、《关于数字档案馆标准化建设的几个问题》（《档案时空》2005年第12期）、《数字档案馆的著作权保护》（《绍兴文理学院学报·哲学社会科学版》2006年第1期）等；屠剑虹的《建立基于数字城建档案的应急响应信息支持系统》（《城建档案》2008年第12期）；何嘉荪的《现行文件阅览中心、文化中心与数字档案馆》（《档案学研究》2003年第1期）；金更达、何嘉荪、何达多《数字档案馆建设若干问题探讨——基于元数据的电子文件集成管理与服务研究之三》（《档案学通讯》2005年第6期）；金更达、何达多、何嘉荪的《功能需求分析——数字档案馆系统设计之一》（《档案学研究》2006年第4期）等系列文论，为国内数字档案馆研究的理论前沿。

20世纪末21世纪初，政务信息管理引起浙江学者重视。如金更达、何嘉荪的《档案信息资源集成管理中的元数据问题及对策研究》（《中国图书馆学报》2006年第4期），傅荣校、郭渊笑撰有《政府信息公开渠道的对比分析》，傅荣校、韩云云撰有《前端控制与源头控制的政务信息管理模式比较》（《档案学通讯》2008年第4期），傅荣校、叶斌撰有《政务信息管理与数据库管理技术的适用性研究》（《档案学通讯》2007年第6期）等。信息资料分析也引起浙江学者的关注，如傅荣校、周雪撰有《十年来档案学研究成果简要评述：基于（2000—2009年）中国知网学术资源总库档案学论文数据分析》（《档案学通讯》2010年第2期）等。

三、档案文献编纂学

（一）古代浙江档案文献编纂活动与编纂思想研究

古代浙江学者以档案材料的原文编纂构成档案文献内容的主体，按编纂题目完成查找、考订、挑选档案材料、转录加工与点校加工、拟写标题并确立编排体例及编写辅文、进行底稿审核与出版等基本工作程序。在中国档案文献编纂思想方面，浙江学者中赵汝愚和章学诚是有建树的。南宋赵汝愚，历任信州、台州知州及江西转运判官，后入朝为吏部尚书、右丞相等，其《宋朝诸臣奏议》是中国古代按门类编纂的断代性大型奏议文书汇编，收录了北宋241位官员所上的1630篇奏议，计150卷230余万字，该奏议注重材料的广收和慎取，采用"因事为目，以类分次"，将研究和考证的成果以按语和注释的方式融于《奏议》之中，该《奏议》代表了中国古代奏议编纂的最高水平。① 清代章学诚一生著述甚丰，代表作《文史通义》（叶之英校注本，中华书局1985年版）和《校雠通义》（商务印书馆，1956年），汇集了其有关史料编纂的思想，包括著作之史与纂辑之史（档案史料汇编）的学术界限、学术编研与政务处理的汇编要术、"比次之书欲其愚"的编纂原则，强调重原文、重注释与备考、重兼收并录、重图表和文字史料、重简单概括、重博收约取等编纂要求。同时，他在方志编纂和史学研究中，还提出了一系

---

① 宋赵汝愚编：《宋朝诸臣奏议》，上海古籍出版社1991年版。

列档案文献编纂思想和15条编纂史料的方法(章学诚《论修史籍考要略》),为后人的档案文献编纂实践和理论提供了有益的借鉴。今人仓修良有《章学诚与〈文史通义〉》(中华书局1984年版),阐述了章氏对古代档案文献编纂思想的贡献。

(二)近代档案文献编纂实践与编纂思想研究

近代浙江学者在中国档案文献编纂内在规律、发展脉络以及与不同历史时期学术政治等关系的研究,对近现代不同载体和门类档案文献的编纂方法等的编纂也已有较为扎实的研究成果。在甲骨档案、金石档案、简牍档案、明清档案、民国档案等编纂方面的成就尤为重大,代表人物有罗振玉、王国维、蔡元培、罗家伦、赵万里等学术大家。

罗振玉的档案文献编纂思想与实践研究。近代以个人力量从事档案史料编纂贡献最大的学者要数罗振玉。他在甲骨档案、简牍档案、敦煌遗书、清代内阁大库明清档案史料的发现、整理和编纂刊布等方面率先作出了开创性贡献。除其在殷墟甲骨的收录与公布,汉晋简牍的补遗考订、敦煌遗书文物的保护、金石档案文献的编纂等方面作出的重大贡献外,罗氏对"八千麻袋事件"中清代内阁大库明清档案流失的回购、抢救,并以个人之力编纂整理出版了《史料丛刊初稿》《大库史料目录》《明季史料零拾》《国朝史料零拾》《清初史料丛编》《清太祖实录稿》等,在中国档案学史上具有重要的地位。罗氏对档案文献编纂思想突出地反映在两个方面,一是将档案文献附以精审的考释研究成果,史料的公布和考释紧密相接,其编纂出版的《殷墟书契前编》和《殷墟书契后编》,前者为材料,后者为考释。二是对档案文献结构体例的开创性探索。这一创新反映在他与王国维合著的《流沙坠简》之中。

王国维的档案文献编纂思想与实践研究。王国维学术所涉广泛,他把历史档案文献与出土资料密切参证的治史方式相结合。所著《流沙坠简序》《殷墟书契考释序》《宋代金文甘肃表》《殷卜辞中所见先公先王考》等,均被称为划时代之作,尤其是与罗振玉合著《流沙坠简》(《王国维全集》第4卷)为近代档案编纂的名作,按简牍性质和内容分为小学术数方技书、屯戍丛残(又分簿书、烽燧、戍役、廪给、器物、杂事六项)、简牍遗文、各式书信,开创了一代简牍编纂结构体例的先河。

蔡元培的实用主义档案整理与编纂思想。1912年,他任教育总长时,先后亲历北京大学图书馆主任、国立北平图书馆馆长,撰写有《国立北平图书馆记》刻碑纪念。其积极支持傅斯年对明清档案的整理,亲自为《明清史料》首本发刊作序言,阐述其档案文献编纂思想,推动明清史料的整理与编纂工作。他以实用主义思想为核心,推崇档案的史料价值与历史价值,注重档案的收集和整理,认为"信史是要从档案中考核出来的""我们可借档案知道一事最直接的记录";他提倡将档案用于学术研究和编史修志,重视档案的开发和利用,认为中国档案应像欧美国家一样,"除必须守秘密者外,多由政府随时刊行,而外部档案慎重保存,常亦对学者开放,以资研究";他还倡导建立专门的档案收藏保存机构,主张对档案进行鉴别。他的这些思想深受章学诚编史思想与沈兼士、傅斯年档案思想的影响,并散见于他与张元济等大量的信函及《清季外交史·序》(王彦威编纂)、《敦煌掇琐·序》《清内阁旧藏汉文黄册联合目录·序》等文论中,大多收入高平叔编《蔡元培史学论集》(湖南教育出版社1987年版)。另施景文

《蔡元培档案思想及其对我国近代档案学的影响》(《档案与建设》2010 年第 9 期),阐述了蔡元培档案思想对中国近现代档案学发展的贡献。

罗家伦的档案编纂的科学分法。对于档案文献史料的重视,是明初以降史学的一大潮流,也是罗家伦等人所倡"科学分法"的必要条件。1926 年 8 月,罗受聘东南大学历史系教授,为授课和研究近代史之需要,他从六个方面入手搜集档案文献资料,包括可以设法见得的原文史料;不可见得而可照相或抄写的;尚可得到的原版西文书籍关于中国史料者;随时购买新出的西文书籍关于中国史料者;尚可得到,但是已经绝版的中文书籍关于中国史料者;随时购买新出的中文的史料①,并托陈寅恪迅速将清故宫所藏军机处档案照相或抄写副本。他一生作过多次以收集和整理史料去达成科学治史的规划,但又多次落空。在大陆期间,出版有《中山先生伦敦蒙难史料考订》(上海商务印书馆 1928 年版),其中重要的资料,大多从调阅总理衙门的档案中得到,他一生遵守科学治史主旨,对史料的寻访、搜集、整理、考订、发表,一直是其最重要的工作,他系统地编印有多种资料,如《中华民国史料丛编》(台北:中国国民党党史委员会 1968 年版)、《革命文献》《国文批牍墨迹》等多种。

(三)现当代档案文献编纂学研究

20 世纪 70 年代末之后,浙江的档案文献编纂工作进入到新的历史时期,其学科建设也进入到新的发展时期。这方面研究反映在四个方面:一是对档案文献编纂学理论的探讨。如徐绍敏的《档案文献编纂学学科性质及其与其他学科的关系》(《档案学参考》1987 年第 20 期)、《档案文献编纂学教学改革浅析》(《高教研究》1987 年第 1 期)、《论选题》(《档案学通讯》1987 年第 5 期)、《萧统的文学主张和对文献编纂学的贡献》(《杭州大学学报》1984 年第 1 期),对档案文献编纂学性质作了多角度的比较研究,强调编纂方式上要突破单一的"文献汇编"这一模式,提出了"手册""文摘""专题汇编""图集""图册"等多种编纂方式和方法。二是有创建性地提出了专题性、专业性档案的编纂工作。徐绍敏著《科技档案编纂工作》,较早提出科技档案及其编纂工作的概念,并就其意义、性质、程序、步骤、方法等进行了系统地论述,以使档案工作更好地为中国新科技事业服务。三是强化档案文献编纂的求证求定。朱盛兴的《文献编辑和实事求是》(《档案学通讯》1985 年增刊),论述了实事求是原则在文献编辑工作中的重要性。四是编纂了一批高质量、有影响的地方性档案文献编纂成果。如杭州大学历史系、浙江省档案馆合编《浙江革命历史档案选编——抗日战争时期》(浙江人民出版社 1985 年版),郦永庆《浙江鸦片战争史料》(宁波市社会科学界联合会、中国第一历史档案馆编,宁波出版社 1997 年版),绍兴市城市建设档案馆编《绍兴老屋》(西泠印社出版社 1999 年版),朱晓军合著《中国百年婚姻档案》(凤凰出版传媒集团、江苏文艺出版社 2008 年版),是为档案专题研究佳作。

---

① 刘继开:《罗家伦先生年谱》,台北:中国国民党党史委员会 1996 年版。

四、档案学其他问题

（一）档案专业教育与专业人才研究

大中专学校的档案学专业教育。1984 年，陈作明在全国第二次档案学术讨论会上发表《地方性大学开办档案专业的必要性及其办学方向》一文，根据档案专业人才实际需求的数据，论证了地方高校开办档案专业必要性，为地方高校开办档案专业提供了依据；根据地方上档案专业人才的素质要求，提出了地方高校应当培养通晓管理各类档案并能兼通文秘工作的"通才"的要求，根据培养人才的方向设计了档案专业主要课程。胡官忠发表《略谈档案中等专业教育》（《档案工作》1985 年第 9 期）、《略谈档案专业教育工作》（《档案学通讯》1985 年第 3 期）等论文，就档案专业教育的形式、教育目标及课程设置、师资和教材等问题作了系统地论述，对浙江发展档案中专教育具有指导意义。任时根发表《"七五"期间发展我省档案专业教育的几个问题》（《浙江档案》1986 年第 2 期），提出多层次档案专业教育模式，并重视实习基地建设。

档案管理的继续教育。陈作明发表有《试谈档案管理人才的知识结构与努力方向》（《浙江档案》1986 年第 2 期）、《对科技档案工作专业性的再认识》（《档案学通讯》1987 年第 4 期），就档案管理人才的专业知识结构及档案工作专业性问题提出灼见。方建新《档案干部继续教育与普通高校的关系》（《档案与建设》1997 年第 12 期），强调档案干部的继续教育问题。

（二）档案史研究

浙江的档案史研究散见于各专题研究之中。方新德《论我国历史上的毁档现象及其教训》（《档案学通讯》1988 年第 2 期）一文，指出中国历史上存在严重的人为毁坏档案的情况，其主要原因固然是频繁的战火，但也有为了统治阶级自身利益而毁坏档案的因素。该文弥补了中国档案史论著中的一些缺陷。方新德关于档案学史研究的系列文论还有《甲骨档案"册六"说前人已加纠正》（《档案管理》1989 年第 1 期）、《建国后头 17 年档案学研究的时代特点》（《档案学通讯》1992 年第 5 期）、《论建国初档案工作的"学苏联"问题》（《档案学研究》1995 年第 4 期）、《岑春煊奏折两件并析》（与苏燕合作，《浙江档案》2005 年第 12 期）、《岑春煊奏折两件并析（续）》（与彭小明合作，《浙江档案》2005 年第 12 期）、《台湾民国档案收藏的现状与特点》（《档案管理》2008 年第 2 期）、《从〈蒋介石日记〉看蒋介石的故乡情结》（《浙江学刊》2010 年第 5 期）、《关于蒋介石日记的档案学启示》（《档案学通讯》2010 年第 5 期）等，论述甚为深广，有专论史志，有借史论今。

档案史的其他方面。潘连根著《从〈大清律例〉看清代文书工作制度》（《档案学研究》1998 年第 2 期）一文，是关于清代文书制度的史论。傅荣校、何嘉荪《关于建国后我国档案学若干问题的评价——两个学者的对话》（《档案管理》2007 年第 1 期）是对档案学的思想史论。刘启、敖毅《美国档案学专业教育史》（《浙江档案》1998 年第 1 期）是关于美国档案学教育的史纲。

第十六章 新闻学、出版学与传播学研究

新闻学是研究新闻信息、新闻传播和新闻业的特点和规律的科学。狭义上指新闻基础理论，广义上包括理论新闻学、实用新闻学、历史新闻学、边缘新闻学等。出版学是研究出版活动及其发展规律的科学，属于应用科学。传播学是以人类传播(信息交流)现象为研究对象的学科，一般分为人际传播、组织传播、大众传播、网络传播等。

浙江自宋便有“小报”。清代徐松论起于南宋京城临安的“小报”，谓“人性喜新好奇，皆以小报为先，而以朝报为常”，肯定小报之功能。晚清新闻报纸业已发展，宋恕有《变通篇·报章第七》《自强报·序》《经世报·序》等报论，提出“立学会莫若基报馆”之策。光绪二十一年(1895年)起汪康年等创办《时务报》《农会报》《时务日报》《京报》《刍言报》等；光绪二十三年章太炎、陈虬、宋恕等创办《经世报》，对中国近代报刊事业的发展作有重大贡献。民国期间，浙江新闻学研究有报人、学者，群体是为庞大。邵飘萍著《新闻学总论》《实际应用新闻学》，为中国新闻学开山之作。章正范编《报纸世界》，杜绍文著《中国报人之路》，胡健中著《浙赣铁路与杭州新闻业》，项士元著《浙江新闻史》，詹文浒著《报刊经营与管理》，金仲华著《国际新闻读法》，马星路著《新闻学概论》，赵建新著《新闻政策》，陈福愉著《新闻背后》，张西村著《最新实验新闻学》，董显光著《中国和世界报刊》等，皆用时之作，甚有影响。

中华人民共和国成立之后，浙江在新闻学、出版学、传播学方面均有不俗的成就。新闻学研究主要围绕新闻事业的党性原则、批评和自我批评、密切联系人民群众等问题，取得了一些研究成果。1978年党的十一届三中全会以后，浙江的新闻研究十分活跃，报刊印刷、无线电广播、电视广播等技术不断进步，尤其是宽带网络技术的应用和互联网的兴起，推动了整个新闻事业的转型。21世纪初，浙江对新闻学的理论研究和实践活动提出了新的挑战，有许多创新成果发挥着积极的进步作用。在传统新闻学理论研究方面，有关飞的《新闻事业主义的研究》、林白的《大众新闻学》、张达芝的《新闻理论基本问题》、吴勤如的《新闻走向科学》、邵志辉《新闻学理论》、刘文奕《摄影思维》、沈爱国《消息写作学》、王兴毕《新闻评论学》、钱永红《通讯写作学》、姚志明《新闻专刊学初探》、邹建中《新闻期刊采编和管理》等。在广播电视新闻学研究和广告学方面，有李岩《广播学导论》、朱菁《电视新闻学》、郑祖武《电视新闻报道学》、壮春雨《电视节目学概要》、丁莉丽《影视艺术学》、项仲平《电视节目策划》，潘向光《现代广告学》、卫军英《广告的倾斜度》，卢小雁《平面广告设计》，胡晓芸等《现代广告学》等。在出版学研究方面，浙江偏重于古代出版史研究，并在编辑出版学方面积累有丰富的思想与理论。著名者有张秀民的《中国印刷史》、张静庐的《中国近代出版史料》、顾志兴的《浙江印刷出版史》等以及张元济、陆费逵对中国近现代出版事业的贡献。在传播学理论与实践研究方面，影响最大

者数邵培仁，著有几十部专著和教材，涉《传播学导论》《媒介管理学》《政治传播学》等新学科，并主编《现代传播学丛书》《网络传播研究丛书》7种，还开创了媒介地理学与媒介生态学研究。其他有杨丽萍、马妍妍、张咏梅、郑虹、颜玮楠、汤浩、冯洁、袁靖华、厉国刚、张允若、徐沁、田中初、韦路、黄鸣刚等，在媒介地理学、媒介生态学、网络传播学等领域均有创新研究。

第一节　新闻学研究

中国古代邸报乃报纸的统称，其名始于宋朝，至南宋京城临安报评甚丰。晚清民国，浙江学人志士创办报刊者，皆有名家；有著名报人首作《新闻学总论》，乃为此领域的开山之作。现当代浙江的新闻学研究重在新闻事业及理论、广播事业及其理论、广告理论、新闻史等方面，其中不乏名于国内之佳作。

一、新闻事业与新闻理论

(一)新闻事业研究

南宋时期，作为都城的临安新闻事业发达，位于世界前列。当时有官员学者开始关注京城临安的新闻事业，对相关的报纸作有记载、研究。如周麟之(约宋高宗绍兴三十年前后在世)在其著作《海陵集》的第三卷，以《论禁小报》为题，对“小报”作了论述：“方陛下颁诏旨，布命令，雷厉风飞之时，不无小人诪张之说，眩惑众听，无所不至。如前日所谓旧臣之召用者，浮言胥动，莫知从来。臣尝究其然，此皆私得之小报。小报出于进奏院，盖邸吏辈为之也。比年事之有疑似者，中外未知，邸吏必竞以小纸书之，飞报远近，谓之小报。”清代上虞人徐松在《宋会要辑稿·刑法二》对“小报”有记录：“近年有所谓小报者，或是朝报未报之事，或是官员陈乞未曾施行之事，先传于外，固已不可。”“以先得者为一功，一以传十，十以传百，以至遍达于州郡监司。人性喜新而好奇，皆以小报为先，而以朝报为常，真伪亦不复辨也。”

晚清时，随着变法维新思想传播，浙江更有不少学人志士创办和研究报刊。据汪林茂《浙江通志》清代卷下统计，自1858—1911年，在浙江本地创办的以及浙江人创办于省外但主要面向浙江的报刊至少有84种。研究报刊著闻者有平阳的宋恕，写有《变通篇·议报章第七》《〈自强报〉序》《〈自强报〉公启》《应〈自强报〉主笔之招条约》《记应经世报馆设著论之聘缘始》《〈经世报〉序》《拟阅报总分所章程》《拟学务处阅报室简明章程》《专办〈学务杂志〉请派专胥膳稿禀》等。在报刊起源上，他说“报馆之设，于古无征。然輶轩采诗，乐览讽刺，其萌芽也”(《〈自强报〉序》1897年3月16日)。在报刊的必要性上，他说“今赤县之民渐知耻矣！夫不耻者昏，徒耻者懦，耻莫若学，学莫若会，立学会莫若基报馆”①，“今天下竞言自强矣，自强之言

① 宋恕：《〈经世报〉序》，1897年7月20日。

在学校、议院、报馆。夫学校、议院,权不在士;报馆则士与有责焉”。[①]

进入民国后,浙江的新闻事业有了长足的发展,新闻学的研究随之而兴,出版了多本有关新闻学研究的著作,且有学术化的倾向。1928年7月15日,中国记者联合会第9次执委会推派章正范赴欧考察新闻事业,在欧期间编有《报纸世界》一书。1935年春天,胡健中等人赴日本进行合作事业考察,特地对日本的新闻事业进行了详察,访问考察《每日新闻》和《读卖新闻》两大报的机构。与此同时,杭州地区已有人组织社团专门从事新闻学的研究,比如浙江省立杭州师范学校一部分学生特地组织新闻学研究社。

抗日战争期间,金华建立过浙江省战时新闻学会,编有会刊《战时记者》。著名报纸编辑和新闻学研究者杜绍文,1934年6月任杭州《东南日报》主笔,编著有《新闻政策》(“复旦大学新闻学丛书”之一,复旦大学新闻学会编,上海光华书局,1931)、《最近百年中日两国新闻事业之比较观》(现代书局印行1933年版)、《中国报人之路》(浙江省战时新闻学会发行1939年版)、《战时报学讲话》(上饶战地图书社,1941),论文有《科学的新闻学论(上、下)》(《中央日报》1931年11月9日、16日)、《国际新闻比较观》(《浙江青年》1940年第1期)、《新“三字经”——泛论新闻写作的几个定律》(《报学杂志》1948年第1期)、《新闻学之新理论的新体系》(《大众新闻》1948年第1期)、《先知易知多知,记者得天独厚》(《大众新闻》1948年第7期)等。1938—1941年,杜绍文还与汪远涵在金华编辑浙江省战时新闻学会的会刊《战时记者》。其《东南日报》的其他同行,也积极地从事新闻学的研究。如社长胡健中有《浙赣铁路与杭州新闻事业》(《浙江商务》1936年第5期)、《东南日报小史》(《浙江青年》1937年第4期)、《十一年办报经历述略》(《服务月刊》1939年第1期)等。蔡力行、蔡振扬有《怎样阅读国际新闻》(1936年);柴绍武有《文艺副刊编辑术》(绍兴新新新闻报馆1936年版);赵建新有《新闻政策》(金华国民出版社1941年版);陈福愉有《新闻背后》(南平复兴出版社1945年版)等。

1949年以后浙江的新闻研究成果相对较少,有于冠西的《我们对改进报纸工作的一些看法》(《新闻战线》1963年第2期)、《杨旗集》(浙江人民出版社1963年版)等。1978年党的十一届三中全会以后,浙江新闻界和学术界拨乱反正,解放思想,推开了新闻观念的革新与新闻实践的探索,加强新闻事业的社会责任,促进了新闻改革的深化和对新闻学及新媒体理论的研究。

(二)新闻理论研究

民国期间,浙江新闻学名家甚多,理论著作亦丰。1924年6月,京报馆出版了邵飘萍的《新闻学总论》,该书共有10章,论述了新闻事业的性质、任务、新闻学的基本概念、新闻法制观点、记者的地位和资格、报社的组织、报纸的内容和形式、通讯社事业、中国报业发展史等。作者认为,新闻事业具有特殊的性质,是社会公共机关、国民舆论代表,具有教育国民的功能;新闻记者是超越统治阶级和被统治阶级的第三者,是“布衣之宰相,无冕之帝王”,呼吁制定真正的新闻保护法,维护新闻事业的正当权益。他还著有《实际应用新闻学》(京报馆,1923年)

---

① 《〈自强报〉公启》,1897年3月17日。

一书，强调了新闻采访的重要性。邵氏为民国著名报人，中国新闻理论的开拓者和奠基人，而《新闻学总论》和《实际应用新闻学》则是中国新闻学的开山之作。同时期还有中国报刊政论家陈布雷《新闻纸之本质与任务》(《报学月刊》1929 年 3 月)；著名报人、外交家董显光的《中国和世界报刊》；著名报人、学者项士元的《浙江新闻史》(之江日报社 1930 年版)、金瑞本的《新闻学概论》(丽水，1943 年)；张西林的《最新实验新闻学》(福建中华文化出版社 1945 年版)等。

至 20 世纪中叶的著名新闻学家及其著作还有詹文浒的《报业经营与管理》《新闻学概论》，金仲华的《国际新闻读法》《战时新闻阅读法》，马星野的《新闻学概论》《新闻事业史》《外国资产阶级报刊史》，蒋荫思的《报纸编辑讲义》等。

20 世纪 80 年代至 21 世纪初，浙江的新闻学理论研究发展迅速。有关新闻学原理的著作，首推林白的《大众新闻学》(广西人民出版社 1988 年版)，该书认为大众乃至人类的生存状态，永远是新闻的聚焦点；服务大众的各个生活层面，永远是新闻的着眼点；提高大众的高雅情趣，永远是新闻的制高点。张达芝的《新闻理论基本问题》(陕西人民教育出版社 1990 年版)，运用马克思主义基本原理探索新闻理论基本问题，突出地研究新闻传播活动的基本规律。白晓文、粟慧《报刊管理与利用》(杭州大学出版社 1990 年版)，吴勤如《新闻走向科学》(中国广播电视出版社 1992 年版)，王一义《科技新闻学概论》(浙江大学出版社 1993 年版)，王梅生《新闻理论与研究》(新华出版社 1994 年版)，桑义燐、谢恩光主编《创建中国传媒新机制》(浙江人民出版社 2000 年版)，沈爱国主编《新闻学基础》(浙江大学出版社 2001 年版)，邵志择《新闻学概论》(浙江大学出版社 2003 年版)，程旭兰《论记者》(兰州大学出版社 2003 年版)等，均对中国新闻学理论的构建作有贡献。这一时期，一些西方新闻学的概念被引入浙江的新闻学研究。2006 年起，吴飞主持了《新闻生产场域的权力分析》的研究项目，除以问卷调查的形式外，他还用相对长的时间在媒体内做田野调查，形成了书稿《新闻专业主义研究》(中国人民大学出版社 2009 年版)，该书较系统地梳理了新闻专业主义、职业伦理方面的一些问题，对中国新闻生产场域内的权力关系进行了一些探索性的研究，如专业性的实践取向、专业性的理论叙事、专业性的实证方法。

(三)应用新闻学研究

早在 1923 年，邵飘萍就著有《实际应用新闻学》，这部著作系统论述了外交记者之地位、外交记者之资格与准备、外交记者之外观的注意、外交记者之工具与杂艺、访问之类别与具体方法、访问时之种种心得、外交记者之分类、探索新闻之具体方法、新闻价值测定之标准、新闻价值减少之原因、新闻应记之项目、原稿之外观的注意、原稿内容之注意点等问题。该书被称为由中国人自撰的第一部新闻采访学专著。

20 世纪 80 年代之后，浙江业界和学界对新闻研究，涉及最多的是新闻业务。有刘文奕《摄影思维》(浙江摄影出版社 2008 年版)，是国内第一本公开出版的、专门从思维心理学角度研究和阐述摄影拍摄活动和艺术创作的专著。沈爱国《消息写作学》(浙江大学出版社 2009 年版)一书阐述了消息写作流程概述、消息写作主体素质、消息写作基本原则、消息写作语言特点、消息写作流程、消息写作分类等问题。该书被国内16家高校新闻院系选作新闻写作课教材。

其他新闻业务的书稿。有邹建中的《新闻期刊采编与管理》(社会科学文献出版社2010年版)提出了“目标消费者”概念、“发行局部压强”观念、“不小于三分之一”美学原则及制度、文化、知识“三位一体”的管理理念等,具有一定的学术价值和新闻实践的指导意义。他还著有《主编评价100篇》(文汇出版社2010年版)等,发表《法治的公平和消费者的尊严》《食品安全:人类共同的话题》等120余篇时政评论。其他如林永年《新闻写作百例谈》(福建人民出版社1989年版)、桑义燐《报告文学艺术探》(杭州大学出版社1990年版)、徐忠民《报道摄影》(浙江摄影出版社1994年版)、吴飞《新闻编辑学》(杭州大学出版社1995年版)、姚志明《报纸专刊学初探》(宁波出版社1995年版),桑义燐、樊葵《新闻报道学》(杭州大学出版社1996年版),吴骞主编《嘉兴日报总编荐文集》(宁波出版社1998年版)、王兴华《新闻评论学》(杭州大学出版社1998年版)、钱永红主编《通讯写作学》(浙江大学出版社1999年版)、范列《实用新闻写作》(中国环境科学出版社1999年版)、张默主编《新闻采访写作》(武汉大学出版社2000年版)、沈爱国《新闻采访学》(浙江大学出版社2002年版)等。

二、广播电视事业与广播电视学

(一)广播电视事业研究

中国教育电视是在一个广阔的社会经济与文化背景下展开与发展的。王哲平的专著《中国教育电视:历史、现状与发展》(中国社会科学出版社2006年版)从频道专业化的视角出发,概括中国教育电视的发展历程,揭示教育电视的历史使命,论析当下教育电视的生存境况与发展机遇,阐述教育电视的功能与定位,考辨教育电视的典型个案,探究教育电视的经验借鉴,求索教育电视的创新策略,以期从历时性中找出共同点,从多元性中找出融合点,进而从理论构架和实践导向两方面探寻一条适合中国教育电视可持续发展的路径。

电视发展的方向是浙江学者与电视工作者需要解决的重要论题。1995年,朱菁在《平民意识:电视新闻传播的新起点》(《杭州大学学报》1995年第2期)一文对电视发展的方向问题提出了“平民意识”的口号,她认为平民意识,是时代对于电视新闻改革的真诚呼唤。电视新闻工作者在从事新闻报道时要以一种平民化的价值取向和平民生活的视角来观察和思考问题;平民化代表了20世纪90年代以来中国文化从精英启蒙向大众文化的转型。2001年,她在《从谈话节目的崛起看电视传播观念的改变》(《电视研究》2001年第1期)中,就谈话节目的兴起对电视传播观念的冲击和启示作了探究和分析,认为“谈话节目的崛起,使得电视以语言传播为基础的传播学新观念得到更多认同”。

21世纪初期,广播电视节目的创新引起学者和广播电视工作者的思考和研究。如对“宅门戏”导出的家族伦理方面的一系列问题,刘阳撰《雅俗共赏诉风流》(《中国电视》2007年第12期)一文,从传统伦理观念、艺术形式、人物塑造、地域文化的展示和演员的表演风格等方面对此类电视剧进行了解读,该文还以传播学理论为支撑,从传播过程的各要素相互制衡互为因果的辩证关系出发，以家族伦理类型电视剧为研究个案，深入细致地剖析中国电视剧类型创作的成因、流变和传播特色，观照文化产业化背景下电视文艺自身蕴含的一系列富于意义的变化，以期挖掘其中颇富审美价值和学术意义的内容。又如广播电视发展中过度“娱乐化”倾向问题，邵培仁、潘祥辉有《论中国电视娱乐节目的困境与出路》(《嘉兴学院学报》2005年第5期)、《走出电视娱乐节目庸俗化的困境》(《光明日报》2006年2月10日)、《“快感”替代“美感”：电视娱乐陷入庸俗化困境》(《新华日报》2006年2月14日)等“三论”。邵、潘在《论中国电视娱乐节目的困境与出路》中指出，电视娱乐传播的流行已成为世界性的风潮，与此同时，娱乐遮蔽了电视的文化认知功能、教育功能和审美功能；中国电视娱乐节目经过10余年的发展走进了“娱乐至上”的怪圈，对“快感”的追求替代了对“美感”的追求，其文化内涵的缺乏以及创新能力的不足使得娱乐传播陷入困境。该文认为，中国电视娱乐传播只有坚守文化品格，通过创新传播策略，打造健康向上的“绿色娱乐”空间，方能走出困境。

（二）广播电视学研究

20世纪90年代，随着浙江广电事业发展，对其研究尤其在学科建设方面的成果渐丰。代表性的有李岩《广播学导论》(杭州大学出版社1997年版)、朱菁《电视新闻学》(浙江大学出版社1998年版)、郑祖武《电视新闻报道学》(浙江大学出版社2000年版)、壮春雨《电视节目学概要》(浙江大学出版社2001年版)、丁莉丽《影视艺术学》(浙江大学出版社2004年版)，李岩、黄匡宇《广播电视新闻学》(高等教育出版社2010年版)。朱菁的《电视新闻学》分3大篇：“本体篇”着重于在比较思维中把握电视新闻的本体功能、传播特性、符号表征，是对电视新闻本质特性的解读。“节目篇”则深入探讨电视新闻节目样态，强调电视新闻节目的“适位”传播。“制作篇”依照电视新闻制作流程，对采访、编辑、制作的各个环节进行了系统地梳理。李岩、黄匡宇合作撰写的《广播电视新闻学》，系统地论述了广播电视与社会发展、广播电视新闻发展史略、广播电视制度与节目规范、广播电视新闻从业者的职业道德、广播电视受众、广播电视新闻的基本内涵等，是教育部“高等教育面向21世纪教学内容和课程体系改革计划”的研究成果。

浙江学者对于广播电视方面的专题研究涉域甚广。包括节目主持、文艺编导、栏目与频道策划、视听语言、配音艺术、娱乐化倾向等。如壮春雨《论节目主持人》(北京广播学院出版社1991年版)、孙沛然《影视文化导论》(浙江大学出版社1995年版)、俞虹《节目主持人通论》(杭州大学出版社1996年版)，徐敏、张扣林、何春晖主编《电视的呼吸》(浙江大学出版社1999年版)，王志敏《电视新闻报道》(山西教育出版社2000年版)、王文科主编《秋实》(浙江大学出版社2001年版，其中“论文篇”均有关广播电视方面的研究)、项仲平《电视节目策划》(中国广播电视出版社2002年版)、郑征予《电视文化传播导论》(复旦大学出版社2003年版)、徐小平《视听感悟》(中国国际广播出版社2003年版)、夏陈安、赵瑜《专业化生存——浙江教育科技频道的创新策略》(中国传媒大学出版社2004年版)、沈文泉《一个电视记者的思考》(经济日报出版社2006年版)、丁莉丽《视觉文化语境中的影像研究》(中国电影出版社2007年版)、吴生华主编《平湖广播电视志》(浙江人民出版社2007年版)、施玲《影视配音艺术》(浙江大学出版社 2008 年版)、顾俊杰《电视诗文的视听语言》(浙江大学出版社 2008 年版)、曾海燕《三侃电视:电视编导的专业思维与修养》(中国广播电视出版社 2008 年版)、石月平《论县级广电的生存发展》(中国文史出版社 2008 年版),壮春雨、崔健《新闻主持概论》(浙江大学出版社 2009 年版)、袁靖华《电视节目模式创意》(中国广播电视出版社 2010 年版)等。

三、广告学

广告是媒体的最基本要素之一,无论是传统媒体还是新媒体都离不开它。20 世纪 70 年代末,浙江媒体开始恢复广告业务。90 年代以后,浙江各高等院校陆续设立培养各级各类广告专业人才。浙江大学于 1993 年开始招收广告专业的学生,1999 年开始招收广告学方向的硕士研究生。中国美术学院以其美术优势向广告业界输送擅长营销、文字、艺术及掌握高新技术的各类广告实用人才。

20 世纪 90 年代,浙江第一本有关广告学专业的著作是潘向光《现代广告学》(杭州大学出版社 1996 年版)。该书突出了广告学理论色彩,对广告学中的某些理论和实际问题作以有益的探讨和研究,强调了广告的社会责任,并对中国现行广告法规提出了某些意见,具有理论研究和教学研究的融合性。而日本清水公一著,胡晓云、朱磊、张姮翻译《广告理论与战略》(北京大学出版社 2005 年版),胡晓芸、张健康《现代广告学》(浙江大学出版社 2007 年版)也为学科建设作出努力。潘向光还发表过一些有关广告学的论文,如《广告传播中的人际传播》(《新闻与传播研究》1995 年第 3 期)、《广告业的国际化和广告运作的本土化——21 世纪中国广告业前瞻》(《杭州大学学报》1997 年第 2 期)等。

21 世纪初,有关广告学的专题研究成果在浙江尤为突出。有邵大浪《广告摄影》(吉林摄影出版社 1998 年版),卫军英《广告的倾斜度》(厦门大学出版社 2005 年版)、卢小雁《平面广告设计》(浙江大学出版社 2002 年版),胡晓芸《广告文案写作》(浙江大学出版社 2002 年版),胡晓芸、李一峰《品牌归于运动——16 种国际品牌的运动模式》(浙江大学出版社 2003 年版),在这一学术领域有一定的影响。还有卫军英、戴丽娜、曾莉芬、袁琼《戛纳广告幽灵》(厦门大学出版社 2004 年版),卫军英、廖芹、徐雅琴《广告先导》(厦门大学出版社 2004 年版),卫军英、孟茹、张小磊《整合营销传播理论与实务》(首都经济贸易大学出版社 2006 年版),陈国泉编著《企业广告运作实务》(首都经济贸易大学出版社 2006 年版),卢小雁、张琦《电子媒介广告》(浙江大学出版社 2006 年版),胡晓芸《中国农产品的品牌化——中国体征与中国方略》(中国农业出版社 2007 年版),胡晓芸等编著《品牌传播效果评估指标》(中国传媒大学出版社 2007 年版)等,专题理论创建和学术风气甚为活跃。

四、新闻史

(一)综合性的新闻史研究

浙江从事新闻史的研究始于 20 世纪 30 年代。1930 年,时任《之江日报》社长兼主笔的项士元,由之江日报社出版了《浙江新闻史》(之江日报社,1930 年)。该书包括清季浙省之新闻状况、民国以来浙省之新闻状况、浙省隶入党治后之新闻状况、报社之组织、记联会之组织等章，记载并分析了从清末至民国早期（20 世纪 20 年代）的浙江新闻事业状况，是中国最早的地方新闻史专著之一。

20 世纪 80 年代之后，浙江的新闻史专题研究渐显热门，主要有王柏寿《谈浙江馆藏中文旧报刊》（《图书馆学通讯》1980 年第 1 期），杨渭生《辛亥革命时期浙江的几种重要报刊》（《杭州大学学报》1981 年第 3 期），史和等《晚清浙江报刊录》（《理论研究动态》1983 年第 1 期），詹文元《从〈杭州民国日报〉到〈浙江日报〉——浙省报业史辑录》（《浙江学刊》1983 年第 1 期），芷茵《关于抗日战争时期的〈浙江潮〉和〈浙江日报〉——与詹文元同志商榷》（《浙江学刊》1983 年第 3 期），钟章韵、樊迪民《从〈浙江白话报〉到〈汉民日报〉》（《新闻研究资料》1985 年总第 29 期），吴光《开风气的〈杭州白话报〉》（《中共浙江省委党校学报》1986 年第 4 期），徐运嘉等《清末杭州的三种报纸：〈经纪报〉〈杭报〉〈杭州白话报〉》（《新闻研究资料》1989 年总第 47 期），王宗义《铅印本〈杭州白话报〉第二年第一期考》（《新闻研究资料》1990 年总第 51 期），何扬鸣《试述〈浙江潮〉的思想内容》（《浙江学刊》1991 年第 5 期），王乜春《论〈浙江潮〉的爱国主义宣传》（《宁波师院学报》1994 年第 1 期），邵培仁《论人类传播史上的五次革命》（《中国广播电视学刊》1996 年第 7 期），邵志择《〈申报〉第一任主笔蒋芷湘考略》（《新闻与传播研究》2008 年第 5 期），田中初《黑板报：全党办报、群众办报的一种实现方法——以中国革命根据地为实践视界》（《新闻与传播研究》2008 年第 4 期），詹文元《浙江早期报业史辑》（浙江省老新闻工作者委员会印刷，1995），王文科、张扣林主编《浙江新闻史》（浙江大学出版社 2010 年版）等，史迹研究丰富。何扬鸣在这方面研究较突出，涉古代新闻史与近现代新闻史，有《试述抗战时期国民政府的对美宣传》（《现代传播》1998 年第 6 期）、《试论浙江早期传播马克思主义的报刊》（《浙江大学学报》2001 年第 5 期）、《试论西安事变中新闻舆论的作用与影响》（《新闻与传播研究》2007 年第 2 期）、《试论南宋临安的新闻事业》（《新闻与传播研究》2009 年第 3 期）、《近代中国一次成功的新闻舆论："秋案"研究新视角》（《新闻与传播研究》2010 年第 1 期）等。

杭州日报社对新闻事业史的研究起步得比较早。20 世纪 80 年代，报社组织专门人员对杭州的新闻事业历史进行调查和研究。2003—2004 年，其新闻研究所承担撰写杭州市中共党史第二编（1949—1978 年）中的《杭州日报的创刊与发展》专题；2004 年，新闻研究所完成了浙江省新闻年鉴杭州部分的撰写；2005 年，编撰了《春华秋实五十载》大型画册，全面展示《杭州日报》50 年来的创业历程、改革风采、辉煌成果和报业集团形象；2006 年，完成了《杭州市志续志（1986—2005 年）》（文化卷）中新闻出版篇的编写任务。

浙江省广播电视厅也利用台庆总结自身的发展史。如 1998 年，在中国改革开放 20 周年之际，浙江广播电视厅编辑出版"浙江广播电视二十年回眸丛书"，丛书分作品卷和文论卷。文论卷共收进论文和文章 108 篇，作者均为第一线的编辑、记者、播音员、节目主持人以及各级领导，史实记录极其丰富。1999 年，在庆祝浙江电台建台 50 周年之际，浙江人民广播电台编辑出版了"纪念浙江电台 50 年丛书"，分《广播作品选》《广播文论选》《回忆文选》3 册。

一些大学还就浙江新闻界的历史名人作以史论。如 2010 年 12 月 7 日，由中国新闻史学会、中国史量才研究会、浙江理工大学联合主办"纪念中国报业泰斗史量才先生诞辰 130 周年学术研讨会”，来自北京、天津、浙江、上海、福建等地50余位专家学者，围绕着史量才（毕业于杭州蚕学馆）的生平事迹、办报实践、经营策略、新闻思想等进行了深入地研讨。浙江理工大学还举办了史量才生平回顾图片展，并开设了史量才先生专题纪念网站。该校于2007年成立中国史量才研究会。

（二）浙江新闻史的研究

浙江报刊史深涉古代，近代更是全国报刊出版发行的中心地之一。新闻史研究起步较早，后又渐之活跃。有全国通论的《新闻事业史》，对地方新闻史则更为重视。浙江新闻史研究，有项士元于1930年由之江时报社出版的《浙江新闻史》，王文科、张扣林21世纪初由浙江大学出版社出版的《浙江新闻史》两个版本，反映了不同历史时期的新闻史编写视角。

20世纪80年代之后更是丰富多彩。有徐运嘉、杨萍萍编著《杭州报刊史概述》（浙江大学出版社1989年版），沈忠于主编《抗战时期的浙西导报》（1989年印刷），沙金编著《湖州报纸史略》（湖州日报印刷厂印刷，1992年），林白、陈精翔等编著《温州报刊史存》（上海学林出版社1993年版），邵梦龙主编《绍兴新闻事业九十年》（深圳海天出版社1994年版），何守先主编《宁波新闻纵横》（宁波出版社1997年版），《半世纪的足迹：报人回忆录》（浙江日报创刊50周年纪念文集之一，1999年编辑印刷），《浒山镇广电简史》（慈溪市浒山街道广播电视站，2001年印刷），刘光磊、周行芬《宁波近代报刊史论》（当代中国出版社2001年版），徐永方主编《视听风华——湖州广播电视发展史》（湖州市广播电视局、湖州市广播电视学会编，2005年印刷），张梦新主编《杭州新闻百年史纲》（杭州出版社2009年版）等。

《杭州报刊史概述》（徐运嘉、杨萍萍著，浙江大学出版社1989年版）是20世纪80年代之后浙江第一部新闻史论稿。该书对杭州地区从1897—1987年间的报刊事业以及新闻通讯社和新闻团体的情况，作了比较翔实可靠的记录，同时也叙述了该时期杭州地区的新闻业务、新闻教育与新闻研究事业的发展；对史料作了认真和艰苦的挖掘，对杭州地区一些重要历史报刊的创始人、创刊和停刊时间等作了考证，纠正了一些著作的讹误。在记叙历史报刊的同时点评了一些报界人物，如章太炎、邵飘萍、项士元及当时在台湾的胡健中等人。该书原创性较好，出版后对各方面的研究工作均有较大的参考价值。21世纪，又出版了几本有关杭州或浙江的新闻志和新闻事业史。

宁波市政协文史资料委员会主编的《宁波文史资料》第14辑《宁波新闻出版谈往录》，收录了26篇有关宁波近代以来新闻出版史的文章。据其内容，分为4类：第一类为研究和介绍宁波自近代开埠以来至宁波解放初期各个历史时期的一些重要报刊、电台。如周律之《〈甬报〉琐谈》、戴士清《〈德商甬报〉简介》、徐跃年《辛亥革命在宁波的重要刊物——〈武风鼓歙〉》、乌一蝶《宁波四明日报始末》、卢国辅《浙东公报》、徐良骥《早期传播马列主义的周刊——〈火曜〉》、周康靖《三十年代的〈时事公报〉》、吕倩如《抗战胜利后复刊的〈宁波时事公报〉》、周康靖《〈宁波人报〉始末》、沈越宗《赵宁钟与宁钟广播电台》等。第二类是有关抗日战争和解放战争时期浙东革命根据地新闻出版事业的文章。如钟虹等《追忆浙东抗日根据地的新闻出版发行事业》、陈静之《浙东革命根据地的第一张报纸——〈时事简讯〉》、丁柯《回忆〈战斗报〉》、巴一熔《我在〈新浙东报〉当记者时的见闻》、乐子型等《坚持时期浙东游击根据地的报刊工作》、徐炎《在四明山上办报》等。第三类是介绍与新闻出版发行有直接关系的几家通讯社和书店，有王兴藻《忆新潮通讯社》、胡滨《我办正风通讯社宁波分社的经过》、毕青《传播新文化的青春书店》等文章。第四类是有关宁属各县的报刊出版和发行事业的文章。如：胡慕青《我与〈宁海民报〉》、胡亚佩《一份毛泽东赞扬的通俗小报——〈战时大众〉》、姜枝先《余姚报刊杂忆》、张衡园《抗战前夕之慈溪报业》、毛元仁《〈战时镇海〉与〈镇海儿童〉》等。

《宁波新闻纵横》(何守先主编，宁波出版社 1997 年版)，回顾总结了一个半世纪宁波新闻发展的历史，重点阐述了宁波新闻史上的主要报刊、重要人物和重大变迁，涉及报刊、广播、电视、网络出版等媒介，是第一部比较全面、系统地反映宁波新闻传播事业史的著作。刘光磊、周行芬合著的《宁波近代报刊史论》(当代中国出版社 2001 年版)也是当代研究宁波新闻传播史的书稿。2003 年 3 月，由宁波市记者协会组织宁波新老新闻工作者编写的《宁波新闻丛书》是研究宁波新闻传播史的重要资料。这套丛书共有 3 种，《记者往事》《理论纵横》由宁波出版社正式出版，周律之《宁波报刊史》作为内部资料发行。此外，作为个案研究，对宁波新闻传播史中的一些重要报刊和人物也有研究。主要有：王欣荣《〈甬报〉初步研究》(《杭州大学学报》1984 年第 6 期)、刘光磊《论〈四明日报〉的立场、言论与新闻》(《宁波大学学报》1999 年第 12 期)、龚缨晏等《关于宁波〈中外新报〉的几个问题》(《社会科学战线》2005 年第 3 期)、周军《民国初期宁波〈时事公报〉对日本问题的报道》(《国际新闻界》2008 年第 5 期)等。也有专门研究宁波新闻报业人物的文章，如庄启东《我的父亲庄禹梅》(《宁波文史资料》第 2 辑)、觉人《几入囹圄，文章报国——我所知道的庄禹梅先生》、何世鸿《伸张正义的爱国报人——记金臻庠先生》、谢振声等《记〈时事公报〉主编乌一蝶》(《宁波文史资料》第 10、14 辑)、周军《论民国报人金臻庠的报纸理念与新闻实践》(《国际新闻界》2009 年第 3 期)等。2010 年，宁波市新四军历史研究会等单位合编了《金臻庠与时事公报》《庄禹梅纪念文集》，这对于宁波新闻传播史的研究有着重要的参考价值。

20 世纪 90 年代之后，浙江省人民政府还重视新闻志的编纂与研究，并将其列入省志丛书规划，2007 年由浙江省《新闻志》编委会编纂出版的《浙江省新闻志》(浙江人民出版社 2007 年版)，翔实、全面地记载了浙江省自 1854 年以来一个半世纪新闻事业的发展，首次详尽地披露了诸多浙江新闻界的大事、要事以及 1400 多位新闻人物的传略、简介或名录，具有很高的存史、资治、教化价值，填补了浙江志书的一个空白。

(三)《东南日报》研究

《东南日报》于 1927 年 3 月创刊，1949 年 5 月终刊，是当时大陆东南地区一张著名的大报，很有影响。对《东南日报》历史的研究早就备受关注，1937 年社长胡健中曾发表过《东南日报小史》(《浙江青年》1937 年第 4 期)，是至今所知对《东南日报》历史进行记述的第一篇文章。20 世纪 90 年代，先后撰写了《移动的笔垒》(台湾中国国民党“中央日报”1995 年 9 月 5 日)、《东南日报大厦》(《浙江方志》1996 年第 5 期)、《胡健中：在报坛宦海中沉浮》(《现代传播》1997 年第 4 期)、《蔡极：战后第一个台湾的内地记者》(《新闻记者》1997 年第 4 期)、《〈东南日报〉与台湾》(《新闻知识》1997年第7期)、《论〈东南日报〉的企业化经营》(《新闻大学》1997年夏季号)、《八年抗战中的〈东南日报〉》(台湾《浙江月刊》1998年第2期)、《胡健中晚景凄凉》(《民国春秋》1998年第8期)、《略论〈东南日报〉的立场、言论和新闻》(《浙江社会科学》1999年第2期)、《〈杭州民国日报〉与浙江"二五减租"》(《民国春秋》2000年第3期)、《试论抗战中的〈东南日报〉》(《抗日战争研究》2003年第3期)、《〈东南日报〉与"八一四"空战》(《国际新闻界》2007年第8期)、《〈东南日报〉与"永安浩劫"》(《浙江档案》2008年第9期)、《〈东南日报〉对战后日本侨民的报道》(《浙江档案》2009年第10期)、《试述〈东南日报〉对"史案"的报道》(载《仰望史量才》,华文出版社2010年版)等。何扬鸣还根据档案等资料,认为《东南日报》是国民党党报中最早实施企业化经营管理的媒体,它要比其他实施企业化经营的国民党报纸至少早10年(何扬鸣《论〈东南日报〉的企业化经营》,《新闻大学》1997年夏季号)。

除了撰写文章外,何扬鸣还编著了《老报人忆〈东南日报〉》(浙江人民出版社1997年版)。该书是在查阅完东南日报社所有的档案、翻阅了所有的存报、想方设法联系上全国各地和世界各地的《东南日报》的报人之后编著的。该书的出版在海内外产生了较大的影响。

(四)外国新闻史研究

浙江学术界对外国新闻事业史成果研究颇多,尤重学科建设。张允若是为代表。20世纪80年代以来,他先后出版有《西方新闻事业概述》(新华出版社1989年版),这是中国较早出版的评介西方新闻事业著作;他与高宁远的《外国新闻事业史新编》(四川人民出版社1996年版),为"高等学校新闻传播专业基础课程教材"系列中的入选本;他主编的《外国新闻事业史》(武汉大学出版社2000年版),为全国高等教育自学考试指导委员会组编的自学考试教材;他的《外国新闻事业史教程》(高等教育出版社2003年版),为普通高等教育"十五"规划国家级教材,至今已重印10多次。除了以上的书稿外,张允若还写了许多有关外国新闻事业史的论文,如《简论英国早期的廉价报纸》(《新闻大学》1989年秋季号)、《评西欧广播电视体制的重大变化》(《中国广播电视学刊》1992年第2期)、《威尼斯小报是最早的印刷报纸吗》(《编辑学刊》1994年第5期)、《要以优质的硬新闻取胜——从奥克斯办〈纽约时报〉说起》(《新闻传播》1995年第6期)、《西方报团发展的警示》(《新闻传播》1996年第2期)、《马来西亚报业的风雨历程》(《国际新闻界》1996年第5期)、《新加坡报业的过去和现在》(《国际新闻界》1997年第7期)、《对苏联新闻业历史命运的思考——写于十月革命八十周年之际》(《新闻传播》1997年第6期)、《外国广播电视体制类型的比较》(《中国广播电视学刊》1999年第6期)、《走近CNN——美国有线电视新闻网总部见闻》(《新闻实践》2003年第9、10期)、《美国之音网站概览》(《世界广播电视参考》2004年第4期)等,论著丰硕。

16世纪中叶出现于地中海北岸的威尼斯小报在世界新闻史上有着重要的地位。但它究竟是不是世界上最早的印刷报纸呢?张允若考证了法国、英国、日本、苏联、意大利以及中国台湾各种权威辞书,并同《美国百科全书》的词条作者进行了交流探讨后认定:16世纪的威尼斯小报是一种手抄新闻,不是印刷报纸。外国新闻史上最早的定期连续出版的印刷报纸,实际上出现在17世纪初的西欧。① 与“最早印刷报纸”相关的，是世界近代报刊的起源问题，这是世界新闻事业上的一个原则问题。国内外学术界普遍认为，世界近代报业是17世纪初由西欧几个城市发源而后向整个欧洲、北美以及世界其他地方扩展的；中国新闻事业史则始于19世纪前期（不包括古代新闻传播）。何扬鸣认为上述观点是不准确的。他认为，南宋临安的新闻传播活动十分丰富，当时，京都临安聚集了众多的官方新闻传播机构、新闻媒体以及新闻从业人员，其等级和数量是当时任何地方无可比拟的。南宋临安，从全国各地收集了各种新闻和信息，也向全国各地送发各种新闻和信息，它不仅是中国的政治、经济、文化、军事中心，而且也是中国的新闻传播中心。在与若干世纪以后的西欧相比较后，何扬鸣强调指出，南宋临安的新闻传播活动是中国古代社会最辉煌的，不仅时间上早于西欧，而且规模上也大大地超过西欧。南宋临安新闻传播活动是当时该都城所创造的诸多世界纪录的一部分，是与南宋临安在中国与世界上所处的领先地位相匹配的。② 何扬鸣的观点引起海内外的广泛兴趣和关注。

涉及外国新闻史研究的浙江学者的成果还有邵志择的《新教改革和出版自由理念的产生》（《新闻与传播研究》1999年第1期）、《时报——沙利文原则与公众人物的界定》（《新闻大学》2004年第3期）、《恐怖主义与西方媒体的关系》（《新闻记者》2006年第5期）以及何镇飙的《从FCC看美国的媒介安全》（《中国广播电视学刊》2008年第7期）等。

第二节　出版学研究

浙江乃文物之邦。书籍出版经历了手刻手抄的流传到雕版印刷出版和活字（石字、木字、铅字）印刷出版的发展。古代浙江的印刷出版业，可追溯到隋唐雕版印刷术的发明和推广，之后又发展迅速。宋元明清代，杭州几度成为全国印刷出版中心。中华人民共和国成立之后，浙江的出版学研究重在印刷出版史与编辑出版思想史研究，成果斐然。20世纪80年代之后，对出版发行也有研究。

一、浙江印刷出版的发展

（一）中唐、五代时期浙江的雕版刊印研究

浙江雕版印刷始于中唐，至五代吴越时为鼎盛。这与当时浙江经济、政治、文化等诸多方面的兴盛繁荣是紧密相关的。而人文荟萃、佛教盛行、造纸术精湛等更是直接为印刷业的发展提供了精神文化的需求和基础物质的条件，使浙江在全国雕版印刷出版业中居中心地位。

唐穆宗长庆四年（824年）前后，越州雕版印刷了杭州刺史白居易的《白氏长庆集》和浙东

---

① 张允若：《威尼斯小报是最早的印刷报纸吗》，《编辑学刊》1994年第5期。

② 何扬鸣：《试论南宋临安的新闻事业》，载《新闻与传播研究》2009年第3期。

观察使元稹的《元氏长庆集》，是中国刻印书籍最早记载之一。白、元是中唐时齐名的大诗人和新乐府运动倡导者，世称“元白”。此次刻印本不但在国内广为流传，而且传至日本、新罗（今朝鲜半岛）等地。对中唐、五代时期浙江的雕版印刷，后人多有研究。如近代学者王国维对越州白居易、元稹诗集雕版印刷的考证。其《两浙古刊本考・序》言：“镂板之兴，远在唐世，其初见于记载者，吴、蜀地也，而吾浙为尤先。元微之作《白氏长庆集序》，自注曰：‘扬、越间多集书摹勒乐天及予杂诗，卖于市肆之中。’‘夫刻石亦可云摹勒’，而作书鬻卖，自非雕板不可。则唐之中叶，吾浙亦有刊板矣”（《王国维全集》第七卷，2009 年）。此考既对中唐时浙江刊印元、白诗集的肯定，又佐证了中唐时浙江已具备雕版刊印的条件。浙江同为“全国、全世界出版事业的发源地”①。

浙江佛教至唐，尤其是五代吴越时发展至鼎盛。据宋苏辙诗记，杭州西湖有“三百六十寺”之多。佛寺之多，佛学之盛，助推佛经的大量刻印。五代时，杭州最著名的雕版印刷是迁居余杭的高僧延寿，著有《宗镜录》等，并为钱俶刻印过大量经文、佛图等，据载延寿曾亲手印过《弥陀经》《楞严经》《法华经》《观音经》《佛顶咒》《大悲咒》《法界心图》等经书 10 万余本，在当时甚为流传。②

（二）两宋时期浙江的雕版刊印研究

两宋时期，浙江为全国最富庶的地区之一，也是全国雕版印刷的中心之一，而北宋两浙西路的杭州和两浙东路的明州（今宁波）已成为全国经济发达的著名城市。北宋刻书以东京（今开封）、浙江、四川、福建、江西为五大中心地区，最出名的是浙江。南北宋之交的叶梦得言“今天下印书，以杭州为上。”③南宋高宗绍兴二年（1132 年）朝廷迁入杭州，绍兴八年（1138 年）正式定都称临安。此时期，雕版印刷出版自杭州扩展至两浙（浙东、浙西）地区，各府州均有刊书专业。

国子监监本研究。北宋承五代后周之制，设国子监，为宋代最高学府。由于杭州刻版印书力量雄厚，刻书质量特高，故北宋国子监有大批书籍交杭州刻印，属杭州州衙署管理。据当代浙江学人研究，北宋国子监交由杭州所刻印监本书主要有经部、史部和少量子部医书。据王国维《五代两宋监本考・卷下》考，南宋监本有《周易》《尚书》《毛诗》《周礼》《仪礼》《礼仪》《春秋》《左传》《公羊》《穀梁》《孝经》《论语》等十二经文的刻印。其又引王应麟《玉海》所载，南宋高宗时监本尚有《周易》《尚书》《春秋经传》《春秋公羊传解论》《春秋穀梁传》《孝经》《论语》《尔雅》《孟子章句》等十三经卷进本，由名字注解（《王国维全集》第七卷，2009 年）。南宋国子监于元代初期改名为西湖书院，并重整“宋学旧籍”书版，刻石立碑。据阮元《两浙金石志》卷一五（浙江书局版）《元西湖书院重整书目碑》碑文所记，这批旧籍书版有经部 51 部，史部 36 部，子部 11 部，集部 21 部。对此，王国维《西湖书院书板考》详加考订（《王国维全集》第七卷

① 顾志兴：《浙江出版史研究——中唐两宋五代时期》，浙江人民出版社 1991 年版。
② 顾志兴：《浙江出版史研究——中唐两宋五代时期》。
③ 〔宋〕叶梦得：《石林燕语》卷八，中华书局 1984 年版。

《两浙古刊本考》卷上，2009年）。元代杭州西湖书院所藏20余万板片，其中书板除少数几部如《论孟集注》（引者按：应为《论孟集注考证》）《春秋高氏解》《仪礼集说》《博古图》《农桑辑要》《唐诗鼓吹》《曹文贞公集》《金陀粹编》等为元刻本外，其余大多为南宋书版，在这些南宋书版中，除少数几部是元集庆路版片外，其余均为南宋国子监及浙江各府所刻书版。这些书版是南宋杭州刻书的重要实物。① 北宋时杭州市易务设有刻书所，为官办刻书机构，专门为国子监和中央派出机构市易务刻书。

宋殿本刊刻研究。南宋期间皇家内府及所属机构也刻过书，通常称"宋殿本"或某司某局本。据清阮元《四库未收书目提要》·《隶韵》10卷（《揅经室外集》卷四，中华书局1965年版）提要，如德寿殿曾刻宋刘球撰《隶韵》10卷，董其昌定为德寿殿本；左廊司局曾刻《春秋经传集解》30卷。又据宋周密《齐东野语》考录："《混成集》，修内司所刊本，巨帙百余。古今歌词之谱，靡不备具"，②证实修内司曾刻有《混成集》100余卷。而陈振孙《直斋书录解题》卷12著录称，宋医官王继先等撰《绍兴校定本草》22卷，由修内司刊刻。

公使库本刊印研究。南宋时两浙东西各路政府机构也承担刻书，所刻之本通称"公使库本"。据顾志兴研究考录，其中西路（浙江境域）刻书有转运司公使库刻宋骙撰《中兴馆阁书目》70卷，《序例》1卷（王应麟《玉海》卷五二，清浙江书局本），刻宋何异撰《中兴百官题名》50卷，宋董煟撰《活民书》《寿国脉书》（卷数不详）；提点刑狱司公使库刻有宋李元弼撰《作邑自箴》10卷；茶盐司公使库刻书有王安石撰《临川先生文集》100卷（王珏序，王国维《两浙古刊本考》卷上）。两浙东路茶盐司公使库所刻魏王弼、晋韩康伯、唐孔颖达撰注《周易注疏》13卷，唐孔颖达撰《尚书正义》20卷、《礼记正义》70卷及《毛诗正义》又《论语注疏解经》10卷、《孟子注疏解经》14卷、《古易》十二卷、《音训》2卷、唐贾公彦撰《周礼疏》50卷、后晋刘昫等撰《唐书》200卷等。两浙东路转运使司公使库所刻宋刘恕撰《通鉴外纪》15卷、汉荀悦撰《前汉纪》30卷、晋袁宏撰《后汉纪》30卷。提举常平司公使库刊书有宋桑世昌撰《兰亭考》12卷。提点刑狱司公使库刊书有宋胡仔撰《苕溪渔隐丛话》前集60卷、后集40卷等。③

南宋时期，浙江官刻书除上述刻书机构外，两浙所属府、州县也都刻有不少书籍，其形式有官刻，以临安府郡斋、学校官刻本为甚；有坊刻，宋时有名望者为"赵、韩、陈、岳、廖、余、汪"为最，其中陈起、岳珂、廖莹中三家主要刻书活动均在浙江。各府州刻书机构和刻书名家也极为丰富。如建德府有著名刻书家陆游父子官刻本（主要刻书地）和严州郡斋、学校官刻本，嘉兴府有著名刻书家岳珂及相台家塾刻书与郑定等私刻本，湖州有著名刻经人王永从、王永锡经、书私刻本及郡斋、学校官刻本，庆元府有郡斋、学校官刻本与楼、史两氏家刻本，绍兴府有著名刻书家洪适、沈作宾、汪纲刻本与郡斋、学校官刻本，婺州有郡斋、学校官刻本与坊刻、私刻本，瑞安府有郡斋、学校官刻本，衢州有著名刻书家施元之刻本与郡斋、学校官刻本及私刻本，台州有著名刻书家唐仲友刻本及郡斋、学校官刻本，处州有郡斋官刻本（陈国灿、陶立方

① 顾志兴：《浙江出版史研究——元明清时期》。
② 〔宋〕周密：《齐东野语》卷一，上海古籍出版社1987年版。
③ 魄静秋：《浙江出版史话》，浙江工商大学出版社2013年版。

《略论南宋两浙地区的出版业》,《宁波师院学报·社会科学版》1996年第5期;顾志兴《浙江出版史研究(中唐两宋五代时期)》)。元丰末、元祐初,杭州知州蒲传正刻辽僧行均所撰《龙龛手鉴》;景祐四年(1037年)杭州印本《白氏文集》72卷,知仁和县翟昭应将《刑统律疏正本》改为《金科正义》镂板印卖①;张君房知杭州钱塘时刊印《云笈七签》124卷②,刻印汉荀悦撰《前汉纪》30卷、晋袁宏撰《后汉纪》30卷(王国维《两浙古刊本》卷上引王铚序);刻印唐高峻撰《高氏小史》130卷(有说作120卷),刻印旧杭本《三国志》《晋书》《隋书》《旧唐书》,刻印旧本《杭州图经》,刻印宋苏轼撰《东坡集》40卷、《后集》20卷、《内制集》10卷、《外制集》3卷、《奏论》15卷、《和陶集》4卷(号称"东坡六集")③。还有私人刻书有《史记》《文精》《韩诗外传》《战国策》《朱肱重校类证活人书》等;经坊有刻印《华严经》等。

(三)元代浙江雕版印刷研究

元代浙江经历了宋元两朝更替的战乱,政治中心北移,虽经济仍保持繁华,但政治文化远不及南宋。由于浙江出版业历唐宋两代的兴盛,有着深厚的基础,相对来说,元代出版业要落后于宋代,但浙江仍不失为全国出版业的中心之一,尤在质量方面仍居于首位。

关于官刻本刊刻途径研究。据顾志兴研究,元代浙江刊刻仍以官书为主。刊刻途径,一是中央政府以皇帝圣旨直接下令浙江,由江浙行省安排刊刻;二是部门呈报,由中央政府下达给某路刊刻。元代浙江承担官刊书数量上要多于他省,但私刻书较少,私家刊书的优势正在衰落。元时杭州书坊刊印元杂剧颇多,对元杂剧的传播起了重要作用。④

杭州路刊刻机构与出版机构研究。西湖书院、江浙行省、江浙斋学承担了元代史书等重要典籍的刻印,使杭州刻书在全国仍占有重要地位。据吴自牧《梦粱录》卷九《诸监》(王国平主编《西湖文献集成》第2编,杭州出版社2004年版)考,元国子监,东西为卧,簿住,西湖书院处国子监故地,书版皆在,故而在元初承担了南宋国子监书版的整理、修补工程,同时也刊刻了一些重要的学术著作。例如元苏无爵撰《国朝文类》70卷,目录3卷;马端临撰《文献通考》348卷。江浙行省辖今江苏南部、浙江、福建两省及江西部分地区,元时奉朝廷之命刊官书甚多,如宋赵佶撰《大德重校圣济总录》200卷,元脱脱等撰《辽史》116卷和《金史》135卷及《宋史》196卷,宋岳珂撰《鄂国金陀粹编》28卷(《王国维全集》第七册《两浙古刊本考》卷上);元大司农司修纂《农桑辑要》⑤《栽桑图》等。江浙儒学提举司掌行省所辖诸路,府、州、县之学校祭祀、教养钱粮等事,并考校呈进著述,裁定刊印,例如刻印元郝天挺《注唐诗鼓吹》10卷,汉许慎撰《说文解字》(《王国维全集》第七册《两浙古刊本考》卷上)。另还有杭州路官刻书、佛寺刊经等。

元代浙江私家书坊不如南宋时盛,但杭州仍有不少颇具名望的经坊、书坊,刻经刻书尤重

---

① 张秀民:《中国印刷史》,浙江古籍出版社2006年版。
② 〔宋〕王铚:《默记》卷下,中华书局1981年版,第52页。
③ 〔宋〕陈振孙:《直斋书录解题》卷四,第108页。
④ 顾志兴:《浙江出版史研究(元明清时期)》,浙江古籍出版社1993年版。
⑤ 〔清〕钱曾:《读书敏求记》卷三,上海古籍出版社2007年版。

元杂剧的刊刻[①]。例如杭州众安桥杨家经坊刻后秦释鸠摩罗什译《金刚般若波罗蜜经》1卷，杭州睦亲坊沈八郎书坊、杭州书棚南沈二郎经坊各刻后秦释鸠摩罗什译《妙法莲华经》7卷，武林沈氏尚德堂刻宋朱熹撰《四书集注》26卷，中瓦子张家刻《大唐三藏取经诗话》3卷，杭州两佚名书坊分别刻《京本通俗小说》、元关汉卿撰《关大王单刀会》、元尚仲贤撰《尉迟恭三夺槊》、元石君宝撰《关目风月紫云庭》1卷、元王伯成撰《李太白贬夜郎》1卷、元杨梓撰《关目霍光鬼谏》、元郑光祖撰《关目辅成王周公摄政》《小张屠焚儿救母》、元纪君祥撰《赵氏孤儿》，以上八种元人杂剧多署"古杭新刊"[②]；据顾志兴《浙江出版史研究(元明清时期)》录，嘉兴路、湖州路、庆元路、绍兴路、婺州路及台州、衢州、温州、处州等路各有郡斋、县署、学官官刻等，有儒学官刊本、私刻本、佛寺刊经、书院本、坊刻本等。

(四)明代浙江印刷出版业的研究

明代刻书出版业，由于南京、苏州、徽州等地后来居上，加之北京、福建建宁等地已发展在先的刻书出版中心，杭州公私刻书在明代数量虽不下宋元，但特别有名的不多，然仍为全国书籍刊刻聚集地之一。明初浙江刻书出版仍以杭州为主，万历以后吴兴(湖州)彩色套印技术的发明，逐渐成为全国有名的地区。

刊刻出版研究。明代杭州官刊书，主要有浙江布政司、浙江按察司、巡按都察院、杭州府等省、府刻书。据明周弘祖《古今书刻》上编所考，在杭州府的省级衙署及杭州府的刻书主要有浙江布政司刊印《东汉文鉴》《西汉文鉴》《说文》《救荒活民补遗》《诸司职掌》《仪礼经传》《律吕无声》《近思录》8种。浙江按察司刊印《疑狱集》《官箴集要》《大明律》《竹枝词》《桯史》《唐鉴》6种；杭州府刊印《大唐六典》《四书集注》《武林遗事》《礼经会元》《周礼》《始丰集》《元诗体要》《韵海》《唐诗类编》《宋学士文粹》《算法大全》《咏物新题》《雪溪渔唱》《万竹山房集帖》《龙门子》《群珠摘粹》《养生杂纂》《刘伯温文集》《程氏遗书》《伊洛渊源》《林和靖诗》《西湖游览(志)》等30种[③]。据清丁申《武林藏书录》卷上《杭州诸公署镂版》(古典文学出版社1957年版，第9—18页)所考，官刻本尚有：巡抚都察院刊印胡宗宪的《皇明经济录》41卷、《筹海图编》13卷、《督抚奏议》6卷、《续督抚奏议》6卷，毛纲、黄议编《诸史将略》，徐栻编《余庆录》1卷、《大学衍义补纂要》，谷中虚撰《矿防考》《水兵律令》《陆兵律令》《水兵操法》等13种；浙江布政司刊印《礼经会元》4卷、《国朝宪章录》42卷、《皇明诏全》21卷、《问刑条例》6卷、《军政条例》4卷等27种；浙江按察司刊印《乡校礼辑》1卷、《越绝书》15卷、《资治通鉴》324卷、《大唐兴典》30卷、《韩氏医道》1卷等16种；两浙运司刊印唐臣撰《两浙转运》《两浙盐法条例》50卷、《四书集注》19卷、《大明律例》7卷等11种；杭州府刊印《日本考略》1卷、《陆王二先生要语》2卷、《杭州府志》63卷、《武林旧事》10卷等12种。又据周弘祖《古今书刻》考，浙江布政司刊书17种，按察司刊本11种，两浙都转盐道使司刊本1种。另还有杭州府所属各县的方

---

① 〔明〕胡应麟：《少室山房笔丛》卷四《经籍会通四》。

② 董强、隗静秋：《浙江坊刻本的脉络及其特点》。

③ 〔明〕周弘祖：《古今书刻》上篇，古典文学出版社1957年版。

志、各县学宫、县学等官刊本。

书坊书肆研究。明代杭州书坊、书肆甚是兴盛。明胡应麟《少室山房笔丛》卷四《经籍会通》考证："今海内书凡聚之地有四：燕市也，金陵也，阊阖也，临安也。""凡武林书肆多在镇海楼之外，及涌金门之内，及弼教坊、清河坊，皆四达衢也。省试则间徙于贡院前，花朝后数日则徙于天竺，大士诞辰也。上巳后月余，则徙于岳坟，游人渐众也。梵书多鬻于昭庆寺，书贾皆僧也。自余委巷之中，奇书秘简往往遇之，然不常有也。"（胡应麟《少室山房笔丛》卷四《经籍会通》，上海书店2009年版）。可见当时杭州书坊、书肆之盛。据陈剩勇考证，"16世纪到17世纪的杭州，得以与北京、南京和苏州齐名，成为当时全国四大书籍集聚地之一，以其图书典籍的刻印、销售和收藏的盛况，驰名海内"。①

大众书肆研究。明代杭州书坊还刊刻了大量市民阶层的图书，如小说、戏曲、话本、笔记、古诗选本、尺牍画谱、算书、医书以及养生、保健和日用之书，皆为明中期以后杭州刊刻出版的。明中期以后，杭州民间书坊、书肆里刻印和销售的书籍，已不再像先前那样以儒家经典为主，书商们从赚钱营利的目的出发，大量刻印和销售面向科场举子和一般民众的书籍。

（五）清代浙江印刷出版业研究

清初及中期，大兴文字狱，有庄廷鑨史案、查嗣庭试题案、吕留良文选案、齐召南跋天台游记案、卓长龄诗集案等，清廷将这些文字狱案归因之著书、刻书，沉重打击了出版业。清乾隆三十八年（1773年），乾隆采纳金简的建议，命武英殿刻书处制枣木活字印书，颁发到各省锓木翻印。浙江刊印重点：其一，乾隆三十八年，武英殿印成"武英殿聚珍版丛书"134种，浙江奉命翻印39种（一说38种），此书系袖珍本，但行格字数皆仿原版。据丁申所言，诸省刊刻此书"以浙江最精"。其二，乾隆五十四年（1789年）《四库全书总目》定稿后由武英殿刻版刊印，六十年浙江官府据此进行翻刻，此书卷帙浩繁，有较大文献价值。其三，浙江官刻书以地方志为多，清康熙二十三年（1684年），修刻《浙江通志》；雍正年间修刻《浙江通志》283卷，乾隆元年（1736年）、嘉庆十七年（1812年）数次刊印，光绪二十五年（1899年）刊印《浙江通志》复刻本；又有《杭州府志》，康熙年间曾两次刊刻，乾隆年间曾二修二刻。②

同治六年（1867年），清朝浙江当局为重建封建文化，在杭州设立浙江官书局，主要刊印历史经典文献书籍。据汪林茂考录，"书局从成立到1909年（宣统元年）归并浙江图书馆的40多年间，共刊印书籍百余种，书局成立前期刊刻较多的是传统的经史类图书，如《清御纂七经》《理学宗传》《儒门法语辑要》《孔孟编年》《论语古训》《经义考》《清三通》《新唐书》《宋史》《通鉴辑览》等。19世纪90年代后，这类书的刊刻量有所减少，开始有一些实学类新书刊行"。③ 据丁申《武林藏书录》言，浙江书局"自丁卯（同治六年，1867年）开局，至光绪乙酉（光绪十一年，1885年）二十年，先后刊刻二百余种"。据增韫《奏创建浙江省图书馆归并扩充折》

---

① 陈剩勇：《浙江通史》（明代卷），第326—327页。

② 顾志兴：《浙江出版史研究（元明清时期）》。

③ 汪林茂：《浙江通志》（清代卷下），第367—368页。

（载《京报》宣统元年三月九日）所言："查省城旧有官书局，刊而经、史、子、集百数十种，近年专事刷印版籍，未能扩充"。关于浙江官书局设局及其刊刻研究，有魏隐儒（曾授教杭州大学）的《中国古籍印刷史》（印刷工业出版社 1984 年版），张静庐《中国近代出版史料》（群联出版社 1954 年版），丁申《武林藏书录·浙江书局》（古典文学出版社 1957 年版），潘猛补《浙江书局史略》（《图书馆研究与工作》1991 年第 1 期）、《浙江官书局刊书编年辑目》（《图书馆研究与工作》1992 年第 3 期），陈训慈《浙江图书馆之回顾与展望》，毛春翔《浙江省立图书馆藏书板记》等。

私家丛书的刻印对清中期浙江印刷出版业的中兴起到了重要作用。杭州府鲍廷博刊刻"知不足斋丛书"30 集 215 种，卢文弨刊刻"抱经堂丛书"18 种，陈春（清萧山人）刊刻"湖海楼丛书"14 种，许增刊刻"榆园丛刻"，汪康年刊刻"振绮堂丛书"以及丁丙刊刻《武林掌故丛编》《武林先哲遗著》《当归草堂丛书》《西泠五布衣遗著》《于忠肃集》等，其中"武林掌故丛编"就刊刻有 26 集 194 种书籍。嘉兴府有马俊良刊刻《龙威秘书》10 集 167 种，蒋光煦刊刻《别下斋丛书》《涉闻梓旧》共 52 种。顾修刊刻《读画斋丛书》8 集 50 种，孙福清刊刻《槜李遗书》46 种，陆烜刊刻《奇晋斋丛书》16 种等，其中著名学者刻书人有吕留良与吕葆中父子、朱彝尊、许梿等。湖州府有陆心源刊刻《十万卷楼丛书》《潜园总集》《湖州丛书》共 72 种，姚觐元刊刻《咫进斋丛书》30 种，汪曰桢刊刻《荔墙丛刻》10 种，范锴刊刻《范白舫所刊书》10 余种，凌镐、凌镛刊刻《凌氏传经堂丛书》10 余种等，著名学者刻书人有严可均、许宗彦、俞樾等。宁波府有黄宗羲刊刻《黄氏捃残集》7 种，徐时栋刊刻《宋元四明六志》，张寿荣刊刻《范雨楼丛钞》及《八史经籍志》，郭传璞刊刻《金娥山馆丛书》11 种，黄炳垕刊刻《留书种阁集》等，学者刻书人有全祖望、郑勋、卢址、冯云濠等。绍兴府有赵之谦刊刻《仰视千七百二十九鹤斋丛书》6 集 40 种，章寿康刊刻《式训堂丛书》3 集 41 种，徐友兰、徐维则刊刻《融经馆丛书》《会稽徐氏铸学斋丛书》《绍兴先正遗书》，绍兴公报社刊刻《越中文献辑存书》10 种，学者刻书人有沈复粲等。金华府有金履祥刊刻《率祖堂丛书》10 余种，张作楠刊刻《翠微山房教学》10 余种、崔述《崔东壁遗书》20 种、唐仲友《金华唐氏遗书》数种，周心如刊刻《纷欣阁丛书》10 余种，胡风丹刊刻《金华丛书》收经史子集 59 种[民国 13 年（1924）其子宗懋刻《续金华丛书》58 种]。温州府有孙衣言《永嘉丛书》收宋人著述、清人著述，主要学者刊刻人有孙诒让等。台州府有宋世荦刊刻《台州丛书》甲、乙两集，洪颐煊（1765—1837 年，临海人）《传经堂丛书》，叶书《荫玉阁丛书》3 种，杨晨《续台州丛书》10 种，王氏双砚斋木活字本《彤双璧》等。

据《浙江通史》清代卷下考汇，清代浙江印刷出版有四个特点：具有广搜博采特点的丛书在晚清得到学者的重视；编纂和刊行方志在晚清浙江很是盛行；实学类新书深受传统刻书业尤其是私家刻书业的追捧；浙江出版家为上海发达的近代出版事业作出了重要的贡献。

（六）民国期间浙江印刷出版业研究

清代后期由于石印、铅印的兴起，逐步取代传统的雕版印刷，传统雕刻印刷业限于国学文献、金石书画、郡邑丛书、目录学等刊刻本。杭州尤以浙江图书馆、西泠印社、抱经堂书店、吴昌绶双照楼、顾燮光金佳石好楼等雕印版本为多为佳。嘉兴以金氏（金兆潘）、桐乡卢氏、冯氏等雕刻刊本，宁波以张寿镛约园、四明文献馆等雕刻刊本，台州以黄岩杨氏（杨晨）、王氏（王舟瑶）雕刻刊本，金华以胡宗懋，温州以瑞安孙氏雕刻刊本为多为佳。湖州尤甚，雕版印书集中在张钧衡、蒋汝藻、刘承干三家，皆以刻书精美著称。张氏刻印有《适园丛书》《择是居丛书》，蒋氏刻印有《密韵楼丛书》《观堂集林》。刘氏为民国时期湖州雕版印刷出版的代表，刻书有《嘉业堂丛书》《留馀草堂丛书》《求恕斋丛书》《吴兴丛书》《嘉业堂金石丛书》等。

从民国元年（1912 年）至民国 38 年（1949 年），以抗日战争胜利前后分期，前期刊印出版中心在杭州，后转向金华、宁波、绍兴等地。据顾志兴考证：杭州主要出版机构有正中书局、湖畔书社、浙西民族文化宫、民族出版社等，抗日战争时期出版物多为号召军民抗击日军侵略者，主要有正中书局出版《抗战歌曲集》《抗战剧曲选》《中日战争之始末与教训》等 50 余种；湖畔诗社出版有《湖畔》《春的歌集》等；浙西民族文化宫出版有《浙西抗建丛刊》《国际问题丛书》等；民族出版社出版有《茅舍》《新闻与通讯的写作》等。金华主要出版机构有新知书店金华分店、新阵地图书社、金华书店、国民出版社、天行社、鸡鸣社等，出版有《黄季宽先生抗战言论集》《毛泽东论持久战》《蒋百里文选》《孙子兵法精义》《论第二次世界大战》《中日货币战》《农业改良》《日本间谍与汉奸》《行的哲学研究》《宋词集联》《中国土地法大纲》《王贵与李香香》等。宁波主要出版机构有浙东韬奋书店等，主要翻印延安及解放区出版的图书和部分自编出版的书籍。绍兴主要出版机构有绍兴青抗社、抗建社、战旗社等，出版有《中国必胜》《抗日名将剪影》《民众抗日问答》《沦陷前后的杭州》《抗战漫画论》《浙西游击散记》等。温州海燕诗歌社出版《海燕诗歌丛书》等。还有丽水江南出版合作社、大众出版社、新路南出版社，台州海啸出版社、青年出版社等，均出版有与抗战相关的书籍。①

民国期间，浙江籍出版家在上海创办或主政出版机构者较多。如海盐人张元济入主商务印书馆、桐乡人陆费逵创办中华书局②。

（七）中华人民共和国成立后的浙江印刷出版业研究

20 世纪 50—70 年代末，浙江对印刷出版的研究更多地涉及史论，如赵万里（1905—1980 年，海宁人）主编《中国版刻图录》（文物出版社 1960 年版），是一部系统反映中国雕版印刷成就的大型书影图谱，收唐、五代、宋、金、元、明、清各代刻版书影 460 种，收明清两代活动版书影 40 种、图 50 幅，收宋元明清日韩版画 50 种，图 76 幅，所收图录皆为中国现存版刻的精华。他还撰有《中国版刻的发展过程：谈谈印本书籍发展简史》（《人民日报》1961 年 5 月 4 日）、《中国印本书籍发展简史》（《文物参考资料》第 28 期，文化部社会文化事业管理局，1952）。张秀民《中国印刷术的发明及其影响》（人民出版社 1958 年版）一书，提出了不少独特的见解，发掘了许多有价值的史料，成为研究中国印刷术发明史的最权威的一部著作。1961 年前后他应吴晗之邀撰写《活字印刷史话》（中华书局 1963 年版）。20 世纪 80 年代至 21 世纪初，浙江的印刷出版研究除印刷史研究外，引入了许多新的学术概念和范畴，尤其是电子出版、手机出版

① 顾志兴：《浙江印刷出版史》。
② 俞晓光、刘彦捷：《陆费逵与中华书局》，中华书局 2002 年版。

等新技术的普及之后，对传统出版业产生很大的冲击，出版研究出现多视角、多范畴的新态势。

出版发行与出版教育研究。梁春芳对此有系列研究成果，如《学习力与中国出版业的跨越式发展》（《编辑学刊》2004 年第 6 期）、《转变出版教育培养模式与出版产业发展良性共生》（《黑龙江高教研究》2005 年第 11 期）、《关于改革出版教育机制的思考》（《教育探索》2005 年第 12 期）、《产、学、研携手：加快中国出版教育发展的路径选择》（《学术交流》2005 年第 12 期）、《创新型出版人才的职业素质和培养途径》（《编辑学刊》2007 年第 2 期）、《从“做嫁衣”到“决策人”的角色转换——编辑选题策划在图书编辑规程中的重要性》（《编辑学刊》2007 年第 9 期）。其他研究有冯洁《论图书出版附属权》（《科学研究月刊》2004 年第 3 期）、《图书出版附属权分类的思考》（《东南传播》2008 年第 9 期）；厉国刚《免费报纸的发行策略探析》（《新闻传播》2007 年第 1 期）；江翠平《中外科技出版比较分析》（《编辑之友》2007 年第 5 期）、《中国期刊海外发行探析》（《出版发行研究》2007 年第 9 期）、《我国科技出版产业的现状、问题及改进对策》（《出版与印刷》2007 年第 3 期）、《书业企业不良营销行为的分析与整治对策》（《出版与印刷》2008 年第 3 期）；汤喜燕《浙江期刊业发展现状及对策》（《浙江工商大学学报》2007 年第 1 期）、《大刊在哪里崛起？——谈我国期刊业发展与地区经济的关系》（《编辑学刊》2007 年第 3 期）、《团购与图书馆市场分析》（《出版与印刷》2007 年第 2 期）。

数字出版业与公共服务研究。有江翠平《手机出版的受众需求分析》（《中国出版》2009 年第 8 期）、《多维视角下书业企业诚信分析》（《编辑之友》2009 年第 11 期）、《国外出版业公共服务模式分析》（《科技与出版》2009 年第 11 期）、《从传播学视角解读手机出版发展潜力》（《社科论坛》2009 年第 3 期）、《中国出版业公共服务的发展历程》（《中国出版》2010 年第 6 期）、《农家书屋：出版业公共服务在发行领域的有效探索与实践》（《出版发行研究》2010 年第 11 期）、《社会转型期出版物属性新探》（《出版与印刷》2010 年第 3 期）等；梁春芳《构建出版人才培养模式推动数字出版跨越式发展》（《中国出版》2010 年第 21 期）、《建立我国农村数字出版服务系统的有效途径》（《编辑之友》2008 年第 5 期）、《出版业的公共服务诉求》（《出版发行研究》2008 年第 10 期）；博玫《中国近代化出版理念与知识分子现代化转型的内在关系》（《浙江工商大学学报》2010 年第 5 期），尤建忠《剖析欧美电子图书市场的新变化》（《出版参考》2010 年第 7 期下）、《出版业微博风渐起》（《出版参考》2010 年第 6 期下）、《对美国电子图书出版变局的新思考》（《出版参考》2010 年第 12 期下）、《出版社创建海外分社的现状与发展瓶颈探究》（《出版参考》2010 年第 8 期下）等。

出版经济学研究。吴赟著有《文化与经济的博弈：出版经济学理论研究》（中国社会科学出版社 2009 年版）一书认为，出版业在历史上和现今的文化生产中扮演着重要角色，出版文化生产机制的市场化、产业化转型影响着社会文化的形态和走向，并蕴含“文化性”与“经济性”的双重属性；“文化理想”与“商业理性”这对矛盾统一体的博弈在出版活动中清晰易见且直接波及文化的生产、传播和消费。此书旨在探寻出版传媒业这一文化与经济博弈的典型场域的内在经济机理及其对出版文化的作用规律。其还著有《比较出版学》（合著）、《出版经济学的核心》等。

二、编辑出版思想

(一)浙江古代编辑出版思想研究

《文献通考》与传承、续补、配补的编纂出版宗旨。古代浙江的雕刻印刷业一直重视十三经的注疏与典章类史籍的出版宗旨,以传承经典学术思想。为完善前人对经典注疏的不足或时代的差异,后人则采取续补、配补等方式重新整理并编纂刊刻。如曾任浙江慈湖书院与柯山书院山长、台州路学教职官的马端临用20年时间撰成《文献通考》(西湖书院曾于元泰定三年即1324年首刻)。该书是一部十分重要的典章青史籍,分“田赋”“纸币”“户口”“职役”“选举”“刑名”“物异”经籍等卷目,囊括唐代以降历代典章、刑律,评赡厚实。该著与郑樵《通志》、杜佑《通典》合称为“三通”,在古代史籍中占有极其重要的地位。

《帝王经世图谱》与图谱的编纂思路。宋唐仲友一生著述甚多,然其声名最著、刊印次数最多的当推《帝王经世图谱》。本书以图谱形式著录帝王所关心之经国大事,广泛采用了《周易》《尚书》《诗经》《孝经》《论语》《孟子》《晏子春秋》《国语》《简子》《白虎通》及三《礼》、《春秋》三传等典籍证明他的观点,当为图书编纂出版思路的创新。故而《四库全书总目提要》称其“图谱之学,阴阳奇偶推无形之理易,名物制度考有据之典难。仲友此编,可微其学有根柢矣”。

《玉海》与经世致用的编纂体制。南宋王应麟在编纂刊刻出版思路上重视图书的实际使用功能。其《玉海》突破了传统的功能取舍与编制体例,采用书名与分类相结合的办法编排与组织图书,在功能取舍上杂取古今诗词、历史故事、诸子百家著作、历史文献、成语典故等,涉及天文、地理、律历、帝系、圣文、艺文、诏令、礼仪、车服、器用、郊祀、音乐、学校、选举、官制、朝贡、食货、兵制、祥瑞等多个门类,全书共21部241个门类。每类之下按隶属关系以事物或图书名称列若干小标目。每一类目先有“提要”简释类、目名称或事物梗概,之后汇集相关资料,内容丰富,涉及面广,至今都是古典文献中十分重要的工具书。①

《直斋书录解题》与解题式编纂思想。陈振孙,南宋藏书家,目录学家,他把自己对于典藏整理的研究心得,仿晁公武《郡斋读书志》的形式,撰成私家藏书目录《直斋书录解题》56卷,是中国古代第二部著名的私家藏书的提要题解目录,对古典目录学作出了重大贡献。全目共著录图书3039种5180卷,广泛著录进行评介和考证。它的编纂思路首开“解题”和记载版本资料相结合的先例,具体编排上有两个特点:一是精心解题,对一书卷数、作者姓氏、官职以及学术渊源或刊本类别,均作著录;在“解题”中,或述撰人事迹,或论学术源流,或考真伪得失,或记古书款识和版刻,对许多典籍的刊刻时间和地点都有简要的记载。二是改革传统图书分类法,既继承了过去目录学的传统并沿用了旧的类目,又有创新并设立了语孟、别史、诏令、法令、时令、音乐等新的类目。

黄宗羲的编纂思想和方法。黄宗羲一生潜心学术,著述巨丰,涉天文学、地理学、文学、哲

① 隗静秋:《浙江出版史话》,浙江大学出版社2013年版。

学、史学、数学、艺术学等共65种1300余卷，对编辑思想所作的贡献是其重要方面：一是开创了学案体。《明儒学案》《宋元学案》为代表作，是自古以来继编年体、纪传体等主要史书体裁后开创的一种新的史书体裁。二是"条其大者""操起大要"的编辑思想。其在《留书》序中言：仆生尘冥之中，治乱之故，观之也熟，农琐余隙，条其大者，为书八篇。三是精益求精的质量目标。其在《南雷文案》中提出"作文三戒"，即"戒当道之文""戒代笔之文""戒应酬之文"。他强调要多有删改，"余于旧本间有改削者，非敢比欧阳，而畏后生之意"。《明文海》不仅是中国文集史上的丰碑，而且是编辑学上的巨著，体现了黄氏求实的编辑主体观念、求全的编辑目标意识、求真的编辑风格、求严的编辑方法等。①

章学诚与古代编辑学。章学诚的《校雠通义》是清代目录学著作，又为古代编辑学的总结，是其通过亲自编纂地方志与书目的实践经验而写成的。该书明确提出目录学的任务是"辨章学术、考镜源流"，提倡图书编目的应用辅助著录法"互助与别裁"，主张编制索引，重视大序、小序和提要。其《文史通义》除史学主体内容之外，更多涉及历史编纂学问题，其编纂思想散见于《史德》《说林》《书教》《答客问》《原道》《释通》《古文十弊》诸篇章。

商业出版的"射利"思想。商业出版活动存在于中国古代出版体系的各个阶段，而最具代表的是书坊体系。书坊出版的品种繁多，经史子集、历书、医书、类书、阴阳、童蒙读物、科考用书无所不包。读者的需求就是出版商的选题，以达到"射利"的目的。陈剩勇在《浙江通史》明代卷中，记载明代杭州商业出版之盛况："书商们从赚钱赢利的目的出发，大量刻印和销售面向科场举子和一般民众的书籍，出现了书坊非举业不刊，市肆非举业不售的场面"，"杭州坊间的图书却以价廉物美而畅销海内。"

（二）浙江近现代编辑出版思想研究

《两浙古刊本考》与刊刻为本的考录编纂方法。王国维《两浙古刊本考》是其刊刻与版本学考释的重要著述。其以镂版、刊印为主线，确立以刊刻为本的考据路径，是为出版与版本学研究的经典学术专著。其序示之："镂板之兴，远在唐世。其初见于记载者，吴、蜀也，而吾浙为尤先。""唐之中叶，吾浙已有刊板矣。""则五季之倾，其行转盛。及宋有天下，南并吴越，嗣后国子监刊书，若七经正义，若秦、汉三史，若南北朝七史，若唐书，若资治通鉴，若诸医书，皆下杭州镂板。北宋监本刊于杭州者，殆居泰半。南渡以后，临安为行都，胄监在焉，板书之所萃集。宋亡，废为西湖书院，而书库未毁。明初，移入南京国子监"，"又元代，官书若宋、辽、金之史，私书若文献通考，若国朝文类，亦皆于杭州刊刻。尽良工之萃，故锓板之于是也。至私家刊刻，在东都时已亘四部。而宋季临安书肆，若陈氏父子编刊唐、宋人诗集，有功于古籍甚大。""今最世有传本及见于纪载者，为两浙古刊本考，分郡罗列，釐为二卷。"（《王国维全集》第七卷《两浙古刊本考序》，正文第3—4页），其《五代两宋监本考》（《王国维全集》第七卷，第199—201页）从考本、发端、刊刻次序、书人、行款、经数等方面作以监本考辨，是为古刊本考的编辑方法。

---

① 王明云：《从〈明文海〉看黄宗羲的哲学思想的实质》，《延安大学学报·社会科学版》，2012年第3期。

张元济与商务印书馆编辑出版与经营思想。张元济是中国20世纪著名的编辑出版家，中国新式出版事业的开创者，商务印书馆的“灵魂”人物。他入主商务印书馆编译所后，确立了“以出版扶助教育”的出版理念，开启了近代中国出版新式教科书的先河。1902年主持编纂的《最新教科书》成为中国近代第一套具有现代意义的教科书。1903年，他推动商务印书馆公司制，开始探索商务馆的近代企业制度的道路。同时，他确立了“大出版”的观念，使商务馆从单一的印刷企业扩张为中国最大的集编译、出版、发行于一体的文化企业集团。张元济把文化教育理想赋予了商务印书馆的出版活动之中，把一以贯之的出版理念和务实的商业操作结合起来，在商品经济的环境下捍卫了编辑活动的精神实质，以出版兴文化教育，以文化教育促出版发展。①

陆费逵与中华书局编辑出版与经营思想。陆费逵，1912年创办中华书局，并起草发表《中华书局宣言书》说明书局宗旨：“国立根本，在乎教育；教育根本，实在教科书；教育不革命，国基终无由巩固；教科书不革命，教育目的终不能达也。”他将教科书的创新作为书局编辑和出版的主要任务，出版基调为文史哲专业出版社，推动文字改革并首先将商业运用于印刷出版。其在经营管理方面，集编辑、出版、印刷、发行于一体，使书局发展成为当时国内最大的民营出版企业之一，堪与商务印书馆比肩。

三、浙江印刷出版史书与志书

（一）印刷出版史志综合研究

张静庐与《中国近代出版史料》。张静庐，一生致力于出版事业，为新文化运动作出了较大贡献。著有《在出版界二十年》《中国近代出版史料》（上海书店2004年版）等。其中《中国近代出版史料》曾出初编、二编与甲、乙、丙、丁编以及《中国出版史料补编》等。该书收集不少重要出版资料，开创性地编辑、注释而成，在20世纪50年代陆续出版。上海书店出版社2004年4月合并出版其《中国近代出版史料》，共7编8册，收录了自1862年京师同文馆创立至1949年中华人民共和国成立87年间中国出版事业的重要资料，包括图书、报刊、教科书、印订技术、发行、出版法令、报律等。另有400幅图片和书影。

张秀民与《中国印刷史》。张秀民，在中国印刷史、版本目录学、中越关系史方面有精深的造诣。《中国印刷史》是其最主要的代表作。还著有《中国古代科学家·毕昇》（科学出版社1959年版）、《中国古代科学家·王祯》（科学出版社1959年版）、《中国印刷史》（上海人民出版社1989年版）、《中国活字印刷史》（与韩琦合著，中国书籍出版社1998年版）、《张秀民印刷史论文集》（印刷工业出版社1988年版）等专著，论文有《中朝两国对于活字印刷术的贡献》（天津《大公报·史学周刊》1953年2月20日、22日）、《铜活字的发明与发展》（《光明日报》1954年3月6日）、《朝鲜的古印刷》（《历史研究》1957年第3期）、《辽、金、西夏刻书简史》（《文物》1959年第3期）、《南宋（1127—1279）刻书地域考》（《图书馆》1961年第3期）、《中国

① 荣远：《张元济教科书编辑与出版经营思想研究》，河南大学学位论文，2005年。

最早的金属活字》(《光明日报》1961 年 10 月 14 日)、《雕版印刷开始于唐初贞观说》(《社会科学战线》1979 年第 3 期)等。韩琦在《张秀民先生和中国印刷史研究》一文中评论其舅父的《中国印刷史》:“《中国印刷史》论述唐、五代、辽、金、西夏、大理、元、明、清(附太平天国)各种印刷的概况,书中对每朝印刷,先总论,次雕版刻书地域,各有官私刻本,刻书书坊,刻本特色,次论各朝活字本。又论述印本内容,略依四部为次,而稍变通之。藩家本为明代所特有,虽早有人注意,而很不全面;明代‘制书’,宦官出资刻书,亦为历代所无;局刻本,私家校刻丛书,为清代特点,此书都加以论述。鸦片战争之后,西法石印、铅印输入中国,书中改正石印传入中国的年代,并叙述铸造中文铅字的曲折经过。关于明无锡华氏铜活字印书,徽派画黄姓刻工,以前论述者世系颠倒错乱,书中均加以改正。此书还更多地考虑到了印刷术和社会文化发展之间的关系,更是一部中国文化史的巨著”。由此张秀民被学界称为“中国印刷史奠基人”。此外张秀民《宋活字板考》[厦门大学毕业论文(未刊),1930 年]、《宋椠本与摇床本》(《天津周报》1931 年第 10 期)、《宋孝宗时代刻书述略》(《图书馆学季刊》1936 年第 3 期)、《宋光宗时代之刻书》(《大公报》1937 年 5 月 27 日)等,皆为其印刷出版史研究之早期力作。

浙江印刷出版史与顾志兴的研究。顾志兴,20 世纪 90 年代主攻浙江藏书史和浙江印刷出版史,出版有《浙江出版史研究(中唐五代两宋时期)》(浙江人民出版社 1991 年版)、《浙江出版史研究(元明清时期)》(浙江古籍出版社 1993 年版)、《浙江出版史研究(民国时期)》(浙江大学出版社 1994 年版)等。在上述三本史书的基础上,2010 年集成《浙江印刷出版史》,是为浙江印刷出版的通史,该著对浙江印刷出版史基本脉络作了清晰的定位和研究,认为:中唐、五代时期是浙江雕版印刷出版业的开端;北宋时期以杭州为代表的浙江雕版印刷出版事业已呈繁荣;南宋时期以杭州为中心的雕版印刷出版业扩展至全省各府州县;元代浙江雕版印刷出版业得以持续发展;至明代,浙江出版事业仍处上游地位,以湖州彩色套印出版物继以崛起;清代初期浙江雕版事业曾一度出现衰落,嘉靖之后又逐步恢复中兴;民国时期,以嘉业堂刘承干为代表的藏书家刻书支撑了浙江传统雕版刻书,而铅字排印的兴起和近代思想学术的影响以及新型出版机构的崛起,推动着浙江从传统雕版刻书向近现代印刷出版业发展。

《浙江省出版志》的编纂。《浙江省出版志》编纂委员会编《浙江省出版志》(浙江人民出版社 2007 年版)共 10 篇,包括出版者出版机构、编辑、图书音像制品、期刊、书刊印刷、书刊发行、教育科研、社会团体、行政管理、人物等,为首部系统记述浙江历代印刷出版发展的志书。该编委会还编有《浙江历代版刻书目》(浙江人民出版社 2008 年版),搜录版刻书目甚全。

(二)《浙江通史》关于历代雕刻印刷出版业的研究

《浙江通史》全史共 12 卷,印刷出版业是其重要研究方面,所记从吴越国始,认为吴越国雕版印刷业所刻书籍见于记载的主要是佛教,尤以钱弘俶主持刻印的大量经文、佛图为著。两宋浙地图书印刷业已发达,共有 4 个印书中心,以杭州为大,北宋监本大多在杭州刊印,杭州书籍成为外贸物品之一。除监本外,还有大量官刻本、杂刻本、私刻本、经坊刻印书籍和佛经。南宋是中国古代雕版印刷业全面发展的时期。临安出现许多刻书机构、单位和个人,中央政府和地方官府、寺院、私家和书坊都从事雕版印刷,官刻和私刻并举,其雕版数量之多,质量之高，印本流传范围之广，不仅是空前的，甚至在某些方面明清两代也难以与之相比，成为当时中国雕版印刷事业最发达的地区。明代朝廷于洪武八年(1375年)将杭州西湖书院所藏宋元旧版20余万书版全部调往南京的国子监，在此后200年间浙江和杭州的刻书和出版业一直处于凋敝状况，至明中期后才开始复苏。嘉靖时，省城杭州的图书出版业开始随着商品经济的繁荣而恢复发展，据现有资料可考的书坊有36家，另有专门刻印和销售佛教经籍的寺庙书坊。在16—17世纪的杭州，刻书家层出不穷，刻书作坊遍布大街小巷。杭州余杭径山寺刊印《径山藏》堪称为中国古代刻印史上的一件大事。万历之后，热衷于丛书的刊印与李之藻、杨廷筠等官绅士大夫的译书刻印以及科场举子和一般百姓的书籍刊印，使杭州印刷业呈现满足平民化需求趋势。省城杭州外，以湖州、嘉兴两府的图书出版业最为兴旺。清代浙江的官刻出版业发展比较缓慢，志书编纂出版为其大宗，著名者有康熙《浙江通志》和雍正《浙江通志》，府、州、县以及乡镇志和各种专业刻印出版更是繁多；另一大型书籍《永乐大典》仿朝鲜活字排版印，在浙江、江南、福建东南三省照式刊行。同治四年(1865年)官办浙江书局成立，浙江的图书出版业达到了鼎盛。私人刻书业主要是由一些商业性的书坊、私人藏书家和著名学者进行。晚清浙江传统刻书业中影响最大的出版机构是浙江官书局，私刻重在刊刻新学书籍。民国浙江出版业在报刊发展的同时，书业书店也发展迅速。

第三节　传播学研究

浙江的传播学研究始于20世纪80年代之后，涉域甚广，发展迅速，研究力量、研究领域、研究成果均列全国前茅，是中国传播学研究的重镇。21世纪初，浙江学人开始重视国际前沿传播理论和方法研究，在媒介地理学与媒介生态学方面有许多创新性研究。

一、传播学调查与研讨

(一)受众抽样调查

1983年4月，中华全国新闻工作者协会首都新闻学会选择浙江省为受众抽样调查试点，联合调查组分赴杭州市、温州市和鄞县、临海、永康、长兴、兰溪、新昌、开化、定海8县入户访问。本次调查除组织实施对广播、电视、报纸的综合考察外，还进行了“经济宣传”“知识和知识分子宣传”“青少年宣传”“电视观众”等专题调查，多角度、多层次地考察了新闻传播效果。中央和浙江省18家新闻单位25人参加了这次调查。

1991年4月中旬至5月上旬，浙江广播电视厅受众研究组的杨翼、高扶小与中国社科院新闻研究所合作，进行了较大规模的浙江省受众抽样调查，分别在杭州、温州、宁波、金华4市和江山、临海、桐庐、桐乡、上虞、缙云6县进行。中国社科院新闻研究所的研究人员专门在浙江省的3—6年级儿童中进行抽样调查及相关媒介的内容进行分析，以了解传播对儿童社会化和观念现代化的影响。

1992年5月14—17日，中国社科院新闻研究所和浙江省广播电视厅共同发起，由萧山广播电视局筹办的全国第二届受众研究学术研讨会在萧山召开，来自全国的受众研究者40余人参加。会议评估了1982年自北京调查以来的10年中受众调研的成绩与作用，研讨了受众调研的理论，介绍了受众调研的方法并展望了受众调研的前景。

（二）传播学前沿问题研讨

传播学与经济、社会发展研讨。1997年4月22日，由中国社科院新闻研究所与杭州大学新闻与传播学院联合主办的全国第五次传播学研讨会在杭州大学召开，来自海峡两岸暨香港地区的30多家教学与科研单位60余名传播学界的专家学者，进行了为期两天的演讲与讨论，主题为“传播与经济发展”。与会者讨论了市场经济对大众传媒发展的影响，探讨了植根于中国传统文化的传播观念，探析了媒介经营管理的机制、取向和效率问题，共商了面对互联网络、信息洪水、商业文化应采取的对策，对上海与香港、香港与新加坡的大众传媒还进行了比较分析。2004年4月23—25日，浙江大学新闻与传播学院主办，浙江大学城市学院新闻系、宁波理工学院新闻系协办的“传播与社会秩序”国际学术研讨会在杭州召开，来自美国、日本、意大利和瑞典等国家的专家学者以及海峡两岸暨香港澳门地区的新闻传播界的120余名学者与会，就“传播与社会秩序”相关问题进行了深入探讨。会议议题有：“国际传播新秩序”“战争·恐怖主义·大众传播”“传播生态、媒体文化批判”“传播实务与社会影响”等，皆为当代传播学研究前沿问题。

“国际前沿传播理论与方法”研修。2004年，浙江大学举办了首届“国际前沿传播理论与研究方法”高级研修班，以推进中国新闻传播研究的发展，扩展中国青年学者的国际视野，提升其研究能力。2006年7月13—20日，第二届“国际前沿传播理论与方法”高级研修班在浙江大学举行，主题为“传播学交叉理论发展”。2007年第三届研修班由浙江大学与云南大学在昆明主办，主题为“媒体人类学与民族志研究方法”，2009年第四届研修班由浙江大学和浙江传媒学院在浙江传媒学院举办，主题为“传播政治与政治经济学研究”。

“司法与传媒关系”研讨。2006年3月11—12日，由浙江大学新闻与传播学院举办的“公开与公正——司法与传媒关系研讨会”在杭州举行，会议邀请了来自司法理论界、新闻传播理论界的专家学者以及沪杭两地传媒业界人士共50余人，探讨了在新的媒介形势下如何“构建传媒与司法的和谐关系”，并针对有关法治新闻报道的实务操作等问题进行了深入研讨。联合国秘书长安南的前首席发言人、时任浙江大学教授的弗雷德·埃克哈德参加了会议，他从其亲身经历，就“如何扮演好一个新闻发言人”进行了系统阐述。

“转型期媒介素养”研讨。2007年4月21—22日，由《中国广播电视学刊》、浙江省广播电视局、浙江传媒学院、浙江广播电视研究院和浙江省传播与文化产业研究中心在杭州联合举办了“首届西湖媒介素养高峰论坛”。论坛围绕“中国转型期媒介素养培育”主题，结合转型期媒介素养教育发展的新特点，深入探讨转型期传者和受者媒介素养培育的问题。

“亚洲传媒学”研讨。2008年12月12日，由浙江大学传播研究所主办的“亚洲主张：国际传播研究的新视界博士论坛”在浙江大学西溪校区举行，来自浙江大学、上海大学、浙江传媒学院、中国农业大学、河南理工大学的10多名毕业于浙江大学传播研究所的博士和20余名在读博士生参加了论坛。论坛围绕着“国际传播研究中的亚洲元素”“亚洲中心论的意涵”“亚洲传播学研究的困惑”“亚洲主义的战略构想”“国际传播中的东方智慧”“儒家文化与东亚传播特质”“中国电影的亚洲策略”等问题展开了探讨和互动。

传播理论综合研讨。2009年11月28日，浙江大学传播研究所和浙江大学传媒与文化产业研究中心在浙江大学联合举办“中国主张：传播理论本土化的路径博士论坛”。论坛共收到来自海峡两岸暨香港澳门博士生的投稿论文28篇，来自台湾中国文化大学、浙江大学、中国农业大学、上海大学、浙江传媒学院、中国计量学院、河南理工大学等高等院校的50余名研究者与会。会议认为，传播学的诞生地并不在中国，但传播思想的发源地应该在中国，博大精深的人类文明和儒家思想的东方智慧，成为全球化背景下传播理论本土化的重要条件。2010年7月16—17日，由浙江大学传播研究所举办的“和谐平衡：华夏传播理论的生态学视野博士论坛暨当代浙学论坛传播学会分论坛”在杭州市举办。数十名来自浙江大学、中国传媒大学、上海大学、四川大学等传播学研究领域的专家、教授、青年学者参加了会议。这次会议提出要在媒介生态学研究原发、原创的基础上拓展本土传播学研究的新路径、新视维。2010年11月27—28日，由浙江大学传媒与国际文化学院、北京外国语大学国际传播研究中心、中国人民大学舆论研究所、中国传媒大学传播研究院、暨南大学新闻与传播学院、中山大学传播与设计学院共同主办的第九、十届全国“新世纪新闻舆论监督研讨会”在浙江大学举办，讨论主题为“改革开放30年后科学发展观语境下的舆论监督和媒体法制”，170余位来自各高校的学者及法律、新闻一线的人士参加了会议。

从20世纪末起，浙江不少高校先后设立传播学的教学与研究机构。1998年，浙江大学传播研究所成立。2001年，宁波大学人文与传媒学院设立传播学系，开设广告学专业。2002年，湖州师范学院人文学院设立传播系。2004年，由英国诺丁汉大学与浙江万里学院合作创办的宁波诺丁汉大学在人文学院设立国际传播系。2005年，浙江理工大学传播学专业正式批准建立。2008年，温州大学城市学院开设广告传播系，浙江师范大学成立文化创意与传播学院。其中，浙江大学传播研究所拥有浙江省传播学重点学科以及浙江省哲学社会科学重点研究基地“传播与文化产业研究中心”、浙江省文化产业重点研究基地“娱乐与创意产业研究中心”，并建成国际影视产业研究中心，共同建有新闻传播学一级学科博士学位授权点。

2001年，《中国传媒报告》创刊，这是一份中国新闻传媒（香港）集团旗下的、由浙江大学传播研究所主办的面向海内外新闻与传播界的学术性国际连续出版物。《中国传媒报告》的创刊，打破了中国传播学刊物原有的格局。

二、传播学原理与学科体系

（一）学科原理与教材研究

1986年底，邵培仁与戴元光、龚炜合作完成了《传播学原理与应用》一书的初稿，这是中国大陆第一部传播学专著。1994年，他撰写和主编《当代传播学丛书》为中国大陆第一套传播学系列书籍。1995年初,江苏人民出版社在该丛书中推出了国内首部《新闻传播学》。之后又相继出版有邵培仁的《传播学导论》(浙江大学出版社2002年版,该书获浙江省人民政府优秀教材一等奖);邵培仁与刘强合著的《媒介经营管理学》(浙江大学出版社1998年版);邵培仁与江潜合著的《知识经济与大众传媒》(浙江大学出版社1999年版)。邵培仁的"面向21世纪课程教材"有《传播学》(高等教育出版社2000年版)、《媒介管理学》(高等教育出版社2002年版);邵培仁与陈兵合著的"全国新闻传播学研究生教材"《媒介战略管理》(复旦大学出版社2003年版);邵培仁与章东轶合著的《媒介管理学经典案例》(高等教育出版社2003年版);邵培仁与海阔合著的《大众传媒通论》(浙江大学出版社2005年版)等。从传播学文献积累方面看,这些陆续出版的跨学科论著,以宽阔的视野,或兼收并蓄或渗透移植,为后来在经济传播、艺术传播、教育传播、政治传播等跨学科研究上奠立了一定的基础。

(二)专题研究

古代中国的传播研究。黄金贵的论文《从"传"探索古代中国传播的类别与特征》(载余也鲁、郑学檬主编《从零开始》,厦门大学出版社1994年版)是从中国文化视角考察"传播"概念,是最有代表性的。另外,他还借助文化传统的考察,指出"传播"除了现代含义之外,在古代中国文化中还有驿传、递传、教传、书传、传说、纪传的基本含义,代表古代中国社会主要的传播活动以及中国人对传播范围、方式的基本认识与观念。①

传播法相关的研究。吴飞的《大众传播法论》(浙江大学出版社2005年版)一书,论述了传播法哲学思考的比较、传播与国家的安全、传播与名誉权、著作权与隐私权、广告自律与广告法等问题。这一成果为中国传播法研究开辟了一条新思路。吴飞的《平稳与妥协——西方传媒法研究》(中国传媒大学出版社2006年版)一书,系统介绍了西方传播法思想、传播法哲学流派、媒体政策之特色以及西方传播法的核心价值、现代传媒的社会价值、表达自由的社会价值等内容。

媒介批评与公共政策研究。李岩的《媒介批评——立场、范畴、命题、方式》(浙江大学出版社2005年版)一书,是媒介批评研究方面第一个申请到国家社科基金项目的成果。该书探讨了媒介批评的实践活动及符号学、意识形态分析、叙事理论、女性主义研究和大众文化研究等涉及当代评论理论的主要方面。这本书显示了20世纪人文科学成果对于媒介批判的实用性,增强了读者批判性解读媒介的能力。汪凯的《转型中国:媒体、民意与公共政策》(复旦大学出版社2005年版)一书,将政治学与传播学相结合,通过孙志刚事件、SARS危机、西部大开发等大量翔实的案例论证,深入探讨了转型时期中国的媒体、民意与公共政策三者之间的关系。作者还从历史比较的角度,阐述了市场化、社会转型以及网络技术的兴起等一系列因素对传媒、民意在政策过程中的角色扮演与功能模式所产生的正、负影响。邱戈的《媒介身份论:中国媒体的身份危机和重建》(中国传媒大学出版社2008年版)准确地分析了当代中国媒体在政治要求、市场压力、专业伦理和大众需求的不同压力下的身份认同困境,并提出了相应

① 黄金贵:《古代文化中传播的若干特征》,见孙旭培主编《华夏传播论》,人民出版社1997年版。

的解决办法。

其他专题研究还有胡志毅《现代传播艺术》(浙江大学出版社 1997 年版)、徐群晖《当下影视传播对策》(中国传媒大学出版社 2004 年版)、汪凯《媒介研究的进路——经典文献读本》(新华出版社 2004 年版)、李思屈等《中国数字娱乐产业发展战略研究》(社会科学文献出版社 2007 年版)、博玫《中国出版体制创新》(南方日报出版社 2007 年版)、章燕《文化视野下的营销传播》(浙江大学出版社 2008 年版)、樊葵《媒介崇拜论——现代人与大众媒介的异态关系》(中国传媒大学出版社 2008 年版)、刘阳《媒介转型论——从第五代、第六代导演看中国当代电影的商业化转型》(中国传媒大学出版社 2008 年版)、周志平《现代传播实验》(浙江工商大学出版社 2008 年版)、郑根成《媒介载道——传媒伦理研究》(中央编印出版社 2009 年版)、张雷《媒介革命:西方注意力经济学派研究》(中国社会科学出版社 2009 年版)、张耕云《数字媒介与艺术论析——后媒介文化语境中的艺术理论问题》(四川大学出版社 2009 年版)、袁靖华《媒介愿景论——社会转型期的媒介组织管理》(中国传媒大学出版社 2009 年版)、潘祥辉《媒介演化论——历史制度主义视野下中国媒介制度变迁研究》(中国传媒大学出版社 2009 年版)、金苗《美军公共事务传播研究》(解放军出版社 2009 年版)、李岩《传播与文化》(浙江大学出版社 2009 年版)、郑西帆《中国发展传播学(浙江卷)》(浙江大学出版社 2009 年版)、张健康《和谐传播论——媒介生态的失衡与调适》(科学技术文献出版社 2009 年版)、韦路《传播技术研究与传播理论的范式转移》(浙江大学出版社 2010 年版)、张梦新主编《独立学院传媒应用型人才人文素质培养研究》(浙江工商大学出版社 2010 年版)、厉国刚编著《大众传媒文化》(浙江工商大学出版社 2010 年版)、汤喜燕编著《大众传播学导论》(浙江工商大学出版社 2010 年版)、吴红雨《倾听的艺术》(复旦大学出版社 2010 年版)等。还有一些学术译著的出版,如胡晓云、郑丽萍译《高级媒介计划》(澳大利亚约翰 · R. 罗西特、新西兰彼得 · J. 丹纳尔著,浙江大学出版社 2002 年版)、邵志择译《传播生态学》(美国大卫 · 阿什德著,华夏出版社 2003 年版)等。

(三)对全国传播学研究的关注

2002 年,浙江大学传播研究所主编的《中国大陆传播学专著、译著要目》,梳理了 270 多种自 1978—2002 年的主要传播学专著和译著,对传播学学科发展进行统计性分析。浙江大学传播研究所在《2001—2002 年中国传播学发展报告》中,对传播研究领域较具知名度和影响力的“中国新闻传播学评论”“中国新闻传播研究中心”“中华传媒网”“新闻与传播研究”“紫金网”作了搜索性统计,2001—2002 年有关传播学的发文量为 498 篇。

2006 年,浙江大学传播研究所在《2005—2006 年度的中国传播学发展报告》中指出,中国传播学的发展充分反映了学者的钻研精神和研究实绩与传播理论研究的学术自觉,这表现在多元理论体系建构和方法论探讨、学科建设追问以及对国家和社会实际问题的强烈关注等方面,突现了媒介素养、媒介与和谐社会以及新农村建设、跨文化传播三个研究热点。报告认为,媒介经济与管理方向正经历着一场剧烈的争论,争论的核心是媒介经济学与经济学、媒介管理学与管理学之间的关系,反映了媒介经济与管理追寻自己独立研究范畴和学术价值的艰难努力；网络和新媒体研究继续成为大家关注的热点，呈现出理性和多元化态势，并开始渗透和影响传播理论、媒介经济与管理等传播学研究。

（四）对传播学本土化的研究

本土化是中国建立传播学体系的重要阶段和途径。张健康在《论中国传播学本土化与跨学科研究的现状及对策》（《浙江社会科学》2004 年第 3 期）、《中国大陆传播学本土化研究的进展与走向》（《中国传媒报告》2010 年第 3 期）等文论中，对《中国大陆传播学专著、译著要目》进行考察，发现传播学的本土化处于“短视”“失语”“跛脚”等“亚健康状态”，他分析本土化的“健身策略”应在传播研究中保持平等而自由的思想位置，在现实传播实践中捕捉理论创新的灵感，吸收国外传播学的新方法、新观点。刘阳在《我国本土化跨文化传播研究现状分析》（《西南民族大学学报》2010 年第 7 期）中，以 2000—2009 年被 CSSCI 收录的部分新闻传播类学术刊物为研究对象，通过对其中跨文化传播类论文的发表年份、期刊分布、作者单位、研究议题、所依据的理论模型与范式、主要研究方法等项目的搜索结果进行分析，在理性反思的基础上展望本土化跨文化传播的研究方法和发展路径，是国内第一篇全面考察本土化跨文化传播研究的论文。

三、媒介地理学与媒介生态学

（一）媒介地理研究

在这方面的研究，邵培仁具有一定的代表性。他在一系列文章中完善和深化媒介地理学的理论和研究方法，认为媒介在地理上的集群具有磁吸、整合、优化、发散等功能，要充分发挥和利用其功能需要坚持根植性、特色性、互动性和柔韧性等原则。其代表性论文有《更新媒介形态学和媒介地理学的“杰作”》（《黔南民族师院学报》2002 年第 4 期）、《媒介地理学：行走和耕耘在媒介与地理之间》（《中国传媒报告》2005 年第 3 期）、《论中国媒介的地理群集与能量积聚》（《新闻大学》2006 年第 3 期）；邵培仁、方玲玲《流动的景观：媒介地理学视野下公路电影的地理再现》（《当代电影》2006 年第 6 期），邵培仁、杨丽萍《转向空间：媒介地理中的空间与景观研究》（《山东理工大学学报》2010 年第 3 期），邵培仁、夏源《媒介尺度论：对大众传播本土性和全球性的丈量》（《中国传媒报告》2010 年第 3 期），《地方的体温：媒介地理要素的社会建构与文化记忆》（《徐州师范大学学报》2010 年第 5 期）等。还有马妍妍《韩剧热播在媒介地理学层面的思考》（《绍兴文理学院学报》2006 年第 2 期）、李蓉《当代语境中的媒介地理学思考》（《江淮论坛》2007 年第 1 期）、张咏梅《浅析当代中国电视文化的东北叙事：从媒介地理学的视角分析》（《中国广播电视学刊》2007 年第 2 期）、廖卫民《城市媒介的地理印记与文化认同：对多伦多的媒介地理学分析》（《新闻记者》2007 年第 3 期）、郑虹《媒介地理学观照下的中国戏曲地理景象》（《今日中国论坛》2007 第 5 期）、汤浩《媒介地理学视野下的传媒奇观》（《西南交通大学学报》2008 年第 2 期）、方玲玲《媒介地理：文化图景的媒介再现》（《东南传播》2008 年第 6 期）、颜玮楠《以媒介地理学为分析视野的当代广告业地理景象》（《今传媒》

2008年第6期)、李娟《媒介地理学观照下的美国动画电影地理景象》(《东南传播》2009年第1期)、范欣《媒体奇观研究理论溯源——从“视觉中心主义”到“景观社会”》(《浙江学刊》2009年第2期)、王鸳珍《地市级党报发展史上的新闻传奇——媒介地理学视野下全国第一张渔业报〈舟山报〉的地域特色与版面风格》(《浙江海洋学院学报》2009年第2期)、江根源与季靖《文化地理、党报与城市形象》(《新闻大学》2010年第2期)、郑怡文《企业宣传片的媒介地理学策略》(《新闻传播》2010年第11期)等的研究亦很有深度。

(二)媒介生态研究

媒介生态理论研究始于21世纪初的浙江。2001年起,邵培仁在国内率先发表媒介生态学的一系列论文,被认为“开了国内媒介生态研究的先河”。如《媒介生态的观念与规律》(载《资讯服务与社会发展论文集》,中国美术学院出版社2001年版)、《论媒介生态的五大观念》(《新闻大学》2001年第4期)、《媒介全球化:是机遇还是挑战?》(《湖州师范学院学报》2001年第5期)、《传播生态规律与媒介生存策略》(《新闻界》2001年第5期)、《卷首语:新闻与传播研究应确立五种生态观念》(《中国传媒报告》2002年第2期)等;还有邵培仁、廖卫民《思想·理论·趋势:对北美媒介生态学研究的一种历史考察》(《浙江大学学报》2008年第3期),邵培仁、黄庆《媒介时间论:针对媒介时间观念的研究》(《当代传播》2009年第3期),邵培仁、彭思佳《信息低保:构建信息公平社会的基本保障》(《中国传媒大学学报》2009年第5期)等。

浙江是研究媒介生态学的重要基地,许多方面均有不俗的研究成果。如邵志择《传播范式与传播生态:评大卫·阿什德的〈传播生态学〉书评》(《新闻记者》2003年第12期)、陈兵《拯救传播:论传播生态的失衡与重建》(《中国传媒报告》2004年第2期)、何镇飙《从媒介生态角度谈广告自律》(《当代传播》2004年第2期)、厉国刚《新的媒介生态下报业的发展策略》(《中国报业》2006年第10期)、冯洁《对媒介生态传播环境下多媒体作品的法理分析》(《出版发行研究》2007年第3期)、颜玮楠《财经类电视频道媒介生态位初探》(《今传媒》2007年第12期)、邵静《中国户外广告业的运营现状与发展对策——以媒介生态种群论为切入视角》(《山东理工大学学报》2008年第6期)、支庭荣《中国本土传播学研究的回顾与展望——以传媒生态研究为例》(中华传媒网2008年7月2日)、潘祥辉《政治传播规律的生态学解读》(《淮海工学院学报》2009年第1期)、潘祥辉《从生态学视角解读西方政治传播的生态链》(《新闻界》2009年第3期)、陈虹《从媒介生态学视角看“人肉搜索”现象》(《东南传播》2009年第1期),郑恩、范宇《媒介进化论质性框架初探》(《山东理工大学学报》2009年第3期),周岩《中国大陆传播学交叉研究的回顾与前瞻》(《中国传媒报告》2010年第2期)、杨陶玉《媒介进化论——从保罗·莱文森说起》(《东南传播》2010年第3期)、袁靖华《生态范式:走出中国传播学自主性危机的一条路径》(《徐州师范大学学报》2010年第3期)、马妍妍《社会化进程中媒介时间的特点和发展趋势》(《浙江传媒学院学报》2010年第5期)、李蓉《传播学视野中的网络生态研究》(《西南交通大学学报》2010年第4期)等。

四、社会传播网络与公共关系理论

(一)社会传播网络研究

社会网络是经过各种媒介、通过社会互动所形成的个人之间的复杂关系网。吴飞《社会传播网络分析——传播学研究的新进路》(《中国人民大学学报》2007年第4期)较早地注意到社会网络特征,认为传播不是一个简单的线性模式,而是一个网状模式,不同的传播方式就像一张张动态的网,人们会选择不同的传播方式来编织他们的信息传播网络。不同的人编织和利用传播网络的能力是不同的,这会导致他们在社会中处于不同的地位和产生不同的影响力。只有那些善于利用多种传播网络的个人或者组织才会拥有更多的信息资源,因而他们也就有了更多的社会资本和文化资本。他的《火塘·教堂·电视——一个少数民族社区的社会传播网络研究》(光明日报出版社2008年版)一书,是对社会传播网络进行深入研究的成果。该书运用了民族传播志的研究方法,对滇缅边界的独龙族传播网络进行了全方位的研究,火塘、教堂、电视这3个具体媒介分别表征着人际传播、组织传播、大众传播3种不同的传播类型。他认为,社会传播网络是人的社会化过程的产物,是社会互动的结果,是人际社会关系的体现。火塘和教堂具有较为明显的传统特征,而进入独龙族日常生活才两三年时间的电视则代表了大众传媒现代征服的步伐。该书还特别指出传播网络带来了社会权力的变化,掌握了新的话语权力的人,就能参与构建更高级、更复杂的传播网络。

(二)公共关系研究

浙江是公共关系机构组建和学术研究较早的省份之一。1987年8月,浙江省公共关系协会成立,有团体会员150余家,建有公共关系研究所,出版有《公共关系报》,办有三年制公共关系专业大专班。1988年2月,下发《浙江省企业公共关系工作意见》(杨张乔执笔),在企业界推动公共关系工作。

现代公共关系在经济与社会发展中的地位和作用,是研究者关注的一个重要问题。章瑞华《试论社会主义企业的公共关系》(《杭州大学学报》1988年第2期)认为,公共关系作为一门"内求团结,外求发展"的管理艺术,把它纳入经营管理之道,是发展社会主义商品经济的必然结果,也是深化经济体制改革和政治体制改革的客观要求。谷迎春在《公共关系三论》(《探索》1988年第2期)一文认为,公共关系在国内的展开和发展,取决于社会主义的经济体制改革和社会主义商品经济的发展,受对外开放政策的影响,具有现代经济、政治、文化发展的必然性。中国社会的国情有别于欧美诸发达资本主义国家,因此不能照搬西方的公共关系学理论,而应有选择地吸收并加以中国化。

关于公共关系理论研究。杨张乔主编的《中外公共关系趣谈》(中国国际广播出版社1987年版)一书认为,公共关系是社会有序管理的一个方面,现代公共关系是近代多学科理论发展的产物。它是组织者与社会构成平衡,形成权力和利益分配的合理、合法的方案,以减少组织与公众间的社会冲突。管理学的这种功利观念,作为公共关系的目的,把上述原则、方法和手段的研究包含在社会有序性这一大的理论框架之中。单东、王政挺主编的《公共关系学通论》(人民出版社 1992 年版)是一部学科化、体系化的本土公共关系理论研究的代表作。它以公共要素为主要依据作分编体例,这在公共关系著作中具有开创性;它直面公共关系学的重要理论作以大胆论证,使这门以寻求理解与沟通为标志的学问展现出理论的彻底性。作者认为公共关系是一个具体的或辩证的概念,它在整个层面上有规定性,而各层内涵是开放和发展的;各特殊定义只要能作为整体开拓的契口和起点,有助于形成从特殊到一般、从抽象到具体的过程,就是合理的。这是国内首次自觉运用辩证逻辑的观点来研究公共关系问题。

企业公共关系是浙江学者研究的热点。企业家直接撰文研究公共关系理论,如冯根生等有专文。方宪轩主编的《公共关系学教程》(浙江大学出版社 1987 年版)一书提出,中国经济引入竞争机制后,企业的知名度和美誉度,即外在形象关系成为企业生存和发展的重要支撑。杨张乔、郑智强著《企业形象的社会扩张》(团结出版社 1990 年版)一书,将公共关系作为企业文化的新视角,认为不能孤立地从传播学的意义上去理解公共关系存在和发展的意义,要在注重于企业文化内聚功能的同时,不断开拓其外显功能,将公共关系的外显过程纳入企业文化的研究范围。另外,胡税根还著有《试论企业形象的塑造》(《杭州大学学报・哲学社会科学版》,1990 年第 2 期)、《日本的企业形象战略》(《现代日本经济》1990 年第 6 期)等。

传播与舆论是浙江公共关系研究中颇有成效的专题。潘捷军的《论受传者在宣传活动中的地位和作用》(《理论探讨》1988 年第 6 期)、《政府社会传播论》(《天津社联学刊》1988 年第 4 期),是宣传传播学研究方面的尚作。作者较系统地考察了受传者从消极被动的宣传客体到积极能动地接受主体这一认识发展过程,提出了受传者能动接受过程的三个渐次发展的层次。杨张乔的《声张自我的艺术——舆论社会学》(中国国际广播出版社 1988 年版),从本质论入手对社会舆论作了分类考察,并从心理一社会的功能上论述了社会舆论发生、发展的一般规律和指导过程,该书是中国最早系统论述舆论社会学的专著。

公共关系的危机处理与政府政策研究。这方面,胡税根有系列论文,如《论企业危机处理》(《杭州大学学报・哲学社会科学版》1995 年第 3 期)、《论公共关系评估》(《浙江大学学报・哲学社会科学版》1995 年第 4 期)、《问题管理:国外危机预防新策略》(《国际新闻》1999 年第 3 期)、《市场经济条件下的政府公共关系探析》(《浙江大学学报・人文社会科学版》1999 年第 5 期)、《中国名牌发展的政府政策问题研究》(《政治学研究》2003 年第 4 期)等系列论文和著作。其《现代公共关系学》(杭州大学出版社 1991 年版)是一部具有现代开拓性的公共关系学理论著作。

第四节　网络传播研究

网络及新媒体是 20 世纪 90 年代的新生事物,在浙江的发展始于 20 世纪末。新闻出版领域中的网络及新媒体,除了建立网站外,大致经历了报纸的电子版网上发布、网络报纸、网上视频音频(网络电视)发布、数字报纸、数字电视、手机报这几种形式,但发布媒介主要是互联网、电视与手机。对此，浙江在理论和实践研究方面均为广泛且深入。

一、网络传播理论

(一)网络传播的研讨

1999年7月1—2日，由中华全国新闻工作者协会主办、浙江大学快威软件有限公司协办的“’99全国新闻媒体网络传播研讨会”在杭州举行，《人民日报》、新华社等全国50余家报刊、电台、电视台的代表及一些新闻研究机构学者参加了会议。这次会议的成功举办，意味着网络传播研究已经真正进入中国新闻界的视野。

2000年9月10日、2001年10月21日、2002年11月3日、2003年11月3日、2005年9月10日、2010年9月10日，中国网络峰会暨第一届至第六届“西湖论剑大会”在杭州举行。国内最大的一些网站，如搜狐、新浪、网易等“掌门人”出席第一届至第五届“西湖论剑大会”。第五届“西湖论剑大会”上，出席的有美国前总统克林顿、雅虎CEO杨致远，新浪总裁汪延、搜狐CEO张朝阳、网易CEO丁磊等。第六届“西湖论剑大会”的嘉宾分别为美国加州州长施瓦辛格、EBAY网总裁兼首席执行官约翰·多纳霍、联想集团董事局主席柳传志、阿里巴巴董事局主席兼首席执行官马云、吉利控股董事长李书福等。

2010年12月4—5日，“2010首届数字未来与媒介社会国际学术论坛——新媒体时代传播研究的新议题”在杭州召开。数字未来与媒介社会研究院是浙江大学“985工程”创新研究平台，成立于2010年7月。该研究院立足于国家战略发展需求，密切关注急剧变化的传播实践，面向国际学术前沿领域，积极凝练学科方向，汇聚研究人才，构建学科高地，强化学术研究与社会实践的结合，推动学术研究的规范化、国际化、本土化。

2010年6月17日，“网络行动主义与网络舆论引导”研讨会在浙江工业大学人文学院举办，该研讨会是浙江省社会科学联合会“网络时代与转型发展”的分论坛。论坛以网络行动主义这一社会学与传播学的交叉领域为研究视角，对网络舆论、“人肉搜索”、网络群体性事件、山寨文化等进行了学术探讨。

2010年6月20日，当代浙学论坛——2010学术月传播学会分论坛暨“走向未来：网络时代的新闻传播前沿问题研究”博士论坛在浙江大学西溪校区召开，本次论坛由浙江省传播学会、浙江大学传播研究所、浙江大学传媒与文化产业研究中心联合举办。入选论文围绕各自涉及的网络时代新闻传播的前沿问题进行主题发言，与会教授学者就网络时代新型传播形态对政治文化、民族文化、经济转型、受众关系等产生的巨大影响进行了热烈讨论。

(二)网络传播的理论研究

2001年，复旦大学出版社出版了由邵培仁主编的一套《网络传播研究丛书》7种(复旦大学出版社，2001)，包括程洁与骆华的《逐鹿键盘：网络传播与商业》、叶琼丰的《时空隧道：网络时代话传播》、卢小雁的《市场精灵：网络传播与广告》、江潜的《数字家园：网络传播与文化》、桑田的《无“网”不胜：网络传播与战争》、陈晓云的《众人狂欢：网络传播与娱乐》，傅荣校与杨福康的《空中校园:网络传播与教育》。该套丛书从全球发展的视野,多维观照文化的地位,分析了不同流派对文化的理解,在趋同和多元化发展的文化生态中,作者们提出了网络时代建设有中国特色文化的策略,具有前瞻性和现实性。该丛书总序指出,网络传播是人类发展史上一次革命,对社会生产方式产生了巨大的影响,网络传播影响了文化的发展,文化决定网络传播的品格。

网络传播与传统媒体的传播有相似性,也有许多相异性。张允若在《关于网络传播的一些理论思考》(《国际新闻界》2002 年第 1 期)一文认为,应该对网络传播作出正确的定位。他对联合国新闻委员会 1998 年会议认为网络传播是继报刊、广播、电视之后出现的“第四媒介”的说法提出质疑,认为互联网是集各种传播媒介于一体的综合性媒介体系,是集各种传播样式(语言、非语言)、各种传播形态(大众、组织、人际)于一体的全新的传播平台,是人类从事传播活动和精神交往的第二世界,是人类传播和交往的第一世界(现实世界)的延伸和扩展。

（三）网络传播的实践研究

从 2003 年起,浙江新闻奖新闻论文中开始评选上年的有关网络传播方面的论文,这些论文基本上是实践性的。2002—2010 年度浙江新闻奖新闻论文评选获奖的有关网络传播的论文有:徐明鸣《从宁波电台实践看城市电台网站建设》(2002 年度,宁波电台),田勇《试谈网络新闻受众的接受性》(2003 年度,中国宁波网),项宁一《互联网时代突发事件的传播应对》(2006 年度,浙江在线,2007 年再获第 17 届中国新闻奖新闻论文一等奖),陈再伟《网络时代舆论引导要抢占先机》(2006 年度,瑞安电台),田勇《试论互动多媒体报纸》(2006 年度,宁波网),杨大进《在“报网联动”中走进群众提高引导力——浙江日报开展报网联动报道一年回顾》(2007 年度,浙报集团),姜青青《进军“数字报业”的快速攻略》(2007 年度,杭州网),张甜《对新媒体时代“把关人”理论的新思考》(2007 年度,杭州电台新闻综合频道)、郭乐天《博弈还是合作——网络与报纸未来发展趋势》(2007 年度,温州新闻网),金加宝、奚立明《网络媒体如何实现第一时间引导——湖州在线新闻参与突发公共事件报道的实践》(2007 年度,湖州市委宣传部、湖州在线新闻网站),赵宇、张琳《网络访谈节目的平民化和互动性——以绍兴网络访谈节目“交流”为例》(2008 年度,《绍兴日报》),田勇《全媒体新闻生产的若干思考》(2009 年度,宁波日报报业集团、宁波网),郭乐天《探寻新闻网站的盈利模式》(2009 年度,温州新闻网),钱增《传统媒体如何避免被“网络审判”绑架》(2009 年度,《金华日报》),何德军《网络民调:代表性与可靠性的平衡》(2009 年度,浙江在线新闻网站),吴华清《“五读”俱全:网络时代报业制胜的“组合拳”》(2009 年度,宁波日报总编室),赵宇《网络访谈的贴近性和互动性》(2009 年度,绍兴网),陈建飞《3G 时代的纸媒应对》(2009 年度,《金华日报》),童咏雷《借鉴网络传播优势,提升电视传媒竞争力》(2009 年度,金华广播电视总台),李广华《关键词对网络新闻事件的传播放大效应》(2010 年度,中国宁波网),陈建飞《报纸标题傍网络流行语的现象辨析》(2010 年度,《金华日报》),毛贺平《警惕网络时代的“客里空”变异》(2010 年度,《衢州日报》),杨永祥《网络时代纸媒的优化定位》(2010 年度,《浙江工人日报》),崔砺金《3G 时代行业报的转型与升级》(2010 年度,《市场导报》),陈永松《微博时代广播媒体如何提升突发事件的舆论引导力》(2010 年度，温州市广播电视台)，田勇《Ipad 报："指尖魔术"能否持久炫彩——以 ipad 版〈宁波播报〉为例》(2010 年度，中国宁波网)，夏晓星、徐敏《深度介入并引领网络舆论》(2010 年度，湖州日报报业集团)等。

二、媒介融合理论

(一)融合新闻研究

媒介融合作为新闻传播业的发展趋势，是 21 世纪初期传播学界研究热点之一。网络的发展与新媒体的出现，对传统媒体影响和冲击是巨大的。但是，二者不是互为代替，而是要互动互补，共同进步。范志忠《论"报网互动"的发展态势与传播特征》(《新闻与传播研究》2008 年第 2 期)认为，在信息时代"报网互动"不仅意味着传统媒体报纸与新媒体互联网具有互补关系，报纸可以借助互联网拓展新闻源，创新新闻内容和报道形式，网络媒体可以借助报纸提高点击率，扩大知名度和影响力；而且标志着传播技术的飞跃，媒体生产经营方式的转型以及受众消费体验的革命，宣告着媒体大融合的时代即将到来。徐沁在《媒介融合论：信息化时代的存续之道》(中国传媒大学出版社 2009 年版)一书中，考察了三大传统媒体运营特征及生存窘境，在这个基础上，通过透视数字化时代第四、第五媒体的发展态势，明晰了媒介融合的内在驱动因素(消费者需求、技术发展的推动、国家政策法规的支持、企业竞争需要和国际化潮流)和传统媒介的变革图景；在综合国内外媒介融合研究成果的前提下，她又对多重视角下媒介科技融合、媒体所有权合并、媒体战术性联合、媒介组织结构性融合、新闻报道文体和视觉呈现风格融合以及新闻从业人员技能融合的 6 大模式进行理论探讨，并根据全民媒介素养调查结果，提出信息化时代媒介素养缺失现状的应对策略；她还大量采用社会调查、数字对比和图表分析方法，使结论奠基在案例剖析之上，更准确地描摹出媒介生态的演进路径。除了书稿外，徐沁还发表了《媒介融合：新闻传播业的新趋势》(《东南传播》2008 年第 6 期)、《国际媒介融合发展的瓶颈》(《中国广播电视学刊》2008 年第 7 期)等，前者在综合国内外学者对媒介融合定义的基础上，表达作者对媒介融合研究的理解；后者认为，媒介融合在国际范围内虽然是大势所趋，但其出现和发展并非受到普遍的欢迎与一致的赞同，媒介融合不仅会对新闻从业者造成工作压力，而且还会对新闻质量产生某些负面影响。闻娱的《融合背景下的新闻报道模式创新》(《新闻战线》2009 年第 2 期)认为，伴随着报业媒介融合的发展，报纸的融合新闻也从早期简单的图文发展到现在集文字、图片、音频、视频等多种形式于一体的多元形态。

网络新闻在网络时代的信息传播中占有日益重要的地位。田中初《互联网时代的网络新闻写作》(《写作》2001 年第 4 期)分析了网络新闻写作的一些特点，他认为网络新闻写作在经历不断的探索后，在与传统媒体的新闻写作基本相同的情况下，互联网时代的网络新闻写作也有自己的一些特色：新闻写作主体上以传者为主，传受交互；新闻写作符号上以文字为主，声图为辅；新闻写作结构上以强化标题，突出链接。他的《媒体"叠加"：报纸新闻写作的网络化现象》(《写作》2003 年第 15 期)一文认为，报纸与网络的融合不仅表现在媒介形态上，同样也反映在具体的新闻业务上。他分析道，一方面，网络新闻传播样式与报纸有较高的吻合度，在标题制作、栏目设置、写作风格等方面，网络新闻与报纸新闻都有比较大的相似度；另一方面，报纸的新闻写作同样从逐渐成形的网络新闻写作中汲取养分。

（二）知识沟、数字鸿沟、创新扩散研究

知识沟、数字鸿沟、创新扩散是21世纪在新媒体领域新开辟出来的研究方向。一是开创“知识生产沟”研究。韦路在多篇专论中提出了“知识生产沟”的研究思路：以博客这种新兴的网上知识生产形式为突破口，将传统的知识沟理论从知识获取延伸到知识生产，并通过调查数据验证了博客空间中知识生产沟的存在；率先对互联网上不同知识生产者之间的社会权力分布问题进行了直接探讨，触及了学者们常常忽视却又十分重要的知识沟的社会影响问题，发现生产更多政治知识的博客，以及社会经济地位较高的政治博客也具有更大的社会影响力。① 二是“数字鸿沟”研究。韦路在多篇专论中挑战“数字鸿沟”的二元论界定，指出传统的“接入沟”和“使用沟”已经无法准确描述后采纳阶段的技术差异；提出“数字不均”这一新概念，并首次对这一概念进行实证检验，发现了网络活动数量和网络活动性质之间的微妙联系；针对现有数字鸿沟研究主要限于现状描述和归因探讨的不足，对数字鸿沟的社会后果进行考察；通过对比新媒体和传统媒体的使用差异在人们知识获取上的不同效果，凸显了数字鸿沟后果的严重性，并率先对数字鸿沟与知识沟研究进行了理论整合②。韦路等将知识沟和数字鸿沟的研究视角引入技术采纳和创新扩散研究，首次提出网络知识这一概念，并将其与网络经验、网络自我效能感等相近概念区别开来，确立了其作为一个有着足够信度和效度的变量对网络使用意向的显著影响；从社会学习理论的角度，将网络知识的概念整合到技术接受模型之中，从而帮助人们更好地理解外部环境与网络使用行为之间的互动，以及影响这种互动过程的认知和情感因素。其创立的“网络知识”量表受美国心理学会（APA）邀请，被收入其著名的 PsycTESTS 数据库。

（三）网络危机传播研究

网络空间的话题往往聚集在社会热点、社会阴暗面和一些突发事件的负面效应上，这将深刻地影响人们的生活、工作。网络危机传播、危机管理、危机报道等相关问题更成为中国新闻传播学和政治学界一个重要的研究领域。黄鸣刚对网络危机传播作了一系列的研究，先后发表了《从媒体角度看网络调查方法》（《中国传媒科技》2004年第11期）、《社会分层视阈中的网络危机信息传播规律研究》（《新闻界》2010年第4期）、《社会转型视阈下的网络危机传播》（《新闻爱好者》2010年第5期）等论文，以及《社会转型背景下的网络传播》（中国广播电视出版社2007年版）等著作。黄鸣刚《公共危机中的网络舆论预警研究——以浙江省为例》（中国广播电视出版社2009年版）一书认为，危机发生后政府和媒体应该各司其职，相辅相

① 韦路、李贞芳：《新旧媒体知识沟效果之比较研究》，《浙江大学学报》2009年第5期；韦路：《从知识获取沟到知识生产沟——美国博客空间中的知识霸权》，《开放时代》2009年第8期。

② 韦路、张明新：《第三道数字鸿沟：互联网上的知识沟》，《新闻与传播研究》2006年第4期。

成。从政府管理的角度来看，应该对危机舆论进行精细化管理，科学测量网络舆论；可以在网络舆论的强度、网络舆论的影响力、网络舆论的持续性，网民满意度等方面建立评价指标。该文认为媒体在报道的角度选择上应表现出一定的灵活性，就危机事件本身进行探讨、争论和预测，充分发挥其“公共领域”的职能；政府部门应当充分尊重媒体的专业主义和职业特点，研究危机不同时期的传播重点，引导媒体来决定所需的内容。他的《创建中国网络媒体的知名品牌》(《中国传媒科技》2001 年第 12 期)从政府传播的角度来看，应当建立知名网站，引导网络舆论，确保新闻发布的及时、准确和一致。他在《社会分层视阈中的网络危机信息传播规律研究》(《新闻界》2010 年第 2 期)中，还通过实证研究的方法，揭示网络环境中浙江省不同社会阶层危机传播的规律，分析相关数据，辨析其中原因，以利于相关部门的危机管理。

第十七章 考古学研究

考古学是根据古代人类活动遗留下来的实物史料研究人类古代情况的一门学科。该学科主要研究考古学理论与方法,考古发掘、考古年代学、考古文化类型等。

古代浙江的考古学术以金石学最为典型,为近代中国考古学的前身。北宋两浙路金石学尤盛,薛尚功《历代钟鼎彝器款识法帖》是开创后世考释类金文著作通例;赵明诚《金石录》被誉为中国最早的金石目录的研究专著之一。洪适《隶释》开集录石刻文字之先;洪遵《泉志》是第一部考释征信的钱币学专著;还有沈括、曾巩、陈思、李清照、王象之、巩丰、戴侗、闵齐伋等的金石学、古文字类著作,亦为两宋名家。元明两代金石学衰微而印学勃兴,有赵孟頫《印史》、吾丘衍《学古编》、杨遵《集古印谱》、陶宗仪《古人印式》等。清代金石学受乾嘉学派影响,由复兴而进入鼎盛,浙江是为重镇。晚清至民国,黄宗羲、万斯同、朱彝尊、杭世骏、梁诗正、吴骞、阮元、赵之谦、孙诒让、罗振玉、王国维、马衡等皆为金石领域的里程碑式的人物,对金石学向近代考古学转变作出了巨大贡献。

夏鼐是中华人民共和国成立前后两个时期中国考古学理论建设和考古发现中成就最大的考古学家之一,其组建中国第一座碳-14 断代实验室,创新了中国现代考古学的科学方法。马衡《凡将斋金石丛稿》对中国考古学由金石考证向田野发掘过渡有促进之功,被郭沫若誉为“中国近代考古学的先驱”。唐兰《古文字导论》对古文字研究造诣甚深。陈梦家创新了中国考古学的年代学体系,其《汉简缀述》是早于王国维考古年代的简牍学的代表作。王仲殊《汉代考古学概论》创新了历史时代考古学,又深涉日本考古学。

自 20 世纪 30 年代施昕更、何天行发现、发掘良渚文化遗址之后,良渚学成了浙江科学的、规模化的考古发掘研究的热门。2008 年前后发掘的良渚古城垣,被称为“中华第一城”。河姆渡文化是早于良渚文化考古年代的大规模发掘研究的新石器时代考古成就,它的发现打破了中华文明发祥地黄河流域的一元论观点,证明长江流域同为中华文明的摇篮。跨湖桥文化发掘将浙江文明史推进了 8000 年前。发现于 2000 年的上山文化是长江下游迄今年代最久远的文化遗存。马家浜文化及后续的崧泽文化、良渚文化的发现与确立,表明太湖地区的新石器文化源远流长,自成系统并具有鲜明的地域特色。2004 年,长兴七里亭遗址的发现与发掘,又将浙江远古时代推至距今 100 万年前,开启了浙江旧石器时代的序幕。据第三次全国文物普查,浙江有不可移动文物 73943 件,数量高居全国榜首。在这些文物发现或发掘过程中,浙江考古界和史学界以及浙江籍专家作出了重大贡献。此外,浙江在越古城邑考古、古窑考古、古墓葬考古方面亦有成就。

代表性学者、专家还有慎微之《湖州钱山漾石器之发现与中国文化之起源》、张森水《我国南方旧石器时代晚期文化的若干问题》、陈淳《当代考古学》、吴维棠《浙江余姚河姆渡新石器时代遗址动物群》、梅福根《七千年前的奇迹——我国河姆渡遗址》、姚仲源与刘军《中国河姆渡文化》、王士伦《浙江出土铜镜》、林正秋《南宋都城临安研究》、林华东《良渚文化研究》、董楚平《吴越文化初探》、蒋乐平《跨湖桥文化研究》、曹锦炎《殷墟甲骨刻辞摹释总集》(合作)、游修龄《中国稻作史》、牟永抗《水稻、蚕丝和玉器——中华文明起源的若干问题》、吴汝祚《炎黄汇典考古卷》、陈剩勇《中国第一王朝的崛起——中华文明与国家起源之谜破译》、黄宣佩《良渚文化特展——五千年前长江古文明》等。

第一节　金石学研究

浙江对中国金石学的创立和发展具有开拓之功，在金石考古、金石目录、金石文字、金石义例、石经考释等方面皆有前导佳作，近现代浙江学人又在金石学向考古学的转型发展中作出了贡献。

一、金石学考述

凡中外考古理论之兴盛、发展皆经历了漫长的前考古学科探究历程。在一定程度上而言，前考古学科时期对古器物、古遗存之探究，中国古人的兴趣与成就远早于欧洲。早在春秋战国时期，孔子就有"信而好古"(《论语》第七章述而篇)以及假古物论史之述(《国语》卷五鲁语下·孔子论大骨·论楛矢)。至东汉已有"古学"之说，具指竹帛形制的古文经与古文字。《越绝书》还有对石、玉、铜、铁器时代古兵器的记载。至北宋，"考"与"古"二字连用，开启古器物考古、证史之学术。曾任越州通判、明州知州的曾巩，首提"金石"，作为考释、著录古钟鼎彝器之范型。宋代是中国金石考古研究的第一个鼎盛时期。而欧洲则到文艺复兴时期才开始此类研究，兴收集古物之风，目的是研究古希腊、古罗马史，偏重于建筑与艺术。

然而，近代考古之学科化，欧洲却早于中国。在17、18世纪，欧洲考古学主要考究古物中的美术品，至19世纪扩大为一切古物和古迹，形成以考古类型学与古代地层学为主要流派的西方近代考古学体系。近代中国考古学人将西方考古学体系与传统金石学、考证学等学术理论相结合，形成近代中国考古学的本土特点和方法，推进了中国近代考古学事业的发展。故而，研究中国近代考古学之史志，必先研究古代中国考古之学术。

金石学是中国近代考古学的前身。它是以古代青铜器和石刻碑碣为主要研究对象的一门学问，它偏重于著录和考证文字资料，以达到证经补史之目的。古代金石考古源远流长。至北宋，兴盛的疑古思潮，丰富的金石材料，证经补史的学术追求，经世致用的学术精神，以及经学、大学、小学等领域的学术素养，造就了一批专于金石研究的学术人才，导引了宋代渐之向"以器物碑铭验证前史"的转型，从而成就了两宋金石学研究之鼎盛。元明两代，金石学衰微，然印学兴起。至清代，金石学复兴至盛，研究对象从铜器石刻扩大到其他古物。晚清罗振玉主张把旧金石学改为古器物学(罗振玉《云窗漫稿》)；王国维把前人对古器物和铭文的研究称为“古器物及古文字之学”(王国维《国朝金石著录表序》),倾向把金石学分为古器物学和古文字学。民国期间,“古器物学”已接近近代考古学。

二、宋代浙江的金石学

(一)北宋浙江的金石学研究

沈括的金石研究及对自然科学知识的应用。沈括,其《梦溪笔谈》不仅是一部划时代的科技史名著,而且还具有相当大的金石考古和语言文字学方面的价值。《梦溪笔谈》既记录了大量的古器物的形状和款识,又用自然科学知识、方法研究了古器物的制作方法和原理。如从冶金学理论考释古剑,用光学原理考释古镜,用几何学原理考释弩机上“望山”的用法等。沈括是中国古代将自然科学知识和方法用于金石考古的第一人。

赵明诚的《金石录》与金石证史的治学传统。赵明诚,曾知湖州军州事。其妻李清照,寓居临安。夫妇俩均酷爱收藏,苦心搜访,摹拓传写;积二十年之功,收集到上古三代以来古器物铭及汉唐石刻凡两千卷,并为之考订年月,辨伪纠谬,撰写跋尾502篇,初辑为《金石录》。李清照在赵明诚去世后续笔整理完稿成30卷,作《金石录后序》。《金石录》(宋龙舒郡斋初刊本,藏北京博物馆)发扬了“以金石证史”的治学传统,在金石研究方面具有继往开来的意义,对史学、考据学、文献整理和金石书法的研究皆有重要的参考价值。赵氏确立了金石证史的可信性,提出“史牒出于后人之手,不能无失,而刻词当时所立,可信不疑”的观点;撰跋尾以补正前贤的阙失,对成书于北宋刘敞的《先秦古器图》、吕大临的《考古图》、欧阳修的《集古录》的错误一一作以考辨;以器物碑铭验证前史,考订典籍的讹舛之处(《金石录·后序》1985年)。《金石录》是中国最早的金石目录和研究专著之一。

(二)南宋浙江的金石学研究

洪适的《隶释》《隶续》石刻文字研究。洪适,南宋官员,早年随父寄住秀州(今嘉兴),曾任台州通判,提举浙西江东路常平茶盐公事。金石学方面与欧阳修、赵明诚并称为宋代三大家,有《隶释》《隶韵》《砚说》《壶邮》等金石著录。其《隶释》开集录石刻文字之先,是中国现存最早集录汉魏及西晋石刻文字的专著。《隶释》及《隶续》(收入《古代字书辑刊》,中华书局1986年版)的考证范围非常广泛,包括考证多层面的汉代历史,研辨汉碑之字的假借通转,研究汉字的字体演变,品评汉碑之书法风格,考校碑文之体例,考证碑体之形制风貌等,较之《集古录》《金石录》等金石学著录的考证范围有较大的拓展。在研究方法上,采用以碑证碑,文本文献与金石文献相互印证的研究法。在金石义例上,他将汉碑之隶书改为楷书释定写出,释注石刻中所涉及史实、人物、石刻形制、所在地等,开集录石刻文字之先河。

薛尚功的《历代钟鼎彝器款识法帖》与金文考释。薛尚功(生卒年不详),南宋金石学家,生于钱塘。其博物好古,尤好钟鼎,编辑有《历代钟鼎彝器款识法帖》(20卷,两江总督采进本,见《宋史·艺文志》)、《广钟鼎篆韵》等多部考释类金文著作。其著作著录了490件商周青铜器铭文及15件石鼓、秦玺、石磬、玉琥上的铭文,并做释文和考说,逐一对器物制作年代进行断定，并提出器物断代的几个标准，对古器铭文之阙作以勘误订伪，开创了后世考释类金文著作之通例。其尤长于对文字的考释，考释技法有对照法、推勘法和偏旁分析法，为后世金石文字研究所重。

王象之《舆地碑记目》、陈思《宝刻丛编》与金石方舆学。王象之，婺州(今金华)人，南宋史地学家，著有地理学名著《舆地纪胜》200 卷，《舆地碑记目》为其中 4 卷(中华书局 1985 年版)。他将地理学理论与方法用于碑石研究，尤重对南宋地域范围内 3000 多处地名渊源的考释；并以天下碑刻之目分部编次，各注其年月姓氏、志地而兼志碑刻，开金石方舆学之范式。陈思，南宋临安书商，所编著《宝刻丛编》20 卷(收入《浙江文丛》，浙江古籍出版社)的地理区域范围宽于《舆地碑记目》宋南渡后的疆域，将淮河以北也收入其内。全书以《元丰九域志》京府州县为纲，著录自秦《石鼓文》《诅楚文》至五代石刻文字的目录，名目依年代顺序排出，其石刻地理之可考者按各路编纂，纲分目析，沿革厘切，为宋时中国各地碑刻之总目。

戴侗《六书故》与古文字学的独到研究。戴侗，永嘉人，南宋著名文学家。宋人的"六书"研究，具见金石学之影响者以郑樵、戴侗为代表。戴侗著《六书故》(《温州文献丛书》之一，上海社会科学院出版社 2006 年版)直接采用金文字形，字少者则杜撰字形，按数、天文、地理、人、动物、植物、工事、杂、疑等分为九部(见《四库总目》)。其中文字按"六书"(象形、指事、会意、形声、转注、假借)排列，字体不依小篆而据金文；旨以"六书"明义，又注释考证精审，为以前辞书所不及。是书上征钟鼎文，下取方俗古字，援引经史百家之文，并订正了许慎《说文解字》中的多处谬阙，在文字训诂学史上有重要的地位。

洪遵《泉志》与古钱币研究。洪遵，南宋官员钱币学家，早年曾外放婺州、越州等地通判，拜中书舍人，吏部侍郎兼吏部尚书等，寓居京城临安。所著《泉志》(汪圣铎编著，中华书局)是第一部考疑征信，学术价值很高的钱币学专著，誉为中国钱币学的经典著作。是书收录钱币 348 品，分正用品、伪品、神品、厌胜品、不知年代品、无品、刀布品、外国品、奇品等九类，该分类法为后世作钱币著录所承袭。其对先秦货币断代等问题有独到见解，于后世钱币学之影响甚大。

三、元、明代浙江的金石学

元、明两代金石学衰微，而印学勃兴。综观元明两代浙江之金石学，元代以印学最重，明代承绪古文字考释为精。

(一)元代浙江的金石学研究

赵孟頫《印史》及其印学思想。赵孟頫，元代著名书法家、印学家。其撰《印史》(赵孟頫《松雪斋文集》，清德堂版刻本)缘起于对古印章的摹集，共集汉魏古印谱 340 枚，倡导"印宗秦汉"之印学复古思想，在汉魏古印学与明清篆刻印学之间架起一座桥梁，对后来文人治印及流派印风的兴起和发展有前导之功。

吾丘衍《学古编》与印章考古学理论。吾丘衍，元代著名金石学家、印学奠基人，与赵孟頫齐名。所著《学古编》(西泠印社《历代印学论文选》1999 年版)由考古印章入手，载录"小篆品”“钟鼎品”“古文品”“碑刻品”“附用器”“辩谬品”“隶书品”“字源八辩字”等八类集品，概述了篆刻学中的书文、碑刻、器版本、字体等各方面理论知识，为篆刻理论分类阐述之首创，并提出“篆法优先于印法”理论及其基本内容和结构形式，为中国第一部专门研究印学的著作。

杨遵《集古印谱》序、跋与印学考证。杨遵，元代印学家。所著《集古印谱》[①]搜集古印谱700余枚，按官印、私印一一订释，刻制录谱。印方“由尚方小玺，王侯将军，都尉太守所佩；县丞、长史、令宰、丞尉、骑督、军曲、军司马等所绾，与夫汉叔孙通、卫青等所怀，炳炳累累然”；“稽时世先后，书制形象、考前代官制、辨古文、籀篆，分隶之同异，又何其精也”（王沂《杨氏南谱序》），是宋代印宗秦汉之典范。其书之名望与多家浙籍名人之序、赞跋有关。其中元末明初唐之淳为之所作跋专述印谱考证之事，为金石印学考证之名篇。

（二）明代浙江的金石学研究

陶宗仪《古刻丛钞》与《古人印式》。陶宗仪，元末明初文学家，史学家。著有《辍耕录》30卷、《说郛》100卷、《书史会要》等，其中《古刻丛钞》（商务印书馆1936年版）为古代汉族碑刻集录，《古人印式》（陶宗仪《南村辍耕录·印章制度》）是元代印学研究的代表作。

明代还有两位金石考据学者亦值一提。仁和人胡文焕所著《古器具名》2卷并附《古器总说》1卷[《四库全书总目提要》，康熙五十九年（1720年）刻本，上海书店出版社]，收辑古往考证名物的各种专著及文字学、训诂学等书，为明代金石学一隅。乌程人闵齐伋（1580—不详）所著《订正六书通》10卷（《四库全书存目》，康熙五十九年刻本，上海书店出版社），是戴侗之后又一部有影响的古文字考释作品。

四、清代及民国期间浙江的金石学

（一）清早期浙江的金石学研究

黄宗羲《金石要例》与金石义例学研究。黄宗羲的《金石要例》与元代潘昂霄《金石例》、明代王行《墓铭举例》并称为首先研究金石文章体例（主要是石刻中的碑、志体例）的三部代表性著作，被统编为《金石三例》15卷（卢见曾编，雅知堂刊本）。黄氏《金石要例》注重碑志文章的意义指向，认为先需确定其要义，才能确立定例和体例；认为要从渊源处追索以理解古人墓志、碑刻之义法，关注金石考据的文体文例形式变例的时态问题。这些观点超越前人，为清代金石义例学的独立研究开辟了新路。《金石要例》改变了金石学传统的义例指向，推进了清代金石学研究的规范性、集成性和体系化。

万斯同《石经考》与石经考辨之学风。万斯同，鄞县人，清代著名史学家，所著《石经考》（收入张寿镛编纂《四明丛书》第1集，扬州古籍刻印社1981年版）为专考石经的权威著作，与顾炎武《石经考》、杭世骏《石经考》并为清代石经“三考”。万氏晚于顾氏“考”而早于杭氏

① 杨遵著《杨氏集古印谱》四册，已佚，明王常著《印薮》中存录有序五篇，即王沂《杨氏印谱序》、俞希鲁《杨氏集古印谱序》、周伯琦《印谱题辞》、王祎《杨氏印谱赞》、唐之淳《跋》。

"考",为助推清代石经研究从集辑走向考辨的关键性人物。《四库全书总目提要》云:"昆山顾炎武始辑诸家之说为《石经考》,实为创始之功,斯同是编,息采顾炎武之说,又益于吴任臣、席益、范成大、吾丘衍、董逌诸家之论,并及顾炎武所作《金石文字记》,亦间附以己见。虽不若杭世骏《石经考异》之释辨,而视顾氏之书,已为较备。且炎武详于汉魏而略于唐宋。斯同则于唐宋石经引据特详。"

朱彝尊《曝书亭金石文字跋尾》与金石证史之理。朱彝尊,精通经史、金石、诗学、词学。他不仅对清代金石义例学之兴盛具倡导之功,催生了一批如梁玉绳《志铭于刻》、李富孙《汉魏六朝墓铭纂例》、冯登府《金石综例》等清代浙江金石义例学的后起之秀及其作品,形成了金石义例学研究之浙派学术群体,而且还形成了清代以金石之文征经史之学的风气。其著《曝书亭金石文字跋尾》6卷(光绪九年朱氏槐庐刻本)是为考订金石的主要著作,收录题跋140篇,集中体现了其金石研究的成就。此书从两个方面对史籍作以补正。一是据金石文字揭露或弥补史籍记载之阙,二是据金石文字揭露或纠正史籍记载之讹。他利用金石文字与史籍相校勘,对史籍记载之遗漏与讹误以金石文字加以补正,为史学研究提供了更全面、更准确的史实资料。①

杭世骏《石经考异》与经学考证法。杭世骏,清代著名史学家、文学家,在金石学方面也具闻望。其所著《石经考异》2卷(中国书店1984年版)与顾炎武、万斯同之《石经考》齐名而考辨最详。对此,《四库全书总目提要》云:"要之,言三家之书参互考证,其事乃备,故未可偏废其一也";"是编因顾炎武《石经考》犹有采摭未备,辨正未明者,乃为纠讹补阙,勒为二卷,考证皆极精核"。其在考证学方面功力甚深,著有《订讹类编·续补》11卷(中华书局1997年版)。

梁诗正等主修《西清古鉴》与图谱考证。梁诗正,总裁《图史》《文颖》《续文献通考》备绾。乾隆十四年(1749年),梁诗正、蒋溥等大臣奉敕主修《西清古鉴》40卷,附录《钱录》16卷(乾隆武英殿刻本,上海书店出版社),"御纂"的古器物图录,记载有清宫所藏始于商周止于唐代的1529件青铜器,"因图系说,详其方圆围径之制,高广轻重之等,并勾勒款识,各为释文。摹绘精审,毫厘不失,则非往之图谱所能及"。考证"虽兼取欧阳修、董逌、黄伯思、薛尚功诸家之说,而援据经史,正误析疑,亦非欧阳修等所能及"。《西清古鉴》是古代金石学研究在清代的一个高峰,与《宁寿鉴古》及王杰尊纂修的《西溪续鉴》甲、乙编,被称为《西清四鉴》,初显近代考古学类型学的萌芽。

邢澍等《寰宇访碑录》与"参互考验"说。邢澍,著名清史学家,史志目录学家,金石学家。曾博考秦代图籍成《全秦艺文志》;并精考碑板,与孙星衍同辑《寰宇访碑录》,著《金石文字辨异》12卷、《金石札记》等金石学名作。其中《寰宇访碑录》(清光绪九年,江苏书局刻本)依时代为序,自周起止于元末,著录各地石刻碑碣7000余通。各石刻之下一一注明其书体、撰书人姓名、碑刻年月、后人题记刻于碑阴的文字,所录砖瓦与石刻的体例相同;还注明石碑所在地与砖瓦的藏家,清嘉庆以前的碑刻目录以本书为详备。他认为,治学之论,"非多阅古今书不能也,闻书多矣,非履其地,参互考验",有学者认为,这一观点,后被王国维发展为纸上材料

① 沈桂松:《朱彝尊的金石证史——读〈曝书亭金石文字跋尾〉》,《丽水师范专科学院》2003年第25卷。

和地下材料相互印证的“二重论据法”，成为金石学转变为考古学的一个必然途径。

（二）清中期浙江的金石学研究

阮元《两浙金石志》与金石学地方志体。阮元，江苏仪征人，曾任浙江学政、浙江巡抚，建杭州诂经精舍以育英才。金石学造诣甚高，有《宋王复斋钟鼎款识》《积古斋钟鼎彝器款识》等目录图谱名作，尤长于地方类金石学志研究，先后主持编修《山左金石志》《两浙金石志》，前者对山东乾嘉之际金石学的兴盛贡献颇巨，后者更是为清一代金石学地方志体的范本。《两浙金石志》为阮任官浙江后主持搜访两浙地区金石文字，有赵魏、何元锡、许宗彦参与考证编撰。收录自秦至元至正金石铭文，有石刻、碑文、造像、塔记、经幢、题字、砖文、钟铭、铜器印文等，目录统计658种，实际收录680种。

严可均《唐石经校文》与石经本考论。严可均，清文献学家、藏书家，精考据学。曾编撰有《金石题跋》《说文翼》等，其《唐石经校文》在清人利用唐石经校勘群籍之时，假拓石经，对唐石经本身加以全面整理，辨证唐之后历代学人对唐石经之误释。他创新了石经考证方法：一是明确提出唐石经本优于宋版本，而唐石经又“以明嘉靖乙卯前摹本为胜”的观点，以此维护唐石经作为史证资料的权威；二是以嘉靖乙卯前摹本为样，提出了唐石经之“磨改者”“旁增者”两个学术概念，并加以理论确认以及考辨运用；三是以唐石经石质文本的特点，印证、复原唐石经的刻写过程，恢复唐石经的原本面貌。

张廷济《古器物文》与广义金石学。张廷济，清代著名金石学家、书法家。一生以收藏、研究金石自娱，自建“清仪阁”，以收藏金石古物、古今图书；其金石学著录极丰，以清仪阁所藏《古器物文》最著。其金石学研究有四：一是以有无文字立为区别金石与古物之基本标准，凡能收列的金属和石器上存有文字的古物，均为其金石学研究的对象。二是研究范围扩至广义的外延，《古器物文》集中了金和石两大类，品种细分繁多。三是题跋、日记记录翔实，为研究嘉庆道光年间金石古器的价格、流传等提供了第一手的材料。四是以题跋阐述金石学方面的以物证史、实物校勘、确定器名、纠正讹误、判别真赝等理论观点。①

冯登府《石经补考》与金石甄录之术。冯登府，长于经学，专于训诂，金石学著录尤丰：一是石经甄录，有《石经补考》《石经考异》《石余录》；二是金石义例，有《金石综例》；三是吉金拓录，有《金屑录》，名家予以题跋题识；四是陶文考录，有《浙江砖录》。其中《石经补考》(《历代石经研究资料辑列》第2册，北京图书馆出版社2005年版)学术价值为最高。

劳经原、劳格《唐折冲府考》与石刻考证府名之方法。劳经原，清代学者。其“考诸新、旧《唐书》纪传，参以传记，地理之书，旁及诸家文集，石刻碑志，钩稽荟萃，著为此《考》”。可惜书未成而人已殁，其子劳格编其遗稿，补辑成《唐折冲府考》4卷(上海古籍出版社1995年版)，罗织有关唐代府兵制的史料，评述折冲府废置之由以及府名及其隶属。“凡补府百单九(又存疑者五府)”，合志所存448府共得557府，援引该洽，考订精详，俾有唐一代兵制，庶稍译备，

① 桐乡沈慧兴：《从〈清仪阁所藏古器物文〉看张廷济的金石生活》，《首都师范大学学报·社会科学版》2014年第2期。

拾遗补缺，有功于史者实多。① 《唐折冲府考》为清末石刻文献考逸折冲府名的最具代表性著述。此后，罗振玉在研读自己收藏的唐墓志拓本以及造像、虎符等材料的过程中，集“有府名为劳氏未所及者”，及其新出土唐墓志辑录增补，撰《唐折冲府考补》《唐折冲府考补拾遗》，使唐折冲府名增至626个。

（三）晚清、民国时期浙江金石古器研究

至20世纪20年代之后，西方考古学传入中国，促进了以古器物学及诸多新发现、新材料研究为主体的近现代考古学术的重组与整合。浙江学者在传统金石学向近代考古学转型中起到承前启后的催化作用，涌现了一批如叶昌炽、罗振玉、王国维、孙诒让以及马衡、唐兰、夏鼐、陈梦家、王仲殊等近现代著名考古学家。他们总结、反思传统金石学，找寻开启近现代中国考古学的钥匙，并以扎实而丰富的考古活动与研究，开创并发展近现代中国考古学事业，使浙江成为中国近现代考古学形成、发展的学术重地。

叶昌炽《语石》与金石学之通论及敦煌发现之保护。叶昌炽，原籍绍兴，入籍江苏长州（今苏州），晚清金石学家、文献学家和收藏家。所著《语石》（辽宁教育出版社1998年版），从碑刻年代、地域、种类、形制、碑刻文字的体例、书写者、字体、格式、拓本等不同角度，对所录碑刻作以详述，是中国第一部通论石刻文字的专著。他是中国最早涉及敦煌遗书保护的清代学者和官员。敦煌藏经洞之发现、封存过程记述于其《缘督庐日记》（江苏古籍出版社影印本2002年版）。

罗振玉对甲骨、简牍、敦煌及古器物等诸学的研究。在近代中国考古学形成过程中，罗振玉无疑是最重要的奠基者之一。罗氏一生对中国科学、文化、学术皆具贡献，其绝大部分精力从事古器物学、古文字学、古文献学的研究。由于深受近代西方考古学的影响及其对古器物新发现材料的搜集、整理、研究、刊布的学术兴趣，其试图在新材料基础上对旧金石学、古文字学等古学作以学术革新。他在研究方法上极注重器物的分类、分期以及对共存遗物的研究，在研究范围上突破了旧金石学以有文字器物为标准和限于吉金、惟考文字的传统，以“古器物学”之名取代金石学而将研究范围扩展至旧金石学以外的一切古器物②。他将这种学术研究的新视角、新方法运用于甲骨、汉晋文牍、敦煌文卷及清内阁档案的搜集、整理和研究③。罗氏的学术活动与学术主张代表了近世中国由传统古学向近代学术的更替趋势，推动古器物学与西方考古学的理论融合，其学术贡献有：第一，开甲骨学研究之先河。罗氏在大量搜集殷墟甲骨和甲骨文字基础上，通过实地考察和文、物互证，最先考察得出甲骨出土地河南安阳小屯为商代“武乙之都”之结论；最先与《史记·殷本纪》相校并证实甲骨卜辞“实为殷王室之遗物”，将商代的历史由传说推进到有文字可考的通史；最早把甲骨卜辞作系统分类通读，将甲骨从文字学资料上升到研究历史的记载层面；最先倡导“由许书（指许慎《说文解字》）以上溯

① 赵钺：《唐折冲府考·序》，《隋唐五代史补编》第3册，第377页。

② 罗振玉：《云窗漫稿·与友人论古器物学书》，载《罗雪堂先生全集》初编第1册，台湾大通书局1986年版。

③ 刘欣：《中国考古学的形成和发展》，《北京日报》2005年2月17日。

古金文，由古金文以上窥卜辞”的甲骨文字研究逻辑与方法。主要研究成果有《殷墟分契前后编》《殷墟分契考释》《殷商贞卜文字考》等。第二，对新发现的汉晋简牍作系统研究。1908年匈牙利人斯坦因所盗之汉晋竹木简牍千余，是为中国学术资料上的又一新发现。1914年罗氏与王国维将法国学者沙畹对汉晋竹木简牍所释作重新分类考订，撰成《流沙坠简》（中华书局1999年版）一书，选取汉晋出土竹简588片，分作小学术数方技书、屯戍丛残、简牍遗文三部分进行考释，为近代最早研究简牍的著作。该书和王国维之后发表的系列论文，都重视把敦煌汉简所记载的内容和汉代烽燧遗址作以互证对照，力图恢复汉代烽燧组织系统的原貌。第三，创新金石学与古器物学。他曾有一个庞大的整理研究计划，提出分三个系统将其所有的金石及古器物类集为专书，将石刻依“文体”类次，辑《寰宇石刻文编》；金文材料用“断代法”分期，辑《集古遗文》；古器物用分类法辑为图录，总名《集古图录》。此研究计划实际上已将金石学与古器物学向近代考古学靠拢。实际研究著述规模最巨者数《三代吉金文存》（中华书局影印本1983年版），至今仍为仅有的研究金石学和古器物学极重要的参考书。

马衡《中国金石学概要》与金石博古之学的近代化。金石学向近代考古学的转变中，马衡无疑是最重要的代表性学者之一。马衡，曾任北京大学研究所国学门考古学研究室主任、故宫博物院院长、西泠印社社长等职。其精于汉魏石经，注重文献研究与实地考察，对中国考古学由金石考证向田野发掘过渡有促进之功，被郭沫若誉为“中国近代考古学的前驱”，其代表作有《中国金石学概要》（时代文艺出版社2009年版）《凡将斋金石丛稿》（《凡将斋金石丛稿》，马衡著，中华书局1977年版）《汉石经集存》等。这些著述在近现代金石考古研究方面的贡献在于：一是探索“金石博古”之学的体系建设之路，运用现代社会科学的一些文体概念，如定义、范围、方法、实验、调查、发现等学术词语充实到金石学体系结构，使之体现近代考古学的学术风格。郭沫若称其学为“金石博古之学”，是金石学的近代化；二是扩大了金石学的研究范围，认为“金石者，往古人类之遗文或一切有意识之作品，赖金石或其他物质以直接流传至今日者，皆是也。此种材料作客观的研究以贡献给史学者，谓之金石学”，其所列范围之大远超旧学；三是从文字的演变和有关铭刻的对比，论定石鼓文是东周时期秦国的刻石；四是根据新莽嘉量的实际测量，推定王莽时期以至汉唐间的尺度；五是对汉魏石经资料作了收集、整理和全面研究。（《汉石经集存》，上海书店出版社1970年版）

唐兰的青铜器与古文字学研究。唐兰，著名文字学家、青铜器专家。20世纪20年代之后，受教于罗振玉、王国维，致力于青铜器款识及甲骨文字研究，在金石考古尤其是青铜器、石鼓文方面成就甚丰，代表作有《西周青铜器铭文分代史徵》（中华书局1986年版）、《天壤阁甲骨文存》（辅仁大学出版社1939年版）等，对夏、商、周纪年的推算、青铜器的起源与发展等方面提出了自己独特见解。在古文字学研究方面，唐兰主张运用辩证唯物主义的观点将文字学、历史学、考古学等有机结合、综合应用，代表作有《古文字学导论》（齐鲁书社1982年版，据1935年石印本）、《殷墟文字记》（中华书局1981年版，据1934年石印本）、《中国文字学》（上海古籍出版社1981年版）等。理论贡献有二：一是在古文字学方面，不仅考释很多难识字，还建立了一套在考古新发现基础上较为完整和系统的古文字研究方法，如对照法、推勘法、偏旁分析法、历史考证法，使古文字研究摆脱了过去那种猜谜式的主观臆想；在文字分类方面提出自然分类法①，打破了《说文》以来的传统分类形式。二是在文字学方面，反对把它仅仅作为其他学科研究的一种工具，而是将它作为独立的研究对象，使其成为一门独立的学科。他通过对铭文、甲骨文的考释，提出“三书说”，即形符（象形）、意符（象意）、声符（象声），突破了《说文》体系。

第二节　考古学理论与方法研究

近现代考古学自20世纪二三十年代传入中国，在基础理论传播与建设方面，浙江学者作出了不懈努力和贡献。此后至1949年前后及至1976年，浙江籍学者在浙江乃至全国重大考古遗址、遗存发掘及对考古学理论、方法研究方面，异常活跃，建树甚丰。20世纪70年代末至21世纪初，浙江学者在区域考古发掘和研究、新考古学理论研究、后现代考古学研究以及考古学信息化建设等方面有一系列重大突破。

一、考古学理论与应用

（一）学科建设与类型学、地层学研究

浙江籍学者在国内最早介入中国考古学传播和学科建设。1930年，留法学者、嘉善人张凤及同行在暨南大学、复旦大学、大夏大学等授课提纲基础上，吸纳日本学者滨田耕作《通论考古学》等现代考古学基础理论成果，系统接受了瑞典著名考古学家奥斯卡·蒙特柳斯的考古学方法论，主编成《考古学》（国立暨南大学文学院，1930年），是在中国系统介绍西方考古学类型学和地层学知识的第一本书。书中讲述了蒙特柳斯的地层学和类型学（书中称为层位学和型式学）等方法；讲述了相对年代和绝对年代的概念及断代方法，重点讲述了英国考古学家弗林德斯·皮特里的序列断代法（文中称为假数法）。② 1952年著名考古学家夏鼐在北京大学开设《考古学通论》（北京大学印刷处排印，1956年），包括基本理论、方法与考古学史以及考古学实践即田野考古技术发掘、测量、绘图和文物修复方法，是最早用马克思主义理论观点阐述中国考古学体系的著论。当代考古学家陈淳（奉化人，任职复旦大学）所著《当代考古学》（上海社会科学院出版社2004年版）是一部体系完善且又有时代性的考古学专著，论述了这门学科的基本概念、起源与进展、考古记录、时间与断代、考古材料的保存和发现、考古发掘与材料整理、技术和工具、生存方式与经济形态、聚落考古、意识形态与宗教信仰等诸方面，除早期的类型学、地层学外，还专论了进化考古学、文化历史考古学、年代学、文化生态学、新考古学等最新考古学分支学科及相对断代、绝对断代、文化动力、生存方式等分析方法和框架，这是对当代考古学的一种时代新论。当代考古学者杨楠，曾任职于浙江省文物考古研究所，

---

① 唐兰：《甲骨文自然分类简编》，山西教育出版社1999年版。
② 陈洪波：《蒙特柳斯考古类型学思想在中国的译介》，《考古》2011年第1期。

从事田野考古工作，参与反山良渚文化贵族大墓的发掘与现场主持莫角山良渚文化中心遗址的发掘，先后于1986年、1993年被评为十大考古发现。其在考古学学科研究方面功力甚深，专长于江南地区土墩研究，有《考古学读本》（北京大学出版社2006年版），内容包括考古学学科、考古学文化、聚落考古学、政治考古学、比较研究的方法、考古学中的科技应用等，学科体系较为完备。

中国考古学理论涉两大支柱，一是考古地层学，二是考古类型学。所谓考古地层学，是借用地质地层学对地层的研究原理，在田野考古发掘中，科学取得研究资料、区分地层堆积并确定其先后次序的学说；所谓考古类型学，是借用生物进化论和生物分类的原理，通过对考古发掘出土的遗迹形态的分类排比，研究遗存变化规律、逻辑发展序列和相互关系的学说。浙江考古学者与考古工作者在考古地层学和考古类型学指引下，在聚落考古及多学科参与考古等方面开展了有益的尝试。如田螺山遗址是河姆渡文化早期遗址的一个重要发现，其发掘方式一改传统操作习惯，采用全淘洗和多学科参与考古的方法，以求最大限度地挖掘、提取、保存和阐释各类文化遗存的"全"信息和"潜"信息。浙江省文物考古研究所和北京大学合作承担的教育部"田螺山河姆渡文化遗址自然遗存的综合研究"科研项目，在包括碳-14年代学研究、古环境研究、植物遗存研究、动物遗存研究、人骨及动物骨骼稳定同位素分析等方面，都取得了重要成果。

（二）新考古学流派研究

关于福柯知识考古学理论研究。米歇尔·福柯，法国哲学家、社会思想家和"思想系统的历史学家"，其思想和理论对传统观念、正统观念具有颠覆性的震撼力量。他与过去的考古及其对有历史的考古学发掘理念不同，认为考古并不是立足于今人世界去发掘古人遗址，而是在对古人知识的记忆中揭示现存世界的存在、变异和扭曲的根源，他结构性地推出了话语、知识与权力等要素，摒弃了旧史学而应用新的范式。浙江学者涉足于这一考古学新流派研究，如黄辉《福柯的知识考古学理论剖析》（《法国研究》2003年第3期）一文认为，福柯考古学是以考古学的方法梳理人类知识的历史，似乎是在追寻"落在时间之外，今天又归于沉寂"的印迹。又如项晓梅《福柯考古学话语体系探微》（《浙江传媒学院学报》1999年第3期）一文，抓住了话语体系这一构成福柯主体思想的理论要素，来解构福柯的知识考古学。

关于新考古学理论研究。新考古学是20世纪60年代在北美流行的一个考古学流派，发起人为芝加哥大学路易斯·宾福德和他的学生朗格等，其主张对考古遗物的解释进行严格的检验，并用经检验的考古证据重建史前人类生活。陈淳是国内较早系统介绍和研究新考古学理论的考古学家，代表性的译介有《论新考古学》（路易斯·宾福德著，《东南文化》1992年第2期）、《美国新考古学述译》（[加拿大]布鲁斯·特里格著，《文物季刊》1992年第3期），著有《谈谈新考古学的新与旧》（《文物季刊》1999年第1期）、《考古学的理论与研究》等。其《谈谈考古学的新与旧》一文，重点论述了新考古学理论对于考古学理论发展的意义，认为"正是因为考古证据是人类行为各领域难以驾驭材料的来源，对于这些材料的解读需要社会科学理论和各学科综合手段的帮助。这也正是考古学研究，特别是史前考古学研究不能依附于历史学，而必须建立自己的理论体系和分析方法的原因”。他还从新考古学与传统考古学的对比中，对归纳与演绎的逻辑方法给予合一性的阐释。《考古学的理论与研究》(学林出版社 2003 年版)为作者自 20 世纪 90 年代后所发表考古学研究论文的精选集，这些论文系统介绍了新考古学、后过程考古学这些当代西方考古学理论方法，并对一些传统理论、概念、方法，包括考古学的学术定位、考古学文化、类型学等从中西学术界认识的差异上加以对比和阐释，并利用西方考古学理论对中国考古学课题进行探索和研究。如以废片分析、微痕分析、埋藏学、操作链模式、认知考古学和石器打制实验等对小长梁旧石器时代遗址的研究；利用最佳觅食模式和人口压力理论对中国南方和北方农业起源及文明发展不平衡的探讨；利用酋邦理论对良渚文化兴衰的分析等。这本论文集以它自己的方式表述了新考古学理论对于中国考古学未来发展的意义。

(三)考古学理论的应用与发展

孙诒让《契文举例》《名原》与甲骨文之始研。孙诒让，晚清经学大师，金石考古学家、教育家，郭沫若赞其为“启后承前一巨儒”。他不仅在经子训诂方面学术精审，成果卓越，而且以中国第一部考释甲骨文著述《契文举例》(《孙诒让全集·契文举例》楼学礼点校，齐鲁书社 1993 年版)首开研究甲骨文之先例；被称为“划时代作品”的《名原》(1905 年成书，《孙诒让全集·名原》，中华书局 2009 年版)则开创了以甲骨文考证古文字之先河。他对清末由传统金石学走向以甲骨学为开端的近代考古学过程中作出三方面的理论贡献。其一，对宋代以来金石学研究加以学术批判与总结。他以所睹千余种拓墨而著《古籀拾遗》(《孙诒让全集·古籀拾遗》3 卷)，运用字书与所见全文相互校核，以正宋薛尚功《历代钟鼎彝器款识法帖》、清阮元《积古斋钟鼎款识》、吴荣先《筠清馆金石录》及吴式芬《捃古录》四书之误。其二，对清末新发现之甲骨文考释以证形义，辨驳章太炎对甲骨之指伪，从而证实甲骨文字的真实性和可靠性；同时，用分类法把甲骨文字内容加以区分，对大部分单字逐个加以辨析。其三，以甲骨文作为新资料，将金文、甲骨文、石鼓文及贵州红岩石刻字与《说文》古籀互相勘校，著为《名原》7 篇，以探索古文字、大小篆的沿革，并对古文字学提出了一些新的见解，从而建构其以古文字为中心，以传统金石学成果为基奠，以甲骨考古为新起点的近代考古学的起始模式。

王国维“二重证据法”与考古学术研究。王国维，中国近代史上最为杰出的学者之一，是中国史学史上将历史学与考古学相结合的开创者和历史考古学的奠基人。他对史学和考古学方面最大的贡献在于对传统学术加以方法论的创新，确立了“二重证据法”和较系统的近代标准，并在一个广阔的国际学术平台上来观察、思考学术发展的诸多问题。他从西方实证主义分类角度，将近代中国考古学五大发现归整分类成殷墟甲骨、塞上简牍、敦煌遗书、大库档案、少数民族古文字(《最近二三十年中中国发见之学问》)，以作为中国近代考古学实证研究之新材料；在总结清代治史方法和对地下新史料运用的基础上，明确提出“二重证据法”，这是历史考古学方法论的重大创见。1911—1917 年，其先后运用“二重证据法”著述有《隋唐兵符图录附说》《流沙坠简》(合作)、《洛诰解》《毛公鼎考释》《殷卜辞中所见先公先王考》及《续考》等；并对甲骨学、简牍学、敦煌学研究具开创和奠基之功。王氏对甲骨学研究的独创性贡献，主要在于据甲骨之新材料，著《殷卜辞中所见先公先王考》(《王国维全集》第8卷，2009年)以证《世本·史记》为实录。其1917年1月写成划时代的《殷先公先王考》，为开创甲骨文这一独立学科奠定基础。同年2月份再写《续考》，之后又有《殷周制度论》和《殷礼徵文》等名篇问世，首次运用甲骨文所载内容，提出了对殷商两代制度的看法，把甲骨文研究引向综合运用并落脚于古代社会。王氏于1912年撰《简牍检署考》(《王国维全集》第2卷，2009年)，依据新发现之简牍实物与文献记述互相印证，所记简册制度最主要的论点被学术界指为“分数、倍数”说，堪称“中国简牍学的开山之作”。王氏与罗振玉于1914年合著出刊《流沙坠简》(中华书局1993年版)至今仍不失为近代简帛学的奠基之作。

夏鼐与中国现代考古发现与研究。夏鼐，中国科学院哲学社会科学部学部委员，中国现代考古学奠基人之一，由于其在考古学方面的杰出成就和贡献，曾先后被英国、德国、瑞典、美国、意大利等国家科学院授予各种荣誉。其考古学研究主要成就反映在对新石器时代遗存、商周时期遗存、中西考古文化、中国古代科技等考古研究方面。1935年他参加安阳殷墟考古发掘；1944—1945年在甘肃省敦煌、武威、兰州等地对新石器时代进行调查发掘；1945年通过阳洼湾齐家文化墓葬的发掘，第一次从地层学上确认仰韶文化的年代早于齐家文化，发表《齐家期墓葬的新发现及其年代的改订》(《考古学报》1948年第3期)，纠正了原来关于甘肃远古文化分期问题的错误判断。1950年，他主持的辉县发掘与1951年郑州调查，第一次发现早于殷墟的商文化遗址(中国科学院考古研究所编著《辉县发掘报告》，科学出版社1956年版)。1951年的长沙发掘探究了当地战国时代墓葬的演变过程，为楚文化的研究奠定了基础。20世纪50年代后期，他研究汉唐时代中国与中亚、西亚、波斯和东罗马帝国在经济文化上的联系，对中西交往的路线提出了创见，代表作有《咸阳底张湾隋墓出土的东罗马金币》(《夏鼐文集》，社会科学文献出版社2000年版)、《新疆发现的古代丝织品——绮、锦和刺绣》(《考古学报》1963年第1期)等著作与论文。20世纪70年代后期，他利用考古发掘资料，研究中国古代在天文、数学、纺织、冶金和化学等各个科技领域中的成就，为中国科技史的考古研究作出重大贡献，代表作有《晋周处墓出土的金属带饰的重新鉴定》(《夏鼐文集》)、《从宣化辽墓的星图论二十八宿和黄道十二宫》(《夏鼐文集》)等论文。他对中国考古学理论建树有多方面的贡献:第一，对中国史前考古学和历史考古学作长期的创新性研究。如夏鼐撰《新中国的考古学》(《考古》1962年第2期)改订了黄河流域上游新石器文化编年体系，规范了考古学的文化命名，提出了新石器文化发展多元说。第二，对中国考古学技术的重大突破，最先引进碳-14断代法。第三，提出了史前考古学和历史考古学两个领域新的文化谱系。第四，主编《中国大百科全书·考古学卷》(中国大百科全书出版社1986年版)、《新中国考古发现和研究》(文物出版社1984年版)。第五，丰富了中国科技史的考古学研究，代表作有《考古学和科技史——最近我国有关科技史的考古新发现》(《考古》1977年第2期)。

施昕更《良渚》与早期田野考古。施昕更，曾任职西湖博物馆，良渚文化的最初发现者。1933年赴安吉孝丰一带发掘古生物化石，初涉古代文化的地层研究。1935年5月，参加杭县(今杭州市区)古荡遗址发掘，从发掘的石斧联系到世居良渚的盗坑石器而最先发觉良渚古遗址的存在。1936年12月至1937年3月，在时任西湖博物馆馆长董聿茂支持安排下，主持良渚遗址的三次田野考古发掘，获得了大量的石器、陶片、陶器等实物资料，由此从科学发掘的角度确认了良渚一带存在着远古文化遗存。其《良渚——杭县第二区黑陶文化遗址初步报告》（西湖博物馆，1937 年付排，1938 年出版）是良渚遗址的第一部发掘报告，详述了发掘的经过、收获，制图 100 余幅，正式确认了浙江远古文化——良渚文化的存在及其在中国新石器时代中的重要地位。但他对这支古文化是龙山文化一支的判断与之后考古认定的结论有出入。此为良渚文化研究的发端。1959 年，夏鼐命名为"良渚文化"。

陈梦家《汉简缀述》《甲骨断代学》与考古学的系统运用。陈梦家，中国现代著名考古学家、古文字学家。其自述"因研究古代的宗教、神话、礼俗而治古文字学，由古文字学转入古史研究"及考古学①。其考古学研究形成有四大学术体系：一是年代学体系。年代学是考古学的重要组成部分。陈氏年代学研究，着眼考古学，纲于断代考，从夏商的积年、西周年代考到六国纪年表，为研究古史建立了一个完整的年代标尺。他认为"年代是历史的尺度，而先秦史的研究，尤须对此先有明确的规定，然后史事才可有所依附"（《西周年代考》重印本，华夏出版社 1977 年版）。1943 年发表的《上古天文材料》是他最早的年代学论文，之后发表出版有《西周年代考》《六国纪年》（学习生活出版社 1955 年版）、《殷商与夏周的年代问题》（《历史研究》1955 年第 2 期）等，合作改编、补订了万国鼎的《中国历史纪年表》（中华书局 1978 年版），完成了他的年代学体系。二是简牍学学术系列。将历史学、古文字学、考古学运用于简牍研究，是陈氏汉简研究的最大特点，其代表作有《武威汉简》（文物出版社 1964 年版）、《汉简缀述》（中华书局 1980 年版）以及负责编纂的《居延汉简甲乙编》。其中以《汉简缀述》最为著闻，它结合地下发掘报告对出土简牍内容进行综合考释并研究了当地历史、地理状况，尤重于对居延边塞遗址出土简牍的考古学研究。《汉简缀述》著述完成于 1962—1966 年间，它"为用考古学方法科学地研究居延汉简准备了良好条件，使汉简研究从此进入了一个新的发展阶段"。② 三是甲骨学研究。他对甲骨文的研究经历了从甲骨文字、卜辞礼俗到假借青铜器断代方法的学术转型，其代表作《殷墟卜辞综述》（科学出版社 1956 年版）是甲骨学史上较早的大型综合性研究著作，全书概述了此前甲骨学家对甲骨文的考释方法，对汉字起源及构造提出了独特的看法，从卜辞中寻求汉语语法发展的规律；并以详细的考证、丰富的史料和卓越的眼力，提供了一部兼有甲骨学、殷商史、中国早期宗教史、古文字学史、商代考古学等多重学术价值和意义的学术经典。四是铜器研究。1944 年秋，陈梦家赴美教授古文字学，致力编纂全美所藏中国铜器图录，用英文撰写并发表《中国铜器的艺术风格》等论文及合编《白金汉所藏中国铜器图录》。《西周铜器断代》（《考古学报》，1955—1956 年分 6 期连载）是陈氏对铜器的考古学研究的代表作，此外还有《殷代铜器》（《考古学报》1954 年第 7 期）、《海外中国铜器图录考释第一集》（北京图书馆，商务印书馆 1946 年版）等。

王仲殊《汉代考古学概论》与历史时代考古学。王仲殊，当代中国著名考古学家，历任中国社会科学院考古研究所所长，中国社会科学院荣誉学部委员。20 世纪 50 年代初，参加夏

① 陈梦家：《尚书通论序》，商务印书馆 1957 年版。

② 汪世民：《陈梦家》，载《中国史学家评论》，中州古籍出版社 1985 年版。

鼐的河南辉县、湖南长沙和河南洛阳烧沟等战国与汉代墓葬的发掘，参与编写《辉县发掘报告》(科学出版社 1956 年版)、《长沙发掘报告》(科学出版社 1957 年版)。50 年代中期至 70 年代，先后主持西安汉长安城遗址、渤海上京龙泉府遗址、满城 1 号汉墓、成都凤凰山明墓等古遗址、遗存的调查、发掘，合著有《六顶山与渤海镇——唐代渤海国的贵族墓地与都城遗址》(中国大百科全书出版社 1997 年版)、《汉长城考古工作收获续记——长安宣城门的发掘》(《考古》1958 年第 4 期)、《汉潼亭弘农杨氏冢茔考略》(《考古》1963 年第 1 期)等。其汉代考古学研究综结于《汉代考古学概说》(中华书局 1984 年版)，该书以考古发掘资料为基础，从两汉都城长安、洛阳的形制、布局、汉代农业、手工业和墓葬制度等诸方面作论，重构 2000 年前汉王朝的生活图景，是研究汉代考古研究的综述性成果。其在日本考古学方面成果突出，有《三角缘神兽镜》(日文版 1992 年)、《奈良・平安之都与长安》(合著)等，尤其是《关于日本古代都城制度的源流》(《考古》1983 年第 4 期)一文，就中国古代都城制度对日本的深厚影响作全面、系统、深入的阐述，确认 7 世纪末至 8 世纪的日本都城藤原京和平城京在形制、布局上仿效 7 世纪初期以来中国唐王朝的都城长安和洛阳，否认了当时在日本历史学界占主导地位的岸俊男所持的北魏洛阳说，在学术界引起强烈反响(当代著名考古学家王巍评语)。

二、考古学研究方法

(一)考据学方法

考据学(又名考证学或朴学)是一种注重证据、以实求是、补阙正误的治学方法，其学术为考订古书、考证史事，研究范围以经学为中心，而衍及小学、音韵、史学、天算、水地、典章制度、金石、校勘、辑佚等。考据学引证取材，多极于两汉，与汉学密切联系。汉学复盛于乾嘉时代，至 20 世纪初与史学研究结合紧密而形成历史考据学。历史考据学是现今包括考古学在内的考据性治学活动中的根基和主干。浙江古代学人运用考据学方法在金石考古中成就宏丰，而近代学人则在历史考据学的形成及其向考古学沿袭的方法论变革中贡献卓著。

浙江学者运用考据学方法研究金石学始于宋代，其中大家者不乏其人，如北宋赵明诚、李清照夫妇所著《金石录》30 卷等。考订范围、方法有四：一为经籍考金石与金石互考，对成书于北宋中叶的《先秦古器图》《考古图》和《集古录》的错误，包括年月、铭文内容，作一一考辨。二为提出金石可信的考据观点，以器物碑铭验证前史，考订典籍中有关人物的年月、地理、官爵、世系等讹舛之处，在金石研究上具有继往开来之功，对史学、考据学等研究至今仍具价值。如南宋薛尚功之《历代钟鼎彝器款识法帖》、洪适《隶释》《隶续》。较之前的《集古录》《金石录》等金石学名著在考证范围上有较大的拓展。三是设计了考据学具体方法。如南宋末元初王应麟的考据性笔记《困学纪闻》(全校本，上海古籍出版社 2008 年版)，居宋代三大笔记之首，其中之《经说》首开石经之考释。其在考据学上有四大特色：重视史料，博取百家；发展考异，突破匡谬；编辑散佚，补正注疏；疑古辨伪，精于考言；其考据学思想为之后乾嘉学派的形成与发展奠定了基础(方如金、陈欣《王应麟的考据学理论及其对清代的影响》，《安徽师范大学学报》2004 年第 3 期)。明中期胡应麟《四部正讹》(收入中华书局铅印《古籍考辨丛书》第 1 集，

1955)总结前人考据学经验，提出“辨伪八法”。四是展现了考据学家的实学精神。如黄宗羲，其考据学精神主要体现于《今水经》(浙江古籍出版社1985年版)和《易学象数论》(中华书局2010年版)等著述。《易学象数论》取古法而斥伪说，以辨象学之讹；又取郑玄“太乙行九宫法”、《吴越春秋》之占法、《国语》伶州鸠之对，以证太乙、六壬、遁甲，以辨数学之失，对历代象数学的主要著作做了考订、订讹、辨伪乃至验算等大量学术研究。其《今水经》对《水经注》作以详尽的正误，以科学的理性精神批驳了分野说的荒诞。其《历代甲子考》(商务印书馆1936年版)采用历算推证方法，对武王伐纣年代进行推证；他还推算了孔子生辰的年月日，对周正建子与周历改月进行了论证等，使黄氏史学建立在实证和考据的坚实基础之上，并对清一代考据学的发展产生重大影响。清中后期著名史学家章学诚针对乾嘉之后考据学之流弊提出两点批评，认为考据学徒有“工力”而缺乏“性情”，将“考据”这一特殊步骤作为学术研究的全部过程；考据学徇于时代风气而不能卓然自主，已经丧失作为一种学术思想的自觉意识。其批评反映了晚清考古学的内在转型的要求，试图提出主体对于经验知识的统合作用，将考据学从单纯字义出发的文本诠释方法改造为以心灵相契合的“会通”与“综合”，使之成为与“文史校雠之学”“途辙虽异，作用颇同”的“成家之学术”，“求史学于音训解诂之外，考订在所必资”①。而其“六经皆史”说，按当代学者吴震(浙江省社会科学院国际阳明学研究中心兼职研究员)所言，是一种“超越了考据学的哲学，同时也是考据学的哲学”，预示了考据学由“事”向“义”转换的新学术走向(吴震译岛田虔次《中国思想史的研究》，《中国学术》2003年第2期)。

民国时期考据学家重在史料考释和对历史与文化的阐释，掀起考据学引领下的整理国故之学术思潮，浙江学者罗振玉、王国维等皆为其中之学术代表。王国维《殷卜辞中所见先王先公考》等系列论文奠定了他在新考据学上的不朽地位；其提出的“二重证据法”，是为新考据学在方法论上的重大突破，被认为是现代中国考据学乃至考古学史上的重大革新。

(二)文献法研究

文献记载了人类社会活动和发展的过程，这些资料对考古学有着极为重要的价值。浙江古代金石研究在无现代考古方法的条件下，依托的是钟鼎彝器之铭文献与碑记文献，才得以完成其全部的研究。这些铭文献与碑记文献一方面为考古提供了信息，另一方面为考古发现的遗迹遗物的研究提供了考据参考和解释资料。罗振玉是最早在甲骨文献研究方面取得主要进展的学者，相继刊印《殷墟书契前编》《殷墟书契菁华》《铁云藏龟之余》《殷墟书契后编》等一系列甲骨文著录书。而其《殷商贞卜文字考》和《殷墟书契考释》两书，识读出甲骨文近千字，使甲骨文献资料成为基本可以通读的史料。他鼓励刘鹗编集《铁云藏龟》，为学者提供了最初研究的文献资料。孙诒让亦是依靠甲骨文献资料写出了第一部文字考释专著《契文兴例》。王国维则是将甲骨文献与简牍文献、金石文献结合研究并由文字学演进到史学的第一人，为古史及文献学的研究开辟了一个新纪元。

---

① 〔清〕章学诚：《文史通义新编新注》，浙江古籍出版社2005年版。

（三）寻访调查、野外调查与田野调查发掘

古代寻访调查、野外调查应用与研究。史料的搜集、获取是古代金石学研究的前提条件，也是金石考据的根基所在。宋代赵明诚及妻李清照开寻访搜集金石刻词之风，赵“自少小喜从世学士大夫访问前代金石刻词”（赵明诚、李清照《金石录·序》），有“尽天下古文奇字之志”。从宋大观二年（1108年）至宣和三年（1121年），赵曾四游仰天山，三访灵岩寺，一登泰山顶，或题名、或拓片获得大量碑文资料，寻访广集2000余件，其寻访调查之例记载于李清照所作《金石录序》中，成为后人金石研究调查方法的重要借鉴。朱彝尊一生“性嗜金石文”，为搜获金石文而四处寻访与野外调查，“南逾五岭西山云，爰披丛篁斩榛棘，残碑断碣搜秋坟”（朱彝尊《甘泉汉瓦·歌为侯官林侗斌》）。《清史稿》本传说他早年因贫客游四方，“所至丛祠荒冢、破炉残碣之文，莫不搜剔考证”。魏禧在给《曝书亭集》作序时也说他曾“之豫章、之粤、之东瓯、之燕、之齐、之晋，凡山川碑志、祠庙墓阙之文，无弗观览”。至生命最后一年他仍未尚歇止对金石文的收集与考订，为后来者开以实事求是之学风。清代访碑之风最盛为乾嘉时期，浙人中，丁敬穷岩绝壁、披荆榛、剥苔藓，手自摹拓，著《武林金石录》；戈守智尝游扬州、汉阳，遇碑碣则手自摹拓，榜于“帖海”。西泠八家之一黄易精于博古，长于金石研究，历官山东东平、兖州，公退之暇致力于搜碑访古，曾南游嵩洛，东临泰岱，多次亲临实地进行勘察、棰拓、绘图与记录工作，并将访碑过程撰成《岱岩访古日记》；又以山水画纪实的形式，把摩岩碑石的形状与地理位置、环境等描绘出来，最后整理、考鉴、题跋与著录，形成《嵩洛访碑图》。乾隆五十一年（1786年），黄易在山东嘉祥对东汉武梁祠的石刻画像、祠堂进行发掘、复原与保护工作，所撰《小蓬莱阁金石文字》是中国第一部以双钩法保存摹拓字形特征的金石学著录。其求本溯源的科学精神和集古为公的社会观念，被后世称为金石考古学家与田野考古的先行者（韩天衡、张炜羽撰《田野考古的先行者》）。

近现代田野调查研究与发掘。罗振玉为考察甲骨出土地，亲临实地并派胞弟罗振常等去安阳详细考察研究，于1908年考定甲骨出土地安阳小屯为殷墟，考订出这些甲骨出土地为商代晚期都城，这直接导致后来安阳殷墟的发掘，罗氏兄弟可谓中国甲骨实地调查第一人。其胞弟罗振常将考察过程作《洹洛访古游记》，记载殷墟的地形、甲骨出土情况，考订其他出土物及绘制简图，成为第一部相似考古学田野调查报告的殷墟考察著作。马衡考古学研究始于1923年对河南新郑新发现春秋时期青铜鼎出土调查，作《新郑古物出土调查记》（马衡《凡将斋金石丛稿》），详细报告出土时间、地点、经过、种类、数量并绘制发掘图及出土器物的位置、制作、考证出土地性质，其调查记具备了现代田野考古的基本常识，是为中国人最早的田野考古调查报告。

（四）科学技术的运用与实验

古代浙江考古学术中运用并总结科学技术方法者可追溯到北宋沈括《梦溪笔谈》。同一时期喻皓（五代末至北宋初，活动于今杭州一带）用几何学对前朝建造的京城相国寺及其他各地名寺高塔进行结构性建筑考古调查，结合他长期建筑营造经验，撰写成《木经》一书（收录于

《梦溪笔谈》)，欧阳修称他为“周朝以来木工”第一人。

作为近现代考古学对科学技术方法的吸收和运用，是在20世纪二三十年代之后，至50年代。夏鼐主持中国科学院考古研究所时，十分重视在考古学研究中应用现代自然科学方法，最早将碳-14断代法引入中国考古界，并于1965年建成中国第一座碳-14断代实验室，在中国史前考古学研究中发挥了重要的作用。1977年写成《碳-14测定年代和中国史前考古学》(《考古》1977年第4期)一文，系统地阐述了碳-14断代法测定中国各地史前考古年代序列的重要性与可靠性。

20世纪70年代，浙江考古学界推广运用铀系测年法，以突破碳-14断代法测定4万年的地层量限。铀系测年法是利用铀的诸同位素和它们的子体间放射性平衡的破坏与重建来测年的考古方法，测定范围为0.5万～35万年。1973年首次对建德乌龟洞上部地层人类牙齿化石件的牛牙化石标本采用铀系法测定。①

第三节　史前与先秦考古研究

史前与先秦考古是指新旧石器时代及上古三代至秦建立之前的遗址、遗存的考古发掘与研究。浙江的史前与先秦的遗址、遗存极为丰富，从距今100万年到四五千年都有大量发现。随着不断的考古发现与发掘而深化，研究成果更加丰富，并对中华文明的起源作以新考。浙江学人又利用省内外地下之发现，对夏商周时期作有科学的考古研究和方法论创新，在国内外产生了重大的影响。

一、旧石器时代遗址考古

浙江的旧石器时代遗址、遗存以长兴七里亭遗址、安吉上马坎遗址、建德人犬齿化石、桐庐古人类化石为典型。

长兴七里亭遗址。发现于2004年，2005—2006年发掘，据对七里亭红土坡面进行古地磁年代测定，距今100万年。长兴七里亭遗址(徐新民《浙江长兴七里亭旧石器时代遗址发掘取得重大成果》，《中国文物报》2006年7月26日)以及银锭岗遗址(徐新民《长兴银锭岗旧石器时代遗址发掘简报》，《江汉考古》2009年第2期)、合溪洞遗址(徐新民《长兴合溪洞旧石器时代遗址》，载《浙江考古新纪元》，科学出版社2009年版)等重要遗址相继发现，开启了浙江旧石器时代考古的序幕(徐新民《浙江旧石器时代考古综述》，《东南文化》2008年第2期)，为国务院核定公布第七批全国重点文物保护单位。

安吉上马坎遗址。发现于2002年，2004年发掘，据考古人员推测，距今约80万年。在该遗址网纹红土层面出土了许多石器制品，以块状毛坯为主，砍砸器是其主要类型；由于该遗址延续时间长、石器分布量大，“很可能成为中国南方最重要的旧石器时代文化遗址之一”(张森

① 林华东：《浙江通史》史前卷，浙江人民出版社2005年版，第23页。

水等《浙江安吉上马坎遗址石制品分析》,《人类学学报》2004年第23卷第4期),为国务院核定公布的第七批全国重点文物保护单位。

"建德人"遗址。发现于20世纪70年代的建德乌龟洞遗址,属于智人类型的古人类,这在当时的浙江属于首次发现,由此也"扩大了新人阶段古人类的分布范围"(韩德芬、张森水《建德发现的一枚人的犬齿化石及浙江第四纪哺乳动物新资料》,《古脊椎动物与古人类》1978年第4期),被命名为"建德人"。据铀系法测定,测定出年代数据为距今10万年左右。(吴维棠著《建德人:杭州地区旧石器时代的先民》,载《南北朝前古杭州》,浙江人民出版社1997年版)

桐庐古人类化石。2000年5月,在浙江桐庐发现的古人类智人头盖骨化石,和水牛、黑熊、猪、赤麂及中国犀等种类的近百块古动物化石,经铀系法年代测试,大致距今1万—2万年,属于旧石器晚期或者更早的考古遗存,这是浙江有史以来最重大的一次古人类考古发现。(刘慧《桐庐出土智人头盖骨化石》,《浙江日报》2000年8月9日第1版)

二、新石器时代遗址考古

浙江的新石器时代遗址以上山文化、跨湖桥文化、马家浜文化、河姆渡文化、良渚文化为典型。

(一)上山文化考古研究

年代的考古分析。2000年秋,浙江省文物考古研究所在浦江县黄宅镇渠南、渠北和三友村之间,浦阳江上游河谷盆地中一座名叫"上山"的小山丘上,发现了一处新石器时代遗址,由此拉开了上山考古序幕。浦江上山遗址从2001年开始经过3次系统发掘,出土了一批陶器、石器,以及稻米遗存、成排的柱洞遗迹。通过对夹炭陶片与木炭标本的碳-14测定,距今年代为11000—8600年,这是长江下游迄今发现的年代最早的新石器时代文化遗存,并被命名为上山文化。

建筑遗址的考古分析。经考古研究,上山遗址遗迹现象主要表现为不同形式的灰坑、灰沟、柱洞及由柱洞构成的建筑遗迹。灰坑形状有圆形、方形、长方形及不规则形,部分坑中发现1件或多件陶器,但多数仅见极少量的陶片和石器。早期出现沟槽结构的建筑残址;晚期一处编号为F1的遗迹,由三列平行柱洞构成,每列长14米,10～11个柱洞,列间距3米,总宽6米,布列呈西北东南向,具有明确的结构单元,推定是一种木结构建筑遗存。这种类型的建筑布局与河姆渡遗址的干栏式建筑有相似之处。

陶器的考古分析。遗物以陶器、石器为主,还发现少量骨器。陶器器型比较单调,以大敞口平底盆为主,无耳或安装单侧桥形耳。除大口盆外,还发现平底盘、双耳罐、卷(折)沿罐、圈足盆、钵形器及圜底器等。圜底器似乎与陶釜可以相对应,但数量太少,圜底器残片中不见烟炱痕。装饰方法多为素面红衣,偶见绳纹、戳印纹、锯齿状刻划纹、镂空等。此外,还发现多角沿器。陶质大多为外红内黑的夹炭陶,夹炭陶胎体多可见炭化的稻谷壳和稻叶遗存,尤为引人注目。制陶工艺有泥片贴筑、泥条拼接等,陶胎破裂面常见片状层理现象。地层学、类型学分析显示，遗址下层可分为早晚两期，早期以夹炭红衣敞口盆为典型器，晚期除继续流行夹炭红衣敞口盆外，新出现了夹细砂的盘、罐、杯。

石器的考古分析。石器主要为打制石器，磨制石器极少。打制石器以石片石器为主，同时还出土大量的石球、石磨盘、磨石，另有少量的穿孔器等。磨制石器有极少量的锛、凿形器。从工艺特征看，打击石片的方法以锤击法为主，也可能有砸击法。二次修理主要用锤击法，包括向破裂面、向背面交互或错向修理。此外，少量石片有比较宽而浅的石片疤，是否是用间接打击法修理的痕迹，有待进一步研究。石料有凝灰岩、流纹岩、燧石、石英岩等。

稻作遗存的考古分析。大量的稻作遗存，是上山遗址最有价值的发现。上山遗址由此成为世界稻作农业的起源地之一，对于探讨中国水稻栽培的起源及其在稻作农业史上的地位具有十分重要的意义。发掘过程中对可供浮选的土样标本进行了有目的、有计划的采集，发现少量稻米残粒。而陶胎则是稻遗存最重要的存体。上山遗址的夹炭陶片中普遍发现有意识羼和进去的稻壳、稻叶遗存。陶器羼和料中，稻壳碎片所占的比例不小，这是古稻脱壳利用的证据，而遗址中出土的石磨盘和石磨棒可能是稻谷的脱壳工具。通过陶片上的颖壳观察结果显示，上山遗址古稻的小穗轴特征有两种类型：一类为野生稻类型，另一类为栽培粳稻类型。可以认为，尽管采集和狩猎仍然是上山文化类型不可忽略的经济方式，但原始的稻作农业在上山遗址中已经开始。

遗址范围的考古分析。上山遗址内涵新颖独特，代表了一种新发现的、更为原始的原始农业开始萌芽的新石器时代文化类型。2005 年在嵊州小黄山遗址发现了与上山遗址相同类型的遗存，证明上山下层文化类型不是孤立的。近年来，上山文化遗存在婺城、永康、武义、龙游、嵊州等地有了新的发现与线索，反映其分布以钱塘江上游的金衢盆地为中心。上山遗址的发现与上山文化的命名，标志着浙江省乃至中国长江下游史前文明再度向前推进。①

（二）跨湖桥文化考古研究

年代的考古分析。跨湖桥遗址是 1990 年 5 月被萧山市文物管理委员会正式发现。遗址位于萧山湘湖跨湖桥桥南约 700 米处，属湘湖村。浙江省文物考古研究所同萧山文物管理委员会分别于 1990 年、2001 年和 2002 年对遗址进行三次发掘，出土了大量的陶器、骨器、石器以及栽培水稻、独木舟、木构建筑等遗迹遗物，被命名为跨湖桥文化。碳-14 年代测定数据表明遗址最早年代距今 8000 多年，早于著名的河姆渡遗址。2005 年，嵊州小黄山遗址发现了属于上山与跨湖桥两文化类型的地层叠压关系，使得浙江早期新石器时代文化的演变关系更加清晰、更具说服力②。2002 年 4 月，跨湖桥遗址被评为“2001 年度中国十大考古新发现”。

彩陶的考古分析。跨湖桥遗址文化内涵非常丰富。据浙江省文物考古研究所、萧山文物管理委员会著《跨湖桥》一书，该遗址出土的陶器的基本组合为釜、豆、罐、钵、甑，装饰手法多

---

① 浙江省文物考古研究所、浦江县博物馆：《浦江县上山新石器时代遗址发掘简报》，《考古》2007 年第 9 期；蒋乐平、盛丹平：《上山遗址与上山文化》，《环境考古研究》第 4 辑，北京大学出版社 2007 年版。

② 王海明、张恒、杨卫：《浙江嵊州小黄山遗址发掘》，载《2005 年中国重要考古发现》，文物出版社 2006 年版。

样，有彩绘、镂孔、戳印、拍印、刻划、泥点等。制作大多器壁匀薄，造型规整，许多器壁都出现环状平行规整的弦纹，是使用慢轮修整技术的明确证据。这是中国迄今发现最早的慢轮制陶技术，无疑是制陶史上的一场革命。遗址出土的彩陶可说是中国南方地区最早的，其制作工艺比其他陶器要规整，器表磨光，纹样精美，色彩艳丽。彩的形态分为厚彩与薄彩两种，都施于均匀细腻的陶衣上，有红、白、黑等诸色。施彩部位主要在圈足外壁、盘内壁及少量罐的口肩部等。盘内壁多红彩，外彩在圈足上往往与镂孔结合成一定的图案。彩绘纹样有太阳纹、垂帐纹、火焰纹等。其中太阳纹和火焰纹图案可说是中国南方地区所见最早形式的太阳崇拜。陶器中有一件被称为"草药罐"的小陶釜，是一项具有重要意义的考古发现。此陶釜出土时呈煎裂状，外底有烟火熏焦痕，器内有一捆植物茎枝，很可能是因故(陶釜烧裂)丢弃的煎药。"神农尝百草"的传说是中华民族药文化的渊源，表明人类早在史前时期就已经认识到自然药材的药用价值。遗址出土的这件"草药罐"，为研究中国中草药的起源提供了重要线索。

石器、骨器、木器的考古分析。遗址出土的石器、骨器、木器很有特色，器型主要有斧、锛、凿，还见有极少量的镞、石片形刀、石杵、磨盘等。石质多为青灰色的硬质沉积岩。骨器有耜、镖、镞、哨、针、匕、簪、纬刀、双尖叉形器及一些功能不明的复合工具。骨耜用大型哺乳动物的肩胛骨制作，端部有圆型插孔用以装柄。与骨耜相应的发现是稻谷颗粒的出土，说明耜耕农业已经诞生。其余骨器多用动物肢骨的骨壁、肋骨加工而成，磨制精致。纬刀、双尖叉等应该是纺织工具。木器形态丰富，有锥、镞、柄、独木梯、独木舟及一些用途不明的器物。用途不明的器物有杵形器、锹形器、哑铃状器、双头尖状器等。遗址出土的木弓是中国迄今为止发现的年代最早的木弓。弓身表面涂有生漆，也是世界上迄今为止发现的最早的漆器。

独木舟的考古分析。独木舟则是其中最耀眼的发现。它用整棵马尾松加工而成，残长560厘米，舟体最宽处52厘米，深20厘米，舟体平均厚度在2～3厘米之间，呈东北西南向摆放，东北端保存基本完整，船头上翘，宽29厘米，另一端已被早年砖瓦厂取土时挖失。舟弧收面及底部的上翘面十分光洁，舷内发现黑焦面，应是借助火焦法挖凿船体的证据。船体较薄，底部与侧舷厚度均约2.5厘米。独木舟存在于相关的遗迹现象中。周围有规律地分布着一些木桩和桩洞，舟体东北端底部垫有一根未经加工的松树干横木，中部偏南的底部枕有一块大石块。从遗迹现场分析，木桩应该是用来固定舟体的，而枕石与横向垫木则是出于保持平稳的需要。另外，独木舟东南侧有一堆木头，其中一些为加工木材，被均匀剖割，很可能是用锋利的石器凿、砍、削而成，说明当时加工木材的技术已比较成熟。在独木舟两侧还发现两件未见使用痕迹的木桨，以及数件石锛柄、石锛、石器崩片、砺石等。从综合现象分析，这里原来很可能是一处与独木舟的制作、修理有关的加工现场。

动植物标本的考古分析。遗址还出土了大量的动植物标本，动物有鹿、猪、牛、狗、獾、鹰、鳄和豚(鲸)等种属。野猪的驯化是最引人注目的内容之一。在驯化过程中，随着饮食习惯和食物结构的改变，野猪在体质上也有了适应性变化，表明此时中国南方地区已有了最早的家猪。植物有菱角、芡实、橡子、酸枣、桃、梅、杏等。遗址还出土了1000多粒炭化稻谷、稻米和谷壳；其中稻米369粒，稻谷196粒，谷壳498粒。据研究，稻谷与稻米显示出栽培稻的特征，与现代籼稻相似，相应的植硅体形状却接近粳稻。同时还存在粒形和野生稻相似的稻谷。这种现象说明跨湖桥遗址出土的稻谷，可能驯化自本地的野生稻，是尚未完全分化的原始栽培稻。

相关的下孙遗址考古发掘与分析。2003 年 11 月至 2004 年 1 月，浙江省文物考古研究所、萧山博物馆对南距跨湖桥遗址约 2 千米的下孙遗址进行考古发掘，发掘面积约 550 平方米。下孙遗址与跨湖桥遗址在文化内涵上具有共同特点，具体表现在以釜、钵、圈足盘、罐为代表的陶器群在形态特征上的相似性，石器的石料均为青灰色的沉积岩，都发现了不见于江南其他新石器时代遗址的特殊器物如“线轮”等，遗址遗迹丰富，发现了 60 多个灰坑，较大范围的红烧土遗存和一些木结构建筑遗迹，一些灰坑底部垫有苇席类编织物，多数灰坑中发现有炭灰；坑积物中有较多的鱼类、贝壳类生物的残骸，并发现稻米和菱角的遗存。地质勘探还表明，下孙遗址之上数米厚的淤泥均为海相沉积，这亦与跨湖桥遗址相同。下孙遗址的发现，使跨湖桥遗址不再孤单。两者的共存关系，可构成史前考古学上的“文化”。在 2004 年 12 月举行的“跨湖桥遗址考古学术研究会”上，“跨湖桥文化”被正式命名。①

（三）马家浜文化考古研究

马家浜文化因浙江嘉兴马家浜遗址而得名，主要分布在太湖地区，南达钱塘江北岸，西北到常州一带。年代始于公元前 5000 多年，至公元前 3900 年左右发展为崧泽文化。主要遗址有：嘉兴马家浜（浙江省文物管理委员会《浙江嘉兴马家浜新石器时代遗址的发掘》，《考古》1961 年第 7 期）、嘉兴吴家浜（浙江省文物考古研究所《嘉兴吴家浜新石器时代遗址》，《中国考古学年鉴》，2002）、吴兴邱城（梅福根《浙江吴兴邱城遗址发掘简介》，《考古》1959 年第 9 期）、桐乡罗家角（罗家角考古队《桐乡县罗家角遗址发掘报告》，《浙江省文物考古所学刊》第 1 辑，文物出版社，1981）、余杭吴家埠（浙江省文物考古研究所《余杭吴家埠新石器时代遗址》，《浙江省文物考古研究所学刊》第 2 辑，科学出版社，1993）、安吉芝里、长兴江家山、德清瓦窑遗址等，其中，桐乡罗家角遗址三四层与马家浜遗址的下层属于马家浜文化的早期遗存。崧泽文化时期的遗址主要集中在湖州、嘉兴一带，嘉兴南河浜遗址出土内涵最为丰富，包括墓葬、灰坑、房屋遗迹、祭台等大量文化遗存；而湖州昆山、安吉芝里、长兴江家山等则以墓葬遗存为主。

桐乡罗家角遗址年代及出土的考古分析。罗家角遗址位于浙江桐乡西石门镇东北，有 4 个文化层，都属于马家浜文化。第 4 层属于马家浜文化早期，第 3、2、1 层属于马家浜文化中期。罗家角第 4 层的年代数据有 4 个，碳-14 数据分别为距今 6905±155 年（以 1950 年为起点，下同）、7040±150 年、6890 年±10%；热释光数据为距今 7170 年±10%。② 这 4 个数据如此接近，足见所测年代的可靠性，证明罗家角第 4 层最早年代稍早于河姆渡第 4 层的最早年代，距今 7000 年以上。罗家角第 4 层出土有炭化稻谷，数量之多仅次于河姆渡，年代则略

---

① 浙江省文物考古研究所、萧山博物馆：《跨湖桥》，文物出版社 2004 年版；浙江省文物考古研究所：《萧山新石器时代跨湖桥遗址》，载《浙江省文物考古研究所学刊》，长征出版社 1997 年版。

② 《浙江省新近十年的考古工作》，《文物考古工作十年（1979—1989）》，文物出版社 1991 年版，第 116 页。

早于河姆渡。罗家角第3层出土建筑木构件20余件，有榫卯和企口等残迹。有一构件顶端有中心凸榫，在其凸榫顶上另有更小的凸榫。罗家角出土的木构件数量比河姆渡少得多，但其断面方正规整，木作加工水平似高于河姆渡文化。从残存的木构件推测，罗家角先民的“居住形式为柱底垫板的地面建筑，同时还存在干栏式建筑”(浙江省文物考古研究所属《浙江省新近十年的考古工作》)罗家角遗址4个文化层不见木质农具，只有骨质与石质农具。石质农具坚硬，制作较难，而入土较深。骨质农具松脆，制作容易，入土较浅，罗家角的骨质农具比例愈早愈大，愈晚愈小；石质农具刚好相反，所占比例是愈早愈小，愈晚愈大。吴越地区原始稻作文化发达，有相应的排、灌、蓄等水利设施。湖州邱城马家浜文化遗址距今6000多年，发现9条排水沟与2条约1.5—2米的大型引水渠道(《三十年来浙江文物考古工作》；《文物考古工作三十年》，文物出版社1979年版)。这些沟渠都用于住宅区，技术要求比稻田的排灌工程更高。住宅区有引水、排水设施，说明稻田的排灌工程已很普遍。罗家角、邱城的上述情况说明，马家浜文化的居民已过着农业定居生活，但渔猎与采集经济仍占有重要地位。在马家浜、崧泽、圩墩等遗址的下层，都有大量的兽骨堆积。马家浜遗址的兽骨堆积厚达二三十厘米。这说明马家浜文化的居民已开始家畜的饲养，罗家角出土的猪、狗、水牛骨骼，经鉴定均属家畜。

常州圩墩遗址出土的考古分析。在圩墩遗址出土有铲形和喇叭形等木器。在喇叭形木器的下端，有暗红色或黑色并略带光泽的涂料。圩墩的野生动物骨骼经鉴定，有梅花鹿、麋鹿、野猪、獐、貉、草龟、鲫鱼和各种鸟类等。其中梅花鹿、麋鹿和野猪的数量较多。在一些遗址中还发现野生的桃、杏、梅的果核和菱角等，这是当时居民从事采集活动的物证。

吴县草鞋山遗址出土的考古分析。草鞋山遗址第10层出有3块距今6000多年前的残布片，经鉴定，原料可能是野生葛。这是纬线起花的螺纹织物，密度是每平方厘米经线约10根，纬线螺纹部有26根～28根，地部13根～14根。纹式有山形斜纹和菱形斜纹，组织结构属绞纱螺纹，嵌入绕环斜纹，还有螺纹边织。这是中国迄今所知最早的纺织品。这种纬线起花的螺纹编织，不同于普通的平纹编织，表明已有比较进步的织造工艺。

综合三地墓葬的考古分析。在马家浜、圩墩、草鞋山等地共发现墓葬数百座，都埋葬着密集的人骨，说明是氏族的公共墓地。一般不挖墓圹，不用木质葬具，就地用土掩埋。草鞋山106座墓中，有25座无随葬品，其他的有1件～4件；最多的为一座成年女性墓，有9件。随葬品大多是1件食器，或食器和炊器各1件。只有两座墓用生产工具随葬，各有1件石斧。大多是单人俯身葬。在草鞋和圩墩，有几座同性合葬墓，死者年龄相近。以上情况说明：当时还没有贫富差别和私有观念，生产工具公有公用；妇女地位较高，处于母系氏族社会阶段，血缘纽带牢固；同性合葬墓反映了对偶婚的习俗。①

(四)崧泽文化考古研究

年代的考古分析。崧泽文化因上海青浦崧泽遗址(《上海市青浦县崧泽遗址的试掘》，《考

① 董楚平：《吴越文化初探》，浙江人民出版社1988年版。

古学报》1962年第2期;《青浦县崧泽遗址第二次发掘》,《考古学报》1980年第1期)而得名。代表性遗址有崧泽遗址中层、上海松江汤庙村遗址下层、吴县草鞋山第6层、吴县张陵山下层、常州圩墩中层、湖州邱城中层等。年代距今为5800年～4900年。崧泽文化层普遍叠压在马家浜文化层上,器类形制存在继承演变关系。

陶器的考古分析。马家浜文化的陶器均为手制,崧泽文化陶器普遍采用慢轮修整,有些可能已用轮制。马家浜文化的代表性炊器是腰沿釜,到崧泽文化时期,鼎发展成为主要炊器,先以釜形鼎为主,后以大口平底的盆形鼎为主。

石质农具的考古分析。崧泽文化基本上使用石质农具,品类增多,大多通体磨光。20世纪50年代在湖州邱城崧泽文化晚期4号墓出土1件三角形小石犁,全器长15厘米(梅福根《浙江吴兴邱城遗址发掘简报》,《考古》1959年第9期)。80年代初,上海松江汤庙村遗址下层崧泽文化时期1号墓也出土小石犁1件(上海市文物保管委员会《上海市松江县汤庙村遗址》,《考古》1985年第7期)。邱城与汤庙的石犁,是全国已发现的石犁中年代最早的两件,这说明崧泽文化农业生产水平比马家浜文化有很大进步。

水井的考古分析。1987年,上海青浦崧泽遗址发现两座马家浜文化晚期水井(《1987年上海青浦县崧泽遗址的发掘》,《考古》1992年第3期),这是中国迄今发现最古老的水井。一座呈大口小底的漏斗形,不规则圆形井口直径160厘米～177厘米,深170厘米;另一座为直筒形,深226厘米,直径67厘米～75厘米。后者叠压在前者的文化层之上,直筒形水井应该是后起的比较进步的一类水井。

墓葬的考古分析。上海崧泽中层发现墓葬90多座,草鞋山第6层发现崧泽文化墓葬89座。两地都是平地覆土掩埋死者,盛行单人仰身直肢葬。上海崧泽中层有个别墓是成年女性与儿童双人合葬;吴县草鞋山有两座墓是成年男女合葬。随葬品的数量比马家浜文化有所增多。两地都有猪下颌骨随葬。山东大汶口墓地和甘肃秦魏家墓地发现随葬着大量猪下颌骨和猪头骨,被考古界公认是私有财产的象征。在中国民族志材料中,黎族、佤族、纳西族都有过以猪下颌骨随葬的风俗,以此作为财富的标志。崧泽文化的猪下颌骨随葬,可能具有同样性质。草鞋山的两座男女合葬墓,都是男左女右。其中一座男女各有木质葬具痕迹,另一座男性仰身直肢,女性侧身,同齐家文化墓葬中发现的情况相似,说明女性已成为男性的附庸。崧泽文化可能处于母系氏族社会向父系氏族社会过渡阶段。

贫富分化迹象的考古分析。崧泽时期,贫富分化已较悬殊。"大约在距今5800年,便已进入贫富分化阶段。武进乌墩遗址的9座崧泽文化早中期墓中,8座为随葬品少于6件的小墓,独有M15,不但拥有近40件随葬品,而且墓坑规整,墓室敷朱,显示了墓主与一般氏族成员迥然不同的规格差别。常州圩墩崧泽文化墓葬中也有十分明显的贫富和等级分化现象,如M121、M134两座大墓均出土30余件器物"。① 近年的新资料表明,太湖地区向文明时代进发的步伐至少从崧泽文化晚期就开始了,以致崧泽文化晚期与良渚文化早期往往界限模糊,

① 江苏省赵陵山考古队:《江苏昆山赵陵山遗址第一、二次发掘简报》,载《东方文明之光——良渚文化发现60周年纪念文集》,海南国际新闻中心,1996年,第34—35页。

难以划分。①

（五）河姆渡文化考古研究

范围和年代的考古分析。河姆渡文化发现于原余姚县罗江公社河姆渡村，主要分布在杭州湾南岸的宁（波）绍（兴）平原，并越海东达舟山岛，最南抵达台州的路桥。1973年11月至1974年1月和1977年10月至1978年1月，对河姆渡遗址进行了两期发掘。遗址总面积约4万平方米，堆积厚度约4米，叠压着4个文化层。其中的第四文化层，经过碳-14测定，确定其年代为距今约7000～6000年。1976年4月，在杭州召开的河姆渡遗址第一期发掘工作座谈会上，“河姆渡文化”被命名。继河姆渡遗址后，余姚的鲞架山、鲻山、田螺山，宁波的慈湖、傅家山，奉化的名山后，象山的塔山，路桥的灵山等遗址陆续发掘，不断地丰富着人们对河姆渡文化的认识，证明了长江流域与黄河流域一样，同属华夏文明之源，这在河姆渡遗址发现之初显得尤为重要。河姆渡遗址自20世纪70年代发现以来，类似的文化遗址发现的并不多，余姚鲻山遗址②与田螺山遗址（浙江省文物考古研究所、余姚市文物管理委员会、河姆渡遗址博物馆《2004年田螺山遗址发掘简报》，《文物》2007年第11期；孙国平《余姚田螺山遗址》，载《2004年中国重要考古发现》，文物出版社2005年版）是其中比较重要的发现，尤其是田螺山遗址出土的木结构建筑构件质量非常高，砍削规整的大型柱桩可能说明其上部的建筑不仅仅为一般的居住使用。河姆渡文化出土的考古资料异常丰富，木结构建筑遗迹和构件、陶器、骨器、石器、木器以及大量的动植物遗存等，都具有很高的研究价值。

建筑的考古分析。河姆渡遗址发现了中国最早的较成熟的干栏式木结构建筑。这种以桩木为基础，其上架设大、小梁（龙骨）承托地板，构成架空的建筑基座，再于其上立柱架梁的干栏式木结构建筑，是原始巢居的直接继承和发展。许多木构件上还有榫头和卯口，说明采用了榫卯结构技术，这也是中国当时发现的古代木结构建筑中最早的榫卯技术。此外，遗址中还发现了迄今为止最早的木构浅水井遗迹。

陶器的考古分析。夹炭陶是河姆渡文化最具特征的内涵之一，最具特色的是早期的夹炭黑陶。该遗址出土陶器数量众多、种类很多，主要有釜、罐、盆、盘、钵、豆、盉、甑、鼎等，按使用功能可以分为炊煮器、饮食器、储存器、汲水器。与支脚配合使用的釜，始终是河姆渡文化的主要炊器。器物以手制为主，晚期出现了慢轮修整。装饰手法有拍印、刻划、戳印、堆贴、镂孔、彩绘等。纹饰主要有绳纹、弦纹、斜线纹等。

骨器、石器、木器的考古分析。河姆渡文化的骨器（包括角、牙器）十分发达，种类繁多，器形规整，加工精致，广泛使用于生产和生活领域。器型有耜、镞、哨、凿、锥、匕、针、梭形器、镰形器、靴形器、钻头、鱼鳔、蝶形器以及笄、管、坠、珠等各种装饰品，还有器柄和一些不可名状、用途不明的骨器。用哺乳类动物的肩胛骨加工制成的骨耜是最具特色的骨器，出土总数近200件，是河姆渡文化代表性的农业生产工具。骨镞数量特别丰富，是河姆渡文化最主要的

① 董楚平：《吴越文化初探》，浙江人民出版社1988年版。

② 王海明、蔡保全、钟礼强：《浙江余姚市鲻山遗址发掘简报》，《考古》2001年第10期。

渔猎工具。骨哨可能是一种原始乐器，也是诱捕禽兽的猎具。石器主要有生产工具和装饰品两大类。生产工具有斧、锛、凿、刀、纺轮等，装饰品有玦、璜、管、珠等。石器多通体磨光，管钻技术成熟，使用普遍。石料多为质地坚硬的燧石，其他还有凝灰岩和凝灰质砂岩等。木器在河姆渡文化亦十分发达，种类丰富，保存良好，制作技术已达到相当高的水平，有耜、桨、矛、铲、点种棒、机刀、匕、针、棰、杵、夯、蝶形器、牛轭形器及斧柄、锛柄和耜、桨等器柄等。也有相当数量的生活用具和玩具，如木胎漆碗、木盆、木罐和木鱼、陀螺形器等。还有些如木筒等不知其用途的木器。加工方法随各种不同器形有所不同，或劈，或剖，或削，或凿，或磨，或钻孔，不一而足。木器素面居多，部分刻有简单的几何形图案，或有赭、黑色漆类作装饰。最为重要的木器是纺织工具和木桨。纺织工具有定经杆、机刀、布轴等，可能是一种水平式的踞织机的零件，这在纺织科学技术史上是个了不起的成就。木桨的出现，则说明其时已有舟楫之便。早期木桨体形小而修长，器形规整，桨的柄、叶部位分明而又连成一体，系用整块厚板材加工而成。晚期木桨形体变大，出现分体木桨。

动物遗骨的考古分析。河姆渡遗址中，还出土了大量的动物遗骨，计有哺乳类、鸟类、爬行类、鱼类和软体动物 60 多种。除了人工饲养的猪、狗、牛等外，大多是梅花鹿、水鹿、麋鹿、麂、獐等鹿科动物，鸟、鱼、龟、鳖遗骨数量也不少，还有在这一地区现在已经绝迹的象、犀牛等，这对探讨古代气候的演变规律和原始畜牧业的起源过程有很大的价值。

植物遗存的考古分析。植物遗存也非常丰富，常常有成堆的植物果实堆积，从出土的植物果实看，主要品种有橡子、菱角、酸枣、麻栎果、芡实等，说明采集仍然是河姆渡经济生活中的一个重要组成部分。而遗址中水稻遗存数量之多、质量之好，则是中国乃至世界新石器时代考古史上罕见的。有的地方稻谷、稻壳、茎叶等交互混杂，形成 20～50 厘米厚的堆积层，最厚处超过 1 米。经鉴定，属于栽培稻的籼稻和粳稻两种。同时出土的还有骨耜、木耜、骨镰和木杵等，都是农业生产或谷物加工的工具。有一件陶钵腹壁饰有稻穗纹和猪纹图像，亦从侧面说明当时有较为发达的原始农业。河姆渡文化发现了当时所知世界上最早的稻作遗存，把中国人工栽培稻的历史从距今四五千年提前到距今 7000 年，确立了水稻的长江流域起源说，并纠正了中国栽培水稻从印度传入的传统说法，有力地证明了中国也是世界上最早栽培水稻的国家，对稻作农业起源的研究是极大的推动。虽然近年来比河姆渡栽培稻年代更早的古稻谷频频发现，但河姆渡文化依然是中国稻作遗存出土最为丰富的史前遗址。此外，田螺山遗址还发现了中国至今最早的茶树根。

原始艺术品遗存的考古分析。河姆渡文化的原始艺术丰富多彩。象牙雕刻器尤为突出，双鸟朝阳纹象牙蝶形器、圆雕象牙鸟、蚕纹象牙杖首饰等线条流畅、形象生动、工艺精湛，令人叹为观止。少数有柄骨匕、骨笄上，雕刻图案花纹或双头连体鸟纹，非常精美。河姆渡文化先民还佩戴磨得光洁晶莹的美石(玉)质的玦、璜、管、珠等装饰品，还用虎、熊、野猪、獐的牙齿作佩饰。在陶器上有刻划的动植物图案等，风格朴实而又生动活泼。代表作品有猪纹方钵、鱼藻纹陶盆、稻穗猪纹陶钵等。①

历史地位和国际影响分析。河姆渡文化是中国考古发展史上一个耀眼的坐标。它的发现，冲破了中华文明发祥地为黄河流域的一元论观点，证明长江流域与黄河流域一样，同为中华文明的摇篮。河姆渡文化所具有的国际影响，也引起许多海外学者对河姆渡文化展开研究，包括日本、英国、美国、新西兰、加拿大、澳大利亚等国的学者都对河姆渡文化进行了研究探索。如日本的中村慎一经对田螺山出土的哺乳动物、鱼类、木头、种子、果实和植硅石的研究，认为可以认定田螺山是新石器时代中期中国南方产业经济的新证据，著有《农业起源与农业文明的研究》(《农林周刊》,2006 年)、《中国考古学的现状》(《金大考古》,1994 年)。宇田津彻郎认为河姆渡受海侵影响，造成大规模水稻栽培至少中断两次；他分析出田螺山的水稻亚种应是热带粳稻，具有优良的环境适应性，并认为中国出现完善灌溉水田系统这一重大转变大致发生在河姆渡至良渚文化之间。(宇田津彻郎、汤凌华等《中国的水田遗构探查》,《农业考古》1998 年第 1 期)佐藤洋一郎提出籼粳是分别独立起源，粳起源于以河姆渡为代表的长江下游，籼起源于热带，并主张野生稻中也有籼粳之分。(《从石器到青铜——夷夏先后说之考古人类学论证》,来自人人网)细谷葵结合田螺山遗址等的发现，提出田螺山遗址早期"广谱"的食物资源特别强调对植物性食物资源的储藏，坚果是其主要的储藏食物且被用于日常消费。英国的傅稻镰探讨了谷物的驯化问题，认为经对田螺山和长江下游的水稻与西亚的小麦大麦、北美农作物、非洲和印度的豆类小米进行对比发现，全世界先民对农业作物的人工驯化率是相近的，具有潜在的联系性。新西兰的海厄姆则认为河姆渡人驯化的早期稻谷不仅影响到长江流域甚至影响到了东南亚地区的稻谷核心产区。这些国际学者对河姆渡文化的研究，也同时扩大了河姆渡文化的国际影响力。

(六)良渚文化考古研究

范围和年代考古。良渚文化遗址于 1936 年在杭州北侧余杭良渚镇发现。1949 年后，江苏、浙江、上海三地相继发掘了一系列相类似的遗址，极大地丰富了学术界对其文化内涵和生产力发展水平的认识，为良渚文化的命名奠定了基础。1959 年，中国著名考古学家夏鼐在《长江流域考古问题》的讲话中，正式提出了"良渚文化"的命名。良渚文化距今 5300～4000 年，辐射今环太湖流域，是中国新石器时代长江下游最重要的考古学文化。浙江的良渚文化遗址基本涵盖了整个良渚文化的发展时期(浙江省文物考古研究所:《浙江北部地区良渚文化墓葬的发掘》(1978—1986),科学出版社 1993 年版),其中位于杭州市余杭区境内的良渚文化遗址规模最大、规格最高、内涵最为丰富，是良渚文化的中心。自 20 世纪 80 年代以来，良渚遗址区内反山(浙江省文物考古研究所反山考古队《浙江余杭反山良渚墓地发掘简报》,《文物》1988 年第 1 期)、瑶山(浙江省文物考古研究所《余杭瑶山良渚文化祭坛遗址发掘简报》,

① 浙江省文物管理委员会、浙江省博物馆:《河姆渡遗址第一期发掘报告》,《考古学报》1978 年第 1 期；浙江省文物考古研究所:《河姆渡——新石器时代遗址考古发掘报告》,文物出版社 2003 年版；林华东:《河姆渡文化初探》,浙江人民出版社 1992 年版。

《文物》1988年第1期)、汇观山(浙江省文物考古研究所、余杭市文物管理委员会《浙江余杭汇观山良渚文化祭坛与墓地发掘简报》,《文物》1997年第7期)、莫角山(杨楠、赵晔《余杭莫角山清理大型建筑基址》,《中国文物报》1993年10月10日)、庙前[浙江省文物考古研究所《余杭良渚庙前遗址发掘的主要收获》,《浙江省文物考古研究所学刊》(1980—1990),科学出版社1993年版]、良渚古城(《浙江发现"中华第一城"》,来自华夏经纬网)等遗址相继发掘,显示出了良渚遗址在同一时期世界罕见的规模和品质,引起了世界性的轰动。20世纪50年代,对湖州钱山漾遗址(浙江省文物管理委员会《吴兴钱山漾遗址第一、二次发掘报告》,《考古学报》1960年第2期)、杭州水田坂遗址(浙江省文物管理委员会《杭州水田畈遗址发掘报告》,《考古学报》1960年第2期)等的发掘,出土了一批纺轮、网坠、竹编及丝、麻织品等。已发掘的良渚文化遗址主要有浙江省嘉兴雀幕桥,吴兴钱山漾,杭州水田贩,海宁千金角、徐步桥、达泽庙、三官墩、都家岭、荷叶地、大坟墩、佘墩庙,海盐龙潭港,平湖平邱墩,余杭吴家埠、反山、瑶山、庙前、汇观山、上口山、莫角山,桐乡普安桥等。从80年代开始,对良渚遗址群的发现发掘,为中国古代文明的起源研究提供了有力的实物佐证(严文明《良渚遗址的历史地位》,《浙江学刊》1996年第5期)。

稻作、渔猎、畜牧遗存的考古分析。良渚文化中的农业以种植水稻为主(浙江省文物管理委员会《杭州水田贩遗址发掘报告》,《考古学报》1960年第2期),渔猎则是食物来源的一部分,猪和狗为主要的家畜,并常常用于祭祀(梅福根《浙江吴兴邱城遗址发掘简介》,《考古》1959年第9期)。

黑陶器的考古分析。良渚文化以快轮制造的黑陶而著称。陶器以泥质黑皮陶、夹砂灰黑陶为主,有少量红陶,普遍轮制,以圈足器、三足器为主,鼎、双鼻壶、圈足罐、尊、簋、鬶、大口缸等为主要组合,贯耳、半环形鋬较为流行。陶器多打磨光滑,以素面为主,以镂空、刻划为主要装饰手法。(施昕更《良渚—杭县第二区黑陶文化遗址初步报告》,1938年)

石器、木器的考古分析。良渚遗址的石器多为磨制,精致规整,种类复杂,有斧、钺、刀、凿、锛、镰、镞、矛、犁、破土器、耘田器等,其中以三角形石犁、有段石锛、斜把破土器、双翼耘田器等最为典型。特别是大型石犁的发现,说明当时已有发达的犁耕农业,为中国犁耕起源的演进历史提供了关键的实证。(何天行《杭县良渚镇之石器玉黑陶》,1937年)良渚文化的漆木器制作也有很高水平。其中卞家山遗址出土的漆木器数量之多、种类之丰、保存之好为史前遗址所罕见。漆器主要有觚、豆、盘、筒形杯等,并发现了黑地朱绘的彩绘漆器。木器则有锸、桨、锤、屐、簸箕、陀螺等。茅山遗址还发现了国内最长、最完整的史前独木舟,为研究中国水上交通史、了解良渚文化时期先民生产生活状态提供了珍贵的实物资料。

玉器的考古研究。良渚文化的玉器特别发达,可说达到了中国史前玉器文化之巅峰,其数量之多、品种之丰、雕琢之精,世所罕有。玉器器类主要有琮、璧、钺、璜、环、镯、梳背、带钩、匕、勺、纺轮、三叉形器、锥形器、柱形器、半圆形器、月牙形器、圆牌以及管、珠、坠、串饰与各种蛙、鸟、鱼、龟、蝉为造型的饰件等40余种。琢玉水平高超,现代加工玉器的基本方法如线割、锯切、管钻和抛光等,当时均已采用。有时在1毫米宽度内就有四五道刻纹,工艺精湛。玉器纹饰以神人兽面纹即所谓的"神徽"最具代表性,覆盖广泛,成为联系整个文化的精神支柱。

良渚时期已形成的用玉制度，成为中华玉文化的源泉，并成为涵育中国早期礼制文明的重要资源。(浙江省文物考古研究所《余杭吴家埠新石器时代遗址》，《浙江省文物考古研究所学刊》(1980—1990)，科学出版社1993年版)

动植物遗存的考古分析。良渚文化的文化堆积层大多埋藏不深，埋藏其中的有机物质大多腐朽无痕，动植物遗存的出土数量因此不是很多。浙江湖州钱山漾遗址曾发现过许多炭化的稻谷和稻米遗存，而且大多是成堆的。此外，还有蚕豆、甜瓜、毛桃、花生等植物种子(浙江省文物管理委员会：《吴兴钱山漾遗址第一、二次发掘报告》，《考古学报》1960年第2期)。平湖庄桥坟遗址出土有葫芦、酸枣、苡米、梨等植物果核，鹿角、猪、狗、鱼等动物骨骸。驯养的猪、狗也被有意安置在祭祀坑里(徐新民、程杰：《浙江平湖市庄桥坟良渚文化遗址及墓地》，《考古》2005年第7期)。余杭茅山遗址发现了良渚文化时期大面积水稻田，揭露出明确的道路系统、灌溉系统和完整的长条形田块结构。这是长江下游地区史前稻作农业考古资料中首次发现的新类型，也是国内目前发现保存最好、结构最完整的新石器时代水稻田遗址。说明良渚先人对水稻田已有了比较先进而细致的规划。

墓葬的考古分析。良渚文化墓葬多长方形竖穴土坑墓，墓主头向多朝南或东南，多单人仰身一次葬。墓葬在规模、形制、随葬品的种类和质量上差别悬殊，显示出社会分化的加剧。高台墓地埋葬的是大型墓，平地墓地埋葬的是中小型墓。贵族墓大都具有宽大的墓穴、精致的葬具，特别是随葬有一大批制作精美的玉礼器。平民墓墓穴狭小，一般无葬具，仅随葬少量工具、用具和装饰品①。高台墓地是良渚文化的一个特色。反山、瑶山遗址高台墓地是良渚遗址中发现的最高规格的显贵墓葬遗址。墓地是人工营建的高土墩，工程浩大，被考古学家称之为“土筑的金字塔”②。

建筑的考古分析。良渚文化的建筑，则主要有人工堆筑的大型土台、房屋建筑、祭坛等祭祀建筑、高台墓地、水井、码头、防洪堤坝设施等。房屋建筑以地面建筑为主，许多遗址发现有残缺不全的基槽和柱坑。庙前遗址发现了一座房址，从柱坑布局分析，疑是一种大跨度屋顶内设柱子或重檐加回廊的建筑。莫角山遗址发现的大型柱坑则代表了高等级的建筑形式。经过推算，最大的柱径可达58厘米。(杨楠、赵晔《余杭莫角山清理大型建筑遗址》)良渚文化遗址出土的水井很多，大体上可分为四类：纯土坑式、竹编或苇编井圈式、木筒井圈式和木构井架式。

土台的考古分析。人工堆筑的大型土台以莫角山遗址为代表，它东西长约670米、南北宽约450米，面积达30万平方米以上，是目前发现的良渚文化最大型的人工营建址。超大型的体量、考究的营建模式，显示了它在良渚文化中的中心地位和规格。海宁达泽庙土台由两次人工堆筑而成(浙江省文物考古研究所、海宁市博物馆《海宁达泽庙遗址的发掘》，《浙江省文物考古研究所学刊》，长征出版社1997年版)。桐乡普安桥遗址的土台形成于良渚文化早

---

① 刘斌、赵晔：《海宁发现良渚文化重要墓地》，《中国文物报》1995年8月6日；孙国平、李林、沈明生：《海盐发现新型良渚文化墓地》，《中国文物报》1998年6月1日。

② 方向明等：《浙江湖州市昆山遗址的新石器时代墓葬》，《南方文物》2006年第5期；蒋卫东等：《浙江桐乡新地里遗址发掘简报》，《文物》2005年第11期。

期或者更早至崧泽文化与良渚文化的过渡期(北京大学考古学系、浙江省文物考古研究所、日本上智大学联合考古队《浙江桐乡普安桥遗址发掘简报》,《文物》1988 年第 4 期)。

祭台的考古分析。瑶山、汇观山等地发现了祭坛。瑶山祭坛堆筑于高约 30 米的小山上,平面呈方形,南北向,由内外三重组成。最内重为方形红土台,南北长 7.6 米,东西宽 6 米。第二重以灰土沿红土台四面挖成宽约 2 米、深不足 1 米的围沟,平面呈“回”字形。外重为黄褐色土筑成的土台,台面铺砾石,还有石坎和护坡。① 除祭坛外,莫角山遗址发现了大型红烧土块堆积的遗迹,可能是某种大型祭祀活动的遗迹。(赵晔《余杭莫角山遗址 1992—1993 年的发掘》,《文物》2001 年第 12 期)

码头遗址与土垣的考古分析。临水的码头遗迹以卞家山为代表。卞家山出土木桩 140 多根,沿岸的木桩按三排分东西向排列,其西端另有一批木桩径直往水面伸展,两者呈角尺形分布。码头周边淤泥中还发现了木桨,间接表明这些木桩应为码头的桩基②。良渚遗址西北部的塘山土垣全长约 6.5 千米,现存宽约 30 米～70 米,高 3 米～5 米,有的学者认为它是挡水防洪用的,是良渚文化时期最伟大的水利工程,将中国水利史向前推至距今 4800 年左右(《杭州市余杭区镇街道简志:瓶窑镇・风景遗迹》,方志出版社,2003)。

古城遗址的考古分析。被称为“中华第一城”的良渚古城是长江下游地区首次发现的良渚文化时期城址,也是目前中国所发现的同时代城址中最大的一处。布局略呈圆角长方形,正南北方向,南北长约 1800 米～1900 米,东西宽约 1500 米～1700 米,总面积达 290 多万平方米。城墙底部普遍铺垫石块作为基础,在石头基础上再用纯度高的黄土堆筑,底部宽度约 40 米～60 米,城墙保存较好的地段高度约 4 米③。良渚地区的遗址点已发现 130 多处④,它们集中分布于良渚、瓶窑两镇毗邻区域 40 多平方千米的范围内,浙江境内涉湖州、嘉兴、杭州三大区域。如此之高的遗址密度在中国新石器时代非常罕见。良渚古城的发现将众多的遗址点有机地组合为一个整体,包括城址、大型建筑基址、墓地、祭坛、村落、大型防护工程、水利设施等在内的各遗址点以莫角山为中心向外辐射,各自分布相对集中,呈现中心聚落、次中心聚落和普通聚落的级差式格局,在布局上已初步显露出一个带有早期“都邑”性质的空间形态。⑤

浙江的良渚文化遗址群以其丰富的遗存类型、完整的格局规模和数量众多、材质精美的文物展现了人类社会起源阶段的丰富信息,改变了人们对中华文明起源的时间、方式、途径等重大学术问题的认识,是中华文明“多元一体”起源的重要实证,在中国乃至世界文明进程中有着不可替代的地位和作用。

---

① 浙江省文物考古研究所:《余杭瑶山良渚文化祭坛遗址发掘简报》;王明达、潘六坤、赵晔:《海宁清理良渚文化祭台和墓葬》,《中国文物报》1993 年 9 月 19 日。

② 《余杭卜家山遗址发掘的主要收获》,《浙江文化信息网》2008 年 3 月 24 日。

③ 余杭记者站钟卓嫣、通讯员沈祥林:《良渚“中华第一城”的传承和超越》,《杭州日报》2009 年 10 月 15 日。

④ 浙江省文物考古研究所:《反山》上下册,文物出版社 2005 年版;浙江省文物考古研究所:《庙前——良渚遗址群考古报告之四》,文物出版社 2005 年版;浙江省文物考古研究所、桐乡市文物管理委员会:《新地里》,文物出版社 2006 年版。

⑤ 费国平:《浙江余杭良渚遗址群考察报告》《东南文化》1995 年第 2 期。

三、夏商周越地考古

浙江在商周时期为越族分布之地，越族先民在这里繁衍生息，创造辉煌，曾建立过强盛一时的越国。浙江商周时期的考古工作，以越文化为主要内容。

（一）越地土墩墓与贵族墓考古研究

土墩墓是越文化遗存中最为丰富的重要内容，是越文化研究的一大着力点。20世纪70年代后期，在江山峡口肩头弄等地发掘了一批土墩墓，拉开了对土墩墓探索的序幕。20世纪80年代初开始，对浙江境内土墩遗存进行了大规模调查发掘，取得了重要收获。通过对长兴、海宁、德清、湖州、安吉、慈溪、余姚、上虞、萧山、衢州、东阳、义乌等地大批土墩遗存的科学发掘研究，确认了这类土墩遗存是商周时期一种富有民族特色的越族墓葬，基本建立了浙江地区商周土墩墓的分期序列。发掘报告和研究报告有田正标、陈元甫《浙江德清县独仓山及南王山土墩墓发掘简报》（《考古》2001年第10期），贡昌《浙江衢州西山西周土墩墓》（《考古》1984年第7期），赵一新《浙江东阳六石西周土墩墓》（《考古》1986年第9期），王同军《浙江苍南县埔坪乡发现一座商代土墩墓》（《考古》1996年第6期），陈元甫《土墩墓——一墩多墓问题讨论》（《华夏考古》2007年第3期），莫慧旋《太湖—杭州湾地区土墩石室墓及土墩墓分期研究》（《东方博物》2004年第11期），陈元甫《土墩墓与吴越文化》（《东南文化》2007年第11期），唐俊杰等《杭州市萧山区蜈蚣山土墩墓D19发掘简报》（《东南文化》2012年第8期），胡继根等《湖州妙西独山头土墩墓发掘简报》（《东方博物》2010年第9期），刘建安等《安吉三官土墩墓发掘简报》（《东方博物》2010年第9期），黎毓馨等《浙江湖州市方家山第三号墩汉墓》（《考古》2002年第1期），任大根、郭勇《浙江湖州堂子山土墩墓发掘报告》（《东方博物》2004年第5期），王晓红《上虞白马湖畔石室土墩墓发掘简报》（《东方博物》2008年第12期），孟国平《浙江上虞驿亭凤凰山西周土墩墓》（《南方文物》2005年第12期）。1993年瑞安岱石山的发掘，表明分布于浙南沿海地区的"石棚墓"是与土墩墓遗存有别而又存在颇多共性的另一类形制独特的墓葬。考古调查和研究报告有安志敏《浙江瑞安、东阳支石墓的调查》（《考古》1995年第7期），陈元甫《浙江石棚墓研究》（《东南文化》2003年第11期），俞天舒《瑞安石棚墓初探》（《东南文化》1994年第10期）。

一大批越国贵族墓及王陵的发掘，则为越文化考古开创了崭新的局面。1982年春在绍兴坡塘发掘的306号墓，是浙江发现并发掘的第一座越国贵族墓葬，出土了精美的青铜器，其中包括著名的伎乐铜房、汤鼎、龙首提梁盉、镇墓兽，还有嵌玉耳金舟等，轰动一时①。1996—1998年，绍兴印山越王陵的发掘，是越文化考古的重大突破。整个墓地占地面积10万平方米，四周设有布局规整的隍壕围护。这种隍壕设施，在南方地区为首次发现，应是春秋时期王陵制度南传的体现。巨大枋木构筑而成的断面呈三角形的长条状墓室，长逾6米的独木棺，气势恢弘，独具越风。青膏泥、木炭、树皮三层防潮处理方式极其讲究。印山越王陵规模之

---

① 牟永抗：《绍兴306号越墓刍议》，《文物》1984年第1期。

大、结构之殊、营建之讲究，举世罕见，被评为1998年全国十大考古新发现之一。① 2003年4—6月，东阳前山春秋晚期墓的发掘，是越文化考古的重要学术成果。该墓石砌甬道与浅土坑木椁墓室相结合的特殊墓葬形制，在浙江地区为首次发现。专家分析，它可能代表了越国土墩石室墓向土坑木椁墓发展演变的一种过渡形态。该墓出土随葬品只见大量玉石器，不见一般陶瓷器的现象，又是浙江土墩墓发掘的首次发现。② 2003—2004年清理发掘的长兴鼻子山、安吉龙山战国时期越国贵族墓，都发现了墓外大型陪葬器物坑，坑内出土了一批仿青铜陶瓷礼乐器，这一新的重要发现，对更加全面地认识越国贵族墓葬的葬制与葬俗具有十分重要的意义③。2003年发掘的温州瓯海杨府山西周土墩墓，是浙南地区商周考古的重要发现。它是浙南温州地区明确发现的第一座土墩墓，对土墩墓分布的认识视野因此扩大。浙江土墩墓中出土青铜器十分罕见，而该墓却出土了大批青铜器，意义非凡。④

(二)越地城址考古研究

经考古发现，古越地城址尚多，如安吉古城、湖州下菰城、萧山固陵城等。这些城址将综合性地反映先秦浙江的古越文化，但还没有进行过全面的勘探和发掘工作，这将是先秦越地考古研究进一步深入的突破口。

安吉古城。位于浙江省安吉县递铺镇，始于春秋战国时期，是浙北苕溪流域最重要的考古发现之一，被誉为浙江先越文明之光。作为越国早期城邑、楚国大疆封邑、先秦鄣郡治地与汉朝故鄣县治，安吉古城是由33万平方米古城中心遗址，10个古城关联城址与多个大型墓葬遗址所组成的大型遗址集群，1986年初次发现，1989年被列入省级文物保护单位，并于同年对古城中心遗址后面的白石山沿山脊山行调配进行考古研讨，根据研讨会课题，首先在古城遗址后面的白石器偏现了19个土墩，并在石角村发现规模与形制较大的2号墩(土墩墓)。1992年相关考古人员发现龙山越国贵族墓群内的王陵级大墓——八亩墩与九亩墩，并对龙山越国贵族墓群区块内的4平方千米范围进行了全面调查。之后几年相继发现了窑山遗址、墙山上遗址、大庄遗址、山墩遗址、笔架山古墓群、上马山古墓群等与古城中心遗址关联颇深的诸多春秋战国(至两晋时期)的周边遗址与墓葬群。遗址群已出土春秋战国(至两晋时期)近2万件珍贵文物。其中，逾万件为上马山墓群抢救性挖掘所出，另外笔架山古墓群、龙山越国贵族墓群、古城中心遗址等均有试掘性考古文物出土。考古研究成果有程亦胜《浙江安吉古城发现楚金币》(《考古》1995年第10期)，浙江省文物考古研究所、浙江安吉县博物馆《浙江安吉龙山越国贵族墓》(《南方文物》2008年第3期)、《浙江安吉笔架山战国墓葬发掘简报》

---

① 浙江省文物考古研究所、绍兴县文物管理所:《浙江绍兴印山大墓发掘简报》,《文物》1999年第11期;陈元甫:《绍兴印山越国王陵陵园制度初探》,《东方博物》2004年第5期;浙江省文物考古研究所:《印山越王陵》,文物出版社2002年版。

② 陈元甫、田正标、孟国平等:《浙江东阳前山越国贵族墓》,《文物》2008年第7期。

③ 陈元甫、孟国平等:《浙江安吉龙山越国贵族墓》,《南方文物》2008年第8期;田正标等:《浙江长兴鼻子山越国贵族墓》,《文物》2007年第1期;陈元甫:《越国贵族墓葬制葬俗初步研究》,《东南文化》2010年第1期。

④ 陈元甫、蔡钢铁等:《浙江瓯海杨府山西周土墩墓发掘简报》,《文物》2004年第11期。

(《南方文化》2009年第1期)等。

湖州下菰城。下菰城遗址位于湖州市城区道场乡,楚考烈王十五年(前248年)楚国春申君黄歇在此置菰城县,距今2200余年。城垣可分内外两重,平面均呈圆角等边三角形。现存外城垣长约2000米,城址总面积达44万平方米。内城居于外城东南角,面积约16万平方米,为湖州最早的古城址。在城垣中夹杂有印纹陶、原始青瓷和夹砂陶片等,附近山顶上分布有传说的"烽火墩",还发现有土墩墓、石室墓等尚未正式考古发掘。研究论文有劳伯敏《从下菰城的兴衰看湖州治址的变迁》(《东南文化》1989年第6期)等。

萧山固陵城。固陵城位于萧山市区西部越王山,山顶呈"中卑四高,宛如城堞"的地形。1992年,据浙江省考古队考证,其"四高"实为固陵城土城墙,城山则是越王勾践及其谋臣、大夫范蠡屯兵奋发之地,山上还有石砌的洗马池,常年不涸的佛眼泉,现保存完好,尚未正式考古发掘。研究成果有林华东《越国固陵考》(《东南文化》1986年第2期)、王炜常《越国固陵城考辨》(《浙江学刊》1992年第4期)、林华东《越国固陵城再辨——兼与王炜常商榷》(《浙江学刊》1993年第3期)、汪挺《2500年前越国固陵城重现萧山》(《中国商报》2004年3月23日)等。

第四节 专题考古研究

浙江对历代文物文化又有许多专题,如古墓葬考古、古城邑考古、古塔考古、古瓷窑址考古及南宋考古等,也甚为典型,成就不凡,颇多影响。

一、考古专题综合

(一)历代古墓葬考古研究

古墓葬的发掘包括帝后陵墓及一般墓葬。帝后陵墓主要是五代吴越国王室墓葬的发掘,包括钱镠(武肃王)之父钱宽墓、钱镠之母水邱氏墓、文穆王钱元瓘墓,文穆王之妻马王后墓、文穆王次妃即吴越王钱弘俶的生母吴汉月墓等。① 这些墓葬建筑考究,后室顶部多有石刻或彩绘的星象图,是中国现存最早的一批写实天文图,连同墓室石刻浮雕、彩绘壁画等都是珍贵的文物。② 墓葬出土的瓷器、金银器、玉器成为研究当时社会、经济、文化的重要实物史料。其中大量精美的秘色瓷器和带有"官""新官"字款的薄胎白瓷,尤受瞩目③。

---

① 浙江省文物管理委员会:《浙江临安板桥的五代墓葬》,《文物》1975年第8期;浙江省博物馆、杭州市文管会:《浙江临安晚唐钱宽墓出土天文图及"官"字款白瓷》,《文物》1979年第12期;浙江省文物考古所:《杭州三台山五代墓》,《考古》1984年第11期。

② 浙江省文物管理委员会、杭州师范学院历史系考古组:《杭州郊区施家山古墓发掘报告》,《杭州师范学院学报》1961年第1期;明堂山考古队:《临安县唐水邱氏墓发掘报告》,《浙江省文物考古研究所学刊》,文物出版社1981年版。

③ 杭州市考古研究所、临安文物馆:《浙江临安五代吴越国康陵发掘简报》,《文物》2002年第2期;张玉兰:《晚唐五代钱氏家族墓葬初步研究》,《东南文化》2005年第5期;张玉兰:《浙江临安五代吴越国康陵发掘简报》,《文物》2000年第2期;郑以墨:《五代吴越国墓葬制度研究》,《东南文化》2010年第4期。

一般墓葬的发掘数量甚多。重要的古墓群有杭州老和山、葛岭、秦庭山，绍兴漓渚，宁波火车站工地，黄岩秀岭，淳安新安江水库工地，瑞安桐溪、芦蒲，奉化白杜，鄞县高钱，龙游东华山和仪冢山，嵊州城关镇和大塘岭及剡山，安吉上马山，余姚老虎山和上虞羊山、牛头山、周家山、驮山、后头山，湖州杨家埠方家山等。发掘和研究报告有牟永抗《浙江绍兴漓渚东汉墓发掘简报》(《考古通讯》1957年第3期)，蒋缵初《杭州老和山遗址1953年第一次的发掘》(《考古学报》1958年第6期)，赵人俊《浙江淳安古墓发掘》(《考古》1959年第9期)，吴玉贤《浙江上虞蒿坝东汉永初三年墓》(《文物》1983年第6期)，周瑞燕等《浙江奉化县南梁墓》(《考古》1984年第9期)、《杭州地区汉、六朝墓发掘简报》(《东南文化》1989年第5期)，朱土生《浙江龙游县东华山汉墓》(《考古》1993年第4期)，嵊县文管会《浙江嵊县大塘岭东吴墓》(《考古》1991年第3期)，田正标等《临海戎旗古墓葬发掘简报》《东方博物》2009年第6期；倪亚清等《浙江省建德市大洋镇下王村宋墓发掘简报》(《考古与文物》2008年第8期)，《浙江瑞安桐溪与芦蒲古墓清理》(《考古》1960年第12期)，王结华《宁波地区两晋墓葬发掘与研究》(《东南文化》2006年第8期)，傅亦民《浙江奉化市晋纪年墓的清理》(《考古》2003年第2期)，闵泉、郭勇等《湖州白龙山宋墓》(《东方博物》2012年第7期)，程厚敏等《湖州长超山发现孙吴时期纪年墓》(《东方博物》2010年第12期)，章金焕《浙江上虞江山三国吴墓发掘简报》(《东南文化》1989年第5期)，李晖达《试论浙江汉代土墩遗存》(《东南文化》2008年第4期)，《浙江安吉县上马山西汉墓的发掘》(《考古》1996年第7期)，2006年9—11月，温岭市大溪镇塘山村村北的东瓯国贵族墓的抢救性发掘，是东瓯国考古工作的一大突破。它是浙江目前发现的规模最大的一座西汉墓，在葬制葬俗和文化面貌上完全具有越系文化的特征，可视为越国贵族墓葬制葬俗的传承和延续。此外，该墓东南方不足1千米的大溪古城，经过2002年、2006年、2008年的三次调查和试掘，基本明确了城墙的堆筑形态。从城内的文化堆积等判断，大溪古城遗址是西汉初期的东瓯国城址。这两项考古成果填补了中国秦汉考古中关于东瓯国考古的空白，为探索东瓯国历史之谜提供了重要的考古学线索①。通过对数量众多的古墓葬进行发掘，对于了解浙江境内历代墓葬的形制特点和器物特征，为历代墓葬编年及分区、分期研究以及与之相关的各种专题研究奠定了深厚的实物基础，建立了可靠的标尺。

(二)古塔考古研究

浙江佛教历史悠久，高僧大德辈出，佛塔遍布浙江大地。古塔的发掘，为浙江佛教史研究提供第一手的实物性资料。如1957年金华万佛塔首次发现了15件金涂塔，另有60余尊铸造精致的宋代铜造像，其中不少为鎏金铜像，极具价值。研究报告有王士伦《金华市万佛塔塔基清理简报》(《文物参考资料》1957年第5期)，浙江省文物管理委员会《金华万佛塔出土文物》(文物出版社，1958)，赵幼强《金华万佛塔出土石经幢考辨》(《东方博物》2004年第2期)。1960年丽水碧湖宋塔发现五代至南宋刻本佛经7卷，是研究中国印刷史的珍贵资料。1973

---

① 陈元甫：《浙江温岭汉代东瓯国城址与贵族大墓》，《东方博物》2007年第12期；陈元甫等：《浙江温岭塘山发现西汉东瓯国墓葬》，《东南文化》2007年第6期。

年瑞安慧光塔发现写经、刻经、舍利函和其他文物甚丰，其中宋代经函和舍利函堆漆描金，为宋代温州漆器的杰作；其刻花蓝色玻璃瓶为浙江省首次发现。① 1987 年温州白象塔发现的北宋彩塑菩萨立像，是宋代彩塑中的珍品。② 1991 年宁波天封塔出土的北宋银质佛殿建筑模型，是研究宋代宫殿建筑法式的重要资料③。其他诸如龙泉三塔、东阳南寺塔、绍兴钱清塔、黄岩灵石寺塔、海宁智标塔等，都有精品文物出土。

2000—2001 年，杭州雷峰塔遗址及地宫的考古发掘，则是古塔发掘的一阕华章。这次发掘基本搞清了塔的形制、结构、大小、层数等相关问题，出土了大量石经、铭文砖、建筑构件及佛教器物，地宫内还出土了纯银阿育王塔、鎏金银器、金铜造像、玉器、玻璃瓶等 70 多件珍贵文物。据文献及出土碑刻考证，雷峰塔是吴越国王钱俶为奉安“佛螺髻发”而建。此次发掘填补了中国五代十国时期佛塔地宫考古的空白，出土器物等级高、制作精，代表了吴越国工艺最高的制作水平。雷峰塔遗址入选“2001 年度全国十大考古新发现”。④

（三）城邑考古研究

浙江的城市考古从 20 世纪 80 年代初起步，也取得了令人鼓舞的成绩。临安城、明州城考古崭露头角。五代吴越国建都临安（今杭州），临安后来又成为南宋政权国都，地位非常重要。1983 年，杭州五代捍海塘的发掘，拉开了浙江城市考古的序幕。随后，临安城考古屡有重大发现，如南宋太庙遗址、南宋临安府治遗址、南宋恭圣仁烈皇后宅遗址等的发掘，皆轰动一时。考古研究成果有王海明《五代钱氏捍海塘发掘简报》（《文物》1985 年第 5 期），杜正贤、梁宝华《杭州发现南宋临安府治遗址》（《中国文物报》2000 年 11 月 22 日），朱岩石、何利群《二〇〇四年度杭州南宋临安皇城考古取得突破性进展》（《中国文物报》2004 年 11 月 17 日），《钱塘江古捍海塘重见天日》（《浙江日报》2003 年 4 月 24 日）。

明州（今宁波）自唐代开始成为重要的对外贸易港口，明州城考古收获也多。宁波天妃宫遗址、市舶司（务）遗址、天宁寺遗址、唐宋明州子城遗址、孔庙遗址、和义门瓮城遗址等的发掘，为研究宁波城市发展变迁和对外贸易交流提供了丰富的资料⑤。其中 2001 年和 2002 年对宁波永丰库遗址进行的两次抢救性考古发掘，成为宁波城市考古标志性的成就。永丰库遗址发掘，揭示出布局相对完整的宋元明时期大型衙署仓储机构遗址，还发现了汇集大多数宋元时期江南和中原地区著名窑系的陶瓷器产品等大量遗物。永丰库遗址规模宏大，布局清晰，保存完整，是目前宁波发现的唯一一处元代大型建筑遗址，同时也是中国首次发现的古代地方大型仓库遗址，对中国建筑史研究具有重要意义。同时，还出土大量贸易陶瓷，反映了宋

① 《浙江瑞安北宋慧光塔出土文物》，《文物》1973 年第 1 期。

② 徐定水、金柏东：《温州市北宋白象塔清理报告》，《文物》1987 年第 5 期。

③ 林士民：《浙江宁波天封塔地宫发掘报告》，《文物》1991 年第 6 期。

④ 浙江省文物考古研究所：《雷峰塔遗址》，文物出版社 2005 年版；黎毓馨：《杭州雷峰塔地宫的清理》，《考古》2002 年第 7 期。

⑤ 周庆南：《浙江宁波唐国宁寺东塔遗址发掘报告》，《考古学报》1997 年第 1 期；林士民：《浙江宁波市唐宋子城遗址》，《考古》2002 年第 3 期。

元时期宁波“海上丝绸之路”发展繁荣的历史真实，充分说明宁波是中国古代“海上丝绸之路”的重要贸易港，为宋元对外贸易港口城市保存了一处无可替代的历史遗迹。其发现、发掘，也是南方宋元考古学的一次重大突破。永丰库遗址被评为2002年度全国十大考古新发现。①

二、陶瓷窑址考古

浙江是中国青瓷的重要发源地，且从商周开始直至明清时期，陶瓷业遗存延绵不绝，窑址遍及全省各地，在全国占有特殊的地位，从而使陶瓷窑址考古成为浙江考古独具地方特色的重要考古门类。1928年开始，陈万里就进行过龙泉窑考古调查，著有《瓷器与浙江》一书。20世纪50—70年代，对省内历代瓷窑址进行过多次调查，获得了大批考古学术成果。1979—1983年，为配合紧水滩水电站工程的建设而对龙泉窑址进行大规模考古发掘，被国内考古界称为瓷窑址考古大规模崛起的一大标志，浙江瓷窑址考古由此跨入了蓬勃发展的历史新时期。

（一）德清火烧山原始青瓷窑考古研究

浙江是原始瓷的重要产地。2007年3—5月，对德清火烧山原始青瓷窑址进行了抢救性发掘。火烧山原始瓷窑址是一处西周晚期至春秋晚期的青瓷窑址，发掘揭露的龙窑床，是目前已发掘的最早的原始瓷龙窑床遗迹，是探索中国龙窑起源的重要证据。窑址产品丰富，出土了大批包括卣、鼎、簋在内的仿青铜礼器产品，为江南大型土墩墓中随葬的同类器物找到了原产地，并为德清及周边地区原始瓷器的分期断代确立了标尺。② 2007年9月至2008年4月，对德清亭子桥战国窑址进行了考古发掘，出土了大量精美的仿青铜器造型的原始青瓷礼乐器，代表了原始青瓷生产的最高水平，为江浙地区越国贵族墓中的同类器物找到了明确产地。随后，浙江省文物考古研究所成立“瓷之源”课题组，通过专题考古调查、勘探和发掘，确定了以德清为中心的东苕溪流域是国内先秦时期原始瓷窑址的最重要分布区域。“瓷之源”的探索，证实了浙江在中国陶瓷史上的源头地位，改写了中国陶瓷史③。

（二）越窑考古研究

越窑是浙江著名的早期青瓷窑系，素为学术界所重，多年来对其进行了多次的考古调查与发掘。20世纪70年代中期以后，上虞瓷窑址考古获得重要发现，突破了“汉代无瓷”的传统说法④。20世纪80年代开始在上林湖越窑窑址展开调查和发掘，连同上林湖周围的白洋湖、上岙湖、里杜湖、古银锭湖等地共发现越窑窑址不下200处。通过对上林湖高岭墩、荷花芯及古银锭湖寺龙口窑址等的发掘，获得了唐、宋越窑地层编年及分期研究的重要资料。其

---

① 《2002年度中国十大考古新发现（文物与考古）》，《人民日报海外版》2003年4月24日。

② 浙江省文物考古研究所等：《德清火烧山：原始瓷窑址发掘报告》，文物出版社2008年版。

③ 陈元甫等：《浙江德清亭子桥战国窑址发掘简报》，《文物》2009年第12期；陈元甫等：《德清亭子桥战国窑址发掘的主要收获》，《东方博物》2010年第4期。

④ 朱伯谦：《浙江上虞县发现的东汉瓷窑址》，《文物》1981年第10期；李刚：《上虞窑兴衰初探》，《江西文物》1989年第4期。

中寺龙口窑址再现了越窑从晚唐五代至两宋发展演变的过程，第一次系统地展示了越窑南宋初期的生产面貌，并为越窑文化、贡瓷和秘色瓷、越窑与宋代官窑的许多学术课题提供了可靠的研究资料，可说是越窑发展史乃至中国陶瓷史研究中的一项重要突破。该窑址的发掘被评为“1998 年度全国十大考古新发现”之一①。

（三）龙泉窑考古研究

龙泉窑是继越窑之后在浙江兴起的又一庞大青瓷窑系，享誉中外。对龙泉窑的调查研究，自 1928 年的陈万里先生始，一直绵延不息。1979—1983 年，由浙江省文物考古所等六七个学术单位先后参加的紧水滩水电站工程淹没区窑址考古发掘，是中国瓷窑址考古的一次空前壮举。此次发掘，使龙泉窑址的地层编年及考古分期研究有了更多科学依据，证实了龙泉窑作为南方青瓷的代表形成了庞大的窑系，并且是宋元至明中期生产外销瓷最重要的窑口。20 世纪八九十年代对龙泉窑遗址的调查，基本摸清了龙泉窑遗址的分布情况。2006—2007 年龙泉大窑枫洞岩窑址考古发掘，揭露出明确的明代初年的地层，确定这处窑址是为承接中央王朝订货生产官用瓷器的窑场。这对重新评价明代龙泉窑在整个龙泉窑青瓷发展史乃至中国陶瓷史中的地位和影响具有十分重要的意义。发掘和研究报告有朱伯谦、王士伦《浙江省龙泉青瓷窑址调查发掘的主要收获》（《文物》1963 年第 1 期），李作智等《浙江龙泉青瓷上严儿村窑址发掘报告》（《中国历史博物馆馆刊》1986 年第 6 期），沈岳明等《云和县横山周窑址发掘简报》（《东方博物》2009 年第 12 期），浙江省文物考古研究所《龙泉东区窑址发掘报告》（文物出版社 2005 年版）。

（四）南宋官窑考古研究

南宋官窑的研究早在 20 世纪 30 年代就已成为热点。20 世纪 50 年代，对杭州乌龟山南宋官窑窑址进行了小规模试掘。1985—1986 年，进行了第二次发掘。两次发掘清理龙窑 2 座，获得瓷器 23 类 70 余种，涵盖了宫廷生活所用的全部器皿，确认此处便是文献中记载的“郊坛下官窑”。乌龟山郊坛下官窑窑址的确定，引发了人们对文献记载中另一处南宋官窑“修内司官窑”的探索。1996 年，杭州老虎洞窑址的发现终于使修内司官窑浮出水面。1998 年、1999 年、2001 年，先后对窑址进行了较大规模的考古发掘，发现了宋、元两个时期的文化遗存，清理出龙窑窑炉、作坊等一批烧瓷遗迹，出土了大量精美瓷片和窑具。经过分析研究，证明窑址南宋层即为南宋官窑“内窑”，亦即修内司官窑，为几百年来陶瓷界、考古界争论不休的修内司官窑问题画上了圆满的句号。此外，该窑址元代遗址的发现对哥窑的研究也有重大意义。该窑址的发掘被评为“2001 年度全国十大考古新发现”之一。

三、南宋城市考古

宋室南渡，浙江一跃成为全国政治、经济、文化的中心，也为后人留下许多弥足珍贵的历

---

① 沈岳明等：《浙江越窑寺龙口窑址发掘简报》，《文物》2001 年第 11 期；郑嘉励：《浙江慈溪市越窑石马弄窑址的发掘》，《考古》2001 年第 10 期；浙江省文物考古研究所等：《寺龙口越窑址》，文物出版社 2002 年版。

史遗存。浙江南宋考古，亦取得了丰硕的成果。

（一）南宋皇城考古研究

临安（杭州）作为南宋的都城，向来是南宋考古的重镇。临安城考古始于20世纪80年代初。1983年，组建了临安城考古队。通过调查探测，临安城皇城范围基本廓清。此后，临安城考古工作持续展开。

1989年，考古人员在凤凰山小学内发现砖砌道路以及大型夯土台基，初步推测是南宋皇城的南大门丽正门。

1995年，杭州市文物考古研究所对南宋太庙遗址进行了发掘，面积约1000平方米，发现了东围墙、东门门址和大型夯土台基等重要建筑遗迹，从中得见南宋太庙的规模和气势，以及营造的工艺水平。太庙遗址的发现填补了南宋杭州城考古缺乏城市格局和代表性建筑这一空白，被认为是中国城市考古中取得的一项重要成果，被评为1995年度"全国十大考古新发现"之一①。

2000年，发掘了南宋临安府治遗址，发掘面积880平方米，出土的南宋遗迹有书院厅堂、西厢房、庭院、天井、东回廊和七边形水井等。遗址营造考究、规模宏大，对宋代建筑史特别是基础建筑的研究具有很高价值，其官府建筑样式在全国无其他遗址可比，被评为2000年度"全国十大考古新发现"之一②。

2001年，对南宋恭圣仁烈皇后宅遗址进行抢救性考古发掘，发掘面积约1800平方米，发现南宋恭圣仁烈皇后宅遗址的主体建筑一处，包括正房、后房、庭院、东西两庑和夹道遗迹。该遗址是杭州乃至全国首次发现的保存如此完好的南宋园林遗址，为研究中国古代南方园林尤其是南宋时期的园林布局和营造提供了重要的实物资料，被评为2001年度"全国十大考古新发现"③之一。

2003年12月至2004年8月，对严官巷的南北两侧进行抢救性考古发掘，发掘面积共计1200余平方米，发现了南宋时期的御街、御街桥堍和桥墩基础、道路、殿址、围墙、河道、石砌水闸设施以及元代石板道路等重要遗迹。南宋临安城在中国古代城市发展史上占有极其重要的地位，是中国封建社会由封闭式的里坊布局转变为开放式的街巷布局的一座典型城市。严官巷地处南宋临安城遗址的核心地带，与南宋皇城遗址、太庙遗址和三省六部遗址毗邻，地理位置十分重要。本次发掘发现的遗迹不仅种类多，而且保存较好，这在临安城考古中极其罕见。特别是发现了保存完好的南宋御街遗迹，从而确定了南宋临安城的中轴线。而御街桥堍和桥墩基础及河道遗迹的发现，是中国古代南方城市中采用河路并行体系布局的典型实例，也是南宋临安城的最大特点，对研究中国古代都城制度的发展和变迁具有十分重要的价

---

① 杭州市文物考古所：《南宋太庙遗址：临安城遗址考古发掘报告》，文物出版社2007年版；唐俊杰：《南宋太庙研究》，《文博》1999年第10期。

② 杭州市文物考古所：《南宋临安府治与府学遗址》，文物出版社；杜正贤、梁宝华：《杭州发现南宋临安府治遗址》，《中国文物报》2000年11月22日。

③ 杭州文物考古所：《南宋恭圣仁烈皇后宅遗址》，文物出版社2008年版。

值。严官巷南宋御街遗址入选2004年度全国十大考古新发现。

(二)南宋时期浙江其他地区的城域考古研究

2002—2003年,桐乡市石门镇发掘了南宋东园遗址,发现了假山、砖砌过道、水池、砖砌或卵石小路、石砌亭台、门颊等多处遗迹。南宋私家园林,以前发现很少。东园遗址的发掘,对了解南宋私家园林的基本情况、园林布局等提供了难得的实物资料。

2003年10—12月,在宁波和义大道建设工程抢救性考古发掘过程中,在战船街北部、和义门瓮城基址南侧出土了一艘南宋古沉船,成为宁波"海上丝绸之路"的一大佐证。

南宋的墓葬也有不少的清理和发掘,如湖州风车口、桐庐象山桥、龙游寺底袁村、云和正屏山等处。根据考古资料,发现了专为墓祭所设的祠堂。墓地成为宗族祭祀活动的中心,这是浙江南宋墓葬区别于前代及之后明清墓葬的重要特征。

第十八章　历史地理学与民族学研究

历史地理学是地理学的重要分支，是研究历史时期地理环境结构及其发展变迁的规律的学科。包括历史人文地理和历史自然地理及历史地图学。

浙江自古学术重地理，尤重历史地理，出现许多一流的地理学家，有许多重要的地理学成果。近现代也如此。古代浙江学者的地理学是描述性的，相当部分是以地域为单位的地情描述，研究地理沿革是为传统。王士性的《广志铎》、胡渭的《禹贡锥指》、全祖望七校《水经注》、徐松的《西域水道记》等，皆为卓著，其中王应麟著《通鉴地理通释》为古代历史地理名著。

近代浙江籍学者最早系统提出历史地理学。1923 年张其昀发表《历史地理学》。1934 年，谭其骧与其师顾颉刚共同发起成立专门研究沿革地理的学术团体“禹贡学会”并编辑出版《禹贡》(半月刊)杂志，推动了中国的历史地理学研究及其学科的创建，除历史自然地理学外，更涉历史沿革地理学、历史经济地理学、历史城市地理学、历史政治地理学、历史民族地理学等。在国内影响重大的有王国维的沿革地理、葛绥成的地名学、竺可桢的历史气候、张其昀的人文地理学、章巽的交通地理学、任美锷的历史地理与经济地理学、翁文灏的地史、陈述澎的遥感地学(历史地理学方法)、陈桥驿的郦学、葛剑雄的古代人口地理学、黄时鉴的世界地图等，皆有学术大著。谭其骧的《中国历史地图集》是中华人民共和国成立之后中国社会科学领域取得最重大的成就之一。陈桥驿对历史地理图集等的诸多评论，是为现当代历史地理学的理论经典。

民族学是以民族及其文化为研究对象的学科。主要包括以动态的观点研究民族的历史发展规律，以及经济结构、社会组织、习俗信仰等物质文化、社群或制度文化以及精神文化的全部内容。浙江少数民族人口比重小，民族问题研究及学者相对较少。代表性学者如蔡元培、何联奎、陶孟和、张公瑾、白翠琴、徐杰舜、藤星等浙籍早期学者及其创建的民族学理论，如蔡元培对民族学的定义，何联奎的民族文化学等。民国后期至中华人民共和国成立之初，浙江的民族学教学与研究主阵地在浙江大学，有吴定良、田汝康、马长寿等一批著名人类学家主政学术。1952 年浙江大学的人类学系并入复旦大学。20 世纪下半叶，尤其是 80 年代至 21 世纪初，浙江的民族学(人类学)研究逐渐形成了 4 个专业特色：一是绍兴文理学院与浙江省社会科学院的越族文化研究，其中，绍兴文理学院组织编写的“越文化研究丛书”是全面讨论越民族文化的具有较强学术性的大型丛书。二是温州大学、丽水师范专科学院的畲族研究，有邱国珍的《浙江畲族史》等。三是浙江大学等高校的人类学研究，涉猎教育人类学、影视人类学、应用人类学、非物质文化遗产研究、畲族史等。代表性论著有庄孔韶的《教育人类学》、阮云星的《政治人类学：亚洲田野与书写》、刘朝晖的《超越乡土社会》、董楚平的《吴越文化初探》、徐建春的《外越与日本列岛》、名重者有萧楼的《夏村社会:中国"江南"农村的日常生活和社会结构(1976—2006)》等。四是以浙籍学者徐杰舜组建的、由陈华文等为主干的汉民族研究团队的系统研究。

第一节　历史地理学研究

浙江学术自古重地理,尤重历史地理学,涌现了许多一流的地理学家及许多重要的地理学成果。近现代,浙江学者在推动传统的沿革地理向具有现代学科意义的历史地理学发展过程中,曾作出了卓越的贡献。民国12年(1923年),张其昀发表《历史地理学》,系统介绍此学科理论。民国23年,谭其骧与其师顾颉刚筹备建立禹贡学会,出版《禹贡》杂志,并于民国24年,将学科英译名改用"中国历史地理",为中国历史地理学的教学和研究奠定了基础。至1950年,教育部正式将"中国沿革地理"改为"中国历史地理"课程。此后,浙江学人在郦学研究、沿革地理研究、古都和历史名城研究、人类活动与地理环境变迁研究以及历史地图编制及理论研究方面,取得了一系列重要成果,在国内外产生了极为重要的影响。

一、研究历程与学术成果

(一)历史人文地理研究

浙江古代历史人文地理研究,东汉时期,《越绝书》和赵晔《吴越春秋》除历史故事之外,还有相当部分的内容为历史地理陈述。

自汉魏以来,浙江在历史人文地理研究方面,名家辈出,成就斐然,古代的代表人物及学术成就主要有:

宋元之际王应麟的《通鉴地理通释》与历史地理研究。王应麟,自幼聪慧,9岁通《六经》,20余岁中进士,官至国史编修、礼部尚书兼给事中等,一生著述巨富。所著《通鉴地理通释》《诗地理考》,开历史地理研究之先河。前者以"观通鉴,将笺释其地名,举纲提要,首以州域,次以都邑,推表山川,参以乐毅、王朴之崇论,磁议,稽《左传》《国语》《史记》《战国策》《通典》所叙历史形势,以成兴替成败之鉴"。① 后者转录郑玄所撰《郑氏诗谱》,又旁采《尔雅》《说文解字》《地志》《水经》诸书,凡涉及其中地理地名者,荟为一书,乃《诗经》地理学开山之作。

明代《王士性地理学三种》与人文地理研究。王士性,一生游迹遍及全国14省,穷幽极险,凡一岩一洞,一草一木之微,无不精订,注重自然山水的同时考察人文现象,对地理学的区域性特点进行深究,认为自然环境对于人的行为有决定性的影响。如将浙江全境分为杭嘉湖平原水乡、金衢严处丘陵地带、宁绍温海滨之地,并各表经济状况及人的性情、风俗。他还注意到中国经济、文化重心历史性地由北向南的转移,认为"自昔以雍、冀、河、洛为中国,楚、吴、

① 〔元〕王应麟:《通鉴地理通释·自序》,中华书局2013年版。

越为夷，今声名文物反以东南为盛。”[①]其地理学代表作主要集结有《王士性地理书三种》，即《广志铎》《五岳游草》《广游志》。其著被认为是研究中国历史地理及自然地理的重要文献，其人被认为是“与徐霞客差相同时的杰出地理学家”。[②]

清代胡渭的《禹贡锥指》与中国古代沿革地理研究。胡渭，笃志经义，尤精舆地学。康熙二十九年(1690 年)，分纂《大清一统志》。三十六年(1697 年)，撰《禹贡锥指》(上海古籍出版社 2013 年版)，阐释《尚书·禹贡》，历数九州分域、山水脉络的沿革变化，其中导河一章，备考历史决溢陈流之迹，对后世研究黄河变迁颇有价值。该著开清代研究沿革地理的专门学问，有“古今地理志之祖”之誉。

近现代及当代的代表人物与学术成就有：

王国维的沿革地理研究。沿革地理主要研究历代政区和疆域的变化，晚清民国是中国从沿革地理向历史地理演变的重要时期。王国维在这方面做了大量的考据学研究，主要集中在其《观堂集林》卷十二、十三、十四、十五(中华书局 2004 年版)内，涉文有《说自契至于成汤八迁》《秦都邑考》《秦郡考》《汉郡考上下》《浙江考》《西胡考上下》《鞑靼考》《西域井渠考》等 20 余篇，在先秦时期的部族名称和部族迁移、国家地域、都城以及秦汉郡的变迁、辽金元时期的边疆部族及其文献等方面，都有精到的研究。

葛绥成的地名学与边疆地理研究。葛绥成，曾任震旦大学、英士大学、暨南大学等地理系教授，发起成立中华地学会和中华地理教育研究会。其对地理学的主要贡献之一是编写 3 部地名辞书，即《中外地名辞典》(合作)、《最新中外地名辞典》(中华书局 1940 年版)、《最新中外地名更置录》(1992 年)；在沿革地理研究方面的代表作有《中国近代边疆沿革史》《中国边疆沿革史》(中华书局 1926 年版)，译有《最新世界殖民史》等。其中《最新中外地名辞典》，共收中外地名约 25000 条，是中华人民共和国成立前篇幅最大的中外地名辞典。谢前明(湖南湘乡人，长期在浙江从事地名工作)的《地名规划原理》(湖南地图出版社 2003 年版)，不但阐述了城市、区域地名的规划、地名规划的整合管理，对有史以来地名的语词结构、意义、要素、美学、地理链及地名命名采词等方面也多有论述。

张其昀与人文地理学。张其昀，中国著名地理学家、历史学家，中国现代人文地理学与历史地理学的开创者之一。曾任职于国立中央大学地理系、国立浙江大学史地系(主持史地系工作 12 年)、哈佛大学等，出任中国地理学会总干事，1949 年到台湾(省)。民国 12 年(1923 年)，他在《史地学报》上发表《历史地理学》一文，使历史地理学在中国成为专门的学科。他著有《中国地理学研究》(1955 年)、《政治地理学》(1955 年)、《本国地理》(上中下册，南京钟山书局 1934 年)、《中国区域志》等，论文有《最近欧洲地理学进步之概况》等，译有美国鲍曼的《New World》(中译名《战后新世界》，商务印书馆 1927 年版)、法国白吕纳的《人生地理学》(商务印书馆 1929 年版)等。他对江浙人文地理具有独到的研究，著有《浙江省史地纪要》(商

① 〔清〕王士性:《广游志》,《王士性地理学三种》,上海古籍出版社 1993 年版。

② 谭其骧:《与徐霞客差相同时的杰出的地理学家——王士性》,载《纪念徐霞客论文集》,广西人民出版社 1987 年版。

务印书馆,1925)、《江浙二省人文地理之比较》《浙江人文对于日本之影响》《西湖风景史》《中国之国都问题》(《东方杂志》1927年)等。民国23年(1934年)3—5月,应浙江省建设厅之邀,考察浙江省全境,写成了《浙游纪胜》《浙江省之风光》《浙江省风景区之比较观》等。抗日战争前期,又对中国东北之边防提出地理学之见解,撰写有《东北地理考察团经过情形》《东北之黄渤二海》《东北之葫芦岛筑港》《东北之海防》《榆关揽胜》等文章及《东北问题》(1937年)。民国26年7月之后,先后写成《卢沟桥位置》《中国历史上之国防区域》《中国历史上之建国精神》及《国防中心论》《论建都》等国防地理、政治地理论作。

谭其骧历代政区研究与历史地理学理论。谭其骧,中国科学院院士,中国历史地理学的开创者和奠基人之一。民国23年2月,与顾颉刚发起成立禹贡学会,并自筹资金于同年3月1日始编辑出版《禹贡》半月刊,“同人谋以沿革地理之研究,裨补民族复兴之工作,俾尽书生报国之志”,至民国26年因“七七事变”而停刊,共出版7卷82期708篇文,是中国第一份有影响的历史地理学科专业刊物。早期从事沿革地理研究,尤精秦汉政区研究,多有标新立异之处。早在20世纪30年代初,他就对当时学术界关于《尚书·尧典》十二州应是袭自汉武帝时的制度的观点提出疑义,认为十二州为东汉之制而非西汉之制。[①] 30年代中期,他立异于《汉书·地理志》《晋书·地理志》对嬴秦36郡之说法,认为该两志均有脱漏,他在全祖望《汉书·地理志稽疑》与王国维《秦郡考》等的基础上,著《汉百三郡国建置之始考》(《地学》,民国22年第2期)及之后著《秦郡新考》(见《长水集》,人民出版社1987年版),核实秦郡总数为48个,并强调“若必欲断言为三十六或四十八,徒见其牴牾凿枘,是亦不可以已乎?”[②]同一时期,他还著有《秦郡界址考》《新莽职方考》,后者对西汉末年王莽时期郡县易名作以考证,填补了这一时期中国古代政区地理的空白。他的历史地理学理论与方法研究建树也丰,较集中地反映在他的《历史人文地理研究发凡与举例》上下篇、《对今后历史研究工作的四点意见》《在历史地理研究中如何正确对待历史文献资料》《编写古地名条目应注意的几个问题》(《长水集续编》,人民出版社1994年版),以及《黄河史论丛》(复旦大学出版社1986年版)等论著中,这些论著比较系统地提出了历史地理学的理论体系和研究方法。

章巽的交通地理学。章巽,曾任《大公报》驻美国记者留学三年,是中国著名的中西交通史专家,专长于历史地理、中外交通史、航海史等研究领域;校点有佛教地志类著作《法显传》1卷和《大唐西域记》,出版有《我国古代的海上交通》(上海新知识出版社1956年版)、《古航海图考释》(海洋出版社1980年版),受到国内外学术界的高度重视与好评;编译有《中亚古国史》(中华书局1958年版),对古西域交通线的分布和地域区分作以考证和描述。

在历史交通地理方面,1984年7、8月间,中国唐史学会、杭州大学、江苏省社会科学院、安徽省社会科学院、河南省史学会等单位联合组织唐宋运河考察。杭州大学历史系李志庭、蒋兆成、陈仰光、楼毅生、包伟民等5人参与组织并考察了自浙江普陀、宁波直至河南郑州全程。撰写了浙东运河、江南运河杭州段和嘉兴段考察日记(李志庭、楼毅生整理)、《运河与杭

---

① 谭其骧:《讨论西汉州制致顾颉刚先生书》,见《长水集》,人民出版社1987年版。

② 百度文库·翡翠教育集团:《谭其骧的历史地理学研究》,2016年5月16日。

州》一文(李志庭、楼毅生撰写),后分别收入《唐宋运河考察记》(人文丛刊第八辑,1985 年版,该书后记中李志庭、楼毅生整理的浙东运河段下漏江南运河杭州段、嘉兴段等文字)和《运河访古》(上海人民出版社 1986 年版)。收入《运河访古》的还有陈桥驿为该书撰写的《浙东运河的变迁》一文。2001 年,中华书局出版了《中国大运河》一书,该书由中共无锡市委副书记、政协主席陈璧显主编,浙江学者曹家齐(浙江大学博士后)撰写了第二章两宋时期,李志庭撰写了第六章明清时期第一、二、三节。2010 年杭州市政协主席、党组书记孙忠焕主编了《杭州运河史》,该书由宋涛、王利民任副主编,李志庭、徐吉军、鲍志成、项文惠、顾志兴、周新华等撰稿。(《杭州运河史》2011 年由中国社会科学出版社出版)。

其他历史人文地理研究还有越语地名研究、政区沿革研究、人口研究等。

关于越语地名研究,晚清李慈铭在《越缦堂日记》就有对越人地名、人名所使用的汉字作过考证,其记:“盖余姚如余暨、余杭之比,皆越之方言,犹称於越、句吴也。姚、暨、虞、剡,亦不过以方言名县,其义无得而详”。陈桥驿为吴越文化研究之奎首,在所著所编的《绍兴史话》(上海人民出版社 1982 年版)、《吴越文化论丛》(中华书局 1999 年版)、《绍兴历史地理》(与车越乔合著,上海书店 2001 年版)、《绍兴简史》(与颜越虎著,中华书局 2004 年版)等著论中,皆关涉越语言研究。其在《萧山方言趣谈》序中说:“古代越人是一个只有语言没有文字的部族,现在留下的古代越词越语,都是越音汉译”。“正是因为越语汉译,所以后来进入这个地区的汉人,往往望文生义,用汉义解释越语。例如以汉人传说中的志释馀姚、舜释上虞之类。”①这方面研究,还有朱锡三、杨葳著《鲁迅故乡的方言炼话:越语趣谈》(云南美术出版社 2004 年版)。王炜常对于家乡萧山地名的研究也成果颇丰。

1984 年李志庭撰写了《浙江省名的由来》一文(《学习与思考》1984 年第 6 期),认为“钱塘江古称浙江,它是浙江省境内最大的河流,也是浙江省名称的由来。”“按照历史情况来看,‘浙江’之名,……当出自越人之口。当时中原人亲耳所闻,著述撰文只取译音,所以就有‘淛’、‘浙’、‘渐’等不同写法,其实不过一音之转。我们的祖先亦即越人之所以把它命名为浙江,必有其意。只是由于年代久远,史籍阙记,我们今天还无法解释其含义罢了。”此后,浙江省地名委员会《地名工作通讯》第 37 期(1984 年 7 月)、《浙江地名文汇》(1989 年第 1 期)摘要登载了此文。1987 年 10 月 24 日,谭其骧在《编写古地名条目应该注意的几个问题——在〈浙江古今地名词典〉学术座谈会上的讲话》中指出:“近代学者王国维写了一篇浙江考,他才辨别,古代的浙江就是现在的浙江,就是现代钱塘江。……可惜的是浙江是越语,王国维没有指出。实际上因为‘浙’、‘淛’、‘渐’是越语,在译的时候有点出入,如此而已。把浙读成曲折,也完全是望文生义,靠不住的。”(谭其骧《长水集续编》,人民出版社 1994 年版第 254 页。原载浙江省地名委员会、浙江省地名学会《地名文汇》1989 年第 1 期)陈桥驿主编《浙江古今地名词典》(浙江教育出版社 1991 年版)在“浙江省”这一词条中,进一步肯定:“浙江这个省名,来源浙江这条河流。浙江一名,……也无非是越音汉译。”

关于浙江政区沿革研究,尤其是地名沿革研究方面,有杨小法、吕以春等。杨小法曾任浙

① 陈桥驿:《萧山方言趣谈》,方志出版社 2004 年版。

江省地名学会常务秘书长12年，专长于浙江地名沿革研究。1987年，其著《夏禹地名考》(《地名知识》1987年第6期)、《西施与地名》发表后，被《人民日报·海外版》转载。其编纂有《浙江地名简志》《浙江地名研究》《中华人民共和国地名词典·浙江卷》(商务印书馆1991年版)等。吕以春长期从事历史地理研究，尤长地名学，并以此切入对浙江政区沿革的研究。其在《五代吴越的基本国策与都城杭州的开拓》(杭州大学出版社1987年版)一书中，将杭州城的政区沿革分为两个大的时期，一是五代时的吴越国，称"西府"或"西都"，二是南宋，称"行在所"，升杭州为临安府。前者系地方割据政权，建都杭州时间约80年；后者为正统的中央政权，建都杭州时间长达150年，是杭州城市发展的高峰，使杭州成为全国第一大都会。其《五代吴越国县名更改》(《钱镠研究》第1辑)、《五代吴越的基本国策与县名更改》(《杭州大学学报》1985年第3期)认为，吴越国在行政建置方面，对县名的更改极其频繁，究其缘由，主要是受"保境安民""善事中国"这一基本国策的制约和影响。此外，他还著有《西湖漫话》(与叶光庭合作，天津人民出版社1982年版)、《杭州西湖堤名考》(《杭州大学学报》1994年第4期)、《舟山群岛古今地名研究》(《杭州大学学报》1983年第2期)等。

关于历史人口地理研究。葛剑雄与《西汉人口地理》。葛剑雄，中国历史地理、人口史著名学者，师从谭其骧，曾任复旦大学中国历史地理研究所、历史地理研究中心主任、中国地理学会历史地理专业委员会主任、十二届全国政协常委等职。所著《西汉人口地理》是中华人民共和国出版的第一部历史人口学博士论文，开创了历史人口地理研究的新领域；在系统梳理资料的基础上，详细论述了西汉各阶段的人口数量与人口增长率、人口的地理分布与其形成原因、人口迁移问题①。《统一与分裂——中国历史的启示》(上海三联书店1994年版)是作者对中国政治地理理论的开拓。《未来生存空间·自然空间》(上海三联书店1998年版)是在自然地理学领域中关于未来环境生态的专论。其著《悠悠长水：谭其骧前传》《悠悠长水：谭其骧后传》(华东师范大学出版社1997年、2000年版)系统地论述了谭其骧从沿革地理到历史地理学的学术历程和编绘《中国历史地图集》的学术功绩。

(二)历史自然地理研究

浙江在历史自然地理方面，早在北宋年，沈括在《梦溪笔谈》中就有地形学的研究，其流水侵蚀作用对地形变化的理论，比英国的赫顿在《地球理论》中提出的相似观点早约700年。清代徐松著有历史地理类著述《唐西京城坊考》《新疆识略》等，其所著《西域水道记》(文海出版社版1966年版)是西域历史自然地理的名作，以实地调查、踏勘新疆水系为基础撰成；又作《西域水道记》外二种(朱玉麒整理，中华书局本2005年版)，即《汉书西域传补注》《新疆赋》。近现代的浙江学者在历史自然地理研究方面，主要集中于气象地理、地质地貌、古地理、水道口岸、自然区划以及郦学等方面，且可谓名人杰出，成果在国内外具有重大影响。主要代表性人物和成果如下：

竺可桢与历史气候及地学研究。竺可桢，中国卓越的科学家和教育家，当代著名的地理

---

① 葛剑雄：《西汉人口地理》，人民出版社1986年版。

学家和气象学家，中国近现代地理学的奠基人，早年留学美国，1918年以论文《远东台风的新分类》获哈佛大学气象学博士学位，先后创建了中国大学中的第一个地学系和中央研究院气象研究所，担任13年的浙江大学校长（1936—1949年）；1949年以后，出任中国科学院副院长、院士（学部委员），开辟了自然资料综合考察事业。民国时期是其学术著述的重要时期，气象学著作尤盛，著有《吾国地理家之责任》（《科学》1921年第7期）、《南宋时期我国气候之揣测》《中国近代历史上气候之变迁》等重要论文，始用西方的方法探讨中国历史时期的气候变迁及其规律。在东南大学（1921年），他培养了中国第一代地理和气象工作者，所编写的《地学通论》为中国第一部现代地理学著作。其《中国气候区域论》是气象地理理论的代表作①。1963年与宛敏渭合撰《物候学》（科普出版社1963年版）为中国农业发展作出了重要贡献。

侯慧粦与河湖及地名研究。侯慧粦（祖籍广东梅县，生于杭州）专长于河流湖海的历史地理学研究，毕生考察中国的河湖水系。著有《湘湖的形成演变及其发展前景》（《地理研究》1988年第4期），该文认为湘湖的存亡和当地的自然、人文条件密切相关，湖泥制砖的兴起，改变了历史时期作为农业灌溉的职能，使之残剩为河流型的湖泊。其《浙江省海岛土地资源开发利用探讨》[《浙江大学学报・理学版》1996年第2期]一文，在分析浙江省海岛土地利用现状及其特点的基础上，提出合理开发利用的战略对策。其还著有《祖国河流考察记》（少年儿童出版社1990年版）。《浙江河湖地名考》（《中国历史地理论丛》1985年第2期）等。

谭其骧对于黄河的研究。在历史自然地理研究中，谭其骧对黄河变迁史的研究最为卓然。20世纪60年代初，谭其骧将自己长期思考黄河的安流问题之心得，著成《何以黄河在东汉以后会出现长期安流的局面——从历史上论证黄河中游的土地合理利用是消弭下游水害的决定性因素》（《长水集・自序》），否定了原由于璟治河有方的单一传统说法，阐明了近千年来黄河决堤泛滥的分期及原因，从而论证了黄河中游地区农牧业的交替发展、植被状况与下游河道变迁的密切关系，提出了黄河治理的方略。对于汉代之前黄河下游的变迁也作以详细的考证，著有《〈山径〉河水下游及其支流考》《西汉以前的黄河下游河道》两文，从《山经》中找出了"一条远比《禹贡》河水详确得多的大河道"，钩稽出一条从未被人所知的上古黄河故道。（百度文库・翡翠教育集团《谭其骧的历史地理学研究》）其主编有《黄河史论丛》，收辑了一些论述历史时期黄河变迁、若干重大洪水、黄河改道及历代治河的重要文论。

陈桥驿的通识地理与浦阳江研究。陈桥驿，为著名历史地理学家，郦学研究泰斗，曾任中国地理学会历史地理专业委员会主任。早期在绍兴地区新昌中学时，就穷究《水经注》，成果扎实，积数十年之功，于1985年出版《水经注研究》，轰动地理学界。谭其骧称"此书问世，实为郦学史上一巨大里程碑"。20世纪50年代，其出版《淮河流域》（春明出版社1952年版）、《黄河》（益智书店1953年版）、《祖国的河流》（新知识出版社1954年版），为当时中国的历史自然地理研究方面的代表性著作。其中《祖国的河流》一书4年内竟9次再版，成为中华人民共和国成立后最畅销的地理书，奠定了其在历史自然地理学方面的地位。20世纪80年代初，他发表《论历史时期浦阳江下游的河道变迁》（《历史地理》创刊号，1981）一文，否定了明代

---

① 竺可桢：《中国气候区域论》，《气象研究所集刊》第1号，南宋北极阁，1929年。

以来方志对浦阳江下流的记载，认为今浦阳江河道原本就是浦阳江的河道，只是宋代以来在今碛堰山山口建起了碛堰，才逼使浦阳江水流改走西小江河道，此后的数百年间，碛堰时废时兴，到了成化年间以后，浦阳江下游河道才彻底恢复到宋代以前的“故道”。此后，浙江地方史的研究者多采信陈桥驿的说法。

浙籍学者主编《中国历史自然地理》分册。20 世纪 70 年代中国科学院主持组织专家学者编写《中国自然地理》一书。其中《中国历史自然地理》分册(科学出版社，1982)由浙籍学者谭其骧、陈桥驿及学者史念海主编。全书由《总论》《历史时期的气候变迁》《历史时期的植被变迁》《历史时期的水系变迁》《历史时期的海岸变迁》《历史时期的沙漠变迁》等 6 章组成，全面、系统地阐述了中国历史时期自然地理环境的变迁及其规律，代表了当时中国历史地理学研究的最高水平。其中谭其骧参与第四章第二节《黄河》、第三节《长江》的撰写，陈桥驿参与了第一、三、四章第一节《概述》、第八节《运河》的编写。

2001 年 5 月 27—31 日在浙江大学西溪校区召开了“浙江大学(国际)历史地理学术研讨会”。浙江学者在会上发言的有阙维民《杭州城市发展的历史规律与基本观念》、李志庭《隋唐五代时期浙江自然地理环境概述》、孔陈焱《明代来华欧洲人对浙江的认识》、钟翀《中世江南开发史的认识》等，并被收入《史地新论——浙江大学历史地理学术研讨会论文集》(阙维民主编，浙江大学出版社 2002 年版)。

另外，任美锷的历史自然地理研究亦有不少成果，著有《中国自然地理纲要》(合作，商务印书馆，1979)、《北京周口店洞穴发育及其与古人类生活的关系》(《中国科学报》1981 年第 3 期)、《黄河泥沙输入及其对渤海、黄海沉积作用的影响》(《地理科学》1986 年第 1 期)、《我们的母亲河》(清华大学出版社、暨南大学出版社 2002 年版)等。

著名历史地理学家邹逸麟，师从谭其骧，多年从事《中国历史地图集》的编绘工作，擅长于中国历史时期水道的变迁，收入谭其骧主编《黄河史论丛》(复旦大学出版社 1986 年版)的就有《读任伯平“关于黄河在东汉以后长期安流的原因”后》《宋代黄河下游横陇北流诸道考》《金明昌五年河决算不上一次大改道》《元代河患与贾鲁治河》《万恭和〈治水筌蹄〉》《黄河下游河道变迁及其影响概述》等文章，尤其是对中国大运河的研究，学术界有北马(振林)南邹(逸麟)之称。邹逸麟还著有《中国历史地理概述》(福建人民出版社 1993 年版)。

(三)历史地图学研究

历史地图是反映人类某一历史时期自然、经济、政治、军事、文化等状况的地图。历史地图学是研究历史地图的基本要素和表现方法，把历史地理研究的成果表现在地图上。历史地图的编绘和研究，是整个历史地理学研究的重要方面。

清代德清人胡渭著《禹贡锥指》20 卷，作图 27 幅，搜方志舆图，阐释《尚书·禹贡》，详述九州分域、山水脉络的沿革变化，为“清代研究古地理之首”。(梁启超语)目前以邹逸麟整理的《高贡锥指》本(上海古籍出版社 1996 年版)为最佳。其又撰有《易图明辨》10 卷，考定宋儒所谓“河图”“洛水”之误。其后有上虞人徐松，是为著名地理学家，所著《西域水道记》作图计里画方，甚为详细。清光绪年浙江巡抚梅启照，组织人员测绘并于光绪七、八年间由官书局最终镘版付梓完成《浙江省垣城厢图》，该图谱系介于《浙江省垣坊巷全国图》《浙江省城图》之间，翔实反映了晚清杭州城市围郭构型，水陆交通、信仰要素和政府机关等城市空间形态。（陈吉《晚清杭州城市历史形态研究》，上海师范大学学位论文。手机知网，2015 年）

章巽是著名的中西文通史专家，尤擅长于历史时期中西交通地理学，其著《古航海图考释》（海洋出版社 1980 年版），对以形为主的孤本古航海图，细心整理，详加考释，是一部研究古地图的力作。

中华人民共和国成立之后，浙江学人在世界地图方面作过研究。如黄时鉴、龚缨晏著《利玛窦世界地图研究》（上海古籍出版社 2004 年版）一书，认为利玛窦世界地图的绘制与流传，曾强烈冲击中国人传统的“天下”观。在世界地图绘制史上，它在总体上呈现“万国”完整图像方面，也显然超出前人的重大成果①。但影响深远的是谭其骧主持编制、出版的《中国历史地图集》。

自 1955 年经吴晗等推荐，谭其骧主持编绘《中国历史地图集》，该地图集 1974 年出版，1982 年由地图出版社再版。谭其骧强调运用历史学的方法并重视文献资料和前人成果，从而打通传统考据学与现代地理学，将中国旧式的沿革地理发展成为现代历史地理学。《中国历史地图集》按历史时期分为 8 册：第一册：原始社会、夏、商、西周、春秋战国时期；第二册：秦、西汉、东汉时期；第三册：三国、西晋时期；第四册：东晋十六国、南北朝时期；第五册：隋唐、五代十国时期；第六册：宋、辽、金时期；第七册：元、明时期；第八册：清时期。按年份分为 20 个图组，304 幅地图。地图上内容包括：已知原始社会遗址和其他时期重要遗址的分布，中国历史上各民族建立的政权疆域政区或活动范围、民族分布、秦以前见于记载的全部可考地名，自秦代开始全部县以上地名，一二级政区的界线，可考的长城、关津、堡寨、谷道、陵墓、庭帐等及主要的河流、湖泊、山岭、海岸线、岛屿等。该《图集》打破了以往历史地图集只重视中原王朝和汉族政权的绘制传统，确定以 19 世纪 40 年代前的清朝版图为历史上中国的基本范围，各历史时期所有在此范围中的民族建立的政权都得以显示；尽量吸收考古学、地理学及相关学科的研究成果，用于核实校正文献记载；在总结清末杨守敬编的《历代舆地图》经验基础上，采用以各历史时期大行政区（或监察区、地理区）分幅，按内容密度确定了不同比例尺；对总图或分幅图，都确定标准年代，使各时期尽量显示同一年代的政权疆域和政区建置。该图集完整地体现了中国各历史时期的疆域、政区、城市、重要村镇和自然地理面貌，被视为中华人民共和国成立以来社会科学最重要的成果之一。受谭其骧等人委托，陈桥驿在《中国社会科学》（1985 年第 4 期）发表了《评〈中国历史地图集〉》（《中国社会科学》1985 年第 4 期），该文对《中国历史地图集》进行了评价，认为该图集的出版是历史地理领域“一件划时代的大事”，是中国公开出版的篇幅最大的地图集。该文也指出从西晋裴秀的《禹贡地域图》直到杨守敬的《历代舆地图》，这些地图都属于示意地图一类，《中国历史地图集》则完全不同，它是按投影原理有经纬网格和比例尺的用现代制图方法绘制的历史地图集。文中剖析了历史地图集的编绘难点，认为古代的内容要在现代地图上定位，这就形成了两套地图标注系统，并存在着将示意地

① 黄时鉴：《利玛窦世界地图研究百年回顾》，《暨南学报·哲学社会科学版》2006 年第 2 期。

图转换成现代的量化地图的问题。该文还认为历史地图不同于其他一切地图的特点和难处，就在于这种地图存在着自然地理内容和人文地理内容的古今对照；编绘者从古代文献中整理出来的，一般都只有性状描述的大量自然和人文内容，最后必须落实在一幅现代地图上，编绘者要把这些示意地图上的注记符号，移植到有精确计量标准的现代地图上，接受计量的考验。该文指出了《中国历史地图集》存在的不足，包括自然环境的变迁没有充分的给予表达；海岸的伸张和退缩，沧海桑田的海岸变迁也不尽全然反映等。阙维民著有《杭州城池暨西湖历史图说》（浙江人民出版社 2002 年版）。

二、专题研究

（一）《水经注》研究

《水经注》是南北朝地理学家郦道元在《水经》基础上扩充撰写，是中国第一部记述水系的专著。著者和成书年代历来说法不一，颇多存疑。引后世研究者辈出。

第一，古代《水经注》研究。

全祖望家族有研究水经注的传统，嘉靖年间（1522—1566 年），全元立校《水经注》；万历年间（1573—1620 年），全天柱再校，清顺治年间（1644—1661 年），全吾骐又校之。全祖望一生七校《水经注》，是《水经注》学术史的一个高峰。

全祖望对《水经注》研究的重要贡献，首先是调整《水经注》的编目。《水经注》流传千年，在传抄中导致体例混乱，难以分清头绪；全祖望五校本另编序目，四渎以江（长江）、河（黄河）等河流为纲，按所属区域，将 123 条河流分成北渎、南渎，大致上以大水系统辖小的河流。其次是厘清注文。《水经注》注文混乱，一直未予厘清。全祖望将五校本注文分大注和小注，大注叙水系，小注兼及州、郡、城郭之沿革，并涉及水道。另引各类杂书、沿革、逸事又附注于余录。五校本始将用字体的大小分排，“大注为大文、小注则皆小字。”再次，极尽所能搜集各种版本，对讹、漏、夺、羡、剩、窜、乱、伪等文字校补修正。乾隆十七年（1752 年），全祖望完成了七校本。抗日战争前，只有七校本流传，卷首有五校本题辞与序目，王先谦、胡适疑七校本为伪作，后五校本发现，胡适等自认误判。

清代学者赵一清，著有《水经注释》40 卷、《水经注笺刊误》12 卷、《直隶河渠志》132 卷等地理著作。《水经注释》于乾隆十九年（1754 年）成书；五十一年（1786 年）刊行。全书共两部分：第一部分为《水经注释》，以明朱谋𬙊《水经注笺》为底本，参较其他校本约 30 种，博采旧籍及前人考订，校核旧本中经、注不分五百余处；并采用全祖望五校本大注小注的见解，用大小字区别大小注文；另将唐宋地志引《水经注》的内容，辑录成篇，补出已散佚的 12 条河流，释文部分辑录其他文献及前人考订。第二部分为《附录》2 卷，从近 40 种古籍中辑录《水经》和《注》的著录、序、跋及考证等。

第二，近代、现当代的郦学研究。

郦学是针对郦道元《水经注》的研究，分为考据学派、词章学派及地理学派。明代朱谋𬙊、谢兆坤等著《水经注笺》（万历四十三年刊印），开启郦学的考据学派新时代。晚明钟惺、谭元春评点《水经注》发展出郦学的词章学派。晚清杨宗敬、熊会贞撰《水经注疏》40 卷稿成，为近代郦学的地理学派之开篇。

近现代整理出版的《水经注》新版本，首先是王国维的《水经注校》（袁英先、刘寅生整理标点，上海人民出版社 1984 年版）。王氏将其精研的宋刊残本、明永乐大典本、明抄本及明清以来诸名家校本之异同，作以比照，是杨氏、熊氏的《水经注疏》之后最重要的一部新版本，对于研究《水经注》版本的源流及变迁极具价值。

当代郦学泰斗当推陈桥驿。陈桥驿对《水经注》的研究，始于 20 世纪 40 年代在新昌任教期间。50 年代出版有《淮河流域》《黄河》《祖国的河流》等。自 60 年代，陈桥驿开始发表《水经注》研究著述。1985 年，天津古籍出版社出版其《水经注研究》（以后续著述论，称为一集），《水经注》研究进入新的阶段，其中《水经注佚文》一文，从 150 多种古籍中，辑出今本《水经注》佚文 356 条。1987 年，山西人民出版社出版其《水经注研究二集》。1992 年，山西人民出版社出版其《郦学新论〈水经注〉研究之三》，其中《郦学概论》分析了《水经注》的成书与源流、郦学的形成与“考据”“词章”“地理”三大学派的发展以及赵、戴《水经注》案，近代国内外研究状况。1987 年，上海人民出版社出版其《郦道元与水经注》。1993 年，南京大学出版社出版其《郦道元评传》。在校勘方面，1989 年，江苏古籍出版社出版了段熙仲点校、陈桥驿复校的《水经注疏》。

在《中国历史地理论丛》1993 年第 1—4 辑、1994 年第 1—2 辑、1995 年第 2—3 辑上，陈桥驿连续发表《郦学札记》8 篇论文，对《水经注》版本、注文讹误、佚文、经注混淆等问题做了系统且严谨的考证。1995 年，陈桥驿在“中华文史论丛”第 53 辑发表了《民国以来研究〈水经注〉之总成绩》。1990 年，上海古籍出版社出版了陈桥驿标点、校勘的武英殿聚珍版本《水经注》。《中国史研究动态》1996 年第 5 期发表了郗志群《最近十年来〈水经注〉研究概述》，文中称“十年来研究《水经注》的专著，最应首先介绍的就是陈桥驿的 5 部专集”，“《水经注》是一部地理学名著，它对历史人文地理及历史自然地理的记载，历来受到郦学家的重视，这方面陈桥驿的研究仍然是最突出的”。

1999 年，杭州大学出版社出版陈桥驿《水经注校释》，严军在《北京大学学报》2004 年第 2 期发表《陈桥驿〈水经注校释〉评议》，称之为“《水经注》众多版本中继往开来、承前启后之作”。2003 年，杭州出版社出版陈氏《水经注研究四集》。2007 年，中华书局出版其《水经注校证》，获第六届吴玉章人文社会科学奖。2008 年，浙江大学出版社出版陈桥驿《水经注论丛》。

（二）中国古都和历史名城

第一，古都与城镇史的历史地理学研究。

浙江学者是中国古都和历史名城研究的发起人。20 世纪 80 年代，陈桥驿以杭州曾为南宋都城为据，提议杭州应为中国古都之一，获得了学术界与社会的承认，并主编《中国六大古都》（中国青年出版社 1983 年版）一书。1983 年，谭其骧认为安阳曾经长期作为殷商都城，应该列入中国古都之中。1991 年，陈桥驿主编《中国七大古都》（中国青年出版社 1991 年版）一书，响应谭其骧的建议，将安阳列入中国古都之列。中国历史文化名城研究方面，还有陈桥驿主编的《中国历史名城》(中国青年出版社 2004 年版)、《中国都城辞典》(江西教育出版社 1999 年版)等。

陈国灿专长于研究城市地理,著有《宋代江南城市研究》(中华书局 2002 年版)、《浙江城镇发展史》(杭州出版社 2008 年版)等。其《南宋城镇史》(人民出版社 2009 年版)一书,以南宋为历史文化背景,研究南方城镇的地域环境、分区状况、分布网络、形态和类型、街区结构以及经济、社会发展状况。

第二,杭州古都的历史地理学研究。

自陈桥驿推崇杭州为中国六大古都之一,浙江史地学者对此多有研究。林正秋撰有系列论文、著作研究杭州古都的史地状况,有《杭州西湖历代疏治史》上下篇(《现代城市》2007 年第 3 期、4 期)、《南宋朝廷对西湖的七次大治理》(《杭州通讯·生活品质版》2009 年第 2 期)、《南宋都城临安研究》(中国文史出版社 2006 年版)、《南宋都城临安人口数考索》(《杭州大学学报·哲学社会科学版》1979 年第 1 期)、《南宋都城临安》(西泠印社 1986 年版)、《南宋杭州天文台对日蚀的记录》(《杭州:生活品质》2010 年第 7 期)、《杭州南宋皇宫探索——兼补订〈宋史·地理志〉》(《中国地方志》1982 年第 1 期)等,全方位研究了杭州古都的史地面貌。徐吉军著《南宋都城临安》(杭州出版社 2008 年版)从史学、地理学角度,论述了杭州古都的地理位置、水陆交通、山水风光、城市布局及宫城府城、街衢、河道桥梁及渡口、钱塘江江堤、西湖治理及景观,以及古都经济、政治、文化、社会生活,甚为详尽。何忠礼《南宋史及南宋都城临安研究》上下册(人民出版社 2009 年版)、周峰主编《南宋京城杭州》(浙江人民出版社 1997 年版),王国平编有《南宋及南宋都城临安研究系列丛书》(上海古籍出版社 2016 年版),徐吉军著《浙江名城》(浙江古籍出版社 2003 年版)等,亦为史地要著。

第三,越都城的历史地理学研究。

绍兴越都城研究也为学者所重。有林华东《越国都城探研》(《中国古都研究》,1986 年)一文,指出越国早期都城何在位置,史家说法不一,他分别引《越绝书》所说、郦道元所记与毛奇龄判析,探研越国都城的地理位置,涉历史地理学。钱茂竹《试论越都城的建立》(《绍兴文理学院学报》2010 年第 9 期)一文认为,春秋战国时期越都城的建立有其历史原因:一是越地社会本身发展的需要;二是北方各族各国发展的经验;三是兴越争霸的基本要求。绍兴城区以其优越的自然环境,成为越都城址的不二选择。葛国庆《越国故都新探》[《绍兴文理学院学报(哲学社会科学)》2003 年第 5 期]一文指出,今较公认的越国故都平阳说,遇地理地貌不合、遗迹遗物不全、史料依据难寻之三难;而今绍兴县平水镇的上塘、下塘地,不仅地域与史料记载的越国故地吻合,更有大量遗迹遗物与故都所在地条件对应,应为越国建山阴大城之前的越国故都所在。任桂全《一座中国传统城市的 2500 年——绍兴城市史概论》(《绍兴文理学院学报》2010 年第 3 期)一文指出,绍兴城是春秋战国时期的越国都城,始建于越王勾践七年(前 490 年),由越国大夫范蠡主持兴建,在城市选址、空间结构和都城模式等方面,充分体现了周代的建都礼制,秦汉以后这里相继成为山阴、会稽、县治、会稽郡、越州、绍兴府(路)治和东扬州、浙东观察使、两浙东路治所,是一座始终以行政功能为主的传统城市。2500 年来,从城市地理环境、人口数量、用地规模、功能布局到城市肌理诸多方面,按照城市自身规律发展,保持了非常明显的稳定性和延续性。任桂全还发表有《越都城的历史文化价值》(《浙江省社会科学界首届学术年会绍兴分论坛论文集》,2010 年)等。

(三)人类活动与地理环境变迁研究

第一,宁绍地区的地理环境变迁研究。

人类活动对自然环境演替的影响,是地理学重要的新兴研究领域。浙江学者率先进入这一领域。陈桥驿在人类活动与自然环境的相互影响以及自然环境的历史变迁方面,以绍兴为特定研究区域,进行了系列的研究工作。其 1962 年,发表了论文《古代鉴湖兴废与山会平原农田水利》(《地理学报》1962 年第 28 卷第 3 期)提出"人类社会与地理环境的关系。"他认为虽然自然地理条件对于鉴湖兴废具有重要作用,但是人类社会因素在这方面也有决定作用;人类要有效地利用和改造自然,推动农田水利事业,就必须是在充分了解当地的自然地理条件和掌握自然发展规律的情况下才有可能。1965 年,陈桥驿又发表了《古代绍兴地区天然森林的破坏及其对农业的影响》(《地理学报》1965 年第 31 卷第 2 期),分析出"天然森林滥伐破坏的结果,一方面影响了农业的部门结构,使许多传统的农业部门以及依靠这些农业部门提供燃料和原料的手工业部门归于消灭,另一方面由于天然森林破坏而造成严重的水土流失,加速了古代鉴湖的湮废,造成了南宋一代的频繁水旱灾害,给种植业带来了巨大的损害"。而这一现象在东南地区具有广泛意义。1966 年,陈桥驿与吕以春、乐祖谋合著《论历史时期宁绍平原的湖泊演变》(《地理研究》1984 年第 9 期)一文,对人—地—水的关系作以研究,指出人类对地理环境的调整和改造的积极作用,是在特定的地形和气候条件下实现的。以宁绍平原为研究单元,上述文章深入研究了人类活动对植被的破坏以及对水体的影响、水体与植被因人为影响对农业的反馈以及聚落与自然环境要素的互动。这些在历史时期人与自然环境相互关系的研究,使旧日以文献考据为主要内容的历史地理学,进入了现代历史地理学的领域。有关研究在国内外学术界引起了广泛的重视。

20 世纪 80 年代,日本东京大学东洋文化研究所所长斯波义信、美国亚洲学会会长施坚雅(1925—2008 年)与杭州大学地理系建立合作研究小组,商定以宁绍地区为地域,深入开展人类活动与自然环境互动的研究。施坚雅还和陈桥驿建立斯坦福大学与杭州大学地理系历史地理研究合作培养研究生的计划,美方提供全额奖学金。

第二,山地区域的地理环境变迁研究。

20 世纪 80 年代,人类活动与山地区域环境变迁研究,也为学术界所重视,陈桥驿发表了《历史上浙江省的山地垦殖与山林破坏》(《中国社会科学》1983 年第 4 期)对浙江省的山地垦殖与山林破坏进行的历史进行了探讨,指出康、乾以来,随着玉米和番薯的先后传入,浙江省内大量人口拥入山区;为了养活大量突然增加的人口,只好不断扩大垦殖以增加粮食产量,造成了山区植被的彻底破坏和水土的大量流失。该文认为,这一不幸的恶性循环,实质上是一个人口再生产与生态平衡之间的关系问题,对我们今天在广大国土上治山治水,如何正确处理好人口限制与生态平衡间的关系,都有十分重要的警示意义。

第二节 民族学研究

民族学是把民族这一族体作为研究对象的学科。在研究对象和范围上与社会文化人类学相近。浙江学者较早涉足这一领域,在百越族文化研究、吴越族文化研究、畲族研究及人类学等方面具有地方特色,对汉民族研究亦有深度,均取得了较好的研究成果。

一、研究历程与学术成果

(一)蔡元培、何联奎早期对民族学理论的创建

民国期间,蔡元培、何联奎等较早研究人类学与民族学理论。蔡元培是中国人类学与民俗学的先驱与奠基者。1907年留学德国学习哲学和人类学,回国后在北京大学开设人类学课程。1926年发表《说民族学》(《蔡元培民族学论著》,台北:中华书局1962年版)将民族学与人类学作以区别,认为"民族学"是一种考察各民族的文化而从事记录或比较的学问,而人类学则是以动物学的眼光来视察人类全体,求他的生理上的与其他动物的异同;而因人类学在求索人类全体之特征及人与动物之异同中,不能不对人类各族互有异同的要点有所关注,于是也有学者用它来代指民族学。1929年2月,他在中国社会学社成立大会上发言(《社会学与民族学》,四川民族出版社1997年版)补充说,美国人类学有将人类学分为体质与文化两大门类的做法,其中文化人类学指的便是民族学;他认为,民族学可以补充社会学。他的两篇文章引发了国内对于人类学、民族学的讨论。何联奎,1921年入北京大学,1928年留学法国,后赴英国伦敦从事民族学、社会学研究,回国后先后任国立中央大学教授、法学院院长,编有《蔡元培民族学论著》(台北:中华书局1962年版),著有《民族文化研究》《中国礼俗研究》(台北:中华书局1978年版)等。

(二)浙江大学的民族学教学与研究

民国后期至中华人民共和国成立初期,浙江的民族学教学与研究主阵地在浙江大学。1946年,中央研究院历史语言研究所人类学组主任兼专任研究员吴定良受竺可桢之邀任浙江大学史地系教授;1947年,吴定良帮助建立人类学系并任主任,创立了浙江大学人类学研究所并任所长,编辑有《中国人类学刊》和《人类学志》两种刊物;1950年5月,吴定良与卢于道、刘咸等在杭州发起组织中国人类学学会并当选理事。1950年,田汝康完成《砂劳越的华族——社会结构的研究》后回国,加入浙江大学人类学系;马长寿从中央大学边政系转任浙江大学人类学系教授,讲授文化人类学、中国民族志。吴定良、田汝康、马长寿皆为中国著名的人类学家。吴定良是中国人类学的主要奠基人,英国伦敦大学统计学与人类学双博士,早期创制"相关率显著性查表"等,得到统计学界的公认。20世纪30年代后期起,一直致力于中国体质人类学的创立、发展与中国人类学人才的培养,代表作有《殷代与近代颅骨容量之计算

公式》《中国人额骨中缝及颅骨测量之关系》等，建立头骨眉间凸度与面骨扁平度的研究方法①；20世纪50年代初，他曾在浙江大学创立生命统计专修科，为杭州市卫生局拟制《杭州市生命统计表格》及编写有关生命统计的研究报告。田汝康获英国伦敦大学哲学博士学位后即往砂劳越从事该地华人社会结构的研究，发表有《婆罗洲客家公司》等论文40余篇，与《十七至十九世纪中叶中国帆船在东南亚洲》等著作。马长寿为中国著名的民族学家、民族史学家，早期深入西南少数民族地区进行民族调查，发表一批关于民族学、人类学的奠基之作；20世纪50年代后，在中国民族学领域内，融中国史学传统和近代西方社会科学精华于一体，在匈奴学、鲜卑学、突厥学、藏学等如今成为世界"显学"领域内，做了开创性的研究，代表作有《康藏民族之分类体质种属及社会组织》《嘉戎民族社会史》《马长寿民族学论集》(周伟洲编，人民出版社2008年版)。国立浙江大学人类学系成立后，开展了畲族问题研究，重点为体质人类学，至今畲族研究仍然是浙江民族学研究的主要领域。

20世纪下半叶，尤其是80年代至21世纪初，浙江的民族学(人类学)研究逐渐形成3个各有侧重的专业特色：绍兴文理学院与浙江省社会科学院的越族文化研究；丽水师范专科学院的畲族研究；浙江大学的人类学研究。2010年9月，浙江大学在公共管理学院设置人类学研究所，庄孔韶(外聘)任所长，刘朝晖任执行所长，阮云星任副所长。庄孔韶是中国第一个民族学(人类学)博士，曾任中央民族大学民族学人类学研究所所长、中国人民大学人类学研究所所长，主要研究领域为汉人社会、游耕少数民族、教育人类学、影视人类学、应用人类学等，代表作有《教育人类学》(黑龙江教育出版社1989)、《家族与人生》(《美国白人家族史与民族志》，湖北教育出版社2001年版)、《人类学通论》(山西教育出版社，2002)、《民族民俗文物和文化遗产保护的观念和实践》(《中国都市人类学》2000年第3期)、《回访和人类学再研究的专题述评》之一、之二(《西南民族学院学报》2004年第1期、第2期)等；其《远山与近土》(湖北教育出版社，2001)为人类学田野志。阮云星为日本京都大学法学博士，主要研究方向为政治人类学、比较政治学，主要著作有《政治人类学：亚洲田野与书写》(主编并完成于2010年，后由浙江大学出版社出版)、《中国的宗族与政治文化——现代"义序"乡村的政治人类学的考察》(日本东京：创文社2005年版)等。刘朝晖为人类学博士，主要研究领域是应用人类学、非物质文化遗产等，代表作有《村落社会研究与民族志方法》(《民族研究》2005年第3期)、《民族文化对生态移民的影响与因应策略》(《广西民族学院学报·哲学社会科学版》2005年第6期)、《1948年槟城的分离运动与逃遁的华侨民族主义》(《开放时代》2009年第10期)、《超越乡土社会：一个侨乡村落的历史、文化与社会结构》(民族出版社2005年版)等。

吴越相关研究也是浙江民族学的重点，这是因为春秋至战国初，越国族人的主体位于浙江绍兴周边地带，越人有着比较鲜明的族群特性。

① 吴定良：《殷代与近代颅骨容量之计算公式》《中国人额骨中缝及颅骨测量之关系》，分别载《"中央"研究院历史语言研究所人类学集刊》1940年第2期，第1—14页、第91—98页。

二、百越民族研究

（一）越民族研究

20 世纪 80—90 年代的越民族研究。1982 年 1 月，陈桥驿在《民族研究》上发表《古代于越研究》；同年，林华东发表《试论河姆渡文化与古越族关系》（《百越民族史论集》，科学出版社 1982 年版）。1984 年 1 月，林华东发表《再论越族的鸟图腾》（《浙江学刊》1984 年第 1 期）。1984 年 4 月，陈桥驿发表《于越历史概论》（《浙江学刊》1984 年第 2 期），1985 年 6 月发表《"越为禹后说"溯源》（《浙江学刊》1985 年第 3 期）。1985 年 2 月，林华东发表《绍兴会稽与禹无涉——兼论于越源流》（《浙江学刊》1985 年第 2 期）；同年 5 月，陈剩勇发表《吴越文化特征初探》（《浙江学刊》1985 年第 2 期）。1986 年 5 月，陈桥驿发表《〈论衡〉与吴越史地》（《浙江学刊》1986 年第 1 期）；1986 年 10 月，陈剩勇发表《古代越人信仰"蛇图腾"说质疑——试论古代越人的"蛙图腾"》（《福建论坛・文史哲版》1986 年第 5 期）。1988 年，陈剩勇发表《越族先民的饮食与居住方式》（《浙江学刊》1988 年第 5 期）。1994 年 5 月，林华东发表《东越人口向台湾及太平洋岛屿的文化拓展》（《浙江社会科学》，1994）；1989 年陈桥驿在《东南文化》（1989 年第 6 期）发表《越族的发展与流散》。

21 世纪初浙江的越民族研究。2001 年 1 月，宁波大学文学院管敏义在《古籍整理研究学刊》发表《越国疆域考》。林华东发表《"勾践"与"句践"复议》，刊载于《越文化研究文集》（中华书局 2001 年版）等论文，从多个角度论述了吴越，尤其是越族、越国的经济社会、环境等论题。2005 年 3 月，车越乔主编、颜越虎执行主编的《越文化实勘研究论文集》（一）、（二），收入陈桥驿、颜越虎等作者的论文 29 篇，涉越民族的历史文化。颜越虎等著《绍兴简史》（中华书局 2004 年版）一书，以较大篇幅反映了越民族的发展与进取。2005 年，绍兴文理学院成立浙江省越文化研究中心，研究人员 20 多人，围绕越地文学艺术研究、越地历史文化研究、越地经济发展与文化关系研究三个方向，截至 2010 年止，实施 4 批 30 多项省级社会科学规划课题，中心研究人员主持承担 3 项国家级课题和近 40 项省部级课题，在人民出版社等出版关于越文化学术专著 30 多部。

（二）吴越族研究

吴越虽多为两族说，但作为一并论述吴越的仍大有文章。民国时期，蔡元培组建吴越文化研究会是为一个重要阶段。20 世纪 80 年代之后是为高峰期。1988 年，董楚平专著《吴越文化新探》由浙江人民出版社出版，该著从民族学的角度对吴越文化作以刨根问底的研究，对越民族的由来作以深究，对越在夏后或夏在越后等问题作以考辨，更对越族与越国的文化史作以全面的论述。滕复等编著的《浙江文化史》（浙江人民出版社 1992 年版）对先秦时期于越民族的形成及其社会结构、于越民族的思想文化及文学和艺术、于越民族的习俗风气等作以考证性论述，涉域甚宽。1988 年 3 月，林华东在《广西民族研究》发表《吴越舟楫与航海》等，皆着墨于吴越文化的民族经济考释。1992 年，董楚平著《吴越徐舒金文集释》（浙江古籍出版社)，李学勤在序中称“惟有吴、越、徐等国金文，还没有学者着手全面探讨，实在是一大缺憾，而该书弥补了这一空白，对金文研究无疑是很重要的贡献”。同年10月，徐建春在《浙江学刊》发表《吴越文化对台湾的影响》。1994年4月，徐建春在《杭州师范学院学报》发表《徐福与吴越文化的海内外交流》。1997年2月，陈桥驿在《杭州师范学院学报》发表《论吴越文化研究》。陈华文著《吴越民族“断发”习俗之我见》(《民间文艺季刊》1989年第3期)、《论吴越丧葬文化的改革与对策》(《民俗研究》2005年第4期)等。

吴越地区的农业与水利研究亦为研究重点之一。1988年2月，林华东又在《农业考古》发表《吴越农业初论》。1994年3月，他又在《农业考古》发表《吴越水利初论》等。

(三)百越民族研究

这方面研究，有陈剩勇著《百越民族原始宗教研究》(《广西民族研究》(1989年第1期)一文，从原始宗教入手研究了百越民族独特的文化特征。作者认为，百越民族是中国古代一个古老的民族。在数千年漫长的历史发展过程中，百越族曾经形成了区别中原华夏、江汉荆楚等民族的独具特色的文化特征。秦汉以后，百越民族的一部分逐渐与汉人融合，而另一部分则保持独立发展，最终成为现代的壮、傣、黎、高山等民族。研究百越民族的原始宗教，对于弄清上述民族宗教的渊源及其原始形态，无疑是非常必要的。

三、畲族研究

(一)族源研究

在浙江民族学研究中，畲族的研究相对侧重，且有一定的研究成果。1958年，杭州大学历史系成立浙江畲族史调查研究组，著有《浙江畲族史》(1958年油印本)，涉畲族的起源与发展史。1962年3月，杭州大学历史学教师徐规撰写《畲族的名称、来源和迁徙》(《杭州大学学报·人文科学版》1962年第1期)。1985年5月，王克旺、吕锡生在《丽水师专学报》发表《再谈畲族族源》，论述了畲族的族源及迁徙的历史。1992年2月，杭州大学人口研究所韩常先在《浙江学刊》发表《畲族的图腾文化》一文，认为畲族的图腾始于原始社会，至今仍在畲族社会中流传的盘瓠神话传说，以及与此相联系的祭祀始祖盘瓠的图腾礼仪、图腾标志、图腾文艺、图腾禁忌等。

浙江学者从畲族与客家及其先民的族群互动来研究客家的畲族文化和血缘成分。如1985年6月，陈书田在《民族语文》发表《畲族说的客家话中的古语成分》，研究了畲族的古语部分。21世纪初，王逍、郭志超在《从畲汉互动看客家的畲族文化和血缘成分》(《客家文化研究会议论文集》，2004年12月)一文中指出，古往今来，汉族与少数民族文化上互相借鉴，血缘上相互融合，若淡漠这一基本历史和相应的学术眼光，任何探讨汉族及其民系以及少数民族的发展史，都将不可能有正确或完整的结论。

21世纪初对浙江畲族的人类学研究，较多地从体质学、遗传学等角度作起。有何吉、许先国、傅启华等的《浙江畲族和汉族人群六个短串联重复序列位点遗传多态性的研究》(《中华医学遗传学杂志》2003年第3期)、雷阵鸣《略论畲族与汉族客家在血统、语言及农耕等方面文化互动的"主客"地位》(《丽水学院学报》2007年第3期)、闫春兰等《浙江省汉族与畲族CYP2C19基因多态性研究》(《中国药学杂志》2004年第11期),方哲江等《浙江畲族大学生体重指数与身体形态、机能、素质指标关系的研究》(《浙江体育科学》2008年第5期)等。

2010年,邱国珍完稿的《浙江畲族史》(杭州出版社2010年版)是一部研究区域畲族史的著作,也是畲族研究领域内按省区研究畲族的历史和文化的一项重要创新。全书采取了客观介绍各家观点的方法,对于畲族在浙江的发展,则自辟蹊径,网罗宏富,钩玄索隐,细加梳理,全面呈现出浙江畲族在各个不同历史时期、不同地市的发展状况等。

(二)畲族的人口与文化研究

人口研究。浙江省少数民族以畲族人口为多数,1978年后人口学介入畲族问题研究。杭州大学人口调查组于1984年和1985年曾两次深入山区畲族聚居地区进行调查。调查结果表明,1949年以来畲族人口呈增长趋势。1982年,畲族人口男女性别比为109∶100,文化结构高中以上文化程度人口为0.06人/万。韩常先针对畲族地区人口发展状况,撰写了《浙江山区畲族人口初探》(《人口动态》1986年第2期)一文,指出畲族人口发展中存在的问题和矛盾,如人口增长与经济社会发展的矛盾、人口数量与素质的矛盾、人口发展与保护生态平衡的矛盾等,提出"发展民族经济""保护生态平衡""提高生活环境质量"等建设性意见。韩常先的《畲族人口的婚姻家庭》深入考察了畲族的婚姻制度和早婚习俗,对婚嫁形式作了人口学归类,对婚姻状况作了村落典型分析。陈华文著《古老的文化因缘——畲族的"赤郎"习俗与洞房经比较研究》(《民间文学论坛》1990年第4期)一文,探讨民族学的比较研究方法。畲族的家庭传袭系统和家庭居制亦列入了浙江学者的研究范围,并从图腾崇拜与舅权现象中得出"现阶段畲族家庭制度仍承有母系氏族社会遗痕"这一结论,为畲族的生育政策提供了依据。

医药文化研究。2002年4月,浙江省中医药研究院竹剑平在《中华医史杂志》发表《浙江畲族民间医药卫生述要》,发现畲族地区的药用植物达189科599属1043种,其中畲医常用草药有214种,涉及的植物有126科属;此外还发现7种新记录的药用植物,收集畲族医药单验方332首。2006年5月,鄢连和、雷后兴、李水福、陈智慧在《中国民族医药杂志》上发表《浙江畲族医药研发概况及展望》。2007年6月,鄢连和、雷后兴、吴婷、徐美华、蓝奕斐在《中国民族医药杂志》上发表《浙江畲族民间用药特点研究》。

历史文化研究。对畲族的历史和文化的研究是浙江人类学者的主要研究领域。民国期间,何联奎曾著有《畲民问题》,讨论畲族的民族学问题。1984年7月,樊祖荫在《中国音乐》发表《浙江畲族民歌的音乐特点》。丽水学院畲族文化研究所、浙江畲族文化研究会编《畲族文化研究论丛》(中央民族大学出版社2007年版)从历史文化的角度,论述畲族的多元族源,汉化进程、文化传承、历史变迁以及继嗣方式、畲汉互动、习惯法与家族法、墓葬制度等问题,并研究了畲族的语言、文学、音乐、教育等内容,是为系统而深入。2005年2月,浙江理工大学服装学院、浙江景宁文物管理委员会闫晶、吴微微、雷光振在《浙江理工大学学报》发表《景宁畲族宗教服装的形制及特征》。2006年3月,浙江理工大学吴微微、汤慧在《浙江理工大学学报》发表《浙江畲族传统彩带的民俗文化与染织技术》。2006 年 12 月，丽水学院雷艳萍在《丽水学院学报》发表《丽水畲民话词汇初探》。2008 年 1 月，丽水市文化体育广播电视局刘程远在《民族音乐》发表《畲族民歌音乐的创新》。

经济发展研究。1983 年 7 月，王克旺在《中国民族》发表《斩棘披荆开田园——明清之际畲族对闽浙赣山区的开发及其与汉族的经济交流》。同年 9 月，唐嘉弘在《民族学研究》第 5 辑上发表《"畲田制"及其社会形态初探》，从经济学角度探讨中国南方的不少部落或部族在农业生产上施行"畲田制"问题。

宗法制度研究。雷伟红《浙江畲族宗法制度研究》(*Pubic Adminstration&Law*，2009 年第 2 期)一文认为，浙江畲族宗法制度表现为宗族家族的组织结构、宗法性婚姻制度、宗法性的继承制度等，说明妇女社会地位较高，族规以训诫为主、惩罚为辅，婚姻礼仪中保留着古代婚俗等特点，这一制度维护了畲族的生存和繁衍，增强了本民族的凝聚力，促进了本地区的经济发展，有利于本民族地区的村民自治。

体育文化研究。张月霞、刘凤霞等《浙江景宁畲族传统体育文化发展研究》(《成都体育学院报》2010 年第 4 期)一文，从浙江景宁畲族传统体育的文化背景、历史原因等方面入手，研究体育与文化融合状况，探讨其形成原因与发展趋势，从而厘清畲族传统体育的发展历程，为传承和发展畲族的传统体育提供理论参考。这方面的研究文论还有金建栋、吴利巍的《民族传统体育在丽水市景宁畲族的发展现状》(《浙江体育科学》2008 年第 4 期)、赵理强《畲族传统体育探源》(《浙江体育科学》1995 年第 3 期)等。

四、汉民族研究

浙江学者的汉民族研究，比较集中的是在 1949 年 10 月之后至 21 世纪初。主要讨论和研究的问题：汉民族的"形成"、汉民族的人类学分析、汉族民族史等。

范文澜的"汉民族的形成理论"。1929 年，斯大林在《民族问题和列宁主义》(《斯大林全集》第 11 卷，人民出版社 1950 年版，第 286 页)一文中对民族下过一个定义："民族是人们在历史上形成的有共同语言、共同地域、共同经济生活以及表现于共同民族文化特点的共同心理素质这四个基本特征的稳定的共同体。"这一定义在中国学术界占着相当一段时间的话语权地位。中华人民共和国成立之后，历史学家范文澜从中国的实际出发，特别是从汉族具有几千年统一、稳定的政治、经济、文化的实际出发，于 1954 年发表了《自秦汉以来中国成为统一国家的原因》[①]一文，提出中国汉族是特殊历史条件下形成的特殊民族，这一特殊民族具备四个特征。即"书同文"(共同语言)，"长城以内的广大地域"(共同地域)，"车同轨"(共同经济生活)，"行同伦"(表现在共同文化上的共同心理素质)。范文澜对汉民族的论述将普遍规律与特殊规律灵活地结合在一起，具体指出了汉民族形成的特殊道路，从而一举突破了民族只有在资本主义上升时期才能形成的教条式的框框，不仅为正确认识和研究汉民族开辟了新的道路，也是对马克思主义民族理论的一个发展。(徐杰舜主编、杨宏峰副主编《中国汉族通

---

① 范文澜：《自秦汉以来中国成为统一国家的原因》，《历史研究》，1954 年。

史》,黄河传媒出版集团、宁夏人民出版社2012年版,第19—21页)

徐杰舜与汉民族研究的雪球理论。徐杰舜(祖籍浙江余姚),长期从事人类学、民族学研究,著论甚丰,主要著作有《汉民族历史和文化新探》《汉民族发展史》《中国民族史新编》《汉族风俗文化史纲》,主编有《汉族民间风俗史》《汉族风俗史》(1—5卷)、《中国民族团结考察报告》《族群与族群文化》《人类学与乡土中国》等。其中《汉民族发展史》(四川民族出版社1992年版)创造性地提出了汉民族起源的主源、支源说,提出了汉民族发展的三部曲,论证了汉民族的四大特征,描述了汉民族的代表文化。对此,新华社、《人民日报》海外版,香港《大公报》以"中国第一部汉族史问世"的醒目标题,报道了该书的出版。(新华社北京1995年8月8日电,1995年8月9日《人民日报》(海外版:1995年8月12日香港《大公报》)其在《雪球:汉民族研究的人类学分析》[①]一书中,创造性地构建了人类学的族群结构分析样本,提出了汉族研究的雪球理论,认为汉族是一个具有雪球性质的民族共同体,她具有雪球的结构特征、过程特征、凝聚特征,正是这三个特征的整合,才使汉族成为一个既包含差异,又被高度认同的世界上人口最多的民族共同体——一个和而不同的整体。(徐杰舜主编《中国汉族通史》第1卷,宁夏人民出版社2012年版第3—5页、31页)该理论在国内外关于汉民族研究领域占有重要的学术地位。

陈华文与汉族民俗史研究。陈华文长于民俗史研究,他坚持人类学的民族性理论并将人类学与历史学结合起来,在汉族民俗研究还是在于越族民俗研究方面皆成果凿凿。其与周耀明、万建中著《汉族风俗史(第二卷):秦汉魏晋南北朝汉族风俗》(学林出版社2004年版)以历史为经、风俗事象为纬,记述了秦汉魏晋南北朝时期的汉族风俗史,包括汉民族的形成和发展、汉族风俗的形成和发展,秦汉魏晋汉族的生产风俗、生活风俗、礼仪风俗、岁时风俗、信仰风俗、社会风俗等。钟敬文在《汉族风俗史·序》中评论道"对风俗事象生存的社会环境和历史背景的密切关注,把风俗事象置于更为广阔的生存情境中加以考察,是这部风俗史值得特别称道的地方。"其在合著《雪球:汉民族的人类学分析》(第一副主编,上海人民出版社1999年版)中,将民俗作为汉民族的一种独特的生活方式加以论述。其在《文化教育:文化民族性与个性化的有效方式》(《浙江师范大学学报》2002年第5期)一文中,强调了文化的民族性问题。其对吴越族民俗与丧葬习俗的研究甚丰,著作有《吴越丧葬文化》(华文出版社2008年版)、《民间丧葬习俗》(中国社会出版社2008年版)、《丧葬史》(上海文艺出版社2008年版)、《浙江民俗史》(合著,杭州出版社2008年版)等,论文类主要成果百余项,涉吴越族先祖断发文身的就有《文身:裸体的雕刻》[②]《吴越民族"断发"习俗之我见》(《民间文学季刊》1989年第3期)、《吴越"断发文身"研究》(见《吴越民俗》,复旦大学出版社1992年版)、《吴越"文身"习俗研究——兼论"文身"的本质》(《中国民间文化》1992年第3期)、《"断发文身"——一种古老的成人礼俗及其标志的遗存》(《民族研究》1994年第1期)、《试论文身的源起文化功能》(《广西民族学报》1996年第2期)、《简论文身的审美动因》(《浙江师范大学学报》1996年第3

① 徐杰舜主编:《雪球:汉民族研究的人类学分析》,上海人民出版社1999年版。
② 陈华文:《文身:裸体的雕刻》,上海人民出版社1997年版。

期)、《试论文身图式》(《东南文化》1996 年第 4 期)等。

陈达、陶孟和与乡村人类学汉人社会调查。陈达，现代中国人口学的开拓者。1925 年，陈达指导学生在北平附近成府村调查 91 户家庭居民生活以及本校工人 141 人的生活状况等。从此之后，乡村人类学及汉人社会调查研究的活动逐渐盛行，出版作品也逐渐增多，到 1935 年前后发展到了高峰。陶孟和，毕生热衷且专长于社会调查，尤其重于对中国乡村农民及城镇工人的调查。1912 年，他在伦敦时，与同学梁宇皋大量搜集资料，用英文编写《中国乡村与城镇生活》，是为中国研究社会学的最早一部著作。1926 年，他得到(北京)中华教育文化基金会的支持，在该会之下增设社会调查部，重点调查北京郊区农民生活费、北京工人生活费等问题，与李景汉分别出版《北平生活费之分析》《北平郊外之乡村家庭》等。之后，又将社会调查部改为独立的社会调查所。从 1914 年到 1949 年，他除了领导组织社会和经济研究工作外，自己也亲自参加乡村和城市社会调查，编著有《北京人力车夫之生活情形》《中国劳工生活程度》等数十项调查研究报告，为社会学与人类学、民族学的研究作出了基础性贡献。

20 世纪 80 年代之后，一些专题性研究也较丰富，除前面已列的吴越族、百越族的研究外，在汉族丧服、少数民族身份等诸多方面亦有所研究。如孙希和《汉族丧服色彩的民俗学研究——以浙江省金华市寺平村丧服色彩民俗为例》(浙江师范大学硕士学位论文，2009 年)。薛华《转型期的民族身份认同研究》(浙江大学硕士学位论文，2010，百度学术)一文认为，身份认同是近年来学术界热议的话题，在转型时期，有必要从多个角度对少数民族的身份认同进行考察研究，以对中国当前的民族发展现状进行把握，推动民族政策的发展等。

五、田野调查和理论书写

早在民国期间，张其昀就撰有《中国民族志》(收入《新时代史地丛书》，商务印书馆，1928 年)，依次叙述了中华民族发展史、中华民族的现状、华侨与祖国的关系、移民实边政策、原始民族的开化运动、西北穆斯林的分布、中华民族的精神等问题。张氏强调中国之民族解放运动，一方面宜打破外人在中国之特殊地位，一方面宜解除华侨在海外所受种种限制。这是中国包括汉族和少数民族及移民在内的最早的一部民族志。

20 世纪八九十年代的百越文化研究中，涉及古越族与百越文化史的族关系。如陈国强《台湾高山族与古越族的关系》、徐建春《外越与日本列岛》、(美国)徐松万《南洋民族的鸟田血统》、陈绍棣《百越与匈奴衣食住行之比较研究》、(美国)杨江《马来—玻里尼西亚与中国南文化传统的关系》(以上诸文载《国际百越文化研究》，1994 年)。

台州职业技术学院萧楼专门研究了 1976—2006 年江南农村的村庄民族志，著《夏村社会：中国“江南”农村的日常生活和社会结构(1976—2006)》(生活·读书·新知三联书店出版社 2010 年版)一书是目前国内村庄民族志研究中出现的比较优秀的田野实验民族志文本。该书沿着费孝通“差序格局”的理论脉络，通过对江南“夏村”精致的民族志描写，提出了“差序场”的分析框架，为深刻认识当代中国东部沿海地区村庄社会的特质提供了不可多得的案例。同时，该书以“差序场”的概念为核心，分析框架，在村庄人格系统、文化系统和社会系统三位一体的层面，以行动和结构互动为特征，以村庄日常生活的意义构建为内容，形成了与汉学人类学传统经典理论的对话，将前人的研究向前推进了一步。除了田野实验民族志文本的书写，浙江大学的阮云星教授对民族志的理论书写研究成果也较为突出。他和韩敏的著作《政治人类学：亚洲田野与书写》（浙江大学出版社 2010 年版）从民族志和田野及书写反思这样两个学术维度来聚焦当代亚洲地方政治，全书共分为亚洲的政治文化和文化政治，亚洲社会的公共生活原野，亚洲政治民族志的田野和书写反思三个部分。此外，阮云星的《民族志与社会科学方法论》（《浙江社会科学》2007 年第 3 期）一文，通过对现代民族志和后现代民族志的撰写模式的历史演变及其相关后设理论的考察，透视社会科学面临的表述危机和反思进程的方法论内涵，并作出兼具人文、社会科学学科特质的人类学民族志的方法论检讨，将有益于中国语境下的社会科学方法论反思。

第十九章　敦煌学研究

敦煌学是研究、发掘、整理敦煌地区史料的学科。其学科研究范围包括:研究敦煌地区遗存至今的文物文献资料;整理这些文献文物,使之系统化、完整化;研究发展子学科等,如敦煌文学、史学、绘画、音乐、舞蹈学等;指导敦煌学研究的科学理论。

浙江是中国"敦煌学"研究的发祥地,至今仍为这一领域的研究重镇。早在清代嘉庆年间,徐松编定《钦定新疆识略》及《西域水道记》等,在对敦煌的历史沿革、地理地貌、莫高窟的考证和论述已着先鞭,是敦煌史地的最早研究者之一。光绪年间,叶昌炽时为甘肃学政,是最早提出并实施将敦煌窟藏文物放原石室封存保护措施的地方官员。罗振玉于1909年11月7日发表《敦煌石室书目及其发见之原始》,被视作中国敦煌学的起源日期,是年其《莫高窟石室秘录》同为开启敦煌学的历史。王国维在敦煌学开创期对敦煌藏经新出写本的研究,也在一定程度上奠定了"敦煌文学"研究的基石。王国维弟子姜亮夫为又一辈敦煌学的著名学者。蔡元培也对早期敦煌学发展作有重要贡献,其为刘复《敦煌掇琐》所作序言是敦煌学史上脍炙人口的名篇。在其高度重视及支持下,北京大学成为中国早期首家敦煌学领域的学府。常书鸿组建的"国立敦煌艺术研究所"是国际国内第一家敦煌的专业性研究机构,对敦煌石室文物保护和研究起到重要的作用。吴士鉴、张元济、马衡、徐森玉、许寿裳等均对敦煌文献的整理、研究及其出版作有重要贡献。

现当代浙江的敦煌学研究领域开阔且学术至深至精。代表性的理论成就有夏鼐《敦煌考古漫记》的石窟考古;姜亮夫对敦煌学的领军式的系统研究;蒋礼鸿《敦煌变文字义通释》的敦煌文献语言研究与郭在贻的敦煌语言文学研究;项楚《王梵志诗校注》的敦煌文学研究;王仲荦《敦煌石室地志残卷考释》中的敦煌姓氏与地志研究;朱雷《唐代"手实"制度杂识》中的敦煌吐鲁番研究;齐陈骏《河西史研究》;陈践践《敦煌本藏文文献》研究;张涌泉《敦煌俗字研究》与变文研究;柴剑虹《敦煌吐鲁番学论稿》;樊锦诗《敦煌石窟全集》;黄征《敦煌语言文字学研究》;许建平《敦煌经籍叙录》对敦煌遗书的研究;黄肃森《敦煌歌辞通论》对敦煌文学的研究,以及潘挈兹的《敦煌莫高窟艺术》、王克芬的《敦煌舞和敦煌学》对敦煌艺术的研究等,均在学术界有一定的地位。另外,在敦煌宗教研究、敦煌文献的科技史研究、敦煌文献的印本研究等方面亦有成就。

第一节　敦煌学理论研究

敦煌学是指以敦煌遗书、敦煌石窟艺术、敦煌学理论为主，兼及敦煌史地为研究对象的一门学科，也是研究、发掘、整理和保护中国敦煌地区文物、文献的综合性学科，为20世纪国际学术界兴起的一门“显学”。敦煌学理论体系则是伴随着相关研究的蓬勃发展而逐渐丰富和完善起来的。在这一过程中，浙江学者不仅是国际学术界推动“敦煌学”一词逐步升格为术语的中坚力量，也是着力构建、充实与完善这一理论体系的一支生力军。

一、敦煌学缘起前后浙江学者的贡献

古代浙江多有关注并研究西域史地和敦煌佛教的官员和学者。如南朝史学家、文学家沈约作《宋书》卷九十八《氐胡传》，记李暠在敦煌自立为大将军、凉公之事，史称西凉。梁代释慧皎作《高僧传》，卷一记载了大月氏人竺法护敦煌从事译经宣教、被尊为“敦煌菩萨”之史传。

浙江籍学者最早介入敦煌史地研究和敦煌文献文物保护。清代著名地理学家徐松在汪廷楷、祁韵士《西陲总统事略》的基础上，第三次编定《钦定新疆识略》12卷，是为清代地方名志。此间又作《西域水道记》12卷、《汉书西域传补注》《新疆赋》，是为敦煌史地的最早研究者之一，为后来的敦煌学创立奠定了史地研究的基础。原籍绍兴的晚清金石学家、文献学家、收藏家叶昌炽于光绪二十八年（1902年）就任甘肃学政，恰逢王道士发现敦煌窟藏文献文物且有所散失，就让敦煌县令汪宗翰责令王道士原洞封存，汪于光绪三十年（1904年）5月执行这条命令。叶氏著《缘督庐日记》（全12册，江苏古籍出版社2002年版）对这段经历及所护文献文物作有日记，为敦煌史地研究的珍贵资料。

浙江籍学者罗振玉、王国维为敦煌学的开创者、奠基人。清宣统元年（1909年），罗振玉发表《敦煌石室书目及其发现之原始》（《东方杂志》第6年第10期，1909年11月7日，后发现有多版本），其出版时间1909年11月7日被学界当作中国敦煌学的起源日期。是年，所作《莫高窟石室秘录》7卷（武进董康诵芬室，清宣统元年，1909年）同为开启敦煌学的历史研究工作。王国维在敦煌学开创期对敦煌藏经所出写本的研究，尤其是对敦煌写本中一些重要文学作品的整理、介绍、研究，不仅促进了相关资料的陆续刊布，也在一定程度上奠定了“敦煌文学”的研究①。王氏之弟子姜亮夫为又一敦煌学研究的浙江学者。

浙江籍及任职浙江非浙江籍学者在敦煌学创建时期（20世纪10—20年代）、繁荣期（20世纪70年代末及其后）的研究成果为最。由于受罗振玉、王国维等对敦煌文献文物的考证、整理和刊布及国外研究者的影响，民国14年（1925年）8月日本学者石滨纯太郎首创“敦煌学”一词（大阪怀德堂讲演词）。1930年，陈寅恪在为陈垣先生编《敦煌劫余录》所作序中，概括了“敦煌学”的概念。之后，姜亮夫（云南昭通人，长期任职浙江大学等）《敦煌学之文书研

---

① 柴剑虹：《王国维对敦煌写本的早期研究》，《敦煌研究》2006年第6期。

究》带有总结性地指出:“敦煌学之内涵,当以千佛岩、榆林诸石窟之造型艺术与千佛洞所出诸隋唐以来写本、文书为主。而爰及古长城残垣、烽燧遗迹、所出简牍,及高昌一带之文物为之辅。”①现当代浙江籍学者柴剑虹也言:敦煌学又绝非是一种零碎杂乱、拼凑而成的“杂学”,而是一门各分支学科间有内在联系的完整、独立的学问(柴剑虹《敦煌学与敦煌文化》,上海古籍出版社 2007 年版)。他认为将敦煌、吐鲁番等地的出土文献、石窟艺术和考古遗址进行通盘的考虑,正是循着中国学术界 20 世纪 30—40 年代以来的学术思路而形成的。

二、敦煌学研究价值说

1925 年 7 月,王国维在清华暑期学校作题为《最近二三十年中中国新发见之学问》的演讲,称:“古来新学问起,大都缘于新发见……自汉以来,中国学问上之最大发见有三:一为孔子壁中书;二为汲冢书;三则今之殷墟甲骨文字,敦煌塞上及西域各处之汉晋木简,敦煌千佛洞之六朝及唐人写本书卷,内阁大库之元明以来书籍档册。此四者之一,已足当孔壁、汲冢所出。”②这是中国学者首次从学术史的宏观角度高度评价了敦煌遗书的宝贵价值和重要意义。

王国维的弟子姜亮夫撰写了《敦煌——伟大的文化宝藏》(上海古典文学出版社 1956 年版)一书,其中第四节即为《敦煌学在中国学术上的价值》。姜亮夫指出:“全部敦煌学的范围,是相当大而繁复的。从主要的内容而言,应分两大类:一是属于造型艺术的塑象(像)、壁画、绢画及木建筑等;一是属于文书如竹简、写本佛经、儒经、中亚西藏印度文书及一切史料文学等。”就造型艺术而言,敦煌石窟“上自晋、魏,下迄宋、元,其在历史上可称为具有系统的佛教美术宝库。它包罗了中国传统的艺术精神,也包罗了中西艺术接触后所发的光辉”,“成为人类思想领域中的一种最高表现”。就古写本而言,“六朝以来写本卷子的发现,规模之大,内容之富,方面之博,可说是空前”。他后来于 1981 年发表《敦煌经卷在中国文化学术上的价值》(《思想战线》1981 年第 1 期)长文,将敦煌汉文写卷主要分为佛经、道经、儒家经典、韵书、文学、史学等几个大类,分别阐述了有关写卷对于中国传统文化研究的重要价值。

三、近现代浙江学者的敦煌学研究

(一)初创时期的研究

在 20 世纪初中国“敦煌学”的创立时期,国内外学者公认以罗振玉、王国维为代表的浙江籍学者贡献最大。中国早期敦煌学领域的许多重要成果基本上都是出自罗振玉、王国维之手。而蔡元培、吴士鉴、马衡、徐森玉、许寿裳亦作出了重大贡献。

罗振玉对敦煌学的创见具有奠基性的学术贡献。罗振玉发表《敦煌石室书目及发见之原始》《莫高窟石室秘录》之后,该两文以《鸣沙山石室秘录》为名由国粹学报社出版了单行本,扩大了敦煌遗书传播范围,它推动了正处于起步阶段的敦煌学的蓬勃发展。1909 年罗振玉在

① 姜亮夫:《敦煌学之文书研究》,《姜亮夫全集》第 14 册,云南人民出版社 2002 年版,第 433 页。
② 《王国维全集》第 14 卷,浙江教育出版社 2009 年版,第 239 页。

致汪康年的信中表露："兹有一极可喜、可恨、可悲之事告公，乃敦煌石室所藏唐及五代人写本、木刻本古书是也。此书为法人伯希和所得，已大半运回法国，此可恨也。"[①]在与伯希和的交往过程中，罗振玉得知"石室尚有卷轴约八千轴，但以佛经为多，异日恐他人尽取无遗"。即提请学部电告陕甘总督，饬查检齐千佛洞所余经卷并予以代购。"逾月，大学及学部同得复电，言已购得八千卷，价三千元，两电文同"[②]。敦煌藏经洞劫余经卷最终以这一颇具喜剧性的结尾在宣统二年（1910年）入藏学部。1910年，罗振玉把从伯希和处获得的"书卷五、雕本二、石刻三、壁画四"等共计15种文物的照片与同好醵资影印，存京师大学堂藏书楼一份，以"充学人之考镜"[③]。同年他将这些照片以《石室秘宝》为名分甲、乙集影印刊行[④]。此后，罗振玉在刊布敦煌文献方面，先后编有《佚籍丛残初编》（1911年）、《鸣沙石室佚书》（1913年）、《鸣沙石室佚书正续编》（1917年）、《鸣沙石室古籍丛残》（1917年）、《敦煌石室遗书三种》（1924年）、《敦煌石室碎金》（1925年）等书，前后刊布敦煌卷子167种，极大地促进了敦煌文献的流传与研究。罗振玉是带着文化使命感致力于敦煌遗书的传播与出版事业的。他在《鸣沙石室佚书》序言中表达了自己的心声："苟天不使我馁死海外，尚当移书伯君，更求写影，节啬衣食之资，赓续印行以偿夙愿，知我笑我非所计也。"[⑤]他在图版之后大都附以考证严密、精彩绝伦的研究性题跋，且为数甚多，讨论的范围也极为广泛，除了传统的经、史、子、集"四部"类文献，还涉及佛教、道教、摩尼教等诸多方面，至今仍然具有重要的参考价值。

罗振玉的子辈受其庭训，也积极投身于敦煌学研究中来，并作出了显著的成绩。罗振玉次子罗福苌编有《古写经尾题录存》1卷（罗振玉著《永丰乡人杂著续编》，天津：上虞罗氏凝清室，1923年），并译有《伦敦博物馆敦煌书目》（《国学季刊》1923年第1卷第1期）与《巴黎图书馆敦煌书目》（《国学季刊》1923年第1卷第1期；《国学季刊》1932年第3卷第4期）（以上均为遗著），为当时的学者展开后续研究提供了指引。四子罗福葆在蒋斧所编《沙州文录》的基础上，广事搜辑，续编有《沙州文录补遗》1卷（1924年），并在罗振玉的指导下搜集藏经洞所出诗词、变文、小说等文学类写卷，编为《敦煌零拾》（1924年）。五子罗福颐所作《敦煌石室稽古录》（《岭南学报》1947年第7卷第2期）是一篇名作，对1909—1947年中国敦煌学研究的总体情况进行了回顾，具有重要的学术史价值。1951年，罗福颐撰有《敦煌石室文物对于学术上的贡献》（《历史教学》1951年第2卷第4期）一文，此文堪称此前所作《敦煌石室稽古录》的姊妹篇。

受罗振玉学术影响最大的学者首推王国维，学术史上有所谓"罗王之学"的提法。王国维关于敦煌学的研究论文主要集中收录进《观堂集林》一书中，虽多以传统题跋形式撰写，但内容之广泛，考证之精核，当时学术界罕有其匹。内容不仅包括敦煌遗书（《观堂集林》卷二一），还涉及藏经洞所出绢画（《观堂集林》卷二〇《于阗公主供养地藏菩萨画像跋》《曹夫人绘观音

---

① 《汪康年师友书札》（三），上海古籍出版社1988年版，第3169页。

② 罗振玉：《集蓼编》，载《罗振玉学术论著集》第11集，上海古籍出版社2010年版，第56页。

③ 萧立文编：《雪堂类稿·图籍序跋》，辽宁教育出版社2003年版，第486页。

④ 黄永武主编：《敦煌丛刊初集》第9册，台北：新文丰出版公司1985年版，第473—480页。

⑤ 罗振玉编：《鸣沙石室佚书正续编》，北京图书馆出版社2004年版，第3页。

菩萨像跋》)，甚至包括敦煌出土的简牍(《观堂集林》卷一七)，极大地拓展了“敦煌学”研究的外延。在《观堂集林》之外，王国维也不乏有关敦煌学的精彩论文，《敦煌发见唐朝之通俗诗及通俗小说》(1920年发表于《东方杂志》第17卷第8期)便是其中脍炙人口的代表作。王国维通过引证《北梦琐言》所记载的晚唐诗人韦庄《秦妇吟》中的名句“内库烧为锦绣灰，天街踏尽公卿骨”，将相关的敦煌残卷予以准确地定名，指出该诗“语极沉痛详尽，其词复明浅易解，故当时人人喜诵之”，从而为唐代文学宝库增添了一首宝贵的长篇佚诗。他结合敦煌文献中的其他门类的通俗文学作品，指出“唐代不独有俗体诗文，即所著书籍，亦有平浅易解者”，准确地把握了当时文学演变的一大趋势①。继承并发扬光大王国维敦煌学研究方法的学者首推其弟子姜亮夫外，另有一位入室弟子是赵万里。赵万里主要继承了王国维在版本目录学方面的学术专长，撰写有不少关于敦煌学的著述。比如《唐写本〈文心雕龙〉残卷校记》(《清华大学学报》1926年第3卷第1期)、《魏宗室东阳王荣与敦煌写经》(《中德学志》1943年第5卷第3期)，后者是其名篇。

蔡元培对早期敦煌学发展起到了极其重要的推动作用。蔡元培时任北京大学校长，不仅是五四新文化运动的核心人物之一，也是推动中国早期敦煌学发展的重要官员和学者。1921年3月，他在巴黎与伯希和会晤，向其询问所得古物的考订出版情况。② 同年5月，他在伦敦期间，两次造访大英博物馆，“访齐勒君(Giles)，见示敦煌石室中所得古写本”。③ 1925年，北京大学学者刘复编辑的《敦煌掇琐》一书作为“中央研究院历史语言研究所专刊”出版，内中材料是他在巴黎根据原卷抄录，蔡元培亲自为该书作序。该序言后为敦煌学史上脍炙人口的名篇。1922年1月，北京大学成立研究所国学门，蔡元培兼任所长，吴兴人沈兼士出任国学门主任。沈兼士起草的《筹划北京大学研究所国学门经费建议书》所列举的研究项目之一，便是调查流失海外的敦煌遗书。其言：此外流传国外者如《永乐大典》、莫利逊文库、敦煌石室之书简古书，均应设法调查，编次目录，分别审定，何者须移录，何者须照相……国立北京大学研究所国学门对于以上所述多端，逐渐进行。④ 国学门主办的刊物《国学季刊》，很快便成为发表中国敦煌学研究成果的主要阵地，王国维、陈垣等都将自己的得意之作投往该刊。此外，蔡元培还亲自具函，邀请伯希和担任国学门的考古学通讯员，伯希和欣然接受邀请。敦煌学研究成为了中国高等学府中不可或缺的学术门类，具有深远意义。

敦煌学领域的浙籍学者还有吴士鉴与张元济。钱塘人吴士鉴，是清末民初的著名学者。他于民国6年(1917年)撰成《敦煌唐写本经典释文校语》，对法国国家图书馆所藏敦煌文献中的精品——《经典释文》残卷进行了深入研究，指出“此乃陆氏原书之仅存者也”⑤。张元济是中国近现代历史上首屈一指的出版大家，长期主持商务印书馆。早在宣统二年(1910年)

① 王国维：《敦煌发见唐朝之通俗诗及通俗小说》，《东方杂志》77卷，1920；著《考古学零简》，商务印书馆1924年版。

② 中国蔡元培研究会编：《蔡元培全集》第16卷《日记》，浙江教育出版社1998年版，第114页。

③ 《蔡元培全集》第16卷《日记》，第132—133页。

④ 沈兼士：《筹划北京大学研究所国学门经费建议书》，《沈兼士学术论文集》，中华书局1986年版，第364页。

⑤ 吴士鉴：《敦煌唐写本经典释文校语》，《涵芬楼秘笈》第四集，商务印书馆1917年版。

10 月 26 日，游历欧美的张元济在巴黎由伯希和陪同参观了法国国家图书馆所藏敦煌文书，当即提出影印事宜，获得伯希和的赞同。1910 年 10 月 30 日，张元济行至伦敦，与斯坦因会晤，并参观大英博物馆所藏敦煌文书，1917 年《涵芬楼秘笈》影印的《经典释文》残卷便是张元济与伯希和之间展开这种学术合作的直接产物。吴士鉴在《敦煌唐写本经典释文校语序》中道其始末："丙辰（1917 年）夏，伯（希和）君以随使来华，道出沪上，张菊生丈得其所藏《经典释文》残卷影本，亟复印之，以贻士鉴，受而读之。"张元济不仅积极影印刊布敦煌遗书的原卷，他所主持的商务印书馆对出版敦煌学研究论著也是不遗余力。1940 年，商务印书馆策划推出了《海宁王静安先生遗书》，并在长沙出版，为正处于艰苦的抗日战争时期的中国敦煌学研究提供了重要的学术资料。

敦煌遗书主要集中收藏在世界各大博物馆和图书馆，因此在博物馆和图书馆系统内，集中了一大批敦煌学领域的专家学者，在浙籍学者中以马衡、徐森玉最具代表性。马衡于民国 15 年（1926 年）发表《中国书籍制度变迁之研究》（《图书馆学季刊》1926 年第 1 卷）一文，是继王国维《简牍检署考》之后书籍史方面公认的经典之作。他将中国书籍形态的演进分为简册、卷轴和册页三个阶段，其中"卷轴"部分将古籍中的文字记载与敦煌遗书的实物结合起来论述，清晰详尽，要言不烦。王国维得读此文，立即致信马衡，表示"甚佩"。[①] 同年，马衡为陈万里《西行日记》作序，该序甚少客套陈言，而是借题生义，重在考证归义军节度使的世系年表，该序后收入其文集《凡将斋金石丛稿》（马衡著《归义军节度使曹元忠壁画题名跋》，载《凡将斋金石丛稿》）。吴兴人徐森玉，是著名的版本目录学家和文物鉴定专家。在北平图书馆期间，曾担任写经组组长，主持敦煌写经的编目工作。1935 年写经组编成《敦煌石室写经详目》及《续编》，前者著录《敦煌劫余录》所编 8679 件，后者著录后续清理出的敦煌残卷 1192 件[②]。此二目具有较高的学术价值，惜当时未能出版。抗日战争胜利后，为追讨被日本劫夺的珍稀文物，国民政府教育部于 1946 年责成清理战时文物损失委员会京沪区办事处编写《中国甲午以后流入日本之文物目录》（国民政府教育部清理战时文物损失委员会印，1946 年），主编即为徐森玉。这部目录共著录甲午战争以后至抗日战争胜利前夕被日本劫夺的中国各类文物 15245 件，其中便包括为数甚多的敦煌、吐鲁番出土写经、文书、绢画等文物，这对于按图索骥、追寻流散到日本的敦煌遗书、吐鲁番文书无疑具有重要的价值。

许寿裳对敦煌秘籍的留真研究，开台湾地区敦煌学研究之先河。许寿裳是鲁迅的挚友，著名学者。民国 36 年（1947 年），台湾大学出版了《敦煌秘籍留真新编》，书中图版为日本学者神田喜一郎游学巴黎时所摄。该书的出版对于推动第二次世界大战后国际敦煌学的复兴产生了积极的影响。书前冠有两篇序言，一为台湾大学校长陆志鸿所作，介绍出版缘起；一为台湾大学国文系主任许寿裳所作，选取书中所收敦煌卷子与今本进行校勘，以见敦煌写卷的宝贵文献价值，完全是学术论文的性质。次年，许寿裳的遗作《敦煌秘籍留真新编的研究》（《学艺杂志》1948 年第 18 卷 5 号）发表，是为其后续研究。许寿裳专题论文虽然仅有上述两

---

① 马衡：《凡将斋金石丛稿》，中华书局 1977 年版，第 275 页。

② 方广锠：《北京图书馆藏敦煌遗书勘查初记》，《敦煌学辑刊》1991 年第 2 期，第 1—12 页。

篇，但却开启了浙籍学人在台湾地区展开敦煌学研究的先河。

（二）发展时期的重要学者及研究

对敦煌学的系统研究，姜亮夫是为杰出的代表。姜亮夫是王国维在清华国学院时期的弟子，他与王重民、向达同为中国第二代敦煌学研究队伍里的中坚人物。三人于20世纪30年代相继走出国门，远赴欧洲，对敦煌遗书的原卷亲自展开调查。直接接触敦煌文献的原卷，并在大规模调查原卷的基础上进行研究，是姜亮夫、王重民、向达胜过罗振玉、王国维等前辈学者的地方。姜亮夫将研究的重点放在敦煌遗书中的唐五代韵书方面，进行专题研究。民国33年（1914年）2月，"国立敦煌艺术研究所"成立伊始，所长常书鸿即聘请姜亮夫担任该所设计委员会委员。中华人民共和国成立之后，姜亮夫于1953年被聘请为浙江师范学院（后改为杭州大学，1997年合并入浙江大学）中文系教授，敦煌学研究为其学术重点，堪称1949年后浙江敦煌学界当之无愧的主帅。1955年，姜亮夫的专著《瀛涯敦煌韵辑》以八开本线装影印出版，共印500部（上海出版公司1955年版）。他于1935—1936年游学欧洲期间，以唐五代写、刻本韵书为专题，亲览原卷，并对其摄影、抄录。抗战烽火之中，他立足于这批来之不易的材料进行孜孜不倦的研究[①]，"覃思博辨，历时三载，成《韵辑》二十四卷"（姜亮夫著《四十自述》）。然而乱世扰攘，出版不易，《瀛涯敦煌韵辑》从着手到最终出版，前后历时20年。这不仅是本当时较为完备的敦煌韵书资料集，而且是《切韵》系韵书研究领域非常系统深入的专著。姜亮夫极为重视敦煌学知识的普及工作。1956年，他撰写《敦煌——伟大的文化宝藏》（上海古典文学出版社1956年版）。该书底稿原本用文言文写成，是作者计划撰写的《敦煌志》的总论部分，于1954—1955年全部改写成白话文[②]。这本12万余字的通俗性读物，是中国第一本专题介绍敦煌学相关知识的入门读物[③]，对促进敦煌学的普及起到了"及时雨"的作用。该书除了介绍敦煌史地、石窟艺术、写卷内容之外，着重阐述了敦煌学在中国学术上的价值，以及50年来中外学者的相关学术成就，至今不失其参考价值。1980年1月，姜亮夫的名作《智骞〈楚辞音〉跋》在《中国社会科学》创刊号上发表（《中国社会科学》1980年第1期），该文是姜亮夫将敦煌学、楚辞学这两个学术专长集于一身的代表作，文中对敦煌《楚辞音》写卷进行了详细考证，并提出郭璞、智骞"为《楚辞》注家一大派别"的著名论断，震动了整个学术界。1983年4月18日，杭州大学古籍研究所成立，姜亮夫担任所长，从此浙江的敦煌学研究开始有了重要的人才培养基地，进一步提高了杭州大学古籍研究所在全国敦煌学界的重要地位。1983年9月，姜亮夫接受教育部的委托，在杭州大学举办全国首届敦煌学讲习班。这次讲习班的影响深远，造就了一批敦煌学研究的骨干力量。1985年，中华书局出版了根据姜亮夫讲课录音整理的《敦煌学概论》。同年，他编纂的《莫高窟年表》由上海古籍出版社出版。1987年，姜亮夫《敦煌学论文集》由上海古籍出版社推出，堪称当年中国敦煌学界的盛事。该

① 《姜亮夫全集》第24卷，云南人民出版社2003年版，第262页。
② 姜亮夫：《敦煌学概论》，北京：中华书局1985年版，第11页。
③ 柴剑虹：《品书录》，甘肃教育出版社2009年版，第51—59页。

论文集长达1000余页，文稿皆为劫后余存，是作者数十年治学的总结。特别是其中的《敦煌学规划私议》一文，“是关于研究敦煌学的详细规划”①，其计划之缜密，气魄之宏大，鼓舞群伦，为敦煌学的长期繁荣发展指明了方向。1990年，姜亮夫在旧稿《瀛涯敦煌韵辑》基础上修订的《瀛涯敦煌韵书卷子考释》由浙江古籍出版社出版。1992年，姜亮夫校订的《敦煌碎金》由浙江古籍出版社出版，在导言中称：“《敦煌碎金》之作，目的在使后人整理敦煌卷子时如何不出差错、如何少走弯路而提供若干方便，此实为一部研习敦煌卷子之工具书。”②

敦煌文献语言研究方面，蒋礼鸿是为代表。其先后任教于蓝田国立师范学院、重庆中央大学、杭州之江大学。1951年调入浙江师范学院。蒋礼鸿不仅是研究敦煌变文词语的大家，同时也是较早从事敦煌经济文书语言研究的学者。他的名著《敦煌变文字义通释》是一部经典之作，赢得了国内外学术界的广泛赞誉。1978年，他发表《〈敦煌资料〉（第一辑）词释》（《中国语文》1978年第2期）一文，解释了29组经济文书中的疑难词语，其学术思路给后来的学者以极大的启发。晚年，他还主编有《敦煌文献语言词典》（杭州大学出版社1994年版），共收录词语1526条，是一部具有鲜明特色的工具书。

在蒋礼鸿的影响下，一些中青年学者也加入到了敦煌文献语词考释的队伍中来，其中以郭在贻、项楚的成绩最为突出。郭在贻（山东邹平人，任教杭州大学），1980年前后，把他的研究转向六朝以来的方俗语词领域，其中敦煌语言文字学研究是他最着力的方面，比如对于王梵志诗歌的研究。他在词语考释过程中，往往结合文献校勘，综合运用归纳、比较、推理的方法，旁征博引，论断类皆精审可靠，将相关研究推向了新的高度。③ 他编著的《训诂学》（湖南人民出版社1986年版）也主要选择敦煌文献中的俗语词作为例证，在同类教科书中独具特色。项楚，曾任国家古籍整理出版规划领导小组成员，中国敦煌吐鲁番学会副会长等，著有《王梵志诗校注》（上海古籍出版社1991年版）、《敦煌文学丛考》（上海古籍出版社1991年版）、《敦煌歌辞总编匡补》（台北：新文丰出版公司1995年版）等。其中《敦煌文学丛考》获全国高等学校首届人文社会科学研究优秀成果一等奖，《王梵志诗校注》获全国高等学校第二届人文社会科学研究优秀成果一等奖。项楚不仅在王梵志诗的语词研究方面造诣精深，在文学研究方面更是本色当行。他的《敦煌诗歌导论》（台北：新文丰出版公司1993年版）一书，详细论述了敦煌写卷中保存的文人诗歌、民间诗歌、释道诗歌以及王梵志诗等的思想内容、艺术特色和文学地位，该书堪称敦煌文学研究的重要收获。

敦煌姓氏与地方志研究方面，代表者为王仲荦。其为章太炎弟子，晚年从事敦煌学方面的研究。20世纪80年代，他曾以敦煌文献的氏族类写卷为专题进行了一系列探索，发表有《〈唐贞观八年条举氏族事件〉残卷考释》（《文史》第9辑，中华书局1980年版）、《敦煌石室出残姓氏书五种考释》（《敦煌吐鲁番文献研究论集》第3辑）。其《〈新集天下姓望氏族谱〉考释》（《敦煌吐鲁番文献研究论集》第2辑，北京：中华书局）是一篇多达107页的长篇论文，这样的

---

① 姜亮夫：《敦煌学概论》，北京出版社2004年版，第12页。

② 陶秋英辑录、姜亮夫校订、姜昆武校：《敦煌碎金》，浙江古籍出版社1992年版，第16页。

③ 郭在贻：《郭在贻敦煌学论集》，江西人民出版社1994年版。

篇幅在当时的中国敦煌学界是极其罕见的。王仲荦还对敦煌文献中的地理类写卷情有独钟，但相关成果生前未及发表，这些遗作后由郑宜秀整理，结集为《敦煌石室地志残卷考释》（上海古籍出版社 1993 年版）一书。

敦煌吐鲁番文书论丛与河西史地研究方面，著闻者有朱雷和齐陈骏。朱雷，20 世纪 70 年代，随同其师唐长孺参与整理吐鲁番文书。1980 年发表《吐鲁番出土北凉赀簿考释》一文，解决了一些历史学界长久以来悬而未决的难题，备受海内外学者的高度赞誉。在敦煌学领域，朱雷主要探索敦煌文献所反映的中古时期的历史制度问题，发表有《唐代"手实"制度杂识》（《魏晋南北朝隋唐史资料》第 5 辑，武汉大学出版社 1983 年版）、《唐代"点籍样"制度初探——吐鲁番敦煌出土"点籍样"文书的考察》（载唐长孺主编《敦煌吐鲁番文书初探二编》，武汉大学出版社，1990）以及《敦煌两种写本〈燕子赋〉中所见唐代浮逃户处置的变化及其他》（载唐长孺主编《敦煌吐鲁番文书初探二编》）等高水平论文①。齐陈骏于 1978—1998 年主持兰州大学的敦煌学研究。在他的领导下，该校于 1983 年取得敦煌学硕士学位授予点，并创办了专业杂志《敦煌学辑刊》，使兰州大学历史系在 20 世纪 80 年代一跃成为全国少数几个主要从事敦煌学研究的单位，为西北地区培养了一大批青年学术力量。他的敦煌学著作有《河西史研究》（甘肃教育出版社 1989 年版）、《五凉史略》（与陆庆夫合著，甘肃人民出版社 1988 年版），论文主要收入其《枳室史稿》（甘肃文化出版社 2005 年版）。

敦煌遗书目录学研究与敦煌少数民族文献研究方面，较为突出的有浙籍学者施萍婷、陈践践。施萍婷于 1961 年毕业于甘肃师范大学历史系，同年进入敦煌文物研究所，自此把自己的人生和事业全部奉献给敦煌学。1994 年她撰写《打不走的莫高窟人》②一文，是回顾敦煌研究院院史的宝贵材料。2000 年，她主编《敦煌遗书总目索引新编》（中华书局 2000 年版），该书是积其数十年之功的成果，较之 1962 年王重民、刘铭恕编纂出版的《敦煌遗书总目索引》，后出转精，尤在定名的准确性，是敦煌学者案头必备的工具书。陈践践于 1956 年毕业于中央民族学院安多藏语班，并留校工作，是浙籍学者中少有的主攻敦煌少数民族文献的学者，对敦煌藏文文献有着精深的研究。她与王尧合著有《敦煌本吐蕃历史文书》（民族出版社 1980 年版）、《敦煌本藏文文献》（陈践践、王尧编注，民族出版社 1983 年版）、《敦煌吐蕃文献选》（王尧、陈践践译注，四川民族出版社 1983 年版）、《吐蕃时期的占卜研究》（王尧、陈践践著，香港中文大学出版社 1987 年版）、《法藏敦煌藏文文献解题目录》（王尧、陈践践等著，民族出版社 1999 年版）等，在学术界享有很高的声誉。

（三）繁荣新时期浙江的敦煌学研究

敦煌语言文字学研究，张涌泉是为新秀。其 1984 年考入杭州大学古籍研究所，师从郭在贻教授，硕士毕业论文为《敦煌变文校读释例》。1992 年考入四川大学中文系，师从项楚教授攻读博士学位，博士论文为《敦煌俗字研究》（上海教育出版社出版 1996 年版），此论文受到答

① 朱雷主要论文收入其《敦煌吐鲁番文书论丛》，甘肃人民出版社 2000 年版。

② 《敦煌研究》1994 年第 2 期。

辩委员会的一致好评。季羡林认为该论文是作者把四川大学和杭州大学这两个敦煌学研究中心联系起来"所产生的优异的成果",1998年获教育部普通高校人文社会科学研究成果一等奖。1998年,杭州大学与浙江大学等四校合并,张涌泉被任命为浙江大学敦煌学研究中心主任、浙江大学人文学部学位委员会主任。2000年,出任浙江大学古籍研究所所长,并长期担任浙江省敦煌学学会会长,2010年当选为中国敦煌吐鲁番学会副会长,是21世纪浙江敦煌学研究的领军人物。他主编的《敦煌经部文献合集》(中华书局2008年版)是积数十年之功的力作,带有总结性和集成性。张涌泉在敦煌俗字、敦煌变文以及文献整理方面都作出了极为突出的贡献,极大地推进了敦煌语言文字学的发展。

敦煌吐鲁番学研究者和组织者柴剑虹,师从启功,专治唐代文学,1982年发表《〈敦煌唐人诗集残卷(伯2555)〉初探》一文。此后佳作频出,先后发表《〈秦妇吟〉敦煌写卷的新发现》《敦煌文学中的"因缘"与"诗话"》《敦煌学郎诗抄与唐五代诗歌的传播》《敦煌古小说浅谈》等。除了个案研究,柴剑虹还对"敦煌文学"的概念进行理论性的思考,提出"敦煌文学"是"指保存或仅存于敦煌莫高窟的,以唐、五代、宋初写卷为主的文学作品及与此相关的文学现象与理论"①,对于推动相关研究的深入大有裨益。柴剑虹长期在中华书局工作,先后担任了王重民《敦煌遗书论文集》《敦煌遗书总目索引》新版、姜亮夫《敦煌学概论》的责任编辑。他长期在中国敦煌吐鲁番学会秘书处工作,为推动中国敦煌学研究逐步走向繁荣、走向世界作出了很大的贡献。

敦煌学研究繁荣新时期,浙江籍的重要学者还有樊锦诗、赵丰、许建平、黄征等知名学者。

第二节　敦煌石窟研究

敦煌莫高窟是举世闻名的世界文化遗产,"它不仅是东西方贸易的中转站,同时也是宗教、文化和知识的交汇处。莫高窟的492个小石窟和洞穴庙宇,以及雕像和壁画闻名于世,展示了延续千年的佛教艺术。"②对此,浙江学人志士不仅有早期的保护之功,而且在石窟考古、石窟文物保护与研究中,成就斐然,后发有力。

一、石窟考古

(一)夏鼐的石窟考古研究

夏鼐于1944—1945年间参加了向达教授领衔的西北科学考察团,在兰州至敦煌的河西走廊地区进行调查。夏鼐还作为负责人对敦煌地区的多处墓葬进行了科学发掘工作。1948年,夏鼐发表《新获之敦煌汉简》(87教科常字280号《世界遗产委员会主席团会议简报》),文

① 柴剑虹:《敦煌吐鲁番学论稿》,《"模糊"的"敦煌文学"》,浙江教育出版社2000年版,第239—246页。
② 《世界遗产委员会主席团会议简报》,87教科常字280号。

中披露的简牍材料便是他在敦煌期间亲自发掘所得。

夏鼐提倡将壁画与写本结合起来研究，在研究方向上非常具有前瞻性的眼光。1951 年，夏鼐应郑振铎之邀撰写了《漫谈敦煌千佛洞和考古学》，他指出："除了宗教史和艺术史以外，千佛洞壁上还保存着大批的政治史和社会史的材料……这些材料，自然要与藏经洞发现的写本卷子，合并起来做研究。"①1955 年他把自己在敦煌的工作经历记述以《敦煌考古漫记》为名发表(《考古通讯》1955 年第 1、2、3 期)，生动地记述了中国学者在抗日战争的艰苦时期如何坚持展开敦煌学研究的情况，影响甚广。

(二)樊锦诗的敦煌石窟考古研究

樊锦诗，1963 年 9 月到敦煌文物研究所工作，1984 年之后，出任敦煌研究院副院长、院长，2007 年被聘为中央文史研究馆馆员。她主持的敦煌石窟考古研究备受学术界瞩目。以她为首的课题组撰写有《敦煌莫高窟北朝洞窟的分期》(樊锦诗、马世长、关友惠著，载《中国石窟・敦煌莫高窟》第一卷，文物出版社 1982 年版)、《莫高窟隋代石窟分期》(樊锦诗、关友惠、刘玉权著，载《中国石窟・敦煌莫高窟》第二卷，文物出版社 1984 年版)、《敦煌莫高窟唐代前期洞窟分期》(樊锦诗、刘玉权著，载敦煌研究院编《敦煌研究文集・敦煌石窟考古篇》，甘肃民族出版社 2000 年版)等论文，从考古学的角度对莫高窟进行了严格的断代分期，为科学地研究莫高窟各洞窟的营建奠定了坚实基础，这是中国石窟考古研究的重要成果。

20 世纪 90 年代，樊锦诗主持敦煌石窟考古报告的撰写工作，从"洞窟开凿的早晚和它的排列顺序有着极密切的关系"这一基本认识出发，依据多年积累的实地考察数据和前人的石窟断代成果，经过反复思考，最终制订出《敦煌石窟全集》考古报告的编写原则(樊锦诗著《〈敦煌石窟全集〉考古报告编撰的探索》)，全集规模为 100 卷。2010 年完成《敦煌石窟全集》第一卷《莫高窟第 266—275 窟考古报告》(樊锦诗、蔡伟堂、黄文昆编著，文物出版社)。这是敦煌石窟第一本正式、规范、全面的考古报告，完整、科学、系统地记录了第 266—275 窟共 11 个洞窟的全部遗迹情况，在敦煌石窟考古史上具有里程碑的意义。

樊锦诗在长期从事敦煌石窟的研究过程中，对此积累了不少心得，比如《P. 3317 号敦煌文书及其与莫高窟第 61 窟佛传故事画关系之研究》一文，通过详细的比勘，指出前者实乃后者构图的情节设计稿②，体现出深厚的学养和敏锐的洞察力。

二、石窟文物保护

(一)常书鸿的石窟文物保护及研究

文物保护方面，常书鸿是贡献最大的一位。常书鸿，于 1936 年毕业于法国巴黎高等美术专科学校，从事西洋油画的创作。1942 年 8 月，常书鸿受命担任国立敦煌艺术研究所筹备委

---

① 夏鼐：《漫谈敦煌千佛洞和考古学》，《文物参考资料》第 2 卷第 5 期，1951 年，第 72—75 页。

② 《华学》第 9、10 合辑，上海古籍出版社 2008 年版，第 981—1004 页。

员会副主任委员①，负责实际的业务工作。1944年2月，国立敦煌艺术研究所正式成立，莫高窟的保护工作自此走上正轨。常书鸿带领同事清除积沙，砌筑围墙，竭尽全力做好敦煌石窟的保护工作，在异常艰苦的环境下，一干便是数十年，作出了卓越的成绩。柴剑虹著《论"常书鸿精神"》，把他这种对敦煌事业的忘我投入与无私奉献的情操总结为"常书鸿精神"②。

自到敦煌之日起，常书鸿便带领同事们积极开展壁画的临摹工作。1948年8月，常书鸿等人在南京举行了敦煌壁画临摹作品展览会，取得了空前的成功。8月24日，蒋介石、司徒雷登、蒋梦麟等参观这次作品展。③

1950年8月1日起，敦煌艺术研究所更名为敦煌文物研究所，直属于文化部文物事业管理局，常书鸿担任所长，从此敦煌莫高窟的保护工作进入到一个新的历史发展阶段。1950年10月，中央决定在北京举办大型的敦煌文物展览。1951年4月展览会在故宫午楼开幕，共展出各类文物、文献和壁画摹本等1120件。4月7日下午，政务院总理周恩来亲临展览现场，有感而发："由我们中国人自己来钻研敦煌学，这一点是非常重要的。"④这次展览会对于推动中国敦煌学的普及和发展具有重要的历史意义。常书鸿撰写了长文《敦煌艺术的源流与内容》(《文物参考资料》1951年第2卷第4期)。同年，常书鸿与历史学家向达合作撰写了普及性小册子《敦煌》(北京：学习书店，1951)。《人民日报》同时刊发《艰苦工作八年的敦煌文物研究所工作人员》的长篇报道，对常书鸿等人的事迹进行表彰。

1959年，常书鸿发表《敦煌十年》(《红旗手》1959年第10期)一文，回顾了1949—1959年10年间敦煌文物研究所的石窟保护工作和发展情况，是编写敦煌研究院院史不可或缺的第一手材料。其先后发表《敦煌艺术的源流与内容》《敦煌壁画艺术》《新疆石窟艺术》等文论及编辑出版《敦煌艺术小丛书》等。

继常书鸿之后，在敦煌石窟文物保护方面，以樊锦诗的贡献最为突出。樊锦诗数十年扎根敦煌，为敦煌石窟的保护和文化遗产的管理工作殚精竭虑，被誉为"敦煌女儿"。在她的长期带领下，敦煌研究院在文物保护和国际交流方面都迈上了新的发展阶段，成为国际上享有盛誉的研究机构。

(二)敦煌石窟文物的科技研究

20世纪90年代以来，计算机技术突飞猛进，浙江大学以潘云鹤院士为首的课题组利用多媒体与智能技术进行敦煌艺术复原和保护的研究，由潘云鹤、樊锦诗主编《敦煌：真实与虚拟》(浙江大学出版社2003年版)一书，把传统的敦煌学研究和现代化的多媒体智能技术结合起来，其成功不仅对保护和再现敦煌壁画艺术有重大意义，而且也使对敦煌壁画的研究摆脱了地域的限制，使得浙江敦煌学研究迈向更高的台阶。

(杭州)中国丝绸博物馆馆长赵丰，长期从事中国丝绸史和古代丝织品实物的研究。2006

---

① 常书鸿：《九十春秋——敦煌五十年》，甘肃文化出版社2000年版，第42页。

② 载柴剑虹《敦煌学人和书丛谈》，上海古籍出版社，第34—37页。

③ 《大公报》1948年8月25日，第2版。

④ 常书鸿：《九十春秋——敦煌五十年》，第161页。

年起，在他的主持下，东华大学和中国丝绸博物馆开始了全面收集流散海外的敦煌丝绸资料的工作。2007年出版了由赵丰主编的《敦煌丝绸艺术全集》(英藏卷)(上海：东华大学出版社2007年版)，2010年出版了赵丰主编《敦煌丝绸艺术全集》(法藏卷)(上海：东华大学出版社2010年版)，被誉为将“自然科学与社会科学交叉结合、相辅相成的一个典范例子”。

第三节　敦煌艺术研究

敦煌石窟上自晋、魏，下迄宋、元，其在历史上可称为具有系统的佛教美术宝库，它包罗了中国传统的艺术精神，也包罗了中西艺术接触后所发出的光辉，成为人类思想领域中的一种最高表现”①。对此，浙江学人在敦煌的绘画艺术、音乐舞蹈艺术等方面，有较深的研究，颇有名望。

一、绘画艺术

(一)潘絜兹的敦煌绘画及其艺术研究

敦煌美术方面，可谓名家辈出。在常书鸿以外的浙籍画家中，潘絜兹是多产的一位。

潘絜兹，1945年进入“国立敦煌艺术研究所”，参与壁画临摹工作。1947年在台北中山堂举办敦煌画展。1951年调北京参加筹备敦煌文物展览，后任中国历史博物馆美术组组长。1954年，潘絜兹创作了工笔重彩画《石窟艺术的创造者》(刘岘主编《中国美术馆藏品集》第1集，人民美术出版社1988年版，第9页)，再现了唐代民间画师们从事敦煌壁画创作的情景，其中融入了作者本人临摹敦煌壁画的研究心得。1956年，他撰写的《敦煌的故事》(中国青年出版社1956年版)，用通俗的文笔简要介绍了敦煌莫高窟以及藏经洞的出土文献。1957年，他编辑的《敦煌壁画》一书出版(朝花美术出版社1957年版)，同年他撰写的《敦煌莫高窟艺术》(上海人民出版社1957年版)发行，从美术家的角度介绍了敦煌壁画的艺术成就。1958年，潘絜兹编绘的《敦煌壁画服饰资料》(中国古典艺术出版社1958年版)一书出版，这是一部颇具匠心的图像集，临摹敦煌壁画中北魏至元代的人物服饰，为古代服饰史研究提供了宝贵的材料。他于1963年发表《敦煌艺术简介》(《历史教学》1963年第2期)一文，介绍了敦煌壁画、彩塑等艺术成就。

(二)浙江其他美术家对敦煌艺术的研究

主要有：史岩，1943年在敦煌艺术研究所任职，1949年后任浙江美术学院图书馆馆长，雕塑系教授，主编有《中国美术全集・隋唐雕塑》。诸葛铠，长期任教于苏州丝绸工学院，与刘庆孝合著有《敦煌装饰图案》(山东人民出版社1982年版)一书。王伯敏在20世纪80年代之

① 姜亮夫：《敦煌——伟大的文化宝藏》，上海古典文学出版社1956年版，第38页。

后，从理论高度探索敦煌壁画中的山水技法问题，撰写了多篇相关论文，汇编为《敦煌壁画山水研究》（浙江美术出版社2000年版），专攻敦煌壁画的山水技法。常沙娜是常书鸿之女，1983年起任中央工艺美术学院教授、院长，编著有《敦煌藻井图案》《敦煌历代服饰图案》（香港：万里书店有限公司1986年版）、《中国敦煌历代装饰图案》（清华大学出版社2009年版）。

二、音乐与舞蹈艺术

（一）对敦煌音乐的解读

主要有潘怀素，资深的音乐史专家，于1957年翻译有日本音乐史专家林谦三的《敦煌琵琶谱的解读研究》（上海音乐出版社1957年版）。他在译者序中有针对性地对作者的观点提出了商榷意见。

（二）敦煌舞蹈艺术研究

主要有叶宁，长期从事舞蹈理论工作。20世纪80年代，她任《中国大百科全书·音乐舞蹈卷》编委会副主任，撰有《敦煌舞和敦煌学》《加强敦煌舞蹈的学术研究》（收入叶宁《舞论集》，中国戏剧出版社1999年版）。

敦煌舞谱素称难治，柴剑虹在这方面发表有《敦煌舞谱的整理与分析》（一）（二）（《敦煌研究》1987年第4期，第84—96页；《敦煌研究》1988年第1期，第81—96页）；与舞蹈史专家王克芬合撰《敦煌舞谱的再探索》（王克芬、柴剑虹撰，载王克芬《舞论：王克芬古代乐舞论集》，甘肃教育出版社2009年版，第96—108页）、《新发现的敦煌酒令舞谱》（柴剑虹、王克芬撰，《人民日报·海外版》1992年12月11日，第7版）、《对敦煌舞谱研究若干问题的再认识》（王克芬、柴剑虹撰，载柴剑虹《敦煌学与敦煌文化》，上海古籍出版社2007年版，第44—52页）等论文，对敦煌舞谱进行了深入的探索。

第四节　敦煌遗书研究

敦煌遗书总量大约六万编号，包括“五至十一世纪多种文字的古写本及少量印本”①，内容涵盖中古时期宗教、政治、经济、文化等主要领域。对此，浙江学人在文献分类、写本研究等方面，成就突出，影响重大。

一、文献分类

敦煌遗书是敦煌学研究的主要对象，因其数量巨大，内容庞杂，势必要求研究者从目录学角度对敦煌遗书进行文献方面的分类。

---

① 季羡林主编：《敦煌学大辞典》，上海辞书出版社1998年版，第14页。

20世纪80年代之后，浙江学者重视敦煌文献的分类工作，如张涌泉、柴剑虹、黄征等参与中国敦煌吐鲁番学会敦煌文献编委会主持的全国哲学社会科学“六五”规划重点项目《敦煌文献分类录校丛刊》12册(周绍良任主编)。张涌泉在敦煌文献分类研究方面成果有《敦煌经部文献合集》(中华书局2008年版)、《敦煌小说整理研究百年回顾与思考》(《文学遗产》2010年第1期)等。柴剑虹具体参与并协调《敦煌文献分类录校丛刊》编纂工作，其在《敦煌学研究的标志性工程——专家学者谈〈敦煌文献分类录校丛刊〉》(《光明日报》1999年7月2日)中有《敦煌文献整理的硕果》一文，指出藏经洞文献大多数为写本残卷，内容庞杂，且往往抄写极不工整规范，错讹甚多，不少写卷首尾残缺，有的仅存碎片，加之已流散世界各地成为公私秘藏，造成编辑整理的五大困难：写本查看难、文字辨识难、定性定名难、年代确认难、断片缀合难；而分类录校研究工作更是难上加难。他详列了这套录校丛刊的分类，即佛教经录、禅宗典籍、社邑文书、契约文书、天文历法、医药文献和《论语》、变文、讲经文、因缘、赋等文学作品及表、状、笺、启、书仪等应用文，多数为传世典籍不载之佚本。《丛刊》各辑再按学科或专题分类辑录，以形成类的合理结构。这一评议对于敦煌文献的分类方法具有一定的总结意义。黄征有专著《敦煌语言丛说》(台湾新文丰出版公司1997年版)、《敦煌语言文字学研究》(甘肃教育出版社2003年版)等。周绍良、黄征、张涌泉《敦煌变文讲经文因缘辑校》(江苏古籍出版社1998年版)便是敦煌文献研究之变文类辑校。张涌泉《敦煌文献整理之回顾》(《文艺评论》官网)涉《千字文》敦煌文献的整理。

敦煌遗书的主体是汉文文献，但也包括大量藏文、于阗文、突厥文、回鹘文、梵文、粟特文、希伯来文的写卷，这些非汉文文献是研究各民族文化交流、融合的重要资料。

二、写本

敦煌遗书以汉文文献为主，姜亮夫于1981年发表《敦煌经卷在中国文化学术上的价值》一文(《思想战线》1981年第1期)，将敦煌汉文写卷主要分为佛经、道经、儒家经典、韵书、文学、史学等大类，分别阐述了有关写卷对于中国传统文化研究的重要价值。浙江学者对于汉文写本的研究主要集中在经学、史学、文学、宗教以及科技等几个重要方面。

(一)经学的释校与研究

敦煌写卷中保存有大量中古时期的儒家经典，因此这方面的材料特别引起中国学者的高度关注。吴士鉴是清末民初的著名学者，他于1917年撰成《敦煌唐写本经典释文校语》(《涵芬楼秘笈》第四集，上海：商务印书馆1917年版)，对法藏敦煌文献中的精品——《经典释文》残卷进行了深入研究。1918年，时任北京大学教授的马叙伦自刊《唐写本经典释文残卷校语补正》(《天马山房丛书》，家刻本1918年版)，对吴士鉴的文章进行拾遗补缺。罗振玉主要以跋语的形式对敦煌经部文献进行考证，这些跋语多附在他所影印刊行的敦煌文献图录的各写卷之后，比如《隶古文尚书顾命残本补考》《敦煌本尚书释文残卷跋》等，为世人所珍视。王重民编著《敦煌古籍叙录・经部》(中华书局1979年版)集中汇集了罗振玉经学方面的有关研究成果，颇便寻览。姜亮夫在《敦煌——伟大的文化宝藏》一书中，专门设立《敦煌的儒家经典》

一章，以他的旧作《海外敦煌卷子经眼录》作为基础，指出“敦煌经卷比宋本又早了几百年，而其所依据的本子，大体还是魏、晋、六朝古本，则吾人谓敦煌写本，更与原本相近”“可以作为纠正今本错误的根据”。写定于1962年的《敦煌本毛诗传笺校录》(载姜亮夫《敦煌学论文集》，上海古籍出版社1987年版)，便是他从事这一工作的具体成果。1987年，姜亮夫在发表的《敦煌学规划私议》(载姜亮夫《敦煌学论文集》，上海古籍出版社1987年版)一文中提出学术界应组织力量“刊印《敦煌儒家经典丛书》”，这一研究计划目标长远、立意宏伟，后由张涌泉领衔完成。

20世纪90年代末，张涌泉承师之志主编规模浩大的《敦煌文献合集》，对现已公布的所有敦煌文献进行分类校录整理，在普查、分类、定名、缀合、解题、录文、汇校等工作的基础上，充分吸收海内外学术界近一百年来的研究成果，为学术界提供可以直接利用的敦煌写卷的校勘定本；历经十年辛勤，于2008年出版发行《敦煌经部文献合集》(中华书局2008年版)11册，600万字，是为巨著。该书在分类整理的基础上，对每个写卷进行了详尽的校录、比勘、考订，不但纠正了大量写卷本身的传抄之误以及后人的误录误校，保证了校录文本的可靠可信，而且融进了作者自己的许多研究心得，有不少创见或发明。《敦煌经部文献合集》出版后在海内外引起强烈反响，被认为是“集大成，高水平”之著(项楚评)，“是名副其实的敦煌文献整理研究的集大成之作”(《光明日报》评)。

参与《敦煌经部文献合集》编纂的许建平(慈溪人)，长期从事敦煌学和经学研究，《敦煌经部文献合集》中的群经部分主要由他负责进行校录。许建平还著有《敦煌经籍叙录》(中华书局2006年版)，该书收集有世界各地主要公私收藏机构的经籍写卷，是目前为止关于敦煌经籍文献最全面、准确的一部叙录，具有很高的参考价值。他历年发表的有关敦煌经部写卷的论文集为《敦煌文献丛考》(北京：中华书局2005年版)。

(二)史学的研究

20世纪80年代，王仲荦对敦煌文献中的氏族类写卷进行了专题探索，发表了一系列论文(详见本章第一节)。王仲荦还对敦煌文献中的地理类写卷进行了汇校(生前未及发表)，后由郑宜秀整理、结集为《敦煌石室地志残卷考释》。涉及这一领域的学者毛汉光，1969年毕业于台湾政治大学，获博士学位，主攻中古时期政治史，发表《敦煌唐代氏族谱残卷之商榷》(《中央研究院历史语言研究所集刊》第43卷第2本，1971年)。吴丽娱，为中国社会科学院历史研究所研究员，著《唐礼摭遗——中古书仪研究》(商务印书馆2002年版)，该书主要从礼学角度深入系统论述敦煌本唐五代书仪写卷，揭示各类书仪产生的源流、性质、内容演变和制作方式，从而挖掘其中的历史文化底蕴，极富参考价值。卢向前，著有《敦煌吐鲁番文书论稿》(江西人民出版社1992年版)，收录了历年发表的重要论文。冯培红于2003年起任教育部人文社会科学重点研究基地兰州大学敦煌学研究所副所长。2007年，其著《敦煌归义军职官制度——唐五代藩镇官制个案研究》(指导教师：郑炳林)入选全国百篇优秀博士学位论文。

（三）文学的研究

文学方面，研究的焦点主要集中在《云谣集杂曲子》（以下简称《云谣集》）。《云谣集》是敦煌文献中发现的一部词集，此前人们大都认为五代赵崇祚所编《花间集》是传世最早的“词的总集”，而敦煌本《云谣集》（S. 1441、P. 2838）的发现改写了这段文学史。《云谣集》残卷分藏伦敦、巴黎两地。1912年日本学者狩野直喜最先据英藏写卷抄录了其中的三首。1919年前后，王国维据狩野直喜的抄本撰有《唐写本〈云谣集杂曲子〉跋》，指出“《云谣集杂曲子》所用曲调，为开元教坊旧物”。其对《云谣集》的文学价值推崇备至，认为其中“《天仙子》则深峭隐秀，堪与（温）飞卿、（冯）端己抗行”，大大提升了晚唐民间词作的地位。1924年，罗振玉据伯希和提供的英藏写卷照片，在《敦煌零拾》中公布了残卷上的全部十八首词。

与此同时，朱孝臧得到了董康旅英期间抄录的英藏《云谣集》残卷，亦为十八首，于1924年收入自刻的《彊村丛书》中。1925年，刘复所编《敦煌掇琐》抄录了法藏P. 2838号《云谣集》残卷，内中残存十四首词。朱孝臧执法藏本与英藏本对照，发现两本仅有两首词重出，去其重复，恰合英藏本所标注的“共三十首”之数，大喜过望，遂与门人龙沐勋等进行校理。朱孝臧去世后，龙沐勋于1933年将合校本编入《彊村遗书》中，这是第一个《云谣集》足本，对于扩大敦煌曲子词的影响具有重要意义。《云谣集》的发现，正值民国初年词学大兴之时，因此该书深受瞩目。张尔田对《云谣集》也颇有研究，曾撰有《与龙榆生论云谣集书》（《同声月刊》第1卷11号，1941年），不赞同冒鹤生认为该书是北宋写本的观点，认为“若以词格论，是唐教坊的一种歌曲”“定为唐词，较得实”。

20世纪50年代，王重民辑录的《敦煌曲子词集》（商务印书馆，1950）及其修订本《敦煌曲子词》（商务印书馆1956年版）先后出版，引发了文学界对相关问题的热烈探讨。俞平伯于1957年发表《读云谣集杂曲子〈凤归云〉札记》（《文学遗产》1957年5月19日）。夏承焘、怀霜于1962年撰有《敦煌曲子词》（《文汇报》1962年1月7日）一文，后收入其名作《唐宋词欣赏》（天津：百花文艺出版社1980年版）一书。此外，蒋礼鸿撰有《〈敦煌曲子词集〉校议》，作为附录收于《敦煌变文字义通释》之中。

敦煌的通俗文学除了曲子词，俗赋也是重要的门类之一。1932年，钱南扬（1899—1987年，平湖人）发表《韩凭故事》一文（载《民众教育季刊》第3卷第1号，1932年），对法藏敦煌写卷中的《韩朋赋》考证了其故事演变的源流。

敦煌写本中也保存有许多唐代名家的诗作。黄永武，毕业于台湾师范大学国文研究所，发表有《敦煌所见李白诗43首的价值》上、下（《幼狮学志》第46卷第6期，1977年；黄永武《敦煌所见李白诗43首的价值》，《幼狮学志》第47卷第1期，1978年）、《敦煌所见王昌龄诗七首的价值》（《中外文学》第6卷第8期，1978年）以及《敦煌所见孟浩然诗九首的价值》（《文史学报》第8卷，1978年）。

王国维于1920年发表的《敦煌发见唐朝之通俗诗及通俗小说》，文中考证出晚唐诗人韦庄的长篇佚诗《秦妇吟》（详见本章第一节），从而引发了学术界对该诗长久的关注。1980年，王水照（1934年出生，余姚人）发表《关于韦庄〈秦妇吟〉评价的两个问题——兼论古代作家对农民起义的一般态度》(《古典文学论丛》,载《复旦学报》社科版增刊,上海人民出版社 1980 年版)。1981 年,俞平伯发表写成于 1975 年的旧稿《读陈寅恪〈秦妇吟校笺〉》(《文史》第 13 辑,中华书局 1981 年版)。如果说前文尚带有特定历史时期留下的影子,那么后文已经专在涵泳辞气、以诗证史方面下功夫,趋向文本的回归。

此外,浙江财经学院教授吴肃森著有《敦煌歌辞通论》(黄山书社 2010 年版),将敦煌歌辞作为研究专题,进行了多角度、多层次的深入论析,内容涉及敦煌歌辞的文化背景、思想内容、艺术特色以及风格演变等诸多方面,特别是对敦煌歌辞与词体之间的源流关系作了精辟的阐述。其还有《敦煌歌辞选注》(辽宁人民出版社 1991 年版)。

(四)宗教的研究

1929 年,时任国立中央大学教职的缪凤林曾撰文,介绍了日本大谷大学所藏的一件敦煌写卷《十诵比丘尼波罗提木叉戒本》,并对日本学者西木龙山考证该书出自后秦鸠摩罗什之说,提出异议;他强调应重视对占敦煌遗书主体的佛教文献的研究①。太虚大师精研敦煌所出法成译本《佛说大乘稻芊经》,1936 年 8 月在南京中国佛学会对该经进行宣讲,讲经记录由其弟子道屏整理,发表在《海潮音》(第 17 卷第 10 期)。1982 年,姜亮夫发表 1958 年写定的旧稿《敦煌所见道教佚经考》(《兰州大学学报》1982 年第 1 期),对不见于今本《道藏》的敦煌道教写经进行了考录,开启了国内系统整理敦煌道教文献专题目录的先河。

(五)科技的研究

数学方面。1943 年,时为中央大学数学系学生的严敦杰辗转获得向达在敦煌抄得的后唐天成三年(928)具注历,据此撰写了《敦煌本"大历序"跋》(《图书月刊》第 3 卷第 1 期,1943 年),初步崭露出他在科学史方面的才华。沈康身,1984 年,他与国内数学史专家发起编写中国传统数学发展历程的巨著《中国数学史大系》,沈负责主编第 4 卷《西晋至五代》(北京师范大学出版社 1999 年版)、第五卷《两宋》等并亲自执笔撰写了第 4 卷第 7 编《敦煌数学》。

医学方面。罗福颐在 20 世纪 50 年代以敦煌遗书中的医学写卷为专题撰写了多篇论文,有《西陲古方技书残卷汇编》(《中华医史杂志》1953 年第 1 期)、《祖国最古的医方》(《文物参考资料》1956 年第 6 期),是这一时期科技史研究的重要收获。

天文方面。1982 年,夏鼐发表《另一件敦煌星图写本——敦煌星图乙本》(见李国豪主编《中国科技史探索》,上海古籍出版社 1982 年版),介绍了敦煌县文化馆所藏的一件敦煌写本星图,并与英藏 S.3326 号星图(即甲本)进行比较研究,分析了这两张星图的制作年代,在国际天文学史领域产生了广泛的影响。

三、印本

据不完全统计,敦煌遗书刻本仅有二十余件。这些刻本数量虽然很少,但大都刊刻于唐

---

① 缪凤林:《敦煌出土古经录未著录之〈比丘尼戒本〉》,《史学杂志》第 1 卷第 2 期,1929 年。

五代时期，研究价值与历史意义重大，它们为研究印刷术的起源问题提供了宝贵的实物材料。

藏经洞出土的刻本主要有佛经、佛像、韵书以及民间历日。其中最重要的刻本当首推咸通九年(868年)王玠施印卷轴装《金刚经》。该刻本保存情况良好，首尾完整，是世界上现存最早的具有可靠印刷时间的刻本，堪称研究唐代刻本的标准件。此外，敦煌遗书中还保存有现存最早的非佛经书籍刻本——五代时期刊刻卷轴装《大唐刊谬补阙切韵》，这也是藏经洞出土汉文刻本中唯一一件"四部"类书籍。

斯坦因(英国)、伯希和(法国)在掠夺敦煌文献时，便对其中的刻本格外"留意"，深知它们所蕴含的巨大价值。伯希和于1908年在《法兰西远东学院学报》上率先披露了他的劫经始末，文中介绍了他所获取的"更多和更好的整整一小批10世纪的汉文印刷品"，除了多份归义军时期印制的陀罗尼印品，还包括五代刊本《切韵》，伯希和不无自负地指出：敦煌的刊本是我们可能从来未曾拥有过的最古老的刊本。(伯希和著《敦煌藏经洞访书记》1908年，见《伯希和西域探险记》，耿昇译，人民出版社2011年版)

罗振玉于1909年《东方杂志》第六卷第十期发表《敦煌石室书目及发见之原始》(《东方杂志》第六卷第十期，1909年)一文，通过学术杂志向中国学术界及时报道了伯希和所掠敦煌遗书的简要情况，在文中专门列"刻本""雕印佛像"两类，并抄录开运四年(947年)曹元忠刊记，从此拉开了对敦煌出土汉文刻本研究的帷幕。1909年12月至1910年1月，罗振玉又在《东方杂志》第六卷第十一、十二期连续刊载《莫高窟石室秘录》长文。此文是《敦煌石室书目及发见之原始》的增补本，并以"写本第一""雕本第二""石刻第三""经象第四""壁画第五""古器物第六"进行分类介绍，除开运四年曹元忠刊记录文见于"经象"类外，"雕本"类中对《一切如来尊胜陀罗尼》(加句灵验本)、曹元忠刻《金刚经》等介绍版式、行款，并进行了初步研究。罗振玉指出曹元忠题记反映的历史信息可补史阙；推测《一切如来尊胜陀罗尼》当为"唐中叶刊本"；他结合文献记载与出土实物，认为"以此刻证之，则隋唐有雕本之说，殆信然矣"，初步涉及到早期印刷史的起源问题。

在图版资料刊布的方面，罗振玉于1910年把从伯希和处获得的15种文物的照片，以《石室秘宝》甲、乙集(乙集，黄永武主编《敦煌丛刊初集》第9册，台北：新文丰出版公司，1985)影印刊行，收录《一切如来尊胜陀罗尼》及天福十五年已酉刻《金刚经》两种。1914年，罗振玉在重编的《宸翰楼丛书》八种本中也收录了敦煌所出《一切如来尊胜陀罗尼》刻本影印本。

直至晚年，罗振玉仍对敦煌所出刻本进行孜孜不倦的研究，而且新见迭出。1938年，罗振玉编定已作为《后丁戊稿》，身后由门人周作民于1941年收入《贞松老人遗稿甲集》中(罗继祖《永丰乡人行年录》，见萧立文编《雪堂类稿》，辽宁教育出版社2003年版)。《后丁戊稿》(罗继祖编《罗振玉学术论著集》第10集，上海古籍出版社2010年版)中有《晋开运四年刊大圣毗沙天王象(像)印本跋》，是一篇有关出土刻本研究的重要论文，跋中对五代刻本毗沙门天王像墨色不匀的原因进行分析。从印刷研究史看，罗振玉大概是最早提出早期印刷品为压印的学者。从原先着重立足出土刻本的题记进行考史，转向对早期印刷工艺进行探求，表明以罗振玉为代表的传统学者的研究视角已经有所变动。

1922年，王国维《晋开运刻毗沙门天王象(像)跋》(《观堂别集》卷三)对敦煌藏经洞所出开运四年刻毗沙门天王像，以跋语形式进行了研究，认为这件毗沙门天王像印刷风貌"颇朴拙"，可能是由于"西陲少良工"的缘故，初步注意到刻工问题；他将敦煌印制天王像放在后唐、后晋及后周刊刻九经的历史背景下，特别点明后晋开运三年刻成五经及《九经字样》诸书，而曹元忠施印该像恰在"开运四年"。此跋文虽不长，但王国维从历史的宏观角度将五代时期敦煌一地与其他政权的官方刻书事件相联系，堪称运用"二重证据法"考察出土刻本的一个范例。

第五节　敦煌语言文字学研究

经学的根基是小学，正如清人张之洞所说："由小学入经学者，其经学可信。"所谓"小学"，即语言文字之学。浙江的敦煌学研究在各个历史时期，都有一批专门从事敦煌语言文字学的杰出学者及其精品佳作。

一、音韵学

对于中古韵书的专题研究，是王国维在"敦煌学"领域所作出的重要成绩之一。敦煌遗书中保存有多种唐五代时期的写、刻本韵书残卷，这些新材料的发现为清代以来成果辈出的韵书研究注入了新的活力和契机。王国维敏锐地把握住这一课题，将传世韵书与出土韵书聚合起来，将韵书之间纷繁复杂的衍生关系阐述得原原本本，极为明晰，显示出过人的研究功力[①]。除此之外，王国维也非常重视敦煌写本韵书的校录工作，撰有《唐写本唐韵残卷校记》二卷。他的研究工作建立在扎实的文献校读基础之上，这种方法路数给后来的《切韵》系韵书研究者以极大的启示。

语言文字学方面，在王国维以外的浙籍学人中，陆志韦堪称翘楚。他的长文《唐五代韵书跋》(《燕京学报》第 26 期，1939 年)是一篇名作，作者将故宫藏王仁昫《刊谬补阙切韵》、蒋藏本《唐韵》等传世写本韵书与敦煌、吐鲁番出土的写、刻本韵书汇聚一处，从总体角度考察唐五代时期韵书的体例演变，极富参考价值。1955 年，姜亮夫的专著《瀛涯敦煌韵辑》(上海出版公司 1955 年版)以八开本线装影印出版。类似的专题校录本还有张金泉、许建平合著的《敦煌音义汇考》(杭州大学出版社 1996 年版)，该书收集敦煌遗书中的音义书和注音写卷，共 33 种，每种写卷皆撰写题解和校记，颇具参考价值。

这方面研究，张涌泉主编的《敦煌经部文献合集》(中华书局 2008 年版)的小学类部分，下分为韵书、训诂、字书、群书音义与佛经音义五个子目，共收录 1007 号卷子，是敦煌小学类文献的集大成之作。其中训诂、字书与佛经音义部分由张涌泉负责校录，群书音义部分由许建平校录，韵书部分则由关长龙(辽宁岫岩县人，浙江大学教授)校录。

1966—1976 年的"文化大革命"期间，在台湾的浙籍学人有少量研究成果面世。许寿裳

---

① 《王国维全集》第 8 卷《观堂集林》卷第八 · 艺林八，2009 年。

的哲嗣许世瑛发表《论〈秦妇吟〉用韵》(《幼狮学志》第7卷第1期,1968年)一文,该文从用韵的角度细致地考察了敦煌所出晚唐韦庄的长诗《秦妇吟》,选题独具匠心。

二、变文字义

变文作为唐五代间的民间文学,其中有不少当时的方俗语词,或字面普通而义别,或字面生涩而义晦,成为整理和阅读的最大障碍。1958年,华东师范大学中文系教授徐震堮于次年先后发表《〈敦煌变文集〉校记补证》(《华东师范大学学报》1958年第1期)、《〈敦煌变文集〉校记再补》(《华东师范大学学报》1958年第2期)两文,对变文中的俗语词多有抉发①。

对以方俗语词为主体的变文字词进行系统、全面诠释的著作当首推蒋礼鸿的《敦煌变文字义通释》(中华书局上海编辑所1959年版)。此书自1959年3月至1962年共出3版,且每次都有所增益,篇幅也从原来的57000字扩充到第三版的159000字。语言文字学家徐复曾撰写书评高度赞誉,认为该书"可以毫无愧色地和张相先生的《诗词曲语辞汇释》后先媲美,而益见精进"(徐复著《评〈敦煌变文字义通释〉》,《中国语文》1961年第10、11期合刊)。日本语言学家入矢义高作《蒋礼鸿〈敦煌变文字义通释〉1959》(《中国文学报》1959年第11期)一文亦有赞评。1981年,《敦煌变文字义通释》(增订本)再版发行(增订本,上海古籍出版社1981年版),这是第四版。1988年,《敦煌变文字义通释》(增订本)第五版面世(上海古籍出版社1988年版),字数增加到40万字。全书分释称谓、释容体、释名物、释事为、释情貌、释虚字六篇,所释字词840个(其中附目429个)。20世纪80年代的这两个增订本对于促进改革开放初期中国敦煌学和古汉语研究的振兴起到了极为重要的作用。1997年,上海古籍出版社将其晚年增补的3万余字材料附在第五版之后出版,是为第六版。一部书在近40年时间里前后六版,不断增订完善,这不仅是中国出版史上的佳话,而且是中国敦煌学史上不朽的传奇。

敦煌文献语词的考释,郭在贻著述甚勤,先后发表《敦煌变文校勘拾遗》《关于敦煌变文整理校勘中的几个问题》《变文校勘与俗字研究》等重要论文。郭在贻和高足张涌泉、黄征合著的《敦煌变文集校议》(岳麓书社1990年版)。项楚在这方面的成果主要有《敦煌变文选注》,其特色在于详注;后经增订再版(增订本,中华书局2010年版)。郭在贻、项楚等人对敦煌变文所作的持续性探索,把相关研究的水平推向了一个崭新的高度,在海内外学术界产生了极大的影响。②

《敦煌变文集校议》是郭在贻拟定的《敦煌学三书》之一,为三书的重中之重。由于郭在贻英年早逝,未及着手,该书由其弟子张涌泉和黄征克承遗志,最终完成,堪称浙江敦煌学史上学术薪火相传的佳话。黄征、张涌泉合著的《敦煌变文校注》(中华书局1997年版),根据原卷图版细致录文,对敦煌变文作了详尽的校勘、注释工作,作者汇集各家之说,创获极多。诚如书前姜亮夫序言所指出的,该书"重在俗字、俗语词之诠解,以俗治俗,胜义纷纶,其为敦煌变

① 徐震堮两文中所指《敦煌变文集》,是唐代敦煌变化作品的总集,由王重民、王庆菽、向达、周一良、启功、曾毅等人编校,人民文学出版社1957年出版。

② 张涌泉:《入乎其内,出乎其外——项楚师的敦煌学研究》,《社会科学研究》2009年第5期。

文校理之集成之作，盖非过誉也”（姜亮夫著《敦煌变文校注》序，北京：中华书局 1997 年版），该书对于 20 世纪 90 年代以后的敦煌变文研究起到了很大的推动作用。

此外，浙江籍的语言学家如董志翘、方一新、汪维辉等在敦煌变文的释词方面也撰写有不少相关的专题论文。

三、俗字

较早提倡对敦煌文献中的俗字展开深入研究的学者为蒋礼鸿，1959 年发表有《中国俗文字学研究导言》（《杭州大学学报》1959 年第 3 期；收入《蒋礼鸿语言文字学论丛》，浙江古籍出版社 1994 年版，第 116—131 页），从理论上阐释了俗字研究在语言文字学上的重要意义和广阔前景。

语言文字学历来是浙江敦煌学研究的强项，蒋礼鸿、郭在贻、项楚的弟子们继承了这一优良传统并且进一步发扬光大。张涌泉《敦煌俗字研究》（上海教育出版社 1996 年版）是他在这一学术领域的力著，全书约 70 万字。该书通过对敦煌遗书中大量俗文字资料的深入探究，揭示了许多前人未曾注意到的文字现象，全面系统地论述了敦煌俗字研究的意义和方法，指出敦煌俗字的研究有助于大型字典编纂质量的提高，有助于汉字的整理和规范以及有助于敦煌文献的校理。这部著作被认为是“俗字方面的拓荒性著作”（裘锡圭语），“与蒋礼鸿先生的《敦煌变文字义通释》堪称双璧”（周一良语），不仅对敦煌学研究作出了新的贡献，而且对汉字学、汉语史、敦煌文献校勘、古籍整理、大型字典的编纂等，都具有重要的意义和价值。1998 年，《敦煌俗字研究》获教育部普通高校人文社会科学研究成果一等奖。黄征（江苏江阴人，曾任杭州大学、浙江大学教授）著有《敦煌语文丛说》《敦煌语言文字学研究》（分别出版于：台北：新文丰出版公司 1996 年版；甘肃教育出版社 2003 年版），以上两书主要收录其历年发表的有关论文，其中不少论文涉及敦煌俗字方面的内容。前论著依敦煌写本异文、俗字、俗语词等加以综析、辑释、考补，对《王梵志诗校辑》《敦煌变文集》《敦煌歌辞总编》《敦煌愿文集》《龙龛手镜》等研究综述，对于敦煌语文研究有很大的贡献。后论著以敦煌俗字、俗语词等俗语言文字内容为研究重点，大抵以类相从，前后互通。此外，黄征编著有《敦煌俗字典》（上海教育出版社 2005 年版），收录的异体字字形直接复制自原卷图版，较好地保持了字形的本来面目，是一部具有学术价值的字书。

第二十章　学术机构与学术活动

中国自有文字史以后即重史记，先秦以降历朝各设有相应职能管理机构。浙江随之。自汉代，浙江除私立"书馆"外，政府设置有"郡国学""校""庠""序"等教学研究机构。之后，教学研究机构与管理机构设置逐渐完善。唐代始建书院，宋明之后遂兴并成为古代学者探讨和讲学场所；至清末多达712座，名者居之众。浙江的藏书楼始建于西晋，至清末，私人藏书家计359人，藏书楼有名可稽180多处。浙江的史馆志稿与建制也有历史，明代具有规模。清代雍正设各省志局。民国期间设立浙江通志馆。四库全书馆职能延及浙江。

中华人民共和国成立之后，党和政府十分重视哲学社会科学事业的发展。1955年成立浙江省文史馆。1958年建立中国科学院浙江分院、浙江哲学社会科学研究所及哲学社会科学联合会。1984年，正式成立浙江省社会科学院与浙江省社会科学学会联合会（后改为浙江省社会科学界联合会）。1987年，成立浙江省哲学社会科学规划领导小组，将社会科学研究列入全省国民经济社会发展五年计划，实施课题招标制以及优秀成果奖励机制。2004年，按学科建立重点研究基地。2005年设立"浙江省文化研究工程"计划，已完成10多个系列课题800多项研究，出版成果500多部。在组织机构方面，至2010年，已形成单列专业机构、高校科研机构、党政部门研究机构（省、市、县）以及民办社会科学研究机构等多个层面。至2009年底，全省社会科学学会（协会）138个，组织协调和承担各学科的专业研究活动和交流。学术刊物，除《浙江学刊》《浙江社会科学》外，有省内本科高校学报33家。全省社会科学学术活动活跃，"人文大讲堂""社会科学科普周"是为成功品牌，推动着各阶段和各地区的哲学社会科学的理论研究和实践应用。

中共浙江省委和浙江省人民政府十分重视对哲学社会科学的领导与管理，十分关心和重视哲学社会科学事业的发展。据本卷不完全统计，从20世纪50年代到21世纪初，省委、省政府在每一个经济社会和文化事业发展的重要时期，下发或颁布有关直接推动哲学社会科学事业发展的重要战略规划性文件和具体的管理性文件30多项，这对于繁荣和发展浙江的哲学社会科学事业起到至关重要的作用。

第一节　研究机构

古代浙江人文科学的教育研究机构，以书院最为典型。历代的史馆为史学研究与编纂机构，浙江学人入驻参与编纂者也多。清代四库全书馆为四库全书编修机构，浙籍学者、仕人任总裁及副总裁多人。现当代浙江省内社会科学研究机构分专业研究机构，本科高等院校所属研究机构，省委、省政府、省政协等所属研究机构以及市属专业研究和民办研究机构。

一、古代　近代浙江(教育)研究机构

(一)古代书院及名人大家的学术踪迹

唐代之后，尤其是宋明以降，书院遂兴并成为古代学者们探讨学术和讲学场所。一些学术大家或创立或驻足书院教书育人，进行学术研究，形成学派的学术基地。浙江的书院始于唐代，至清末多达712座。这些书院构成了浙江文明的重要组成部分。然传承至今，保存完好的不足20座。据胡佳编著《浙江古书院》(浙江古籍出版社2012年版)遴选了名书院18家。据《浙江书院》①遴选，历史上浙江书院最著名有永康五峰书院、淳安瀛山书院、绍兴蕺山证人书院、宁波甬上证人书院、杭州万松书院、仙居桐江书院、平阳会文书院、缙云独峰书院和遂昌鞍山书院。

五峰书院位于永康方岩镇橙麓村南寿山坑，初为寿石山室。南宋陈亮、朱熹、吕祖谦曾著书立说于此。明正德年间，学者应典建丽泽祠，与程文德等在此研讨王守仁(别号阳明)“良知良能”及其倡导“良知之学”。明嘉靖年间，婺郡太守姚文火召命永康县令洪垣、甘翔鹏建“五峰书院”。学者周佑德续筑“学易斋”于祠。始书院日趋兴旺，文风鼎盛。后知府陈受泉又命吕缓创建正楼三楹，奉祀王守仁，以应典、程梓、卢可久配祀。明末，邑人周佑德筑易学斋于楼西，祀郡贤何基、王柏、许谦、章懋、金履祥等。(《永康县志》，1991)

瀛山书院位于淳安郭村乡上郭村，由浙人詹安于北宋熙宁年间创建，其孙詹仪之邀请了朱熹、吕祖谦、张栻等名家前来书院讲学，书院一时名声大振。朱熹还在此创作了传世名篇《咏方塘》一诗。明隆庆二年(1568年)，遂安县令周恪重建瀛山书院，邀请了王阳明的门生、思想家王畿前来讲学，作《瀛山书院记》，书院规模更胜往昔。(《淳安县志》，1994年；《浙江书院·瀛山书院》)

蕺山书院位于绍兴古城内蕺山而得名，在元朝时称“相韩旧塾”，是明末大儒刘宗周讲学之所。求学于此的除余姚黄宗羲、宁波万泰外，还有桐乡的张履祥、松江的陈子龙、太仓的陆世仪等，后来皆为一方名士。清康熙六年(1667年)，在黄宗羲等人筹划下，证人书院重开讲堂。之后证人书院被改为会稽义学，乾隆年间重修，改名为蕺山书院，民国后改为蕺山小学，如今已恢复为蕺山书院。(《绍兴县志》，1998年；《浙江书院·证人书院》)

甬上证人书院坐落于宁波西部的白云庄内，白云庄是四明望族万氏的别业，亦为黄宗羲在宁波的讲学之处。来此听讲的前后有100余人，共有弟子66人。“按黄先生所受说经诸书各研其义，然后集讲。”被黄宗羲推许者有18人，如主修明史的万斯同、以经学著名的陈锡嘏，

---

① 《浙江书院》为文化部资源共享工程“浙江文化史三部曲”系列的第二部分。由文化部全国公共文化发展中心、浙江省图书馆编，浙江出版联合集团、浙江电子音像出版社出版。本志下述浙江历史上9座最著名的书院，为《浙江书院》遴选。

诗文卓然成家的李邺嗣等。在黄宗羲的思想和学术风格熏陶下，形成了以甬上证人书院弟子为主力的清代浙东学派。(《宁波市志》，1995 年；《浙江书院·甬上证人书院》)

万松书院位于杭州西湖南线万松岭。于明代弘治十一年(1498 年)，由浙江右参政周木在原报恩寺的遗址上改建而成。清康熙帝为书院题写“浙水敷文”匾额，遂改称为敷文学院；明代大儒王阳明、清初学者朱彝尊讲学之处，清代诗人袁枚少时求学之所。梁祝之恋，千古传说，亦发源于此。(《杭州市志》，1999 年；《浙江书院·万松书院》)

桐江书院坐落于仙居皤滩古镇方姓聚居的山下村与板桥村之间，于南宋乾道年间由唐代诗人方干的八世孙方斫创立。曾在书院就读的学子有南宋名臣王十朋，绍兴年间进士仙居人陈庸、吴芾。理学大家、教育家朱熹不但在此讲学，还亲自送儿子到桐江书院读书。书院几经兴废，最终完整保存至今。(《仙居县志》，1987 年；《浙江书院·桐江书院》)

会文书院坐落于温州平阳的南雁荡山上，是平阳儒学文化的发源地。其创始人为北宋的陈经邦、陈经正兄弟。清光绪十年(1884 年)，平阳县令汤肇熙重建会文书院，近代教育家陈振椒曾任书院的山长，著名数学家苏步青、著名文史学家苏渊雷、著名林业学家陈嵘等均曾在此就读。(《平阳县志》，1993 年；《浙江书院·会文书院》)

独峰书院坐落于缙云县倪翁洞景区，位于好山山麓。南宋淳熙九年(1182 年)，理学家朱熹由仙居至缙云，在仙都独峰讲学论道，从学者众。朱熹去世后，青田籍进士叶嗣昌在鼎湖峰对岸创建礼殿，以示对大师的崇敬和纪念。南宋淳祐元年(1241 年)，缙云籍进士潜说友拨款扩建礼殿，定名为独峰书院。元大德年间，孔子第四十世孙孔林，任独峰书院山长；清同治十二年(1873 年)，缙云知县何乃容集资重建独峰书院，使这座五百年的古老书院焕然新生。(《缙云县志》，1996 年；《浙江书院·独峰书院》)

鞍山书院坐落于丽水遂昌的长濂村，明代中叶嘉靖年间由长濂村郑氏家族创办。鞍山书院的学子中，最出名的是明嘉靖年间的循吏直臣郑秉厚。明代状元杨守勤曾在此执教，留下了一段学林佳话。(《遂昌县志》，1996 年；《浙江书院·鞍山书院》)

(二)历代史馆、书馆及浙江史家参与胜迹

中国封建社会历朝历代均重视史记及史论，不少设有史馆、书馆等专门官方机构，其中不乏浙江学人、仕人或总裁或参编。如元代婺州义乌人黄缙为著名史官，其主国史院编修《后妃功臣列传》，编就后嘱弟子王祎代国史院撰写《进后妃功臣列传表》。明洪武二年(1369 年)，成立元史局，宋濂、王祎同为总裁，主持元史局编纂《元史》，完成全书 210 卷。清代万斯同以布衣身份入明史馆，修《明史》，前后 19 年，写成明史稿 500 卷。清代《四库全书》馆成立之后，浙江籍学人、仕人王际华(钱塘人)曾任总裁；梁国治(绍兴人)、钱汝诚(嘉兴人)、沈初(平湖人)曾任副总裁；邵晋涵(余姚人)入四库全书馆任编修，主持《四库全书·史部》的编撰工作，又升任国史馆提调。民国期间设立浙江通志馆。

二、现代省级专业研究机构

（一）浙江省社会科学院

浙江省社会科学院成立于1984年，其前身是1958年成立的中国科学院浙江分院哲学社会科学研究所和1979年成立的浙江省社会科学研究所，为浙江省人民政府直属事业单位，是全省哲学社会科学研究的综合学术机构，是为中共浙江省委、浙江省人民政府提供决策咨询服务的重要思想库和智囊团。其机构沿革与历任党委和院务主要负责人情况如表：

表 78-20-1-1　　1958—2010 浙江省社会科学院（所）党委书记、院（所）长一览表

职位	姓　名	职　务	任职时间	备　注
党委	商景才	组　长	1978.4—1979.12	浙江省社会科学研究所筹建领导小组
	程炳卿	党委书记	1979.12.7—1984.3.1	浙江省社会科学研究所
	张少甫	党委书记	1984.3.2—1985.9.12	浙江省社会科学院
	钟　儒	党委书记	1985.9.12—1993.10.9	浙江省社会科学院
	史济烜	党委书记	1993.10.9—1996.8.23	浙江省社会科学院
	侯玉琪	党委书记	1996.8.23—2000.12.19	浙江省社会科学院
	沈立江	党委书记	2001.12.17—2008.5.6	浙江省社会科学院
	林吕建	党委书记	2008.5.6—2012.3.19	浙江省社会科学院
行政	周　林	所　长	1958.6—1964.9	中国科学院浙江分院哲学社会科学研究所
	朱　赤	所　长	1964.9—1968.3	中国科学院浙江分院哲学社会科学研究所
	朱人俊	所　长	1979.12.7—1984.3.1	浙江省社会科学研究所
	沈善洪	院　长	1984.3.2—1987.6.1	浙江省社会科学院
	厉德馨	院　长	1987.6.1—1989.2.14	浙江省社会科学院
	王凤贤	院　长	1989.12.14—1994.12.25	浙江省社会科学院
	史济烜	院　长	1994.11.25—1996.8.30	浙江省社会科学院
	侯玉琪	院　长	1996.8.30—2000.12.21	浙江省社会科学院
	万　斌	院　长	2000.12.21—2006.9.27	浙江省社会科学院
	迟全华	院　长	2009.9.10—(2018.3.21)	浙江省社会科学院

资料来源：浙江省社会科学院档案室。

浙江省社会科学院自建院以来，坚持以马列主义、毛泽东思想、邓小平理论和“三个代表”重要思想、科学发展观为指导，坚持贯彻落实习近平总书记系列重要讲话精神，秉承“服务省委、省政府决策，服务全省经济社会发展大局，服务浙江‘文化强省’建设，致力于打造社会主义新型智库”的发展定位，遵循“改革活院、人才兴院、创新强院”的办院思路和“贴近决策、贴近热点、贴近学术前沿”的科研理念，强化应用研究，突出对策研究，重视基础研究，培育和弘扬“崇尚真理、勤学善思、鼓励创新、和谐包容、奋发有为”的良好院风，积极优化科研资源配置，努力改进科研组织方式，不断探索应用对策研究的新领域、新途径，在推进浙江文化建设，应对国际金融危机，促进浙江经济发展方式转变以及加强浙江生态文明建设等方面取得了重要的成果，为省委、省政府决策提供了重要的理论支撑。

浙江省社会科学院(所)经过30年的建设和发展，现设有区域经济研究所、产业经济研究所、社会学研究所、法学研究所、政治学研究所、哲学研究所、历史研究所、文化研究所、公共政策研究所、调研中心十个研究部门；设浙江省地方志办公室(副厅级)，并经省机构编制委员会同意增挂浙江省人民政府地方志办公室牌子；有浙江省哲学社会科学重点研究基地浙江省中国特色社会主义理论研究中心，浙江省历史文化研究中心，全国妇联、中国妇女研究会“妇女/性别研究与培训基地”，中国(浙江)地方志学术研究中心以及省“人文浙江建设研究”创新团队、“浙江省之江青年社科学者行动计划”之“公法与公共政策研究”团队、“地方法治与法治浙江建设研究”创新团队七个理论研究平台；有《浙江学刊》《观察与思考》杂志社和图书馆三个科辅部门，办公室、人事处、科研情报处等三个综合职能部门和机关党委、工会、外事办公室等机构。根据科研工作和学科建设需要，还设有浙江经济社会发展研究中心、浙江省中国特色社会主义理论(体系)研究中心、青年研究中心、浙江省浙江历史文化研究中心、浙江省社会科学院妇女与家庭研究中心、跨湖桥文化国际研究中心、韩国研究中心、软科学研究中心等非编制机构。为推动科研成果转化，先后打造了《智库报告》《浙江蓝皮书》《社科院要报》《社科院院报》《东海问题研究》等成果宣传报送平台。浙江省社会科学院在浙江历史文化、中国特色社会主义理论、浙江经济社会发展战略、海洋经济等研究领域具有特色和优势。有专业研究机构如下：

浙江省社会科学院文化研究所。成立于1978年。主要研究领域：中国古代文学、现当代文学、文学理论、中国古代史及浙江文化。

浙江省社会科学院经济研究所。[①] 成立于1979年。主要研究领域：区域经济、产业经济、海洋经济、世界经济与开放经济、三农问题、经济学基础理论等。

浙江省社会科学院哲学研究所。成立于1979年。主要研究领域：中国哲学、中国宗教研究、南宋浙学、阳明学及其学派。

浙江省社会科学院历史研究所。成立于1984年。主要研究领域：先秦史、明清史、近现代史和艺术文化史。

浙江省社会科学院社会学研究所。成立于1986年。主要研究领域：社会发展、妇女和社

---

① 该所于2010年后已分为区域经济研究所与产业经济研究所，均为正处级研究所建制单位。

会性别研究、老年问题研究。

浙江省社会科学院法学研究所。成立于1986年。主要研究领域:理论法学与应用法学、法治理论与实践。

浙江省社会科学院政治学研究所。成立于2001年。主要研究领域:政治学基本理论、中国特色社会主义理论体系。

浙江省社会科学院调研中心。成立于2009年。主要调研任务:省情与社会形势调查、社情民意调查、公共政策的实证调查、民生相关问题调查、经济社会发展问题调查、实证性田野调查。(该中心于2010年后已分为调研中心和公共政策研究所两个正处级研究所建制单位。)

除上述专业研究机构外,还设有院辖专门研究中心如下:

浙江省浙江历史文化研究中心(浙江省哲学社会科学重点研究基地)。成立于2006年。主要任务:浙学研究、浙江名人研究、浙江地方史研究、浙江清代民国文学研究及国内外学术交流。

浙江省中国特色社会主义理论研究中心(浙江省哲学社会科学重点研究基地)。成立于2006年3月。是浙江省首批哲学社会科学省级重点研究基地。主要研究领域:马克思主义、思想政治教育、近现代史基本问题研究、浙江省重大现实问题研究等。

中国(浙江)地方志学术研究中心。是筹建于2010年(于2011年经中国地方志指导小组、中国社会科学院批准设立),并由省级地方志工作机构负责管理的方志学理论研究基地。主要任务:中国方志史、方志理论、方志编纂、方志管理、方志应用、方志资料(地情)研究及其学术交流。

全国妇联、中国妇女研究会"妇女/性别研究与培训基地"(妇女与家庭研究中心)。成立于2006年。是浙江省社会科学院跨学科和跨院校合作的学术研究机构,也是全国地方性社会科学院中唯一设立的妇女/性别研究与培训基地。

浙江省社会科学院青年研究中心。成立于2000年。主要学术活动:综合性课题研究、学术报告会、小型读书沙龙、学术成果展示、对外交流和社会实践等。

浙江省社会科学院经济社会发展研究中心。主要任务:现代化、经济社会发展战略、浙江经济等研究及其国内外学术交流。

浙江省社会科学院韩国研究中心。成立于1992年。主要任务:组织、协调和促进有关韩国经济、社会和文化等方面的学术研究与交流。

浙江国际阳明学研究中心。成立于1992年。主要任务:阳明学、阳明学派、中国儒学的研究以及国内与国际的合作与交流。

浙江国际良渚文化研究中心。成立于2001年。主要任务:学术研究与交流,良渚文化研究与普及。

跨湖桥文化国际研究中心。浙江省社科院与杭州市萧山区人民政府于2007年2月1日联合成立。主要任务:跨湖桥文化的学术研究与国内外学术交流。

浙江宗教研究中心。成立于1998年。主要任务:中国佛教思想文化、当代中国宗教问题研究及其国内外学术交流。

（二）浙江省文史研究馆

浙江省文史研究馆于1953年4月1日正式成立，是省人民政府领导下具有统战性、荣誉性的文史研究事业单位。浙江省人民政府先后聘请了马一浮、邵裴子、张宗祥、宋云彬、王驾吾、郭仲选、潘韵、杨炳、朱恒等任馆长、副馆长，并先后遴聘了304位具有相当学识、有声望的耆宿硕彦为馆员。如光绪癸卯科王震昌、孙智敏，国学家、教育家厉麟似，宋史专家叶左文，古文字专家张凤，金石家、西泠印社创始人之一的王煜，名中医师王邈达、叶熙春，金石书画篆刻家韩登安，书画家余任天，油画家沙耆；还有辛亥革命老人吴梅龛、陶冶公、斯道卿、张任天等。文史研究馆的宗旨是敬老崇文，发挥馆员专长，弘扬民族文化，为社会主义服务。遵照"拾遗补缺，各展所长，量力而行，尽力而为"的原则，支持和组织馆员从事文史研究和书画创作，参加社会活动，开展海外联谊，参政议政等，为社会主义建设和祖国统一大业做了很多工作。历年来馆员的著作主要有：《尔雅台答问》及《续编》《补编》《复性书院讲录》《中国书法源流》《本草经新疏》《唐人绝句选》《中国文学史简编》《明文学史》《东汉之宗教》《墨子集诂》《先秦寓言研究》《万履安年谱》《浙江诗学源流述评》《原始中国语试探》《反语反音辨》《禹贡说断》《宋史稿》《浙江新闻史》《台州经籍志》《十三经概论》《两浙著述考》《文心雕龙注》《文字源流考略》《太平天国军事史》《温州藏书家考》《未来中国的学校》《浙江省百年大事记》《杜集书录》《光复会三百党人传》《方干诗选》《太平天国民歌选》《两浙轶事》《孤山拾零》等著作。编辑出版《古今谈》（季刊），内部发行。2008年，根据浙委〔2008〕8号《中共浙江省委、浙江省人民政府关于印发〈浙江省人民政府机构改革方案〉的通知》，浙江省文史研究馆与浙江省人民政府参事室合署办公，为省政府办公厅管理的机构。

（三）浙江省文物考古研究所

浙江省文物考古研究所于1979年5月建立，定名为浙江省文物考古所。其前身系浙江博物馆历史部文物考古组，1986年改名为浙江省文物考古研究所。下设文物保护、考古两研究室和图书资料室、文物技术组、古建筑维修技术服务部。有研究人员51人。研究方向和重大课题：河姆渡文化的发掘与研究，良渚文化在中国文明起源中的地位和作用，石室、土墩遗存的发掘与研究，越国文化的探索，南宋临安城城址勘探与研究，浙江青瓷窑址的发掘与研究，浙江文物史迹的调查研究，中日文化交流史迹的研究，浙江历代古建筑调查研究以及中国古代铜镜研究等。1981年创办《浙江省文物考古研究所所刊》，为不定期学术刊物，国内外发行。

三、本科高等院校（含省委党校）所属研究机构

浙江省本科高校56所，其中校本部级34所，独立的二级学院22所。据浙江省教育厅统计，截至2010年12月31日，建立校级哲学社会科学研究机构的27所校本部级高校，共建有398个独立的哲学社会科学研究机构。其分布见表：

表 78-20-1-2　　浙江省本科高校本部级哲学社会科学研究机构统计表(2010)

编号	学校名称	机构数	主要研究方向
1	浙江大学(四校合并)	146	文、史、哲、经、法、社及政治、地理、教育、心理、管理、新闻、农村发展、农业、医学卫生等
2	浙江工业大学	42	经、法、文及管理、设计、教育等
3	浙江工商大学	41	经、法及政治、语言、管理、传播等
4	浙江师范大学	67	教育、心理、经济、语言、文史等
5	杭州电子科技大学	15	经济、管理等
6	杭州师范大学	1	艺术学等
7	中国计量大学	2	标准化、思想政治工作等
8	浙江中医药大学	2	卫生政策、中医药文化等
9	浙江理工大学	2	区域经济、思想政治工作等
10	浙江海洋大学	4	海洋经济、海洋文化等
11	浙江农林大学	2	农村发展、生态文化等
12	浙江财经大学	2	政府管制、经济社会发展等
13	中国美术学院	17	艺术学、文化学、设计等
14	宁波大学	2	海洋文化、体育经济等
15	温州大学	1	城市发展等
16	温州医科大学	1	城市文化与社会发展等
17	宁波诺丁汉大学	4	国际金融、经济政策、亚太经济等
18	浙江树人学院	3	服务经济、教育、茶文化等
19	浙江传媒学院	22	文化学、传媒艺术、影视等
20	绍兴文理学院	1	越文化等
21	浙江科技学院	2	科学学等
22	浙江万里学院	4	民营经济、甬商、创意文化等
23	台州学院	5	文化学、经济、英语语言等
24	宁波工程学院	5	城市建设、港口物流等
25	湖州师范学院	2	应用外语、文艺等
26	衢州学院	1	孔氏南宋文化等
27	浙江广播电视大学	1	社会科学综合研究
28	中共浙江省委党校	1	社会科学综合研究

注:该表由浙江省教育厅根据各校新在册登记数统计(党校除外),统计截至 2010 年 12 月 31 日。

四、省委、省政府、省政协所属研究机构

（一）省委所属研究机构

中共浙江省委党史研究室。前身为1980年6月18日建立的浙江省地方党史资料征集小组。1981年7月25日更名为中共浙江省委党史资料征集委员会。1982年7月更名为中共浙江省委党史资料征集研究委员会。1990年2月更名为中共浙江省委党史研究室，为中共浙江省委直属事业单位，是中共党史研究部门，又是省委党史业务的工作部门。其研究方向和主要任务：征集、整理浙江民主革命时期、社会主义时期的党史资料以及浙江现代史、当代史资料；编写浙江地方党史、浙江革命史、当代浙江史，编辑出版重要党史书刊；组织党史理论和重要党史人物的专题研究工作；运用党史资料、研究成果，采取多种形式，对人民群众特别是青少年进行爱国主义、社会主义、集体主义和革命传统宣传教育；规划、组织、协调省级有关部门、高等院校、各地（市）县（区）的党史资料征集研究和一些重大历史纪念活动；编辑出版《浙江党史（资料）通讯》（月刊），内部发行。30年来，代表性的党史著作有《中共浙江党史（第1卷）》《中共浙江党史大事记（1919—1949）》《中国共产党浙江历史大事记（1949—1993）》《浙江省中国共产党志》《江华传》等。

中共浙江省委政策研究室。为中共浙江省委调查研究机构，并挂浙江省人民政府发展研究中心牌子，成立于2009年9月。主要职责：根据省委、省政府的意图和部署，围绕省委、省政府的中心工作，对浙江省国民经济运行和社会发展中的重大问题进行调查研究，提出意见和建议；对浙江省经济社会中长期发展的全局性、综合性、战略性问题进行跟踪和前瞻性研究，参与全省中长期发展规划的研究和制定；研究国际国内经济社会发展趋势及其对全省的影响，进行跟踪、比较和分析；围绕省委、省政府的重点调研课题，组织、联络、协调省有关部门和社会研究力量开展调查研究，指导市县的调查工作等。设有工业经济处、财金贸易处、社会发展处等研究处室。人员编制37人（含省政府发展研究中心），参与管理《浙江年鉴》和《浙江年鉴》的编辑、出版、发行工作。

（二）省政府所属主要研究机构

浙江省发展和改革研究所。该所成立于1990年，前身为浙江省人民政府经济技术社会发展研究中心发展研究所，1986年11月更名，简称“浙江省政府经济研究中心”，定编30人。1990年更名为浙江省经济体制改革委员会改革与发展研究所。2004年机构改革后设立浙江省发展和改革研究所，直属浙江省发展和改革委员会。中心着眼于全省经济社会发展中的全局性、战略性、长期性问题，以改革与发展思路、重大现实问题的对策研究为重点。编辑出版《改革与发展研究》内刊。

浙江清华长三角研究院。组建于2003年12月，是由浙江省人民政府与清华大学联合组建的研究机构，是实行企业化管理的事业单位，全省首个“引进大院名校、共建创新载体”的战略性创新平台，先后在生态环境、现代农业和分析测试、信息技术等领域建立了“5所1个中

心”,以及清华大学中国发展规划研究中心长三角分中心等,建设有国内一流的科技创新、人才培养和高新技术产业基地,有助于推进清华大学教育、科技事业和浙江省及长三角地区科技、经济、社会的全面发展。该研究院总部设在嘉兴市。

浙江省发展规划研究院。原名“浙江省经济建设规划院”,始建于1981年,是浙江省政府批准成立的省直事业单位。主要从事经济建设与社会发展的研究与规划、建设项目的前期咨询、评估、论证工作,为政府部门和各类投资主体的决策、实施与管理提供智能服务。该院运用现代科学技术、经济分析方法、管理理念、政策法律等方面的知识和经验,先后参与了从“七五”至“十二五”的浙江省国民经济和社会发展规划方面大量的规划编制与专题研究工作。

浙江省发展和改革委员会宏观经济研究所。前身为1981年8月31日成立的省计委经济研究所,1983年计委、经委合并改名为浙江省计划经济委员会经济研究所。设综合经济、产业经济、区域经济3个研究室和《浙江经济》编辑部,有专业研究人员。1997年划转省发展规划研究院。研究方向以宏观经济、产业经济、区域经济、浙江经济发展战略和规划等为重点。承担国家计委、省科委、省哲学社会科学重点课题多项。与浙江省经济信息中心编辑出版《浙江经济》(月刊),国内发行。

其他还有浙江省工业和经济研究院(隶属浙江省经济和信息化委员会)、浙江省经济信息中心等。

(三)省政协所属研究机构

政协浙江省委员会文史资料委员会。1957年2月成立政协浙江省委员会文史工作组。1961年10月成立文史资料研究委员会。1988年为与全国政协保持一致,改现名。该委员会下设文史编辑部。主要征集研究近现代历史的当事人、见证人所提供的亲身经历、亲眼所见、亲耳所闻的“三亲”史料;开展文史资料征集、编辑、出版工作。50多年来,浙江省政协在文史资料工作中,围绕中心,服务大局,坚持征编出版“三亲”和统战特色史料,并运用文史资料参政议政。改革开放以来,特别是进入21世纪的新时期,坚持以中国特色社会主义理论为指导,围绕团结和民主两大主题,坚持文史资料工作的方针、原则和特色,取得了累累硕果。1959—2008年,已累计征集“三亲”资料5200万字,向全国政协提供史料约1000万字,编辑出版了文史资料51辑,计2563万字。其中《浙江文史集萃》《浙江文史大典》《风雨同舟五十年——政协浙江省委员会历史回顾》《温州民营经济的兴起与发展》等一大批文史资料精品图书,生动、具体、翔实地展现了浙江百年来风云变幻的历史沧桑,丰富了浙江近代史料宝库。编辑出版有:《孙中山与浙江》《陈英士》《蒋介石家世》《从名记者到幕僚长——陈布雷》《陈诚传》《第二次国共合作在浙江》等民国及民国人物史料专辑;《浙江籍资本家的兴起》《“宁波帮”企业家的崛起》等工商经济史料专辑;《天涯赤子情——港台及海外学人忆浙大》等史料专辑。

五、市级研究院

杭州市社会科学院。1981年11月成立杭州市社会科学研究所,20世纪90年代改为杭州市社会科学院,是杭州市人民政府直属的从事社会科学研究的综合性学术机构。设经济研究所、社会学研究所、情报资料室、办公室等，编制21人。研究方向、课题：哲学、经济学、社会学、政治学等专业学科及农业生产责任制、社会主义市场经济、城市经济体制改革、旅游经济、社会主义精神文明建设等重大课题。创办有《杭州研究》双月刊，内部发行。

宁波市社会科学院。宁波市社会科学研究院成立于2000年12月，是市委、市政府领导下的全市社会科学学术研究和组织协调机构，为市属正局级事业单位；下设经济研究所、社会发展研究所、文化研究所、党建研究所。

绍兴市社会科学院。1988年4月成立绍兴市社会科学研究所，2000年后改名为绍兴市社会科学院。研究方向：现实问题研究，市委、市政府决策服务，绍兴历史文化研究等。编辑出版《绍兴学刊》(季刊，内部发行)。

湖州市社会科学院。2006年6月30日成立，是从事社会科学研究的综合性学术机构，是市委、市政府直接创建的智力机构。其主要职责是围绕湖州经济、政治、文化、和谐社会建设中的重大理论和实践问题，组织开展课题研究和学术攻关；向市委、市政府报送学术研究方面的重要信息，报送重大研究成果、对策性建议，反映社会科学领域的学术动向，为市委、市政府的科学决策提供理论支持。下设经济研究室(所)、文化研究室(所)、社会发展研究室(所)。

温州市、嘉兴市、金华市、衢州市、台州市、丽水市、舟山市均合于市社会科学界联合会，设立相应社会科学研究机构。

六、民办研究机构

截至2009年12月31日，浙江省内民办社会科学研究机构共28个。见下表：

表78-20-1-3　　浙江省民办社会科学研究机构一览表

序号	机构名称	负责人	序号	机构名称	负责人
1	浙江省现代非国有经济信息中心	单　东	12	浙江省求是经济与管理科学研究院	金雪军
2	浙江省富阳东吴古文化研究院	孙文达	13	浙江省现代商贸流通发展战略研究中心	郑冠贤
3	浙江省全能教育研究院	王晓燕	14	浙江当代中国画研究院	吕建明
4	浙江省新时代教育评估中心	方展画	15	浙江三联职业发展与规划研究所	杜　耿
5	浙江省工商学会工商管理中心	李远兵	16	浙江天目书院	孙家桢
6	浙江新世纪教育科技发展中心	王岳庭	17	台州市现代文化艺术研究院	夏建国
7	金华市婺商经济研究中心	汪国海	18	浙江省东方会展产业研究所	丁萍萍
8	台州市管理科学研究院	应爱芹	19	浙江省长三角房地产研究中心	童炽昌
9	浙江中科商学研究院	潘强龙	20	浙江省公共政策研究院	姚先国
10	浙江新世纪人才发展研究院	徐　坚	21	温州市当代社会学研究所	宋乐苏
11	浙江省应用社会心理研究院	潘丹心	22	浙江省工商企业信用与评价中心	金明路

续表

序号	机构名称	负责人	序号	机构名称	负责人
23	浙江名门经济文化研究院	谢招修	26	浙江天台华夏文化书院	褚仁虎
24	白水早期教育研究所	方　泉	27	浙江方正科学研究评价中心	朱国锋
25	浙江远见旅游规划设计研究院	袁　健	28	浙江长三角城市经济研究室	王加兴

注:该表来自浙江省社会科学界联合会编《建设文化大省,繁荣社会科学》,统计数截至2009年12月31日。

第二节　管理机构

浙江自古随中央政府设有学术管理机构。中华人民共和国成立初期,由中国科学院设立浙江分院,统管自然科学与社会科学两大块,分离后分别设立政府机构和相应学术机构。1958年,开始按学科成立相应学会。1984年正式成立浙江省社会科学界联合会群团组织,协调、组织全省哲学社会科学的研究工作和各项大型学术、咨询活动。

一、古代、近代浙江学术管理机构

中国自有文字史以后即重史记,机构随之。先秦时期,已有掌管历史记载、典籍编纂及整理的职官和机构。其建置沿革,也经历了漫长和久远的历程。《尚书·多士》记载:惟尔知,为殷先人,有典有册,殷革夏命。所言典册,即中国最古的书籍。《吕氏春秋·先识览》言:“夏太史令终古,出其图法,执而泣之”“太史令终古乃出奔如商”。西周、春秋时太史掌管起草文书,记载史事、编写史书,兼管国家典籍、天文历法、祭祀等。商代设太史寮官署。西周设有藏书官所,有“天府”“策府”“盟府”“周室”等,又有柱下史之职,负责管理典籍。秦设太史令,但较前弱化。西汉设石渠、兰台(名儒著述处)、东观(修史处)、麒麟(麟台)、秘阁(宫禁藏书处)。东汉设有秘书监,是中国官设第一个主持图书事业的机构。魏晋至唐初高祖时,秘书省下设著作局,由著作郎等掌修国史。唐中后期开设诸多文馆,正式形成修史、治经等文职的馆阁制度,并设立书院,以讲授与交流学术。宋元明清诸朝,国家逐步建立著作机构,名称不断演变,功能和职掌变化不大。它是一个具有多功能的出版管理机构,又是图书编纂、搜访、校勘机构。至清末制定颁行《大清著作权律》。

浙江自汉代,除私立“书馆”外,政府设置有“郡国学”“校”“庠”“序”之教学研究机构。魏晋隋唐继之,并由著作局辖地方修史、治经。两宋时期州县立学设学官,官修书院设山长,设国子监专司学术与出版,两浙路又有安抚使本、庾司本、公使库刻本、府州官廨本、府县学本、茶盐司本等经营刊刻版本。元代除上述专设机构掌修治经史等外,各路官府亦刊刻出书。明清时期,官设著作机构续之,史志除省志、府志外,又有县志修纂。浙江学者、仕人入驻国家史馆修史者甚多。如明初宋濂、王祎为元史修纂总裁。清代万斯同入驻明史馆修纂明史。邵晋涵出入四库全书馆主持史部编撰。明代编纂有嘉靖版《浙江通志》,是官修省志的创始。清代编修康熙版、雍正版《浙江通志》。其中雍正皇帝为推动各省修志,督令各省设立志局。民国期间修志专设浙江通志馆。

浙江古代学术管理还可从藏书楼史与书院史中见得。藏书楼历来是学者藏书、编书之所，经历了古代私办体制到近代官办制度。书院亦为藏书、讲学及学术交流之所，大多为官筑或官私累筑。

二、浙江省哲学社会科学规划领导小组及其协调办公室

浙江省哲学社会科学规划领导小组。1987 年 6 月，经省委书记办公会议研究决定，成立"浙江省哲学社会科学领导小组"，省委常委、宣传部部长罗东任组长，领导小组其他组成人员分别由省委宣传部、省政府办公厅、省社会科学院、省社会科学界联合会、省教委、省计经委、省文化厅、省社联规划办公室、省经济技术社会发展研究中心、省体改委、省出版总社、杭州大学、中共浙江省委党校的相关领导组成，领导小组的日常工作由浙江省社联社会科学协调规划办公室承担。该领导小组对"七五"计划期间浙江省哲学社会科学规划设立马克思主义研究和哲学、经济学(一、二、三组)、语言文学、教育与图书馆学及社会学、人口学、法学(共一组)等七个学科组(后有所调整)，全面展开并对省内哲学社会科学进行整体规划。同年，召开全省哲学社会科学规划会议，通过并颁布《浙江省哲学社会科学规划重点课题暂行管理办法》，以此指导管理浙江省哲学社会科学从"七五"规划至"十一五"规划(本志下限)制定、招标及优秀成果的评奖工作，推动了浙江省哲学社会科学的蓬勃发展。至 21 世纪初，该小组一直履行着省委对全省哲学社会科学规划的领导、协调职能。

浙江省哲学社会科学规划协调办公室。该办公室是浙江省哲学社会科学规划领导小组办公室和浙江省社会科学界联合会规划协调办公室的简称(规划办)。其职责是具体规划全省哲学社会科学事业发展，负责全省哲学社会科学规划的制订和组织实施；负责全省国家课题的申报、管理及部分课题成果鉴定和转化；负责省级课题的招标、申报、评审、立项、资助、管理及成果鉴定和转化；组织省哲学社会科学优秀成果奖的申报和评审工作；承办省哲学社会科学规划领导小组交办的其他工作。(省社联编《繁荣社会科学，建设文化大省——浙江省社科联二十五年回顾》)该机构成立后，聘请上百位专家、学者，组成 8 个学科规划小组，出台《浙江省哲学社会科学规划重点课题暂行管理办法》和《浙江省哲学社会科学规划重点课题经费使用和管理暂行规定》。至 2010 年底，已经实施完成了《浙江省哲学社会科学"十一五"发展规划》，并在社科管理上以规划为龙头，以机制、载体、队伍建设为重点，推动管理工作的规范性和科学性。同时，认真负责国家社科基金项目、省级社科规划课题管理工作，以省哲学社会科学优秀成果奖为引领，鼓励多出精品力作；积极推进文化研究工程建设；加强省哲学社会科学重点研究基地建设。

三、浙江省社会科学界联合会

内容见《浙江通志》第十七卷《社会团体志》第八章浙江省社会科学界联合会。

第三节　学术活动与学术刊物

一、学术活动

20世纪70年代末，中共十一届三中全会推开了中国现代化建设的新的历史时期。在这一新的历史背景下，浙江省哲学社会科学研究日趋活跃，学术活动极其丰富。至21世纪初，围绕经济、政治、社会、文化、生态等重大领域召开了一系列重要学术会议，创新、创办了许多有影响的理论刊物，推进了浙江省的社会主义现代化建设。

（一）20世纪70年代末之后在浙江召开的国内、省内的社会科学重要学术会议

表78-20-3-1　　1978—2010年浙江省国内、省内重要学术会议一览表

会议名称	会议时间	会议地点	举办协办单位
理论与实践问题讨论会	1978年10月5—12日	杭州	中共浙江省委宣传部
中共党史学术讨论会	1978年11月26日至12月6日	杭州	杭州大学
全省理论工作务虚会	1979年2月5—15日	杭州	中共浙江省委宣传部、省社会科学研究所筹建领导小组
太平天国史学术座谈会	1979年5月8—12日	金华	省社科所筹建领导小组
宋明理学讨论会	1980年11月26日至12月2日	杭州	中国哲学史学会华东分会、省社会科学研究所
浙江省首次渔业经济讨论会	1981年8月16—24日	舟山	省渔业经济研究会
浙江省纪念辛亥革命70周年学术讨论会	1981年9月23—25日	杭州	省社会科学研究所、杭州大学、省政协文史资料研究委员会和省历史学会
首次全国宋明理学讨论会	1981年10月15—21日	杭州	中国哲学史学会、省社会科学研究所
浙江省纪念鲁迅诞辰100周年学术讨论会	1981年10月26—31日	杭州	省社会科学研究所、省文联、杭州大学和省鲁迅研究学会
全国鲁迅研究学术讨论会	1982年10月19—25日	杭州	中国鲁迅研究学会和省鲁迅研究学会
杭州经济社会发展战略和经济体制综合改革理论讨论会	1984年7月9—15日	杭州	《世界经济导报》《经济日报》《经济学周报》、杭州市经济研究中心

续表 1

会议名称	会议时间	会议地点	举办协办单位
中国首次中青年经济科学工作者学术讨论会	1984 年 9 月 3—10 日	德清	《经济学周报》《经济日报》、中央人民广播电台、《世界经济导报》《经济效益报》、省社科院、省经济研究中心
世界外资、外债和经济特区问题讨论会	1984 年 9 月 22—25 日	舟山	财政部财政科学研究所
纪念光复会创建 80 周年学术讨论会	1984 年 11 月 13—15 日	杭州	省社会科学院历史研究所和浙江辛亥革命研究会
黄宗羲与浙东学派学术讨论会	1984 年 11 月 30 日至 12 月 5 日	宁波	省哲学学会中国哲学史研究会、省社会科学院哲学社会学研究所、宁波市哲学学会
全国近代文学第二次讨论会	1984 年 12 月 6—11 日	杭州	中国社科院文学研究所、省社科院文学研究所
全国茅盾研究会第二次学术讨论会	1984 年 12 月 6—15 日	杭州	全国茅盾研究会和浙江省文联、浙江省社科院、浙江省文物局、杭州大学中文系
省乡镇企业发展战略首次理论讨论会	1984 年 12 月 15—20 日	金华	省社会科学院、省乡镇企业局和《浙江日报》理论评论部
浙江经济社会发展战略讨论会	1985 年 6 月 23 日	杭州	省经济研究中心、省计经委、省科委、省科协、省教育厅、省社科院、省社联
社会主义经济机制理论讨论会	1985 年 10 月 19—23 日	杭州	中共浙江省委党校理论研究所、《经济研究》编辑部
“社会主义在一国胜利”问题讨论会	1985 年 11 月 21—26 日	杭州	中共中央马列著作编译局、国际共运史研究会、中国社科院历史研究所、马列主义毛泽东思想研究所、杭州大学政治系
纪念恩格斯诞辰 165 周年学术讨论会	1985 年 11 月 28 日至 12 月 1 日	杭州	中国国际共运史学会、中国社科院马列研究所、省科学社会主义学会国际共运史研究会、当代国际问题研究会和中共浙江省委党校
认识与价值哲学讨论会	1986 年 5 月 20—24 日	杭州	《哲学研究》编辑部、杭州大学哲学系、省社科院哲学所
全国马克思恩格斯早期哲学思想讨论会	1986 年 5 月 20—26 日	舟山	中国马克思主义哲学史研究会、中共舟山地委党校
陈英士学术讨论会	1986 年 5 月 27—29 日	湖州	省社科院历史研究所、杭州大学历史系、湖州市政协、湖州市社联

续表 2

会议名称	会议时间	会议地点	举办协办单位
“温州模式”理论讨论会	1986 年 6 月 14—20 日	温州	省社科院、温州市委政策研究室和温州市农委
全国振兴海洋渔业研讨会	1986 年 8 月 6—13 日	舟山	农牧渔业部、省渔业经济学会
全国首次比较经济学研讨会	1986 年 11 月 14—17 日	杭州	中国社科院经济研究所、省社科院经济研究所、中共中央编译局、武汉大学经济学院
首届中国古典文学宏观研讨会	1987 年 3 月 20—23 日	杭州	《语文导报》《文学遗产》《文学评论》《天府论坛》编辑部
社会主义初级阶段理论讨论会	1987 年 7 月 16—18 日	杭州	省委宣传部、省社科联、省社科院和省委党校
经济体制改革理论与改革实践讨论会	1987 年 9 月 10—12 日	杭州	省社科院经济研究所
“宁波帮”理论研讨会	1987 年 9 月 22—24 日	镇海	宁波市政协、中共宁波市委统战部、宁波市统战学会
全国人口素质研讨会	1987 年 11 月 15—20 日	杭州	浙江医科大学人口研究所
自组织理论与哲学社会科学学术研讨会	1988 年 8 月 9—13 日	舟山	浙江大学哲学系
浙江省纪念党的十一届三中全会十周年理论讨论会	1988 年 10 月 28—30 日	杭州	省委宣传部
全国首届人口社会学讨论会	1988 年 11 月 16 日	杭州	中国社科院人口所、杭州大学人口研究中心
首届刘宗周学术讨论会	1988 年 11 月 21—24 日	绍兴	省社科院哲学研究所、省中国哲学史研究会
中国苏轼研究会第五次学术讨论会	1988 年 11 月 22—25 日	杭州	中国苏轼研究会、浙江大学、省社科院、省文学学会等
治理整顿深化改革经济理论研讨会	1990 年 6 月 13 日	杭州	中国社科院经济研究所、国家计委经济研究中心、省社科院经济研究所、中共浙江省委党校理论研究所、《经济研究》编辑部
骆宾王学术研讨会	1991 年 4 月 7—10 日	义乌	义乌市文联、省古代文学研究会
邓小平理论研讨会	1997 年 3 月 31 日至 4 月 1 日	杭州	浙江省邓小平建设有中国特色社会主义理论研究会

续表 3

会议名称	会议时间	会议地点	举办协办单位
“浙东学派与浙江精神”学术研讨会	2005 年 3 月 16—17 日	杭州	省社会科学界联合会、省社会科学院
全国李清照及南渡词人学术研讨会	2007 年 4 月 20—22 日	金华	中国李清照辛弃疾学会、省社会科学重点基地江南文化研究中心和浙江师范大学中国文学与文化研究所
世界文学经典传播与研究暨飞白宋兆霖翻译艺术研讨会	2008 年 11 月 22—23 日	杭州	省比较文学与外国文学学会、省作家协会外国文学委员会、浙江传媒学院新闻与文化传播学院、浙江大学世界文学与比较文学研究所
全祖望与浙东学术文化周国际研讨会	2008 年 12 月 10—20 日	宁波	中国社会科学院历史研究所、宁波市海曙区政府
经济社会发展与民主政治建设国际学术会议	2009 年 10 月	杭州	中国社会科学院政治学研究所、浙江行政学院、浙江省政协研究室主办，杭州行政学院、全美中国研究联合会协办
“中国伦理学 60 年与浙江经济社会发展”学术研讨会	2009 年 10 月 31 日	绍兴	省伦理学会与绍兴市委党校，绍兴文理学院
“网络时代背景下新兴产业发展研究”学术研讨会	2010 年 6 月 19 日	湖州	省《资本论》与社会主义研究会、湖州市委党校

资料来源：《浙江省哲学社会科学志》(1999)、浙江省社科联编《建设文化大省，繁荣社会科学》(内部)。

(二)在浙江召开的重要国际学术会议

表 78-20-3-2　　1978—2010 年浙江省域内召开的重要国际学术会议一览表

会议名称	会议时间	会议地点	举办协办单位
世界经济国际讨论会	1981 年 3 月 23—28 日	杭州	中国社会科学院世界经济研究所、美国斯坦福国际咨询研究所
外资在国民经济发展中的作用国际学术讨论会	1985 年 3 月 25—30 日	杭州	中国社会科学院世界经济与政治研究所、美国麻省理工学院斯隆管理学院联合主办、省社会科学院经济研究所协办
中国宋史国际学术讨论会	1985 年 5 月 14—17 日	杭州	北京大学、杭州大学
纪念郁达夫烈士殉难 40 周年学术讨论会	1985 年 9 月 17—22 日	富阳	中国国际文化交流中心浙江分会、省文联、富阳县人民政府、杭州大学中文系
首次国际黄宗羲学术讨论会	1986 年 10 月 20—25 日	宁波	省社科院主办及杭州大学、宁波师范学院

续表

会议名称	会议时间	会议地点	举办协办单位
中国—联邦德国经济专家学术讨论会	1987年7月21—23日	杭州	中国现代国际关系研究所、联邦德国艾伯特基金会
王阳明国际学术研讨会	1989年4月	绍兴	余姚市政府
国际百越文化学术讨论会	1990年8月	杭州	省社科院国际百越文化研究中心、中国百越民族史研究会
纪念岳飞诞辰900周年暨宋学国际学术研讨会	2003年8月24—27日	杭州	浙江大学宋学研究中心、杭州岳庙管理处、浙江大学古籍研究所、岳飞研究会
王阳明故居开放典礼暨国际学术研讨会	2007年4月	余姚	余姚市政府
2007海宁·纪念王国维诞辰130周年暨国际学术研讨会	2007年12月30日	海宁	清华大学、北京大学、中国人民大学、北京师范大学、海宁市人民政府、海宁市文学艺术界联合会
“汉学研究与中国社会科学的推进”国际学术研讨会	2008年9月25日	杭州	浙江大学、省社会科学界联合会
万斯同诞辰370周年·万斯同与《明史》编纂国际学术研讨会	2008年12月18—22日	宁波	中国社会科学院历史研究所、宁波市文化广播电视新闻出版局
百年敦煌文献整理研究国际学术研讨会	2010年4月10—12日	杭州	中国敦煌吐鲁番学会、省社会科学界联合会主办，浙江大学古籍研究所、浙江大学汉语史研究中心、兰州大学敦煌研究所、浙江省敦煌研究会承办

资料来源：《浙江省哲学社会科学志》(1999)、浙江省社科联编《建设文化大省，繁荣社会科学》(内部)。

二、学术刊物

(一)浙江学刊

《浙江学刊》创刊于1963年5月，由浙江省社会科学研究所(院)主办，是中华人民共和国成立后浙江省最早创办、公开发行的社科类学术期刊。《浙江学刊》是全国人文社科核心期刊、中文社会科学引文索引来源期刊、全国中文核心期刊，历年来所发表的文章在人文社会科学的主要研究领域具有较高的学术地位。

作为综合性学术理论刊物，《浙江学刊》以传承文明、传承学术为使命，倡导学术创新，呼唤学术良知，力求准确、深刻地反映时代精神和社会实践的轨迹，做到学术性、思想性和高雅性的统一。主要栏目有：主题研讨、学术专论、学术批评、社会科学论丛及若干专题专栏。该刊密切关注当前学术前沿，不定期推出热点专栏。

（二）浙江社会科学

《浙江社会科学》前身《探索》创刊于1985年3月，1987年1月公开发行，后改为现名。该刊是浙江省社会科学界联合会主办的综合性社会科学类学术理论刊物。

《浙江社会科学》设有政治学研究、经济研究、社会发展论坛、社会学研究、哲学研究、伦理学研究、教育研究、法学研究、文化研究、历史研究、文学艺术研究、社科规划课题成果选登等栏目。并经常开展主题研讨，邀请有关学者对重大理论热点问题进行评论，关注学术研究和经济社会发展中新颖而重要的话题，开设一些新的栏目。

（三）浙江省本科高校的学报

至2010年底，浙江本科高校所办学报有：《浙江大学学报·人文社会科学版》《浙江工业大学学报·社科版》《浙江理工大学学报》《浙江工商大学学报》《杭州师范大学学报·社会科学版》《浙江师范大学学报·社会科学版》《杭州电子科技大学学报》《浙江农林大学学报》《浙江中医药大学学报》《宁波大学学报》《温州大学学报》《中国计量学院学报》《浙江科技学院学报》《浙江财经学院学报》《浙江传媒学院学报》《浙江树人学院学报》《浙江外国语学院学报》《浙江警察学院学报》《湖州师范学院学报》《嘉兴学院学报》《丽水学院学报》《公安海警学院学报》《宁波大红鹰学院学报》《宁波工程学院学报》《宁波诺丁汉大学学报》《浙江万里学院学报》《衢州学院学报》《绍兴文理学院学报》《浙江越秀外国语学院学报》《台州学院学报》《温州医学院学报》《浙江海洋学院学报》。

第四节　历届省委、省政府重视和支持浙江社会科学事业的发展

中共浙江省委、浙江省人民政府历来重视对哲学社会科学的领导与管理，十分关心和重视浙江的社会科学事业的发展。早在1952年9月间，浙江省人民政府接到“中央人民政府政务院关于设置文史研究馆的决定”及同年11月间“华东军政委员会关于执行中央人民政府政务院关于设置文史研究馆的决定的补充决定”以后，首先协商决定了馆长副馆长的人选，觅定馆址，于1953年4月成立浙江省文史馆，并从人数、入馆条件、工作活动、生活待遇、人员编制、经费开支、领导关系等方面，作了详细规定，以保证浙江省文史馆的良好运转。

1958年6月，中共浙江省委同意成立中国科学院浙江分院、哲学社会科学研究所、哲学社会科学联合会等。至1958年6月，全省已有15个科学研究机构，31个社会科学与自然科学分会，约有3万人的科学研究队伍。中国科学院浙江分院设有哲学社会科学部；哲学社会科学研究所设有经济、历史、哲学、语言文学4个室；哲学社会科学联合会有历史、考古、教育3个学会并拟建新闻、法学、哲学、经济、语言、图书馆等学会。

1982年11月，省委常委会同意将浙江省社会科学研究所改为浙江省社会科学院，成立

浙江省社会科学学会联合会；同意适当增加社会科学研究工作经费。同时，对全省的社会科学研究提出了具体的指导意见：社会科学研究主要力量应放在应用上，在应用中打基础，建设和扩大自己的队伍；社会科学研究要同自然科学研究密切结合起来；正确认识并解决好专业队伍与群众队伍的关系问题；要按照党的“十二大”精神，认真制定全省社会科学两个十年的计划。为此，浙江省社会科学研究所制定从1981年至1990年的十年发展规划。在此期间，《浙江省国民经济和社会发展第六个五年计划(1981—1986)》将哲学社会科学列入“六五”规划，确立了六大重点：包括哲学和伦理学研究，经济学和经济问题研究，社会学与法学研究，文学、美学和语言学研究，史学和考古学研究。在之后的“七五”至“十一五”浙江省国民经济与社会发展规划中，都给予哲学社会科学以较高的地位和较大的发展空间。

1987年6月，经省委书记办公会议研究决定，成立“浙江省哲学社会科学规划领导小组”，下设社会科学协调规划办公室（置省社科联内），成立马克思主义研究和哲学、经济学（一、二、三组）、语言文学、史学、图书馆学以及社会学、人口学、法学（设一组）等7个学科小组，并制定《浙江省哲学社会科学规划重点课题暂行管理办法》《浙江省社会科学规划重点课题经费使用和管理暂行规定》，推进并完善浙江的社会科学规划和课题研究管理。（资料来源：浙江省社科联编《二十年概览》）

20世纪80年代至21世纪初，中共浙江省委、省人民政府历届领导对浙江哲学社会科学事业的发展给予高度的重视和支持。1984年12月，省委书记王芳、省长薛驹亲临浙江省社联成立大会并讲话。1990年12月，中央顾问委员会委员铁瑛、省委书记李泽民亲临浙江省社科联第二次代表大会并讲话。1994年12月，省长万学远、省委副书记刘枫观看浙江省社联第三次代表大会成果展。1999年12月，省委书记张德江、省长柴松岳、省委副书记周国富等领导观看浙江省社会科学成果展。2002年2月省委副书记李金明出席浙江省哲学社会科学规划工作会议。2004年12月，省委副书记、省长吕祖善出席浙江省社科联第五次代表大会。

2004年6月，中共浙江省委书记习近平到浙江省社会科学院、浙江省社会科学界联合会作调查研究，并作重要指示。2004年3月15日，习近平同志在广东省社会科学院创新社会科学经验材料的阅后批示中，为全省社会科学的发展指明了方向，要求“我省社科院也要着手研究，明确方向，科学定位。总的一条，要紧紧围绕省委、省政府的中心工作，立足浙江，贴近实际，充分发挥社科院在我省全面建设小康社会、提高基本实现现代化进程中的积极作用”。2006年4月，习近平观看浙江省哲学社会科学成果展出。4月5日，他对浙江省社科联组织的“首届浙江省公众人文社会科学素养及需求调查”作出重要指示：“社科联所作的公众人文社会科学素养及需求调查，在全国尚属首次。这对全面掌握我省当前公众社会科学素养状况、大力发展繁荣哲学社会科学，推进文化大省建设和人才强省建设具有重要现实意义。希望以这次调查为依据，进一步明确今后努力方向，切实搞好人文社会科学普及工作，提升全省公众人文社会科学素养，为我省全面建设小康、提前基本实现现代化作出积极贡献。”是年12月，他在浙江省社科联第五次代表大会上作重要讲话。（资料来源于浙江省社科联编印《传承·创新·繁荣——浙江省社科联三十周年图集》）2005年8月，习近平同志倡导浙江省文化研究工程建设，并出任浙江省文化研究工程指导委员会主任，之后又为《浙江省文化研究成果文库》作序。同年，习近平同志倡议并促成浙江省与中国社会科学院的省院合作，多次批示推进合作研究。该课题于2007年出版“浙江经验与中国发展——科学发展观与和谐社会建设在浙江”系列成果(6卷套，社会科学文献出版社2007年版)。

2010年2月，省委书记、浙江文化研究工程指导委员会主任赵洪祝，省委常委、浙江文化研究工程指导委员会副主任李强听取关于浙江文化研究工程进展情况汇报。

20世纪50年代至21世纪初，中共浙江省委、浙江省人民政府在经济、社会和文化事业发展的重要时期，下发或颁布有关推动哲学社会科学事业发展的文件和规划。

表78-20-4-1　　1955—2010年浙江省委、省政府关于推动全省哲学社会科学发展文件一览表

发文时间	文件名称	内容提点
1955年5月	浙江省人民委员会办公厅关于“浙江省文史研究馆情况”的简要报告	同意成立省文史馆，并就编制、经费、待遇等作了规定
1958年6月3日	中国共产党浙江省委员会《关于中国科学院浙江分院的批复》	同意成立浙江分院、哲学社会科学研究所、哲学社会科学联合会
1958年6月13日	浙江省科学工作委员会《关于建立中国科学院浙江分院、哲学社会科学研究所、哲学社会科学联合会的报告》	关于一院、一所、一会内部建制和编制问题
1977年7月14日	中共浙江省委宣传部《关于建立浙江省社会科学研究所的请示报告》	就该所任务、机构设置和干部配备、经费问题给省委的报告
1978年4月19日	中共浙江省委《关于建立浙江省社会科学研究所筹建领导小组的通知》	批准领导小组人员名单
1978年8月	浙江省社会科学研究所筹建领导小组《关于召开全省理论与实践问题讨论会的请示报告》	就会议背景、内容及筹备问题给省委的报告，即批复
1979年12月7日	中共浙江省委《关于建立浙江省社会科学研究所及程炳卿等同志任职的通知》	同意建立省社科研究所并领导成员任命
1981年	《浙江省国民经济和社会发展第五个五年计划(1981—1985)》哲学社会科学部分	提出了哲学和伦理学、经济和经济问题、社会学和法学、文学美学和语言学、史学和考古学、教育学和教育问题六大重点科研任务
1982年7月	浙江省人民政府《关于成立浙江省理论教学、研究人员职称评定委员会的通知》	包括哲学社会科学教学和研究系列
1982年11月	《中共浙江省委常委会会议纪要》	就社会科学事业发展提出意见，同意改建省社科院
1982年11月	《浙江省社会科学研究所十年(1981—1990)发展规划》	就科研项目、研究所设置、筹建省社联等问题作以规划

续表1

发文时间	文件名称	内容提点
1983年1月	《浙江省第六个五年计划期间哲学社会科学重点研究课题》	重点研究课题及承担单位
1984年3月	中共浙江省委《关于建立浙江省社会科学院、浙江省社会科学学会联合会及张少甫同志任职的通知》	同意建立一院一会并批准两单位领导班子
1984年4月	浙江省社会科学学会联合会《关于成立省科社联优秀科研成果评选委员会的请示报告和名单》	给省委宣传部的报告，即批复
1986年	《浙江省国民经济和社会发展第七个五年计划(1986—1990)》社会科学研究部分	提出发展社会科学研究的要求和措施
1986年	《浙江省国民经济和社会发展第七个五年计划(1986—1990)期间浙江省哲学社会科学规划学科小组及其成员名单》	报省委宣传部和省政府相关部门，分8个学科组，即批复
1986年10月8日	《关于建立社会科学规划办公室的报告》	省社科联给省政府的报告，即批复
1986年12月17日	浙江省编制委员会《关于建立社会科学协调规划办公室的批复》	同意在省社科联内设立
1987年6月	中共浙江省委宣传部《关于成立浙江省哲学社会科学规划领导小组的通知》	经省委书记办公室研究决定，同意设立
1987年11月	浙江省哲学社会科学规划领导小组通过《浙江省哲学社会科学规划重点课题经费使用和管理暂行规定》	强调严格规划课题资金管理
1987年11月	浙江省哲学社会科学规划领导小组通过《浙江省哲学社会科学规划重点课题暂行管理办法》	强调严格规划课题管理
1991年	《浙江省国民经济和社会发展第八个五年计划(1991—1995)》哲学社会科学部分	提出了社会科学为改革和发展服务的要求
1996年	《浙江省国民经济和社会发展第九个五年计划(1996—2000)》哲学社会科学部分	提出了跨世纪社会科学发展的任务
1996年1月	中共浙江省委办公厅印发《浙江省社会科学界联合会机关机构改革方案》	省社科联机构调整改革方案
1998年	中共浙江省委办公厅、浙江省人民政府办公厅转发《浙江省哲学社会科学优秀成果评奖办法》	两办公布评奖办法
2000年	浙江省财政厅《浙江省省级社会科学学术著作出版资金管理办法(试行)》	对省级社会科学学术著作实行出版资助
2001年	《浙江省国民经济和社会发展第十个五年计划(2001—2005)》哲学社会科学部分	提出了新时期的任务和要求

续表 2

发文时间	文件名称	内容提点
2002 年	《浙江省社会科学界联合会社团管理办法(试行)》	加强社会科学的社团管理
2004 年	中共浙江省委《关于进一步繁荣发展哲学社会科学的意见》	为 21 世纪初浙江省繁荣发展哲学社会科学的纲领性文件
2004 年	浙江省哲学社会科学发展规划领导小组《关于浙江省哲学社会科学规划课题管理方法》	加强对规划课题的管理
2004 年	浙江省哲学社会科学发展规划办公室《关于浙江省哲学社会科学重点研究基地建设实施办法(试行)》	对重点研究基地建设作了条例规定
2005 年	浙江省哲学社会科学发展规划领导小组《关于浙江文化研究工程管理办法》	浙江文化研究工程为省委实施建设文化大省八大系统工程之一
2005 年	中共浙江省委办公厅《关于加快建设文化大省的决定》	提出建设文化大省八大系统工程
2005 年	中共浙江省委办公厅、浙江省人民政府办公厅《关于印发〈浙江省文明素质工程〉等八项工程实施办法(试行)》	有关建设文化大省八大系统工程的实施方案
2006 年	《浙江省国民经济和社会发展第十一个五年计划(2006—2010)》哲学社会科学部分	提出创新和发展马克思主义的任务和要求
2006 年	浙江省社会科学界联合会《浙江省民办社会科学研究机构管理办法(试行)》	加强民办社会科学研究机构管理
2006 年 12 月 1 日	浙江省人民政府颁布《浙江省科学技术普及办法》	有关自然科学与社会科学科普的法规

资料来源:《浙江省哲学社会科学志》(1999 年)、浙江省社科联编《建设文化大省,繁荣社会科学》(内部)。

大事年表

时　　间	大事纪要	资料来源
周敬王三十年，越王勾践七年（前490年　辛亥）	吴王释勾践与范蠡等归国。勾践命范蠡在今绍兴市区择地举筑“勾践小城”（子城）和“山阴大城”，作为越国都城。	《浙江通史》（先秦卷），第120页
周敬王三十三年，越王勾践十年（前487年　甲寅）	越大夫文种则进陈报怨复仇、破吴灭敌之“九术”。	《吴越春秋》卷九《勾践阴谋外传》
周敬王三十四年，越王勾践十一年（前486年　乙卯）	计然向勾践出伐吴之策。	《吴越春秋》卷九，《史记》卷四
汉明帝永平十七年（74年　甲戌）	是年，严光（子陵）卒。以隐士闻名于世。	《后汉书》卷一二三《严光列传》
汉和帝永元九年（97年　丁酉）	约是年，王充卒（27—约97年），著《论衡》20余万言。年七十，又著《养性书》16篇。	《后汉书》卷四九《王充传》
汉和帝永元年间（89—104年）	是年，张霸为会稽太守。以樊鯈删《严氏春秋》犹多繁辞，乃减定为20万言，更名张氏之学。	《后汉书》卷三六《张霸传》
汉献帝延康元年（220年　庚子）前后	魏伯阳卒（约151—221，也有别说），性好道术，著《参同契》《五相类》，凡二卷。	葛洪：《神仙传》
三国·吴大帝嘉禾二年（233年　癸丑）	是年，经学家虞翻卒。著《易注》，训注《老子》《论语》《国语》诸书。	《三国志》卷五七《吴书一二·虞翻传》
三国·吴大帝赤乌六年（243年　癸亥）	冬，阚泽卒。泽以经传文多，乃斟酌诸家，刊约《礼》文，及诸注说，以授二宫。撰《乾象历注》。	《三国志》卷五八《吴书八·阚泽传》
东晋元帝大兴二年（319年　己卯）	七月，贺循卒，时年六十。著有《会稽记》《丧服仪》等。	《晋书》卷六八《贺循传》
东晋成帝咸和元年（326年　丙戌）	是年，梵僧慧理自西天竺来浙，登武林山。	《咸淳临安志》卷二三
东晋穆帝永和九年（353年　癸丑）	三月，王羲之与谢安、谢万、支遁、许询及其子献之、凝之等41人，修褉宴集山阴兰亭赋诗。	《晋书》卷八〇《王羲之传》

续表 1

时　　间	大事纪要	资料来源
东晋穆帝永和十一年(355 年　乙卯)	三月,王羲之辞去会稽内史职。寓居剡县金庭。	《晋书》卷八〇《王羲之传》
东晋废帝太和元年(366 年　丙寅)	是年,高僧支遁(314—366 年)卒。移浙地多处驻寺讲佛,精老庄,专佛学,作《即色游玄论》等。	《世说新语》
南朝宋文帝元嘉十年(433 年　癸酉)	是年,谢灵运被文帝以“谋反”罪徙于广州,旋被杀。著有《游名山志》及文集,明人辑《谢康乐集》。	《宋书》卷六七《谢灵运传》
南朝齐东昏侯永元三年,和帝中兴元年(501 年　辛巳)	是年,会稽山阴县人孔稚珪卒。所著《北山移文》为传世名篇。明人辑有《孔詹事集》。	《南齐书》卷四八《孔稚珪传》
南朝梁武帝天监四年(505 年　乙酉)	是年,以贺瑒及平原明山宾、吴兴沈峻、建平严植之补博士,各主一馆。	《资治通鉴》卷一四一
南朝梁武帝天监十二年(513 年　癸巳)	闰三月,沈约卒。著有《晋书》110 卷,《宋书》100 卷,《四声谱》等。明张溥辑《沈隐侯集》。	《梁书》卷一三《沈约传》
南朝梁武帝普通元年(520 年　庚子)	是年,吴均卒。著《齐春秋》30 卷,《十二州记》16 卷,《钱唐先贤传》5 卷,文集 20 集等。	《梁书》卷四九《吴均传》
隋文帝开皇十七年(597 年　丁巳)	是年,释智顗(538—597 年)卒。创中国佛教宗派史上第一个宗派,著有《法华玄义》等。	《嘉定赤城志》卷二七《寺观乃一》
唐高祖武德元年(618 年　戊寅)	是年,许善心卒。续成父志,撰《梁史》70 卷,更制《七林》,撰《方物志》等。	《隋书》卷五八《许善心传》
唐太宗贞观十二年(638 年　戊戌)	正月,吏部尚书高士廉等上《氏族志》130 卷。	《旧唐书》卷三
	五月,虞世南卒。与欧阳询、褚遂良、薛稷并称唐初四大书家。编《北堂书钞》。	《旧唐书》卷七二《虞世南传》
唐高宗显庆四年(659 年　己未)	是年,褚遂良卒。传世墨迹有《倪宽赞》《阴符经》,碑刻有《雁塔圣教序》《伊阙佛龛碑》等。	《旧唐书》卷八〇《褚遂良传》
唐武则天光宅元年(684 年　甲申)	是年,骆宾王随徐敬业讨伐武则天,写《讨武曌檄》,骆与王勃、杨炯、卢照邻合称“初唐四杰”。	《旧唐书》卷一九〇上《骆宾王传》
唐德宗贞元二十一年(805 年　乙酉)	是年,陆贽卒。历宰相,主张均节赋税,养人资国,有《陆宣公翰苑集》。	《新唐书》《资治通鉴》
唐昭宗大顺元年(890 年　庚戌)	是年,道士闾丘方远谒钱镠始居余杭大涤洞。传法箓于天台玉霄宫叶藏质,诠《太平经》。	《十国春秋》卷八九
后梁太祖开平三年,吴越王钱镠天宝二年(909 年　己巳)	十二月,罗隐卒。有《谗书》。	《旧五代史》卷二四《罗隐传》

续表 2

时　　间	大事纪要	资料来源
宋太祖开宝八年(975 年　乙亥)	十二月,永明延寿禅师圆寂。著有《宗镜录》100 卷、《万善同归集》3 卷、《唯心诀》1 卷等。	《杭州历代名人》上册,杭州出版社 2004 年版,第 116—117 页
宋真宗景德元年(1004 年　甲辰)	是年,四明大法师知礼著《十不二门指要》2 卷,开明南岳天台所证一心三观之妙。	《稽古略》卷四
宋仁宗天圣六年(1028 年　戊辰)	十二月,杭州处士林逋卒。通经史百家,有《林和靖诗集》。	《续资治通鉴长编》卷一〇六
宋仁宗景祐元年(1034 年　甲戌)	七月,钱惟演卒。著有《典懿集》等书。	《宋史》卷三一七《钱惟演传》
宋仁宗宝元二年(1039 年　己卯)	三月,范仲淹知越州。兴办府学。仁宗皇祐元年(1049 年)奉命移知杭州。	《咸淳临安志》卷四六
宋仁宗庆历四年(1044 年　甲申)	庆历中,布衣毕昇发明活字印刷术。	《梦溪笔谈》卷一八
宋仁宗庆历八年(1048 年　戊子)	是年,王安石以孔庙为学堂,创鄞县第一所县学,聘请杜醇、楼郁等为师,明州学风大为改观。	《宝庆四明志》卷一六
宋仁宗嘉祐五年(1060 年　庚子)	七月,翰林学士欧阳修等上所修《唐书》250 卷。杭州奉旨雕印。	《续资治通鉴长编》卷一九二
宋神宗元丰五年(1082 年　壬戌)	是年,张伯端卒。有《紫阳真人集》《悟真篇》等。	《文献通考》卷二二五
宋哲宗绍圣二年(1095 年　乙亥)	十月十四日,奉圣旨,下杭州镂版《资治通鉴》。	《资治通鉴》卷二九四
	是年,沈括卒。作《梦溪笔谈》,举凡天文、律历、兵法、音乐、卜算、物理等,莫不涉猎。	《宋史》卷三三一《沈括传》
宋徽宗政和七年(1117 年　丁酉)	二月,甲子,宋徽宗会道士 2000 余人于上清宝箓宫,命林灵素讲道经。	《宋史》卷二一
宋徽宗宣和三年(1121 年　辛丑)	是年,周邦彦(1056—1121 年)卒。先后任太学正、国子主簿、校书郎等。著《清真集》。	《宋史》卷四四四
宋高宗建炎二年(1128 年　戊申)	五月,许景衡卒。曾任资政殿学士、提举杭州洞霄宫著《横塘集》。	《宋史》卷二五
宋高宗绍兴元年(1131 年　辛亥)	三月,宋室南渡后,国史散佚。衢州布衣何克忠献《太祖实录》《国朝宝训》,诏授下州文学。	《建炎以来系年要录》卷四三
宋高宗绍兴四年(1134 年　甲寅)	是年,李清照来金华避难,留下《武陵春》《题八咏楼》等作品。晚年定居临安,至去世。	陆游:《渭南文集》卷三五

续表3

时　　间	大事纪要	资料来源
宋高宗绍兴五年(1135年　乙卯)	九月,会稽诸葛行仁献家书籍11500卷。	《建炎以来系年要录》卷九三
宋高宗绍兴十三年(1143年　癸亥)	七月,临安太学大成殿落成,内藏高宗书写的经书碑帖。	《建炎以来系年要录》卷一四九
宋高宗绍兴十四年(1144年　甲子)	是年,薛尚功著成金石学名作《历代钟鼎彝器款识法帖》。	《文献通考》卷一八八
宋高宗绍兴二十九年(1159年　己卯)	是年,张九成卒。历著作郎、礼部、刑部侍郎等职。著《横浦集》《孟子传》等。	《宋史》卷三七四《张九成传》
宋孝宗乾道七年(1171年　辛卯)	七月,王十朋卒。为南宋名臣,著有《梅溪集》,诗文并茂。	魏桥主编:《浙江历史大事记》,浙江人民出版社2010年版,第181页
宋孝宗乾道九年(1173年　癸巳)	是年,薛季宣卒。进大理正,出知湖州,多有善政。开永嘉事功学派先声,著《浪语集》。	《浙江历史大事记》,第182页
宋孝宗淳熙八年(1181年　辛丑)	七月,吕祖谦卒。南宋浙东学派代表人物。著有《吕东莱集》《历代制度详说》《东莱博议》等。	《浙江历史大事记》,第185页
宋孝宗淳熙十一年(1184年　甲辰)	十二月,知台州熊克上《九朝通略》。	《资治通鉴》卷一四九
宋光宗绍熙四年(1193年　癸丑)	四月,陈亮卒。倡"事功之学",创永康学派。著《龙川文集》《龙川词》。	《浙江历史大事记》,第191页
宋宁宗庆元元年(1195年　乙卯)	四月,太府寺丞吕祖俭坐上疏留赵汝愚及论不当黜朱熹、彭龟年等,忤韩侂胄,送韶州安置。	《浙江历史大事记》,第193页
宋宁宗庆元三年(1197年　丁巳)	十二月,韩侂胄派驳击赵汝愚、朱熹等道学人士。	《浙江历史大事记》,第194页
宋宁宗嘉泰三年(1203年　癸亥)	是年,陈傅良卒。重经世致用,著《止斋集》《历代兵制》、《建隆编》等。	《浙江历史大事记》,第197页
宋宁宗嘉定二年(1209年　己巳)	是年,姜夔卒。为格律派或风雅派的开宗领袖。	《夏承焘集·姜白石系年》
宋宁宗嘉定三年(1210年　庚午)	是年,陆游卒。与尤袤、杨万里、范成大并称四大家。著《剑南诗稿》《渭南文集》等。	《浙江历史大事记》,第201页
宋宁宗嘉定四年(1211年　辛未)	是年,徐照卒。著名诗人,与徐玑、翁卷、赵师秀号称"永嘉四灵"。	《直斋书录题解》卷二〇
宋宁宗嘉定六年(1213年　癸酉)	是年,楼钥卒。官至参知政事。著《攻媿集》。	《浙江历史大事记》,第202页

续表 4

时　　间	大事纪要	资料来源
宋宁宗嘉定七年(1214年　甲戌)	是年,诗人徐玑卒。"永嘉四灵"之一,著《徐玑集》《泉山诗稿》《二薇亭集》等。	《浙江历史大事记》,第202页
宋宁宗嘉定十六年(1223年　癸未)	是年,叶适卒。提倡功利之学,永嘉学派代表人物。有《水心文集》《习学记言序目》等。	《浙江历史大事记》,第205页
宋理宗宝庆元年(1225年　乙酉)	是年,杨简卒。以宝谟阁学士、太中大夫致仕。著《慈湖遗书》传世。	《浙江历史大事记》,第206页
	是年,赵汝适撰《诸藩志》,为宋代中外交通与文化交流史文献。	《诸藩志校注》,中华书局1996年版
宋理宗淳祐元年(1241年　辛丑)	二月,乔行简卒。官至左丞相,拜平章军国重事,著《周礼总说》《孔山文集》等。	《宋史》卷四一七
宋度宗咸淳四年(1268年　戊辰)	是年,何基卒。人称"朱学津梁",有《何北山遗集》。	《宋史》卷四三八《何基传》
元世祖至元二十八年(1291年　辛卯)	是年,朱庆宗向杭州西湖书院一次性捐赠圩田275亩。	黄溍:《文献集》卷七上
元世祖至元三十年(1293年　癸巳)	至元年间,马可·波罗在世祖至元年间游历杭州,著《马可·波罗行纪》。	《马可·波罗行纪》,中华书局2004年版
元成宗元贞二年(1296年　丙申)	是年,王应麟卒。官礼部尚书兼给事中,有《困学纪闻》《玉海》《深宁集》等。	《宋史卷》四三八《王应麟传》
元成宗大德元年(1297年　丁酉)	八月十二日,周达观等自真腊返回,于四明港登陆。撰《真腊风土记》。	《真腊风土记·总叙》
元成宗大德七年(1303年　癸卯)	是年,郑介夫上奏《太平策》"一纲二十目",批评元朝钞法种种弊端。	《历代名臣奏议》卷六七
	是年,金履祥卒。其学得朱熹之传。著《通鉴前编》《大学章句疏义》《论语孟子集注考证》等。	《元史》卷一八九
元成宗大德十年(1306年　丙午)	是年,邓牧卒。著有《伯牙琴》《洞霄诗集》《洞霄图志》等。	雍正:《浙江通志》卷一九八
元仁宗延祐五年(1318年　戊午)	九月,苗好谦所撰《栽桑图说》,命刊印千帙,散之民间。又,江浙行省印《大学衍义》50部赐朝臣。	《元史》卷二六
元英宗至治二年(1322年　壬戌)	是年,赵孟頫卒。元代著名书画家,有《秋郊饮马图》《重汉叠嶂图》等传世,著有《松雪斋文集》。	《元史》卷一七二
元文宗至顺三年(1332年　壬申)	是年,国子监牒浙东道宣慰使司都元帅府分派庆元路儒学招工开雕王应麟《玉海》。	《至正四明续志》卷七

续表 5

时　　间	大事纪要	资料来源
元顺帝至正八年(1348年　戊子)	是年,张可久卒。工散曲小令,有《今乐府》《苏堤渔唱》《吴盐》《新乐府》四集,存世八百余篇。	《续文献通考》卷一九八
元顺帝至正十四年(1354年　甲午)	是年,黄公望卒。元代著名画家,传世名作有《富春山居图》《天池石壁》等。	雍正:《浙江通志》卷一六八
元顺帝至正十七年(1357年　丁酉)	是年,黄溍卒。历翰林应奉文字、江浙等地儒学提举。著《黄文献集》《金华集》《日损斋日录》等。	《元史》一八一
元顺帝至正十八年(1358年　戊戌)	十二月,朱元璋取婺州,召见当地儒士王袆,用为中书省掾史。入明后,与宋濂同为《元史》总裁官。	《明太祖实录》卷六
元顺帝至正十九年(1359年　己亥)	是年,高明卒。至正进士,撰南戏《琵琶记》,为南戏艺术代表作。	雍正:《浙江通志》卷四三
元顺帝至正二十二年(1362年　壬寅)	七月,西湖书院旧有经史书版,兵后零落,张士诚出官钱补刊。	《续资治通鉴》卷二一六
明太祖洪武八年(1375年　乙卯)	是年,刘基卒。官御史中丞兼太史令,封诚意伯。著《诚意伯集》。	《明史》卷一二八
明太祖洪武十四年(1381年　辛酉)	是年,宋濂卒。官至翰林院学士承旨知制诰,奉命主修《元史》。有《宋学士全集》42卷。	《明史》卷一二八
明建文四年(1402年　壬午)	是年,燕王朱棣将即帝位,方孝孺拒草登极诏书,遭磔杀,株连灭十族。有《逊志斋集》。	《明儒学案》卷四三
明英宗天顺六年(1462年　壬午)	是年,戴进卒。宣德年间供奉宫廷,人物画师法唐宋传统,人称浙派,为明代前期画坛主流。	《浙江历史大事记》,第289页
明孝宗弘治十一年(1498年　戊午)	是年,浙江右参政周木在杭州凤凰山万松岭建万松书院。	《杭州市志》,中华书局1999年版
明武宗正德元年(1506年　丙寅)	六月,授孔子五十九代孙孔彦绳为翰林院五经博士,主衢州朝祀。	《浙江历史大事记》,第295页
明世宗嘉靖八年(1529年　己丑)	是年,王守仁卒。世称阳明先生。至南京兵部尚书。阳明学派创始人,辑《王文成公全书》。	《明史》卷二〇四
明世宗嘉靖四十年(1561年　辛酉)	四、五月间,戚继光大败倭寇于台州等地,九战皆捷。著兵书《纪效新书》。	《浙江省军事志》
	是年,范钦解官归里,至嘉靖四十五年(1566年)建天一阁藏书楼,储书7万卷。	《宁波市志》,中华书局1995年版
明神宗万历十一年(1583年　癸未)	是年,王畿卒。曾任南京武选郎中,后讲学40余年。	《明史》卷二八三

续表 6

时　　间	大事纪要	资料来源
明神宗万历二十一年(1593 年　癸巳)	是年,徐渭卒。诗文、戏曲、画作丰富。戏曲论著《南词叙录》对后世影响广泛。后有《徐渭集》。	《浙江省人物志》
明神宗万历二十九年(1601 年　辛丑)	是年,茅坤卒。“唐宋派”代表,有《唐宋八大家文钞》。	《浙江历史大事记》,第 309 页
明神宗万历三十年(1602 年　壬寅)	是年,李之藻译、刻利玛窦《坤舆万国全图》,向国人传播地球形状知识。	《浙江省科学技术志》
	是年,胡应麟卒。专事著述,有《少室山房笔丛》《少室山房类稿》等。	《浙江省人物志》
明神宗万历四十三年(1615 年　乙卯)	是年,莲池大师圆寂。明代净土宗大师。说法 40 余年,著述甚多,尊为净土宗第八代祖师。	《莲宗九祖传略》
明思宗崇祯三年(1630 年　庚午)	是年,李之藻卒。与利玛窦编译《同文算指》,译《名理探》,助徐光启修订《大统历》等。	《浙江省人物志》
清世祖顺治二年(1645 年　乙酉)	是年,刘宗周卒。历礼部主事、右通政,又筑证人书院讲学蕺山。著《刘蕺山集》等。	《明史》卷二五五
清康熙三年(1664 年　甲辰)	是年,张煌言卒。顺治二年(1645 年)南京失守后,坚持抗清斗争 20 年。辑录成《张苍水集》。	《清史稿》卷二二四
清康熙五年(1666 年　丙午)	是年,陈之遴卒。历官弘文院大学士。有《浮云集》。	《浙江历史大事记》,第 322 页
清康熙十五年(1676 年　丙辰)	是年,查继佐卒。南明鲁王时授兵部职方主事,参与抗清斗争。著《罪惟录》并杂剧《续西厢》等。	《浙江历史大事记》,第 324 页
清康熙十六年(1677 年　丁巳)	是年,陈确卒。明亡后,隐居著述。著述有《陈确集》。	《浙江历史大事记》,第 324 页
清康熙十七年(1678 年　戊午)	是年,朱彝尊编成《词综》,其创作开“浙派词”端绪。	《浙江历史大事记》,第 325 页
清康熙十八年(1679 年　己未)	八月,万斯同受《明史》总裁徐元文敦请,赴京以布衣参史局。	《宁波市志》
清康熙十九年(1680 年　庚申)	是年,李渔卒。戏曲家与戏曲理论家。著有戏曲《笠翁十种曲》,今有《李渔全集》。	《浙江历史大事记》,第 325 页
清康熙二十一年(1682 年　壬戌)	是年,朱之瑜卒。曾组义师抗清,兵败流亡日本,授徒讲学,为日人所重。辑有《朱舜水集》。	《浙江历史大事记》,第 326 页

续表 7

时　　间	大事纪要	资料来源
清康熙二十二年(1683年　癸亥)	是年,应抝谦卒。潜研理学,躬行实践,著有《周易集解》《诗传》《翼书传拾遗》《春秋传考》等。	《国朝先正事略》卷二八
	是年,吕留良卒。以讲学致盛名。雍正年间因为曾静狱牵连,被戮尸。著《吕晚村文集》等。	《浙江历史大事记》,第327页
	是年,万斯大卒。为浙东学派中坚。著《学春秋随笔》《学礼质疑》《学礼偶笺》等。	《清史列传》卷七二
清康熙二十四年(1685年　乙丑)	是年,曹溶卒。官御史。家富藏书,开浙派词先河,著有《静惕堂集》等。	《清史列传》卷七八
清康熙二十五年(1686年　丙寅)	是年,黄宗炎卒。入清不仕,精研易学,著有《二晦集》《山栖集》等。	《清史列传》卷六八
清康熙二十七年(1688年　戊辰)	毛先舒卒。与毛奇龄、毛际可并称"浙中三毛"。著作宏富,有《思古堂集》等。	《清史列传》卷七〇
清康熙二十八年(1689年　己巳)	是年,吴任臣卒。康熙十八年承修《明史·历志》,勒成《十国春秋》。尚有《字汇补》等。	《浙江历史大事记》,第329—330页
清康熙三十四年(1695年　乙亥)	是年,黄宗羲卒。思想家、学者,与王夫之、顾炎武并为清初三大家;今人辑有《黄宗羲全集》。	《浙江历史大事记》,第330—331页
清康熙三十八年(1699年　己卯)	是年,姜宸英卒。授翰林院编修,与朱彝尊、严绳孙称"江南三布衣"。有《姜先生全集》。	《浙江历史大事记》,第332页
清康熙三十九年(1700年　庚辰)	是年,彭孙通卒。历官吏部侍郎兼翰林院学士,《明史》总裁。著有《松桂堂全集》《延露词》等。	《清史稿》卷四八四
清康熙四十一年(1702年　壬午)	是年,万斯同卒。康熙十八年(1679年),受邀纂修《明史》,著有《石园文集》《历代史表》等。	《清史列传》卷六八
清康熙四十二年(1703年　癸未)	是年,高士奇卒。曾应诏入京到南书房修书。著有《春秋地名考略》《清吟堂全集》等。	《清史稿》卷二七一
清康熙四十三年(1704年　甲申)	是年,洪昇卒。擅戏曲创作,以《长生殿》传奇享盛誉。	《清史列传》卷七一
清康熙四十八年(1709年　己丑)	是年,朱彝尊卒。举博学鸿词,充《明史》纂修,编《词综》《明诗综》,著《曝书亭集》《经义考》。	《清史列传》卷七一
清康熙五十年(1711年　辛卯)	是年,邵廷采卒。以王阳明之学主讲姚江书院。著《东南纪事》等,辑有《思复堂文集》等。	《清史列传》卷六七
清康熙五十三年(1714年　甲午)	是年,胡渭卒。曾助修《大清一统志》。著《禹贡锥指》《洪范正论》等。	《清史稿》卷四八一

续表 8

时　　间	大事纪要	资料来源
清康熙五十五年(1716年　丙申)	是年,毛奇龄卒。康熙十八年,充明史纂修官,著作宏富,称《西河合集》。	《清史列传》卷六八
清康熙五十八年(1719年　己亥)	九月,浙江提督学政汪膛疏言,请加增衢州府西安县之孔氏入学额数,清廷从之。	《清实录》第六册
清康熙六十一年(1722年　壬寅)	是年,陈诜卒。历左副都御史、贵州巡抚。著有《诗经述》《四书述》《资治通鉴述》等。	《清史稿》卷二七四
	是年,汤右曾卒。后官至吏部侍郎兼掌院学士。著有《怀清堂集》。	《清史列传》卷九
清雍正四年(1726年丙午)	是年,查慎行卒。官编修。雍正时,因弟嗣庭得罪被逮,诏特许放还乡里。著有《敬业堂集》。	《清史列传》卷七一
	是年,查嗣庭卒。官至内阁学士兼礼部侍郎。为雍正帝定为隆科多死党。著《双遂堂遗集》。	《浙江历史大事记》,第343页
清雍正七年(1729年己酉)	五月,雍正谕斥吕留良;六月,雍正谕责严鸿逵,谕斥沈在宽。	《清通鉴》第三册,《清实录产》第八册
清雍正十一年(1733年癸丑)	是年,龚翔麟卒。由工部主事迁御史。与朱彝尊等人称“浙西六家”。著有《浙西六家词》等。	《清史稿》卷二八二
清乾隆元年(1736年丙辰)	三月,乾隆谕,赦汪景祺、查嗣庭亲族回籍。	《清通鉴》第二册
	是年,陈元龙卒。迁吏部侍郎,又授广西巡抚。有《爱日堂集》28卷。	《清史稿》卷五六〇
清乾隆二年(1737年丁巳)	是年,沈炳震卒。康熙间岁贡生。有《历代世系纪年编》等,尤以《新旧唐书合钞》著称。	《清史稿》卷四八五
清乾隆六年(1741年辛酉)	十月,沈近思卒。历晋都察院左都御史,总裁礼闱。著《学易》《天鉴堂诗文集》等。	《清史稿》卷二九〇
清乾隆十二年(1747年丁卯)	是年,赵昱卒。富藏书。著《爱日堂吟稿》,辑《南宋杂事诗》《小山堂唱酬集》等。	《清史稿》卷四八五
清乾隆十七年(1752年壬申)	是年,厉鹗卒。为浙西诗派和浙西词派代表作家,有《宋诗纪事》《辽史拾遗》《樊榭山房集》等。	《清史稿》卷四八五
清乾隆二十年(1755年乙亥)	是年,全祖望卒。为浙东史学大家。三笺《困学纪闻》,补辑《宋元学案》,有《鲒埼亭集》。	《清史稿》卷四八一
清乾隆二十七年(1762年　壬午)	是年,王又曾卒。官刑部主事。与厉鹗、严遂成、钱载、袁枚、吴锡麒合称“浙西六家”。	《清史稿》卷四八五
清乾隆三十年(1765年乙酉)	是年,丁敬卒。为“西泠八家”之首。著有《砚林诗集》《武林金石录》等。	《清史列传》卷七一

续表 9

时　　间	大事纪要	资料来源
清乾隆三十三年(1768年　戊子)	是年,齐召南卒。官内阁学士、礼部侍郎。著有《水道提纲》。诗文与厉鹗、杭世骏鼎足齐名。	《清史列传》卷七三
清乾隆三十七年(1772年　壬辰)	是年,下诏修《四库全书》,令各地献书。点朱氏曝书亭、范氏天一阁等藏书楼献书。	《浙江省图书馆志》,第11页
清乾隆三十八年(1773年　癸巳)	是年,杭世骏卒。乾隆元年举博学鸿词授编修,校勘《二十四史》,著《道古堂集》《词科掌录》等。	《清史列传》卷七一
清乾隆四十年(1775年　乙未)	闰十月,毁《焚余续草》刻版。	《清实录》第二十一册
清乾隆四十五年(1780年　庚子)	是年,汪师韩卒。任编修,充湖南学政,诸经皆有著述,著《观象居易传笺》《诗学纂闻》等。	《清史列传》卷七一
清乾隆四十七年(1782年　壬寅)	二月,查处卓天柱、卓长龄文字狱。	《清实录》第三十三册
	七月,《四库全书》编纂完成,后续缮3部,其中1部于杭州圣因寺行宫内建文澜阁珍藏。	《杭州市志》
清乾隆六十年(1795年　乙卯)	是年,卢文弨卒。以经学导士,潜心汉学,汇刻《抱经堂藏书》,著有《抱经堂文集》。	《清史列传》卷六八
	邵晋涵卒,为《四库全书》统编校,著《尔雅正义》《明代史笺注》。	《清史稿》卷四八一
清嘉庆二年(1797年　丁巳)	浙江学政阮元在西湖孤山编纂《经籍纂诂》,116卷。	《杭州市志》
清嘉庆三年(1798年　戊午)	是年,袁枚卒。著作繁多,收入《随园全集》30余种。	《清史列传》卷七二
清嘉庆七年(1802年　壬戌)	是年,阮元在孤山创立诂经精舍。	《杭州市志》
清嘉庆十二年(1807年　丁卯)	是年,汪辉祖卒。工诗文,尤精史学。著有《龙庄先生诗稿》《元史证误》《二十四史同姓名录》等。	《清史稿》卷四七七
清嘉庆十八年(1813年　癸酉)	是年,吴骞卒。诸生。笃嗜典籍,校勘精审,著有《拜经楼诗集》《愚谷文存》等。	《清史列传》卷七二
清嘉庆二十年(1815年　乙亥)	是年,周春卒。家富藏书,深于诗学,著有《松霭诗钞》《十三经音略》《笔余诗话》等。	《清史列传》卷六八
清嘉庆二十一年(1816年　丙子)	是年,杨凤苞卒。经学、小学皆有根柢,尤熟谙明末史事。纂《经籍纂诂》,著《秋室集》等。	《清史列传》卷七二

续表 10

时　　间	大事纪要	资料来源
清嘉庆二十三年(1818 年　戊寅)	是年,董诰卒。历《四库全书》馆副总裁、实录馆总裁、文华殿大学士,奉命辑《满洲源渊考》等。	《清史稿》卷二四〇
	是年,许宗彦卒。授兵部主事,于经史皆有考究,兼精文字训诂。著有《鉴止水斋集》等。	《清史稿》卷四八五
清嘉庆二十四年(1819 年　己卯)	是年,梁玉绳卒。学问广博,尤精史部,著有《史记志疑》《清白士集》等。	《清史稿》卷四八一
清道光四年(1824 年　甲申)	是年,施国祁卒。尤熟于金代史事,著《金史详校》《元山诗集笺注》。	《清史稿》卷四八六
清道光二十一年(1841 年　辛丑)	龚自珍卒。官内阁中书、礼部主事,其学术出入于九经七纬诸子百家,后辑有《龚自珍全集》。	《浙江历史大事记》,第 403 页
清道光二十五年(1845 年　乙巳)	3 月,美国基督教长老会传教士柯理在宁波开设花华圣经书房(后改名美华书馆)。	《浙江历史大事记》,第 408 页
清道光三十年(1850 年　庚戌)	是年,钱仪吉卒。嘉庆朝进士,治史精博,辑《碑传集》。著《衎石斋纪事稿》《三国志证闻》等。	《清儒学案》卷十五
	是年,张鉴卒。以博学多通受聘为诂经精舍讲席,著有《西夏纪事本末》《楚词释文》等。	《续碑传集》卷七二
清咸丰二年(1852 年　壬子)	五月,余姚严陵坞出土东汉"三老讳字忌日碑"。	《浙江省哲学社会科学志》,第 603 页
	是年,海宁李善兰到上海参加西书翻译工作。	《浙江省哲学社会科学志》,第 603 页
清咸丰四年(1854 年　甲寅)	《中外新报》在宁波创刊。	戈公振:《中国报学史》,中国新闻出版社,第 58 页
清咸丰十一年(1861 年　辛酉)	是年,邵懿辰卒,学宗程朱,著《四库简明目录标注》《礼经通论》《尚书通义》等。	《清儒学案》卷二一
清同治元年(1862 年　壬戌)	是年,黄式三卒,博览经史诸子,著《尚书启蒙》《论语后案》。	《清儒学案》卷十六
清同治三年(1864 年　甲子)	是年,姚燮卒,于经史、地理、戏曲、小说无不探究,著《读红楼梦纲领》等。	《清史稿》卷七三
清同治六年(1867 年　丁卯)	一月,浙江巡抚马新贻奏准设立浙江官书局于杭州,刊印古籍。	《浙江省哲学社会科学志》,第 604 页
清光绪三年(1877 年　丁丑)	三月,浙江巡抚梅启照重修敷文书院,并建魁星阁。	《浙江省哲学社会科学志》,第 604 页

续表 11

时　　间	大事纪要	资料来源
清光绪七年(1881 年　辛巳)	十月十六日,谭钟麟奏报修复杭州文澜阁。	《清实录》第五十三册
清光绪十年(1884 年　甲申)	是年,赵之谦卒。好治《公羊传》,长于金石,著有《补寰宇访碑录》《六朝别字记》等。	《浙江历史大事记》,第 447 页
清光绪十四年(1888 年　戊子)	五月,吴兴"皕宋楼"主人陆心源,因清廷国子监广征图籍,捐赠 150 种计 2400 余册古籍。	《浙江省哲学社会科学志》,第 604 页
	十二月,为补杭州文澜阁《四库全书》散失,丁申、丁丙收购并补抄 3 万余册。	《浙江省哲学社会科学志》,第 604 页
清光绪十五年(1889 年　己丑)	六月,翰林院编修王懿荣胪举浙儒钟文蒸《穀梁传经传补注》等,列入学宫。	《浙江省哲学社会科学志》,第 604 页
清光绪十六年(1890 年　庚寅)	是年,山阴汤寿潜撰成并刊行《危言》四卷,主张变法。	《浙江省哲学社会科学志》,第 604 页
清光绪十七年(1891 年　辛卯)	是年,平阳宋恕著《六斋卑议》一书,主张变法。	《浙江省哲学社会科学志》,第 604 页
清光绪十九年(1893 年　癸巳)	是年,瑞安陈虬刊印所著《治平通议》,提倡变法。	《浙江省哲学社会科学志》,第 605 页
清光绪二十年(1894 年　甲午)	是年,孙衣言卒。道光朝进士,辑《永嘉丛书》、撰《瓯海轶闻》,著《逊学斋诗文钞》。	《浙江历史大事记》,第 454 页
	是年,李慈铭卒。光绪朝进士,任监察御史。述成《越缦堂日记》,著《越缦堂文集》等。	《浙江历史大事记》,第 454 页
	是年,陆心源卒。咸丰朝举人,官至福建盐运使。编《湖州丛书》《宋史翼》,著《仪顾堂集》等。	《浙江历史大事记》,第 454 页
	是年,朱一新卒。官至监察御史,曾与康有为争辩今古文经真伪。著《佩弦斋集》等。	《浙江历史大事记》,第 454—455 页
清光绪二十一年(1895 年　乙未)	八月,汪康年倡议在浙江创设新式学堂,是创办求是书院之最初动议。	《浙江省哲学社会科学志》,第 605 页
	是年,汪康年与人合作,在杭州设《时务报》。	《浙江省哲学社会科学志》,第 605 页
清光绪二十二年(1896 年　丙申)	二月,孙诒让在瑞安创办算学书院,后改名为学计馆。	《浙江省哲学社会科学志》,第 605 页
	十一月,《杭报》在杭州创刊,是为杭州近代的第一张日报。	《浙江省哲学社会科学志》,第 605 页

续表 12

时间	大事纪要	资料来源
清光绪二十三年(1897年　丁酉)	七月,廖寿丰奏《请专设书院兼课中西实学折》:浙江省城专设求是书院,兼课中西实学。	《清实录》第五十七册
清光绪二十三年(1897年　丁酉)	七月,《经世报》创刊,由章太炎、陈虬、宋恕等任撰述。	《中国近代教育大事记》,第78页
清光绪二十四年(1898年　戊戌)	二月,在杭州诂经精舍主讲达31年之久的著名学者德清俞樾,以年老辞呈。	《浙江省哲学社会科学志》,第605页
清光绪二十四年(1898年　戊戌)	四月,浙江求是书院选派高材生何燏时、钱承志、陈榥、阳芬赴日留学。	《浙江教育简志·高等教育》,1987年版
清光绪二十五年(1899年　己亥)	是年,黄以周卒。同治朝举人,任训导、教授等职。撰《礼书通故》100卷,著《十翼后录》等。	《清儒学案》卷十六
清光绪二十五年(1899年　己亥)	是年,王棻卒。同治朝举人,方志学成就尤大,有《青田县志》《永嘉县志》《杭州府志》等。	《浙江历史大事记》,第460页
清光绪二十五年(1899年　己亥)	是年,丁丙卒。著《松梦寮诗稿》《北隅缀录》《善本书室藏书志》等,编《武林掌故丛编》等。	《续碑传集》卷八一
清光绪二十六年(1900年　庚子)	十一月,会稽杜亚泉在上海创办“亚泉学馆”,并创办《亚泉杂志》。	《浙江省哲学社会科学志》,第605页
清光绪二十七年(1901年　辛丑)	五月,罗振玉、王国维主编的《教育世界》在沪创刊。	《浙江省哲学社会科学志》,第606
清光绪二十七年(1901年　辛丑)	是年,谭献卒。官安徽等县知县。论学推重章学诚,其《箧中词》为士林所重。著有《半庵丛书》。	《清儒学案》卷十九
清光绪三十三年(1907年　丁未)	十月,浙江第一届省教育会在杭州成立,公推孙诒让为首任会长。	《浙江省哲学社会科学志》,第607页
清光绪三十三年(1907年　丁未)	十一月,浙江教育总会在杭州成立,推举张元济为会长。	《中国近代教育大事记》,第200页
清光绪三十三年(1907年　丁未)	是年,俞樾卒。曾任河南学政,晚清经学家,著《群经平议》《诸子平议》等,汇成《春在堂全书》。	《清儒学案》卷十九
清光绪三十三年(1907年　丁未)	是年,秋瑾卒。光绪三十年(1904年)留学日本,先后入光复会、同盟会。创办《中国女报》。辑《秋瑾集》。	《浙江历史大事记》,第469页
清光绪三十三年(1907年　丁未)	是年,黄绍箕卒。授编修,官至湖北提学使。编《汉书艺文志辑略》,著《中国教育史》等。	《清史稿》卷四四四

续表 13

时　　间	大事纪要	资料来源
清光绪三十四年（1908 年　戊申）	三月，桐乡劳乃宣著《简字谱》，分中国语言为四大区域。	《浙江省哲学社会科学志》，第 607 页
	六月，孙诒让卒。治学广泛，著有《周礼正义》《契文举例》等 20 余种。	《清儒学案》卷二〇
	八月初十日，翰林院侍读吴士鉴奏：请将浙江现办之蚕学馆，规划完备，改设高等学堂。	《清实录》第五十九册
	是年，罗振玉确定出土大量甲骨文的河南安阳小屯村一带，是商朝盘庚迁都后的新都所在地。	《浙江省哲学社会科学志》，第 607 页
清宣统元年（1909 年　己酉）	三月，浙江巡抚增韫奏称，建立浙江省图书馆，把藏书楼、官书局合并扩充。	《浙江省哲学社会科学志》，第 607 页
民国元年（1912 年　壬子）	2 月 28 日，章太炎弟子马裕藻等发起组织国学会，章太炎为会长。	《章太炎年谱长编》卷四，上海《民立报》，1912 年 2 月 28 日
	5 月，章太炎与于右任、王正廷、田桐、张謇等发起通俗教育研究会。	《章太炎年谱长编》卷四，第 402 页
民国 2 年（1913 年　癸丑）	3 月 25 日，浙江图书馆孤山馆舍开放，定为总馆。	浙江省档案馆编：《浙江历史上的今天》，第 103 页
	4 月 1 日，《之江日报》创刊。	《浙江历史上的今天》，第 114 页
	6 月 9 日，沈家本卒。历大理寺正卿、法部右侍郎等。主定《大清新刑律》《钦定大清商律》等。	《政府公报》第 408 号，1913 年 4 月 25 日
	7 月 24 日，浙江都督朱瑞下令查封《平民报》《浙报》《天钟报》《浙江民报》《浙声》五报馆。	《中华民国史资料丛稿・大事记》第 2 辑
	8 月 10—15 日，朱瑞查处《汉民日报》，封禁杭州《东瓯日报》。	《中华民国史资料丛稿・大事记》第 2 辑
民国 4 年（1915 年　乙卯）	12 月，《浙江公立图书馆年报》创刊。是年，钱恂发起集款补抄文澜阁《四库全书》，谓“乙卯补抄”。	《浙江省图书馆志》，第 13 页
民国 5 年（1916 年　丙辰）	8 月 18 日，孙中山出席杭州陆军同袍社公宴并发表演说，阐发了五权宪法的内容和意义。	上海《民国日报》1936 年 8 月 19、20 日
	10 月，国语研究会在北京成立，推蔡元培为会长。	《浙江省哲学社会科学志》，第 608 页

续表 14

时　间	大事纪要	资料来源
民国5年(1916年　丙辰)	12月26日,蔡元培被任命为北京大学校长。	《政府公报》第351号,1916年12月29日
	是年,萧山蔡东藩出版《清史通俗演义》。	《浙江历史大事记》,第517页
民国6年(1917年　丁巳)	3月4日,章太炎在上海发起亚洲古学会。	上海《中华新报》,1917年3月4日
	6月6日,汤寿潜卒。是立宪派领袖之一,历浙江咨议局议长。著《危言》《尔雅小辨》等。	《中华民国史资料丛稿·大事记》第4辑
民国7年(1918年　戊午)	5月15日,鲁迅第一篇白话小说《狂人日记》在《新青年》上发表。	《新青年》第4卷第5号
	7月,邵飘萍于北京创办新闻编译社,为国人自办第一家通讯社。	《浙江省哲学社会科学志》,第609页
民国8年(1919年　己未)	2月1日,浙江省教育会出版的《教育周报》更名为《教育潮》。	《浙江历史大事记》,第528页
	5月4日,五四运动爆发。浙籍北京大学学生罗家伦被推举为学生游行总指挥。	《浙江省青年运动志》,浙江人民出版社1999年版,第22页
	7月25日,由郑振铎、姜琦等人发起的永嘉新学会在温州成立。	《中共浙江党史大事记(1919～1949)》,浙江人民出版社1990年版,第6页
	10月10日,查猛济及沈端先等创办《双十》半月刊。	《中华民国史资料丛稿·大事记》第5辑
	10月10日,《浙江省立第一师范学校校友会十日刊》创刊。	《中华民国史资料丛稿·大事记》第5辑,第121页
	11月1日,《浙江新潮》周刊创刊。	《中共浙江党史大事记(1919～1949)》,第6、7页
民国9年(1920年　庚申)	1月1日,《钱江评论》周刊创刊。	《中共浙江党史大事记(1919～1949)》
	4月,陈望道译《共产党宣言》,8月由上海社会主义研究社出版。	《中共浙江党史大事记(1919～1949)》,第11页
	5月,陈独秀在沪组织社会主义和中国改造问题座谈,陈望道、施存统、俞秀松、沈雁冰、邵力子等人参会,并与陈独秀等在上海发起、参加马克思主义研究会。	《中共浙江党史大事记(1919～1949)》,第12页

续表 15

时　　间	大事纪要	资料来源
民国 9 年(1920 年　庚申)	5 月,施存统、俞秀松、沈定一、陈望道、邵力子、沈雁冰等就社会主义和中国改选问题进行了座谈讨论。	《中共浙江党史大事记(1919～1949)》,第 538、539 页
	7 月,成立浙江印刷公司工人互助会,创办了《曲江工潮》半月刊和工余补习学校。	《中共浙江党史大事记(1919～1949)》,第 539 页
	11 月,沈定一、俞秀松、宣中华、刘大白等人在杭州组织成立"悟社",讨论研究社会主义。	《中共浙江党史大事记(1919～1949)》,第 541 页
	11 月,张东荪在《时事新报》发表《由内地旅行而得之又一教训》,引出关于社会主义的论战。	《浙江省哲学社会科学志》,第 609 页
	12 月 1 日,《新青年》第 8 卷第 4 号汇辑《关于社会主义的讨论》,收张东荪和陈望道时评。	《浙江省哲学社会科学志》,第 610 页
民国 10 年(1921 年　辛酉)	1 月,沈雁冰、郑振铎等人在北京发起成立文学研究会。	《中华民国史资料丛稿・大事记》第 7 辑,第 12 页
	8 月,沈定一回到浙江省萧山衙前开展农民运动,作了《农民自决》《谁是我们的朋友》的讲演。	《中共浙江党史大事记(1919～1949)》,第 544 页
	9 月 9 日,浙江公布《中华民国浙江省宪法》,俗称"九九省宪"。	《中国年鉴》(民国 10 年),第 92—102 页
	10 月,郁达夫的短篇小说集《沉沦》出版。	《浙江省文学志》,中华书局 2001 年版
	11 月,沈定一起草筹办杭州大学大纲。	《浙江省哲学社会科学志》,第 610 页
	12 月 4 日,鲁迅小说《阿 Q 正传》开始在《晨报》副刊连载发表。	《鲁迅年谱(增订本)》第 2 卷,第 60 页
民国 11 年(1922 年　壬戌)	3 月,沈雁冰、陈望道、周作人、夏丏尊等人组织创办新时代丛书社,编辑出版社会科学书籍。	《浙江省哲学社会科学志》,第 610 页
	4 月 4 日,由应修人、汪静之发起的湖畔诗社在杭州成立。	浙江省档案馆编:《浙江历史上的今天》,杭州出版社 2002 年版,第 117、118 页
民国 12 年(1923 年　癸亥)	9 月,金贯真等在温州创办宏文会、血波社。为新文学研究团体。	《浙江省哲学社会科学志》,第 610 页
	10 月 10 日,由邵力子、陈望道等为发起人的新南社在上海成立,出版有《新南社社刊》。	《浙江历史大事记》,第 559 页
	11 月 28 日,杭州青年会召开"性教育研究会",由周建人讲演性教育的重要性。	《浙江省哲学社会科学志》,第 610 页
	是年,张宗祥再次发起募捐补抄文澜阁《四库全书》,历时逾二载,称"癸亥补抄"。	《浙江省图书馆志》,第 14 页

续表16

时　　间	大事纪要	资料来源
民国13年(1924年　甲子)	4月14日,印度诗人泰戈尔由徐志摩陪同,由沪抵杭,留浙两天。	《浙江历史大事记》,第563页
	4月16日,夏曾佑逝世。所著《最新中学中国历史教科书》,尝试西学总结中国历史。	《浙江历史大事记》,第563页
	11月17日,鲁迅发起的文学社团语丝社在北平成立。	《浙江省哲学社会科学志》,第610、611页
民国14年(1925年　乙丑)	3月24日,中共宁波地委机关刊物《火曜》杂志创刊,潘念之任主编。	《中共浙江党史大事记(1919～1949)》,第572、573页
	5月5日,宁波第四中学学生建立的社会科学研究会集会纪念马克思诞辰107周年。	《中共浙江党史大事记(1919～1949)》,第573页
	9月,鲁迅与韦素园、曹靖华、李霁野、台静农等组织未名社,发行《未名丛刊》《未名新集》等。	《浙江省哲学社会科学志》,第611页
民国15年(1926年　丙寅)	1月1日,杭州举行全国语运动大会,庆祝"中华民国国语研究会"成立10周年。	《东方杂志》第23卷第2号
	1月15日,由新光邮票研究会主办的《邮学新声》创刊。	《浙江历史上的今天》,第20页
	4月24日,京师警察厅封闭《京报》馆,逮捕社长邵飘萍。邵于26日晨被害。	《东方杂志》第23卷第2号
	4月,浙江省科学院筹备处成立,推蔡元培为主任。	高平叔:《蔡元培年谱》,第82页
	9月,蔡东藩经10年辛勤,完成了长达500多万字中国历朝通俗演义。	《浙江省哲学社会科学志》,第611页
民国16年(1927年　丁卯)	3月12日,杭州《民国日报》创刊。1934年6月,该报更名为《东南日报》。	《中共浙江党史大事记(1919～1949)》,第590页
	4月23日,国立中央研究院在南京成立,蔡元培被特任为院长。	《浙江省哲学社会科学志》
	6月2日,王国维自缢。学者,与罗振玉并称"罗王之学"。后人辑有《王国维全集》20卷。	《东方杂志》第24卷第13号
	6月28日,南京国民党中央政治会议议决在浙江设立第三中山大学,任命蒋梦麟为校长。	《教育杂志》第13卷第7号
	10月,中华民国大学院在南京成立,蔡元培宣誓就职院长。该院为全国最高学术教育机关。	《浙江省哲学社会科学志》,第611页

续表 17

时　　间	大事纪要	资料来源
民国 17 年(1928 年　戊辰)	3 月 10 日,《新月》杂志创刊,徐志摩主编。	《中华民国史资料丛稿·大事记》第 14 辑,第 70 页
	3 月 26 日,国立艺术院在杭州成立。	《浙江历史上的今天》,第 105 页
	5 月 14 日,南京国民政府公布《著作权法》及《著作权法实施细则》。	《中华民国史资料丛稿·大事记》第 14 辑
	9 月 26 日,蔡元培主持的大学院公布“国语罗马字拼音法式”。	《浙江省哲学社会科学志》,第 611 页
民国 18 年(1929 年　己巳)	10 月,浙江省立民众教育馆在杭州湖滨建立。	《浙江省哲学社会科学志》,第 612 页
民国 19 年(1930 年　庚午)	1 月,浙江省师范教育研究会在杭州成立。	《杭州教育志》,浙江教育出版社 1994 年版,第 711 页
民国 20 年(1931 年　辛未)	9 月 3 日,国民党中央委员蔡元培应中国经济社社长马寅初之请到宁波演说。	上海《申报》1931 年 9 月 5 日
	11 月 19 日,徐志摩在济南附近飞机失事遇难。现代诗人,散文家,有《徐志摩全集》全 6 卷。	《浙江省人物志》,第 253 页
民国 21 年(1932 年　壬申)	2 月 13 日,刘大白病逝。“五四”白话诗倡导者,有《旧梦》《白屋遗诗》等,著《中国文学史》等。	《浙江省人物志》,第 667 页
民国 22 年(1933 年　癸酉)	1 月 7 日,鄞县人张寿镛刊印《四明丛书》共 8 集 184 种,计 120 册。	《宁波市志》,第 82 页
	2 月,丽水端木彧刊印《处州丛书》40 种,计 100 册。	《浙江省哲学社会科学志》,第 612 页
	4 月,杭州左翼文化总同盟成立。	《浙江省哲学社会科学志》,第 612 页
	9 月 15 日,沈志远的《新哲学辞典》由上海笔耕堂书店出版发行。	《浙江省哲学社会科学志》,第 612 页
民国 23 年(1934 年　甲戌)	9 月 21 日,国民政府任命鄞县人马衡为国立北平故宫博物院院长。	《浙江省哲学社会科学志》,第 613 页
	11 月 13 日,著名报人、上海《申报》总经理史量才在浙江遇害。	天津《大公报》1934 年 11 月 31 日
	是年,杭州张东荪和叶青展开“唯物辩证法论战”。	《浙江省哲学社会科学志》,第 613 页
民国 24 年(1935 年　乙亥)	6 月 3 日,美国经济考察团到杭州。马寅初草就《我国银本位应放弃乎？抑应维持乎？》以对。	《中华民国史资料丛稿·大事记》第 21 辑,第 81 页

续表 18

时　　间	大事纪要	资料来源
民国 25 年(1936 年　丙子)	1 月 12 日,陈训慈、顾榖宜等发起组织的浙江中华史学会成立。后改名“浙江史地学会”。	《浙江省哲学社会科学志》,第 613 页
	3 月,蔡元培、卫孚贤、吴敬恒等发起组织吴越史地研究会。	《浙江省哲学社会科学志》,第 613 页
	6 月 14 日,章太炎病逝,民主革命家、学者。学识广博,著述宏富,有《章太炎全集》。	《浙江省人物志》,第 253 页
	10 月 19 日,鲁迅病逝。为现代文学家、思想家。有多个版本的《鲁迅全集》。	《浙江省人物志》,第 671、672 页
	11 月 3 日,西湖博物馆在杭县良渚地区发现“黑衣陶”。“良渚文化”遗址,1936 年始发现于余杭良渚镇并考古发掘,出土大量石器和陶器,1959 年夏鼐正式提出“良渚”文化的名称,主要分布于环太湖流域,鉴定为距今 5300 年～4200 年。	《浙江省哲学社会科学志》,第 613 页
民国 27 年(1938 年　戊寅)	2 月 24 日,浙江省政府机关刊物《浙江潮》半月刊在金华创刊,主编严北溟。	《中共浙江党史大事记(1919～1949)》,第 139 页
	8 月,浙江战时文化团体联合会成立。	《金华市志》(浙版),第 12 页
	11 月 4 日,蒋方震病逝。历任保定军官学校校长、总统府顾问等,中国现代军事理论的奠基人,有《蒋百里全集》。	《浙江省人物志》,第 263、264 页
	12 月,中共浙江省委文化工作委员会成立,书记骆耕漠。	《浙江省哲学社会科学志》,第 614 页
民国 28 年(1939 年　己卯)	1 月 5 日,《浙西日报》《民族日报》先后在於潜(今属临安)创刊。	《杭州市志》,第 58 页
	1 月 17 日,钱玄同病逝。著《文字学音篇》《重论经今古文学问题》等。	《浙江省人物志》,第 437 页
	8 月,省会各界举行孔子诞辰纪念会,由龙游余绍宋主讲“孔子的尚武精神”。	《浙江省哲学社会科学志》,第 614 页
民国 29 年(1940 年　庚辰)	3 月 5 日,蔡元培病逝。历任南京临时政府教育总长、北京大学校长等,辑有《蔡元培全集》。	《浙江省人物志》,第 678、679 页
	3 月,金华成立中共中央东南局“东南文委”,领导浙赣地区文化工作。书记邵荃麟。	《中共浙江党史大事记(1919～1949)》,第 155 页
	6 月 19 日,罗振玉逝世。学者,敦煌学、简牍学、甲骨学创建者,有《罗振玉全集》。	《罗振玉评传》

续表 19

时　　间	大事纪要	资料来源
民国 31 年(1942 年　壬午)	3 月,浙江省成立史料征集委员会,余绍宋为主任委员。	《浙江省哲学社会科学志》,第 614 页
民国 33 年(1944 年　甲申)	12 月 26 日,朱生豪逝世。是我国翻译莎士比亚作品较早和最多的一人,译有《莎士比亚全集》。	《浙江省人物志》,第 277、278 页
民国 34 年(1945 年　乙酉)	2 月 22 日,苏浙公学正式创办。苏浙军区司令员粟裕兼任校长,设军事、经济、文化三个系。	《长兴县志》,第 625、851 页
	9 月 17 日,郁达夫在印度尼西亚被日本宪兵秘密杀害。现代文学家。有《郁达夫全集》。	《浙江省人物志》,第 129、130 页
民国 35 年(1946 年　丙戌)	7 月,移藏重庆的浙藏文澜阁《四库全书》运回浙江。	《浙江省图书馆志》,第 18 页
民国 37 年(1948 年　戊子)	2 月 18 日,许寿裳在台北被害。现代教育家、传记文学作家,有《我所认识的鲁迅》等。	《浙江省哲学社会科学志》,第 615 页
	4 月 4 日,浙江大学编印出版《浙江学报》第 1 卷第 1 期,为孙诒让先生百岁纪念专号。	《浙江省哲学社会科学志》,第 615 页
	5 月 12 日,教育部批准本年度起,国立浙江大学设立中国文学研究所。	上海《申报》1948 年 5 月 12 日
	8 月,朱自清在北平病逝。现代著名文学家、学者,以散文见长,有《朱自清全集》12 卷。	《浙江省哲学社会科学志》,第 615 页
民国 38 年(1949 年　己丑)	5 月 16 日,新华书店浙江分店在杭州正式营业。	《浙江省哲学社会科学志》,第 615 页
	8 月 26 日,浙江省人民政府任命马寅初为浙江大学校长。	《浙江省哲学社会科学志》,第 615 页
1950 年	1 月 29 日,省委作出《为准备土地改革加强调查研究工作的指示》,建立调研基点试验乡 47 个。	《蓬勃发展的进程纪实:浙江 60 年大事记》,第 14 页
	3 月,张宗祥接替周仰钊出任省图书馆馆长。	《蓬勃发展的进程纪实:浙江 60 年大事记》,第 16 页
	5 月,教育部部长马叙伦将其在杭州的存书 1944 册全部移送浙江大学。	《蓬勃发展的进程纪实:浙江 60 年大事记》,第 18 页
	6 月,中共浙江省委党校成立。	《浙江省哲学社会科学志》,第 616 页

续表 20

时　　间	大事纪要	资料来源
1950 年	8 月 23 日，省政府新闻出版处召开“关于处理杭州市反动书籍及偷版书籍问题”联席会议。	《蓬勃发展的进程纪实：浙江 60 年大事记》，第 22 页
	11 月，省委宣传部拨款 1 亿元创办大众出版社。	《蓬勃发展的进程纪实：浙江 60 年大事记》，第 25 页
1951 年	4 月，经浙江省人民政府批准，成立浙江人民出版社。	《浙江省哲学社会科学志》，第 616 页
	11 月 19 日，吴兴县嘉业堂藏书楼楼主刘承干将藏书楼与藏书捐给浙江省立图书馆。	《浙江省哲学社会科学志》，第 616 页
1953 年	4 月，浙江省文史研究馆成立。马一浮为馆长。	《蓬勃发展的进程纪实：浙江 60 年大事记》，第 48 页
1954 年	4 月，浙江省博物馆成立重建文澜阁委员会。	《蓬勃发展的进程纪实：浙江 60 年大事记》，第 55 页
1955 年	3 月 25 日，著名画家、美术理论家、中央美术学院民族美术研究所所长黄宾虹逝世，有《宾虹画语录》等十数部画学论著，以及合辑《美术丛书》160 册。	《蓬勃发展的进程纪实：浙江 60 年大事记》，第 62 页
	4 月 16 日，由省政协发起组织的辩证唯物主义学习委员会正式成立。沙文汉为主任委员。	《浙江省哲学社会科学志》，第 617 页
	5 月 25 日，省学术文化界辩证唯物主义学委会在杭举行第三次报告会，对胡风进行错误的批判。	《浙江省哲学社会科学志》，第 617 页
	7 月 10—14 日，马寅初根据在浙江等地的调查材料，撰写《控制人口与科学研究》。	《浙江省哲学社会科学志》，第 617 页
1956 年	3 月 30 日，省委拟定《浙江省一九五六年到一九六七年农业发展纲要（草案）的具体规划》（草案）。	《蓬勃发展的进程纪实：浙江 60 年大事记》，第 68、69 页
	5 月 17—19 日，全省文艺理论批评研究工作会议在杭召开。	《浙江省哲学社会科学志》，第 617 页
	6 月 21 日，马寅初根据他第三次来浙江等地视察所获材料，提出多生孩子应该征税的主张。	《浙江省哲学社会科学志》，第 617 页
	8 月 14 日，省委发出《关于组织和帮助资产阶级分子进行政治学习和理论学习的三年规划》。	《蓬勃发展的进程纪实：浙江 60 年大事记》，第 71、72 页
	8 月 24 日，省委转批《关于开展征集革命历史档案工作的报告》。	《蓬勃发展的进程纪实：浙江 60 年大事记》，第 72 页

续表 21

时　间	大事纪要	资料来源
1957 年	6 月，浙江代表马寅初在一届全国人大四次会议上，提出节制生育的“新人口论”。	《蓬勃发展的进程纪实：浙江 60 年大事记》，第 80 页
	8 月 23 日，省委下达《关于当前农村开展社会主义教育运动几个问题的指示》。	《蓬勃发展的进程纪实：浙江 60 年大事记》，第 81 页
	9 月 3 日，省委发出《关于加强思想工作和知识分子工作的领导的规定》。	《蓬勃发展的进程纪实：浙江 60 年大事记》，第 82 页
1958 年	4 月 5—6 日，省科学工作委员会成立，并讨论 1958—1962 年的哲学社会科学规划纲要。	《浙江省哲学社会科学志》，第 618 页
	6 月 3 日，省委批文同意省委宣传部关于成立中国科学院浙江分院哲学社会科学研究所的报告。	《浙江省哲学社会科学志》，第 618 页
	7 月 1 日，省委主办的理论刊物《求是》创刊。	《浙江省哲学社会科学志》，浙江人民出版社 1999 年版，第 618 页
	7 月，浙江省新创办的综合性高等学校——杭州大学成立。校长陈建功。	《浙江省哲学社会科学志》，第 618 页
1959 年	6 月，省委党校和中国科学院浙江分院哲学社会科学研究所讨论社会科学研究的协作问题。	《浙江省哲学社会科学志》，第 618 页
	12 月 10 日至 1960 年 1 月 4 日，毛泽东在杭州组织研读苏联《政治经济学(教科书)》社会主义部分。	《蓬勃发展的进程纪实：浙江 60 年大事记》，第 102 页
	是年，省文管会开展全省文物普查工作，新发现 36 处近代民主革命的重要遗址、257 处古代文化遗址和 313 处各种纪念性建筑。	《蓬勃发展的进程纪实：浙江 60 年大事记》，第 102 页
	“马家浜文化”遗址，位于嘉兴南湖区马家浜村，1959 年春发现并发掘，经研究为长江下游、太湖流域新石器时代早期遗址，距今 7000～5800 年。	《浙江通史》(史前卷)，第 37 页
1960 年	是年，政协浙江省委员会文史资料研究委员会成立。	《浙江省哲学社会科学志》，第 619 页
1961 年	4 月 9 日，中国科学院浙江分院哲学社会科学研究所就“语言社会本质问题”举行学术讨论。	《浙江省哲学社会科学志》，第 619 页
	4 月，中国科学院浙江分院哲学社会科学研究所与杭州大学哲学系对初步拟定的《毛泽东哲学思想教学提纲》举行座谈会。	《浙江省哲学社会科学志》，第 619 页
	4 月，中国科学院浙江分院哲学社会科学研究所在杭州举行关于社会主义政治经济学中若干理论问题讨论会。	《浙江省哲学社会科学志》，第 619 页
	9 月，宁波“天一阁”选出《弘治衢州府志》等 10 部方志交上海商务印书馆影印出版。	《浙江省哲学社会科学志》，第 619 页

续表 22

时　　间	大事纪要	资料来源
1962 年	4 月 6 日，浙东藏书家冯孟颛家属遵遗嘱将 10 余万藏书及书楼伏跗室捐献国家。	《浙江省哲学社会科学志》，第 620 页
	7 月 31 日，省人民委员会在杭举行第 39 次会议通过，原中国科学院浙江分院哲学社会科学研究所改名为浙江省哲学社会科学研究所。	《浙江省哲学社会科学志》，第 620 页
1963 年	4 月 15—23 日，毛泽东在杭州同浙江省委和杭州市委的负责人谈话，要求同他一起起草关于在农村进行社会主义教育运动的指导性文件。	《蓬勃发展的进程纪实：浙江 60 年大事记》，第 132 页
	4 月 26 日至 5 月 3 日毛泽东在杭州，写就了哲学名篇《人的正确思想是从哪里来的》。	《蓬勃发展的进程纪实：浙江 60 年大事记》，第 133 页
	5 月 6—24 日，毛泽东在杭州主持讨论《中共中央关于目前农村工作中若干问题的决定（草案）》一稿及讨论起草《关于国际共产主义运动总路线的建议》。	《蓬勃发展的进程纪实：浙江 60 年大事记》，第 133 页
	5 月 30 日，浙江省社会科学研究所和哲学社会科学各学会联合创办《浙江学刊》。	《蓬勃发展的进程纪实：浙江 60 年大事记》，第 133 页
	11 月 20 日，毛泽东为《诸暨县枫桥在社会主义教育运动中开展对敌斗争的经验》作出批示。	《蓬勃发展的进程纪实：浙江 60 年大事记》，第 136、137 页
1964 年	12 月，浙江人民出版社出版第一部专业志《浙江土壤志》。	《蓬勃发展的进程纪实：浙江 60 年大事记》，第 145 页
1965 年	8 月 16 日，张宗祥逝世。其历任西泠印社社长、浙江图书馆馆长等，有《张宗祥文集》。	《浙江省图书馆志》，第 385、386 页
	12 月 16—24 日，毛泽东在杭州就印发《论十大关系》一事作出批示。对 1965 年 9 月 22 日《光明日报》的《史学》专刊发表的浙籍学者孙达人《应该怎样估价“让步政策”》一文加以赞赏。	《蓬勃发展的进程纪实：浙江 60 年大事记》，第 151 页
1966 年	3 月 7 日，省委举行四届八次全体会议，通过《关于认真学习毛泽东主席著作的决定》。	《蓬勃发展的进程纪实：浙江 60 年大事记》，第 154 页
1967 年	6 月 2 日，马一浮病逝。为现代新儒学早期代表。历任浙江文史馆馆长等，有《马一浮全集》。	《浙江省哲学社会科学志》，第 621 页
1969 年	7 月 29 日，范文澜逝世。马克思主义史学家，著《中国通史简编》，有《范文澜全集》。	《浙江日报》1969 年 7 月 30 日
	10 月 11 日，吴晗逝世。现代明史研究的开拓者和奠基者之一，曾任北京市副市长、中国科学院哲学社会科学部学部委员，辑有《吴晗全集》。	《浙江省人物志》

续表 23

时　　间	大事纪要	资料来源
1971 年	6 月 10 日，邵荃麟逝世。历中国作家协会副主席等，有《邵荃麟全集》。	《蓬勃发展的进程纪实：浙江 60 年大事记》，第 197 页
	9 月 5 日，中国美术家协会副主席、国画家、美术教育家潘天寿在杭州逝世，著有《中国绘画史》。	《蓬勃发展的进程纪实：浙江 60 年大事记》，第 199 页
1973 年	夏，余姚县罗江公社东方红大队河姆渡发现了一处新石器时代人类居住遗址，经发掘，学者研究认为是早期新石器时代的文化遗址，距今 7000 年～5000 年。	《河姆渡文化初探》，浙江人民出版社 1992 年版
1974 年	8 月 17—29 日，浙江省高等院校“批林批孔”座谈会在杭州召开。	《蓬勃发展的进程纪实：浙江 60 年大事记》，第 222 页
	1974 年冬在建德李家乡新桥村发掘出一枚人的右上犬齿化石，经鉴定为更新世晚期智人类型化石，距今约 10 万～5 万年，命名为“建德人”。	《浙江通史》史前卷，浙江人民出版社 2005 年版。（下简为卷名）
1975 年	9 月 15 日，丰子恺逝世。画家、美术教育家，辑有《丰子恺全集》全 50 册。	《浙江省人物志》
1976 年	10 月 6 日，中共中央政治局采取断然措施，对王洪文、张春桥、江青、姚文元等人实行隔离审查。	《浙江日报》1976 年 10 月 6 日
1977 年	8 月 7—18 日，全省科学工作会议在杭州召开。	《蓬勃发展的进程纪实：浙江 60 年大事记》，第 245 页
	12 月，由上海、杭州、南京三地协作编写的《辞海》语词分册，由上海人民出版社出版。	《浙江省哲学社会科学志》，第 622 页
1978 年	1 月 17 日，省委召开加强理论工作动员大会。省委第一书记铁瑛作重要讲话。	《浙江日报》1978 年 1 月 8 日
	4 月 17 日，经国家出版局和省委宣传部同意，西泠印社成为专业出版单位。	《蓬勃发展的进程纪实：浙江 60 年大事记》，第 252 页
	4 月，余姚县河姆渡原始社会遗址的发掘取得显著成绩，发掘文物近 7000 件。	《浙江省哲学社会科学志》，第 622 页
	4 月，省委批准建立浙江省社会科学研究所筹建领导小组。	《浙江省哲学社会科学志》，第 623 页
	7 月 6—7 日，省社会科学研究所（筹）召开真理标准问题的讨论会。	《浙江省哲学社会科学志》，第 623 页
	7 月 15 日，省委党校校刊《实践》复刊。	《浙江省哲学社会科学志》，第 623 页

续表 24

时　　间	大事纪要	资料来源
1978 年	8 月,省社科所筹建领导小组向省委常委会汇报"全国理论与实践问题讨论会"精神,全省召开有 1000 余人参加的大会。	《浙江省哲学社会科学志》,第 623 页
	9 月 24 日,《人民日报》刊载省社科所(筹)根据省委常委学习《费尔巴哈和德国古典哲学的终结》的体会而撰写的报道。	《人民日报》1978 年 9 月 24 日
	10 月 5—12 日,省委宣传部召开理论与实践问题讨论会。铁瑛在讨论会上作题为《实践是检验真理的唯一标准问题》的报告。	《浙江省哲学社会科学志》,第 623 页
	11 月 28 日至 12 月 5 日,中国社科院农业经济研究所、国家水产总局和省社科所(筹)等在定海联合召开全国渔业经济科学规划座谈会。	《浙江省哲学社会科学志》,第 623 页
	11 月,省社科所(筹),制订了《浙江省社会科学研究工作八年规划草案》(1978—1985 年)。	《浙江省哲学社会科学志》,第 624 页
1979 年	2 月 5—15 日,省委宣传部和省社科所(筹)召开全省理论工作务虚会。	《浙江日报》1979 年 2 月 6 日
	3 月 10—14 日,浙江省科学大会在杭州召开。	《浙江日报》1979 年 3 月 11 日
	3 月,中国社会科学院考古所、省考古所等单位联合组织对龙泉窑进行发掘考古。	浙江省文物考古研究所《浙江省新近十年的考古工作》
	6 月 16 日至 7 月 4 日,省委宣传部在莫干山举办全省经济理论读书会。	《浙江省哲学社会科学志》,第 624 页
	9 月 16 日至 10 月 12 日,省委举办省委常委、市地委书记和省级机关各部、委、办主要领导参加的经济理论读书班。	《浙江省哲学社会科学志》,第 625 页
	9 月,已故浙东藏书家朱赞卿先生的亲属将"别宥斋"10 万余卷古籍、900 余幅字画、800 余件文物捐给天一阁文物保管所。	《浙江省哲学社会科学志》,第 625 页
	12 月 7 日,省委发文正式建立浙江省社会科学研究所。	《浙江省哲学社会科学志》,第 625 页
1980 年	4 月 9—19 日,王承绪任联合国教科文组织亚洲大洋洲地区教育合作顾问委员会委员,并出席在泰国曼谷举行的该委员会第一次会议。	《浙江省哲学社会科学志》,第 626 页
	5 月 17 日,省社科所制定《省社科所十年(1981—1990)发展规划》和《省社科研五年(1980—1985)科研项目》。	《浙江省哲学社会科学志》,第 626 页

续表 25

时　间	大事纪要	资料来源
1980 年	5 月，浙江古籍善本书编目工作结束。上报善本书共 9605 部，128287 册。	《浙江省哲学社会科学志》，第 626 页
	6 月，浙江省地方党史资料征集小组成立。	《浙江省哲学社会科学志》，第 626 页
	11 月，《浙江学刊》复刊。	《浙江省哲学社会科学志》，第 626 页
	12 月底，“文化大革命”前成立的 36 个省级学会全部恢复活动，并新建立 21 个省级学会。	《浙江省改革开放 30 年大事记》，第 24 页
1981 年	8 月 20 日，中共中央书记处研究室第 282 期简报刊登《1956 年永嘉县试行包产到户的冤案应该彻底平反》，肯定永嘉“当年首创这种责任制”。	《浙江省改革开放 30 年大事记》，第 32 页
	8 月 25 日，国务院办公厅转发《关于杭州西湖风景名胜区调查报告》的通知。	《浙江省改革开放 30 年大事记》，第 32 页
	9 月 24 日，全省举行纪念鲁迅诞辰 100 周年大会。省政府决定设立浙江省鲁迅文学奖金。	《浙江省改革开放 30 年大事记》，第 32 页
	10 月 14—18 日，省党史资料征集委员会在杭召开全省党史资料征集工作会议，着重讨论制订了《浙江省党史资料第一批专题征集规划》和《浙江省重要党史人物和著名烈士资料征集规划》。	《浙江省哲学社会科学志》，第 627 页
	10 月，全省社会科学职称评定工作会议在杭召开。	《浙江省哲学社会科学志》，第　页
	10 月，省人口学会 3 个调查组分赴湖州市、诸暨县等地，就控制人口增长问题进行专题调查。	《浙江省哲学社会科学志》，第 627 页
	11 月，杭州市社会科学研究所成立。	《浙江省哲学社会科学志》，第 628 页
1982 年	2 月 8 日，国务院公布全国 24 个有重大历史价值和革命意义的城市为国家第一批历史文化名城，杭州市、绍兴市名列其中。	《蓬勃发展的进程纪实：浙江 60 年大事记》，第 297 页
	7 月 16 日，省委决定原省委党史资料征集委员会改为中共浙江省委党史资料征集研究委员会。	《浙江省哲学社会科学志》，第 629 页
	11 月 20—24 日，省委宣传部、省社科所联合召开省哲学社会科学规划座谈会。	《浙江省哲学社会科学志》，第 629 页
1983 年	2 月 25—28 日，省社科所经济研究室与江苏省社科院经济所和广东省社科院经济所在杭州商讨三省农村工业调查研究的协作计划。	《浙江省哲学社会科学志》，第 629 页

续表 26

时　间	大事纪要	资料来源
1983 年	10 月，浙江教育出版社、浙江古籍出版社成立。	《浙江省哲学社会科学志》，第 630 页
	11 月 17 日，省委宣传部召开省、市部分理论工作者学习党的十二届二中全会关于加强思想战线的领导、清除精神污染决策座谈会。	《浙江省哲学社会科学志》，第 630 页
1984 年	3 月 2 日，中共浙江省委批准原省社科所改为省社会科学院，建立省社会科学学会联合会。	《浙江省哲学社会科学志》，第 631 页
	5 月 3 日，浙江省社科联优秀科研成果评选委员会成立。张少甫任主任委员。	《二十年概览》
	7 月 23 日，省政府批准建立浙江省农村发展研究中心，沈祖伦任理事长。9 月，由《经济日报》《经济学周报》《世界经济导报》《中国青年》等报刊和浙江省社会科学院在德清县莫干山召开“中青年经济科学工作者讨论会”，讨论的中心内容是我国经济体制改革中的重大理论。	《浙江省哲学社会科学志》，第 632 页
	10 月 13—21 日，中国敦煌吐鲁番学会语言文学分会成立大会暨学术讨论会在杭召开。杭州大学教授姜亮夫任分会会长。	《浙江日报》1984 年 10 月 14 日
	12 月 18—21 日，省社科联第一次会员代表大会暨成立大会在杭召开。	《二十年概览》
	是年，省基督教“两会”创办浙江神学院。	《浙江省改革开放 30 年大事记》，第 61 页
	是年，省社联(筹)对 1979 年至 1982 年浙江省社会科学研究成果进行了第一次评审。	《二十年概览》
1985 年	1 月 15—20 日，全省第一次县志工作会议由浙江省社会科学院主持在杭召开。	《浙江省哲学社会科学志》，第 634 页
	3 月 20 日，遂昌县文联为纪念汤显祖诞辰 435 周年，决定建造“明代戏曲家汤显祖纪念馆”。	《浙江省哲学社会科学志》，第 634 页
	3 月，省社科联主办的社会科学综合性双月刊《探索》出版。	《二十年概览》
	5 月 12 日，《解放日报》头版登载消息《温州三十三万人从事家庭工业》，并发表评论员文章《温州的启示》，率先提出“温州模式”。	《浙江省改革开放 30 年大事记》，第 67 页
	8 月，《中共浙江省委党校学报》创刊。	《中共浙江省委党校学报》创刊号
	是年，《黄宗羲全集》(12 月)由浙江古籍出版社出版。	《浙江省哲学社会科学志》，第 636 页

续表 27

时　间	大事纪要	资料来源
1986 年	2—3 月，全国政协副主席、著名社会学家费孝通教授到温州作社会调查。	《浙江省哲学社会科学志》，第 637 页
	7 月 4 日，中共中央政治局委员、国务院副总理万里在新华社“国内动态清样”《温州模式理论讨论会建议成立“温州试验区”》一文上批示：“王芳同志，可支持大胆试验。”12 日，胡耀邦也作了批示。同月 8 日，《人民日报》刊登新华社记者发的专稿《唯实的思想，创造性的实践——温州市发展家庭工商业的调查》。	《浙江省改革开放 30 年大事记》
	8 月 25—26 日，以日本九州大学著名儒学家冈田武彦教授为团长、福田殖教授为副团长的“王阳明、东林儒者遗迹探访友好访华团”一行 22 人，先后在杭州、余姚、绍兴等地进行学术考察。	《浙江省哲学社会科学志》，第 638 页
	10 月 6—8 日，中国作家协会、省文联、宁波市文联等 12 个单位在宁波举行巴人研究会暨巴人学术讨论会，会上成立巴人研究会。	《浙江省哲学社会科学志》，第 638 页
	11 月 5—10 日，中央党史研究室、全国党史研究会在杭联合举办新时期社会主义建设问题学术讨论会。江华、王首道、王芳等莅会指导。	《浙江日报》1986 年 11 月 6 日
	11 月，浙江省经济研究中心更名为浙江省人民政府经济技术社会发展研究中心。	《浙江省哲学社会科学志》，第 639 页
	12 月，浙江省人民政府在杭州召开浙江省首届软科学研究工作座谈会。	《浙江省改革开放 30 年大事记》
1987 年	3 月 5 日，经杭州市教委批准正式成立浙江社会科学业余学校。	《二十年概览》
	5 月 21—23 日，由民革浙江省委员会主办，全国 25 个省、市、自治区民革组织参加的“一国两制”理论政策研讨会在杭召开。	《浙江省哲学社会科学志》，第 640 页
	6 月 3 日，省委宣传部和省社科联在杭联合召开社会主义初级阶段问题座谈会。	《二十年概览》
	6 月 27 日，经中共浙江省委批准，省哲学社会科学规划领导小组成立。	《二十年概览》
	11 月 18—19 日，经浙江省哲学社会科学规划领导小组讨论通过《浙江省哲学社会科学规划重点课题暂行管理办法》。	《二十年概览》

续表 28

时　　间	大事纪要	资料来源
1988 年	4 月，绍兴市社会科学研究所成立。	《浙江省哲学社会科学志》，第 641 页
	10 月 28—30 日，省委宣传部、省社科院、省社科联、省经济研究中心、省委党校、省委讲师团举行纪念党的十一届三中全会十周年理论讨论会。	《浙江省改革开放 30 年大事记》，第 119 页
1989 年	1 月，省新闻出版局、省出版总社自筹资金 100 万元建立浙江省优秀图书出版基金。	《蓬勃发展的进程纪实：浙江 60 年大事记》，第 378 页
	8 月 26—31 日，国务院研究室第一次派员到浙江温州调查个体、私营经济问题。9 月 12 日，国务院研究室印发了送阅件《浙江温州实行股份合作企业的情况》和《温州市对挂着集体招牌致富的私营企业如何进行明晰产权的试点工作》。	《浙江省改革开放 30 年大事记》，第 130 页
	10 月 25 日至 11 月 1 日，国务院研究室第二次派员到温州调查有关“温州模式”问题。12 月 2 日，国务院研究室印发了送阅件《关于温州问题的调查报告》，认为“温州模式”不是资本主义模式。	《浙江省改革开放 30 年大事记》，第 132 页
1990 年	7 月 28 日，省委研究决定，建立浙江省社会主义学院。	《浙江省改革开放 30 年大事记》，第 142 页
	“跨湖桥文化”。1990 年发现并经多次考古发掘，学者研究认为是浙江境内年代较早的新石器时代文化遗址，距今 8000 年～7000 年。	《跨湖桥》
1991 年	4 月 16 日，浙江省政府经济建设咨询委员会成立。	《浙江政报》，1991 年
	4 月 24—30 日，首届中国杭州国际茶文化节在中国茶叶博物馆揭幕。	《浙江省改革开放 30 年大事记》，第 150 页
	7 月 7—15 日，国务院研究室第三次派员赴温州调查个体、私营经济问题，写出《温州个体、私营经济考察报告》。	《蓬勃发展的进程纪实：浙江 60 年大事记》，第 405 页
	7 月 15—20 日，国务院农村试验区办公室在温州市举行全国股份合作企业研讨会。	《蓬勃发展的进程纪实：浙江 60 年大事记》，第 405 页
	8 月 27 日，省委办公厅发出《关于进行宗教情况调查的通知》。	《浙江省改革开放 30 年大事记》，第 153、154 页
	8 月 31 日，省委、省政府发出《关于继续在全省农村开展社会主义思想教育的通知》。	《浙江省改革开放 30 年大事记》，第 154 页

续表 29

时　　间	大事纪要	资料来源
1991 年	11 月 4 日，省委、省政府决定，同意建立浙江省地方志编纂委员会，办公室设在省社科院。	《浙江方志》，1991 年
	《王阳明全集》由上海古籍出版社出版。	浙江省社会科学院图书馆
1992 年	2 月，浙江茅盾文学院成立。翌年 7 月更名为浙江文学院。	《浙江省文学志》
	3 月 27—31 日，中国社会学学会 1992 年年会暨"当前中国社会变迁和小康社会学术研讨会"在杭召开。	《浙江日报》1992 年 3 月 28 日
	11 月 16 日，河姆渡遗址博物馆在余姚市落成。	《余姚日报》1992 年 11 月 17 日
1993 年	7 月 13 日，省委研究决定，万学远为省地方志编纂委员会主任。	《浙江方志》，1993 年
	7 月 22 日，由浙江日报社和浙江美术学院联合创办《美术报》创刊。	《美术报》1993 年 7 月 22 日
	10 月 5 日，省委印发《浙江省社会主义精神文明建设纲要(1993—2000 年)》。	《浙江省改革开放 30 年大事记》，第 178 页
1994 年	1 月 20 日，浙江省博物馆新馆正式开馆。	《浙江日报》1994 年 1 月 21 日
	11 月 15—17 日，中国城市规划学会历史文化名城规划学术委员会和衢州市政府联合召开"全国历史文化名城保护研讨会暨年会"。	《浙江省改革开放 30 年大事记》，第 190 页
1995 年	4 月 8 日，省委发出《关于在全省党员中开展建设有中国特色社会主义理论和党章学习活动的实施意见》。	《蓬勃发展的进程纪实：浙江 60 年大事记》，第 446 页
1996 年	8 月 7 日，省委办公厅、省政府办公厅联合批转省委组织部、省人事厅、省科委、省教委、省财政厅关于《浙江省跨世纪学术和技术带头人培养规划(1996—2010)》(简称"151 人才工程")。	《浙江省改革开放 30 年大事记》，第 215 页
	12 月 3—4 日，省委九届八次全会在杭州召开。会议审议通过《浙江省社会主义精神文明建设纲要(1996—2010 年)》。	《浙江政报》，1996 年
1997 年	1 月 25 日，省政府印发《关于"九五"期间深化科研院所体制改革的决定》。	《浙江政报》，1997 年
	10 月 7—8 日，首届海外宁波人国际学术研讨会举行。	《宁波日报》1997 年 10 月 8 日

续表 30

时　间	大事纪要	资料来源
1998 年	7 月，浙江省出台《关于加快文化事业发展若干政策的意见》。	《浙江省改革开放 30 年大事记》，第 240 页
	7 月 29 日，国家新闻出版总署的批复，同意省通俗理论刊物《学习与思考》从 1999 年第 1 期起更名为《观察与思考》。	《观察与思考》1999 年第 1 期
	9—12 月，新华社发表一系列有关探究温州个体私营经济的报道：《走马看温州》（《半月谈》）、《温州个体私营经济崛起之谜》（《内参》）、新华社通稿 9 月 7—10 日《藏富于民的"老百姓经济"——温州非公有制经济印象》等。	《浙江省改革开放 30 年大事记》，第 241 页
	12 月 6 日，新华社向全国播发通稿《温州人民的成功创造》。	《浙江日报》1998 年 12 月 6 日
1999 年	6 月 14—16 日，全国农村卫生改革学术研讨会在金华举行。	《浙江省改革开放 30 年大事记》，第 251 页
2000 年	1 月 10 日，省政府印发《浙江省全面推进科研院所体制改革实施意见》。	《浙江政报》，2000 年
	3 月 30 日，余姚市河姆渡遗址被评为 20 世纪中国十大考古成果之一。	《浙江日报》2000 年 3 月 30 日
	7 月 24—26 日，省委举行十届四次全体（扩大）会议。审议并通过《中共浙江省委关于深入学习江泽民同志"三个代表"重要思想的决定》。	《蓬勃发展的进程纪实：浙江 60 年大事记》，第 511 页
	9 月 24 日至 10 月 1 日，首届浙江英国书展在伦敦举行。	《蓬勃发展的进程纪实：浙江 60 年大事记》，第 512 页
	12 月 31 日，省委印发《浙江省建设文化大省纲要（2001—2020 年）》。	《浙江政报》，2000 年
2001 年	3 月 29 日，省政府印发《关于建设文化大省若干文化经济政策的意见》。	《浙江省改革开放 30 年大事记》，第 273 页
	11 月 2 日，中国杭州首届运河文化研讨会在杭州开幕。	《杭州日报》2001 年 11 月 3 日
	12 月 28 日，省委组织部、省人事厅、省科技厅、省教育厅、省财政厅、省发展计划委员会、省经济贸易委员会、省科学技术协会联合印发《浙江省"新世纪 151 人才工程"（2001—2010 年）实施意见》。	《浙江省改革开放 30 年大事记》，第 281 页

续表 31

时　　间	大事纪要	资料来源
2002 年	4 月 2 日，省科协与省统计局联合开展首次浙江省公众科学素养调查。	《浙江省改革开放 30 年大事记》，第 285 页
	4 月 12 日，2001 年度全国十大考古新发现评选活动揭晓，萧山跨湖桥新石器时代遗址、杭州雷峰塔遗址、杭州南宋恭圣仁烈皇后宅遗址和杭州老虎洞南宋窑遗址名列其中。	《杭州日报》2002 年 4 月 13 日
	5 月 13—14 日，全省文化工作会议召开，讨论《浙江省关于深化文化体制改革、加快文化产业发展的若干意见》。	《浙江日报》2002 年 5 月 14 日
2002 年	5 月 30 日，《人民日报》一版刊登中央组织部研究室在金华市农村蹲点调查报告《农村"三个代表"学教活动带来的可喜现象》。	《人民日报》2002 年 5 月 30 日
	安吉上马坎遗址。2002 年 10 月始调查发掘，考古研究推断第五层年代约距今 45.5 万年。	《安吉旧石器考古发掘侧记》，《安吉文物》2005 年第 1 期
2003 年	3 月，由省社科院组织的大型文化学术工程《浙江文化名人传记丛书》出版启动。	《浙江文化名人传记丛书·总序》
	6 月，浙江被中共中央确定为全国两个文化体制改革综合试点省份之一。8 月，《浙江省文化体制改革综合试点总体方案》上报中央审批。省委书记习近平用 4 天时间专题调研文化体制改革和文化大省建设，实地考察 20 多家文化单位。	《浙江省改革开放 30 年大事记》，第 303 页
	7 月 5—6 日，全国高校首次"日本细菌战受害者调查研讨会"在义乌举行。	《蓬勃发展的进程纪实：浙江 60 年大事记》，第 548、549 页
	2007 年 7 月 28 日，中共中央总书记、国家主席胡锦涛到杭州市下城区长庄街道王马社区视察与调研工作，对王马社区建立全国第一个楼道党支部的做法给予高度评价，对进一步加强基层党组织建设提出殷切期望。	《和谐社区发展研究——民生民主背景下城模式的再创造》
	10 月 7—16 日，首届"中国浙江学术节"在杭州举行。	《浙江时报》10 月 8 日
	11 月 18 日，西泠印社成立 100 周年。	《浙江省改革开放 30 年大事记》，第 311 页

续表 32

时　　间	大事纪要	资料来源
2003 年	11 月 25 日，中央社会治安综合治理委员会和中共浙江省委联合召开纪念毛泽东同志批示“枫桥经验”40 周年暨创新“枫桥经验”大会。	《浙江省改革开放 30 年大事记》，第 312 页
	12 月 8 日，浙江省第三次历史文化遗产普查成果在杭州揭晓，新发现历史文化遗产 7473 处。	《浙江日报》2003 年 12 月 9 日
	12 月 8—10 日，联合国教科文组织授予绍兴仓桥直街“亚太地区文化遗产保护优秀项目奖（三等奖）”，嘉兴乌镇镇、嘉善西塘镇、湖州南浔镇分获“亚太地区文化遗产保护卓越项目奖（二等奖）”。	《浙江省改革开放 30 年大事记》，第 313 页
	12 月 13 日，首届浙江省民营企业峰会在杭州召开。	《浙江日报》2003 年 12 月 14 日
	12 月 31 日，省政府与清华大学共建浙江清华长三角研究院协议在杭州正式签约。	《蓬勃发展的进程纪实：浙江 60 年大事记》，第 558 页
	庄桥坟文字遗址。位于平湖县庄桥坟，2003—2006 年两期发掘，发现刻画符号，经研究推断为良渚先民早期使用的原始文字，比甲骨文早千余年，鉴定为距今 5000 年。	《浙江发现中国最早文字》，《光明日报》2013 年 7 月 9 日
2004 年	7 月 1—2 日，中共中央政治局委员、书记处书记、中央宣传部部长刘云山在浙江考察文化体制改革试点工作。	《浙江省改革开放 30 年大事记》，第 326 页
	7 月 29—31 日，省委在杭州召开“树立和落实科学发展观”专题学习会。	《浙江省改革开放 30 年大事记》，第 326 页
	11 月 18—19 日，由中共中央文化体制改革办公室指定，省广电局领导在中央文改办会同广东省委宣传部、深圳市委在深圳举办的“文化发展战略论坛”上作专题发言。	《浙江省改革开放 30 年大事记》，第 332 页
	长兴七里亭遗址。2004 年发现，2005—2006 年发掘，学者研究认为是我国南方地区旧石器时代早期遗址，下文化层年代距今约 100 万年。	《七里亭与银锭岗》，科学出版社 2009 年版
2005 年	1 月 10 日，省委、省政府在全国率先制定并实施《浙江省统筹城乡发展、推进城乡一体化纲要》。	《浙江政报》，2005 年
	4 月 15 日，国家宗教局组织召开首届世界佛教论坛研讨会。	《浙江日报》2005 年 4 月 16 日
	4 月 29 日，省政府印发《浙江海洋经济强省建设规划纲要》。	《浙江政报》，2005 年

续表 33

时　　间	大事纪要	资料来源
2005 年	4 月，省社会科学联合会与《钱江晚报》联合推出“浙江人文大讲堂”系列人文讲座活动。	《浙江省社科联 25 年回顾》
	6 月 21 日，省委、省政府召开全省循环经济工作大会。会后出台《浙江省循环经济发展纲要》。	《浙江日报》2005 年 6 月 22 日
	6 月 22 日，中共浙江省委、中国社会科学院联合在北京举行加快浙江文化大省建设恳谈会。	《浙江日报》2005 年 6 月 23 日
	7 月 28—29 日，省委十一届八次全体（扩大）会议召开。全会审议并通过《中共浙江省委关于加快建设文化大省的决定》。	《蓬勃发展的进程纪实：浙江 60 年大事记》，第 591 页
	8 月 31 日至 11 月 31 日，由中国社会科学院、浙江省纪律检查委员会、省委宣传部共同主办，浙江省社科院、浙江大学、浙江省社科联协办的“中国・浙江廉政文化论坛”，向社会公开征集有关廉政建设理论文章。	《浙江省社科联 25 年回顾》，第 260 页
	9 月 24 日，2005 年浙江省社会科学普及周开幕式及广场大型咨询活动在杭州举行。	《浙江省社科联 25 年回顾》，第 261 页
2006 年	2 月 10 日，省政府出台《浙江省文化建设“四个一批”规划（2005—2010）》。	《蓬勃发展的进程纪实：浙江 60 年大事记》，第 602 页
	4 月 13—16 日，以“和谐社会，从心开始”为主题的首届世界佛教论坛成功举办。	《浙江日报》2006 年 4 月 14 日
	5 月 20 日，国务院发出《关于公布第一批国家级非物质文化遗产名录的通知》，浙江省占 44 个，列全国第一。	《浙江日报》2006 年 5 月 21 日
	5 月 20 日，首届中国商帮峰会在杭州举行。	《浙江日报》2006 年 5 月
	5 月 23 日，首届中国民营经济科学发展论坛暨长三角（浙江）民营经济研究会成立大会在杭州举行。省委书记、省人大常委会主任习近平出席并讲话。	《浙江日报》2006 年 5 月 24 日
	5 月 31 日至 6 月 2 日，第二届文化遗产保护与可持续发展国际会议在绍兴召开。	《绍兴日报》2006 年 6 月 1 日
	9 月 1 日，省社科联、省发改委规划处在杭州召开浙江省哲学社会科学事业发展第“十一五”规划会议。	《浙江省社科联 25 年回顾》，第 267 页
	11 月 23 日，2006 当代浙学论坛在杭州举行，主题是“和谐社会与社会科学”。	《浙江省社科联 25 年回顾》，第 269 页

续表 34

时　　间	大事纪要	资料来源
2007 年	1 月 19 日，《浙江经验与中国发展——科学发展观与和谐社会建设在浙江》——中国社会科学院国情调研重大课题成果集首发式暨学术研讨会在杭州举行。	《浙江省社会科学院院报》，2007 年 1 月
	7 月 12 日，省工商局发布《2006 年度浙江民营经济发展报告》。	《蓬勃发展的进程纪实：浙江 60 年大事记》，第 631、632 页
	7 月 30 日，省旅游局发布《浙江省旅行社行业发展状况报告书》。	《浙江省改革开放 30 年大事记》，第 394 页
	12 月 7 日，省发改委、省统计局联合发布《浙江省 2006 年城乡统筹发展水平综合评价报告》。	《浙江日报》2007 年 12 月 8 日
2008 年	6 月 27 日，省委召开工作会议，专题研究部署兴起文化大省建设新高潮、推动浙江社会主义文化大发展大繁荣工作。大会审议并通过《浙江省推动文化大发展、大繁荣纲要(2008—2012)》。	《蓬勃发展的进程纪实：浙江 60 年大事记》，第 652 页
	6 月，第二批国家级非物质文化遗产名录公布，浙江省 72 项(85 个子项)上榜，再次位居全国第一。	《蓬勃发展的进程纪实：浙江 60 年大事记》，第 652
	9 月 27 日，2008 年中国衢州国际儒学论坛在衢州举行。	《衢州日报》2008 年 9 月 28 日
	9—10 月，2008 年社会科学普及周活动以省市错时联动的方式，在全省各地举行。	《浙江省社科联 25 年回顾》，第 284 页
2009 年	3 月 24 日，《浙江日报》头版发表长篇通讯《拼将一生追春潮——解读党的优秀理论工作者雷云的三条人生座右铭》。4 月 7 日，省委下发《关于开展向雷云同志学习活动的决定》。	《浙江日报》2009 年 3 月 24 日
	5 月中旬到 6 月中旬，"当代浙学论坛 2009 学术月"活动以"转型、创新、发展"为主题，全省共举办了 3 场主论坛、38 场分论坛，收到的学术论文、对策报告 1600 篇。	《浙江省社科联 25 年回顾》，第 287 页
	5 月，《钱江晚报》发表浙江省社科院组织研究"世界经济危机和中国经济走向"的系列成果。	《钱江晚报》2009 年 5 月
	6 月 8 日，由省政府和国务院发展研究中心共同举办，以"均衡·普惠·共赢——全球经济危机下的中国对外开放"为主题的 2009 年第二届中国开放论坛在宁波开幕。	《宁波日报》2009 年 6 月 9 日

续表 35

时　　间	大事纪要	资料来源
2009 年	9—10 月，由省委宣传部和省社科联共同主办的浙江省 2009 年社会科学普及周活动以省市三级错时联动的方式，在全省开展。	《浙江省社科联 25 年回顾》，第 290 页
2010 年	是年，浙江省社科联发表《繁荣社会科学，建设文化大省——浙江省社科联二十五年回顾》的综合通报：自 1984 年省社科联成立至 2009 年 12 月底，全省拥有 137 家省级学会，28 家民办社会科学研究机构，11 个市级社科联和一批高校社科联、县级社科联的哲学社会群众团体；培育形成了“浙江省哲学社会科学重点研究基地”“浙江人文大讲堂”“浙江省社会科学普及周”“当代浙学论坛”等知名工作平台和工作品牌，涌现了一批哲学社会科学领军人物以及一批在全国有较大影响的哲学社会科学研究成果。	《浙江省社科联 25 年回顾》

编后记

《浙江通志·哲学社会科学志》是2009年由浙江省人民政府批准的《浙江通志》编纂规划中的一部志书，于2012年3月启动编纂。该志是由《浙江通志》副总编张伟斌分管，由《浙江通志》总纂李志廷为业务分管，副总纂王林为责任编辑。

根据省政府的总体要求和省通志编纂委员会的计划安排，《浙江通志·哲学社会科学志》由浙江省社会科学院承编，浙江省教育厅、浙江省社会科学界联合会、浙江大学、中共浙江省委党校参编，于2012年5月成立编委会，并设立编辑部，正式启动。为保质保量完成《浙江通志·哲学社会科学志》的编纂工作，浙江省社会科学院党委、院部高度重视、全力支持，按要求做到编纂工作的"五个到位"，组织协调和精心指导这项修志的工作。参编单位积极配合并完成分章修志的任务。省方志办大力支持并指导本志的修编。经过五年的努力并经多次修改，形成终稿。

浙江历为人文之邦，学术重地。其远古考古文化可追溯到100万年之前。有古籍记载的治国管理思想可上溯至上古三代。可以说，其人文学术思想发轫于先秦，发达于汉唐，鼎盛于宋明及至清代中前期，转型于中晚清及民国时期，发展、创新于中华人民共和国特别是20世纪70年代末至21世纪初。可谓名家辈出，学派林立，学说宏富，学术成就是为灿烂辉煌。而近现代西方社会科学引入和中国社会科学发迹的过程，又无不印记着浙江学者深深的前沿脚印。中华人民共和国成立以来，尤其是改革开放时期，浙江的哲学社会科学得以全面发展。文、史、哲、经、法等老学科不断创新发展，政治学、社会学等一批新恢复学科兴旺、繁荣，新老学科共同为浙江的现代化建设作出了重要的理论贡献。《浙江通志·哲学社会科学志》在原《浙江省哲学社会科学志》(1999年版)的基础上，全面梳理和反映距今百万年远古文化遗迹和自上古三代以降至1840年的浙江人文科学与社会科学成就，以及1989年之后与时代同行、发展的哲学社会科学光辉历程。

《浙江通志·哲学社会科学志》于2012年11月通过编纂大纲的评审。2016年8月通过初审。2016年12月24日通过复审。2017年5月19日通过终审。有成岳冲、俞文华、潘捷军、童芍素、李志廷、洪民荣、杨金荣、连晓鸣、廖曰文、顾志兴、董郁奎、颜越虎、沈松平、汪珏等领导和专家、学者分别参加初审、复审和终审，对《浙江通志·哲学社会科学志》稿提出了许多宝贵的意见。在此，深表谢意。

在《浙江通志·哲学社会科学志》稿的编纂过程中，省社会科学院哲学、经济学、政治学、法学、文化、历史学、社会学、公共政策等研究所及办公室、科研处、人事处、图书馆等专业机构和行政部门以及10多个学术研究中心投入了研究力量和行政力量，径共同努力、相互协作完成16个篇章。在编纂过程中，本志编纂委员会成员为此付出了辛劳。浙江大学罗卫东、袁清为本志编纂选调了管理学专家、心理学专家、新闻传播学专家、敦煌学专家，完成第十二章、第十三章、第十六章、第十九章的编纂；浙江省教育厅吴永良、方展画为本志编纂选调了教育学专家，完成了第十一章的编纂；中共浙江省委党校马力宏、徐明华选调一批马克思主义研究专家，完成了第二章的编纂；浙江省社会科学界联合会邵清、谢利根也抽调了研究力量支持课题研究，与编辑部共同完成了第二十章的编纂。在整个编辑过程中，始终得到浙江省人民政府地方志办公室的具体指导，得到浙江省档案馆、浙江科技学院及相关高校图书馆等的大力支持。浙江人民出版社文史出版中心主任王福群和责任编辑潘海林、朱康平在时间短、内容重的情况下，加班加点且认真负责地完成通稿。在此一并致以深深的感谢！

《浙江通志·哲学社会科学志》编辑部

2017年12月30日